# 工伤保险法律法规文件汇编

（2018）

人力资源和社会保障部工伤保险司　编

中国劳动社会保障出版社

图书在版编目(CIP)数据

工伤保险法律法规文件汇编. 2018/人力资源和社会保障部工伤保险司编. -- 北京：中国劳动社会保障出版社，2018

ISBN 978-7-5167-2378-4

Ⅰ. ①工… Ⅱ. ①人… Ⅲ. ①工伤保险-法规-汇编-中国②工伤保险-文件-汇编-中国 Ⅳ. ①D922. 559

中国版本图书馆 CIP 数据核字(2018)第 063989 号

**中国劳动社会保障出版社出版发行**

(北京市惠新东街 1 号 邮政编码：100029)

*

北京市艺辉印刷有限公司印刷装订 新华书店经销

787 毫米×1092 毫米 16 开本 60 印张 1309 千字

2018 年 4 月第 1 版 2018 年 4 月第 1 次印刷

**定价：198. 00 元**

读者服务部电话：(010) 64929211/84209103/84626437

营销部电话：(010) 84414641

出版社网址：http://www.class.com.cn

# 内容简介

《工伤保险法律法规文件汇编（2018）》收录了与工伤保险相关的法律、行政法规、部门规章、规范性文件、国家标准和标准性规范。本书具有权威性、科学性、时效性、实用性的特点。

一、权威性。本书由人力资源和社会保障部工伤保险司组织编写，编写过程得到工伤保险司及相关部门大力支持，全书大纲及收录文件经工伤保险司有关领导审定，十分具有权威性。

二、科学性。本书收录文件包括工伤保险法律法规规章文件和相关法律法规规章文件两大部分。工伤保险法律法规规章文件是与工伤保险工作直接相关的文件，按照工伤保险业务板块分为综合、参保缴费、工伤认定与劳动能力鉴定、工伤保险待遇、工伤康复、工伤预防、监督管理、统计资料、地方性法规、已废止文件十部分。相关法律法规规章文件是与工伤保险工作密切相关的文件，分为争议处理、劳动关系、职业健康、安全生产与劳动保护、招投标与政府采购五部分。根据法律效力、制定机构的不同，本书章节内文件按照法律、行政法规、部门规章、规范性文件、国家标准的顺序排布。本书章节及文件设置合理，便于查找，十分具有科学性。

三、时效性。根据国务院文件清理工作的统一部署，2016 年人力资源和社会保障部分 4 批对 1949—2015 年文件进行了清理，其中工伤保险司文件宣布废止 32 件、宣布失效 16 件。本书第一时间对工伤保险相关文件及文件清理情况进行总结，收录现行有效的文件，并收录了部分虽然已经废止和失效，但仍有一定参考价值的文件，十分具有时效性。

四、实用性。在对收录文件进行梳理的过程中，我们根据文件内容，删除了情况通报、会议通知、征求意见函等文件，保留了对工伤保险实际工作有指导意义的文件，十分具有实用性。

# 目 录

## 第一部分 工伤保险法律法规规章文件


一、综合 …… 3

1 中华人民共和国社会保险法 …… 3

2 工伤保险条例 …… 14

3 实施《中华人民共和国社会保险法》若干规定 …… 24

4 人力资源社会保障部关于执行《工伤保险条例》若干问题的意见 …… 28

5 人力资源社会保障部关于执行《工伤保险条例》若干问题的意见（二） …… 30

6 关于实施《工伤保险条例》若干问题的意见 …… 32

7 GB/T 31596. 5—2015 社会保险术语 第5部分：工伤保险 …… 33

二、参保缴费 …… 45

8 社会保险费征缴暂行条例 …… 45

9 社会保险登记管理暂行办法 …… 49

10 部分行业企业工伤保险费缴纳办法 …… 52

11 社会保险个人权益记录管理办法 …… 52

12 在中国境内就业的外国人参加社会保险暂行办法 …… 57

附件：外国人社会保障号码编制规则 …… 58

13 社会保险费申报缴纳管理规定 …… 59

14 关于农民工参加工伤保险有关问题的通知 …… 64

15 关于贯彻《安全生产许可证条例》做好企业参加工伤保险有关工作的通知…… 65

附件：工伤保险参保证明 …… 66

16 关于加强工伤保险医疗服务协议管理工作的通知 …… 67

17 关于进一步做好中央企业工伤保险工作有关问题的通知 …… 69

18 人力资源社会保障部 财政部关于进一步做好事业单位等参加工伤保险工作有关问题的通知 …… 70

19 人力资源社会保障部 住房城乡建设部 安全监管总局 全国总工会关于进一步做好建筑业工伤保险工作的意见 …… 70

20 人力资源社会保障部 财政部关于调整工伤保险费率政策的通知 …… 73

附件：工伤保险行业风险分类表 …… 74

21 人力资源社会保障部 财政部关于做好工伤保险费率调整工作 进一步加强基金管理的指导意见 …… 76

22　人力资源社会保障部　财政部　关于工伤保险基金省级统筹的指导意见 ……… 78
23　关于铁路企业参加工伤保险有关问题的通知 …………………………………… 80
24　人力资源社会保障部办公厅关于开展建筑业“同舟计划”——建筑业工伤保险专项扩面行动计划的通知 ……………………………………………………… 81
附件 1：建筑业及建设项目基本情况 ……………………………………… 84
附件 2：建筑业参加工伤保险情况 ………………………………………… 84
25　人力资源社会保障部办公厅关于加快推进建筑业工伤保险工作的通知 ……… 85
附件：建筑项目参保情况统计表 …………………………………………… 87
26　人力资源社会保障部办公厅关于进一步做好建筑业工伤保险工作的通知 ……… 88
附件 1：建筑项目参保情况统计汇总表 …………………………………… 89
附件 2：建筑项目参保情况统计表 ………………………………………… 91

## 三、工伤认定与劳动能力鉴定 …………………………………………… 92

27　工伤认定办法 ………………………………………………………………… 92
28　工伤职工劳动能力鉴定管理办法 …………………………………………… 103
附件 1：劳动能力鉴定申请表……………………………………………… 108
附件 2：初次（复查）鉴定结论书 ………………………………………… 112
附件 3：再次鉴定结论书…………………………………………………… 113
附件 4：劳动能力鉴定材料收讫补正告知书（存根） …………………… 114
29　关于印发《职工非因工伤残或因病丧失劳动能力程度鉴定标准（试行）》的通知 ……………………………………………………………………………… 115
附件：正确使用标准的说明 ………………………………………………… 119
30　人力资源社会保障部关于实施修订后劳动能力鉴定标准有关问题处理意见的通知 ……………………………………………………………………………… 119
31　GB/T 16180—2014 劳动能力鉴定职工工伤与职业病致残等级 ……………… 120

## 四、工伤保险待遇…………………………………………………………… 183

32　军人抚恤优待条例 …………………………………………………………… 183
33　伤残抚恤管理办法 …………………………………………………………… 190
34　因工死亡职工供养亲属范围规定 …………………………………………… 196
35　非法用工单位伤亡人员一次性赔偿办法 …………………………………… 197
36　社会保险基金先行支付暂行办法 …………………………………………… 198
37　人力资源社会保障部关于工伤保险待遇调整和确定机制的指导意见 ……… 201
附件 1：一级至四级工伤职工伤残津贴调整公式………………………… 203
附件 2：供养亲属抚恤金调整公式………………………………………… 203

五、工伤康复 …… 204

38 工伤保险辅助器具配置管理办法 …… 204

39 人力资源社会保障部关于印发《工伤康复服务项目（试行）》和《工伤康复服务规范（试行）》（修订版）的通知 …… 208

附件 1：工伤康复服务项目（试行）（2013 年修订） …… 210

附件 2：工伤康复服务规范（试行）（2013 年修订） …… 273

40 关于设立公布第一批区域性工伤康复示范平台名单有关问题的通知 …… 302

附件：第一批区域性工伤康复示范平台名单 …… 304

41 关于印发工伤保险辅助器具配置目录的通知 …… 304

六、工伤预防 …… 311

42 人力资源社会保障部关于进一步做好工伤预防试点工作的通知 …… 311

43 人力资源社会保障部　财政部　国家卫生计生委　国家安全监管总局关于印发工伤预防费使用管理暂行办法的通知 …… 314

44 人力资源社会保障部办公厅关于确认工伤预防试点城市的通知 …… 316

附件：工伤预防试点城市（统筹地区）名单 …… 317

45 关于同意北京市为全国工伤预防试点城市的通知 …… 318

46 关于确认贵州省为全国工伤预防试点地区的函 …… 319

47 关于确认青海省为全国工伤预防试点地区的复函 …… 319

七、监督管理 …… 320

48 劳动保障监察条例 …… 320

49 社会保险基金监督举报工作管理办法 …… 323

50 社会保险基金行政监督办法 …… 324

51 社会保险稽核办法 …… 327

52 社会保险业务档案管理规定（试行） …… 329

附件：社会保险业务材料归档范围与保管期限 …… 330

53 关于印发《社会保险经办机构内部控制暂行办法》的通知 …… 333

54 关于推进工伤保险市级统筹有关问题的通知 …… 338

八、统计资料 …… 340

55 2008 年度人力资源和社会保障事业发展统计公报（节选） …… 340

56 2009 年度人力资源和社会保障事业发展统计公报（节选） …… 340

57 2010 年度人力资源和社会保障事业发展统计公报（节选） …… 340

58 2011 年度人力资源和社会保障事业发展统计公报（节选） …… 341

59 2012 年度人力资源和社会保障事业发展统计公报（节选） …… 341

60 2013年度人力资源和社会保障事业发展统计公报（节选） …… 342
61 2014年度人力资源和社会保障事业发展统计公报（节选） …… 342
62 2015年度人力资源和社会保障事业发展统计公报（节选） …… 342
63 2016年度人力资源和社会保障事业发展统计公报（节选） …… 343
64 历年全国工伤保险基本情况 …… 344
65 历年各地区工伤保险基本情况 …… 346
66 2008年各地区工伤保险基本情况 …… 350
67 2009年各地区工伤保险基本情况 …… 352
68 2010年各地区工伤保险基本情况 …… 354
69 2011年各地区工伤保险基本情况 …… 356
70 2012年各地区工伤保险基本情况 …… 358
71 2013年各地区工伤保险基本情况 …… 360
72 2014年各地区工伤保险基本情况 …… 362
73 2015年各地区工伤保险基本情况 …… 364
74 2016年各地区工伤保险基本情况 …… 366
75 2008年各地区工伤认定情况 …… 368
76 2009年各地区工伤认定情况 …… 371
77 2010年各地区工伤认定情况 …… 374
78 2011年各地区工伤认定情况 …… 377
79 2012年各地区工伤认定情况 …… 380
80 2013年各地区工伤认定情况 …… 383
81 2014年各地区工伤认定情况 …… 386
82 2015年各地区工伤认定情况 …… 389
83 2016年各地区工伤认定情况 …… 392
84 2008年各地区因工死亡人员工伤认定情况 …… 395
85 2009年各地区因工死亡人员工伤认定情况 …… 398
86 2010年各地区因工死亡人员工伤认定情况 …… 401
87 2011年各地区因工死亡人员工伤认定情况 …… 404
88 2012年各地区因工死亡人员工伤认定情况 …… 407
89 2013年各地区因工死亡人员工伤认定情况 …… 410
90 2014年各地区因工死亡人员工伤认定情况 …… 413
91 2015年各地区因工死亡人员工伤认定情况 …… 416
92 2016年各地区因工死亡人员工伤认定情况 …… 419

93 2008 年各地区劳动能力鉴定情况 …… 422
94 2009 年各地区劳动能力鉴定情况 …… 424
95 2010 年各地区劳动能力鉴定情况 …… 426
96 2011 年各地区劳动能力鉴定情况 …… 428
97 2012 年各地区劳动能力鉴定情况 …… 430
98 2013 年各地区劳动能力鉴定情况 …… 432
99 2014 年各地区劳动能力鉴定情况 …… 434
100 2015 年各地区劳动能力鉴定情况 …… 436
101 2016 年各地区劳动能力鉴定情况 …… 438
九、地方性法规 …… 440
102 北京市实施《工伤保险条例》若干规定 …… 440
103 天津市工伤保险若干规定 …… 443
104 河北省工伤保险实施办法 …… 448
105 山西省实施《工伤保险条例》办法 …… 456
106 内蒙古自治区工伤保险条例实施办法 …… 461
107 辽宁省工伤保险实施办法 …… 470
108 吉林省实施《工伤保险条例》办法 …… 475
109 黑龙江省贯彻《工伤保险条例》实施办法 …… 482
110 上海市工伤保险实施办法 …… 485
111 江苏省实施《工伤保险条例》办法 …… 498
112 浙江省工伤保险条例 …… 503
113 安徽省实施《工伤保险条例》办法 …… 510
114 福建省实施《工伤保险条例》办法 …… 518
115 江西省实施《工伤保险条例》办法 …… 523
116 山东省贯彻《工伤保险条例》实施办法 …… 529
117 河南省工伤保险条例 …… 533
118 湖北省工伤保险实施办法 …… 540
119 湖南省实施《工伤保险条例》办法 …… 549
120 广东省工伤保险条例 …… 557
121 广西壮族自治区实施《工伤保险条例》办法 …… 568
122 海南经济特区工伤保险若干规定 …… 574
123 海南经济特区工伤保险实施办法 …… 579
124 重庆市工伤保险实施办法 …… 583

125　贵州省工伤保险条例 …… 591
126　云南省实施《工伤保险条例》办法 …… 595
127　陕西省实施《工伤保险条例》办法 …… 602
128　甘肃省实施《工伤保险条例》办法 …… 606
129　青海省实施《工伤保险条例》办法 …… 608
130　宁夏回族自治区实施《工伤保险条例》办法 …… 616
131　新疆维吾尔自治区实施《工伤保险条例》办法 …… 624
132　新疆生产建设兵团实施《工伤保险条例》办法 …… 630
十、已废止文件 …… 636
133　企业职工工伤保险试行办法 …… 636
134　工伤保险条例（2004年版） …… 645
135　关于工伤保险费率问题的通知 …… 655
附件：工伤保险行业风险分类表 …… 657

## 第二部分　相关法律法规规章文件

十一、争议处理 …… 661
136　中华人民共和国行政诉讼法 …… 661
137　中华人民共和国行政复议法 …… 674
138　中华人民共和国行政处罚法 …… 681
139　社会保险行政争议处理办法 …… 689
140　人力资源社会保障行政复议办法 …… 693
141　最高人民法院关于审理工伤保险行政案件若干问题的规定 …… 704
142　最高人民法院关于适用《中华人民共和国行政诉讼法》若干问题的解释 …… 706
十二、劳动关系 …… 711
143　中华人民共和国劳动法 …… 711
144　中华人民共和国工会法 …… 721
145　中华人民共和国劳动合同法 …… 728
146　中华人民共和国劳动争议调解仲裁法 …… 740
147　国务院关于职工工作时间的规定 …… 746
148　劳动人事争议仲裁办案规则 …… 747
149　关于工资总额组成的规定 …… 753
150　《国务院关于职工工作时间的规定》问题解答 …… 756
151　关于确立劳动关系有关事项的通知 …… 758

## 十三、职业健康 …… 760

152 中华人民共和国职业病防治法 …… 760
153 中华人民共和国尘肺病防治条例 …… 774
154 职业病诊断与鉴定管理办法 …… 777
155 职业病危害项目申报办法 …… 785
156 卫生部关于进一步加强职业病诊断与鉴定管理工作的通知 …… 786
附件：职业病诊断和职业健康检查机构情况表 …… 788
157 国家卫生计生委等 4 部门关于印发《职业病分类和目录》的通知 …… 789
158 关于加强用人单位职业卫生培训工作的通知 …… 793
159 关于印发《职业病危害因素分类目录》的通知 …… 796
附件：职业病危害因素分类目录 …… 797
160 关于印发加强农民工尘肺病防治工作的意见的通知 …… 814
161 GB/T 11651—2008 个体防护装备选用规范 …… 817

## 十四、安全生产与劳动保护 …… 844

162 中华人民共和国安全生产法 …… 844
163 中华人民共和国道路交通安全法 …… 859
164 使用有毒物品作业场所劳动保护条例 …… 875
165 禁止使用童工规定 …… 886
166 安全生产许可证条例 …… 888
167 生产安全事故报告和调查处理条例 …… 891
168 女职工劳动保护特别规定 …… 897
附录：女职工禁忌从事的劳动范围 …… 899
169 未成年工特殊保护规定 …… 900
170 关于印发防暑降温措施管理办法的通知 …… 902

## 十五、招投标与政府采购 …… 907

171 中华人民共和国招标投标法 …… 907
172 中华人民共和国政府采购法 …… 915
173 中华人民共和国招标投标法实施条例 …… 925
174 中华人民共和国政府采购法实施条例 …… 937

# 第一部分　工伤保险法律法规规章文件

# 一、综　　合

## 1　中华人民共和国社会保险法

2010年10月28日中华人民共和国第十一届全国人民代表大会
常务委员会第十七次会议通过，中华人民共和国主席令
第三十五号公布，自2011年7月1日起施行。

### 目　　录

第一章　总则/3
第二章　基本养老保险/4
第三章　基本医疗保险/5
第四章　工伤保险/6
第五章　失业保险/7
第六章　生育保险/9
第七章　社会保险费征缴/9
第八章　社会保险基金/10
第九章　社会保险经办/11
第十章　社会保险监督/11
第十一章　法律责任/13
第十二章　附则/14

### 第一章　总　　则

**第一条**　为了规范社会保险关系，维护公民参加社会保险和享受社会保险待遇的合法权益，使公民共享发展成果，促进社会和谐稳定，根据宪法，制定本法。

**第二条**　国家建立基本养老保险、基本医疗保险、工伤保险、失业保险、生育保险等社会保险制度，保障公民在年老、疾病、工伤、失业、生育等情况下依法从国家和社会获得物质帮助的权利。

**第三条**　社会保险制度坚持广覆盖、保基本、多层次、可持续的方针，社会保险水平应当与经济社会发展水平相适应。

**第四条**　中华人民共和国境内的用人单位和个人依法缴纳社会保险费，有权查询缴费记录、个人权益记录，要求社会保险经办机构提供社会保险咨询等相关服务。

个人依法享受社会保险待遇，有权监督本单位为其缴费情况。

**第五条** 县级以上人民政府将社会保险事业纳入国民经济和社会发展规划。

国家多渠道筹集社会保险资金。县级以上人民政府对社会保险事业给予必要的经费支持。

国家通过税收优惠政策支持社会保险事业。

**第六条** 国家对社会保险基金实行严格监管。

国务院和省、自治区、直辖市人民政府建立健全社会保险基金监督管理制度，保障社会保险基金安全、有效运行。

县级以上人民政府采取措施，鼓励和支持社会各方面参与社会保险基金的监督。

**第七条** 国务院社会保险行政部门负责全国的社会保险管理工作，国务院其他有关部门在各自的职责范围内负责有关的社会保险工作。

县级以上地方人民政府社会保险行政部门负责本行政区域的社会保险管理工作，县级以上地方人民政府其他有关部门在各自的职责范围内负责有关的社会保险工作。

**第八条** 社会保险经办机构提供社会保险服务，负责社会保险登记、个人权益记录、社会保险待遇支付等工作。

**第九条** 工会依法维护职工的合法权益，有权参与社会保险重大事项的研究，参加社会保险监督委员会，对与职工社会保险权益有关的事项进行监督。

## 第二章 基本养老保险

**第十条** 职工应当参加基本养老保险，由用人单位和职工共同缴纳基本养老保险费。

无雇工的个体工商户、未在用人单位参加基本养老保险的非全日制从业人员以及其他灵活就业人员可以参加基本养老保险，由个人缴纳基本养老保险费。

公务员和参照公务员法管理的工作人员养老保险的办法由国务院规定。

**第十一条** 基本养老保险实行社会统筹与个人账户相结合。

基本养老保险基金由用人单位和个人缴费以及政府补贴等组成。

**第十二条** 用人单位应当按照国家规定的本单位职工工资总额的比例缴纳基本养老保险费，记入基本养老保险统筹基金。

职工应当按照国家规定的本人工资的比例缴纳基本养老保险费，记入个人账户。

无雇工的个体工商户、未在用人单位参加基本养老保险的非全日制从业人员以及其他灵活就业人员参加基本养老保险的，应当按照国家规定缴纳基本养老保险费，分别记入基本养老保险统筹基金和个人账户。

**第十三条** 国有企业、事业单位职工参加基本养老保险前，视同缴费年限期间应当缴纳的基本养老保险费由政府承担。

基本养老保险基金出现支付不足时，政府给予补贴。

**第十四条** 个人账户不得提前支取，记账利率不得低于银行定期存款利率，免征利息税。个人死亡的，个人账户余额可以继承。

**第十五条**　基本养老金由统筹养老金和个人账户养老金组成。

基本养老金根据个人累计缴费年限、缴费工资、当地职工平均工资、个人账户金额、城镇人口平均预期寿命等因素确定。

**第十六条**　参加基本养老保险的个人，达到法定退休年龄时累计缴费满十五年的，按月领取基本养老金。

参加基本养老保险的个人，达到法定退休年龄时累计缴费不足十五年的，可以缴费至满十五年，按月领取基本养老金；也可以转入新型农村社会养老保险或者城镇居民社会养老保险，按照国务院规定享受相应的养老保险待遇。

**第十七条**　参加基本养老保险的个人，因病或者非因工死亡的，其遗属可以领取丧葬补助金和抚恤金；在未达到法定退休年龄时因病或者非因工致残完全丧失劳动能力的，可以领取病残津贴。所需资金从基本养老保险基金中支付。

**第十八条**　国家建立基本养老金正常调整机制。根据职工平均工资增长、物价上涨情况，适时提高基本养老保险待遇水平。

**第十九条**　个人跨统筹地区就业的，其基本养老保险关系随本人转移，缴费年限累计计算。个人达到法定退休年龄时，基本养老金分段计算、统一支付。具体办法由国务院规定。

**第二十条**　国家建立和完善新型农村社会养老保险制度。

新型农村社会养老保险实行个人缴费、集体补助和政府补贴相结合。

**第二十一条**　新型农村社会养老保险待遇由基础养老金和个人账户养老金组成。

参加新型农村社会养老保险的农村居民，符合国家规定条件的，按月领取新型农村社会养老保险待遇。

**第二十二条**　国家建立和完善城镇居民社会养老保险制度。

省、自治区、直辖市人民政府根据实际情况，可以将城镇居民社会养老保险和新型农村社会养老保险合并实施。

## 第三章　基本医疗保险

**第二十三条**　职工应当参加职工基本医疗保险，由用人单位和职工按照国家规定共同缴纳基本医疗保险费。

无雇工的个体工商户、未在用人单位参加职工基本医疗保险的非全日制从业人员以及其他灵活就业人员可以参加职工基本医疗保险，由个人按照国家规定缴纳基本医疗保险费。

**第二十四条**　国家建立和完善新型农村合作医疗制度。

新型农村合作医疗的管理办法，由国务院规定。

**第二十五条**　国家建立和完善城镇居民基本医疗保险制度。

城镇居民基本医疗保险实行个人缴费和政府补贴相结合。

享受最低生活保障的人、丧失劳动能力的残疾人、低收入家庭六十周岁以上的老年人和未成年人等所需个人缴费部分，由政府给予补贴。

**第二十六条** 职工基本医疗保险、新型农村合作医疗和城镇居民基本医疗保险的待遇标准按照国家规定执行。

**第二十七条** 参加职工基本医疗保险的个人，达到法定退休年龄时累计缴费达到国家规定年限的，退休后不再缴纳基本医疗保险费，按照国家规定享受基本医疗保险待遇；未达到国家规定年限的，可以缴费至国家规定年限。

**第二十八条** 符合基本医疗保险药品目录、诊疗项目、医疗服务设施标准以及急诊、抢救的医疗费用，按照国家规定从基本医疗保险基金中支付。

**第二十九条** 参保人员医疗费用中应当由基本医疗保险基金支付的部分，由社会保险经办机构与医疗机构、药品经营单位直接结算。

社会保险行政部门和卫生行政部门应当建立异地就医医疗费用结算制度，方便参保人员享受基本医疗保险待遇。

**第三十条** 下列医疗费用不纳入基本医疗保险基金支付范围：

（一）应当从工伤保险基金中支付的；

（二）应当由第三人负担的；

（三）应当由公共卫生负担的；

（四）在境外就医的。

医疗费用依法应当由第三人负担，第三人不支付或者无法确定第三人的，由基本医疗保险基金先行支付。基本医疗保险基金先行支付后，有权向第三人追偿。

**第三十一条** 社会保险经办机构根据管理服务的需要，可以与医疗机构、药品经营单位签订服务协议，规范医疗服务行为。

医疗机构应当为参保人员提供合理、必要的医疗服务。

**第三十二条** 个人跨统筹地区就业的，其基本医疗保险关系随本人转移，缴费年限累计计算。

## 第四章　工 伤 保 险

**第三十三条** 职工应当参加工伤保险，由用人单位缴纳工伤保险费，职工不缴纳工伤保险费。

**第三十四条** 国家根据不同行业的工伤风险程度确定行业的差别费率，并根据使用工伤保险基金、工伤发生率等情况在每个行业内确定费率档次。行业差别费率和行业内费率档次由国务院社会保险行政部门制定，报国务院批准后公布施行。

社会保险经办机构根据用人单位使用工伤保险基金、工伤发生率和所属行业费率档次等情况，确定用人单位缴费费率。

**第三十五条** 用人单位应当按照本单位职工工资总额，根据社会保险经办机构确定的费率缴纳工伤保险费。

**第三十六条** 职工因工作原因受到事故伤害或者患职业病，且经工伤认定的，享受工伤保险待遇；其中，经劳动能力鉴定丧失劳动能力的，享受伤残待遇。

工伤认定和劳动能力鉴定应当简捷、方便。

**第三十七条**　职工因下列情形之一导致本人在工作中伤亡的，不认定为工伤：

（一）故意犯罪；

（二）醉酒或者吸毒；

（三）自残或者自杀；

（四）法律、行政法规规定的其他情形。

**第三十八条**　因工伤发生的下列费用，按照国家规定从工伤保险基金中支付：

（一）治疗工伤的医疗费用和康复费用；

（二）住院伙食补助费；

（三）到统筹地区以外就医的交通食宿费；

（四）安装配置伤残辅助器具所需费用；

（五）生活不能自理的，经劳动能力鉴定委员会确认的生活护理费；

（六）一次性伤残补助金和一至四级伤残职工按月领取的伤残津贴；

（七）终止或者解除劳动合同时，应当享受的一次性医疗补助金；

（八）因工死亡的，其遗属领取的丧葬补助金、供养亲属抚恤金和因工死亡补助金；

（九）劳动能力鉴定费。

**第三十九条**　因工伤发生的下列费用，按照国家规定由用人单位支付：

（一）治疗工伤期间的工资福利；

（二）五级、六级伤残职工按月领取的伤残津贴；

（三）终止或者解除劳动合同时，应当享受的一次性伤残就业补助金。

**第四十条**　工伤职工符合领取基本养老金条件的，停发伤残津贴，享受基本养老保险待遇。基本养老保险待遇低于伤残津贴的，从工伤保险基金中补足差额。

**第四十一条**　职工所在用人单位未依法缴纳工伤保险费，发生工伤事故的，由用人单位支付工伤保险待遇。用人单位不支付的，从工伤保险基金中先行支付。

从工伤保险基金中先行支付的工伤保险待遇应当由用人单位偿还。用人单位不偿还的，社会保险经办机构可以依照本法第六十三条的规定追偿。

**第四十二条**　由于第三人的原因造成工伤，第三人不支付工伤医疗费用或者无法确定第三人的，由工伤保险基金先行支付。工伤保险基金先行支付后，有权向第三人追偿。

**第四十三条**　工伤职工有下列情形之一的，停止享受工伤保险待遇：

（一）丧失享受待遇条件的；

（二）拒不接受劳动能力鉴定的；

（三）拒绝治疗的。

## 第五章　失 业 保 险

**第四十四条**　职工应当参加失业保险，由用人单位和职工按照国家规定共同缴纳失业保险费。

**第四十五条** 失业人员符合下列条件的，从失业保险基金中领取失业保险金：

（一）失业前用人单位和本人已经缴纳失业保险费满一年的；

（二）非因本人意愿中断就业的；

（三）已经进行失业登记，并有求职要求的。

**第四十六条** 失业人员失业前用人单位和本人累计缴费满一年不足五年的，领取失业保险金的期限最长为十二个月；累计缴费满五年不足十年的，领取失业保险金的期限最长为十八个月；累计缴费十年以上的，领取失业保险金的期限最长为二十四个月。重新就业后，再次失业的，缴费时间重新计算，领取失业保险金的期限与前次失业应当领取而尚未领取的失业保险金的期限合并计算，最长不超过二十四个月。

**第四十七条** 失业保险金的标准，由省、自治区、直辖市人民政府确定，不得低于城市居民最低生活保障标准。

**第四十八条** 失业人员在领取失业保险金期间，参加职工基本医疗保险，享受基本医疗保险待遇。

失业人员应当缴纳的基本医疗保险费从失业保险基金中支付，个人不缴纳基本医疗保险费。

**第四十九条** 失业人员在领取失业保险金期间死亡的，参照当地对在职职工死亡的规定，向其遗属发给一次性丧葬补助金和抚恤金。所需资金从失业保险基金中支付。

个人死亡同时符合领取基本养老保险丧葬补助金、工伤保险丧葬补助金和失业保险丧葬补助金条件的，其遗属只能选择领取其中的一项。

**第五十条** 用人单位应当及时为失业人员出具终止或者解除劳动关系的证明，并将失业人员的名单自终止或者解除劳动关系之日起十五日内告知社会保险经办机构。

失业人员应当持本单位为其出具的终止或者解除劳动关系的证明，及时到指定的公共就业服务机构办理失业登记。

失业人员凭失业登记证明和个人身份证明，到社会保险经办机构办理领取失业保险金的手续。失业保险金领取期限自办理失业登记之日起计算。

**第五十一条** 失业人员在领取失业保险金期间有下列情形之一的，停止领取失业保险金，并同时停止享受其他失业保险待遇：

（一）重新就业的；

（二）应征服兵役的；

（三）移居境外的；

（四）享受基本养老保险待遇的；

（五）无正当理由，拒不接受当地人民政府指定部门或者机构介绍的适当工作或者提供的培训的。

**第五十二条** 职工跨统筹地区就业的，其失业保险关系随本人转移，缴费年限累计计算。

## 第六章　生 育 保 险

**第五十三条**　职工应当参加生育保险，由用人单位按照国家规定缴纳生育保险费，职工不缴纳生育保险费。

**第五十四条**　用人单位已经缴纳生育保险费的，其职工享受生育保险待遇；职工未就业配偶按照国家规定享受生育医疗费用待遇。所需资金从生育保险基金中支付。

生育保险待遇包括生育医疗费用和生育津贴。

**第五十五条**　生育医疗费用包括下列各项：

（一）生育的医疗费用；

（二）计划生育的医疗费用；

（三）法律、法规规定的其他项目费用。

**第五十六条**　职工有下列情形之一的，可以按照国家规定享受生育津贴：

（一）女职工生育享受产假；

（二）享受计划生育手术休假；

（三）法律、法规规定的其他情形。

生育津贴按照职工所在用人单位上年度职工月平均工资计发。

## 第七章　社会保险费征缴

**第五十七条**　用人单位应当自成立之日起三十日内凭营业执照、登记证书或者单位印章，向当地社会保险经办机构申请办理社会保险登记。社会保险经办机构应当自收到申请之日起十五日内予以审核，发给社会保险登记证件。

用人单位的社会保险登记事项发生变更或者用人单位依法终止的，应当自变更或者终止之日起三十日内，到社会保险经办机构办理变更或者注销社会保险登记。

工商行政管理部门、民政部门和机构编制管理机关应当及时向社会保险经办机构通报用人单位的成立、终止情况，公安机关应当及时向社会保险经办机构通报个人的出生、死亡以及户口登记、迁移、注销等情况。

**第五十八条**　用人单位应当自用工之日起三十日内为其职工向社会保险经办机构申请办理社会保险登记。未办理社会保险登记的，由社会保险经办机构核定其应当缴纳的社会保险费。

自愿参加社会保险的无雇工的个体工商户、未在用人单位参加社会保险的非全日制从业人员以及其他灵活就业人员，应当向社会保险经办机构申请办理社会保险登记。

国家建立全国统一的个人社会保障号码。个人社会保障号码为公民身份号码。

**第五十九条**　县级以上人民政府加强社会保险费的征收工作。

社会保险费实行统一征收，实施步骤和具体办法由国务院规定。

**第六十条**　用人单位应当自行申报、按时足额缴纳社会保险费，非因不可抗力等法定事由不得缓缴、减免。职工应当缴纳的社会保险费由用人单位代扣代缴，用人单位应当按月将缴纳社会保险费的明细情况告知本人。

无雇工的个体工商户、未在用人单位参加社会保险的非全日制从业人员以及其他灵活就业人员，可以直接向社会保险费征收机构缴纳社会保险费。

**第六十一条** 社会保险费征收机构应当依法按时足额征收社会保险费，并将缴费情况定期告知用人单位和个人。

**第六十二条** 用人单位未按规定申报应当缴纳的社会保险费数额的，按照该单位上月缴费额的百分之一百一十确定应当缴纳数额；缴费单位补办申报手续后，由社会保险费征收机构按照规定结算。

**第六十三条** 用人单位未按时足额缴纳社会保险费的，由社会保险费征收机构责令其限期缴纳或者补足。

用人单位逾期仍未缴纳或者补足社会保险费的，社会保险费征收机构可以向银行和其他金融机构查询其存款账户；并可以申请县级以上有关行政部门作出划拨社会保险费的决定，书面通知其开户银行或者其他金融机构划拨社会保险费。用人单位账户余额少于应当缴纳的社会保险费的，社会保险费征收机构可以要求该用人单位提供担保，签订延期缴费协议。

用人单位未足额缴纳社会保险费且未提供担保的，社会保险费征收机构可以申请人民法院扣押、查封、拍卖其价值相当于应当缴纳社会保险费的财产，以拍卖所得抵缴社会保险费。

## 第八章　社会保险基金

**第六十四条** 社会保险基金包括基本养老保险基金、基本医疗保险基金、工伤保险基金、失业保险基金和生育保险基金。各项社会保险基金按照社会保险险种分别建账，分账核算，执行国家统一的会计制度。

社会保险基金专款专用，任何组织和个人不得侵占或者挪用。

基本养老保险基金逐步实行全国统筹，其他社会保险基金逐步实行省级统筹，具体时间、步骤由国务院规定。

**第六十五条** 社会保险基金通过预算实现收支平衡。

县级以上人民政府在社会保险基金出现支付不足时，给予补贴。

**第六十六条** 社会保险基金按照统筹层次设立预算。社会保险基金预算按照社会保险项目分别编制。

**第六十七条** 社会保险基金预算、决算草案的编制、审核和批准，依照法律和国务院规定执行。

**第六十八条** 社会保险基金存入财政专户，具体管理办法由国务院规定。

**第六十九条** 社会保险基金在保证安全的前提下，按照国务院规定投资运营实现保值增值。

社会保险基金不得违规投资运营，不得用于平衡其他政府预算，不得用于兴建、改建办公场所和支付人员经费、运行费用、管理费用，或者违反法律、行政法规规定挪作其他用途。

**第七十条**　社会保险经办机构应当定期向社会公布参加社会保险情况以及社会保险基金的收入、支出、结余和收益情况。

**第七十一条**　国家设立全国社会保障基金，由中央财政预算拨款以及国务院批准的其他方式筹集的资金构成，用于社会保障支出的补充、调剂。全国社会保障基金由全国社会保障基金管理运营机构负责管理运营，在保证安全的前提下实现保值增值。

全国社会保障基金应当定期向社会公布收支、管理和投资运营的情况。国务院财政部门、社会保险行政部门、审计机关对全国社会保障基金的收支、管理和投资运营情况实施监督。

## 第九章　社会保险经办

**第七十二条**　统筹地区设立社会保险经办机构。社会保险经办机构根据工作需要，经所在地的社会保险行政部门和机构编制管理机关批准，可以在本统筹地区设立分支机构和服务网点。

社会保险经办机构的人员经费和经办社会保险发生的基本运行费用、管理费用，由同级财政按照国家规定予以保障。

**第七十三条**　社会保险经办机构应当建立健全业务、财务、安全和风险管理制度。

社会保险经办机构应当按时足额支付社会保险待遇。

**第七十四条**　社会保险经办机构通过业务经办、统计、调查获取社会保险工作所需的数据，有关单位和个人应当及时、如实提供。

社会保险经办机构应当及时为用人单位建立档案，完整、准确地记录参加社会保险的人员、缴费等社会保险数据，妥善保管登记、申报的原始凭证和支付结算的会计凭证。

社会保险经办机构应当及时、完整、准确地记录参加社会保险的个人缴费和用人单位为其缴费，以及享受社会保险待遇等个人权益记录，定期将个人权益记录单免费寄送本人。

用人单位和个人可以免费向社会保险经办机构查询、核对其缴费和享受社会保险待遇记录，要求社会保险经办机构提供社会保险咨询等相关服务。

**第七十五条**　全国社会保险信息系统按照国家统一规划，由县级以上人民政府按照分级负责的原则共同建设。

## 第十章　社会保险监督

**第七十六条**　各级人民代表大会常务委员会听取和审议本级人民政府对社会保险基金的收支、管理、投资运营以及监督检查情况的专项工作报告，组织对本法实施情况的执法检查等，依法行使监督职权。

**第七十七条** 县级以上人民政府社会保险行政部门应当加强对用人单位和个人遵守社会保险法律、法规情况的监督检查。

社会保险行政部门实施监督检查时，被检查的用人单位和个人应当如实提供与社会保险有关的资料，不得拒绝检查或者谎报、瞒报。

**第七十八条** 财政部门、审计机关按照各自职责，对社会保险基金的收支、管理和投资运营情况实施监督。

**第七十九条** 社会保险行政部门对社会保险基金的收支、管理和投资运营情况进行监督检查，发现存在问题的，应当提出整改建议，依法作出处理决定或者向有关行政部门提出处理建议。社会保险基金检查结果应当定期向社会公布。

社会保险行政部门对社会保险基金实施监督检查，有权采取下列措施：

（一）查阅、记录、复制与社会保险基金收支、管理和投资运营相关的资料，对可能被转移、隐匿或者灭失的资料予以封存；

（二）询问与调查事项有关的单位和个人，要求其对与调查事项有关的问题作出说明、提供有关证明材料；

（三）对隐匿、转移、侵占、挪用社会保险基金的行为予以制止并责令改正。

**第八十条** 统筹地区人民政府成立由用人单位代表、参保人员代表，以及工会代表、专家等组成的社会保险监督委员会，掌握、分析社会保险基金的收支、管理和投资运营情况，对社会保险工作提出咨询意见和建议，实施社会监督。

社会保险经办机构应当定期向社会保险监督委员会汇报社会保险基金的收支、管理和投资运营情况。社会保险监督委员会可以聘请会计师事务所对社会保险基金的收支、管理和投资运营情况进行年度审计和专项审计。审计结果应当向社会公开。

社会保险监督委员会发现社会保险基金收支、管理和投资运营中存在问题的，有权提出改正建议；对社会保险经办机构及其工作人员的违法行为，有权向有关部门提出依法处理建议。

**第八十一条** 社会保险行政部门和其他有关行政部门、社会保险经办机构、社会保险费征收机构及其工作人员，应当依法为用人单位和个人的信息保密，不得以任何形式泄露。

**第八十二条** 任何组织或者个人有权对违反社会保险法律、法规的行为进行举报、投诉。

社会保险行政部门、卫生行政部门、社会保险经办机构、社会保险费征收机构和财政部门、审计机关对属于本部门、本机构职责范围的举报、投诉，应当依法处理；对不属于本部门、本机构职责范围的，应当书面通知并移交有权处理的部门、机构处理。有权处理的部门、机构应当及时处理，不得推诿。

**第八十三条** 用人单位或者个人认为社会保险费征收机构的行为侵害自己合法权益的，可以依法申请行政复议或者提起行政诉讼。

用人单位或者个人对社会保险经办机构不依法办理社会保险登记、核定社会保险费、支付社会保险待遇、办理社会保险转移接续手续或者侵害其他社会保险权益的行为，可以依法申请行政复议或者提起行政诉讼。

个人与所在用人单位发生社会保险争议的，可以依法申请调解、仲裁，提起诉讼。用人单位侵害个人社会保险权益的，个人也可以要求社会保险行政部门或者社会保险费征收机构依法处理。

## 第十一章　法 律 责 任

**第八十四条**　用人单位不办理社会保险登记的，由社会保险行政部门责令限期改正；逾期不改正的，对用人单位处应缴社会保险费数额一倍以上三倍以下的罚款，对其直接负责的主管人员和其他直接责任人员处五百元以上三千元以下的罚款。

**第八十五条**　用人单位拒不出具终止或者解除劳动关系证明的，依照《中华人民共和国劳动合同法》的规定处理。

**第八十六条**　用人单位未按时足额缴纳社会保险费的，由社会保险费征收机构责令限期缴纳或者补足，并自欠缴之日起，按日加收万分之五的滞纳金；逾期仍不缴纳的，由有关行政部门处欠缴数额一倍以上三倍以下的罚款。

**第八十七条**　社会保险经办机构以及医疗机构、药品经营单位等社会保险服务机构以欺诈、伪造证明材料或者其他手段骗取社会保险基金支出的，由社会保险行政部门责令退回骗取的社会保险金，处骗取金额二倍以上五倍以下的罚款；属于社会保险服务机构的，解除服务协议；直接负责的主管人员和其他直接责任人员有执业资格的，依法吊销其执业资格。

**第八十八条**　以欺诈、伪造证明材料或者其他手段骗取社会保险待遇的，由社会保险行政部门责令退回骗取的社会保险金，处骗取金额二倍以上五倍以下的罚款。

**第八十九条**　社会保险经办机构及其工作人员有下列行为之一的，由社会保险行政部门责令改正；给社会保险基金、用人单位或者个人造成损失的，依法承担赔偿责任；对直接负责的主管人员和其他直接责任人员依法给予处分：

（一）未履行社会保险法定职责的；

（二）未将社会保险基金存入财政专户的；

（三）克扣或者拒不按时支付社会保险待遇的；

（四）丢失或者篡改缴费记录、享受社会保险待遇记录等社会保险数据、个人权益记录的；

（五）有违反社会保险法律、法规的其他行为的。

**第九十条**　社会保险费征收机构擅自更改社会保险费缴费基数、费率，导致少收或者多收社会保险费的，由有关行政部门责令其追缴应当缴纳的社会保险费或者退还不应当缴纳的社会保险费；对直接负责的主管人员和其他直接责任人员依法给予处分。

**第九十一条**　违反本法规定，隐匿、转移、侵占、挪用社会保险基金或者违规投资运营的，由社会保险行政部门、财政部门、审计机关责令追回；有违法所得的，没收违法所得；对直接负责的主管人员和其他直接责任人员依法给予处分。

**第九十二条** 社会保险行政部门和其他有关行政部门、社会保险经办机构、社会保险费征收机构及其工作人员泄露用人单位和个人信息的，对直接负责的主管人员和其他直接责任人员依法给予处分；给用人单位或者个人造成损失的，应当承担赔偿责任。

**第九十三条** 国家工作人员在社会保险管理、监督工作中滥用职权、玩忽职守、徇私舞弊的，依法给予处分。

**第九十四条** 违反本法规定，构成犯罪的，依法追究刑事责任。

## 第十二章 附 则

**第九十五条** 进城务工的农村居民依照本法规定参加社会保险。

**第九十六条** 征收农村集体所有的土地，应当足额安排被征地农民的社会保险费，按照国务院规定将被征地农民纳入相应的社会保险制度。

**第九十七条** 外国人在中国境内就业的，参照本法规定参加社会保险。

**第九十八条** 本法自2011年7月1日起施行。

# 2 工伤保险条例

2003年4月16日国务院第5次常务会议讨论通过，2003年4月27日中华人民共和国国务院令第375号公布，自2004年1月1日起施行；2010年12月8日国务院第136次常务会议通过《国务院关于修改〈工伤保险条例〉的决定》，2010年12月20日中华人民共和国国务院令第586号公布，自2011年1月1日起施行。

## 目 录

第一章　总则/15
第二章　工伤保险基金/15
第三章　工伤认定/16
第四章　劳动能力鉴定/18
第五章　工伤保险待遇/19
第六章　监督管理/21
第七章　法律责任/22
第八章　附则/23

## 第一章　总　　则

**第一条**　为了保障因工作遭受事故伤害或者患职业病的职工获得医疗救治和经济补偿，促进工伤预防和职业康复，分散用人单位的工伤风险，制定本条例。

**第二条**　中华人民共和国境内的企业、事业单位、社会团体、民办非企业单位、基金会、律师事务所、会计师事务所等组织和有雇工的个体工商户（以下称用人单位）应当依照本条例规定参加工伤保险，为本单位全部职工或者雇工（以下称职工）缴纳工伤保险费。

中华人民共和国境内的企业、事业单位、社会团体、民办非企业单位、基金会、律师事务所、会计师事务所等组织的职工和个体工商户的雇工，均有依照本条例的规定享受工伤保险待遇的权利。

**第三条**　工伤保险费的征缴按照《社会保险费征缴暂行条例》关于基本养老保险费、基本医疗保险费、失业保险费的征缴规定执行。

**第四条**　用人单位应当将参加工伤保险的有关情况在本单位内公示。

用人单位和职工应当遵守有关安全生产和职业病防治的法律法规，执行安全卫生规程和标准，预防工伤事故发生，避免和减少职业病危害。

职工发生工伤时，用人单位应当采取措施使工伤职工得到及时救治。

**第五条**　国务院社会保险行政部门负责全国的工伤保险工作。

县级以上地方各级人民政府社会保险行政部门负责本行政区域内的工伤保险工作。

社会保险行政部门按照国务院有关规定设立的社会保险经办机构（以下称经办机构）具体承办工伤保险事务。

**第六条**　社会保险行政部门等部门制定工伤保险的政策、标准，应当征求工会组织、用人单位代表的意见。

## 第二章　工伤保险基金

**第七条**　工伤保险基金由用人单位缴纳的工伤保险费、工伤保险基金的利息和依法纳入工伤保险基金的其他资金构成。

**第八条**　工伤保险费根据以支定收、收支平衡的原则，确定费率。

国家根据不同行业的工伤风险程度确定行业的差别费率，并根据工伤保险费使用、工伤发生率等情况在每个行业内确定若干费率档次。行业差别费率及行业内费率档次由国务院社会保险行政部门制定，报国务院批准后公布施行。

统筹地区经办机构根据用人单位工伤保险费使用、工伤发生率等情况，适用所属行业内相应的费率档次确定单位缴费费率。

**第九条**　国务院社会保险行政部门应当定期了解全国各统筹地区工伤保险基金收支情况，及时提出调整行业差别费率及行业内费率档次的方案，报国务院批准后公布施行。

**第十条**　用人单位应当按时缴纳工伤保险费。职工个人不缴纳工伤保险费。

用人单位缴纳工伤保险费的数额为本单位职工工资总额乘以单位缴费费率之积。

对难以按照工资总额缴纳工伤保险费的行业，其缴纳工伤保险费的具体方式，由国务院社会保险行政部门规定。

**第十一条** 工伤保险基金逐步实行省级统筹。

跨地区、生产流动性较大的行业，可以采取相对集中的方式异地参加统筹地区的工伤保险。具体办法由国务院社会保险行政部门会同有关行业的主管部门制定。

**第十二条** 工伤保险基金存入社会保障基金财政专户，用于本条例规定的工伤保险待遇，劳动能力鉴定，工伤预防的宣传、培训等费用，以及法律、法规规定的用于工伤保险的其他费用的支付。

工伤预防费用的提取比例、使用和管理的具体办法，由国务院社会保险行政部门会同国务院财政、卫生行政、安全生产监督管理等部门规定。

任何单位或者个人不得将工伤保险基金用于投资运营、兴建或者改建办公场所、发放奖金，或者挪作其他用途。

**第十三条** 工伤保险基金应当留有一定比例的储备金，用于统筹地区重大事故的工伤保险待遇支付；储备金不足支付的，由统筹地区的人民政府垫付。储备金占基金总额的具体比例和储备金的使用办法，由省、自治区、直辖市人民政府规定。

## 第三章 工伤认定

**第十四条** 职工有下列情形之一的，应当认定为工伤：

（一）在工作时间和工作场所内，因工作原因受到事故伤害的。

（二）工作时间前后在工作场所内，从事与工作有关的预备性或者收尾性工作受到事故伤害的。

（三）在工作时间和工作场所内，因履行工作职责受到暴力等意外伤害的。

（四）患职业病的。

（五）因工外出期间，由于工作原因受到伤害或者发生事故下落不明的。

（六）在上下班途中，受到非本人主要责任的交通事故或者城市轨道交通、客运轮渡、火车事故伤害的。

（七）法律、行政法规规定应当认定为工伤的其他情形。

**第十五条** 职工有下列情形之一的，视同工伤：

（一）在工作时间和工作岗位，突发疾病死亡或者在48小时之内经抢救无效死亡的。

（二）在抢险救灾等维护国家利益、公共利益活动中受到伤害的。

（三）职工原在军队服役，因战、因公负伤致残，已取得革命伤残军人证，到用人单位后旧伤复发的。

职工有前款第（一）项、第（二）项情形的，按照本条例的有关规定享受工伤保险待遇；职工有前款第（三）项情形的，按照本条例的有关规定享受除一次性伤残补助金以外的工伤保险待遇。

**第十六条**　职工符合本条例第十四条、第十五条的规定，但是有下列情形之一的，不得认定为工伤或者视同工伤：

（一）故意犯罪的。

（二）醉酒或者吸毒的。

（三）自残或者自杀的。

**第十七条**　职工发生事故伤害或者按照职业病防治法规定被诊断、鉴定为职业病，所在单位应当自事故伤害发生之日或者被诊断、鉴定为职业病之日起30日内，向统筹地区社会保险行政部门提出工伤认定申请。遇有特殊情况，经报社会保险行政部门同意，申请时限可以适当延长。

用人单位未按前款规定提出工伤认定申请的，工伤职工或者其近亲属、工会组织在事故伤害发生之日或者被诊断、鉴定为职业病之日起1年内，可以直接向用人单位所在地统筹地区社会保险行政部门提出工伤认定申请。

按照本条第一款规定应当由省级社会保险行政部门进行工伤认定的事项，根据属地原则由用人单位所在地的设区的市级社会保险行政部门办理。

用人单位未在本条第一款规定的时限内提交工伤认定申请，在此期间发生符合本条例规定的工伤待遇等有关费用由该用人单位负担。

**第十八条**　提出工伤认定申请应当提交下列材料：

（一）工伤认定申请表。

（二）与用人单位存在劳动关系（包括事实劳动关系）的证明材料。

（三）医疗诊断证明或者职业病诊断证明书（或者职业病诊断鉴定书）。

工伤认定申请表应当包括事故发生的时间、地点、原因以及职工伤害程度等基本情况。

工伤认定申请人提供材料不完整的，社会保险行政部门应当一次性书面告知工伤认定申请人需要补正的全部材料。申请人按照书面告知要求补正材料后，社会保险行政部门应当受理。

**第十九条**　社会保险行政部门受理工伤认定申请后，根据审核需要可以对事故伤害进行调查核实，用人单位、职工、工会组织、医疗机构以及有关部门应当予以协助。职业病诊断和诊断争议的鉴定，依照职业病防治法的有关规定执行。对依法取得职业病诊断证明书或者职业病诊断鉴定书的，社会保险行政部门不再进行调查核实。

职工或者其近亲属认为是工伤，用人单位不认为是工伤的，由用人单位承担举证责任。

**第二十条**　社会保险行政部门应当自受理工伤认定申请之日起60日内作出工伤认定的决定，并书面通知申请工伤认定的职工或者其近亲属和该职工所在单位。

社会保险行政部门对受理的事实清楚、权利义务明确的工伤认定申请，应当在15日内作出工伤认定的决定。

作出工伤认定决定需要以司法机关或者有关行政主管部门的结论为依据的，在司法机关或者有关行政主管部门尚未作出结论期间，作出工伤认定决定的时限中止。

社会保险行政部门工作人员与工伤认定申请人有利害关系的，应当回避。

## 第四章　劳动能力鉴定

**第二十一条**　职工发生工伤，经治疗伤情相对稳定后存在残疾、影响劳动能力的，应当进行劳动能力鉴定。

**第二十二条**　劳动能力鉴定是指劳动功能障碍程度和生活自理障碍程度的等级鉴定。

劳动功能障碍分为十个伤残等级，最重的为一级，最轻的为十级。

生活自理障碍分为三个等级：生活完全不能自理、生活大部分不能自理和生活部分不能自理。

劳动能力鉴定标准由国务院社会保险行政部门会同国务院卫生行政部门等部门制定。

**第二十三条**　劳动能力鉴定由用人单位、工伤职工或者其近亲属向设区的市级劳动能力鉴定委员会提出申请，并提供工伤认定决定和职工工伤医疗的有关资料。

**第二十四条**　省、自治区、直辖市劳动能力鉴定委员会和设区的市级劳动能力鉴定委员会分别由省、自治区、直辖市和设区的市级社会保险行政部门、卫生行政部门、工会组织、经办机构代表以及用人单位代表组成。

劳动能力鉴定委员会建立医疗卫生专家库。列入专家库的医疗卫生专业技术人员应当具备下列条件：

（一）具有医疗卫生高级专业技术职务任职资格。

（二）掌握劳动能力鉴定的相关知识。

（三）具有良好的职业品德。

**第二十五条**　设区的市级劳动能力鉴定委员会收到劳动能力鉴定申请后，应当从其建立的医疗卫生专家库中随机抽取 3 名或者 5 名相关专家组成专家组，由专家组提出鉴定意见。设区的市级劳动能力鉴定委员会根据专家组的鉴定意见作出工伤职工劳动能力鉴定结论；必要时，可以委托具备资格的医疗机构协助进行有关的诊断。

设区的市级劳动能力鉴定委员会应当自收到劳动能力鉴定申请之日起 60 日内作出劳动能力鉴定结论，必要时，作出劳动能力鉴定结论的期限可以延长 30 日。劳动能力鉴定结论应当及时送达申请鉴定的单位和个人。

**第二十六条**　申请鉴定的单位或者个人对设区的市级劳动能力鉴定委员会作出的鉴定结论不服的，可以在收到该鉴定结论之日起 15 日内向省、自治区、直辖市劳动能力鉴定委员会提出再次鉴定申请。省、自治区、直辖市劳动能力鉴定委员会作出的劳动能力鉴定结论为最终结论。

**第二十七条**　劳动能力鉴定工作应当客观、公正。劳动能力鉴定委员会组成人员或者参加鉴定的专家与当事人有利害关系的，应当回避。

**第二十八条**　自劳动能力鉴定结论作出之日起 1 年后，工伤职工或者其近亲属、所在单位或者经办机构认为伤残情况发生变化的，可以申请劳动能力复查鉴定。

**第二十九条**　劳动能力鉴定委员会依照本条例第二十六条和第二十八条的规定进行再次鉴定和复查鉴定的期限，依照本条例第二十五条第二款的规定执行。

## 第五章　工伤保险待遇

**第三十条**　职工因工作遭受事故伤害或者患职业病进行治疗，享受工伤医疗待遇。

职工治疗工伤应当在签订服务协议的医疗机构就医，情况紧急时可以先到就近的医疗机构急救。

治疗工伤所需费用符合工伤保险诊疗项目目录、工伤保险药品目录、工伤保险住院服务标准的，从工伤保险基金支付。工伤保险诊疗项目目录、工伤保险药品目录、工伤保险住院服务标准，由国务院社会保险行政部门会同国务院卫生行政部门、食品药品监督管理部门等部门规定。

职工住院治疗工伤的伙食补助费，以及经医疗机构出具证明，报经办机构同意，工伤职工到统筹地区以外就医所需的交通、食宿费用从工伤保险基金支付，基金支付的具体标准由统筹地区人民政府规定。

工伤职工治疗非工伤引发的疾病，不享受工伤医疗待遇，按照基本医疗保险办法处理。

工伤职工到签订服务协议的医疗机构进行工伤康复的费用，符合规定的，从工伤保险基金支付。

**第三十一条**　社会保险行政部门作出认定为工伤的决定后发生行政复议、行政诉讼的，行政复议和行政诉讼期间不停止支付工伤职工治疗工伤的医疗费用。

**第三十二条**　工伤职工因日常生活或者就业需要，经劳动能力鉴定委员会确认，可以安装假肢、矫形器、假眼、假牙和配置轮椅等辅助器具，所需费用按照国家规定的标准从工伤保险基金支付。

**第三十三条**　职工因工作遭受事故伤害或者患职业病需要暂停工作接受工伤医疗的，在停工留薪期内，原工资福利待遇不变，由所在单位按月支付。

停工留薪期一般不超过12个月。伤情严重或者情况特殊，经设区的市级劳动能力鉴定委员会确认，可以适当延长，但延长不得超过12个月。工伤职工评定伤残等级后，停发原待遇，按照本章的有关规定享受伤残待遇。工伤职工在停工留薪期满后仍需治疗的，继续享受工伤医疗待遇。

生活不能自理的工伤职工在停工留薪期需要护理的，由所在单位负责。

**第三十四条**　工伤职工已经评定伤残等级并经劳动能力鉴定委员会确认需要生活护理的，从工伤保险基金按月支付生活护理费。

生活护理费按照生活完全不能自理、生活大部分不能自理或者生活部分不能自理3个不同等级支付，其标准分别为统筹地区上年度职工月平均工资的50%、40%或者30%。

**第三十五条**　职工因工致残被鉴定为一级至四级伤残的，保留劳动关系，退出工作岗位，享受以下待遇：

（一）从工伤保险基金按伤残等级支付一次性伤残补助金，标准为：一级伤残为27个月的本人工资，二级伤残为25个月的本人工资，三级伤残为23个月的本人工资，四级伤残为21个月的本人工资。

（二）从工伤保险基金按月支付伤残津贴，标准为：一级伤残为本人工资的90%，二级伤残为本人工资的85%，三级伤残为本人工资的80%，四级伤残为本人工资的75%。伤残津贴实际金额低于当地最低工资标准的，由工伤保险基金补足差额。

（三）工伤职工达到退休年龄并办理退休手续后，停发伤残津贴，按照国家有关规定享受基本养老保险待遇。基本养老保险待遇低于伤残津贴的，由工伤保险基金补足差额。

职工因工致残被鉴定为一级至四级伤残的，由用人单位和职工个人以伤残津贴为基数，缴纳基本医疗保险费。

**第三十六条** 职工因工致残被鉴定为五级、六级伤残的，享受以下待遇：

（一）从工伤保险基金按伤残等级支付一次性伤残补助金，标准为：五级伤残为18个月的本人工资，六级伤残为16个月的本人工资。

（二）保留与用人单位的劳动关系，由用人单位安排适当工作。难以安排工作的，由用人单位按月发给伤残津贴，标准为：五级伤残为本人工资的70%，六级伤残为本人工资的60%，并由用人单位按照规定为其缴纳应缴纳的各项社会保险费。伤残津贴实际金额低于当地最低工资标准的，由用人单位补足差额。

经工伤职工本人提出，该职工可以与用人单位解除或者终止劳动关系，由工伤保险基金支付一次性工伤医疗补助金，由用人单位支付一次性伤残就业补助金。一次性工伤医疗补助金和一次性伤残就业补助金的具体标准由省、自治区、直辖市人民政府规定。

**第三十七条** 职工因工致残被鉴定为七级至十级伤残的，享受以下待遇：

（一）从工伤保险基金按伤残等级支付一次性伤残补助金，标准为：七级伤残为13个月的本人工资，八级伤残为11个月的本人工资，九级伤残为9个月的本人工资，十级伤残为7个月的本人工资。

（二）劳动、聘用合同期满终止，或者职工本人提出解除劳动、聘用合同的，由工伤保险基金支付一次性工伤医疗补助金，由用人单位支付一次性伤残就业补助金。一次性工伤医疗补助金和一次性伤残就业补助金的具体标准由省、自治区、直辖市人民政府规定。

**第三十八条** 工伤职工工伤复发，确认需要治疗的，享受本条例第三十条、第三十二条和第三十三条规定的工伤待遇。

**第三十九条** 职工因工死亡，其近亲属按照下列规定从工伤保险基金领取丧葬补助金、供养亲属抚恤金和一次性工亡补助金。

（一）丧葬补助金为6个月的统筹地区上年度职工月平均工资。

（二）供养亲属抚恤金按照职工本人工资的一定比例发给由因工死亡职工生前提供主要生活来源、无劳动能力的亲属。标准为：配偶每月40%，其他亲属每人每月30%，孤寡老人或者孤儿每人每月在上述标准的基础上增加10%。核定的各供养亲属的抚恤金之和不应高于因工死亡职工生前的工资。供养亲属的具体范围由国务院社会保险行政部门规定。

（三）一次性工亡补助金标准为上一年度全国城镇居民人均可支配收入的20倍。

伤残职工在停工留薪期内因工伤导致死亡的，其近亲属享受本条第一款规定的待遇。

一级至四级伤残职工在停工留薪期满后死亡的，其近亲属可以享受本条第一款第（一）项、第（二）项规定的待遇。

**第四十条** 伤残津贴、供养亲属抚恤金、生活护理费由统筹地区社会保险行政部门根据职工平均工资和生活费用变化等情况适时调整。调整办法由省、自治区、直辖市人民政府规定。

**第四十一条** 职工因工外出期间发生事故或者在抢险救灾中下落不明的，从事故发生当月起3个月内照发工资，从第4个月起停发工资，由工伤保险基金向其供养亲属按月支付供养亲属抚恤金。生活有困难的，可以预支一次性工亡补助金的50%。职工被人民法院宣告死亡的，按照本条例第三十九条职工因工死亡的规定处理。

**第四十二条** 工伤职工有下列情形之一的，停止享受工伤保险待遇：

（一）丧失享受待遇条件的。

（二）拒不接受劳动能力鉴定的。

（三）拒绝治疗的。

**第四十三条** 用人单位分立、合并、转让的，承继单位应当承担原用人单位的工伤保险责任；原用人单位已经参加工伤保险的，承继单位应当到当地经办机构办理工伤保险变更登记。

用人单位实行承包经营的，工伤保险责任由职工劳动关系所在单位承担。

职工被借调期间受到工伤事故伤害的，由原用人单位承担工伤保险责任，但原用人单位与借调单位可以约定补偿办法。

企业破产的，在破产清算时依法拨付应当由单位支付的工伤保险待遇费用。

**第四十四条** 职工被派遣出境工作，依据前往国家或者地区的法律应当参加当地工伤保险的，参加当地工伤保险，其国内工伤保险关系中止；不能参加当地工伤保险的，其国内工伤保险关系不中止。

**第四十五条** 职工再次发生工伤，根据规定应当享受伤残津贴的，按照新认定的伤残等级享受伤残津贴待遇。

## 第六章 监督管理

**第四十六条** 经办机构具体承办工伤保险事务，履行下列职责：

（一）根据省、自治区、直辖市人民政府规定，征收工伤保险费。

（二）核查用人单位的工资总额和职工人数，办理工伤保险登记，并负责保存用人单位缴费和职工享受工伤保险待遇情况的记录。

（三）进行工伤保险的调查、统计。

（四）按照规定管理工伤保险基金的支出。

（五）按照规定核定工伤保险待遇。

（六）为工伤职工或者其近亲属免费提供咨询服务。

**第四十七条** 经办机构与医疗机构、辅助器具配置机构在平等协商的基础上签订服务协议，并公布签订服务协议的医疗机构、辅助器具配置机构的名单。具体办法由国务院社会保险行政部门分别会同国务院卫生行政部门、民政部门等部门制定。

**第四十八条** 经办机构按照协议和国家有关目录、标准对工伤职工医疗费用、康复费用、辅助器具费用的使用情况进行核查，并按时足额结算费用。

**第四十九条** 经办机构应当定期公布工伤保险基金的收支情况，及时向社会保险行政部门提出调整费率的建议。

**第五十条** 社会保险行政部门、经办机构应当定期听取工伤职工、医疗机构、辅助器具配置机构以及社会各界对改进工伤保险工作的意见。

**第五十一条** 社会保险行政部门依法对工伤保险费的征缴和工伤保险基金的支付情况进行监督检查。

财政部门和审计机关依法对工伤保险基金的收支、管理情况进行监督。

**第五十二条** 任何组织和个人对有关工伤保险的违法行为，有权举报。社会保险行政部门对举报应当及时调查，按照规定处理，并为举报人保密。

**第五十三条** 工会组织依法维护工伤职工的合法权益，对用人单位的工伤保险工作实行监督。

**第五十四条** 职工与用人单位发生工伤待遇方面的争议，按照处理劳动争议的有关规定处理。

**第五十五条** 有下列情形之一的，有关单位或者个人可以依法申请行政复议，也可以依法向人民法院提起行政诉讼：

（一）申请工伤认定的职工或者其近亲属、该职工所在单位对工伤认定申请不予受理的决定不服的。

（二）申请工伤认定的职工或者其近亲属、该职工所在单位对工伤认定结论不服的。

（三）用人单位对经办机构确定的单位缴费费率不服的。

（四）签订服务协议的医疗机构、辅助器具配置机构认为经办机构未履行有关协议或者规定的。

（五）工伤职工或者其近亲属对经办机构核定的工伤保险待遇有异议的。

## 第七章　法律责任

**第五十六条** 单位或者个人违反本条例第十二条规定挪用工伤保险基金，构成犯罪的，依法追究刑事责任；尚不构成犯罪的，依法给予处分或者纪律处分。被挪用的基金由社会保险行政部门追回，并入工伤保险基金；没收的违法所得依法上缴国库。

**第五十七条** 社会保险行政部门工作人员有下列情形之一的，依法给予处分；情节严重，构成犯罪的，依法追究刑事责任：

（一）无正当理由不受理工伤认定申请，或者弄虚作假将不符合工伤条件的人员认定为工伤职工的。

（二）未妥善保管申请工伤认定的证据材料，致使有关证据灭失的。

（三）收受当事人财物的。

**第五十八条** 经办机构有下列行为之一的，由社会保险行政部门责令改正，对直接负责的主管人员和其他责任人员依法给予纪律处分；情节严重，构成犯罪的，依法追究刑事责任；造成当事人经济损失的，由经办机构依法承担赔偿责任：

（一）未按规定保存用人单位缴费和职工享受工伤保险待遇情况记录的。

（二）不按规定核定工伤保险待遇的。

（三）收受当事人财物的。

**第五十九条**　医疗机构、辅助器具配置机构不按服务协议提供服务的，经办机构可以解除服务协议。

经办机构不按时足额结算费用的，由社会保险行政部门责令改正；医疗机构、辅助器具配置机构可以解除服务协议。

**第六十条**　用人单位、工伤职工或者其近亲属骗取工伤保险待遇，医疗机构、辅助器具配置机构骗取工伤保险基金支出的，由社会保险行政部门责令退还，处骗取金额2倍以上5倍以下的罚款；情节严重，构成犯罪的，依法追究刑事责任。

**第六十一条**　从事劳动能力鉴定的组织或者个人有下列情形之一的，由社会保险行政部门责令改正，处2 000元以上1万元以下的罚款；情节严重，构成犯罪的，依法追究刑事责任：

（一）提供虚假鉴定意见的。

（二）提供虚假诊断证明的。

（三）收受当事人财物的。

**第六十二条**　用人单位依照本条例规定应当参加工伤保险而未参加的，由社会保险行政部门责令限期参加，补缴应当缴纳的工伤保险费，并自欠缴之日起，按日加收万分之五的滞纳金；逾期仍不缴纳的，处欠缴数额1倍以上3倍以下的罚款。

依照本条例规定应当参加工伤保险而未参加工伤保险的用人单位职工发生工伤的，由该用人单位按照本条例规定的工伤保险待遇项目和标准支付费用。

用人单位参加工伤保险并补缴应当缴纳的工伤保险费、滞纳金后，由工伤保险基金和用人单位依照本条例的规定支付新发生的费用。

**第六十三条**　用人单位违反本条例第十九条的规定，拒不协助社会保险行政部门对事故进行调查核实的，由社会保险行政部门责令改正，处2 000元以上2万元以下的罚款。

## 第八章　附　　则

**第六十四条**　本条例所称工资总额，是指用人单位直接支付给本单位全部职工的劳动报酬总额。

本条例所称本人工资，是指工伤职工因工作遭受事故伤害或者患职业病前12个月平均月缴费工资。本人工资高于统筹地区职工平均工资300%的，按照统筹地区职工平均工资的300%计算；本人工资低于统筹地区职工平均工资60%的，按照统筹地区职工平均工资的60%计算。

**第六十五条**　公务员和参照公务员法管理的事业单位、社会团体的工作人员因工作遭受事故伤害或者患职业病的，由所在单位支付费用。具体办法由国务院社会保险行政部门会同国务院财政部门规定。

**第六十六条** 无营业执照或者未经依法登记、备案的单位以及被依法吊销营业执照或者撤销登记、备案的单位的职工受到事故伤害或者患职业病的，由该单位向伤残职工或者死亡职工的近亲属给予一次性赔偿，赔偿标准不得低于本条例规定的工伤保险待遇；用人单位不得使用童工，用人单位使用童工造成童工伤残、死亡的，由该单位向童工或者童工的近亲属给予一次性赔偿，赔偿标准不得低于本条例规定的工伤保险待遇。具体办法由国务院社会保险行政部门规定。

前款规定的伤残职工或者死亡职工的近亲属就赔偿数额与单位发生争议的，以及前款规定的童工或者童工的近亲属就赔偿数额与单位发生争议的，按照处理劳动争议的有关规定处理。

**第六十七条** 本条例自2004年1月1日起施行。本条例施行前已受到事故伤害或者患职业病的职工尚未完成工伤认定的，按照本条例的规定执行。

# 3 实施《中华人民共和国社会保险法》若干规定

2011年6月29日人力资源和社会保障部第67次部务会审议通过《实施〈中华人民共和国社会保险法〉若干规定》，2011年6月29日中华人民共和国人力资源和社会保障部令第13号公布，自2011年7月1日起施行。

## 目　录

第一章　关于基本养老保险/24
第二章　关于基本医疗保险/25
第三章　关于工伤保险/26
第四章　关于失业保险/26
第五章　关于基金管理和经办服务/27
第六章　关于法律责任/27
第七章　其他/28

为了实施《中华人民共和国社会保险法》（以下简称社会保险法），制定本规定。

## 第一章　关于基本养老保险

**第一条** 社会保险法第十五条规定的统筹养老金，按照国务院规定的基础养老金计发办法计发。

**第二条**　参加职工基本养老保险的个人达到法定退休年龄时，累计缴费不足十五年的，可以延长缴费至满十五年。社会保险法实施前参保、延长缴费五年后仍不足十五年的，可以一次性缴费至满十五年。

**第三条**　参加职工基本养老保险的个人达到法定退休年龄后，累计缴费不足十五年（含依照第二条规定延长缴费）的，可以申请转入户籍所在地新型农村社会养老保险或者城镇居民社会养老保险，享受相应的养老保险待遇。

参加职工基本养老保险的个人达到法定退休年龄后，累计缴费不足十五年（含依照第二条规定延长缴费），且未转入新型农村社会养老保险或者城镇居民社会养老保险的，个人可以书面申请终止职工基本养老保险关系。社会保险经办机构收到申请后，应当书面告知其转入新型农村社会养老保险或者城镇居民社会养老保险的权利以及终止职工基本养老保险关系的后果，经本人书面确认后，终止其职工基本养老保险关系，并将个人账户储存额一次性支付给本人。

**第四条**　参加职工基本养老保险的个人跨省流动就业，达到法定退休年龄时累计缴费不足十五年的，按照《国务院办公厅关于转发人力资源社会保障部　财政部城镇企业职工基本养老保险关系转移接续暂行办法的通知》（国办发〔2009〕66号）有关待遇领取地的规定确定继续缴费地后，按照本规定第二条办理。

**第五条**　参加职工基本养老保险的个人跨省流动就业，符合按月领取基本养老金条件时，基本养老金分段计算、统一支付的具体办法，按照《国务院办公厅关于转发人力资源社会保障部　财政部城镇企业职工基本养老保险关系转移接续暂行办法的通知》（国办发〔2009〕66号）执行。

**第六条**　职工基本养老保险个人账户不得提前支取。个人在达到法定的领取基本养老金条件前离境定居的，其个人账户予以保留，达到法定领取条件时，按照国家规定享受相应的养老保险待遇。其中，丧失中华人民共和国国籍的，可以在其离境时或者离境后书面申请终止职工基本养老保险关系。社会保险经办机构收到申请后，应当书面告知其保留个人账户的权利以及终止职工基本养老保险关系的后果，经本人书面确认后，终止其职工基本养老保险关系，并将个人账户储存额一次性支付给本人。

参加职工基本养老保险的个人死亡后，其个人账户中的余额可以全部依法继承。

## 第二章　关于基本医疗保险

**第七条**　社会保险法第二十七条规定的退休人员享受基本医疗保险待遇的缴费年限按照各地规定执行。

参加职工基本医疗保险的个人，基本医疗保险关系转移接续时，基本医疗保险缴费年限累计计算。

**第八条**　参保人员在协议医疗机构发生的医疗费用，符合基本医疗保险药品目录、诊疗项目、医疗服务设施标准的，按照国家规定从基本医疗保险基金中支付。

参保人员确需急诊、抢救的，可以在非协议医疗机构就医；因抢救必须使用的药品可以适当放宽范围。参保人员急诊、抢救的医疗服务具体管理办法由统筹地区根据当地实际情况制定。

## 第三章　关于工伤保险

**第九条**　职工（包括非全日制从业人员）在两个或者两个以上用人单位同时就业的，各用人单位应当分别为职工缴纳工伤保险费。职工发生工伤，由职工受到伤害时工作的单位依法承担工伤保险责任。

**第十条**　社会保险法第三十七条第二项中的醉酒标准，按照《车辆驾驶人员血液、呼气酒精含量阈值与检验》（GB 19522—2004）执行。公安机关交通管理部门、医疗机构等有关单位依法出具的检测结论、诊断证明等材料，可以作为认定醉酒的依据。

**第十一条**　社会保险法第三十八条第八项中的因工死亡补助金是指《工伤保险条例》第三十九条的一次性工亡补助金，标准为工伤发生时上一年度全国城镇居民人均可支配收入的20倍。

上一年度全国城镇居民人均可支配收入以国家统计局公布的数据为准。

**第十二条**　社会保险法第三十九条第一项治疗工伤期间的工资福利，按照《工伤保险条例》第三十三条有关职工在停工留薪期内应当享受的工资福利和护理等待遇的规定执行。

## 第四章　关于失业保险

**第十三条**　失业人员符合社会保险法第四十五条规定条件的，可以申请领取失业保险金并享受其他失业保险待遇。其中，非因本人意愿中断就业包括下列情形：

（一）依照劳动合同法第四十四条第一项、第四项、第五项规定终止劳动合同的；

（二）由用人单位依照劳动合同法第三十九条、第四十条、第四十一条规定解除劳动合同的；

（三）用人单位依照劳动合同法第三十六条规定向劳动者提出解除劳动合同并与劳动者协商一致解除劳动合同的；

（四）由用人单位提出解除聘用合同或者被用人单位辞退、除名、开除的；

（五）劳动者本人依照劳动合同法第三十八条规定解除劳动合同的；

（六）法律、法规、规章规定的其他情形。

**第十四条**　失业人员领取失业保险金后重新就业的，再次失业时，缴费时间重新计算。失业人员因当期不符合失业保险金领取条件的，原有缴费时间予以保留，重新就业并参保的，缴费时间累计计算。

**第十五条**　失业人员在领取失业保险金期间，应当积极求职，接受职业介绍和职业培训。失业人员接受职业介绍、职业培训的补贴由失业保险基金按照规定支付。

## 第五章 关于基金管理和经办服务

**第十六条** 社会保险基金预算、决算草案的编制、审核和批准，依照《国务院关于试行社会保险基金预算的意见》（国发〔2010〕2号）的规定执行。

**第十七条** 社会保险经办机构应当每年至少一次将参保人员个人权益记录单通过邮寄方式寄送本人。同时，社会保险经办机构可以通过手机短信或者电子邮件等方式向参保人员发送个人权益记录。

**第十八条** 社会保险行政部门、社会保险经办机构及其工作人员应当依法为用人单位和个人的信息保密，不得违法向他人泄露下列信息：

（一）涉及用人单位商业秘密或者公开后可能损害用人单位合法利益的信息；

（二）涉及个人权益的信息。

## 第六章 关于法律责任

**第十九条** 用人单位在终止或者解除劳动合同时拒不向职工出具终止或者解除劳动关系证明，导致职工无法享受社会保险待遇的，用人单位应当依法承担赔偿责任。

**第二十条** 职工应当缴纳的社会保险费由用人单位代扣代缴。用人单位未依法代扣代缴的，由社会保险费征收机构责令用人单位限期代缴，并自欠缴之日起向用人单位按日加收万分之五的滞纳金。用人单位不得要求职工承担滞纳金。

**第二十一条** 用人单位因不可抗力造成生产经营出现严重困难的，经省级人民政府社会保险行政部门批准后，可以暂缓缴纳一定期限的社会保险费，期限一般不超过一年。暂缓缴费期间，免收滞纳金。到期后，用人单位应当缴纳相应的社会保险费。

**第二十二条** 用人单位按照社会保险法第六十三条的规定，提供担保并与社会保险费征收机构签订缓缴协议的，免收缓缴期间的滞纳金。

**第二十三条** 用人单位按照本规定第二十一条、第二十二条缓缴社会保险费期间，不影响其职工依法享受社会保险待遇。

**第二十四条** 用人单位未按月将缴纳社会保险费的明细情况告知职工本人的，由社会保险行政部门责令改正；逾期不改的，按照《劳动保障监察条例》第三十条的规定处理。

**第二十五条** 医疗机构、药品经营单位等社会保险服务机构以欺诈、伪造证明材料或者其他手段骗取社会保险基金支出的，由社会保险行政部门责令退回骗取的社会保险金，处骗取金额二倍以上五倍以下的罚款。对与社会保险经办机构签订服务协议的医疗机构、药品经营单位，由社会保险经办机构按照协议追究责任，情节严重的，可以解除与其签订的服务协议。对有执业资格的直接负责的主管人员和其他直接责任人员，由社会保险行政部门建议授予其执业资格的有关主管部门依法吊销其执业资格。

**第二十六条** 社会保险经办机构、社会保险费征收机构、社会保险基金投资运营机构、开设社会保险基金专户的机构和专户管理银行及其工作人员有下列违法情形的，由社会保险行政部门按照社会保险法第九十一条的规定查处：

（一）将应征和已征的社会保险基金，采取隐藏、非法放置等手段，未按规定征缴、入账的；

（二）违规将社会保险基金转入社会保险基金专户以外的账户的；

（三）侵吞社会保险基金的；

（四）将各项社会保险基金互相挤占或者其他社会保障基金挤占社会保险基金的；

（五）将社会保险基金用于平衡财政预算，兴建、改建办公场所和支付人员经费、运行费用、管理费用的；

（六）违反国家规定的投资运营政策的。

## 第七章　其　　他

**第二十七条**　职工与所在用人单位发生社会保险争议的，可以依照《中华人民共和国劳动争议调解仲裁法》《劳动人事争议仲裁办案规则》的规定，申请调解、仲裁，提起诉讼。

职工认为用人单位有未按时足额为其缴纳社会保险费等侵害其社会保险权益行为的，也可以要求社会保险行政部门或者社会保险费征收机构依法处理。社会保险行政部门或者社会保险费征收机构应当按照社会保险法和《劳动保障监察条例》等相关规定处理。在处理过程中，用人单位对双方的劳动关系提出异议的，社会保险行政部门应当依法查明相关事实后继续处理。

**第二十八条**　在社会保险经办机构征收社会保险费的地区，社会保险行政部门应当依法履行社会保险法第六十三条所规定的有关行政部门的职责。

**第二十九条**　2011 年 7 月 1 日后对用人单位未按时足额缴纳社会保险费的处理，按照社会保险法和本规定执行；对 2011 年 7 月 1 日前发生的用人单位未按时足额缴纳社会保险费的行为，按照国家和地方人民政府的有关规定执行。

**第三十条**　本规定自 2011 年 7 月 1 日起施行。

# 4　人力资源社会保障部关于执行《工伤保险条例》若干问题的意见

人社部发〔2013〕34 号

各省、自治区、直辖市及新疆生产建设兵团人力资源社会保障厅（局）：

《国务院关于修改〈工伤保险条例〉的决定》（国务院令第 586 号）已经于 2011 年 1 月 1 日实施。为贯彻执行新修订的《工伤保险条例》，妥善解决实际工作中的问题，更好地保障职工和用人单位的合法权益，现提出如下意见。

一、《工伤保险条例》（以下简称《条例》）第十四条第（五）项规定的“因工外出期间”的认定，应当考虑职工外出是否属于用人单位指派的因工作外出，遭受的事故伤害是否因工作原因所致。

二、《条例》第十四条第（六）项规定的“非本人主要责任”的认定，应当以有关机关出具的法律文书或者人民法院的生效裁决为依据。

三、《条例》第十六条第（一）项“故意犯罪”的认定，应当以司法机关的生效法律文书或者结论性意见为依据。

四、《条例》第十六条第（二）项“醉酒或者吸毒”的认定，应当以有关机关出具的法律文书或者人民法院的生效裁决为依据。无法获得上述证据的，可以结合相关证据认定。

五、社会保险行政部门受理工伤认定申请后，发现劳动关系存在争议且无法确认的，应告知当事人可以向劳动人事争议仲裁委员会申请仲裁。在此期间，作出工伤认定决定的时限中止，并书面通知申请工伤认定的当事人。劳动关系依法确认后，当事人应将有关法律文书送交受理工伤认定申请的社会保险行政部门，该部门自收到生效法律文书之日起恢复工伤认定程序。

六、符合《条例》第十五条第（一）项情形的，职工所在用人单位原则上应自职工死亡之日起 5 个工作日内向用人单位所在统筹地区社会保险行政部门报告。

七、具备用工主体资格的承包单位违反法律、法规规定，将承包业务转包、分包给不具备用工主体资格的组织或者自然人，该组织或者自然人招用的劳动者从事承包业务时因工伤亡的，由该具备用工主体资格的承包单位承担用人单位依法应承担的工伤保险责任。

八、曾经从事接触职业病危害作业、当时没有发现罹患职业病、离开工作岗位后被诊断或鉴定为职业病的符合下列条件的人员，可以自诊断、鉴定为职业病之日起一年内申请工伤认定，社会保险行政部门应当受理：

（一）办理退休手续后，未再从事接触职业病危害作业的退休人员；

（二）劳动或聘用合同期满后或者本人提出而解除劳动或聘用合同后，未再从事接触职业病危害作业的人员。

经工伤认定和劳动能力鉴定，前款第（一）项人员符合领取一次性伤残补助金条件的，按就高原则以本人退休前 12 个月平均月缴费工资或者确诊职业病前 12 个月的月平均养老金为基数计发。前款第（二）项人员被鉴定为一级至十级伤残、按《条例》规定应以本人工资作为基数享受相关待遇的，按本人终止或者解除劳动、聘用合同前 12 个月平均月缴费工资计发。

九、按照本意见第八条规定被认定为工伤的职业病人员，职业病诊断证明书（或职业病诊断鉴定书）中明确的用人单位，在该职工从业期间依法为其缴纳工伤保险费的，按《条例》的规定，分别由工伤保险基金和用人单位支付工伤保险待遇；未依法为该职工缴纳工伤保险费的，由用人单位按照《条例》规定的相关项目和标准支付待遇。

十、职工在同一用人单位连续工作期间多次发生工伤的，符合《条例》第三十六条、

第三十七条规定领取相关待遇时，按照其在同一用人单位发生工伤的最高伤残级别，计发一次性伤残就业补助金和一次性工伤医疗补助金。

十一、依据《条例》第四十二条的规定停止支付工伤保险待遇的，在停止支付待遇的情形消失后，自下月起恢复工伤保险待遇，停止支付的工伤保险待遇不予补发。

十二、《条例》第六十二条第三款规定的“新发生的费用”，是指用人单位职工参加工伤保险前发生工伤的，在参加工伤保险后新发生的费用。

十三、由工伤保险基金支付的各项待遇应按《条例》相关规定支付，不得采取将长期待遇改为一次性支付的办法。

十四、核定工伤职工工伤保险待遇时，若上一年度相关数据尚未公布，可暂按前一年度的全国城镇居民人均可支配收入、统筹地区职工月平均工资核定和计发，待相关数据公布后再重新核定，社会保险经办机构或者用人单位予以补发差额部分。

本意见自发文之日起执行，此前有关规定与本意见不一致的，按本意见执行。执行中有重大问题，请及时报告我部。

人力资源社会保障部

2013年4月25日

# 5　人力资源社会保障部关于执行《工伤保险条例》若干问题的意见（二）

人社部发〔2016〕29号

各省、自治区、直辖市及新疆生产建设兵团人力资源社会保障厅（局）：

为更好地贯彻执行新修订的《工伤保险条例》，提高依法行政能力和水平，妥善解决实际工作中的问题，保障职工和用人单位合法权益，现提出如下意见：

一、一级至四级工伤职工死亡，其近亲属同时符合领取工伤保险丧葬补助金、供养亲属抚恤金待遇和职工基本养老保险丧葬补助金、抚恤金待遇条件的，由其近亲属选择领取工伤保险或职工基本养老保险其中一种。

二、达到或超过法定退休年龄，但未办理退休手续或者未依法享受城镇职工基本养老保险待遇，继续在原用人单位工作期间受到事故伤害或患职业病的，用人单位依法承担工伤保险责任。

用人单位招用已经达到、超过法定退休年龄或已经领取城镇职工基本养老保险待遇的人员，在用工期间因工作原因受到事故伤害或患职业病的，如招用单位已按项目参保等方式为其缴纳工伤保险费的，应适用《工伤保险条例》。

三、《工伤保险条例》第六十二条规定的“新发生的费用”，是指用人单位参加工伤保险前发生工伤的职工，在参加工伤保险后新发生的费用。其中由工伤保险基金支付的费用，按不同情况予以处理：

（一）因工受伤的，支付参保后新发生的工伤医疗费、工伤康复费、住院伙食补助费、统筹地区以外就医交通食宿费、辅助器具配置费、生活护理费、一级至四级伤残职工伤残津贴，以及参保后解除劳动合同时的一次性工伤医疗补助金；

（二）因工死亡的，支付参保后新发生的符合条件的供养亲属抚恤金。

四、职工在参加用人单位组织或者受用人单位指派参加其他单位组织的活动中受到事故伤害的，应当视为工作原因，但参加与工作无关的活动除外。

五、职工因工作原因驻外，有固定的住所、有明确的作息时间，工伤认定时按照在驻在地当地正常工作的情形处理。

六、职工以上下班为目的、在合理时间内往返于工作单位和居住地之间的合理路线，视为上下班途中。

七、用人单位注册地与生产经营地不在同一统筹地区的，原则上应在注册地为职工参加工伤保险；未在注册地参加工伤保险的职工，可由用人单位在生产经营地为其参加工伤保险。

劳务派遣单位跨地区派遣劳动者，应根据《劳务派遣暂行规定》参加工伤保险。建筑施工企业按项目参保的，应在施工项目所在地参加工伤保险。

职工受到事故伤害或者患职业病后，在参保地进行工伤认定、劳动能力鉴定，并按照参保地的规定依法享受工伤保险待遇；未参加工伤保险的职工，应当在生产经营地进行工伤认定、劳动能力鉴定，并按照生产经营地的规定依法由用人单位支付工伤保险待遇。

八、有下列情形之一的，被延误的时间不计算在工伤认定申请时限内：

（一）受不可抗力影响的；

（二）职工由于被国家机关依法采取强制措施等人身自由受到限制不能申请工伤认定的；

（三）申请人正式提交了工伤认定申请，但因社会保险机构未登记或者材料遗失等原因造成申请超时限的；

（四）当事人就确认劳动关系申请劳动仲裁或提起民事诉讼的；

（五）其他符合法律法规规定的情形。

九、《工伤保险条例》第六十七条规定的“尚未完成工伤认定的”，是指在《工伤保险条例》施行前遭受事故伤害或被诊断鉴定为职业病，且在工伤认定申请法定时限内（从《工伤保险条例》施行之日起算）提出工伤认定申请，尚未做出工伤认定的情形。

十、因工伤认定申请人或者用人单位隐瞒有关情况或者提供虚假材料，导致工伤认定决定错误的，社会保险行政部门发现后，应当及时予以更正。

本意见自发文之日起执行，此前有关规定与本意见不一致的，按本意见执行。执行中有重大问题，请及时报告我部。

人力资源社会保障部

2016年3月28日

# 6 关于实施《工伤保险条例》若干问题的意见

劳社部函〔2004〕256号

各省、自治区、直辖市劳动和社会保障厅（局）：

《工伤保险条例》（以下简称条例）已于二○○四年一月一日起施行，现就条例实施中的有关问题提出如下意见。

一、职工在两个或两个以上用人单位同时就业的，各用人单位应当分别为职工缴纳工伤保险费。职工发生工伤，由职工受到伤害时其工作的单位依法承担工伤保险责任。

二、条例第十四条规定“上下班途中，受到机动车事故伤害的，应当认定为工伤”。这里“上下班途中”既包括职工正常工作的上下班途中，也包括职工加班加点的上下班途中。“受到机动车事故伤害的”既可以是职工驾驶或乘坐的机动车发生事故造成的，也可以是职工因其他机动车事故造成的。

三、条例第十五条规定“职工在工作时间和工作岗位，突发疾病死亡或者在48小时之内经抢救无效死亡的，视同工伤”。这里“突发疾病”包括各类疾病。“48小时”的起算时间，以医疗机构的初次诊断时间作为突发疾病的起算时间。

四、条例第十七条第二款规定的有权申请工伤认定的“工会组织”包括职工所在用人单位的工会组织以及符合《中华人民共和国工会法》规定的各级工会组织。

五、用人单位未按规定为职工提出工伤认定申请，受到事故伤害或者患职业病的职工或者其直系亲属、工会组织提出工伤认定申请，职工所在单位是否同意（签字、盖章），不是必经程序。

六、条例第十七条第四款规定“用人单位未在本条第一款规定的时限内提交工伤认定申请的，在此期间发生符合本条例规定的工伤待遇等有关费用由该用人单位负担”。这里用人单位承担工伤待遇等有关费用的期间是指从事故伤害发生之日或职业病确诊之日起到劳动保障行政部门受理工伤认定申请之日止。

七、条例第三十六条规定的工伤职工旧伤复发，是否需要治疗应由治疗工伤职工的协议医疗机构提出意见，有争议的由劳动能力鉴定委员会确认。

八、职工因工死亡，其供养亲属享受抚恤金待遇的资格，按职工因工死亡时的条件核定。

劳动和社会保障部

2004年11月1日

# 7　GB/T 31596.5—2015 社会保险术语 第 5 部分：工伤保险

## 前　言

GB/T 31596《社会保险术语》分为 6 个部分：

——第 1 部分：通用；

——第 2 部分：养老保险；

——第 3 部分：失业保险；

——第 4 部分：医疗保险；

——第 5 部分：工伤保险；

——第 6 部分：生育保险。

本部分为 GB/T 31596 的第 5 部分。

本部分按照 GB/T 1.1—2009 给出的规则起草。

本部分由中华人民共和国人力资源和社会保障部提出。

本部分由全国社会保险标准化技术委员会（SAC/TC 474）归口。

本部分起草单位：人力资源社会保障部社会保险事业管理中心、人力资源社会保障部工伤保险司、中国医疗保险研究会、吉林省社会医疗保险管理局、河南省工伤保险中心、辽宁省铁岭市医疗保险管理中心、山东省淄博市社会劳动保险事业处、中国人民大学劳动人事学院。

本部分主要起草人：吴光、鲁士海、熊先军、孙树菡、李静湖、张晗、姜志芹、刘娟、左陈晨、刘鸿声、毕永春、李如意、李桂芝、王丽莉、马勇、李朝。

## 社会保险术语　第 5 部分：工伤保险

### 1　范围

GB/T 31596 的本部分界定了工伤与工伤保险、工伤保险基金、工伤预防、工伤认定、劳动能力鉴定、工伤康复、工伤保险待遇、工伤保险服务管理等方面的术语和定义。

本部分适用于工伤保险领域管理、服务、学术研究和国际交流。

### 2　工伤与工伤保险

#### 2.1　工伤　work-related injury

职工因工作遭受**事故伤害**（**2.1.1**）或患**职业病**（**2.1.2**）。

2.1.1　事故伤害　accidental injury

职工在工作过程中因安全生产事故等导致的伤亡。

2.1.2　职业病　occupational disease

职工在工作过程中，因接触粉尘、放射性物质和其他有毒、有害物质等因素引起的疾病。

**2.2　工伤保险　work-related injury insurance**

国家立法实施的，通过用人单位缴费筹资形成基金，对职工因工作原因遭受事故伤害或者患职业病的，给予职工及其近亲属相应待遇的一项社会保险制度。

［GB/T 31596.1—2015，定义 2.4］

## 3　工伤保险基金

**3.1　工伤保险基金　work-related injury insurance fund**

按照法律规定，由用人单位缴纳的工伤保险费及其利息收入，以及其他依法纳入的资金汇集而成的，用于支付工伤保险待遇及其他相关支出的专项资金。

**3.2　工伤保险费率　contribution rate of work-related injury insurance**

依据相关法律法规确定的用人单位参加**工伤保险（2.2）**的缴费比率

3.2.1　行业差别费率　contribution rates for different industries

行业基准费率

根据不同行业工伤风险程度确定的各行业具有差别性的基准费率。

3.2.2　行业内费率档次　intra-industry rate levels

根据同一行业内不同用人单位**工伤发生率（4.2）**和**工伤保险支缴率（3.2.4）**等情况确定的同一行业内的不同费率标准。

3.2.3　费率浮动　contribution rate adjustment

根据用人单位在一定时期内**工伤保险支缴率（3.2.4）**、**工伤发生率（4.2）**及所属行业相应费率档次等情况，定期浮动和调整用人单位**工伤保险费率（3.2）**的行为。

3.2.4　工伤保险支缴率　ratio of compensation to revenue of work-related injury insurance

一定时期内，**工伤保险基金（3.1）**为用人单位支付工伤待遇与该单位缴纳的工伤保险费的比率。

**3.3　工伤保险基金支出　expenditure of work-related injury insurance fund**

用于职工工伤保险待遇，**劳动能力鉴定（6.1）**，工伤预防的宣传、培训等费用，以及法律、法规规定的用于工伤保险其他费用的支出。

**3.4　工伤保险储备金　reserve fund of work-related injury insurance**

统筹地区按照规定从**工伤保险基金（3.1）**中提取，用于支付重大事故等工伤保险待遇的备用资金。

## 4　工伤预防

**4.1　工伤风险　work-related injury risk**

在工作过程中**工伤（2.1）**发生的概率和造成危害的程度。

**4.2　工伤发生率　incidence of accidents**

在一定时期内，用人单位（或统筹地区）发生**工伤**（**2.1**）的人次数占职工总人数的比率。

**4.3　工伤预防　work-related injury prevention**

避免与降低工伤风险（**4.1**）所采取的宣传和培训等手段和措施。

## 5　工伤认定

**5.1　工伤认定　work-related injury certification**

社会保险行政部门依法认定职工所受伤害是否属于**工伤**（**2.1**）的行政行为。

**5.2　工伤认定申请受理　accepting the work-related injury certification application**

社会保险行政部门对**工伤认定**（**5.1**）申请人提交的认定申请材料进行审查确认，决定是否受理的行政行为。

**5.3　工伤认定申请时限　time limit of work-related injury certification application**

法律规定的工伤认定申请人提出**工伤认定**（**5.1**）申请的有效期限。

**5.4　工伤认定时限　time limit of certifying work-related injury**

社会保险行政部门做出**工伤认定**（**5.1**）决定的法定期限。

**5.5　工伤认定决定时限中止　suspension of time limit of certifying work-related injury**

社会保险行政部门受理**工伤认定**（**5.1**）申请后，在出现法定情形下做出的中止认定时限的行政的行为。

## 6　劳动能力鉴定

**6.1　劳动能力鉴定　work capacity appraisal**

**劳动能力鉴定委员会**（**9.2**）依据国家制定的劳动能力鉴定标准对工伤职工的**劳动功能障碍程度**（**6.1.1**）和**生活自理障碍程度**（**6.1.2**）做出的技术性鉴定结论。

6.1.1　劳动功能障碍程度　impairment degree of work functions

伤残等级

**劳动能力鉴定委员会**（**9.2**）根据国家制定的劳动能力鉴定标准，确定工伤职工所受伤害的伤残程度。

6.1.2　生活自理障碍程度　impairment degree of self-care capacity

**劳动能力鉴定委员会**（**9.2**）根据国家制定的劳动能力鉴定标准，确定工伤职工生活自理能力受到伤害的程度。

6.1.3　辅助器具配置确认　confirming assistive device installation

**劳动能力鉴定委员会**（**9.2**）根据有关规定，确认工伤职工是否应配置辅助器具的程序。

**6.2 劳动能力鉴定期限 time limit for work capacity appraisal**

劳动能力鉴定委员会（**9.2**）依法评定工伤职工**伤残等级**（**6.1.1**）的时限。

## 7 工伤康复

**7.1 工伤医疗康复 medical rehabilitation of work-related injury**

运用各种临床诊疗和康复治疗的手段，改善和提高工伤职工的身体功能和生活自理能力的过程。

**7.2 工伤职业康复 occupational rehabilitation of work-related injury**

通过职业康复评估与专业技能学习和训练，使工伤残疾职工恢复并达到一定劳动能力的过程。

## 8 工伤保险待遇

**8.1 工伤医疗（康复）待遇 medical (rehabilitation) benefit of work-related injury**

工伤职工进行治疗（康复）期间所享受的工伤医疗待遇总和。

8.1.1 工伤医疗费 medical expense of work-related injury

工伤职工在抢救治疗以及**职业病**（**2.1.2**）的治疗过程中，符合规定范围内的医疗费用。

8.1.2 工伤康复费 rehabilitation expense of work-related injury

工伤职工在**工伤保险协议康复机构**（**9.3.3**）康复过程中，符合规定范围内的费用。

8.1.3 住院伙食补助费 board allowance for inpatient treatment

工伤职工在住院治疗、住院康复期间按规定享受的伙食补助。

8.1.4 交通食宿费 expense of transportation and accommodation

工伤职工经批准到统筹地区以外治疗工伤，按规定标准享受的交通、食宿费用。

8.1.5 停工留薪期 period of suspension from work with pay

工伤职工暂时停止工作进行治疗并享受有关工伤保险待遇的期限。

**8.2 因工伤残待遇 work-related injury and disability benefit**

工伤职工经**劳动能力鉴定委员会**（**9.2**）确认**伤残等级**（**6.1.1**）后，根据规定享受的相关工伤保险待遇。

8.2.1 一次性伤残补助金 lump-sum allowance for work-related injury and disability

工伤职工依据**伤残等级**（**6.1.1**）享受的一次性职业伤害补偿费用。

8.2.2 伤残津贴 disability allowance

工伤职工达到国家规定的相应**伤残等级**（**6.1.1**）时按月领取的津贴。

8.2.3 生活护理费 attendance allowance

工伤职工经**劳动能力鉴定委员会**（**9.2**）确认达到生活护理标准并确定等级，根据相关规定按月领取的费用。

8.2.4 配置辅助器具待遇 benefit of assistive device installation

为帮助工伤职工提高身体功能，工伤职工经**劳动能力鉴定委员会**（**9.2**）确认后，到工

**伤保险协议辅助器具配置机构**（**9.3.4**），按规定配置辅助器具的待遇。

8.2.5 一次性工伤医疗补助金 lump-sum subsidy for medical treatment of work-related injury

工伤职工在解除或者终止劳动关系时，按不同**伤残等级**（**6.1.1**）享受的一次性医疗补助费用。

8.2.6 一次性伤残就业补助金 lump-sum subsidy for employment of injured and disabled worker

工伤职工在解除或者终止劳动关系时，按不同**伤残等级**（**6.1.1**）享受的一次性再就业补助费用。

### 8.3 工亡待遇 subsidy for work-related decease

职工因工死亡后，其近亲属按国家规定享受的包括**丧葬补助金**（**8.3.1**）、**一次性工亡补助金**（**8.3.2**）和**供养亲属抚恤金**（**8.3.3**）等工伤保险待遇。

8.3.1 丧葬补助金 funeral allowance

职工因工死亡，其近亲属按国家规定享受的丧葬费用补助。

8.3.2 一次性工亡补助金 lump-sum allowance for work-related decease

职工因工死亡后，其近亲属按照国家规定领取的一次性费用补偿。

8.3.3 供养亲属抚恤金 dependants' pensions

职工因工死亡，依靠工亡职工生前提供主要生活来源、无劳动能力的近亲属，按照规定领取的生活补助费用。

## 9 工伤保险服务管理

### 9.1 工伤保险经办机构 administration of work-related injury insurance

统筹地区依法设立的经办工伤保险具体事务的组织机构。

### 9.2 劳动能力鉴定委员会 committee for work capacity appraisal

负责组织对工伤职工劳动功能障碍程度和生活自理障碍程度等进行鉴定并做出鉴定结论的专门组织。

### 9.3 工伤保险协议管理 agreement management of work-related injury insurance

**工伤保险经办机构**（**9.1**）通过与相关机构签订协议为工伤职工提供服务的管理方式。

9.3.1 工伤保险服务协议 services agreement of work-related injury insurance

**工伤保险经办机构**（**9.1**）与医疗机构、康复机构、辅助器具配置等机构签订的，用于规范双方权利义务以及违约处理等办法的专门合约。

9.3.2 工伤保险协议医疗机构 contracted medical institution of work-related injury insurance

与**工伤保险经办机构**（**9.1**）签订工伤保险服务协议，为工伤职工提供医疗服务的医疗机构。

9.3.3 工伤保险协议康复机构 contracted rehabilitative institution of work-related injury insurance

与**工伤保险经办机构（9.1）**签订工伤保险服务协议，为工伤职工提供康复服务的康复机构。

9.3.4 工伤保险协议辅助器具配置机构 contracted institution of assistive device installation of work-related injury insurance

与**工伤保险经办机构（9.1）**签订工伤保险服务协议，为工伤职工提供辅助器具配置的机构。

**9.4 工伤保险待遇管理 benefit management of work-related injury insurance**

**工伤保险经办机构（9.1）**按照规定对工伤职工及其近亲属享受工伤待遇的资格进行管理的行为。

9.4.1 享受工伤保险待遇资格核定 verification of work-related injury benefit entitlement

**工伤保险经办机构（9.1）**依法对工伤职工及其近亲属享受工伤待遇的资格进行核准的行为。

9.4.2 工伤保险待遇核定 determination of work-related injury benefit

**工伤保险经办机构（9.1）**依法对工伤职工的伤残待遇、医疗（康复）待遇等及其近亲属享受的工亡待遇等工伤待遇进行核准以及对工伤保险待遇调整审核的行为。

9.4.3 工伤医疗费用审核 examination of medical expense of work-related injury

**工伤保险经办机构（9.1）**依法对工伤职工发生的医疗费用核准的行为。

9.4.4 工伤康复费用审核 examination of rehabilitative expense of work-related injury

**工伤保险经办机构（9.1）**依法对工伤职工发生的康复费用核准的行为。

9.4.5 工伤保险药品目录 drug list of work-related injury insurance

保证工伤职工救治、康复需要，由**工伤保险基金（3.1）**支付费用的药品范围。

9.4.6 工伤保险诊疗项目目录 diagnosis and treatment list of work-related injury insurance

保证工伤职工救治、康复需要，由**工伤保险基金（3.1）**支付费用的诊疗项目和医用耗材的范围。

9.4.7 工伤康复服务项目目录 rehabilitative service list of work-related injury

保证工伤职工康复需要，由**工伤保险基金（3.1）**支付费用的康复服务项目及范围。

9.4.8 工伤保险辅助器具目录 assistive device list of work-related injury insurance

保证工伤职工日常生活或者就业需要，由**工伤保险基金（3.1）**支付费用的辅助器具项目和辅助器具耗材范围。

9.4.9 工伤保险住院服务标准 payment standard of hospitalization services of work-related injury insurance

保证工伤职工接受治疗、康复需要，由**工伤保险基金（3.1）**支付的服务以及服务设施的费用支付标准。

**10 其他**

**10.1 工伤保险争议处理 settlement of dispute on work-related injury insurance**

职工与用人单位之间发生工伤待遇方面的争议，劳动仲裁机构按照有关规定进行调解和仲裁的过程。

**10.2 工伤保险行政复议 administrative reconsideration related to work-related injury insurance**

公民、法人或其他组织认为社会保险行政部门做出的涉及工伤保险的具体行政行为侵犯其合法权益，依法向法定的行政复议机关提出复议申请，由复议机关做出行政复议决定的行政行为。

**10.3 工伤保险行政诉讼 administrative litigation related to work-related injury insurance**

公民、法人或其他组织认为社会保险行政部门做出的涉及工伤保险的具体行政行为侵犯其合法权益而依法起诉，由人民法院依法审理并做出裁决的司法行为。

**10.4 非法用工一次性赔偿金 lump-sum compensation for work-related injured worker in illegal employment**

无营业执照或未经依法登记、备案的单位以及被依法吊销营业执照或撤销登记、备案的单位的职工受到**事故伤害**（**2.1.1**）或者患**职业病**（**2.1.2**）的，由该单位向伤残职工或工亡职工的近亲属按照不低于《工伤保险条例》规定的工伤保险待遇标准给予的一次性赔偿。

## 索 引

**汉语拼音索引**

**F**

非法用工一次性赔偿金 …… 10.4

费率浮动 …… 3.2.3

辅助器具配置确认 …… 6.1.3

**G**

工伤 …… 2.1

工伤保险 …… 2.2

工伤保险储备金 …… 3.4

工伤保险待遇管理 …… 9.4

工伤保险待遇核定 …… 9.4.2

工伤保险费率 …… 3.2

工伤保险服务协议 …… 9.3.1

工伤保险辅助器具目录 …… 9.4.8
工伤保险行政复议 …… 10.2
工伤保险行政诉讼 …… 10.3
工伤保险基金 …… 3.1
工伤保险基金支出 …… 3.3
工伤保险经办机构 …… 9.1
工伤保险协议辅助器具配置机构 …… 9.3.4
工伤保险协议管理 …… 9.3
工伤保险协议康复机构 …… 9.3.3
工伤保险协议医疗机构 …… 9.3.2
工伤保险药品目录 …… 9.4.5
工伤保险诊疗项目目录 …… 9.4.6
工伤保险争议处理 …… 10.1
工伤保险支缴率 …… 3.2.4
工伤保险住院服务标准 …… 9.4.9
工伤发生率 …… 4.2
工伤风险 …… 4.1
工伤康复费 …… 8.1.2
工伤康复服务项目目录 …… 9.4.7
工伤认定 …… 5.1
工伤认定决定时限中止 …… 5.5
工伤认定申请时限 …… 5.3
工伤认定申请受理 …… 5.2
工伤认定时限 …… 5.4
工伤医疗（康复）待遇 …… 8.1
工伤医疗费用审核 …… 9.4.3
工伤康复费用审核 …… 9.4.4
工伤医疗费 …… 8.1.1
工伤医疗康复 …… 7.1
工伤预防 …… 4.3
工伤职业康复 …… 7.2
工亡待遇 …… 8.3
供养亲属抚恤金 …… 8.3.3

## H

行业差别费率 …… 3.2.1
行业基准费率 …… 3.2.1
行业内费率档次 …… 3.2.2

J

交通食宿费 …… 8.1.4

L

劳动功能障碍程度 …… 6.1.1
劳动能力鉴定 …… 6.1
劳动能力鉴定期限 …… 6.2
劳动能力鉴定委员会 …… 9.2

P

配置辅助器具待遇 …… 8.2.4

S

丧葬补助金 …… 8.3.1
伤残等级 …… 6.1.1
伤残津贴 …… 8.2.2
生活护理费 …… 8.2.3
生活自理障碍程度 …… 6.1.2
事故伤害 …… 2.1.1

T

停工留薪期 …… 8.1.5

X

享受工伤保险待遇资格核定 …… 9.4.1

Y

一次性工伤医疗补助金 …… 8.2.5
一次性工亡补助金 …… 8.3.2
一次性伤残补助金 …… 8.2.1
一次性伤残就业补助金 …… 8.2.6
因工伤残待遇 …… 8.2

Z

职业病 …… 2.1.2
住院伙食补助费 …… 8.1.3

**英文对应词索引**

A

accepting the work-related injury certification application …… 5.2
accidental injury …… 2.1.1
administration of work-related injury insurance …… 9.1
administrative litigation related to work-related injury insurance …… 10.3
administrative reconsideration related to work-related injury insurance …… 10.2

agreement management of work-related injury insurance …… 9.3
assistive device list of work-related injury insurance …… 9.4.8
attendance allowance …… 8.2.3

**B**

benefit management of work-related injury insurance …… 9.4
benefit of assistive device installation …… 8.2.4
board allowance for inpatient treatment …… 8.1.3

**C**

committee for work capacity appraisal …… 9.2
confirming assistive device installation …… 6.1.3
contracted institution of assistive device installation of work-related injury insurance …… 9.3.4
contracted medical institution of work-related injury insurance …… 9.3.2
contracted rehabilitative institution of work-related injury insurance …… 9.3.3
contribution rate adjustment …… 3.2.3
contribution rate of work-related injury insurance …… 3.2
contribution rates for different industries …… 3.2.1

**D**

dependants' pensions …… 8.3.3
determination of work-related injury benefit …… 9.4.2
diagnosis and treatment list of work-related injury insurance …… 9.4.6
disability allowance …… 8.2.2
drug list of work-related injury insurance …… 9.4.5

**E**

examination of medical expense of work-related injury …… 9.4.3
examination of rehabilitative expense of work-related injury …… 9.4.4
expenditure of work-related injury insurance fund …… 3.3
expense of transportation and accommodation …… 8.1.4

**F**

funeral allowance …… 8.3.1

**I**

impairment degree of self-care capacity …… 6.1.2
impairment degree of work functions …… 6.1.1
incidence of accidents …… 4.2
intra-industry rate levels …… 3.2.2

**L**

lump-sum allowance for work-related decease …… 8. 3. 2

lump-sum allowance for work-related injury and disability …… 8. 2. 1

lump-sum compensation for work-related injured worker in illegal employment …… 10. 4

lump-sum subsidy for employment of injured and disabled worker …… 8. 2. 6

lump-sum subsidy for medical treatment of work-related injury …… 8. 2. 5

**M**

medical (rehabilitation) benefit of work-related injury …… 8. 1

medical expense of work-related injury …… 8. 1. 1

medical rehabilitation of work-related injury …… 7. 1

**O**

occupational disease …… 2. 1. 2

occupational rehabilitation of work-related injury …… 7. 2

**P**

payment standard of hospitalization services of work-related injury insurance …… 9. 4. 9

period of suspension from work with pay …… 8. 1. 5

**R**

ratio of compensation to revenue of work-related injury insurance …… 3. 2. 4

rehabilitation expense of work-related injury …… 8. 1. 2

rehabilitative service list of work-related injury …… 9. 4. 7

reserve fund of work-related injury insurance …… 3. 4

**S**

services agreement of work-related injury insurance …… 9. 3. 1

settlement of dispute on work-related injury insurance …… 10. 1

subsidy for work-related decease …… 8. 3

suspension of time limit of certifying work-related injury …… 5. 5

**T**

time limit for work capacity appraisal …… 6. 2

time limit of certifying work-related injury …… 5. 4

time limit of work-related injury certification application …… 5. 3

**V**

verification of work-related injury benefit entitlement …… 9. 4. 1

**W**

work capacity appraisal …… 6. 1

work-related injury …… 2. 1

work-related injury and disability benefit …… 8. 2

work-related injury certification …… 5. 1

work-related injury insurance …… 2. 2
work-related injury insurance fund …… 3. 1
work-related injury prevention …… 4. 3
work-related injury risk …… 4. 1

# 二、参 保 缴 费

## 8　社会保险费征缴暂行条例

1999年9月14日国务院第13次常务会议通过，1999年1月22日中华人民共和国国务院令第259号发布，自发布之日起施行。

### 目　　录

第一章　总则/45
第二章　征缴管理/46
第三章　监督检查/47
第四章　罚则/48
第五章　附则/48

### 第一章　总　　则

**第一条**　为了加强和规范社会保险费征缴工作，保障社会保险金的发放，制定本条例。

**第二条**　基本养老保险费、基本医疗保险费、失业保险费（以下统称社会保险费）的征收、缴纳，适用本条例。

本条例所称缴费单位、缴费个人，是指依照有关法律、行政法规和国务院的规定，应当缴纳社会保险费的单位和个人。

**第三条**　基本养老保险费的征缴范围：国有企业、城镇集体企业、外商投资企业、城镇私营企业和其他城镇企业及其职工，实行企业化管理的事业单位及其职工。

基本医疗保险费的征缴范围：国有企业、城镇集体企业、外商投资企业、城镇私营企业和其他城镇企业及其职工，国家机关及其工作人员，事业单位及其职工，民办非企业单位及其职工，社会团体及其专职人员。

失业保险费的征缴范围：国有企业、城镇集体企业、外商投资企业、城镇私营企业和其他城镇企业及其职工，事业单位及其职工。

省、自治区、直辖市人民政府根据当地实际情况，可以规定将城镇个体工商户纳入基本养老保险、基本医疗保险的范围，并可以规定将社会团体及其专职人员、民办非企业单位及其职工以及有雇工的城镇个体工商户及其雇工纳入失业保险的范围。

社会保险费的费基、费率依照有关法律、行政法规和国务院的规定执行。

**第四条**　缴费单位、缴费个人应当按时足额缴纳社会保险费。

征缴的社会保险费纳入社会保险基金，专款专用，任何单位和个人不得挪用。

**第五条** 国务院劳动保障行政部门负责全国的社会保险费征缴管理和监督检查工作。县级以上地方各级人民政府劳动保障行政部门负责本行政区域内的社会保险费征缴管理和监督检查工作。

**第六条** 社会保险费实行三项社会保险费集中、统一征收。社会保险费的征收机构由省、自治区、直辖市人民政府规定，可以由税务机关征收，也可以由劳动保障行政部门按照国务院规定设立的社会保险经办机构（以下简称社会保险经办机构）征收。

## 第二章 征缴管理

**第七条** 缴费单位必须向当地社会保险经办机构办理社会保险登记，参加社会保险。

登记事项包括：单位名称、住所、经营地点、单位类型、法定代表人或者负责人、开户银行账号以及国务院劳动保障行政部门规定的其他事项。

**第八条** 本条例施行前已经参加社会保险的缴费单位，应当自本条例施行之日起6个月内到当地社会保险经办机构补办社会保险登记，由社会保险经办机构发给社会保险登记证件。

本条例施行前尚未参加社会保险的缴费单位应当自本条例施行之日起30日内，本条例施行后成立的缴费单位应当自成立之日起30日内，持营业执照或者登记证书等有关证件，到当地社会保险经办机构申请办理社会保险登记。社会保险经办机构审核后，发给社会保险登记证件。

社会保险登记证件不得伪造、变造。

社会保险登记证件的样式由国务院劳动保障行政部门制定。

**第九条** 缴费单位的社会保险登记事项发生变更或者缴费单位依法终止的，应当自变更或者终止之日起30日内，到社会保险经办机构办理变更或者注销社会保险登记手续。

**第十条** 缴费单位必须按月向社会保险经办机构申报应缴纳的社会保险费数额，经社会保险经办机构核定后，在规定的期限内缴纳社会保险费。

缴费单位不按规定申报应缴纳的社会保险费数额的，由社会保险经办机构暂按该单位上月缴费数额的百分之一百一十确定应缴数额；没有上月缴费数额的，由社会保险经办机构暂按该单位的经营状况、职工人数等有关情况确定应缴数额。缴费单位补办申报手续并按核定数额缴纳社会保险费后，由社会保险经办机构按照规定结算。

**第十一条** 省、自治区、直辖市人民政府规定由税务机关征收社会保险费的，社会保险经办机构应当及时向税务机关提供缴费单位社会保险登记、变更登记、注销登记以及缴费申报的情况。

**第十二条** 缴费单位和缴费个人应当以货币形式全额缴纳社会保险费。

缴费个人应当缴纳的社会保险费，由所在单位从其本人工资中代扣代缴。

社会保险费不得减免。

**第十三条**　缴费单位未按规定缴纳和代扣代缴社会保险费的，由劳动保障行政部门或者税务机关责令限期缴纳；逾期仍不缴纳的，除补缴欠缴数额外，从欠缴之日起，按日加收千分之二的滞纳金。滞纳金并入社会保险基金。

**第十四条**　征收的社会保险费存入财政部门在国有商业银行开设的社会保障基金财政专户。

社会保险基金按照不同险种的统筹范围，分别建立基本养老保险基金、基本医疗保险基金、失业保险基金。各项社会保险基金分别单独核算。

社会保险基金不计征税、费。

**第十五条**　省、自治区、直辖市人民政府规定由税务机关征收社会保险费的，税务机关应当及时向社会保险经办机构提供缴费单位和缴费个人的缴费情况；社会保险经办机构应当将有关情况汇总，报劳动保障行政部门。

**第十六条**　社会保险经办机构应当建立缴费记录，其中基本养老保险、基本医疗保险并应当按照规定记录个人账户。社会保险经办机构负责保存缴费记录，并保证其完整、安全。社会保险经办机构应当至少每年向缴费个人发送一次基本养老保险、基本医疗保险个人账户通知单。

缴费单位、缴费个人有权按照规定查询缴费记录。

## 第三章　监督检查

**第十七条**　缴费单位应当每年向本单位职工公布本单位全年社会保险费缴纳情况，接受职工监督。

社会保险经办机构应当定期向社会公告社会保险费征收情况，接受社会监督。

**第十八条**　按照省、自治区、直辖市人民政府关于社会保险费征缴机构的规定，劳动保障行政部门或者税务机关依法对单位缴费情况进行检查时，被检查的单位应当提供与缴纳社会保险费有关的用人情况、工资表、财务报表等资料，如实反映情况，不得拒绝检查，不得谎报、瞒报。劳动保障行政部门或者税务机关可以记录、录音、录像、照相和复制有关资料；但是，应当为缴费单位保密。

劳动保障行政部门、税务机关的工作人员在行使前款所列职权时，应当出示执行公务证件。

**第十九条**　劳动保障行政部门或者税务机关调查社会保险费征缴违法案件时，有关部门、单位应当给予支持、协助。

**第二十条**　社会保险经办机构受劳动保障行政部门的委托，可以进行与社会保险费征缴有关的检查、调查工作。

**第二十一条**　任何组织和个人对有关社会保险费征缴的违法行为，有权举报。劳动保障行政部门或者税务机关对举报应当及时调查，按照规定处理，并为举报人保密。

**第二十二条**　社会保险基金实行收支两条线管理，由财政部门依法进行监督。

审计部门依法对社会保险基金的收支情况进行监督。

## 第四章　罚　　则

**第二十三条**　缴费单位未按照规定办理社会保险登记、变更登记或者注销登记，或者未按照规定申报应缴纳的社会保险费数额的，由劳动保障行政部门责令限期改正；情节严重的，对直接负责的主管人员和其他直接责任人员可以处 1 000 元以上 5 000 元以下的罚款；情节特别严重的，对直接负责的主管人员和其他直接责任人员可以处 5 000 元以上 10 000 元以下的罚款。

**第二十四条**　缴费单位违反有关财务、会计、统计的法律、行政法规和国家有关规定，伪造、变造、故意毁灭有关账册、材料，或者不设账册，致使社会保险费缴费基数无法确定的，除依照有关法律、行政法规的规定给予行政处罚、纪律处分、刑事处罚外，依照本条例第十条的规定征缴；迟延缴纳的，由劳动保障行政部门或者税务机关依照第十三条的规定决定加收滞纳金，并对直接负责的主管人员和其他直接责任人员处 5 000 元以上 20 000 元以下的罚款。

**第二十五条**　缴费单位和缴费个人对劳动保障行政部门或者税务机关的处罚决定不服的，可以依法申请复议；对复议决定不服的，可以依法提起诉讼。

**第二十六条**　缴费单位逾期拒不缴纳社会保险费、滞纳金的，由劳动保障行政部门或者税务机关申请人民法院依法强制征缴。

**第二十七条**　劳动保障行政部门、社会保险经办机构或者税务机关的工作人员滥用职权、徇私舞弊、玩忽职守，致使社会保险费流失的，由劳动保障行政部门或者税务机关追回流失的社会保险费；构成犯罪的，依法追究刑事责任；尚不构成犯罪的，依法给予行政处分。

**第二十八条**　任何单位、个人挪用社会保险基金的，追回被挪用的社会保险基金；有违法所得的，没收违法所得，并入社会保险基金；构成犯罪的，依法追究刑事责任；尚不构成犯罪的，对直接负责的主管人员和其他直接责任人员依法给予行政处分。

## 第五章　附　　则

**第二十九条**　省、自治区、直辖市人民政府根据本地实际情况，可以决定本条例适用于本行政区域内工伤保险费和生育保险费的征收、缴纳。

**第三十条**　税务机关、社会保险经办机构征收社会保险费，不得从社会保险基金中提取任何费用，所需经费列入预算，由财政拨付。

**第三十一条**　本条例自发布之日起施行。

# 9　社会保险登记管理暂行办法

1999年3月19日中华人民共和国劳动和社会保障部令第1号发布施行。

## 目　录

第一章　总则/49
第二章　登记/49
第三章　变更登记/50
第四章　注销登记/50
第五章　登记证件/51
第六章　附则/51

## 第一章　总　则

**第一条**　为加强和规范社会保险登记管理，根据《社会保险费征缴暂行条例》（以下简称条例）的规定，制定本办法。

**第二条**　凡依据条例第二条、第三条、第二十九条的规定应当缴纳社会保险费的单位，应当按照本办法的规定办理社会保险登记，领取社会保险登记证。

**第三条**　县级以上劳动保障行政部门的社会保险经办机构（以下简称社会保险经办机构）主管社会保险登记。

**第四条**　社会保险经办机构应当与有关部门相互配合，加强对社会保险登记的管理。

## 第二章　登　记

**第五条**　从事生产经营的缴费单位自领取营业执照之日起30日内、非生产经营性单位自成立之日起30日内，应当向当地社会保险经办机构申请办理社会保险登记。条例施行前尚未参加社会保险的缴费单位，应当依据条例第八条，持本办法第七条规定的证件和资料到当地社会保险经办机构办理社会保险登记。

条例施行前已经参加社会保险的缴费单位，应当按照前款规定到当地社会保险经办机构补办社会保险登记。

**第六条**　社会保险登记实行属地管理。

缴费单位具有异地分支机构的，分支机构一般应当作为独立的缴费单位，向其所在地的社会保险经办机构单独申请办理社会保险登记。

跨地区的缴费单位，其社会保险登记地由相关地区协商确定。意见不一致时，由上一级社会保险经办机构确定登记地。

**第七条** 缴费单位申请办理社会保险登记时，应当填写社会保险登记表，并出示以下证件和资料：

（一）营业执照、批准成立证件或其他核准执业证件；

（二）国家质量技术监督部门颁发的组织机构统一代码证书；

（三）省、自治区、直辖市社会保险经办机构规定的其他有关证件、资料。

**第八条** 对缴费单位填报的社会保险登记表、提供的证件和资料，社会保险经办机构应当即时受理，并在自受理之日起10个工作日内审核完毕；符合规定的，予以登记，发给社会保险登记证。

## 第三章 变更登记

**第九条** 缴费单位的以下社会保险登记事项之一发生变更时，应当依法向原社会保险登记机构申请办理变更社会保险登记：

（一）单位名称；

（二）住所或地址；

（三）法定代表人或负责人；

（四）单位类型；

（五）组织机构统一代码；

（六）主管部门；

（七）隶属关系；

（八）开户银行账号；

（九）省、自治区、直辖市社会保险经办机构规定的其他事项。

**第十条** 缴费单位应当自工商行政管理机关办理变更登记或有关机关批准或宣布变更之日起30日内，持下列证件和资料到原社会保险登记机构办理变更社会保险登记：

（一）变更社会保险登记申请书；

（二）工商变更登记表和工商执照或有关机关批准或宣布变更证明；

（三）社会保险登记证；

（四）省、自治区、直辖市社会保险经办机构规定的其他资料。

**第十一条** 申请变更登记单位提交材料齐全的，由社会保险经办机构发给社会保险变更登记表，并由申请变更登记单位依法如实填写，经社会保险经办机构审核后，归入缴费单位社会保险登记档案。

社会保险变更登记的内容涉及社会保险登记证件的内容需做更改的，社会保险经办机构应当收回原社会保险登记证，并按更改后的内容，重新核发社会保险登记证。

## 第四章 注销登记

**第十二条** 缴费单位发生解散、破产、撤销、合并以及其他情形，依法终止社会保险缴费义务时，应当及时向原社会保险登记机构申请办理注销社会保险登记。

**第十三条**　缴费单位应当自工商行政管理机关办理注销登记之日起30日内，向原社会保险登记机构申请办理注销社会保险登记；按照规定不需要在工商行政管理机关办理注销登记的缴费单位，应当自有关机关批准或者宣布终止之日起30日内，向原社会保险登记机构申请办理注销社会保险登记。

缴费单位被工商行政管理机关吊销营业执照的，应当自营业执照被吊销之日起30日内，向原社会保险登记机构申请办理注销登记。

**第十四条**　缴费单位因住所变动或生产、经营地址变动而涉及改变社会保险登记机构的，应当自上述变动发生之日起30日内，向原社会保险登记机构办理注销社会保险登记，并向迁达地社会保险经办机构办理社会保险登记。

**第十五条**　缴费单位在办理注销社会保险登记前，应当结清应缴纳的社会保险费、滞纳金、罚款。

缴费单位办理注销社会保险登记时，应当提交注销社会保险登记申请、法律文书或其他有关注销文件，经社会保险经办机构核准，办理注销社会保险登记手续，缴销社会保险登记证件。

## 第五章　登 记 证 件

**第十六条**　社会保险登记证的样式由劳动和社会保险部制定。社会保险登记证由省、自治区、直辖市劳动保障行政部门统一印制，必要时可印制副本。

**第十七条**　社会保险登记证号冠以省、自治区、直辖市简称标识，并在省、自治区、直辖市范围内统一编码。省、自治区、直辖市社会保险经办机构应当将本省、自治区、直辖市的地区编码表报劳动和社会保障部备案。

**第十八条**　社会保险登记证由缴费单位保管。缴费单位在办理招聘和辞退职工手续时应当出示社会保险登记证。

**第十九条**　社会保险登记表、登记证填写的相关内容应当真实并且一致。

**第二十条**　社会保险经办机构对已核发的社会保险登记证件，实行定期验证和换证制度。缴费单位应当在规定的期限内到社会保险经办机构办理验证或换证手续。

**第二十一条**　社会保险登记证件不得伪造、变造、转让、涂改、买卖和损毁。

遗失社会保险登记证件的，应当及时向原社会保险登记机构报告，并申请补办。

## 第六章　附　　则

**第二十二条**　省、自治区、直辖市人民政府确定由税务机关征收社会保险费的，社会保险经办机构应当按月向税务机关提供当月缴费单位社会保险登记、变更登记及注销登记的情况。

**第二十三条**　省、自治区、直辖市劳动保障行政部门可以根据本办法制定实施办法。

**第二十四条** 本办法自发布之日起施行。

## 10 部分行业企业工伤保险费缴纳办法

人力资源和社会保障部第56次部务会审议通过，2010年12月31日中华人民共和国人力资源和社会保障部令第10号公布，自2011年1月1日起施行。

**第一条** 根据《工伤保险条例》第十条第三款的授权，制定本办法。

**第二条** 本办法所称的部分行业企业是指建筑、服务、矿山等行业中难以直接按照工资总额计算缴纳工伤保险费的建筑施工企业、小型服务企业、小型矿山企业等。

前款所称小型服务企业、小型矿山企业的划分标准可以参照《中小企业标准暂行规定》（国经贸中小企〔2003〕143号）执行。

**第三条** 建筑施工企业可以实行以建筑施工项目为单位，按照项目工程总造价的一定比例，计算缴纳工伤保险费。

**第四条** 商贸、餐饮、住宿、美容美发、洗浴以及文体娱乐等小型服务业企业以及有雇工的个体工商户，可以按照营业面积的大小核定应参保人数，按照所在统筹地区上一年度职工月平均工资的一定比例和相应的费率，计算缴纳工伤保险费；也可以按照营业额的一定比例计算缴纳工伤保险费。

**第五条** 小型矿山企业可以按照总产量、吨矿工资含量和相应的费率计算缴纳工伤保险费。

**第六条** 本办法中所列部分行业企业工伤保险费缴纳的具体计算办法，由省级社会保险行政部门根据本地区实际情况确定。

**第七条** 本办法自2011年1月1日起施行。

## 11 社会保险个人权益记录管理办法

人力资源和社会保障部第67次部务会审议通过，2011年6月29日中华人民共和国人力资源和社会保障部令第14号公布，自2011年7月1日起施行。

### 目　　录

第一章　总则/53
第二章　采集和审核/53
第三章　保管和维护/54

第四章 查询和使用/54
第五章 保密和安全管理/55
第六章 法律责任/56
第七章 附则/56

## 第一章 总 则

**第一条** 为了维护参保人员的合法权益，规范社会保险个人权益记录管理，根据《中华人民共和国社会保险法》等相关法律法规的规定，制定本办法。

**第二条** 本办法所称社会保险个人权益记录，是指以纸质材料和电子数据等载体记录的反映参保人员及其用人单位履行社会保险义务、享受社会保险权益状况的信息，包括下列内容：

（一）参保人员及其用人单位社会保险登记信息；

（二）参保人员及其用人单位缴纳社会保险费、获得相关补贴的信息；

（三）参保人员享受社会保险待遇资格及领取待遇的信息；

（四）参保人员缴费年限和个人账户信息；

（五）其他反映社会保险个人权益的信息。

**第三条** 社会保险经办机构负责社会保险个人权益记录管理，提供与社会保险个人权益记录相关的服务。

人力资源社会保障信息化综合管理机构（以下简称信息机构）对社会保险个人权益记录提供技术支持和安全保障服务。

人力资源社会保障行政部门对社会保险个人权益记录管理实施监督。

**第四条** 社会保险个人权益记录遵循及时、完整、准确、安全、保密原则，任何单位和个人不得用于商业交易或者营利活动，也不得违法向他人泄露。

## 第二章 采集和审核

**第五条** 社会保险经办机构通过业务经办、统计、调查等方式获取参保人员相关社会保险个人权益信息，同时，应当与社会保险费征收机构、工商、民政、公安、机构编制等部门通报的情况进行核对。

与社会保险经办机构签订服务协议的医疗机构、药品经营单位、工伤康复机构、辅助器具安装配置机构、相关金融机构等（以下简称社会保险服务机构）和参保人员及其用人单位应当及时、准确提供社会保险个人权益信息，社会保险经办机构应当按照规定程序进行核查。

**第六条** 社会保险经办机构应当依据业务经办原始资料及时采集社会保险个人权益信息。

通过互联网经办社会保险业务采集社会保险个人权益信息的，应当采取相应的安全措施。

社会保险经办机构应当在经办前台完成社会保险个人权益信息采集工作，不得在后台数据库直接录入、修改数据。

社会保险个人权益记录中缴费数额、待遇标准、个人账户储存额、缴费年限等待遇计发的数据，应当根据事先设定的业务规则，通过社会保险信息系统对原始采集数据进行计算处理后生成。

**第七条** 社会保险经办机构应当建立社会保险个人权益信息采集的初审、审核、复核、审批制度，明确岗位职责，并在社会保险信息系统中进行岗位权限设置。

## 第三章 保管和维护

**第八条** 社会保险经办机构和信息机构应当配备社会保险个人权益记录保管的场所和设施设备，建立并完善人力资源社会保障业务专网。

**第九条** 社会保险个人权益数据保管应当符合以下要求：

（一）建立完善的社会保险个人权益数据存储管理办法；

（二）定期对社会保险个人权益数据的保管、可读取、备份记录状况等进行测试，发现问题及时处理；

（三）社会保险个人权益数据应当定期备份，备份介质异地存放；

（四）保管的软硬件环境、存储载体等发生变化时，应当及时对社会保险个人权益数据进行迁移、转换，并保留原有数据备查。

**第十条** 参保人员流动就业办理社会保险关系转移时，新参保地社会保险经办机构应当及时做好社会保险个人权益记录的接收和管理工作；原参保地社会保险经办机构在将社会保险个人权益记录转出后，应当按照规定保留原有记录备查。

**第十一条** 社会保险经办机构应当安排专门工作人员对社会保险个人权益数据进行管理和日常维护，检查记录的完整性、合规性，并按照规定程序修正和补充。

社会保险经办机构不得委托其他单位或者个人单独负责社会保险个人权益数据维护工作。其他单位或者个人协助维护的，社会保险经办机构应当与其签订保密协议。

**第十二条** 社会保险经办机构应当建立社会保险个人权益记录维护日志，对社会保险个人权益数据维护的时间、内容、维护原因、处理方法和责任人等进行登记。

**第十三条** 社会保险个人权益信息的采集、保管和维护等环节涉及的书面材料应当存档备查。

## 第四章 查询和使用

**第十四条** 社会保险经办机构应当向参保人员及其用人单位开放社会保险个人权益记录查询程序，界定可供查询的内容，通过社会保险经办机构网点、自助终端或者电话、网站等方式提供查询服务。

**第十五条** 社会保险经办机构网点应当设立专门窗口向参保人员及其用人单位提供免费查询服务。

参保人员向社会保险经办机构查询本人社会保险个人权益记录的，需持本人有效身份证件；参保人员委托他人向社会保险经办机构查询本人社会保险个人权益记录的，被委托人需持书面委托材料和本人有效身份证件。需要书面查询结果或者出具本人参保缴费、待遇享受等书面证明的，社会保险经办机构应当按照规定提供。

参保用人单位凭有效证明文件可以向社会保险经办机构免费查询本单位缴费情况，以及职工在本单位工作期间涉及本办法第二条第一项、第二项相关内容。

**第十六条**　参保人员或者用人单位对社会保险个人权益记录存在异议时，可以向社会保险经办机构提出书面核查申请，并提供相关证明材料。社会保险经办机构应当进行复核，确实存在错误的，应当改正。

**第十七条**　人力资源社会保障行政部门、信息机构基于宏观管理、决策以及信息系统开发等目的，需要使用社会保险个人权益记录的，社会保险经办机构应当依据业务需求规定范围提供。非因依法履行工作职责需要的，所提供的内容不得包含可以直接识别个人身份的信息。

**第十八条**　有关行政部门、司法机关等因履行工作职责，依法需要查询社会保险个人权益记录的，社会保险经办机构依法按照规定的查询对象和记录项目提供查询。

**第十九条**　其他申请查询社会保险个人权益记录的单位，应当向社会保险经办机构提出书面申请。申请应当包括下列内容：

（一）申请单位的有效证明文件、单位名称、联系方式；

（二）查询目的和法律依据；

（三）查询的内容。

**第二十条**　社会保险经办机构收到依前条规定提出的查询申请后，应当进行审核，并按照下列情形分别作出处理：

（一）对依法应当予以提供的，按照规定程序提供；

（二）对无法律依据的，应当向申请人作出说明。

**第二十一条**　社会保险经办机构应当对除参保人员本人及其用人单位以外的其他单位查询社会保险个人权益记录的情况进行登记。

**第二十二条**　社会保险经办机构不得向任何单位和个人提供数据库全库交换或者提供超出规定查询范围的信息。

## 第五章　保密和安全管理

**第二十三条**　建立社会保险个人权益记录保密制度。人力资源社会保障行政部门、社会保险经办机构、信息机构、社会保险服务机构、信息技术服务商及其工作人员对在工作中获知的社会保险个人权益记录承担保密责任，不得违法向他人泄露。

**第二十四条**　依据本办法第十八条规定查询社会保险个人权益记录的有关行政部门和司法机关，不得将获取的社会保险个人权益记录用作约定之外的其他用途，也不得违法向他人泄露。

**第二十五条** 信息机构和社会保险经办机构应当建立健全社会保险信息系统安全防护体系和安全管理制度，加强应急预案管理和灾难恢复演练，确保社会保险个人权益数据安全。

**第二十六条** 信息机构应当按照社会保险经办机构的要求，建立社会保险个人权益数据库用户管理制度，明确系统管理员、数据库管理员、业务经办用户和信息查询用户的职责，实行用户身份认证和权限控制。

系统管理员、数据库管理员不得兼职业务经办用户或者信息查询用户。

## 第六章 法律责任

**第二十七条** 人力资源社会保障行政部门及其他有关行政部门、司法机关违反保密义务的，应当依法承担法律责任。

**第二十八条** 社会保险经办机构、信息机构及其工作人员有下列行为之一的，由人力资源社会保障行政部门责令改正；对直接负责的主管人员和其他直接责任人员依法给予处分；给社会保险基金、用人单位或者个人造成损失的，依法承担赔偿责任；构成违反治安管理行为的，由公安机关依法予以处罚；构成犯罪的，依法追究刑事责任：

（一）未及时、完整、准确记载社会保险个人权益信息的；

（二）系统管理员、数据库管理员兼职业务经办用户或者信息查询用户的；

（三）与用人单位或者个人恶意串通，伪造、篡改社会保险个人权益记录或者提供虚假社会保险个人权益信息的；

（四）丢失、破坏、违反规定销毁社会保险个人权益记录的；

（五）擅自提供、复制、公布、出售或者变相交易社会保险个人权益记录的；

（六）违反安全管理规定，将社会保险个人权益数据委托其他单位或个人单独管理和维护的。

**第二十九条** 社会保险服务机构、信息技术服务商以及按照本办法第十九条规定获取个人权益记录的单位及其工作人员，将社会保险个人权益记录用于与社会保险经办机构约定以外用途，或者造成社会保险个人权益信息泄露的，依法对直接负责的主管人员和其他直接责任人员给予处分；给社会保险基金、用人单位或者个人造成损失的，依法承担赔偿责任；构成违反治安管理行为的，由公安机关依法予以处罚；构成犯罪的，依法追究刑事责任。

**第三十条** 任何组织和个人非法提供、复制、公布、出售或者变相交易社会保险个人权益记录，有违法所得的，由人力资源社会保障行政部门没收违法所得；属于社会保险服务机构、信息技术服务商的，可由社会保险经办机构与其解除服务协议；依法对直接负责的主管人员和其他直接责任人员给予处分；给社会保险基金、用人单位或者个人造成损失的，依法承担赔偿责任；构成违反治安管理行为的，由公安机关依法予以处罚；构成犯罪的，依法追究刑事责任。

## 第七章 附 则

**第三十一条** 社会保险个人权益记录管理涉及会计等材料，国家对其有特别规定的，从其规定。

法律、行政法规规定有关业务接受其他监管部门监督管理的，依照其规定执行。

**第三十二条** 本办法自2011年7月1日起施行。

# 12 在中国境内就业的外国人参加社会保险暂行办法

人力资源和社会保障部第67次部务会审议通过，2011年9月6日中华人民共和国人力资源和社会保障部令第16号公布，自2011年10月15日起施行。

**第一条** 为了维护在中国境内就业的外国人依法参加社会保险和享受社会保险待遇的合法权益，加强社会保险管理，根据《中华人民共和国社会保险法》（以下简称社会保险法），制定本办法。

**第二条** 在中国境内就业的外国人，是指依法获得《外国人就业证》《外国专家证》《外国常驻记者证》等就业证件和外国人居留证件，以及持有《外国人永久居留证》，在中国境内合法就业的非中国国籍的人员。

**第三条** 在中国境内依法注册或者登记的企业、事业单位、社会团体、民办非企业单位、基金会、律师事务所、会计师事务所等组织（以下称用人单位）依法招用的外国人，应当依法参加职工基本养老保险、职工基本医疗保险、工伤保险、失业保险和生育保险，由用人单位和本人按照规定缴纳社会保险费。

与境外雇主订立雇用合同后，被派遣到在中国境内注册或者登记的分支机构、代表机构（以下称境内工作单位）工作的外国人，应当依法参加职工基本养老保险、职工基本医疗保险、工伤保险、失业保险和生育保险，由境内工作单位和本人按照规定缴纳社会保险费。

**第四条** 用人单位招用外国人的，应当自办理就业证件之日起30日内为其办理社会保险登记。

受境外雇主派遣到境内工作单位工作的外国人，应当由境内工作单位按照前款规定为其办理社会保险登记。

依法办理外国人就业证件的机构，应当及时将外国人来华就业的相关信息通报当地社会保险经办机构。社会保险经办机构应当定期向相关机构查询外国人办理就业证件的情况。

**第五条** 参加社会保险的外国人，符合条件的，依法享受社会保险待遇。

在达到规定的领取养老金年龄前离境的，其社会保险个人账户予以保留，再次来中国就业的，缴费年限累计计算；经本人书面申请终止社会保险关系的，也可以将其社会保险个人账户储存额一次性支付给本人。

**第六条** 外国人死亡的，其社会保险个人账户余额可以依法继承。

**第七条** 在中国境外享受按月领取社会保险待遇的外国人，应当至少每年向负责支付其待遇的社会保险经办机构提供一次由中国驻外使、领馆出具的生存证明，或者由居住国有关机构公证、认证并经中国驻外使、领馆认证的生存证明。

外国人合法入境的，可以到社会保险经办机构自行证明其生存状况，不再提供前款规定的生存证明。

**第八条** 依法参加社会保险的外国人与用人单位或者境内工作单位因社会保险发生争议的，可以依法申请调解、仲裁、提起诉讼。用人单位或者境内工作单位侵害其社会保险权益的，外国人也可以要求社会保险行政部门或者社会保险费征收机构依法处理。

**第九条** 具有与中国签订社会保险双边或者多边协议国家国籍的人员在中国境内就业的，其参加社会保险的办法按照协议规定办理。

**第十条** 社会保险经办机构应当根据《外国人社会保障号码编制规则》（详见附件），为外国人建立社会保障号码，并发放中华人民共和国社会保障卡。

**第十一条** 社会保险行政部门应当按照社会保险法的规定，对外国人参加社会保险的情况进行监督检查。用人单位或者境内工作单位未依法为招用的外国人办理社会保险登记或者未依法为其缴纳社会保险费的，按照社会保险法、《劳动保障监察条例》等法律、行政法规和有关规章的规定处理。

用人单位招用未依法办理就业证件或者持有《外国人永久居留证》的外国人的，按照《外国人在中国就业管理规定》处理。

**第十二条** 本办法自2011年10月15日起施行。

**附件**

## 外国人社会保障号码编制规则

外国人参加中国社会保险，其社会保障号码由外国人所在国家或地区代码、有效证件号码组成。外国人有效证件为护照或《外国人永久居留证》。所在国家或地区代码和有效证件号码之间预留一位。其表现形式为：

| ××× | × | ××××××××××××××× |
|---|---|---|
| 国家或地区代码 | 预留位 | 有效证件号码 |

1. 外国人所在国家或地区代码按“ISO 3166-1-2006”国家及其地区的名称代码的第一部分国家代码规定的3位英文字母表示，如德国为DEU，丹麦为DNK。遇国际标准升级时，人力资源和社会保障部统一确定代码升级时间。

取得在中国永久居留资格的外国人所在国家或地区代码与其所持《外国人永久居留证》号码中第1~3位的国家或地区代码一致（也为三位）。

2. 预留位1位，默认情况为0，在特殊情况时，可填写数字为1~9。

3. 编制使用外国人有效护照号码，应包含全部英文字母和阿拉伯数字，不包括其中的“.”“-”等特殊字符。编制使用《外国人永久居留证》号码，为该证件号码中第4~15位号码。

（1）以在我国某用人单位工作的持护照号G01234—56的德籍人员为例，其社会保障号码为DEU0G0123456

国家或地区代码　预留位　有效护照号码

DEU　0　G0123456

（2）以在我国某用人单位工作的持《外国人永久居留证》号 DNK324578912056 的丹麦籍人员为例，其社会保障号码为：DNK0324578912056

国家或地区代码　预留位　《外国人永久居留证》号码

DNK　0　324578912056

4. 数据库对外国人社会保障号码预留 18 位长度（其中有效护照号码最多为 14 位）。编制号码不足 18 位的，不需要补足位数。

5. 外国人社会保障号码在中国唯一且终身不变。其证件号码发生改变时，以初次参保登记时的社会保障号码作为唯一标识，社会保险经办机构应对参保人员的证件类型、证件号码变更情况进行相应的记录。

# 13　社会保险费申报缴纳管理规定

人力资源和社会保障部第 114 次部务会审议通过，2013 年 9 月 26 日中华人民共和国人力资源和社会保障部令第 20 号公布，自 2013 年 11 月 1 日起施行。

## 目　录

第一章　总则/59
第二章　社会保险费申报/60
第三章　社会保险费缴纳/61
第四章　未按时足额缴纳社会保险费的处理/61
第五章　法律责任/63
第六章　附则/64

## 第一章　总　则

**第一条**　为规范社会保险费的申报和缴纳管理工作，根据《中华人民共和国社会保险法》（以下简称社会保险法）、《社会保险费征缴暂行条例》，制定本规定。

**第二条**　用人单位进行缴费申报和社会保险经办机构征收社会保险费，适用本规定。

本规定所称社会保险费，是指由用人单位及其职工依法参加社会保险并缴纳的职工基本养老保险费、职工基本医疗保险费、工伤保险费、失业保险费和生育保险费。

**第三条**　社会保险经办机构负责社会保险缴费申报、核定等工作。

省、自治区、直辖市人民政府决定由社会保险经办机构征收社会保险费的，社会保险经办机构应当依法征收社会保险费。

社会保险经办机构负责征收的社会保险费，实行统一征收。

## 第二章 社会保险费申报

**第四条** 用人单位应当按月在规定期限内到当地社会保险经办机构办理缴费申报，申报事项包括：

（一）用人单位名称、组织机构代码、地址及联系方式；

（二）用人单位开户银行、户名及账号；

（三）用人单位的缴费险种、缴费基数、费率、缴费数额；

（四）职工名册及职工缴费情况；

（五）社会保险经办机构规定的其他事项。

在一个缴费年度内，用人单位初次申报后，其余月份可以只申报前款规定事项的变动情况；无变动的，可以不申报。

**第五条** 职工应缴纳的社会保险费由用人单位代为申报。代职工申报的事项包括：职工姓名、社会保障号码、用工类型、联系地址、代扣代缴明细等。

用人单位代职工申报的缴费明细以及变动情况应当经职工本人签字认可，由用人单位留存备查。

**第六条** 用人单位到社会保险经办机构办理社会保险缴费申报有困难的，经社会保险经办机构同意，可以邮寄申报。邮寄申报以寄出地的邮戳日期为实际申报日期。

有条件的地区，用人单位也可以按照社会保险经办机构的规定进行网上申报。

**第七条** 用人单位应当向社会保险经办机构如实申报本规定第四条、第五条所列申报事项。用人单位申报材料齐全、缴费基数和费率符合规定、填报数量关系一致的，社会保险经办机构核准后出具缴费通知单；用人单位申报材料不符合规定的，退用人单位补正。

社会保险经办机构在开展社会保险稽核工作过程中，发现用人单位未如实申报造成漏缴、少缴社会保险费的，按照社会保险法第八十六条的规定处理。

**第八条** 用人单位应当自用工之日起30日内为其职工申请办理社会保险登记并申报缴纳社会保险费。未办理社会保险登记的，由社会保险经办机构核定其应当缴纳的社会保险费。

用人单位未按照规定申报应缴纳的社会保险费数额的，社会保险经办机构暂按该单位上月缴费数额的110%确定应缴数额；没有上月缴费数额的，社会保险经办机构暂按该单位的经营状况、职工人数、当地上年度职工平均工资等有关情况确定应缴数额。用人单位补办申报手续后，由社会保险经办机构按照规定结算。

**第九条** 用人单位因不可抗力，不能按期办理缴费申报的，可以延期申报；不可抗力情形消除后，应当立即向社会保险经办机构报告。社会保险经办机构应当查明事实，予以核准。

## 第三章　社会保险费缴纳

**第十条**　用人单位应当持社会保险经办机构出具的缴费通知单在规定的期限内采取下列方式之一缴纳社会保险费：

（一）到其开户银行或者其他金融机构缴纳；

（二）与社会保险经办机构约定的其他方式。

社会保险经办机构、用人单位可以与银行或者其他金融机构签订协议，委托银行或者其他金融机构根据社会保险经办机构开出的托收凭证划缴用人单位为其职工代扣的社会保险费。

**第十一条**　职工应当缴纳的社会保险费由用人单位代扣代缴。用人单位依法履行代扣代缴义务时，任何单位或者个人不得干预或者拒绝。

用人单位未按时足额代缴的，社会保险经办机构应当责令其限期缴纳，并自欠缴之日起按日加收0.5‰的滞纳金。用人单位不得要求职工承担滞纳金。

**第十二条**　征收的社会保险费，应当存入社会保险经办机构按照规定开设的社会保险基金收入户。社会保险经办机构应当按照有关规定定期将收到的基金存入依法开设的社会保险基金财政专户。

**第十三条**　社会保险经办机构对已征收的社会保险费，根据用人单位实际缴纳额（包括代扣代缴额）和代扣代缴明细，按照国家有关规定进行记账。

**第十四条**　用人单位应当按月将缴纳社会保险费的明细情况告知职工本人。

用人单位应当每年向本单位职工代表大会通报或者在本单位住所的显著位置公布本单位全年社会保险费缴纳情况，接受职工监督。

**第十五条**　社会保险经办机构应当及时、完整、准确地记录用人单位及其职工的缴费情况，并将缴费情况定期告知用人单位和职工。用人单位和职工有权按照《社会保险个人权益记录管理办法》等规定查询缴费情况。

社会保险经办机构应当至少每年一次向社会公布社会保险费征收情况，接受社会监督。

## 第四章　未按时足额缴纳社会保险费的处理

**第十六条**　用人单位有下列情形之一的，社会保险经办机构应当于查明欠缴事实之日起5个工作日内发出社会保险费限期补缴通知，责令用人单位在收到通知后5个工作日内补缴，同时告知其逾期仍未缴纳的，将按照社会保险法第六十三条、第八十六条的规定处理：

（一）未按规定申报且未缴纳社会保险费的；

（二）申报后未按时足额缴纳社会保险费的；

（三）因瞒报、漏报职工人数、缴费基数等事项而少缴社会保险费的。

**第十七条**　用人单位未按照本规定第十六条规定的期限补缴的，社会保险经办机构可以按照社会保险法第六十三条第二款的规定，向用人单位开户银行或者其他金融机构查询其存款账户。

**第十八条** 社会保险经办机构可以根据查询结果向所属的社会保险行政部门申请作出划拨社会保险费的决定，并提交下列材料：

（一）用人单位名称、法定代表人、地址、联系方式；

（二）用人单位开户银行、户名及账号；

（三）申请划拨的事实、理由及依据；

（四）申请划拨的社会保险费数额；

（五）社会保险行政部门要求提供的其他材料。

**第十九条** 社会保险行政部门接到社会保险经办机构划拨申请后，应当按照《中华人民共和国行政强制法》的规定，及时作出划拨社会保险费决定，并书面通知用人单位开户银行或者其他金融机构予以划拨。

**第二十条** 社会保险行政部门作出的划拨社会保险费决定，应当按照《中华人民共和国行政强制法》的规定送达用人单位，并抄送社会保险经办机构。

**第二十一条** 经查询，用人单位账户余额少于应当缴纳的社会保险费数额的，或者划拨后用人单位仍未足额清偿社会保险费的，社会保险经办机构可以要求用人单位以抵押、质押的方式提供担保。

**第二十二条** 用人单位应当到社会保险经办机构认可的评估机构对其抵押财产或者质押财产进行评估，经社会保险经办机构审核后，对能够足额清偿社会保险费的，双方依法签订抵押合同或者质押合同；需要办理登记的，应当依法办理抵押登记或者质押登记。

**第二十三条** 社会保险经办机构与用人单位签订抵押合同或者质押合同后，应当签订延期缴费协议，并约定协议期满用人单位仍未足额清偿社会保险费的，社会保险经办机构可以参照协议期满时的市场价格，以抵押财产、质押财产折价或者以拍卖、变卖所得抵缴社会保险费。

延期缴费协议期限最长不超过1年。

**第二十四条** 用人单位提供担保并签订延期缴费协议的，其职工在延缴期间按照规定享受社会保险待遇。

**第二十五条** 用人单位经责令仍未补缴且有下列情形之一的，社会保险经办机构可以按照社会保险法第六十三条第三款的规定，向所在地有管辖权的人民法院申请扣押、查封、拍卖用人单位财产，以拍卖所得抵缴应缴纳的社会保险费、滞纳金：

（一）经查询，用人单位开户银行账户余额少于应缴纳的社会保险费数额且未签订担保合同的；

（二）经划拨，用人单位仍未足额清偿应缴纳的社会保险费且未签订担保合同的；

（三）延期缴费协议期满，因担保财产的市场价格或者权利状况发生变化，用人单位仍未足额清偿应缴纳的社会保险费的。

**第二十六条** 社会保险经办机构申请人民法院强制执行的，应当提供下列材料：

（一）强制执行申请书；

（二）用人单位欠缴社会保险费及加收滞纳金的事实、理由和依据；

（三）社会保险经办机构限期补缴通知；

（四）用人单位的意见；

（五）用人单位有本规定第二十五条所列情形时的相关材料；

（六）申请强制执行的用人单位财产情况；

（七）法律、行政法规规定以及人民法院要求的其他材料。

强制执行申请书应当由社会保险经办机构负责人签名，加盖社会保险经办机构的印章，并注明日期。

## 第五章　法律责任

**第二十七条**　社会保险行政部门及其工作人员作出划拨社会保险费决定时，有下列行为之一的，按照《中华人民共和国行政强制法》的规定，由上级社会保险行政部门或者有关部门责令改正，对直接负责的主管人员和其他直接责任人员依法给予处分；给用人单位或者个人造成损失的，依法承担赔偿责任；构成犯罪的，依法追究刑事责任：

（一）违反法定程序作出划拨社会保险费决定的；

（二）未在规定时限内及时作出划拨社会保险费决定并书面通知用人单位开户银行或者其他金融机构的；

（三）决定划拨的社会保险费数额错误的；

（四）向当事人泄露信息影响划拨社会保险费的；

（五）有违反法律、法规和规章的其他行为的。

**第二十八条**　社会保险经办机构及其工作人员有下列行为之一的，由社会保险行政部门责令改正，视情节轻重对直接负责的主管人员和其他直接责任人员依法给予相应处分：

（一）未按照本规定第八条核定或者确定用人单位应当缴纳的社会保险费数额的；

（二）对已征收的社会保险费未按照国家规定记账的；

（三）未依法责令欠缴社会保险费的用人单位限期补缴社会保险费、加收滞纳金的；

（四）申请人民法院强制执行不符合规定的；

（五）签订担保合同和延期缴费协议不符合规定的；

（六）未按照规定审核、处置担保财产的；

（七）法律、法规和规章规定的其他情形。

**第二十九条**　社会保险经办机构擅自更改社会保险费缴费基数、费率，导致少收或者多收社会保险费的，由社会保险行政部门责令其追缴应当缴纳的社会保险费或者退还不应当缴纳的社会保险费；对直接负责的主管人员和其他直接责任人员依法给予处分。

**第三十条**　用人单位未按照规定向社会保险经办机构进行缴费申报或者未按照规定缴纳社会保险费的，社会保险行政部门应当依法查处。

用人单位未按时足额缴纳社会保险费的，由社会保险经办机构按照社会保险法第八十六条的规定，责令其限期缴纳或者补足，并自欠缴之日起按日加收0.5‰的滞纳金；逾期仍不缴纳的，由社会保险行政部门处欠缴数额1倍以上3倍以下的罚款。

**第三十一条** 用人单位未按月将代扣代缴社会保险费明细情况告知职工本人，或者未按照规定通报、公布本单位全年社会保险费缴纳情况的，职工有权向社会保险行政部门举报、投诉。

## 第六章 附 则

**第三十二条** 社会保险费由税务机关征收的，社会保险经办机构应当及时将用人单位和职工应缴社会保险费数额提供给税务机关；税务机关应当及时向社会保险经办机构提供用人单位和职工的缴费情况。

社会保险经办机构应当按月将单位和个人缴纳失业保险费的情况提供给负责支付失业保险待遇的经办机构。

**第三十三条** 以个人身份参加社会保险的，社会保险费申报和缴纳办法另行规定。

**第三十四条** 本规定自2013年11月1日起施行。原劳动和社会保障部《社会保险费申报缴纳管理暂行办法》（劳动和社会保障部令第2号）同时废止。

# 14 关于农民工参加工伤保险有关问题的通知

劳社部发〔2004〕18号

各省、自治区、直辖市劳动和社会保障厅（局）：

为了维护农民工的工伤保险权益，改善农民工的就业环境，根据《工伤保险条例》规定，从农民工的实际情况出发，现就农民工参加工伤保险、依法享受工伤保险待遇有关问题通知如下：

一、各级劳动保障部门要统一思想，提高认识，高度重视农民工工伤保险权益维护工作。要从践行“三个代表”重要思想的高度，坚持以人为本，做好农民工参加工伤保险、依法享受工伤保险待遇的有关工作，把这项工作作为全面贯彻落实《工伤保险条例》，为农民工办实事的重要内容。

二、农民工参加工伤保险、依法享受工伤保险待遇是《工伤保险条例》赋予包括农民工在内的各类用人单位职工的基本权益，各类用人单位招用的农民工均有享受工伤保险待遇的权利。各地要将农民工参加工伤保险，作为今年工伤保险扩面的重要工作，明确任务，抓好落实。凡是与用人单位建立劳动关系的农民工，用人单位必须及时为他们办理参加工伤保险的手续。对用人单位为农民工先行办理工伤保险的，各地经办机构应予办理。今年重点推进建筑、矿山等工伤风险较大、职业危害较重行业的农民工参加工伤保险。

三、用人单位注册地与生产经营地不在同一统筹地区的，原则上在注册地参加工伤保险。未在注册地参加工伤保险的，在生产经营地参加工伤保险。农民工受到事故伤害或患职业病后，在参保地进行工伤认定、劳动能力鉴定，并按参保地的规定依法享受工伤保险待遇。用人单位在注册地和生产经营地均未参加工伤保险的，农民工受到事故伤害或者患职业病后，在生产经营地进行工伤认定、劳动能力鉴定，并按生产经营地的规定依法由用人单位支付工伤保险待遇。

四、对跨省流动的农民工，即户籍不在参加工伤保险统筹地区（生产经营地）所在省（自治区、直辖市）的农民工，一至四级伤残长期待遇的支付，可试行一次性支付和长期支付两种方式，供农民工选择。在农民工选择一次性或长期支付方式时，支付其工伤保险待遇的社会保险经办机构应向其说明情况。一次性享受工伤保险长期待遇的，需由农民工本人提出，与用人单位解除或者终止劳动关系，与统筹地区社会保险经办机构签订协议，终止工伤保险关系。一至四级伤残农民工一次性享受工伤保险长期待遇的具体办法和标准由省（自治区、直辖市）劳动保障行政部门制定，报省（自治区、直辖市）人民政府批准。

五、各级劳动保障部门要加大对农民工参加工伤保险的宣传和督促检查力度，积极为农民工提供咨询服务，促进农民工参加工伤保险。同时要认真做好工伤认定、劳动能力鉴定工作，对侵害农民工工伤保险权益的行为要严肃查处，切实保障农民工的合法权益。

劳动和社会保障部

2004 年 6 月 1 日

## 15 关于贯彻《安全生产许可证条例》做好企业参加工伤保险有关工作的通知

劳社部发〔2005〕8 号

各省、自治区、直辖市劳动和社会保障厅（局）、安全生产监督管理局，民爆器材行政主管部门、各省级煤矿安全监察机构：

为了严格规范企业的安全生产条件，加强安全生产监督管理，防止和减少生产安全事故，切实保障矿山、危险化学品、烟花爆竹、民用爆破器材生产等企业职工的生命安全和健康，国务院颁布了《安全生产许可证条例》。该条例明确规定，企业应当依法参加工伤保险，为从业人员缴纳工伤保险费，并将参加工伤保险作为企业取得安全生产许可证的必备条件之一。为贯彻落实《安全生产许可证条例》规定，做好企业参加工伤保险的有关工作，现通知如下：

一、按照《中华人民共和国安全生产法》《工伤保险条例》和《安全生产许可证条例》的规定，矿山、危险化学品、烟花爆竹、民用爆破器材生产等企业（以下简称企业）应高度重视安全生产工作，依法参加工伤保险，按时、足额为所有从业人员缴纳工伤保险费。企业应将参保情况及时在本单位内公示。企业和职工应当遵守有关安全生产和职业病防治的法律法规，执行安全卫生规程和标准，预防工伤事故发生，避免和减少职业病危害。

二、劳动保障部门要做好企业参加工伤保险的组织实施工作，加强对企业参保工作的指导。对尚未参加工伤保险的企业要切实采取有效措施，制定有针对性的扩大覆盖面方案，加大工作力度，加强劳动监察，督促企业尽快参加工伤保险。

三、企业参保登记后，社会保险经办机构要及时确定企业缴费费率，核定企业缴费基数、职工人数和应缴工伤保险费数额，如实地为企业出具《工伤保险参保证明》（样式附后）。安全生产许可证颁发管理机关在颁发安全生产许可证或办理许可证延期手续前，应认真审查申请单位提供的《工伤保险参保证明》，对不能提供社会保险经办机构出具的有效《工伤保险参保证明》的企业，不得颁发安全生产许可证。对冒用或者使用伪造的《工伤保险参保证明》的企业，不得颁发安全生产许可证，已经颁发的要予以吊销。

四、劳动保障部门应加强对取得安全生产许可证企业参加工伤保险情况的监督检查。发现企业中断缴费、瞒报工资总额或者职工人数的，责令其限期改正，并按规定进行相应处罚。不能在规定期限内改正的，劳动保障部门应通知安全生产许可证颁发管理机关，由安全生产许可证颁发管理机关暂扣或者吊销安全生产许可证。

五、安全生产许可证颁发管理机关和劳动保障部门要定期互相交流、通报企业取得安全生产许可证和参加工伤保险的情况，针对出现的问题，研究协商解决，促进企业安全生产工作，切实保障企业职工的权益。

六、本通知下发前企业参保证明中尚未解决的相关问题，由各地安全生产许可证颁发管理机关与劳动保障部门按照本通知的精神协商处理。

附件：工伤保险参保证明

劳动和社会保障部
国家安全生产监督管理总局
国防科学技术工业委员会
2005 年 4 月 4 日

**附件**

## 工伤保险参保证明

安全生产许可证发放机关名称：

企业名称于____年____月____日为____人办理工伤保险参保手续并足额缴费，特此证明。

工伤保险经办机构名称（章）

年　月　日

# 16　关于加强工伤保险医疗服务协议管理工作的通知

劳社部发〔2007〕7号

各省、自治区、直辖市劳动和社会保障厅（局）、卫生厅（局）、中医药管理局：

职工因工作遭受事故伤害或患职业病时，由工伤保险为其提供医疗服务保障，是工伤保险制度的一项重要内容。做好工伤保险医疗服务协议管理工作，有利于保障工伤职工依法享有医疗服务的权益，有利于加强工伤保险基金管理，有利于规范医疗行为、促进我国卫生事业发展。各地要从以人为本、构建社会主义和谐社会的高度，充分认识加强工伤保险医疗服务协议管理工作的重要意义。根据《工伤保险条例》及国家有关法律法规，现就加强工伤保险医疗服务协议管理工作通知如下：

**一、明确工伤保险医疗服务协议管理的方式，严格掌握工伤保险协议医疗机构的条件**

工伤保险实行协议医疗服务方式。在公开、公正、平等协商的基础上，社会保险经办机构（简称经办机构）与符合条件的医疗机构签订医疗服务协议。工伤保险协议医疗机构的名单要以适当方式向社会公布。

工伤保险协议医疗机构必须具备以下基本条件：

（一）经卫生及中医药行政部门批准并取得《医疗机构执业许可证》的医疗机构，以及经地方卫生行政部门同意对社会提供服务的军队医疗机构；

（二）具备为工伤职工提供良好医疗服务的条件，在工伤救治、康复和职业病防治方面有专业技术优势；

（三）遵守国家有关医疗服务和职业病防治管理的法规和标准，有健全和完善的医疗服务管理制度；

（四）遵守国家和省、自治区、直辖市物价管理部门规定的医疗服务和药品的价格政策；

（五）遵守工伤保险的法律法规。

**二、切实加强工伤职工的就医管理**

职工发生工伤后，应当在统筹地区的协议医疗机构进行治疗，病情危急时可送往就近医疗机构进行抢救；在统筹区域以外发生工伤的职工，可在事故发生地优先选择协议医疗机构治疗。

凡未在统筹地协议医疗机构救治的工伤职工，用人单位要及时向经办机构报告工伤职工的伤情及救治医疗机构的情况，并待病情稳定后转回统筹地区的协议医疗机构治疗。

工伤职工因旧伤复发需要治疗的，用人单位凭协议医疗机构的诊断证明，向经办机构申请并经核准后列入工伤保险医疗服务管理范围。

用人单位、工伤职工、经办机构因治疗旧伤复发需要治疗发生争议的，须凭协议医疗机构的诊断证明，经劳动能力鉴定委员会鉴定后确认。

**三、明确工伤保险协议医疗服务主体的职责**

经办机构要依据协议加强对工伤保险医疗服务费用的管理和监督检查，按工伤保险有关规定和协议约定，及时支付工伤职工发生的医疗费用；建立、健全工伤保险医疗费用管理制度和各类台账，做好费用的统计分析；定期听取协议医疗机构对改进工作的意见；协调协议医疗机构与用人单位以及工伤职工有关工伤保险医疗服务的事宜。

工伤保险协议医疗机构要明确专门机构并配备专（兼）职人员，建立健全内部管理制度，做好医务人员工伤保险政策法规的宣传和培训；严格执行工伤保险诊疗项目目录、药品目录和住院服务标准，切实做到合理检查、合理治疗、合理用药、合理收费；按照协议约定做好工伤医疗费用管理，并按时提交工伤职工费用结算清单；配合劳动保障行政部门或经办机构，及时调取、据实出具医疗诊断证明书等有关医学材料。

经办机构和协议医疗机构有下列情形之一的，双方可终止协议：

（一）协议期满，其中一方提出终止协议的；

（二）协议执行期间，一方违反协议，经协商双方不能达成一致意见的；

（三）因协议医疗机构合并、解散等原因无法履行协议的。

协议医疗机构认为经办机构未履行有关协议或规定的，可以依法申请行政复议，对行政复议不服的，可以依法提出诉讼。

**四、规范工伤保险协议医疗服务费用管理**

工伤保险医疗服务水平要与我国现阶段经济和社会发展水平相适应，既要保证工伤职工救治的合理需要，又要保证工伤保险基金的合理使用。

对工伤职工发生的符合工伤保险药品目录、诊疗项目目录和住院服务标准等管理规定的医疗费用和康复费用，包括职工工伤认定前已由医疗保险基金、用人单位或职工个人垫付的工伤医疗费用，由经办机构从工伤保险基金中按规定予以支付。

对于工伤职工治疗非工伤疾病所发生的费用、符合出院条件拒不出院继续发生的费用，未经经办机构批准自行转入其他医疗机构治疗所发生的费用和其他违反工伤保险有关规定的费用，工伤保险基金不予支付。

工伤职工在协议医疗机构就医发生医疗事故的，按照《医疗事故处理条例》处理。

**五、加强对工伤医疗服务协议管理工作的领导**

各级劳动保障、卫生、中医药行政部门要按照各自的职能，积极发挥组织、协调、监督作用，密切配合，共同做好工伤保险医疗服务协议管理的相关工作。要认真开展工伤保险政策的宣传和培训，充分发挥用人单位在工伤保险医疗服务中的积极性和主动性，动员和引导用人单位协助经办机构和协议医疗机构做好工伤职工的相关管理和服务工作。执行中的重大问题，请及时向劳动保障、卫生、中医药管理部门报告。

劳动和社会保障部

卫生部

国家中医药管理局

2007 年 2 月 27 日

# 17　关于进一步做好中央企业工伤保险工作有关问题的通知

劳社部发〔2007〕36号

各省、自治区、直辖市劳动和社会保障厅（局）、各中央企业：

为深入贯彻实施《工伤保险条例》，进一步落实《国务院关于解决农民工问题的若干意见》（国发〔2006〕5号）中切实保障农民工工伤保险权益的要求，积极做好国务院国有资产监督管理委员会监管企业（以下简称中央企业）参加工伤保险的有关工作，现就有关问题通知如下：

一、中央企业要按照属地管理原则参加工伤保险，按照所在地统筹地区人民政府确定的行业工伤保险费率，参加所在统筹地区的工伤保险社会统筹，按时缴纳工伤保险费。跨地区、流动性大的中央企业，可以采取相对集中的方式异地参加统筹地区的工伤保险。

二、中央企业要认真贯彻落实国发〔2006〕5号精神，为包括农民工在内的全部职工办理工伤保险手续。对以劳务派遣等形式使用的农民工，也要采用有效办法保障其参加工伤保险权益。对于建筑施工等农民工集中、流动性较大行业的中央企业，要按照《关于做好建筑施工企业农民工参加工伤保险有关工作的通知》（劳社部发〔2006〕44号）等有关文件要求，制定符合行业特点的农民工参保办法，如以建筑施工项目为单位参保，实现施工项目使用的农民工全员参保，切实保障农民工工伤保险权益。

三、《工伤保险条例》实施前中央企业已确认并享受工伤待遇的伤残职工及工亡人员供养亲属应同步纳入工伤保险管理。具体纳入方式和步骤，由中央企业与所在地省、自治区、直辖市劳动和社会保障部门协商确定。

四、各地劳动保障部门要认真做好中央企业参加工伤保险的组织实施工作，加强对中央企业参保工作的指导和监督，并结合其行业特点，切实做好工伤保险管理服务工作，方便中央企业工伤人员的救治、工伤认定、劳动能力鉴定及待遇支付。

五、各中央企业要积极配合劳动保障部门，共同做好中央企业参加工伤保险工作。在实施过程中发现的重大问题，要及时向所在地人民政府和劳动保障部门反映，确保该项工作顺利实施。

劳动和社会保障部

国务院国有资产监督管理委员会

2007年9月7日

## 18 人力资源社会保障部 财政部关于进一步做好事业单位等参加工伤保险工作有关问题的通知

人社部发〔2012〕67号

各省、自治区、直辖市及新疆生产建设兵团人力资源社会保障厅（局）、财政厅（局、财务局）：

为保障事业单位、社会团体、民办非企业单位、基金会、律师事务所、会计师事务所等组织因工作遭受事故伤害或者患职业病的工作人员依法享受工伤保险待遇，按照《中华人民共和国社会保险法》和《工伤保险条例》规定，现就有关问题通知如下：

一、事业单位、社会团体、民办非企业单位、基金会、律师事务所、会计师事务所等组织按照《中华人民共和国社会保险法》《工伤保险条例》规定，依照属地管理原则，参加统筹地区的工伤保险，并按时足额缴纳工伤保险费。缴纳工伤保险费所需费用在社会保障缴费中列支，其费率均暂按一类风险行业执行。

二、事业单位、社会团体、民办非企业单位、基金会、律师事务所、会计师事务所等组织的工作人员遭受事故伤害或者患职业病的，其工伤范围、工伤认定、劳动能力鉴定、待遇标准等按照《工伤保险条例》规定执行。

三、参照公务员法管理的事业单位、社会团体工作人员因工作遭受事故伤害或者患职业病的，按照《工伤保险条例》第六十五条的规定执行。

四、本通知自下发之日起施行。凡此前文件与本通知规定不符的，以本通知规定为准。

人力资源社会保障部

财政部

2012年10月29日

## 19 人力资源社会保障部 住房城乡建设部 安全监管总局 全国总工会关于进一步做好建筑业工伤保险工作的意见

人社部发〔2014〕103号

各省、自治区、直辖市及新疆生产建设兵团人力资源社会保障厅（局）、住房城乡建设厅（委、局）、安全生产监督管理局、总工会：

改革开放以来，我国建筑业蓬勃发展，建筑业职工队伍不断发展壮大，为经济社会发展和人民安居乐业做出了重大贡献。建筑业属于工伤风险较高行业，又是农民工集中的行业。为维护建筑业职工特别是农民工的工伤保障权益，国家先后出台了一系列法律法规和政策，各地区、各有关部门积极采取措施，加强建筑施工安全生产制度建设和监督检查，大力推进建筑施工企业依法参加工伤保险，使建筑业职工工伤权益保障工作不断得到加强。但目前仍存在部分建筑施工企业安全管理制度不落实、工伤保险参保覆盖率低、一线建筑工人特别是农民工工伤维权能力弱、工伤待遇落实难等问题。

为贯彻落实党中央、国务院关于切实保障和改善民生的要求，依据社会保险法、建筑法、安全生产法、职业病防治法和《工伤保险条例》等法律法规规定，现就进一步做好建筑业工伤保险工作、切实维护建筑业职工工伤保障权益提出以下意见：

一、完善符合建筑业特点的工伤保险参保政策，大力扩展建筑企业工伤保险参保覆盖面。建筑施工企业应依法参加工伤保险。针对建筑行业的特点，建筑施工企业对相对固定的职工，应按用人单位参加工伤保险；对不能按用人单位参保、建筑项目使用的建筑业职工特别是农民工，按项目参加工伤保险。房屋建筑和市政基础设施工程实行以建设项目为单位参加工伤保险的，可在各项社会保险中优先办理参加工伤保险手续。建设单位在办理施工许可手续时，应当提交建设项目工伤保险参保证明，作为保证工程安全施工的具体措施之一；安全施工措施未落实的项目，各地住房城乡建设主管部门不予核发施工许可证。

二、完善工伤保险费计缴方式。按用人单位参保的建筑施工企业应以工资总额为基数依法缴纳工伤保险费。以建设项目为单位参保的，可以按照项目工程总造价的一定比例计算缴纳工伤保险费。

三、科学确定工伤保险费率。各地区人力资源社会保障部门应参照本地区建筑企业行业基准费率，按照以支定收、收支平衡原则，商住房城乡建设主管部门合理确定建设项目工伤保险缴费比例。要充分运用工伤保险浮动费率机制，根据各建筑企业工伤事故发生率、工伤保险基金使用等情况适时适当调整费率，促进企业加强安全生产，预防和减少工伤事故。

四、确保工伤保险费用来源。建设单位要在工程概算中将工伤保险费用单独列支，作为不可竞争费，不参与竞标，并在项目开工前由施工总承包单位一次性代缴本项目工伤保险费，覆盖项目使用的所有职工，包括专业承包单位、劳务分包单位使用的农民工。

五、健全工伤认定所涉及劳动关系确认机制。建筑施工企业应依法与其职工签订劳动合同，加强施工现场劳务用工管理。施工总承包单位应当在工程项目施工期内督促专业承包单位、劳务分包单位建立职工花名册、考勤记录、工资发放表等台账，对项目施工期内全部施工人员实行动态实名制管理。施工人员发生工伤后，以劳动合同为基础确认劳动关系。对未签订劳动合同的，由人力资源社会保障部门参照工资支付凭证或记录、工作证、招工登记表、考勤记录及其他劳动者证言等证据，确认事实劳动关系。相关方面应积极提供有关证据；按规定应由用人单位负举证责任而用人单位不提供的，应当承担不利后果。

六、规范和简化工伤认定和劳动能力鉴定程序。职工发生工伤事故，应当由其所在用人单位在30日内提出工伤认定申请，施工总承包单位应当密切配合并提供参保证明等相关材料。用人单位未在规定时限内提出工伤认定申请的，职工本人或其近亲属、工会组织可以在1年内提出工伤认定申请，经社会保险行政部门调查确认工伤的，在此期间发生的工伤待遇等有关费用由其所在用人单位负担。各地社会保险行政部门和劳动能力鉴定机构要优化流程，简化手续，缩短认定、鉴定时间。对于事实清楚、权利义务关系明确的工伤认定申请，应当自受理工伤认定申请之日起15日内作出工伤认定决定。探索建立工伤认定和劳动能力鉴定相关材料网上申报、审核和送达办法，提高工作效率。

七、完善工伤保险待遇支付政策。对认定为工伤的建筑业职工，各级社会保险经办机构和用人单位应依法按时足额支付各项工伤保险待遇。对在参保项目施工期间发生工伤、项目竣工时尚未完成工伤认定或劳动能力鉴定的建筑业职工，其所在用人单位要继续保证其医疗救治和停工期间的法定待遇，待完成工伤认定及劳动能力鉴定后，依法享受参保职工的各项工伤保险待遇；其中应由用人单位支付的待遇，工伤职工所在用人单位要按时足额支付，也可根据其意愿一次性支付。针对建筑业工资收入分配的特点，对相关工伤保险待遇中难以按本人工资作为计发基数的，可以参照统筹地区上年度职工平均工资作为计发基数。

八、落实工伤保险先行支付政策。未参加工伤保险的建设项目，职工发生工伤事故，依法由职工所在用人单位支付工伤保险待遇，施工总承包单位、建设单位承担连带责任；用人单位和承担连带责任的施工总承包单位、建设单位不支付的，由工伤保险基金先行支付，用人单位和承担连带责任的施工总承包单位、建设单位应当偿还；不偿还的，由社会保险经办机构依法追偿。

九、建立健全工伤赔偿连带责任追究机制。建设单位、施工总承包单位或具有用工主体资格的分包单位将工程（业务）发包给不具备用工主体资格的组织或个人，该组织或个人招用的劳动者发生工伤的，发包单位与不具备用工主体资格的组织或个人承担连带赔偿责任。

十、加强工伤保险政策宣传和培训。施工总承包单位应当按照项目所在地人力资源社会保障部门统一规定的式样，制作项目参加工伤保险情况公示牌，在施工现场显著位置予以公示，并安排有关工伤预防及工伤保险政策讲解的培训课程，保障广大建筑业职工特别是农民工的知情权，增强其依法维权意识。各地人力资源社会保障部门要会同有关部门加大工伤保险政策宣传力度，让广大职工知晓其依法享有的工伤保险权益及相关办事流程。开展工伤预防试点的地区可以从工伤保险基金提取一定比例用于工伤预防，各地人力资源社会保障部门应会同住房城乡建设部门积极开展建筑业工伤预防的宣传和培训工作，并将建筑业职工特别是农民工作为宣传和培训的重点对象。建立健全政府部门、行业协会、建筑施工企业等多层次的培训体系，不断提升建筑业职工的安全生产意识、工伤维权意识和岗位技能水平，从源头上控制和减少安全事故。

十一、严肃查处谎报瞒报事故的行为。发生生产安全事故时，建筑施工企业现场有关人员和企业负责人要严格依照《生产安全事故报告和调查处理条例》等规定，及时、如实向安全监管、住房城乡建设和其他负有监管职责的部门报告，并做好工伤保险相关工作。事故报告后出现新情况的，要及时补报。对谎报、瞒报事故和迟报、漏报的有关单位和人员，要严格依法查处。

十二、积极发挥工会组织在职工工伤维权工作中的作用。各级工会要加强基层组织建设，通过项目工会、托管工会、联合工会等多种形式，努力将建筑施工一线职工纳入工会组织，为其提供维权依托。提升基层工会组织在职工工伤维权方面的业务能力和服务水平。具备条件的企业工会要设立工伤保障专员，学习掌握工伤保险政策，介入工伤事故处理的全过程，了解工伤职工需求，跟踪工伤待遇支付进程，监督工伤职工各项权益落实情况。

十三、齐抓共管合力维护建筑工人工伤权益。人力资源社会保障部门要积极会同相关部门，把大力推进建筑施工企业参加工伤保险作为当前扩大社会保险覆盖面的重要任务和重点工作领域，对各类建筑施工企业和建设项目进行摸底排查，力争尽快实现全面覆盖。各地人力资源社会保障、住房城乡建设、安全监管等部门要认真履行各自职能，对违法施工、非法转包、违法用工、不参加工伤保险等违法行为依法予以查处，进一步规范建筑市场秩序，保障建筑业职工工伤保险权益。人力资源社会保障、住房城乡建设、安全监管等部门和总工会要定期组织开展建筑业职工工伤维权工作情况的联合督查。有关部门和工会组织要建立部门间信息共享机制，及时沟通项目开工、项目用工、参加工伤保险、安全生产监管等信息，实现建筑业职工参保等信息互联互通，为维护建筑业职工工伤权益提供有效保障。

交通运输、铁路、水利等相关行业职工工伤权益保障工作可参照本文件规定执行。

各地人力资源社会保障、住房城乡建设、安全监管等部门和工会组织要依据国家法律法规和本文件精神，结合本地实际制定具体实施方案，定期召开有关部门协调工作会议，共同研究解决有关难点重点问题，合力做好建筑业职工工伤保险权益保障工作。

人力资源社会保障部
住房城乡建设部
安全监管总局
全国总工会
2014 年 12 月 29 日

## 20 人力资源社会保障部 财政部关于调整工伤保险费率政策的通知

人社部发〔2015〕71 号

各省、自治区、直辖市人力资源社会保障厅（局）、财政厅（局），新疆生产建设兵团人力资源社会保障局、财务局：

按照党的十八届三中全会提出的“适时适当降低社会保险费率”的精神，为更好贯彻社会保险法、《工伤保险条例》，使工伤保险费率政策更加科学、合理，适应经济社会发展的需要，经国务院批准，自 2015 年 10 月 1 日起，调整现行工伤保险费率政策。现将有关事项通知如下：

**一、关于行业工伤风险类别划分**

按照《国民经济行业分类》（GB/T 4754—2011）对行业的划分，根据不同行业的工伤风险程度，由低到高，依次将行业工伤风险类别划分为一类至八类（见附件）。

**二、关于行业差别费率及其档次确定**

不同工伤风险类别的行业执行不同的工伤保险行业基准费率。各行业工伤风险类别对应的全国工伤保险行业基准费率为，一类至八类分别控制在该行业用人单位职工工资总额的0.2%、0.4%、0.7%、0.9%、1.1%、1.3%、1.6%、1.9%左右。

通过费率浮动的办法确定每个行业内的费率档次。一类行业分为三个档次，即在基准费率的基础上，可向上浮动至120%、150%，二类至八类行业分为五个档次，即在基准费率的基础上，可分别向上浮动至120%、150%或向下浮动至80%、50%。

各统筹地区人力资源社会保障部门要会同财政部门，按照“以支定收、收支平衡”的原则，合理确定本地区工伤保险行业基准费率具体标准，并征求工会组织、用人单位代表的意见，报统筹地区人民政府批准后实施。基准费率的具体标准可根据统筹地区经济产业结构变动、工伤保险费使用等情况适时调整。

**三、关于单位费率的确定与浮动**

统筹地区社会保险经办机构根据用人单位工伤保险费使用、工伤发生率、职业病危害程度等因素，确定其工伤保险费率，并可依据上述因素变化情况，每一至三年确定其在所属行业不同费率档次间是否浮动。对符合浮动条件的用人单位，每次可上下浮动一档或两档。统筹地区工伤保险最低费率不低于本地区一类风险行业基准费率。费率浮动的具体办法由统筹地区人力资源社会保障部门商财政部门制定，并征求工会组织、用人单位代表的意见。

**四、关于费率报备制度**

各统筹地区确定的工伤保险行业基准费率具体标准、费率浮动具体办法，应报省级人力资源社会保障部门和财政部门备案并接受指导。省级人力资源社会保障部门、财政部门应每年将各统筹地区工伤保险行业基准费率标准确定和变化以及浮动费率实施情况汇总报人力资源社会保障部、财政部。

附件：工伤保险行业风险分类表

人力资源社会保障部

财政部

2015年7月22日

**附件**

## 工伤保险行业风险分类表

| 行业类别 | 行业名称 |
|---|---|
| 一 | 软件和信息技术服务业，货币金融服务，资本市场服务，保险业，其他金融业，科技推广和应用服务业，社会工作，广播、电视、电影和影视录音制作业，中国共产党机关，国家机构，人民政协、民主党派，社会保障，群众团体、社会团体和其他成员组织，基层群众自治组织，国际组织 |

续表

| 行业类别 | 行业名称 |
| --- | --- |
| 二 | 批发业，零售业，仓储业，邮政业，住宿业，餐饮业，电信、广播电视和卫星传输服务，互联网和相关服务，房地产业，租赁业，商务服务业，研究和试验发展，专业技术服务业，居民服务业，其他服务业，教育，卫生，新闻和出版业，文化艺术业 |
| 三 | 农副食品加工业，食品制造业，酒、饮料和精制茶制造业，烟草制品业，纺织业，木材加工和木、竹、藤、棕、草制品业，文教、工美、体育和娱乐用品制造业，计算机、通信和其他电子设备制造业，仪器仪表制造业，其他制造业，水的生产和供应业，机动车、电子产品和日用产品修理业，水利管理业，生态保护和环境治理业，公共设施管理业，娱乐业 |
| 四 | 农业，畜牧业，农、林、牧、渔服务业，纺织服装、服饰业，皮革、毛皮、羽毛及其制品和制鞋业，印刷和记录媒介复制业，医药制造业，化学纤维制造业，橡胶和塑料制品业，金属制品业，通用设备制造业，专用设备制造业，汽车制造业，铁路、船舶、航空航天和其他运输设备制造业，电气机械和器材制造业，废弃资源综合利用业，金属制品、机械和设备修理业，电力、热力生产和供应业，燃气生产和供应业，铁路运输业，航空运输业，管道运输业，体育 |
| 五 | 林业，开采辅助活动，家具制造业，造纸和纸制品业，建筑安装业，建筑装饰和其他建筑业，道路运输业，水上运输业，装卸搬运和运输代理业 |
| 六 | 渔业，化学原料和化学制品制造业，非金属矿物制品业，黑色金属冶炼和压延加工业，有色金属冶炼和压延加工业，房屋建筑业，土木工程建筑业 |
| 七 | 石油和天然气开采业，其他采矿业，石油加工、炼焦和核燃料加工业 |
| 八 | 煤炭开采和洗选业，黑色金属矿采选业，有色金属矿采选业，非金属矿采选业 |

# 21 人力资源社会保障部　财政部关于做好工伤保险费率调整工作　进一步加强基金管理的指导意见

人社部发〔2015〕72号

各省、自治区、直辖市人力资源社会保障厅（局）、财政厅（局），新疆生产建设兵团人力资源社会保障局、财务局：

近日，人力资源社会保障部、财政部经国务院批准印发了调整工伤保险费率政策的通知（人社部发〔2015〕71号，以下简称《通知》），此次调整完善工伤保险费率政策总的原则是：总体降低，细化分类，健全机制。为贯彻落实国务院关于适时适当降低工伤保险费率的要求，进一步加强工伤保险基金管理，提高基金使用效率，现就有关问题提出如下意见：

**一、充分认识调整完善工伤保险费率政策的重要性**

调整完善工伤保险费率政策，总体上降低工伤保险费率水平，是适应我国经济发展新常态，减轻用人单位负担的重要举措，有利于建立健全与行业工伤风险基本对应、风险档次适度的工伤保险费率标准，有利于落实工伤保险基金“以支定收、收支平衡”筹资原则，优化工伤保险基金管理，确保工伤保险基金可持续运行，更好地保障工伤职工的合法权益。各地应充分认识调整完善工伤保险费率政策的重要性，加强对调整完善工伤保险费率政策的组织领导，采取切实有效措施，强化工伤保险基金管理，在基金收支平衡的基础上，实现总体上降低工伤保险费率水平的目标。

**二、准确确定用人单位适用的行业分类**

各统筹地区社会保险经办机构要严格按照《通知》规定的行业类别划分，根据用人单位的工商登记注册和主要经营生产业务等情况，分别确定其所对应的行业工伤风险类别。对劳务派遣企业，可根据被派遣劳动者实际用工单位所在行业，或根据多数被派遣劳动者实际用工单位所在行业，确定其工伤风险类别。

**三、科学确定工伤保险行业基准费率标准**

各统筹地区人力资源社会保障部门要会同财政部门依据调整后的全国工伤保险行业基准费率，根据本地区各行业工伤保险费使用、工伤发生率、职业病危害程度等情况，拟订本地区工伤保险行业基准费率的具体标准，报统筹地区人民政府批准后实施。要加强工伤保险基金的精算平衡，全面分析影响基金收入和支出的当期因素和中长期变化趋势，包括参保扩面潜力、职工工资基数增长速度、本地区参保单位工伤发生率、工伤医疗费用增长速度、保障范围和支付标准的变化等，确保基金中长期可持续运行。各地基准费率的具体标准可根据统筹地区经济产业结构变动、工伤保险费使用等情况适时调整。

**四、合理调控工伤保险基金的结存规模**

各地要严格按照“以支定收、收支平衡”的筹资原则，将工伤保险基金结存保持在合理适度的规模。实行地市级统筹的地区，基金累计结存（含储备金，下同）的正常规模原则上控制在12个月左右平均支付水平；实行省级统筹的地区，基金累计结存的正常规模原则上控制在9个月左右平均支付水平。基金累计结存超过正常规模的统筹地区，其行业基准费率的具体标准不得高于《通知》中规定的全国工伤保险行业基准费率。实行地市级统筹、省级统筹的地区，基金累计结存规模分别超过18个月、12个月左右平均支付水平的，应通过适时调整行业基准费率具体标准或下调费率等措施压减过多结存，促进基金结存回归正常水平。实行地市级统筹、省级统筹的地区，基金累计结存规模分别低于9个月、6个月左右平均支付水平的，可通过加大扩面和基金征缴力度、适时调整行业基准费率具体标准或上浮费率等措施，确保基金安全可持续运行和各项工伤保险待遇支付。

**五、定期进行单位费率浮动**

各统筹地区要充分发挥工伤保险浮动费率机制的作用，周密制定单位费率浮动的具体办法。各统筹地区社会保险经办机构应每一至三年对各参保单位的工伤风险状况进行一次全面评估，并依据其工伤保险费使用、工伤发生率、职业病危害程度等因素，确定其费率是否浮动及浮动的档次。对风险程度骤升的单位，可一次上浮两个档次，并通过适当形式通报，以示警诫。

**六、全面建立并规范工伤保险基金储备金制度**

各地要充分利用信息化手段，构建工伤保险基金运行分析和风险预警系统，加强对政策实施和基金运行情况的监测，定期分析工伤保险费率对工伤保险基金运行的影响。在此基础上，建立和完善工伤保险储备金制度，应对突发性、大规模、集中的工伤保险基金支付风险。储备金的规模按当地基金支出规模的一定比例确定，具体比例由省、自治区、直辖市人民政府确定。未设立储备金的统筹地区应于2016年年底前设立储备金，已实行省级统筹的地区要建立省级储备金制度。储备金计算在工伤保险基金结存之内。

**七、规范和提高工伤保险基金统筹层次**

提高工伤保险统筹层次是提高工伤保险基金抵御风险能力的重要措施，也是适当降低费率政策的有力保障。尚未实行地市级统筹的地区，要在2015年底实现地市级基金统筹；已初步实行地市级统筹的地区，要加快实现基金的统收统支管理；有条件的地区，要积极推进省级统筹。

**八、建立费率确定调整和实施情况定期报备制度**

各地要加强对费率政策执行情况的监控，建立费率调整和实施情况定期报备制度。各统筹地区应在每年末将本地区基准费率调整变化情况和浮动费率实施情况及实施效果报省级人力资源社会保障部门和财政部门。各省级人力资源社会保障部门、财政部门要在次年2月底之前将本地区的汇总分析情况报送人力资源社会保障部、财政部。

**九、加强部门间协同配合**

各地要加强人力资源社会保障部门、财政部门之间的协同配合，周密制定有关工伤保险费率政策调整和完善基金管理的措施。在相关政策制定和实施中，还要加强同安全生产监管、卫生计生等部门、相关产业部门及工会组织的协同合作，共同促进工伤保险相关政策的落实。各地在贯彻实施工伤保险费率政策调整和完善基金管理工作中如遇重大问题，应及时报人力资源社会保障部、财政部。

人力资源社会保障部
财政部
2015 年 7 月 22 日

## 22　人力资源社会保障部　财政部<br>关于工伤保险基金省级统筹的指导意见

人社部发〔2017〕60 号

各省、自治区、直辖市及新疆生产建设兵团人力资源社会保障厅（局）、财政（财务）厅（局）：

实行基金省级统筹是工伤保险制度体系建设的重要举措，是推进工伤保险制度公平可持续发展的必然要求，对提高基金使用效率、增强保障能力具有重要意义。根据社会保险法、《工伤保险条例》等有关法律法规要求，现就工伤保险基金省级统筹（以下简称省级统筹）工作提出如下意见。

**一、指导思想和基本原则**

（一）指导思想。全面贯彻党的十八大和十八届三中、四中、五中、六中全会精神，深入贯彻习近平总书记系列重要讲话精神和治国理政新理念新思想新战略，紧紧围绕统筹推进“五位一体”总体布局和协调推进“四个全面”战略布局，坚持以人民为中心的发展思想，落实社会保险法和《工伤保险条例》，以更好保障工伤职工合法权益为出发点，以促进工伤保险制度更加公平、更可持续为落脚点，逐步建立规范、高效的工伤保险基金省级统筹管理体系。

（二）基本原则。坚持制度统一，分级管理，提高工伤保险服务水平；坚持职责明晰，强化考核，确保省级统筹有效运行；坚持统调结合，缺口分担，建立基金管理良性机制；坚持目标明确，分步实施，推进工伤保险健康发展。

**二、主要内容**

实行省级统筹，要求在省（区、市）内统一工伤保险参保范围和参保对象，统一工伤保险费率政策和缴费标准，统一工伤认定和劳动能力鉴定办法，统一工伤保险待遇支付标准，统一工伤保险经办流程和信息系统。

在基金管理上，有条件的省（区、市）可以实行基金统收统支管理；不具备条件的省（区、市）也可以在省级建立调剂金，由市（地）按照一定的规则和比例上解到省级社保基金财政专户集中管理，用于调剂解决各市（地）工伤保险基金支出缺口。

**三、保障措施**

（一）做好政策标准平稳衔接。实行省级统筹，全省（区、市）统一工伤保险各项政策及待遇标准，要统筹考虑各地经济发展水平差异、待遇计发基数变化情况，采取过渡办法，逐步实现待遇平衡。在行业费率调整方面，应按照平稳有序的原则，逐步调整到位，避免基金征缴和支付大幅波动，确保工伤保险制度平稳运行。

（二）明确各级责权划分。实行省级统筹，要明确各级在管理上的主体责任，坚持“以支定收，收支平衡”的原则，完善基金预算管理，健全基金征缴责任制和考核指标，建立职、权、责约束机制和基金缺口分担机制。各市（地）要强化基金征缴主体责任，严格执行基金支出范围和标准，根据《工伤保险条例》的规定，加强工伤认定、劳动能力鉴定管理，规范、优化流程，提高工作质量。地方各级财政要切实保证工伤认定调查必要的经费支出。

（三）加强基金管理使用。各省（区、市）要切实加强工伤保险基金管理，按《工伤保险条例》要求建立储备金。实行省级统收统支管理的省份，在处理各市（地）原结余基金时，可根据地方实际，采取不同时期结余基金分别上解、分步实施等方法。实行省级调剂金管理的省份，要结合本地实际确定合理的调剂金上解比例。建立省级调剂金后，各市（地）不再建立储备金和调剂金，原各市（地）自行筹集并建立的储备金、调剂金纳入本地基金结余，如当年出现基金缺口的，应按照动用本地区累计结余、省级调剂金的先后顺序解决。省级调剂金具体使用和管理办法由各省（区、市）制定。各省（区、市）应按照“以支定收、收支平衡”的原则和《工伤保险条例》相关规定及时调整缴费费率。

（四）做好信息系统的整合。各省（区、市）要依托“金保工程”整合现有资源，建立支持省级统筹的社会保险信息系统，提供工伤认定、劳动能力鉴定申报、参保权益信息查询、经办管理等网上服务，支持工伤医疗费即时结算。实现省、市、县三级管理部门信息的纵向互联，与银行、医疗和康复等机构的横向互通，与财政、住建、安监、工会等部门的信息共享，实现工伤保险业务运行、医疗费监控、基金监督、管理决策的信息化。

**四、工作要求**

（一）高度重视，加强领导。实行省级统筹，关系工伤保险制度的公平可持续发展，是社会保险制度建设的重要内容。各省（区、市）人力资源社会保障厅（局）要切实加强组织领导，根据需要成立由分管厅（局）领导担任组长的领导小组，制定专门工作方案，明确任务要求和进度安排，确保在2020年年底全面实现省级统筹。成立领导小组情况及专门工作方案应于10月底前报人力资源社会保障部备案。

（二）周密部署，平稳实施。实施省级统筹，政策性强，涉及面广，各省（区、市）务必作出周密、细致的工作部署，确保实施工作平稳有序。已经实施省级统筹的省（区、市）要以本指导意见下发为契机，主动对标对表，一揽子解决工作中遇到的问题。

（三）加强宣传，引导舆论。实行省级统筹，要在政策风险评估的基础上，同步对宣传和舆论引导工作作出部署安排，加强针对性宣传，为省级统筹的平稳实施营造良好舆论氛围。

人力资源社会保障部
财政部
2017年6月22日

## 23 关于铁路企业参加工伤保险有关问题的通知

劳社部函〔2004〕257号

各省、自治区、直辖市劳动和社会保障厅（局），铁道部所属各单位：

为了贯彻实施《工伤保险条例》，做好铁路企业参加工伤保险的有关工作，现将有关问题通知如下：

一、铁路企业要按照属地管理原则参加工伤保险，执行国家和企业所在地的工伤保险政策。铁路运输企业以铁路局或铁路分局为单位集中参加铁路局或铁路分局所在地统筹地区的工伤保险。

二、铁路企业要按照国家和所在地人民政府确定的铁路行业工伤保险费率，按时缴纳工伤保险费。工伤保险基金按照国家和统筹地区劳动保障部门确定的有关规定进行筹集、使用和管理。

三、铁路企业工伤职工的工伤认定工作由统筹地区劳动保障行政部门负责，工伤职工的劳动能力鉴定工作由统筹地区劳动能力鉴定机构负责。

四、《工伤保险条例》实施前已确认的铁路工伤人员和工亡人员供养亲属享受的工伤保险待遇，应纳入工伤保险管理。具体纳入方式和步骤由铁路企业与所在地省、自治区、直辖市劳动保障部门协商确定。

五、各省、自治区、直辖市劳动保障部门要认真做好铁路企业参加工伤保险的组织实施工作，加强对铁路企业参保工作的指导和监督，结合铁路行业特点和企业及其职工的分布，制定管理办法，方便铁路企业工伤人员的救治、工伤认定、劳动能力鉴定及待遇支付管理。

六、各铁路企业要积极配合劳动保障部门，共同做好铁路企业参加工伤保险工作。在实施过程中发现的重大问题，要及时向所在地人民政府和劳动保障部门反映，确保该项工作顺利实施。

劳动和社会保障部
2004年11月1日

# 24 人力资源社会保障部办公厅关于开展建筑业“同舟计划”——建筑业工伤保险专项扩面行动计划的通知

人社厅发〔2015〕43号

各省、自治区、直辖市及新疆生产建设兵团人力资源社会保障厅（局）：

为贯彻落实人力资源社会保障部等部门《关于进一步做好建筑业工伤保险工作的意见》（人社部发〔2014〕103号，以下简称《意见》）精神，做好建筑业参加工伤保险工作，我部决定开展建筑业“同舟计划”，用三年左右时间，全面推进建筑业从业人员参加工伤保险。

**一、指导思想和工作目标**

（一）指导思想

全面贯彻落实党的十八大和十八届三中、四中全会精神，以邓小平理论、“三个代表”重要思想、科学发展观为指导，认真学习贯彻习近平总书记系列重要讲话精神，牢固树立以人为本、执政为民的理念，统筹规划，分步实施，全面推进建筑施工企业依法参加工伤保险工作，切实维护建筑业从业人员特别是农民工的工伤保障权益。

（二）工作目标

总体目标：用三年左右时间，结合全民参保登记计划的实施，实现建筑业从业人员全部参加工伤保险，同时建立按项目参保和优先办理工伤保险的工作机制。

年度目标：专项行动于2015年启动，2016年推开，2017年完成，实施期3年。

2015年，年内新开工建筑项目全部参加工伤保险；继续巩固已参保的在建项目参保成果，努力将未参保的在建项目纳入保障范围。初步建立按项目参保和优先办理工伤保险的工作机制。同时推进交通、铁路、水利等建筑施工企业参加工伤保险。

2016年，建设项目基本实现全部参保，大部分交通、铁路、水利等建筑施工企业参加工伤保险。完善按项目参保和优先办理工伤保险的工作机制。

2017年，全部建筑企业从业人员参加工伤保险，全面加强按项目参保的管理能力和服务能力。

**二、2015年工作安排**

第一阶段（2—4月）：制定方案，摸清底数

1. 制定工作方案。结合本地实际，制定本地三年行动计划具体实施方案。实施方案要明确以下内容：本地推进建筑业参保的总体目标、主要任务和工作要求；年度目标、工作任务和进度安排；费率水平及调整机制等需本地化的政策措施；经办管理的标准规范和具体流程；任务分工、相关部门责任及沟通协调机制；经费、人员、信息技术、窗口平台、组织领导、宣传培训、督导调度、评估奖惩等各项保障措施；其他需明确的事项。各省（自治区、直辖市）人社部门具体实施方案报人社部备案。

2. 全面摸清底数。第一季度集中摸清情况，包括：本地区建筑企业数量、相对固定从

业人员及其参加工伤保险情况；在建项目数量、工程造价和用工情况；拟建项目数量、工程造价及拟用工情况等基本情况（见附件1）。由各省（自治区、直辖市）人社部门会同住建部门摸清底数，并于4月30日前将附件1报人社部社保中心和工伤保险司。

3. 开发信息系统。根据按项目参保的新要求，针对从业人员流动频繁、生产经营场地基础条件差等实际情况，开发适应项目参保和建筑用工管理特点的信息系统，并实现与按单位参保系统有序衔接，与全民参保登记计划有机结合。有条件地区可探索与住建部门建筑业用工信息系统联网，共享相关信息。

4. 开展建筑企业参加工伤保险集中宣传活动。充分利用广播电视、报刊、互联网、微信、公告栏等多种方式，以建筑工人特别是农民工为重点对象，集中宣传建筑业参加工伤保险尤其是按项目参保的政策措施，帮助其全面了解国家政策和各项权利，提高维权意识，营造良好的社会氛围。要制订全面培训的工作计划，层层开展动员培训，确保政策为各级行政和经办人员所掌握。

第二阶段（5—12月）：落实政策，建章立制

1. 全面落实各项政策。协调住建部门落实施工许可制度，严格用工管理，督促建筑企业应保尽保。落实和完善全员参保、动态实名、概算提取、一次性缴费、工伤认定、劳动能力鉴定、工伤待遇支付、先行支付等政策要求，创新按项目参保经办管理服务，方便建设项目和从业人员参保并享受待遇。建立和完善人社、住建等部门间协商议事、信息互通、联合督导等机制，切实推进各项工作的落实。

2. 建立按月调度制度。从下半年起按月调度各地工作进展情况。7月份开始，每月10日前（节假日顺延），各省（自治区、直辖市）人社部门将上月按项目参保情况（见附件2）汇总报人社部社保中心和工伤保险司。

3. 建立工作简报制度。各省（自治区、直辖市）要定期和不定期编印工作简报，交流各地好的经验做法，通报各地工作进展情况。各地要注意发现、收集、整理本地好的典型和做法，及时报送人社部社保中心和工伤保险司。

4. 加快推进全民参保登记计划。按工作安排，2015年要以“同舟计划”为重点推进全民参保登记计划的实施，实施范围要在2014年50个试点地区的基础上扩大到50%的地区。要结合全民参保登记计划，通过信息比对、入户调查、动态更新等步骤，加快建立和完善全民参保登记数据库，并通过全民参保登记数据库支持按项目参保的动态实名制管理。

第三阶段（10—12月）：督促检查，评估总结

1. 开展自查。各省（自治区、直辖市）人社部门要建立督导调度制度，对专项行动实施情况及时开展督促检查。10月开始，各省（自治区、直辖市）要对本地专项行动实施情况进行自查，重点检查许可证发放执行、劳动用工管理、年度工作计划执行、参保扩面计划完成、基金收支平衡、经办管理服务效率和质量等情况。要充分运用第三方评估、明察暗访、满意度调查等多种检查方式，从多个角度检查和评估工作成效，总结经验、分析问题，提出改进工作的意见和建议。各地要在自查的基础上，形成自查报告，于11月30日前报人社部社保中心和工伤保险司。

2. 联合督查。在各地自查的基础上，人社部联合有关部门制定具体的督查评估方案，

确定督查评估的主要内容、主要指标和督查方式，选取部分地区开展多轮联合督查，全面了解和评估各地落实《意见》精神、保障建筑业从业人员工伤待遇情况，总结好的做法和经验，发现和解决工作中存在的困难和问题。

3. 制订2016年、2017年具体工作计划。各地于每年12月份确定下一年度扩面计划、工作任务和主要措施。人社部门将会同有关部门根据各地自查、联合督查情况，确定2016年、2017年“同舟计划”的具体工作安排。

**三、工作要求**

（一）加强组织领导。各级人社部门要高度重视“同舟计划”的实施，将“同舟计划”列入重要议事日程，加强组织领导，明确职责分工。要积极争取当地党委政府的重视支持，争取有关部门的支持配合，争取建筑企业和职工的理解和认可，共同推进“同舟计划”的落实。

（二）创新管理服务。要探索适合建筑业按项目参保的登记、缴费、认定、鉴定、待遇支付、基金管理、信息管理的标准、规范与实现方式，做好与已有参保方式的衔接。结合全民参保登记计划的实施，不断完善按项目参保方式的经办管理与服务。要督促建筑施工企业和建设项目积极配合“同舟计划”的实施，加强劳动用工管理，指定专人组织开展参加工伤保险以及工伤申请等工作。

（三）加强沟通协调。要与住建部门加强统筹协调，共同做好建筑业职工参加工伤保险工作。要建立操作性强、沟通顺畅、协同推进的协调工作机制，双方定期交流，相互通报建筑施工企业开工、变更、参保和基金收支余情况，及时研究解决工作中出现的问题，加快推进建筑施工企业参加工伤保险。

附件：1. 建筑业及建设项目基本情况

2. 建筑业参加工伤保险情况

人力资源社会保障部办公厅

2015年3月27日

附件 1

## 建筑业及建设项目基本情况

填报单位：　　　　　　　　　　年　季　　　　　　　　　　单位：户、万元、人

| | | 建筑企业 | | | 建设项目 | | | | | |
|---|---|---|---|---|---|---|---|---|---|---|
| | | 企业数 | 固定从业人员 | #其中参加工伤保险 | 在建项目数 | #工程总造价 | #从业人员 | 3个月内拟新建项目 | #工程总造价 | #预计从业人员 |
| 甲 | 序号 | 1 | 2 | 3 | 4 | 5 | 6 | 7 | 8 | 9 |
| 总计 | 1 | | | | | | | | | |

单位负责人签章：　　　　处（科）负责人签章：　　　　填表人签章：　　　　报出日期：　　年　月　日

附件 2

## 建筑业参加工伤保险情况

填报单位：　　　　　　　　　　年　月　　　　　　　　　　单位：户、人、万元

| | | 参保单位数 | | | | 参保人数 | | | | 实缴金额 | |
|---|---|---|---|---|---|---|---|---|---|---|---|
| | | 按用人单位方式参保户数 | 按建设项目参保方式项目数 | #新建项目数 | #在建项目数 | 按用人单位方式参保人数 | 按建设项目参保方式人数 | #新建项目 | #在建项目 | 按用人单位方式 | 按建设项目参保方式 |
| 甲 | 序号 | 1 | 2 | 3 | 4 | 5 | 6 | 7 | 8 | 9 | 10 |
| 总计 | 1 | | | | | | | | | | |

单位负责人签章：　　　　处（科）负责人签章：　　　　填表人签章：　　　　报出日期：　　年　月　日

# 25　人力资源社会保障部办公厅关于加快推进建筑业工伤保险工作的通知

人社厅发〔2016〕43号

各省、自治区、直辖市及新疆生产建设兵团人力资源社会保障厅（局）：

人力资源社会保障部、住房城乡建设部、国家安全生产监管总局、中华全国总工会联合下发了《关于进一步做好建筑业工伤保险工作的意见》（人社部发〔2014〕103号，以下简称《意见》），人力资源社会保障部结合全民参保登记计划，组织实施了“同舟计划”——建筑业工伤保险专项扩面行动，并根据建筑施工企业的用工特点，制定了专门经办规程和统计办法。

一年多来，各地人力资源社会保障部门会同有关部门，结合实际创造性落实《意见》要求，层层落实“同舟计划”参保扩面任务，突出抓好宣传培训和联合督查工作，推进建筑业参加工伤保险政策落地及相关管理服务工作取得积极进展。但工作中也暴露出一些突出问题，部分地区尚未形成有效推进工作的合力，工作进展较慢；宣传培训工作力度不够，建筑施工企业按项目参保的惠民政策社会知晓度不高；参保扩面、工伤认定、经办管理服务等工作还不能完全适应建筑业按项目参保的工作要求等。

2016年是深入推进建筑业工伤保险工作的关键一年，各地务必进一步加强领导、狠抓落实，切实推动工作再上一个台阶，为2017年全面实现建筑施工企业依法参加工伤保险奠定坚实基础。现就有关要求通知如下：

一、加强领导，进一步发挥好人社部门的牵头作用。深入推进建筑业工伤保险工作需要多部门联动，人社部门作为社会保险行政管理部门，必须将这项工作作为当前工伤保险扩面的首要任务，牵头推进工作落实。各级人社部门主要负责同志，尤其是分管工伤保险工作的负责同志要亲自做好相关协调工作和任务安排，既要争取党委、政府分管领导的支持，更要协调相关部门建立良好的沟通合作机制。要重点加强对地市一级工作落实的督导，对工作进展慢、特别是仍存在部门配合不畅问题的地市，要协调当地党委、政府分管领导牵头推进落实。要会同住建、安监、工会等部门研究制定2016年、2017年推进建筑业参加工伤保险工作的具体措施，并对推进工作中联合会商、联合督查、信息共享等工作措施作出制度性安排。有关推进工作措施于5月30日前报部工伤保险司、社保中心备案。

二、整合力量，进一步形成推进工作的合力。要进一步与住建、安监、工会等部门密切合作，整合各自的职能优势，建立畅通高效的长效协调机制，进一步形成工作合力。积极协调住建部门和安监部门发挥对建筑企业管理的职能优势，落实将工伤保险参保证明作为保证工程安全施工的具体措施之一，安全施工措施未落实的项目不予核发“施工许可证”和“安全生产许可证”，及时将建筑项目施工许可等信息予以公开，逐步完善信息共享机制，共同推动建筑业工伤保险工作；对不需要核发施工许可证的建筑项目，各地劳动保障监察、社保经办机构要积极发挥管理监督职能，督促建筑企业参加工伤保险，实行早期介入，共同做到建筑业参保扩面“无死角”。

三、改进服务，进一步简化参保手续。适应按项目参保特点，最大限度缩短流程、简化手续，力争实现施工企业办理参保缴费备案当日办结，避免因办理项目参保而拖延施工许可证的申领，影响工程开工进度。有条件的地区，可以将建筑项目参保事项纳入政府行政审批大厅办理，或协调住建部门，在统筹地区住建部门行政办事场所设立工伤保险参保经办窗口，也可委托住建部门办理参保核定手续并开具缴费通知单，方便施工企业在办理施工许可等行政审批手续时“一站式”办结参保手续。

四、提升效率，开设工伤认定和待遇支付绿色通道。适应建筑施工企业职工流动性大的特点，对于在工地内发生、事实清楚、当事双方无争议的案件实行“快认快结”，一般应当在10日内作出工伤认定的决定，可以开辟绿色通道，尽可能缩短劳动能力鉴定等待时限和待遇支付时限。有条件的地区对工伤认定后仍在医疗救治期间的职工特别是伤情较重人员，及时办理医疗费用联网实时结算手续，减轻施工企业和工伤职工的医疗费垫付压力。

五、适应特点，完善按项目参保统计工作。建筑业按项目参加工伤保险，参保人数的统计有一定的复杂性。为适应建筑业按项目参保统计要求，各地在按照《关于规范建筑业按项目参加工伤保险统计方法的通知（试行）》（人社厅发〔2015〕159号）要求统计参保人数的同时，应根据开工项目数、在建项目数、参保项目数统计项目参保率，于每双月10日前将上两月项目参保率报送工伤保险司和社保中心（见附件），部里将定期通报各地工作进展。

六、扩充系统，创新信息化服务水平。各地要按照《关于扩充社会保险管理信息系统功能支持建筑业按项目参加工伤保险工作的通知》（人社信息函〔2016〕17号）要求，扩充社会保险管理信息系统相关功能，支持建筑业按项目参加工伤保险，实现工伤保险参保登记、缴费、工伤认定、劳动能力鉴定等业务办理的全流程信息化。按照《关于加快推进社会保障卡应用的意见》（人社部发〔2014〕52号）要求，推进社会保障卡在建筑业工伤保险领域应用。加快推进全民参保计划的实施，建立完善全民参保登记数据库，通过信息比对、入户调查、资源共享、动态更新等措施，支持和促进按项目参保的人员管理。建立与住建、安监、工会等部门的信息交换机制，畅通信息共享渠道，共享项目用工、施工许可证发放、参保、安全生产管理等信息资源。

七、加强宣传培训，提升工伤保险参保积极性和社会知晓度。要充分运用传统媒体、新媒体等手段，高密度开展建筑业从业人员特别是农民工喜闻乐见的宣传活动。要在建筑项目施工现场设立工伤保险政策及参保流程宣传栏，实现宣传全覆盖，确保全体进场农民工知晓“个人不缴费、项目全参保、干活要打卡、咨询找社保”。要联合住建、安监、工会等部门，对各类新建、在建项目的有关管理人员进行培训，提高按项目参加工伤保险的自觉性和主动性，杜绝因不清楚、不了解、不会办而影响参保工作。已开展工伤预防试点的地区，可使用工伤预防经费对宣传培训活动予以必要经费保障，其他地区应由同级人社部门作出经费安排。

八、加强监督，有效防范和查处恶意骗保行为。在为建筑施工企业按项目参加工伤保险提供便捷、高效服务的同时，要加强管理监督工作，把住关键环节，做到快而不乱、便而不疏。对利用项目参保浑水摸鱼、造假骗保的行为，一经发现，要会同有关部门严肃处理、依法严惩。

做好建筑业工伤保险工作，是党中央、国务院对工伤保险工作提出的新要求，是当前社保扩面的重点任务。各地要在政策全面落地的基础上，加大力度，扎实有效推进建筑业按项目参加工伤保险工作全面落实。同时，应适时启动与交通运输、铁路、水利、能源等部门的沟通协调工作，尽早使这一惠民政策覆盖相关领域从业人员。

人力资源社会保障部办公厅

2016 年 3 月 24 日

**附件**

## 建筑项目参保情况统计表

填报单位：　　　　　　　　　年　　月　　　　　　　单位：个

|  | 在建项目数 | 参保在建项目数 | 在建项目参保率 | 新开工项目数 | 参保新开工项目数 | 新开工项目参保率 |
|---|---|---|---|---|---|---|
| 序号 | 1 | 2 | 3 | 4 | 5 | 6 |
| 总计 |  |  |  |  |  |  |

单位负责人：　　填表人：　　联系电话：　　填表日期：　　年　　月　　日

填表说明：

1. 在建项目数是指年初至报告期末在建项目总数。
2. 参保在建项目数是指年初至报告期末参加工伤保险的在建项目总数。
3. 新开工项目数是指统计当期新开工项目总数。
4. 参保新开工项目数是指统计当期参加工伤保险的新开工项目总数。
5. 栏间关系：(1)≥(2)，(1)≥(4)，(2)≥(5)，(4)≥(5)，(3)=(2)/(1)，(6)=(5)/(4)。
6. 报送时间分别为：6 月 10 日、8 月 10 日、10 月 10 日、12 月 10 日。

# 26　人力资源社会保障部办公厅关于进一步做好建筑业工伤保险工作的通知

人社厅函〔2017〕53号

各省、自治区、直辖市及新疆生产建设兵团人力资源社会保障厅（局）：

建筑业工伤保险专项扩面行动——“同舟计划”实施两年来，各地人力资源社会保障部门认真贯彻《关于进一步做好建筑业工伤保险工作的意见》（人社部发〔2014〕103号，以下简称《意见》），主动作为，扎实推进，建筑业按项目参加工伤保险工作取得显著成效（分省区市项目参保率情况详见附件1）。但工作中还存在亟待解决的突出问题，如工作进展不平衡，有12个省份新开工项目参保率低于全国平均水平；部分地区过于依赖行政强制力的集中推动，确保项目参保工作的长效机制还没有建立；交通运输、铁路、水利等相关行业建设项目参加工伤保险工作尚未启动等。为推动建立健全建筑业按项目参加工伤保险的长效工作机制，巩固建筑项目“先参保、再开工”政策成效，完成“同舟计划”确定的目标任务，现就进一步做好建筑业按项目参加工伤保险工作通知如下：

**一、进一步提高认识，增强做好建筑业工伤保险工作的责任感、紧迫感**

党中央、国务院高度重视建筑业工人合法权益保护问题。近期，《国务院办公厅关于促进建筑业持续健康发展的意见》（国办发〔2017〕19号）再次强调，要“建立健全与建筑业相适应的社会保险参保缴费方式，大力推进建筑施工单位参加工伤保险”。这不仅是当前工伤保险扩面的中心任务，也是促进建筑业持续健康发展、保护建筑业工人合法权益的重要举措，各级人社部门要增强政治责任感和工作紧迫感，切实抓好工作落实，围绕项目参保模式积极推进政策创新和管理服务创新，着力建立健全建筑业按项目参保长效工作机制，同时，为灵活就业人员、分享经济等新业态从业人员的参保管理工作积累经验，奠定基础。

**二、进一步加强领导，推动形成更高水平、更高效率的部门协作机制**

建筑业按项目参加工伤保险工作涉及多部门职责，需要多部门联动。各级人社部门要进一步发挥好牵头作用，会同有关部门加强和完善联席会议、联合督查、信息共享、定期会商等行之有效的部门协作机制。要联合有关部门，切实把握好政策关键点，在“项目参保证明作为保证工程安全施工的具体措施之一，不落实不予核发施工许可证”的问题上不开口子，不搞变通，守住政策底线。3月底前，请各地将省（区、市）一级部门协作机制建立、运行情况，书面报部工伤保险司备案。

**三、进一步强化督查通报，夯实项目参保长效工作机制**

实践证明，督查、通报是推进项目参保工作的有效抓手，也是建立健全项目参保长效工作机制的关键措施。各地要进一步发挥督查对推进项目参保工作的作用，突出加强对工作进度慢、参保率回落较大地区的督查。4月底前，请各地人社厅局将2017年度开展专项督查和会同有关部门开展联合督查的工作方案报部工伤保险司、社保中心备案。

要进一步坚持和完善项目参保率定期调度通报制度，探索将新开工项目参保率纳入人社事业发展计划指标。4月10日前，请各地将截至3月底的《建筑项目参保情况统计表》（详见附件2）及省（区、市）内项目参保率定期调度通报制度建立情况报部工伤保险司、社保中心，之后逢单月10日前报送《建筑项目参保情况统计表》。

**四、进一步创新管理服务，推动实现从“要我参保”到“我要参保”的转变**

建筑业按项目参加工伤保险，是适应建筑业用工特点做出的政策创新。在项目参保模式下，要高度重视管理服务创新，优化流程，减少环节，提高效率，逐步开辟绿色通道、专门窗口，提供一站式服务，逐步实现工伤医疗费用联网实时结算。借鉴商业保险管理经验，创新人性化服务内容，进一步提升工伤保险在为参保企业、项目和工伤职工服务上的便捷性和可及性。

人力资源社会保障部办公厅
2017年3月9日

**附件1**

# 建筑项目参保情况统计汇总表

截至2016年12月31日　　　　单位：个

| 省份 | 在建项目数 | | | 新开工项目数 | | |
|---|---|---|---|---|---|---|
| | | 参保在建项目数 | 在建项目参保率 | | 参保新开工项目数 | 新开工项目参保率 |
| 全国 | 86 251 | 74 489 | 86.36% | 79 051 | 75 958 | 96.09% |
| 北京 | 1 166 | 1 107 | 94.94% | 460 | 435 | 94.57% |
| 天津 | 1 534 | 1 505 | 98.11% | 1 707 | 1 707 | 100.00% |
| 河北 | 917 | 767 | 83.64% | 2 895 | 2 794 | 96.51% |
| 山西 | 856 | 581 | 67.87% | 560 | 560 | 100.00% |
| 内蒙古 | 835 | 762 | 91.26% | 570 | 570 | 100.00% |
| 辽宁 | 852 | 800 | 93.90% | 385 | 385 | 100.00% |
| 吉林 | 679 | 607 | 89.40% | 832 | 592 | 71.15% |
| 黑龙江 | 771 | 679 | 88.07% | 723 | 716 | 99.03% |
| 上海 | 1 520 | 1 320 | 86.84% | 3 132 | 2 549 | 81.39% |

续表

| 省份 | 在建项目数 | | | 新开工项目数 | | |
|---|---|---|---|---|---|---|
| | | 参保在建项目数 | 在建项目参保率 | | 参保新开工项目数 | 新开工项目参保率 |
| 江苏 | 10 451 | 10 239 | 97.97% | 4 038 | 4 000 | 99.06% |
| 浙江 | 9 773 | 9 271 | 94.86% | 9 725 | 9 363 | 96.28% |
| 安徽 | 3 611 | 3 553 | 98.39% | 5 932 | 5 932 | 100.00% |
| 福建 | 4 926 | 4 671 | 94.82% | 3 546 | 3 489 | 98.39% |
| 江西 | 1 041 | 1 041 | 100.00% | 4 480 | 4 480 | 100.00% |
| 山东 | 2 720 | 2 200 | 80.88% | 4 260 | 4 080 | 95.77% |
| 河南 | 1 833 | 1 593 | 86.91% | 810 | 782 | 96.54% |
| 湖北 | 4 538 | 3 226 | 71.09% | 2 653 | 2 409 | 90.80% |
| 湖南 | 2 879 | 2 379 | 82.63% | 3 906 | 3 651 | 93.47% |
| 广东 | 7 409 | 6 296 | 84.98% | 8 034 | 7 875 | 98.02% |
| 广西 | 4 393 | 1 903 | 43.32% | 2 717 | 2 680 | 98.64% |
| 海南 | 1 384 | 878 | 63.44% | 1 424 | 1 386 | 97.33% |
| 重庆 | 1 155 | 941 | 81.47% | 2 377 | 2 297 | 96.63% |
| 四川 | 5 558 | 5 245 | 94.37% | 3 117 | 2 932 | 94.06% |
| 贵州 | 3 616 | 2 629 | 72.70% | 688 | 589 | 85.61% |
| 云南 | 2 127 | 1 493 | 70.19% | 3 798 | 3 796 | 99.95% |
| 西藏 | 1 138 | 927 | 81.46% | 938 | 875 | 93.28% |
| 陕西 | 687 | 655 | 95.34% | 218 | 201 | 92.2% |
| 甘肃 | 2 241 | 1 812 | 80.86% | 1 438 | 1 262 | 87.76% |
| 青海 | 982 | 907 | 92.36% | 623 | 506 | 81.22% |
| 宁夏 | 760 | 759 | 99.87% | 1 212 | 1 212 | 100.00% |
| 新疆 | 2 218 | 2 062 | 92.97% | 1 765 | 1 765 | 100.00% |
| 兵团 | 1 681 | 1 681 | 100.00% | 88 | 88 | 100.00% |

**附件 2**

# 建筑项目参保情况统计表

填报单位：　　　　　　　　　　　　　　　　年　月　　　　　　　　　　　　　　　单位：个

<table>
<tr><td rowspan="3"></td><td colspan="3"></td><td colspan="5"></td></tr>
<tr><td rowspan="2">在建项目数</td><td rowspan="2">参保在建项目数</td><td rowspan="2">在建项目参保率</td><td rowspan="2">新开工项目数</td><td rowspan="2">参保新开工项目数</td><td colspan="2">未参保新开工项目数</td><td rowspan="2">新开工项目参保率</td></tr>
<tr><td></td><td>其中：核发施工许可证项目数</td></tr>
<tr><td>序号</td><td>1</td><td>2</td><td>3</td><td>4</td><td>5</td><td>6</td><td>7</td><td>8</td></tr>
<tr><td>总计</td><td></td><td></td><td></td><td></td><td></td><td></td><td></td><td></td></tr>
</table>

单位负责人：　　　　填表人：　　　　联系电话：　　　　填表日期：　　　年　月　日

填表说明：

1. 在建项目数是指 2017 年 1 月 1 日前开工且 1 月 1 日当天尚未竣工的项目数。

2. 参保在建项目数是指 2017 年 1 月 1 日前开工且 1 月 1 日当天尚未竣工按项目参加工伤保险的项目数。

3. 新开工项目数是指 2017 年 1 月 1 日以后新开工建设的项目数。

4. 参保新开工项目数是指 2017 年 1 月 1 日以后新开工建设的按项目参加工伤项目数。

5. 木参保新开工项目数是指 2017 年 1 月 1 日以后新开工建设的未按项目参加工伤项目数。

6. 栏间关系：(1)≥(2)，(4)≥(5)，(4)≥(6)，(6)≥(7)，(4)=(5)+(6)，(3)=(2)/(1)，(8)=(5)/(4)。

7. 报送时间：2017 年 4 月 10 日、5 月 10 日、7 月 10 日、9 月 10 日、11 月 10 日、2018 年 1 月 10 日。

# 三、工伤认定与劳动能力鉴定

## 27 工伤认定办法

2003年9月18日经劳动和社会保障部第5次部务会议通过，
2003年9月23日中华人民共和国劳动和社会保障部令第17号公布，
自2004年1月1日起施行；人力资源和社会保障部第56次部务会议通过，
2010年12月31日中华人民共和国人力资源和社会保障部令第8号公布，
自2011年1月1日起施行。

**第一条** 为规范工伤认定程序，依法进行工伤认定，维护当事人的合法权益，根据《工伤保险条例》的有关规定，制定本办法。

**第二条** 社会保险行政部门进行工伤认定按照本办法执行。

**第三条** 工伤认定应当客观公正、简捷方便，认定程序应当向社会公开。

**第四条** 职工发生事故伤害或者按照职业病防治法规定被诊断、鉴定为职业病，所在单位应当自事故伤害发生之日或者被诊断、鉴定为职业病之日起30日内，向统筹地区社会保险行政部门提出工伤认定申请。遇有特殊情况，经报社会保险行政部门同意，申请时限可以适当延长。

按照前款规定应当向省级社会保险行政部门提出工伤认定申请的，根据属地原则应当向用人单位所在地设区的市级社会保险行政部门提出。

**第五条** 用人单位未在规定的时限内提出工伤认定申请的，受伤害职工或者其近亲属、工会组织在事故伤害发生之日或者被诊断、鉴定为职业病之日起1年内，可以直接按照本办法第四条规定提出工伤认定申请。

**第六条** 提出工伤认定申请应当填写《工伤认定申请表》，并提交下列材料：

（一）劳动、聘用合同文本复印件或者与用人单位存在劳动关系（包括事实劳动关系）、人事关系的其他证明材料；

（二）医疗机构出具的受伤后诊断证明书或者职业病诊断证明书（或者职业病诊断鉴定书）。

**第七条** 工伤认定申请人提交的申请材料符合要求，属于社会保险行政部门管辖范围且在受理时限内的，社会保险行政部门应当受理。

**第八条** 社会保险行政部门收到工伤认定申请后，应当在15日内对申请人提交的材料进行审核，材料完整的，作出受理或者不予受理的决定；材料不完整的，应当以书面形式一次性告知申请人需要补正的全部材料。社会保险行政部门收到申请人提交的全部补正材料后，应当在15日内作出受理或者不予受理的决定。

社会保险行政部门决定受理的，应当出具《工伤认定申请受理决定书》；决定不予受理的，应当出具《工伤认定申请不予受理决定书》。

**第九条**　社会保险行政部门受理工伤认定申请后，可以根据需要对申请人提供的证据进行调查核实。

**第十条**　社会保险行政部门进行调查核实，应当由两名以上工作人员共同进行，并出示执行公务的证件。

**第十一条**　社会保险行政部门工作人员在工伤认定中，可以进行以下调查核实工作：

（一）根据工作需要，进入有关单位和事故现场；

（二）依法查阅与工伤认定有关的资料，询问有关人员并作出调查笔录；

（三）记录、录音、录像和复制与工伤认定有关的资料。调查核实工作的证据收集参照行政诉讼证据收集的有关规定执行。

**第十二条**　社会保险行政部门工作人员进行调查核实时，有关单位和个人应当予以协助。用人单位、工会组织、医疗机构以及有关部门应当负责安排相关人员配合工作，据实提供情况和证明材料。

**第十三条**　社会保险行政部门在进行工伤认定时，对申请人提供的符合国家有关规定的职业病诊断证明书或者职业病诊断鉴定书，不再进行调查核实。职业病诊断证明书或者职业病诊断鉴定书不符合国家规定的要求和格式的，社会保险行政部门可以要求出具证据部门重新提供。

**第十四条**　社会保险行政部门受理工伤认定申请后，可以根据工作需要，委托其他统筹地区的社会保险行政部门或者相关部门进行调查核实。

**第十五条**　社会保险行政部门工作人员进行调查核实时，应当履行下列义务：

（一）保守有关单位商业秘密以及个人隐私；

（二）为提供情况的有关人员保密。

**第十六条**　社会保险行政部门工作人员与工伤认定申请人有利害关系的，应当回避。

**第十七条**　职工或者其近亲属认为是工伤，用人单位不认为是工伤的，由该用人单位承担举证责任。用人单位拒不举证的，社会保险行政部门可以根据受伤害职工提供的证据或者调查取得的证据，依法作出工伤认定决定。

**第十八条**　社会保险行政部门应当自受理工伤认定申请之日起60日内作出工伤认定决定，出具《认定工伤决定书》或者《不予认定工伤决定书》。

**第十九条**　《认定工伤决定书》应当载明下列事项：

（一）用人单位全称；

（二）职工的姓名、性别、年龄、职业、身份证号码；

（三）受伤害部位、事故时间和诊断时间或职业病名称、受伤害经过和核实情况、医疗救治的基本情况和诊断结论；

（四）认定工伤或者视同工伤的依据；

（五）不服认定决定申请行政复议或者提起行政诉讼的部门和时限；

（六）作出认定工伤或者视同工伤决定的时间。

《不予认定工伤决定书》应当载明下列事项：

（一）用人单位全称；

（二）职工的姓名、性别、年龄、职业、身份证号码；

（三）不予认定工伤或者不视同工伤的依据；

（四）不服认定决定申请行政复议或者提起行政诉讼的部门和时限；

（五）作出不予认定工伤或者不视同工伤决定的时间。

《认定工伤决定书》和《不予认定工伤决定书》应当加盖社会保险行政部门工伤认定专用印章。

**第二十条** 社会保险行政部门受理工伤认定申请后，作出工伤认定决定需要以司法机关或者有关行政主管部门的结论为依据的，在司法机关或者有关行政主管部门尚未作出结论期间，作出工伤认定决定的时限中止，并书面通知申请人。

**第二十一条** 社会保险行政部门对于事实清楚、权利义务明确的工伤认定申请，应当自受理工伤认定申请之日起15日内作出工伤认定决定。

**第二十二条** 社会保险行政部门应当自工伤认定决定作出之日起20日内，将《认定工伤决定书》或者《不予认定工伤决定书》送达受伤害职工（或者其近亲属）和用人单位，并抄送社会保险经办机构。

《认定工伤决定书》和《不予认定工伤决定书》的送达参照民事法律有关送达的规定执行。

**第二十三条** 职工或者其近亲属、用人单位对不予受理决定不服或者对工伤认定决定不服的，可以依法申请行政复议或者提起行政诉讼。

**第二十四条** 工伤认定结束后，社会保险行政部门应当将工伤认定的有关资料保存50年。

**第二十五条** 用人单位拒不协助社会保险行政部门对事故伤害进行调查核实的，由社会保险行政部门责令改正，处2 000元以上2万元以下的罚款。

**第二十六条** 本办法中的《工伤认定申请表》《工伤认定申请受理决定书》《工伤认定申请不予受理决定书》《认定工伤决定书》《不予认定工伤决定书》的样式由国务院社会保险行政部门统一制定。

**第二十七条** 本办法自2011年1月1日起施行。劳动和社会保障部2003年9月23日颁布的《工伤认定办法》同时废止。

编号：

# 工伤认定申请表

申请人：

受伤害职工：

申请人与受伤害职工关系：

填表日期：　　年　　月　　日

<table>
<tr><td>职工姓名</td><td></td><td>性别</td><td></td><td>出生日期</td><td>年　月　日</td></tr>
<tr><td>身份证号码</td><td colspan="3"></td><td>联系电话</td><td></td></tr>
<tr><td>家庭地址</td><td colspan="3"></td><td>邮政编码</td><td></td></tr>
<tr><td>工作单位</td><td colspan="3"></td><td>联系电话</td><td></td></tr>
<tr><td>单位地址</td><td colspan="3"></td><td>邮政编码</td><td></td></tr>
<tr><td>职业、工种<br>或工作岗位</td><td colspan="3"></td><td>参加工作<br>时间</td><td></td></tr>
<tr><td>事故时间、地点<br>及主要原因</td><td colspan="3"></td><td>诊断时间</td><td></td></tr>
<tr><td>受伤害部位</td><td colspan="3"></td><td>职业病名称</td><td></td></tr>
<tr><td>接触职业病<br>危害岗位</td><td colspan="3"></td><td>接触职业病<br>危害时间</td><td></td></tr>
<tr><td>受伤害经过简述<br>（可附页）</td><td colspan="5"></td></tr>
</table>

续表

<table>
<tr><td colspan="2">申请事项：<br><br>申请人签字：<br>年　　月　　日</td></tr>
<tr><td colspan="2">用人单位意见：<br><br>经办人签字：<br>（公章）<br>年　　月　　日</td></tr>
<tr><td rowspan="2">社会保险行政部门审查资料和受理意见</td><td>经办人签字：<br>年　　月　　日</td></tr>
<tr><td>负责人签字：<br>（公章）<br>年　　月　　日</td></tr>
<tr><td colspan="2">备注：</td></tr>
</table>

填表说明：

1. 用钢笔或签字笔填写，字体工整清楚。

2. 申请人为用人单位的，在首页申请人处加盖单位公章。

3. 受伤害部位一栏填写受伤害的具体部位。

4. 诊断时间一栏，职业病者，按职业病确诊时间填写；受伤或死亡的，按初诊时间填写。

5. 受伤害经过简述，应写明事故发生的时间、地点，当时所从事的工作，受伤害的原因以及伤害部位和程度。职业病患者应写明在何单位从事何种有害作业，起止时间，确诊结果。

6. 申请人提出工伤认定申请时，应当提交受伤害职工的居民身份证；医疗机构出具的职工受伤害时初诊诊断证明书，或者依法承担职业病诊断的医疗机构出具的职业病诊断证明书（或者职业病诊断鉴定书）；职工受伤害或者诊断患职业病时与用人单位之间的劳动、聘用合同或者其他存在劳动、人事关系的证明。

有下列情形之一的，还应当分别提交相应证据：

（1）职工死亡的，提交死亡证明；

（2）在工作时间和工作场所内，因履行工作职责受到暴力等意外伤害的，提交公安部门的证明或者其他相关证明；

（3）因工外出期间，由于工作原因受到伤害或者发生事故下落不明的，提交公安部门的证明或者相关部门的证明；

（4）上下班途中，受到非本人主要责任的交通事故或者城市轨道交通、客运轮渡、火车事故伤害的，提交公安机关交通管理部门或者其他相关部门的证明；

（5）在工作时间和工作岗位，突发疾病死亡或者在48小时之内经抢救无效死亡的，提交医疗机构的抢救证明；

（6）在抢险救灾等维护国家利益、公共利益活动中受到伤害的，提交民政部门或者其他相关部门的证明；

（7）属于因战、因公负伤致残的转业、复员军人，旧伤复发的，提交《革命伤残军人证》及劳动能力鉴定机构对旧伤复发的确认。

7. 申请事项栏，应写明受伤害职工或者其近亲属、工会组织提出工伤认定申请并签字。

8. 用人单位意见栏，应签署是否同意申请工伤，所填情况是否属实，经办人签字并加盖单位公章。

9. 社会保险行政部门审查资料和受理意见栏，应填写补正材料或是否受理的意见。

10. 此表一式二份，社会保险行政部门、申请人各留存一份。

编号：

# 工伤认定申请受理决定书

________：

你（单位）于______年____月____日提交____的工伤认定申请收悉。经审查，符合工伤认定受理的条件，现予受理。

（盖章）

年　　月　　日

注：本决定书一式三份，社会保险行政部门、职工或者其近亲属、用人单位各留存一份。

编号：

# 工伤认定申请不予受理决定书

________：

你（单位）于_____年____月____日提交____的工伤认定申请收悉。

经审查，________________________________________________________不符合《工伤保险条例》第____条____规定的受理条件，现决定不予受理。

如对本决定不服，可在接到决定书之日起60日内向______________________________申请行政复议，或者向人民法院提起行政诉讼。

（盖章）

年　　月　　日

注：本决定书一式三份，社会保险行政部门、职工或者其近亲属、用人单位各留存一份。

编号：

# 认定工伤决定书

申请人：
职工姓名：　　　　性别：　　　　年龄：
身份证号码：
用人单位：
职业/工种/工作岗位：
事故时间：　　年　月　日
事故地点：
诊断时间：　　年　月　日
受伤害部位/职业病名称：
受伤害经过、医疗救治的基本情况和诊断结论：

______年____月____日受理____的工伤认定申请后，根据提交的材料调查核实情况如下：

____同志受到的事故伤害（或患职业病），符合《工伤保险条例》第____条第____款第____项之规定，属于工伤认定范围，现予以认定（或视同）为工伤。

如对本工伤认定决定不服的，可自接到本决定书之日起60日内向________申请行政复议，或者向人民法院提起行政诉讼。

（工伤认定专用章）
年　　月　　日

注：本通知一式四份，社会保险行政部门、职工或者其近亲属、用人单位、社会保险经办机构各留存一份。

编号：

# 不予认定工伤决定书

申请人：
职工姓名：　　　性别：　　　年龄：
身份证号码：
用人单位：
职业/工种/工作岗位：

_____年___月___日受理___的工伤认定申请后，根据提交的材料调查核实情况如下：

___同志受到的伤害，不符合《工伤保险条例》第十四条、第十五条认定工伤或者视同工伤的情形；或者根据《工伤保险条例》第十六条第___项之规定，属于不得认定或者视同工伤的情形。现决定不予认定或者视同工伤。

如对本工伤认定结论不服的，可自接到本决定书之日起60日内向___申请行政复议，或者向人民法院提起行政诉讼。

（工伤认定专用章）
年　　月　　日

注：本通知一式三份，社会保险行政部门、职工或者其近亲属、用人单位各留存一份。

# 28　工伤职工劳动能力鉴定管理办法

人力资源社会保障部部务会、国家卫生计生委委主任会议讨论通过，2014年2月20日中华人民共和国人力资源和社会保障部、中华人民共和国国家卫生和计划生育委员会令第21号公布，自2014年4月1日起施行。

## 目　　录

第一章　总则/103
第二章　鉴定程序/104
第三章　监督管理/105
第四章　法律责任/106
第五章　附则/106

## 第一章　总　　则

**第一条**　为了加强劳动能力鉴定管理，规范劳动能力鉴定程序，根据《中华人民共和国社会保险法》《中华人民共和国职业病防治法》和《工伤保险条例》，制定本办法。

**第二条**　劳动能力鉴定委员会依据《劳动能力鉴定　职工工伤与职业病致残等级》国家标准，对工伤职工劳动功能障碍程度和生活自理障碍程度组织进行技术性等级鉴定，适用本办法。

**第三条**　省、自治区、直辖市劳动能力鉴定委员会和设区的市级（含直辖市的市辖区、县，下同）劳动能力鉴定委员会分别由省、自治区、直辖市和设区的市级人力资源社会保障行政部门、卫生计生行政部门、工会组织、用人单位代表以及社会保险经办机构代表组成。

承担劳动能力鉴定委员会日常工作的机构，其设置方式由各地根据实际情况决定。

**第四条**　劳动能力鉴定委员会履行下列职责：

（一）选聘医疗卫生专家，组建医疗卫生专家库，对专家进行培训和管理；

（二）组织劳动能力鉴定；

（三）根据专家组的鉴定意见作出劳动能力鉴定结论；

（四）建立完整的鉴定数据库，保管鉴定工作档案50年；

（五）法律、法规、规章规定的其他职责。

**第五条**　设区的市级劳动能力鉴定委员会负责本辖区内的劳动能力初次鉴定、复查鉴定。

省、自治区、直辖市劳动能力鉴定委员会负责对初次鉴定或者复查鉴定结论不服提出的再次鉴定。

**第六条** 劳动能力鉴定相关政策、工作制度和业务流程应当向社会公开。

## 第二章 鉴定程序

**第七条** 职工发生工伤，经治疗伤情相对稳定后存在残疾、影响劳动能力的，或者停工留薪期满（含劳动能力鉴定委员会确认的延长期限），工伤职工或者其用人单位应当及时向设区的市级劳动能力鉴定委员会提出劳动能力鉴定申请。

**第八条** 申请劳动能力鉴定应当填写劳动能力鉴定申请表，并提交下列材料：

（一）《工伤认定决定书》原件和复印件；

（二）有效的诊断证明、按照医疗机构病历管理有关规定复印或者复制的检查、检验报告等完整病历材料；

（三）工伤职工的居民身份证或者社会保障卡等其他有效身份证明原件和复印件；

（四）劳动能力鉴定委员会规定的其他材料。

**第九条** 劳动能力鉴定委员会收到劳动能力鉴定申请后，应当及时对申请人提交的材料进行审核；申请人提供材料不完整的，劳动能力鉴定委员会应当自收到劳动能力鉴定申请之日起5个工作日内一次性书面告知申请人需要补正的全部材料。

申请人提供材料完整的，劳动能力鉴定委员会应当及时组织鉴定，并在收到劳动能力鉴定申请之日起60日内作出劳动能力鉴定结论。伤情复杂、涉及医疗卫生专业较多的，作出劳动能力鉴定结论的期限可以延长30日。

**第十条** 劳动能力鉴定委员会应当视伤情程度等从医疗卫生专家库中随机抽取3名或者5名与工伤职工伤情相关科别的专家组成专家组进行鉴定。

**第十一条** 劳动能力鉴定委员会应当提前通知工伤职工进行鉴定的时间、地点以及应当携带的材料。工伤职工应当按照通知的时间、地点参加现场鉴定。对行动不便的工伤职工，劳动能力鉴定委员会可以组织专家上门进行劳动能力鉴定。组织劳动能力鉴定的工作人员应当对工伤职工的身份进行核实。

工伤职工因故不能按时参加鉴定的，经劳动能力鉴定委员会同意，可以调整现场鉴定的时间，作出劳动能力鉴定结论的期限相应顺延。

**第十二条** 因鉴定工作需要，专家组提出应当进行有关检查和诊断的，劳动能力鉴定委员会可以委托具备资格的医疗机构协助进行有关的检查和诊断。

**第十三条** 专家组根据工伤职工伤情，结合医疗诊断情况，依据《劳动能力鉴定 职工工伤与职业病致残等级》国家标准提出鉴定意见。参加鉴定的专家都应当签署意见并签名。

专家意见不一致时，按照少数服从多数的原则确定专家组的鉴定意见。

**第十四条** 劳动能力鉴定委员会根据专家组的鉴定意见作出劳动能力鉴定结论。劳动能力鉴定结论书应当载明下列事项：

（一）工伤职工及其用人单位的基本信息；

（二）伤情介绍，包括伤残部位、器官功能障碍程度、诊断情况等；

（三）作出鉴定的依据；

（四）鉴定结论。

**第十五条**　劳动能力鉴定委员会应当自作出鉴定结论之日起 20 日内将劳动能力鉴定结论及时送达工伤职工及其用人单位，并抄送社会保险经办机构。

**第十六条**　工伤职工或者其用人单位对初次鉴定结论不服的，可以在收到该鉴定结论之日起 15 日内向省、自治区、直辖市劳动能力鉴定委员会申请再次鉴定。

申请再次鉴定，除提供本办法第八条规定的材料外，还需提交劳动能力初次鉴定结论原件和复印件。

省、自治区、直辖市劳动能力鉴定委员会作出的劳动能力鉴定结论为最终结论。

**第十七条**　自劳动能力鉴定结论作出之日起 1 年后，工伤职工、用人单位或者社会保险经办机构认为伤残情况发生变化的，可以向设区的市级劳动能力鉴定委员会申请劳动能力复查鉴定。

对复查鉴定结论不服的，可以按照本办法第十六条规定申请再次鉴定。

**第十八条**　工伤职工本人因身体等原因无法提出劳动能力初次鉴定、复查鉴定、再次鉴定申请的，可由其近亲属代为提出。

**第十九条**　再次鉴定和复查鉴定的程序、期限等按照本办法第九条至第十五条的规定执行。

## 第三章　监督管理

**第二十条**　劳动能力鉴定委员会应当每 3 年对专家库进行一次调整和补充，实行动态管理。确有需要的，可以根据实际情况适时调整。

**第二十一条**　劳动能力鉴定委员会选聘医疗卫生专家，聘期一般为 3 年，可以连续聘任。

聘任的专家应当具备下列条件：

（一）具有医疗卫生高级专业技术职务任职资格；

（二）掌握劳动能力鉴定的相关知识；

（三）具有良好的职业品德。

**第二十二条**　参加劳动能力鉴定的专家应当按照规定的时间、地点进行现场鉴定，严格执行劳动能力鉴定政策和标准，客观、公正地提出鉴定意见。

**第二十三条**　用人单位、工伤职工或者其近亲属应当如实提供鉴定需要的材料，遵守劳动能力鉴定相关规定，按照要求配合劳动能力鉴定工作。

工伤职工有下列情形之一的，当次鉴定终止：

（一）无正当理由不参加现场鉴定的；

（二）拒不参加劳动能力鉴定委员会安排的检查和诊断的。

**第二十四条**　医疗机构及其医务人员应当如实出具与劳动能力鉴定有关的各项诊断证

明和病历材料。

**第二十五条** 劳动能力鉴定委员会组成人员、劳动能力鉴定工作人员以及参加鉴定的专家与当事人有利害关系的，应当回避。

**第二十六条** 任何组织或者个人有权对劳动能力鉴定中的违法行为进行举报、投诉。

## 第四章 法律责任

**第二十七条** 劳动能力鉴定委员会和承担劳动能力鉴定委员会日常工作的机构及其工作人员在从事或者组织劳动能力鉴定时，有下列行为之一的，由人力资源社会保障行政部门或者有关部门责令改正，对直接负责的主管人员和其他直接责任人员依法给予相应处分；构成犯罪的，依法追究刑事责任：

（一）未及时审核并书面告知申请人需要补正的全部材料的；

（二）未在规定期限内作出劳动能力鉴定结论的；

（三）未按照规定及时送达劳动能力鉴定结论的；

（四）未按照规定随机抽取相关科别专家进行鉴定的；

（五）擅自篡改劳动能力鉴定委员会作出的鉴定结论的；

（六）利用职务之便非法收受当事人财物的；

（七）有违反法律法规和本办法的其他行为的。

**第二十八条** 从事劳动能力鉴定的专家有下列行为之一的，劳动能力鉴定委员会应当予以解聘；情节严重的，由卫生计生行政部门依法处理：

（一）提供虚假鉴定意见的；

（二）利用职务之便非法收受当事人财物的；

（三）无正当理由不履行职责的；

（四）有违反法律法规和本办法的其他行为的。

**第二十九条** 参与工伤救治、检查、诊断等活动的医疗机构及其医务人员有下列情形之一的，由卫生计生行政部门依法处理：

（一）提供与病情不符的虚假诊断证明的；

（二）篡改、伪造、隐匿、销毁病历材料的；

（三）无正当理由不履行职责的。

**第三十条** 以欺诈、伪造证明材料或者其他手段骗取鉴定结论、领取工伤保险待遇的，按照《中华人民共和国社会保险法》第八十八条的规定，由人力资源社会保障行政部门责令退回骗取的社会保险金，处骗取金额2倍以上5倍以下的罚款。

## 第五章 附 则

**第三十一条** 未参加工伤保险的公务员和参照公务员法管理的事业单位、社会团体工作人员因工（公）致残的劳动能力鉴定，参照本办法执行。

**第三十二条**　本办法中的劳动能力鉴定申请表、初次（复查）鉴定结论书、再次鉴定结论书、劳动能力鉴定材料收讫补正告知书等文书基本样式由人力资源社会保障部制定。

**第三十三条**　本办法自2014年4月1日起施行。

附件：1. 劳动能力鉴定申请表

2. 初次（复查）鉴定结论书

3. 再次鉴定结论书

4. 劳动能力鉴定材料收讫补正告知书

附件1

# 劳动能力鉴定申请表

年　月　日

亲爱的朋友：

对您受到的工伤我们致以诚挚的慰问，我们将竭诚为您服务，祝您早日康复！

为使您能够顺利进行劳动能力鉴定，请您仔细阅读以下提示。如遇到困难与问题，请随时与工伤保险服务人员联系。

温馨提示：提出劳动能力鉴定申请，需提交以下材料：

1.《工伤认定决定书》原件和复印件；

2. 有效的诊断证明，按照医疗机构病历管理有关规定复印或者复制的检查、检验报告等完整有效的病历材料；

3. 工伤职工的居民身份证或者社会保障卡等其他有效身份证明原件和复印件；

4. 申请再次鉴定的，还需提交劳动能力初次（或者复查）鉴定结论的原件和复印件；

5. 劳动能力鉴定委员会要求提供的其他材料。

注意事项：

1. 填表请用钢笔、签字笔，字迹工整；

2. 申请人只需要填写劳动能力鉴定申请表第一页，请准确填写各项信息；

3. 如有疑问，请咨询有关工作人员。

# 劳动能力鉴定申请表

<table>
<tr><td rowspan="6">工伤职工信息栏</td><td colspan="2">工伤职工姓名：</td><td rowspan="3">一寸近期免冠彩色照片</td></tr>
<tr><td colspan="2">工伤认定决定书编号：</td></tr>
<tr><td colspan="2">证件类型　　居民身份证□　　其他□<br>身份证件号码□□□□□□□□□□□□□□□□□□□□□□□</td></tr>
<tr><td colspan="3">联系电话（必填一项）：________（手机）________（固话）</td></tr>
<tr><td colspan="3">联系地址：<br>邮编□□□□□□</td></tr>
<tr><td colspan="3"></td></tr>
<tr><td rowspan="3">用人单位信息栏</td><td colspan="3">用人单位名称：</td></tr>
<tr><td colspan="3">用人单位联系人：　　联系电话：</td></tr>
<tr><td colspan="3">联系地址：<br>邮编□□□□□□</td></tr>
<tr><td rowspan="3">申报事项确认栏</td><td colspan="3">申请鉴定类型选择（请在□内打√单项选择）<br>□1. 初次鉴定；　□2. 再次鉴定；　□3. 复查鉴定；<br>□4. 配置辅助器具确认，申请配置项目________；□5. 其他</td></tr>
<tr><td colspan="3">申请主体（请在□内打√单项选择）<br>□1. 用人单位；□2. 工伤职工或者其近亲属；□3. 社会保险经办机构。</td></tr>
<tr><td>申请人签名或者盖章：<br><br>年　月　日</td><td colspan="2">申请单位盖章：<br><br>年　月　日</td></tr>
</table>

# 劳动能力鉴定（结论）表

<table>
<tr><td>
伤情介绍：<br><br><br><br>
鉴定依据：<br><br><br><br>
专家组意见：______________________________。<br>
1. 劳动功能障碍程度　经鉴定符合伤残________级；<br>
2. 生活自理障碍程度　经鉴定符合________护理依赖；<br>
a）进食；☐　　d）穿衣、洗漱；☐<br>
b）翻身；☐　　e）自主行动。☐<br>
c）大、小便；☐<br>
3. 配置辅助器具确认　经鉴定____________________。<br>
鉴定专家签名及意见：____________________。<br>
专家1：　　专家4：<br>
专家2：　　专家5：<br>
专家3：<br>
年　月　日
</td></tr>
<tr><td>
劳动能力鉴定委员会结论：<br>
经审定，符合：<br>
__________级伤残；<br>
__________护理依赖；<br>
配置辅助器具确认__________________。<br>
审核人签名（印章）：<br><br><br>
年　月　日
</td></tr>
</table>

（注：本页劳动能力鉴定委员会留存）

**附件 2**

# 初次（复查）鉴定结论书

省（自治区、直辖市）　　市（区）劳鉴　　年　　号

被鉴定人＿＿＿＿＿＿＿＿＿＿＿＿＿＿＿＿＿＿＿＿＿＿＿＿＿

身份证号＿＿＿＿＿＿＿＿＿＿＿＿＿＿＿＿＿＿＿＿＿＿＿＿＿

居住地址＿＿＿＿＿＿＿＿＿＿＿＿＿＿＿＿＿＿＿＿＿＿＿＿＿

用人单位＿＿＿＿＿＿＿＿＿＿＿＿＿＿＿＿＿＿＿＿＿＿＿＿＿

伤残情况＿＿＿＿＿＿＿＿＿＿＿＿＿＿＿＿＿＿＿＿＿＿＿＿＿

根据《劳动能力鉴定　职工工伤与职业病致残等级》国家标准，经劳动能力鉴定专家组鉴定，你目前的伤残情况，符合＿＿＿＿＿＿＿＿＿＿＿＿。

鉴定结论为＿＿＿＿＿＿＿＿＿＿＿＿＿＿＿＿。

对本鉴定结论不服的，可以自收到本鉴定结论书之日起 15 日内向　　省（自治区、直辖市）劳动能力鉴定委员会申请再次鉴定。

×××劳动能力鉴定委员会

年　月　日

注：本鉴定结论书一式四份，工伤职工、用人单位、社会保险经办机构、劳动能力鉴定委员会各一份。

**附件3**

# 再次鉴定结论书

省（自治区、直辖市）　　　市（区）劳鉴　　　年　　号

被鉴定人＿＿＿＿＿＿＿＿＿＿＿＿＿＿＿＿＿＿＿＿＿＿＿＿＿＿＿＿

身份证号＿＿＿＿＿＿＿＿＿＿＿＿＿＿＿＿＿＿＿＿＿＿＿＿＿＿＿＿

居住地址＿＿＿＿＿＿＿＿＿＿＿＿＿＿＿＿＿＿＿＿＿＿＿＿＿＿＿＿

用人单位＿＿＿＿＿＿＿＿＿＿＿＿＿＿＿＿＿＿＿＿＿＿＿＿＿＿＿＿

伤残情况＿＿＿＿＿＿＿＿＿＿＿＿＿＿＿＿＿＿＿＿＿＿＿＿＿＿＿＿

根据《劳动能力鉴定　职工工伤与职业病致残等级》国家标准，经劳动能力鉴定专家组鉴定，你目前的伤残情况，符合＿＿＿＿＿＿＿＿＿＿＿＿。

鉴定结论为＿＿＿＿＿＿＿＿＿＿＿＿＿＿＿＿＿＿。

本鉴定结论为最终结论。

×××劳动能力鉴定委员会

年　月　日

注：本鉴定结论书一式四份，工伤职工、用人单位、社会保险经办机构、劳动能力鉴定委员会各一份。

**附件 4**

编号：

## 劳动能力鉴定材料收讫补正告知书（存根）

__________________：

你（单位）提出的________劳动能力（初次鉴定/再次鉴定/复查鉴定/配置辅助器具确认）申请已于______年____月____日收到，经审核，

□1. 材料完整，予以收讫；

□2. 材料不完整，尚欠缺；

①

②

③

特此告知，请于______年____月____日前补正。

×××劳动能力鉴定委员会

年　月　日

---

编号：

## 劳动能力鉴定材料收讫补正告知书（存根）

__________________：

你（单位）提出的________劳动能力（初次鉴定/再次鉴定/复查鉴定/配置辅助器具确认）申请已于______年____月____日收到，经审核，

□1. 材料完整，予以收讫；

□2. 材料不完整，尚欠缺；

①

②

③

特此告知，请于______年____月____日前补正。

×××劳动能力鉴定委员会

年　月　日

# 29　关于印发《职工非因工伤残或因病丧失劳动能力程度鉴定标准（试行）》的通知

劳社部发〔2002〕8号

各省、自治区、直辖市劳动和社会保障厅（局）：

为了规范职工非因工伤残或因病丧失劳动能力程度鉴定工作，我部组织制定了《职工非因工伤残或因病丧失劳动能力程度鉴定标准（试行）》，现印发给你们，请遵照执行。

劳动保障部

2002年4月5日

## 职工非因工伤残或因病丧失劳动能力程度鉴定标准（试行）

职工非因工伤残或因病丧失劳动能力程度鉴定标准，是劳动者由于非因工伤残或因病后，于国家社会保障法规所规定的医疗期满或医疗终结时通过医学检查对伤残失能程度做出判定结论的准则和依据。

### 1　范围

本标准规定了职工非因工伤残或因病丧失劳动能力程度的鉴定原则和分级标准。

本标准适用于职工非因工伤残或因病需进行劳动能力鉴定时，对其身体器官缺损或功能损失程度的鉴定。

### 2　总则

2.1　本标准分完全丧失劳动能力和大部分丧失劳动能力两个程度档次。

2.2　本标准中的完全丧失劳动能力，是指因损伤或疾病造成人体组织器官缺失、严重缺损、畸形或严重损害，致使伤病的组织器官或生理功能完全丧失或存在严重功能障碍。

2.3　本标准中的大部分丧失劳动能力，是指因损伤或疾病造成人体组织器官大部分缺失、明显畸形或损害，致使受损组织器官功能中等度以上障碍。

2.4　如果伤病职工同时符合不同类别疾病三项以上（含三项）“大部分丧失劳动能力”条件时，可确定为“完全丧失劳动能力”。

2.5　本标准将《职工工伤与职业病致残程度鉴定》（GB/T 16180—1996）中的1至4级和5至6级伤残程度分别列为本标准的完全丧失劳动能力和大部分丧失劳动能力的范围。

### 3　判定原则

3.1　本标准中劳动能力丧失程度主要以身体器官缺损或功能障碍程度作为判定依据。

3.2　本标准中对功能障碍的判定，以医疗期满或医疗终结时所做的医学检查结果为依据。

## 4　判定依据

### 4.1　完全丧失劳动能力的条件

4.1.1　各种中枢神经系统疾病或周围神经肌肉疾病等，经治疗后遗有下列情况之一者：

（1）单肢瘫，肌力2级以下（含2级）。

（2）两肢或三肢瘫，肌力3级以下（含3级）。

（3）双手或双足全肌瘫，肌力2级以下（含2级）。

（4）完全性（感觉性或混合性）失语。

（5）非肢体瘫的中度运动障碍。

4.1.2　长期重度呼吸困难。

4.1.3　心功能长期在Ⅲ级以上。左室疾患左室射血分数≤50%。

4.1.4　恶性室性心动过速经治疗无效。

4.1.5　各种难以治愈的严重贫血，经治疗后血红蛋白长期低于6克/分升以下（含6克/分升）者。

4.1.6　全胃切除或全结肠切除或小肠切除3/4。

4.1.7　慢性重度肝功能损害。

4.1.8　不可逆转的慢性肾功能衰竭期。

4.1.9　各种代谢性或内分泌疾病、结缔组织疾病或自身免疫性疾病所导致心、脑、肾、肺、肝等一个以上主要脏器严重合并症，功能不全失代偿期。

4.1.10　各种恶性肿瘤（含血液肿瘤）经综合治疗、放疗、化疗无效或术后复发。

4.1.11　一眼有光感或无光感，另眼矫正视力<0.2或视野半径≤20度。

4.1.12　双眼矫正视力<0.1或视野半径≤20度。

4.1.13　慢性器质性精神障碍，经系统治疗2年仍有下述症状之一，并严重影响职业功能者：痴呆（中度智能减退）；持续或经常出现的妄想和幻觉，持续或经常出现的情绪不稳定以及不能自控的冲动攻击行为。

4.1.14　精神分裂症，经系统治疗5年仍不能恢复正常者；偏执性精神障碍，妄想牢固，持续5年仍不能缓解，严重影响职业功能者。

4.1.15　难治性的情感障碍，经系统治疗5年仍不能恢复正常，男性年龄50岁以上（含50岁），女性45岁以上（含45岁），严重影响职业功能者。

4.1.16　具有明显强迫型人格发病基础的难治性强迫障碍，经系统治疗5年无效，严重影响职业功能者。

4.1.17　符合《职工工伤与职业病致残程度鉴定》标准1至4级者。

### 4.2　大部分丧失劳动能力的条件

4.2.1　各种中枢神经系统疾病或周围神经肌肉疾病等，经治疗后遗有下列情况之一者：

（1）单肢瘫，肌力3级。

（2）两肢或三肢瘫，肌力4级。

（3）单手或单足全肌瘫，肌力 2 级。

（4）双手或双足全肌瘫，肌力 3 级。

4.2.2　长期中度呼吸困难。

4.2.3　心功能长期在Ⅱ级。

4.2.4　中度肝功能损害。

4.2.5　各种疾病造瘘者。

4.2.6　慢性肾功能不全失代偿期。

4.2.7　一眼矫正视力≤0.05，另眼矫正视力≤0.3。

4.2.8　双眼矫正视力≤0.2 或视野半径≤30 度。

4.2.9　双耳听力损失≥91 分贝。

4.2.10　符合《职工工伤与职业病致残程度鉴定》标准 5 至 6 级者。

## 5　判定基准

### 5.1　运动障碍判定基准

5.1.1　肢体瘫　以肌力作为分级标准，划分为 0 至 5 级：

0 级：肌肉完全瘫痪，无收缩。

1 级：可看到或触及肌肉轻微收缩，但不能产生动作。

2 级：肌肉在不受重力影响下，可进行运动，即肢体能在床面上移动，但不能抬高。

3 级：在和地心引力相反的方向中尚能完成其动作，但不能对抗外加的阻力。

4 级：能对抗一定的阻力，但较正常人为低。

5 级：正常肌力。

5.1.2　非肢体瘫的运动障碍包括肌张力增高、共济失调、不自主运动、震颤或吞咽肌肉麻痹等。根据其对生活自理的影响程度划分为轻、中、重三度：

（1）重度运动障碍　不能自行进食、大小便、洗漱、翻身和穿衣。

（2）中度运动障碍　上述动作困难，但在他人帮助下可以完成。

（3）轻度运动障碍　完成上述运动虽有一些困难，但基本可以自理。

### 5.2　呼吸困难及肺功能减退判定基准

5.2.1　呼吸困难分级

**表 1　呼吸困难分级**

| | 轻度 | 中度 | 重度 | 严重度 |
|---|---|---|---|---|
| 临床表现 | 平路快步或登山、上楼时气短明显 | 平路步行 100 米即气短 | 稍活动（穿衣、谈话）即气短 | 静息时气短 |
| 阻塞性通气功能减退：一秒钟用力呼气量占预计值百分比 | ≥80% | 50%～79% | 30%～49% | <30% |

续表

| | 轻度 | 中度 | 重度 | 严重度 |
|---|---|---|---|---|
| 限制性通气功能减退：肺活量 | ≥70% | 60%~69% | 50%~59% | <50% |
| 血氧分压 | | | 60~87 毫米汞柱 | <60 毫米汞柱 |

注：血气分析氧分压 60~87 毫米汞柱时，需参考其他肺功能结果。

**5.3　心功能判定基准**

心功能分级

Ⅰ级：体力活动不受限制。

Ⅱ级：静息时无不适，但稍重于日常生活活动量即致乏力、心悸、气促或心绞痛。

Ⅲ级：体力活动明显受限，静息时无不适，但低于日常活动量即致乏力、心悸、气促或心绞痛。

Ⅳ级：任何体力活动均引起症状，休息时亦可有心力衰竭或心绞痛。

**5.4　肝功能损害程度判定基准**

**表 2　肝功能损害分级**

| | 轻度 | 中度 | 重度 |
|---|---|---|---|
| 血浆白蛋白 | 3.1~3.5 克/分升 | 2.5~3.0 克/分升 | <2.5 克/分升 |
| 血清胆红质 | 1.5~5 毫克/分升 | 5.1~10 毫克/分升 | >10 毫克/分升 |
| 腹水 | 无 | 无或少量，治疗后消失 | 顽固性 |
| 脑症 | 无 | 轻度 | 明显 |
| 凝血酶原时间 | 稍延长（较对照组>3 秒） | 延长（较对照组>6 秒） | 明显延长（较对照组>9 秒） |

**5.5　慢性肾功能损害程度判定基准**

**表 3　肾功能损害程度分期**

| | 肌酐清除率 | 血尿素氮 | 血肌酐 | 其他临床症状 |
|---|---|---|---|---|
| 肾功能不全代偿期 | 50~80 毫升/分 | 正常 | 正常 | 无症状 |
| 肾功能不全失代偿期 | 20~50 毫升/分 | 20~50 毫克/分升 | 2~5 毫克/分升 | 乏力，轻度贫血，食欲减退 |
| 肾功能衰竭期 | 10~20 毫升/分 | 50~80 毫克/分升 | 5~8 毫克/分升 | 贫血，代谢性酸中毒，水电解质紊乱 |
| 尿毒症期 | <10 毫升/分 | >80 毫克/分升 | >8 毫克/分升 | 严重酸中毒和全身各系统症状 |

注：血尿素氮水平受多种因素影响，一般不单独作为衡量肾功能损害轻重的指标。

附件

## 正确使用标准的说明

1. 本标准条目只列出达到完全丧失劳动能力的起点条件，比此条件严重的伤残或疾病均属于完全丧失劳动能力。

2. 标准中有关条目所指的“长期”是经系统治疗12个月以上（含12个月）。

3. 标准中所指的“系统治疗”是指经住院治疗，或每月二次以上（含二次）到医院进行门诊治疗并坚持服药一个疗程以上，以及恶性肿瘤在门诊进行放射或化学治疗。

4. 对未列出的其他伤病残丧失劳动能力程度的条目，可参照国家标准《职工工伤与职业病致残程度鉴定》（GB/T 16180—1996）相应条目执行。

# 30 人力资源社会保障部关于实施修订后劳动能力鉴定标准有关问题处理意见的通知

人社部发〔2014〕81号

各省、自治区、直辖市及新疆生产建设兵团人力资源社会保障厅（局）：

《劳动能力鉴定 职工工伤与职业病致残等级》（GB/T 16180—2014）（以下简称新标准）已由国家质量监督检验检疫总局、国家标准化管理委员会批准发布，将于2015年1月1日实施。新标准是在充分听取各地意见的基础上对《劳动能力鉴定 职工工伤与职业病致残等级》（GB/T 16180—2006）（以下简称原标准）进行的修改和完善。为实现新旧标准平稳过渡，现对有关问题通知如下：

一、新标准实施后，对依照《工伤保险条例》规定提出的初次劳动能力鉴定申请，劳动能力鉴定委员会应当按照新标准进行鉴定。

二、新标准实施前，已依照《工伤保险条例》规定提出初次劳动能力鉴定申请但尚未作出鉴定结论的，劳动能力鉴定委员会应当按照新标准进行鉴定。若因标准发生变化导致鉴定级别低于原标准的，按照就高原则作出鉴定结论。

三、新标准实施前已作出劳动能力鉴定结论，新标准实施后依照《工伤保险条例》规定提出劳动能力复查鉴定或者再次鉴定申请的，劳动能力鉴定委员会应当按照新标准进行鉴定。

四、按本通知第三条规定提出劳动能力复查鉴定及对复查鉴定结论不服提出再次鉴定申请且鉴定级别发生变化的，工伤职工的伤残津贴和生活护理费自作出鉴定结论的次月起作相应调整，一次性伤残补助金不作调整。一次性伤残就业补助金和一次性工伤医疗补助金的计发标准，按与用人单位解除终止劳动关系前最后一次的鉴定结论确定。

实施修订后劳动能力鉴定标准，涉及面广、敏感性强，请各地结合实际，加强领导，认真做好贯彻新标准的各项工作，妥善处理新标准实施中遇到的具体问题。新标准实施中遇到重大问题请及时报我部工伤保险司。

人力资源社会保障部

2014年11月21日

# 31 GB/T 16180—2014 劳动能力鉴定 职工工伤与职业病致残等级

## 前　言

本标准按照GB/T 1.1—2009给出的规则起草。

本标准代替GB/T 16180—2006《劳动能力鉴定　职工工伤与职业病致残等级》，与GB/T 16180—2006相比，主要技术变化如下：

——将总则中的分级原则写入相应等级标准头条；

——对总则中4.1.4护理依赖的分级进一步予以明确；

——删除总则4.1.5心理障碍的描述；

——将附录中有明确定义的内容直接写进标准条款；

——在具体条款中取消年龄和是否生育的表述；

——附录B中增加手、足功能缺损评估参考图表；

——附录A中增加视力减弱补偿率的使用说明；

——对附录中外伤性椎间盘突出症的诊断要求做了调整；

——完善了对癫痫和智能障碍的综合评判要求；

——归并胸、腹腔脏器损伤部分条款；

——增加系统治疗的界定；

——增加四肢长管状骨的界定；

——增加了脊椎骨折的分型界定；

——增加了关节功能障碍的量化判定基准；

——增加“髌骨、跟骨、距骨、下颌骨或骨盆骨折内固定术后”条款；

——增加“四肢长管状骨骨折内固定术或外固定支架术后”条款；

——增加“四肢大关节肌腱及韧带撕裂伤术后遗留轻度功能障碍”条款；

——完善、调整或删除了部分不规范、不合理甚至矛盾的条款；

——取消了部分条款后缀中易造成歧义的“无功能障碍”表述；

——伤残条目由572条调整为530条。

本标准由中华人民共和国人力资源和社会保障部提出。

本标准由中华人民共和国人力资源和社会保障部归口。

本标准起草单位：上海市劳动能力鉴定中心。

本标准主要起草人：陈道莅、张岩、杨庆铭、廖镇江、曹贵松、眭述平、叶纹、周泽深、陶明毅、王国民、程瑜、周安寿、左峰、林景荣、姚树源、王沛、孔翔飞、徐新荣、杨小锋、姜节凯、方晓松、刘声明、章艾武、李怀侠、姚凰。

本标准所代替标准的历次版本发布情况为：

——GB/T 16180—1996、GB/T 16180—2006。

# 劳动能力鉴定　职工工伤与职业病致残等级

## 1　范围

本标准规定了职工工伤与职业病致残劳动能力鉴定原则和分级标准。

本标准适用于职工在职业活动中因工负伤和因职业病致残程度的鉴定。

## 2　规范性引用文件

下列文件对于本文件的应用是必不可少的。凡是注日期的引用文件，仅注日期的版本适用于本文件。凡是不注日期的引用文件，其最新版本（包括所有的修改单）适用于本文件。

GB/T 4854（所有部分）　声学　校准测听设备的基准零级

GB/T 7341（所有部分）　听力计

GB/T 7582—2004　声学　听阈与年龄关系的统计分布

GB/T 7583　声学　纯音气导听阈测定　保护听力用

GB 11533　标准对数视力表

GBZ 4　职业性慢性二硫化碳中毒诊断标准

GBZ 5　职业性氟及无机化合物中毒的诊断

GBZ 7　职业性手臂振动病诊断标准

GBZ 9　职业性急性电光性眼炎（紫外线角膜结膜炎）诊断标准

GBZ 12　职业性铬鼻病诊断标准

GBZ 24　职业性减压病诊断标准

GBZ 35　职业性白内障诊断标准

GBZ 45　职业性三硝基甲苯白内障诊断标准

GBZ 49　职业性噪声聋诊断标准

GBZ 54　职业性化学性眼灼伤诊断标准

GBZ 57　职业性哮喘诊断标准

GBZ 60　职业性过敏性肺炎诊断标准

GBZ 61　职业性牙酸蚀病诊断标准
GBZ 70　尘肺病诊断标准
GBZ 81　职业性磷中毒诊断标准
GBZ 82　职业性煤矿井下工人滑囊炎诊断标准
GBZ 83　职业性砷中毒的诊断
GBZ 94　职业性肿瘤诊断标准
GBZ 95　放射性白内障诊断标准
GBZ 96　内照射放射病诊断标准
GBZ 97　放射性肿瘤诊断标准
GBZ 101　放射性甲状腺疾病诊断标准
GBZ 104　外照射急性放射病诊断标准
GBZ 105　外照射慢性放射病诊断标准
GBZ 106　放射性皮肤疾病诊断标准
GBZ 107　放射性性腺疾病诊断标准
GBZ 109　放射性膀胱疾病诊断标准
GBZ 110　急性放射性肺炎诊断标准
GBZ/T 238　职业性爆震聋的诊断

## 3　术语和定义

下列术语和定义适用于本文件。

### 3.1　劳动能力鉴定　identify work ability

法定机构对劳动者在职业活动中因工负伤或患职业病后，根据国家工伤保险法规规定，在评定伤残等级时通过医学检查对劳动功能障碍程度（伤残程度）和生活自理障碍程度做出的技术性鉴定结论。

### 3.2　医疗依赖　medical dependence

工伤致残于评定伤残等级技术鉴定后仍不能脱离治疗。

### 3.3　生活自理障碍　ability of living independence

工伤致残者因生活不能自理，需依赖他人护理。

## 4　总则

### 4.1　判断依据

4.1.1　综合判定

依据工伤致残者于评定伤残等级技术鉴定时的器官损伤、功能障碍及其对医疗与日常生活护理的依赖程度，适当考虑由于伤残引起的社会心理因素影响，对伤残程度进行综合判定分级。

附录 A 为各门类工伤、职业病致残分级判定基准。

附录 B 为正确使用本标准的说明。

4.1.2 器官损伤

器官损伤是工伤的直接后果，但职业病不一定有器官缺损。

4.1.3 功能障碍

工伤后功能障碍的程度与器官缺损的部位及严重程度有关，职业病所致的器官功能障碍与疾病的严重程度相关。对功能障碍的判定，应以评定伤残等级技术鉴定时的医疗检查结果为依据，根据评残对象逐个确定。

4.1.4 医疗依赖

医疗依赖判定分级：

a）特殊医疗依赖：工伤致残后必须终身接受特殊药物、特殊医疗设备或装置进行治疗；

b）一般医疗依赖：工伤致残后仍需接受长期或终身药物治疗。

4.1.5 生活自理障碍

生活自理范围主要包括下列五项：

a）进食：完全不能自主进食，需依赖他人帮助；

b）翻身：不能自主翻身；

c）大、小便：不能自主行动，排大、小便需要他人帮助；

d）穿衣、洗漱：不能自己穿衣、洗漱，完全依赖他人帮助；

e）自主行动：不能自主走动。

生活处理障碍程度分三级：

a）完全生活自理障碍：生活完全不能自理，上述五项均需护理；

b）大部分生活自理障碍：生活大部分不能自理，上述五项中三项或四项需要护理；

c）部分生活自理障碍：生活部分不能自理，上述五项中一项或两项需要护理。

**4.2 晋级原则**

对于同一器官或系统多处损伤，或一个以上器官不同部位同时受到损伤者，应先对单项伤残程度进行鉴定。如果几项伤残等级不同，以重者定级；如果两项及以上等级相同，最多晋升一级。

**4.3 对原有伤残及合并症的处理**

在劳动能力鉴定过程中，工伤或职业病后出现合并症，其致残等级的评定以鉴定时实际的致残结局为依据。

如受工伤损害的器官原有伤残或疾病史，即：单个或双器官（如双眼、四肢、肾脏）或系统损伤，本次鉴定时应检查本次伤情是否加重原有伤残，若加重原有伤残，鉴定时按事实的致残结局为依据；若本次伤情轻于原有伤残，鉴定时则按本次工伤伤情致残结局为依据。

对原有伤残的处理适用于初次或再次鉴定，复查鉴定不适用于本规则。

**4.4 门类划分**

按照临床医学分科和各学科间相互关联的原则，对残情的判定划分为5个门类：

a）神经内科、神经外科、精神科门；

b）骨科、整形外科、烧伤科门；

c）眼科、耳鼻喉科、口腔科门；

d）普外科、胸外科、泌尿生殖科门；

e）职业病内科门。

**4.5 条目划分**

按照4.4中的5个门类，以附录C中表C.1~C.5及一至十级分级系列，根据伤残的类别和残情的程度划分伤残条目，共列出残情530条。

**4.6 等级划分**

根据条目划分原则以及工伤致残程度，综合考虑各门类间的平衡，将残情级别分为一至十级。最重为第一级，最轻为第十级。对未列出的个别伤残情况，参照本标准中相应定级原则进行等级评定。

**5 职工工伤与职业病致残等级分级**

**5.1 一级**

5.1.1 定级原则

器官缺失或功能完全丧失，其他器官不能代偿，存在特殊医疗依赖，或完全或大部分或部分生活自理障碍。

5.1.2 一级条款系列

凡符合5.1.1或下列条款之一者均为工伤一级。

1）极重度智能损伤；

2）四肢瘫肌力≤3级或三肢瘫肌力≤2级；

3）重度非肢体瘫运动障碍；

4）面部重度毁容，同时伴有表C.2中二级伤残之一者；

5）全身重度瘢痕形成，占体表面积≥90%，伴有脊柱及四肢大关节活动功能基本丧失；

6）双肘关节以上缺失或功能完全丧失；

7）双下肢膝上缺失及一上肢肘上缺失；

8）双下肢及一上肢瘢痕畸形，功能完全丧失；

9）双眼无光感或仅有光感但光定位不准者；

10）肺功能重度损伤和呼吸困难Ⅳ级，需终生依赖机械通气；

11）双肺或心肺联合移植术；

12）小肠切除≥90%；

13）肝切除后原位肝移植；

14）胆道损伤原位肝移植；

15）全胰切除；

16）双侧肾切除或孤肾切除术后，用透析维持或同种肾移植术后肾功能不全尿毒症期；

17）尘肺叁期伴肺功能重度损伤及（或）重度低氧血症［$PO_2$<5.3 kPa（<40 mmHg）］；

18）其他职业性肺部疾患，伴肺功能重度损伤及（或）重度低氧血症［$PO_2$<5.3 kPa（<40 mmHg）］；

19）放射性肺炎后，两叶以上肺纤维化伴重度低氧血症［$PO_2$<5.3 kPa（<40 mmHg）］；

20）职业性肺癌伴肺功能重度损伤；

21）职业性肝血管肉瘤，重度肝功能损害；

22）肝硬化伴食道静脉破裂出血，肝功能重度损害；

23）肾功能不全尿毒症期，内生肌酐清除率持续<10 mL/min，或血浆肌酐水平持续>707 μmol/L（8 mg/dL）。

**5.2　二级**

5.2.1　定级原则

器官严重缺损或畸形，有严重功能障碍或并发症，存在特殊医疗依赖，或大部分或部分生活自理障碍。

5.2.2　二级条款系列

凡符合5.2.1或下列条款之一者均为工伤二级。

1）重度智能损伤；

2）三肢瘫肌力3级；

3）偏瘫肌力≤2级；

4）截瘫肌力≤2级；

5）双手全肌瘫肌力≤2级；

6）完全感觉性或混合性失语；

7）全身重度瘢痕形成，占体表面积≥80%，伴有四肢大关节中3个以上活动功能受限；

8）全面部瘢痕或植皮伴有重度毁容；

9）双侧前臂缺失或双手功能完全丧失；

10）双下肢瘢痕畸形，功能完全丧失；

11）双膝以上缺失；

12）双膝、双踝关节功能完全丧失；

13）同侧上、下肢缺失或功能完全丧失；

14）四肢大关节（肩、髋、膝、肘）中4个及以上关节功能完全丧失者；

15）一眼有或无光感，另眼矫正视力≤0.02，或视野≤8%（或半径≤5°）；

16）无吞咽功能，完全依赖胃管进食；

17）双侧上颌骨或双侧下颌骨完全缺损；

18）一侧上颌骨及对侧下颌骨完全缺损，并伴有颜面软组织损伤>30 $cm^2$；

19）一侧全肺切除并胸廓成形术，呼吸困难Ⅲ级；

20）心功能不全三级；

21）食管闭锁或损伤后无法行食管重建术，依赖胃造瘘或空肠造瘘进食；

22）小肠切除3/4，合并短肠综合征；

23）肝切除3/4，合并肝功能重度损害；

24）肝外伤后发生门脉高压三联症或发生Budd-chiari综合征；

25）胆道损伤致肝功能重度损害；

26）胰次全切除，胰腺移植术后；

27）孤肾部分切除后，肾功能不全失代偿期；

28）肺功能重度损伤及（或）重度低氧血症；

29）尘肺叁期伴肺功能中度损伤及（或）中度低氧血症；

30）尘肺贰期伴肺功能重度损伤及（或）重度低氧血症［$PO_2$<5.3 kPa（40 mmHg）］；

31）尘肺叁期伴活动性肺结核；

32）职业性肺癌或胸膜间皮瘤；

33）职业性急性白血病；

34）急性重型再生障碍性贫血；

35）慢性重度中毒性肝病；

36）肝血管肉瘤；

37）肾功能不全尿毒症期，内生肌酐清除率持续<25 mL/min，或血浆肌酐水平持续>450 μmol/L（5 mg/dL）；

38）职业性膀胱癌；

39）放射性肿瘤。

**5.3　三级**

5.3.1　定级原则

器官严重缺损或畸形，有严重功能障碍或并发症，存在特殊医疗依赖，或部分生活自理障碍。

5.3.2　三级条款系列

凡符合5.3.1或下列条款之一者均为工伤三级。

1）精神病性症状，经系统治疗1年后仍表现为危险或冲动行为者；

2）精神病性症状，经系统治疗1年后仍缺乏生活自理能力者；

3）偏瘫肌力3级；

4）截瘫肌力3级；

5）双足全肌瘫肌力≤2级；

6）中度非肢体瘫运动障碍；

7）完全性失用、失写、失读、失认等具有两项及两项以上者；

8）全身重度瘢痕形成，占体表面积≥70%，伴有四肢大关节中2个以上活动功能受限；

9）面部瘢痕或植皮≥2/3并有中度毁容；

10）一手缺失，另一手拇指缺失；

11）双手拇、食指缺失或功能完全丧失；

12）一手功能完全丧失，另一手拇指功能完全丧失；

13）双髋、双膝关节中，有一个关节缺失或功能完全丧失及另一关节重度功能障碍；

14）双膝以下缺失或功能完全丧失；
15）一侧髋、膝关节畸形，功能完全丧失；
16）非同侧腕上、踝上缺失；
17）非同侧上、下肢瘢痕畸形，功能完全丧失；
18）一眼有或无光感，另眼矫正视力≤0.05或视野≤16%（半径≤10°）；
19）双眼矫正视力<0.05或视野≤16%（半径≤10°）；
20）一侧眼球摘除或眼内容物剜出，另眼矫正视力<0.1或视野≤24%（或半径≤15°）；
21）呼吸完全依赖气管套管或造口；
22）喉或气管损伤导致静止状态下或仅轻微活动即有呼吸困难；
23）同侧上、下颌骨完全缺损；
24）一侧上颌骨或下颌骨完全缺损，伴颜面部软组织损伤>30 $cm^2$；
25）舌缺损>全舌的2/3；
26）一侧全肺切除并胸廓成形术；
27）一侧胸廓成形术，肋骨切除6根以上；
28）一侧全肺切除并隆凸切除成形术；
29）一侧全肺切除并大血管重建术；
30）Ⅲ度房室传导阻滞；
31）肝切除2/3，并肝功能中度损害；
32）胰次全切除，胰岛素依赖；
33）一侧肾切除，对侧肾功能不全失代偿期；
34）双侧输尿管狭窄，肾功能不全失代偿期；
35）永久性输尿管腹壁造瘘；
36）膀胱全切除；
37）尘肺叁期；
38）尘肺贰期伴肺功能中度损伤及（或）中度低氧血症；
39）尘肺贰期合并活动性肺结核；
40）放射性肺炎后两叶肺纤维化，伴肺功能中度损伤及（或）中度低氧血症；
41）粒细胞缺乏症；
42）再生障碍性贫血；
43）职业性慢性白血病；
44）中毒性血液病，骨髓增生异常综合征；
45）中毒性血液病，严重出血或血小板含量≤$2\times10^{10}$/L；
46）砷性皮肤癌；
47）放射性皮肤癌。

### 5.4 四级

5.4.1 定级原则

器官严重缺损或畸形，有严重功能障碍或并发症，存在特殊医疗依赖，或部分生活自理障碍或无生活自理障碍。

5.4.2　四级条款系列

凡符合5.4.1或下列条款之一者均为工伤四级。

1）中度智能损伤；

2）重度癫痫；

3）精神病性症状，经系统治疗1年后仍缺乏社交能力者；

4）单肢瘫肌力≤2级；

5）双手部分肌瘫肌力≤2级；

6）脑脊液漏伴有颅底骨缺损不能修复或反复手术失败；

7）面部中度毁容；

8）全身瘢痕面积≥60%，四肢大关节中1个关节活动功能受限；

9）面部瘢痕或植皮≥1/2并有轻度毁容；

10）双拇指完全缺失或功能完全丧失；

11）一侧手功能完全丧失，另一手部分功能丧失；

12）一侧肘上缺失；

13）一侧膝以下缺失，另一侧前足缺失；

14）一侧膝以上缺失；

15）一侧踝以下缺失，另一足畸形行走困难；

16）一眼有或无光感，另眼矫正视力<0.2或视野≤32%（或半径≤20°）；

17）一眼矫正视力<0.05，另眼矫正视力≤0.1；

18）双眼矫正视力<0.1或视野≤32%（或半径≤20°）；

19）双耳听力损失≥91dB；

20）牙关紧闭或因食管狭窄只能进流食；

21）一侧上颌骨缺损1/2，伴颜面部软组织损伤>20 $cm^2$；

22）下颌骨缺损长6 cm以上的区段，伴口腔、颜面软组织损伤>20 $cm^2$；

23）双侧颞下颌关节骨性强直，完全不能张口；

24）面颊部洞穿性缺损>20 $cm^2$；

25）双侧完全性面瘫；

26）一侧全肺切除术；

27）双侧肺叶切除术；

28）肺叶切除后并胸廓成形术后；

29）肺叶切除并隆凸切除成形术后；

30）一侧肺移植术；

31）心瓣膜置换术后；

32）心功能不全二级；

33）食管重建术后吻合口狭窄，仅能进流食者；

34）全胃切除；

35）胰头、十二指肠切除；

36）小肠切除3/4；

37）小肠切除2/3，包括回盲部切除；

38）全结肠、直肠、肛门切除，回肠造瘘；

39）外伤后肛门排便重度障碍或失禁；

40）肝切除2/3；

41）肝切除1/2，肝功能轻度损害；

42）胆道损伤致肝功能中度损害；

43）甲状旁腺功能重度损害；

44）肾修补术后，肾功能不全失代偿期；

45）输尿管修补术后，肾功能不全失代偿期；

46）永久性膀胱造瘘；

47）重度排尿障碍；

48）神经源性膀胱，残余尿≥50 mL；

49）双侧肾上腺缺损；

50）尘肺贰期；

51）尘肺壹期伴肺功能中度损伤及（或）中度低氧血症；

52）尘肺壹期伴活动性肺结核；

53）病态窦房结综合征（需安装起搏器者）；

54）放射性损伤致肾上腺皮质功能明显减退；

55）放射性损伤致免疫功能明显减退。

**5.5 五级**

5.5.1 定级原则

器官大部缺损或明显畸形，有较重功能障碍或并发症，存在一般医疗依赖，无生活自理障碍。

5.5.2 五级条款系列

凡符合5.5.1或下列条款之一者均为工伤五级。

1）四肢瘫肌力4级；

2）单肢瘫肌力3级；

3）双手部分肌瘫肌力3级；

4）一手全肌瘫肌力≤2级；

5）双足全肌瘫肌力3级；

6）完全运动性失语；

7）完全性失用、失写、失读、失认等具有一项者；

8）不完全性失用、失写、失读、失认等具有多项者；

9）全身瘢痕占体表面积≥50%，并有关节活动功能受限；

10）面部瘢痕或植皮≥1/3并有毁容标准串的之一项；

11）脊柱骨折后遗 30°以上侧弯或后凸畸形，伴严重根性神经痛；
12）一侧前臂缺失；
13）一手功能完全丧失；
14）肩、肘关节之一功能完全丧失；
15）一手拇指缺失，另一手除拇指外三指缺失；
16）一手拇指功能完全丧失，另一手除拇指外三指功能完全丧失；
17）双前足缺失或双前足瘢痕畸形，功能完全丧失；
18）双跟骨足底软组织缺损瘢痕形成，反复破溃；
19）一髋（或一膝）功能完全丧失；
20）四肢大关节之一人工关节术后遗留重度功能障碍；
21）一侧膝以下缺失；
22）第Ⅲ对脑神经麻痹；
23）双眼外伤性青光眼术后，需用药物控制眼压者；
24）一眼有或无光感；另眼矫正视力≤0.3 或视野≤40%（或半径≤25°）；
25）一眼矫正视力<0.05，另眼矫正视力≤0.2；
26）一眼矫正视力<0.1，另眼矫正视力等于 0.1；
27）双眼视野≤40%（或半径≤25°）；
28）双耳听力损失≥81 dB；
29）喉或气管损伤导致一般活动及轻工作时有呼吸困难；
30）吞咽困难，仅能进半流食；
31）双侧喉返神经损伤，喉保护功能丧失致饮食呛咳、误吸；
32）一侧上颌骨缺损>1/4，但<1/2，伴软组织损伤>10 $cm^2$，但<20 $cm^2$；
33）下颌骨缺损长 4 cm 以上的区段，伴口腔、颜面软组织损伤>10 $cm^2$；
34）一侧完全面瘫，另一侧不完全面瘫；
35）双肺叶切除术；
36）肺叶切除术并大血管重建术；
37）隆凸切除成形术；
38）食管重建术后吻合口狭窄，仅能进半流食者；
39）食管气管或支气管瘘；
40）食管胸膜瘘；
41）胃切除 3/4；
42）小肠切除 2/3，包括回肠大部分；
43）肛门、直肠、结肠部分切除，结肠造瘘；
44）肝切除 1/2；
45）胰切除 2/3；
46）甲状腺功能重度损害；
47）一侧肾切除，对侧肾功能不全代偿期；

48）一侧输尿管狭窄，肾功能不全代偿期；

49）尿道瘘不能修复者；

50）两侧睾丸、副睾丸缺损；

51）放射性损伤致生殖功能重度损伤；

52）阴茎全缺损；

53）双侧卵巢切除；

54）阴道闭锁；

55）会阴部瘢痕挛缩伴有阴道或尿道或肛门狭窄；

56）肺功能中度损伤或中度低氧血症；

57）莫氏Ⅱ型Ⅱ度房室传导阻滞；

58）病态窦房结综合征（不需安起搏器者）；

59）中毒性血液病，血小板减少（$\leq 4\times10^{10}$/L）并有出血倾向；

60）中毒性血液病，白细胞含量持续<$3\times10^{9}$/L（<3 000/$mm^{3}$）或粒细胞含量<$1.5\times10^{9}$/L（1 500/$mm^{3}$）；

61）慢性中度中毒性肝病；

62）肾功能不全失代偿期，内生肌酐清除率持续<50 mL/min，或血浆肌酐水平持续>177 μmol/L（2 mg/dL）；

63）放射性损伤致睾丸萎缩；

64）慢性重度磷中毒；

65）重度手臂振动病。

**5.6 六级**

5.6.1 定级原则

器官大部缺损或明显畸形，有中等功能障碍或并发症，存在一般医疗依赖，无生活自理障碍。

5.6.2 六级条款系列

凡符合 5.6.1 或下列条款之一者均为工伤六级。

1）癫痫中度；

2）轻度智能损伤；

3）精神病性症状，经系统治疗 1 年后仍影响职业劳动能力者；

4）三肢瘫肌力 4 级；

5）截瘫双下肢肌力 4 级伴轻度排尿障碍；

6）双手全肌瘫肌力 4 级；

7）一手全肌瘫肌力 3 级；

8）双足部分肌瘫肌力≤2 级；

9）单足全肌瘫肌力≤2 级；

10）轻度非肢体瘫运动障碍；

11）不完全性感觉性失语；

12）面部重度异物色素沉着或脱失；

13）面部瘢痕或植皮≥1/3；

14）全身瘢痕面积≥40%；

15）撕脱伤后头皮缺失 1/5 以上；

16）一手一拇指完全缺失，连同另一手非拇指二指缺失；

17）一拇指功能完全丧失，另一手除拇指外有二指功能完全丧失；

18）一手三指（含拇指）缺失；

19）除拇指外其余四指缺失或功能完全丧失；

20）一侧踝以下缺失，或踝关节畸形，功能完全丧失；

21）下肢骨折成角畸形>15°，并有肢体短缩 4 cm 以上；

22）一前足缺失，另一足仅残留拇趾；

23）一前足缺失，另一足除拇趾外，2~5 趾畸形，功能完全丧失；

24）一足功能完全丧失，另一足部分功能丧失；

25）一髋或一膝关节功能重度障碍；

26）单侧跟骨足底软组织缺损瘢痕形成，反复破溃；

27）一侧眼球摘除，或一侧眼球明显萎缩，无光感；

28）一眼有或无光感，另一眼矫正视力≥0.4；

29）一眼矫正视力≤0.05，另一眼矫正视力≥0.3；

30）一眼矫正视力≤0.1，另一眼矫正视力≥0.2；

31）双眼矫正视力≤0.2 或视野≤48%（或半径≤30°）；

32）第Ⅳ或第Ⅵ对脑神经麻痹，或眼外肌损伤致复视的；

33）双耳听力损失≥71 dB；

34）双侧前庭功能丧失，睁眼行走困难，不能并足站立；

35）单侧或双侧颞下颌关节强直，张口困难Ⅲ度；

36）一侧上颌骨缺损 1/4，伴口腔颜面软组织损伤>10 $cm^2$；

37）面部软组织缺损>20 $cm^2$，伴发涎瘘；

38）舌缺损>舌的 1/3，但<舌的 2/3；

39）双侧颧骨并颧弓骨折，伴有开口困难Ⅱ度以上及颜面部畸形经手术复位者；

40）双侧下颌骨髁状突颈部骨折，伴有开口困难Ⅱ度以上及咬合关系改变，经手术治疗者；

41）一侧完全性面瘫；

42）肺叶切除并肺段或楔形切除术；

43）肺叶切除并支气管成形术后；

44）支气管（或气管）胸膜瘘；

45）冠状动脉旁路移植术；

46）大血管重建术；

47）胃切除 2/3；

48）小肠切除 1/2，包括回盲部；
49）肛门外伤后排便轻度障碍或失禁；
50）肝切除 1/3；
51）胆道损伤致肝功能轻度损伤；
52）腹壁缺损面积≥腹壁的 1/4；
53）胰切除 1/2；
54）甲状腺功能中度损害；
55）甲状旁腺功能中度损害；
56）肾损伤性高血压；
57）尿道狭窄经系统治疗 1 年后仍需定期行扩张术；
58）膀胱部分切除合并轻度排尿障碍；
59）两侧睾丸创伤后萎缩，血睾酮低于正常值；
60）放射性损伤致生殖功能轻度损伤；
61）双侧输精管缺损，不能修复；
62）阴茎部分缺损；
63）女性双侧乳房切除或严重瘢痕畸形；
64）子宫切除；
65）双侧输卵管切除；
66）尘肺壹期伴肺功能轻度损伤及（或）轻度低氧血症；
67）放射性肺炎后肺纤维化（<两叶），伴肺功能轻度损伤及（或）轻度低氧血症；
68）其他职业性肺部疾患，伴肺功能轻度损伤；
69）白血病完全缓解；
70）中毒性肾病，持续性低分子蛋白尿伴白蛋白尿；
71）中毒性肾病，肾小管浓缩功能减退；
72）放射性损伤致肾上腺皮质功能轻度减退；
73）放射性损伤致甲状腺功能低下；
74）减压性骨坏死Ⅲ期；
75）中度手臂振动病；
76）氟及其无机化合物中毒性慢性重度中毒。

**5.7　七级**

5.7.1　定级原则

器官大部缺损或畸形，有轻度功能障碍或并发症，存在一般医疗依赖，无生活自理障碍。

5.7.2　七级条款系列

凡符合 5.7.1 或下列条款之一者均为工伤七级。

1）偏瘫肌力 4 级；
2）截瘫肌力 4 级；

3）单手部分肌瘫肌力 3 级；
4）双足部分肌瘫肌力 3 级；
5）单足全肌瘫肌力 3 级；
6）中毒性周围神经病致深感觉障碍；
7）人格改变或边缘智能，经系统治疗 1 年后仍存在明显社会功能受损者；
8）不完全性运动失语；
9）不完全性失用、失写、失读和失认等具有一项者；
10）符合重度毁容标准中的两项者；
11）烧伤后颅骨全层缺损≥30 $cm^2$，或在硬脑膜上植皮面积≥10 $cm^2$；
12）颈部瘢痕挛缩，影响颈部活动；
13）全身瘢痕面积≥30%；
14）面部瘢痕、异物或植皮伴色素改变占面部的 10%以上；
15）骨盆骨折内固定术后，骨盆环不稳定，骶髂关节分离；
16）一手除拇指外，其他 2~3 指（含食指）近侧指间关节离断；
17）一手除拇指外，其他 2~3 指（含食指）近侧指间关节功能完全丧失；
18）肩、肘关节之一损伤后遗留关节重度功能障碍；
19）一腕关节功能完全丧失；
20）一足 1~5 趾缺失；
21）一前足缺失；
22）四肢大关节之一人工关节术后，基本能生活自理；
23）四肢大关节之一关节内骨折导致创伤性关节炎，遗留中重度功能障碍；
24）下肢伤后短缩>2 cm，但≤4 cm 者；
25）膝关节韧带损伤术后关节不稳定，伸屈功能正常者；
26）一眼有或无光感，另眼矫正视力≥0. 8；
27）一眼有或无光感，另一眼各种客观检查正常；
28）一眼矫正视力≤0. 05，另眼矫正视力≥0. 6；
29）一眼矫正视力≤0. 1，另眼矫正视力≥0. 4；
30）双眼矫正视力≤0. 3 或视野≤64%（或半径≤40°）；
31）单眼外伤性青光眼术后，需用药物维持眼压者；
32）双耳听力损失≥56 dB；
33）咽成形术后，咽下运动不正常；
34）牙槽骨损伤长度≥8 cm，牙齿脱落 10 个及以上；
35）单侧颧骨并颧弓骨折，伴有开口困难Ⅱ度以上及颜面部畸形经手术复位者；
36）双侧不完全性面瘫；
37）肺叶切除术；
38）限局性脓胸行部分胸廓成形术；
39）气管部分切除术；

40）食管重建术后伴反流性食管炎；
41）食管外伤或成形术后咽下运动不正常；
42）胃切除 1/2；
43）小肠切除 1/2；
44）结肠大部分切除；
45）肝切除 1/4；
46）胆道损伤，胆肠吻合术后；
47）脾切除；
48）胰切除 1/3；
49）女性两侧乳房部分缺损；
50）一侧肾切除；
51）膀胱部分切除；
52）轻度排尿障碍；
53）阴道狭窄；
54）尘肺壹期，肺功能正常；
55）放射性肺炎后肺纤维化（<两叶），肺功能正常；
56）轻度低氧血症；
57）心功能不全一级；
58）再生障碍性贫血完全缓解；
59）白细胞减少症，含量持续$<4\times10^9$/L（4 000/$mm^3$）；
60）中性粒细胞减少症，含量持续$<2\times10^9$/L（2 000/$mm^3$）；
61）慢性轻度中毒性肝病；
62）肾功能不全代偿期，内生肌酐清除率<70 mL/min；
63）三度牙酸蚀病。

### 5.8 八级

5.8.1 定级原则

器官部分缺损，形态异常，轻度功能障碍，存在一般医疗依赖，无生活自理障碍。

5.8.2 八级条款系列

凡符合 5.8.1 或下列条款之一者均为工伤八级。

1）单肢体瘫肌力 4 级；
2）单手全肌瘫肌力 4 级；
3）双手部分肌瘫肌力 4 级；
4）双足部分肌瘫肌力 4 级；
5）单足部分肌瘫肌力≤3 级；
6）脑叶部分切除术后；
7）符合重度毁容标准中的一项者；
8）面部烧伤植皮≥1/5；

9）面部轻度异物沉着或色素脱失；
10）双侧耳郭部分或一侧耳郭大部分缺损；
11）全身瘢痕面积≥20%；
12）一侧或双侧眼睑明显缺损；
13）脊椎压缩骨折，椎体前缘高度减少 1/2 以上者或脊柱不稳定性骨折；
14）3 个及以上节段脊柱内固定术；
15）一手除拇、食指外，有两指近侧指间关节离断；
16）一手除拇、食指外，有两指近侧指间关节功能完全丧失；
17）一拇指指间关节离断；
18）一拇指指间关节畸形，功能完全丧失；
19）一足拇趾缺失，另一足非拇趾一趾缺失；
20）一足拇趾畸形，功能完全丧失，另一足非拇趾一趾畸形；
21）一足除拇趾外，其他三趾缺失；
22）一足除拇趾外，其他四趾瘢痕畸形，功能完全丧失；
23）因开放骨折感染形成慢性骨髓炎，反复发作者；
24）四肢大关节之一关节内骨折导致创伤性关节炎，遗留轻度功能障碍；
25）急性放射皮肤损伤Ⅳ度及慢性放射性皮肤损伤手术治疗后影响肢体功能；
26）放射性皮肤溃疡经久不愈者；
27）一眼矫正视力≤0.2，另眼矫正视力≥0.5；
28）双眼矫正视力等于 0.4；
29）双眼视野≤80%（或半径≤50°）；
30）一侧或双侧睑外翻或睑闭合不全者；
31）上睑下垂盖及瞳孔 1/3 者；
32）睑球粘连影响眼球转动者；
33）外伤性青光眼行抗青光眼手术后眼压控制正常者；
34）双耳听力损失≥41 dB 或一耳≥91 dB；
35）喉或气管损伤导致体力劳动时有呼吸困难；
36）喉源性损伤导致发声及言语困难；
37）牙槽骨损伤长度≥6 cm，牙齿脱落 8 个及以上者；
38）舌缺损<舌的 1/3；
39）双侧鼻腔或鼻咽部闭锁；
40）双侧颞下颌关节强直，张口困难Ⅱ度；
41）上、下颌骨骨折，经牵引、固定治疗后有功能障碍者；
42）双侧颧骨并颧弓骨折，无开口困难，颜面部凹陷畸形不明显，不需手术复位；
43）肺段切除术；
44）支气管成形术；
45）双侧≥3 根肋骨骨折致胸廓畸形；

46）膈肌破裂修补术后，伴膈神经麻痹；
47）心脏、大血管修补术；
48）心脏异物滞留或异物摘除术；
49）肺功能轻度损伤；
50）食管重建术后，进食正常者；
51）胃部分切除；
52）小肠部分切除；
53）结肠部分切除；
54）肝部分切除；
55）腹壁缺损面积<腹壁的 1/4；
56）脾部分切除；
57）胰部分切除；
58）甲状腺功能轻度损害；
59）甲状旁腺功能轻度损害；
60）尿道修补术；
61）一侧睾丸、附睾切除；
62）一侧输精管缺损，不能修复；
63）脊髓神经周围神经损伤，或盆腔、会阴手术后遗留性功能障碍；
64）一侧肾上腺缺损；
65）单侧输卵管切除；
66）单侧卵巢切除；
67）女性单侧乳房切除或严重瘢痕畸形；
68）其他职业性肺疾患，肺功能正常；
69）中毒性肾病，持续低分子蛋白尿；
70）慢性中度磷中毒；
71）氟及其无机化合物中毒性慢性中度中毒；
72）减压性骨坏死Ⅱ期；
73）轻度手臂振动病；
74）二度牙酸蚀。

**5.9　九级**

5.9.1　定级原则

器官部分缺损，形态异常，轻度功能障碍，无医疗依赖或者存在一般医疗依赖，无生活自理障碍。

5.9.2　九级条款系列

凡符合 5.9.1 或下列条款之一者均为工伤九级。

1）癫痫轻度；
2）中毒性周围神经病致浅感觉障碍；

3）脑挫裂伤无功能障碍；
4）开颅手术后无功能障碍；
5）颅内异物无功能障碍；
6）颈部外伤致颈总、颈内动脉狭窄，支架置入或血管搭桥手术后无功能障碍；
7）符合中度毁容标准中的两项或轻度毁容者；
8）发际边缘瘢痕性秃发或其他部位秃发，需戴假发者；
9）全身瘢痕占体表面积≥5%；
10）面部有≥8 $cm^2$ 或3处以上≥1 $cm^2$ 的瘢痕；
11）两个以上横突骨折；
12）脊椎压缩骨折，椎体前缘高度减少小于1/2者；
13）椎间盘髓核切除术后；
14）1~2节脊柱内固定术；
15）一拇指末节部分1/2缺失；
16）一手食指2~3节缺失；
17）一拇指指间关节僵直于功能位；
18）除拇趾外，余3~4指末节缺失；
19）一足拇趾末节缺失；
20）除拇趾外其他二趾缺失或瘢痕畸形，功能不全；
21）跖骨或跗骨骨折影响足弓者；
22）外伤后膝关节半月板切除、髌骨切除、膝关节交叉韧带修补术后；
23）四肢长管状骨骨折内固定或外固定支架术后；
24）髌骨、跟骨、距骨、下颌骨或骨盆骨折内固定术后；
25）第Ⅴ对脑神经眼支麻痹；
26）眶壁骨折致眼球内陷、两眼球突出度相差>2 mm或错位变形影响外观者；
27）一眼矫正视力≤0.3，另眼矫正视力>0.6；
28）双眼矫正视力等于0.5；
29）泪器损伤，手术无法改进溢泪者；
30）双耳听力损失≥31 dB或一耳损失≥71 dB；
31）喉源性损伤导致发声及言语不畅；
32）铬鼻病有医疗依赖；
33）牙槽骨损伤长度>4 cm，牙脱落4个及以上；
34）上、下颌骨骨折，经牵引、固定治疗后无功能障碍者；
35）一侧下颌骨髁状突颈部骨折；
36）一侧颧骨并颧弓骨折；
37）肺内异物滞留或异物摘除术；
38）限局性脓胸行胸膜剥脱术；
39）胆囊切除；

40）一侧卵巢部分切除；

41）乳腺成形术后；

42）胸、腹腔脏器探查术或修补术后。

### 5.10　十级

5.10.1　定级原则

器官部分缺损，形态异常，无功能障碍或轻度功能障碍，无医疗依赖或者存在一般医疗依赖，无生活自理障碍。

5.10.2　十级条款系列

凡符合5.10.1或下列条款之一者均为工伤十级。

1）符合中度毁容标准之一项者；

2）面部有瘢痕，植皮，异物色素沉着或脱失>2 $cm^2$；

3）全身瘢痕面积<5%，但≥1%；

4）急性外伤导致椎间盘髓核突出，并伴神经刺激征者；

5）一手指除拇指外，任何一指远侧指间关节离断或功能丧失；

6）指端植皮术后（增生性瘢痕1 $cm^2$以上）；

7）手背植皮面积>50 $cm^2$，并有明显瘢痕；

8）手掌、足掌植皮面积>30%者；

9）除拇趾外，任何一趾末节缺失；

10）足背植皮面积>100 $cm^2$；

11）膝关节半月板损伤、膝关节交叉韧带损伤未做手术者；

12）身体各部位骨折愈合后无功能障碍或轻度功能障碍；

13）四肢大关节肌腱及韧带撕裂伤术后遗留轻度功能障碍；

14）一手或两手慢性放射性皮肤损伤Ⅱ度及Ⅱ度以上者；

15）一眼矫正视力≤0.5，另一眼矫正视力≥0.8；

16）双眼矫正视力≤0.8；

17）一侧或双侧睑外翻或睑闭合不全行成形手术后矫正者；

18）上睑下垂盖及瞳孔1/3行成形手术后矫正者；

19）睑球粘连影响眼球转动行成形手术后矫正者；

20）职业性及外伤性白内障术后人工晶状体眼，矫正视力正常者；

21）职业性及外伤性白内障Ⅰ度~Ⅱ度（或轻度、中度），矫正视力正常者；

22）晶状体部分脱位；

23）眶内异物未取出者；

24）眼球内异物未取出者；

25）外伤性瞳孔放大；

26）角巩膜穿通伤治愈者；

27）双耳听力损失≥26 dB，或一耳≥56 dB；

28）双侧前庭功能丧失，闭眼不能并足站立；

29）铬鼻病（无症状者）；

30）嗅觉丧失；

31）牙齿除智齿以外，切牙脱落 1 个以上或其他牙脱落 2 个以上；

32）一侧颞下颌关节强直，张口困难Ⅰ度；

33）鼻窦或面颊部有异物未取出；

34）单侧鼻腔或鼻孔闭锁；

35）鼻中隔穿孔；

36）一侧不完全性面瘫；

37）血、气胸行单纯闭式引流术后，胸膜粘连增厚；

38）腹腔脏器挫裂伤保守治疗后；

39）乳腺修补术后；

40）放射性损伤致免疫功能轻度减退；

41）慢性轻度磷中毒；

42）氟及其无机化合物中毒性慢性轻度中毒；

43）井下工人滑囊炎；

44）减压性骨坏死Ⅰ期；

45）一度牙酸蚀病；

46）职业性皮肤病久治不愈。

## 附录 A
## （规范性附录）
## 各门类工伤、职业病致残分级判定基准

### A.1　神经内科、神经外科、精神科门

A.1.1　智能损伤

A.1.1.1　智能损伤的症状

智能损伤具体症状表现为：

a）记忆减退，最明显的是学习新事物的能力受损；

b）以思维和信息处理过程减退为特征的智能损害，如抽象概括能力减退，难以解释成语、谚语，掌握词汇量减少，不能理解抽象意义的词汇，难以概括同类事物的共同特征，或判断力减退；

c）情感障碍，如抑郁、淡漠，或敌意增加等；

d）意志减退，如懒散、主动性降低；

e）其他高级皮层功能受损，如失语、失认、失用，或人格改变等；

f）无意识障碍。

符合症状标准至少已 6 个月方可诊断。

A.1.1.2　智能损伤的级别

智能损伤分5级：

a）极重度智能损伤

1）记忆损伤，记忆商（MQ）0～19；

2）智商（IQ）<20；

3）生活完全不能自理。

b）重度智能损伤

1）记忆损伤，MQ 20～34；

2）IQ 20～34；

3）生活大部不能自理。

c）中度智能损伤

1）记忆损伤，MQ 35～49；

2）IQ 35～49；

3）生活能部分自理。

d）轻度智能损伤

1）记忆损伤，MQ 50～69；

2）IQ 50～69；

3）生活勉强能自理，能做一般简单的非技术性工作。

e）边缘智能

1）记忆损伤，MQ 70～79；

2）IQ 70～79；

3）生活基本自理，能做一般简单的非技术性工作。

A.1.2　精神障碍

A.1.2.1　精神病性症状

有下列表现之一者：

a）突出的妄想；

b）持久或反复出现的幻觉；

c）病理性思维联想障碍；

d）紧张综合征，包括紧张性兴奋与紧张性木僵；

e）情感障碍显著，且妨碍社会功能（包括生活自理功能、社交功能及职业和角色功能）。

A.1.2.2　与工伤、职业病相关的精神障碍的认定

认定需具备以下条件：

a）精神障碍的发病基础需有工伤、职业病的存在；

b）精神障碍的起病时间需与工伤、职业病的发生相一致；

c）精神障碍应随着工伤、职业病的改善和缓解而恢复正常；

d）无证据提示精神障碍的发病有其他原因（如强阳性家族病史）。

A.1.3　人格改变

个体原来特有的人格模式发生了改变，人格改变需有两种或两种以上的下列特征，至

少持续6个月方可诊断：

a）语速和语流明显改变，如以赘述或粘滞为特征；

b）目的性活动能力降低，尤以耗时较久才能得到满足的活动更明显；

c）认知障碍，如偏执观念，过于沉湎于某一主题（如宗教），或单纯以对或错来对他人进行僵化的分类；

d）情感障碍，如情绪不稳、欣快、肤浅、情感流露不协调、易激惹，或淡漠；

e）不可抑制的需要和冲动（不顾后果和社会规范要求）。

A.1.4　癫痫的诊断

癫痫诊断的分级包括：

a）轻度：经系统服药治疗方能控制的各种类型癫痫发作者；

b）中度：各种类型的癫痫发作，经系统服药治疗一年后，全身性强直—阵挛发作、单纯或复杂部分发作，伴自动症或精神症状（相当于大发作、精神运动性发作）平均每月1次或1次以下，失神发作和其他类型发作平均每周1次以下；

c）重度：各种类型的癫痫发作，经系统服药治疗一年后，全身性强直—阵挛发作、单纯或复杂部分发作，伴自动症或精神症状（相当于大发作、精神运动性发作）平均每月1次以上，失神发作和其他类型发作平均每周1次以上者。

A.1.5　面神经损伤的评定

面神经损伤分中枢性（核上性）和外周性（核下性）损伤。本标准所涉及的面神经损伤主要指外周性病变。

一侧完全性面神经损伤系指面神经的5个分支支配的全部颜面肌肉瘫痪，表现为：

a）额纹消失，不能皱眉；

b）眼睑不能充分闭合，鼻唇沟变浅；

c）口角下垂，不能示齿、鼓腮、吹口哨，饮食时汤水流溢。

不完全性面神经损伤系指面神经颧枝损伤或下颌枝损伤或颞枝和颊枝损伤者。

A.1.6　运动障碍

A.1.6.1　肢体瘫

肢体瘫痪程度以肌力作为分级标准，具体级别包括：

a）0级：肌肉完全瘫痪，毫无收缩；

b）1级：可看到或触及肌肉轻微收缩，但不能产生动作；

c）2级：肌肉在不受重力影响下，可进行运动，即肢体能在床面上移动，但不能抬高；

d）3级：在和地心引力相反的方向中尚能完成其动作，但不能对抗外加的阻力；

e）4级：能对抗一定的阻力，但较正常人为低；

f）5级：正常肌力。

A.1.6.2　非肢体瘫痪的运动障碍

包括肌张力增高、深感觉障碍和（或）小脑性共济失调、不自主运动或震颤等。根据其对生活自理的影响程度划分为轻度、中度、重度：

a）重度：不能自行进食，大小便、洗漱、翻身和穿衣需由他人护理；

b）中度：上述动作困难，但在他人帮助下可以完成；

c）轻度：完成上述运动虽有一些困难，但基本可以自理。

**A.2　骨科、整形外科、烧伤科门**

A.2.1　颜面毁容

A.2.1.1　重度

面部瘢痕畸形，并有以下六项中任意四项者：

a）眉毛缺失；

b）双睑外翻或缺失；

c）外耳缺失；

d）鼻缺失；

e）上下唇外翻、缺失或小口畸形；

f）颈颏粘连。

A.2.1.2　中度

具有下述六项中三项者：

a）眉毛部分缺失；

b）眼睑外翻或部分缺失；

c）耳郭部分缺失；

d）鼻部分缺失；

e）唇外翻或小口畸形；

f）颈部瘢痕畸形。

A.2.1.3　轻度

含中度畸形六项中两项者。

A.2.2　瘢痕诊断界定

指创面愈合后的增生性瘢痕，不包括皮肤平整、无明显质地改变的萎缩性瘢痕或疤痕。

A.2.3　面部异物色素沉着或脱失

A.2.3.1　轻度

异物色素沉着或脱失超过颜面总面积的1/4。

A.2.3.2　重度

异物色素沉着或脱失超过颜面总面积的1/2。

A.2.4　高位截肢

指肱骨或股骨缺失2/3以上。

A.2.5　关节功能障碍

A.2.5.1　关节功能完全丧失

非功能位关节僵直、固定或关节周围其他原因导致关节连枷状或严重不稳，以致无法完成其功能活动。

A.2.5.2　关节功能重度障碍

关节僵直于功能位，或残留关节活动范围约占正常的1/3，较难完成原有劳动并对日常生活有明显影响。

A. 2. 5. 3　关节功能中度障碍

残留关节活动范围约占正常的2/3，能基本完成原有劳动，对日常生活有一定影响。

A. 2. 5. 4　关节功能轻度障碍

残留关节活动范围约占正常的2/3以上，对日常生活无明显影响。

A. 2. 6　四肢长管状骨

指肱骨、尺骨、桡骨、股骨、胫骨和腓骨。

A. 2. 7　脊椎骨折的类型

在评估脊椎损伤严重程度时，应根据暴力损伤机制、临床症状与体征，尤其是神经功能损伤情况以及影像等资料进行客观评估，出现以下情形之一时可判断为脊椎不稳定性骨折：

a）脊椎有明显骨折移位，椎体前缘高度压缩大于50%，后凸或侧向成角大于300°；

b）后缘骨折，且有骨块突入椎管内，椎管残留管腔小于40%；

c）脊椎弓根、关节突、椎板骨折等影像学表现。

上述情形外的其他情形可判断为脊椎稳定性骨折。

A. 2. 8　放射性皮肤损伤

A. 2. 8. 1　急性放射性皮肤损伤Ⅳ度

初期反应为红斑、麻木、瘙痒、水肿、刺痛，经过数小时至10天假愈期后出现第二次红斑、水疱、坏死、溃疡，所受剂量可能≥20Gy。

A. 2. 8. 2　慢性放射性皮肤损伤Ⅱ度

临床表现为角化过度、皲裂或皮肤萎缩变薄，毛细血管扩张，指甲增厚变形。

A. 2. 8. 3　慢性放射性皮肤损伤Ⅲ度

临床表现为坏死、溃疡，角质突起，指端角化与融合，肌腱挛缩，关节变形及功能障碍（具备其中一项即可）。

**A. 3　眼科、耳鼻喉科、口腔科门**

A. 3. 1　视力的评定

A. 3. 1. 1　视力检查

按照GB 11533的规定检查视力。视力记录可采用5分记录（对数视力表）或小数记录两种方式（详见表A. 1）。

**表A. 1　小数记录折算5分记录参考表**

| 旧法记录 | 0（无光感） | 1/∞（光感） | 0.001（光感） |
|---|---|---|---|
| 5分记录 | 0 | 1 | 2 |

| 旧法记录，cm（手指/cm） | 6 | 8 | 10 | 12 | 15 | 20 | 25 | 30 | 35 | 40 | 45 |
|---|---|---|---|---|---|---|---|---|---|---|---|
| 5分记录 | 2.1 | 2.2 | 2.3 | 2.4 | 2.5 | 2.6 | 2.7 | 2.8 | 2.85 | 2.9 | 2.95 |

续表

| 走近距离 | 50 cm | 60 cm | 80 cm | 1 m | 1.2 m | 1.5 m | 2 m | 2.5 m | 3 m | 3.5 m | 4 m | 4.5 m |
|---|---|---|---|---|---|---|---|---|---|---|---|---|
| 小数记录 | 0.01 | 0.012 | 0.015 | 0.02 | 0.025 | 0.03 | 0.04 | 0.05 | 0.06 | 0.07 | 0.08 | 0.09 |
| 5分记录 | 3.0 | 3.1 | 3.2 | 3.3 | 3.4 | 3.5 | 3.6 | 3.7 | 3.8 | 3.85 | 3.9 | 3.95 |
| 小数记录 | 0.1 | 0.12 | 0.15 | 0.2 | 0.25 | 0.3 | 0.4 | 0.5 | 0.6 | 0.7 | 0.8 | 0.9 |
| 5分记录 | 4.0 | 4.1 | 4.2 | 4.3 | 4.4 | 4.5 | 4.6 | 4.7 | 4.8 | 4.85 | 4.9 | 4.95 |
| 小数记录 | 1.0 | 1.2 | 1.5 | 2.0 | 2.5 | 3.0 | 4.0 | 5.0 | 6.0 | 8.0 | 10.0 | |
| 5分记录 | 5.0 | 5.1 | 5.2 | 5.3 | 5.4 | 5.5 | 5.6 | 5.7 | 5.8 | 5.9 | 6.0 | |

A.3.1.2　盲及低视力分级

盲及低视力分级见表A.2。

**表A.2　盲及低视力分级**

| 类别 | 级别 | 最佳矫正视力 |
|---|---|---|
| 盲 | 一级盲 | <0.02~无光感，或视野半径<5° |
| | 二级盲 | <0.05~0.02，或视野半径<10° |
| 低视力 | 一级低视力 | <0.1~0.05 |
| | 二级低视力 | <0.3~0.1 |

A.3.2　周边视野

A.3.2.1　视野检查的要求

视野检查的具体要求：

a）视标颜色：白色；

b）视标大小：3 mm；

c）检查距离：330 mm；

d）视野背景亮度：31.5 asb。

A.3.2.2　视野缩小的计算

视野有效值计算方法为：

$$\text{实测视野有效值}=\frac{\text{8条子午线实测视野值}}{500}\times 100\%$$

A.3.3　伪盲鉴定方法

A.3.3.1　单眼全盲检查法

全盲检查法如下：

a）视野检查法：在不遮盖眼的情况下，检查健眼的视野，鼻侧视野>60°者，可疑为伪盲。

b）加镜检查法：将准备好的试镜架上（好眼之前）放一个屈光度为+6.00D 的球镜片，在所谓盲眼前放上一个屈光度为+0.25D 的球镜片，戴在患者眼前以后，如果仍能看清 5 m 处的远距离视力表时，即为伪盲。或嘱患者两眼注视眼前一点，将一个三棱镜度为 6 的三棱镜放于所谓盲眼之前，不拘底向外或向内，注意该眼球必向内或向外转动，以避免发生复视。

A.3.3.2　单眼视力减退检查法

视力减退检查方法如下：

a）加镜检查法：先记录两眼单独视力，然后将平面镜或不影响视力的低度球镜片放于所谓患眼之前，并将一个屈光度为+12.00D 的凸球镜片同时放于好眼之前，再检查两眼同时看的视力，如果所得的视力较所谓患眼的单独视力更好时，则可证明患眼为伪装视力减退。

b）视觉诱发电位（VEP）检查法（略）。

A.3.4　视力减弱补偿率

视力减弱补偿率是眼科致残评级依据之一。从表 A.3 中提示，如左眼检查视力 0.15，右眼检查视力 0.3，对照视力减弱补偿率，行是 9，列是 7，交汇点是 38，即视力减弱补偿率为 38，对应致残等级是七级。余可类推。

**表 A.3　视力减弱补偿率表**

| 左眼 | | 右眼 | | | | | | | | | | | | |
|---|---|---|---|---|---|---|---|---|---|---|---|---|---|---|
| | | 6/6 | 5/6 | 6/9 | 5/9 | 6/12 | 6/18 | 6/24 | 6/36 | | 6/60 | 4/60 | 3/60 | |
| | | 1~0.9 | 0.8 | 0.6 | 0.6 | 0.5 | 0.4 | 0.3 | 0.2 | 0.15 | 0.1 | 1/15 | 1/20 | <1/20 |
| 6/6 | 1~0.9 | 0 | 0 | 2 | 3 | 4 | 6 | 9 | 12 | 16 | 20 | 23 | 25 | 27 |
| 5/6 | 0.8 | 0 | 0 | 3 | 4 | 5 | 7 | 10 | 14 | 18 | 22 | 24 | 26 | 28 |
| 6/9 | 0.7 | 2 | 3 | 4 | 5 | 6 | 8 | 12 | 16 | 20 | 24 | 26 | 28 | 30 |
| 5/9 | 0.6 | 3 | 4 | 5 | 6 | 7 | 10 | 14 | 19 | 22 | 26 | 29 | 32 | 35 |
| 6/12 | 0.5 | 4 | 5 | 6 | 7 | 8 | 12 | 17 | 22 | 25 | 28 | 32 | 36 | 40 |
| 6/18 | 0.4 | 6 | 7 | 8 | 10 | 12 | 16 | 20 | 25 | 28 | 31 | 35 | 40 | 45 |
| 6/24 | 0.3 | 9 | 10 | 12 | 14 | 17 | 20 | 25 | 33 | 38 | 42 | 47 | 52 | 60 |
| 6/36 | 0.2 | 12 | 14 | 16 | 19 | 22 | 25 | 33 | 47 | 55 | 60 | 67 | 75 | 80 |
| | 0.15 | 16 | 18 | 20 | 22 | 25 | 28 | 38 | 55 | 63 | 70 | 78 | 83 | 83 |
| 6/60 | 0.1 | 20 | 22 | 24 | 26 | 28 | 31 | 42 | 60 | 70 | 80 | 80 | 90 | 95 |
| 4/60 | 1/15 | 23 | 24 | 26 | 29 | 32 | 35 | 47 | 67 | 78 | 85 | 92 | 95 | 98 |
| 3/60 | 1/20 | 25 | 26 | 28 | 32 | 36 | 40 | 52 | 75 | 83 | 90 | 95 | 98 | 100 |
| | <1/20 | 27 | 28 | 30 | 35 | 40 | 45 | 60 | 80 | 88 | 95 | 98 | 100 | 100 |

**表 A.4　视力减弱补偿率与工伤等级对应表**

| 致残等级 | 视力减弱补偿率/% |
|---|---|
| 一级 | — |
| 二级 | — |
| 三级 | 100 |
| 四级 | 86～99 |
| 五级 | 76～85 |
| 六级 | 41～75 |
| 七级 | 25～40 |
| 八级 | 16～24 |
| 九级 | 8～15 |
| 十级 | 0～7 |
| 注：1. 视力减弱补偿率不能代替《工伤鉴定标准》，只有现条款不能得出确定结论时，才可对照视力减弱补偿率表得出相应的视力减弱补偿率，并给出相对应的致残等级。<br>2. 视力减弱补偿率及其等级分布不适用于一、二级的评定和眼球摘除者的致残等级。 | |

A. 3. 5　无晶状体眼的视觉损伤程度评价

因工伤或职业病导致眼晶状体摘除，除了导致视力障碍外，还分别影响到患者视野及立体视觉功能，因此，对无晶状体眼中心视力（矫正后）的有效值的计算要低于正常晶状体眼。计算办法可根据无晶状体眼的只数和无晶状体眼分别进行视力最佳矫正（包括戴眼镜或接触镜和植入人工晶状体）后，与正常晶状体眼，依视力递减受损程度百分比进行比较，来确定无晶状体眼视觉障碍的程度，见表 A. 5。

**表 A.5　无晶状体眼视觉损伤程度评价参考表**

| 视力 | 无晶状体眼中心视力有效值百分比/% | | |
|---|---|---|---|
| | 晶状体眼 | 单眼无晶状体 | 双眼无晶状体 |
| 1. 2 | 100 | 50 | 75 |
| 1. 0 | 100 | 50 | 75 |
| 0. 8 | 95 | 47 | 71 |
| 0. 6 | 90 | 45 | 67 |
| 0. 5 | 85 | 42 | 64 |
| 0. 4 | 75 | 37 | 56 |
| 0. 3 | 65 | 32 | 49 |
| 0. 25 | 60 | 30 | 45 |
| 0. 20 | 50 | 25 | 37 |
| 0. 15 | 40 | 20 | 30 |
| 0. 12 | 30 | — | 22 |
| 0. 1 | 20 | — | — |

A.3.6 听力损伤计算法

A.3.6.1 听阈值计算

30岁以上受检者在计算其听阈值时，应从实测值中扣除其年龄修正值（见表A.6）后，取GB/T 7582—2004附录B中数值。

**表A.6 纯音气导听阈的年龄修正值**

| 年龄/岁 | 频率/Hz | | | | | |
|---|---|---|---|---|---|---|
| | 男 | | | 女 | | |
| | 500 | 1 000 | 2 000 | 500 | 1 000 | 2 000 |
| 30 | 1 | 1 | 1 | 1 | 1 | 1 |
| 40 | 2 | 2 | 3 | 2 | 2 | 3 |
| 50 | 4 | 4 | 7 | 4 | 4 | 6 |
| 60 | 6 | 7 | 12 | 6 | 7 | 11 |
| 70 | 10 | 11 | 19 | 10 | 11 | 16 |

A.3.6.2 单耳听力损失计算法

取该耳语频500 Hz、1 000 Hz及2 000 Hz纯音气导听阈值相加取其均值，若听阈超过100 dB，仍按100 dB计算。如所得均值不是整数，则小数点后之尾数采用四舍五入法进为整数。

A.3.6.3 双耳听力损失计算法

听力较好一耳的语频纯音气导听阈均值（PTA）乘以4加听力较差耳的均值，其和除以5。如听力较差耳的致聋原因与工伤或职业无关，则不予计入，直接以较好一耳的语频听阈均值为准。在标定听阈均值时，小数点后之尾数采取四舍五入法进为整数。

A.3.7 张口度判定及测量方法

以患者自身的食指、中指、无名指并列垂直置入上、下中切牙切缘间测量。

a）正常张口度：张口时上述三指可垂直置入上、下切牙切缘间（相当于4.5 cm左右）。

b）张口困难Ⅰ度：大张口时，只能垂直置入食指和中指（相当于3 cm左右）。

c）张口困难Ⅱ度：大张口时，只能垂直置入食指（相当于1.7 cm左右）。

d）张口困难Ⅲ度：大张口时，上、下切牙间距小于食指之横径。

e）完全不能张口。

**A.4 普外科、胸外科、泌尿生殖科门**

A.4.1 肝功能损害

以血清白蛋白、血清胆红素、腹水、脑病和凝血酶原时间五项指标在肝功能损害中所占积分的多少作为其损害程度的判定（见表A.7）。

**表 A.7　肝功能损害的判定**

| 项目 | 分数 | | |
|---|---|---|---|
| | 1 分 | 2 分 | 3 分 |
| 血清白蛋白 | 3.0 g/dL~3.5 g/dL | 2.5 g/dL~3.0 g/dL | <2.5 g/dL |
| 血清胆红素 | 1.5 g/dL~2.0 g/dL | 2.0 g/dL~3.0 g/dL | >3.0 g/dL |
| 腹水 | 无 | 少量腹水，易控制 | 腹水多，难于控制 |
| 脑病 | 无 | 轻度 | 重度 |
| 凝血酶原时间 | 延长>3 s | 延长>6 s | 延长>9 s |

肝功能损害级别包括：

a）肝功能重度损害：10 分~15 分；

b）肝功能中度损害：7 分~9 分；

c）肝功能轻度损害：5 分~6 分。

A.4.2　肺、肾、心功能损害

参见 A.5。

A.4.3　肾损伤性高血压判定

肾损伤所致高血压系指血压的两项指标（收缩压≥21.3 kPa，舒张压≥12.7 kPa）只需具备一项即可成立。

A.4.4　甲状腺功能低下分级

A.4.4.1　重度

重度表现为：

a）临床症状严重；

b）T3、T4 或 FT3、FT4 低于正常值，TSH>50 μU/L。

A.4.4.2　中度

中度表现为：

a）临床症状较重；

b）T3、T4 或 FT3、FT4 正常，TSH>50 μU/L。

A.4.4.3　轻度

轻度表现为：

a）临床症状较轻；

b）T3、T4 或 FT3、FT4 正常，TSH 轻度增高但<50 μU/L。

A.4.5　甲状旁腺功能低下分级

甲状旁腺功能低下分级：

a）重度：空腹血钙质量浓度<6 mg/dL；

b）中度：空腹血钙质量浓度 6 mg/dL~7 mg/dL；

c）轻度：空腹血钙质量浓度 7 mg/dL~8 mg/dL。

注：以上分级均需结合临床症状分析。

A. 4. 6 肛门失禁

A. 4. 6. 1 重度

重度表现为：

a）大便不能控制；

b）肛门括约肌收缩力很弱或丧失；

c）肛门括约肌收缩反射很弱或消失；

d）直肠内压测定：采用肛门注水法测定时直肠内压应小于 1 961 Pa（20 cm $H_2O$）。

A. 4. 6. 2 轻度

轻度表现为：

a）稀便不能控制；

b）肛门括约肌收缩力较弱；

c）肛门括约肌收缩反射较弱；

d）直肠内压测定：采用肛门注水法测定时直肠内压应为 1 961 Pa~2 942 Pa（20~30 cm $H_2O$）。

A. 4. 7 排尿障碍

排尿障碍分级：

a）重度：系出现真性重度尿失禁或尿潴留残余尿体积≥50 mL 者；

b）轻度：系出现真性轻度尿失禁或残余尿体积<50 mL 者。

A. 4. 8 生殖功能损害

生殖功能损害分级：

a）重度：精液中精子缺如；

b）轻度：精液中精子数<500 万/mL 或异常精子>30%或死精子或运动能力很弱的精子>30%。

A. 4. 9 血睾酮正常值

血睾酮正常值为 14. 4 nmol/L~41. 5 nmol/L（<60 ng/dL）。

A. 4. 10 左侧肺叶计算

本标准按三叶划分，即顶区、舌叶和下叶。

A. 4. 11 大血管界定

本标准所称大血管是指主动脉、上腔静脉、下腔静脉、肺动脉和肺静脉。

A. 4. 12 呼吸困难

参见 A. 5. 1。

## A. 5 职业病内科门

A. 5. 1 呼吸困难及呼吸功能损害

A. 5. 1. 1 呼吸困难分级

Ⅰ级：与同龄健康者在平地一同步行无气短，但登山或上楼时呈现气短。

Ⅱ级：平路步行 1 000 m 无气短，但不能与同龄健康者保持同样速度，平路快步行走呈现气短，登山或上楼时气短明显。

Ⅲ级：平路步行 100 m 即有气短。

Ⅳ级：稍活动（如穿衣、谈话）即气短。

A. 5. 1. 2　肺功能损伤分级

肺功能损伤分级见表 A. 8。

**表 A. 8　肺功能损伤分级**　　单位:%

| 损伤级别 | FVC | FEV1 | MVV | FEV1/FVC | RV/TLC | DLco |
|---|---|---|---|---|---|---|
| 正常 | >80 | >80 | >80 | >70 | <35 | >80 |
| 轻度损伤 | 60~79 | 60~79 | 60~79 | 55~69 | 36~45 | 60~79 |
| 中度损伤 | 40~59 | 40~59 | 40~59 | 35~54 | 46~55 | 45~59 |
| 重度损伤 | <40 | <40 | <40 | <35 | >55 | <45 |
| 注：FVC、FEV1、MVV、DLco 为占预计值百分数。 | | | | | | |

A. 5. 1. 3　低氧血症分级

低氧血症分级如下：

a）正常：$PO_2$ 为 13. 3 kPa~10. 6 kPa（100 mmHg~80 mmHg）；

b）轻度：$PO_2$ 为 10. 5 kPa~8. 0 kPa（79 mmHg~60 mmHg）；

c）中度：$PO_2$ 为 7. 9 kPa~5. 3 kPa（59 mmHg~40 mmHg）；

d）重度：$PO_2$<5. 3 kPa（<40 mmHg）。

A. 5. 2　活动性肺结核病诊断

A. 5. 2. 1　诊断要点

尘肺合并活动性肺结核，应根据胸部 X 射线片、痰涂片、痰结核杆菌培养和相关临床表现做出判断。

A. 5. 2. 2　涂阳肺结核诊断

符合以下三项之一者：

a）直接痰涂片镜检抗酸杆菌阳性 2 次；

b）直接痰涂片镜检抗酸杆菌 1 次阳性，且胸片显示有活动性肺结核病变；

c）直接痰涂片镜检抗酸杆菌 1 次阳性加结核分枝杆菌培养阳性 1 次。

A. 5. 2. 3　涂阴肺结核的判定

直接痰涂片检查 3 次均阴性者，应从以下几方面进行分析和判断：

a）有典型肺结核临床症状和胸部 X 线表现；

b）支气管或肺部组织病理检查证实结核性改变。

此外，结核菌素（PPD 5 IU）皮肤试验反应≥15 mm 或有丘疹水疱；血清抗结核抗体阳性；痰结核分枝杆菌 PCR 加探针检测阳性以及肺外组织病理检查证实结核病变等可作为参考指标。

A. 5. 3　心功能不全

心功能不全分级：

a）一级心功能不全：能胜任一般日常劳动，但稍重体力劳动即有心悸、气急等症状；

b）二级心功能不全：普通日常活动即有心悸、气急等症状，休息时消失；

c）三级心功能不全：任何活动均可引起明显心悸、气急等症状，甚至卧床休息仍有症状。

A. 5. 4　中毒性肾病

A. 5. 4. 1　特征性表现

肾小管功能障碍为中毒性肾病的特征性表现。

A. 5. 4. 2　轻度中毒性肾病

轻度表现为：

a）近曲小管损伤：尿 $\beta_2$ 微球蛋白持续>1 000 μg/g 肌酐，可见葡萄糖尿和氨基酸尿，尿钠排出增加，临床症状不明显；

b）远曲小管损伤：肾脏浓缩功能降低，尿液稀释（尿渗透压持续<350 mOsm/kg $H_2O$），尿液碱化（尿液 pH 持续>6. 2）。

A. 5. 4. 3　重度中毒性肾病

除上述表现外，尚可波及肾小球，引起白蛋白尿（持续>150 mg/24 h），甚至肾功能不全。

A. 5. 5　肾功能不全

肾功能不全分级：

a）肾功能不全尿毒症期：内生肌酐清除率<25 mL/min，血肌酐浓度为 450 μmol/L～707 μmol/L（5 mg/dL～8 mg/dL），血尿素氮浓度>21. 4 mmol/L（60 mg/dL），常伴有酸中毒及严重尿毒症临床征象；

b）肾功能不全失代偿期：内生肌酐清除率 25 mL/min～49 mL/min，血肌酐浓度>177 μmol/L（2 mg/dL），但<450 μmol/L（5 mg/dL），无明显临床症状，可有轻度贫血、夜尿、多尿；

c）肾功能不全代偿期：内生肌酐清除率降低至正常的 50%（50 mL/min～70 mL/min），血肌酐及血尿素氮水平正常，通常无明显临床症状。

A. 5. 6　中毒性血液病诊断分级

A. 5. 6. 1　重型再生障碍性贫血

重型再生障碍性贫血指急性再生障碍性贫血及慢性再生障碍性贫血病情恶化期，具有以下表现：

a）临床：发病急，贫血呈进行性加剧，常伴严重感染，内脏出血；

b）血象：除血红蛋白下降较快外，须具备下列三项中之二项：

1）网织红细胞<1%，含量<$15\times10^9$/L；

2）白细胞明显减少，中性粒细胞绝对值<$0.5\times10^9$/L；

3）血小板<$20\times10^9$/L；

c）骨髓象：

1）多部位增生减低，三系造血细胞明显减少，非造血细胞增多，如增生活跃须有淋巴细胞增多；

2）骨髓小粒中非造血细胞及脂肪细胞增多。

A. 5. 6. 2　慢性再生障碍性贫血

慢性再生障碍性贫血病情恶化期：

a）临床：发病慢，贫血，感染，出血均较轻；

b）血象：血红蛋白下降速度较慢，网织红细胞、白细胞、中性粒细胞及血小板值常较急性再生障碍性贫血为高；

c）骨髓象：

1）三系或二系减少，至少1个部位增生不良，如增生良好，红系中常有晚幼红（炭核）比例增多，巨核细胞明显减少；

2）骨髓小粒中非造血细胞及脂肪细胞增多。

A. 5. 6. 3　骨髓增生异常综合征

须具备以下条件：

a）骨髓至少两系呈病态造血；

b）外周血一系、二系或全血细胞减少，偶可见白细胞增多，可见有核红细胞或巨大红细胞或其他病态造血现象；

c）除外其他引起病态造血的疾病。

A. 5. 6. 4　贫血

重度贫血：血红蛋白含量（Hb）$<60$ g/L，红细胞含量（RBC）$<2.5\times10^{12}$/L；

轻度贫血：成年男性Hb$<120$ g/L，RBC$<4.5\times10^{12}$/L及红细胞比积（HCT）$<0.42$，成年女性Hb$<11$ g/L，RBC：$<4.0\times10^{12}$/L及HCT$<0.37$。

A. 5. 6. 5　粒细胞缺乏症

外周血中性粒细胞含量低于$0.5\times10^{9}$/L。

A. 5. 6. 6　中性粒细胞减少症

外周血中性粒细胞含量低于$2.0\times10^{9}$/L。

A. 5. 6. 7　白细胞减少症

外周血白细胞含量低于$4.0\times10^{9}$/L。

A. 5. 6. 8　血小板减少症

外周血液血小板计数$<8\times10^{10}$/L，称血小板减少症；当$<4\times10^{10}$/L以下时，则有出血危险。

A. 5. 7　再生障碍性贫血完全缓解

贫血和出血症状消失，血红蛋白含量：男性不低于120 g/L，女性不低于100 g/L；白细胞含量$4\times10^{9}$/L左右；血小板含量达$8\times10^{10}$/L；3个月内不输血，随访1年以上无复发者。

A. 5. 8　急性白血病完全缓解

症状完全缓解表现为：

a）骨髓象：原粒细胞Ⅰ型+Ⅱ型（原单+幼稚单核细胞或原淋+幼稚淋巴细胞）$\leq5\%$，红细胞及巨核细胞系正常；

M2b 型：原粒Ⅰ型+Ⅱ型≤5%，中性中幼粒细胞比例在正常范围。

M3 型：原粒+早幼粒≤5%。

M4 型：原粒Ⅰ、Ⅱ型+原红及幼单细胞≤5%。

M6 型：原粒Ⅰ、Ⅱ型≤5%，原红+幼红以及红细胞比例基本正常。

M7 型：粒、红二系比例正常，原巨+幼稚巨核细胞基本消失。

b）血象：男性 Hb 含量≥100 g/L 或女性 Hb 含量≥90 g/L；中性粒细胞含量≥$1.5\times10^{9}$/L；血小板含量≥$10\times10^{10}$/L；外周血分类无白血病细胞；

c）临床无白血病浸润所致的症状和体征，生活正常或接近正常。

A.5.9　慢性粒细胞白血病完全缓解

症状完全缓解表现为：

a）临床：无贫血、出血、感染及白血病细胞浸润表现；

b）血象：Hb 含量>100 g/L，白细胞总数（WBC）<$10\times10^{9}$/L，分类无幼稚细胞，血小板含量 $10\times10^{10}$/L~$40\times10^{10}$/L；

c）骨髓象：正常。

A.5.10　慢性淋巴细胞白血病完全缓解

外周血白细胞含量≤$10\times10^{9}$/L，淋巴细胞比例正常（或<40%），骨髓淋巴细胞比例正常（或<30%）临床症状消失，受累淋巴结和肝脾回缩至正常。

A.5.11　慢性中毒性肝病诊断分级

A.5.11.1　慢性轻度中毒性肝病

出现乏力、食欲减退、恶心、上腹饱胀或肝区疼痛等症状，肝脏肿大，质软或柔韧，有压痛；常规肝功能试验或复筛肝功能试验异常。

A.5.11.2　慢性中度中毒性肝病

有下述表现者：

a）A.5.11.1 所述症状较严重，肝脏有逐步缓慢性肿大或质地有变硬趋向，伴有明显压痛；

b）乏力及胃肠道症状较明显，血清转氨酶活性、γ-谷氨酰转肽酶或 γ-球蛋白等反复异常或持续升高；

c）具有慢性轻度中毒性肝病的临床表现，伴有脾脏肿大。

A.5.11.3　慢性重度中毒性肝病

有下述表现之一者：

a）肝硬化；

b）伴有较明显的肾脏损害；

c）在慢性中度中毒性肝病的基础上，出现白蛋白持续降低及凝血机制紊乱。

A.5.12　慢性肾上腺皮质功能减退

A.5.12.1　功能明显减退

有下述表现：

a）乏力，消瘦，皮肤、黏膜色素沉着，白癜，血压降低，食欲不振；

b）24 h 尿中 17-羟类固醇<4 mg，17-酮类固醇<10 mg；

c）血浆皮质醇含量：早上 8 时，<9 mg/100 mL，下午 4 时，<3 mg/100 mL；

d）尿中皮质醇<5 mg/24 h。

A. 5. 12. 2　功能轻度减退

功能轻度减退表现为：

a）具有 A. 5. 12. 1 b）、c）两项症状；

b）无典型临床症状。

A. 5. 13　免疫功能减低

A. 5. 13. 1　功能明显减低

具体表现为：

a）易于感染，全身抵抗力下降；

b）体液免疫（各类免疫球蛋白）及细胞免疫（淋巴细胞亚群测定及周围血白细胞总数和分类）功能减退。

A. 5. 13. 2　功能轻度减低

具体表现为：

a）具有 A. 5. 13. 1 b）项症状；

b）无典型临床症状。

**A. 6　非职业病内科疾病的评残**

由职业因素所致内科以外的，且属于国家卫生计生委等四部委联合颁布的职业病分类和目录中的病伤，在经治疗于停工留薪期满时其致残等级皆根据 4. 5 中相应的残情进行鉴定，其中因职业肿瘤手术所致的残情，参照主要受损器官的相应条目进行评定。

**A. 7　系统治疗的界定**

本标准中所指的“系统治疗”是指经住院治疗，或每月平均一次到医院门诊治疗并坚持服药或其他专科治疗等。

**A. 8　等级相应原则**

在实际应用中，如果仍有某些损伤类型未在本标准中提及者，可按其对劳动、生活能力影响程度列入相应等级。

## 附录 B
## （资料性附录）
## 正确使用本标准的说明

**B. 1　神经内科、神经外科、精神科门**

B. 1. 1　意识障碍是急性器质性脑功能障碍的临床表现。如持续性植物状态、去皮层状态、动作不能性缄默等常常长期存在，久治不愈。遇到这类意识障碍，因患者生活完全不能自理，一切需别人照料，应评为最重级。

反复发作性的意识障碍，作为癫痫的一组症状或癫痫发作的一种形式时，不单独评定其致残等级。

B. 1. 2　精神分裂症和躁郁症均为内源性精神病，发病主要决定于病人自身的生物学素质。在工伤或职业病过程中伴发的内源性精神病不应与工伤或职业病直接所致的精神病相混淆。精神分裂症和躁郁症不属于工伤或职业病性精神病。

B. 1. 3　智能损伤说明：

a）智能损伤的总体严重性以记忆或智能损伤程度予以考虑，按“就重原则”其中哪项重，就以哪项表示；

b）记忆商（MQ）、智商（IQ）的测查结果仅供参考，鉴定时需结合病理基础、日常就诊记录等多方综合评判。

B. 1. 4　神经心理学障碍指局灶性皮层功能障碍，内容包括失语、失用、失写、失读、失认等。临床上以失语为最常见，其他较少单独出现。

B. 1. 5　鉴于手、足部肌肉由多条神经支配，可出现完全瘫，亦可表现不完全瘫，在评定手、足瘫致残程度时，应区分完全性瘫与不完全性瘫，再根据肌力分级判定基准，对肢体瘫痪致残程度详细分级。

B. 1. 6　神经系统多部位损伤或合并其他器官的伤残时，其致残程度的鉴定依照本标准第 4 章的有关规定处理。

B. 1. 7　癫痫是一种以反复发作性抽搐或以感觉、行为、意识等发作性障碍为特征的临床症候群，属于慢性病之一。因为它的临床体征较少，若无明显颅脑器质性损害则难于定性。为了科学、合理地进行劳动能力鉴定，在进行致残程度评定时，应根据以下信息资料综合评判：

a）工伤和职业病所致癫痫的诊断前提应有严重颅脑外伤或中毒性脑病的病史；

b）一年来系统治疗病历资料；

c）脑电图资料；

d）其他有效资料，如血药浓度测定。

B. 1. 8　各种颅脑损伤出现功能障碍参照有关功能障碍评级。

B. 1. 9　为便于分类分级，将运动障碍按损伤部位不同分为脑、脊髓、周围神经损伤三类。鉴定中首先分清损伤部位，再给予评级。

B. 1. 10　考虑到颅骨缺损多可修补后按开颅术定级，且颅骨缺损的大小与功能障碍程度无必然联系，故不再以颅骨缺损大小作为评级标准。

B. 1. 11　脑挫裂伤应具有相应病史、临床治疗经过，经 CT 及（或）MRI 等辅助检查证实有脑实质损害征象。

B. 1. 12　开颅手术包括开颅探查、去骨瓣减压术、颅骨整复、各种颅内血肿清除、慢性硬膜下血肿引流、脑室外引流、脑室—腹腔分流等。

B. 1. 13　脑脊液漏手术修补成功无功能障碍按开颅手术定级；脑脊液漏伴颅底骨缺损反复修补失败或无法修补者定为四级。

B. 1. 14　中毒性周围神经病表现为四肢对称性感觉减退或消失，肌力减退，肌肉萎缩，四肢腱反射（特别是跟腱反射）减退或消失。神经肌电图显示神经源性损害。如仅表现以感觉障碍为主的周围神经病，有深感觉障碍的定为七级，只有浅感觉障碍的定为九级，出现运动障碍者可参见神经科部分“运动障碍”定级。

外伤或职业中毒引起的周围神经损害，如出现肌萎缩者，可按肌力予以定级。

B. 1. 15　外伤或职业中毒引起的同向偏盲或象限性偏盲，其视野缺损程度可参见眼科标准予以定级。

**B. 2　骨科、整形外科、烧伤科门**

B. 2. 1　本标准只适用于因工负伤或职业病所致脊柱、四肢损伤的致残程度鉴定之用，其他先天畸形，或随年龄增长出现的退行性改变，如骨性关节炎等，不适用本标准。

B. 2. 2　有关节内骨折史的骨性关节炎或创伤后关节骨坏死，按该关节功能损害程度，列入相应评残等级处理。

B. 2. 3　创伤性滑膜炎，滑膜切除术后留有关节功能损害或人工关节术后残留有功能不全者，按关节功能损害程度，列入相应等级处理。

B. 2. 4　脊柱骨折合并有神经系统症状，骨折治疗后仍残留不同程度的脊髓和神经功能障碍者，参照 4. 5 相应条款进行处理。

B. 2. 5　外伤后（一周内）发生的椎间盘突出症，经人力资源与社会保障部门认定为工伤的，按本标准相应条款进行伤残等级评定，若手术后残留有神经系统症状者，参照 4. 5 相应条款进行处理。

B. 2. 6　职业性损害如氟中毒或减压病等所致骨与关节损害，按损害部位功能障碍情况列入相应评残等级处理。

B. 2. 7　神经根性疼痛的诊断需根据临床症状，同时结合必要的相关检查综合评判。

B. 2. 8　烧伤面积、深度不作为评残标准，需等治疗停工留薪期满后，依据造成的功能障碍程度、颜面瘢痕畸形程度和瘢痕面积（包括供皮区明显瘢痕）大小进行评级。

B. 2. 9　面部异物色素沉着是指由于工伤如爆炸伤所致颜面部各种异物（包括石子、铁粒等）的存留，或经取异物后仍有不同程度的色素沉着。但临床上很难对面部异物色素沉着量及面积做出准确的划分，考虑到实际工作中可能遇见多种复杂情况，故本标准将面部异物色素沉着分为轻度及重度两个级别，分别以超过颜面总面积的 1/4 及 1/2 作为判定轻、重的基准。

B. 2. 10　以外伤为主导诱因引发的急性腰椎间盘突出症，应按下列要求确定诊断：

a）急性外伤史并发坐骨神经刺激征；

b）有早期 MRI（1 个月内）影像学依据提示为急性损伤；

c）无法提供早期 MRI 资料的，仅提供早期 CT 依据者应继续 3~6 个月治疗与观察后申请鉴定，鉴定时根据遗留症状与体征，如相应受损神经支配肌肉萎缩、肌力减退、异常神经反射等损害程度做出等级评定。

B. 2. 11　膝关节损伤的诊断应从以下几方面考虑：明确的外伤史；相应的体征；结合影像学资料。如果还不能确诊者，可行关节镜检查确定。

B. 2. 12　手、足功能缺损评估参考图表

考虑到手、足外伤复杂多样性，在现标准没有可对应条款情况下，可参照图 B. 1、图 B. 2，表 B. 1 和表 B. 2 定级。

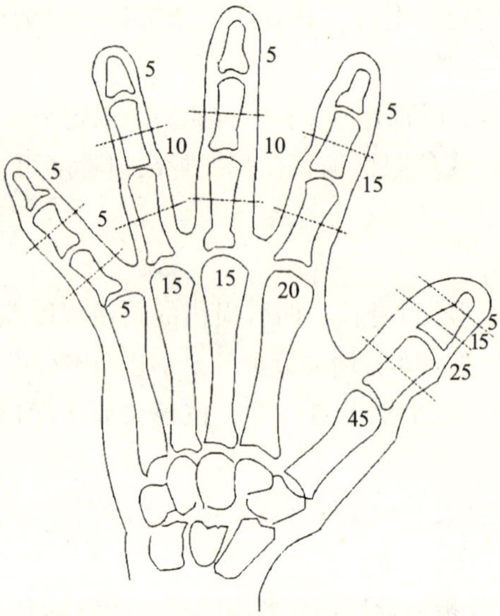


图 B.1　手功能缺损评估参考图

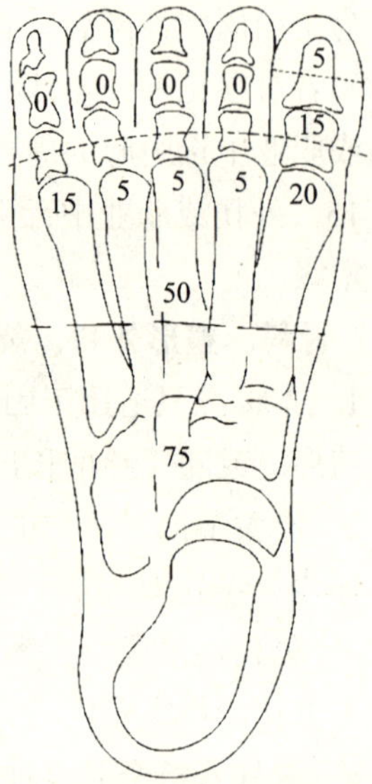


图 B.2　足功能缺损评估参考图

**表 B.1　手、足功能缺损分值定级区间参考表（仅用于单肢体）**

| 级别 | 分值 |
|---|---|
| 一级 | — |
| 二级 | — |
| 三级 | — |
| 四级 | — |
| 五级 | 81 分~100 分 |
| 六级 | 51 分~80 分 |
| 七级 | 31 分~50 分 |
| 八级 | 21 分~30 分 |
| 九级 | 11 分~20 分 |
| 十级 | ≤10 分 |

**表 B.2　手、腕部功能障碍评估参考表**

| 受累部位 | | 功能障碍程度与分值定级 | | |
|---|---|---|---|---|
| | | 僵直于非功能位 | 僵直于功能位或<1/2关节活动度 | 轻度功能障碍或>1/2关节活动度 |
| 拇指 | 第一掌腕/掌指/指间关节均受累 | 40 | 25 | 15 |
| | 掌指、指间关节同时受累 | 30 | 20 | 10 |
| | 掌指、指间单一关节受累 | 20 | 15 | 5 |

续表

| 受累部位 | | 功能障碍程度与分值定级 | | |
|---|---|---|---|---|
| | | 僵直于非功能位 | 僵直于功能位或<1/2关节活动度 | 轻度功能障碍或>1/2关节活动度 |
| 食指 | 掌指、指间关节均受累 | 20 | 15 | 5 |
| | 掌指或近侧指间关节受累 | 15 | 10 | 0 |
| | 远侧指间关节受累 | 5 | 5 | 0 |
| 中指 | 掌指、指间关节均受累 | 15 | 5 | 5 |
| | 掌指或近侧指间关节受累 | 10 | 5 | 0 |
| | 远侧指间关节受累 | 5 | 0 | 0 |
| 环指 | 掌指、指间关节均受累 | 10 | 5 | 5 |
| | 掌指或近侧指间关节受累 | 5 | 5 | 0 |
| | 远侧指间关节受累 | 5 | 0 | 0 |
| 小指 | 掌指、指间关节均受累 | 5 | 5 | 0 |
| | 掌指或近侧指间关节受累 | 5 | 5 | 0 |
| | 远侧指间关节受累 | 0 | 0 | 0 |
| 腕关节 | 手功能大部分丧失时的腕关节受累 | 10 | 5 | 0 |
| | 单纯腕关节受累 | 40 | 30 | 20 |

**B.3　眼科、耳鼻喉科、口腔科门**

B.3.1　非工伤和非职业性五官科疾病如夜盲、立体盲、耳硬化症等不适用本标准。

B.3.2　职工工伤与职业病所致视觉损伤不仅仅是眼的损伤或破坏，重要的是涉及视功能的障碍以及有关的解剖结构和功能的损伤如眼睑等。因此，视觉损伤的鉴定包括：

a）眼睑、眼球及眼眶等的解剖结构和功能损伤或破坏程度的鉴定；

b）视功能（视敏锐度、视野和立体视觉等）障碍程度的鉴定。

B.3.3　眼伤残鉴定标准主要的鉴定依据为眼球或视神经器质性损伤所致的视力、视野、立体视功能障碍及其他解剖结构和功能的损伤或破坏。其中视力残疾主要参照了盲及低视力分级标准和视力减弱补偿率视力损伤百分计算办法。“一级”划线的最低限为双眼无光感或仅有光感但光定位不准；“二级”等于“盲”标准的一级盲；“三级”等于或相当于二级盲；“四级”相当于一级低视力；“五级”相当于二级低视力，“六级~十级”则分别相当于视力障碍的0.2~0.8。

B.3.4　周边视野损伤程度鉴定以实际测得的8条子午线视野值的总和，计算平均值即有效视野值。当视野检查结果与眼部客观检查不符时，可用Humphrey视野或Octopus视野检查。

B.3.5　中心视野缺损目前尚无客观的计量办法，评残时可根据视力受损程度确定其相应级别。

B. 3. 6　无晶状体眼视觉损伤程度评价参见表 A. 5。在确定无晶状体眼中心视力的实际有效值之后，分别套入本标准的实际级别。

B. 3. 7　中央视力及视野（周边视力）的改变，均需有相应的眼组织器质性改变来解释，如不能解释则要根据视觉诱发电位及多焦视网膜电流图检查结果定级。

B. 3. 8　伪盲鉴定参见 A. 3. 3。视觉诱发电位等的检查可作为临床鉴定伪盲的主要手段。如一眼有或无光感，另眼眼组织无器质性病变，并经视觉诱发电位及多焦视网膜电流图检查结果正常者，应考虑另眼为伪盲眼。也可采用其他行之有效的办法包括社会调查、家庭采访等。

B. 3. 9　睑球粘连严重、同时有角膜损伤者按中央视力定级。

B. 3. 10　职业性眼病（包括白内障、电光性眼炎、二硫化碳中毒、化学性眼灼伤）的诊断可分别参见 GBZ 35、GBZ 9、GBZ 4、GBZ 45、GBZ 54。

B. 3. 11　职业性及外伤性白内障视力障碍程度较本标准所规定之级别重者（即视力低于标准 9 级和 10 级之 0. 5~0. 8），则按视力减退情况分别套入不同级别。白内障术后评残办法参见 A. 3. 5。如果术前已经评残者，术后应根据矫正视力情况，并参照 A. 3. 5 无晶状体眼视觉损伤程度评价重新评级。

外伤性白内障未做手术者根据中央视力定级；白内障摘除人工晶状体植入术后谓人工晶状体眼，人工晶状体眼根据中央视力定级。白内障摘除未能植入人工晶状体者，谓无晶状体眼，根据其矫正视力并参见 B. 3. 6 的要求定级。

B. 3. 12　泪器损伤指泪道（包括泪小点、泪小管、泪囊、鼻泪管等）及泪腺的损伤。

B. 3. 13　有明确的外眼或内眼组织结构破坏，而视功能检查好于本标准第十级（即双眼视力≤0. 8）者，可视为十级。

B. 3. 14　本标准没有对光觉障碍（暗适应）做出规定，如果临床上确有因工或职业病所致明显暗适应功能减退者，应根据实际情况，做出适当的判定。

B. 3. 15　一眼受伤后健眼发生交感性眼炎者无论伤后何时都可以申请定级。

B. 3. 16　本标准中的双眼无光感、双眼矫正视力或双眼视野，其“双眼”为临床习惯称谓，实际工作（包括评残）中是以各眼检查或矫正结果为准。

B. 3. 17　听功能障碍包括长期暴露于生产噪声所致的职业性噪声聋，压力波、冲击波造成的爆震聋，其诊断分别见 GBZ 49、GBZ/T 238。此外，颅脑外伤所致的颞骨骨折、内耳震荡、耳蜗神经挫伤等产生的耳聋及中、外耳伤后遗的鼓膜穿孔、鼓室瘢痕粘连，外耳道闭锁等也可引起听觉损害。

B. 3. 18　听阈测定的设备和方法必须符合国家标准 GB/T 7341、GB 4854、GB/T 7583。

B. 3. 19　纯音电测听重度、极重度听功能障碍时，应同时加测听觉脑干诱发电位（A. B. R）。

B. 3. 20　耳郭、外鼻完全或部分缺损，可参照整形科“头面部毁容”。

B. 3. 21　耳科平衡功能障碍指前庭功能丧失而平衡功能代偿不全者。因肌肉、关节或其他神经损害引起的平衡障碍，按有关学科残情定级。

B. 3. 22　如职工因与工伤或职业有关的因素诱发功能性视力障碍和耳聋，应用相应的特殊检查法明确诊断，在其器质性视力和听力减退确定以前暂不评残。伪聋，也应先予排除，然后评残。

B. 3. 23　喉原性呼吸困难系指声门下区以上呼吸道的阻塞性疾患引起者。由胸外科、内科病所致的呼吸困难参见 A. 5. 1。

B. 3. 24　发声及言语困难系指喉外伤后致结构改变，虽呼吸通道无障碍，但有明显发声困难及言语表达障碍；轻者则为发声及言语不畅。

发声障碍系指声带麻痹或声带的缺损、小结等器质性损害致不能胜任原来的嗓音职业工作者。

B. 3. 25　职业性铬鼻病、氟及其无机化合物中毒、减压病、尘肺病、职业性肿瘤、慢性砷中毒、磷中毒、手臂振动病、牙酸蚀病以及井下工人滑囊炎等的诊断分别参见 GBZ 12、GBZ 5、GBZ 24、GBZ 70、GBZ 94、GBZ 83、GBZ 81、GBZ 7、GBZ 61、GBZ 82。

B. 3. 26　颞下颌关节强直，临床上分二类：一为关节内强直，一为关节外强直（颌间挛缩），本标准中颞下颌关节强直即包括此两类。

B. 3. 27　本标准将舌划分为三等份即按舌尖、舌体和舌根计算损伤程度。

B. 3. 28　头面部毁容参见 A. 2. 1。

**B. 4　普外科、胸外科、泌尿生殖科门**

B. 4. 1　器官缺损伴功能障碍者，在评残时一般应比器官完整伴功能障碍者级别高。

B. 4. 2　生殖器官缺损不能修复，导致未育者终生不能生育的，应在原级别基础上上升一级。

B. 4. 3　多器官损害的评级标准依照本标准第 4 章制定的有关规定处理。

B. 4. 4　任何并发症的诊断都要有影像学和实验室检查的依据，主诉和体征供参考。

B. 4. 5　评定任何一个器官的致残标准，都要有原始病历记录，其中包括病历记录、手术记录、病理报告等。

B. 4. 6　甲状腺损伤若伴有喉上神经和喉返神经损伤致声音嘶哑、呼吸困难或呛咳者，判定级别标准参照耳鼻喉科部分。

B. 4. 7　阴茎缺损指阴茎全切除或部分切除并功能障碍者。

B. 4. 8　心脏及大血管的各种损伤及其致残程度的分级，均按停工留薪（或治疗）期满后的功能不全程度分级。

B. 4. 9　胸部（胸壁、气管、支气管、肺）各器官损伤的致残分级除按表 C. 4 中列入各项外，其他可按治疗期结束后的肺功能损害和呼吸困难程度分级。

B. 4. 10　肝、脾、胰等挫裂伤，有明显外伤史并有影像学诊断依据者，保守治疗后可定为十级。

B. 4. 11　普外科开腹探查术后或任何开腹手术后发生粘连性肠梗阻，且反复发作，有明确影像学诊断依据，应在原级别基础上上升一级。

**B. 5　职业病内科门**

B. 5. 1　本标准适用于确诊患有国家卫生计生委等四部委联合颁布的职业病分类和目录中的各种职业病所致肺脏、心脏、肝脏、血液或肾脏损害经治疗停工留薪期满时需评定致残程度者。

B. 5. 2　心律失常（包括传导阻滞）与心功能不全往往有联系，但两者的严重程度可不平衡，心律失常者，不一定有心功能不全或劳动能力减退，评残时应按实际情况定级。

B. 5. 3　本标准所列各类血液病、内分泌及免疫功能低下及慢性中毒性肝病等，病情常有变化，对已进行过评残，经继续治疗后残情发生变化者应按国家社会保险法规的要求，对残情重新进行评级。

B. 5. 4　肝功能的测定包括：

常规肝功能试验：包括血清丙氨酸氨基转换酶（ALT 即 GPT）、血清胆汁酸等。

复筛肝功能试验：包括血清蛋白电泳，总蛋白及白蛋白、球蛋白、血清天门冬氨酸氨基转移酶（AST 即 GOT）、血清谷氨酰转肽酶（γ-GT），转铁蛋白或单胺氧化酶测定等，可根据临床具体情况选用。

静脉色氨酸耐量试验（ITTT），吲哚氰绿滞留试验（IGG）是敏感性和特异性都较好的肝功能试验，有备件可作为复筛指标。

B. 5. 5　职业性肺部疾患主要包括尘肺（参见 GBZ 70）、职业性哮喘（参见 GBZ 57）、过敏性肺炎（参见 GBZ 60）等，在评定残情分级时，除尘肺在分级表中明确注明外，其他肺部疾病可分别参照相应的国家诊断标准，以呼吸功能损害程度定级。

B. 5. 6　对职业病患者进行肺部损害鉴定的要求：

a）须持有职业病诊断证明书；

b）须有近期胸部 X 线平片；

c）须有肺功能测定结果及（或）血气测定结果。

B. 5. 7　肺功能测定时注意的事项：

a）肺功能仪应在校对后使用；

b）对测定对象，测定肺功能前应进行训练；

c）FVC、FEV1 至少测定两次，两次结果相差不得超过 5%；

d）肺功能的正常预计值公式宜采用各实验室的公式作为预计正常值。

B. 5. 8　鉴于职业性哮喘在发作或缓解期所测得的肺功能不能正确评价哮喘病人的致残程度，可以其发作频度和影响工作的程度进行评价。

B. 5. 9　在判定呼吸困难有困难时或呼吸困难分级与肺功能测定结果有矛盾时，应以肺功能测定结果作为致残分级标准的依据。

B. 5. 10　石棉肺是尘肺的一种，本标准未单独列出，在评定致残分级时，可根据石棉肺（参见 GBZ 70）的诊断，主要结合肺功能损伤情况进行评定。

B. 5. 11　放射性疾病包括外照射急性放射病、外照射慢性放射病、放射性皮肤病、放射性白内障、内照射放射病、放射性甲状腺疾病、放射性性腺疾病、放射性膀胱疾病、急性放射性肺炎及放射性肿瘤，临床诊断及处理可参照 GBZ 104、GBZ 105、GBZ 106、GBZ 95、GBZ 96、GBZ 101、GBZ 107、GBZ 109、GBZ 110、GBZ 94。放射性白内障可参照眼科评残处理办法，其他有关放射性损伤评残可参照相应条目进行处理。

B. 5. 12　本标准中有关慢性肾上腺皮质功能减低、免疫功能减低及血小板减少症均指由于放射性损伤所致，不适用于其他非放射性损伤的评残。

# 附录 C
## （规范性附录）
## 职工工伤　职业病致残等级分级表

按门类对工伤进行分级，具体见表 C.1、表 C.2、表 C.3 和表 C.4。

**表 C.1　神经内科、神经外科、精神科门**

| 伤残类别 | 分级 | | | | | | | | | |
|---|---|---|---|---|---|---|---|---|---|---|
| | 一 | 二 | 三 | 四 | 五 | 六 | 七 | 八 | 九 | 十 |
| 智能损伤 | 极重度 | 重度 | | 中度 | | 轻度 | | | | |
| 精神症状 | | | 1. 精神病性症状，经系统治疗 1 年后仍表现为危险或冲动行为者<br>2. 精神病性症状，经系统治疗 1 年后仍缺乏生活自理能力者 | 精神病性症状，经系统治疗 1 年后仍缺乏社交能力者 | | 精神病性症状，经系统治疗 1 年后仍影响职业劳动能力者 | 人格改变或边缘智能，经系统治疗 1 年后仍存在明显社会功能受损者 | | | |
| 癫痫 | | | | 重度 | | 中度 | | | | 轻度 |
| 运动障碍脑损伤 | 四肢瘫肌力≤3 级或三肢瘫肌力≤2 级 | 1. 三肢瘫肌力 3 级<br>2. 偏瘫肌力≤2 级 | 偏瘫肌力 3 级 | 单肢瘫肌力≤2 级 | 1. 四肢瘫肌力 4 级<br>2. 单肢瘫肌力 3 级 | 三肢瘫肌力 4 级 | 偏瘫肌力 4 级 | 单肢体瘫肌力 4 级 | | |

续表

| 伤残类别 | 分级 | | | | | | | | | |
|---|---|---|---|---|---|---|---|---|---|---|
| | 一 | 二 | 三 | 四 | 五 | 六 | 七 | 八 | 九 | 十 |
| 脊髓损伤 | | 截瘫肌力≤2级 | 截瘫肌力3级 | | | 截瘫双下肢肌力4级伴轻度排尿障碍 | 截瘫肌力4级 | | | |
| 周围神经损伤 | | 双手全肌瘫肌力≤2级 | 双足全肌瘫肌力≤2级 | 双手部分肌瘫肌力≤2级 | 1. 双手部分肌瘫肌力3级<br>2. 一手全肌瘫肌力≤2级<br>3. 双足全肌瘫肌力3级 | 1. 双手全肌瘫肌力4级<br>2. 一手全肌瘫肌力3级<br>3. 双足部分肌瘫肌力≤2级<br>4. 单足全肌瘫肌力≤2级 | 1. 单手部分肌瘫肌力3级<br>2. 双足部分肌瘫肌力3级<br>3. 单足全肌瘫肌力3级<br>4. 中毒性周围神经病致深感觉障碍 | 1. 单手全肌瘫肌力4级<br>2. 双手部分肌瘫肌力4级<br>3. 双足部分肌瘫肌力4级<br>4. 单足部分肌瘫肌力≤3级 | 中毒性周围神经病致浅感觉障碍 | |
| 非肢体瘫运动障碍 | 重度 | | 中度 | | | 轻度 | | | | |

续表

| 伤残类别 | 分级 | | | | | | | | | |
|---|---|---|---|---|---|---|---|---|---|---|
| | 一 | 二 | 三 | 四 | 五 | 六 | 七 | 八 | 九 | 十 |
| 特殊皮层功能障碍<br>1. 失语<br>2. 失用、失写、失读、失认等 | | 完全感觉性或混合性 | 两项及两项以上完全性 | | 完全运动性<br>1. 单项完全性<br>2. 多项不完全性 | 不完全感觉性 | 不完全运动性<br>单项不完全性 | | | |
| 颅脑损伤 | | | | 脑脊液漏伴有颅底骨缺损不能修复或反复手术失败 | | | | 脑叶部分切除术后 | 1. 脑挫裂伤无功能障碍<br>2. 开颅术后无功能障碍<br>3. 颅内异物无功能障碍<br>4. 外伤致颈总、颈内动脉狭窄，支架置入或血管搭桥术后无功能障碍 | |

## 表 C.2 骨科、整形外科、烧伤科门

| 伤残类别 | 分级 | | | | | | | | | |
|---|---|---|---|---|---|---|---|---|---|---|
| | 一 | 二 | 三 | 四 | 五 | 六 | 七 | 八 | 九 | 十 |
| 头面部毁容 | 1. 面部重度毁容，同时伴有表 C.2 中二级伤残之一者<br>2. 全身重度瘢痕形成，占体表面积 ≥90%，伴有脊柱及四肢大关节活动功能基本丧失 | 1. 全面部瘢痕或植皮伴有重度毁容<br>2. 全身重度瘢痕形成，占体表面积 ≥ 80%，伴有四肢大关节中 3 个以上活动功能受限 | 1. 面部瘢痕或植皮 ≥ 2/3 并有中度毁容<br>2. 全身重度瘢痕形成，占体表面积 ≥ 70%，伴有四肢大关节中 2 个以上活动功能受限 | 1. 面部中度毁容<br>2. 全身瘢痕面积 ≥ 60%，四肢大关节中 1 个关节活动功能受限<br>3. 面部瘢痕或植皮 ≥ 1/2 并有轻度毁容 | 1. 面部瘢痕或植皮 ≥ 1/3 并有毁容标准中的一项<br>2. 全身瘢痕占体表面积 ≥50%，并有关节活动功能受限 | 1. 面部重度异物色素沉着或脱失<br>2. 面部瘢痕或植皮 ≥1/3<br>3. 全身瘢痕面积 ≥ 40%<br>4. 撕脱伤后头皮缺失 1/5 以上 | 1. 符合重度毁容标准中的两项者<br>2. 烧伤后颅骨全层缺损 ≥ 30 cm²，或在硬脑膜上植皮面积 ≥10 cm²<br>3. 面部瘢痕、异物或植皮伴色素改变占面部的 10% 以上<br>4. 颈部瘢痕挛缩，影响颈部活动<br>5. 全身瘢痕面积 ≥ 30% | 1. 符合重度毁容标准中的一项者<br>2. 面部烧伤植皮 ≥1/5<br>3. 面部轻度异物沉着或色素脱失<br>4. 双侧耳郭部分或一侧耳郭大部分缺损<br>5. 全身瘢痕面积 ≥ 20%<br>6. 一侧或双侧眼睑明显缺损 | 1. 符合中度毁容标准中的两项或轻度毁容者<br>2. 发际边缘瘢痕性秃发或其他部位秃发，需戴假发者<br>3. 全身瘢痕占体表面积 ≥5%<br>4. 面部有 ≥8 cm² 或 3 处以上 ≥ 1 cm² 的瘢痕 | 1. 符合中度毁容标准中的一项者<br>2. 面部有瘢痕，植皮，异物色素沉着或脱失 >2 cm²<br>3. 全身瘢痕面积 <5%，但 ≥1% |

续表

| 伤残类别 | 分级 | | | | | | | | | |
|---|---|---|---|---|---|---|---|---|---|---|
| | 一 | 二 | 三 | 四 | 五 | 六 | 七 | 八 | 九 | 十 |
| 脊柱损伤 | | | | | 脊柱骨折后遗30°以上侧弯或后凸畸形，伴严重根性神经痛 | | 骨盆骨折内固定术后，骨盆环不稳定，骶髂关节分离 | 1. 脊椎压缩性骨折，椎体前缘高度减少1/2以上者或脊椎不稳定性骨折<br>2. 3个及以上节段脊柱内固定术 | 1. 两个以上横突骨折<br>2. 脊椎压缩骨折，椎体前缘高度减少小于1/2者<br>3. 椎间盘髓核切除术后<br>4. 1节~2节脊柱内固定术 | 急性外伤导致椎间盘髓核突出，并伴神经刺激征者 |
| 上肢 | 双肘关节以上缺失或功能完全丧失 | 双侧前臂缺失或双手功能完全丧失 | 1. 一手缺失，另一手拇指缺失<br>2. 双手拇、食指缺失或功能完全丧失<br>3. 一手功能完全丧失，另一手拇指功能完全丧失 | 1. 双拇指完全缺失或功能完全丧失<br>2. 一侧手功能完全丧失，另一手部分功能丧失<br>3. 一侧肘上缺失 | 1. 一侧前臂缺失<br>2. 一手功能完全丧失<br>3. 肩、肘关节之一功能完全丧失<br>4. 一手拇指缺失，另一手除拇指外三指缺失<br>5. 一手拇指功能完全丧失，另一手除拇指外三指功能完全丧失 | 1. 单纯一拇指完全缺失，连同另一手非拇指二指缺失<br>2. 一拇指功能完全丧失，另一手除拇指外有二指功能完全丧失<br>3. 一手三指（含拇指）缺失<br>4. 除拇指外其余四指缺失或功能完全丧失 | 1. 一手拇指外，其他2~3指（含食指）近侧指间关节离断<br>2. 一手除拇指外，其他2~3指（含食指）近侧指间关节功能完全丧失<br>3. 肩、肘关节之一损伤后遗留关节重度功能障碍<br>4. 一腕关节功能完全丧失 | 1. 一手除拇、食指外，有两指近侧指间关节离断<br>2. 一手除拇、食指外，有两指近侧指间关节功能完全丧失<br>3. 一拇指指间关节离断<br>4. 一拇指指间关节畸形，功能完全丧失 | 1. 一拇指末节部分1/2缺失<br>2. 一手食指2~3节缺失<br>3. 一拇指指间关节僵直于功能位<br>4. 除拇指外，其余3~4指末节缺失 | 1. 一手指除拇指外，任何一指远侧指间关节离断或功能丧失<br>2. 指端植皮术后增生性瘢痕1 $cm^2$以上<br>3. 手背植皮面积 > 50 $cm^2$，并有明显瘢痕 |

续表

| 伤残类别 | 分级 | | | | | | | | | |
|---|---|---|---|---|---|---|---|---|---|---|
| | 一 | 二 | 三 | 四 | 五 | 六 | 七 | 八 | 九 | 十 |
| 下肢 | | 1. 双下肢瘢痕畸形，功能完全丧失<br>2. 双膝以上缺失 | 1. 双髋、双膝关节中，有一个关节缺失或功能完全丧失及另一关节重度功能障碍<br>2. 双膝以下缺失或功能完全丧失 | 1. 一侧膝以下缺失，另一侧前足缺失<br>2. 一侧膝以上缺失 | 1. 双前足缺失或双前足瘢痕畸形，功能完全丧失<br>2. 双跟骨足底软组织缺损瘢痕形成，反复破溃 | 1. 一侧踝以下缺失；或踝关节畸形，功能完全丧失<br>2. 下肢骨折成角畸形>15°，并有肢体缩短4 cm以上<br>3. 一前足缺失，另一足仅残留拇趾<br>4. 一前足缺失，另一足除拇趾外，2~5趾畸形，功能完全丧失<br>5. 一足功能完全丧失，另一足部分功能丧失 | 1. 一足1~5趾缺失<br>2. 一前足缺失<br>3. 下肢伤后短缩大于2 cm，但≤4 cm者 | 1. 一足拇趾缺失，另一足非拇趾一趾缺失<br>2. 一足拇趾畸形，功能完全丧失，另一足非拇趾一趾畸形<br>3. 一足除拇趾外，其他三趾缺失 | 1. 一足拇趾末节缺失<br>2. 除拇趾外其他二趾缺失或瘢痕畸形，功能不全<br>3. 跖骨或跗骨骨折影响足弓者 | 1. 除拇趾外，任何一趾末节缺失<br>2. 足背植皮面积>100 $cm^2$ |

续表

| 伤残类别 | 分级 | | | | | | | | | |
|---|---|---|---|---|---|---|---|---|---|---|
| | 一 | 二 | 三 | 四 | 五 | 六 | 七 | 八 | 九 | 十 |
| 下肢 | | 3. 双膝、双踝关节功能完全丧失 | 3. 一侧髋、膝关节畸形，功能完全丧失 | 3. 一侧踝以下缺失，另一足畸形行走困难 | 3. 一髋（或一膝）功能完全丧失<br>4. 一侧膝以下缺失 | 6. 一髋或一膝关节功能重度障碍<br>7. 单侧跟骨足底软组织缺损瘢痕形成，反复破溃 | 4. 膝关节韧带损伤术后关节不稳定，伸屈功能正常者 | 4. 一足除拇趾外，其他四趾瘢痕畸形，功能完全丧失 | 4. 外伤后膝关节半月板切除、髌骨切除、膝关节交叉韧带修补术后 | 3. 膝关节半月板损伤、膝关节交叉韧带损伤未做手术者 |
| 上下肢 | 1. 双下肢膝上缺失及一上肢肘上缺失<br>2. 双下肢及一上肢瘢痕畸形，功能完全丧失 | 1. 同侧上、下肢缺失或功能完全丧失<br>2. 四肢大关节（肩、髋、膝、肘）中四个及以上关节功能完全丧失 | 1. 非同侧腕上、踝上缺失<br>2. 非同侧上、下肢瘢痕畸形，功能完全丧失 | | 四肢大关节之一人工关节术后遗留重度功能障碍 | | 1. 四肢大关节之一人工关节术后，基本能生活自理<br>2. 四肢大关节之一关节内骨折导致创伤性关节炎，遗留中重度功能障碍 | 1. 因开放骨折感染形成慢性骨髓炎，反复发作者<br>2. 四肢大关节之一关节内骨折导致创伤性关节炎，遗留轻度功能障碍 | 1. 四肢长管状骨骨折内固定或外固定支架术后<br>2. 髌骨、跟骨、距骨、下颌骨或骨盆骨折内固定术后 | 1. 手掌、足掌植皮面积>30%者<br>2. 身体各部位骨折愈合后无功能障碍或轻度功能障碍<br>3. 四肢大关节肌腱及韧带撕裂伤术后遗留轻度功能障碍 |

**表 C.3　眼科、耳鼻喉科、口腔科门**

| 伤残类别 | 分级 | | | | | | | | | |
|---|---|---|---|---|---|---|---|---|---|---|
| | 一 | 二 | 三 | 四 | 五 | 六 | 七 | 八 | 九 | 十 |
| 眼损伤与视功能障碍 | 双眼无光感或仅有光感但光定位不准者 | 一眼有或无光感，另眼矫正视力≤0.02或视野≤8%（或半径≤5°） | 1. 一眼有或无光感，另眼矫正视力≤0.05或视野≤16%（半径≤10°）<br>2. 双侧矫正视力<0.05或视野≤16%（半径≤10°）<br>3. 一侧眼球摘除或眼内容物剜出，另眼矫正视力<0.1或视野≤24%（或半径≤15°） | 1. 一眼有或无光感，另眼矫正视力<0.2或视野≤32%（或半径≤20°）<br>2. 一眼矫正视力<0.05，另眼矫正视力≤0.1<br>3. 双眼矫正视力<0.1或视野≤32%（或半径≤20°） | 1. 第Ⅲ对脑神经麻痹<br>2. 双眼外伤性青光眼术后，需用药物控制眼压者<br>3. 一眼有或无光感，另眼矫正视力≤0.3或视野≤40%（或半径≤25°）<br>4. 一眼矫正视力<0.05，另眼矫正视力≤0.2<br>5. 一眼矫正视力<0.1，另眼矫正视力等于0.1<br>6. 双眼视野≤40%（或半径≤25°） | 1. 一侧眼球摘除；或一侧眼球明显萎缩，无光感<br>2. 一眼有或无光感，另一眼矫正视力≥0.4<br>3. 一眼矫正视力≤0.05，另一眼矫正视力≥0.3<br>4. 一眼矫正视力≤0.1，另一眼矫正视力≥0.2<br>5. 双眼矫正视力≤0.2或视野≤48%（或半径≤30°）<br>6. 第Ⅳ或Ⅵ对脑神经麻痹，或眼外肌损伤致复视的 | 1. 一眼有或无光感，另眼矫正视力≥0.8<br>2. 一眼有或无光感，另一眼各种客观检查正常<br>3. 一眼矫正视力≤0.05，另眼矫正视力≥0.6<br>4. 一眼矫正视力≤0.1，另眼矫正视力≥0.4<br>5. 双眼矫正视力≤0.3或视野≤64%（或半径≤40°）<br>6. 单眼外伤性青光眼术后，需用药物控制眼压者 | 1. 一眼矫正视力≤0.2，另眼矫正视力≥0.5<br>2. 双眼矫正视力等于0.4<br>3. 双眼视野≤80%（或半径≤50°）<br>4. 一侧或双侧睑外翻或睑闭合不全者<br>5. 上睑下垂盖及瞳孔1/3者<br>6. 睑球粘连影响眼球转动者<br>7. 外伤性青光眼行抗青光眼手术后眼压控制正常者 | 1. 第Ⅴ对脑神经眼支麻痹<br>2. 眶壁骨折致眼球内陷、两眼球突出度相差>2 mm或错位变形影响外观者<br>3. 一眼矫正视力≤0.3，另眼矫正视力>0.6<br>4. 双眼矫正视力等于0.5<br>5. 泪器损伤，手术无法改进溢泪者 | 1. 一眼矫正视力≤0.5，另一眼矫正视力≥0.8<br>2. 双眼矫正视力≤0.8<br>3. 一侧或双侧睑外翻或睑闭合不全行成形手术后矫正者<br>4. 上睑下垂盖及瞳孔1/3行成形手术后矫正者<br>5. 睑球粘连影响眼球转动行成形手术后矫正者<br>6. 职业性及外伤性白内障术后人工晶状体眼，矫正视力正常者<br>7. 职业性及外伤性白内障Ⅰ度~Ⅱ度（或轻度、中度），矫正视力正常者<br>8. 晶状体部分脱位<br>9. 眶内异物未取出者<br>10. 眼球内异物未取出者<br>11. 外伤性瞳孔放大<br>12. 角巩膜穿通伤治愈者 |

续表

| 伤残类别 | 分级 | | | | | | | | | |
|---|---|---|---|---|---|---|---|---|---|---|
| | 一 | 二 | 三 | 四 | 五 | 六 | 七 | 八 | 九 | 十 |
| 听功能障碍 | | | | 双耳听力损失≥91 dB | 双耳听力损失≥81 dB | 双耳听力损失≥71 dB | 双耳听力损失≥56 dB | 双耳听力损失≥41 dB 或一耳≥91 dB | 双耳听力损失≥31 dB 或一耳损失≥71 dB | 双耳听力损失≥26 dB 或一耳≥56 dB |
| 前庭性平衡障碍 | | | | | | 双侧前庭功能丧失，睁眼行走困难，不能并足站立 | | | | 双侧前庭功能丧失，闭眼不能并足站立 |
| 喉源性呼吸困难及发声障碍 | | | 1. 呼吸完全依赖气管套管或造口<br>2. 静止状态下或仅轻微活动即有呼吸困难 | | 一般活动及轻工作时有呼吸困难 | | | 1. 体力劳动时有呼吸困难<br>2. 发声及言语困难 | 发声及言语不畅 | |
| 吞咽功能障碍 | | 无吞咽功能，完全依赖胃管进食 | | 牙关紧闭或因食管狭窄只能进流食 | 1. 吞咽困难，仅能进半流食<br>2. 双侧喉返神经损伤，喉保护功能丧失致饮食呛咳、误吸 | | 咽成形术后，咽下运动不正常 | | | |

续表

| 伤残类别 | 分级 | | | | | | | | | |
|---|---|---|---|---|---|---|---|---|---|---|
| | 一 | 二 | 三 | 四 | 五 | 六 | 七 | 八 | 九 | 十 |
| 口腔颌面损伤 | | 1. 双侧上颌骨或双侧下颌骨完全缺损<br>2. 一侧上颌骨及对侧下颌骨完全缺损，并伴有颜面软组织损伤＞30 $cm^2$ | 1. 同侧上、下颌骨完全缺损<br>2. 一侧上颌骨或下颌骨完全缺损，伴颜面部软组织损伤＞30 $cm^2$<br>3. 舌缺损＞全舌的2/3 | 1. 一侧上颌骨缺损1/2，伴颜面部软组织损伤＞20 $cm^2$<br>2. 下颌骨缺损长6 cm以上的区段，伴口腔、颜面软组织损伤＞20 $cm^2$<br>3. 双侧颞下颌关节骨性强直，完全不能张口<br>4. 面颊部洞穿性缺损＞20 $cm^2$ | 1. 一侧上颌骨缺损＞1/4，但＜1/2，伴软组织损伤＞10 $cm^2$，但＜20 $cm^2$<br>2. 下颌骨缺损长4 cm以上的区段，伴口腔、颜面软组织损伤＞10 $cm^2$ | 1. 单侧或双侧颞下颌关节强直，张口困难Ⅲ度<br>2. 一侧上颌骨缺损1/4，伴口腔颜面软组织损伤＞10 $cm^2$<br>3. 面部软组织缺损＞20 $cm^2$，伴发涎瘘<br>4. 舌缺损＞1/3，但＜1/2<br>5. 双侧颧骨并颧弓骨折，伴有开口困难Ⅱ度以上及颜面部畸形经手术复位者<br>6. 双侧下颌骨髁状突颈部骨折，伴有开口困难Ⅱ度以上及咬合关系改变，经手术治疗者 | 1. 牙槽骨损伤长度≥8 cm，牙齿脱落10个及以上<br>2. 单侧颧骨并颧弓骨折，伴有开口困难Ⅱ度以上及颜面部畸形经手术复位者 | 1. 牙槽骨损伤长度≥6 cm，牙齿脱落8个及以上者<br>2. 舌缺损＜舌的1/3<br>3. 双侧鼻腔或鼻咽部闭锁<br>4. 双侧颞下颌关节强直，张口困难Ⅱ度<br>5. 上、下颌骨骨折，经牵引、固定治疗后有功能障碍者<br>6. 双侧颧骨并颧弓骨折，无开口困难，颜面部凹陷畸形不明显，不需手术复位 | 1. 牙槽骨损伤长度＞4 cm，牙脱落4个及以上<br>2. 上、下颌骨骨折，经牵引、固定治疗后无功能障碍者<br>3. 一侧下颌骨髁状突颈部骨折<br>4. 一侧颧骨并颧弓骨折 | 1. 牙齿除智齿以外，切牙脱落1个以上或其他牙脱落2个以上<br>2. 一侧颞下颌关节强直，张口困难Ⅰ度<br>3. 鼻窦或面颊部有异物未取出<br>4. 单侧鼻腔或鼻孔闭锁<br>5. 鼻中隔穿孔 |

续表

| 伤残类别 | 分级 | | | | | | | | | |
|---|---|---|---|---|---|---|---|---|---|---|
| | 一 | 二 | 三 | 四 | 五 | 六 | 七 | 八 | 九 | 十 |
| 嗅觉障碍和铬鼻病 | | | | | | | | | 铬鼻病有医疗依赖 | 1. 铬鼻病（无症状者）<br>2. 嗅觉丧失 |
| 面神经损伤 | | | | 双侧完全性面瘫 | 一侧完全面瘫，另一侧不完全面瘫 | 一侧完全性面瘫 | 双侧不完全性面瘫 | | | 一侧不完全性面瘫 |

**表 C.4　普外科、胸外科、泌尿生殖科门**

| 伤残类别 | 分级 | | | | | | | | | |
|---|---|---|---|---|---|---|---|---|---|---|
| | 一 | 二 | 三 | 四 | 五 | 六 | 七 | 八 | 九 | 十 |
| 胸壁、气管、支气管、肺 | 1. 肺功能重度损伤和呼吸困难Ⅳ级，需终生依赖机械通气<br>2. 双肺或心肺联合移植术 | 一侧全肺切除并胸廓成形术，呼吸困难Ⅲ级 | 1. 一侧全肺切除并胸廓成形术<br>2. 一侧胸廓成形术，肋骨切除6根以上<br>3. 一侧全肺切除并隆凸切除成形术<br>4. 一侧全肺切除并重建大血管术 | 1. 一侧全肺切除术<br>2. 双侧肺叶切除术<br>3. 肺叶切除后并胸廓成形术后<br>4. 肺叶切除并隆凸切除成形术后<br>5. 一侧肺移植术 | 1. 双肺叶切除术<br>2. 肺叶切除术并大血管重建术<br>3. 隆凸切除成形术 | 1. 肺叶切除并肺段或楔形切除术<br>2. 肺叶切除并支气管成形术后<br>3. 支气管（或气管）胸膜瘘 | 1. 肺叶切除术<br>2. 限局性脓胸行部分胸廓成形术<br>3. 气管部分切除术 | 1. 肺段切除术<br>2. 支气管成形术<br>3. 双侧≥3根肋骨骨折致胸廓畸形<br>4. 膈肌破裂修补术后，伴膈神经麻痹<br>5. 肺功能轻度损伤 | 1. 肺内异物滞留或异物摘除术<br>2. 限局性脓胸行胸膜剥脱术 | 血、气胸行单纯闭式引流术后，胸膜粘连增厚 |
| 心脏与大血管 | | 心功能不全三级 | Ⅲ度房室传导阻滞 | 1. 心瓣膜置换术后<br>2. 心功能不全二级 | | 1. 冠状动脉旁路移植术<br>2. 大血管重建术 | 心功能不全一级 | 1. 心脏、大血管修补术<br>2. 心脏异物滞留或异物摘除术 | | |

续表

| 伤残类别 | 分级 | | | | | | | | | |
|---|---|---|---|---|---|---|---|---|---|---|
| | 一 | 二 | 三 | 四 | 五 | 六 | 七 | 八 | 九 | 十 |
| 食管 | | 食管闭锁或损伤后无法行食管重建术，依赖胃造瘘或空肠造瘘进食 | | 食管重建术后吻合口狭窄，仅能进流食者 | 1. 食管重建术后吻合口狭窄，仅能进半流食者<br>2. 食管气管或支气管瘘<br>3. 食管胸膜瘘 | | 1. 食管重建术后伴反流性食管炎<br>2. 食管外伤或成形术后咽下运动不正常 | 食管重建术后，进食正常者 | | |
| 胃 | | | | 全胃切除 | 胃切除 3/4 | 胃切除 2/3 | 胃切除 1/2 | 胃部分切除 | | |
| 十二指肠 | | | | 胰头、十二指肠切除 | | | | | | |
| 小肠 | 小肠切除≥90% | 小肠切除 3/4，合并短肠综合征 | | 1. 小肠切除 3/4<br>2. 小肠切除 2/3，包括回盲部切除 | 小肠切除 2/3，包括回肠大部 | 小肠切除 1/2，包括回盲部 | 小肠切除 1/2 | 小肠部分切除 | | |
| 结肠、直肠 | | | | 1. 全结肠、直肠、肛门切除，回肠造瘘<br>2. 外伤后肛门排便重度障碍或失禁 | 肛门、直肠、结肠部分切除，结肠造瘘 | 肛门外伤后排便轻度障碍或失禁 | 结肠大部分切除 | 结肠部分切除 | | |

续表

| 伤残类别 | 分级 | | | | | | | | | |
| --- | --- | --- | --- | --- | --- | --- | --- | --- | --- | --- |
| | 一 | 二 | 三 | 四 | 五 | 六 | 七 | 八 | 九 | 十 |
| 肝 | 肝切除后原位肝移植 | 1. 肝切除3/4，合并肝功能重度损害<br>2. 肝外伤后发生门脉高压三联症或Buddchiari综合征 | 肝切除2/3，并肝功能中度损害 | 1. 肝切除2/3<br>2. 肝切除1/2，肝功能轻度损害 | 肝切除1/2 | 肝切除1/3 | 肝切除1/4 | 肝部分切除 | | |
| 胆道 | 胆道损伤原位肝移植 | 胆道损伤致肝功能重度损害 | | 胆道损伤致肝功能中度损害 | | 胆道损伤致肝功能轻度损伤 | 胆道损伤，胆肠吻合术后 | | 胆囊切除 | |
| 腹壁、腹腔 | | | | | | 腹壁缺损面积≥腹壁的1/4 | | 腹壁缺损面积<腹壁的1/4 | 胸、腹腔脏器探查术或修补术后 | 腹腔脏器挫裂伤保守治疗后 |
| 胰、脾 | 全胰切除 | 胰次全切除，胰腺移植术后 | 胰次全切除，胰岛素依赖 | | 胰切除2/3 | 胰切除1/2 | 1. 脾切除<br>2. 胰切除1/3 | 1. 脾部分切除<br>2. 胰部分切除 | | |
| 甲状腺 | | | | | 甲状腺功能重度损害 | 甲状腺功能中度损害 | | 甲状腺功能轻度损害 | | |

续表

| 伤残类别 | 分级 | | | | | | | | | |
|---|---|---|---|---|---|---|---|---|---|---|
| | 一 | 二 | 三 | 四 | 五 | 六 | 七 | 八 | 九 | 十 |
| 甲状旁腺 | | | | 甲状旁腺功能重度损害 | | 甲状旁腺功能中度损害 | | 甲状旁腺功能轻度损害 | | |
| 肾脏 | 双侧肾切除或孤肾切除术后，用透析维持或同种肾移植术后肾功能不全尿毒症期 | 孤肾部分切除后，肾功能不全失代偿期 | 一侧肾切除，对侧肾功能不全失代偿期 | 肾修补术后，肾功能不全失代偿期 | 一侧肾切除，对侧肾功能不全代偿期 | 肾损伤性高血压 | 一侧肾切除 | | | |
| 肾上腺 | | | | 双侧肾上腺缺损 | | | | 一侧肾上腺缺损 | | |
| 尿道 | | | | | 尿道瘘不能修复者 | 尿道狭窄经系统治疗1年后仍需定期行扩张术 | | 尿道修补术 | | |
| 阴茎 | | | | | 阴茎全缺损 | 阴茎部分缺损 | | 脊髓神经周围神经损伤，或盆腔、会阴手术后遗留性功能障碍 | | |

续表

| 伤残类别 | 分级 | | | | | | | | | |
|---|---|---|---|---|---|---|---|---|---|---|
| | 一 | 二 | 三 | 四 | 五 | 六 | 七 | 八 | 九 | 十 |
| 输精管 | | | | | | 双侧输精管缺损，不能修复 | | 一侧输精管缺损，不能修复 | | |
| 输尿管 | | | 1. 双侧输尿管狭窄，肾功能不全失代偿期<br>2. 永久性输尿管腹壁造瘘 | 输尿管修补术后，肾功能不全失代偿期 | 一侧输尿管狭窄，肾功能不全代偿期 | | | | | |
| 膀胱 | | | 膀胱全切除 | 1. 永久性膀胱造瘘<br>2. 重度排尿障碍<br>3. 神经原性膀胱，残余尿≥50 mL | | 膀胱部分切除合并轻度排尿障碍 | 1. 膀胱部分切除<br>2. 轻度排尿障碍 | | | |
| 睾丸 | | | | | 1. 两侧睾丸、附睾缺损<br>2. 生殖功能重度损伤 | 1. 两侧睾丸创伤后萎缩，血睾酮低于正常值<br>2. 生殖功能轻度损伤 | | 一侧睾丸、附睾切除 | | |

续表

| 伤残类别 | 分级 | | | | | | | | | |
|---|---|---|---|---|---|---|---|---|---|---|
| | 一 | 二 | 三 | 四 | 五 | 六 | 七 | 八 | 九 | 十 |
| 子宫 | | | | | | 子宫切除 | | | | |
| 卵巢 | | | | | 双侧卵巢切除 | | | 单侧卵巢切除 | 一侧卵巢部分切除 | |
| 输卵管 | | | | | | 双侧输卵管切除 | | 单侧输卵管切除 | | |
| 阴道 | | | | | 1. 阴道闭锁<br>2. 会阴部瘢痕挛缩伴有阴道或尿道或肛门狭窄 | | 阴道狭窄 | | | |
| 乳腺 | | | | | | 女性双侧乳房切除或严重瘢痕畸形 | 女性两侧乳房部分缺损 | 女性单侧乳房切除或严重瘢痕畸形 | 乳腺成形术 | 乳腺修补术后 |

## 表 C.5　职业病内科门

| 伤残类别 | 分级 | | | | | | | | | |
|---|---|---|---|---|---|---|---|---|---|---|
| | 一 | 二 | 三 | 四 | 五 | 六 | 七 | 八 | 九 | 十 |
| 肺部疾患 | 1. 尘肺叁期伴肺功能重度损伤及/或重度低氧血症［$PO_2$<5.3 kPa（<40 mmHg）］<br>2. 其他职业性肺部疾患，伴肺功能重度损伤及/或重度低氧血症［$PO_2$<5.3 kPa（40 mmHg）］<br>3. 放射性肺炎后，两叶以上肺纤维化伴重度低氧血症［$PO_2$<5.3 kPa（<40 mmHg）］<br>4. 职业性肺癌伴肺功能重度损伤 | 1. 肺功能重度损伤及/或重度低氧血症<br>2. 尘肺叁期伴肺功能中度损伤及/或中度低氧血症<br>3. 尘肺贰期伴肺功能重度损伤及/或重度低氧血症［$PO_2$<5.3 kPa（40 mmHg）］<br>4. 尘肺叁期伴活动性肺结核<br>5. 职业性肺癌或胸膜间皮瘤 | 1. 尘肺贰期<br>2. 尘肺贰期伴肺功能中度损伤及（或）中度低氧血症<br>3. 尘肺贰期合并活动肺结核<br>4. 放射性肺炎后两叶肺纤维化，伴肺功能中度损伤及（或）中度低氧血症 | 1. 尘肺贰期<br>2. 尘肺壹期伴肺功能中度损伤或中度低氧血症<br>3. 尘肺壹期伴活动性肺结核 | 肺功能中度损伤或中度低氧血症 | 1. 尘肺壹期伴肺功能轻度损伤及（或）轻度低氧血症<br>2. 放射性肺炎后肺纤维化（<两叶），伴肺功能轻度损伤及（或）轻度低氧血症<br>3. 其他职业性肺部疾患，伴肺功能轻度损伤 | 1. 尘肺壹期，肺功能正常<br>2. 放射性肺炎后肺纤维化（<两叶），肺功能正常<br>3. 轻度低氧血症 | 其他职业性肺疾患，肺功能正常 | | |

续表

| 伤残类别 | 分级 | | | | | | | | | |
|---|---|---|---|---|---|---|---|---|---|---|
| | 一 | 二 | 三 | 四 | 五 | 六 | 七 | 八 | 九 | 十 |
| 心脏 | | 心功能不全三级 | Ⅲ度房室传导阻滞 | 1. 病态窦房结综合征（需安装起搏器者）<br>2. 心功能不全二级 | 1. 莫氏Ⅱ型Ⅱ度房室传导阻滞<br>2. 病态窦房结综合征（不需安起搏器者） | | 心功能不全一级 | | | |
| 血液 | | 1. 职业性急性白血病<br>2. 急性重型再生障碍性贫血 | 1. 粒细胞缺乏症<br>2. 再生障碍性贫血<br>3. 职业性慢性白血病<br>4. 中毒性血液病，骨髓增生异常综合征<br>5. 中毒性血液病，严重出血或血小板含量 $\leq 2\times10^{10}/L$ | | 1. 中毒性血液病，血小板减少（$\leq 4\times10^{10}/L$）并有出血倾向<br>2. 中毒性血液病，白细胞含量持续 $<3\times10^{9}/L$（$3\,000/mm^{3}$）或粒细胞含量 $1.5\times10^{9}L$（$<1\,500/mm^{3}$） | 白血病完全缓解 | 1. 再生障碍性贫血完全缓解<br>2. 白细胞减少症，含量持续 $<4\times10^{9}/L$（$4\,000/mm^{3}$）<br>3. 中性粒细胞减少症，含量 $<2\times10^{9}/L$（$2\,000/mm^{3}$） | | | |

续表

| 伤残类别 | 分级 | | | | | | | | | |
|---|---|---|---|---|---|---|---|---|---|---|
| | 一 | 二 | 三 | 四 | 五 | 六 | 七 | 八 | 九 | 十 |
| 肝脏 | 1. 职业性肝血管肉瘤，重度肝功能损害<br>2. 肝硬化伴食道静脉破裂出血，肝功能重度损害 | 1. 慢性重度中毒性肝病<br>2. 肝血管肉瘤 | | | 慢性中度中毒性肝病 | | 慢性轻度中毒性肝病 | | | |
| 免疫功能 | | | | 免疫功能明显减退 | | | | | | 免疫功能轻度减退 |
| 内分泌 | | | | 肾上腺皮质功能明显减退 | | 肾上腺皮质功能轻度减退 | | | | |
| 肾脏 | 肾功能不全尿毒症期，内生肌酐清除率持续<10 mL/min，或血浆肌酐水平持续>707 μmol/L（8 mg/dL） | 肾功能不全尿毒症期，内生肌酐清除率持续<25 mL/min 或血浆肌酐水平持续>450 μmol/L（5 mg/dL） | | | 肾功能不全失代偿期，内生肌酐清除率持续<50 mL/min，或血浆肌酐水平持续>177 μmol/L（2 mg/dL） | 1. 中毒性肾病，持续性低分子蛋白尿伴白蛋白尿<br>2. 中毒性肾病，肾小管浓缩功能减退 | 肾功能不全代偿期，内生肌酐清除率<70 mL/min | 中毒性肾病，持续低分子蛋白尿 | | |

续表

| 伤残类别 | 分级 | | | | | | | | | |
|---|---|---|---|---|---|---|---|---|---|---|
| | 一 | 二 | 三 | 四 | 五 | 六 | 七 | 八 | 九 | 十 |
| 其他 | | 1. 职业性膀胱癌<br>2. 放射性肿瘤 | 1. 砷性皮肤癌<br>2. 放射性皮肤癌 | | 1. 慢性重度磷中毒<br>2. 重度手臂振动病<br>3. 放射性损伤致睾丸萎缩 | 1. 放射性损伤致甲状腺功能低下<br>2. 减压性骨坏死Ⅲ期<br>3. 中度手臂振动病<br>4. 氟及其无机化合物中毒慢性重度中毒 | 三度牙酸蚀病 | 1. 慢性中度磷中毒<br>2. 氟及其无机化合物中毒慢性中度中毒<br>3. 减压性骨坏死Ⅱ期<br>4. 轻度手臂振动病<br>5. 二度牙酸蚀<br>6. 急性放射皮肤损伤Ⅳ度及慢性放射性皮肤损伤手术治疗后影响肢体功能<br>7. 放射性皮肤溃疡经久不愈者 | | 1. 慢性轻度磷中毒<br>2. 氟及其无机化合物中毒慢性轻度中毒<br>3. 井下工人滑囊炎<br>4. 减压性骨坏死Ⅰ期<br>5. 一度牙酸蚀病<br>6. 职业性皮肤病久治不愈<br>7. 一手或两手慢性放射性皮肤操作Ⅱ度及Ⅱ度以上者 |

# 四、工伤保险待遇

## 32　军人抚恤优待条例

2004年8月1日中华人民共和国国务院、中华人民共和国中央军事委员会令第413号公布，自2004年10月1日起施行；根据2011年7月29日中华人民共和国国务院、中华人民共和国中央军事委员会令第602号公布的《国务院 中央军事委员会关于修改〈军人抚恤优待条例〉的决定》修订，自2011年8月1日起施行。

### 目　　录

第一章　总则/183
第二章　死亡抚恤/184
第三章　残疾抚恤/186
第四章　优待/187
第五章　法律责任/189
第六章　附则/190

### 第一章　总　　则

**第一条**　为了保障国家对军人的抚恤优待，激励军人保卫祖国、建设祖国的献身精神，加强国防和军队建设，根据《中华人民共和国国防法》《中华人民共和国兵役法》等有关法律，制定本条例。

**第二条**　中国人民解放军现役军人（以下简称现役军人）、服现役或者退出现役的残疾军人以及复员军人、退伍军人、烈士遗属、因公牺牲军人遗属、病故军人遗属、现役军人家属，是本条例规定的抚恤优待对象，依照本条例的规定享受抚恤优待。

**第三条**　军人的抚恤优待，实行国家和社会相结合的方针，保障军人的抚恤优待与国民经济和社会发展相适应，保障抚恤优待对象的生活不低于当地的平均生活水平。

全社会应当关怀、尊重抚恤优待对象，开展各种形式的拥军优属活动。

国家鼓励社会组织和个人对军人抚恤优待事业提供捐助。

**第四条**　国家和社会应当重视和加强军人抚恤优待工作。

军人抚恤优待所需经费由国务院和地方各级人民政府分级负担。中央和地方财政安排的军人抚恤优待经费，专款专用，并接受财政、审计部门的监督。

**第五条** 国务院民政部门主管全国的军人抚恤优待工作；县级以上地方人民政府民政部门主管本行政区域内的军人抚恤优待工作。

国家机关、社会团体、企业事业单位应当依法履行各自的军人抚恤优待责任和义务。

**第六条** 各级人民政府对在军人抚恤优待工作中作出显著成绩的单位和个人，给予表彰和奖励。

## 第二章 死亡抚恤

**第七条** 现役军人死亡被批准为烈士、被确认为因公牺牲或者病故的，其遗属依照本条例的规定享受抚恤。

**第八条** 现役军人死亡，符合下列情形之一的，批准为烈士：

（一）对敌作战死亡，或者对敌作战负伤在医疗终结前因伤死亡的；

（二）因执行任务遭敌人或者犯罪分子杀害，或者被俘、被捕后不屈遭敌人杀害或者被折磨致死的；

（三）为抢救和保护国家财产、人民生命财产或者执行反恐怖任务和处置突发事件死亡的；

（四）因执行军事演习、战备航行飞行、空降和导弹发射训练、试航试飞任务以及参加武器装备科研试验死亡的；

（五）在执行外交任务或者国家派遣的对外援助、维持国际和平任务中牺牲的；

（六）其他死难情节特别突出，堪为楷模的。

现役军人在执行对敌作战、边海防执勤或者抢险救灾任务中失踪，经法定程序宣告死亡的，按照烈士对待。

批准烈士，属于因战死亡的，由军队团级以上单位政治机关批准；属于非因战死亡的，由军队军级以上单位政治机关批准；属于本条第一款第六项规定情形的，由中国人民解放军总政治部批准。

**第九条** 现役军人死亡，符合下列情形之一的，确认为因公牺牲：

（一）在执行任务中或者在上下班途中，由于意外事件死亡的；

（二）被认定为因战、因公致残后因旧伤复发死亡的；

（三）因患职业病死亡的；

（四）在执行任务中或者在工作岗位上因病猝然死亡，或者因医疗事故死亡的；

（五）其他因公死亡的。

现役军人在执行对敌作战、边海防执勤或者抢险救灾以外的其他任务中失踪，经法定程序宣告死亡的，按照因公牺牲对待。

现役军人因公牺牲，由军队团级以上单位政治机关确认；属于本条第一款第五项规定情形的，由军队军级以上单位政治机关确认。

**第十条** 现役军人除第九条第一款第三项、第四项规定情形以外，因其他疾病死亡的，确认为病故。

现役军人非执行任务死亡或者失踪，经法定程序宣告死亡的，按照病故对待。

现役军人病故，由军队团级以上单位政治机关确认。

**第十一条**　对烈士遗属、因公牺牲军人遗属、病故军人遗属，由县级人民政府民政部门分别发给《中华人民共和国烈士证明书》《中华人民共和国军人因公牺牲证明书》《中华人民共和国军人病故证明书》。

**第十二条**　现役军人死亡被批准为烈士的，依照《烈士褒扬条例》的规定发给烈士遗属烈士褒扬金。

**第十三条**　现役军人死亡，根据其死亡性质和死亡时的月工资标准，由县级人民政府民政部门发给其遗属一次性抚恤金，标准是：烈士和因公牺牲的，为上一年度全国城镇居民人均可支配收入的20倍加本人40个月的工资；病故的，为上一年度全国城镇居民人均可支配收入的2倍加本人40个月的工资。月工资或者津贴低于排职少尉军官工资标准的，按照排职少尉军官工资标准计算。

获得荣誉称号或者立功的烈士、因公牺牲军人、病故军人，其遗属在应当享受的一次性抚恤金的基础上，由县级人民政府民政部门按照下列比例增发一次性抚恤金：

（一）获得中央军事委员会授予荣誉称号的，增发35%；

（二）获得军队军区级单位授予荣誉称号的，增发30%；

（三）立一等功的，增发25%；

（四）立二等功的，增发15%；

（五）立三等功的，增发5%。

多次获得荣誉称号或者立功的烈士、因公牺牲军人、病故军人，其遗属由县级人民政府民政部门按照其中最高等级奖励的增发比例，增发一次性抚恤金。

**第十四条**　对生前作出特殊贡献的烈士、因公牺牲军人、病故军人，除按照本条例规定发给其遗属一次性抚恤金外，军队可以按照有关规定发给其遗属一次性特别抚恤金。

**第十五条**　一次性抚恤金发给烈士、因公牺牲军人、病故军人的父母（抚养人）、配偶、子女；没有父母（抚养人）、配偶、子女的，发给未满18周岁的兄弟姐妹和已满18周岁但无生活费来源且由该军人生前供养的兄弟姐妹。

**第十六条**　对符合下列条件之一的烈士遗属、因公牺牲军人遗属、病故军人遗属，发给定期抚恤金：

（一）父母（抚养人）、配偶无劳动能力、无生活费来源，或者收入水平低于当地居民平均生活水平的；

（二）子女未满18周岁或者已满18周岁但因上学或者残疾无生活费来源的；

（三）兄弟姐妹未满18周岁或者已满18周岁但因上学无生活费来源且由该军人生前供养的。

对符合享受定期抚恤金条件的遗属，由县级人民政府民政部门发给《定期抚恤金领取证》。

**第十七条**　定期抚恤金标准应当参照全国城乡居民家庭人均收入水平确定。定期抚恤金的标准及其调整办法，由国务院民政部门会同国务院财政部门规定。

**第十八条** 县级以上地方人民政府对依靠定期抚恤金生活仍有困难的烈士遗属、因公牺牲军人遗属、病故军人遗属，可以增发抚恤金或者采取其他方式予以补助，保障其生活不低于当地的平均生活水平。

**第十九条** 享受定期抚恤金的烈士遗属、因公牺牲军人遗属、病故军人遗属死亡的，增发6个月其原享受的定期抚恤金，作为丧葬补助费，同时注销其领取定期抚恤金的证件。

**第二十条** 现役军人失踪，经法定程序宣告死亡的，在其被批准为烈士、确认为因公牺牲或者病故后，又经法定程序撤销对其死亡宣告的，由原批准或者确认机关取消其烈士、因公牺牲军人或者病故军人资格，并由发证机关收回有关证件，终止其家属原享受的抚恤待遇。

## 第三章 残疾抚恤

**第二十一条** 现役军人残疾被认定为因战致残、因公致残或者因病致残的，依照本条例的规定享受抚恤。

因第八条第一款规定的情形之一导致残疾的，认定为因战致残；因第九条第一款规定的情形之一导致残疾的，认定为因公致残；义务兵和初级士官因第九条第一款第三项、第四项规定情形以外的疾病导致残疾的，认定为因病致残。

**第二十二条** 残疾的等级，根据劳动功能障碍程度和生活自理障碍程度确定，由重到轻分为一级至十级。

残疾等级的具体评定标准由国务院民政部门、人力资源社会保障部门、卫生部门会同军队有关部门规定。

**第二十三条** 现役军人因战、因公致残，医疗终结后符合评定残疾等级条件的，应当评定残疾等级。义务兵和初级士官因病致残符合评定残疾等级条件，本人（精神病患者由其利害关系人）提出申请的，也应当评定残疾等级。

因战、因公致残，残疾等级被评定为一级至十级的，享受抚恤；因病致残，残疾等级被评定为一级至六级的，享受抚恤。

**第二十四条** 因战、因公、因病致残性质的认定和残疾等级的评定权限是：

（一）义务兵和初级士官的残疾，由军队军级以上单位卫生部门认定和评定；

（二）现役军官、文职干部和中级以上士官的残疾，由军队军区级以上单位卫生部门认定和评定；

（三）退出现役的军人和移交政府安置的军队离休、退休干部需要认定残疾性质和评定残疾等级的，由省级人民政府民政部门认定和评定。

评定残疾等级，应当依据医疗卫生专家小组出具的残疾等级医学鉴定意见。

残疾军人由认定残疾性质和评定残疾等级的机关发给《中华人民共和国残疾军人证》。

**第二十五条** 现役军人因战、因公致残，未及时评定残疾等级，退出现役后或者医疗终结满3年后，本人（精神病患者由其利害关系人）申请补办评定残疾等级，有档案记载或者有原始医疗证明的，可以评定残疾等级。

现役军人被评定残疾等级后，在服现役期间或者退出现役后残疾情况发生严重恶化，原定残疾等级与残疾情况明显不符，本人（精神病患者由其利害关系人）申请调整残疾等级的，可以重新评定残疾等级。

**第二十六条** 退出现役的残疾军人，按照残疾等级享受残疾抚恤金。残疾抚恤金由县级人民政府民政部门发给。

因工作需要继续服现役的残疾军人，经军队军级以上单位批准，由所在部队按照规定发给残疾抚恤金。

**第二十七条** 残疾军人的抚恤金标准应当参照全国职工平均工资水平确定。残疾抚恤金的标准以及一级至十级残疾军人享受残疾抚恤金的具体办法，由国务院民政部门会同国务院财政部门规定。

县级以上地方人民政府对依靠残疾抚恤金生活仍有困难的残疾军人，可以增发残疾抚恤金或者采取其他方式予以补助，保障其生活不低于当地的平均生活水平。

**第二十八条** 退出现役的因战、因公致残的残疾军人因旧伤复发死亡的，由县级人民政府民政部门按照因公牺牲军人的抚恤金标准发给其遗属一次性抚恤金，其遗属享受因公牺牲军人遗属抚恤待遇。

退出现役的因战、因公、因病致残的残疾军人因病死亡的，对其遗属增发 12 个月的残疾抚恤金，作为丧葬补助费；其中，因战、因公致残的一级至四级残疾军人因病死亡的，其遗属享受病故军人遗属抚恤待遇。

**第二十九条** 退出现役的一级至四级残疾军人，由国家供养终身；其中，对需要长年医疗或者独身一人不便分散安置的，经省级人民政府民政部门批准，可以集中供养。

**第三十条** 对分散安置的一级至四级残疾军人发给护理费，护理费的标准为：

（一）因战、因公一级和二级残疾的，为当地职工月平均工资的 50%；

（二）因战、因公三级和四级残疾的，为当地职工月平均工资的 40%；

（三）因病一级至四级残疾的，为当地职工月平均工资的 30%。

退出现役的残疾军人的护理费，由县级以上地方人民政府民政部门发给；未退出现役的残疾军人的护理费，经军队军级以上单位批准，由所在部队发给。

**第三十一条** 残疾军人需要配制假肢、代步三轮车等辅助器械，正在服现役的，由军队军级以上单位负责解决；退出现役的，由省级人民政府民政部门负责解决。

## 第四章 优　　待

**第三十二条** 烈士遗属依照《烈士褒扬条例》的规定享受优待。

**第三十三条** 义务兵服现役期间，其家庭由当地人民政府发给优待金或者给予其他优待，优待标准不低于当地平均生活水平。

义务兵和初级士官入伍前是国家机关、社会团体、企业事业单位职工（含合同制人员）的，退出现役后，允许复工复职，并享受不低于本单位同岗位（工种）、同工龄职工的各项待遇；服现役期间，其家属继续享受该单位职工家属的有关福利待遇。

义务兵和初级士官入伍前的承包地（山、林）等，应当保留；服现役期间，除依照国家有关规定和承包合同的约定缴纳有关税费外，免除其他负担。

义务兵从部队发出的平信，免费邮递。

**第三十四条** 国家对一级至六级残疾军人的医疗费用按照规定予以保障，由所在医疗保险统筹地区社会保险经办机构单独列账管理。具体办法由国务院民政部门会同国务院人力资源社会保障部门、财政部门规定。

七级至十级残疾军人旧伤复发的医疗费用，已经参加工伤保险的，由工伤保险基金支付，未参加工伤保险，有工作的由工作单位解决，没有工作的由当地县级以上地方人民政府负责解决；七级至十级残疾军人旧伤复发以外的医疗费用，未参加医疗保险且本人支付有困难的，由当地县级以上地方人民政府酌情给予补助。

残疾军人、复员军人、带病回乡退伍军人以及因公牺牲军人遗属、病故军人遗属享受医疗优惠待遇。具体办法由省、自治区、直辖市人民政府规定。

中央财政对抚恤优待对象人数较多的困难地区给予适当补助，用于帮助解决抚恤优待对象的医疗费用困难问题。

**第三十五条** 在国家机关、社会团体、企业事业单位工作的残疾军人，享受与所在单位工伤人员同等的生活福利和医疗待遇。所在单位不得因其残疾将其辞退、解聘或者解除劳动关系。

**第三十六条** 现役军人凭有效证件、残疾军人凭《中华人民共和国残疾军人证》优先购票乘坐境内运行的火车、轮船、长途公共汽车以及民航班机；残疾军人享受减收正常票价50%的优待。

现役军人凭有效证件乘坐市内公共汽车、电车和轨道交通工具享受优待，具体办法由有关城市人民政府规定。残疾军人凭《中华人民共和国残疾军人证》免费乘坐市内公共汽车、电车和轨道交通工具。

**第三十七条** 现役军人、残疾军人凭有效证件参观游览公园、博物馆、名胜古迹享受优待，具体办法由公园、博物馆、名胜古迹管理单位所在地的县级以上地方人民政府规定。

**第三十八条** 因公牺牲军人、病故军人的子女、兄弟姐妹，本人自愿应征并且符合征兵条件的，优先批准服现役。

**第三十九条** 义务兵和初级士官退出现役后，报考国家公务员、高等学校和中等职业学校，在与其他考生同等条件下优先录取。

残疾军人、因公牺牲军人子女、一级至四级残疾军人的子女，驻边疆国境的县（市）、沙漠区、国家确定的边远地区中的三类地区和军队确定的特、一、二类岛屿部队现役军人的子女报考普通高中、中等职业学校、高等学校，在录取时按照国家有关规定给予优待；接受学历教育的，在同等条件下优先享受国家规定的各项助学政策。现役军人子女的入学、入托，在同等条件下优先接收。具体办法由国务院民政部门会同国务院教育部门规定。

**第四十条** 残疾军人、复员军人、带病回乡退伍军人、因公牺牲军人遗属、病故军人遗属承租、购买住房依照有关规定享受优先、优惠待遇。居住农村的抚恤优待对象住房有困难的，由地方人民政府帮助解决。具体办法由省、自治区、直辖市人民政府规定。

**第四十一条**　经军队师（旅）级以上单位政治机关批准随军的现役军官家属、文职干部家属、士官家属，由驻军所在地的公安机关办理落户手续。随军前是国家机关、社会团体、企业事业单位职工的，驻军所在地人民政府人力资源社会保障部门应当接收和妥善安置；随军前没有工作单位的，驻军所在地人民政府应当根据本人的实际情况作出相应安置；对自谋职业的，按照国家有关规定减免有关费用。

**第四十二条**　驻边疆国境的县（市）、沙漠区、国家确定的边远地区中的三类地区和军队确定的特、一、二类岛屿部队的现役军官、文职干部、士官，其符合随军条件无法随军的家属，所在地人民政府应当妥善安置，保障其生活不低于当地的平均生活水平。

**第四十三条**　随军的烈士遗属、因公牺牲军人遗属和病故军人遗属移交地方人民政府安置的，享受本条例和当地人民政府规定的抚恤优待。

**第四十四条**　复员军人生活困难的，按照规定的条件，由当地人民政府民政部门给予定期定量补助，逐步改善其生活条件。

**第四十五条**　国家兴办优抚医院、光荣院，治疗或者集中供养孤老和生活不能自理的抚恤优待对象。

各类社会福利机构应当优先接收抚恤优待对象。

## 第五章　法 律 责 任

**第四十六条**　军人抚恤优待管理单位及其工作人员挪用、截留、私分军人抚恤优待经费，构成犯罪的，依法追究相关责任人员的刑事责任；尚不构成犯罪的，对相关责任人员依法给予行政处分或者纪律处分。被挪用、截留、私分的军人抚恤优待经费，由上一级人民政府民政部门、军队有关部门责令追回。

**第四十七条**　军人抚恤优待管理单位及其工作人员、参与军人抚恤优待工作的单位及工作人员有下列行为之一的，由其上级主管部门责令改正；情节严重，构成犯罪的，依法追究相关责任人员的刑事责任；尚不构成犯罪的，对相关责任人员依法给予行政处分或者纪律处分：

（一）违反规定审批军人抚恤待遇的；

（二）在审批军人抚恤待遇工作中出具虚假诊断、鉴定、证明的；

（三）不按规定的标准、数额、对象审批或者发放抚恤金、补助金、优待金的；

（四）在军人抚恤优待工作中利用职权谋取私利的。

**第四十八条**　负有军人优待义务的单位不履行优待义务的，由县级人民政府民政部门责令限期履行义务；逾期仍未履行的，处以 2 000 元以上 1 万元以下罚款。对直接负责的主管人员和其他直接责任人员依法给予行政处分、纪律处分。因不履行优待义务使抚恤优待对象受到损失的，应当依法承担赔偿责任。

**第四十九条**　抚恤优待对象有下列行为之一的，由县级人民政府民政部门给予警告，限期退回非法所得；情节严重的，停止其享受的抚恤、优待；构成犯罪的，依法追究刑事责任：

（一）冒领抚恤金、优待金、补助金的；

（二）虚报病情骗取医药费的；

（三）出具假证明，伪造证件、印章骗取抚恤金、优待金、补助金的。

**第五十条** 抚恤优待对象被判处有期徒刑、剥夺政治权利或者被通缉期间，中止其抚恤优待；被判处死刑、无期徒刑的，取消其抚恤优待资格。

## 第六章 附 则

**第五十一条** 本条例适用于中国人民武装警察部队。

**第五十二条** 军队离休、退休干部和退休士官的抚恤优待，依照本条例有关现役军人抚恤优待的规定执行。

因参战伤亡的民兵、民工的抚恤，因参加军事演习、军事训练和执行军事勤务伤亡的预备役人员、民兵、民工以及其他人员的抚恤，参照本条例的有关规定办理。

**第五十三条** 本条例所称的复员军人，是指在1954年10月31日之前入伍、后经批准从部队复员的人员；带病回乡退伍军人，是指在服现役期间患病，尚未达到评定残疾等级条件并有军队医院证明，从部队退伍的人员。

**第五十四条** 本条例自2004年10月1日起施行。1988年7月18日国务院发布的《军人抚恤优待条例》同时废止。

# 33 伤残抚恤管理办法

2007年7月10日第一次部务会议通过，2007年7月31日中华人民共和国民政部令第34号公布，自2007年8月1日起施行；2013年6月27日民政部部务会议通过《民政部关于修改〈伤残抚恤管理办法〉的决定》，2013年7月5日中华人民共和国民政部令第50号公布，自公布之日起施行。

## 目 录

第一章 总则/191

第二章 残疾等级评定/191

第三章 伤残证件和档案管理/193

第四章 伤残抚恤关系转移/194

第五章 抚恤金发放/195

第六章 附则/195

## 第一章　总　　则

**第一条**　为了规范和加强民政部门管理的伤残抚恤工作，根据《军人抚恤优待条例》等法规，制定本办法。

**第二条**　本办法适用对象为下列中国公民：

（一）在服役期间因战因公致残退出现役的军人，在服役期间因病评定了残疾等级退出现役的残疾军人；

（二）因战因公负伤时为行政编制的人民警察；

（三）因战因公负伤时为公务员以及参照《中华人民共和国公务员法》管理的国家机关工作人员；

（四）因参战、参加军事演习、军事训练和执行军事勤务致残的预备役人员、民兵、民工以及其他人员；

（五）为维护社会治安同违法犯罪分子进行斗争致残的人员；

（六）为抢救和保护国家财产、人民生命财产致残的人员；

（七）法律、行政法规规定应当由民政部门负责伤残抚恤的其他人员。

前款所列第（四）、第（五）、第（六）项人员，根据《工伤保险条例》应当认定视同工伤的，不再办理因战、因公伤残抚恤。

**第三条**　伤残抚恤工作应当遵循公开、公平、公正的原则。县级人民政府民政部门应当公布有关评残程序和抚恤金标准。

## 第二章　残疾等级评定

**第四条**　残疾等级评定包括新办评定残疾等级、补办评定残疾等级、调整残疾等级。

新办评定残疾等级是指对第二条第一款第（一）项以外的人员认定因战因公残疾性质，评定残疾等级。补办评定残疾等级是指对现役军人因战因公致残未能及时评定残疾等级，在退出现役后依据《军人抚恤优待条例》的规定，认定因战因公性质、评定残疾等级。调整残疾等级是指对已经评定残疾等级，因残疾情况变化与所评定的残疾等级明显不符的人员调整残疾等级级别。

属于新办评定残疾等级的，申请人应当在因战因公负伤或者被诊断、鉴定为职业病3年内提出申请。

**第五条**　申请人（精神病患者由其利害关系人）申请评定残疾等级，应当向所在单位提出书面申请；没有单位的，向户籍所在地的街道办事处或者乡镇人民政府提出书面申请。

以原致残部位申请调整残疾等级的，可以直接向户籍所在地县级人民政府民政部门提出申请。

**第六条**　申请人所在单位或者街道办事处或者乡镇人民政府审查评定残疾等级申请后出具书面意见，连同本人档案材料、书面申请和本人近期二寸免冠彩色照片等一并报送户籍所在地的县级人民政府民政部门审查。

申请新办评定残疾等级，应当提交致残经过证明和医疗终结后的诊断证明。

申请补办评定残疾等级，应当提交因战因公致残档案记载或者原始医疗证明。

申请调整残疾等级，应当提交原评定残疾等级的证明和本人认为残疾情况与原残疾等级明显不符的医疗诊断证明。民政部门认为需要调整等级的，应当提出调整的理由，并通知本人到指定的医疗卫生机构进行残疾情况鉴定。

**第七条** 县级人民政府民政部门对报送的有关材料进行核对，符合受理条件的签发受理通知书；材料不全或者材料不符合法定形式的应当告知当事人补充材料。

县级人民政府民政部门经审查认为申请人符合因战因公负伤条件的，应当填写《评定、调整伤残等级审批表》，并在受理之日起20个工作日内，通知本人到设区的市人民政府或者行政公署以上民政部门指定的医疗卫生机构，对属于因战因公导致的残疾情况进行鉴定，由医疗卫生专家小组根据《军人残疾等级评定标准》，出具残疾等级医学鉴定意见。职业病的残疾情况鉴定由省级人民政府民政部门指定的有职业病诊断资质的医疗机构作出；精神病的残疾情况鉴定由省级人民政府民政部门指定的二级以上精神病专科医院作出。

县级人民政府民政部门依据医疗卫生专家小组出具的残疾等级医学鉴定意见对申请人拟定残疾等级，在《评定、调整伤残等级审批表》上签署意见，加盖印章，连同其他申请材料，于收到医疗卫生专家小组签署意见之日起20个工作日内，一并报送设区的市人民政府民政部门或者行政公署民政部门。

对第二条第一款第（一）项人员，经审查认为不符合因战因公负伤条件的，或者经医疗卫生专家小组鉴定达不到评定或者调整残疾等级的，县级人民政府民政部门应当根据《军人抚恤优待条例》第二十四条第一款第（三）项的规定逐级上报省级人民政府民政部门。对第二条第一款第（一）项以外的人员，经审查认为不符合因战因公负伤条件的，或者经医疗卫生专家小组鉴定达不到评定或者调整残疾等级标准的，县级人民政府民政部门应当填写《不予评定、调整伤残等级决定书》，连同医疗卫生专家小组出具的残疾等级医学鉴定意见（复印件）和申请人提供的材料，退还申请人。

**第八条** 设区的市人民政府民政部门或者行政公署民政部门对报送的材料审查后，在《评定、调整伤残等级审批表》上签署意见，并加盖印章。

对符合条件的，于收到材料之日起20个工作日内，将上述材料报送省级人民政府民政部门。对不符合条件的，属于第二条第一款第（一）项人员，根据《军人抚恤优待条例》第二十四条第一款第（三）项的规定上报省级人民政府民政部门；属于第二条第一款第（一）项以外的人员，填写《不予评定、调整伤残等级决定书》，连同医疗卫生专家小组出具的残疾等级医学鉴定意见（复印件）和申请人提供的材料，逐级退还申请人。

**第九条** 省级人民政府民政部门对报送的材料初审后，认为符合条件的，逐级通知县级人民政府民政部门对申请人的评残情况进行公示。公示内容应当包括致残的时间、地点、原因、残疾情况（涉及隐私或者不宜公开的不公示）、拟定的残疾等级以及民政部门联系方式。公示应当在申请人工作单位所在地或者居住地进行，时间不少于7个工作日。县级人民政府民政部门应当对公示中反馈的意见进行核实并签署意见，逐级上报省级人民政府民政部门，对调整等级的应当将本人持有的伤残人员证一并上报。

省级人民政府民政部门应当对公示的意见进行审核，在《评定、调整伤残等级审批表》上签署审批意见，加盖印章。对符合条件的，由民政部门办理伤残人员证（调整等级的，在证件变更栏处填写新等级），连同医疗卫生专家小组出具的伤残等级医学鉴定意见（复印件），于收到材料之日起60个工作日内逐级发给申请人。对不符合条件的，由民政部门填写《不予评定、调整伤残等级决定书》，连同医疗卫生专家小组出具的残疾等级医学鉴定意见（复印件）和申请人提供的材料，于收到材料之日起60个工作日内逐级退还申请人。

**第十条**　申请人或者民政部门对医疗卫生专家小组作出的残疾等级医学鉴定意见有异议的，可以到省级人民政府民政部门指定的医疗卫生机构重新进行鉴定。

省级人民政府民政部门可以成立医疗卫生专家小组，对残疾情况与应当评定的残疾等级提出评定意见。

**第十一条**　伤残人员以军人、人民警察、公务员以及参照《中华人民共和国公务员法》管理的国家机关工作人员和其他人员不同身份多次致残的，民政部门按上述顺序只发给一种证件，并在伤残证件变更栏上注明第二次致残的时间和性质，以及合并评残后的等级和性质。

致残部位不能合并评残的，可以先对各部位分别评残。等级不同的，以重者定级；两项以上等级相同的，只能晋升一级。

多次致残的伤残性质不同的，以等级重者定性。等级相同的，按因战、因公、因病的顺序定性。

## 第三章　伤残证件和档案管理

**第十二条**　伤残证件的发放种类：

（一）退役军人在服役期间因战因公因病致残的，发给《中华人民共和国残疾军人证》；

（二）人民警察因战因公致残的，发给《中华人民共和国伤残人民警察证》；

（三）公务员以及参照《中华人民共和国公务员法》管理的国家机关工作人员因战因公致残的，发给《中华人民共和国伤残公务员证》；

（四）其他人员因战因公致残的，发给《中华人民共和国因战因公伤残人员证》。

**第十三条**　伤残证件由国务院民政部门统一制作。证件的有效期：15周岁以下为5年，16~25周岁为10年，26~45周岁为20年，46周岁以上为长期。

**第十四条**　伤残证件有效期满或者损毁、遗失的，当事人应当到县级人民政府民政部门申请换发证件或者补发证件。伤残证件遗失的须本人登报声明作废。

县级人民政府民政部门经审查认为符合条件的，填写《伤残人员换证补证报批表》，连同照片逐级上报省级人民政府民政部门。省级人民政府民政部门将新办理的伤残证件逐级通过县级人民政府民政部门发给申请人。各级民政部门应当在20个工作日内完成本级民政部门需要办理的事项。

**第十五条** 伤残人员办理前往香港、澳门、台湾定居或者出国定居前，由户籍所在地县级人民政府民政部门在变更栏内注明变更内容。对需要换发新证的，“身份证号”处填写所在国（或者香港、澳门、台湾）核发的居住证件号码。“户籍地”为国内抚恤关系所在地。

**第十六条** 伤残人员死亡的，县级人民政府民政部门应当注销其伤残证件，并逐级上报省级人民政府民政部门备案。

**第十七条** 民政部门对申报和审批的各种材料、伤残证件应当有登记手续。送达的材料或者证件，均须挂号邮寄或者由当事人签收。

**第十八条** 县级人民政府民政部门应当建立伤残人员资料档案，一人一档，长期保存。

## 第四章 伤残抚恤关系转移

**第十九条** 残疾军人退役或者向政府移交，必须自军队办理了退役手续或者移交手续后60日内，向户籍迁入地的县级人民政府民政部门申请转入抚恤关系。民政部门必须进行审查、登记、备案。审查的材料有：《户口簿》《残疾军人证》、解放军总后勤部卫生部（或者武警后勤部卫生部、武警边防部队后勤部、武警部队消防局、武警部队警卫局）监制的《军人残疾等级评定表》或者《换领〈中华人民共和国残疾军人证〉申报审批表》、退役证件或者移交政府安置的相关证明。

县级人民政府民政部门应当对残疾军人残疾情况及有关材料进行审查，必要时可以复查鉴定残疾情况。认为符合条件的，将《残疾军人证》及有关材料逐级报送省级人民政府民政部门。省级人民政府民政部门审查无误的，在《残疾军人证》变更栏内填写新的户籍地、重新编号，并加盖印章，将《残疾军人证》逐级通过县级人民政府民政部门发还申请人。各级民政部门应当在20个工作日内完成本级民政部门需要办理的事项，如复查鉴定残疾情况的可以延长到30个工作日。

《军人残疾等级评定表》或者《换领〈中华人民共和国残疾军人证〉申报审批表》记载的残疾情况与残疾等级明显不符的，民政部门应当暂缓登记，逐级上报省级人民政府民政部门通知原审批机关更正。复查鉴定的残疾情况与《军人残疾等级评定表》或者《换领〈中华人民共和国残疾军人证〉申报审批表》记载的残疾情况明显不符的，按复查鉴定的残疾情况重新评定残疾等级。伪造、变造《残疾军人证》的，民政部门收回《残疾军人证》不予登记，并移交当地公安机关处理。

**第二十条** 伤残人员跨省迁移的，迁出地的县级人民政府民政部门根据伤残人员申请及其伤残证件和迁入地户口簿，将伤残档案、迁入地户口簿复印件以及《伤残人员关系转移证明》，发送迁入地县级人民政府民政部门，并同时将此信息上报本省级人民政府民政部门。

迁入地县级人民政府民政部门在收到上述材料和伤残人员提供的伤残证件后，逐级上报省级人民政府民政部门。省级人民政府民政部门在向迁出地省级人民政府民政部门核实无误后，在伤残证件变更栏内填写新的户籍地、重新编号，并加盖印章，逐级通过县级人民政府民政部门发还申请人。各级民政部门应当在20个工作日内完成本级民政部门需要办理的事项。

迁出地民政部门邮寄伤残档案时，应当将伤残证及其军队或者地方相关的评残审批表或者换证表复印备查。

**第二十一条**　伤残人员本省、自治区、直辖市范围内迁移的有关手续，由省、自治区、直辖市人民政府民政部门规定。

## 第五章　抚恤金发放

**第二十二条**　伤残人员从被批准残疾等级评定后的第二个月起，由发给其伤残证件的县级人民政府民政部门按照规定予以抚恤。伤残人员抚恤关系转移的，其当年的抚恤金由部队或者迁出地的民政部门负责发给，从第二年起由迁入地民政部门按当地标准发给。

**第二十三条**　在国内异地（指非发放抚恤金所在地）居住的伤残人员或者前往香港、澳门、台湾定居或者出国定居的中国国籍伤残人员，经向县级人民政府民政部门申请并办理相关手续后，其伤残抚恤金可以委托他人代领，也可以委托民政部门邮寄给本人，或者存入其指定的金融机构账户，所需费用由本人负担。

**第二十四条**　在国内异地居住的伤残人员，每年应当向负责支付其伤残抚恤金的民政部门提供一次居住地公安机关出具的居住证明。当年未提交证明的，县级人民政府民政部门应当经过公告或者通知其家属提交证明；经过公告或者通知其家属后60日内，伤残人员仍未提供上述居住证明的，从第二年起停发伤残抚恤金。

前往香港、澳门、台湾定居或者出国定居的伤残人员，县级人民政府民政部门应当告知当事人每年向负责支付其伤残抚恤金的民政部门提供一次由我国驻外使领馆或者当地公证机关出具的居住证明，由当地公证机关出具的证明书，须经我驻外使领馆认证。香港地区由内地认可的公证人出具居住证明，澳门地区由内地认可的公证人或者澳门地区政府公证部门出具居住证明，台湾地区由当地公证机构出具居住证明。当年未提供上述居住证明的，从第二年起停发伤残抚恤金。

**第二十五条**　伤残人员死亡的，从死亡后的第二个月起停发抚恤金。

**第二十六条**　县级人民政府民政部门依据人民法院的判决书，或者公安机关发布的通缉令，对具有中止抚恤情形的伤残人员决定中止抚恤，并通知本人或者其家属。

**第二十七条**　中止抚恤的伤残人员在刑满释放并恢复政治权利或者取消通缉后，经本人申请，并经民政部门审查符合条件的，从第二个月起恢复抚恤，原停发的抚恤金不予补发。办理恢复抚恤手续应当提供下列材料：本人申请、户口簿、司法部门的相关证明。需要重新办证的，按照证件丢失规定办理。

## 第六章　附　　则

**第二十八条**　未列入行政编制的人民警察，参照本办法评定伤残等级，其伤残抚恤金由所在单位按规定发放。

**第二十九条** 本办法施行以前发生的有关第二条第一款第（三）项中“因战因公负伤时为参照《中华人民共和国公务员法》管理的国家机关工作人员”和第二条第一款第（六）项事项不予办理。

本办法施行以前已经发放的《伤残国家机关工作人员证》《伤残民兵民工证》不再换发。

**第三十条** 省级人民政府民政部门可以根据本地实际情况，制定具体工作细则。

**第三十一条** 本办法自2007年8月1日起施行。1997年民政部颁布的《伤残抚恤管理暂行办法》同时废止。

# 34 因工死亡职工供养亲属范围规定

2003年9月18日劳动和社会保障部第5次部务会议通过，2003年9月23日中华人民共和国劳动和社会保障部令第18号公布，自2004年1月1日起施行。

**第一条** 为明确因工死亡职工供养亲属范围，根据《工伤保险条例》第三十七条第一款第二项的授权，制定本规定。

**第二条** 本规定所称因工死亡职工供养亲属，是指该职工的配偶、子女、父母、祖父母、外祖父母、孙子女、外孙子女、兄弟姐妹。本规定所称子女，包括婚生子女、非婚生子女、养子女和有抚养关系的继子女，其中，婚生子女、非婚生子女包括遗腹子女；本规定所称父母，包括生父母、养父母和有抚养关系的继父母；本规定所称兄弟姐妹，包括同父母的兄弟姐妹、同父异母或者同母异父的兄弟姐妹、养兄弟姐妹、有抚养关系的继兄弟姐妹。

**第三条** 上条规定的人员，依靠因工死亡职工生前提供主要生活来源，并有下列情形之一的，可按规定申请供养亲属抚恤金：

（一）完全丧失劳动能力的；

（二）工亡职工配偶男年满60周岁、女年满55周岁的；

（三）工亡职工父母男年满60周岁、女年满55周岁的；

（四）工亡职工子女未满18周岁的；

（五）工亡职工父母均已死亡，其祖父、外祖父年满60周岁，祖母、外祖母年满55周岁的；

（六）工亡职工子女已经死亡或完全丧失劳动能力，其孙子女、外孙子女未满18周岁的；

（七）工亡职工父母均已死亡或完全丧失劳动能力，其兄弟姐妹未满18周岁的。

**第四条** 领取抚恤金人员有下列情形之一的，停止享受抚恤金待遇：

（一）年满18周岁且未完全丧失劳动能力的；

（二）就业或参军的；

（三）工亡职工配偶再婚的；

（四）被他人或组织收养的；

（五）死亡的。

**第五条**　领取抚恤金的人员，在被判刑收监执行期间，停止享受抚恤金待遇。刑满释放仍符合领取抚恤金资格的，按规定的标准享受抚恤金。

**第六条**　因工死亡职工供养亲属享受抚恤金待遇的资格，由统筹地区社会保险经办机构核定。因工死亡职工供养亲属的劳动能力鉴定，由因工死亡职工生前单位所在地设区的市级劳动能力鉴定委员会负责。

**第七条**　本办法自2004年1月1日起施行。

## 35　非法用工单位伤亡人员一次性赔偿办法

2003年9月18日劳动和社会保障部第5次部务会议通过，2003年9月23日中华人民共和国劳动和社会保障部令第19号公布，自2004年1月1日起施行；人力资源和社会保障部第56次部务会议通过，2010年12月31日中华人民共和国人力资源和社会保障部令第9号公布，自2011年1月1日起施行。

**第一条**　根据《工伤保险条例》第六十六条第一款的授权，制定本办法。

**第二条**　本办法所称非法用工单位伤亡人员，是指无营业执照或者未经依法登记、备案的单位以及被依法吊销营业执照或者撤销登记、备案的单位受到事故伤害或者患职业病的职工，或者用人单位使用童工造成的伤残、死亡童工。

前款所列单位必须按照本办法的规定向伤残职工或者死亡职工的近亲属、伤残童工或者死亡童工的近亲属给予一次性赔偿。

**第三条**　一次性赔偿包括受到事故伤害或者患职业病的职工或童工在治疗期间的费用和一次性赔偿金。一次性赔偿金数额应当在受到事故伤害或者患职业病的职工或童工死亡或者经劳动能力鉴定后确定。

劳动能力鉴定按照属地原则由单位所在地设区的市级劳动能力鉴定委员会办理。劳动能力鉴定费用由伤亡职工或童工所在单位支付。

**第四条**　职工或童工受到事故伤害或者患职业病，在劳动能力鉴定之前进行治疗期间的生活费按照统筹地区上年度职工月平均工资标准确定，医疗费、护理费、住院期间的伙食补助费以及所需的交通费等费用按照《工伤保险条例》规定的标准和范围确定，并全部由伤残职工或童工所在单位支付。

**第五条**　一次性赔偿金按照以下标准支付：

一级伤残的为赔偿基数的16倍，二级伤残的为赔偿基数的14倍，三级伤残的为赔偿基数的12倍，四级伤残的为赔偿基数的10倍，五级伤残的为赔偿基数的8倍，六级伤残的为赔偿基数的6倍，七级伤残的为赔偿基数的4倍，八级伤残的为赔偿基数的3倍，九级伤残的为赔偿基数的2倍，十级伤残的为赔偿基数的1倍。

前款所称赔偿基数，是指单位所在工伤保险统筹地区上年度职工年平均工资。

**第六条** 受到事故伤害或者患职业病造成死亡的，按照上一年度全国城镇居民人均可支配收入的20倍支付一次性赔偿金，并按照上一年度全国城镇居民人均可支配收入的10倍一次性支付丧葬补助等其他赔偿金。

**第七条** 单位拒不支付一次性赔偿的，伤残职工或者死亡职工的近亲属、伤残童工或者死亡童工的近亲属可以向人力资源和社会保障行政部门举报。经查证属实的，人力资源和社会保障行政部门应当责令该单位限期改正。

**第八条** 伤残职工或者死亡职工的近亲属、伤残童工或者死亡童工的近亲属就赔偿数额与单位发生争议的，按照劳动争议处理的有关规定处理。

**第九条** 本办法自2011年1月1日起施行。劳动和社会保障部2003年9月23日颁布的《非法用工单位伤亡人员一次性赔偿办法》同时废止。

## 36 社会保险基金先行支付暂行办法

人力资源和社会保障部第67次部务会审议通过，2011年6月29日中华人民共和国人力资源和社会保障部令第15号公布，自2011年7月1日起施行。

**第一条** 为了维护公民的社会保险合法权益，规范社会保险基金先行支付管理，根据《中华人民共和国社会保险法》（以下简称社会保险法）和《工伤保险条例》，制定本办法。

**第二条** 参加基本医疗保险的职工或者居民（以下简称个人）由于第三人的侵权行为造成伤病的，其医疗费用应当由第三人按照确定的责任大小依法承担。超过第三人责任部分的医疗费用，由基本医疗保险基金按照国家规定支付。

前款规定中应当由第三人支付的医疗费用，第三人不支付或者无法确定第三人的，在医疗费用结算时，个人可以向参保地社会保险经办机构书面申请基本医疗保险基金先行支付，并告知造成其伤病的原因和第三人不支付医疗费用或者无法确定第三人的情况。

**第三条** 社会保险经办机构接到个人根据第二条规定提出的申请后，经审核确定其参加基本医疗保险的，应当按照统筹地区基本医疗保险基金支付的规定先行支付相应部分的医疗费用。

**第四条** 个人由于第三人的侵权行为造成伤病被认定为工伤，第三人不支付工伤医疗费用或者无法确定第三人的，个人或者其近亲属可以持工伤认定决定书和有关材料向社会保险经办机构书面申请工伤保险基金先行支付，并告知第三人不支付或者无法确定第三人的情况。

**第五条** 社会保险经办机构接到个人根据第四条规定提出的申请后，应当审查个人获得基本医疗保险基金先行支付和其所在单位缴纳工伤保险费等情况，并按照下列情形分别处理：

（一）对于个人所在用人单位已经依法缴纳工伤保险费，且在认定工伤之前基本医疗保险基金有先行支付的，社会保险经办机构应当按照工伤保险有关规定，用工伤保险基金先行支付超出基本医疗保险基金先行支付部分的医疗费用，并向基本医疗保险基金退还先行支付的费用。

（二）对于个人所在用人单位已经依法缴纳工伤保险费，在认定工伤之前基本医疗保险基金无先行支付的，社会保险经办机构应当用工伤保险基金先行支付工伤医疗费用。

（三）对于个人所在用人单位未依法缴纳工伤保险费，且在认定工伤之前基本医疗保险基金有先行支付的，社会保险经办机构应当在3个工作日内向用人单位发出书面催告通知，要求用人单位在5个工作日内依法支付超出基本医疗保险基金先行支付部分的医疗费用，并向基本医疗保险基金偿还先行支付的医疗费用。用人单位在规定时间内不支付其余部分医疗费用的，社会保险经办机构应当用工伤保险基金先行支付。

（四）对于个人所在用人单位未依法缴纳工伤保险费，在认定工伤之前基本医疗保险基金无先行支付的，社会保险经办机构应当在3个工作日内向用人单位发出书面催告通知，要求用人单位在5个工作日内依法支付全部工伤医疗费用；用人单位在规定时间内不支付的，社会保险经办机构应当用工伤保险基金先行支付。

**第六条**　职工所在用人单位未依法缴纳工伤保险费，发生工伤事故的，用人单位应当采取措施及时救治，并按照规定的工伤保险待遇项目和标准支付费用。

职工被认定为工伤后，有下列情形之一的，职工或者其近亲属可以持工伤认定决定书和有关材料向社会保险经办机构书面申请先行支付工伤保险待遇：

（一）用人单位被依法吊销营业执照或者撤销登记、备案的。

（二）用人单位拒绝支付全部或者部分费用的。

（三）依法经仲裁、诉讼后仍不能获得工伤保险待遇，法院出具中止执行文书的。

（四）职工认为用人单位不支付的其他情形。

**第七条**　社会保险经办机构收到职工或者其近亲属根据第六条规定提出的申请后，应当在3个工作日内向用人单位发出书面催告通知，要求其在5个工作日内予以核实并依法支付工伤保险待遇，告知其如在规定期限内不按时足额支付的，工伤保险基金在按照规定先行支付后，取得要求其偿还的权利。

**第八条**　用人单位未按照第七条规定按时足额支付的，社会保险经办机构应当按照社会保险法和《工伤保险条例》的规定，先行支付工伤保险待遇项目中应当由工伤保险基金支付的项目。

**第九条**　个人或者其近亲属提出先行支付医疗费用、工伤医疗费用或者工伤保险待遇申请，社会保险经办机构经审核不符合先行支付条件的，应当在收到申请后5个工作日内作出不予先行支付的决定，并书面通知申请人。

**第十条**　个人申请先行支付医疗费用、工伤医疗费用或者工伤保险待遇的，应当提交所有医疗诊断、鉴定等费用的原始票据等证据。社会保险经办机构应当保留所有原始票据等证据，要求申请人在先行支付凭据上签字确认，凭原始票据等证据先行支付医疗费用、工伤医疗费用或者工伤保险待遇。

个人因向第三人或者用人单位请求赔偿需要医疗费用、工伤医疗费用或者工伤保险待遇的原始票据等证据的，可以向社会保险经办机构索取复印件，并将第三人或者用人单位赔偿情况及时告知社会保险经办机构。

**第十一条** 个人已经从第三人或者用人单位处获得医疗费用、工伤医疗费用或者工伤保险待遇的，应当主动将先行支付金额中应当由第三人承担的部分或者工伤保险基金先行支付的工伤保险待遇退还给基本医疗保险基金或者工伤保险基金，社会保险经办机构不再向第三人或者用人单位追偿。

个人拒不退还的，社会保险经办机构可以从以后支付的相关待遇中扣减其应当退还的数额，或者向人民法院提起诉讼。

**第十二条** 社会保险经办机构按照本办法第三条规定先行支付医疗费用或者按照第五条第一项、第二项规定先行支付工伤医疗费用后，有关部门确定了第三人责任的，应当要求第三人按照确定的责任大小依法偿还先行支付数额中的相应部分。第三人逾期不偿还的，社会保险经办机构应当依法向人民法院提起诉讼。

**第十三条** 社会保险经办机构按照本办法第五条第三项、第四项和第六条、第七条、第八条的规定先行支付工伤保险待遇后，应当责令用人单位在10日内偿还。

用人单位逾期不偿还的，社会保险经办机构可以按照社会保险法第六十三条的规定，向银行和其他金融机构查询其存款账户，申请县级以上社会保险行政部门作出划拨应偿还款项的决定，并书面通知用人单位开户银行或者其他金融机构划拨其应当偿还的数额。

用人单位账户余额少于应当偿还数额的，社会保险经办机构可以要求其提供担保，签订延期还款协议。

用人单位未按时足额偿还且未提供担保的，社会保险经办机构可以申请人民法院扣押、查封、拍卖其价值相当于应当偿还数额的财产，以拍卖所得偿还所欠数额。

**第十四条** 社会保险经办机构向用人单位追偿工伤保险待遇发生的合理费用以及用人单位逾期偿还部分的利息损失等，应当由用人单位承担。

**第十五条** 用人单位不支付依法应当由其支付的工伤保险待遇项目的，职工可以依法申请仲裁、提起诉讼。

**第十六条** 个人隐瞒已经从第三人或者用人单位处获得医疗费用、工伤医疗费用或者工伤保险待遇，向社会保险经办机构申请并获得社会保险基金先行支付的，按照社会保险法第八十八条的规定处理。

**第十七条** 用人单位对社会保险经办机构作出先行支付的追偿决定不服或者对社会保险行政部门作出的划拨决定不服的，可以依法申请行政复议或者提起行政诉讼。

个人或者其近亲属对社会保险经办机构作出不予先行支付的决定不服或者对先行支付的数额不服的，可以依法申请行政复议或者提起行政诉讼。

**第十八条** 本办法自2011年7月1日起施行。

# 37　人力资源社会保障部关于工伤保险待遇调整和确定机制的指导意见

人社部发〔2017〕58号

各省、自治区、直辖市及新疆生产建设兵团人力资源社会保障厅（局）：

工伤保险待遇是工伤保险制度的重要内容。随着经济社会发展，职工平均工资与生活费用发生变化，适时调整工伤保险待遇水平，既是工伤保险制度的内在要求，也是促进社会公平、维护社会和谐的职责所在，是各级党委、政府保障和改善民生的具体体现。根据《工伤保险条例》，现就工伤保险待遇调整和确定机制，制定如下指导意见：

**一、总体要求**

全面贯彻党的十八大和十八届三中、四中、五中、六中全会精神，深入贯彻习近平总书记系列重要讲话精神和治国理政新理念新思想新战略，紧紧围绕统筹推进“五位一体”总体布局和协调推进“四个全面”战略布局，坚持以人民为中心的发展思想，依据社会保险法和《工伤保险条例》，建立工伤保险待遇调整和确定机制，科学合理确定待遇调整水平，提高工伤保险待遇给付的服务与管理水平，推进建立更加公平、更可持续的工伤保险制度，不断增强人民群众的获得感与幸福感。

工伤保险待遇调整和确定要与经济发展水平相适应，综合考虑职工工资增长、居民消费价格指数变化、工伤保险基金支付能力、相关社会保障待遇调整情况等因素，兼顾不同地区待遇差别，按照基金省级统筹要求，适度、稳步提升，实现待遇平衡。原则上每两年至少调整一次。

**二、主要内容**

（一）伤残津贴的调整。伤残津贴是对因工致残而退出工作岗位的工伤职工工资收入损失的合理补偿。一级至四级伤残津贴调整以上年度省（区、市）一级至四级工伤职工月人均伤残津贴为基数，综合考虑职工平均工资增长和居民消费价格指数变化情况，侧重职工平均工资增长因素，兼顾工伤保险基金支付能力和相关社会保障待遇调整情况，综合进行调节。伤残津贴调整可以采取定额调整和适当倾斜的办法，对伤残程度高、伤残津贴低于平均水平的工伤职工予以适当倾斜。(具体计算公式见附件1)

五级、六级工伤职工的伤残津贴按照《工伤保险条例》的规定执行。

（二）供养亲属抚恤金的调整。供养亲属抚恤金是工亡职工供养亲属基本生活的合理保障。供养亲属抚恤金调整以上年度省（区、市）月人均供养亲属抚恤金为基数，综合考虑职工平均工资增长和居民消费价格指数变化情况，侧重居民消费价格指数变化，兼顾工伤保险基金支付能力和相关社会保障待遇调整情况，综合进行调节。供养亲属抚恤金调整采取定额调整的办法。(具体计算公式见附件2)

（三）生活护理费的调整。生活护理费根据《工伤保险条例》和《劳动能力鉴定职工工伤与职业病致残等级》相关规定进行计发，按照上年度省（区、市）职工平均工资增长比例同步调整。职工平均工资下降时不调整。

（四）住院伙食补助费的确定。省（区、市）可参考当地城镇居民消费支出结构，科学确定工伤职工住院伙食补助费标准。住院伙食补助费原则上不超过上年度省（区、市）城镇居民日人均消费支出额的40%。

（五）其他待遇。一次性伤残补助金、一次性工亡补助金、丧葬补助金按照《工伤保险条例》规定的计发标准计发。工伤医疗费、辅助器具配置费、工伤康复和统筹地区以外就医期间交通、食宿费用等待遇，根据《工伤保险条例》和相关目录、标准据实支付。

一次性伤残就业补助金和一次性工伤医疗补助金，由省（区、市）综合考虑工伤职工伤残程度、伤病类别、年龄等因素制定标准，注重引导和促进工伤职工稳定就业。

**三、工作要求**

（一）高度重视，加强部署。建立工伤保险待遇调整和确定机制，关系广大工伤职工及工亡职工供养亲属的切身利益。各地要切实加强组织领导，提高认识，扎实推进，从2018年开始，要按照指导意见规定，结合当地实际，做好待遇调整和确定工作，与工伤保险基金省级统筹工作有机结合、紧密配合、同步推进，防止出现衔接问题和政策冲突。

（二）统筹兼顾，加强管理。要统筹考虑工伤保险待遇调整涉及的多种因素，详细论证，周密测算，选好参数和系数，确定科学、合理的调整额，建立科学、有效的调整机制。省（区、市）人力资源社会保障部门要根据《工伤保险条例》和本指导意见制定调整方案，报经省（区、市）人民政府批准后实施。要加强管理，根据《工伤保险条例》规定，统筹做好工伤保险其他待遇的调整、确定和计发，进一步加强待遇支付管理，依规发放和支付，防止跑冒滴漏、恶意骗保，维护基金安全。

（三）正确引导，确保稳定。工伤保险待遇调整直接涉及民生，关乎公平与效率。要加强工伤保险政策宣传，正确引导舆论，争取社会对待遇调整工作的理解与支持，为调整工作营造良好舆论氛围。做好调整方案的风险评估工作，制定应急处置预案，确保待遇调整工作平稳、有序、高效。待遇调整情况请及时报人力资源社会保障部。

附件：1. 一级至四级工伤职工伤残津贴调整公式

2. 供养亲属抚恤金调整公式

人力资源社会保障部

2017年7月28日

**附件 1**

# 一级至四级工伤职工伤残津贴调整公式

$$Z_1=S\times(G\times a+X\times b)\pm C$$

$$a+b=1,\ a>b,\ C\geqslant 0。$$

其中　$Z_1$——一级至四级工伤职工伤残津贴人均调整额；

$S$——上年度省（区、市）一级至四级工伤职工月人均伤残津贴；

$G$——上年度省（区、市）职工平均工资增长率；

$X$——上年度省（区、市）居民消费价格指数；

$a$——职工平均工资增长率的权重系数；

$b$——居民消费价格指数的权重系数；

$C$——省（区、市）工伤保险基金支付能力和相关社会保障待遇调整等因素综合调节额。

当职工平均工资下降时，$G=0$；当居民消费价格指数为负时，$X=0$。

**附件 2**

# 供养亲属抚恤金调整公式

$$Z_2=F\times(G\times a+X\times b)\pm C$$

$$a+b=1,\ a<b,\ C\geqslant 0。$$

其中　$Z_2$——供养亲属抚恤金人均调整额；

$F$——上年度省（区、市）月人均供养亲属抚恤金；

$G$——上年度省（区、市）职工平均工资增长率；

$X$——上年度省（区、市）居民消费价格指数；

$a$——职工平均工资增长率的权重系数；

$b$——居民消费价格指数的权重系数；

$C$——省（区、市）工伤保险基金支付能力和相关社会保障待遇调整等因素综合调节额。

当职工平均工资下降时，$G=0$；当居民消费价格指数为负时，$X=0$。

# 五、工 伤 康 复

## 38 工伤保险辅助器具配置管理办法

人力资源社会保障部部务会、民政部部务会、国家卫生计生委委主任会议讨论通过，2016年2月16日中华人民共和国人力资源和社会保障部、中华人民共和国民政部、中华人民共和国国家卫生和计划生育委员会令第27号公布，自2016年4月1日起施行。

### 目 录


第一章 总则/204

第二章 确认与配置程序/205

第三章 管理与监督/206

第四章 法律责任/207

第五章 附则/207


### 第一章 总 则

**第一条** 为了规范工伤保险辅助器具配置管理，维护工伤职工的合法权益，根据《工伤保险条例》，制定本办法。

**第二条** 工伤职工因日常生活或者就业需要，经劳动能力鉴定委员会确认，配置假肢、矫形器、假眼、假牙和轮椅等辅助器具的，适用本办法。

**第三条** 人力资源社会保障行政部门负责工伤保险辅助器具配置的监督管理工作。民政、卫生计生等行政部门在各自职责范围内负责工伤保险辅助器具配置的有关监督管理工作。

社会保险经办机构（以下称经办机构）负责对申请承担工伤保险辅助器具配置服务的辅助器具装配机构和医疗机构（以下称工伤保险辅助器具配置机构）进行协议管理，并按照规定核付配置费用。

**第四条** 设区的市级（含直辖市的市辖区、县）劳动能力鉴定委员会（以下称劳动能力鉴定委员会）负责工伤保险辅助器具配置的确认工作。

**第五条** 省、自治区、直辖市人力资源社会保障行政部门负责制定工伤保险辅助器具配置机构评估确定办法。

经办机构按照评估确定办法，与工伤保险辅助器具配置机构签订服务协议，并向社会公布签订服务协议的工伤保险辅助器具配置机构（以下称协议机构）名单。

**第六条**　人力资源社会保障部根据社会经济发展水平、工伤职工日常生活和就业需要等，组织制定国家工伤保险辅助器具配置目录，确定配置项目、适用范围、最低使用年限等内容，并适时调整。

省、自治区、直辖市人力资源社会保障行政部门可以结合本地区实际，在国家目录确定的配置项目基础上，制定省级工伤保险辅助器具配置目录，适当增加辅助器具配置项目，并确定本地区辅助器具配置最高支付限额等具体标准。

## 第二章　确认与配置程序

**第七条**　工伤职工认为需要配置辅助器具的，可以向劳动能力鉴定委员会提出辅助器具配置确认申请，并提交下列材料：

（一）《工伤认定决定书》原件和复印件，或者其他确认工伤的文件；

（二）居民身份证或者社会保障卡等有效身份证明原件和复印件；

（三）有效的诊断证明、按照医疗机构病历管理有关规定复印或者复制的检查、检验报告等完整病历材料。

工伤职工本人因身体等原因无法提出申请的，可由其近亲属或者用人单位代为申请。

**第八条**　劳动能力鉴定委员会收到辅助器具配置确认申请后，应当及时审核；材料不完整的，应当自收到申请之日起5个工作日内一次性书面告知申请人需要补正的全部材料；材料完整的，应当在收到申请之日起60日内作出确认结论。伤情复杂、涉及医疗卫生专业较多的，作出确认结论的期限可以延长30日。

**第九条**　劳动能力鉴定委员会专家库应当配备辅助器具配置专家，从事辅助器具配置确认工作。

劳动能力鉴定委员会应当根据配置确认申请材料，从专家库中随机抽取3名或者5名专家组成专家组，对工伤职工本人进行现场配置确认。专家组中至少包括1名辅助器具配置专家、2名与工伤职工伤情相关的专家。

**第十条**　专家组根据工伤职工伤情，依据工伤保险辅助器具配置目录有关规定，提出是否予以配置的确认意见。专家意见不一致时，按照少数服从多数的原则确定专家组的意见。

劳动能力鉴定委员会根据专家组确认意见作出配置辅助器具确认结论。其中，确认予以配置的，应当载明确认配置的理由、依据和辅助器具名称等信息；确认不予配置的，应当说明不予配置的理由。

**第十一条**　劳动能力鉴定委员会应当自作出确认结论之日起20日内将确认结论送达工伤职工及其用人单位，并抄送经办机构。

**第十二条**　工伤职工收到予以配置的确认结论后，及时向经办机构进行登记，经办机构向工伤职工出具配置费用核付通知单，并告知下列事项：

（一）工伤职工应当到协议机构进行配置；

（二）确认配置的辅助器具最高支付限额和最低使用年限；

（三）工伤职工配置辅助器具超目录或者超出限额部分的费用，工伤保险基金不予支付。

**第十三条** 工伤职工可以持配置费用核付通知单，选择协议机构配置辅助器具。

协议机构应当根据与经办机构签订的服务协议，为工伤职工提供配置服务，并如实记录工伤职工信息、配置器具产品信息、最高支付限额、最低使用年限以及实际配置费用等配置服务事项。

前款规定的配置服务记录经工伤职工签字后，分别由工伤职工和协议机构留存。

**第十四条** 协议机构或者工伤职工与经办机构结算配置费用时，应当出具配置服务记录。经办机构核查后，应当按照工伤保险辅助器具配置目录有关规定及时支付费用。

**第十五条** 工伤职工配置辅助器具的费用包括安装、维修、训练等费用，按照规定由工伤保险基金支付。

经经办机构同意，工伤职工到统筹地区以外的协议机构配置辅助器具发生的交通、食宿费用，可以按照统筹地区人力资源社会保障行政部门的规定，由工伤保险基金支付。

**第十六条** 辅助器具达到规定的最低使用年限的，工伤职工可以按照统筹地区人力资源社会保障行政部门的规定申请更换。

工伤职工因伤情发生变化，需要更换主要部件或者配置新的辅助器具的，经向劳动能力鉴定委员会重新提出确认申请并经确认后，由工伤保险基金支付配置费用。

## 第三章　管理与监督

**第十七条** 辅助器具配置专家应当具备下列条件之一：

（一）具有医疗卫生中高级专业技术职务任职资格；

（二）具有假肢师或者矫形器师职业资格；

（三）从事辅助器具配置专业技术工作 5 年以上。

辅助器具配置专家应当具有良好的职业品德。

**第十八条** 工伤保险辅助器具配置机构的具体条件，由省、自治区、直辖市人力资源社会保障行政部门会同民政、卫生计生行政部门规定。

**第十九条** 经办机构与工伤保险辅助器具配置机构签订的服务协议，应当包括下列内容：

（一）经办机构与协议机构名称、法定代表人或者主要负责人等基本信息；

（二）服务协议期限；

（三）配置服务内容；

（四）配置费用结算；

（五）配置管理要求；

（六）违约责任及争议处理；

（七）法律、法规规定应当纳入服务协议的其他事项。

**第二十条** 配置的辅助器具应当符合相关国家标准或者行业标准。统一规格的产品或者材料等辅助器具在装配前应当由国家授权的产品质量检测机构出具质量检测报告，标注生产厂家、产品品牌、型号、材料、功能、出品日期、使用期和保修期等事项。

**第二十一条** 协议机构应当建立工伤职工配置服务档案，并至少保存至服务期限结束之日起两年。经办机构可以对配置服务档案进行抽查，并作为结算配置费用的依据之一。

**第二十二条**　经办机构应当建立辅助器具配置工作回访制度，对辅助器具装配的质量和服务进行跟踪检查，并将检查结果作为对协议机构的评价依据。

**第二十三条**　工伤保险辅助器具配置机构违反国家规定的辅助器具配置管理服务标准，侵害工伤职工合法权益的，由民政、卫生计生行政部门在各自监管职责范围内依法处理。

**第二十四条**　有下列情形之一的，经办机构不予支付配置费用：

（一）未经劳动能力鉴定委员会确认，自行配置辅助器具的；

（二）在非协议机构配置辅助器具的；

（三）配置辅助器具超目录或者超出限额部分的；

（四）违反规定更换辅助器具的。

**第二十五条**　工伤职工或者其近亲属认为经办机构未依法支付辅助器具配置费用，或者协议机构认为经办机构未履行有关协议的，可以依法申请行政复议或者提起行政诉讼。

## 第四章　法 律 责 任

**第二十六条**　经办机构在协议机构管理和核付配置费用过程中收受当事人财物的，由人力资源社会保障行政部门责令改正，对直接负责的主管人员和其他直接责任人员依法给予处分；情节严重，构成犯罪的，依法追究刑事责任。

**第二十七条**　从事工伤保险辅助器具配置确认工作的组织或者个人有下列情形之一的，由人力资源社会保障行政部门责令改正，处 2 000 元以上 1 万元以下的罚款；情节严重，构成犯罪的，依法追究刑事责任：

（一）提供虚假确认意见的；

（二）提供虚假诊断证明或者病历的；

（三）收受当事人财物的。

**第二十八条**　协议机构不按照服务协议提供服务的，经办机构可以解除服务协议，并按照服务协议追究相应责任。

经办机构不按时足额结算配置费用的，由人力资源社会保障行政部门责令改正；协议机构可以解除服务协议。

**第二十九条**　用人单位、工伤职工或者其近亲属骗取工伤保险待遇，辅助器具装配机构、医疗机构骗取工伤保险基金支出的，按照《工伤保险条例》第六十条的规定，由人力资源社会保障行政部门责令退还，处骗取金额 2 倍以上 5 倍以下的罚款；情节严重，构成犯罪的，依法追究刑事责任。

## 第五章　附　　则

**第三十条**　用人单位未依法参加工伤保险，工伤职工需要配置辅助器具的，按照本办法的相关规定执行，并由用人单位支付配置费用。

**第三十一条**　本办法自 2016 年 4 月 1 日起施行。

# 39　人力资源社会保障部关于印发《工伤康复服务项目（试行）》和《工伤康复服务规范（试行）》（修订版）的通知

人社部发〔2013〕30号

各省、自治区、直辖市及新疆生产建设兵团人力资源社会保障厅（局）：

为进一步规范和加强工伤康复管理工作，我部在总结2008年制定的《工伤康复服务项目（试行）》和《工伤康复诊疗规范（试行）》执行情况基础上，结合国家发改委、卫生部、国家中医药管理局颁布的《全国医疗服务价格项目规范（2012年版）》（以下简称《价格项目规范》），组织修订了《工伤康复服务项目（试行）》（以下简称《服务项目》）和《工伤康复服务规范（试行）》（以下简称《服务规范》），现印发你们，并就有关问题通知如下：

一、《服务项目》和《服务规范》既是工伤康复试点机构开展工伤康复服务的业务指南和工作规程，也是工伤保险行政管理部门、社会保险经办机构和劳动能力鉴定机构进行工伤康复监督管理的重要依据。工伤保险行政管理部门和经办机构要密切配合，积极协调有关方面，特别是结合贯彻《国家发展改革委、卫生部、国家中医药管理局关于规范医疗服务价格管理及有关问题的通知》（发改价格〔2012〕1170号），认真做好《服务项目》和《服务规范》的实施工作。

二、《服务项目》和《服务规范》的使用范围仅限于在各地确定的工伤康复协议机构进行康复的工伤人员。工伤职工康复期间必须使用的中医治疗、康复类项目按本地《工伤保险诊疗项目目录》的规定执行。

三、各地在贯彻实施《服务项目》和《服务规范》中，应坚持实事求是的原则，根据当地康复技术发展水平对《服务项目》进行适当调整，调整幅度控制在《服务项目》总数10%范围内。并加强对康复服务项目使用合理性的管理，明确康复服务项目使用适应证、服务项目合理次数等要求。同时结合本地实际对《服务规范》进一步细化。各地对《服务项目》和《服务规范》的调整情况报我部备案。

四、对《服务项目》中列入《价格项目规范》的康复项目，各地要严格执行发改价格〔2012〕1170号文件相关规定；未列入《价格项目规范》的康复项目，各地要按照有关规定，积极与当地价格主管部门协商，争取支持。未经批准或同意的医疗康复服务项目暂不开展。

五、各地要加强管理，制定切实可行的康复管理办法和评估办法，细化与康复机构签订的协议内容，探索工伤康复费用结算方式，确保基金支付合法、合理、安全。

六、各地在《服务项目》和《服务规范》试行过程中，对其中尚未涉及的伤残病种，要不断加强探索，继续开展深入研究，总结经验，摸索规律。我部将根据各地工伤康复工作实践情况适时予以补充完善。如有重大问题，请及时报告我部。

附件：1. 工伤康复服务项目（试行）（2013年修订）

2. 工伤康复服务规范（试行）（2013年修订）

人力资源社会保障部

2013年4月22日

附件 1

# 工伤康复服务项目
# （试行）

（2013 年修订）

人力资源社会保障部

2013 年 4 月

# 说　明

一、《工伤康复服务项目（试行）》（以下简称《服务项目》）按照康复医学和措施分类方法，分为医疗康复服务和职业社会康复服务两大类，共计236项（未计中医治疗类项目），基本涵盖了工伤康复服务所必需的各种功能评定和治疗训练项目。其中，医疗康复服务包括康复功能评定、康复治疗、康复护理和其他治疗4类，共190项；职业社会康复服务包括评估和训练2类，共46项。

二、项目来源有两类：一类来自《全国医疗服务价格项目规范（2012年版）》（发改价格〔2012〕1170号）（以下简称《价格项目规范》）中已有的康复医疗相关项目（在每个项目后附有标准编码）；另一类参考已开展工伤康复工作的省（市、区）及港台相关康复机构康复服务项目，根据工伤康复实际需要补充。

三、本《服务项目》每个项目包括项目编码、项目名称、计价单位、计价说明、项目内涵、除外内容、适用范围和标准编码，其中项目名称、计价单位、项目内涵和除外内容的表述按照《价格项目规范》相关要求编制。"计价说明"中"包括"后面所列的不同服务内容和技术方法，可以单独计费；"计价说明"中"含"表示在该项目中应当提供的服务内容，这些服务内容不得单独分解计费。

四、本《服务项目》用于指导各地在工伤康复工作中，明确服务项目内容，规范开展工伤康复服务。

五、随着康复技术的发展和工伤康复试点工作的深入，《服务项目》将及时调整修订和完善。

# 目　录


一、医疗康复服务类/212
　（一）康复功能评定/212
　　1. 运动、感觉、心肺功能评定/212
　　2. 作业评定/216
　　3. 言语—语言、摄食—吞咽评定/221
　　4. 心理评估/224
　　5. 其他评定/227
　（二）康复治疗/229
　　1. 物理治疗Ⅰ（运动治疗）/229
　　2. 物理治疗Ⅱ（理疗）/234
　　3. 物理治疗Ⅲ（水疗）/244
　　4. 作业治疗/246
　　5. 言语—语言、摄食—吞咽治疗/253
　　6. 心理治疗/255
　（三）康复护理/257
　（四）其他治疗/260
二、职业社会康复服务类/261
　（一）评估类/261
　（二）训练类/266

| 项目编码 | 项目名称 | 计价单位 | 计价说明 | 项目内涵 | 除外内容 | 适用范围 | 标准编码 |
|---|---|---|---|---|---|---|---|
| 一、医疗康复服务类 | | | | | | | |
| 11 | （一）康复功能评定 | | | | | | |
| 1101 | 1. 运动、感觉、心肺功能评定 | | | | | | |
| 1101001 | 呼吸方式+呼吸肌功能的评定 | 次 | 含呼吸肌力量和耐力测定，分别测其最大吸气、呼气压、膈肌功能 | 测试前说明目的和要求并取得患者配合，装置呼吸肌功能检测仪，患者按要求完成呼吸动作，分析患者呼吸形式、呼吸肌目前的状况和肺功能的客观检查。人工报告 | | 伴有呼吸异常，气促，胸痛和肺功能障碍的工伤职工 | MADJE002 |
| 1101002 | 平衡试验 | 次 | | 含平衡台试验，行感觉结构分析，分别在六种条件下行静态平衡功能检查，每个条件下做两次，观察各条件下足底压力中心的晃动面积及前后、左右的晃动长度及平衡得分，行感觉结构分析，分别观察视觉、本体觉以及前庭觉在平衡维持中的得分，计算 Romberg 商，行稳定极限范围试验，观察患者在保持不跌倒的情况下身体中心晃动的最大范围。行跌倒评估试验，在平板运动情况下让患者睁眼、闭眼，观察患者身体随平板运动时的增益、幅值及能量消耗情况，预估跌倒的概率。视动试验旋转试验，甘油试验。不含平板试验 | | 伴有平衡功能障碍的工伤职工 | FFA04704 |
| 1101003 | 6 分钟步行测试 | 次 | 含步行中出现的血压、心率、血氧饱和度的变化情况、步行距离及步行中出现的不适症状等 | 评定前说明目的和要求并取得患者配合；患者按要求进行 6 分钟步行测试；如患者中途不适可终止步行；记录血氧饱和度（SpO2）%、心率和气短指数，使用量尺量度并计算准确的步行距离及不适症状 | | 伴有心肺功能障碍的工伤职工 | MABXA001 |

续表

| 项目编码 | 项目名称 | 计价单位 | 计价说明 | 项目内涵 | 除外内容 | 适用范围 | 标准编码 |
|---|---|---|---|---|---|---|---|
| 1101004 | 10 米步行测试 | 次 | 含步行时间及步行中出现的不适症状等 | 评定前说明目的和要求并取得患者配合；患者按要求进行 10 米步行测试；如患者中途不适可终止步行；记录步行时间及不适症状，以评定患者的步行速度和运动功能 |  | 伴有步行障碍的工伤职工 |  |
| 1101005 | 步态分析检查 | 次 | 含对步行速度、步长、步频、步态对称性、步行周期中各关节力学角度变化的评定 | 采用步态分析系统进行检查操作，在躯干、骨盆、髋、膝、踝及第 5 趾骨等关节处贴标志点，采集步态视频、图像后处理，对步行速度、站立相与摆动相比例百分比，步长、步态对称性，步行周期中各环节特征识别，步宽、下肢诸关节运动曲线及数据进行处理分析。图文报告 |  | 伴有步行功能障碍的工伤职工 | MABXA002 |
| 1101006 | 步态动力学分析检查 | 次 | 含对步行作用力、地面反作用力、足底受力分布及重心转移的静态或者动态变化的评定 | 采用动力学步态分析系统，患者从铺设在地面的压力传感器上走过，通过该系统对行走中下肢（髋、膝、踝关节）受力情况进行地反力、关节力矩、人体代谢性能量与机械能转换与守恒等的诊断。人工报告 |  | 伴有步行功能障碍的工伤职工 | MABXA003 |
| 1101007 | 心功能康复评定 | 次 | 包括活动平板试验及功率自行车试验 | 利用仪器监测生命体征，连接电极、面罩，留取静息心电图，患者在平板或踏车上按运动方案运动，根据心电图 S-T 段变化、心律失常以及耗氧量、分钟潮气量、呼吸商、代谢当量进行判断，评价运动心功能，指导患者进行有氧运动训练，制定运动处方 |  | 伴有心肺功能障碍的工伤职工 | MADKA001 |

续表

| 项目编码 | 项目名称 | 计价单位 | 计价说明 | 项目内涵 | 除外内容 | 适用范围 | 标准编码 |
|---|---|---|---|---|---|---|---|
| 1101008 | 肺功能康复评定 | 次 | 含主观呼吸症状及肺功能客观检查 | 利用肺功能测定仪，监测生命体征，连接电极、面罩，留取静息心电图，患者在平板或踏车上按运动方案运动，根据心电图S-T段变化、心律失常以及耗氧量、分钟潮气量、呼吸商、代谢当量进行判断，评价运动肺功能，指导患者进行有氧运动训练，制定运动处方 |  | 伴有心肺功能障碍的工伤职工 | MADJE001 |
| 1101009 | 菲戈迈耶评价（Fugl－Meyer评价，FMA） | 次 | 含运动控制、平衡、感觉、关节活动度及疼痛方面的检查 | 评定前说明目的和要求并取得患者配合；采用国际标准测试量表；按评分项目进行检查，并按标准给予评分；统计分数，得出结果 |  | 颅脑损伤偏瘫的工伤职工 |  |
| 1101010 | 脊髓损伤ASIA评价 | 次 | 含关键肌、感觉关键点、损伤水平和程度的检查 | 评定前说明目的和要求并取得患者配合；采用国际标准测试量表；按评分项目进行检查，通过关键肌的肌力检查、感觉关键点的感觉检查及脊髓休克期状态的判断来确定脊髓损伤的水平和程度，并按标准给予评分；统计分数，得出结果 |  | 脊柱脊髓损伤的工伤职工 |  |
| 1101011 | 肢体形态测量 | 次 | 含肢体外观、长度、肌围度检查 | 利用量尺对患者肢体的外观、长度、肌围度与肿胀的状况进行测量，并与对侧肢体进行比较、认真记录。人工报告 |  | 可能有肢体畸形、肌肉萎缩或肿胀的工伤职工 | MAZW6005 |
| 1101012 | 布伦斯特伦评价（Brunnstrom评价，BRSS） | 次 | 含偏瘫侧上、下肢及手功能评价 | 评定前说明目的和要求并取得患者配合；采用国际评定标准；按评定项目进行偏瘫侧肢体上肢、手及下肢运动功能检查，并按标准评级 |  | 脑疾病和损伤的工伤职工 |  |

续表

| 项目编码 | 项目名称 | 计价单位 | 计价说明 | 项目内涵 | 除外内容 | 适用范围 | 标准编码 |
|---|---|---|---|---|---|---|---|
| 1101013 | 肌张力评定 | 次 | 含肌紧张、腱反射检查 | 采用肌张力测定仪对患者进行检查，标准测试体位，将压力传感器垂直置于被测肌腹上，依次在休息位和最大等长收缩状态下各进行5次重复测量。取同名肌双侧比较。人工报告 |  | 中枢神经及周围神经系统损伤的工伤职工 | MABX8001 |
| 1101014 | 等长肌力评价 | 次/单组肌肉 | 含相应角度的等长测试 | 采用等长肌力测试仪器对患者进行不同关节角度下等长肌力的测试。人工报告 |  | 可能有肌肉功能障碍的工伤职工 | MABX8003 |
| 1101015 | 关节活动度检查 | 单关节 | 含关节的屈曲伸展、内收外展及旋转 | 利用徒手的方式，摆放不同体位，让患者被动或主动地进行关节活动，根据动作完成的状况与质量，利用量角器准确地摆放量角器的移动臂和固定臂，记录关节的活动度与患者的反应或状况。人工报告 |  | 有关节功能障碍的工伤职工 | MABX7001 |
| 1101016 | 运动协调性检查 | 次/单肢 | 含对指、指鼻、跟膝胫试验、轮替试验等 | 采用计算机辅助的肢体三维运动检查设备，记录指鼻试验，指指试验，跟膝胫试验等的运动轨迹并进行定量分析。人工报告 |  | 中枢神经系统损伤的工伤职工 | MACZY002 |
| 1101017 | 感觉障碍检查 | 次 |  | 使用定量感觉障碍测定仪，将温度觉探头或振动觉探头置于被测部位，测量受检者的温度觉、振动觉和痛觉。人工报告 |  | 存在或可疑存在感觉障碍的工伤职工 | MAEBZ001 |
| 1101018 | 单丝皮肤感觉检查 | 次 |  | 采用单丝触觉测量计，即通过采用20种不同直径、不同压力的单丝垂直作用于皮肤，定量测定受检者的触觉。根据感觉减退时所用单丝水平，确定损伤部位、损伤水平、损伤性质以及神经损伤恢复程度。人工报告 |  | 存在或可疑存在感觉障碍的工伤职工 | MAEYR001 |

续表

| 项目编码 | 项目名称 | 计价单位 | 计价说明 | 项目内涵 | 除外内容 | 适用范围 | 标准编码 |
|---|---|---|---|---|---|---|---|
| 1101019 | 疼痛综合评定 | 次 | 含疼痛部位、性质、程度、诱发因素 | 进行麦吉尔疼痛问卷评定，视觉模拟评分法评定，慢性疼痛状况分级等，对患者疼痛的部位、程度、性质、频率和对日常生活的影响等方面进行综合评定。人工报告 | | 存在疼痛的工伤职工 | MAZZY001 |
| 1101020 | 等速肌力测试 | 次/单关节 | 含不同角速度下的等速测试 | 采用等速运动肌力测试系统。依次标定被试者体重、被测肢体重量，然后在仪器预先选定的速度（慢速、中速和快速）下进行被测肢体的等速运动测试。人工报告 | | 可能有肌肉功能障碍的工伤职工 | MABX8002 |
| 1101021 | 偏瘫肢体功能评定 | 次 | 含偏瘫侧上、下肢及手功能评价<br>该项目不得与同类单项服务项目同时使用并收费 | 采用偏瘫肢体功能评定量表对偏瘫患者上肢、手指、下肢的联合反应、随意收缩、痉挛、屈伸肌联带运动、部分分离运动、分离运动、速度协调性、运动控制、平衡、感觉、关节活动度及疼痛等方面进行综合检查。人工报告 | | 脑血管意外及颅脑损伤后肢体功能障碍的工伤职工 | MABW6001 |
| 1101022 | 跌倒风险评估 | 次 | | 采用姿势稳定测试系统对患者进行评估，要求患者站立在压力传感器不同硬度的垫上依次完成睁眼，闭眼，头部向前、后、左前、右前等检查动作。给予跌倒风险程度的分析报告。根据测试数据，甄别产生跌倒风险的原因。人工报告 | | 存在跌倒风险的工伤职工 | MACZY001 |
| 1102 | 2. 作业评定 | | | | | | |

续表

| 项目编码 | 项目名称 | 计价单位 | 计价说明 | 项目内涵 | 除外内容 | 适用范围 | 标准编码 |
| --- | --- | --- | --- | --- | --- | --- | --- |
| 1102001 | 作业需求评定 | 次 | 包含日常生活活动、生产性活动、娱乐休闲活动3方面康复需求的评定。使用标准量表，推荐加拿大作业表现量表（COPM） | 通过对患者受伤前、现阶段及以后生活中每日主要活动的内容的了解，引导患者找出其最重要、最需要完成的活动并排序，并对重要性、现实表现及满意度打分，通过结果分析，指导作业治疗的方向。人工报告 |  | 有作业治疗需求的工伤职工 |  |
| 1102002 | 日常生活能力评定 | 次 | 包括Barthel指数（BI）、改良Barthel指数（MBI）量表等 | 对患者的个人卫生、进食、更衣、排泄、入浴、器具使用、床上运动、移动、步行、交流以及自助具的使用进行评定。人工报告 | 功能独立程度评定 | 脑损伤、脊髓损伤、烧伤及骨关节损伤等可能存在日常生活活动障碍的工伤职工 | FAD04701<br>FAD04702 |
| 1102003 | 手功能评定 | 次 | 包括徒手评定、仪器评定及标准量表评定（如普渡钉板试验、Jebsen手功能试验、明尼苏达操作试验等） | 利用徒手、仪器或计算机上肢功能评价系统对患者进行手部功能的检查，其中有速度、协调性以及动作完成的准确性等量化指标，同时计算机记录相关数据。人工报告 |  | 手外伤、上肢骨关节损伤、脑损伤、脊髓损伤、烧伤等存在手功能障碍的工伤职工 | MAHWR001 |
| 1102004 | 蒙特利尔认知评估（MoCA） | 次 |  | 指用于额叶损伤患者认知障碍首诊检查。量表包含12个检查项目，分别测定执行功能，失认症，瞬时和延迟记忆，听觉注意，视觉注意，复述，语言流畅性，抽象分类，时间（或地点）定向，结构性失用等功能。人工报告 |  | 脑损伤可疑存在认知障碍的工伤职工 | FAP04701 |

续表

| 项目编码 | 项目名称 | 计价单位 | 计价说明 | 项目内涵 | 除外内容 | 适用范围 | 标准编码 |
|---|---|---|---|---|---|---|---|
| 1102005 | 简明精神状况测验（MMSE） | 次 | | 用于认知缺损筛选。由精神科医师以一对一的方式对患者实施测验，共19大项30个小项，观测被试者思维、行为、情绪，记录观测内容，分析测量数据，出具报告 | | 脑损伤可疑存在认知障碍的工伤职工 | FAP04703 |
| 1102006 | 成套认知测验 | 次 | 包括神经行为认知状态测试（NCSE）、洛文斯顿认知成套测验（LOTCA）等成套认知评定 | 采用标准成套认知测验量表，如洛文斯顿认知成套测验等，对患者的定向、记忆、注意、结构组织、思维、解决问题等方面进行综合测验。人工报告 | 记忆力、注意力、思维能力等专项评定 | 经认知功能筛查存在认知障碍的脑损伤工伤职工 | FAP04708 |
| 1102007 | 记忆力评定 | 次 | 包括临床记忆测验、中国韦氏成人记忆测验、行为记忆成套测验（RBMT）等 | 采用标准记忆测验量表对患者进行记忆专项测验。人工报告 | | 经筛查存在记忆障碍的脑损伤工伤职工 | FAK04705<br>FAK04706<br>FAK04707 |
| 1102008 | 注意力评定 | 次 | 包括行为注意测验（TEA）、注意划消测验、注意成套测验、注意网络测验（ANT）等 | 采用标准注意评定量表，如TEA等，对注意障碍者进行专项注意评定。人工报告 | | 经筛查存在注意障碍的脑损伤工伤职工 | FAJ04704<br>FAJ04702<br>FAJ04705 |
| 1102009 | 失认症评定 | 次 | 含物品失认、颜色失认、面容失认、同时失认等内容评定 | 通过对患者进行物品辨认、面容辨认、图形辨认、颜色辨认等检查，判断患者是否存在物品失认，面容失认，同时失认以及颜色失认。人工报告 | | 脑损伤后可能存在失认症的工伤职工 | MAFAZ002 |

续表

| 项目编码 | 项目名称 | 计价单位 | 计价说明 | 项目内涵 | 除外内容 | 适用范围 | 标准编码 |
|---|---|---|---|---|---|---|---|
| 1102010 | 失用症评定 | 次 | 含结构性失用、运动性失用、运动意念性失用、意念性失用等的评定 | 通过对患者进行空间构成能力、动作模仿、工具运用、系列动作等检查，诊断患者是否存在结构性失用、运动性失用、运动意念性失用、意念性失用等。人工报告 |  | 脑损伤后可能存在失用症的工伤职工 | MAFAZ003 |
| 1102011 | 失算症检查 | 次 | 含对数字序列、点计数、数字符号转换、计算符号、比较大小、心算、估算、书写运算式、笔算、数学常识等项目进行评定 | 采用失算症评定系统对患者进行数字序列、点计数、数字符号转换、计算符号、比较大小、心算、估算、书写运算式、笔算、数学常识等项目的检查。人工报告 |  | 脑损伤后可能存在失算症的工伤职工 | MAFAZ004 |
| 1102012 | 生活质量评定 | 次 | 含生理、心理、人际关系、周围环境等方面 | 对患者进行主观生活质量（日常生活满意指数）和客观生活质量（功能性限制分布量表）的评定。人工报告 |  | 脑损伤、脊髓损伤、烧伤及骨关节损伤、手外伤等工伤职工 | MAMZY002 |
| 1102013 | 家务能力评定 | 次 | 含备餐、清洁、整理房间、洗衣、家庭预算、购物等内容 | 对患者家务能力方面，包括备餐、清洁、整理房间、洗衣、家庭预算、购物等内容进行评定。人工报告 |  | 有家务活动需要且存在障碍的工伤职工 |  |
| 1102014 | 瘢痕评定 | 次 | 包括温哥华瘢痕评定量表（VSS）等 | 使用瘢痕评定量表，如温哥华瘢痕评定量表（VSS）等，对烧伤或外伤后瘢痕的颜色、血流、硬度、厚度进行评定。人工报告 |  | 烧伤、创伤、手术等导致增生性瘢痕的工伤职工 |  |

续表

| 项目编码 | 项目名称 | 计价单位 | 计价说明 | 项目内涵 | 除外内容 | 适用范围 | 标准编码 |
|---|---|---|---|---|---|---|---|
| 1102015 | 功能独立程度评定 | 次 | 包括功能综合评定量表（FCA）等 | 应用标准量表对患者的自理能力、行动能力、二便控制、转移、认知、社会功能等方面进行评定，评定独立生活能力及受损程度。人工报告 |  | 脊髓损伤、脑损伤、烧伤及骨关节损伤等可能存在独立生活障碍的工伤职工 |  |
| 1102016 | 辅助器具使用评价 | 次 | 含辅助器具需求评定、适合度评定和使用评定 | 根据患者需要使用的辅助器具类别评定所用辅助器具是否符合患者功能需要，评价辅助器具的适合性并观察患者使用情况，为确定康复目标和康复治疗方案提供依据，给出具体建议并出具报告 |  | 有辅助器具使用需求或正在使用的辅助器具的工伤职工 | MAHZZ001 |
| 1102017 | 截肢评价 | 次 | 包括截肢患者早期评价、截肢患者中期评价和截肢患者末期评价 | 在截肢初、中和末期对工伤职工进行截肢评价，包括：残端皮肤条件、有无皮肤破溃、红肿、窦道形成、残端肌肉固定情况、有无锥形残端、有无肌肉固定、有无肌肉成形；残端骨骼处理情况：有无骨刺形成、有无行骨融合术、残端有无压痛；残端皮肤感觉情况：有无感觉减弱或消失、局部有无神经瘤形成、有无残肢痛、有无幻肢痛、残肢相邻关节的活动度、有无功能障碍、残肢周围肌肉力量的大小的综合评价等，确定残端的综合康复治疗以及正式假肢的更换。末期评价，下肢假肢的步态评定：坐位站起，转移，闭目站立，双脚并拢站立，单腿站立，双足一前一后站立等动作，负重平衡评定，负重量的评定，假肢质量的评定：假肢的悬吊情况，接受腔的情况，与残端的匹配情况 |  | 截肢后的工伤职工 | MAZW6002<br>MAZW6003<br>MAZW6004 |

续表

| 项目编码 | 项目名称 | 计价单位 | 计价说明 | 项目内涵 | 除外内容 | 适用范围 | 标准编码 |
|---|---|---|---|---|---|---|---|
| 1102018 | 轮椅肢位摆放评定 | 次 | 含轮椅类型、尺寸的评定以及肢体摆位时的坐姿以及臀部和背部压力的测评 | 利用专业的轮椅系统矫正设备、数据收集设备、坐位和背部传感器、轮椅模拟器和组合式气垫以及计算机软件对轮椅基本功能进行规范的测评，含轮椅类型、尺寸的评定以及肢体摆位时的坐姿以及臀部和背部压力的测评 |  | 脑损伤、脊髓损伤等需长期使用轮椅的工伤职工 | MAHZZ002 |
| 1102019 | 综合能力评估 | 次 | 含肢体运动功能、认知功能、日常生活活动能力、生存质量、就业能力等综合定量评定。<br>该项目不得与上述已包含的单项服务项目同时使用并收费 | 对肢体运动功能、认知功能、日常生活活动能力、生存质量、就业能力等做综合定量评定。人工报告 |  | 存在运动功能、认知功能、职业能力障碍的工伤职工 | MAMZY001 |
| 1103 | 3. 言语—语言、摄食—吞咽评定 |  |  |  |  |  |  |
| 1103001 | 失语症检查 | 次 | 含听、说、读、写各项语言功能的检查 | 使用失语症检查表对患者的听理解、复述、命名、描述、朗读、阅读、描写、抄写、听写、计算各个方面在单词水平、短句水平、复杂句水平方面的残存能力进行检查、评分、分析。人工报告 |  | 存在失语的工伤职工 | MAGAZ008 |
| 1103002 | 吞咽功能障碍检查 | 次 | 含专业检测及分析报告 | 使用口颜面功能检查表、吞咽功能检查表、吞咽失用检查表对患者的口唇、舌、颊、颌、软腭、喉的运动及功能进行检查，对患者的吞咽动作和饮水过程有无呛咳、所需时间、饮水状况进行分级。人工报告 |  | 存在摄食—吞咽障碍的工伤职工 | MAGGK001 |

续表

| 项目编码 | 项目名称 | 计价单位 | 计价说明 | 项目内涵 | 除外内容 | 适用范围 | 标准编码 |
|---|---|---|---|---|---|---|---|
| 1103003 | 100个单词听理解检查 | 次 | 含专业检查及分析报告 | 使用100个单词听理解检查表对患者单词水平的听理解能力进行评估，并按评分标准给予评分，统计得分。人工报告 |  | 存在言语语言功能障碍的工伤职工 | MAGAZ011 |
| 1103004 | 100个单词命名检查 | 次 | 含专业检查及分析报告 | 使用100个单词命名检查表对患者单词水平的命名能力进行评估，并按评分标准给予评分，统计得分。人工报告 |  | 存在言语一语言功能障碍的工伤职工 | MAGAZ012 |
| 1103005 | 实用性语言交流能力检查（CADL） | 次 | 含专业检查及分析报告 | 使用实用性语言交流能力检查表对患者日常交流能力进行评估，判断语言交流障碍的程度和建议采用的代偿方法。人工报告 |  | 存在实际语言交流能力障碍的工伤职工 | MAGAZ010 |
| 1103006 | 代币检查（Token test） | 次 | 含专业测验及分析报告 | 使用代币检查表对患者的听理解在单词水平、短句水平、复杂句水平方面的残存能力进行检查、评分、分析。人工报告 |  | 存在听理解障碍的脑损伤工伤职工 | MAGAZ009 |
| 1103007 | 失语症筛查 | 次 | 含专业测验及分析报告 | 使用失语症筛查表对患者进行听理解、命名、复述、手语理解、手语表示等方面的测查。人工报告 |  | 存在失语症的工伤职工 | MAGAZ002 |
| 1103008 | 言语失用检查 | 次 | 含专业测验及分析报告 | 使用言语失用表对患者进行口失用和言语失用的测查。人工报告 |  | 存在言语失用或口颜面失用的工伤职工 | MAGAZ006 |

续表

| 项目编码 | 项目名称 | 计价单位 | 计价说明 | 项目内涵 | 除外内容 | 适用范围 | 标准编码 |
|---|---|---|---|---|---|---|---|
| 1103009 | 构音障碍检查 | 次 | 含单词、音节及句子水平的发音检查和构音器官运动检查等各项检查 | 使用构音功能检查表对患者的肺、喉、面部、口部肌肉、硬腭、腭咽机制、下颌等是否存在器官异常和运动障碍进行检查，使用构音检查表对患者的发音清晰度，以及各个言语水平及其异常的运动障碍进行系统评价，使用吹气法、鼻息镜检查法、呼吸流量计对患者的鼻漏气进行检查、评定。人工报告 |  | 存在构音功能障碍的工伤职工 | MAGAZ005 |
| 1103010 | 鼻流量检查 | 次 | 含采用鼻流量检测仪给患者进行发声功能的检查及分析报告 | 使用鼻流量检查仪，在发音和言语状态下，检查患者异常鼻漏气的定量指标。人工报告 |  | 存在发声功能障碍的工伤职工 | MAGGA001 |
| 1103011 | 语音频谱分析检查 | 次 | 含采用计算机语音分析仪进行发声功能的检查及分析报告 | 使用语音频谱分析仪，根据需要实时采集患者的语音，并对患者的语音进行提取分析，获得共振峰、语谱等参数，分析其发声时构音器官的运动特点。人工报告 |  | 存在发声功能障碍的工伤职工 | MAGAZ014 |
| 1103012 | 喉发声检查 | 次 | 含采用喉发声检查仪进行嗓音功能的检查及分析报告 | 使用喉发声检查仪，对患者发声时的呼吸、音调、音量、音质进行检测，获得最长声时、基频、强度、基频微扰、振幅微扰等参数，分析其发声时声带闭合的情况、声带振动的规律性等。人工报告 |  | 存在嗓音障碍的工伤职工 | MAGGM001 |
| 1103013 | 纤维喉镜检查 | 次 | 含使用内窥镜进行吞咽检查及分析报告 | 1%的卡因鼻腔、鼻咽、口腔、下咽黏膜表面麻醉，纤维喉镜经一侧鼻腔进入，检查鼻腔、鼻咽口咽腔，喉咽腔及下咽梨状窝、黏膜情况，是否有肿物、异物或其他情况。人工报告 |  | 存在摄食—吞咽功能障碍工伤职工 | FGM01602 |

续表

| 项目编码 | 项目名称 | 计价单位 | 计价说明 | 项目内涵 | 除外内容 | 适用范围 | 标准编码 |
|---|---|---|---|---|---|---|---|
| 1103014 | 上消化道 X 线造影（吞咽透视检查） | 次 | 含使用对比剂对吞咽障碍患者进行上消化道造影检查及分析报告 | 选择适宜的患者，准备好口服对比剂，在取得患者配合并去除检查部位体表的金属物品后，让患者根据指令吞咽对比剂，在透视下多角度观察其口腔、咽喉、食道、胃、十二指肠的形态及蠕动，并根据需要点片，冲洗照片（胶片）。人工报告 |  | 存在吞咽障碍的工伤职工 | EACPB001 |
| 1104 | 4. 心理评估 |  |  |  |  |  |  |
| 1104001 | 焦虑评估量表测评 | 次 | 包括宗（Zung）氏焦虑自评量表、汉密尔顿焦虑量表、贝克焦虑量表、状态—特质焦虑问卷等 | 用于焦虑症状的评定。由心理师采用特定量表进行评定，并出具报告 |  | 存在焦虑情绪的工伤职工 | FAL04701<br>FAL04702 |
| 1104002 | 抑郁评估量表测评 | 次 | 包括宗（Zung）氏抑郁自评量表、汉密尔顿抑郁量表、贝克抑郁量表等 | 用于抑郁症状的评定。由心理师采用特定量表进行评定，并出具报告 |  | 存在抑郁情绪的工伤职工 | FAL04703<br>FAL04706<br>FAL04705 |
| 1104003 | 长谷川痴呆测验（HDS-R） | 次 | 含专业评定量表 | 用于痴呆的筛选。由心理师（或精神科医师）以一对一的方式对患者实施测验，共 24 个小项、9 大项，观测被试者思维、行为、情绪，记录观测内容，需要系统地询问，精神科医师分析测量数据，出具报告 |  | 存在智力受损的工伤职工 | FAC04701 |

续表

| 项目编码 | 项目名称 | 计价单位 | 计价说明 | 项目内涵 | 除外内容 | 适用范围 | 标准编码 |
|---|---|---|---|---|---|---|---|
| 1104004 | 强迫症状问卷（YALE-BROWN）测评 | 次 | 含专业评定及计算机分析报告 | 用于强迫症状的量化检查。该量表是一个他评的强迫症量表，由精神科医师或心理师根据病人的情况作出相应的评定，用来反映强迫症状的严重程度，分为反映强迫观念和强迫行为各5项，每项按5级评分法，观测被试者行为、情绪，记录观测内容，分析测量数据 |  | 存在强迫症状的工伤职工 | FAY04707 |
| 1104005 | 症状自评量表（SCL-90）测评 | 次 | 含专业评定及计算机分析报告 | 适用于神经症、适应障碍其他轻性精神障碍患者自我评定，在心理测查室的心理师指导、看护下，由被试者完成人机对话式测查，观测被试者的行为、情绪，记录观测内容，指导答题，分析测量数据，出具报告 |  | 存在神经症、适应障碍及其他轻性精神障碍的工伤职工 | FAX04713 |
| 1104006 | 中国韦氏成人智力测验 | 次 | 含专业评定及计算机分析报告 | 运用最新修订版本的中国韦氏成人智力量表进行智力检查。由心理师以一对一的方式对患者实施测验，含言语量表和操作量表两部分，共十余个分测验，根据被试者年龄、受教育年限和职业标化后评分，由心理师或精神科医师分析测量数据并出具报告 |  | 存在智力受损的工伤职工 | FAC04712 |
| 1104007 | 瑞文智力测验 | 次 | 包括联合型瑞文测验、瑞文推理测验等，含专业评定及计算机分析报告 | 用于评定言语障碍患者的智力水平。在心理测查室的心理师看护下，完成人机对话式智力测查。共72项或60项，分析结果并出具报告 |  | 有言语障碍的工伤职工 | FAC04708<br>FAC04711 |

续表

| 项目编码 | 项目名称 | 计价单位 | 计价说明 | 项目内涵 | 除外内容 | 适用范围 | 标准编码 |
|---|---|---|---|---|---|---|---|
| 1104008 | 成人智残评定量表测评 | 次 | 含专业评定及计算机分析报告 | 用于评定被试者的社会适应能力，分7个项目判定。由精神科医师对被试者进行检查并询问知情人，将测试结果输入计算机并出具报告 |  | 智力低下或可疑智力低下的工伤职工 | FAD04705 |
| 1104009 | 明尼苏达多相个性测验 | 次 | 含专业评定及计算机分析报告 | 用于人格检查，在心理师指导、看护下，由被试者完成人机对话式测查。共566个题目，这些题目组成14个量表（10个临床量表和4个效度量表），采取两级评定，观测被试者心理活动，由心理师或精神科医师分析测量数据并出具报告 |  | 无明显认知障碍的工伤职工 | FAE04714 |
| 1104010 | 人格诊断问卷测评（PDQ-4+） | 次 | 含专业评定及计算机分析报告 | 用于评估被试者的人格障碍，多用于精神病临床或心理咨询门诊。在心理测查室的心理师看护下，完成人机对话式测查（107项），由心理师或精神科医师分析并出具报告 |  | 存在人格障碍的工伤职工 | FAE04708 |
| 1104011 | 艾森克个性测验 | 次 | 含专业评定及计算机分析报告 | 用于人格检查。在心理测查室的心理师指导、看护下，由被试者完成人机对话式测查。共88个项目，含4个分量表，采取2级评分，由心理师或精神科医师分析测量数据并出具报告 |  | 无明显认知障碍的工伤职工 | FAE04710 |
| 1104012 | 五态性格问卷测评 | 次 | 含专业评定及计算机分析报告 | 可用于评定被试者的性格特征。在心理测查室的心理师看护下，完成人机对话式测查（103项），由心理师或精神科医师分析并出具报告 |  | 无明显认知障碍的工伤职工 | FAE04709 |

续表

| 项目编码 | 项目名称 | 计价单位 | 计价说明 | 项目内涵 | 除外内容 | 适用范围 | 标准编码 |
|---|---|---|---|---|---|---|---|
| 1104013 | 卡特尔16项人格测验 | 次 | 含专业评定及计算机分析报告 | 用于人格检查。在心理测查室的心理师指导、看护下，由被试者完成人机对话式测查。共187个项目，采取3级评分，由心理师或精神科医师分析测量数据 |  | 无明显认知障碍的工伤职工 | FAE04713 |
| 1104014 | A型性格问卷（TABP）测评 | 次 | 含专业评定及计算机分析报告 | 用于评定被试者的行为模式。在心理测查室心理师指导下，完成人机对话式测查（60项），计算机出报告 |  | 可疑A型性格的工伤职工 | FAT04703 |
| 1104015 | 睡眠质量评估量表检查 | 次 | 包括匹茨堡睡眠质量指数量表、阿森斯失眠量表，含专业评定及计算机分析报告 | 由心理师或精神科医师采用特定量表进行评定，并出具报告 |  | 有睡眠障碍或存在睡眠障碍的工伤职工 | FAG04701<br>FAG04702 |
| 1104016 | 防御机制问卷（DSQ）测评 | 次 | 含专业评定及计算机分析报告 | 用于心理防御机制方式的调查，在心理测查室的心理师指导、看护下，由被试者完成人机对话式测查，共88项，9级评分选择答题，心理师观测被试者行为、情绪，记录观测内容，指导答题，分析测量数据，出具报告 |  | 无明显认知障碍的工伤职工 | FAH04705 |
| 1104017 | 生活事件评定量表（LES）测评 | 次 | 含专业评定及计算机分析报告 | 用于应激事件强度的评定。在心理测查室的心理师指导、看护下，由被试者完成人机对话式测查，本量表共48个项目，观测被试者行为、情绪，记录观测内容，指导答题，分析测量数据，并出具报告 |  | 无明显认知障碍的工伤职工 | FAH04704 |
| 1105 | 5. 其他评定 |  |  |  |  |  |  |

续表

| 项目编码 | 项目名称 | 计价单位 | 计价说明 | 项目内涵 | 除外内容 | 适用范围 | 标准编码 |
|---|---|---|---|---|---|---|---|
| 1105001 | 足底压力检查 | 次 | | 采用足底压力测试系统。让受试者静止站立在压力传感器平台上，检查者通过观察其足底压力分布状况，双侧比较，作出人工报告。可指导医用矫形鞋垫的设计和疗效评估 | | 伴足底压力异常的工伤职工 | MAZXU001 |
| 1105002 | 坐位压力检查 | 次 | | 采用压力测试系统。将压力测试板放置在受试者的轮椅上，检查者通过观察其座位压力分布状况，并作出人工报告。可指导防褥疮坐垫的选择、个性化设计及疗效评估 | | 需长期使用轮椅的工伤职工 | |
| 1105003 | 康复综合评定 | 次 | | 以康复评价会的形式进行。患者的主管医生、护士、物理治疗师、作业治疗师、言语语言治疗师、心理治疗师、假肢矫形师等专业人员针对患者的功能障碍、家庭状况、社会环境等资料分析讨论，制定近期、远期康复目标和训练计划，及时作出康复方案的调整，在患者出院前，判定康复治疗的效果，制订相应的出院计划，为回归家庭、社会提供必要的帮助。分初、中、末期康复综合评定 | | 住院接受康复服务的工伤职工 | MAMZY003 |
| 1105004 | 表面肌电图检查 | 次 | | 采用表面肌电图仪采集患者在某一种特定运动中各组肌群收缩的起止时间，收缩的强度以及不同肌群收缩的顺序情况以及频谱分析特点，进行数据后处理与分析，判断肌肉运动正常与否以及异常发生的原因。人工报告 | | 神经肌肉功能障碍的工伤职工 | MAAX8001 |

续表

| 项目编码 | 项目名称 | 计价单位 | 计价说明 | 项目内涵 | 除外内容 | 适用范围 | 标准编码 |
|---|---|---|---|---|---|---|---|
| 12 | （二）康复治疗 | | | | | | |
| 1201 | 1. 物理治疗Ⅰ（运动治疗） | | | | | | |
| 1201001 | 关节运动训练 | 30分钟/次 | 含智能控制下的主动、主被动训练 | 连接电源，设定并启动关节主动—被动运动动态数据系统。向病人说明训练注意事项。根据患者关节及肢体主被动运动能力选择训练的模式，按操作规程完成训练。记录结果 | | 伴肢体运动控制障碍的工伤职工 | |
| 1201002 | 减重支持系统训练 | 20～40分钟/次 | 含系统支持下的减重下转移、平衡及步行训练 | 利用减重支持仪，穿戴悬吊背心，根据其残存的运动功能状况调整气压，并固定气压阀，拉紧悬吊拉扣后，徒手对患者进行被动的、辅助主动的、主动的减重步行训练，平衡功能训练，下肢协调性训练及转移训练 | | 步行障碍、步态异常的工伤职工 | MBBZX009 |
| 1201003 | 下肢机器人康复训练 | 50分钟/次 | 含训练前后的肢体参数测量及系统准备 | 训练前说明目的和要求并取得患者配合；穿戴好减重吊带；安装调试机器臂；悬吊起重，记录患者体重；启动步行器及机器臂，调节悬吊机，同时进行情景模拟，步态反馈；根据患者下肢运动控制能力选择训练的具体参数；训练后关闭步行及减重设施，患者安全转移至轮椅 | | 有负重行走愿望及潜能的偏瘫、截瘫工伤职工 | |
| 1201004 | 电动起立床训练 | 30分钟/次 | 含循序渐进的多角度站立训练 | 训练前说明目的和要求并取得患者配合；通过固定带将患者固定在站立床上；根据病情循序渐进地选择相应的角度；利用电动控制按钮升起起立床并观察其反应；根据反应维持或增减站立角度 | | 自主站立困难、血管舒缩障碍或双下肢需站立负重的工伤职工 | MBBZX010 |

续表

| 项目编码 | 项目名称 | 计价单位 | 计价说明 | 项目内涵 | 除外内容 | 适用范围 | 标准编码 |
|---|---|---|---|---|---|---|---|
| 1201005 | 肢体平衡功能训练 | 次 | 含坐位、立位下的平衡训练 | 指小脑性疾病、前庭功能障碍及肢体功能障碍的平衡训练。利用坐位、爬行位、单膝跪位、双膝跪位、单足立位、双足立位，对患者进行徒手的静态平衡训练，动态平衡训练，保护性姿势反应的动作训练，功能性平衡能力训练 |  | 伴有平衡功能障碍的工伤职工 | MBBZX013 |
| 1201006 | 关节松动训练 | 每个关节 | 包括小关节（指关节）、大关节 | 利用不同手法力度，徒手对患者腕、掌指、指间、踝及足部的关节，进行不同方向的被动手法操作训练，扩大关节活动范围训练，缓解疼痛训练。利用不同手法力度，徒手对患者肩、肘、髋及膝关节进行不同方向的被动手法操作训练，扩大关节活动范围训练，缓解疼痛训练 |  | 伴有关节活动受限及疼痛的工伤职工 | MBBX7002<br>MBBX7003 |
| 1201007 | 有氧训练 | 次 | 包括应用功率自行车（上、下肢）、跑步机等训练 | 根据患者具体情况，采用可调速度、可调坡度的康复训练跑台对患者进行康复训练。根据患者具体情况，采用可调速度、可调功率的功率车对患者进行康复训练。训练中心率、血氧饱和度、血压及疲劳程度等进行监测 |  | 伴有心肺储备能力下降的工伤职工 | MBBZX011<br>MBBZX012 |
| 1201008 | 等速肌力训练 | 次 | 含不同角速度的等速肌力训练 | 采用等速肌力训练仪，选择不同训练肌群，选择不同的训练配件，将患者固定，选择训练速度，训练模式，设定训练量，包括训练的次数、组数，组间休息时间等 |  | 伴有肌肉功能障碍的工伤职工 | MBBZX002 |

续表

| 项目编码 | 项目名称 | 计价单位 | 计价说明 | 项目内涵 | 除外内容 | 适用范围 | 标准编码 |
|---|---|---|---|---|---|---|---|
| 1201009 | 徒手肌力训练 | 30分钟/次 | 含向心、离心等张训练 | 训练前说明目的和要求并取得患者配合；让患者处于标准体位；选择适当训练处方（次数、间歇时间、组数等）；患者按要求完成动作 |  | 伴有肌肉功能障碍的工伤职工 |  |
| 1201010 | 牵伸技术 | 次/单组肌肉 | 四肢及躯干各肌群 | 治疗前说明目的和要求并取得患者配合；检查牵伸前的关节受限程度或肌张力大小；选择合适的方案（牵伸手法、持续时间5~10秒钟、次数3~5次及频率等）；检查牵伸后的关节受限程度或肌张力大小 |  | 伴有关节活动受限、肌痉挛的工伤职工 |  |
| 1201011 | 神经促进技术 | 25~30分钟/次 | 包括选择性应用Brunnstrom、Bobath、PNF等神经发育疗法及MRP疗法 | 治疗前说明目的和要求并取得患者配合；检查促通技术训练前完成某功能活动的情况；操作者利用特殊的运动模式、反射活动、本体和皮肤刺激进行训练；检查促通技术训练后的完成某功能活动的情况 |  | 中枢神经系统损伤的工伤职工 | MBBZX005<br>MBBZX006<br>MBBZX007<br>MBBZX008 |
| 1201012 | 呼吸训练 | 次 | 含呼吸体操 | 徒手为患者胸部及其周围部位的肌肉进行被动的、辅助主动的、主动的放松训练、腹式呼吸训练、呼吸肌训练、缩唇式呼吸训练、咳嗽训练，体位引流，特殊手法操作训练及器械训练 |  | 伴有呼吸功能障碍的工伤职工 | MBBVG001 |

续表

| 项目编码 | 项目名称 | 计价单位 | 计价说明 | 项目内涵 | 除外内容 | 适用范围 | 标准编码 |
|---|---|---|---|---|---|---|---|
| 1201013 | 悬吊治疗 | 次 | 含颈部、胸段、腰段含网架下的减重训练、抗阻训练、平衡训练等 | 指使用滑道、悬吊配件、锁定装置，将病人的相应肢体或整个身体处于悬吊状态进行的治疗。一手抓住悬吊带，另一手抓住悬吊绳，向开放槽一侧慢慢拉动悬吊绳，直到悬吊带放松，把悬吊带调节到所需高度，将悬吊绳向闭锁一侧快速拉动，锁定悬吊绳，以此过程完成对悬吊带高度调节的操作。将患者相应肢体或整个身体固定在悬吊带中，调整所需高度，可以进行弱链测试、肌肉放松训练、关节活动度训练、牵引、关节稳定性训练、感觉运动的协调训练、肌肉势能训练等 |  | 伴有肌肉功能、关节活动、平衡能力等障碍的工伤职工 | LEJZX001 |
| 1201014 | 站立+步行能力综合训练 | 次 | 含步行及步态纠正训练 | 利用各种站立与步行能力综合训练设备，为患者进行被动的、辅助主动的、主动的、抗阻的下肢负重训练、立位平衡训练、身体重心转移训练、步态矫正训练、步行的耐力训练，功能性步行训练及器械训练 |  | 伴有步行功能障碍的工伤职工 | MBBXA002 |
| 1201015 | 持续性被动运动（CPM） | 次/单关节 | 包括肩、肘、腕、髋、膝、踝关节等 | 利用持续性被动关节活动范围训练专用设备，对患者肩、肘、腕、髋、膝、踝关节，设定持续性被动关节活动范围训练的时间、阻力、速度和间歇时间等参数，在监测的状况下，进行被动关节活动范围的训练 |  | 伴有关节活动障碍的工伤职工 | MBBZX003 |
| 1201016 | 仪器平衡训练 | 次 | 含坐位、立位动静态平衡训练 | 训练前说明目的和要求并取得患者配合；患者在测力板上处于合适的体位；患者按要求完成动作，并根据实时的图像、声音等反馈信息进行静态、单轴或多轴动态平衡或本体感觉训练 |  | 伴有平衡能力下降的工伤职工 |  |

续表

| 项目编码 | 项目名称 | 计价单位 | 计价说明 | 项目内涵 | 除外内容 | 适用范围 | 标准编码 |
|---|---|---|---|---|---|---|---|
| 1201017 | 运动协调性训练 | 次 | 含不同体位下的协调训练 | 利用徒手的方式，进行手眼协调性训练，双侧上肢、双侧下肢、上肢与下肢、肢体与躯干间的运动协调性训练 |  | 伴有协调功能障碍的工伤职工 | MBBZX014 |
| 1201018 | 床边徒手肢体运动训练 | 次 | 含相关关节的屈曲伸展、内收外展及旋转 | 利用徒手的方法，对患者进行早期或维持性的关节活动范围训练，提高肌力或肢体主动活动训练等 |  | 伴有运动功能障碍但无法离床治疗的工伤职工 | MBBZX004 |
| 1201019 | 肌内效贴布治疗（Taping 治疗） | 次 | 包括大小部位 | 治疗前说明目的和要求并取得患者配合；检查治疗前的疼痛及肌肉运动情况，选择合适的贴布方案；按照贴布技术的操作规范给予治疗；检查治疗后的疼痛及运动情况 |  | 伴有肌肉骨骼等运动损伤及疼痛的工伤职工 |  |
| 1201020 | 机械辅助排痰治疗 | 次 |  | 评估患者病情、意识状态及呼吸系统情况等，核对患者信息，解释其重要性取得配合，检查排痰机功能状态，取适当体位，根据病情设置排痰机的强度频率及时间，用机械辅助排痰仪，按解剖部位依次震动不同部位，观察患者反应，生命体征变化等，协助患者排痰，评价患者排痰效果及痰液性质，用物处理，记录，做好健康教育和心理护理 |  | 适用于脑损伤、脊髓损伤等疾病所引起的排痰困难的工伤职工 | ABZA0001 |
| 1201021 | 脊柱关节松动训练 | 次 |  | 利用不同手法力度，徒手对患者颈椎、胸椎、腰椎、骶尾各关节进行不同方向的被动手法操作训练，扩大关节活动范围训练，缓解疼痛训练 |  | 脊柱关节活动障碍的工伤职工 | MBBVF001 |

续表

| 项目编码 | 项目名称 | 计价单位 | 计价说明 | 项目内涵 | 除外内容 | 适用范围 | 标准编码 |
|---|---|---|---|---|---|---|---|
| 1201022 | 腰背肌器械训练 | 次 | | 采用腰背肌训练器进行腰背肌训练，训练时根据腰背肌力量选择负荷量 | | 伴有肌肉功能障碍的工伤职工 | MBBVG002 |
| 1201023 | 平衡生物反馈训练 | 次 | | 采用视听觉生物反馈训练仪对双下肢对称负重、重心转移、单腿负重、重心主动控制转移、稳定极限等技能进行训练 | | 伴有平衡能力下降的工伤职工 | MBBXA003 |
| 1201024 | 烧伤后关节功能训练 | 每关节 | | 指除手部以外的肢体关节主被动活动。由医生通过按摩、推拿、牵拉的方法以及特殊仪器给予关节被动屈伸活动，以及在医生指导下患者采取主动屈伸活动 | | 烧伤后关节活动障碍的工伤职工 | MBBX7001 |
| 1201025 | 耐力训练 | 次 | | 利用康复训练设备与仪器，辅助或指导患者在结合心肺功能训练的前提下，进行全身性的肌肉耐久性训练 | | 伴有耐力下降的工伤职工 | MBBZX019 |
| 1201026 | 截肢术后康复训练 | 次 | | 指导四肢主要肌肉肌力训练、关节活动度的训练、站立平衡的训练、迈步的训练、假肢穿戴的训练、肌电手的开手和闭手训练、抛物训练、日常生活能力训练 | | 截肢术后的工伤职工 | MBBZX017 |
| 1202 | 2. 物理治疗Ⅱ（理疗） | | | | | | |

续表

| 项目编码 | 项目名称 | 计价单位 | 计价说明 | 项目内涵 | 除外内容 | 适用范围 | 标准编码 |
|---|---|---|---|---|---|---|---|
| 1202001 | 红外线治疗 | 每个照射区 | 包括远、近红外线：TDP、近红外线气功治疗、红外线真空拔罐治疗、红外线光浴治疗、远红外医疗舱治疗 | 指远近红外仪、特定电磁波（TOP）辐射器、频谱仪。仪器准备，核对医嘱，排除禁忌证，告知注意事项，摆位，暴露照射部位，评估皮肤，使用红外线辐射治疗仪局部照射治疗，调节适宜距离，计时。记录治疗单。必要时用治疗巾遮盖非照射部位 | | 软组织炎症吸收期；软组织扭挫伤恢复期、肌纤维组织炎、关节炎、关节纤维性挛缩、术后伤口延迟愈合、慢性溃疡、压疮、烧伤、冻伤、肌痉挛、神经痛等 | LEAYR001<br>LEAYR002<br>LEAYR003<br>LEAYC001 |
| 1202002 | 可见光治疗 | 每个照射区 | 包括红光照射、蓝光照射、蓝紫光照射、太阳灯照射 | 指仪器准备，核对医嘱，排除禁忌证，告知注意事项，摆位，暴露治疗部位，评估皮肤，使用白炽灯照射器照射治疗。调节适宜距离，计时，必要时用治疗巾遮盖，戴防护眼镜。治疗后，查皮肤，记录治疗单 | | 软组织炎症浸润吸收期、术后伤口浸润、伤口愈合迟缓、慢性溃疡、软组织扭挫伤、抑郁症；神经痛、神经症等 | LEAYR007 |
| 1202003 | 偏振光照射 | 每个照射区 | | 仪器准备，核对医嘱，排除禁忌证，告知注意事项，摆位，暴露治疗部位，评估皮肤，使用红外偏振光治疗仪照射。调节适宜距离，选择恰当功率和模式，必要时用治疗巾遮盖，戴防护眼镜。治疗后，查皮肤、记录治疗单 | | 多种疾病引起的疼痛、面神经炎、面肌痉挛、自主神经功能紊乱、失眠、高血压病、支气管哮喘、突发性耳聋、中耳炎、外耳道炎、颞颌关节功能紊乱等 | LEAYR008 |

续表

| 项目编码 | 项目名称 | 计价单位 | 计价说明 | 项目内涵 | 除外内容 | 适用范围 | 标准编码 |
|---|---|---|---|---|---|---|---|
| 1202004 | 紫外线治疗 | 每个照射区 | 包括长、中、短波紫外线，低压紫外线、高压紫外线，水冷式、导子紫外线，生物剂量测定，光化学疗法 | 仪器准备，核对医嘱，评估皮肤，排除禁忌证，告知注意事项，使用黑光灯对应用光敏剂的患者进行局部照射。患者照射区外用光敏剂，30 分钟后治疗，暴露治疗部位，遮盖非照射区，佩戴防护眼镜，按测定剂量开始照射。治疗后，查皮肤，记录治疗单 | | 局部照射适用于软组织急性化脓性炎症、伤口愈合迟缓、皮下瘀血、急性关节炎、急性神经痛等；体腔照射适用于身体各腔急性感染、溃疡；全身照射适用于骨质疏松症等 | LEAYR013<br>LEAYR014<br>LEAYR012<br>LEAYR009<br>LEAYR010<br>LEAYR011<br>LEAYC002 |
| 1202005 | 激光疗法 | 每个照射区 | 包括原光束、散焦激光疗法，半导体激光照射（500 mW 以上） | 指使用激光器对应用光敏剂的患者进行照射治疗。仪器准备，药品准备，核对医嘱，评估皮肤，排除禁忌证，告知注意事项，静脉注射光敏剂，48～72 小时后进行激光照射，照射区暴露，摆位，佩戴防护眼镜，照射中，观察患者一般情况。治疗后，查皮肤，记录治疗单 | | 软组织炎症吸收期、伤口愈合迟缓、慢性溃疡、窦道、烧伤、肌纤维组织炎、关节炎、神经痛等 | LEAYR017<br>LEAYR016<br>LEAYR015 |
| 1202006 | 直流电治疗 | 每个部位 | 包括单纯直流电治疗、直流电药物离子导入治疗、直流电水浴治疗（单、双、四槽浴）、电化学疗法 | 核对医嘱，排除禁忌证，选择合适的铅板和衬垫，将铅板套入已经消毒、温度湿度适宜的衬垫中，患者取舒适体位，暴露治疗部位，评估皮肤，固定电极，告知注意事项，使用直流电疗仪，逐渐增加输出电流至预计强度的 2/3，询问患者感觉，记录时间，治疗 3～5 分钟后根据患者感觉可调整电流强度。治疗后，查皮肤，告知注意事项，记录治疗单，衬垫清洗，消毒，晾干备用 | | 神经系统疾病：周围神经损伤、自主神经功能紊乱、神经痛；循环系统疾病：高血压、血栓性静脉炎；骨关节疾病：关节炎等；多种慢性炎症性疾病；瘢痕、粘连等 | LEBYR001<br>LEBYR002<br>LEBW6001<br>LEBEA001 |

续表

| 项目编码 | 项目名称 | 计价单位 | 计价说明 | 项目内涵 | 除外内容 | 适用范围 | 标准编码 |
|---|---|---|---|---|---|---|---|
| 1202007 | 低频脉冲电治疗 | 每个部位 | 包括感应电治疗、神经肌肉电刺激治疗、间动电疗、经皮神经电刺激治疗、功能性电刺激治疗、温热电脉冲治疗、微机功能性电刺激治疗、痉挛肌电刺激治疗 | 选好治疗所需的电极板、衬垫；先打开机器电源开关，检查输出是否为零，再安放电极，调节输出剂量；治疗结束后，将输出调为零，取下治疗电极，关闭电源，检查皮肤 | | 废用性肌萎缩、肌张力低下、尿潴留、癔症性瘫痪；外周神经损伤、关节疼痛和渗出导致的肌肉活动抑制；多种疾病引起的疼痛、骨折、中枢性瘫痪后感觉和运动功能障碍等 | LEBZX006<br>LEBZX007<br>LEBZX008<br>LEBZX009<br>LEBZX011<br>LEBZX012<br>LEBZX013<br>LEBZX014<br>LEBZX015 |
| 1202008 | 中频脉冲电治疗 | 每个部位 | 包括中频脉冲电治疗、音频电治疗、干扰电治疗、动态干扰电治疗、立体动态干扰电治疗、调制中频电治疗、计算机中频电治疗 | 仪器准备，核对医嘱，排除禁忌证，评估皮肤，告知患者注意事项，取舒适体位，暴露治疗部位，使用音频电治疗机或可产生频率为 1 000~100 000 赫兹等幅正弦电流的仪器，摆放并固定电极，调节电流至所需强度。治疗中，巡视患者。治疗后记录治疗单，衬垫清洗，消毒，晾干备用 | | 挫伤、肌纤维织炎、肌肉劳损、肱骨外上髁炎、关节纤维性挛缩、废用性肌萎缩等；瘢痕、粘连、血肿机化等；周围神经伤病如坐骨神经痛等；溃疡病、迟缓性便秘、尿潴留、尿失禁、神经原性膀胱等 | LEBZX016<br>LEBZX017<br>LEBZX018<br>LEBZX019<br>LEBZX020<br>LEBZX021<br>LEBZX022 |

续表

| 项目编码 | 项目名称 | 计价单位 | 计价说明 | 项目内涵 | 除外内容 | 适用范围 | 标准编码 |
|---|---|---|---|---|---|---|---|
| 1202009 | 共鸣火花治疗 | 每5分钟 | | 仪器准备，核对医嘱，皮肤评估，排除禁忌证，告知注意事项，确定治疗部位，暴露部位，使用共鸣火花治疗仪，皮肤表面涂少量化石粉，操作者戴防护眼镜，选择治疗电极，将消毒后的电极涂润滑剂对准治疗部位往复体表移动，计时。治疗中，注意患者病情变化。治疗后，检查治疗部位状况，记录治疗单，电极清洗，消毒后置于消毒液内 | | 1. 疼痛：头痛、股外侧皮神经炎、截肢后幻肢痛等；2. 神经症、癔症性失语、末稍神经炎等；3. 皮肤慢性溃疡、伤口愈合迟缓等 | LEBZX024 |
| 1202010 | 超短波、短波治疗 | 每个部位 | 包括小功率超短波和短波、大功率超短波和短波、脉冲超短波和短波、体腔治疗 | 仪器准备，核对医嘱，评估皮肤，排除禁忌证，在屏蔽房间进行，告知注意事项，确定治疗部位，暴露部位，使用大功率超短波治疗仪，选择并固定电极，调节仪器输出，达到治疗量并计时；治疗中，巡视患者；治疗后，检查治疗部位、记录治疗单 | | 软组织炎症、肌痛、神经痛、血栓性静脉炎、胃肠功能低下、胃肠痉挛、软组织扭挫伤、伤口延迟愈合等 | LEBZX030<br>LEBZX025<br>LEBZX026<br>LEBZX027<br>LEBZX028<br>LEBZX029<br>LEBZX031<br>LEBZX032<br>LEBZX033 |
| 1202011 | 微波治疗 | 每个部位 | 包括分米波、厘米波、毫米波、微波组织凝固、体腔治疗 | 填写患者基本资料、摆位要求。采用浅部微波热疗仪治疗，热疗范围温度要求40～45℃。仪器准备，核对医嘱，排除禁忌证，告知注意事项在屏蔽房间进行，确定治疗部位，暴露部位，使用分米波治疗仪，选择并固定电极，调节仪器输出并计时；治疗中，巡视患者；治疗后，检查治疗部位，记录治疗单 | | 肌炎、手术后浸润、滑膜炎、关节周围炎、骨关节炎、软组织扭挫伤、神经痛等 | LDAZX001<br>LEBZX034<br>LEBZX035<br>LEBZX036<br>LEBZX037<br>LEBZX038<br>LEBZX039<br>LEBZX040 |

续表

| 项目编码 | 项目名称 | 计价单位 | 计价说明 | 项目内涵 | 除外内容 | 适用范围 | 标准编码 |
|---|---|---|---|---|---|---|---|
| 1202012 | 射频电疗 | 次 | 包括大功率短波、分米波、厘米波 | 填写患者基本资料、摆位要求。采用射频热疗仪治疗，温度测量，热疗范围温度要求 39.5~45℃ |  | 骨关节及软组织损伤、周围神经损伤后伴有软组织肿胀、疼痛、肌肉痉挛的工伤职工 | LDBZX001<br>LDBZX002 |
| 1202013 | 静电治疗 | 每 20~30 分钟 | 包括低压、高压静电治疗、高电位治疗 | 仪器准备，核对医嘱，排除禁忌证，告知注意事项，在单独治疗室中进行，患者双足踏于带有绝缘底座的足踏电极上，使用高压静电治疗仪，另一电极置于头部上方，调节仪器输出并计时；治疗中，巡视患者；治疗后，记录治疗单 |  | 全身静电疗法，适用于神经症、失眠、自主神经功能紊乱等；局部静电疗法，适用于慢性溃疡、伤口延期愈合、烧伤等 | LEBZX042<br>LEBZX041<br>LEBZX043<br>LEBZX044 |
| 1202014 | 空气负离子治疗 | 每 30 分钟 |  | 仪器准备，核对医嘱，排除禁忌证，告知注意事项，使用空气负离子治疗仪，在单独治疗室中进行，调节仪器输出并计时；治疗中，巡视患者；治疗后，记录治疗单 |  | 神经症、失眠、偏头痛、脑外伤后遗症等神经系统疾病与损伤 | LEBZX045 |
| 1202015 | 超声波治疗 | 每 5 分钟 | 包括单纯超声、超声药物透入、超声雾化 | 仪器准备，核对医嘱，排除禁忌证，告知注意事项，取舒适体位，确定清洗治疗部位，确定治疗类型，使用超声波治疗仪，治疗者持超声声头治疗，调节仪器输出并计时；治疗中，巡视患者；治疗后，检查治疗部位，记录治疗单、清洗消毒超声头 |  | 软组织损伤、挫伤，瘢痕组织，肢体溃疡、骨折、脑血管意外后遗症，神经痛等 | LECZX001<br>LECZX002<br>LDCZX001 |

续表

| 项目编码 | 项目名称 | 计价单位 | 计价说明 | 项目内涵 | 除外内容 | 适用范围 | 标准编码 |
|---|---|---|---|---|---|---|---|
| 1202016 | 生物反馈疗法 | 次 | 包括肌电、皮温、皮电、脑电、心率各种生物反馈 | 在单独治疗室进行，仪器准备，核对医嘱，排除禁忌证，告知注意事项，取舒适体位，使用肌电生物反馈治疗仪，选择采集信号部位，清洗，酒精脱脂，电极涂导电膏，固定在皮肤上，确定治疗类型，调节仪器输出，指导患者主观参与调节信号并计时；治疗中，巡视患者；治疗后检查治疗部位，记录治疗单，清洗消毒电极，晾干备用 |  | 脑损伤后偏瘫、瘛症性瘫痪、脊髓损伤等 | LEDZX003<br>LEDZX002<br>LEDZX001<br>LEDYR002<br>LEDYR001 |
| 1202017 | 磁疗 | 每20分钟 | 包括脉冲式、脉动式、交变式等不同机型 | 仪器准备，核对医嘱，排除禁忌证，告知注意事项，取舒适体位，使用低频交变磁场治疗机，选取合适磁极摆放，并调节治疗参数并计时；治疗中，询问患者感觉。治疗后，移开磁极，记录治疗单 |  | 骨折、软组织挫伤、血肿、关节损伤和炎症等 | LEEZX001<br>LEEZX002<br>LEEZX003<br>LEEZX004<br>LEEZX005 |
| 1202018 | 蜡疗 | 每个部位 | 包括浸蜡、刷蜡、蜡敷 | 核对医嘱，排除禁忌证，告知注意事项，检查评估皮肤，熔化的石蜡并冷却到一定程度后保温待用、石蜡外敷于治疗部位，包裹后用棉垫毛毯保温并计时；治疗中，观察患者情况；治疗后，检查皮肤。定期洗蜡并加新蜡。不含蜡袋法 |  | 软组织挫伤、肩关节周围炎、骨膜炎、肌肉劳损、骨折或骨关节术后关节挛缩、关节纤维性强直；外伤或术后瘢痕增生及粘连等 | LEGYR001<br>LEGYR002<br>LEGYR003 |

续表

| 项目编码 | 项目名称 | 计价单位 | 计价说明 | 项目内涵 | 除外内容 | 适用范围 | 标准编码 |
|---|---|---|---|---|---|---|---|
| 1202019 | 泥疗 | 每个部位 | 包括电泥疗、泥敷 | 仪器准备，核对医嘱，排除禁忌证，告知注意事项，制作或准备泥饼，检查评估治疗部位皮肤，使用直流电疗机或透热电疗机，将泥饼放置于皮肤表面后按医嘱选择连接电极，调节治疗参数并计时；治疗中，观察患者情况。治疗后，检查皮肤，记录治疗单 |  | 骨骼、肌肉系统和周围神经的亚急性、慢性炎症、周围神经损伤后遗症；挫伤、关节炎、腹腔粘连等 | LEGYR004<br>LEGYR005<br>LEGZY001 |
| 1202020 | 牵引 | 次 | 包括颈、腰椎土法牵引、电动牵引、三维快速牵引 | 指使用三维牵引仪器对腰椎进行三维快速牵引治疗。根据患者身高、体重、性别、年龄、发病部位、病变状态等，确定其牵引距离、成角方向、成角度数、旋转方向、旋转度数等数据，并将其输入计算机。患者解除腰带，俯卧于牵引床上，暴露腰部，并固定好，检查无误时启动牵引床。医者之手置于病变椎间，嘱患者放松，不要屏气，不要对抗。脚踏开关，牵引床按照指令自动完成定距离快速牵引与定角度旋转同步动作，同时医生辅以手法顶推或按压：每次动作 1~3 下。三维快速牵引后嘱患者平卧 3~6 小时，可配用消炎利水药物。三天内限制活动，尤其不能弯腰和扭腰，此后配合手法等辅助治疗 | 同时进行电热敷治疗 | 椎间盘突出症、椎间盘变性，椎体小关节滑膜嵌顿、椎体关节功能紊乱，椎体侧弯、后凸畸形，关节僵硬、挛缩、粘连等 | LEJVT003<br>LEJVT002<br>LEJVT001<br>LEJVH001<br>LEJVH002<br>LEJW8001 |

续表

| 项目编码 | 项目名称 | 计价单位 | 计价说明 | 项目内涵 | 除外内容 | 适用范围 | 标准编码 |
|---|---|---|---|---|---|---|---|
| 1202021 | 气压治疗 | 每个部位 | 包括肢体气压治疗、肢体正负压治疗 | 指使用正压顺序循环治疗仪，促使组织经静脉、淋巴管回流以消除肢体局部水肿的治疗。将排空气体的袖（或腿）套套在患肢上，设定气袋压力，开机，从位于肢体末端的气袋开始逐一充气，四只气袋完全充气后，压力维持一段时间，再从肢体近端气袋开始依次排气，直至末端，此为一个作用周期。压力大小可根据患者的感觉和耐受情况随时调节 |  | 肢体创伤后水肿，淋巴回流障碍性水肿，截肢后残端水肿，复杂性区域性疼痛综合征，手术后的淋巴水肿，静脉淤滞性溃疡 | LEJW6001<br>LEJW6002 |
| 1202022 | 冷疗 | 每个部位 |  | 指使用特殊设计的转换器，除去空气中的水分和灰尘，用处理过的冷空气（温度-15℃以下）作用于治疗部位的冷疗方法。仪器准备，核对医嘱，排除禁忌证，评估治疗部位，告知注意事项，取舒适体位，暴露治疗部位，非治疗部位保暖，选择相应的冷空气喷嘴，相隔45厘米左右的距离向治疗部位进行喷射，持续数分钟至十分钟。治疗后，观察局部反应，记录治疗单 |  | 软组织急性扭挫伤早期，关节炎急性期，骨关节术后肿痛；神经痛、痉挛等 | LEHZX001<br>LEHZX002<br>LEHZX003 |
| 1202023 | 电按摩 | 次 | 包括电动按摩、电热按摩、局部电按摩 | 指使用电动按摩床或按摩椅对人体全身进行治疗。仪器准备，核对医嘱，选定记录参数，评估皮肤，告知注意事项，取舒适体位，计时，观察，必要时用治疗巾遮盖，询问患者感觉。治疗后，查皮肤，记录治疗单 |  | 慢性疼痛、运动后疲劳等 | LEJZX002<br>LEJZX003<br>LEJZY001<br>LEJZY002 |

续表

| 项目编码 | 项目名称 | 计价单位 | 计价说明 | 项目内涵 | 除外内容 | 适用范围 | 标准编码 |
|---|---|---|---|---|---|---|---|
| 1202024 | 冲击波治疗 | 每个部位 | 包括散焦式或发散式（气压弹道冲击波）、聚焦式、联合式冲击波治疗，骨骼肌肉疼痛冲击波治疗 | 应用体外冲击波技术，在超声波定位下，确定治疗区域。使用治疗能量为 2~4 巴，冲击次数 2 000 次，冲击频率 5~10 赫兹，治疗足底筋膜炎、钙化性肌腱炎、非钙化性肌腱炎、跟腱痛、转子滑囊炎、髂胫摩擦综合征、桡侧或尺侧肱骨上髁炎、胫骨缘综合征、常见性附着肌腱炎、肌触发痛点等。不含超声引导、心电图检查、血凝检查。 |  | 骨折延迟愈合、骨不连、股骨头缺血性坏死、慢性疼痛的工伤职工 | LECZX003 |
| 1202025 | 膀胱腔内电刺激治疗 | 次 | 含脉冲电治疗、神经肌肉电刺激治疗、功能性电刺激治疗 | 用于刺激膀胱反射的恢复。采用盆底电生理治疗仪，截石位，暴露检查部位，将刺激电极经尿道置于膀胱腔内，向膀胱腔内灌注 100~200 毫升盐水，给予适当电刺激 |  | 各种原因导致的排尿障碍；由于脊髓损伤、脊柱脊髓发育异常等原因造成的神经源性膀胱；膀胱感觉功能减退或消失；逼尿肌无反射的排尿功能障碍；各种原因导致的膀胱顺应性降低 | LEBRG001 |
| 1202026 | 经颅重复磁刺激治疗 | 次 | 含低频经颅磁刺激、高频经颅磁刺激 | 用于特定疾病的中枢治疗。在胫前肌或小指展肌安置记录表面电极，地线置于踝部，对侧额叶皮层刺激，观察肌肉动作电位波形，判断运动阈值。据此判断最佳刺激部位并根据阈值设置刺激强度。根据病情需要设置刺激的参数，含强度、频率、间隔时间和总时程，对病人进行治疗。治疗中，观察病人反应并随时调整。治疗后，记录治疗反应 |  | 中枢神经损伤后引起的运动功能障碍，认知功能障碍，抑郁状态，器质性精神病 | KBA32701 |

续表

| 项目编码 | 项目名称 | 计价单位 | 计价说明 | 项目内涵 | 除外内容 | 适用范围 | 标准编码 |
|---|---|---|---|---|---|---|---|
| 1202027 | 阴部/盆底肌磁刺激治疗 | 次 | | 用于刺激和调节盆底神经和肌肉功能。采用盆底电生理治疗仪，患者取坐位，将磁刺激器置于盆底，给予适当刺激治疗 | | | LEEQU001 |
| 1203 | 3. 物理治疗Ⅲ（水疗） | | | | | | |
| 1203001 | 旋涡浴治疗 | 20分钟/次 | 包括上肢旋涡浴治疗、下肢旋涡浴治疗 | 核对医嘱，排除禁忌证，告知注意事项，检查涡流装置，将上肢浸入旋涡装置中，定时。治疗中，观察患者情况。治疗后，患者休息数分钟方可离开，记录，消毒浴盆 | | 关节置换后、骨折、肌腱韧带损伤及术后、截肢、脊髓损伤、烧伤恢复期等工伤职工 | LEFWA001<br>LEFXA001 |
| 1203002 | 水中浸浴治疗（烧伤） | 20分钟/次 | 含小创面简单处理 | 利用水疗槽（或池）进行烧伤病人的创面浸泡冲洗，去除死皮等污垢并清洁创面，需要时可在水中加入高锰酸钾等消毒剂（0.5克/吨）。对于烧伤程度严重，无法独立转移的患者，可以结合升降器械辅助患者进出水疗槽（或池）。教会患者在浸泡5~10分钟之后，进行预防疤痕挛缩的自我牵拉，以提高相应肢体的活动功能 | | 大面积烧伤的工伤职工 | LEFYR001 |
| 1203003 | 药物浸浴治疗 | 20分钟/次 | 含水中牵伸、肌力、协调性等训练 | 核对医嘱，排除禁忌证，告知注意事项，询问药物过敏史，向专用浴盆加入药物，测量患者心率血压，患者全身浸入药液中，取半卧位，定时，在治疗过程中密切观察患者情况，治疗后再测心率血压，患者休息数分钟无不适主诉后方可离开，记录治疗单，消毒浴盆 | 药物 | 大面积烧伤的工伤职工 | LEFZY001 |

续表

| 项目编码 | 项目名称 | 计价单位 | 计价说明 | 项目内涵 | 除外内容 | 适用范围 | 标准编码 |
|---|---|---|---|---|---|---|---|
| 1203004 | 水中运动治疗 | 30分钟/次 | 含水中肌力、平衡、关节活动度、步行协调性及耐力训练 | 准备温水（水温36~38℃），开启消毒循环过滤加热系统，使用无障碍电动升降装置搬运患者，利用水中治疗椅、水中治疗台、水中肋木、水中双杠、救生圈、浮板等设施器具，指导患者进行水中关节活动训练、肌力增强训练、耐力训练、平衡协调性训练和步行步态训练等。水疗后洗浴，进行水疗设备的清洁消毒处理 |  | 关节置换后、骨折、肌腱韧带损伤及术后、截肢、脊髓损伤、烧伤恢复期等工伤职工 | MBAW6001 |
| 1203005 | 气泡浴治疗 | 次 | 应用无电动搬运装置的浴缸，含气泡浴和涡流浴 | 核对医嘱，排除禁忌证，告知注意事项，在浴盆中放置气泡性装置。患者全身浸入水中，检查气泡浴装置，开动气泡发生器，测量患者心率血压，取半卧位，定时，在治疗过程中密切观察患者情况，治疗后再测心率血压，患者休息数分钟无不适主诉后方可离开，记录治疗单，消毒浴盆 |  | 关节置换后、骨折、肌腱韧带损伤及术后、截肢、脊髓损伤、烧伤恢复期等工伤职工 | LEFZX001 |
| 1203006 | 哈巴氏槽浴治疗 | 次 | 应用具有电动搬运装置的哈巴氏槽浴专用浴缸 | 核对医嘱，排除禁忌证，告知注意事项，测量患者心率血压，检查浴槽，治疗师取站立位在槽外指导或帮助患者进行主被动运动，使用“8”字形或葫芦形全身水疗槽，可同时开启涡流、气泡和局部喷射等治疗手段，密切观察患者情况，治疗后再测患者心率血压，患者休息数分钟无不适主诉后方可离开，记录，消毒浴盆 |  | 关节置换后、骨折、肌腱韧带损伤及术后、截肢、脊髓损伤、烧伤恢复期等工伤职工 | LEFZX002 |

续表

| 项目编码 | 项目名称 | 计价单位 | 计价说明 | 项目内涵 | 除外内容 | 适用范围 | 标准编码 |
|---|---|---|---|---|---|---|---|
| 1203007 | 水中活动平板训练 | 次 | 含水中活动平板步行训练设备 | 准备温水（水温36~38℃），开启无障碍出入装置、自动消毒循环过滤及温控装置、喷射装置，设定患者水中活动平板训练参数，经地上水槽侧壁透明玻璃窗，指导进行定量化的水中步行和步态训练，并记录水中步行步态定量结果。水疗后，洗浴，进行水疗设备的清洁消毒处理 | | 关节置换后、骨折、肌腱韧带损伤及术后、截肢、脊髓损伤、烧伤恢复期等工伤职工 | MBAZX003 |
| 1204 | 4. 作业治疗 | | | | | | |
| 1204001 | 轮椅功能训练 | 次 | 包括轮椅技能训练、轮椅篮球训练、轮椅跑台训练、轮椅体操训练等内容 | 指导患者进行轮椅技能操作（如乘坐轮椅正确的坐姿以及驱动轮椅的正确技术动作、转移动作，进行驱动轮椅快速起动、急停和转弯训练，绕障碍物行走、抬前轮、上下台阶及坡道训练等）、轮椅驱动耐力（轮椅跑台训练）及功能性活动（轮椅篮球、轮椅体操）等训练 | | 脊髓损伤、脑损伤、烧伤、骨关节损伤等需长期使用轮椅的工伤职工 | MBHZX001<br>MBHZX002<br>MBHZX003<br>MBHZX004 |
| 1204002 | 徒手手功能训练 | 次 | | 利用徒手的方法进行的各种手部功能训练或者进行手工艺制作和训练，必要时进行手法治疗或指导 | | 手外伤、上肢骨关节损伤、脑损伤、脊髓损伤、烧伤等存在手功能障碍的工伤职工 | MBCWR001 |

续表

| 项目编码 | 项目名称 | 计价单位 | 计价说明 | 项目内涵 | 除外内容 | 适用范围 | 标准编码 |
|---|---|---|---|---|---|---|---|
| 1204003 | 器械手功能训练 | 次 |  | 利用仪器设定特定的治疗程序或者器械进行手部功能训练，含使用计算机辅助游戏以及手工艺制作活动，必要时给予指导 |  | 手外伤、上肢骨关节损伤、脑损伤、脊髓损伤、烧伤等存在手功能障碍的工伤职工 | MBCWR002 |
| 1204004 | 计算机辅助手功能训练 | 次 | 包括使用 E－Link、Hand Tutor、Pablo 等专门用于上肢功能评定和训练的手功能训练系统所进行的手功能训练 | 利用专门的手功能训练设备（软件+硬件）进行手部肌力、关节活动度、灵活性、协调性等训练 |  | 脑损伤、手外伤、上肢骨折等存在手功能障碍的工伤职工 |  |
| 1204005 | 文体训练 | 次 | 包括艺术活动训练、体育活动训练、园艺活动训练、治疗性游戏训练等 | 在治疗师指导下，通过文体治疗手段达到改善肢体功能（肌力、关节活动度、灵活性、协调性、感觉等）、调节认知及心理功能、提高社会参与能力及沟通协调能力等目的。治疗在活动分析及任务分析的前提下有计划、有针对性地进行。训练计划及过程有专门记录 |  | 手外伤、上肢骨关节损伤、脑损伤、脊髓损伤、烧伤等较长时间住院的工伤职工 | KAZ38909<br>KAZ38910 |
| 1204006 | 身体功能障碍作业疗法训练 | 次 |  | 利用各种运动训练设备，对身体功能障碍的患者进行主动、被动、辅助主动的关节活动度、肌力、缓解局部痉挛以及姿势矫正等功能训练 |  | 脊髓损伤、脑损伤、烧伤、手外伤、骨关节损伤等存在躯体、精神、认知障碍的工伤职工 | MBCZX001 |

续表

| 项目编码 | 项目名称 | 计价单位 | 计价说明 | 项目内涵 | 除外内容 | 适用范围 | 标准编码 |
|---|---|---|---|---|---|---|---|
| 1204007 | 精神障碍作业疗法训练 | 次 | | 运用专业理论和不同的治疗模式对精神障碍的患者进行治疗。患者可以有机会自己选择并积极参与一些有意义符合个人能力和程度以及环境需求的活动，目的是让患者得以重新适应并在其所处的社会文化的环境中生活，选择“适宜”的作业及活动通过有目的的活动实践促使活动功能建立，使生命有意义 | | 脊髓损伤、脑损伤、烧伤、手外伤、骨关节损伤等存在躯体、精神、认知障碍的工伤职工 | MBCZX002 |
| 1204008 | 认知功能障碍作业疗法训练 | 次 | | 针对从各种感觉（刺激）输入到运动性的输出，含知觉与感觉、注意、记忆、计划或者策划能力以及执行能力等，作业疗法在整体过程中都会按一定的顺序，进行评价及制订治疗计划促进肢体机能的恢复与日常生活活动的提高，改善障碍者的自立程度 | | 脊髓损伤、脑损伤、烧伤、手外伤、骨关节损伤等存在躯体、精神、认知障碍的工伤职工 | MBCZX003 |
| 1204009 | 认知障碍康复训练 | 次 | 包括记忆力、注意力、思维能力等训练 | 对注意障碍、记忆障碍、失算症、分类障碍、推理障碍、序列思维障碍、执行功能障碍等进行一对一康复训练。训练成绩自动记录 | | 脑损伤存在认知障碍的工伤职工 | MBFZX003 |
| 1204010 | 计算机辅助认知功能训练 | 次 | 包括应用认知软件进行的各种认知训练 | 利用专门的认知训练系统所进行的认知综合训练 | | 脑损伤存在认知障碍的工伤职工 | |

续表

| 项目编码 | 项目名称 | 计价单位 | 计价说明 | 项目内涵 | 除外内容 | 适用范围 | 标准编码 |
|---|---|---|---|---|---|---|---|
| 1204011 | 家务劳动训练 | 次 | 含备餐、清洗、室内清洁、整理房间、购物、家庭预算等 | 对家务劳动能力，包括含备餐、清洗、室内清洁、整理房间、购物、家庭预算等进行训练 | | 脑损伤、脊髓损伤、烧伤、骨关节损伤等存在家务劳动能力障碍的工伤职工 | |
| 1204012 | 假肢使用训练 | 次 | 含假肢的控制训练及使用假肢进行日常活动的训练 | 对患者假肢的应用进行控制训练及使用假肢模拟日常生活活动进行的训练 | | 截肢需使用假肢的工伤职工 | MBBZX018 |
| 1204013 | 感觉训练 | 次 | 含感觉再教育、感觉再训练、感觉脱敏训练 | 对感觉障碍者进行感觉再教育和感觉再训练，对感觉过敏者进行脱敏训练 | | 周围神经损伤、中枢神经损伤、烧伤等各种存在感觉障碍的工伤职工 | |
| 1204014 | 上肢矫形器制作 | 次 | 包括各种手及上肢矫形器的制作，材料费按照实际发生情况计算 | 根据患者上肢功能障碍状况，通过评定、制样、取材、塑型、调试，进行上肢及手的矫形器的制作，达到改善或维持手及上肢功能，使患者最大程度地提高或代偿部分丧失的手及上肢功能的目的。热塑板材、金属材料等材料费另计 | 低温板材、金属材料等材料 | 脑损伤、烧伤、脊髓损伤、脑血管意外、骨关节损伤、手外伤等需使用矫形器进行保护、固定、训练和功能代偿的工伤职工 | MBLZZ001 |

续表

| 项目编码 | 项目名称 | 计价单位 | 计价说明 | 项目内涵 | 除外内容 | 适用范围 | 标准编码 |
|---|---|---|---|---|---|---|---|
| 1204015 | 辅助（器）具作业疗法训练 | 次 | 包括矫形器、轮椅、洗澡椅、坐便椅等辅助器具的使用训练和日常生活中应用训练 | 通过各种辅助（器）具与日常生活活动相结合的训练使用，提高患者使用各种矫形器、轮椅、拐杖、洗澡椅、坐便椅等辅助器具的能力，提高患者的个人生活自理能力的训练 |  | 脑损伤、烧伤、脊髓损伤等需使用辅助器具的工伤职工 | MBCZX005 |
| 1204016 | 上肢综合运动训练 | 次 | 包括肌力、关节活动度、灵活性、上肢实用功能等训练 | 利用各种上肢综合运动训练设备，为患者进行被动的、辅助主动的、主动的、抗阻的关节活动范围训练、肌力训练、局部缓解肌肉痉挛训练、局部肌肉牵拉训练、协调性训练、功能活动能力训练及器械训练 |  | 脑损伤、烧伤、脊髓损伤、上肢骨关节损伤等存在上肢功能障碍的工伤职工 | MBBWA001 |
| 1204017 | 机器人辅助上肢功能训练 | 次 | 包括利用AMEO、Multi－Joint System等上肢机器人系统所进行的训练 | 利用上肢机器人所进行的针对上肢功能的训练。上肢机器人能够提供助力、阻力、生物反馈等功能，并利用趣味性活动进行训练 |  | 脑损伤、脊髓损伤、上肢损伤、手外伤等存在上肢功能障碍的工伤职工 |  |
| 1204018 | 独立生活能力训练 | 次 | 包括生活自理能力训练和社会适应能力训练 | 针对患者出院后独立生活所必需的能力，如生活自理、参与社会活动、正常的娱乐休闲活动等进行的综合训练 |  | 脑损伤、烧伤、脊髓损伤等存在独立生活障碍的工伤职工 |  |

续表

| 项目编码 | 项目名称 | 计价单位 | 计价说明 | 项目内涵 | 除外内容 | 适用范围 | 标准编码 |
|---|---|---|---|---|---|---|---|
| 1204019 | 镜像治疗 | 次 | 包括治疗室内训练和家庭中的训练 | 使用特别制作的镜子，应用专门技术程序针对截肢、脑损伤或慢性疼痛患者进行的训练，以减轻疼痛或改善运动功能 | | 脑损伤、截肢后幻肢痛、慢性区域性疼痛综合征等工伤职工 | |
| 1204020 | 虚拟现实训练 | 次 | 含利用各类虚拟技术所模拟的训练 | 利用专门的虚拟设备，模拟不同的生活场景进行肢体运动功能、认知功能或实际生活能力的训练。通过逼真的情景、可调节的活动、即时的反馈提高训练积极性、增加治疗效果 | | 脑损伤、截肢、脊髓损伤、手外伤、肢体骨折、慢性疼痛等工伤职工 | |
| 1204021 | 下肢矫形器制作 | 次 | 包括各种足及下肢低温材料矫形器的制作，材料费按照实际发生情况计算 | 根据患者下肢功能障碍状况，通过评定、制样、取材、塑型、调试，进行下肢的矫形器的制作，达到改善或维持下肢功能，使患者最大程度地提高或代偿部分丧失的下肢功能。热塑板材、金属材料等材料费另计 | 热塑板材、金属材料等材料 | 脑损伤、烧伤、脊髓损伤、骨关节损伤等需要使用矫形器进行保护、固定、训练及功能代偿的工伤职工 | MBLZZ002 |
| 1204022 | 躯干矫形器制作 | 次 | 包括各种颈托及胸腰骶矫形器的制作，材料费按照实际发生情况计算 | 根据患者脊椎的功能障碍状况，通过评定、制样、取材、塑型、调试，进行脊椎矫形器的制作以达到限制脊椎运动，保护病变关节，促进病变愈合，辅助康复治疗的作用。热塑板材、金属材料等材料费另计 | 热塑板材、金属材料等材料 | 脊髓损伤、骨关节损伤等需要使用矫形器进行保护、固定、训练及功能代偿的工伤职工 | |

续表

| 项目编码 | 项目名称 | 计价单位 | 计价说明 | 项目内涵 | 除外内容 | 适用范围 | 标准编码 |
|---|---|---|---|---|---|---|---|
| 1204023 | 压力衣制作 | 件 | 包括压力全面罩、下颌套、头套、上衣、长裤、短裤、普通压力袜、分趾压力袜、上肢套、下肢套、压力手套等的制作，材料费按照实际发生情况计算 | 根据患者的功能情况，为其制作压力衣裤等，以达控制瘢痕增生、消除肢体肿胀、促进残端塑形的作用。瘢痕评定、量身、计算、画图、剪纸样、画布样、剪布样、缝制、试穿、修改详细向患者说明穿戴压力衣的作用、注意事项、清洗方法，最后交付患者使用，并定期进行复查及修改，保证压力的有效性 | 压力布 | 烧伤、截肢、肿胀、长期卧床的工伤职工 | MBKZX007 |
| 1204024 | 自助具制作 | 件 | 包括自理、文娱、书写阅读、交流等方面自助具制作，材料费按照实际发生情况计算 | 针对患者需要使用的辅助器具种类、所用辅助器具的功能需要以及正确使用辅助器具的方法进行评定和制作，使之适合并弥补患者的功能缺失水平，提高患者康复水平和康复治疗效果 | 板材、手柄、金属等材料 | 有自助具需求的工伤职工 | MBCZZ001 |
| 1204025 | 转移动作训练 | 次 | 包括翻身、起坐、站立、床与轮椅（座椅）之间的转移动作的训练 | 利用各种转移动作训练设备，为患者进行被动的、辅助主动的、主动的床上翻身、起坐、站立、床与轮椅（座椅）之间的转移动作的训练，功能性活动训练及器械训练 | | 存在转移障碍或转移困难的工伤职工 | MBBZX001 |
| 1204026 | 日常生活动作训练 | | 含进食、穿衣、修饰、个人卫生、如厕、洗澡、步行、转移等内容 | 对独立生活而每天所必须反复进行的、最基本的一系列身体动作，即进行衣、食、住、行、个人卫生等日常生活的基本动作进行系统的评定，发现存在的问题并将制订相关的训练计划付诸实施的过程 | | 存在日常生活活动障碍的工伤职工 | MBCZX004 |

续表

| 项目编码 | 项目名称 | 计价单位 | 计价说明 | 项目内涵 | 除外内容 | 适用范围 | 标准编码 |
|---|---|---|---|---|---|---|---|
| 1204027 | 知觉障碍康复训练 | | 包括失认症、失用症的康复训练 | 对单侧忽略、躯体失认、手指失认、空间知觉障碍、物品失认、面容失认、结构性失用、意念运动性失用、意念性失用等进行一对一康复训练。记录训练成绩 | | 脑损伤后存在知觉障碍的工伤职工 | MBEZX001 |
| 1204028 | 感觉统合治疗 | | 含触压觉、本体感觉、视觉、听觉、平衡觉等感觉的整合训练 | 指专人制订训练计划。大肌肉及平衡感触觉防御及情绪本体感及身体协调学习能力发展等方面，制订相应训练计划。专人进行平衡系列、手眼协调系列、特训系列等全程专人看护，独立测查室及训练室 | | 脑损伤后存在感觉统合失调、意识障碍、异常情绪或异行为的工伤职工 | KAZ38908 |
| 1205 | 5. 言语—语言、摄食—吞咽治疗 | | | | | | |
| 1205001 | 失语症训练 | 30分钟/次 | 含听、说、读、写等各项语言功能的训练 | 利用实物、图片或仪器，对患者在听理解、复述、命名、朗读、阅读理解、书写等语言模式及其在单词水平、句子水平、短文水平、文章水平等方面的训练 | | 伴有失语症的脑损伤工伤职工 | MBDZX002 |
| 1205002 | 构音障碍训练 | 次 | 含发音训练、语音纠正训练、构音器官功能训练 | 指导患者进行呼吸训练、放松训练、构音改善训练、克服鼻音化训练、克服费力音训练、克服气息音训练、韵律训练、语音工作站、交流系统应用训练等对患者进行发声及矫正错误发音的训练 | | 伴有构音障碍的脑损伤工伤职工 | MBDZX0076 |

续表

| 项目编码 | 项目名称 | 计价单位 | 计价说明 | 项目内涵 | 除外内容 | 适用范围 | 标准编码 |
|---|---|---|---|---|---|---|---|
| 1205003 | 吞咽功能障碍训练 | 次 | 含吞咽相关器官的功能训练及摄食吞咽的训练指导 | 针对患者的吞咽问题，进行口面吞咽器官训练、声门屏气、咳嗽训练以及摄食吞咽的训练指导（食物性状、进食体位姿势等的调整等），改善摄食—吞咽的能力 |  | 伴有摄食—吞咽障碍的工伤职工 |  |
| 1205004 | 言语矫正治疗 | 次 | 含对呼吸、发声、共鸣、构音功能的矫正训练 | 通过计算机软件，患者应用耳机和麦克风，采用人机对话方式进行训练，对患者呼吸功能、发声功能、共鸣功能和构音功能进行有针对性的训练和矫正 |  | 伴有言语障碍的工伤职工 | MBDZZ001 |
| 1205005 | 吞咽障碍电刺激训练 | 次 | 含使用电刺激治疗仪对患者进行低频电刺激治疗 | 利用电刺激治疗仪对患者的吞咽肌群进行低频电刺激，同时进行冰刺激、舌唇、下颌运动训练、进食训练 | 电极片 | 伴有摄食—吞咽障碍的脑损伤等工伤职工 | MBDZX010 |
| 1205006 | 发声障碍训练 | 次 | 含对嗓音障碍患者进行发声训练 | 通过体位的改变、呼吸功能的训练、声带放松训练、持续发声训练等多种嗓音训练方法，改善发声障碍患者异常的音调、音量、音质以及正确用声方法的指导 |  | 伴有嗓音障碍的工伤职工 | MBDZX008 |
| 1205007 | 无喉者发声障碍训练 | 次 | 含对喉手术切除后患者进行发声训练 | 通过食管打嗝的练习、空咽的练习、元音的加入、辅音的加入、加快发音速度、延长气流时间、词和句子的联系、音调和语气的控制等方法对喉摘除患者进行特殊的发声训练，使患者重新发音并掌握发音的技巧 |  | 喉切除术后的工伤职工 | MBDZX009 |

续表

| 项目编码 | 项目名称 | 计价单位 | 计价说明 | 项目内涵 | 除外内容 | 适用范围 | 标准编码 |
|---|---|---|---|---|---|---|---|
| 1206 | 6. 心理治疗 | | | | | | |
| 1206001 | 暗示治疗 | 次 | 含暗示用具的使用 | 在单独房间，安静环境，由受过专业培训的精神科医师或心理师，判断患者的易感性和依从性，根据患者的症状，制定适当的暗示语以达到改善和治疗患者症状的方法，必要时给予一定的药物暗示 | | 伴有心因性疼痛及其他身心障碍，且认知功能正常的工伤职工 | KAZ38706 |
| 1206002 | 松弛治疗 | 次 | 包括注意集中放松法、腹式深呼吸法、渐进性肌肉放松法等 | 在单独房间，安静环境。由受过专业培训的精神科医师或心理师使用规范的治疗指导语，使逐步放松。可配合使用生物反馈仪或音像设备 | | 伴有心因性疼痛、失眠、焦虑及其他身心障碍，且认知功能正常的工伤职工 | KAZ38911 |
| 1206003 | 心理治疗 | 半小时 | 包括针对性的心理分析、认知治疗、心理疏导等 | 在单独房间，安静环境，具有足够的理论知识、实践培训和督导基础的专业人员，进行相关精神心理学诊断，选择相应的心理治疗方法，应用规范化的治疗技术和个体化的治疗方案进行心理调整，解除心理障碍 | | 伴有明显心理症状及情绪障碍但认知功能正常的工伤职工 | KAZ38701 |
| 1206004 | 催眠治疗 | 次 | 含催眠用具的使用 | 在单独房间，安静环境，由精神科医师或心理师对患者的易感性和依从性进行评估。按照规范的指导语，或者借助一定的仪器和药物，帮助患者进入催眠状态。根据患者的症状，制定适当的暗示语。催眠结束时，按照一定的指导语，将患者恢复清醒。治疗中应有一名专业人员协助 | | 伴有明显心因性疼痛、失眠、焦虑及其他心身障碍，且认知功能正常的工伤职工 | KAZ38707 |

续表

| 项目编码 | 项目名称 | 计价单位 | 计价说明 | 项目内涵 | 除外内容 | 适用范围 | 标准编码 |
|---|---|---|---|---|---|---|---|
| 1206005 | 森田疗法 | 次 | 适宜环境下采取的一种顺应性的特殊治疗活动 | 适用于神经症治疗。分为经典及改良方法。前者含绝对卧床阶段、工作治疗阶段、生活训练阶段。第一阶段要求单独房间、安静环境。后两个阶段及改良方法，针对患者的症状，制订一系列的活动计划，观察和督促患者执行计划。可门诊或住院实施。在这个治疗过程中由精神科医师或心理师给予指导 |  | 有强迫症、恐惧症、焦虑症等神经症或类似神经症症状的工伤职工 | KAZ38708 |
| 1206006 | 行为矫正治疗 | 日 | 含奖励等强化物的使用 | 由精神科医师或心理师评估患者的症状，分析症状的严重程度和缓急，制订行为矫正计划。进行基线评估，制订治疗计划。督促患者严格按照计划实施治疗，定期观察监测。根据患者疗效，适当调整治疗计划。治疗工程需精神科护士协助 |  | 有情绪行为障碍的工伤职工 | KAZ38913 |
| 1206007 | 沙盘治疗 | 次 | 含沙盘和沙具的使用 | 由精神科医师或心理师通过沙盘游戏的方式，呈现患者内心深处意识和无意识之间的沟通和对话，由此激发患者治愈过程，身心健康发展以及人格的发展与完善。可以采用个体或团体的方式进行 |  | 有情绪障碍，人际关系障碍，自闭、言语表达障碍或防御心理较强的工伤职工 |  |
| 1206008 | 音乐心理治疗 | 次 | 含简易乐器、音乐碟的使用 | 在独立的治疗室，由受过专业培训的治疗师完成治疗，在心理治疗技术指导下，根据患者的情绪状况，选择不同的音乐和简易的乐器。对患者在音乐和乐器影响下表现出来的情绪和心理感受进行分析，帮助他们疏泄负性情绪，引导他们体验正性情绪和积极的认知 |  | 有情绪障碍的工伤职工 | KAZ38912 |

续表

| 项目编码 | 项目名称 | 计价单位 | 计价说明 | 项目内涵 | 除外内容 | 适用范围 | 标准编码 |
| --- | --- | --- | --- | --- | --- | --- | --- |
| 13 | （三）康复护理 | | | | | | |
| 1300001 | 综合康复护理评定 | 次 | | 患者住院期间，护士定期对患者生活自理能力（ADL）、器官功能情况、潜在护理安全隐患、对疾病知识掌握程度、自我护理技巧掌握情况、对住院环境适应能力情况及功能恢复情况等进行评定。根据评定结果制定或调整护理计划，促进康复计划有效的实施 | 关节活动、肌力、平衡等专业康复评定 | 各类康复人员，特别是使用辅助器具、病情相对严重的人员 | |
| 1300002 | 膀胱功能训练 | 次 | 含饮水计划、盆底肌肉训练、尿意习惯训练、激发技术等 | 向患者介绍膀胱功能训练方法和目的等相关知识，取得患者配合，判断膀胱类型，选择适宜的膀胱训练方法，按既定程序讲解并示范操作动作，指导患者和家属学习训练方法，观察有无反射性排尿，有无植物神经反射亢进，有无血压升高，膀胱压力升高，记录训练效果，避免因训练方法不当而引起的尿液返流 | | 存在神经源性膀胱的工伤职工 | MBZRG001 |
| 1300003 | 膀胱容量测定 | 次 | | 排除禁忌证，向患者解释目的并取得配合。输液架的一侧挂测压标尺，另一侧挂 500 mL 生理盐水瓶加温至 35～37℃，瓶上标记刻度，插上输液管进行排气，将三通管分别与输注生理盐水的输液管和测压管的下端相接。患者排空膀胱后，取仰卧位或坐位，插入无菌导尿管，排空膀胱内的尿液，记录导尿量（残余尿量），固定导尿管，将导尿管的开口与三通管另一端相连，调节输液架使测压管的零点（先少 | 三腔导尿管 | 存在神经源性膀胱功能障碍的工伤职工 | 在 MAZRG001 基础上修改项目内涵 |

续表

| 项目编码 | 项目名称 | 计价单位 | 计价说明 | 项目内涵 | 除外内容 | 适用范围 | 标准编码 |
|---|---|---|---|---|---|---|---|
| 1300003 | 膀胱容量测定 | 次 | | 量灌入部分生理盐水以调零）与患者的耻骨联合在同一水平面上，打开输液调节器以适当的速度向膀胱内灌入生理盐水，观察测压管中的水柱波动，当测压管中的压力升至 40 cm $H_2O$ 以上或尿道口有漏尿时，停止测定，撤除测定装置，引流排空膀胱，拔出导尿管，记录导尿量 | 三腔导尿管 | 存在神经源性膀胱功能障碍的工伤职工 | 在 MAZRG001 基础上修改项目内涵 |
| 1300004 | 残余尿量测定——导尿法 | 次 | | 向患者说明残余尿测量方法、测量目的、注意事项等内容，指导患者饮水 300～500 mL，观察膀胱是否充盈，膀胱充盈后协助患者坐位或半坐位，诱导患者自行排尿后采取无菌导尿术、排空膀胱内残余尿量，记录残余尿量，计算自解尿量与残余尿量的比例、观察患者有无不适 | | 存在神经源性膀胱功能障碍的工伤职工 | FRA02404 |
| 1300005 | 体位护理 | 天 | 含压疮护理、体位变更技术 | 指为了预防肩关节半脱位、骨盆倾斜、四肢各关节挛缩、畸形等，应用于各种体位需求的摆放，采用不同规格、类型的枕头按操作规程摆放至治疗性体位。评估患者病情，解释目的取得配合，操作动作轻柔，尽可能发挥残存的能力进行体位转移，各种卧位交替使用，以侧卧为主，避免半卧位。在维持正确治疗体位基础上尽量保持患者体位舒适，穿戴矫形器的患者注意观察血运 | 功能性敷料 | 伴有挛缩、畸形、痉挛、瘫痪等神经系统和骨关节损伤的工伤职工 | ACBN0001 |

续表

| 项目编码 | 项目名称 | 计价单位 | 计价说明 | 项目内涵 | 除外内容 | 适用范围 | 标准编码 |
|---|---|---|---|---|---|---|---|
| 1300006 | 病区综合康复延伸训练指导 | 次 | 根据工伤职工情况，选择性开展摄食—吞咽、言语—语言、呼吸、肢体活动、转移、康复辅助器具使用和手工艺活动等康复延伸训练指导 | 为巩固患者康复效果，促使患者尽早恢复日常生活自理功能，并缩短住院时间，护士利用患者在病区的实际生活环境及空余时间长的特点，按照康复治疗师制定的治疗方案，指导患者进行康复延伸训练指导 | | 伴有躯体、言语、认知和精神心理障碍的各类工伤职工 | |
| 1300007 | 截肢残端皮肤护理 | 次 | 含健康指导、皮损处护理 | 评估患者截肢残端情况，解释目的取得配合，指导患者掌握假肢的使用和保养方法、弹力绷带的正确使用方法，控制体重的必要性、假肢的自我操控方法、评定假肢接受腔松紧是否适合，是否全面负重、残肢肌力和 Rom 的锻炼指导等；正确处理皮损部位，残肢应用弹力绷带包扎，皮损较严重时暂停使用假肢 | | 截肢工伤职工 | |
| 1300008 | 康复清洁导尿培训 | 次 | | 向患者（如高位脊髓损伤）或家属说明清洁导尿的方法、目的和步骤，要求取得配合，讲解尿道的生理解剖结构及泌尿系相关知识，介绍发生泌尿系感染时的症状，介绍清洁导尿的并发症，指导患者采取适当体位，示范操作清洁导尿的具体步骤及动作要点，操作训练过程中指导患者如何操作正确和动作轻柔，仔细观察训练过程避免损伤尿道 | 一次性导尿包、尿管 | 存在神经源性膀胱的工伤职工 | MBZRJ001 |

续表

| 项目编码 | 项目名称 | 计价单位 | 计价说明 | 项目内涵 | 除外内容 | 适用范围 | 标准编码 |
|---|---|---|---|---|---|---|---|
| 1300009 | 烧伤皮肤护理 | 体表面积%/次 | 含烧伤脱痂处理、皮肤瘙痒处理、创面干燥处理 | 评估烧伤皮肤情况，解释目的，取得配合，用无菌脱脂盐水棉球或棉签轻轻清除肢体疤痕皮肤的污垢，用无菌眼科镊和剪刀轻轻揭剪疤痕残留死痂皮，并用无菌棉签清洗血痂部位，涂抹药物，无菌敷料包扎。彻底清洗创面，祛除焦痂、死皮后涂擦适合皮肤的润滑剂。指导患者或陪护做好皮肤护理 |  | 烧伤后创面已初步愈合，处于疤痕增生期的工伤职工 |  |
| 1300010 | 肠道功能训练 | 次 | 包括排便操、腹部按摩、便意习惯训练、直肠直接刺激法 | 评估患者肠道功能障碍情况，解释目的，取得配合；指导患者进行排便操、腹部按摩肠道功能训练方法，时间要符合患者的生活规律，根据患者的情况进行调整和评价，建立排便规律。出现腹泻要注意保护肛门周围的皮肤，防止粪便刺激皮肤而发生破溃 | 灌肠 | 存在肠道功能障碍的工伤职工 |  |
| 14 | （四）其他治疗 |  |  |  |  |  |  |
| 1400001 | 肉毒杆菌毒素注射 | 部位 | 配合神经电刺激进行局部注射及治疗所需物品 | 将神经毒素准确地注射入靶肌肉通过麻痹靶肌肉实现治疗目的，根据患者动态和静态时肌肉状况来决定注射点，并用标记液标记，必要时采用特殊的注射器在肌电图引导下进行准确的肌肉内注射 | 膀胱镜检查、药物，肌电图引导 | 脑损伤、脊髓损伤及脑瘫等上运动神经元损伤所致肌肉痉挛的工伤职工 | 在HX848105基础上做项目内涵修改 |

续表

| 二、职业社会康复服务类 | | | | | | | |
|---|---|---|---|---|---|---|---|
| 项目编码 | 项目名称 | 计价单位 | 计价说明 | 项目内涵 | 除外内容 | 适用范围 | 标准编码 |
| 21 | （一）评估类 | | | | | | |
| 2100001 | 徒手职业能力评定 | 次 | 含工作能力配对 | 对工伤职工进行与职业功能状态相关的徒手技术操作能力评定，含日常生活中与职业相关的各种运动技能和操作技能的评定。人工报告 | | 处于职业年龄阶段并有就业潜能的工伤职工 | MAKZY001 |
| 2100002 | 器械职业能力评定 | 次 | 包括智能化职业能力评估、工具使用示范，含工作能力配对 | 利用仪器或器械模拟进行与职业功能状态相关的技术能力评定，含对工伤职工日常生活中与职业相关的各种运动技能和操作技能的评定。人工报告 | | 处于职业年龄阶段并有就业潜能的工伤职工 | MAKZY002 |
| 2100003 | 霍兰德职业倾向测验量表测评 | 次 | 含专业量表测评、职业分析及讨论 | 说明目的和要求并取得工伤职工配合，工伤职工按正确的方法如实填写，操作者严格给予评分，电脑统计分析，打印结果。通过标准量表测评工伤职工的职业兴趣和能力特长，从而更好地作出求职择业的决策。包括专业评定量表 | | 计划转换工作岗位或再就业的工伤职工 | |
| 2100004 | 工作模拟评估 | 次 | 包括智能化工作模拟评估，各类模拟工作站评估。含工作要求、工作动作模拟、分析结果 | 说明目的和要求并取得工伤职工配合，工伤职工在非工作现场使用模拟工作的仪器、设备设施完成某指定工作任务，操作者收集反馈信息，记录及分析结果，用于评定工伤职工当前的躯体功能及作业能力。人工报告 | | 有具体职业目标的工伤职工 | |

续表

| 项目编码 | 项目名称 | 计价单位 | 计价说明 | 项目内涵 | 除外内容 | 适用范围 | 标准编码 |
|---|---|---|---|---|---|---|---|
| 2100005 | 工伤职工职业调查 | 次 | 含收集工伤职工的个人、职业相关、工伤相关和雇主相关资料 | 采用一对一的方式对患者实施测验通过问卷形式进行，收集工伤职工职业相关的资料，分析影响工伤职工就业的因素。人工报告 |  | 无严重认知功能障碍的工伤职工 |  |
| 2100006 | 就业意愿评估 | 次 | 含考虑前阶段、考虑阶段、准备阶段、行动阶段 | 说明目的和要求并取得工伤职工配合，采用量表评估形式，分析结果，用于评估工伤职工在当前阶段的就业心理状态。人工报告 |  | 处于职业年龄阶段的工伤职工 |  |
| 2100007 | 症状放大症评估 | 次 | 包括主动用于一致性评估、变异系数分析、重复测试、行为观测 | 应用标准化的仪器测试，分析工伤职工是否存在症状放大症等心理功能障碍问题。用于评估工伤职工“身体功能或能力表现的可信度”；评估行为与躯体症状反应的一致性等。人工报告 |  | 疑存在社会心理问题的工伤职工 |  |
| 2100008 | 腰背功能评估 | 次 | 包括腰背功能自评量表、客观评定量表、Oswestry 腰椎评定等 | 说明目的和要求并取得工伤职工配合，采用面谈、查体、量表评估，评分并分析结果，用于工伤职工腰背功能状况的主观评估和客观查体。人工报告 |  | 腰背损伤、慢性腰背疼痛的工伤职工；从事体力性工作的工伤职工 |  |
| 2100009 | 疼痛信念评估 | 次 | 包括身体疼痛信念评估、工作疼痛信念评估 | 说明目的和要求并取得工伤职工配合，应用疼痛信念自评量表，评估工伤职工对疼痛影响的主观判断，包括自评身体活动与疼痛的关系，以及疼痛对工作的影响。人工报告 |  | 急慢性疼痛的工伤职工 |  |

续表

| 项目编码 | 项目名称 | 计价单位 | 计价说明 | 项目内涵 | 除外内容 | 适用范围 | 标准编码 |
|---|---|---|---|---|---|---|---|
| 2100010 | 工作压力评估 | 次 | | 采用一对一的方式并使用量表进行，评分和分析工伤职工的工作心理压力状况。人工报告 | | 处于职业年龄阶段并有就业潜能的工伤职工 | |
| 2100011 | 工作满意度评估 | 次 | 含薪酬满意度、晋升满意度、与同事关系满意度、与上司关系满意度、对工作总体满意情况 | 说明目的和要求并取得工伤职工配合，采用量表评估形式，从六个方面评估工伤职工对现阶段工作岗位的主观满意程度，分析工伤职工的工作适应情况。人工报告 | | 处于职业年龄阶段并有就业潜能的工伤职工 | |
| 2100012 | 功能性能力评价 | 次 | 含移动能力评估、手部功能评估、姿势变化评估、工作平衡评估、力量耐力评估、社会心理能力评估 | 说明目的和要求并取得工伤职工配合，要求工伤职工按操作标准完成 37 项身体能力评估项目，治疗师记录及分析数据结果，分析工伤职工的功能能力状况。主要测试工伤职工功能能力水平与特指的工作或某一工作任务两者间相匹配的程度，从而得出个体从事某一工作时躯体功能的水平范围，包括体能、心理、情绪等方面。人工报告 | | 处于医疗稳定期的工伤职工；保留部分或大部分劳动能力工伤职工；无严重高血压、心脏病等禁忌证的工伤职工 | |
| 2100013 | 工作需求分析 | 次 | 包括工作特性分析、工人能力需求分析 | 说明目的和要求并取得工伤职工配合，采用量表评估方式，分析结果，评估工伤职工某一特定工种的工作需求，以评估工人能否重返原工作岗位。人工报告 | | 有具体职业目标的工伤职工 | |

续表

| 项目编码 | 项目名称 | 计价单位 | 计价说明 | 项目内涵 | 除外内容 | 适用范围 | 标准编码 |
|---|---|---|---|---|---|---|---|
| 2100014 | 现场工作分析评估 | 次 | | 到用人单位的工作现场收集工作职位信息的一种评估方法，可以找出组成一份工作的各种工作细节（Job tasks），以及包含的相关知识、技巧和工人完成工作任务所需的能力；可以根据工伤职工身体功能、工作范畴之间的关系，有系统地分析一份工作。人工报告 | | 处于重返工作岗位或再就业早期的工伤职工 | |
| 2100015 | 职业健康状况评估 | 次 | 含躯体功能、生理性及情感性角色功能、活力、精神健康、社会功能、疼痛等方面的评估 | 说明目的和要求并取得工伤职工配合，使用健康状况调查表评分及分析，得出工伤职工对身体健康情况的主观评价，分析工伤职工对自身健康状况的控制能力。人工报告 | | 处于职业年龄阶段并有就业潜能的工伤职工 | |
| 2100016 | 工作岗位的人体功效学评估与改良 | 次 | 包括工作环境评估与改良、手工工具评估与改良、工序任务评估与改良、工作辅具评估与改良。不包括涉及的材料费用 | 运用人体工效学技术，对岗位条件以及身体要求进行工作归类分析，评估可能存在的风险因素。采用改良技术，为受伤工人进行工作环境、工序任务、手工工具、工作辅具等方面改造，或者提出技术指导意见，协助受伤工人可以安全返回工作岗位，提高工作适应能力及工作效率，预防再受伤。人工报告 | | 处于重返工作岗位或再就业早期的工伤职工 | |
| 2100017 | 现场工作能力测评 | 次 | | 说明目的和要求并取得工伤职工配合，选择在用人单位真实的工作环境中安排工伤职工进行现场操作能力测评。治疗师选出工作流程中关键性的工作任务，通过安全筛选后安排给工伤职工进行测评，含体力操作、设备使用、工作姿势及方法、操作耐力和同事协作等，强调注意工伤职工的反馈，并确定工伤职工完成工作需要协助的程度。人工报告 | | 医疗情况稳定，处于工作准备期或就业期的工伤职工 | |

续表

| 项目编码 | 项目名称 | 计价单位 | 计价说明 | 项目内涵 | 除外内容 | 适用范围 | 标准编码 |
|---|---|---|---|---|---|---|---|
| 2100018 | 工作行为评估 | 次 |  | 治疗师客观地测试及反映工伤职工在工作上的行为表现，或评估其工作意向及工作上所需的精神状态。评估含工作动力、仪表、出席率、守时、对工序的注意力、自信心、对管理的反应、对建设性批评的接受力、人际关系、生产力、个体对心理压力和挫折的承受能力。人工报告 |  | 处于职业年龄阶段并有就业潜能的工伤职工 |  |
| 2100019 | 技能操作评估 | 次 | 包括计算机技能评估、手工技能评估、各项专业技能评估 | 对工伤职工的计算机操作技能、手工制作技能及其他各专业技能的知识和实际操作能力进行评估，确定工伤职工是否能达到该工种的工作岗位要求以及工伤职工重返该工作岗位所需要接受的培训内容、培训目标和其他必要的辅助措施，包括对伤残者的工种专业技能知识评估，专业技能实际操作能力评估。人工报告 |  | 处于职业年龄阶段并有就业潜能的工伤职工 |  |
| 2100020 | 创伤后应激障碍评估 | 次 |  | 包括结构化和半结构化的量表评估，评估受伤是否造成工伤职工创伤后应激障碍综合征，为治疗方案和措施的选择提供依据。人工报告 |  | 无严重认知障碍的工伤职工 |  |
| 2100021 | 家居环境评估 | 次 | 包括问卷评估和实地评估 | 评估工伤职工居家环境是否符合日常活动需要；了解其住宅出入口、通道、门、厕所、厨房、卧室、客厅、开关、手柄、物品放置等方面情况；为进行家居环境改造和环境适应训练提供依据。人工报告 |  | 脑外伤、脊髓损伤、截肢等家庭生活受环境限制的工伤职工 |  |

续表

| 项目编码 | 项目名称 | 计价单位 | 计价说明 | 项目内涵 | 除外内容 | 适用范围 | 标准编码 |
|---|---|---|---|---|---|---|---|
| 2100022 | 自我效能评估 | 次 | | 包括结构化和半结构化量表评估。评估工伤职工对自我能力的认知，为制定恰当的社会心理辅导方案提供依据。人工报告 | | 无严重认知障碍的工伤职工 | |
| 2100023 | 社会与家庭支持评估 | 次 | 包括社会支持评估、家庭支持评估等 | 包括量表评估、结构性面谈或实地调查，对工伤职工的社会与家庭支持的相关资料收集与调查，评估在社区中其社会或家庭的支持程度以及可使用的有效资源等外部环境因素对工伤职工康复的影响。人工报告 | | 所有工伤职工 | |
| 2100024 | 社会适应能力评价 | 次 | 包括 SF-36 简明健康状况调查表、社会再适应评估、应付方式评估、社会适应能力评估等 | 包括结构化或半结构化的量表评估。可使用 SF-36 简明健康状况调查表、社会再适应量表、应付方式量表和社会适应能力量表等进行评估。评估在高应激状态下工伤职工的健康状况、压力程度、压力应付方式以及适应能力，为制定恰当的社会心理干预、危机处理等康复辅导方案提供依据。人工报告 | | 无严重认知障碍的工伤职工 | |
| 22 | （二）训练类 | | | | | | |
| 2200001 | 职业功能训练 | 次 | | 使用仪器或器械模拟对工伤职工进行与职业功能状态相关的训练，含日常生活中与职业相关的各种运动技能和操作技能的训练 | | 处于医疗稳定期的工伤职工；无严重高血压、心脏病等禁忌证的工伤职工 | MBKZX002 |

续表

| 项目编码 | 项目名称 | 计价单位 | 计价说明 | 项目内涵 | 除外内容 | 适用范围 | 标准编码 |
|---|---|---|---|---|---|---|---|
| 2200002 | 职前训练 | 项/次 | 包括金工、木工、电工、机械维修工、电器维修工、司机、铆工、焊工、钳工、管工、建筑工、操作工、厨工、清洁工、护工、仓管员、文员等 | 在工作仿真车间进行训练。由专业人员对有就业意向并能从事相关工作的工伤职工，设计工种操作程序，设定工作任务和工作量。通过训练，帮助工伤职工树立正确的工作态度、劳动习惯和价值观，养成良好的工作习惯，恢复和提高工伤职工的职业适应能力。根据工伤职工原工种设定，包括金工、木工、电工、机械维修工、电器维修工、司机、铆工、焊工、钳工、管工、建筑工、操作工、厨工、清洁工、护工、仓管员、文员等 | | 处于医疗稳定期的工伤职工；保留部分或大部分劳动能力工伤职工；无严重高血压、心脏病等禁忌证的工伤职工 | |
| 2200003 | 工作强化训练 | 次 | 包括与工作相关的工作推拉力、提拉力、运送能力训练。含肌肉力量、柔韧性、灵活性的强化训练 | 在相关的工作环境下设计或使用真实或模拟的工作活动，一般配合身体重塑项目进行 | | 处于医疗稳定期的工伤职工；保留部分或大部分劳动能力工伤职工；无严重高血压、心脏病等禁忌证的工伤职工 | MBKZX004 |
| 2200004 | 工作模拟训练 | 次 | 包括模拟工作站训练、智能化工作模拟训练、工作样本训练 | 使用仪器或器械模拟系统对工伤职工进行与职业功能状态或就业目标相关的训练，含单个工作任务的训练及提高工伤职工的工作行为意识，重新找回工作者角色 | | 处于医疗稳定期的工伤职工；保留部分或大部分劳动能力工伤职工；无严重高血压、心脏病等禁忌证的工伤职工 | MBKZX003 |

续表

| 项目编码 | 项目名称 | 计价单位 | 计价说明 | 项目内涵 | 除外内容 | 适用范围 | 标准编码 |
|---|---|---|---|---|---|---|---|
| 2200005 | 工作行为教育与训练 | 次 | 包括工作行为教育、工作者角色训练 | 通过治疗与小组学习，协助工伤职工认识自身工作行为问题，提高工伤职工的工作意识，改善工作行为，重新找回工作者角色 | | 处于职业年龄阶段并有就业潜能的工伤职工；工作行为有缺陷的工伤职工 | MBKZX005 |
| 2200006 | 职业咨询与指导 | 次 | 包括职业咨询、职业指导 | 运用标准化或自我评估的测量工具，帮助工伤职工了解自己在职业上的优势和劣势，找到符合自己兴趣与能力的工作，协助工伤职工成功地就业并维持工作的稳定性 | | 处于职业年龄阶段并有就业潜能的工伤职工 | |
| 2200007 | 职业技能再培训 | 节 | 包括计算机技能培训、手工技能培训等各项专业技能培训 | 对工伤职工进行新的工作技术的培训和指导，并根据工伤职工自身兴趣、身体功能及实际需求制定相应的课程。通过有针对性的课程设计，使工伤职工重新获得一项适合自己体能、身体功能的职业技能，提升工伤职工就业能力，增加被重新聘用的机会 | | 医疗情况稳定，处于工作准备期或就业期的工伤职工 | |
| 2200008 | 工作职务调整及再设计 | 次/节 | 包括工作职务调整建议、职业生涯再设计 | 根据工伤职工自身特点，选择适合的职业岗位，并进行科学配对，通过改善工作方法、整合工序、调整工作流程、使用适当的工具或使用辅助技术等，为工伤职工提供重返工作调整或职业生涯设计。使工作能力暂时受限或有障碍的工伤职工能够重返工作岗位 | | 医疗情况稳定，处于工作准备期或就业期的工伤职工 | |

续表

| 项目编码 | 项目名称 | 计价单位 | 计价说明 | 项目内涵 | 除外内容 | 适用范围 | 标准编码 |
|---|---|---|---|---|---|---|---|
| 2200009 | 工作重塑 | 次 |  | 在相关的工作环境下设计或使用真实或模拟的工作活动。制订与工作有关的、密集的和以目标为导向的治疗计划，特别设计用来恢复个人的肌力、耐力、移动能力、灵活度、四肢控制能力及心肺功能 |  | 无严重高血压、心脏病等禁忌证的工伤职工；医疗情况稳定，处于工作能力障碍期的工伤职工 | MBKZX006 |
| 2200010 | 现场工作能力强化 | 次 | 包括生产实习法、现场工作能力训练。含工伤预防指导 | 治疗师在工厂企业等现场对工伤职工进行安全指导、工作任务训练、设备使用训练、社交及综合管理能力训练、工作团队适应等。不包括涉及的材料费用 |  | 医疗情况稳定，处于工作准备期或就业期的工伤职工 |  |
| 2200011 | 工具使用训练 | 次 | 包括手工工具训练、机器设备操作训练 | 针对工伤职工受伤后在工具使用能力上存在的受限情况进行针对性训练，协助病人重新掌握工具的使用技巧。通过工具模拟使用，如螺丝批、扳手、手锤、木刨、钳子、车床等，协助工伤职工重新寻找原工作中工具使用的感觉 |  | 无严重高血压、心脏病等禁忌证的工伤职工；医疗情况稳定，处于工作能力障碍期、工作准备期、就业期或职业角色障碍期工伤职工 |  |

续表

| 项目编码 | 项目名称 | 计价单位 | 计价说明 | 项目内涵 | 除外内容 | 适用范围 | 标准编码 |
| --- | --- | --- | --- | --- | --- | --- | --- |
| 2200012 | 体力操作技巧训练 | 次 | 含人力搬抬风险评估、体力处理风险管理技巧 | 针对工伤职工从事工作活动时所需的体力操作要求进行训练，指导受伤工伤职工学习和建立正确的体力处理技巧，规避受伤风险 |  | 无严重高血压、心脏病等禁忌证的工伤职工；医疗情况稳定工伤职工，经医生诊断后确定可以完成相关操作 |  |
| 2200013 | 基本工作姿势训练 | 次 | 包括工作姿势变化训练、姿势维持耐力训练 | 纠正及强化工伤职工的工作姿势维持及变化能力，提升工伤职工工作耐力，提高工作安全性。含不同表现形式和不同作用的走、跑、跳跃、投掷、悬垂、支撑、攀登、爬越等能力 |  | 医疗情况稳定工伤职工，经医生诊断后确定可以完成相关操作 |  |
| 2200014 | 康复辅导 | 45分钟 |  | 应用伤残调适理论和康复辅导技术，选择适当康复辅导技术和辅导环境，对因工伤而导致的社会心理或工作方面的问题及障碍进行个别化指导，提高工伤职工适应伤残和解决问题的能力 |  | 无严重认知功能障碍的工伤职工 |  |
| 2200015 | 伤残适应小组辅导 | 60分钟 |  | 应用小组辅导理论和技术，采用封闭式小组，通过小组动力及同辈支持，为工伤职工提供社会心理调适、情绪管理、压力管理、疼痛管理、行为调适、复工动力、社会角色重整、未来生计等方面的训练辅导 |  | 无严重认知功能障碍的工伤职工 |  |

续表

| 项目编码 | 项目名称 | 计价单位 | 计价说明 | 项目内涵 | 除外内容 | 适用范围 | 标准编码 |
|---|---|---|---|---|---|---|---|
| 2200016 | 工作安置协调 | 次 | 包括电话跟进、工场探访等方式 | 通过面谈、电话跟进、工场探访等方式，提供专业的评估及指导，协调安排符合工伤职工功能要求的工作岗位 | 工作设备设施改造 | 需要返回工作岗位的工伤职工 | |
| 2200017 | 社会环境适应干预 | 60分钟 | | 采用实地探访、会议、电话沟通等形式，对工伤职工社会适应相关的范畴进行干预或协调，促进工伤职工更好地适应和融入社会生活。沟通或协调的对象包括工伤职工、其家庭成员、劳动保障经办部门、雇主、社区组织等。沟通或转介的内容包括社区无障碍环境、政策环境、文化环境、就业环境等方面 | | 有需要的工伤职工 | |
| 2200018 | 医疗依赖者家属辅导 | 45分钟 | | 采用个别或小组形式，针对医疗依赖者家属的伤残适应、健康教育、压力管理等问题进行辅导，协助他们认识、管理和解决长期照顾过程中出现的问题或困难，提升家庭生活质量 | | 有医疗依赖的工伤职工及其家属 | |
| 2200019 | 家庭康复技巧训练指导 | 45分钟 | | 根据工伤职工的伤情及社区康复需要，为他们制订出院后的家庭康复计划和书面方案，提供具体的训练指导以及出院后定期的跟进服务 | | 有需要的工伤职工 | |

续表

| 项目编码 | 项目名称 | 计价单位 | 计价说明 | 项目内涵 | 除外内容 | 适用范围 | 标准编码 |
| --- | --- | --- | --- | --- | --- | --- | --- |
| 2200020 | 社会行为活动训练 | 60分钟 | | 应用社会心理行为适应理论和训练方法，在模拟或真实的环境中，为工伤职工提供与个人能力、功能程度以及环境需求相符的社会行为活动训练，包括康复知识、人际交往、沟通技巧、交通工具使用、购物、社区聚会、互助康乐活动、生计等，为其回归社会创造条件 | | 有需要的工伤职工 | |
| 2200021 | 出院准备指导 | 45分钟 | | 根据中重度伤残工伤职工继续康复或照顾的需要，在住院期间提供适当的社区资源的信息和转介服务，含工伤职工出院后所需的社区医疗、社区康复、残疾人公共服务政策、社区服务和就业辅助政策等，使工伤职工能及时、安心且满意地离开医院，顺利回归家庭或转至后续照顾系统，并维持良好的健康状况与生活质量 | | 中重度伤残工伤职工 | |
| 2200022 | 个案管理服务 | 例 | | 对包含出院后转归在内的工伤康复服务进行全程跟踪和规范记录，建立完善的工伤职工康复管理档案，主要包括个人资料、康复服务项目、干预措施与过程、服务转介、疗效转归、工伤处理以及重返工作适应情况等，为建立符合成本效益的工伤康复服务架构流程提供有效参考数据 | | 工伤职工 | |

**附件 2**

# 工伤康复服务规范
# （试行）

（2013 年修订）

人力资源社会保障部

2013 年 4 月

# 说　明

工伤康复是在工伤保险制度框架下，利用现代康复的理论和技术，为工伤人员提供康复服务，最大限度地改善和提高其生理功能和职业劳动能力，促进其回归社会和重返工作岗位。

本规范针对颅脑损伤、持续性植物状态、脊柱脊髓损伤、周围神经损伤、骨折、截肢、手外伤、关节及软组织损伤和烧伤等九个常见工伤病种的住院康复服务内容，从康复住院标准、康复住院时限、医疗康复、职业社会康复和出院标准等五个方面进行了规范。上述各工伤病种的临床检查、治疗、基础护理以及各种并发症的诊治按照卫生行政部门制定的相关诊疗常规或临床路径执行。

**一、康复住院标准**

康复住院标准对工伤职工由临床治疗转入康复治疗的指征进行了规范。工伤职工住院康复的一般标准是：经临床急性期治疗后，生命体征基本平稳，病情相对稳定，但仍有持续性功能障碍（如运动、感觉、言语、认知、精神、吞咽、排尿排便和性功能等障碍）而影响生活自理、劳动能力下降，仍不能回归家庭和社会，且具有恢复潜力和康复价值者，均应及早转入康复协议机构住院康复治疗。对于后遗症期病情变化出现新的功能障碍等问题并且有康复价值的，参照上述标准入院康复治疗。

**二、康复住院时限**

根据受伤部位与损伤类型、功能障碍程度和康复潜力大小，对康复住院时间予以合理限制，住院康复时间不超过 12 个月。职业康复住院时限一般为 60 天，最长不超过 180 天，职业康复住院时限可分段累计计算。

如住院期间病情发生变化影响康复进程，或已到出院时限，但仍有较大康复治疗价值，需继续康复治疗或安装辅助器具者，必须由康复协议机构出具诊断意见和延期康复建议书、经社会保险经办机构核准后方可适当延长住院时间。

**三、医疗康复规范**

医疗康复规范包括功能评定、康复治疗和康复护理等 3 部分。

功能评定部分根据不同工伤病种功能障碍特点，结合国际功能、残疾和健康分类方式和康复治疗专业分工，对运动、感觉、吞咽、排尿排便和性功能等躯体功能障碍的评定以及心理、认知和言语等功能的评估进行了规范。

康复治疗部分包括物理治疗（含运动疗法、理疗和水疗等）、作业治疗（含日常生活活动训练和认知训练等）、言语治疗、行为心理治疗、中医康复治疗以及康复辅助器具应用等康复治疗和康复辅助技术的应用常规。

康复护理部分包括康复护理评估、康复护理技术常规及心理护理、家庭护理及社区康复护理指导。

**四、职业社会康复规范**

职业社会康复规范是根据近几年我国部分地区职业社会康复的探索经验，并借鉴中国香港和台湾地区以及美国、德国、澳大利亚等职业康复相关的技术、管理标准制定。

工伤职工进行职业康复的一般标准是：工伤职工有就业意愿，没有严重认知功能障碍和相关禁忌证，身体功能大部分恢复，但是仍然受限影响重返工作岗位的；或者由于工伤后各种因素造成身体功能、工作行为、职业技能或就业信心等方面的改变影响重返工作岗位的；或者工伤后不能返回原单位、原岗位需工作能力重建或工作职务再设计的，均应及早安排职业康复治疗。达到退休年龄的工伤职工不进行职业康复介入。

**五、出院标准**

工伤职工经康复治疗后已达到预期康复目标，各项功能已恢复到一定水平并基本稳定，生活自理能力提高，无明显的并发症或并发症已控制，安装假肢、矫形器者已能够独立完成穿戴和使用。严重功能障碍的工伤职工，须病情稳定，基本达到预期康复目标或已无进一步康复治疗价值。

## 目　　录

工伤康复业务流程/276

一、颅脑损伤/276

二、持续性植物状态/280

三、脊柱脊髓损伤/283

四、周围神经损伤/287

五、骨折/289

六、截肢/292

七、手外伤/295

八、关节、软组织损伤/297

九、烧伤/300

## 工伤康复业务流程

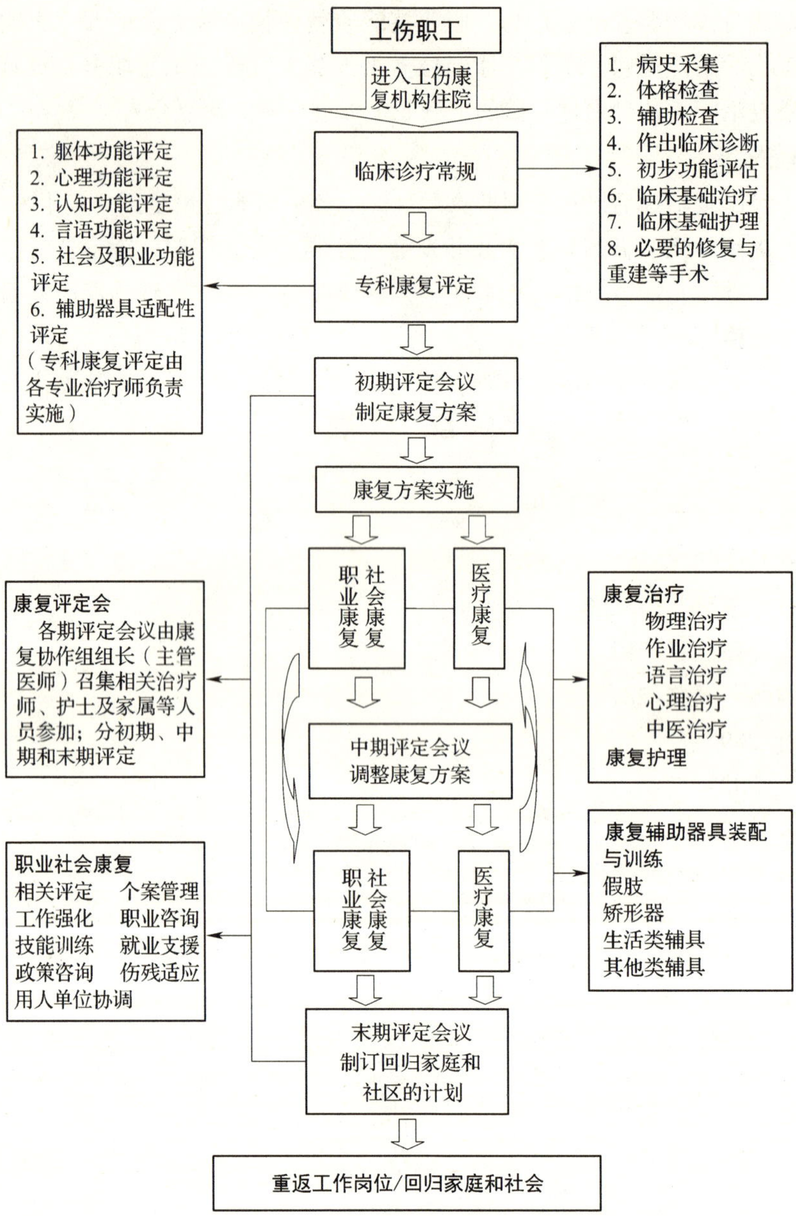


# 一、颅 脑 损 伤

### 一、康复住院标准

经急性期临床专科药物和（或）手术治疗一段时间（轻型颅脑损伤 2~3 周或更早，中型 4~6 周或更早，重型或特重型 6~8 周或更早）后，生命体征相对稳定，仍有持续性神经功能障碍或并发症，影响生活自理及回归家庭和社会，并符合下列条件：

1. 神经系统症状不继续加重，CT 等影像学检查未见病变进行性发展。

2. 近期未出现新的需手术处理的病情变化。

3. 脑脊液外引流管已拔除或脑室—腹腔引流管通畅，无脑脊液漏。

4. 无其他重要脏器严重功能障碍。

**二、康复住院时限**

轻型颅脑损伤（单纯性脑震荡伴或不伴颅骨骨折，昏迷 30 分钟以内）住院时间不超过 3 个月；

中型颅脑损伤（轻度脑挫裂伤伴或不伴颅骨骨折及蛛网膜下腔出血，昏迷在 12 小时以内）住院时间不超过 6 个月；

重型颅脑损伤（广泛颅骨骨折、广泛脑挫裂伤、脑干损伤或血肿等，昏迷在 12 小时以上）和特重型颅脑损伤（脑原发损伤重，伤后昏迷深，有去大脑强直或伴有其他部位的脏器伤、休克等，已有晚期脑疝，包括双侧瞳孔散大，生命体征严重紊乱或呼吸已近停止）住院时间不超过 12 个月；

如工伤职工已到出院时限，仍有较大康复价值，或仍有需住院治疗的并发症，经申请批准后可以适当延长住院时间。

**三、医疗康复规范**

（一）功能评定

入院后 5 个工作日内进行初期评定，住院期间根据功能变化情况可进行一次或多次中期评定，出院前进行末期评定。评定内容如下：

1. 躯体功能评定

感觉评定、疼痛评定、心肺运动试验、神经电生理检查、肢体形态评定、平衡功能评定、协调评定、关节活动度评定、肌张力评定、肌力评定、上肢及手功能评定、作业需求评定、日常生活活动评定及辅助器具使用评价，可步行者须进行步态分析和跌倒风险评估；需长期使用轮椅者应进行坐位压力检查。

2. 精神心理评估

存在精神心理问题者进行认知功能评估（可先用认知筛查、成套认知测验、知觉障碍筛查表进行评估，然后针对具体情况进行定向、注意、记忆、思维、计算、失认症、失用症及其他知觉功能专项评估）、人格评估、睡眠质量状况评估和（或）情绪评估，存在行为障碍者进行专门行为障碍评估。能完成问卷填写者进行生活质量评定。

3. 言语—语言、摄食—吞咽评定

先进行失语症和构音障碍筛查，根据失语症情况选择进行 100 个单词听理解及命名、言语失用检查和（或）实用性语言交流能力检查等，根据构音障碍情况选择进行鼻流量检查、语音频谱分析检查以及喉发声检查等。存在摄食吞咽障碍的工伤职工需进行吞咽功能障碍评定，并根据情况进行纤维喉镜检查及上消化道 X 线造影检查。

（二）康复治疗

1. 物理治疗

（1）运动治疗：早期主要进行床上体位摆放、神经肌肉促进技术、翻身训练、呼吸训练、机械辅助排痰治疗、关节活动度训练（被动活动、牵伸等）、坐位平衡训练、转移训练、直立床训练及床旁主动/被动活动训练等。

恢复期继续进行关节主动和被动运动、神经肌肉促进技术、牵伸训练、呼吸训练和体位变换训练等，并进行患侧肢体的运动控制训练、关节运动训练以及各种体位间的变换和转移训练，同时进行站立床训练及坐、跪、站立位的平衡训练、循序渐进地进行减重步行、辅助步行独立步行、步态训练和等速训练等。

后期在继续加强前期治疗基础上，根据工伤职工运动控制能力、肌力、平衡功能等情况，进一步强化进行减重步行、辅助步行、独立步行及步态训练、等速训练等。

（2）物理因子治疗：根据功能情况选用高压氧、直流电疗法、短波疗法、超短波疗法、微波疗法、红外线疗法、蜡疗、超声波疗法、低中频电疗法、神经肌肉电刺激、痉挛肌电刺激、经皮神经电刺激、功能性电刺激、肌电生物反馈疗法、磁疗、紫外线疗法及气压疗法等。

（3）水疗：根据工伤职工具体功能情况可进行气泡浴+涡流治疗、水中肢体功能训练和水中步行运动训练等水疗项目。

2. 作业治疗

（1）认知训练：对存在认知障碍者根据认知评定结果进行定向、记忆、注意、思维和计算等训练。严重病例早期可进行多种感觉刺激和提供丰富的环境，有条件的单位可使用专业设备进行认知训练。

（2）知觉训练：对存在知觉障碍者根据知觉评定结果对单侧忽略、体像障碍、空间关系障碍、失认症和失用症等进行康复训练。可以采用卡片或实物训练与实际生活和工作场景训练相结合的方式，有条件的单位应使用专业设备进行知觉障碍的康复训练。对有感觉统合失调、异常情绪和行为者可进行感觉统合治疗。

（3）日常生活活动训练：早期可在床边进行平衡、进食、穿衣、转移等训练，情况允许可到日常生活活动训练室进行训练，内容包括平衡、进食、穿衣、转移、步行、如厕、洗澡和个人卫生等方面，并在工伤职工实际生活环境或接近真实生活的环境中进行训练，出院前进行工具性日常生活活动训练。

（4）上肢功能训练：通过有选择的作业活动来提高运动控制能力、维持和改善上肢关节活动度、降低肌张力、减轻疼痛、提高手灵活性和实用功能。针对上肢功能恢复可选择意象运动治疗、镜像治疗、机器人辅助上肢功能训练和虚拟现实治疗等治疗。

（5）文体训练及虚拟现实训练：文体训练可包括手工艺训练、艺术治疗、园艺治疗、小组治疗（室内小组、户外小组）和治疗性游戏训练等。

（6）功能训练指导：包括日常生活活动指导，辅助器具使用训练和指导，并为有需要的工伤职工提供环境改造指导和环境适应训练。

3. 言语—语言、摄食—吞咽治疗

对有构音障碍者进行构音障碍训练、发声障碍训练、电脑辅助言语训练和交流能力训练等；对存在失语症的工伤职工需进行听、说、读、写和交流能力等内容的语言训练、听觉反馈训练等；对摄食吞咽障碍的工伤职工需进行吞咽功能障碍训练和电刺激训练，存在言语失用者进行针对性训练。

4. 行为心理治疗

对有认知、智力、情绪和人格等心理/行为障碍者可进行心理疏导、心理支持、认知康复、行为矫正和心理减压治疗等。

5. 中医康复治疗

运用针刺治疗，可根据情况选择电针、头皮针等；推拿治疗手法施以滚法、按法、揉法、一指禅推法等。根据情况可选择艾灸、穴位注射、中药内服、外敷治疗、浸浴疗法和熏蒸疗法等。根据工伤职工具体情况可进行中医传统运动治疗（内养功治疗）。

6. 辅助技术

早期或严重病例需配置高靠背轮椅，病情稳定、坐位平衡提高后可使用普通轮椅。根据需要配置防静脉血栓袜预防深静脉血栓形成，配置踝足矫形器以预防足下垂内翻。部分工伤职工需使用手功能位矫形器或抗痉挛矫形器、肩托，步行时需使用四脚杖或手杖，以及生活必要的自助具（如修饰自助具、进食自助具等）。颅骨摘除术后的患者需配置头部矫形器。

（三）康复护理

1. 康复护理评定

包括意识状况、呼吸道功能、进食方式、营养状况、皮肤状况、压疮发生危险因素、意外伤害危险因素、二便功能及对伤病知识掌握程度的评定。

2. 康复护理

（1）体位护理：包括体位摆放、体位变换、体位转移等。

（2）呼吸道管理：对给氧、气管切开等患者，进行相应的护理。

（3）饮食管理：对有吞咽障碍患者，根据医嘱制定合理的进食方式、食物种类及数量，做好饮食管理，保证营养需求及进食安全。

（4）膀胱与肠道功能训练，二便管理。

（5）康复延伸治疗：根据康复治疗师的意见，监督和指导工伤职工在病房进行关节活动度、日常生活活动、吞咽、语言交流等延续性训练。

（6）并发症的预防及护理：预防继发性损伤的护理（如摔伤、烫伤等），各类感染的预防护理，防压疮护理，预防深静脉血栓、关节挛缩及废用综合征的护理，脑室腹腔引流管阻塞的防治护理及癫痫发作的救治与护理。

**四、职业社会康复规范**

（一）职业康复

1. 职业康复评估

常规进行工作分析、功能性能力评估（包括认知功能评估）、职业调查、就业意愿评估、工作模拟评估和技能操作评估等。如果单位有意向为工伤职工安排某一特定工作，需进行工作岗位的人体工效学评估与改良。

2. 职业康复训练

根据职业能力评估结果得出工伤职工重返工作岗位的潜能。根据患者重返工作岗位的能力，可以进行工作强化训练、工作职务调整与再设计、职业咨询与指导及职业技能再培训等训练。工作强化训练包括工作模拟训练、工作重整和工作行为训练。工伤职工即将重返工作岗位时，可开展职前训练。

（二）社会康复

1. 社会康复评估

一般包括创伤后应激障碍评估、家居环境评估、自我效能评估、社会与家庭支持评估和社会适应能力评价等。

2. 社会康复训练

主要采用康复辅导、社会行为活动训练等方式，协助工伤职工建立合理的康复期望和目标，认识疼痛及疼痛处理方法；出院前给予出院准备指导、提供家庭康复技巧指导、工作安置协调及雇主综合咨询等服务，出院后通过个案管理服务，采用工场探访、电话跟进等形式，对工伤职工工作适应相关的范畴进行干预或协调，促进工伤职工更好地适应工作。

**五、康复出院标准**

生命体征平稳，病情稳定，并符合下列条件之一即可考虑出院，可继续社区或家庭康复，或回归和调整工作岗位：

1. 各项功能障碍经康复治疗后已改善或恢复。

2. 已达到康复住院时限，且主要的功能评定指标（如日常生活活动等）在 1.5 个月内无进一步改善。

3. 无严重并发症或并发症已控制。

4. 已完成出院准备，做好回归家庭、社区或工作岗位计划。有医疗或康复依赖者安排家庭病床或社区康复服务。

## 二、持续性植物状态

**一、康复住院标准**

经临床治疗后，生命体征相对稳定，并符合下列条件：

1. 已脱离呼吸机等重症监护技术。

2. 无中枢或其他脏器严重感染。

3. 无癫痫持续状态反复发作。

4. 近期未出现需手术处理的病情变化。

5. 无其他重要脏器严重功能障碍。

**二、康复住院时限**

住院康复一般不超过 12 个月。如已到出院时间，但仍有较大康复治疗价值，或出现需继续处理的并发症、仍需住院治疗者，经申请批准后可适当延长住院时间。

### 三、医疗康复规范

（一）功能评定

入院后5个工作日内进行初期评定，住院期间根据功能变化情况可进行一次或多次中期评定，出院前进行末期评定。评定内容如下：

1. 躯体功能评定

进行吞咽功能评定、肢体形态评定、关节活动度评定、肌痉挛评定和辅助器具使用评价。

2. 意识状态评估

通过持续植物状态评分确定植物状态的程度。

3. 摄食—吞咽评定

进行吞咽功能评定。

（二）康复治疗

1. 物理治疗

（1）运动治疗：主要以体位摆放、关节被动运动和肌肉牵伸为主，辅以必要的皮肤或本体感觉刺激、神经肌肉促进技术、辅助呼吸训练、体位引流技术和机械辅助排痰治疗和直立床训练等。

（2）物理因子治疗：根据功能情况及并发症的发生情况酌情选用直流电疗法、短波疗法、超短波疗法、超声波疗法、磁疗、紫外线疗法、激光疗法、红外线疗法、气压疗法、低中频电疗法、神经肌肉电刺激（NMES）等疗法。

2. 作业治疗

主要以促醒训练为主，进行多种刺激并丰富环境刺激以促使工伤职工清醒，可提供视（颜色鲜艳物品、家人照片、电视节目、电脑游戏等）、听（言语、音乐、歌曲、家属录音、动物叫声等）、嗅（气味、食品）、味（食物、果汁等）、触（摸、拍、按摩等）等刺激，并教会家属进行上述训练。

指导家属掌握训练方法及技巧，包括体位放置、喂食、引流排痰、转移搬运和肢体功能维持性训练等，并根据工伤职工及护理者情况提供必要的辅助器具使用指导和环境改造指导。

3. 摄食—吞咽治疗

在病情稳定，生命体征平稳的情况下，需尽早进行吞咽功能障碍训练和电刺激训练。

4. 中医康复治疗

进行针刺治疗，根据情况选择电针、头皮针；进行推拿治疗，手法施以重刺激点按法和揉法等手法为主；根据情况选择艾灸、穴位注射和中药内服、外敷治疗等。

5. 辅助技术

外出或转移时需使用高靠背轮椅，部分体形特殊的工伤职工需进行轮椅的个性化改造。大部分工伤职工需配备矫形器以维持正确体位，常用的有上肢功能位矫形器、抗痉挛矫形器和踝足矫形器等。配备防压疮床垫和（或）坐垫以预防压疮。

（三）康复护理

1. 康复护理评定

包括意识状况、持续植物状态评分、呼吸系统状况、进食方式、营养状况、泌尿系统状况、皮肤状况、压疮发生危险因素和意外伤害危险因素等内容的评定。

2. 康复护理

（1）体位护理：体位摆放和被动体位变换等护理。

（2）促醒护理：通过给予听觉、抚摸、冷热、疼痛和情感刺激，促进工伤职工苏醒。

（3）呼吸道管理：对给氧、气管切开等患者，进行相应的护理。

（4）饮食管理：根据医嘱制定合理的进食方式、食物种类及数量，做好饮食管理，保证营养需求及进食安全。

（5）二便管理：二便监测和护理，可使用排便辅助器具。

（6）体位排痰：翻身叩背、体位引流与辅助排痰相结合。

（7）指导陪护进行关节被动运动等。

（8）并发症的预防及护理：各类感染的防治护理（呼吸系统和泌尿系统等感染），防压疮护理，预防深静脉血栓、骨质疏松、关节挛缩及废用综合征的护理。

3. 家庭康复护理指导。

**四、社会康复规范**

（一）社会康复评估

一般包括家居环境评估、社会与家庭支持评估和社区环境评估等。

（二）社会康复训练

1. 住院期

主要采用伤残适应小组辅导、医疗依赖者家属辅导及家庭咨询等，对工伤职工家属的伤后情绪问题提供专业支持，舒缓压力，协助他们建立合理的康复期望和目标，适应及接受伤后的生活转变，了解并接受家庭角色的转换。

2. 出院准备期

对工伤职工家属进行出院准备指导、家居环境改造咨询、家庭康复技巧指导及社会环境适应干预等，促进工伤职工顺利回归社区及家庭关系的维持。

3. 出院后

出院后对工伤职工家属提供持续的个案管理服务。通过重返社区的跟进协调服务，对工伤职工家庭社会适应相关的范畴进行干预或协调，促进工伤职工家庭更好融入社会生活，减少照顾者的压力。

**五、康复出院标准**

生命体征平稳，病情稳定，并符合以下条件：

1. 已达到预期康复目标，或未达到康复目标，但植物状态评估量表指数在康复治疗6个月无变化。

2. 已达到康复住院时限。

3. 无严重并发症或并发症已控制。

4. 已完成出院准备，已对家属或陪护进行必要康复护理培训，做好回归家庭或社区计划。有医疗、护理或康复依赖者安排家庭病床或者社区康复。

## 三、脊柱脊髓损伤

### 一、康复住院标准

伤后基本完成临床专科处理，经保守或手术治疗后 2~3 周或更早，生命体征相对稳定，仍有神经功能障碍或并发症，影响生活自理及回归家庭和社会，并符合下列条件：

1. 无新的损害或病情恶化。
2. 近期未出现需手术处理的病情变化。
3. 无其他重要脏器严重功能障碍。
4. 已脱离呼吸机等重症监护设备。
5. 无危及生命的严重感染。

### 二、康复住院时限

颈髓损伤康复住院时间不超过 6 个月。

胸髓损伤康复住院时间不超过 4 个月。

腰髓损伤、脊髓圆锥或马尾损伤康复住院时间不超过 3 个月。

工伤职工已到出院时间，仍有康复治疗价值者，或仍有需住院治疗的并发症，经申请批准后可以继续住院治疗。

### 三、医疗康复规范

（一）功能评定

入院后 5 个工作日内进行初期评定，住院期间根据功能变化情况可进行一次或多次中期评定，出院前进行末期评定。评定内容如下：

1. 躯体功能评定

脊髓损伤 AIS 评价、感觉评定、疼痛评定、运动心肺功能评定、神经电生理检查、尿动力学评定、排尿排便功能评定、性功能评定、肢体形态评定、平衡功能评定、上肢功能评定（四肢瘫工伤职工适用）、关节活动度评定、肌力评定、牵张反射评定、痉挛评定、作业需求评定、日常生活活动评定和辅助器具适配性评定，可步行者需进行步态分析和跌倒风险评估，需长期使用轮椅者应进行坐位压力检查。

2. 精神心理评估

对事故和脊髓损伤后可能引起创伤后应激障碍、适应障碍、人格障碍、睡眠障碍、情绪问题、心理压力和脑心理活动状态进行评估。能完成问卷填写者进行生活质量评定。

（二）康复治疗

1. 物理治疗

（1）运动治疗

A. 胸 1 以上平面脊髓损伤（四肢瘫）

急性期主要进行体位摆放、关节被动运动、肌肉牵伸、上肢残存肌肉的肌力训练、机械辅助排痰治疗和呼吸训练等。

早期康复阶段主要进行血管舒缩训练（包括由仰卧至坐起、由床边坐至坐轮椅、向直立床过渡等训练）、平衡功能训练（包括坐位平衡训练、垫上平衡训练、轮椅上的平衡训练）和转移训练（包括床与轮椅间转移训练），同时继续进行关节被动运动、肌肉牵伸、上肢残存肌肉的肌力训练和呼吸训练。

康复后期继续进行肌力训练、平衡功能训练和转移训练，根据情况进行等速训练、轮椅操作训练和站立训练（通过电动起立床、辅助器具和治疗师的帮助）。条件许可者可佩戴步行辅助器具进行站立及步行训练。

B. 胸 1 及胸 1 以下平面脊髓损伤（截瘫）

急性期主要进行体位摆放、关节被动运动、肌肉牵伸、躯干残存肌肉和双上肢的肌力训练、呼吸训练等。

早期康复阶段主要进行血管舒缩训练（包括由仰卧至坐起、由床边坐至坐轮椅、向直立床过渡等训练）、平衡功能训练（包括坐位平衡训练、垫上平衡训练、轮椅上的平衡训练）、转移训练（包括床与轮椅、轮椅与凳、轮椅与地面间转移）和轮椅操作训练，同时继续进行关节被动运动、肌肉牵伸、躯干残存肌肉和双上肢的肌力训练以及呼吸训练。

康复后期继续进行肌力训练、平衡功能训练和转移训练，根据情况进行站立训练、减重步行训练，以及借助重心移动式步行矫形器、膝踝足矫形器或踝足矫形器等进行步行训练或辅助步行训练，耐力增强后可以进行跨越障碍、上下台阶、摔倒及摔倒后起立等训练。

（2）物理因子治疗：根据功能情况及并发症的发生情况酌情选用直流电疗法、短波疗法、超短波疗法、微波疗法、超声波疗法、低中频电疗法、神经肌肉电刺激、痉挛肌电刺激、经皮神经电刺激、功能性电刺激、肌电生物反馈疗法、磁疗、气压疗法、紫外线疗法、激光疗法、红外线疗法及蜡疗等。

（3）水疗：根据工伤职工脊柱稳定性和残余肌力等情况可进行气泡浴+涡流治疗、水中肢体功能训练和水中步行运动训练等水疗项目。

2. 作业治疗

（1）床边训练：早期进行体位摆放，并行床边日常生活活动训练，内容包括床上翻身、坐位平衡、进食和修饰等。

（2）日常生活活动训练：首先进行床上翻身及坐位平衡训练，当可独立维持坐位并独立翻身时进行卧位到坐位转移训练，同时加强坐位平衡训练。坐位平衡达到或接近Ⅱ级后可进行轮椅与床、厕座、椅之间的转移训练、穿衣训练、如厕训练和洗澡训练等。

（3）轮椅训练：进行轮椅上减压、平地驱动和转移训练（轮椅与床、椅、厕座、浴缸、交通工具等的转移），上肢功能比较好的工伤职工进行上下斜坡训练，截瘫工伤职工需进行大轮平衡技术训练。

（4）上肢功能训练：强化截瘫工伤职工上肢肌力和增强四肢瘫工伤职工上肢的残存肌力，维持和改善关节活动度，四肢瘫工伤职工进行手灵活性训练，可使用辅助上肢功能训练等。

（5）耐力训练：进行必要的耐力训练，四肢瘫工伤职工还需进行呼吸训练。

（6）辅助器具配置及使用训练：配置辅助器具并对工伤职工进行辅助器具使用训练。

（7）文体训练和虚拟现实训练：文体训练可包括手工艺训练、艺术治疗、园艺治疗、小组治疗（室内小组、户外小组）和治疗性游戏训练等。

（8）功能训练指导：进行家庭康复指导、家居环境改造指导和环境适应训练。

3. 行为心理治疗

对有情绪和人格等心理/行为障碍者可进行心理疏导、心理支持、认知调整、行为矫正和心理减压治疗等。

4. 中医康复治疗

进行针刺治疗，根据情况选择电针、头皮针、水针等；进行推拿治疗，选穴参照针刺穴位，手法施以滚法、按法、揉法、搓法和擦法等。根据情况选择艾灸、火罐、中药药膳、内服、外敷和熏洗治疗等。根据工伤职工情况，可使用中医传统运动治疗（内养功治疗）。

5. 辅助技术

颈椎损伤工伤职工早期配置头颈胸矫形器，胸腰椎损伤配置胸腰骶椎矫形器以加强脊柱的稳定性。大部分脊髓损伤的工伤职工配置防静脉血栓袜预防深静脉血栓形成。配置防压疮床垫和（或）防褥疮坐垫预防压疮。

（1）颈髓损伤：根据患者功能情况选配高靠背轮椅、普通轮椅或电动轮椅。部分患者需进行轮椅个性化改造，以提高其使用轮椅的安全性和便利性。早期活动时可佩戴颈托，部分工伤职工需要配置手功能位矫形器和（或）踝足矫形器等，多数工伤职工需要进食、穿衣、打电话和书写等自助具，坐便器和洗澡椅可根据情况选用。

（2）胸 1~4 脊髓损伤：常规配置普通轮椅、坐便器、洗澡椅和拾物器。符合条件者可配备截瘫步行矫形器或髋膝踝足矫形器，配合助行架、拐杖和（或）腰围等进行治疗性站立和步行。多数工伤职工夜间需要踝足矫形器维持足部功能位。

（3）胸 5~腰 2 脊髓损伤：大部分工伤职工可通过截瘫步行矫形器或膝踝足矫形器配合助行架、拐杖和（或）腰围等进行功能性步行，夜间使用踝足矫形器维持足部功能位。常规配置普通轮椅。部分工伤职工需要配置坐便器、洗澡椅，可根据情况选用。

（4）腰 3 及以下脊髓损伤：大部分工伤职工应用踝足矫形器、四脚拐或手杖等可独立步行，但部分工伤职工仍需要轮椅、坐便器和洗澡椅。

（三）康复护理

1. 康复护理评定

包括皮肤状况、压疮发生危险因素、意外伤害危险因素、二便功能和对伤病知识掌握程度的评定。

2. 康复护理

（1）体位护理：体位摆放、体位变换、体位转移和使用体位垫等。

（2）神经源性膀胱护理：开展盆底肌肉训练、尿意习惯训练，以及应用激发技术和行为学疗法进行训练，制订饮水计划，进行膀胱容量测定、膀胱残余尿量测定、间歇导尿清洁导尿、留置尿管和改良膀胱冲洗等。

（3）排便训练：调整饮食结构，早期开始肠道功能训练，如排便操、腹部按摩等，养成每日或隔日的排便习惯。保持大便通畅，3 日无大便给予缓泻剂或使用开塞露，必要时进行人工掏便方法排便。

（4）康复延伸治疗：根据康复治疗师的意见，监督和指导工伤职工在病房进行关节活动度、肌力、日常生活活动、站立步行和（或）呼吸功能等延续性训练。

（5）并发症的预防及护理：开展预防体位性低血压、自主神经反射增强、下肢深静脉血栓和骨质疏松等并发症的护理；开展预防泌尿系统和呼吸系统等感染的护理；防压疮护理；开展预防关节挛缩及废用综合征的护理。

3. 心理护理、家庭康复及社区康复护理指导。

**四、职业社会康复规范**

（一）职业康复

1. 职业康复评估

通过面谈、就业意愿评估、职业咨询及功能性能力评估确定职业康复目标，并选择进行工伤职工职业调查、工作需求分析和工作模拟评估等。

2. 职业康复训练

根据不同的损伤水平和个体差异设计不同的康复方案，四肢瘫工伤职工可利用上肢残余功能，以个体化的技能培训为主，必要时须借助辅助器具或改良设备；截瘫工伤职工按需要进行工作耐力训练、技能培训、就业选配等职业康复训练。训练内容主要包括：职业咨询与指导、职业技能再培训、工作职务调整与再设计及职前训练。

（二）社会康复

1. 社会康复评估

一般包括创伤后应激障碍评估、家居环境评估、自我效能评估、社会与家庭支持评估、社会适应能力评价和社区环境评估等。

2. 社会康复训练

（1）住院期：主要采用康复辅导、伤残适应小组辅导、社会行为活动训练等方式，对工伤职工伤残社会心理适应提供专业支持，协助他们建立合理的康复期望和目标；提供家庭咨询，使工伤职工及其家庭成员循序渐进地接受伤后的生活转变，适应家庭角色的转换，逐步重建生活常规。

（2）出院准备期：为工伤职工提供出院准备指导、家居环境改造咨询家庭康复技巧指导及医疗依赖者家属辅导等，在真实的社区参与活动过程中体验和增强自己的能力，还原社会人的角色，协助工伤职工有效使用社区资源、合理计划未来生活安排、进行家居环境改造，重点解决家庭生活适应和社交退缩问题。

（3）出院后：出院后为严重的脊柱脊髓损伤工伤职工提供持续的个案管理服务及社会环境适应干预，通过重返社区跟进协调，促进工伤职工更好地适应和融入社会生活。

**五、康复出院标准**

生命体征平稳，病情稳定，并符合以下条件：

1. 已达到预期康复目标。

2. 已达到康复住院时限，且主要功能评定指标在 1.5 个月内无进一步改善。

3. 无严重并发症或并发症已控制。

4. 已完成出院准备，做好回归家庭、社区或工作岗位计划。有医疗或康复依赖者安排家庭病床或社区康复服务。

## 四、周围神经损伤

**一、康复住院标准**

经临床治疗1~2周后，生命体征稳定，有持续性神经功能障碍，影响日常生活能力及工作能力，并符合下列条件：

1. 合并骨折者，X光片显示骨折复位良好、内固定稳定。

2. 无神经卡压征象或骨筋膜室综合征。

3. 暂无再次手术探查治疗指征。

4. 无其他康复禁忌证。

5. 近期不适宜做神经移植手术。

**二、康复住院时限**

康复住院时间不超过3个月。如已到出院时间，仍有较大康复价值需继续住院治疗的，经申请批准后可适当延长住院时间。

**三、医疗康复规范**

（一）功能评定

入院后5个工作日内进行初期评定，住院期间根据功能变化情况可进行一次或多次中期评定，出院前进行末期评定。评定内容如下：

1. 躯体功能评定

感觉评定、疼痛评定、神经电生理检查、肢体形态评定、关节活动度评定、肌力评定、作业需求评定、日常生活活动评定和（或）辅助器具使用评定，上肢神经损伤者需进行上肢功能评定和手功能评定，下肢神经损伤者需进行平衡功能评定和步态分析等。

2. 精神心理评估

对事故和身体疾病可能引起创伤后应激障碍、适应障碍、人格障碍、睡眠障碍、情绪问题、心理压力和脑心理活动状态进行评估。能完成问卷填写者进行生活质量评定。

（二）康复治疗

1. 物理治疗

（1）运动治疗：根据患者功能障碍情况选择关节松动术、持续性被动运动（CPM）、肌力训练（如等张肌力训练和等速训练）、牵伸技术、感觉功能训练、平衡训练、步行训练、耐力训练和有氧训练等。

（2）物理因子治疗：根据功能情况及并发症的发生情况酌情选用直流电疗法、短波疗法、超短波疗法、超声波疗法、低中频电疗法、神经肌肉电刺激（NMES）、经皮神经电刺激（TENS）、功能性电刺激（FES）、肌电生物反馈疗法、磁疗、气压疗法、紫外线疗法、激光疗法、红外线疗法及蜡疗等。

（3）水疗：根据工伤职工具体功能情况可进行水中肢体功能训练和水中步行运动训练等水疗项目。

2. 作业治疗

对感觉过敏者进行脱敏训练，对感觉缺失者进行感觉再教育与再训练；上肢神经损伤者需进行手功能训练和辅助上肢功能训练等上肢功能训练；对存在日常生活活动障碍者进行日常生活活动训练和家务劳动训练，独立生活能力受限者进行独立生活能力训练；有需要者可进行包括手工艺训练、园艺治疗、艺术治疗和治疗性游戏训练等的文体训练和虚拟现实训练。

3. 行为心理治疗

对有创伤后应激障碍、适应障碍、人格障碍及情绪问题的工伤职工，可针对性地进行心理疏导、心理支持、认知调整、行为矫正和心理减压治疗。

4. 中医康复治疗

进行针刺治疗，根据情况选择电针和浮针等。推拿治疗选穴参照针刺穴位，手法施以滚法、按法、揉法、搓法、擦法等。根据情况选择艾灸、火罐、中药熏药、内服和外洗治疗等。电针及推拿治疗应在工伤职工骨折固定、安全情况下实施。

5. 辅助技术

根据功能情况，选择性应用功能位矫形器、固定用静态矫形器、功能训练用动态矫形器。下肢神经损伤者常用腋杖、肘杖、手杖等，部分工伤职工需使用轮椅、坐便器和洗澡椅等。

（三）康复护理

1. 康复护理评定

对皮肤状况、感觉障碍情况、疼痛程度、意外伤害危险因素、对伤病知识掌握程度等进行评定。

2. 康复护理

（1）疾病的健康宣教：讲解周围神经损伤的相关康复护理知识及康复流程，指导自我功能锻炼的方法。

（2）体位护理：根据神经损伤的性质和部位予以体位摆放，保持肢体功能位。

（3）康复延伸治疗：在康复治疗师指导下，监督和指导工伤职工在病房利用简易器械或徒手进行关节活动度、肌力、感觉和日常生活活动等延续性训练。

（4）并发症的预防及护理：预防继发性损伤的护理（如摔伤、烫伤等）；开展预防关节挛缩及废用综合征的护理；开展周围循环障碍、肢体肿胀、疼痛的预防及护理。

3. 心理护理、家庭康复及社区康复护理指导。

**四、职业社会康复规范**

（一）职业康复

1. 职业康复评估

进行常规的职业能力评定，包括工作分析、功能性能力评估及工作模拟评估。如果经功能性能力评估发现工伤职工主动用力一致性低，需再进行症状放大症的评估。

2. 职业康复训练

训练的内容主要包括工作强化训练、工作模拟训练、工作行为教育与训练、工作职务调整与再设计和职前训练。在单位和工伤职工双方同意的情况下，可以进行现场工作能力评估和现场工作强化训练。

（二）社会康复

1. 社会康复评估

一般包括创伤后应激障碍评估、家居环境评估、自我效能评估、社会与家庭支持评估和社会适应能力评价等。

2. 社会康复训练

主要采用康复辅导和社会行为活动训练的方式，协助工伤职工建立合理的康复期望和目标，认识疼痛及疼痛处理方法；出院前协助工伤职工做好出院准备计划，提供雇主综合咨询和工作安置协调等，推动其适时重返工作岗位；出院后进行社会环境适应干预。对工伤职工工作适应相关的范畴进行干预或协调，促进工伤职工更好地适应工作。

**五、康复出院标准**

生命体征平稳，病情稳定，并符合以下条件：

1. 经综合康复治疗，达到预期康复目标。

2. 已达到康复住院时限，且主要的功能评定指标在 1 个月内无进一步改善。

3. 无严重并发症或并发症已控制。

4. 已完成出院准备，制定回归工作岗位和社区的方案。

## 五、骨　　折

**一、康复住院标准**

各种类型骨折，经急性期临床治疗后，生命体征平稳，内/外固定稳定，术后 1~2 周（或更早）仍存在功能障碍或并发症，并符合下列条件：

1. 无严重伤口感染。

2. 无严重的内脏复合伤或内脏损伤经治疗病情已稳定。

**二、康复住院时限**

单纯性四肢骨折康复住院时间不超过 2 个月；复杂性骨折康复住院时间不超过 3 个月。

如已到出院时间，仍需继续住院康复者，经申请批准后可适当延长住院时间。

**三、医疗康复规范**

（一）功能评定

入院后 5 个工作日内进行初期评定，住院期间根据功能变化情况可进行一次或多次中期评定，出院前进行末期评定。评定内容如下：

1. 躯体功能评定

感觉评定、疼痛评定、心肺运动试验、肢体形态评定、关节活动度评定、肌力评定、反射评定、作业需求评定、日常生活活动评定，上肢骨折者需进行上肢功能评定和手功能评定，下肢骨折者需进行平衡功能评定、步态分析和足底压力检测，严重损伤需使用辅助器具者进行辅助器具使用评定。

2. 精神心理评估

对事故和身体创伤可能引起工伤职工心理上的急性应激障碍、创伤后应激障碍、适应障碍、人格障碍、睡眠障碍、情绪问题、心理压力和脑心理活动状态进行评估。能完成问卷填写者进行生活质量评定。

（二）康复治疗

1. 物理治疗

（1）运动治疗：早期进行骨折肢体相关肌肉的等长肌力训练、持续性被动关节运动和牵伸等。随着骨折的稳定，进行骨折肢体的肌力训练（可选用等张肌力训练和等速训练）、耐力训练和有氧训练等。若关节伴有被动关节活动度受限或疼痛，则对涉及关节进行关节松动术和肌内效贴布等治疗。

严重多发性骨折、胸廓骨折或长期卧床工伤职工还需进行全身耐力训练和呼吸训练，严重下肢骨折不能站立及行走者进行轮椅训练。

单纯脊柱骨折无神经损伤者，则进行悬吊治疗、腰背肌器械训练等；部分病人可根据需要选用肌内效贴布治疗。

（2）物理因子治疗：根据功能情况及并发症的发生情况酌情选用直流电疗法、短波疗法、超短波疗法、微波疗法、超声波疗法、低中频电疗法、神经肌肉电刺激、经皮神经电刺激、功能性电刺激、肌电生物反馈疗法、磁疗、气压疗法、紫外线疗法、激光疗法，红外线疗法及蜡疗等。

（3）水疗：有条件可进行水中运动治疗，例如肌力训练、关节活动度训练、平衡训练和步行训练等。

2. 作业治疗

上肢骨折者需进行上肢功能训练、手功能训练、日常生活活动训练和家务劳动训练，合并感觉障碍者需进行感觉训练。下肢骨折者可进行日常生活活动训练、家务劳动训练、独立生活能力训练、虚拟现实训练、感觉小组训练、负重小组训练。有需要者可进行文体训练（包括手工艺训练、园艺治疗、艺术治疗和治疗性游戏训练等）、辅助器具作业疗法训练和轮椅功能训练等。

3. 行为心理治疗

对有急性应激障碍、创伤后应激障碍、适应障碍、人格障碍及情绪问题的工伤职工，可针对性地进行心理疏导、心理支持、认知调整、行为矫正和心理减压治疗。

4. 中医康复治疗

进行针刺治疗，可根据情况选择电针等。推拿治疗选穴参照针刺穴位，手法施以滚法、按法、揉法、搓法和擦法等。根据情况选择挑刺、三棱针放血、艾灸、火罐、中药熏药、内服和外敷治疗等。酌情考虑小夹板治疗和手法复位。

5. 辅助技术

根据损伤情况，选择性应用骨折固定矫形器［臂套筒式矫形器、长/短臂铰链矫形器、舟骨骨折矫形器、掌骨骨折矫形器、指骨骨折矫形器和（或）腕固定矫形器等］、功能位矫形器、功能训练矫形器；下肢骨折者可配置相应部位的免荷式矫形器或固定式矫形器。

存在肢体肿胀者需制作压力肢套或压力衣，下肢骨折者可选用腋杖、肘杖或手杖等助行器，部分工伤职工需使用轮椅、坐便器和（或）洗澡椅。

（三）康复护理

1. 康复护理评定

对皮肤状况、皮肤感觉、潜在安全因素、对伤病知识掌握程度等进行评定。

2. 康复护理

（1）疾病的健康宣教：讲解骨折的相关康复护理知识、康复流程以及疾病的愈合。

（2）体位护理：根据不同的骨折部位和愈合情况给予正确的体位摆放、体位变换和体位转移等指导。

（3）康复延伸治疗：根据康复治疗师意见，监督和指导工伤职工在病房内选择性进行简单的关节活动度、肌力、负重和步行等延续性训练。

（4）并发症的防治护理：预防继发性损伤（如摔伤和烫伤等）、废用综合征、下肢静脉血栓、患肢肿胀、疼痛及各类感染的护理。

3. 心理护理、家庭康复及社区康复护理指导。

**四、职业社会康复规范**

（一）职业康复

1. 职业康复评估

伤后4~7周，进行职业调查、就业意愿评估、工作需求分析、功能性能力评估和现场工作分析评估；腰椎骨折的工伤职工，可增加腰背功能评估。伤后12周，增加工作模拟评估，疼痛较敏感的工伤职工进行疼痛信念评估，对工伤职工的能力表现可疑，可进行症状放大症评估。根据工伤职工身体功能康复进展，还包括现场工作能力测评等评估。

2. 职业康复训练

伤后4~7周进行职业咨询和工作模拟训练。伤后12周，可增加就业选配、工作强化训练和工作适应与调整等。根据工伤职工的身体功能康复及工作安置进展，可开展现场工作强化、体力操作技巧训练和基本工作姿势训练。

（二）社会康复

1. 社会康复评估

一般包括创伤后应激障碍评估、家居环境评估、自我效能评估、社会与家庭支持评估和社会适应能力评价等。

2. 社会康复训练

主要采用康复辅导、社会行为活动训练等方式，协助工伤职工建立合理的康复期望和目标，认识疼痛及疼痛处理方法；出院前给予出院准备指导、提供家庭康复技巧指导、工作安置协调及雇主综合咨询等服务，出院后通过个案管理服务，采用工场探访、电话跟进等形式，对工伤职工工作适应相关的范畴进行干预或协调，促进工伤职工更好地适应工作。

**五、康复出院标准**

生命体征平稳，病情稳定，并符合以下条件：

1. 功能障碍经综合康复治疗达到预期目标。

2. 无严重并发症或并发症已控制。

3. 已达到康复住院时限，且主要的功能评定指标在 1 个月内无继续改善。

4. 已完成出院准备，制定回归工作岗位和社区的方案。

## 六、截　　肢

**一、康复住院标准**

上、下肢截肢术后，经临床治疗，生命体征稳定，无严重感染及出血征象。

**二、康复住院时限**

一般不超过 2 个月，特殊情况经申请批准后延长住院时间 1 个月。

**三、医疗康复规范**

（一）功能评定

入院后 5 个工作日内进行初期评定，住院期间根据功能变化情况可进行一次中期评定，出院前进行末期评定。评定内容如下：

1. 躯体功能评定

感觉评定、疼痛评定、运动心肺功能评定、表面肌电检查、肢体形态评定、平衡评定、关节活动度评定、残端评定、肌力评定、步态分析、作业需求评定、日常生活活动评定和辅助器具使用评价等。

2. 精神心理评估

对事故和截肢可能引起工伤职工创伤后应激障碍、适应障碍、人格障碍、睡眠障碍、情绪问题、心理压力和脑心理活动状态、幻肢痛进行评估，可使用躯体意象评估和截肢者专用生活质量评价。

（二）康复治疗

根据截肢部位选择相应治疗。

1. 物理治疗

（1）运动治疗：进行感觉训练、残肢被动关节运动、牵伸训练、关节松动训练、肌力训练和耐力训练等。上肢截肢患者针对性进行假肢穿戴与使用训练等；下肢截肢者进行渐进负重训练、过渡假肢站立负重训练、减重步行训练，穿戴假肢步行训练、平衡训练、步态训练和有氧训练等。

（2）物理因子治疗：根据功能情况及并发症的发生情况酌情选用冰敷、短波疗法、超短波疗法、微波疗法、超声波疗法、低中频电疗法、神经肌肉电刺激、经皮神经电刺激、磁疗、气压疗法、紫外线疗法、激光疗法、红外线疗法及蜡疗等。

（3）水疗：根据工伤职工具体功能情况可进行药物浸浴、气泡浴、旋涡浴、气泡浴+涡流治疗和水中肢体功能训练等水疗项目。

2. 作业治疗

上肢功能训练、手功能训练、假肢使用训练、日常生活活动训练、家务劳动训练、独立生活能力训练、感觉训练、虚拟现实训练和功能性作业活动训练等。存在幻肢痛者可进行镜像治疗；有需要者可进行文体训练（包括手工艺训练、园艺治疗、艺术治疗和治疗性游戏训练等）。对有需要的下肢截肢者进行轮椅功能训练。

3. 中医康复治疗

进行针刺疗法，包括体针、电针、耳针、头针和浮针等。推拿治疗以残肢为主要施术部位，手法施以按法、揉法和擦法等。根据情况选择穴位注射、火罐、艾灸、中药内服和外敷治疗等。

4. 行为心理治疗

对有急性应激障碍、创伤后应激障碍、适应障碍、人格障碍及情绪问题的工伤职工，可针对性地进行心理疏导、心理支持、认知康复、行为矫正和心理减压治疗。

5. 辅助技术

上肢截肢工伤职工根据截肢部位、残肢状况予以安装机械假肢、肌电假肢或假手等；下肢截肢工伤职工伤口愈合后即安装临时假肢，残肢塑形后更换为永久假肢，有条件者可术后即使用硬性敷料。

根据功能情况，上肢截肢工伤职工可配置不同类型自助具和压力肢套，下肢截肢可根据功能障碍情况选择配置压力肢套、轮椅、助行架、腋杖、肘杖、手杖、坐便器和（或）洗澡椅等。

（三）康复护理

1. 康复护理评定

对残肢皮肤状况（残端有无肿胀、创面愈合情况、皮温、血运、感觉等）以及对伤病知识掌握程度进行评定。

2. 康复护理

（1）疾病的健康宣教：讲解截肢的相关康复护理知识、康复流程以及疾病的预后情况。

（2）体位护理：保持残肢适合体位，如膝上截肢，患侧髋关节伸直、髋部外侧加垫软枕以防止髋屈曲外展；膝下截肢，膝关节应伸直等。

（3）残肢护理：残肢皮肤、幻肢痛及相关症状的护理与指导。

（4）饮食指导：控制体重，防止身体过胖或过瘦影响假肢接受腔的适配性。

（5）康复延伸治疗：根据假肢矫形师和康复治疗师的意见，监督和指导工伤职工在病房内选择性进行残肢负重、假肢穿戴、步行等延续性训练。

（6）并发症的护理：预防继发性损伤（如摔伤、烫伤等）、废用综合征、下肢静脉血栓、残肢肿胀、疼痛、脂肪沉积、心血管疾病和各类感染等。

3. 心理护理、家庭康复指导。

**四、职业社会康复规范**

（一）职业康复

1. 职业康复评估

进行常规的职业能力评定，包括工作分析、功能性能力评估及工作模拟评估。对于上肢截肢的工伤职工，如果工作分析表明受伤前工作岗位需要双手协同操作完成工作任务，下一步工作分析评估主要以计划安排的工作内容为主。对于下肢截肢的工伤职工，必须评估其上下班交通的环境及穿戴假肢后步行、站立及上下楼梯的耐力。如果通过功能性能力评估发现工伤职工主动用力一致性低，需再进行症状放大症的评估。

2. 职业康复训练

训练内容主要包括工作行为教育与训练、工作职务调整与再设计和职前训练。在单位和工伤职工双方同意的情况下，可以进行现场工作能力评估和现场工作强化训练。对于上肢截肢的工伤职工需根据工作分析情况进行工具使用训练，下肢截肢的工伤职工需要进行模拟社区步行、上下交通工具的训练。

（二）社会康复

1. 社会康复评估

一般包括创伤后应激障碍评估、家居环境评估、自我效能评估、社会与家庭支持评估、社会适应能力评价、社区环境评估等。

2. 社会康复训练

（1）住院期：主要采用康复辅导、伤残适应小组辅导及社会行为活动训练等，对工伤职工伤后和佩戴假肢后的社会心理适应提供专业支持与疏导，协助建立合理的康复期望；协助工伤职工逐渐改变受伤后的社交退缩行为，循序渐进地接受和适应伤后生活的转变。

（2）出院准备期：对工伤职工进行出院准备指导和社会环境适应干预、雇主综合咨询等或工作安置协调，协助工伤职工有效使用社区资源、合理计划未来生计、学习家庭康复技巧或进行家居环境改造，以适应出院后的工作和家庭生活，重点解决社交退缩和工作安置等问题。

（3）出院后：出院后提供持续的个案管理服务，在工伤职工社会适应或工作适应相关的范畴内进行干预或协调，促进工伤职工更好地适应社会生活或工作。

**五、康复出院标准**

生命体征平稳，假肢（指、趾）安装完成，并符合以下条件：

1. 能够独立完成假肢的穿戴，并达到预期康复目标。

2. 残端塑形良好，皮肤无破溃及感染。

3. 达到康复住院时限，且主要的功能评定指标在 1 个月内无继续改善。

4. 已完成出院准备，制定回归工作岗位和社区的方案。

## 七、手　外　伤

**一、康复住院标准**

伤后经临床治疗 1~3 周，生命体征平稳，内/外固定稳定，仍有明显功能障碍，并符合下列条件：

1. 无出血征象和严重伤口感染。

2. 断指再植术后无末梢血运障碍。

**二、康复住院时限**

康复住院时间一般不超过 3 个月，遇特殊情况经申请批准后可延长 1 个月。

**三、医疗康复规范**

（一）功能评定

入院后 5 个工作日内进行初期评定，住院期间根据功能变化情况可进行一次或多次中期评定，出院前进行末期评定。评定内容如下：

1. 躯体功能评定

感觉评定、疼痛评定、根据功能情况选择神经电生理检查、自主神经功能评定、肢体形态评定、上肢功能评定、手功能评定、关节活动度评定、作业需求评定、日常生活活动评定和（或）辅助器具使用评价。

2. 精神心理评估

对事故和手功能损伤可能引起工伤职工心理上的急性应激障碍、创伤后应激障碍、适应障碍、人格障碍、睡眠障碍、情绪问题、心理压力和脑心理活动状态进行评估。能完成问卷填写者进行生活质量评定。

（二）康复治疗

1. 物理治疗

（1）运动治疗：早期主要以被动运动和相关肌肉的等长肌力训练为主，若无肌腱损伤或损伤已愈合，酌情进行肌肉肌腱的牵伸训练。随着工伤职工病情的稳定，则进行肌力训练、耐力训练和有氧训练、受限关节的关节松动术训练和手部肌肉的肌力训练等，伴感觉神经损伤者则需要进行感觉再训练。

（2）物理因子治疗：根据功能情况及并发症的发生情况酌情选用冰敷法、直流电疗法、短波疗法、超短波疗法、微波疗法、超声波疗法、低中频电疗法、功能性电刺激、肌电生物反馈疗法、磁疗、气压疗法、紫外线疗法、激光疗法，红外线疗法及蜡疗等。

（3）水疗：根据工伤职工具体功能情况可进行药物浸浴、气泡浴和旋涡浴治疗等水疗项目。

2. 作业治疗

（1）手功能训练：包括握力/捏力训练、关节活动度训练、感觉训练、手灵活性训练和辅助手功能训练等。

（2）其他训练：日常生活活动训练、家务劳动训练、独立生活能力训练、虚拟现实训练、文体训练（包括手工艺训练、园艺治疗、艺术治疗和治疗性游戏训练等）和小组治疗等。

3. 行为心理治疗

对有急性应激障碍、创伤后应激障碍、适应障碍、人格障碍及情绪问题的工伤职工，可针对性地进行心理疏导、心理支持、认知调整、行为矫正和心理减压治疗。

4. 中医康复治疗

进行针刺治疗，包括电针、水针和梅花针等。推拿治疗以受伤部位为主要施术部位，手法施以滚法、按法、揉法、拔伸法和擦法等。根据情况选择艾灸、火罐、中药内服和外敷熏洗治疗等。

5. 辅助技术

主要应用矫形器维持、改善或代偿患手功能，如手部骨折者根据骨折部位和功能情况使用舟骨骨折矫形器、掌骨骨折矫形器、指骨骨折矫形器、腕固定矫形器和（或）手功能位矫形器；肌腱损伤者使用夜间固定矫形器、屈/伸肌腱损伤动态矫形器、锤指矫形器和（或）腕固定矫形器等；断指再植/拇指重建可使用指固定矫形器和（或）对掌矫形器等。对于部分永久性功能丧失者，需配置自助具，以辅助完成日常生活活动。对于手指、掌部截肢者需根据具体情况给予配置假肢，以代偿部分功能和弥补外观缺失。

（三）康复护理

1. 康复护理评定

对术后皮肤状况（炎性症状及肿胀、瘢痕、残余创面、色泽、血运情况、自主神经损伤症状如出汗、潮湿、干燥等）、生活自理情况及对伤病知识了解程度进行评定。

2. 康复护理

（1）疾病的健康宣教：讲解手外伤的相关康复护理知识、康复流程以及疾病的预后情况。

（2）体位摆放：根据损伤部位和愈合情况分别将患手置于休息位、功能位或保护位等。

（3）康复延伸治疗：根据康复治疗师意见，监督和指导工伤职工在病房内使用简易器械对患手进行手的握力、捏力、对指和对掌等关节活动度、肌力以及手的灵活性、协调性等自我功能延伸练习。同时指导工伤职工进行手的脱敏训练，利手交换训练等。

（4）并发症的护理：预防继发性损伤（如擦伤、烫伤和冻伤等）、肢体废用综合征、患手肿胀以及各类感染的发生等。

3. 心理护理、家庭康复护理。

**四、职业社会康复规范**

（一）职业康复

1. 职业康复评估

进行职业调查、就业意愿评估、工作需求分析、功能性能力评估、现场工作分析评估、技能操作评估和工作模拟评估，疼痛较敏感的工伤职工进行疼痛信念评估，对工伤职工的能力表现可疑，可进行症状放大症评估。

2. 职业康复训练

可根据工伤职工功能能力情况和职业特点进行工作重整及强化训练、职前训练、工具使用训练和现场工作强化等职业康复训练。

（二）社会康复

1. 社会康复评估

一般包括创伤后应激障碍评估、自我效能评估、社会与家庭支持评估和社会适应能力评价等。

2. 社会康复训练

主要采用康复辅导的方式，协助工伤职工建立合理的康复期望和目标；出院前协助工伤职工做好出院准备指导、雇主综合咨询、提供家庭康复技巧指导、提供工作安置协调等，协助工伤职工克服工伤后影响，适时返回工作岗位。出院后对工伤职工进行社会环境适应干预或协调，促进工伤职工更好地适应工作。

**五、康复出院标准**

生命体征平稳，并符合以下条件：

1. 疼痛消失或减轻，不影响日常生活活动。

2. 手功能恢复至基本正常或达到预期康复目标。

3. 达到康复住院时限，且主要的功能评定指标在 1 个月内无继续改善。

4. 已完成出院准备，制定回归工作岗位和社区的方案。

## 八、关节、软组织损伤

**一、康复住院标准**

伤后经临床治疗 2 周或更早，生命体征稳定，仍有功能障碍，并符合下列条件：

1. 无其他重要器官严重功能障碍。

2. 无出血征象和严重伤口感染。

**二、康复住院时限**

关节及关节软骨、韧带、肌肉、肌腱等软组织损伤的工伤职工，康复住院时限一般不超过 2 个月；膝关节交叉韧带损伤伴有半月板损伤的工伤职工，康复住院时限一般为 3~6 个月；经申请批准后可以适当延长住院时间。

**三、医疗康复规范**

（一）功能评定

入院后 5 个工作日内进行初期评定，住院期间根据功能变化情况可进行一次或多次中期评定，出院前进行末期评定。评定内容如下：

1. 躯体功能评定

疼痛评定、肢体形态评定、平衡功能评定、上肢功能评定、关节活动度评定、肌力评定、步态分析、作业需求评定、日常生活活动评定、足底压力检查和辅助器具适配性评定等。

2. 精神心理评估

人格评估、睡眠质量评估和情绪评估等。能完成问卷填写者进行生活质量评定。

（二）康复治疗

1. 物理治疗

（1）运动治疗：早期主要进行相关肌肉的本体感觉训练、等长肌力训练、持续性被动运动治疗等，随着工伤职工病情及功能的变化，有针对性选择牵伸训练、关节松动训练、肌力训练和耐力训练等；部分病人可根据需要选用肌内效贴布治疗。

（2）物理因子治疗：根据功能情况及并发症的发生情况酌情选用冰敷、短波疗法、超短波疗法、微波疗法、超声波疗法、冲击波、低中频电疗法、经皮神经电刺激、磁疗、气压疗法、紫外线疗法、激光疗法、红外线疗法及蜡疗等。

（3）水疗：根据工伤职工具体功能情况可进行药物浸浴、气泡浴、旋涡浴、气泡浴+涡流治疗和水中肢体功能训练等水疗项目。

2. 作业治疗

上肢功能训练、手功能训练、作业疗法训练、日常生活活动训练、家务劳动训练、独立生活能力训练、虚拟现实训练、矫形器制作、压力治疗和文体训练（包括手工艺训练、园艺治疗、艺术治疗和治疗性游戏训练等）等。

3. 行为心理治疗

对有伤后适应障碍、睡眠障碍、情绪行为问题的工伤职工，可针对性地进行心理疏导、心理支持、认知调整、行为矫正和心理减压治疗。

4. 中医康复治疗

进行针刺治疗，可选用电针、水针、浮针、腕踝针；进行推拿治疗，手法施以滚法、按法、揉法、拔伸法和擦法等。根据情况选择艾灸、三棱针放血、小针刀、火罐、中药内服、外敷、熏蒸治疗和浸浴治疗等。根据工伤职工情况，可选用中医传统运动治疗（内养功治疗）。

5. 辅助技术

根据工伤职工病情可能需配置固定矫形器或训练用矫形器，部分工伤职工需配置轮椅或拐杖等。

（三）康复护理

1. 康复护理评定

对皮肤状况（肿胀、瘢痕、残余创面、炎性症状、色泽、自主神经损伤症状等）和对伤病知识掌握程度进行评定。

2. 康复护理

（1）疾病的健康宣教：讲解软组织损伤的相关康复护理知识，康复流程以及疾病的预后情况。

（2）体位护理：体位摆放，损伤部位肿胀明显者应抬高患肢，减少活动，避免患处受压。

(3) 康复延伸治疗：根据康复治疗师意见，监督和指导工伤职工在病房内选择性进行肌力、关节活动度、步行和日常生活活动等延续性训练。

(4) 并发症的防治护理：预防继发性损伤（如摔伤、烫伤和冻伤等）、肢体废用综合征、损伤部位肿胀、疼痛、并发症和各类感染的护理等。

3. 心理护理、家庭康复及社区康复护理指导。

**四、职业社会康复规范**

（一）职业康复

1. 职业康复评估

进行职业调查、就业意愿评估、工作需求分析、功能性能力评估、现场工作分析评估和工作模拟评估，疼痛较敏感的工伤职工进行疼痛信念评估，对工伤职工的能力表现可疑，可进行症状放大症评估。

2. 职业康复训练

根据工伤职工功能能力情况和职业特点，可开展工作重整及强化训练、工具使用训练和现场工作强化。

（二）社会康复

1. 社会康复评估

一般包括创伤后应激障碍评估、自我效能评估、社会与家庭支持评估和社会适应能力评价等。

2. 社会康复训练

主要采用康复辅导、伤残适应小组辅导及社会行为活动训练等方式，协助工伤职工建立合理的康复期望和目标，学习应对伤后疼痛的管理方法；出院前提供出院准备指导、家庭康复技巧指导，提供工作安置协调、雇主综合咨询等，协助其社会适应能力技巧提升、工作关系的协调与适应；出院后对工伤职工进行社会环境适应干预，通过工场探访、电话跟进等形式，对工伤职工工作适应相关的范畴进行干预或协调，促进工伤职工更好地适应工作岗位。

**五、康复出院标准**

生命体征平稳，病情稳定，并符合以下条件：

1. 关节、肌肉功能恢复至基本正常或达到预期康复目标。

2. 疼痛消失或减轻，不影响日常生活活动。

3. 达到康复住院时限，且主要的功能评定指标在 1 个月内无继续改善。

4. 已完成出院准备，制定回归工作岗位和社区的方案。

## 九、烧　　伤

**一、康复住院标准**

烧伤面积>10%或Ⅲ度>5%以上，经过临床治疗后，生命体征稳定，呼吸道通畅，有瘢痕增生影响关节活动或外观，无重要脏器严重功能障碍。

**二、康复住院时限**

轻中度烧伤住院时限不超过2个月；重度烧伤住院时限不超过4个月；特重度烧伤住院时限不超过10个月。

到出院时限，仍有较大康复价值或仍有合并症需要治疗者，经申请批准后可适当延长住院时间。

**三、医疗康复规范**

（一）功能评定

入院后5个工作日内进行初期评定，住院期间根据功能变化情况可进行一次或多次中期评定，出院前进行末期评定。评定内容如下：

1. 躯体功能评定

感觉评定、疼痛评定、心肺功能评定、肢体形态评定、平衡评定、上肢功能评定、手功能评定、关节活动度评定、肌力评定、步态分析、瘢痕评定、作业需求评定、日常生活活动评定、足底压力检查和辅助器具使用评价，穿戴压力衣者必要时可进行压力测定。

2. 精神心理评估

对事故和烧伤可能引起工伤职工心理上的急性应激障碍、创伤后应激障碍、适应障碍、人格障碍、睡眠障碍、情绪问题、心理压力和脑心理活动状态进行评估。能完成问卷填写者进行生活质量评定。

（二）康复治疗

1. 物理治疗

（1）运动治疗：主要以主被动运动、牵伸训练、关节松动训练、烧伤后关节功能训练、持续性被动运动、肌力训练、呼吸训练、耐力训练和有氧训练，下肢烧伤的工伤职工可同时进行平衡训练（可选择平衡生物反馈训练和电脑控制平衡功能训练）、步行训练和户外运动适应性训练等。

（2）物理因子治疗：根据功能及并发症情况酌情选用直流电疗法、短波疗法、超短波疗法、超声波疗法、低中频电疗法、磁疗、气压疗法、紫外线疗法、激光疗法、红外线疗法及蜡疗等。

（3）水疗：根据工伤职工具体功能情况可进行烧伤的水中浸浴治疗和水中运动疗法等水疗项目。

2. 作业治疗

（1）压力治疗：包括制作压力衣（压力衣裤、压力头套、压力肢套、压力手套、压力袜、压力面罩、下颌套、透明压力面罩等）、压力支架及使用绷带加压等。

（2）上肢功能训练：增强肌力训练、改善关节活动度训练、灵活性及协调性训练。

（3）其他训练：日常生活活动训练、手工艺训练、家务训练、辅助器具作业疗法训练、环境改造、虚拟现实训练、文体训练（包括手工艺训练、园艺治疗、艺术治疗和治疗性游戏训练等）和小组治疗（室内或室外）等。

3. 行为心理治疗

对有急性应激障碍、创伤后应激障碍、适应障碍、人格障碍及情绪问题的工伤职工，可针对性地进行心理疏导、心理支持、认知调整、行为矫正和心理减压治疗。

4. 中医康复治疗

推拿治疗施以滚法、按法和揉法等手法。另可选择性开展中药外敷、中药化腐清创术、内服、外洗等治疗。

5. 辅助技术

矫形器常用肩外展矫形器、屈/伸肘矫形器、保护位矫形器、拇外展矫形器、屈掌指关节矫形器、屈指矫形器、动态牵引矫形器、补高踝足矫形器、矫形鞋垫、矫形鞋等。

另根据功能情况选择其他辅助器具，如轮椅、自助具和助行器具等。

（三）康复护理

1. 康复护理评定

对皮肤状况、意外伤害危险因素和对伤病知识掌握程度进行评定。

2. 康复护理

（1）疾病的健康宣教：讲解烧伤的相关康复护理知识、康复流程以及疾病的预后情况。

（2）病房环境及饮食护理。

（3）体位护理：体位摆放、体位变换、体位转移等。

（4）残余创面护理：保持皮肤清洁，及时清除皮屑。

（5）疤痕皮肤护理：疤痕皮肤的清洁、瘙痒及保养护理。

（6）进行压力用品、助行器具、支具等辅助器具的使用和保养指导。

（7）康复延伸治疗：根据康复治疗师意见，监督和指导工伤职工在病房内使用简易器具进行肌力、关节活动度、手功能、步行及步态和日常生活活动等延伸训练。

（8）并发症的防治护理：预防残余创面扩大及感染、抑制瘢痕增生、预防压疮、防止继发性损伤和预防肢体废用性综合征。

3. 心理护理、家庭康复及社区康复护理指导。

**四、职业社会康复规范**

（一）职业康复

1. 职业康复评估

通过面谈、就业意愿评估、职业咨询及功能性能力评估确定职业康复目标，并选择进行工伤职工职业调查、工作需求分析、技能操作评估、症状放大症评估、工作行为评估、工作模拟评估和现场工作分析评估等。

2. 职业康复训练

根据工伤职工烧伤部位进行针对性训练。手部烧伤者需针对手部功能进行工作重整训练和工作模拟训练。躯干部烧伤者需进行工作姿势及正确的人力搬抬和运送训练。下肢烧伤者需进行移动能力训练。根据职业康复评估的结果，对不能重返原单位原工作岗位工作的职工可进行职业咨询与指导、职业技能再培训及工作职务调整或再设计。

（二）社会康复

1. 社会康复评估

一般包括创伤后应激障碍评估、家居环境评估、自我效能评估、社会与家庭支持评估、社会适应能力评价和社区环境评估等。

2. 社会康复训练

（1）住院期：主要采用康复辅导、伤残适应小组辅导，对工伤职工烧伤后的社会心理适应问题提供专业支持，并建立合理的康复期望和目标；学习情绪及压力舒缓方法；通过社会生活适应性训练，让工伤职工循序渐进地接受并适应伤后身体意向或容貌的改变；提升自我效能感，有能力重新建立生活规划。

（2）出院准备期：对工伤职工进行出院准备指导、社会环境适应干预或工作安置协调及家庭康复技巧指导等，协助工伤职工及其家庭成员了解并接受受伤后社会角色、家庭角色的转换，计划未来生计；重点协助工伤职工适应和应对陌生人的眼光和态度；为重新融入社会做好准备。

（3）出院后：出院后提供持续的个案管理，通过重返社区跟进协调，对工伤职工的社会适应或工作适应进行干预，使工伤职工与现实社会生活或工作保持联结，避免社交退缩和心理适应改变。

**五、康复出院标准**

病情稳定，创面愈合或仅有少量残余创面，并符合以下条件：

1. 功能及外观恢复至基本正常或达到预期目标。

2. 无严重并发症或并发症已控制。

3. 已达到康复住院时限，且主要的功能评定指标在1个月内无继续改善。

4. 已完成出院准备，做好回归家庭、社区或工作岗位计划。有医疗或康复依赖者安排家庭病床或社区康复服务。

# 40　关于设立公布第一批区域性工伤康复示范平台名单有关问题的通知

人社厅发〔2015〕178号

各省、自治区、直辖市及新疆生产建设兵团人力资源社会保障厅（局）：

为进一步做好工伤康复服务体系建设，按照《社会保障“十二五”规划纲要》及我部

《关于进一步做好工伤康复试点工作的指导意见》（人社部发〔2013〕83号）和要求，我部制定了《区域性工伤康复示范平台标准（试行）》，印发了《关于开展第一批区域性工伤康复示范平台评估遴选工作的通知》（人社厅函〔2015〕227号）。按照康复机构自愿申报、地方人力资源社会保障部门初评推荐，我部组织专家评估的方式，本着严格标准、审慎稳妥、分步实施、宁缺毋滥的原则，遴选确定了第一批4家区域性工伤康复示范平台（名单附后）。现将有关事项通知如下：

**一、进一步提高对设立工伤康复示范平台重要性的认识**

各地人力资源社会保障部门要充分认识区域性工伤康复示范平台在促进工伤康复服务体系建设、规范管理、人才培养和交流合作中的重要作用，努力加强国家级、区域性工伤康复示范机构与地区级工伤康复服务机构相结合的工伤康复服务体系建设，把区域平台建设工作作为加强工伤康复协议机构管理，规范康复服务行为，提高康复服务水平的重要内容，共同推动示范平台建设工作健康发展。

**二、切实发挥区域性工伤康复示范平台的作用**

各相关省市人力资源社会保障部门要及时通知获准设立的4家区域性工伤康复示范平台机构，按照“示范指导、技术探索、业务支持”三大功能定位要求，支持、指导其尽快制定自身优化发展方案，做好区域内工伤康复示范服务工作；探索建立区域专业化网络建设，形成可持续的业务合作和信息共享机制；完善深化工伤康复技术创新，推进业务服务发展；协助工伤保险管理部门逐步建立工伤康复质量监控体系，做好工伤康复费用控制工作，推进工伤康复的规范化发展。

**三、加强对示范平台的跟踪管理和服务**

相关地区人力资源社会保障部门要加强对示范平台的协议管理，进一步完善工伤康复管理办法。要切实履行协议职责，多方面支持示范平台，促进其管理水平和技术水平的提高。要将区域性工伤康复示范平台建设作为加快本地区工伤康复服务均等化的重要契机，推进工伤康复服务整体水平的提高。

设立区域性工伤康复示范平台是工伤康复服务体系建设中一项新的探索和尝试，请各有关地区在工作中注意不断总结和完善，为今后进一步规范开展工作提供经验和帮助。

附件：第一批区域性工伤康复示范平台名单

人力资源社会保障部办公厅

2015年11月12日

附件

## 第一批区域性工伤康复示范平台名单

1. 首都医科大学附属北京康复医院
2. 上海市养志康复医院（上海市阳光康复中心）
3. 广东省工伤康复医院（广东省工伤康复中心）
4. 重庆西南医院

# 41　关于印发工伤保险辅助器具配置目录的通知

人社厅函〔2012〕381号

各省、自治区、直辖市及新疆生产建设兵团人力资源社会保障厅（局）：

为进一步贯彻落实《工伤保险条例》，规范工伤保险辅助器具配置管理工作，提高工伤保险服务水平，我部按照保障基本、普遍适用、安全稳定、循序渐进的原则，制定了《工伤保险辅助器具配置目录》（以下简称《目录》），现印发给你们。

各地可根据本地区工伤保险辅助器具配置工作开展情况、工伤保险基金支付能力等实际情况适当增加目录的品种。《目录》中辅助器具配置工伤保险基金最高支付限额，由各地社会保险行政部门根据本地区实际情况组织制定。各地在公布本地区工伤保险辅助器具配置目录前15天，将本地区工伤保险辅助器具配置目录连同最高支付限额报部工伤保险司备案。今后，各地调整工伤保险辅助器具配置目录和最高支付限额，应及时报部备案。涉及工伤保险辅助器具配置管理的相关问题，我部将制定《工伤保险辅助器具配置管理办法》予以明确。

人力资源和社会保障部办公厅

2012年8月15日

# 工伤保险辅助器具配置目录（共60项）

| 产品编号 | 产品名称 | 单位 | 主要部件或材料要求 | 功能 | 适用范围 | 最低使用年限 |
|---|---|---|---|---|---|---|
| 一、假肢（18项） | | | | | | |
| 10001 | 假手指 | 只 | 硅胶，定制仿真手指 | 弥补外观缺损 | 适用于单个手指缺损者或多个手指缺损 | 1 |
| 10002 | 部分手假肢 | 只 | 硅胶，仿真定制，内带填充物 | 弥补外观缺损、辅助持物 | 适用于掌骨截肢 | 1 |
| 10003 | 装饰性腕离断假肢 | 具 | 装饰手或被动手、硅胶手套，定制接受腔 | 弥补外观缺损、辅助持物等被动功能 | 适用于不选择穿戴功能性假肢的腕部截肢者 | 3 |
| 10004 | 索控式腕离断假肢 | 具 | 标准机械手、硅胶手套，定制双层接受腔及肩背带 | 自身力源，利用牵引索控制假手开、闭，能主动持物 | 适用于腕关节离断或前臂长残肢的截肢者 | 3 |
| 10005 | 装饰性前臂假肢 | 具 | 定制接受腔、腕关节、装饰手或被动手、硅胶手套 | 弥补外观缺损、辅助持物等被动功能 | 适用于不选择穿戴功能性假肢的前臂截肢者 | 3 |
| 10006 | 索控式前臂假肢 | 具 | 标准机械手、硅胶手套，被动式腕关节，定制接受腔及肩背带 | 自身力源，利用牵引索控制假手开、闭，腕关节可被动屈伸、旋转 | 适用于前臂截肢者 | 3 |
| 10007 | 前臂肌电假肢 | 具 | 单自由度肌电手、硅胶手套，定制双层接受腔 | 电动力源，肌电信号控制假手开、闭，腕关节被动屈曲或旋转 | 适用于双侧截肢且肌电信号达标的前臂截肢者 | 4 |
| 10008 | 装饰性肘离断假肢 | 具 | 定制接受腔、装饰性假肢组件、装饰手或被动手、硅胶手套 | 弥补外观缺损、辅助持物等被动功能 | 适用于不选择穿戴功能性假肢的肘部、前臂极短残肢截肢者 | 3 |
| 10009 | 索控式肘离断假肢 | 具 | 标准机械手、硅胶手套，铰链式肘关节，定制接受腔及肩背带 | 牵引索控制假手开、闭，肘关节被动屈、伸 | 适用于肘关节离断或上臂残肢过长的、前臂极短残肢截肢者 | 3 |
| 10010 | 装饰性上臂假肢 | 具 | 全接触接受腔、装饰性假肢组件、装饰手或被动手、硅胶手套 | 弥补外观缺损、辅助持物等被动功能 | 适用于不选择穿戴功能性假肢的上臂截肢者 | 3 |

续表

| 产品编号 | 产品名称 | 单位 | 主要部件或材料要求 | 功能 | 适用范围 | 最低使用年限 |
|---|---|---|---|---|---|---|
| 10011 | 索控式上臂假肢 | 具 | 标准机械手、硅胶手套，机械肘关节，定制树脂接受腔及肩背带 | 牵引索控制假手开、闭和肘屈、伸功能 | 适用于上臂截肢者 | 3 |
| 10012 | 装饰性肩离断假肢 | 具 | 骨骼式装饰性假肢组件，硅胶手套 | 弥补外观缺损、具有被动开、闭手和屈、伸肘功能，肩关节自由摆动 | 适用于肩关节离断或上臂残肢过短的截肢者 | 3 |
| 10013 | 部分足假肢 | 具 | 定制硅胶制作足套式假半脚 | 补缺并改善行走功能 | 适用于跗骨近端截肢者 | 3 |
| 10014 | 赛姆假肢 | 具 | 采用定制接受腔、低踝假脚 | 代偿行走和站立功能 | 适用于踝部截肢、赛姆截肢或小腿残肢过长的截肢者 | 3 |
| 10015 | 组件式小腿假肢 | 具 | 定制接受腔，根据残肢部位皮肤和身体功能经评估后，选择适宜内衬、关节及假脚 | 代偿行走和站立功能 | 适用于小腿截肢者 | 3 |
| 10016 | 组件式膝离断假肢 | 具 | 定制接受腔，根据残肢部位皮肤和身体功能经评估后，选择内衬、关节及假脚 | 代偿行走和站立功能 | 适用于膝关节离断、小腿极短残肢截肢者 | 3 |
| 10017 | 组件式大腿假肢 | 具 | 定制接受腔，根据残肢部位皮肤和身体功能经评估后，选择内衬、关节及假脚 | 代偿行走和站立功能 | 适用于大腿截肢者 | 3 |
| 10018 | 组件式髋离断假肢 | 具 | 定制接受腔，根据残肢部位皮肤和身体功能经评估后，选择内衬、关节及假脚 | 代偿行走和站立功能 | 适用于髋关节离断或大腿残肢过短的截肢者 | 3 |

续表

| 产品编号 | 产品名称 | 单位 | 主要部件或材料要求 | 功能 | 适用范围 | 最低使用年限 |
|---|---|---|---|---|---|---|
| 二、矫形器（21 项） | | | | | | |
| 20001 | 静态型手指矫形器 | 具 | 聚乙烯高温板材、低温板材、金属或织物 | 单指或五指的矫正（含展开指蹼）与固定 | 适用于指骨骨折及韧带损伤术后固定 | 2 |
| 20002 | 动态型手指矫形器 | 具 | 聚乙烯板材、金属条、弹性装置 | 手指畸形矫正及手指功能恢复锻炼 | 适用于并指畸形，矫正手指槌状、鹅颈、扣眼等畸形及术后 | 2 |
| 20003 | 静态型掌指矫形器 | 具 | 聚乙烯高温板材、低温板材、金属或织物 | 掌指关节固定保护 | 适用于指骨近节骨折及术后固定 | 2 |
| 20004 | 动态型掌指矫形器 | 具 | 热塑板材、金属条、弹性装置 | 手指展开及手指功能恢复锻炼 | 适用于指骨近节骨折、手指挛缩畸形、尺神经、正中神经麻痹引起手指内在肌的麻痹及术后功能恢复锻炼 | 2 |
| 20005 | 静态型腕手矫形器 | 具 | 热塑板材，固定带 | 腕部损伤固定，保持功能位或中立位 | 适用于腕部骨折、单纯性脱位及术后 | 2 |
| 20006 | 动态型腕手矫形器 | 具 | 热塑板材，金属条，弹性装置 | 辅助掌指关节与拇指的伸展，功能恢复与锻炼 | 适用于桡神经损伤及术后的功能恢复 | 2 |
| 20007 | 前臂（肘腕手）矫形器 | 具 | 聚乙烯高温板材或低温板材，可以带或不带肘关节铰链 | 限制前臂旋前旋后，前臂保护固定 | 适用于前臂骨折及术后 | 1 |
| 20008 | 上臂（肩肘）矫形器 | 具 | 热塑板材，可以带或不带肩关节、肘关节铰链 | 上臂固定 | 适用于上臂骨折及术后 | 1 |
| 20009 | 肩外展矫形器 | 具 | 热塑板，泡沫衬材、金属件，成品 | 肩关节及肱骨固定（可调式） | 适用于肩关节及肱骨骨折、肩棘韧带损伤、臂丛神经损伤及术后固定 | 1 |
| 20010 | 颈托 | 具 | 成品 | 减轻颈椎的负荷，控制颈椎活动 | 适用于颈椎病或颈椎轻度损伤及术后 | 1 |

续表

| 产品编号 | 产品名称 | 单位 | 主要部件或材料要求 | 功能 | 适用范围 | 最低使用年限 |
|---|---|---|---|---|---|---|
| 20011 | 颈胸矫形器 | 具 | 热塑板材，定制 | 起支撑、固定、减荷、保护、矫正的作用 | 适用于颈椎单纯性脱位、损伤术后 | 1 |
| 20012 | 胸腰骶矫形器 | 具 | 热塑板材，定制 | 起支撑、固定、减荷、保护、矫正的作用 | 适用于胸腰椎损伤的康复和术后 | 1 |
| 20013 | 脊柱过伸矫形器 | 具 | 金属支条或高强度热塑板材，框架式结构 | 控制或矫正胸腰椎后凸畸形 | 适用于腰椎和低位胸椎压缩性骨折的保守治疗或术后固定，胸腰椎后凸畸形及术后，老年人的退行性病变 | 1 |
| 20014 | 硬性围腰 | 具 | 背部采用半硬性塑料制成的框架式背托，腹部采用宽大的软垫式腹压垫，两侧采用弹性束紧带 | 加强胸腰部支撑，稳定脊柱；增强腹压，减轻脊柱负担 | 适用于胸腰部软组织损伤、椎间盘突出、轻度滑脱等，腰椎轻度骨性损伤的保守治疗及术后固定 | 1 |
| 20015 | 弹性围腰 | 具 | 成品，弹性针织材料 | 增强腹压以减轻腰骶椎负担，对腰椎起支撑、保护作用 | 适用于腰骶部软组织损伤、腰肌劳损、腰椎间盘突出等引起的疼痛，以及软骨骨性损伤的预防和保守治疗 | 1 |
| 20016 | 矫形鞋 | 双 | 牛皮、定制 | 补高或补缺或矫治 | 适用于下肢不等长及足部缺损、畸形 | 1 |
| 20017 | 固定式踝足矫形器 | 只 | 成品，由热塑板制成（泡沫软衬）带拉带和固定带 | 将踝关节固定在功能位，稳定和保护踝关节 | 适用于踝足损伤，卧床病人预防足下垂及跟腱挛缩 | 2 |
| 20018 | 功能式踝足矫形器 | 具 | 热塑板材定制或由踝铰链支条等构成 | 限制踝关节运动，矫正足内、外翻，保持足内外侧的稳定 | 适用于矫治足下垂、足内外翻、足内外旋及踝关节不稳定等 | 1 |
| 20019 | 膝踝足矫形器 | 具 | 定制，热塑板材，铝合金或不锈钢支条 | 固定膝关节、踝关节或矫正畸形 | 适用于大腿、小腿骨折或神经损伤及术前、术后 | 1 |

续表

| 产品编号 | 产品名称 | 单位 | 主要部件或材料要求 | 功能 | 适用范围 | 最低使用年限 |
|---|---|---|---|---|---|---|
| 20020 | 膝矫形器 | 只 | 定制，热塑板材 | 固定下肢，矫正畸形，帮助恢复膝关节功能 | 适用于大腿、小腿骨折或神经韧带损伤及畸形和术后 | 1 |
| 20021 | 髋膝踝足免荷式矫形器 | 只 | 定制，热塑板材，金属支条，由腰骶矫形器和大腿矫形器用髋铰链连接组成 | 用坐骨支撑体重，腰骶部辅助固定 | 适用于大腿骨折、下肢肌力比较弱，大腿、小腿骨折或神经损伤及术前、术后需要坐骨负重的 | 1 |
| 三、生活类辅助器具（10 项） | | | | | | |
| 30001 | 坐便椅 | 只 | 铝合金材料，坐便部分为塑料材质，并配有可拆卸坐垫和马桶 | 辅助如厕，可折叠、可调节高度 | 适用于行动不便者 | 3 |
| 30002 | 腋杖 | 副 | 木质、不锈钢或铝合金材质 | 可调节高度，减轻下肢承重，获得辅助支撑力，提高行走的稳定性 | 适用于下肢支撑能力较差的伤残者 | 4 |
| 30003 | 肘杖 | 只 | 铝合金材料，可调节高度；肘托为塑料材质 | 减轻下肢和腋下承重，获得辅助支撑力，提高行走的稳定性 | 适用于下肢支撑能力较差的伤残者 | 4 |
| 30004 | 手杖 | 只 | 铝合金材料，可调节高度 | 提高行走的稳定性 | 适用于平衡能力较差者 | 4 |
| 30005 | 框式助行器 | 个 | 铝合金材质 | 稳定性优于各类拐杖，适合下肢伤残者辅助行走 | 适用于平衡能力较差的下肢伤残者 | 4 |
| 30006 | 轮式助行器 | 个 | 铝合金材质 | 稳定性优于各类拐杖，适合下肢伤残者辅助行走 | 适用于平衡能力较好的下肢伤残者 | 4 |
| 30007 | 普通轮椅 | 辆 | 铝合金车架 | 代偿步行 | 适用于具备自行站立功能，但需借助轮椅代步的伤残者 | 3 |
| 30008 | 高靠背轮椅 | 辆 | 铝合金车架，配备头枕、身体固定带、腿托等配件 | 代偿步行，靠背可在全躺位、半躺位、直立之间调整 | 适用于需较长时间借助轮椅活动的重度伤残者 | 3 |

续表

| 产品编号 | 产品名称 | 单位 | 主要部件或材料要求 | 功能 | 适用范围 | 最低使用年限 |
|---|---|---|---|---|---|---|
| 30009 | 手摇三轮车 | 辆 | 包括双手前摇和单手平摇两种方式操控三轮车，设有倒挡，车架为钢质 | 由使用者依靠自身力量手动驱动 | 适用于下肢残疾但上肢健全具有相应体力的伤残者 | 3 |
| 30010 | 盲杖 | 个 | 塑料，碳纤或金属等，成品。分为直杖及折叠杖 | 辅助行走 | 适用于盲人 | 3 |
| 四、其他辅助器具（11 项） | | | | | | |
| 40001 | 耳背式助听器 | 台 | 电子产品，综合材料 | 用于听力伤残人员补偿听力 | 适用于听力损失大于 90dB（HL）的听力伤残人员 | 6 |
| 40002 | 耳内式助听器 | 台 | 电子产品，综合材料 | 用于听力伤残人员补偿听力 | 适用于听力损失小于 90dB（HL）的听力伤残人员 | 6 |
| 40003 | 耳道式助听器 | 台 | 电子产品，综合材料 | 用于听力残疾人补偿听力 | 适用于听力损失小于 81dB（HL）的听力伤残人员 | 6 |
| 40004 | 光学助视器 | 个 | 眼镜式或台式，光学镜片 | 放大功能，放大倍数固定 | 适用于低视力者 | 3 |
| 40005 | 假眼 | 只 | 新型高分子材料，定制 | 弥补眼球缺陷 | 适用于眼球缺损者 | 4 |
| 40006 | 假鼻 | 只 | 硅胶，定制 | 弥补鼻部缺陷 | 适用于鼻部缺损者 | 3 |
| 40007 | 假耳 | 只 | 硅胶，定制 | 弥补耳部缺陷 | 适用于耳部缺损者 | 3 |
| 40008 | 假乳房 | 只 | 硅胶，成品 | 弥补乳房缺陷 | 适用于乳房缺损者 | 3 |
| 40009 | 假发 | 只 | 人造假发 | 弥补缺发或无发缺陷 | 适用于整体毛发缺损者 | 3 |
| 40010 | 全口假牙 | 件 | 复合树脂牙、塑料基托（甲基丙烯酸甲酯）、铸造金属基托（钴铬合金、钛） | 代替缺失牙齿及相关组织，恢复咀嚼、发音、美观功能，需摘下清洗 | 适用于上颌或下颌牙齿的全部缺失者 | 3 |
| 40011 | 半口假牙 | 件 | 复合树脂牙、塑料基托（甲基丙烯酸甲酯）、金属弯制卡环。铸造金属基托及卡环（钴铬合金、钛） | 代替缺失牙齿及相关组织，恢复咀嚼、发音、美观功能，需摘下清洗 | 适用于上颌或下颌牙列从缺失一颗牙齿到仅剩一颗牙齿 | 3 |

备注：安装编号为 10005、10008、10011、10014 的肌电假肢时，一侧安装肌电假肢，另一侧则安装装饰性假肢或索控式假肢。

# 六、工 伤 预 防

## 42　人力资源社会保障部关于进一步做好工伤预防试点工作的通知

人社部发〔2013〕32号

各省、自治区、直辖市及新疆生产建设兵团人力资源社会保障厅（局）：

为贯彻《工伤保险条例》，完善工伤保险制度，2009年我部在河南、广东、海南等3省的12个地市开展了工伤预防试点，取得初步成效。一些试点城市工伤事故发生率呈现下降趋势，职工的安全意识和维权意识、企业守法意识有所增强。为进一步推动工伤预防工作的开展，我部决定在2009年初步试点的基础上，再选择一部分具备条件的城市扩大试点。现将有关事项通知如下：

**一、充分认识做好工伤预防试点工作的重要意义**

工伤预防是“三位一体”工伤保险制度的重要组成部分。做好扩大工伤预防试点工作，有利于从源头上减少工伤事故的发生，从根本上保障职工生命安全和身体健康，体现以人为本的执政理念；有利于增强用人单位和职工的守法维权意识，促进各项工伤保险政策及安全生产措施的落实；有利于进一步完善细化工伤预防项目的操作流程和管理规范，维护工伤保险基金安全，提高基金使用效率。

**二、扩大试点目标和工作原则**

（一）试点目标。探索建立科学、规范的工伤预防工作模式，为在全国范围内开展工伤预防工作积累经验，完善我国工伤预防制度体系。

（二）工作原则。

1. 审慎稳妥，逐步推开。工伤预防工作政策性强，管理复杂，要按照审慎稳妥的原则先选择一些具备条件的城市（设区的市，以下简称试点城市）试点，待取得经验、条件成熟后再逐步推开。

2. 政府主导，专业运作。在确定项目、编制方案、选择项目实施的组织等工作中，社会保险行政部门要发挥政府主导作用；项目的具体实施要由相应的社会、经济组织负责，实现项目的专业化运作，提高项目实施的质量和水平。

3. 规范管理，确保安全。试点城市要严格按照《工伤保险条例》的规定和本通知要求，明确流程，规范管理，加强监督，确保基金使用安全。

**三、试点城市的确定**

（一）试点城市范围。每个省（区、市）确定不超过2个地（市、区）作为工伤预防试点城市，条件不具备的可暂不确定试点城市；前期纳入我部工伤预防试点的省份（河南、广东、海南），不再确定新的试点城市，原试点城市可继续试点；已经实现省级统筹的省（区、市）可以省（区、市）为统筹地区试点，也可以确定2个地（市、区）进行试点。

（二）试点城市应具备的条件。一是工伤保险基金已实现市级统筹；二是保证待遇支付和储备金留存的前提下有一定结余；三是经办机构有专门的工伤保险科室和人员；四是工伤保险工作基础好，管理规范，具备本地区工伤保险完整数据、统计分析手段和能力；五是从事相关宣传、培训业务的社会、经济组织相对成熟。

（三）试点城市的确定。试点城市由各省（区、市）社会保险行政部门根据统筹地区（地市级）社会保险行政部门的申请确定。

**四、扩大试点内容**

（一）预防费使用比例。试点城市在保证工伤保险待遇支付和储备金留存的前提下，用于工伤预防的费用控制在本统筹地区上年度工伤保险基金征缴收入的2%左右。

（二）预防费使用项目。工伤预防费主要用于开展工伤预防的宣传、培训以及法律、法规规定的其他工伤预防项目。

（三）项目实施流程。

1. 项目确定。试点城市社会保险行政部门会同社会保险经办机构，根据工伤发生情况和工伤保险工作需要，确定下一年度工伤预防的具体实施项目，编制项目实施方案。

2. 项目的组织实施。试点城市社会保险行政部门应参照政府采购法规定的程序，从具备相应资质的社会、经济组织中选择提供具体服务的组织；社会保险经办机构受社会保险行政部门委托与选定的组织签订合同，明确双方的权利和义务。

3. 实施项目的社会、经济组织应具备的基本条件。一是依法登记注册，从事相关宣传、培训业务3年以上并具有良好市场信誉；二是有足够数量的可承担实施工伤预防宣传、培训项目任务的专业人员；三是有相应的硬件设施和技术手段；四是具备相应的资质；五是依法应具备的其他条件。

4. 项目验收。项目完成，由社会保险行政部门组织验收。

（四）费用支付。

1. 实行预算管理。试点城市在编制工伤保险基金预算时，按照确定的工伤预防具体实施项目和上年度预算执行情况，将工伤预防费列入下一年度工伤保险基金预算。

2. 支付程序。合同签订后先支付一定比例或数额的预付款；项目完成，经验收合格后，再支付余款。

（五）加强监督。试点城市社会保险经办机构应按照合同规定，加强对提供服务的组织开展的宣传、培训等活动的监督，确保合同的规定落到实处；定期向社会公布工伤预防项目的实施情况和工伤预防费的使用情况，接受参保单位和社会各界的监督。

（六）探索建立绩效评估机制。试点城市应积极探索工伤预防费使用的绩效评估办法，提高预防费的使用效率。

**五、工作要求**

（一）实行项目管理。试点城市可通过电视、广播、报纸、网络、手机等媒体，通过印发宣传画、手册、标语等方式开展工伤预防宣传；通过举办培训班、专题讲座等方式开展工伤预防培训。宣传、培训工作的开展要实行项目预算管理，严禁直接提取预防费用。

（二）突出工作重点。试点城市应将工伤事故及职业病发生率高的重点行业、重点企业、重点岗位、重点人员优先作为宣传、培训对象，注重宣传、培训实效。

（三）规范工作程序。试点城市社会保险行政部门应按规定，组织落实项目的确定、方案编制、政府采购、实施、验收、评估等工作，进一步细化各环节工作流程，确保试点工作规范、有序开展。

（四）严格费用支付。对确定实施的工伤预防宣传、培训项目，由统筹地区社会保险经办机构根据合同规定，先支付30%的费用。项目完成，经社会保险行政部门组织验收合格后，再由社会保险经办机构支付余款。具体程序按社会保险基金财务制度和工伤保险经办业务管理规定支出。

**六、加强组织领导**

1. 省（区、市）社会保险行政部门要切实加强对工伤预防试点工作的领导，研究制定相关办法，统筹规划，协调指导试点工作，及时总结经验。

2. 试点城市社会保险行政部门要组织建立试点工作领导机构，负责试点工作的组织实施；要从实际出发，研究制定切实可行的试点工作方案和相关政策，因地制宜地开展工作；要切实发挥主管部门的作用，加强与财政、卫生行政、安全生产监督管理等部门的沟通协调，发挥各部门的特点和优势，共同推进工伤预防工作开展。

3. 建立部、省（区、市）、市社会保险行政部门联系报告制度。试点城市每年2月底前应将本年度工伤预防项目实施方案，以及上一年度工伤预防项目实施情况总结（包括项目确定、具体执行及基金支出等）分别报送省社会保险行政部门和部工伤保险司、社保中心。试点工作中遇到的重大问题，应及时报告部工伤保险司。

4. 省（区、市）社会保险行政部门应将确定的试点城市名单在2013年8月底前报部工伤保险司。部里将适时对各地试点情况进行检查。

人力资源社会保障部

2013年4月22日

# 43 人力资源社会保障部 财政部 国家卫生计生委 国家安全监管总局关于印发工伤预防费使用管理暂行办法的通知

人社部规〔2017〕13号

各省、自治区、直辖市及新疆生产建设兵团人力资源社会保障厅（局）、财政（财务）厅（局）、卫生计生委、安全监管局：

为更好地坚持以人为本，保障职工的生命安全和健康，根据《工伤保险条例》规定，人力资源社会保障部会同财政部、卫生计生委、安全监管总局制定了《工伤预防费使用管理暂行办法》（以下简称《办法》），现印发给你们，请结合实际认真贯彻落实。

各地人力资源社会保障、财政、卫生计生、安全监管等部门要根据《办法》要求，高度重视、认真组织、密切配合，结合本地区工作实际，围绕工伤预防工作目标，细化落实政策措施，制定具体实施方案，建立工作机制，做好政策宣传解读，加强预防费使用监管，积极稳妥推进工伤预防工作。

人力资源社会保障部
财政部
国家卫生计生委
国家安全监管总局
2017年8月17日

## 工伤预防费使用管理暂行办法

**第一条** 为更好地保障职工的生命安全和健康，促进用人单位做好工伤预防工作，降低工伤事故伤害和职业病的发生率，规范工伤预防费的使用和管理，根据社会保险法、《工伤保险条例》及相关规定，制定本办法。

**第二条** 本办法所称工伤预防费是指统筹地区工伤保险基金中依法用于开展工伤预防工作的费用。

**第三条** 工伤预防费使用管理工作由统筹地区人力资源社会保障行政部门会同财政、卫生计生、安全监管行政部门按照各自职责做好相关工作。

**第四条** 工伤预防费用于下列项目的支出：

（一）工伤事故和职业病预防宣传；

（二）工伤事故和职业病预防培训。

**第五条** 在保证工伤保险待遇支付能力和储备金留存的前提下，工伤预防费的使用原则上不得超过统筹地区上年度工伤保险基金征缴收入的3%。因工伤预防工作需要，经省级人力资源社会保障部门和财政部门同意，可以适当提高工伤预防费的使用比例。

**第六条** 工伤预防费使用实行预算管理。统筹地区社会保险经办机构按照上年度预算执行情况，根据工伤预防工作需要，将工伤预防费列入下一年度工伤保险基金支出预算。具体预算编制按照预算法和社会保险基金预算有关规定执行。

**第七条** 统筹地区人力资源社会保障部门应会同财政、卫生计生、安全监管部门以及本辖区内负有安全生产监督管理职责的部门，根据工伤事故伤害、职业病高发的行业、企业、工种、岗位等情况，统筹确定工伤预防的重点领域，并通过适当方式告知社会。

**第八条** 统筹地区行业协会和大中型企业等社会组织根据本地区确定的工伤预防重点领域，于每年工伤保险基金预算编制前提出下一年拟开展的工伤预防项目，编制项目实施方案和绩效目标，向统筹地区的人力资源社会保障行政部门申报。

**第九条** 统筹地区人力资源社会保障部门会同财政、卫生计生、安全监管等部门，根据项目申报情况，结合本地区工伤预防重点领域和工伤保险等工作重点，以及下一年工伤预防费预算编制情况，统筹考虑工伤预防项目的轻重缓急，于每年10月底前确定纳入下一年度的工伤预防项目并向社会公开。

列入计划的工伤预防项目实施周期最长不超过2年。

**第十条** 纳入年度计划的工伤预防实施项目，原则上由提出项目的行业协会和大中型企业等社会组织负责组织实施。

行业协会和大中型企业等社会组织根据项目实际情况，可直接实施或委托第三方机构实施。直接实施的，应当与社会保险经办机构签订服务协议。委托第三方机构实施的，应当参照政府采购法和招投标法规定的程序，选择具备相应条件的社会、经济组织以及医疗卫生机构提供工伤预防服务，并与其签订服务合同，明确双方的权利义务。服务协议、服务合同应报统筹地区人力资源社会保障部门备案。

面向社会和中小微企业的工伤预防项目，可由人力资源社会保障、卫生计生、安全监管部门参照政府采购法等相关规定，从具备相应条件的社会、经济组织以及医疗卫生机构中选择提供工伤预防服务的机构，推动组织项目实施。

参照政府采购法实施的工伤预防项目，其费用低于采购限额标准的，可协议确定服务机构。具体办法由人力资源社会保障部门会同有关部门确定。

**第十一条** 提供工伤预防服务的机构应遵守社会保险法、《工伤保险条例》以及相关法律法规的规定，并具备以下基本条件：

（一）具备相应条件，且从事相关宣传、培训业务二年以上并具有良好市场信誉；

（二）具备相应的实施工伤预防项目的专业人员；

（三）有相应的硬件设施和技术手段；

（四）依法应具备的其他条件。

**第十二条** 对确定实施的工伤预防项目，统筹地区社会保险经办机构可以根据服务协议或者服务合同的约定，向具体实施工伤预防项目的组织支付30%～70%预付款。

项目实施过程中，提出项目的单位应及时跟踪项目实施进展情况，保证项目有效进行。

对于行业协会和大中型企业等社会组织直接实施的项目，由人力资源社会保障部门组织第三方中介机构或聘请相关专家对项目实施情况和绩效目标实现情况进行评估验收，形成评估验收报告；对于委托第三方机构实施的，由提出项目的单位或部门通过适当方式组织评估验收，评估验收报告报人力资源社会保障部门备案。评估验收报告作为开展下一年度项目重要依据。

评估验收合格后，由社会保险经办机构支付余款。具体程序按社会保险基金财务制度、工伤保险业务经办管理等规定执行。

**第十三条** 社会保险经办机构要定期向社会公布工伤预防项目实施情况和工伤预防费用使用情况，接受参保单位和社会各界的监督。

**第十四条** 工伤预防费按本办法规定使用，违反本办法规定使用的，对相关责任人参照社会保险法、《工伤保险条例》等法律法规的规定处理。

**第十五条** 工伤预防服务机构提供的服务不符合法律和合同规定、服务质量不高的，三年内不得从事工伤预防项目。

工伤预防服务机构存在欺诈、骗取工伤保险基金行为的，按照有关法律法规等规定进行处理。

**第十六条** 统筹地区人力资源社会保障、卫生计生、安全监管等部门应分别对工作场所工伤发生情况、职业病报告情况和安全事故情况进行分析，定期相互通报基本情况。

**第十七条** 各省、自治区、直辖市人力资源社会保障行政部门可以结合本地区实际，会同财政、卫生计生和安全监管等行政部门制定具体实施办法。

**第十八条** 企业规模的划分标准按照工业和信息化部、国家统计局、国家发展改革委、财政部《关于印发中小企业划型标准规定的通知》（工信部联企业〔2011〕300号）执行。

**第十九条** 本办法自2017年9月1日起施行。

## 44 人力资源社会保障部办公厅关于确认工伤预防试点城市的通知

人社厅发〔2013〕111号

各省、自治区、直辖市及新疆生产建设兵团人力资源社会保障厅（局）：

根据《人力资源社会保障部关于进一步做好工伤预防试点工作的通知》（人社部发〔2013〕32号，以下称“32号文件”）要求，各省（区、市）上报了工伤预防试点城市名单。经对各地试点城市名单进行审查，按照符合条件、地方自愿的原则，确认天津市等50个城市（统筹地区）为工伤预防试点城市（名单附后）。现就有关事项通知如下：

一、认真学习32号文件精神，依规使用基金。严格执行文件中有关工伤预防费使用比例、使用项目、项目实施流程、费用管理和支付方式等规定。工伤预防费不得用于或变相用于部门或单位人员经费、公用经费、房屋建筑物构建、租赁、交通工具购置等。

二、重视开展工伤预防评估工作。制定方案时要把评估作为重要内容，做好工伤预防实施前的数据收集整理工作，统筹考虑项目的实施和评估，跟踪实施效果。

三、加强对工伤预防项目实施监管。要对工伤预防项目实施全过程、全方位监管，不留死角，严格支付审核，确保基金支付合法合规。

四、已经按照我部《关于开展工伤预防试点工作有关问题的通知》（人社厅发〔2009〕108号）要求先行开展工伤预防试点工作的地区，要进一步总结经验，按照32号文件要求，逐步调整和完善工伤预防工作方案和相关政策，积极创造预防工作的新经验。

五、严格执行报告制度。要按32号文件的要求及时报告实施方案和实施情况总结。为便于联络，请各省、自治区、直辖市及各试点城市分别确定一名联络员，2014年上报实施方案时一并报我部工伤保险司。

各地要切实加强对工伤预防工作的组织领导，明确领导责任。省里要加强对试点城市的指导，及时总结经验，协调解决问题。试点城市要充分认识试点工作的重要性，要发挥主管部门的主导作用，主动研究谋划，要多与财政、卫生、安监部门沟通，争取理解与支持。

附件：工伤预防试点城市（统筹地区）名单

人力资源社会保障部办公厅

2013年10月22日

**附件**

## 工伤预防试点城市（统筹地区）名单

**天津市**

**河北省**

**山西省**　吕梁市

**内蒙古自治区**　包头市

**辽宁省**　沈阳市　大连市

**吉林省**　长春市　通化市

**黑龙江省**　哈尔滨市　佳木斯市

**上海市**

**江苏省**　南通市　泰州市

**浙江省**　丽水市　舟山市

**安徽省**　合肥市　淮南市

**江西省**　南昌市　赣州市

**福建省** 三明市 莆田市

**山东省** 青岛市 济宁市

**河南省** 郑州市 洛阳市 安阳市 三门峡市

**湖北省** 武汉市 咸宁市

**湖南省** 长沙市 岳阳市

**广东省** 广州市 深圳市 珠海市 东莞市

**广西壮族自治区** 柳州市 梧州市

**海南省** 海南省本级 海口市 儋州市 昌江黎族自治县

**重庆市**

**四川省** 成都市

**云南省** 大理州 普洱市

**西藏自治区**

**陕西省** 咸阳市

**甘肃省**

**宁夏回族自治区** 银川市 石嘴山市

## 45 关于同意北京市为全国工伤预防试点城市的通知

人社厅发〔2015〕119号

北京市人力资源和社会保障局：

你局关于申请确认工伤预防试点城市的请示（京人社工文〔2015〕61号）收悉，经研究，同意你局申请，确认你市为全国工伤预防试点城市。请你们按照《工伤保险条例》和《人力资源社会保障部关于进一步做好工伤预防试点工作的通知》（人社部发〔2013〕32号）的要求，认真组织开展工伤预防试点工作，试点工作中遇到的重大问题和试点推进情况望及时报部工伤保险司。

人力资源社会保障部办公厅

2015年7月15日

## 46　关于确认贵州省为全国工伤预防试点地区的函

人社厅函〔2016〕123号

贵州省人力资源和社会保障厅：

你厅《关于申请确认工伤预防试点单位的请示》（黔人社呈〔2016〕21号）收悉。经研究，同意你厅申请，确认你省为全国工伤预防试点地区。请你省按照《工伤保险条例》和《人力资源社会保障部关于进一步做好工伤预防试点工作的通知》（人社部发〔2013〕32号）相关要求，认真组织开展工伤预防试点工作，试点工作中遇到的重大问题和试点推进情况请及时报部工伤保险司。

人力资源社会保障部办公厅

2016年3月31日

## 47　关于确认青海省为全国工伤预防试点地区的复函

人社厅函〔2016〕184号

青海省人力资源和社会保障厅：

你厅《关于申请工伤预防试点地区的请示》（青人社厅发〔2016〕59号）收悉。经研究，同意你厅申请，确认你省省本级、海南州作为全国工伤预防试点地区。请按照《工伤保险条例》和《人力资源社会保障部关于进一步做好工伤预防试点工作的通知》（人社部发〔2013〕32号）相关要求，认真组织开展工伤预防试点工作，试点工作中遇到的重大问题和试点推进情况请及时报部工伤保险司。

人力资源社会保障部办公厅

2016年5月18日

# 七、监督管理

## 48　劳动保障监察条例

2004年10月26日国务院第68次常务会议通过，2004年11月1日中华人民共和国国务院令第423号颁布，自2004年12月1日起施行。

### 目　录

第一章　总则/320
第二章　劳动保障监察职责/321
第三章　劳动保障监察的实施/321

### 第一章　总　则

**第一条**　为了贯彻实施劳动和社会保障（以下称劳动保障）法律、法规和规章，规范劳动保障监察工作，维护劳动者的合法权益，根据劳动法和有关法律，制定本条例。

**第二条**　对企业和个体工商户（以下称用人单位）进行劳动保障监察，适用本条例。

对职业介绍机构、职业技能培训机构和职业技能考核鉴定机构进行劳动保障监察，依照本条例执行。

**第三条**　国务院劳动保障行政部门主管全国的劳动保障监察工作。县级以上地方各级人民政府劳动保障行政部门主管本行政区域内的劳动保障监察工作。

县级以上各级人民政府有关部门根据各自职责，支持、协助劳动保障行政部门的劳动保障监察工作。

**第四条**　县级、设区的市级人民政府劳动保障行政部门可以委托符合监察执法条件的组织实施劳动保障监察。

劳动保障行政部门和受委托实施劳动保障监察的组织中的劳动保障监察员应当经过相应的考核或者考试录用。

劳动保障监察证件由国务院劳动保障行政部门监制。

**第五条**　县级以上地方各级人民政府应当加强劳动保障监察工作。劳动保障监察所需经费列入本级财政预算。

**第六条**　用人单位应当遵守劳动保障法律、法规和规章，接受并配合劳动保障监察。

**第七条**　各级工会依法维护劳动者的合法权益，对用人单位遵守劳动保障法律、法规和规章的情况进行监督。

劳动保障行政部门在劳动保障监察工作中应当注意听取工会组织的意见和建议。

**第八条**　劳动保障监察遵循公正、公开、高效、便民的原则。

实施劳动保障监察，坚持教育与处罚相结合，接受社会监督。

**第九条**　任何组织或者个人对违反劳动保障法律、法规或者规章的行为，有权向劳动保障行政部门举报。

劳动者认为用人单位侵犯其劳动保障合法权益的，有权向劳动保障行政部门投诉。

劳动保障行政部门应当为举报人保密；对举报属实，为查处重大违反劳动保障法律、法规或者规章的行为提供主要线索和证据的举报人，给予奖励。

## 第二章　劳动保障监察职责

**第十条**　劳动保障行政部门实施劳动保障监察，履行下列职责：

（一）宣传劳动保障法律、法规和规章，督促用人单位贯彻执行；

（二）检查用人单位遵守劳动保障法律、法规和规章的情况；

（三）受理对违反劳动保障法律、法规或者规章的行为的举报、投诉；

（四）依法纠正和查处违反劳动保障法律、法规或者规章的行为。

**第十一条**　劳动保障行政部门对下列事项实施劳动保障监察：

（一）用人单位制定内部劳动保障规章制度的情况；

（二）用人单位与劳动者订立劳动合同的情况；

（三）用人单位遵守禁止使用童工规定的情况；

（四）用人单位遵守女职工和未成年工特殊劳动保护规定的情况；

（五）用人单位遵守工作时间和休息休假规定的情况；

（六）用人单位支付劳动者工资和执行最低工资标准的情况；

（七）用人单位参加各项社会保险和缴纳社会保险费的情况；

（八）职业介绍机构、职业技能培训机构和职业技能考核鉴定机构遵守国家有关职业介绍、职业技能培训和职业技能考核鉴定的规定的情况；

（九）法律、法规规定的其他劳动保障监察事项。

**第十二条**　劳动保障监察员依法履行劳动保障监察职责，受法律保护。

劳动保障监察员应当忠于职守，秉公执法，勤政廉洁，保守秘密。

任何组织或者个人对劳动保障监察员的违法违纪行为，有权向劳动保障行政部门或者有关机关检举、控告。

## 第三章　劳动保障监察的实施

**第十三条**　对用人单位的劳动保障监察，由用人单位用工所在地的县级或者设区的市级劳动保障行政部门管辖。

上级劳动保障行政部门根据工作需要，可以调查处理下级劳动保障行政部门管辖的案件。劳动保障行政部门对劳动保障监察管辖发生争议的，报请共同的上一级劳动保障行政部门指定管辖。

省、自治区、直辖市人民政府可以对劳动保障监察的管辖制定具体办法。

**第十四条** 劳动保障监察以日常巡视检查、审查用人单位按照要求报送的书面材料以及接受举报投诉等形式进行。

劳动保障行政部门认为用人单位有违反劳动保障法律、法规或者规章的行为，需要进行调查处理的，应当及时立案。

劳动保障行政部门或者受委托实施劳动保障监察的组织应当设立举报、投诉信箱和电话。

对因违反劳动保障法律、法规或者规章的行为引起的群体性事件，劳动保障行政部门应当根据应急预案，迅速会同有关部门处理。

**第十五条** 劳动保障行政部门实施劳动保障监察，有权采取下列调查、检查措施：

（一）进入用人单位的劳动场所进行检查；

（二）就调查、检查事项询问有关人员；

（三）要求用人单位提供与调查、检查事项相关的文件资料，并作出解释和说明，必要时可以发出调查询问书；

（四）采取记录、录音、录像、照相或者复制等方式收集有关情况和资料；

（五）委托会计师事务所对用人单位工资支付、缴纳社会保险费的情况进行审计；

（六）法律、法规规定可以由劳动保障行政部门采取的其他调查、检查措施。

劳动保障行政部门对事实清楚、证据确凿、可以当场处理的违反劳动保障法律、法规或者规章的行为有权当场予以纠正。

**第十六条** 劳动保障监察员进行调查、检查，不得少于 2 人，并应当佩戴劳动保障监察标志、出示劳动保障监察证件。

劳动保障监察员办理的劳动保障监察事项与本人或者其近亲属有直接利害关系的，应当回避。

**第十七条** 劳动保障行政部门对违反劳动保障法律、法规或者规章的行为的调查，应当自立案之日起 60 个工作日内完成；对情况复杂的，经劳动保障行政部门负责人批准，可以延长 30 个工作日。

**第十八条** 劳动保障行政部门对违反劳动保障法律、法规或者规章的行为，根据调查、检查的结果，作出以下处理：

（一）对依法应当受到行政处罚的，依法作出行政处罚决定；

（二）对应当改正未改正的，依法责令改正或者作出相应的行政处理决定；

（三）对情节轻微且已改正的，撤销立案。

发现违法案件不属于劳动保障监察事项的，应当及时移送有关部门处理；涉嫌犯罪的，应当依法移送司法机关。

**第十九条** 劳动保障行政部门对违反劳动保障法律、法规或者规章的行为作出行政处罚或者行政处理决定前，应当听取用人单位的陈述、申辩；作出行政处罚或者行政处理决定，应当告知用人单位依法享有申请行政复议或者提起行政诉讼的权利。

**第二十条** 违反劳动保障法律、法规或者规章的行为在 2 年内未被劳动保障行政部门发现，也未被举报、投诉的，劳动保障行政部门不再查处。

前款规定的期限，自违反劳动保障法律、法规或者规章的行为发生之日起计算；违反劳动保障法律、法规或者规章的行为有连续或者继续状态的，自行为终了之日起计算。

**第二十一条**　用人单位违反劳动保障法律、法规或者规章，对劳动者造成损害的，依法承担赔偿责任。劳动者与用人单位就赔偿发生争议的，依照国家有关劳动争议处理的规定处理。

对应当通过劳动争议处理程序解决的事项或者已经按照劳动争议处理程序申请调解、仲裁或者已经提起诉讼的事项，劳动保障行政部门应当告知投诉人依照劳动争议处理或者诉讼的程序办理。

**第二十二条**　劳动保障行政部门应当建立用人单位劳动保障守法诚信档案。用人单位有重大违反劳动保障法律、法规或者规章的行为的，由有关的劳动保障行政部门向社会公布。

## 49　社会保险基金监督举报工作管理办法

2001 年 5 月 8 日经劳动和社会保障部部务会议通过，2001 年 5 月 18 日中华人民共和国劳动和社会保障部令第 11 号发布，自发布之日起施行。

**第一条**　为了规范社会保险基金举报管理，加强社会保险基金监督，制定本办法。

**第二条**　劳动保障行政部门受理和办理社会保险基金监督举报适用本办法。

**第三条**　公民、法人和其他社会组织有权对养老保险基金、医疗保险基金、失业保险基金、工伤保险基金、生育保险基金收支、管理方面的违法违纪行为进行检举、控告。

公民、法人和其他社会组织就本条前款所列行为进行的检举、控告，劳动保障行政部门应当受理。

**第四条**　县级以上各级人民政府劳动保障行政部门负责社会保险基金监督的机构（以下简称监督机构）具体承办举报受理和办理工作。

负责受理、办理举报案件的工作人员必须忠于职守、廉洁奉公、保守秘密。

**第五条**　社会保险基金监督举报应当接受社会监督。举报人的合法权益依法受到保护。

任何单位和个人不得以任何借口阻拦、压制或打击报复举报人。

**第六条**　劳动保障行政部门应当开设社会保险基金监督电话，向社会公布监督电话号码、传真号码、通信地址、邮政编码和受理举报的范围，并为举报人提供其他便利条件。

**第七条**　监督机构受理当面举报，应当指定专人接待，做好笔录，必要时可以录音。笔录应由举报人签名或者盖章，但举报人可以不留姓名或拒绝录音。

受理电话举报，应当如实记录，在征得举报人同意后，可以录音。

受理电报、传真、信函和其他书面方式的举报，应当指定专人拆阅、登记。对内容不详的署名举报，应当及时约请举报人面谈或通过其他方式索取补充材料。

**第八条**　对涉及重大问题和紧急事项的举报，监督机构应当立即向有关领导报告，并在职责范围内依法采取必要措施。

**第九条** 对不属于本办法受理范围的举报，监督机构应当告知举报人向有处理权的单位反映，或者将举报材料及时移送有处理权的单位。

**第十条** 凡符合本办法受理范围的举报，监督机构应当自受理之日起30日内办结。情况复杂的可以适当延长，但最长不得超过60日。

**第十一条** 下级劳动保障行政部门对上级劳动保障行政部门交办的举报案件，应当及时办理，并向交办单位书面报告调查处理意见。

**第十二条** 上级劳动保障行政部门发现下级劳动保障行政部门对举报案件的处理确有错误的，应当责成下级劳动保障行政部门重新处理，必要时也可以直接处理。

**第十三条** 举报人要求答复本人所举报案件办理结果的，监督机构应当负责将办理结果告知举报人。

**第十四条** 监督机构应当严格管理直接办理的举报材料和交办处理的举报材料，逐件登记举报人和被举报人、举报案件的主要内容和办理结果。

**第十五条** 举报材料和记录应当按国家保密规定列入密件管理。办结的举报案件，应当立卷归档。

**第十六条** 监督机构对举报案件应当每季度进行一次汇总分析，并于每季度结束后15日内将汇总情况报告上级监督机构。上级监督机构要求专门报告的，下级监督机构应当及时按照要求报告有关情况。

**第十七条** 监督机构及其工作人员受理、办理举报案件时，应当遵守以下保密规定：

（一）不得私自摘抄、复制、扣押、销毁举报材料；

（二）严禁泄露举报人的姓名、单位、住址等情况；

（三）不得向被调查单位和被调查人出示举报材料；

（四）对匿名的举报材料不得鉴定笔迹；

（五）宣传报道和奖励举报有功人员，除征得举报人的同意外，不得公开举报人的姓名和单位等内容。

**第十八条** 举报受理、办理工作人员及其负责人，推诿、敷衍、拖延举报处理或徇私舞弊的，由劳动保障行政部门给予批评教育；情节严重的，依法给予行政处分；构成犯罪的，由司法机关依法追究刑事责任。

**第十九条** 省、自治区、直辖市劳动保障行政部门可以根据本办法制定实施细则。

**第二十条** 本办法自发布之日起施行。

# 50　社会保险基金行政监督办法

2001年5月8日经劳动和社会保障部部务会议通过，2001年5月18日中华人民共和国劳动和社会保障部令第12号发布，自发布之日起施行。

**第一条** 为了保障社会保险基金的安全，规范和加强社会保险基金监督，根据国务院规定，制定本办法。

**第二条**　劳动保障行政部门对社会保险基金收入户、社会保险基金支出户、社会保障基金财政专户以及其他与社会保险基金有关的账户收支和结余情况的监督，应当按照本办法的规定执行。

本办法所称社会保险基金包括养老保险基金、医疗保险基金、失业保险基金、工伤保险基金和生育保险基金。

**第三条**　劳动保障部主管全国社会保险基金监督工作。县级以上地方各级人民政府劳动保障行政部门主管本行政区域内的社会保险基金监督工作。

劳动保障行政部门负责社会保险基金监督的机构（以下简称监督机构）具体实施社会保险基金监督工作。

**第四条**　社会保险基金监督应遵循客观、公正、合法、效率的原则。

**第五条**　社会保险基金监督包括以下内容：

（一）贯彻执行社会保险基金管理法律、法规和国家政策的情况；

（二）社会保险基金预算执行情况及决算；

（三）社会保险基金征收、支出及结余情况；

（四）社会保险基金管理的其他事项。

**第六条**　监督机构及其监督人员在履行职责时，享有下列权利：

（一）要求被监督单位提供或报送社会保险基金预算或财务收支计划、预算执行情况、决算、财务报告，以及其他与社会保险基金管理有关的资料；

（二）查阅被监督单位与社会保险基金有关的会计凭证、会计账簿、会计报表，以及其他与社会保险基金管理有关的资料；

（三）就监督事项向有关单位和个人进行调查，并取得有关证明材料；

（四）对被监督单位隐匿、伪造、变造会计凭证、会计账簿、会计报表以及其他与社会保险基金管理有关的资料的行为予以纠正或制止；

（五）对被监督单位转移、隐匿社会保险基金资产的行为予以纠正或制止；

（六）对被监督单位违反社会保险基金管理法律、法规的其他行为予以纠正或制止。

**第七条**　监督机构及其监督人员在履行职责时，应当忠于职守、秉公执法、清正廉洁、保守秘密。

**第八条**　监督机构实施监督时，应当由两名以上监督人员共同进行。

**第九条**　社会保险基金监督方式包括现场监督和非现场监督。监督机构应当制订年度监督计划。年度监督计划要明确现场监督的地区或单位的比例，并抄送同级财政、审计部门。

现场监督是指监督机构对被监督单位社会保险基金管理情况实施的实地检查。现场监督分为定期监督、不定期监督和按《社会保险基金监督举报工作管理办法》的规定受理的举报案件查处。

非现场监督是指监督机构对被监督单位报送的社会保险基金管理有关数据资料进行的检查、分析。非现场监督分为常规监督和专项监督。常规监督通过被监督单位按监督机构的要求定期报送有关数据进行；专项监督通过被监督单位按监督机构的要求报送专项数据进行。在非现场监督过程中发现被监督单位存在严重违法违纪问题的，应实施现场监督。

**第十条** 监督机构实施现场监督，依照下列程序进行：

（一）根据年度监督计划和工作需要确定监督项目及监督内容，制定监督方案，并在实施监督3日前通知被监督单位；

（二）检查被监督单位社会保险基金会计凭证、会计账簿、会计报表、统计报表，查阅与监督事项有关的文件、资料，检查现金、实物、有价证券，向被监督单位和有关个人调查取证，听取被监督单位有关社会保险基金管理情况的汇报；

（三）根据检查结果，写出监督报告，并送被监督单位征求意见。被监督单位应当在接到监督报告10日内提出书面意见。逾期未提出书面意见的，视同无异议。

**第十一条** 监督机构实施非现场监督，依照下列程序进行：

（一）根据监督计划及工作需要，确定非现场监督目的及监督内容，提出定期报送数据或专项报送数据的范围、格式、报送方式及时限，通知被监督单位；

（二）审核被监督单位报送的数据，对不符合要求的数据，应要求被监督单位补报或重新报送；

（三）分析被监督单位报送的数据，评估社会保险基金管理状况及存在的问题，写出监督报告。

**第十二条** 对现场监督或非现场监督中存在问题并需要改进的被监督单位，由劳动保障行政部门提出监督处理意见。

**第十三条** 监督机构对被监督单位执行监督处理意见的情况，有权进行检查。

**第十四条** 被监督单位有下列行为之一的，由监督机构责令改正；拒不改正的，由监督机构建议被监督单位行政主管部门对主要负责人和直接责任人给予行政处分；构成犯罪的，由司法机关依法追究刑事责任：

（一）拒绝、阻挠监督人员进行监督的；

（二）拒绝、拖延提供与监督事项有关资料的；

（三）隐匿、伪造、变造、毁弃会计凭证、会计账簿、会计报表以及其他与社会保险基金管理有关资料的；

（四）转移、隐匿社会保险基金资产的。

**第十五条** 被监督单位报复陷害监督人员的，由被监督单位行政主管部门对直接责任人给予行政处分；构成犯罪的，由司法机关依法追究刑事责任。

**第十六条** 监督人员滥用职权、徇私舞弊、玩忽职守的，由劳动保障行政部门给予行政处分；构成犯罪的，由司法机关依法追究刑事责任。

**第十七条** 本办法自发布之日起施行。

# 51　社会保险稽核办法

2003年2月9日经劳动和社会保障部第16次部务会议通过，
2003年2月27日中华人民共和国劳动和社会保障部令
第16号公布，自2003年4月1日起施行。

**第一条**　为了规范社会保险稽核工作，确保社会保险费应收尽收，维护参保人员的合法权益，根据《社会保险费征缴暂行条例》和国家有关规定，制定本办法。

**第二条**　本办法所称稽核是指社会保险经办机构依法对社会保险费缴纳情况和社会保险待遇领取情况进行的核查。

**第三条**　县级以上社会保险经办机构负责社会保险稽核工作。

县级以上社会保险经办机构的稽核部门具体承办社会保险稽核工作。

**第四条**　社会保险稽核人员应当具备以下条件：

（一）坚持原则，作风正派，公正廉洁；

（二）具备中专以上学历和财会、审计专业知识；

（三）熟悉社会保险业务及相关法律、法规，具备开展稽核工作的相应资格。

**第五条**　社会保险经办机构及社会保险稽核人员开展稽核工作，行使下列职权：

（一）要求被稽核单位提供用人情况、工资收入情况、财务报表、统计报表、缴费数据和相关账册、会计凭证等与缴纳社会保险费有关的情况和资料；

（二）可以记录、录音、录像、照相和复制与缴纳社会保险费有关的资料，对被稽核对象的参保情况和缴纳社会保险费等方面的情况进行调查、询问；

（三）要求被稽核对象提供与稽核事项有关的资料。

**第六条**　社会保险稽核人员承担下列义务：

（一）办理稽核事务应当实事求是，客观公正，不得利用工作之便谋取私利；

（二）保守被稽核单位的商业秘密以及个人隐私；

（三）为举报人保密。

**第七条**　社会保险稽核人员有下列情形之一的，应当自行回避：

（一）与被稽核单位负责人或者被稽核个人之间有亲属关系的；

（二）与被稽核单位或者稽核事项有经济利益关系的；

（三）与被稽核单位或者稽核事项有其他利害关系，可能影响稽核公正实施的。

被稽核对象有权以口头形式或者书面形式申请有前款规定情形之一的人员回避。

稽核人员的回避，由其所在的社会保险经办机构的负责人决定。对稽核人员的回避做出决定前，稽核人员不得停止实施稽核。

**第八条**　社会保险稽核采取日常稽核、重点稽核和举报稽核等方式进行。

社会保险经办机构应当制订日常稽核工作计划，根据工作计划定期实施日常稽核。

社会保险经办机构对特定的对象和内容应当进行重点稽核。

对于不按规定缴纳社会保险费的行为，任何单位和个人有权举报，社会保险经办机构应当及时受理举报并进行稽核。

**第九条** 社会保险缴费情况稽核内容包括：

（一）缴费单位和缴费个人申报的社会保险缴费人数、缴费基数是否符合国家规定；

（二）缴费单位和缴费个人是否按时足额缴纳社会保险费；

（三）欠缴社会保险费的单位和个人的补缴情况；

（四）国家规定的或者劳动保障行政部门交办的其他稽核事项。

**第十条** 社会保险经办机构对社会保险费缴纳情况按照下列程序实施稽核：

（一）提前3日将进行稽核的有关内容、要求、方法和需要准备的资料等事项通知被稽核对象，特殊情况下的稽核也可以不事先通知；

（二）应有两名以上稽核人员共同进行，出示执行公务的证件，并向被稽核对象说明身份；

（三）对稽核情况应做笔录，笔录应当由稽核人员和被稽核单位法定代表人（或法定代表人委托的代理人）签名或盖章，被稽核单位法定代表人拒不签名或盖章的，应注明拒签原因；

（四）对于经稽核未发现违反法规行为的被稽核对象，社会保险经办机构应当在稽核结束后5个工作日内书面告知其稽核结果；

（五）发现被稽核对象在缴纳社会保险费或按规定参加社会保险等方面，存在违反法规行为，要据实写出稽核意见书，并在稽核结束后10个工作日内送达被稽核对象。被稽核对象应在限定时间内予以改正。

**第十一条** 被稽核对象少报、瞒报缴费基数和缴费人数，社会保险经办机构应当责令其改正；拒不改正的，社会保险经办机构应当报请劳动保障行政部门依法处罚。

被稽核对象拒绝稽核或伪造、变造、故意毁灭有关账册、材料迟延缴纳社会保险费的，社会保险经办机构应当报请劳动保障行政部门依法处罚。

社会保险经办机构应定期向劳动保障行政部门报告社会保险稽核工作情况。劳动保障行政部门应将社会保险经办机构提请处理事项的结果及时通报社会保险经办机构。

**第十二条** 社会保险经办机构应当对参保个人领取社会保险待遇情况进行核查，发现社会保险待遇领取人丧失待遇领取资格后本人或他人继续领取待遇或以其他形式骗取社会保险待遇的，社会保险经办机构应当立即停止待遇的支付并责令退还；拒不退还的，由劳动保障行政部门依法处理，并可对其处以500元以上1 000元以下罚款；构成犯罪的，由司法机关依法追究刑事责任。

**第十三条** 社会保险经办机构工作人员在稽核工作中滥用职权、徇私舞弊、玩忽职守的，依法给予行政处分；构成犯罪的，依法追究刑事责任。

**第十四条** 本办法自2003年4月1日起施行。

# 52　社会保险业务档案管理规定（试行）

2009年7月23日中华人民共和国人力资源和社会保障部、
国家档案局令第3号公布，自2009年9月1日起施行。

**第一条**　为规范社会保险业务档案管理，维护社会保险业务档案真实、完整和安全，发挥档案的服务作用，根据《中华人民共和国档案法》和社会保险相关法规，制定本规定。

**第二条**　依法经办养老、医疗、失业、工伤、生育等社会保险业务的机构（以下简称社会保险经办机构），管理社会保险业务档案，适用本规定。

**第三条**　本规定所称社会保险业务档案，是指社会保险经办机构在办理社会保险业务过程中，直接形成的具有保存和利用价值的专业性文字材料、电子文档、图表、声像等不同载体的历史记录。

**第四条**　人力资源社会保障行政部门负责社会保险业务档案管理工作的组织领导。

社会保险经办机构负责社会保险业务档案的管理工作，并接受档案行政管理部门的业务指导。

社会保险业务档案由县级以上社会保险经办机构集中保存。

**第五条**　社会保险经办机构配备专门的管理人员和必要的设施、场所，确保档案的安全，并根据需要配备适应档案现代化管理要求的技术设备。

**第六条**　社会保险经办机构应当认真落实档案保管、保密、利用、移交、鉴定、销毁等管理要求，保证社会保险业务档案妥善保管、有序存放，严防毁损、遗失和泄密。

**第七条**　社会保险经办机构办理社会保险业务过程中形成的记录、证据、依据，按照《社会保险业务材料归档范围与保管期限》（见附件）进行收集、整理、立卷、归档，确保归档材料的完整、安全，不得伪造、篡改。

**第八条**　社会保险业务档案分类应当按照社会保险业务经办的规律和特点，以方便归档整理和检索利用为原则，采用“年度—业务环节”或“年度—险种—业务环节”的方法对社会保险业务材料进行分类、整理，并及时编制归档文件目录、卷内目录、案卷目录、备考表等。负责档案管理的机构应当对接收的档案材料及时进行检查、分类、整理、编号、入库保管，并及时编制索引目录。

**第九条**　社会保险业务档案的保管期限分为永久和定期两类。定期保管期限分为10年、30年、50年、100年，各种社会保险业务档案的具体保管期限按照《社会保险业务材料归档范围与保管期限》执行。

社会保险业务档案定期保管期限为最低保管期限。社会保险业务档案的保管期限，自形成之日的次年1月1日开始计算。

**第十条**　社会保险经办机构依法为参保单位和参保个人提供档案信息查询服务。

**第十一条**　社会保险经办机构应当对已到期的社会保险业务档案进行鉴定。

鉴定工作应当由社会保险经办机构相关负责人、业务人员和档案管理人员，以及人力资源社会保障行政部门有关人员组成鉴定小组负责鉴定并提出处理意见。

鉴定中如发现业务档案保管期限划分过短，有必要继续保存的，应当重新确定保管期限。

**第十二条** 社会保险经办机构对经过鉴定可以销毁的档案，编制销毁清册，报同级人力资源社会保障行政部门备案，经社会保险经办机构主要负责人批准后销毁。

未经鉴定和批准，不得销毁任何档案。

社会保险经办机构应当派两人以上监督销毁档案。监督人员要在销毁清册上签名，并注明销毁的方式和时间。销毁清册永久保存。

**第十三条** 社会保险经办机构按照有关规定，将永久保存的社会保险业务档案向同级国家综合档案馆移交。

**第十四条** 社会保险经办机构有下列行为之一的，限期改正，并对直接负责的工作人员、主管人员和其他直接责任人员依法给予处分；给参保单位或者个人造成损失的，依法承担赔偿责任：

（一）不按规定归档或者不按规定移交档案的；

（二）伪造、篡改、隐匿档案或者擅自销毁档案的；

（三）玩忽职守，造成档案遗失、毁损的；

（四）违规提供、抄录档案，泄露用人单位或者个人信息的；

（五）违反社会保险业务档案和国家档案法律、法规的其他行为。

**第十五条** 各类社会保险业务档案中涉及会计、电子文档等档案材料，国家有特别规定的，从其规定。

**第十六条** 本规定自2009年9月1日起施行。

**附件**

## 社会保险业务材料归档范围与保管期限

### 一、社会保险管理类

（一）参保单位登记材料。包括参保单位办理参保登记、变更登记、注销登记时填报的登记表单及相关审核材料……………………………………………………（永久）

（二）参保人员登记材料。包括缴费单位职工和退休人员，以家庭为单位或个人身份参加社会保险的城镇无业居民、农村居民、个体工商户、城镇灵活就业人员办理参保、社会保险关系变动、基本信息变更等登记手续时，填报的登记表单及相关审核材料……（100年）

（三）社会保险个人账户管理材料。包括养老、医疗保险个人账户对账、个人账户修改等相关材料……………………………………………………（100年）

（四）社会保险登记证管理材料。包括社会保险经办机构向参保单位核发社会保险登记证、对已核发的社会保险登记证验证换证、对遗失社会保险登记证的单位补证时的登记表单及相关审验材料……………………………………………………（10年）

（五）社会保险卡（证、手册）管理材料。为参保人员办理社会保险卡（证、手册）首发、补发、收回等管理的登记表单及相关材料 ……………………………………（50年）

（六）社会保险待遇领取资格验证材料。包括对享受社会保险待遇人员进行领取资格检查验证的相关审核材料 …………………………………………………………（50年）

（七）退休人员社会化管理服务材料。包括对实行社会化管理服务的退休人员进行信息采集、移交、日常管理服务的登记表单及相关材料 ……………………………………（50年）

（八）异地安置登记材料。包括异地安置应享受社会保险待遇人员和长期派驻异地工作的参保人员，办理安置地或派驻地享受各项社会保险待遇所填报的核定表、备案表及相关材料 ………………………………………………………………………………（50年）

（九）服务协议管理材料。包括与基金收付款协议银行、定点医疗机构、定点零售药店、工伤协议医疗康复机构、工伤协议辅助器具配置机构、网络通信运营商、附加保险承保单位等签订的协议书、考核材料、终止协议材料 ……………………………（10年）

**二、社会保险费征缴类**

（一）社会保险费征缴核定材料。包括缴费基数核定以及工伤费率确定、中断缴费、恢复缴费、补缴费、预（补）缴费、退费、加收滞纳金、加收利息等申报核定业务表单及相关审核材料 ……………………………………………………………………（100年）

（二）收款凭证、会计账簿、会计报表等，按《会计档案管理办法》确定保管期限。

（三）社会保险基金征缴明细表和汇总表 ………………………………………（50年）

（四）社会保险基金征缴年度汇总表 …………………………………………（永久）

（五）催缴材料。包括社会保险费补缴通知书、补缴协议 ……………………（10年）

（六）缴费证明材料。包括为缴费单位、缴费个人出具的缴费证明及相关材料……（10年）

**三、养老保险待遇类**

（一）养老保险待遇核定材料。参保人员基本养老金、养老金领取人员死亡后供养直系亲属及其抚恤金待遇、养老金领取人员丧葬费、养老保险其他一次性待遇核定、养老保险待遇调整、养老保险待遇更正、养老保险待遇补支付、养老保险待遇减支付等申报核定业务表单及相关审核材料 ……………………………………………………………（50年）

（二）养老保险个人账户一次性支付申报核定业务表单及相关审核材料………（50年）

（三）劳动能力鉴定材料。包括参保人员劳动能力鉴定结论通知书及相关文书和审核材料 ……………………………………………………………………………………（50年）

（四）养老保险付款凭证、会计账簿、会计报表等，按《会计档案管理办法》确定保管期限。

（五）养老保险支付明细表和汇总表 …………………………………………（30年）

（六）养老保险基金支付年度汇总表 …………………………………………（永久）

**四、医疗保险待遇类**

（一）门诊特殊病登记材料。包括门诊特殊病参保人员登记表单及相关审核材料 ………………………………………………………………………………（10年）

（二）就医登记材料。包括参保人员办理住院、家庭病床、转诊转院登记表单及相关审核材料 ……（10年）

（三）医疗保险住院待遇核定材料。包括住院医疗费用申报核定业务表单及相关审核材料 ……（10年）

（四）医疗保险门诊待遇核定材料。包括门诊医疗费用申报核定业务表单及相关审核材料 ……（10年）

（五）医疗保险付款凭证、会计账簿、会计报表等，按《会计档案管理办法》确定保管期限。

（六）医疗保险支付明细表和汇总表 ……（30年）

（七）医疗保险基金支付年度汇总表 ……（永久）

**五、失业保险待遇类**

（一）失业备案材料。包括失业保险待遇享受资格审查登记业务表单、失业人员名单及相关失业证明材料 ……（10年）

（二）失业人员失业保险关系转移材料。包括领取期限、待遇标准等相关材料 ……（10年）

（三）失业保险待遇核定材料。包括失业保险待遇申报核定业务表单及相关审核材料 ……（10年）

（四）促进就业补贴核定材料。包括失业人员职业培训、职业介绍补贴申报核定业务表单及相关材料 ……（10年）

（五）失业保险付款凭证、会计账簿、会计报表等，按《会计档案管理办法》确定保管期限。

（六）失业保险支付明细表和汇总表 ……（30年）

（七）失业保险基金支付年度汇总表 ……（永久）

**六、工伤保险待遇类**

（一）工伤备案材料。包括工伤事故备案登记表单及相关材料 ……（10年）

（二）工伤认定材料。包括工伤认定决定书及相关文书和审核材料 ……（50年）

（三）工伤人员登记变动材料。包括工伤职工登记、工伤保险信息变动登记表单及相关材料 ……（50年）

（四）工伤保险伤残工亡待遇核定材料。包括一次性伤残补助金、伤残津贴、生活护理费、一次性工亡补助金、工亡人员丧葬补助金、工亡人员供养直系亲属及其抚恤金等工伤保险待遇申报核定表单及相关材料 ……（50年）

（五）工伤保险医疗待遇核定材料。包括工伤人员因工伤发生的医疗、康复、配置辅助器具、劳动能力鉴定等费用申报核定业务表单及相关材料 ……（10年）

（六）工伤预防费用核定材料。包括参保单位工伤预防费用申报核定业务表单及相关材料 ……（10年）

（七）工伤保险付款凭证、会计账簿、会计报表等，按《会计档案管理办法》确定保管期限。

（八）工伤保险支付明细表和汇总表 ……（30年）

（九）工伤保险基金支付年度汇总表 ……………………………………………………（永久）

**七、生育保险待遇类**

（一）妊娠登记材料。包括女职工办理妊娠登记申报核定业务表单及相关材料……（10 年）

（二）并发症登记材料。包括计划生育手术并发症等申报核定业务表单及相关材料 ………………………………………………………………………………………（10 年）

（三）生育保险待遇核定材料。包括参保人员因生育、计划生育、治疗并发症发生的医疗费用及生育津贴等申报核定业务表单等相关审核材料 …………………………（10 年）

（四）生育保险付款凭证、会计账簿、会计报表等，按《会计档案管理办法》确定保管期限。

（五）生育保险支付明细表和汇总表…………………………………………………（30 年）

（六）生育保险基金支付年度汇总表 …………………………………………………（永久）

**八、社会保险业务统计报表类**

（一）各项社会保险年度统计报表 ……………………………………………………（永久）

（二）社会保险数据和分析报告等资料………………………………………………（30 年）

（三）社会保险业务月/季统计报表 …………………………………………………（10 年）

（四）各项社会保险基金年度预决算表按《会计档案管理办法》确定保管期限。

**九、社会保险稽核监管类**

（一）社会保险稽核材料。包括稽核方案、稽核通知书、工作记录、相关证据、稽核告知书或整改意见书、处罚建议书、稽核报告等专业文书及相关材料 ……………（30 年）

（二）社会保险监察材料。社会保险行政部门依照有关规定向社会保险经办机构通报的社会保险违法案件的查处情况及相关行政执法文书和其他材料 ……………………（30 年）

（三）社会保险经办机构内部控制材料。包括内部控制监督工作方案、内部控制检查通知、工作记录、相关证据、告知书或整改意见书、内部控制报告等专业文书及相关材料 ………………………………………………………………………………………（30 年）

（四）社会保险大案、要案、特殊案件的稽核材料 …………………………………（永久）

## 53　关于印发《社会保险经办机构内部控制暂行办法》的通知

劳社部发〔2007〕2 号

各省、自治区、直辖市劳动和社会保障厅（局）：

为了加强社会保险经办机构内部管理与监督，提高内控执行力，确保社会保险基金安全，我部制定了《社会保险经办机构内部控制暂行办法》（以下简称《内控办法》）。现印发给你们，并就贯彻执行《内控办法》提出如下意见：

一、充分认识加强社会保险经办机构内部控制工作的重要性和必要性。社会保险基金的安全，始终是党中央、国务院高度重视的一个问题，也是社会各界关注的焦点。社会保险基金的安全与否，关系到社会保险事业的发展和社会保险经办机构（以下简称“社会保险机构”）基金管理的主体地位，关系到广大参保人员的切身利益和生活，关系到社会和谐与稳定。为了确保社会保险基金的安全，近年来，一些地区劳动保障部门及社会保险机构结合当地实际，探索建立了社会保险内部控制制度，并积极开展工作，取得了一定成效。但是个别地区风险防范意识薄弱，制度不健全，管理不到位，甚至有章不循、有令不行、有禁不止，重要岗位用人失察，违规操作，致使侵害社会保险基金的事件时有发生。实践证明，切实加强社会保险内部控制工作，是确保社保基金安全的本质要求，也是规范经办业务、保证社会保险各项工作顺利开展的重要举措。各级劳动保障部门要高度重视，把加强内部控制作为一项管长远、固根本、保安全的基础性工作来抓，把提高内控执行力作为加强社会保险机构能力建设的重要内容，通过建章立制，确保社会保险基金安全。

二、建立健全内控机制。各地要坚持与时俱进，及时、系统地梳理已有的内控制度并不断加以完善，着力规范经办业务工作，完善财务管理制度，优化操作流程。要寓内控办法于业务操作流程之中，建立岗位之间、业务环节之间相互监督、相互制衡的机制。要明确岗位职责，建立责任追究制度，确保内控机制的有效运行。要充分运用信息化手段加强对经办业务工作的监督控制，有效堵塞社保基金“跑、冒、滴、漏”，切实提高管理水平。

三、进一步加强对内部控制工作的监督管理。各省（区、市）社会保险机构要结合本地实际，建立健全考评机制，加大监督检查，稽核部门要切实履行内部审计职责，每年要对本单位及所辖机构内部控制工作进行检查评估。各地要认真贯彻落实《关于进一步加强社会保险稽核工作的通知》（劳社部发〔2005〕4号）的要求，高度重视稽核队伍建设，大力完善稽核组织体系，确保内部审计工作的有效开展。各级社会保险机构主要领导要着力推动内控制度建设，贯彻执行内控制度的规定，严肃处理违反内控制度的机构和责任人，并在一定范围内予以通报，维护内控制度的严肃性，防止流于形式。

四、建立内控制度运行情况定期报告制度。从2007年起，各地要于每年12月底前将当年的内控工作总结报送我部社会保险事业管理中心。总结要全面反映年度内部审计工作情况，重点反映内控制度建设存在的问题和典型审计案例。各地要制定贯彻落实《内控办法》的具体实施细则，指定专人负责，并于2007年3月31日前将实施细则报送我部社会保险事业管理中心。对《内控办法》贯彻实施中发现的问题和修改完善建议，请及时向我部反映。

劳动和社会保障部

2007年1月18日

# 社会保险经办机构内部控制暂行办法

## 目　　录

第一章　总则/335
第二章　内部控制的内容/336
第三章　内部控制的管理与监督/337
第四章　附则/338

## 第一章　总　　则

**第一条**　为了加强社会保险经办机构（以下简称"社会保险机构"）内部管理与监督，防范和化解运行风险，规范社会保险管理服务工作，确保社会保险基金安全，根据《中华人民共和国劳动法》《中华人民共和国审计法》《社会保险费征缴暂行条例》《社会保险稽核办法》《关于内部审计工作的规定》《社会保险审计暂行规定》《内部审计基本准则》等法规制度，制定本办法。

**第二条**　本办法所称的内部控制是指各级社会保险机构对系统内部职能部门及其工作人员从事社会保险管理服务工作及业务行为进行规范、监控和评价的方法、程序、措施的总称。内部控制由组织机构控制、业务运行控制、基金财务控制、信息系统控制等组成。

**第三条**　办法适用于各级社会保险机构。

**第四条**　各级社会保险机构应建立健全内部控制制度，业务部门负责本业务环节的内部控制工作；稽核部门负责组织实施本地区、本部门管理范围内社会保险内部控制的监督检查工作。

上级社会保险机构对下级社会保险机构的内部控制工作进行指导、监督和检查。

**第五条**　内部控制建设的目标：在全系统内建立一个运作规范、管理科学、监控有效、考评严格的内部控制体系，对社会保险机构各项业务、各个环节进行全过程的监督，提高社会保险政策法规和各项规章制度的执行力，保证社会保险基金的安全完整，维护参保者的合法权益。

**第六条**　内部控制建设应遵循以下原则：

（一）合法性。内部控制的各项内容规范、统一，符合国家有关社会保险政策、法规的要求。

（二）完整性。各项业务管理行为都有相应的制度规定和监督制约。所有部门、岗位和人员，所有业务项目和操作环节都在内部控制的范围内。

（三）制衡性。从组织机构的设置上确保各部门和岗位权责分明、相互制约，通过有效的相互制衡措施消除内部控制中的盲点。

（四）有效性。在岗位、部门和单位三级内控管理模式的基础上，形成科学合理的内部控制决策机制、执行机制和监督机制。建立合理的内控程序，保障内控管理的有效执行。

（五）适应性。各项具体工作制度和流程都应与管理服务实际相结合，根据需要及时进行调整、修改和完善，适应社会保险管理服务的变化。

## 第二章　内部控制的内容

**第七条**　组织机构控制

（一）建立完善的组织决策控制制度。对内部机构、岗位设置、决策程序、法人授权等作出规定。

（二）建立科学的人事管理制度。对岗位设置与职责、人员调配与使用、干部培训、考核与奖惩作出规定。

（三）建立明确的领导授权控制制度。对授权范围、权力监督、定期轮岗、离任审计等内容作出规定。

（四）建立有效的内控考评制度。对业务风险控制情况的评价、违反内控规定的处罚等内容作出规定。

**第八条**　业务运行控制

（一）规范业务操作规程。按照社会保险有关政策和法规，规范参保登记管理、缴费核定、账户管理、待遇审核、待遇支付、社会化管理、基金财务管理、计划统计管理、稽核监督等业务环节的操作流程。

（二）建立业务审核制度。办理社会保险各项业务时应严格审核相关报表、凭证等资料的真实性、完整性和有效性，出具的相关资料和凭证应规范统一，数据的修改应有严格的审批制度和程序，同时进行登记备案。

（三）明确各业务环节的工作范围、责任。各部门、岗位的业务管理、操作人员都应在其职权范围内开展工作，不得超越所授权限。各项业务环节既独立操作，又相互衔接、相互制约，实行业务初审及复核制度。

（四）实行办事公开。社会保险政策、业务流程、办理时限和内容以及经办人等应公开透明。

（五）建立档案资料保管制度。社会保险业务的原始资料以及办理过程中涉及的相关资料按照档案管理规定及时留存、归档、立卷、保管。

**第九条**　基金财务控制

（一）依法进行基金财务管理和核算。基金财务管理严格按照国家的法律、法规、政策和社会保险基金财务会计制度，建立明确的会计操作规程，对财务处理的全过程实施监督。

（二）建立严密的会计控制系统。依法建账，按照不同险种分账核算，各险种之间、统筹基金与个人账户不得相互挤占。合理运用会计方法对发生的业务进行账务处理，记账依据的原始凭证、记账凭证合法有效，更正会计记录应履行必要的审批手续，并记录在案。

（三）建立分工明确的岗位责任制。财务会计部门应设立会计负责人（主管）、记账、复核、出纳和财务网管等岗位，明确各岗位的职责范围，财务收支审批实行分级授权，未经授权不得越岗代办。出纳员不得兼任稽核、会计档案保管和收入、支出、费用、债权债务账目的登录工作；财务印鉴、票据、空白凭证实行专人管理并有登记。会计人员轮岗或调离时，必须严格履行交接手续。

（四）建立合理的责任分离制度。货币、有价证券的保管与账务处理相分离；重要空白凭证的保管与使用相分离；资金收支的审批与具体业务办理相分离；资金受理发放或待遇支付与审查相分离；信息数据处理与业务办理及会计处理相分离。

（五）完善账务核对制度。对不同账务应定期核对，做到账证、账账、账表、账实相符。

**第十条**　信息系统控制

（一）严格按照劳动保障部有关社会保险信息系统建设的标准规范业务系统和数据库建设，制定明确的操作流程和管理制度。

（二）根据业务流程和业务系统功能划分各个部门和岗位的职能，明确业务操作人员和系统维护人员等各类人员的职责和使用权限，并建立相应的管理制度，明确数据操作所依据的有效凭证和必须履行的审批手续。

（三）建立数据录入、修改、访问、使用、保密、维护的权限管理制度，加强对信息系统数据的监控，建立数据远程备份机制，确保数据安全。

（四）建立有效的信息交流反馈制度。对业务数据等信息管理、交流和反馈作出明确规定，确保管理层及时了解各项业务的办理情况和综合数据。

（五）按照国家有关规定使用网络。对于涉密信息需要在网上传输的进行加密处理。加强网络和计算机病毒防护，确保网络安全。

（六）建立机房和相关设备的管理制度。做好防火、防尘、防水、防磁、防雷击等工作，落实定期维护、故障处理、安全值班和出入登记等制度，确保设备的正常运转。

## 第三章　内部控制的管理与监督

**第十一条**　稽核部门应履行内控的管理与监督职能，依照国家有关社会保险政策、法规以及法规性文件，制订内控检查年度及日常工作计划，报单位主要负责人批准后，定期或不定期地对内部控制体系的运行情况进行检查。同时，社会保险机构内控制度运行情况接受社会保险基金监督行政部门的监督。

**第十二条**　稽核部门在对内控制度运行情况的检查过程中可以查阅、复制有关文件资料，检查有关凭证、账簿以及其他相关资料和资产等，对检查事项有关问题进行调查，对违反内部控制制度的行为作出临时处理决定。

**第十三条**　稽核部门应按照内审程序进行检查，做好检查笔录。笔录由稽核人员和被检查部门负责人签字或盖章。对主要资料要进行复印并由被检查部门负责人签字或盖章。稽核部门应将检查结果定期进行公示。

**第十四条**　稽核部门应对内控制度运行的检查情况作出评价。对内部控制检查中发现的问题，及时报告主要领导，并提出整改建议。

**第十五条**　各部门、岗位和业务环节应建立责任人差错追究制度，强化内部监督制约。

**第十六条** 建立健全内控考评机制。内控考评工作由各省（区、市）统一组织，采取本级自评、上一级考评的形式进行。内控考评工作每年进行一次，考评时限为上年度。考评内容：

（一）单位领导是否重视内控建设。包括单位领导对内控建设的关注和要求，建立有利于控制风险的组织架构等内容。

（二）社会保险机构是否制定科学合理的内部控制制度，并按内部控制制度规定完善业务操作规程和岗位责任制。

（三）各项业务是否严格按照业务操作规程办理，岗位责任制是否落实，是否存在滥用职权、徇私舞弊、玩忽职守等行为。

（四）各项业务办理环节中的办理手续是否完备，相关凭证是否真实有效，数据录入是否完整准确，相关岗位之间的制约是否落实。

（五）基金的收支是否符合标准和规定；是否存在社会保险基金被贪污、挪用、截留等现象。

**第十七条** 建立奖惩制度。对内控工作好的社会保险机构和个人进行表扬和奖励。社会保险机构工作人员不遵守内部控制制度而造成不良后果的，应视情节轻重追究相应行政责任，并予以相应处罚；情节严重构成犯罪的，依法追究刑事责任。

## 第四章　附　　则

**第十八条** 各省（区、市）劳动保障行政部门可根据本办法，结合当地实际制定具体实施细则。

**第十九条** 本办法自发布之日起执行。

# 54　关于推进工伤保险市级统筹有关问题的通知

人社部发〔2010〕20号

各省、自治区、直辖市人力资源社会保障（劳动保障）厅（局），新疆生产建设兵团劳动保障局：

《工伤保险条例》实施以来，工伤保险覆盖范围不断扩大，参保人数快速增加，政策标准和管理服务逐步完善，工伤保险制度在维护职工权益、分散用人单位风险、促进社会和谐稳定方面日益发挥出重要作用。但由于多种原因，目前仍有相当一部分地区工伤保险实行县级统筹，统筹层次低，基金规模小，化解风险能力差，已成为制约工伤保险事业健康发展的突出问题之一。为落实《工伤保险条例》，加快推进工伤保险市级统筹工作，现就有关问题通知如下：

**一、充分认识建立工伤保险市级统筹工作的重要意义**

建立工伤保险市级统筹，是进一步贯彻落实《工伤保险条例》，完善工伤保险制度、推进工伤保险事业发展的需要。提高工伤保险统筹层次，扩大基金规模，有利于提高工伤保险基金抵御风险的能力，更安全、更有效地保障工伤职工权益；有利于进一步提高基金使用效率；有利于不断提高工伤保险保障水平，并统筹解决好老工伤等历史遗留问题；有利于加快推进预防、补偿、康复三位一体工伤保险制度体系建设，为工伤职工提供更全面、更周到的服务。各地要从深入贯彻落实科学发展观、保障民生的全局和推进工伤保险事业全面发展的高度，将提高统筹层次作为完善工伤保险制度的一项重要任务，加大工作力度，切实加快推进工伤保险市级统筹工作。

**二、进一步明确工伤保险市级统筹工作的重点**

建立工伤保险市级统筹，核心是实现工伤保险基金统筹，关键是基金在全市范围统筹调剂使用，基础是统一参保缴费办法、待遇支付等项政策标准和规范工伤认定、劳动能力鉴定、工伤预防、工伤医疗和工伤康复等项管理服务。

目前，尚未实现市级统筹的地区，应结合本地实际，明确工作重点。要统一参保范围和参保对象，按《工伤保险条例》和有关政策规定推进各类用人单位和职工参加工伤保险；统一行业差别费率标准，做好征缴工作；统一基金管理，实行全市基金收支预算管理制度，有条件的地区要实现基金统收统支，其他地区也要统一基金财务管理制度和使用办法，加大基金市级调剂力度，逐步实现全市范围内统一调度和使用基金；统一制定工伤认定和劳动能力鉴定办法，规范认定和鉴定程序；统一工伤保险待遇支付标准；统一经办流程和信息系统。

**三、切实抓好工伤保险市级统筹的组织实施工作**

实行工伤保险市级统筹是一项系统工程，各地要切实加强领导，密切配合，结合本地实际情况，制定推进工伤保险市级统筹的具体工作方案。要明确市、县（区）两级工伤保险机构职责划分，科学制定实行市级统筹的各项管理办法和工作程序，充分发挥市、县（区）两级工伤保险机构的作用，建立职责清晰、运行顺畅、服务便捷的工作机制，保障工作的顺利开展。要进一步加强基金征缴，规范基金管理，强化监督检查，确保工伤保险待遇及时足额支付，确保工伤保险基金安全。2010年底，在全国范围内基本实现工伤保险市级统筹。在推进市级统筹工作中，有条件的省份要建立省级调剂金制度。在实行市级统筹后，仍存在统筹地区基金平衡问题的省份，可以探索建立工伤保险省级统筹。通过工伤保险统筹层次的提高，使工伤保险制度进一步完善，工伤职工的权益得到更好的保障。

人力资源社会保障部

2010年3月15日

# 八、统 计 资 料

## 55　2008年度人力资源和社会保障事业发展统计公报（节选）

二、社会保障

（四）工伤保险

年末全国参加工伤保险人数为13 787万人，比上年末增加1 614万人。其中，参加工伤保险的农民工人数为4 942万人，比上年末增加962万人。全年认定工伤95万人，比上年增加19万人；全年评定伤残等级人数为38万人，比上年增加2万人。全年享受工伤保险待遇人数为118万人，比上年增加22万人。

全年工伤保险基金收入217亿元，支出127亿元，分别比上年增长30.900和44.40%。年末工伤保险基金累计结存335亿元，储备全结存50亿元。

## 56　2009年度人力资源和社会保障事业发展统计公报（节选）

二、社会保障

（四）工伤保险

年末全国参加工伤保险人数为14 896万人，比上年末增加1 109万人。其中，参加工伤保险的农民工人数为5 587万人，比上年末增加645万人。全年认定工伤95万人，比上年略有增加；全年评定伤残等级人数为39万人，比上年增加1万多人。全年享受工伤保险待遇人数为130万人，比上年增加12万人。

全年工伤保险基金收入240亿元，支出156亿元，分别比上年增长10.8%和22.7%。年末工伤保险基金累计结存404亿元，储备金结存65亿元。

## 57　2010年度人力资源和社会保障事业发展统计公报（节选）

二、社会保障

（四）工伤保险

年末全国参加工伤保险人数为 16 161 万人，比上年末增加 1 265 万人。其中，参加工伤保险的农民工人数为 6 300 万人，比上年末增加 713 万人。全年认定（视同）工伤 114.1 万人，比上年增加 18.8 万人；全年评定伤残等级人数为 41.9 万人，比上年增加 2.5 万人。全年享受工伤保险待遇人数为 147 万人，比上年增加 18 万人。

全年工伤保险基金收入 285 亿元，支出 192 亿元，分别比上年增长 18.7% 和 23.6%。年末工伤保险基金累计结存 479 亿元，储备金结存 82 亿元。

## 58　2011 年度人力资源和社会保障事业发展统计公报（节选）

**二、社会保障**

（四）工伤保险

年末全国参加工伤保险人数为 17 696 万人，比上年末增加 1 535 万人。其中，参加工伤保险的农民工人数为 6 828 万人，比上年末增加 528 万人。全年认定（视同）工伤 120.1 万人，比上年增加 6.1 万人；全年评定伤残等级人数为 51.0 万人，比上年增加 9.2 万人。全年享受工伤保险待遇人数为 163 万人，比上年增加 16 万人。

全年工伤保险基金收入 466 亿元，支出 286 亿元，分别比上年增长 63.7% 和 48.8%。年末工伤保险基金累计结存 642 亿元，储备金结存 101 亿元。

## 59　2012 年度人力资源和社会保障事业发展统计公报（节选）

**二、社会保障**

（四）工伤保险

年末全国参加工伤保险人数为 19 010 万人，比上年末增加 1 314 万人。其中，参加工伤保险的农民工人数为 7 179 万人，比上年末增加 352 万人。全年认定（视同）工伤 117.4 万人，比上年减少 2.8 万人；全年评定伤残等级人数为 51.3 万人，比上年增加 0.3 万人。全年享受工伤保险待遇人数为 191 万人，比上年增加 28 万人。

全年工伤保险基金收入 527 亿元，支出 406 亿元，分别比上年增长 12.9% 和 41.9%。年末工伤保险基金累计结存 737 亿元，储备金结存 125 亿元。

## 60　2013年度人力资源和社会保障事业发展统计公报（节选）

二、社会保障

（四）工伤保险

年末全国参加工伤保险人数为19 917万人，比上年末增加907万人。其中，参加工伤保险的农民工人数为7 263万人，比上年末增加84万人。全年认定（视同）工伤118.3万人，比上年增加0.9万人；全年评定伤残等级人数为51.2万人，比上年减少0.2万人。全年享受工伤保险待遇人数为195万人，比上年增加5万人。

全年工伤保险基金收入615亿元，支出482亿元，分别比上年增长16.7%和18.7%。年末工伤保险基金累计结存996亿元（含储备金168亿元）。

## 61　2014年度人力资源和社会保障事业发展统计公报（节选）

二、社会保障

（四）工伤保险

年末全国参加工伤保险人数为20 639万人，比上年末增加722万人。其中，参加工伤保险的农民工人数为7 362万人，比上年末增加98万人。全年认定（视同）工伤114.7万人，比上年减少3.7万人；全年评定伤残等级人数为55.8万人，比上年增加4.6万人。全年享受工伤保险待遇人数为198万人，比上年增加3万人。

全年工伤保险基金收入695亿元，支出560亿元，分别比上年增长13.0%和16.3%。年末工伤保险基金累计结存1 129亿元（含储备金190亿元）。

## 62　2015年度人力资源和社会保障事业发展统计公报（节选）

二、社会保障

（四）工伤保险

年末全国参加工伤保险人数为21 432万人，比上年末增加793万人。其中，参加工伤保险的农民工人数为7 489万人，比上年末增加127万人。全年认定（视同）工伤107.6万人，比上年减少 7. 1 万人。全年评定伤残等级人数为 54. 2 万人，比上年减少 1. 6 万人。全年享受工伤保险待遇人数为 202 万人，比上年增加 4 万人。

全年工伤保险基金收入 754 亿元，支出 599 亿元，分别比上年增长 8. 6% 和 6. 8%。年末工伤保险基金累计结存 1 285 亿元（含储备金 209 亿元）。

## 63　2016 年度人力资源和社会保障事业发展统计公报（节选）

**二、社会保障**

（四）工伤保险

年末全国参加工伤保险人数为 21 889 万人，比上年末增加 457 万人。其中，参加工伤保险的农民工人数为 7 510 万人，比上年末增加 21 万人。全年认定（视同）工伤 104 万人，比上年减少 4 万人。全年评定伤残等级人数为 53. 5 万人，比上年减少 0. 7 万人。全年享受工伤保险待遇人数为 196 万人，比上年减少 6 万人。

全年工伤保险基金收入 737 亿元，比上年下降 2. 3%，支出 610 亿元，比上年增长 1. 9%。年末工伤保险基金累计结存 1 411 亿元（含储备金 239 亿元）。

# 64 历年全国工伤保险基本情况

| 年份 | 年末参保人数（万人） | 全年享受工伤保险待遇人数（万人） | 基金收支情况（亿元） | | |
|---|---|---|---|---|---|
| | | | 基金收入 | 基金支出 | 累计结余 |
| 绝对数 | | | | | |
| 1993 | 1 103.5 | | 2.4 | 0.4 | 3.1 |
| 1994 | 1 822.1 | | 4.6 | 0.9 | 6.8 |
| 1995 | 2 614.8 | | 8.1 | 1.8 | 12.7 |
| 1996 | 3 102.6 | | 10.9 | 3.7 | 19.7 |
| 1997 | 3 507.8 | | 13.6 | 6.1 | 27.7 |
| 1998 | 3 781.3 | | 21.2 | 9.0 | 39.5 |
| 1999 | 3 912.3 | | 20.9 | 15.4 | 44.9 |
| 2000 | 4 350.3 | | 24.8 | 13.8 | 57.9 |
| 2001 | 4 345.3 | 18.7 | 28.3 | 16.5 | 68.9 |
| 2002 | 4 405.6 | 26.5 | 32.0 | 19.9 | 81.1 |
| 2003 | 4 574.8 | 32.9 | 37.6 | 27.1 | 91.2 |
| 2004 | 6 845.2 | 51.9 | 58.3 | 33.3 | 118.6 |
| 2005 | 8 477.8 | 65.1 | 92.5 | 47.5 | 163.5 |
| 2006 | 10 268.5 | 77.8 | 121.8 | 68.5 | 192.9 |
| 2007 | 12 173.4 | 96.0 | 165.6 | 87.9 | 262.6 |
| 2008 | 13 787.2 | 117.8 | 216.7 | 126.9 | 384.6 |
| 2009 | 14 895.5 | 129.6 | 240.1 | 155.7 | 468.8 |
| 2010 | 16 160.7 | 147.5 | 284.9 | 192.4 | 561.4 |
| 2011 | 17 695.9 | 163.0 | 466.4 | 286.4 | 742.6 |
| 2012 | 19 010.1 | 190.5 | 526.7 | 406.3 | 861.9 |
| 2013 | 19 917.2 | 195.2 | 614.8 | 482.1 | 996.2 |
| 2014 | 20 639.2 | 198.2 | 694.8 | 560.5 | 1 128.8 |
| 2015 | 21 432.5 | 201.9 | 754.2 | 598.7 | 1 285.3 |
| 2016 | 21 889.3 | 196.0 | 736.9 | 610.3 | 1 410.9 |

续表

| 年份 | 年末参保人数（万人） | 全年享受工伤保险待遇人数（万人） | 基金收支情况（亿元） | | |
|---|---|---|---|---|---|
| | | | 基金收入 | 基金支出 | 累计结余 |
| 比上年增长（%） | | | | | |
| 1994 | 65.1 | | 90.4 | 127.4 | 118.1 |
| 1995 | 43.5 | | 77.5 | 92.4 | 87.3 |
| 1996 | 18.7 | | 34.7 | 104.1 | 55.8 |
| 1997 | 13.1 | | 24.6 | 64.5 | 40.1 |
| 1998 | 7.8 | | 55.9 | 48.6 | 42.9 |
| 1999 | 3.5 | | -1.3 | 70.5 | 13.6 |
| 2000 | 11.2 | | 18.7 | -10.5 | 28.8 |
| 2001 | -0.1 | -0.6 | 14.2 | 19.5 | 19.1 |
| 2002 | 1.4 | 41.7 | 13.2 | 20.6 | 17.7 |
| 2003 | 3.8 | 24.2 | 17.4 | 36.2 | 12.5 |
| 2004 | 49.6 | 57.8 | 55.1 | 22.9 | 30.0 |
| 2005 | 23.9 | 25.4 | 58.7 | 42.6 | 37.9 |
| 2006 | 21.1 | 19.5 | 31.7 | 44.2 | 18.0 |
| 2007 | 18.6 | 23.4 | 36.0 | 28.3 | 36.1 |
| 2008 | 13.3 | 22.7 | 30.9 | 44.4 | 27.6 |
| 2009 | 8.0 | 10.0 | 10.8 | 22.7 | 21.9 |
| 2010 | 8.5 | 13.8 | 18.7 | 23.6 | 19.8 |
| 2011 | 9.5 | 10.6 | 63.7 | 48.8 | 32.3 |
| 2012 | 7.4 | 16.9 | 12.9 | 41.9 | 16.1 |
| 2013 | 4.8 | 2.4 | 16.7 | 18.7 | 15.6 |
| 2014 | 3.6 | 1.5 | 13.0 | 16.3 | 13.3 |
| 2015 | 3.8 | 1.9 | 8.6 | 6.8 | 13.9 |
| 2016 | 2.1 | -2.9 | -2.3 | 1.9 | 9.8 |

# 65 历年各地区工伤保险基本情况

单位：万人

| 地区 | 2001 | | 2002 | | 2003 | | 2004 | |
|---|---|---|---|---|---|---|---|---|
| | 年末参保人数 | 享受工伤保险待遇人数 | 年末参保人数 | 享受工伤保险待遇人数 | 年末参保人数 | 享受工伤保险待遇人数 | 年末参保人数 | 享受工伤保险待遇人数 |
| 全国 | 4 345 | 19 | 4 406 | 27 | 4 575 | 33 | 6 845 | 52 |
| 北京 | 204.7 | 0.1 | 221.1 | 0.7 | 242.9 | 1.2 | 258.9 | 2.5 |
| 天津 | | | | | | | 147.2 | 0.1 |
| 河北 | 163.1 | 0.8 | 146.7 | 0.4 | 145.7 | 0.4 | 273.9 | 0.9 |
| 山西 | 71.8 | | 46.3 | 0.1 | 48.4 | | 104.0 | 0.1 |
| 内蒙古 | 26.7 | 0.5 | 23.8 | 0.2 | 31.8 | 0.3 | 85.0 | 0.5 |
| 辽宁 | 390.6 | 5.0 | 390.5 | 6.0 | 345.8 | 7.3 | 404.2 | 8.2 |
| 吉林 | 30.7 | 1.1 | 36.6 | 1.5 | 37.1 | 1.2 | 114.3 | 3.1 |
| 黑龙江 | 104.4 | 0.1 | 119.0 | 0.9 | 130.9 | 1.1 | 202.7 | 4.3 |
| 上海 | | | | | | | 488.3 | 0.1 |
| 江苏 | 473.9 | 0.7 | 480.0 | 1.3 | 503.0 | 1.7 | 577.2 | 2.7 |
| 浙江 | 219.7 | 0.6 | 226.0 | 1.0 | 287.7 | 1.4 | 360.4 | 2.7 |
| 安徽 | 73.4 | 0.2 | 69.8 | 0.3 | 68.0 | 0.4 | 102.0 | 0.5 |
| 福建 | 159.0 | 0.2 | 170.7 | 0.3 | 172.3 | 0.6 | 205.4 | 0.8 |
| 江西 | 137.8 | 0.2 | 129.3 | 0.2 | 129.7 | 0.3 | 134.7 | 0.4 |
| 山东 | 285.5 | 0.6 | 277.7 | 1.1 | 281.8 | 1.5 | 476.7 | 4.7 |
| 河南 | 196.0 | 0.5 | 218.8 | 0.7 | 210.6 | 0.5 | 324.7 | 1.1 |
| 湖北 | 182.3 | 1.3 | 183.2 | 1.7 | 189.2 | 1.4 | 187.2 | 1.8 |
| 湖南 | | | | | 8.6 | | 203.3 | 0.3 |
| 广东 | 990.1 | 5.2 | 1 049.9 | 8.0 | 1 120.0 | 9.7 | 1 215.1 | 11.3 |
| 广西 | 124.1 | 0.1 | 117.3 | 0.2 | 120.3 | 0.3 | 133.5 | 0.7 |
| 海南 | 69.5 | | 68.9 | 0.1 | 68.2 | 0.1 | 64.5 | 0.1 |
| 重庆 | 25.0 | 0.1 | 29.7 | 0.1 | 26.5 | 0.2 | 122.6 | 0.4 |
| 四川 | 179.3 | 0.5 | 167.4 | 0.6 | 161.4 | 1.2 | 195.6 | 1.6 |
| 贵州 | 1.7 | | 1.3 | | 1.3 | | 1.2 | |
| 云南 | 97.3 | 0.6 | 89.0 | 0.9 | 84.1 | 1.2 | 150.9 | 1.1 |
| 西藏 | | | | | | | | |
| 陕西 | 24.5 | 0.1 | 25.6 | | 35.1 | 0.1 | 115.1 | 0.7 |
| 甘肃 | 9.5 | | 8.7 | | 8.0 | | 42.0 | 0.1 |
| 青海 | 7.1 | | 6.6 | | 6.6 | | 15.7 | 0.1 |
| 宁夏 | 11.4 | | 16.0 | | 15.2 | 0.1 | 19.1 | 0.3 |
| 新疆 | 86.3 | 0.1 | 86.0 | 0.1 | 94.6 | 0.5 | 119.5 | 0.7 |

续表

| 地区 | 2005 | | 2006 | | 2007 | | 2008 | |
|---|---|---|---|---|---|---|---|---|
| | 年末参保人数 | 享受工伤保险待遇人数 | 年末参保人数 | 享受工伤保险待遇人数 | 年末参保人数 | 享受工伤保险待遇人数 | 年末参保人数 | 享受工伤保险待遇人数 |
| 全国 | 8 478 | 65 | 10 268 | 78 | 12 173 | 96 | 13 787 | 118 |
| 北京 | 303.9 | 3.0 | 465.3 | 1.5 | 609.2 | 1.6 | 666.5 | 1.8 |
| 天津 | 162.9 | 0.9 | 209.7 | 1.7 | 257.2 | 2.3 | 274.9 | 2.7 |
| 河北 | 361.4 | 1.3 | 402.4 | 2.4 | 481.3 | 6.0 | 520.8 | 5.3 |
| 山西 | 151.4 | 0.5 | 201.4 | 3.3 | 229.1 | 3.9 | 261.0 | 4.6 |
| 内蒙古 | 110.2 | 0.7 | 131.6 | 0.8 | 163.6 | 1.3 | 185.4 | 1.4 |
| 辽宁 | 474.6 | 9.1 | 510.0 | 8.5 | 572.3 | 9.1 | 659.6 | 8.5 |
| 吉林 | 136.7 | 2.2 | 174.7 | 3.0 | 206.8 | 2.6 | 234.9 | 4.1 |
| 黑龙江 | 257.5 | 3.8 | 303.0 | 3.9 | 351.7 | 4.9 | 390.9 | 4.5 |
| 上海 | 523.7 | 0.5 | 817.7 | 0.7 | 884.4 | 0.9 | 950.4 | 1.2 |
| 江苏 | 680.2 | 3.7 | 812.7 | 5.6 | 921.0 | 6.6 | 1 056.6 | 8.4 |
| 浙江 | 453.1 | 4.8 | 603.9 | 7.4 | 1 002.9 | 11.2 | 1 261.8 | 16.9 |
| 安徽 | 148.2 | 1.7 | 200.2 | 2.0 | 248.7 | 2.2 | 292.9 | 2.9 |
| 福建 | 239.1 | 1.3 | 261.0 | 1.5 | 294.8 | 1.9 | 346.1 | 2.2 |
| 江西 | 153.6 | 0.8 | 207.9 | 1.5 | 251.3 | 1.7 | 313.6 | 2.0 |
| 山东 | 578.7 | 5.7 | 647.3 | 5.8 | 745.0 | 7.0 | 865.0 | 8.8 |
| 河南 | 404.0 | 1.5 | 421.0 | 1.7 | 448.3 | 2.6 | 500.2 | 3.1 |
| 湖北 | 230.3 | 1.1 | 275.5 | 1.5 | 327.5 | 2.0 | 360.9 | 2.4 |
| 湖南 | 228.2 | 0.7 | 280.1 | 2.0 | 342.4 | 2.6 | 403.5 | 3.9 |
| 广东 | 1 605.1 | 12.9 | 1 868.2 | 13.5 | 2 113.9 | 13.8 | 2 302.3 | 15.2 |
| 广西 | 144.4 | 0.8 | 161.1 | 0.8 | 182.4 | 0.9 | 204.9 | 1.1 |
| 海南 | 68.9 | 0.1 | 71.5 | 0.2 | 78.4 | 0.2 | 86.1 | 0.2 |
| 重庆 | 154.1 | 1.2 | 165.4 | 1.8 | 181.1 | 1.6 | 208.2 | 4.2 |
| 四川 | 270.5 | 2.0 | 304.9 | 2.3 | 397.3 | 3.2 | 464.6 | 4.6 |
| 贵州 | 65.8 | 0.1 | 90.5 | 0.6 | 110.5 | 0.9 | 129.0 | 1.1 |
| 云南 | 166.9 | 1.2 | 173.8 | 1.1 | 188.5 | 1.6 | 202.5 | 2.3 |
| 西藏 | 1.9 | | 2.3 | | 3.7 | | 5.9 | |
| 陕西 | 149.2 | 1.8 | 210.3 | 0.7 | 232.0 | 1.0 | 247.6 | 1.4 |
| 甘肃 | 70.1 | 0.4 | 86.3 | 0.3 | 98.2 | 0.4 | 108.9 | 0.8 |
| 青海 | 20.5 | 0.3 | 23.1 | 0.4 | 25.3 | 0.4 | 29.9 | 0.5 |
| 宁夏 | 23.5 | 0.3 | 24.2 | 0.3 | 30.5 | 0.1 | 37.5 | 0.2 |
| 新疆 | 139.1 | 0.9 | 161.3 | 1.2 | 194.1 | 1.4 | 214.5 | 1.6 |

续表

| 地区 | 2009 | | 2010 | | 2011 | | 2012 | |
|---|---|---|---|---|---|---|---|---|
| | 年末参保人数 | 享受工伤保险待遇人数 | 年末参保人数 | 享受工伤保险待遇人数 | 年末参保人数 | 享受工伤保险待遇人数 | 年末参保人数 | 享受工伤保险待遇人数 |
| 全国 | 14 896 | 130 | 16 161 | 147 | 17 696 | 163 | 19 010 | 191 |
| 北京 | 747.1 | 4.1 | 823.8 | 4.4 | 862.4 | 4.7 | 897.2 | 4.8 |
| 天津 | 292.2 | 3.1 | 304.5 | 4.1 | 320.4 | 3.8 | 330.1 | 3.4 |
| 河北 | 559.3 | 6.0 | 594.4 | 7.5 | 640.4 | 8.6 | 694.8 | 9.1 |
| 山西 | 280.7 | 4.3 | 292.4 | 4.9 | 337.6 | 5.5 | 529.6 | 8.4 |
| 内蒙古 | 199.1 | 1.6 | 207.5 | 1.8 | 225.3 | 3.2 | 248.9 | 2.5 |
| 辽宁 | 695.8 | 9.0 | 730.0 | 10.0 | 779.1 | 11.3 | 819.1 | 14.0 |
| 吉林 | 272.2 | 3.0 | 300.5 | 3.7 | 331.6 | 3.3 | 359.4 | 4.2 |
| 黑龙江 | 401.8 | 5.6 | 415.1 | 6.2 | 450.0 | 8.2 | 470.6 | 6.8 |
| 上海 | 934.0 | 1.3 | 961.0 | 1.7 | 939.5 | 2.5 | 898.9 | 6.1 |
| 江苏 | 1 118.1 | 9.3 | 1 205.5 | 9.8 | 1 327.0 | 10.7 | 1 420.7 | 12.3 |
| 浙江 | 1 331.1 | 18.0 | 1 475.1 | 20.2 | 1 610.8 | 22.2 | 1 731.7 | 23.8 |
| 安徽 | 320.6 | 3.9 | 351.1 | 4.4 | 422.0 | 5.6 | 457.9 | 8.8 |
| 福建 | 379.3 | 2.3 | 417.7 | 2.4 | 496.9 | 2.8 | 540.9 | 3.4 |
| 江西 | 340.2 | 1.9 | 371.7 | 2.7 | 387.9 | 3.0 | 410.9 | 5.5 |
| 山东 | 1 064.6 | 9.2 | 1 211.2 | 10.2 | 1 276.1 | 10.8 | 1 339.6 | 11.9 |
| 河南 | 521.0 | 3.2 | 551.7 | 3.0 | 655.5 | 3.5 | 720.6 | 4.8 |
| 湖北 | 410.7 | 2.7 | 444.0 | 3.1 | 481.0 | 4.5 | 522.6 | 4.0 |
| 湖南 | 472.1 | 5.3 | 516.0 | 7.4 | 635.5 | 7.0 | 693.8 | 7.8 |
| 广东 | 2 435.5 | 15.0 | 2 657.8 | 14.7 | 2 847.8 | 15.4 | 2 962.8 | 16.7 |
| 广西 | 221.7 | 1.2 | 235.7 | 1.4 | 272.5 | 1.5 | 312.4 | 1.8 |
| 海南 | 90.1 | 0.3 | 95.8 | 0.3 | 104.0 | 0.3 | 119.5 | 0.4 |
| 重庆 | 226.5 | 4.7 | 266.0 | 5.6 | 337.1 | 6.2 | 374.9 | 8.0 |
| 四川 | 515.8 | 6.1 | 583.8 | 6.0 | 650.8 | 6.5 | 689.4 | 8.0 |
| 贵州 | 143.3 | 1.4 | 162.2 | 1.9 | 194.0 | 2.2 | 238.2 | 2.7 |
| 云南 | 215.1 | 2.4 | 227.4 | 4.6 | 243.4 | 3.6 | 295.3 | 4.0 |
| 西藏 | 8.3 | | 8.8 | | 11.8 | | 14.2 | 0.1 |
| 陕西 | 264.9 | 1.4 | 278.6 | 1.6 | 326.8 | 1.9 | 350.4 | 2.2 |
| 甘肃 | 119.7 | 0.8 | 130.1 | 1.1 | 150.2 | 1.4 | 158.5 | 1.8 |
| 青海 | 40.1 | 0.5 | 43.2 | 0.5 | 45.6 | 0.5 | 49.2 | 0.6 |
| 宁夏 | 42.4 | 0.2 | 48.9 | 0.3 | 58.3 | 0.3 | 63.9 | 0.4 |
| 新疆 | 232.3 | 1.9 | 249.3 | 2.0 | 274.6 | 2.0 | 294.1 | 2.4 |

续表

| 地区 | 2013 | | 2014 | | 2015 | | 2016 | |
|---|---|---|---|---|---|---|---|---|
| | 年末参保人数 | 享受工伤保险待遇人数 | 年末参保人数 | 享受工伤保险待遇人数 | 年末参保人数 | 享受工伤保险待遇人数 | 年末参保人数 | 享受工伤保险待遇人数 |
| 全国 | 19 917 | 195 | 20 639 | 198 | 21 432 | 202 | 21 889 | 196 |
| 北京 | 920.3 | 4.8 | 961.0 | 5.0 | 1 020.1 | 4.7 | 1 060.2 | 4.6 |
| 天津 | 335.1 | 3.3 | 345.2 | 3.3 | 385.6 | 3.4 | 388.1 | 3.4 |
| 河北 | 737.0 | 10.5 | 778.7 | 10.4 | 809.7 | 9.6 | 840.0 | 9.8 |
| 山西 | 550.0 | 9.7 | 563.1 | 11.1 | 573.1 | 10.1 | 576.0 | 11.4 |
| 内蒙古 | 277.4 | 2.2 | 289.9 | 2.3 | 297.1 | 2.4 | 303.2 | 2.7 |
| 辽宁 | 856.7 | 13.2 | 903.1 | 13.2 | 918.6 | 13.8 | 886.6 | 13.8 |
| 吉林 | 392.1 | 5.3 | 415.6 | 4.6 | 435.6 | 11.3 | 440.7 | 4.9 |
| 黑龙江 | 493.1 | 7.2 | 505.5 | 6.3 | 512.0 | 6.5 | 522.2 | 6.5 |
| 上海 | 904.1 | 6.6 | 920.5 | 6.9 | 932.9 | 7.0 | 943.5 | 6.5 |
| 江苏 | 1 487.3 | 13.6 | 1 540.1 | 14.3 | 1 594.1 | 14.7 | 1 633.9 | 15.1 |
| 浙江 | 1 826.1 | 22.6 | 1 899.4 | 22.6 | 1 930.1 | 20.4 | 1 880.7 | 18.7 |
| 安徽 | 473.2 | 8.1 | 508.3 | 8.3 | 528.9 | 8.3 | 544.6 | 8.7 |
| 福建 | 607.5 | 3.5 | 627.3 | 3.9 | 691.0 | 3.9 | 733.8 | 4.2 |
| 江西 | 431.5 | 4.5 | 461.2 | 4.7 | 500.6 | 4.6 | 502.1 | 4.5 |
| 山东 | 1 371.9 | 11.2 | 1 421.5 | 11.8 | 1 473.5 | 11.1 | 1 510.9 | 11.1 |
| 河南 | 773.1 | 4.6 | 805.7 | 4.6 | 856.7 | 5.0 | 877.0 | 4.8 |
| 湖北 | 556.9 | 5.7 | 576.7 | 4.9 | 640.1 | 4.9 | 651.1 | 7.9 |
| 湖南 | 731.2 | 8.3 | 747.9 | 8.7 | 778.0 | 9.3 | 773.3 | 11.1 |
| 广东 | 3 057.3 | 16.7 | 3 092.6 | 17.1 | 3 122.7 | 16.8 | 3 246.2 | 14.5 |
| 广西 | 325.6 | 1.9 | 338.2 | 1.8 | 360.5 | 1.9 | 374.1 | 1.8 |
| 海南 | 123.4 | 0.3 | 126.1 | 0.3 | 131.5 | 0.3 | 137.4 | 0.3 |
| 重庆 | 406.8 | 8.0 | 426.1 | 8.1 | 428.5 | 7.5 | 454.9 | 7.0 |
| 四川 | 690.1 | 8.3 | 709.7 | 8.6 | 753.2 | 7.9 | 799.1 | 7.6 |
| 贵州 | 260.4 | 2.3 | 275.4 | 2.3 | 290.2 | 2.8 | 305.0 | 2.5 |
| 云南 | 334.3 | 4.4 | 341.7 | 4.0 | 368.1 | 4.3 | 372.8 | 3.7 |
| 西藏 | 14.8 | | 24.3 | 0.1 | 26.9 | 0.1 | 26.9 | 0.1 |
| 陕西 | 378.1 | 3.0 | 404.0 | 2.9 | 427.3 | 3.0 | 441.6 | 3.0 |
| 甘肃 | 167.7 | 1.8 | 175.1 | 2.2 | 182.6 | 2.3 | 188.4 | 2.5 |
| 青海 | 52.3 | 0.6 | 54.7 | 0.6 | 58.0 | 0.5 | 59.8 | 0.5 |
| 宁夏 | 72.7 | 0.5 | 82.2 | 0.5 | 80.8 | 0.6 | 83.5 | 0.5 |
| 新疆 | 309.5 | 2.5 | 318.2 | 2.8 | 324.4 | 2.9 | 331.9 | 2.4 |

## 66 2008年各地区工伤保险基本情况

单位：人

| 地区 | 参保人数 | 享受伤残待遇人数 | 一至四级 | 五至六级 | 七至十级 | 其他 | 享受职业病待遇人数 | 一至四级 | 五至六级 | 七至十级 | 其他 | 基金收入（亿元） | 基金支出（亿元） | 累计结余（亿元） |
|---|---|---|---|---|---|---|---|---|---|---|---|---|---|---|
| 全国 | 137 872 324 | 1 011 440 | 124 143 | 59 055 | 276 950 | 551 292 | 62 948 | 30 155 | 8 353 | 9 357 | 15 083 | 216.7 | 126.9 | 384.6 |
| 北京 | 6 665 490 | 10 642 | 2 673 | 448 | 5 569 | 1 952 | 1 118 | 429 | 235 | 420 | 34 | 11.2 | 7.1 | 12.7 |
| 天津 | 2 748 974 | 25 249 | 7 024 | 1 468 | 4 445 | 12 312 | 4 673 | 3 896 | 590 | 163 | 24 | 4.4 | 2.6 | 8.6 |
| 河北 | 5 208 351 | 41 172 | 5 045 | 2 532 | 9 062 | 24 533 | 912 | 615 | 139 | 106 | 52 | 10.6 | 7.7 | 13.4 |
| 山西 | 2 609 885 | 25 091 | 11 135 | 946 | 3 980 | 9 030 | 529 | 373 | 43 | 29 | 84 | 9.8 | 6.4 | 11.5 |
| 内蒙古 | 1 853 865 | 12 788 | 1 796 | 2 130 | 3 368 | 5 494 | 1 754 | 524 | 292 | 196 | 742 | 3.6 | 1.9 | 3.9 |
| 辽宁 | 6 596 259 | 73 187 | 19 501 | 11 845 | 29 630 | 12 211 | 9 797 | 5 045 | 948 | 281 | 3 523 | 10.8 | 6.8 | 14.1 |
| 吉林 | 2 349 398 | 38 340 | 14 699 | 6 056 | 13 708 | 3 877 | 5 219 | 2 616 | 1 028 | 510 | 1 065 | 3.1 | 2.2 | 3.5 |
| 黑龙江 | 3 908 708 | 37 403 | 6 066 | 6 856 | 14 919 | 9 562 | 4 608 | 1 199 | 1 482 | 803 | 1 124 | 8.6 | 6.1 | 8.2 |
| 上海 | 9 503 840 | 10 076 | 1 775 | 223 | 8 071 | 7 | 570 | 462 | 35 | 73 |  | 9.8 | 3.6 | 23.1 |
| 江苏 | 10 566 233 | 75 179 | 13 924 | 1 515 | 19 801 | 39 939 | 3 677 | 2 768 | 94 | 403 | 412 | 16.1 | 9.8 | 26.7 |
| 浙江 | 12 618 398 | 165 879 | 1 552 | 1 173 | 22 729 | 140 425 | 730 | 505 | 12 | 37 | 176 | 14.1 | 8.7 | 23.3 |
| 安徽 | 2 928 970 | 24 741 | 520 | 416 | 7 394 | 16 411 | 142 | 15 | 4 | 2 | 121 | 4.5 | 2.1 | 6.8 |
| 福建 | 3 461 131 | 20 168 | 823 | 376 | 4 310 | 14 659 | 1 783 | 243 | 31 | 631 | 878 | 5.1 | 1.9 | 16.8 |
| 江西 | 3 136 216 | 14 497 | 1 936 | 1 082 | 2 992 | 8 487 | 1 707 | 603 | 193 | 420 | 491 | 2.1 | 1.1 | 5.6 |
| 山东 | 8 649 532 | 70 590 | 8 816 | 4 285 | 21 369 | 36 120 | 8 512 | 3 323 | 865 | 1 793 | 2 531 | 13.3 | 8.7 | 16.4 |

续表

| 地区 | 参保人数 | 享受伤残待遇人数 | 一至四级 | 五至六级 | 七至十级 | 其他 | 享受职业病待遇人数 | 一至四级 | 五至六级 | 七至十级 | 其他 | 基金收入（亿元） | 基金支出（亿元） | 累计结余（亿元） |
|---|---|---|---|---|---|---|---|---|---|---|---|---|---|---|
| 河南 | 5 002 270 | 24 125 | 2 617 | 857 | 3 835 | 16 816 | 890 | 277 | 34 | 22 | 557 | 7.6 | 4.3 | 12.7 |
| 湖北 | 3 608 993 | 21 855 | 2 983 | 2 358 | 6 875 | 9 639 | 744 | 352 | 163 | 203 | 26 | 3.5 | 1.7 | 6.3 |
| 湖南 | 4 035 259 | 34 794 | 1 035 | 909 | 4 647 | 28 203 | 568 | 136 | 48 | 167 | 217 | 7.2 | 4.9 | 9.8 |
| 广东 | 23 023 379 | 141 874 | 1 264 | 7 240 | 50 989 | 82 381 | 273 | 31 | 7 | 70 | 165 | 35.9 | 15.3 | 104.7 |
| 广西 | 2 048 996 | 7 409 | 729 | 552 | 1 145 | 4 983 | 939 | 114 | 188 | 18 | 619 | 2.8 | 1.1 | 8.6 |
| 海南 | 861 211 | 2 027 | 100 | 69 | 118 | 1 740 | 67 | 10 | 16 | 17 | 24 | 1.0 | 0.5 | 3.2 |
| 重庆 | 2 082 421 | 37 208 | 1 244 | 468 | 9 380 | 26 116 | 1 944 | 641 | 51 | 1 010 | 242 | 4.4 | 3.7 | 1.5 |
| 四川 | 4 645 834 | 33 521 | 6 771 | 2 113 | 11 505 | 13 132 | 5 356 | 2 526 | 945 | 1 047 | 838 | 8.2 | 8.4 | 12.8 |
| 贵州 | 1 290 167 | 10 044 | 500 | 483 | 3 074 | 5 987 | 31 | 10 | 2 | 1 | 18 | 3.5 | 1.9 | 4.7 |
| 云南 | 2 024 748 | 19 414 | 2 901 | 633 | 2 714 | 13 166 | 2 559 | 965 | 479 | 419 | 696 | 3.6 | 2.2 | 7.1 |
| 西藏 | 59 292 | 22 | 2 | 3 | 4 | 13 |  |  |  |  |  | 0.1 | 0.0 | 0.2 |
| 陕西 | 2 476 091 | 10 877 | 961 | 771 | 4 423 | 4 722 | 1 017 | 347 | 129 | 290 | 251 | 4.3 | 1.9 | 5.6 |
| 甘肃 | 1 088 793 | 6 090 | 556 | 355 | 1 149 | 4 030 | 169 | 72 | 4 | 8 | 85 | 1.9 | 0.9 | 3.8 |
| 青海 | 299 290 | 2 654 | 998 | 116 | 438 | 1 102 | 311 | 191 | 47 | 27 | 46 | 1.1 | 0.6 | 1.7 |
| 宁夏 | 375 236 | 1 865 | 226 | 130 | 607 | 902 | 136 | 39 | 53 | 44 |  | 1.0 | 1.0 | 0.5 |
| 新疆 | 2 145 094 | 12 659 | 3 971 | 647 | 4 700 | 3 341 | 2 213 | 1 828 | 196 | 147 | 42 | 3.7 | 2.0 | 6.7 |

注：工伤保险累计结余中含储备金。

# 67 2009 年各地区工伤保险基本情况

单位：人

| 地区 | 参保人数 | 享受伤残待遇人数 | 一至四级 | 五至六级 | 七至十级 | 其他 | 享受职业病待遇人数 | 一至四级 | 五至六级 | 七至十级 | 其他 | 基金收入（亿元） | 基金支出（亿元） | 累计结余（亿元） |
|---|---|---|---|---|---|---|---|---|---|---|---|---|---|---|
| 全国 | 148 955 112 | 1 295 745 | 122 102 | 63 745 | 292 587 | 629 948 | 71 731 | 39 027 | 10 398 | 10 849 | 11 457 | 240.12 | 155.68 | 468.78 |
| 北京 | 7 470 824 | 41 052 | 5 853 | 1 971 | 10 297 | 15 553 | 5 675 | 3 165 | 1 011 | 1 394 | 105 | 11.34 | 9.09 | 14.99 |
| 天津 | 2 922 051 | 31 156 | 7 627 | 1 901 | 5 332 | 14 626 | 5 092 | 4 186 | 678 | 208 | 20 | 4.97 | 3.58 | 10.00 |
| 河北 | 5 592 848 | 59 649 | 6 489 | 2 588 | 8 482 | 29 130 | 886 | 730 | 34 | 55 | 67 | 12.73 | 10.19 | 15.96 |
| 山西 | 2 806 861 | 42 767 | 6 622 | 1 021 | 4 961 | 9 430 | 817 | 507 | 64 | 115 | 131 | 9.77 | 7.74 | 13.50 |
| 内蒙古 | 1 990 639 | 15 985 | 2 160 | 2 859 | 4 351 | 4 710 | 1 228 | 451 | 338 | 297 | 142 | 4.22 | 2.42 | 5.59 |
| 辽宁 | 6 958 187 | 89 783 | 18 895 | 13 549 | 33 371 | 12 179 | 10 878 | 6 202 | 2 364 | 2 128 | 184 | 13.42 | 8.65 | 18.87 |
| 吉林 | 2 721 528 | 30 100 | 6 602 | 5 216 | 13 061 | 2 648 | 3 131 | 1 977 | 814 | 334 | 6 | 3.95 | 2.86 | 4.55 |
| 黑龙江 | 4 017 803 | 55 986 | 7 611 | 8 973 | 21 413 | 10 125 | 5 000 | 1 851 | 1 520 | 433 | 1 196 | 9.39 | 6.89 | 10.68 |
| 上海 | 9 340 271 | 12 978 | 2 019 | 204 | 9 082 | 10 | 640 | 526 | 33 | 80 | 1 | 11.34 | 4.44 | 30.01 |
| 江苏 | 11 180 978 | 93 242 | 10 879 | 3 127 | 22 425 | 47 086 | 3 717 | 2 948 | 136 | 387 | 246 | 15.74 | 11.92 | 30.50 |
| 浙江 | 13 310 850 | 180 070 | 1 361 | 1 219 | 24 125 | 150 252 | 670 | 453 | 74 | 7 | 136 | 17.09 | 10.69 | 29.68 |
| 安徽 | 3 205 659 | 38 638 | 7 075 | 1 126 | 3 945 | 21 857 | 5 788 | 5 671 |  | 2 | 115 | 4.83 | 3.03 | 8.59 |
| 福建 | 3 792 843 | 22 624 | 1 065 | 446 | 4 383 | 15 125 | 1 944 | 252 | 152 | 893 | 647 | 5.03 | 2.51 | 19.33 |
| 江西 | 3 401 945 | 18 710 | 1 682 | 1 209 | 2 259 | 9 840 | 667 | 518 | 21 | 26 | 102 | 3.21 | 1.91 | 6.91 |
| 山东 | 10 645 957 | 91 815 | 9 501 | 4 466 | 21 847 | 38 331 | 7 115 | 2 701 | 888 | 1 438 | 2 088 | 16.78 | 11.73 | 21.43 |

续表

| 地区 | 参保人数 | 享受伤残待遇人数 | 一至四级 | 五至六级 | 七至十级 | 其他 | 享受职业病待遇人数 | 一至四级 | 五至六级 | 七至十级 | 其他 | 基金收入（亿元） | 基金支出（亿元） | 累计结余（亿元） |
|---|---|---|---|---|---|---|---|---|---|---|---|---|---|---|
| 河南 | 5 210 226 | 31 542 | 3 199 | 1 175 | 5 491 | 14 480 | 1 487 | 431 | 121 | 283 | 652 | 8.47 | 4.90 | 16.25 |
| 湖北 | 4 107 154 | 27 459 | 1 839 | 1 971 | 5 245 | 16 522 | 1 947 | 246 | 94 | 15 | 1 592 | 4.07 | 2.12 | 8.29 |
| 湖南 | 4 720 831 | 52 683 | 1 046 | 915 | 7 540 | 37 732 | 930 | 119 | 43 | 193 | 575 | 8.59 | 6.59 | 11.79 |
| 广东 | 24 354 998 | 150 014 | 1 911 | 2 063 | 40 658 | 93 325 | 1 682 | 39 | 63 | 182 | 1 398 | 28.69 | 16.95 | 116.43 |
| 广西 | 2 216 907 | 12 104 | 1 166 | 549 | 1 299 | 5 425 | 725 | 73 | 47 | 19 | 586 | 2.93 | 1.35 | 10.18 |
| 海南 | 901 081 | 2 904 | 109 | 40 | 184 | 2 120 | 52 | 5 | 13 | 16 | 18 | 1.03 | 0.44 | 3.85 |
| 重庆 | 2 264 757 | 47 271 | 2 038 | 340 | 10 664 | 28 184 | 2 632 | 1 087 | 26 | 481 | 1 038 | 5.77 | 4.78 | 2.44 |
| 四川 | 5 157 824 | 60 837 | 6 376 | 3 145 | 14 415 | 16 558 | 5 150 | 2 205 | 1 443 | 1 391 | 111 | 12.26 | 7.10 | 17.99 |
| 贵州 | 1 433 475 | 14 065 | 271 | 821 | 3 649 | 7 559 | 201 | 10 | 1 | 3 | 187 | 4.16 | 3.01 | 5.88 |
| 云南 | 2 151 320 | 24 367 | 1 280 | 459 | 2 015 | 12 511 | 172 | 111 | 10 | 22 | 29 | 6.16 | 3.07 | 10.14 |
| 西藏 | 83 488 | 137 |  | 3 | 35 | 79 |  |  |  |  |  | 0.25 | 0.02 | 0.47 |
| 陕西 | 2 648 566 | 13 903 | 1 368 | 719 | 3 169 | 4 793 | 519 | 182 | 100 | 210 | 27 | 4.72 | 1.97 | 8.27 |
| 甘肃 | 1 197 264 | 7 928 | 588 | 462 | 2 152 | 3 203 | 182 | 64 | 1 | 70 | 47 | 2.59 | 1.74 | 4.65 |
| 青海 | 400 741 | 4 589 | 1 220 | 113 | 333 | 1 000 | 261 | 248 | 2 | 10 | 1 | 1.40 | 0.79 | 2.29 |
| 宁夏 | 424 483 | 2 427 | 216 | 72 | 701 | 994 | 57 | 40 | 3 | 14 |  | 1.06 | 0.63 | 0.97 |
| 新疆 | 1 677 008 | 12 360 | 2 618 | 483 | 4 191 | 2 931 | 1 841 | 1 517 | 192 | 122 | 10 | 3.41 | 1.87 | 7.08 |
| 新疆兵团 | 645 745 | 6 600 | 1 416 | 540 | 1 512 | 1 630 | 645 | 512 | 112 | 21 |  | 0.75 | 0.71 | 1.25 |

注：工伤保险累计结余中含储备金。

## 68　2010年各地区工伤保险基本情况

单位：人

| 地区 | 参保人数 | 享受伤残待遇人数 | #享受职业病待遇人数 | 一至四级 | | 五至六级 | | 七至十级 | | 其他 | | 基金收入（亿元） | 基金支出（亿元） | 累计结余（亿元） |
|---|---|---|---|---|---|---|---|---|---|---|---|---|---|---|
| | | | | | #职业病 | | #职业病 | | #职业病 | | #职业病 | | | |
| 全国 | 161 607 122 | 1 278 647 | 81 112 | 143 208 | 40 882 | 67 087 | 11 115 | 326 896 | 12 308 | 741 456 | 16 807 | 285 | 192 | 561 |
| 北京 | 8 237 625 | 36 495 | 6 458 | 6 132 | 3 296 | 2 117 | 1 167 | 11 547 | 1 754 | 16 699 | 241 | 13 | 11 | 17 |
| 天津 | 3 044 535 | 39 343 | 7 705 | 9 599 | 5 923 | 2 782 | 1 283 | 6 539 | 469 | 20 423 | 30 | 6 | 5 | 11 |
| 河北 | 5 944 394 | 60 086 | 2 927 | 7 662 | 1 600 | 4 404 | 658 | 15 821 | 655 | 32 199 | 14 | 16 | 13 | 19 |
| 山西 | 2 923 844 | 27 806 | 1 235 | 12 508 | 683 | 1 001 | 58 | 4 461 | 259 | 9 836 | 235 | 13 | 8 | 18 |
| 内蒙古 | 2 075 224 | 15 608 | 569 | 2 350 | 154 | 2 016 | 138 | 5 067 | 125 | 6 175 | 152 | 5 | 3 | 8 |
| 辽宁 | 7 299 757 | 88 137 | 10 157 | 18 370 | 5 380 | 12 131 | 2 356 | 31 246 | 2 191 | 26 390 | 230 | 15 | 10 | 24 |
| 吉林 | 3 005 238 | 34 326 | 3 081 | 5 480 | 1 926 | 5 777 | 676 | 18 014 | 411 | 5 055 | 68 | 5 | 4 | 5 |
| 黑龙江 | 4 151 055 | 54 060 | 7 031 | 8 258 | 2 372 | 11 477 | 2 049 | 22 690 | 1 480 | 11 635 | 1 130 | 12 | 9 | 13 |
| 上海 | 9 609 668 | 14 639 | 670 | 2 472 | 594 | 167 | 11 | 9 246 | 62 | 2 754 | 3 | 13 | 5 | 38 |
| 江苏 | 12 055 173 | 86 743 | 2 660 | 8 967 | 1 945 | 1 820 | 192 | 23 544 | 305 | 52 412 | 218 | 19 | 14 | 35 |
| 浙江 | 14 751 058 | 197 831 | 825 | 1 905 | 463 | 1 720 | 221 | 30 057 | 5 | 164 149 | 136 | 22 | 14 | 38 |
| 安徽 | 3 510 629 | 39 101 | 5 316 | 7 118 | 5 198 | 383 | 1 | 4 900 | 2 | 26 700 | 115 | 6 | 4 | 11 |
| 福建 | 4 177 393 | 22 178 | 2 012 | 1 004 | 222 | 269 | 96 | 4 454 | 746 | 16 451 | 948 | 6 | 3 | 22 |
| 江西 | 3 717 134 | 22 695 | 1 763 | 2 895 | 641 | 2 582 | 352 | 3 216 | 315 | 14 002 | 455 | 5 | 2 | 9 |
| 山东 | 12 111 910 | 82 044 | 6 123 | 11 465 | 3 011 | 3 483 | 628 | 19 895 | 910 | 47 201 | 1 574 | 20 | 15 | 27 |

续表

| 地区 | 参保人数 | 享受伤残待遇人数 | #享受职业病待遇人数 | 一至四级 | #职业病 | 五至六级 | #职业病 | 七至十级 | #职业病 | 其他 | #职业病 | 基金收入（亿元） | 基金支出（亿元） | 累计结余（亿元） |
|---|---|---|---|---|---|---|---|---|---|---|---|---|---|---|
| 河南 | 5 517 418 | 22 319 | 1 587 | 3 300 | 455 | 1 232 | 55 | 3 862 | 131 | 13 925 | 946 | 10 | 6 | 21 |
| 湖北 | 4 439 760 | 29 118 | 195 | 2 172 | 123 | 1 224 | 15 | 5 227 | 21 | 20 495 | 36 | 5 | 3 | 11 |
| 湖南 | 5 159 720 | 67 678 | 6 976 | 1 315 | 254 | 968 | 97 | 10 936 | 386 | 54 459 | 6 239 | 11 | 8 | 14 |
| 广东 | 26 578 232 | 135 179 | 1 573 | 2 269 | 49 | 1 750 | 13 | 39 827 | 147 | 91 333 | 1 364 | 30 | 20 | 127 |
| 广西 | 2 356 611 | 9 949 | 612 | 765 | 119 | 509 | 72 | 1 782 | 61 | 6 893 | 360 | 3 | 2 | 12 |
| 海南 | 958 445 | 2 989 | 742 | 129 | 6 | 72 | 13 | 181 | 19 | 2 607 | 704 | 1 | 0 | 4 |
| 重庆 | 2 660 265 | 49 161 | 3 177 | 2 560 | 1 290 | 444 | 43 | 12 681 | 719 | 33 476 | 1 125 | 7 | 6 | 3 |
| 四川 | 5 837 976 | 46 969 | 3 421 | 7 579 | 2 039 | 2 137 | 389 | 15 253 | 674 | 22 000 | 319 | 12 | 8 | 22 |
| 贵州 | 1 621 791 | 16 219 | 385 | 804 | 121 | 650 | 129 | 6 782 | 1 | 7 983 | 134 | 6 | 5 | 7 |
| 云南 | 2 273 745 | 36 981 | 989 | 7 768 | 818 | 3 558 | 66 | 6 726 | 100 | 18 929 | 5 | 6 | 4 | 12 |
| 西藏 | 87 799 | 186 |  | 15 |  | 17 |  | 104 |  | 50 |  | 0 | 0 | 1 |
| 陕西 | 2 785 924 | 11 584 | 571 | 2 092 | 389 | 768 | 91 | 3 218 | 88 | 5 506 | 3 | 6 | 3 | 11 |
| 甘肃 | 1 300 889 | 8 158 | 141 | 1 116 | 71 | 595 | 7 | 2 288 | 61 | 4 159 | 2 | 3 | 2 | 6 |
| 青海 | 432 255 | 2 870 | 232 | 974 | 201 | 124 | 15 | 518 | 15 | 1 254 | 1 | 2 | 1 | 3 |
| 宁夏 | 488 687 | 2 043 | 52 | 241 | 30 | 103 | 22 | 692 |  | 1 007 |  | 1 | 1 | 2 |
| 新疆 | 1 841 302 | 11 833 | 1 716 | 2 931 | 1 335 | 553 | 187 | 4 983 | 184 | 3 366 | 10 | 4 | 3 | 8 |
| 新疆兵团 | 651 666 | 4 319 | 211 | 993 | 174 | 254 | 15 | 1 139 | 12 | 1 933 | 10 | 1 | 1 | 1 |

注：工伤保险累计结余中含储备金。

# 69 2011年各地区工伤保险基本情况

单位：人

| 地区 | 参保人数 | 享受伤残待遇人数 | #享受职业病待遇人数 | 一至四级 | #职业病 | 五至六级 | #职业病 | 七至十级 | #职业病 | 其他 | #职业病 | 基金收入（亿元） | 基金支出（亿元） | 累计结余（亿元） |
|---|---|---|---|---|---|---|---|---|---|---|---|---|---|---|
| 全国 | 176 959 436 | 1 629 985 | 92 167 | 154 502 | 46 221 | 73 715 | 14 162 | 381 406 | 17 101 | 794 472 | 14 683 | 466.4 | 286.4 | 742.6 |
| 北京 | 8 624 360 | 47 198 | 7 593 | 6 717 | 3 632 | 2 575 | 1 573 | 13 709 | 2 269 | 16 668 | 119 | 15.6 | 14.2 | 18.6 |
| 天津 | 3 204 215 | 37 569 | 5 880 | 7 909 | 4 271 | 2 766 | 1 217 | 7 175 | 365 | 17 794 | 27 | 7.1 | 6.6 | 11.7 |
| 河北 | 6 403 925 | 86 464 | 2 863 | 8 746 | 1 537 | 4 788 | 650 | 17 493 | 664 | 39 380 | 12 | 21.1 | 19.2 | 20.6 |
| 山西 | 3 375 688 | 55 318 | 3 606 | 8 275 | 1 063 | 982 | 96 | 4 755 | 227 | 18 346 | 2 220 | 25.3 | 11.4 | 32.3 |
| 内蒙古 | 2 252 934 | 32 198 | 733 | 3 598 | 216 | 2 727 | 159 | 9 162 | 228 | 14 446 | 130 | 10.6 | 4.4 | 13.9 |
| 辽宁 | 7 790 925 | 112 616 | 18 619 | 20 928 | 9 109 | 14 115 | 4 904 | 38 899 | 4 290 | 24 428 | 316 | 27.9 | 15.0 | 36.8 |
| 吉林 | 3 315 997 | 33 072 | 2 798 | 7 836 | 1 977 | 4 735 | 423 | 12 601 | 338 | 5 062 | 60 | 8.6 | 4.6 | 9.3 |
| 黑龙江 | 4 500 037 | 81 713 | 8 444 | 11 653 | 3 751 | 16 166 | 1 959 | 27 057 | 2 437 | 10 898 | 297 | 25.0 | 12.7 | 25.5 |
| 上海 | 9 395 099 | 24 910 | 1 229 | 3 088 | 748 | 184 | 11 | 12 173 | 53 | 7 231 | 417 | 16.5 | 8.1 | 46.2 |
| 江苏 | 13 269 930 | 106 674 | 3 708 | 8 667 | 1 977 | 1 655 | 195 | 28 677 | 400 | 55 491 | 1 136 | 32.1 | 24.0 | 43.4 |
| 浙江 | 16 107 626 | 222 264 | 205 | 2 006 | 48 | 2 002 | 5 | 40 531 | 4 | 172 486 | 148 | 27.9 | 22.5 | 43.0 |
| 安徽 | 4 220 190 | 56 164 | 5 621 | 8 464 | 5 308 | 495 | 1 | 5 843 | 10 | 34 350 | 302 | 12.1 | 5.9 | 17.3 |
| 福建 | 4 969 357 | 27 704 | 1 038 | 1 338 | 246 | 248 | 41 | 4 407 | 235 | 19 299 | 516 | 9.9 | 4.4 | 27.8 |
| 江西 | 3 879 284 | 30 169 | 1 876 | 1 982 | 680 | 2 156 | 542 | 4 528 | 223 | 17 660 | 431 | 9.1 | 5.9 | 12.4 |
| 山东 | 12 760 826 | 108 289 | 7 048 | 13 457 | 3 266 | 3 642 | 783 | 21 267 | 1 413 | 47 705 | 1 586 | 28.4 | 20.1 | 35.2 |

续表

| 地区 | 参保人数 | 享受伤残待遇人数 | #享受职业病待遇人数 | 一至四级 | | 五至六级 | | 七至十级 | | 其他 | | 基金收入（亿元） | 基金支出（亿元） | 累计结余（亿元） |
|---|---|---|---|---|---|---|---|---|---|---|---|---|---|---|
| | | | | | #职业病 | | #职业病 | | #职业病 | | #职业病 | | | |
| 河南 | 6 555 390 | 34 980 | 2 173 | 3 743 | 801 | 1 075 | 233 | 6 084 | 578 | 16 073 | 561 | 16.6 | 8.2 | 29.2 |
| 湖北 | 4 809 845 | 45 230 | 1 000 | 5 474 | 675 | 2 030 | 45 | 7 399 | 274 | 25 669 | 6 | 10.6 | 4.3 | 16.9 |
| 湖南 | 6 354 825 | 69 622 | 4 491 | 1 762 | 299 | 1 100 | 180 | 11 450 | 482 | 48 305 | 3 530 | 21.3 | 12.9 | 22.4 |
| 广东 | 28 478 180 | 153 541 | 790 | 2 667 | 58 | 1 501 | 11 | 47 532 | 108 | 88 363 | 613 | 50.8 | 26.6 | 151.5 |
| 广西 | 2 725 161 | 14 828 | 355 | 880 | 119 | 816 | 75 | 1 956 | 40 | 7 197 | 121 | 5.7 | 2.6 | 16.5 |
| 海南 | 1 039 526 | 3 336 | 51 | 182 | 8 | 95 | 13 | 222 | 13 | 2 211 | 17 | 1.9 | 0.8 | 5.3 |
| 重庆 | 3 370 949 | 62 318 | 3 343 | 4 743 | 2 053 | 463 | 44 | 14 581 | 766 | 35 511 | 480 | 13.1 | 9.5 | 7.0 |
| 四川 | 6 507 590 | 64 977 | 4 300 | 7 181 | 1 747 | 2 533 | 473 | 18 054 | 1 025 | 24 087 | 1 055 | 20.3 | 12.3 | 30.0 |
| 贵州 | 1 939 573 | 21 768 | 200 | 879 | 57 | 725 | 2 | 8 401 | 18 | 9 038 | 123 | 9.0 | 6.4 | 10.0 |
| 云南 | 2 433 973 | 36 049 | 822 | 2 163 | 388 | 670 | 125 | 3 485 | 217 | 20 130 | 92 | 12.2 | 6.8 | 17.0 |
| 西藏 | 118 352 | 450 | | 35 | | 67 | | 266 | | 49 | | 0.5 | 0.2 | 1.0 |
| 陕西 | 3 268 372 | 18 956 | 388 | 2 669 | 226 | 1 193 | 76 | 4 283 | 79 | 5 508 | 7 | 9.4 | 4.1 | 16.7 |
| 甘肃 | 1 501 855 | 13 693 | 403 | 2 078 | 167 | 1 060 | 38 | 2 416 | 120 | 3 847 | 78 | 5.9 | 4.3 | 7.4 |
| 青海 | 455 741 | 4 629 | 208 | 701 | 173 | 52 | 6 | 424 | 27 | 1 266 | 2 | 2.0 | 1.5 | 3.6 |
| 宁夏 | 583 413 | 3 219 | 130 | 215 | 54 | 163 | 24 | 1 271 | 52 | 994 | | 2.2 | 1.3 | 2.4 |
| 新疆 | 2 081 755 | 14 199 | 1 783 | 2 876 | 1 289 | 584 | 187 | 4 098 | 65 | 3 671 | 242 | 6.3 | 4.4 | 10.3 |
| 新疆兵团 | 664 543 | 5 868 | 469 | 1 590 | 278 | 352 | 71 | 1 207 | 81 | 1 309 | 39 | 1.5 | 1.4 | 1.5 |

注：工伤保险累计结余中含储备金。

# 70　2012年各地区工伤保险基本情况

单位：人

| 地区 | 参保人数 | 享受伤残待遇人数 | #享受职业病待遇人数 | 一至四级 | | 五至六级 | | 七至十级 | | 其他 | | 基金收入（亿元） | 基金支出（亿元） | 累计结余（亿元） |
|---|---|---|---|---|---|---|---|---|---|---|---|---|---|---|
| | | | | | #职业病 | | #职业病 | | #职业病 | | #职业病 | | | |
| 全国 | 19 010 | 1 633 790 | 106 232 | 186 018 | 45 701 | 92 122 | 15 021 | 495 355 | 19 376 | 860 295 | 26 134 | 526.7 | 406.3 | 861.9 |
| 北京 | 897 | 39 920 | 7 487 | 6 494 | 3 447 | 2 557 | 1 737 | 12 742 | 2 170 | 18 127 | 133 | 20.5 | 17.2 | 21.9 |
| 天津 | 330 | 31 726 | 6 164 | 7 911 | 4 216 | 2 957 | 1 450 | 8 020 | 467 | 12 838 | 31 | 8.2 | 7.4 | 12.5 |
| 河北 | 695 | 70 512 | 2 088 | 9 694 | 1 240 | 4 063 | 68 | 17 692 | 42 | 39 063 | 738 | 24.7 | 23.5 | 21.9 |
| 山西 | 530 | 59 058 | 4 443 | 17 341 | 1 461 | 1 536 | 119 | 6 100 | 421 | 34 081 | 2 442 | 24.0 | 17.6 | 38.6 |
| 内蒙古 | 249 | 22 379 | 782 | 2 184 | 240 | 2 753 | 194 | 7 425 | 178 | 10 017 | 170 | 12.2 | 5.8 | 20.4 |
| 辽宁 | 819 | 122 055 | 29 958 | 25 207 | 10 137 | 17 980 | 5 973 | 48 816 | 5 449 | 30 052 | 8 399 | 26.7 | 22.3 | 41.2 |
| 吉林 | 359 | 39 193 | 3 173 | 8 780 | 2 194 | 5 269 | 435 | 19 439 | 429 | 5 705 | 115 | 9.5 | 6.9 | 11.9 |
| 黑龙江 | 471 | 55 413 | 6 176 | 10 393 | 2 400 | 12 857 | 1 349 | 23 048 | 2 338 | 9 115 | 89 | 18.9 | 16.6 | 27.7 |
| 上海 | 899 | 57 961 | 1 669 | 3 632 | 882 | 1 130 | 230 | 36 282 | 549 | 16 917 | 8 | 22.0 | 20.9 | 47.2 |
| 江苏 | 1 421 | 109 961 | 2 754 | 8 793 | 1 119 | 1 915 | 204 | 39 322 | 444 | 59 931 | 987 | 43.7 | 38.7 | 48.5 |
| 浙江 | 1 732 | 232 336 | 314 | 2 145 | 60 | 2 150 | 9 | 52 516 | 8 | 175 525 | 237 | 37.3 | 30.3 | 49.9 |
| 安徽 | 458 | 75 287 | 5 566 | 5 363 | 309 | 2 805 | 9 | 15 468 | 410 | 51 651 | 4 838 | 14.3 | 10.9 | 20.6 |
| 福建 | 541 | 30 475 | 1 541 | 1 476 | 212 | 344 | 43 | 6 406 | 266 | 22 249 | 1 020 | 11.8 | 7.0 | 32.6 |
| 江西 | 411 | 48 027 | 4 080 | 5 724 | 2 942 | 2 575 | 307 | 15 919 | 701 | 23 809 | 130 | 10.3 | 8.3 | 14.4 |
| 山东 | 1 340 | 90 871 | 7 268 | 16 465 | 3 555 | 5 234 | 691 | 25 572 | 976 | 43 600 | 2 046 | 34.7 | 28.0 | 41.9 |

续表

| 地区 | 参保人数 | 享受伤残待遇人数 | #享受职业病待遇人数 | 一至四级 | #职业病 | 五至六级 | #职业病 | 七至十级 | #职业病 | 其他 | #职业病 | 基金收入（亿元） | 基金支出（亿元） | 累计结余（亿元） |
|---|---|---|---|---|---|---|---|---|---|---|---|---|---|---|
| 河南 | 721 | 36 379 | 2 506 | 4 910 | 1 146 | 1 265 | 394 | 6 233 | 279 | 23 971 | 687 | 18.0 | 11.9 | 35.2 |
| 湖北 | 523 | 36 114 | 1 172 | 4 501 | 658 | 2 404 | 26 | 7 505 | 284 | 21 704 | 204 | 10.1 | 6.9 | 20.2 |
| 湖南 | 694 | 69 051 | 1 180 | 2 709 | 284 | 1 684 | 54 | 14 137 | 476 | 50 521 | 366 | 23.6 | 17.0 | 28.9 |
| 广东 | 2 963 | 149 596 | 1 343 | 3 073 | 113 | 10 717 | 13 | 51 531 | 103 | 84 275 | 1 114 | 52.7 | 32.1 | 172.1 |
| 广西 | 312 | 14 101 | 731 | 2 154 | 286 | 725 | 80 | 3 009 | 44 | 8 213 | 321 | 5.9 | 3.3 | 17.9 |
| 海南 | 119 | 2 939 | 53 | 178 | 9 | 84 | 13 | 246 | 13 | 2 431 | 18 | 2.1 | 1.0 | 6.4 |
| 重庆 | 375 | 68 517 | 4 139 | 9 101 | 3 129 | 478 | 49 | 19 583 | 732 | 39 355 | 229 | 14.6 | 15.0 | 6.6 |
| 四川 | 689 | 65 085 | 6 768 | 8 842 | 2 455 | 3 635 | 1 142 | 26 120 | 1 951 | 26 488 | 1 220 | 22.0 | 18.0 | 34.0 |
| 贵州 | 238 | 24 428 | 652 | 1 208 | 166 | 1 207 | 66 | 11 461 | 254 | 10 552 | 166 | 11.0 | 8.0 | 13.0 |
| 云南 | 295 | 29 079 | 522 | 3 425 | 367 | 463 | 34 | 3 975 | 61 | 21 216 | 60 | 10.8 | 9.2 | 18.5 |
| 西藏 | 14 | 575 |  | 27 |  | 90 |  | 354 |  | 104 |  | 0.6 | 0.4 | 1.3 |
| 陕西 | 350 | 16 615 | 422 | 3 338 | 252 | 1 281 | 73 | 4 676 | 90 | 7 320 | 7 | 10.9 | 5.8 | 21.8 |
| 甘肃 | 159 | 10 611 | 436 | 4 133 | 226 | 706 | 14 | 2 236 | 23 | 3 536 | 173 | 5.1 | 4.0 | 8.6 |
| 青海 | 49 | 3 218 | 273 | 1 052 | 216 | 99 | 5 | 878 | 52 | 1 189 |  | 2.3 | 1.7 | 4.1 |
| 宁夏 | 64 | 3 098 | 210 | 509 | 136 | 175 | 22 | 1 157 | 52 | 1 257 |  | 8.1 | 1.9 | 8.7 |
| 新疆 | 226 | 14 346 | 1 727 | 3 267 | 1 279 | 725 | 191 | 6 213 | 107 | 4 141 | 150 | 8.2 | 6.8 | 11.7 |
| 新疆兵团 | 68 | 4 864 | 635 | 1 989 | 565 | 259 | 27 | 1 274 | 7 | 1 342 | 36 | 1.9 | 1.6 | 1.8 |

注：工伤保险累计结余中含储备金。

# 71　2013年各地区工伤保险基本情况

单位：人

| 地区 | 参保人数 | 享受伤残待遇人数 | #享受职业病待遇人数 | 一至四级 | #职业病 | 五至六级 | #职业病 | 七至十级 | #职业病 | 其他 | #职业病 | 基金收入（亿元） | 基金支出（亿元） | 累计结余（亿元） |
|---|---|---|---|---|---|---|---|---|---|---|---|---|---|---|
| 全国 | 19 917 | 1 656 465 | 103 364 | 191 231 | 50 333 | 80 782 | 11 752 | 546 037 | 19 587 | 838 415 | 21 692 | 614.8 | 482.1 | 996.2 |
| 北京 | 920 | 40 437 | 8 167 | 7 044 | 3 781 | 2 988 | 2 085 | 16 088 | 2 150 | 14 317 | 151 | 25.6 | 18.3 | 29.3 |
| 天津 | 335 | 31 555 | 6 611 | 7 977 | 4 291 | 3 132 | 1 713 | 8 221 | 590 | 12 225 | 17 | 9.5 | 8.2 | 13.8 |
| 河北 | 737 | 86 018 | 12 272 | 15 895 | 8 080 | 5 301 | 175 | 24 250 | 2 936 | 40 572 | 1 081 | 28.2 | 30.3 | 19.7 |
| 山西 | 550 | 72 218 | 7 408 | 21 237 | 2 127 | 1 353 | 115 | 7 096 | 360 | 42 532 | 4 806 | 28.3 | 22.1 | 44.9 |
| 内蒙古 | 277 | 19 838 | 831 | 3 191 | 325 | 2 388 | 216 | 5 048 | 93 | 9 211 | 197 | 12.6 | 7.8 | 25.1 |
| 辽宁 | 857 | 114 691 | 9 699 | 21 531 | 6 342 | 13 518 | 1 947 | 48 996 | 950 | 30 646 | 460 | 25.4 | 25.3 | 41.3 |
| 吉林 | 392 | 42 516 | 1 376 | 6 880 | 692 | 4 976 | 271 | 24 260 | 300 | 6 400 | 113 | 11.6 | 8.6 | 14.9 |
| 黑龙江 | 493 | 59 405 | 7 679 | 11 668 | 2 751 | 12 711 | 1 992 | 24 437 | 2 847 | 10 589 | 89 | 21.1 | 18.8 | 30.1 |
| 上海 | 904 | 62 111 | 1 704 | 3 831 | 909 | 1 169 | 230 | 45 967 | 559 | 11 144 | 6 | 26.9 | 26.1 | 48.0 |
| 江苏 | 1 487 | 120 652 | 4 488 | 9 700 | 2 384 | 2 461 | 230 | 48 042 | 625 | 60 449 | 1 249 | 57.0 | 48.1 | 57.3 |
| 浙江 | 1 826 | 219 571 | 362 | 2 308 | 93 | 2 127 | 9 | 56 442 | 12 | 158 694 | 248 | 41.9 | 34.6 | 57.2 |
| 安徽 | 473 | 68 513 | 5 577 | 5 235 | 477 | 2 787 | 67 | 17 394 | 1 434 | 43 097 | 3 599 | 19.1 | 12.6 | 27.0 |
| 福建 | 608 | 31 058 | 4 206 | 1 927 | 598 | 304 | 31 | 6 780 | 101 | 22 047 | 3 476 | 15.8 | 8.3 | 40.1 |
| 江西 | 431 | 37 034 | 2 854 | 5 179 | 1 812 | 2 014 | 167 | 7 318 | 825 | 22 523 | 50 | 13.4 | 8.4 | 19.3 |
| 山东 | 1 372 | 82 459 | 6 572 | 11 517 | 3 085 | 4 396 | 706 | 25 206 | 1 020 | 41 340 | 1 761 | 40.0 | 31.3 | 50.6 |

续表

| 地区 | 参保人数 | 享受伤残待遇人数 | #享受职业病待遇人数 | 一至四级 | #职业病 | 五至六级 | #职业病 | 七至十级 | #职业病 | 其他 | #职业病 | 基金收入（亿元） | 基金支出（亿元） | 累计结余（亿元） |
|---|---|---|---|---|---|---|---|---|---|---|---|---|---|---|
| 河南 | 773 | 32 164 | 2 055 | 5 094 | 999 | 949 | 101 | 7 126 | 301 | 18 995 | 654 | 21.1 | 14.2 | 42.0 |
| 湖北 | 557 | 50 824 | 1 148 | 4 011 | 521 | 2 778 | 5 | 6 804 | 91 | 37 231 | 531 | 13.0 | 8.8 | 24.3 |
| 湖南 | 731 | 71 707 | 1 789 | 2 704 | 428 | 1 517 | 39 | 16 809 | 267 | 50 677 | 1 055 | 27.2 | 20.4 | 35.7 |
| 广东 | 3 057 | 148 174 | 379 | 3 354 | 124 | 2 048 | 24 | 65 147 | 115 | 77 625 | 116 | 58.8 | 36.5 | 194.4 |
| 广西 | 326 | 14 711 | 695 | 2 559 | 203 | 769 | 126 | 3 341 | 131 | 8 042 | 235 | 6.9 | 4.0 | 20.9 |
| 海南 | 123 | 2 775 | 25 | 203 | 5 | 67 |  | 298 | 1 | 2 207 | 19 | 2.4 | 1.1 | 7.7 |
| 重庆 | 407 | 68 809 | 5 934 | 8 169 | 3 860 | 870 | 144 | 21 594 | 1 244 | 38 176 | 686 | 17.5 | 16.7 | 7.4 |
| 四川 | 690 | 67 859 | 7 468 | 9 893 | 3 682 | 3 702 | 921 | 24 628 | 2 076 | 29 636 | 789 | 27.5 | 20.2 | 41.3 |
| 贵州 | 260 | 19 152 | 506 | 1 719 | 248 | 1 772 | 66 | 9 633 | 190 | 6 028 | 2 | 13.1 | 11.5 | 14.6 |
| 云南 | 334 | 32 409 | 585 | 4 162 | 372 | 452 | 17 | 5 024 | 100 | 22 771 | 96 | 13.6 | 11.4 | 20.7 |
| 西藏 | 15 | 427 |  | 31 |  | 83 |  | 228 |  | 85 |  | 0.7 | 0.3 | 1.6 |
| 陕西 | 378 | 18 717 | 390 | 2 971 | 257 | 1 421 | 53 | 5 466 | 75 | 8 859 | 5 | 12.6 | 7.9 | 26.6 |
| 甘肃 | 168 | 12 819 | 198 | 4 552 | 132 | 1 303 | 10 | 3 043 | 13 | 3 921 | 43 | 7.0 | 5.9 | 11.2 |
| 青海 | 52 | 3 186 | 221 | 893 | 193 | 155 | 16 | 804 | 11 | 1 334 | 1 | 2.5 | 2.2 | 4.4 |
| 宁夏 | 73 | 4 421 | 255 | 677 | 193 | 230 | 30 | 1 931 | 32 | 1 583 |  | 3.1 | 3.2 | 8.6 |
| 新疆 | 240 | 15 881 | 1 588 | 3 639 | 1 136 | 817 | 216 | 7 232 | 113 | 4 193 | 123 | 8.8 | 6.9 | 13.5 |
| 新疆兵团 | 70 | 4 354 | 322 | 1 480 | 233 | 224 | 30 | 1 384 | 25 | 1 266 | 34 | 2.6 | 1.9 | 2.5 |

注：工伤保险累计结余中含储备金。

# 72 2014年各地区工伤保险基本情况

单位：人

| 地区 | 参保人数 | 享受伤残待遇人数 | #享受职业病待遇人数 | 一至四级 | | 五至六级 | | 七至十级 | | 其他 | | 基金收入（亿元） | 基金支出（亿元） | 累计结余（亿元） |
|---|---|---|---|---|---|---|---|---|---|---|---|---|---|---|
| | | | | | #职业病 | | #职业病 | | #职业病 | | #职业病 | | | |
| 全国 | 20 639 | 1 981 508 | 107 916 | 202 421 | 52 440 | 86 233 | 13 464 | 580 500 | 19 786 | 808 273 | 21 901 | 694.8 | 560.5 | 1 128.8 |
| 北京 | 961 | 49 520 | 9 346 | 7 288 | 3 927 | 3 794 | 2 857 | 17 988 | 2 414 | 12 956 | 144 | 28.7 | 22.2 | 35.8 |
| 天津 | 345 | 33 167 | 6 859 | 7 899 | 4 196 | 3 253 | 1 859 | 8 962 | 785 | 11 165 | 17 | 10.9 | 8.9 | 15.7 |
| 河北 | 779 | 103 702 | 7 491 | 15 064 | 4 422 | 6 522 | 1 006 | 24 941 | 1 468 | 37 276 | 595 | 33.4 | 33.0 | 20.2 |
| 山西 | 563 | 111 456 | 10 565 | 23 481 | 2 731 | 2 266 | 249 | 8 820 | 512 | 51 400 | 7 072 | 31.4 | 25.6 | 50.7 |
| 内蒙古 | 290 | 23 349 | 838 | 3 656 | 327 | 2 016 | 185 | 6 164 | 132 | 8 730 | 194 | 14.2 | 8.5 | 30.9 |
| 辽宁 | 903 | 131 726 | 11 969 | 23 230 | 8 576 | 13 956 | 1 814 | 46 436 | 1 010 | 29 824 | 496 | 21.4 | 28.3 | 34.4 |
| 吉林 | 416 | 46 366 | 1 189 | 5 895 | 518 | 5 340 | 255 | 24 902 | 289 | 6 545 | 124 | 14.4 | 10.4 | 18.8 |
| 黑龙江 | 506 | 63 219 | 5 015 | 11 727 | 2 573 | 9 840 | 1 120 | 21 391 | 1 242 | 8 078 | 79 | 21.7 | 20.4 | 31.4 |
| 上海 | 920 | 68 586 | 1 594 | 3 971 | 890 | 1 214 | 226 | 49 808 | 463 | 9 365 | 15 | 32.2 | 28.2 | 52.1 |
| 江苏 | 1 540 | 142 759 | 4 553 | 9 978 | 2 327 | 2 330 | 242 | 52 900 | 723 | 61 227 | 1 225 | 73.3 | 61.1 | 69.6 |
| 浙江 | 1 899 | 226 200 | 338 | 2 541 | 103 | 1 998 | 13 | 65 406 | 11 | 148 162 | 211 | 48.3 | 40.4 | 65.0 |
| 安徽 | 508 | 82 930 | 4 416 | 5 032 | 1 186 | 2 959 | 533 | 18 694 | 640 | 43 351 | 2 057 | 20.0 | 15.0 | 32.1 |
| 福建 | 627 | 39 047 | 3 182 | 1 914 | 378 | 567 | 31 | 8 847 | 151 | 23 642 | 2 622 | 22.1 | 14.5 | 47.7 |
| 江西 | 461 | 47 192 | 4 278 | 6 333 | 2 751 | 2 945 | 386 | 6 636 | 774 | 23 302 | 294 | 16.4 | 10.4 | 25.3 |
| 山东 | 1 422 | 117 733 | 7 281 | 12 548 | 3 329 | 4 401 | 749 | 29 369 | 1 536 | 43 401 | 1 643 | 45.1 | 35.0 | 60.6 |

续表

| 地区 | 参保人数 | 享受伤残待遇人数 | #享受职业病待遇人数 | 一至四级 | | 五至六级 | | 七至十级 | | 其他 | | 基金收入（亿元） | 基金支出（亿元） | 累计结余（亿元） |
|---|---|---|---|---|---|---|---|---|---|---|---|---|---|---|
| | | | | | #职业病 | | #职业病 | | #职业病 | | #职业病 | | | |
| 河南 | 806 | 46 062 | 1 246 | 5 807 | 642 | 655 | 19 | 8 649 | 209 | 17 130 | 376 | 23.8 | 18.0 | 47.8 |
| 湖北 | 577 | 49 039 | 473 | 4 147 | 431 | 3 627 | 2 | 6 588 | 22 | 29 192 | 16 | 15.1 | 12.2 | 27.3 |
| 湖南 | 748 | 87 299 | 2 189 | 3 320 | 734 | 1 714 | 118 | 18 958 | 587 | 52 405 | 750 | 32.1 | 24.0 | 43.8 |
| 广东 | 3 093 | 171 285 | 424 | 3 319 | 167 | 5 747 | 23 | 66 899 | 114 | 75 221 | 115 | 64.5 | 41.8 | 217.1 |
| 广西 | 338 | 17 829 | 1 581 | 2 476 | 116 | 681 | 82 | 3 102 | 1 082 | 7 379 | 292 | 8.4 | 4.4 | 24.9 |
| 海南 | 126 | 3 115 | 4 | 209 | 3 | 75 | | 273 | | 1 860 | 1 | 2.6 | 1.2 | 9.1 |
| 重庆 | 426 | 81 271 | 8 262 | 8 644 | 4 366 | 1 053 | 80 | 21 521 | 1 774 | 36 933 | 2 007 | 16.9 | 18.0 | 6.3 |
| 四川 | 710 | 86 261 | 8 379 | 11 982 | 3 520 | 3 831 | 1 009 | 26 187 | 2 861 | 28 036 | 962 | 29.1 | 22.3 | 48.1 |
| 贵州 | 275 | 22 997 | 1 052 | 2 313 | 555 | 1 122 | 92 | 10 294 | 374 | 5 276 | 19 | 14.1 | 12.0 | 16.8 |
| 云南 | 342 | 39 697 | 964 | 5 069 | 664 | 485 | 22 | 5 573 | 168 | 15 192 | 96 | 13.4 | 12.4 | 21.6 |
| 西藏 | 24 | 517 | | 30 | | 23 | | 240 | | 143 | | 0.9 | 0.3 | 2.2 |
| 陕西 | 404 | 28 634 | 341 | 3 093 | 231 | 801 | 28 | 3 924 | 79 | 8 843 | 2 | 13.8 | 9.9 | 30.5 |
| 甘肃 | 175 | 22 007 | 1 715 | 4 476 | 1 238 | 1 394 | 152 | 3 534 | 111 | 4 125 | 213 | 7.2 | 6.1 | 10.6 |
| 青海 | 55 | 5 993 | 254 | 956 | 205 | 176 | 27 | 1 032 | 20 | 1 293 | 1 | 3.0 | 2.2 | 5.2 |
| 宁夏 | 82 | 4 631 | 502 | 717 | 332 | 264 | 51 | 2 062 | 95 | 632 | 23 | 3.5 | 3.3 | 8.7 |
| 新疆 | 248 | 22 576 | 1 423 | 4 037 | 961 | 977 | 228 | 8 867 | 113 | 4 883 | 121 | 10.0 | 8.5 | 15.1 |
| 新疆兵团 | 71 | 5 343 | 193 | 1 269 | 41 | 207 | 6 | 1 533 | 27 | 1 306 | 119 | 2.9 | 2.0 | 3.4 |

注：工伤保险累计结余中含储备金。

# 73 2015年各地区工伤保险基本情况

单位：人

| 地区 | 参保人数 | 享受伤残待遇人数 | | | | | | | | | | 基金收入（亿元） | 基金支出（亿元） | 累计结余（亿元） |
|---|---|---|---|---|---|---|---|---|---|---|---|---|---|---|
| | | | #享受职业病待遇人数 | 一至四级 | | 五至六级 | | 七至十级 | | 其他 | | | | |
| | | | | | #职业病 | | #职业病 | | #职业病 | | #职业病 | | | |
| 全国 | 21 432 | 1 713 514 | 109 032 | 212 650 | 54 195 | 92 716 | 15 152 | 658 152 | 17 868 | 749 996 | 21 817 | 754.2 | 598.7 | 1 285.3 |
| 北京 | 1 020 | 39 406 | 7 679 | 7 762 | 4 360 | 2 556 | 1 884 | 16 231 | 1 313 | 12 857 | 122 | 32.9 | 26.5 | 42.2 |
| 天津 | 386 | 31 615 | 7 708 | 7 956 | 4 207 | 3 445 | 2 128 | 9 717 | 1 343 | 10 497 | 30 | 11.3 | 10.6 | 16.5 |
| 河北 | 810 | 75 848 | 2 189 | 8 719 | 1 225 | 4 229 | 398 | 23 551 | 447 | 39 349 | 119 | 37.8 | 34.1 | 23.9 |
| 山西 | 573 | 75 529 | 6 275 | 23 570 | 2 550 | 1 041 | 88 | 8 370 | 256 | 42 548 | 3 381 | 32.9 | 27.7 | 55.9 |
| 内蒙古 | 297 | 20 960 | 1 514 | 3 131 | 407 | 2 869 | 458 | 6 235 | 230 | 8 725 | 419 | 13.9 | 8.6 | 36.3 |
| 辽宁 | 919 | 120 289 | 10 225 | 20 873 | 6 418 | 16 153 | 2 066 | 52 324 | 1 298 | 30 939 | 443 | 27.8 | 30.1 | 32.1 |
| 吉林 | 436 | 109 367 | 1 431 | 19 062 | 762 | 15 560 | 383 | 68 610 | 267 | 6 135 | 19 | 18.6 | 10.4 | 27.1 |
| 黑龙江 | 512 | 53 124 | 3 680 | 11 830 | 2 396 | 10 281 | 1 013 | 22 481 | 161 | 8 532 | 110 | 22.3 | 21.3 | 32.5 |
| 上海 | 933 | 65 240 | 1 293 | 4 043 | 833 | 1 017 | 151 | 51 337 | 305 | 8 843 | 4 | 36.3 | 31.2 | 57.2 |
| 江苏 | 1 594 | 129 206 | 4 795 | 10 445 | 2 471 | 2 816 | 572 | 58 048 | 672 | 57 897 | 1 080 | 79.1 | 61.1 | 87.6 |
| 浙江 | 1 930 | 195 628 | 360 | 2 970 | 122 | 1 744 | 18 | 69 148 | 12 | 121 766 | 208 | 56.8 | 43.1 | 78.7 |
| 安徽 | 529 | 71 780 | 2 579 | 4 999 | 1 249 | 2 769 | 513 | 21 059 | 131 | 42 953 | 686 | 21.6 | 16.2 | 37.5 |
| 福建 | 691 | 34 349 | 5 528 | 2 041 | 447 | 365 | 47 | 9 472 | 185 | 22 471 | 4 849 | 19.4 | 13.0 | 54.1 |
| 江西 | 501 | 39 465 | 9 952 | 7 945 | 4 694 | 4 030 | 1 803 | 6 807 | 527 | 20 683 | 2 928 | 18.5 | 10.8 | 33.0 |
| 山东 | 1 474 | 81 988 | 6 606 | 11 702 | 3 004 | 4 004 | 757 | 26 228 | 1 399 | 40 054 | 1 446 | 51.0 | 38.4 | 73.1 |

续表

| 地区 | 参保人数 | 享受伤残待遇人数 | #享受职业病待遇人数 | 一至四级 | #职业病 | 五至六级 | #职业病 | 七至十级 | #职业病 | 其他 | #职业病 | 基金收入（亿元） | 基金支出（亿元） | 累计结余（亿元） |
|---|---|---|---|---|---|---|---|---|---|---|---|---|---|---|
| 河南 | 857 | 35 280 | 4 846 | 5 954 | 1 423 | 1 263 | 38 | 8 953 | 1 618 | 19 110 | 1 767 | 22.9 | 20.7 | 50.1 |
| 湖北 | 640 | 44 895 | 688 | 3 159 | 482 | 3 274 | 12 | 7 470 | 157 | 30 992 | 37 | 17.7 | 13.3 | 31.7 |
| 湖南 | 778 | 79 921 | 3 802 | 4 888 | 1 481 | 1 791 | 99 | 20 739 | 292 | 52 503 | 1 930 | 34.0 | 28.0 | 49.8 |
| 广东 | 3 123 | 146 461 | 581 | 3 802 | 205 | 1 508 | 26 | 77 237 | 196 | 63 914 | 154 | 68.9 | 44.7 | 241.3 |
| 广西 | 360 | 14 806 | 1 613 | 2 838 | 140 | 768 | 68 | 3 467 | 1 255 | 7 733 | 150 | 9.3 | 4.7 | 29.4 |
| 海南 | 131 | 2 663 | 2 | 197 | 1 | 60 |  | 279 |  | 2 127 | 1 | 2.8 | 1.4 | 10.5 |
| 重庆 | 428 | 63 107 | 9 265 | 8 538 | 5 188 | 1 007 | 309 | 25 154 | 2 551 | 28 408 | 1 217 | 17.6 | 19.8 | 4.0 |
| 四川 | 753 | 63 942 | 8 458 | 11 302 | 4 528 | 3 818 | 960 | 27 461 | 2 379 | 21 361 | 591 | 30.6 | 23.3 | 55.4 |
| 贵州 | 290 | 23 195 | 1 114 | 2 502 | 468 | 1 217 | 114 | 12 055 | 507 | 7 421 | 25 | 14.2 | 11.5 | 19.5 |
| 云南 | 368 | 31 526 | 656 | 4 220 | 631 | 594 | 2 | 6 372 | 20 | 20 340 | 3 | 13.5 | 12.1 | 23.0 |
| 西藏 | 27 | 455 |  | 21 |  | 3 |  | 178 |  | 253 |  | 1.4 | 0.6 | 3.0 |
| 陕西 | 427 | 17 693 | 287 | 2 984 | 198 | 461 | 35 | 4 371 | 53 | 9 877 | 1 | 11.9 | 11.8 | 30.6 |
| 甘肃 | 183 | 14 929 | 2 893 | 6 556 | 2 449 | 1 510 | 325 | 3 303 | 69 | 3 560 | 50 | 7.8 | 6.4 | 12.0 |
| 青海 | 58 | 2 672 | 149 | 752 | 122 | 102 | 16 | 699 | 11 | 1 119 |  | 3.4 | 2.3 | 6.3 |
| 宁夏 | 81 | 4 846 | 350 | 886 | 272 | 264 | 20 | 2 176 | 58 | 1 520 |  | 4.0 | 3.4 | 9.3 |
| 新疆 | 254 | 18 836 | 2 435 | 5 028 | 1 409 | 1 990 | 848 | 7 120 | 153 | 4 698 | 25 | 10.7 | 9.1 | 17.5 |
| 新疆兵团 | 71 | 4 493 | 79 | 1 975 | 53 | 207 | 1 | 1 500 | 3 | 811 | 22 | 3.2 | 2.3 | 4.3 |

注：工伤保险累计结余中含储备金。

# 74 2016年各地区工伤保险基本情况

单位：人

| 地区 | 参保人数 | 享受伤残待遇人数 | #享受职业病待遇人数 | 一至四级 | | 五至六级 | | 七至十级 | | 其他 | | 基金收入（亿元） | 基金支出（亿元） | 累计结余（亿元） |
|---|---|---|---|---|---|---|---|---|---|---|---|---|---|---|
| | | | | | #职业病 | | #职业病 | | #职业病 | | #职业病 | | | |
| 全国 | 21 889 | 1 627 656 | 94 672 | 217 255 | 51 433 | 81 528 | 13 932 | 605 132 | 15 435 | 723 741 | 13 872 | 736.9 | 610.3 | 1 410.9 |
| 北京 | 1 060 | 38 873 | 9 320 | 8 420 | 4 734 | 3 175 | 2 572 | 16 296 | 1 912 | 10 982 | 102 | 30.5 | 29.3 | 43.4 |
| 天津 | 388 | 32 235 | 7 912 | 7 670 | 3 943 | 3 647 | 2 265 | 11 116 | 1 675 | 9 802 | 29 | 9.9 | 11.3 | 15.0 |
| 河北 | 840 | 71 530 | 3 420 | 9 557 | 2 004 | 4 215 | 620 | 25 804 | 558 | 31 954 | 238 | 40.6 | 36.0 | 28.5 |
| 山西 | 576 | 89 012 | 2 478 | 24 409 | 2 208 | 1 686 | 123 | 9 250 | 122 | 53 667 | 25 | 30.8 | 28.4 | 58.3 |
| 内蒙古 | 303 | 23 871 | 1 476 | 4 273 | 389 | 2 862 | 544 | 8 131 | 245 | 8 605 | 298 | 12.9 | 10.2 | 39.0 |
| 辽宁 | 887 | 119 437 | 8 865 | 25 785 | 5 797 | 14 712 | 1 759 | 49 127 | 1 111 | 29 813 | 198 | 33.0 | 30.7 | 34.4 |
| 吉林 | 441 | 44 987 | 1 363 | 7 469 | 1 019 | 6 745 | 179 | 26 722 | 153 | 4 051 | 12 | 18.2 | 11.9 | 33.4 |
| 黑龙江 | 522 | 53 679 | 3 586 | 11 909 | 2 449 | 10 283 | 911 | 22 727 | 171 | 8 760 | 55 | 23.2 | 23.4 | 32.3 |
| 上海 | 944 | 60 057 | 1 186 | 4 071 | 791 | 808 | 130 | 48 409 | 265 | 6 769 | | 32.8 | 29.8 | 60.2 |
| 江苏 | 1 634 | 130 335 | 4 496 | 12 489 | 2 415 | 2 323 | 378 | 59 686 | 683 | 55 837 | 1 020 | 78.1 | 55.2 | 110.5 |
| 浙江 | 1 881 | 176 786 | 162 | 2 986 | 77 | 1 609 | 15 | 69 256 | 18 | 102 935 | 52 | 52.8 | 45.1 | 86.4 |
| 安徽 | 545 | 73 804 | 3 637 | 5 560 | 1 544 | 2 734 | 504 | 22 775 | 139 | 42 735 | 1 450 | 20.7 | 16.4 | 41.8 |
| 福建 | 734 | 36 017 | 5 056 | 2 264 | 509 | 371 | 59 | 10 197 | 219 | 23 185 | 4 269 | 17.6 | 13.5 | 58.1 |
| 江西 | 502 | 37 334 | 5 092 | 7 780 | 4 142 | 2 204 | 279 | 6 662 | 50 | 20 688 | 621 | 16.3 | 12.2 | 37.1 |
| 山东 | 1 511 | 80 989 | 8 782 | 12 334 | 3 706 | 4 786 | 1 159 | 26 234 | 2 140 | 37 635 | 1 777 | 50.2 | 39.4 | 83.9 |

续表

| 地区 | 参保人数 | 享受伤残待遇人数 | #享受职业病待遇人数 | 一至四级 | | 五至六级 | | 七至十级 | | 其他 | | 基金收入（亿元） | 基金支出（亿元） | 累计结余（亿元） |
|---|---|---|---|---|---|---|---|---|---|---|---|---|---|---|
| | | | | | #职业病 | | #职业病 | | #职业病 | | #职业病 | | | |
| 河南 | 877 | 33 283 | 2 440 | 6 263 | 1 240 | 856 | 13 | 7 755 | 397 | 18 409 | 790 | 26.6 | 19.6 | 56.9 |
| 湖北 | 651 | 73 720 | 521 | 3 825 | 329 | 1 921 | 101 | 9 486 | 82 | 58 488 | 9 | 16.8 | 12.5 | 36.0 |
| 湖南 | 773 | 92 683 | 4 973 | 4 610 | 1 576 | 5 360 | 474 | 21 642 | 894 | 61 071 | 2 029 | 36.5 | 27.7 | 58.6 |
| 广东 | 3 246 | 119 530 | 668 | 3 392 | 242 | 1 420 | 39 | 61 160 | 259 | 53 558 | 128 | 58.9 | 47.7 | 252.6 |
| 广西 | 374 | 13 248 | 458 | 2 667 | 147 | 786 | 92 | 3 110 | 91 | 6 685 | 128 | 10.2 | 5.2 | 34.4 |
| 海南 | 137 | 2 646 | | 185 | | 49 | | 348 | | 2 064 | | 3.8 | 1.4 | 12.9 |
| 重庆 | 455 | 57 379 | 5 056 | 9 829 | 3 037 | 1 198 | 244 | 26 526 | 1 733 | 19 826 | 42 | 17.9 | 19.2 | 2.8 |
| 四川 | 799 | 61 475 | 7 295 | 13 214 | 4 314 | 3 400 | 799 | 26 420 | 1 650 | 18 441 | 532 | 29.3 | 23.8 | 60.9 |
| 贵州 | 305 | 19 713 | 1 155 | 3 373 | 486 | 747 | 186 | 10 506 | 475 | 5 087 | 8 | 12.5 | 11.9 | 20.0 |
| 云南 | 373 | 24 566 | 1 394 | 6 365 | 1 256 | 428 | 43 | 5 039 | 73 | 12 734 | 22 | 12.7 | 11.8 | 23.9 |
| 西藏 | 27 | 441 | | 14 | | 5 | | 314 | | 108 | | 1.3 | 0.5 | 3.8 |
| 陕西 | 442 | 18 819 | 244 | 3 127 | 161 | 755 | 34 | 4 866 | 48 | 10 071 | 1 | 13.3 | 11.9 | 31.1 |
| 甘肃 | 188 | 15 308 | 1 926 | 7 130 | 1 655 | 1 339 | 178 | 3 371 | 84 | 3 468 | 9 | 8.2 | 6.8 | 13.5 |
| 青海 | 60 | 2 646 | 182 | 664 | 157 | 85 | 14 | 852 | 10 | 1 045 | 1 | 3.3 | 2.6 | 7.1 |
| 宁夏 | 84 | 4 208 | 375 | 948 | 326 | 147 | 10 | 2 670 | 39 | 443 | | 4.1 | 3.9 | 9.6 |
| 新疆 | 332 | 19 045 | 1 154 | 4 673 | 780 | 872 | 208 | 8 675 | 139 | 4 825 | 27 | 13.6 | 10.9 | 24.5 |

注：工伤保险累计结余中含储备金。

# 75　2008年各地区工伤认定情况

单位：件

| 地区 | 当期受理工伤认定数 | | | | | | | | | | | | | | 当期不予受理申请件数 |
|---|---|---|---|---|---|---|---|---|---|---|---|---|---|---|---|
| | 合计 | 认定工伤件数 | | | | | | | | 视同工伤件数 | | | | 不予认定工伤件数工伤件数 | |
| | | 小计 | 在工作时间和工作场所内因工作原因受到事故伤害 | 工作时间前后在工作场所内从事与工作有关的预备性或者收尾性工作受到事故伤害 | 在工作时间和工作场所内因履行工作职责受到暴力等意外伤害 | 患职业病 | 因工外出期间由于工作原因受到伤害或者发生事故下落不明 | 在上下班途中受到机动车事故伤害 | 其他应当认定为工伤的情形 | 小计 | 在工作时间和工作岗位突发疾病死亡或者在48小时之内经抢救无效死亡 | 在抢险救灾等维护国家利益、公共利益活动中受到伤害 | 因战、因公负伤致残到用人单位后旧伤复发 | | |
| 全国 | 961 162 | 946 644 | 835 322 | 10 975 | 10 627 | 10 543 | 23 407 | 53 986 | 1 784 | 5 053 | 4 320 | 481 | 252 | 9 465 | 7 135 |
| 北京 | 22 506 | 22 101 | 18 226 | 239 | 271 | 877 | 824 | 1 577 | 87 | 234 | 223 | 4 | 7 | 171 | 143 |
| 天津 | 19 922 | 19 657 | 17 458 | 123 | 126 | 375 | 526 | 1 046 | 3 | 114 | 105 | 1 | 8 | 151 | 77 |
| 河北 | 38 306 | 37 827 | 33 814 | 211 | 342 | 383 | 892 | 2 182 | 3 | 296 | 278 | 4 | 14 | 183 | 143 |
| 山西 | 15 638 | 15 335 | 13 936 | 107 | 114 | 263 | 251 | 664 | | 226 | 218 | 5 | 3 | 77 | 42 |
| 内蒙古 | 7 895 | 7 652 | 6 348 | 48 | 92 | 193 | 416 | 555 | | 152 | 146 | 6 | | 91 | 63 |
| 辽宁 | 25 692 | 25 325 | 22 864 | 281 | 205 | 307 | 627 | 973 | 68 | 219 | 211 | | 8 | 148 | 91 |
| 吉林 | 8 787 | 8 386 | 7 218 | 98 | 90 | 513 | 168 | 275 | 24 | 118 | 104 | 11 | 3 | 283 | 72 |
| 黑龙江 | 19 706 | 19 260 | 17 687 | 124 | 120 | 509 | 226 | 594 | | 282 | 264 | 16 | 2 | 164 | 180 |
| 上海 | 49 932 | 49 202 | 42 394 | 606 | 413 | 197 | 1 915 | 3 648 | 29 | 219 | 209 | 4 | 6 | 511 | 277 |
| 江苏 | 78 948 | 78 144 | 66 365 | 433 | 444 | 383 | 1 532 | 8 984 | 3 | 220 | 181 | 15 | 24 | 584 | 455 |

续表

| 地区 | 当期受理工伤认定数 | | | | | | | | | | | | | 当期不予受理申请件数 |
|---|---|---|---|---|---|---|---|---|---|---|---|---|---|---|
| | 合计 | 认定工伤件数 | | | | | | | | 视同工伤件数 | | | | 不予认定工伤件数工伤件数 | |
| | | 小计 | 在工作时间和工作场所内因工作原因受到事故伤害 | 工作时间前后在工作场所内从事与工作有关的预备性或者收尾性工作受到事故伤害 | 在工作时间和工作场所内因履行工作职责受到暴力等意外伤害 | 患职业病 | 因工外出期间由于工作原因受到伤害或者发生事故下落不明 | 在上下班途中受到机动车事故伤害 | 其他应当认定为工伤的情形 | 小计 | 在工作时间和工作岗位突发疾病死亡或者在48小时之内经抢救无效死亡 | 在抢险救灾等维护国家利益、公共利益活动中受到伤害 | 因战、因公负伤致残到用人单位后旧伤复发 | | |
| 浙江 | 178 158 | 177 279 | 167 465 | 691 | 831 | 174 | 1 977 | 6 128 | 13 | 232 | 182 | 43 | 7 | 647 | 979 |
| 安徽 | 15 141 | 14 853 | 12 788 | 110 | 143 | 330 | 370 | 1 107 | | 69 | 62 | 7 | | 219 | 65 |
| 福建 | 21 932 | 21 581 | 17 700 | 1 618 | 245 | 166 | 384 | 1 403 | 65 | 103 | 98 | 4 | 1 | 248 | 309 |
| 江西 | 8 039 | 7 791 | 6 416 | 113 | 97 | 253 | 181 | 690 | 41 | 104 | 33 | 12 | 59 | 144 | 213 |
| 山东 | 52 183 | 51 183 | 37 990 | 1 435 | 1 144 | 1 022 | 1 739 | 7 811 | 42 | 269 | 217 | 14 | 38 | 731 | 585 |
| 河南 | 17 549 | 16 983 | 14 024 | 210 | 243 | 382 | 626 | 1 478 | 20 | 362 | 337 | 10 | 15 | 204 | 211 |
| 湖北 | 14 339 | 14 119 | 11 462 | 144 | 702 | 181 | 756 | 801 | 73 | 86 | 65 | 10 | 11 | 134 | 136 |
| 湖南 | 21 443 | 21 062 | 18 705 | 152 | 324 | 472 | 378 | 1 031 | | 158 | 130 | 28 | | 223 | 231 |
| 广东 | 188 940 | 185 723 | 168 145 | 2 924 | 1 696 | 302 | 4 984 | 7 641 | 31 | 478 | 325 | 133 | 20 | 2 739 | 1 397 |
| 广西 | 8 069 | 7 853 | 6 363 | 59 | 239 | 90 | 406 | 689 | 7 | 75 | 61 | 13 | 1 | 141 | 56 |
| 海南 | 1 623 | 1 558 | 1 190 | 3 | 87 | 7 | 129 | 128 | 14 | 18 | 15 | 2 | 1 | 47 | 6 |
| 重庆 | 45 759 | 45 340 | 42 918 | 238 | 252 | 807 | 465 | 637 | 23 | 120 | 107 | 12 | 1 | 299 | 316 |
| 四川 | 46 690 | 45 914 | 38 936 | 277 | 1 786 | 792 | 1 439 | 1 559 | 1 125 | 214 | 140 | 72 | 2 | 562 | 583 |
| 贵州 | 12 461 | 12 242 | 11 344 | 209 | 111 | 105 | 214 | 252 | 7 | 63 | 51 | 11 | 1 | 156 | 168 |

续表

| 地区 | 当期受理工伤认定数 | | | | | | | | | | | | | | 当期不予受理申请件数 |
|---|---|---|---|---|---|---|---|---|---|---|---|---|---|---|---|
| | 合计 | 认定工伤件数 | | | | | | | | 视同工伤件数 | | | | 不予认定工伤件数工伤件数 | |
| | | 小计 | 在工作时间和工作场所内因工作原因受到事故伤害 | 工作时间前后在工作场所内从事与工作有关的预备性或者收尾性工作受到事故伤害 | 在工作时间和工作场所内因履行工作职责受到暴力等意外伤害 | 患职业病 | 因工外出期间由于工作原因受到伤害或者发生事故下落不明 | 在上下班途中受到机动车事故伤害 | 其他应当认定为工伤的情形 | 小计 | 在工作时间和工作岗位突发疾病死亡或者在48小时之内经抢救无效死亡 | 在抢险救灾等维护国家利益、公共利益活动中受到伤害 | 因战、因公负伤致残到用人单位后旧伤复发 | | |
| 云南 | 13 742 | 13 347 | 11 646 | 228 | 123 | 201 | 685 | 446 | 18 | 268 | 233 | 24 | 11 | 127 | 57 |
| 西藏 | 145 | 143 | 126 | | 3 | | 10 | 4 | | | | | | 2 | 12 |
| 陕西 | 7 563 | 7 380 | 6 282 | 71 | 128 | 128 | 286 | 438 | 47 | 99 | 96 | 2 | 1 | 84 | 42 |
| 甘肃 | 4 515 | 4 415 | 3 681 | 26 | 66 | 230 | 201 | 199 | 12 | 55 | 48 | 2 | 5 | 45 | 41 |
| 青海 | 1 883 | 1 829 | 1 592 | 18 | 30 | 18 | 88 | 83 | | 27 | 24 | 2 | 1 | 27 | 18 |
| 宁夏 | 3 077 | 2 979 | 2 487 | 23 | 20 | 59 | 90 | 278 | 22 | 29 | 22 | 7 | | 69 | 23 |
| 新疆 | 8 118 | 7 866 | 6 032 | 106 | 118 | 734 | 465 | 404 | 7 | 99 | 93 | 4 | 2 | 153 | 111 |
| 新疆兵团 | 2 461 | 2 315 | 1 720 | 50 | 17 | 90 | 157 | 281 | | 45 | 42 | 3 | | 101 | 33 |

# 76　2009 年各地区工伤认定情况

单位：件

| 地区 | 当期受理工伤认定数 | | | | | | | | | | | | | | 当期不予受理申请件数 |
|---|---|---|---|---|---|---|---|---|---|---|---|---|---|---|---|
| | 合计 | 认定工伤件数 | | | | | | | | 视同工伤件数 | | | | 不予认定工伤件数工伤件数 | |
| | | 小计 | 在工作时间和工作场所内因工作原因受到事故伤害 | 工作时间前后在工作场所内从事与工作有关的预备性或者收尾性工作受到事故伤害 | 在工作时间和工作场所内因履行工作职责受到暴力等意外伤害 | 患职业病 | 因工外出期间由于工作原因受到伤害或者发生事故下落不明 | 在上下班途中受到机动车事故伤害 | 其他应当认定为工伤的情形 | 小计 | 在工作时间和工作岗位突发疾病死亡或者在48小时之内经抢救无效死亡 | 在抢险救灾等维护国家利益、公共利益活动中受到伤害 | 因战、因公负伤致残到用人单位后旧伤复发 | | |
| 全国 | 961 117 | 947 900 | 833 227 | 13 559 | 9 125 | 10 480 | 25 925 | 54 710 | 874 | 5 161 | 4 499 | 378 | 284 | 8 056 | 6 804 |
| 北京 | 23 416 | 23 048 | 19 309 | 252 | 245 | 763 | 1 174 | 1 268 | 37 | 253 | 244 | 2 | 7 | 115 | 83 |
| 天津 | 21 682 | 21 438 | 19 035 | 162 | 156 | 404 | 554 | 1 124 | 3 | 148 | 137 | 6 | 5 | 96 | 109 |
| 河北 | 42 168 | 41 545 | 35 237 | 231 | 416 | 557 | 1 233 | 3 864 | 7 | 377 | 350 | 12 | 15 | 246 | 153 |
| 山西 | 12 884 | 12 577 | 10 962 | 120 | 85 | 541 | 296 | 570 | 3 | 250 | 241 | 6 | 3 | 57 | 37 |
| 内蒙古 | 8 334 | 8 050 | 6 648 | 212 | 104 | 245 | 401 | 437 | 3 | 169 | 167 | 2 | | 115 | 50 |
| 辽宁 | 27 472 | 27 084 | 24 112 | 171 | 255 | 192 | 1 280 | 957 | 117 | 262 | 227 | 29 | 6 | 126 | 103 |
| 吉林 | 9 071 | 8 819 | 7 750 | 130 | 124 | 162 | 262 | 357 | 34 | 148 | 139 | 6 | 3 | 104 | 208 |
| 黑龙江 | 13 445 | 13 178 | 12 098 | 142 | 105 | 425 | 151 | 254 | 3 | 222 | 165 | 55 | 2 | 45 | 89 |
| 上海 | 50 173 | 49 600 | 42 512 | 555 | 483 | 215 | 1 984 | 3 822 | 29 | 234 | 228 | 3 | 3 | 339 | 268 |
| 江苏 | 76 286 | 75 487 | 63 728 | 352 | 405 | 704 | 1 755 | 8 539 | 4 | 235 | 217 | 7 | 11 | 564 | 477 |

续表

| 地区 | 当期受理工伤认定数 | | | | | | | | | | | | | | 当期不予受理申请件数 |
|---|---|---|---|---|---|---|---|---|---|---|---|---|---|---|---|
| | 合计 | 认定工伤件数 | | | | | | | | 视同工伤件数 | | | | 不予认定工伤件数工伤件数 | |
| | | 小计 | 在工作时间和工作场所内因工作原因受到事故伤害 | 工作时间前后在工作场所内从事与工作有关的预备性或者收尾性工作受到事故伤害 | 在工作时间和工作场所内因履行工作职责受到暴力等意外伤害 | 患职业病 | 因工外出期间由于工作原因受到伤害或者发生事故下落不明 | 在上下班途中受到机动车事故伤害 | 其他应当认定为工伤的情形 | 小计 | 在工作时间和工作岗位突发疾病死亡或者在48小时之内经抢救无效死亡 | 在抢险救灾等维护国家利益、公共利益活动中受到伤害 | 因战、因公负伤致残到用人单位后旧伤复发 | | |
| 浙江 | 175 789 | 174 943 | 167 454 | 280 | 677 | 125 | 1 693 | 4 700 | 14 | 178 | 161 | 12 | 5 | 668 | 1 007 |
| 安徽 | 18 779 | 18 502 | 15 948 | 185 | 178 | 177 | 603 | 1 407 | 4 | 92 | 91 | 1 | | 185 | 109 |
| 福建 | 20 756 | 20 493 | 18 481 | 258 | 225 | 115 | 344 | 1 069 | 1 | 65 | 61 | 4 | | 198 | 301 |
| 江西 | 10 796 | 10 473 | 8 735 | 147 | 120 | 459 | 252 | 754 | 6 | 190 | 130 | 18 | 42 | 133 | 141 |
| 山东 | 54 243 | 53 372 | 38 882 | 1 506 | 1 027 | 1 055 | 2 018 | 8 845 | 39 | 336 | 257 | 16 | 63 | 535 | 443 |
| 河南 | 15 857 | 15 431 | 12 568 | 163 | 252 | 378 | 557 | 1 506 | 7 | 274 | 263 | 4 | 7 | 152 | 169 |
| 湖北 | 15 873 | 15 590 | 13 254 | 362 | 276 | 170 | 553 | 863 | 112 | 127 | 106 | 11 | 10 | 156 | 196 |
| 湖南 | 24 063 | 23 846 | 20 476 | 1 073 | 252 | 173 | 196 | 1 650 | 26 | 82 | 65 | 17 | | 135 | 318 |
| 广东 | 175 602 | 172 726 | 151 472 | 6 117 | 1 533 | 431 | 6 157 | 6 968 | 48 | 473 | 353 | 58 | 62 | 2 403 | 1 247 |
| 广西 | 8 386 | 8 202 | 6 616 | 57 | 217 | 67 | 465 | 720 | 60 | 61 | 43 | 17 | 1 | 123 | 89 |
| 海南 | 1 873 | 1 850 | 1 499 | 23 | 58 | 2 | 99 | 150 | 19 | 11 | 9 | 2 | | 12 | 13 |
| 重庆 | 48 160 | 47 730 | 45 149 | 219 | 248 | 962 | 538 | 609 | 5 | 106 | 93 | 6 | 7 | 324 | 252 |
| 四川 | 43 801 | 43 153 | 37 428 | 258 | 912 | 1 292 | 1 281 | 1 870 | 112 | 217 | 153 | 52 | 12 | 431 | 481 |
| 贵州 | 16 861 | 16 611 | 15 757 | 64 | 168 | 57 | 178 | 373 | 14 | 80 | 69 | 10 | 1 | 170 | 155 |

续表

| 地区 | 当期受理工伤认定数 | | | | | | | | | | | | | 当期不予受理申请件数 |
|---|---|---|---|---|---|---|---|---|---|---|---|---|---|---|
| | 合计 | 认定工伤件数 | | | | | | | | 视同工伤件数 | | | | 不予认定工伤件数工伤件数 | |
| | | 小计 | 在工作时间和工作场所内因工作原因受到事故伤害 | 工作时间前后在工作场所内从事与工作有关的预备性或者收尾性工作受到事故伤害 | 在工作时间和工作场所内因履行工作职责受到暴力等意外伤害 | 患职业病 | 因工外出期间由于工作原因受到伤害或者发生事故下落不明 | 在上下班途中受到机动车事故伤害 | 其他应当认定为工伤的情形 | 小计 | 在工作时间和工作岗位突发疾病死亡或者在48小时之内经抢救无效死亡 | 在抢险救灾等维护国家利益、公共利益活动中受到伤害 | 因战、因公负伤致残到用人单位后旧伤复发 | | |
| 云南 | 18 069 | 17 730 | 15 613 | 135 | 295 | 215 | 791 | 658 | 23 | 168 | 152 | 13 | 3 | 171 | 58 |
| 西藏 | 164 | 160 | 136 | 8 | | | 7 | 9 | | 3 | 3 | | | 1 | 11 |
| 陕西 | 7 330 | 7 133 | 6 208 | 95 | 90 | 138 | 201 | 299 | 102 | 125 | 122 | 1 | 2 | 72 | 45 |
| 甘肃 | 4 185 | 4 073 | 3 490 | 26 | 112 | 47 | 174 | 222 | 2 | 67 | 65 | | 2 | 45 | 40 |
| 青海 | 2 002 | 1 933 | 1 723 | 15 | 21 | 50 | 72 | 49 | 3 | 33 | 30 | 1 | 2 | 36 | 21 |
| 宁夏 | 3 163 | 3 072 | 2 529 | 14 | 27 | 108 | 122 | 251 | 21 | 31 | 31 | | | 60 | 21 |
| 新疆 | 8 042 | 7 774 | 6 553 | 199 | 40 | 183 | 449 | 334 | 16 | 99 | 93 | 3 | 3 | 169 | 81 |
| 新疆兵团 | 2 392 | 2 277 | 1 865 | 28 | 19 | 68 | 85 | 212 | | 45 | 34 | 4 | 7 | 70 | 29 |

# 77　2010 年各地区工伤认定情况

单位：件

| 地区 | 当期受理工伤认定数 | | | | | | | | | | | | | | 当期不予受理申请件数 |
|---|---|---|---|---|---|---|---|---|---|---|---|---|---|---|---|
| | 合计 | 认定工伤件数 | | | | | | | | 视同工伤件数 | | | | 不予认定工伤件数工伤件数 | |
| | | 小计 | 在工作时间和工作场所内因工作原因受到事故伤害 | 工作时间前后在工作场所内从事与工作有关的预备性或者收尾性工作受到事故伤害 | 在工作时间和工作场所内因履行工作职责受到暴力等意外伤害 | 患职业病 | 因工外出期间由于工作原因受到伤害或者发生事故下落不明 | 在上下班途中受到机动车事故伤害 | 其他应当认定为工伤的情形 | 小计 | 在工作时间和工作岗位突发疾病死亡或者在48小时之内经抢救无效死亡 | 在抢险救灾等维护国家利益、公共利益活动中受到伤害 | 因战、因公负伤致残到用人单位后旧伤复发 | | |
| 全国 | 1 140 601 | 1 134 703 | 1 011 921 | 8 886 | 9 860 | 15 919 | 30 433 | 56 894 | 790 | 5 898 | 5 213 | 407 | 278 | 8 604 | 6 027 |
| 北京 | 23 834 | 23 586 | 19 175 | 190 | 273 | 1 383 | 1 350 | 1 182 | 33 | 248 | 243 | 2 | 3 | 63 | 61 |
| 天津 | 26 772 | 26 613 | 24 101 | 199 | 174 | 410 | 712 | 1 012 | 5 | 159 | 149 | 7 | 3 | 92 | 107 |
| 河北 | 47 159 | 46 725 | 40 493 | 265 | 535 | 445 | 1 343 | 3 643 | 1 | 434 | 403 | 28 | 3 | 248 | 208 |
| 山西 | 13 624 | 13 343 | 11 360 | 173 | 103 | 914 | 270 | 523 | | 281 | 279 | | 2 | 47 | 24 |
| 内蒙古 | 8 743 | 8 606 | 7 218 | 115 | 120 | 185 | 461 | 507 | | 137 | 135 | 2 | | 103 | 44 |
| 辽宁 | 30 285 | 30 010 | 26 698 | 289 | 277 | 341 | 1 184 | 954 | 267 | 275 | 256 | 9 | 10 | 127 | 71 |
| 吉林 | 10 552 | 10 397 | 9 328 | 75 | 110 | 275 | 272 | 311 | 26 | 155 | 136 | 15 | 4 | 60 | 344 |
| 黑龙江 | 15 662 | 15 441 | 14 183 | 167 | 132 | 345 | 258 | 345 | 11 | 221 | 214 | 5 | 2 | 97 | 88 |
| 上海 | 55 638 | 55 365 | 48 997 | 547 | 449 | 193 | 1 918 | 3 236 | 25 | 273 | 264 | 4 | 5 | 325 | 198 |
| 江苏 | 91 005 | 90 649 | 77 890 | 426 | 446 | 674 | 2 130 | 9 074 | 9 | 356 | 330 | 4 | 22 | 656 | 392 |

续表

| 地区 | 当期受理工伤认定数 | | | | | | | | | | | | | | 当期不予受理申请件数 |
|---|---|---|---|---|---|---|---|---|---|---|---|---|---|---|---|
| | 合计 | 认定工伤件数 | | | | | | | | 视同工伤件数 | | | | 不予认定工伤件数工伤件数 | |
| | | 小计 | 在工作时间和工作场所内因工作原因受到事故伤害 | 工作时间前后在工作场所内从事与工作有关的预备性或者收尾性工作受到事故伤害 | 在工作时间和工作场所内因履行工作职责受到暴力等意外伤害 | 患职业病 | 因工外出期间由于工作原因受到伤害或者发生事故下落不明 | 在上下班途中受到机动车事故伤害 | 其他应当认定为工伤的情形 | 小计 | 在工作时间和工作岗位突发疾病死亡或者在48小时之内经抢救无效死亡 | 在抢险救灾等维护国家利益、公共利益活动中受到伤害 | 因战、因公负伤致残到用人单位后旧伤复发 | | |
| 浙江 | 220 604 | 220 387 | 211 860 | 382 | 508 | 263 | 1 836 | 5 521 | 17 | 217 | 184 | 19 | 14 | 514 | 886 |
| 安徽 | 21 144 | 21 034 | 18 254 | 124 | 168 | 311 | 631 | 1 542 | 4 | 110 | 103 | | 7 | 211 | 170 |
| 福建 | 24 238 | 24 125 | 20 314 | 407 | 216 | 309 | 503 | 2 371 | 5 | 113 | 94 | 15 | 4 | 203 | 283 |
| 江西 | 10 434 | 10 354 | 8 878 | 92 | 66 | 192 | 256 | 870 | | 80 | 56 | 24 | | 220 | 142 |
| 山东 | 62 872 | 62 493 | 47 029 | 1 998 | 909 | 1 362 | 2 310 | 8 860 | 25 | 379 | 318 | 19 | 42 | 589 | 376 |
| 河南 | 17 288 | 16 963 | 13 552 | 141 | 241 | 768 | 679 | 1 567 | 15 | 325 | 308 | 5 | 12 | 139 | 121 |
| 湖北 | 16 558 | 16 416 | 14 143 | 210 | 269 | 195 | 562 | 938 | 99 | 142 | 111 | 20 | 11 | 150 | 200 |
| 湖南 | 46 825 | 46 524 | 37 726 | 1 492 | 1 126 | 1 997 | 2 295 | 1 865 | 23 | 301 | 185 | 59 | 57 | 438 | 236 |
| 广东 | 215 137 | 214 641 | 198 368 | 639 | 1 688 | 639 | 6 631 | 6 650 | 26 | 496 | 408 | 50 | 38 | 2 801 | 936 |
| 广西 | 9 279 | 9 206 | 7 667 | 72 | 204 | 92 | 437 | 718 | 16 | 73 | 68 | 3 | 2 | 114 | 78 |
| 海南 | 2 339 | 2 304 | 1 809 | 43 | 106 | 9 | 113 | 207 | 17 | 35 | 30 | 4 | 1 | 25 | 4 |
| 重庆 | 55 621 | 55 531 | 52 049 | 164 | 159 | 1 904 | 490 | 747 | 18 | 90 | 85 | 3 | 2 | 337 | 246 |
| 四川 | 45 500 | 45 270 | 39 742 | 179 | 841 | 1 181 | 1 385 | 1 875 | 67 | 230 | 183 | 40 | 7 | 383 | 385 |
| 贵州 | 18 960 | 18 865 | 17 737 | 69 | 160 | 334 | 238 | 306 | 21 | 95 | 60 | 24 | 11 | 133 | 111 |

续表

| 地区 | 当期受理工伤认定数 | | | | | | | | | | | | | | 当期不予受理申请件数 |
|---|---|---|---|---|---|---|---|---|---|---|---|---|---|---|---|
| | 合计 | 认定工伤件数 | | | | | | | | 视同工伤件数 | | | | 不予认定工伤件数工伤件数 | |
| | | 小计 | 在工作时间和工作场所内因工作原因受到事故伤害 | 工作时间前后在工作场所内从事与工作有关的预备性或者收尾性工作受到事故伤害 | 在工作时间和工作场所内因履行工作职责受到暴力等意外伤害 | 患职业病 | 因工外出期间由于工作原因受到伤害或者发生事故下落不明 | 在上下班途中受到机动车事故伤害 | 其他应当认定为工伤的情形 | 小计 | 在工作时间和工作岗位突发疾病死亡或者在48小时之内经抢救无效死亡 | 在抢险救灾等维护国家利益、公共利益活动中受到伤害 | 因战、因公负伤致残到用人单位后旧伤复发 | | |
| 云南 | 20 375 | 20 222 | 18 298 | 101 | 203 | 183 | 748 | 677 | 12 | 153 | 134 | 15 | 4 | 149 | 47 |
| 西藏 | 220 | 220 | 205 | 1 | | | 9 | 5 | | | | | | 6 | 9 |
| 陕西 | 7 133 | 6 981 | 5 847 | 120 | 85 | 394 | 312 | 211 | 12 | 152 | 146 | 1 | 5 | 56 | 20 |
| 甘肃 | 5 974 | 5 869 | 4 997 | 30 | 124 | 188 | 262 | 266 | 2 | 105 | 95 | 8 | 2 | 43 | 62 |
| 青海 | 2 319 | 2 274 | 1 977 | 12 | 21 | 52 | 96 | 116 | | 45 | 45 | | | 21 | 18 |
| 宁夏 | 3 607 | 3 575 | 2 981 | 14 | 38 | 75 | 141 | 297 | 29 | 32 | 31 | 1 | | 47 | 21 |
| 新疆 | 8 294 | 8 168 | 6 951 | 134 | 88 | 228 | 485 | 277 | 5 | 126 | 108 | 13 | 5 | 164 | 125 |
| 新疆兵团 | 2 606 | 2 546 | 2 094 | 16 | 21 | 78 | 116 | 221 | | 60 | 52 | 8 | | 43 | 14 |

# 78　2011年各地区工伤认定情况

单位：件

| 地区 | 当期受理工伤认定数 | | | | | | | | | | | | | | 当期不予受理申请件数 |
|---|---|---|---|---|---|---|---|---|---|---|---|---|---|---|---|
| | 合计 | 认定工伤件数 | | | | | | | | 视同工伤件数 | | | | 不予认定工伤件数工伤件数 | |
| | | 小计 | 在工作时间和工作场所内因工作原因受到事故伤害 | 工作时间前后在工作场所内从事与工作有关的预备性或者收尾性工作受到事故伤害 | 在工作时间和工作场所内因履行工作职责受到暴力等意外伤害 | 患职业病 | 因工外出期间由于工作原因受到伤害或者发生事故下落不明 | 在上下班途中受到机动车事故伤害 | 其他应当认定为工伤的情形 | 小计 | 在工作时间和工作岗位突发疾病死亡或者在48小时之内经抢救无效死亡 | 在抢险救灾等维护国家利益、公共利益活动中受到伤害 | 因战、因公负伤致残到用人单位后旧伤复发 | | |
| 全国 | 1 201 527 | 1 195 194 | 1 063 817 | 8 661 | 10 793 | 15 195 | 32 747 | 62 261 | 1 720 | 6 333 | 5 750 | 338 | 245 | 10 890 | 6 701 |
| 北京 | 25 263 | 24 989 | 19 785 | 201 | 295 | 1 988 | 1 358 | 1 347 | 15 | 274 | 265 | 2 | 7 | 75 | 54 |
| 天津 | 24 464 | 24 289 | 21 606 | 236 | 193 | 401 | 694 | 1 150 | 9 | 175 | 144 | 1 | 30 | 90 | 118 |
| 河北 | 46 766 | 46 310 | 39 417 | 264 | 485 | 327 | 1 432 | 4 313 | 72 | 456 | 426 | 8 | 22 | 243 | 134 |
| 山西 | 14 666 | 14 380 | 12 369 | 109 | 70 | 919 | 275 | 637 | 1 | 286 | 286 | | | 71 | 29 |
| 内蒙古 | 8 647 | 8 491 | 7 336 | 99 | 73 | 172 | 449 | 362 | | 156 | 147 | 9 | | 114 | 71 |
| 辽宁 | 31 569 | 31 268 | 28 348 | 181 | 219 | 237 | 1 189 | 942 | 152 | 301 | 295 | 2 | 4 | 192 | 101 |
| 吉林 | 12 299 | 12 134 | 10 882 | 103 | 97 | 320 | 275 | 435 | 22 | 165 | 150 | 11 | 4 | 134 | 345 |
| 黑龙江 | 10 960 | 10 859 | 10 496 | 73 | 29 | 81 | 71 | 105 | 4 | 101 | 94 | 4 | 3 | 23 | 57 |
| 上海 | 66 930 | 66 633 | 57 563 | 724 | 449 | 218 | 2 322 | 5 349 | 8 | 297 | 287 | 5 | 5 | 324 | 195 |
| 江苏 | 102 097 | 101 781 | 88 241 | 589 | 553 | 504 | 2 572 | 9 319 | 3 | 316 | 302 | 7 | 7 | 1 112 | 530 |

续表

| 地区 | 当期受理工伤认定数 | | | | | | | | | | | | | 不予认定工伤件数工伤件数 | 当期不予受理申请件数 |
|---|---|---|---|---|---|---|---|---|---|---|---|---|---|---|---|
| | 合计 | 认定工伤件数 | | | | | | | | 视同工伤件数 | | | | | |
| | | 小计 | 在工作时间和工作场所内因工作原因受到事故伤害 | 工作时间前后在工作场所内从事与工作有关的预备性或者收尾性工作受到事故伤害 | 在工作时间和工作场所内因履行工作职责受到暴力等意外伤害 | 患职业病 | 因工外出期间由于工作原因受到伤害或者发生事故下落不明 | 在上下班途中受到机动车事故伤害 | 其他应当认定为工伤的情形 | 小计 | 在工作时间和工作岗位突发疾病死亡或者在48小时之内经抢救无效死亡 | 在抢险救灾等维护国家利益、公共利益活动中受到伤害 | 因战、因公负伤致残到用人单位后旧伤复发 | | |
| 浙江 | 234 382 | 234 153 | 224 029 | 482 | 472 | 310 | 2 224 | 6 618 | 18 | 229 | 214 | 9 | 6 | 691 | 1 036 |
| 安徽 | 25 500 | 25 397 | 21 951 | 222 | 218 | 299 | 764 | 1 941 | 2 | 103 | 100 | 1 | 2 | 303 | 106 |
| 福建 | 26 800 | 26 668 | 23 172 | 210 | 171 | 170 | 532 | 2 413 | | 132 | 119 | 12 | 1 | 345 | 377 |
| 江西 | 15 011 | 14 945 | 12 487 | 210 | 159 | 121 | 749 | 1 216 | 3 | 66 | 62 | 4 | | 170 | 158 |
| 山东 | 66 539 | 66 013 | 50 402 | 769 | 1 172 | 877 | 3 041 | 9 591 | 161 | 526 | 437 | 35 | 54 | 581 | 308 |
| 河南 | 20 598 | 20 274 | 16 151 | 195 | 233 | 1 248 | 742 | 1 699 | 6 | 324 | 314 | 3 | 7 | 167 | 151 |
| 湖北 | 21 396 | 21 227 | 18 637 | 213 | 407 | 209 | 620 | 992 | 149 | 169 | 142 | 8 | 19 | 205 | 115 |
| 湖南 | 49 698 | 49 413 | 40 251 | 1 367 | 1 116 | 1 349 | 2 301 | 2 292 | 737 | 285 | 181 | 54 | 50 | 391 | 231 |
| 广东 | 207 104 | 206 476 | 193 020 | 663 | 1 799 | 587 | 5 313 | 4 946 | 148 | 628 | 568 | 51 | 9 | 3 413 | 1 295 |
| 广西 | 10 731 | 10 651 | 8 854 | 90 | 271 | 129 | 522 | 772 | 13 | 80 | 78 | 2 | | 206 | 102 |
| 海南 | 2 572 | 2 543 | 2 099 | 22 | 117 | 11 | 97 | 182 | 15 | 29 | 24 | 5 | | 65 | 1 |
| 重庆 | 58 769 | 58 645 | 54 943 | 202 | 272 | 1 769 | 667 | 778 | 14 | 124 | 116 | 8 | | 585 | 301 |
| 四川 | 49 490 | 49 261 | 42 811 | 215 | 1 058 | 1 459 | 1 601 | 2 075 | 42 | 229 | 205 | 18 | 6 | 467 | 446 |
| 贵州 | 14 607 | 14 515 | 13 135 | 63 | 212 | 453 | 318 | 325 | 9 | 92 | 77 | 14 | 1 | 176 | 134 |

续表

| 地区 | 当期受理工伤认定数 | | | | | | | | | | | | | | 当期不予受理申请件数 |
|---|---|---|---|---|---|---|---|---|---|---|---|---|---|---|---|
| | 合计 | 认定工伤件数 | | | | | | | | 视同工伤件数 | | | | 不予认定工伤件数工伤件数 | |
| | | 小计 | 在工作时间和工作场所内因工作原因受到事故伤害 | 工作时间前后在工作场所内从事与工作有关的预备性或者收尾性工作受到事故伤害 | 在工作时间和工作场所内因履行工作职责受到暴力等意外伤害 | 患职业病 | 因工外出期间由于工作原因受到伤害或者发生事故下落不明 | 在上下班途中受到机动车事故伤害 | 其他应当认定为工伤的情形 | 小计 | 在工作时间和工作岗位突发疾病死亡或者在48小时之内经抢救无效死亡 | 在抢险救灾等维护国家利益、公共利益活动中受到伤害 | 因战、因公负伤致残到用人单位后旧伤复发 | | |
| 云南 | 21 144 | 20 909 | 18 756 | 158 | 275 | 189 | 819 | 704 | 8 | 235 | 185 | 46 | 4 | 201 | 47 |
| 西藏 | 299 | 295 | 242 | 8 | 6 | 3 | 33 | 3 | | 4 | 4 | | | 9 | 5 |
| 陕西 | 9 621 | 9 437 | 7 630 | 326 | 120 | 457 | 461 | 408 | 35 | 184 | 184 | | | 61 | 44 |
| 甘肃 | 4 954 | 4 876 | 4 243 | 38 | 66 | 108 | 185 | 235 | 1 | 78 | 70 | 5 | 3 | 49 | 53 |
| 青海 | 2 907 | 2 870 | 2 561 | 10 | 31 | 38 | 147 | 83 | | 37 | 34 | 3 | | 35 | 22 |
| 宁夏 | 4 081 | 4 011 | 3 239 | 25 | 44 | 50 | 188 | 393 | 72 | 70 | 62 | 8 | | 63 | 34 |
| 新疆 | 9 183 | 9 055 | 7 334 | 580 | 81 | 146 | 564 | 349 | 1 | 128 | 125 | 2 | 1 | 261 | 89 |
| 新疆兵团 | 2 480 | 2 426 | 1 827 | 14 | 30 | 46 | 222 | 287 | | 54 | 53 | 1 | | 68 | 12 |

# 79　2012年各地区工伤认定情况

单位：件

| 地区 | 当期受理工伤认定数 | | | | | | | | | | | | | | 当期不予受理申请件数 |
|---|---|---|---|---|---|---|---|---|---|---|---|---|---|---|---|
| | 合计 | 认定工伤件数 | | | | | | | | 视同工伤件数 | | | | 不予认定工伤件数 | |
| | | 小计 | 在工作时间和工作场所内因工作原因受到事故伤害 | 工作时间前后在工作场所内从事与工作有关的预备性或者收尾性工作受到事故伤害 | 在工作时间和工作场所内因履行工作职责受到暴力等意外伤害 | 患职业病 | 因工外出期间由于工作原因受到伤害或者发生事故下落不明 | 在上下班途中受到机动车事故伤害 | 其他应当认定为工伤的情形 | 小计 | 在工作时间和工作岗位突发疾病死亡或者在48小时之内经抢救无效死亡 | 在抢险救灾等维护国家利益、公共利益活动中受到伤害 | 因战、因公负伤致残到用人单位后旧伤复发 | | |
| 全国 | 1 173 998 | 1 167 243 | 1 032 833 | 8 728 | 10 809 | 15 941 | 33 604 | 64 440 | 888 | 6 755 | 6 295 | 260 | 200 | 10 676 | 6 631 |
| 北京 | 23 818 | 23 555 | 18 506 | 230 | 310 | 1 477 | 1 534 | 1 490 | 8 | 263 | 251 | 7 | 5 | 83 | 33 |
| 天津 | 19 965 | 19 800 | 17 235 | 224 | 193 | 385 | 630 | 1 124 | 9 | 165 | 162 | 2 | 1 | 81 | 52 |
| 河北 | 49 497 | 49 001 | 42 305 | 213 | 426 | 531 | 1 521 | 3 989 | 16 | 496 | 474 | 10 | 12 | 261 | 118 |
| 山西 | 14 457 | 14 190 | 11 973 | 92 | 92 | 1 015 | 361 | 656 | 1 | 267 | 266 | 1 | | 80 | 38 |
| 内蒙古 | 8 542 | 8 341 | 6 995 | 39 | 78 | 309 | 429 | 491 | | 201 | 194 | 7 | | 95 | 42 |
| 辽宁 | 30 015 | 29 640 | 26 535 | 191 | 239 | 480 | 910 | 1 145 | 140 | 375 | 357 | 3 | 15 | 160 | 125 |
| 吉林 | 12 613 | 12 437 | 11 153 | 112 | 125 | 277 | 286 | 460 | 24 | 176 | 172 | 2 | 2 | 95 | 312 |
| 黑龙江 | 11 960 | 11 769 | 10 829 | 110 | 58 | 261 | 180 | 329 | 2 | 191 | 178 | 6 | 7 | 73 | 77 |
| 上海 | 60 829 | 60 560 | 50 319 | 788 | 542 | 246 | 2 539 | 6 124 | 2 | 269 | 259 | 3 | 7 | 267 | 161 |
| 江苏 | 106 637 | 106 261 | 91 662 | 584 | 710 | 481 | 2 234 | 10 587 | 3 | 376 | 367 | 6 | 3 | 1 181 | 475 |

续表

| 地区 | 当期受理工伤认定数 | | | | | | | | | | | | | | 当期不予受理申请件数 |
|---|---|---|---|---|---|---|---|---|---|---|---|---|---|---|---|
| | 合计 | 认定工伤件数 | | | | | | | | 视同工伤件数 | | | | 不予认定工伤件数工伤件数 | |
| | | 小计 | 在工作时间和工作场所内因工作原因受到事故伤害 | 工作时间前后在工作场所内从事与工作有关的预备性或者收尾性工作受到事故伤害 | 在工作时间和工作场所内因履行工作职责受到暴力等意外伤害 | 患职业病 | 因工外出期间由于工作原因受到伤害或者发生事故下落不明 | 在上下班途中受到机动车事故伤害 | 其他应当认定为工伤的情形 | 小计 | 在工作时间和工作岗位突发疾病死亡或者在48小时之内经抢救无效死亡 | 在抢险救灾等维护国家利益、公共利益活动中受到伤害 | 因战、因公负伤致残到用人单位后旧伤复发 | | |
| 浙江 | 221 338 | 221 047 | 209 710 | 985 | 485 | 291 | 2 648 | 6 902 | 26 | 291 | 270 | 19 | 2 | 531 | 967 |
| 安徽 | 27 508 | 27 393 | 23 663 | 200 | 200 | 427 | 798 | 2 104 | 1 | 115 | 112 | 3 | | 171 | 161 |
| 福建 | 27 817 | 27 707 | 24 992 | 141 | 186 | 281 | 672 | 1 435 | | 110 | 106 | 3 | 1 | 279 | 253 |
| 江西 | 14 785 | 14 693 | 12 029 | 20 | 38 | 195 | 217 | 2 194 | | 92 | 92 | | | 198 | 75 |
| 山东 | 67 406 | 66 938 | 51 905 | 1 356 | 1 086 | 1 144 | 3 374 | 8 030 | 43 | 468 | 438 | 14 | 16 | 521 | 254 |
| 河南 | 20 842 | 20 495 | 16 312 | 154 | 283 | 858 | 871 | 1 937 | 80 | 347 | 333 | 3 | 11 | 197 | 231 |
| 湖北 | 22 417 | 22 208 | 19 089 | 264 | 449 | 289 | 727 | 1 386 | 4 | 209 | 156 | 28 | 25 | 286 | 172 |
| 湖南 | 44 732 | 44 531 | 38 930 | 232 | 642 | 1 719 | 1 075 | 1 827 | 106 | 201 | 187 | 8 | 6 | 537 | 261 |
| 广东 | 196 756 | 195 975 | 180 875 | 815 | 1 838 | 605 | 6 085 | 5 646 | 111 | 781 | 673 | 42 | 66 | 3 111 | 1 263 |
| 广西 | 11 239 | 11 115 | 9 327 | 96 | 309 | 89 | 602 | 684 | 8 | 124 | 121 | 2 | 1 | 235 | 216 |
| 海南 | 2 468 | 2 442 | 2 031 | 21 | 111 | | 111 | 155 | 13 | 26 | 23 | 3 | | 68 | 3 |
| 重庆 | 55 677 | 55 536 | 51 851 | 166 | 238 | 1 472 | 900 | 883 | 26 | 141 | 133 | 7 | 1 | 578 | 381 |
| 四川 | 47 495 | 47 252 | 40 215 | 300 | 1 227 | 1 573 | 1 726 | 2 139 | 72 | 243 | 199 | 42 | 2 | 584 | 468 |
| 贵州 | 18 182 | 18 084 | 16 215 | 237 | 164 | 693 | 427 | 333 | 15 | 98 | 80 | 5 | 13 | 193 | 114 |

续表

| 地区 | 当期受理工伤认定数 | | | | | | | | | | | | | 不予认定工伤件数工伤件数 | 当期不予受理申请件数 |
|---|---|---|---|---|---|---|---|---|---|---|---|---|---|---|---|
| | 合计 | 认定工伤件数 | | | | | | | | 视同工伤件数 | | | | | |
| | | 小计 | 在工作时间和工作场所内因工作原因受到事故伤害 | 工作时间前后在工作场所内从事与工作有关的预备性或者收尾性工作受到事故伤害 | 在工作时间和工作场所内因履行工作职责受到暴力等意外伤害 | 患职业病 | 因工外出期间由于工作原因受到伤害或者发生事故下落不明 | 在上下班途中受到机动车事故伤害 | 其他应当认定为工伤的情形 | 小计 | 在工作时间和工作岗位突发疾病死亡或者在48小时之内经抢救无效死亡 | 在抢险救灾等维护国家利益、公共利益活动中受到伤害 | 因战、因公负伤致残到用人单位后旧伤复发 | | |
| 云南 | 20 852 | 20 636 | 18 408 | 104 | 302 | 182 | 1 026 | 554 | 60 | 216 | 195 | 18 | 3 | 279 | 68 |
| 西藏 | 283 | 277 | 230 | 11 | 4 | 2 | 27 | 3 | | 6 | 4 | 2 | | 3 | 7 |
| 陕西 | 10 496 | 10 364 | 8 821 | 792 | 107 | 131 | 231 | 217 | 65 | 132 | 130 | 1 | 1 | 50 | 23 |
| 甘肃 | 5 304 | 5 222 | 4 504 | 99 | 47 | 89 | 239 | 244 | | 82 | 82 | | | 55 | 47 |
| 青海 | 2 980 | 2 934 | 2 617 | 13 | 42 | 20 | 175 | 67 | | 46 | 46 | | | 38 | 27 |
| 宁夏 | 4 247 | 4 204 | 3 321 | 60 | 87 | 135 | 191 | 358 | 52 | 43 | 42 | 1 | | 75 | 36 |
| 新疆 | 10 425 | 10 268 | 8 277 | 62 | 165 | 215 | 739 | 809 | 1 | 157 | 145 | 12 | | 240 | 141 |
| 新疆兵团 | 2 416 | 2 368 | 1 999 | 17 | 26 | 69 | 119 | 138 | | 48 | 48 | | | 71 | 30 |

# 80　2013年各地区工伤认定情况

单位：件

| 地区 | 当期受理工伤认定数 | | | | | | | | | | | | | | 当期不予受理申请件数 |
|---|---|---|---|---|---|---|---|---|---|---|---|---|---|---|---|
| | 合计 | 认定工伤件数 | | | | | | | | 视同工伤件数 | | | | 不予认定工伤件数工伤件数 | |
| | | 小计 | 在工作时间和工作场所内因工作原因受到事故伤害 | 工作时间前后在工作场所内从事与工作有关的预备性或者收尾性工作受到事故伤害 | 在工作时间和工作场所内因履行工作职责受到暴力等意外伤害 | 患职业病 | 因工外出期间由于工作原因受到伤害或者发生事故下落不明 | 在上下班途中受到机动车事故伤害 | 其他应当认定为工伤的情形 | 小计 | 在工作时间和工作岗位突发疾病死亡或者在48小时之内经抢救无效死亡 | 在抢险救灾等维护国家利益、公共利益活动中受到伤害 | 因战、因公负伤致残到用人单位后旧伤复发 | | |
| 全国 | 1 183 378 | 1 175 724 | 1 028 016 | 10 427 | 10 785 | 21 462 | 36 872 | 67 461 | 701 | 7 654 | 7 182 | 311 | 161 | 11 412 | 6 188 |
| 北京 | 24 193 | 23 875 | 17 279 | 277 | 290 | 2 879 | 1 558 | 1 559 | 33 | 318 | 307 | 5 | 6 | 94 | 52 |
| 天津 | 19 994 | 19 868 | 17 274 | 226 | 292 | 407 | 595 | 1 074 | | 126 | 122 | 2 | 2 | 85 | 50 |
| 河北 | 52 745 | 52 256 | 46 505 | 284 | 420 | 489 | 1 494 | 3 060 | 4 | 489 | 471 | 7 | 11 | 262 | 78 |
| 山西 | 15 985 | 15 631 | 13 281 | 126 | 80 | 1 001 | 366 | 776 | 1 | 354 | 348 | 3 | 3 | 110 | 72 |
| 内蒙古 | 9 533 | 9 335 | 7 797 | 119 | 106 | 321 | 456 | 524 | 12 | 198 | 193 | 4 | 1 | 89 | 74 |
| 辽宁 | 29 264 | 28 840 | 25 828 | 196 | 187 | 370 | 816 | 1 307 | 136 | 424 | 420 | 3 | 1 | 86 | 56 |
| 吉林 | 11 884 | 11 666 | 10 632 | 81 | 143 | 174 | 206 | 391 | 39 | 218 | 216 | 1 | 1 | 83 | 136 |
| 黑龙江 | 16 381 | 16 190 | 14 483 | 83 | 129 | 988 | 216 | 291 | | 191 | 175 | 13 | 3 | 88 | 107 |
| 上海 | 56 942 | 56 688 | 46 403 | 851 | 487 | 177 | 2 543 | 6 226 | 1 | 254 | 248 | 3 | 3 | 264 | 11 |
| 江苏 | 107 515 | 107 134 | 90 289 | 818 | 627 | 539 | 2 896 | 11 959 | 6 | 381 | 345 | 24 | 12 | 1 208 | 389 |

续表

| 地区 | 当期受理工伤认定数 | | | | | | | | | | | | | | 当期不予受理申请件数 |
|---|---|---|---|---|---|---|---|---|---|---|---|---|---|---|---|
| | 合计 | 认定工伤件数 | | | | | | | | 视同工伤件数 | | | | 不予认定工伤件数工伤件数 | |
| | | 小计 | 在工作时间和工作场所内因工作原因受到事故伤害 | 工作时间前后在工作场所内从事与工作有关的预备性或者收尾性工作受到事故伤害 | 在工作时间和工作场所内因履行工作职责受到暴力等意外伤害 | 患职业病 | 因工外出期间由于工作原因受到伤害或者发生事故下落不明 | 在上下班途中受到机动车事故伤害 | 其他应当认定为工伤的情形 | 小计 | 在工作时间和工作岗位突发疾病死亡或者在48小时之内经抢救无效死亡 | 在抢险救灾等维护国家利益、公共利益活动中受到伤害 | 因战、因公负伤致残到用人单位后旧伤复发 | | |
| 浙江 | 217 714 | 217 402 | 201 413 | 1 569 | 1 079 | 966 | 3 573 | 8 792 | 10 | 312 | 260 | 43 | 9 | 667 | 1 141 |
| 安徽 | 29 156 | 28 986 | 24 690 | 270 | 257 | 266 | 966 | 2 534 | 3 | 170 | 167 | 1 | 2 | 231 | 178 |
| 福建 | 28 873 | 28 753 | 25 363 | 204 | 139 | 693 | 755 | 1 596 | 3 | 120 | 116 | 2 | 2 | 278 | 254 |
| 江西 | 17 690 | 17 622 | 15 080 | 70 | 190 | 118 | 825 | 1 339 | | 68 | 68 | | | 301 | 98 |
| 山东 | 68 481 | 67 947 | 53 397 | 1 245 | 1 018 | 1 205 | 3 342 | 7 707 | 33 | 534 | 498 | 13 | 23 | 490 | 333 |
| 河南 | 21 995 | 21 543 | 17 325 | 203 | 225 | 660 | 984 | 2 144 | 2 | 452 | 432 | 6 | 14 | 192 | 80 |
| 湖北 | 23 981 | 23 790 | 20 315 | 330 | 335 | 518 | 772 | 1 499 | 21 | 191 | 183 | 6 | 2 | 301 | 205 |
| 湖南 | 50 520 | 50 223 | 45 054 | 259 | 520 | 1 459 | 1 196 | 1 734 | 1 | 297 | 237 | 46 | 14 | 666 | 178 |
| 广东 | 188 155 | 187 330 | 171 819 | 857 | 1 461 | 624 | 6 546 | 5 978 | 45 | 826 | 778 | 44 | 4 | 3 077 | 1 197 |
| 广西 | 11 344 | 11 180 | 9 182 | 104 | 350 | 116 | 605 | 818 | 5 | 164 | 160 | 4 | | 210 | 96 |
| 海南 | 2 611 | 2 575 | 2 043 | 20 | 95 | 31 | 129 | 232 | 25 | 36 | 33 | 1 | 2 | 107 | 47 |
| 重庆 | 55 349 | 55 205 | 49 830 | 327 | 336 | 2 902 | 846 | 946 | 18 | 144 | 135 | 8 | 1 | 757 | 390 |
| 四川 | 45 227 | 44 940 | 36 385 | 507 | 1 158 | 2 540 | 1 863 | 2 415 | 72 | 287 | 247 | 34 | 6 | 658 | 469 |
| 贵州 | 19 323 | 19 199 | 16 838 | 145 | 190 | 1 030 | 598 | 392 | 6 | 124 | 117 | 6 | 1 | 206 | 160 |

续表

| 地区 | 当期受理工伤认定数 | | | | | | | | | | | | | 当期不予受理申请件数 |
|---|---|---|---|---|---|---|---|---|---|---|---|---|---|---|
| | 合计 | 认定工伤件数 | | | | | | | | 视同工伤件数 | | | 不予认定工伤件数工伤件数 | |
| | | 小计 | 在工作时间和工作场所内因工作原因受到事故伤害 | 工作时间前后在工作场所内从事与工作有关的预备性或者收尾性工作受到事故伤害 | 在工作时间和工作场所内因履行工作职责受到暴力等意外伤害 | 患职业病 | 因工外出期间由于工作原因受到伤害或者发生事故下落不明 | 在上下班途中受到机动车事故伤害 | 其他应当认定为工伤的情形 | 小计 | 在工作时间和工作岗位突发疾病死亡或者在48小时之内经抢救无效死亡 | 在抢险救灾等维护国家利益、公共利益活动中受到伤害 | 因战、因公负伤致残到用人单位后旧伤复发 | | |
| 云南 | 21 379 | 21 119 | 18 554 | 95 | 234 | 299 | 1 298 | 600 | 39 | 260 | 240 | 20 | | 338 | 52 |
| 西藏 | 321 | 310 | 259 | 8 | 5 | | 30 | 8 | | 11 | 10 | 1 | | 5 | 3 |
| 陕西 | 11 947 | 11 698 | 9 771 | 929 | 131 | 181 | 319 | 298 | 69 | 249 | 208 | 5 | 36 | 62 | 35 |
| 甘肃 | 4 781 | 4 690 | 4 095 | 33 | 83 | 129 | 202 | 148 | | 91 | 89 | 2 | | 70 | 65 |
| 青海 | 2 784 | 2 748 | 2 498 | 7 | 17 | 55 | 117 | 54 | | 36 | 36 | | | 39 | 24 |
| 宁夏 | 3 531 | 3 440 | 2 761 | 40 | 72 | 105 | 168 | 294 | | 91 | 89 | 2 | | 76 | 48 |
| 新疆 | 11 331 | 11 151 | 9 493 | 127 | 111 | 187 | 483 | 633 | 117 | 180 | 177 | 1 | 2 | 253 | 99 |
| 新疆兵团 | 2 448 | 2 390 | 2 080 | 17 | 18 | 33 | 109 | 133 | | 58 | 57 | 1 | | 59 | 11 |

# 81　2014年各地区工伤认定情况

单位：件

| 地区 | 当期受理工伤认定数 | | | | | | | | | | | | | | 当期不予受理申请件数 |
|---|---|---|---|---|---|---|---|---|---|---|---|---|---|---|---|
| | 合计 | 认定工伤件数 | | | | | | | | 视同工伤件数 | | | | 不予认定工伤件数工伤件数 | |
| | | 小计 | 在工作时间和工作场所内因工作原因受到事故伤害 | 工作时间前后在工作场所内从事与工作有关的预备性或者收尾性工作受到事故伤害 | 在工作时间和工作场所内因履行工作职责受到暴力等意外伤害 | 患职业病 | 因工外出期间由于工作原因受到伤害或者发生事故下落不明 | 在上下班途中受到机动车事故伤害 | 其他应当认定为工伤的情形 | 小计 | 在工作时间和工作岗位突发疾病死亡或者在48小时之内经抢救无效死亡 | 在抢险救灾等维护国家利益、公共利益活动中受到伤害 | 因战、因公负伤致残到用人单位后旧伤复发 | | |
| 全国 | 1 146 592 | 1 138 869 | 981 514 | 11 020 | 11 868 | 21 751 | 39 929 | 72 071 | 716 | 7 723 | 7 344 | 214 | 165 | 13 659 | 6 363 |
| 北京 | 24 023 | 23 706 | 18 107 | 255 | 371 | 1 407 | 1 686 | 1 860 | 20 | 317 | 310 | 1 | 6 | 115 | 67 |
| 天津 | 19 594 | 19 432 | 16 543 | 219 | 241 | 698 | 623 | 1 106 | 2 | 162 | 156 | 2 | 4 | 94 | 67 |
| 河北 | 55 395 | 54 962 | 48 737 | 298 | 381 | 577 | 1 567 | 3 374 | 28 | 433 | 426 | 3 | 4 | 417 | 95 |
| 山西 | 17 418 | 17 134 | 14 665 | 105 | 82 | 1 107 | 359 | 816 | | 284 | 270 | 13 | 1 | 192 | 72 |
| 内蒙古 | 8 626 | 8 477 | 6 823 | 62 | 127 | 321 | 676 | 467 | 1 | 149 | 145 | 3 | 1 | 140 | 61 |
| 辽宁 | 31 932 | 31 529 | 28 272 | 235 | 293 | 444 | 915 | 1 200 | 170 | 403 | 394 | 5 | 4 | 236 | 150 |
| 吉林 | 12 202 | 12 019 | 10 682 | 135 | 119 | 206 | 320 | 490 | 67 | 183 | 174 | 5 | 4 | 107 | 103 |
| 黑龙江 | 15 314 | 14 988 | 13 500 | 62 | 119 | 736 | 268 | 300 | 3 | 326 | 317 | 3 | 6 | 55 | 98 |
| 上海 | 57 412 | 57 154 | 46 009 | 949 | 510 | 129 | 2 794 | 6 758 | 5 | 258 | 251 | 2 | 5 | 331 | 191 |
| 江苏 | 111 546 | 111 176 | 93 353 | 957 | 647 | 464 | 2 830 | 12 922 | 3 | 370 | 355 | 6 | 9 | 1 453 | 414 |

续表

| 地区 | 当期受理工伤认定数 | | | | | | | | | | | | | | 当期不予受理申请件数 |
|---|---|---|---|---|---|---|---|---|---|---|---|---|---|---|---|
| | 合计 | 认定工伤件数 | | | | | | | | 视同工伤件数 | | | | 不予认定工伤件数工伤件数 | |
| | | 小计 | 在工作时间和工作场所内因工作原因受到事故伤害 | 工作时间前后在工作场所内从事与工作有关的预备性或者收尾性工作受到事故伤害 | 在工作时间和工作场所内因履行工作职责受到暴力等意外伤害 | 患职业病 | 因工外出期间由于工作原因受到伤害或者发生事故下落不明 | 在上下班途中受到机动车事故伤害 | 其他应当认定为工伤的情形 | 小计 | 在工作时间和工作岗位突发疾病死亡或者在48小时之内经抢救无效死亡 | 在抢险救灾等维护国家利益、公共利益活动中受到伤害 | 因战、因公负伤致残到用人单位后旧伤复发 | | |
| 浙江 | 177 414 | 177 071 | 159 432 | 1 222 | 1 408 | 1 224 | 4 180 | 9 586 | 19 | 343 | 310 | 18 | 15 | 838 | 875 |
| 安徽 | 30 759 | 30 592 | 25 496 | 371 | 226 | 466 | 1 149 | 2 875 | 9 | 167 | 159 | 2 | 6 | 301 | 190 |
| 福建 | 28 994 | 28 832 | 25 380 | 203 | 211 | 456 | 967 | 1 615 | | 162 | 156 | 1 | 5 | 246 | 209 |
| 江西 | 21 135 | 20 993 | 18 477 | 72 | 201 | 117 | 773 | 1 350 | 3 | 142 | 139 | 3 | | 276 | 137 |
| 山东 | 68 565 | 68 049 | 53 247 | 1 209 | 1 001 | 1 297 | 3 421 | 7 857 | 17 | 516 | 494 | 11 | 11 | 541 | 321 |
| 河南 | 22 964 | 22 505 | 17 121 | 533 | 488 | 908 | 1 313 | 2 102 | 40 | 459 | 451 | 3 | 5 | 203 | 53 |
| 湖北 | 21 377 | 21 209 | 18 080 | 233 | 278 | 523 | 792 | 1 259 | 44 | 168 | 165 | 1 | 2 | 355 | 165 |
| 湖南 | 50 305 | 50 082 | 44 494 | 250 | 511 | 1 128 | 1 454 | 2 244 | 1 | 223 | 221 | 1 | 1 | 800 | 106 |
| 广东 | 179 472 | 178 679 | 162 533 | 926 | 1 597 | 678 | 6 661 | 6 283 | 1 | 793 | 751 | 40 | 2 | 3 598 | 1 577 |
| 广西 | 11 222 | 11 068 | 9 147 | 91 | 303 | 114 | 608 | 795 | 10 | 154 | 148 | 5 | 1 | 246 | 89 |
| 海南 | 2 905 | 2 863 | 2 265 | 36 | 213 | 4 | 97 | 223 | 25 | 42 | 37 | 3 | 2 | 113 | 43 |
| 重庆 | 54 029 | 53 876 | 47 531 | 286 | 391 | 3 523 | 957 | 1 169 | 19 | 153 | 146 | 3 | 4 | 824 | 442 |
| 四川 | 46 264 | 45 951 | 36 928 | 598 | 1 239 | 2 638 | 1 951 | 2 552 | 45 | 313 | 282 | 29 | 2 | 851 | 391 |
| 贵州 | 18 609 | 18 481 | 15 633 | 181 | 215 | 1 345 | 661 | 417 | 29 | 128 | 112 | 9 | 7 | 237 | 112 |

续表

| 地区 | 当期受理工伤认定数 | | | | | | | | | | | | | | 当期不予受理申请件数 |
|---|---|---|---|---|---|---|---|---|---|---|---|---|---|---|---|
| | 合计 | 认定工伤件数 | | | | | | | | 视同工伤件数 | | | | 不予认定工伤件数工伤件数 | |
| | | 小计 | 在工作时间和工作场所内因工作原因受到事故伤害 | 工作时间前后在工作场所内从事与工作有关的预备性或者收尾性工作受到事故伤害 | 在工作时间和工作场所内因履行工作职责受到暴力等意外伤害 | 患职业病 | 因工外出期间由于工作原因受到伤害或者发生事故下落不明 | 在上下班途中受到机动车事故伤害 | 其他应当认定为工伤的情形 | 小计 | 在工作时间和工作岗位突发疾病死亡或者在48小时之内经抢救无效死亡 | 在抢险救灾等维护国家利益、公共利益活动中受到伤害 | 因战、因公负伤致残到用人单位后旧伤复发 | | |
| 云南 | 18 017 | 17 751 | 14 885 | 185 | 295 | 364 | 1 256 | 691 | 75 | 266 | 243 | 13 | 10 | 432 | 80 |
| 西藏 | 339 | 322 | 274 | 2 | 7 | 1 | 33 | 5 | | 17 | 17 | | | 13 | 2 |
| 陕西 | 14 336 | 14 037 | 11 725 | 1 124 | 157 | 337 | 262 | 357 | 75 | 299 | 249 | 7 | 43 | 74 | 42 |
| 甘肃 | 5 400 | 5 294 | 4 469 | 41 | 57 | 171 | 256 | 300 | | 106 | 104 | 2 | | 66 | 62 |
| 青海 | 3 068 | 3 030 | 2 820 | 7 | 16 | 38 | 104 | 45 | | 38 | 36 | 1 | 1 | 62 | 30 |
| 宁夏 | 5 073 | 5 009 | 4 093 | 56 | 60 | 116 | 213 | 471 | | 64 | 61 | 2 | 1 | 108 | 26 |
| 新疆 | 10 402 | 10 175 | 8 744 | 96 | 88 | 163 | 652 | 427 | 5 | 227 | 210 | 16 | 1 | 262 | 76 |
| 新疆兵团 | 2 481 | 2 423 | 2 049 | 21 | 16 | 51 | 131 | 155 | | 58 | 55 | 1 | 2 | 73 | 17 |

# 82　2015年各地区工伤认定情况

单位：件

| 地区 | 当期受理工伤认定数 | | | | | | | | | | | | | | 当期不予受理申请件数 |
|---|---|---|---|---|---|---|---|---|---|---|---|---|---|---|---|
| | 合计 | 认定工伤件数 | | | | | | | | 视同工伤件数 | | | | 不予认定工伤件数 | |
| | | 小计 | 在工作时间和工作场所内因工作原因受到事故伤害 | 工作时间前后在工作场所内从事与工作有关的预备性或者收尾性工作受到事故伤害 | 在工作时间和工作场所内因履行工作职责受到暴力等意外伤害 | 患职业病 | 因工外出期间由于工作原因受到伤害或者发生事故下落不明 | 在上下班途中受到机动车事故伤害 | 其他应当认定为工伤的情形 | 小计 | 在工作时间和工作岗位突发疾病死亡或者在48小时之内经抢救无效死亡 | 在抢险救灾等维护国家利益、公共利益活动中受到伤害 | 因战、因公负伤致残到用人单位后旧伤复发 | | |
| 全国 | 1 075 906 | 1 067 377 | 905 240 | 9 859 | 11 062 | 20 835 | 41 531 | 78 080 | 770 | 8 529 | 8 192 | 185 | 152 | 14 761 | 5 894 |
| 北京 | 22 713 | 22 375 | 15 965 | 330 | 350 | 1 691 | 1 892 | 2 128 | 19 | 338 | 328 | 2 | 8 | 161 | 49 |
| 天津 | 19 297 | 19 162 | 15 885 | 293 | 197 | 830 | 673 | 1 274 | 10 | 135 | 129 | 1 | 5 | 107 | 55 |
| 河北 | 44 099 | 43 681 | 38 028 | 350 | 335 | 551 | 1 437 | 2 972 | 8 | 418 | 411 | 2 | 5 | 690 | 63 |
| 山西 | 17 916 | 17 554 | 14 789 | 118 | 93 | 1 193 | 450 | 911 | | 362 | 354 | 1 | 7 | 197 | 57 |
| 内蒙古 | 8 663 | 8 484 | 6 613 | 62 | 104 | 385 | 701 | 609 | 10 | 179 | 173 | 3 | 3 | 175 | 81 |
| 辽宁 | 33 461 | 32 987 | 29 457 | 209 | 326 | 268 | 939 | 1 666 | 122 | 474 | 464 | 3 | 7 | 212 | 139 |
| 吉林 | 10 695 | 10 508 | 9 291 | 103 | 113 | 244 | 246 | 468 | 43 | 187 | 184 | 2 | 1 | 74 | 33 |
| 黑龙江 | 12 719 | 12 450 | 10 890 | 212 | 132 | 521 | 293 | 388 | 14 | 269 | 265 | 3 | 1 | 61 | 107 |
| 上海 | 53 928 | 53 610 | 42 131 | 983 | 438 | 105 | 2 940 | 7 012 | 1 | 318 | 310 | 4 | 4 | 493 | 164 |
| 江苏 | 114 067 | 113 610 | 94 167 | 774 | 651 | 534 | 3 215 | 14 264 | 5 | 457 | 444 | 2 | 11 | 1 457 | 392 |

续表

| 地区 | 当期受理工伤认定数 | | | | | | | | | | | | | 不予认定工伤件数工伤件数 | 当期不予受理申请件数 |
|---|---|---|---|---|---|---|---|---|---|---|---|---|---|---|---|
| | 合计 | 认定工伤件数 | | | | | | | | 视同工伤件数 | | | | | |
| | | 小计 | 在工作时间和工作场所内因工作原因受到事故伤害 | 工作时间前后在工作场所内从事与工作有关的预备性或者收尾性工作受到事故伤害 | 在工作时间和工作场所内因履行工作职责受到暴力等意外伤害 | 患职业病 | 因工外出期间由于工作原因受到伤害或者发生事故下落不明 | 在上下班途中受到机动车事故伤害 | 其他应当认定为工伤的情形 | 小计 | 在工作时间和工作岗位突发疾病死亡或者在48小时之内经抢救无效死亡 | 在抢险救灾等维护国家利益、公共利益活动中受到伤害 | 因战、因公负伤致残到用人单位后旧伤复发 | | |
| 浙江 | 162 382 | 161 999 | 147 358 | 703 | 450 | 312 | 3 528 | 9 605 | 43 | 383 | 359 | 21 | 3 | 579 | 688 |
| 安徽 | 31 230 | 31 020 | 25 090 | 466 | 283 | 438 | 1 261 | 3 477 | 5 | 210 | 206 | 3 | 1 | 328 | 118 |
| 福建 | 30 868 | 30 703 | 26 892 | 242 | 225 | 235 | 1 097 | 2 012 | | 165 | 160 | 3 | 2 | 284 | 145 |
| 江西 | 18 709 | 18 503 | 15 528 | 205 | 168 | 137 | 766 | 1 698 | 1 | 206 | 206 | | | 407 | 183 |
| 山东 | 69 576 | 69 011 | 53 079 | 1 266 | 988 | 1 871 | 3 543 | 8 185 | 79 | 565 | 512 | 41 | 12 | 639 | 374 |
| 河南 | 23 085 | 22 573 | 17 584 | 245 | 230 | 697 | 1 128 | 2 686 | 3 | 512 | 462 | 12 | 38 | 198 | 73 |
| 湖北 | 23 660 | 23 455 | 19 583 | 319 | 370 | 440 | 973 | 1 748 | 22 | 205 | 204 | | 1 | 480 | 147 |
| 湖南 | 43 690 | 43 383 | 38 547 | 133 | 479 | 885 | 1 391 | 1 920 | 28 | 307 | 301 | | 6 | 841 | 145 |
| 广东 | 158 907 | 158 045 | 142 024 | 917 | 1 438 | 704 | 6 442 | 6 520 | | 862 | 847 | 14 | 1 | 3 632 | 1 654 |
| 广西 | 10 584 | 10 423 | 8 367 | 129 | 304 | 98 | 605 | 919 | 1 | 161 | 160 | | 1 | 320 | 50 |
| 海南 | 2 723 | 2 690 | 2 208 | 16 | 96 | 8 | 119 | 219 | 24 | 33 | 26 | 3 | 4 | 63 | 14 |
| 重庆 | 48 644 | 48 464 | 41 332 | 288 | 518 | 3 652 | 1 249 | 1 398 | 27 | 180 | 175 | 1 | 4 | 859 | 321 |
| 四川 | 40 002 | 39 713 | 30 924 | 535 | 1 166 | 2 320 | 2 145 | 2 572 | 51 | 289 | 277 | 10 | 2 | 973 | 395 |
| 贵州 | 18 680 | 18 548 | 15 139 | 278 | 325 | 1 454 | 854 | 478 | 20 | 132 | 119 | 5 | 8 | 313 | 115 |

续表

| 地区 | 当期受理工伤认定数 | | | | | | | | | | | | | | 当期不予受理申请件数 |
|---|---|---|---|---|---|---|---|---|---|---|---|---|---|---|---|
| | 合计 | 认定工伤件数 | | | | | | | | 视同工伤件数 | | | | 不予认定工伤件数工伤件数 | |
| | | 小计 | 在工作时间和工作场所内因工作原因受到事故伤害 | 工作时间前后在工作场所内从事与工作有关的预备性或者收尾性工作受到事故伤害 | 在工作时间和工作场所内因履行工作职责受到暴力等意外伤害 | 患职业病 | 因工外出期间由于工作原因受到伤害或者发生事故下落不明 | 在上下班途中受到机动车事故伤害 | 其他应当认定为工伤的情形 | 小计 | 在工作时间和工作岗位突发疾病死亡或者在48小时之内经抢救无效死亡 | 在抢险救灾等维护国家利益、公共利益活动中受到伤害 | 因战、因公负伤致残到用人单位后旧伤复发 | | |
| 云南 | 16 221 | 15 930 | 12 957 | 148 | 320 | 374 | 1 336 | 675 | 120 | 291 | 267 | 15 | 9 | 422 | 63 |
| 西藏 | 519 | 490 | 405 | 3 | 1 | 1 | 53 | 27 | | 29 | 29 | | | 15 | 3 |
| 陕西 | 13 934 | 13 678 | 11 160 | 236 | 220 | 442 | 782 | 727 | 111 | 256 | 246 | 6 | 4 | 95 | 56 |
| 甘肃 | 5 126 | 5 035 | 4 283 | 50 | 37 | 146 | 231 | 288 | | 91 | 90 | | 1 | 66 | 56 |
| 青海 | 2 690 | 2 658 | 2 427 | 10 | 21 | 27 | 107 | 66 | | 32 | 32 | | | 51 | 24 |
| 宁夏 | 4 904 | 4 839 | 3 922 | 65 | 64 | 103 | 235 | 450 | | 65 | 64 | 1 | | 131 | 27 |
| 新疆 | 10 007 | 9 634 | 7 395 | 146 | 604 | 131 | 782 | 575 | 1 | 373 | 343 | 27 | 3 | 423 | 100 |
| 新疆兵团 | 2 207 | 2 162 | 1 820 | 25 | 16 | 38 | 118 | 143 | 2 | 45 | 45 | | | 15 | 3 |

# 83　2016年各地区工伤认定情况

单位：件

| 地区 | 当期受理工伤认定数 | | | | | | | | | | | | | | 当期不予受理申请件数 |
|---|---|---|---|---|---|---|---|---|---|---|---|---|---|---|---|
| | 合计 | 认定工伤件数 | | | | | | | | 视同工伤件数 | | | | 不予认定工伤件数工伤件数 | |
| | | 小计 | 在工作时间和工作场所内因工作原因受到事故伤害 | 工作时间前后在工作场所内从事与工作有关的预备性或者收尾性工作受到事故伤害 | 在工作时间和工作场所内因履行工作职责受到暴力等意外伤害 | 患职业病 | 因工外出期间由于工作原因受到伤害或者发生事故下落不明 | 在上下班途中受到机动车事故伤害 | 其他应当认定为工伤的情形 | 小计 | 在工作时间和工作岗位突发疾病死亡或者在48小时之内经抢救无效死亡 | 在抢险救灾等维护国家利益、公共利益活动中受到伤害 | 因战、因公负伤致残到用人单位后旧伤复发 | | |
| 全国 | 1 036 139 | 1 027 421 | 860 945 | 10 915 | 10 639 | 20 812 | 44 029 | 78 792 | 1 289 | 8 718 | 8 387 | 188 | 143 | 16 355 | 5 104 |
| 北京 | 21 734 | 21 406 | 15 570 | 370 | 303 | 999 | 2 048 | 2 107 | 9 | 328 | 322 | 3 | 3 | 173 | 51 |
| 天津 | 18 156 | 18 002 | 14 939 | 334 | 238 | 550 | 712 | 1 222 | 7 | 154 | 152 | | 2 | 109 | 30 |
| 河北 | 51 562 | 50 989 | 44 217 | 444 | 388 | 670 | 1 720 | 3 530 | 20 | 573 | 561 | 7 | 5 | 787 | 20 |
| 山西 | 19 691 | 19 367 | 16 520 | 145 | 115 | 1 271 | 400 | 916 | | 324 | 319 | | 5 | 196 | 63 |
| 内蒙古 | 8 969 | 8 758 | 6 362 | 109 | 126 | 434 | 965 | 762 | | 211 | 209 | | 2 | 218 | 96 |
| 辽宁 | 30 397 | 29 939 | 25 975 | 283 | 327 | 407 | 1 058 | 1 582 | 307 | 458 | 445 | 2 | 11 | 251 | 100 |
| 吉林 | 10 673 | 10 456 | 9 093 | 116 | 158 | 278 | 245 | 468 | 98 | 217 | 212 | 2 | 3 | 86 | 33 |
| 黑龙江 | 13 748 | 13 426 | 12 030 | 108 | 146 | 415 | 329 | 391 | 7 | 322 | 314 | 5 | 3 | 146 | 81 |
| 上海 | 49 946 | 49 650 | 38 158 | 976 | 421 | 109 | 2 908 | 7 078 | | 296 | 288 | 1 | 7 | 556 | 95 |
| 江苏 | 110 739 | 110 264 | 89 572 | 930 | 669 | 518 | 3 160 | 15 379 | 36 | 475 | 426 | 33 | 16 | 1 377 | 338 |

续表

| 地区 | 当期受理工伤认定数 | | | | | | | | | | | | | | 当期不予受理申请件数 |
|---|---|---|---|---|---|---|---|---|---|---|---|---|---|---|---|
| | 合计 | 认定工伤件数 | | | | | | | | 视同工伤件数 | | | | 不予认定工伤件数工伤件数 | |
| | | 小计 | 在工作时间和工作场所内因工作原因受到事故伤害 | 工作时间前后在工作场所内从事与工作有关的预备性或者收尾性工作受到事故伤害 | 在工作时间和工作场所内因履行工作职责受到暴力等意外伤害 | 患职业病 | 因工外出期间由于工作原因受到伤害或者发生事故下落不明 | 在上下班途中受到机动车事故伤害 | 其他应当认定为工伤的情形 | 小计 | 在工作时间和工作岗位突发疾病死亡或者在48小时之内经抢救无效死亡 | 在抢险救灾等维护国家利益、公共利益活动中受到伤害 | 因战、因公负伤致残到用人单位后旧伤复发 | | |
| 浙江 | 150 848 | 150 480 | 135 461 | 720 | 447 | 352 | 3 813 | 9 634 | 53 | 368 | 345 | 22 | 1 | 586 | 588 |
| 安徽 | 31 530 | 31 344 | 25 191 | 558 | 277 | 476 | 1 477 | 3 361 | 4 | 186 | 178 | 7 | 1 | 341 | 91 |
| 福建 | 31 340 | 31 173 | 27 041 | 240 | 213 | 711 | 1 097 | 1 871 | | 167 | 163 | 2 | 2 | 300 | 142 |
| 江西 | 20 184 | 20 029 | 16 846 | 199 | 181 | 336 | 759 | 1 702 | 6 | 155 | 144 | 1 | 10 | 441 | 281 |
| 山东 | 62 074 | 61 457 | 48 790 | 586 | 486 | 1 652 | 3 245 | 6 573 | 125 | 617 | 596 | 4 | 17 | 649 | 265 |
| 河南 | 22 957 | 22 442 | 17 401 | 462 | 402 | 429 | 1 247 | 2 455 | 46 | 515 | 491 | 9 | 15 | 231 | 50 |
| 湖北 | 23 368 | 23 154 | 18 885 | 255 | 399 | 595 | 1 125 | 1 849 | 46 | 214 | 204 | 8 | 2 | 534 | 230 |
| 湖南 | 43 429 | 43 203 | 37 406 | 268 | 493 | 813 | 1 634 | 2 545 | 44 | 226 | 224 | 2 | | 771 | 93 |
| 广东 | 150 539 | 149 584 | 133 019 | 1 097 | 1 224 | 749 | 6 884 | 6 611 | | 955 | 932 | 19 | 4 | 4 874 | 1 504 |
| 广西 | 10 672 | 10 501 | 8 327 | 126 | 311 | 83 | 720 | 931 | 3 | 171 | 169 | 1 | 1 | 377 | 56 |
| 海南 | 2 463 | 2 417 | 2 002 | 20 | 66 | 1 | 171 | 157 | | 46 | 45 | | 1 | 64 | 31 |
| 重庆 | 42 336 | 42 180 | 35 098 | 322 | 679 | 3 771 | 1 043 | 1 263 | 4 | 156 | 152 | 3 | 1 | 829 | 213 |
| 四川 | 37 059 | 36 768 | 28 451 | 652 | 1 044 | 1 760 | 1 912 | 2 863 | 86 | 291 | 253 | 34 | 4 | 966 | 243 |
| 贵州 | 15 827 | 15 676 | 11 807 | 156 | 240 | 2 037 | 924 | 508 | 4 | 151 | 144 | 1 | 6 | 266 | 122 |

续表

| 地区 | 当期受理工伤认定数 | | | | | | | | | | | | | | 不予认定工伤件数工伤件数 | 当期不予受理申请件数 |
|---|---|---|---|---|---|---|---|---|---|---|---|---|---|---|---|---|
| | 合计 | 认定工伤件数 | | | | | | | | 视同工伤件数 | | | | | | |
| | | 小计 | 在工作时间和工作场所内因工作原因受到事故伤害 | 工作时间前后在工作场所内从事与工作有关的预备性或者收尾性工作受到事故伤害 | 在工作时间和工作场所内因履行工作职责受到暴力等意外伤害 | 患职业病 | 因工外出期间由于工作原因受到伤害或者发生事故下落不明 | 在上下班途中受到机动车事故伤害 | 其他应当认定为工伤的情形 | 小计 | 在工作时间和工作岗位突发疾病死亡或者在48小时之内经抢救无效死亡 | 在抢险救灾等维护国家利益、公共利益活动中受到伤害 | 因战、因公负伤致残到用人单位后旧伤复发 | | | |
| 云南 | 16 145 | 15 848 | 12 411 | 165 | 302 | 492 | 1 527 | 786 | 165 | 297 | 279 | 4 | 14 | 424 | 67 |
| 西藏 | 587 | 571 | 451 | 4 | 6 | | 95 | 15 | | 16 | 16 | | | 17 | 11 |
| 陕西 | 14 631 | 14 354 | 11 173 | 380 | 242 | 437 | 1 179 | 797 | 146 | 277 | 275 | 2 | | 130 | 66 |
| 甘肃 | 4 991 | 4 871 | 4 082 | 52 | 62 | 80 | 323 | 272 | | 120 | 105 | 13 | 2 | 93 | 28 |
| 青海 | 2 709 | 2 670 | 2 428 | 7 | 17 | 55 | 125 | 38 | | 39 | 39 | | | 31 | 24 |
| 宁夏 | 4 787 | 4 731 | 3 535 | 207 | 116 | 161 | 279 | 432 | 1 | 56 | 55 | 1 | | 116 | 28 |
| 新疆 | 12 048 | 11 711 | 8 704 | 624 | 541 | 171 | 905 | 694 | 72 | 337 | 330 | 2 | 5 | 416 | 64 |

# 84　2008 年各地区因工死亡人员工伤认定情况

单位：件

| 地区 | 当期受理工伤认定数 | | | | | | | | | | | | | | 当期不予受理申请件数 |
|---|---|---|---|---|---|---|---|---|---|---|---|---|---|---|---|
| | 合计 | 认定工伤件数 | | | | | | | | 视同工伤件数 | | | | 不予认定工伤件数工伤件数 | |
| | | 小计 | 在工作时间和工作场所内因工作原因受到事故伤害 | 工作时间前后在工作场所内从事与工作有关的预备性或者收尾性工作受到事故伤害 | 在工作时间和工作场所内因履行工作职责受到暴力等意外伤害 | 患职业病 | 因工外出期间由于工作原因受到伤害或者发生事故下落不明 | 在上下班途中受到机动车事故伤害 | 其他应当认定为工伤的情形 | 小计 | 在工作时间和工作岗位突发疾病死亡或者在 48 小时之内经抢救无效死亡 | 在抢险救灾等维护国家利益、公共利益活动中受到伤害 | 因战、因公负伤致残到用人单位后旧伤复发 | | |
| 全国 | 19 483 | 14 727 | 8 433 | 112 | 650 | 100 | 1 342 | 3 429 | 661 | 4 396 | 4 320 | 60 | 16 | 360 | 45 |
| 北京 | 620 | 355 | 114 | 3 | 9 | 1 | 58 | 133 | 37 | 225 | 223 | 2 | | 40 | 6 |
| 天津 | 316 | 199 | 71 | 1 | | | 34 | 93 | | 107 | 105 | 1 | 1 | 10 | 2 |
| 河北 | 1 110 | 808 | 429 | 6 | 9 | 5 | 68 | 291 | | 280 | 278 | 2 | | 22 | |
| 山西 | 739 | 501 | 325 | 3 | 3 | 3 | 44 | 123 | | 218 | 218 | | | 20 | |
| 内蒙古 | 415 | 256 | 139 | | 3 | 3 | 50 | 61 | | 147 | 146 | 1 | | 12 | 2 |
| 辽宁 | 633 | 422 | 260 | 4 | 5 | 3 | 36 | 113 | 1 | 211 | 211 | | | | 7 |
| 吉林 | 241 | 136 | 86 | 4 | 3 | 1 | 9 | 33 | | 104 | 104 | | | 1 | |
| 黑龙江 | 495 | 226 | 168 | 2 | 5 | 3 | 15 | 33 | | 264 | 264 | | | 5 | |
| 上海 | 725 | 468 | 241 | | 7 | | 67 | 153 | | 209 | 209 | | | 48 | |
| 江苏 | 1 197 | 978 | 412 | 2 | 4 | 5 | 90 | 465 | | 185 | 181 | 3 | 1 | 34 | 4 |

续表

| 地区 | 当期受理工伤认定数 | | | | | | | | | | | | | | | 当期不予受理申请件数 |
|---|---|---|---|---|---|---|---|---|---|---|---|---|---|---|---|---|
| | 合计 | 认定工伤件数 | | | | | | | | 视同工伤件数 | | | | 不予认定工伤件数工伤件数 | | |
| | | 小计 | 在工作时间和工作场所内因工作原因受到事故伤害 | 工作时间前后在工作场所内从事与工作有关的预备性或者收尾性工作受到事故伤害 | 在工作时间和工作场所内因履行工作职责受到暴力等意外伤害 | 患职业病 | 因工外出期间由于工作原因受到伤害或者发生事故下落不明 | 在上下班途中受到机动车事故伤害 | 其他应当认定为工伤的情形 | 小计 | 在工作时间和工作岗位突发疾病死亡或者在48小时之内经抢救无效死亡 | 在抢险救灾等维护国家利益、公共利益活动中受到伤害 | 因战、因公负伤致残到用人单位后旧伤复发 | | | |
| 浙江 | 1 012 | 803 | 476 | 1 | 6 | 2 | 79 | 238 | 1 | 184 | 182 | 2 | | 25 | | |
| 安徽 | 372 | 294 | 159 | 2 | 2 | | 24 | 107 | | 62 | 62 | | | 16 | | |
| 福建 | 421 | 315 | 173 | 3 | 1 | | 24 | 114 | | 99 | 98 | | 1 | 7 | | |
| 江西 | 134 | 99 | 58 | 4 | 1 | 1 | 2 | 32 | 1 | 35 | 33 | 1 | 1 | | | |
| 山东 | 1 015 | 767 | 213 | 4 | 8 | 2 | 82 | 458 | | 223 | 217 | 6 | | 25 | | 3 |
| 河南 | 951 | 598 | 367 | 19 | 8 | 11 | 54 | 139 | | 341 | 337 | 4 | | 12 | | |
| 湖北 | 293 | 222 | 132 | 1 | 7 | 2 | 18 | 56 | 6 | 68 | 65 | 3 | | 3 | | 3 |
| 湖南 | 415 | 276 | 229 | 1 | 2 | 2 | 10 | 32 | | 139 | 130 | 9 | | | | |
| 广东 | 1 300 | 961 | 417 | 6 | 17 | 14 | 148 | 350 | 9 | 339 | 325 | 12 | 2 | | | |
| 广西 | 257 | 190 | 131 | | 5 | 8 | 20 | 26 | | 62 | 61 | 1 | | 5 | | 1 |
| 海南 | 31 | 16 | 6 | | | | 3 | 7 | | 15 | 15 | | | | | |
| 重庆 | 733 | 595 | 510 | 8 | 2 | 4 | 19 | 52 | | 110 | 107 | 2 | 1 | 28 | | 7 |
| 四川 | 4 034 | 3 891 | 2 399 | 14 | 527 | 4 | 225 | 119 | 603 | 143 | 140 | 3 | | | | |
| 贵州 | 371 | 305 | 251 | 9 | 1 | 2 | 17 | 25 | | 53 | 51 | 2 | | 13 | | 5 |

续表

| 地区 | 当期受理工伤认定数 | | | | | | | | | | | | | | 当期不予受理申请件数 |
|---|---|---|---|---|---|---|---|---|---|---|---|---|---|---|---|
| | 合计 | 认定工伤件数 | | | | | | | | 视同工伤件数 | | | | 不予认定工伤件数工伤件数 | |
| | | 小计 | 在工作时间和工作场所内因工作原因受到事故伤害 | 工作时间前后在工作场所内从事与工作有关的预备性或者收尾性工作受到事故伤害 | 在工作时间和工作场所内因履行工作职责受到暴力等意外伤害 | 患职业病 | 因工外出期间由于工作原因受到伤害或者发生事故下落不明 | 在上下班途中受到机动车事故伤害 | 其他应当认定为工伤的情形 | 小计 | 在工作时间和工作岗位突发疾病死亡或者在48小时之内经抢救无效死亡 | 在抢险救灾等维护国家利益、公共利益活动中受到伤害 | 因战、因公负伤致残到用人单位后旧伤复发 | | |
| 云南 | 469 | 225 | 145 | | 2 | 1 | 54 | 23 | | 244 | 233 | 5 | 6 | | |
| 西藏 | 3 | 3 | 2 | | | | | 1 | | | | | | | 2 |
| 陕西 | 272 | 167 | 95 | 1 | 1 | 12 | 24 | 31 | 3 | 96 | 96 | | | 9 | |
| 甘肃 | 236 | 183 | 120 | 2 | 4 | 1 | 28 | 28 | | 49 | 48 | 1 | | 4 | 1 |
| 青海 | 112 | 83 | 52 | | | | 15 | 16 | | 25 | 24 | | 1 | 4 | 1 |
| 宁夏 | 112 | 90 | 41 | 1 | | | 6 | 42 | | 22 | 22 | | | | |
| 新疆 | 313 | 210 | 171 | 10 | 7 | 9 | 3 | 10 | | 95 | 93 | | 2 | 8 | |
| 新疆兵团 | 136 | 85 | 41 | 1 | 1 | 1 | 16 | 25 | | 42 | 42 | | | 9 | 1 |

## 85 2009 年各地区因工死亡人员工伤认定情况

单位：件

| 地区 | 当期受理工伤认定数 | | | | | | | | | | | | | 不予认定工伤件数工伤件数 | 当期不予受理申请件数 |
|---|---|---|---|---|---|---|---|---|---|---|---|---|---|---|---|
| | 合计 | 认定工伤件数 | | | | | | | | 视同工伤件数 | | | | | |
| | | 小计 | 在工作时间和工作场所内因工作原因受到事故伤害 | 工作时间前后在工作场所内从事与工作有关的预备性或者收尾性工作受到事故伤害 | 在工作时间和工作场所内因履行工作职责受到暴力等意外伤害 | 患职业病 | 因工外出期间由于工作原因受到伤害或者发生事故下落不明 | 在上下班途中受到机动车事故伤害 | 其他应当认定为工伤的情形 | 小计 | 在工作时间和工作岗位突发疾病死亡或者在 48 小时之内经抢救无效死亡 | 在抢险救灾等维护国家利益、公共利益活动中受到伤害 | 因战、因公负伤致残到用人单位后旧伤复发 | | |
| 全国 | 17 040 | 12 225 | 6 407 | 141 | 172 | 62 | 1 235 | 4 037 | 171 | 4 535 | 4 499 | 33 | 3 | 280 | 37 |
| 北京 | 566 | 322 | 152 | 1 | 12 | | 62 | 95 | | 244 | 244 | | | | |
| 天津 | 348 | 195 | 78 | | | | 38 | 79 | | 140 | 137 | 3 | | 13 | 1 |
| 河北 | 1 546 | 1 174 | 681 | 10 | 8 | 3 | 99 | 370 | 3 | 350 | 350 | | | 22 | |
| 山西 | 610 | 363 | 220 | 11 | 8 | 1 | 31 | 92 | | 241 | 241 | | | 6 | 1 |
| 内蒙古 | 405 | 228 | 123 | 4 | 1 | 2 | 37 | 60 | 1 | 167 | 167 | | | 10 | 4 |
| 辽宁 | 630 | 393 | 233 | 1 | 2 | 1 | 43 | 110 | 3 | 233 | 227 | 6 | | 4 | |
| 吉林 | 295 | 152 | 100 | 5 | 2 | 1 | 7 | 36 | 1 | 143 | 139 | 4 | | | |
| 黑龙江 | 332 | 166 | 119 | 3 | 7 | 4 | 9 | 24 | | 166 | 165 | 1 | | | 2 |
| 上海 | 605 | 377 | 185 | 2 | 2 | | 46 | 142 | | 228 | 228 | | | | |
| 江苏 | 1 246 | 994 | 396 | 2 | 5 | 4 | 85 | 502 | | 220 | 217 | 3 | | 32 | 7 |

续表

| 地区 | 当期受理工伤认定数 | | | | | | | | | | | | | | 当期不予受理申请件数 |
|---|---|---|---|---|---|---|---|---|---|---|---|---|---|---|---|
| | 合计 | 认定工伤件数 | | | | | | | | 视同工伤件数 | | | | 不予认定工伤件数工伤件数 | |
| | | 小计 | 在工作时间和工作场所内因工作原因受到事故伤害 | 工作时间前后在工作场所内从事与工作有关的预备性或者收尾性工作受到事故伤害 | 在工作时间和工作场所内因履行工作职责受到暴力等意外伤害 | 患职业病 | 因工外出期间由于工作原因受到伤害或者发生事故下落不明 | 在上下班途中受到机动车事故伤害 | 其他应当认定为工伤的情形 | 小计 | 在工作时间和工作岗位突发疾病死亡或者在48小时之内经抢救无效死亡 | 在抢险救灾等维护国家利益、公共利益活动中受到伤害 | 因战、因公负伤致残到用人单位后旧伤复发 | | |
| 浙江 | 919 | 723 | 341 | | 1 | 1 | 45 | 334 | 1 | 161 | 161 | | | 35 | |
| 安徽 | 427 | 325 | 166 | 5 | 3 | | 33 | 117 | 1 | 91 | 91 | | | 11 | |
| 福建 | 350 | 270 | 150 | 3 | 4 | | 39 | 74 | | 62 | 61 | 1 | | 18 | 1 |
| 江西 | 339 | 204 | 93 | 1 | | 6 | 18 | 86 | | 131 | 130 | 1 | | 4 | |
| 山东 | 1 379 | 1 095 | 310 | 3 | 12 | 2 | 135 | 633 | | 258 | 257 | 1 | | 26 | 3 |
| 河南 | 773 | 506 | 270 | 11 | 6 | 1 | 48 | 170 | | 263 | 263 | | | 4 | |
| 湖北 | 338 | 226 | 127 | | 6 | | 22 | 71 | | 106 | 106 | | | 6 | |
| 湖南 | 408 | 338 | 247 | 11 | 5 | | 18 | 57 | | 67 | 65 | 2 | | 3 | |
| 广东 | 1 577 | 1 221 | 461 | 6 | 19 | 15 | 191 | 512 | 17 | 356 | 353 | 3 | | | |
| 广西 | 228 | 172 | 88 | 2 | 7 | 2 | 20 | 50 | 3 | 44 | 43 | | 1 | 12 | 4 |
| 海南 | 48 | 33 | 18 | | 1 | | 8 | 6 | | 11 | 9 | 2 | | 4 | 2 |
| 重庆 | 630 | 524 | 465 | 6 | 5 | | 18 | 30 | | 93 | 93 | | | 13 | 4 |
| 四川 | 932 | 774 | 478 | 37 | 30 | 3 | 55 | 169 | 2 | 158 | 153 | 5 | | | |
| 贵州 | 491 | 411 | 339 | 1 | 11 | 3 | 16 | 41 | | 70 | 69 | | 1 | 10 | 2 |

续表

| 地区 | 当期受理工伤认定数 | | | | | | | | | | | | | 不予认定工伤件数工伤件数 | 当期不予受理申请件数 |
|---|---|---|---|---|---|---|---|---|---|---|---|---|---|---|---|
| | 合计 | 认定工伤件数 | | | | | | | | 视同工伤件数 | | | | | |
| | | 小计 | 在工作时间和工作场所内因工作原因受到事故伤害 | 工作时间前后在工作场所内从事与工作有关的预备性或者收尾性工作受到事故伤害 | 在工作时间和工作场所内因履行工作职责受到暴力等意外伤害 | 患职业病 | 因工外出期间由于工作原因受到伤害或者发生事故下落不明 | 在上下班途中受到机动车事故伤害 | 其他应当认定为工伤的情形 | 小计 | 在工作时间和工作岗位突发疾病死亡或者在48小时之内经抢救无效死亡 | 在抢险救灾等维护国家利益、公共利益活动中受到伤害 | 因战、因公负伤致残到用人单位后旧伤复发 | | |
| 云南 | 392 | 239 | 196 | 1 | | 2 | 25 | 14 | 1 | 153 | 152 | 1 | | | |
| 西藏 | 14 | 11 | 5 | 2 | | | 2 | 2 | | 3 | 3 | | | | |
| 陕西 | 273 | 148 | 82 | 3 | 1 | 1 | 19 | 42 | | 122 | 122 | | | 3 | |
| 甘肃 | 234 | 158 | 82 | 4 | 9 | | 26 | 35 | 2 | 65 | 65 | | | 11 | 1 |
| 青海 | 119 | 80 | 51 | 1 | 1 | | 15 | 12 | | 31 | 30 | | 1 | 8 | |
| 宁夏 | 141 | 110 | 52 | | | | 9 | 49 | | 31 | 31 | | | | |
| 新疆 | 318 | 207 | 44 | 5 | 3 | 10 | 9 | | 136 | 93 | 93 | | | 18 | 4 |
| 新疆兵团 | 127 | 86 | 55 | | 1 | | 7 | 23 | | 34 | 34 | | | 7 | 1 |

# 86 2010年各地区因工死亡人员工伤认定情况

单位：件

| 地区 | 当期受理工伤认定数 | | | | | | | | | | | | | | 当期不予受理申请件数 |
|---|---|---|---|---|---|---|---|---|---|---|---|---|---|---|---|
| | 合计 | 认定工伤件数 | | | | | | | | 视同工伤件数 | | | | 不予认定工伤件数工伤件数 | |
| | | 小计 | 在工作时间和工作场所内因工作原因受到事故伤害 | 工作时间前后在工作场所内从事与工作有关的预备性或者收尾性工作受到事故伤害 | 在工作时间和工作场所内因履行工作职责受到暴力等意外伤害 | 患职业病 | 因工外出期间由于工作原因受到伤害或者发生事故下落不明 | 在上下班途中受到机动车事故伤害 | 其他应当认定为工伤的情形 | 小计 | 在工作时间和工作岗位突发疾病死亡或者在48小时之内经抢救无效死亡 | 在抢险救灾等维护国家利益、公共利益活动中受到伤害 | 因战、因公负伤致残到用人单位后旧伤复发 | | |
| 全国 | 19 474 | 14 219 | 7 983 | 108 | 202 | 114 | 1 537 | 4 259 | 16 | 5 255 | 5 213 | 36 | 6 | 445 | 49 |
| 北京 | 618 | 374 | 154 | 2 | 4 | 4 | 89 | 121 | | 244 | 243 | 1 | | | |
| 天津 | 384 | 235 | 108 | 2 | 1 | | 36 | 88 | | 149 | 149 | | | 18 | 2 |
| 河北 | 1 731 | 1 326 | 671 | 4 | 10 | 3 | 137 | 501 | | 405 | 403 | 2 | | 5 | |
| 山西 | 607 | 327 | 209 | 3 | 5 | 4 | 21 | 85 | | 280 | 279 | | 1 | 5 | |
| 内蒙古 | 441 | 306 | 175 | 2 | 6 | 1 | 56 | 65 | 1 | 135 | 135 | | | 18 | 2 |
| 辽宁 | 620 | 364 | 228 | 3 | 6 | 1 | 41 | 79 | 6 | 256 | 256 | | | | |
| 吉林 | 334 | 194 | 132 | 1 | 1 | 1 | 13 | 46 | | 140 | 136 | 4 | | | |
| 黑龙江 | 560 | 346 | 280 | 5 | 9 | 2 | 19 | 30 | 1 | 214 | 214 | | | 9 | |
| 上海 | 674 | 409 | 210 | 3 | 4 | 1 | 57 | 133 | 1 | 265 | 264 | 1 | | | |
| 江苏 | 1 579 | 1 248 | 494 | 12 | 13 | 20 | 156 | 553 | | 331 | 330 | | 1 | 40 | 2 |

续表

| 地区 | 当期受理工伤认定数 | | | | | | | | | | | | | 不予认定工伤件数工伤件数 | 当期不予受理申请件数 |
|---|---|---|---|---|---|---|---|---|---|---|---|---|---|---|---|
| | 合计 | 认定工伤件数 | | | | | | | | 视同工伤件数 | | | | | |
| | | 小计 | 在工作时间和工作场所内因工作原因受到事故伤害 | 工作时间前后在工作场所内从事与工作有关的预备性或者收尾性工作受到事故伤害 | 在工作时间和工作场所内因履行工作职责受到暴力等意外伤害 | 患职业病 | 因工外出期间由于工作原因受到伤害或者发生事故下落不明 | 在上下班途中受到机动车事故伤害 | 其他应当认定为工伤的情形 | 小计 | 在工作时间和工作岗位突发疾病死亡或者在48小时之内经抢救无效死亡 | 在抢险救灾等维护国家利益、公共利益活动中受到伤害 | 因战、因公负伤致残到用人单位后旧伤复发 | | |
| 浙江 | 1 054 | 869 | 425 | 4 | 4 | 2 | 87 | 347 | | 185 | 184 | 1 | | 21 | 5 |
| 安徽 | 386 | 283 | 146 | 1 | 5 | | 20 | 111 | | 103 | 103 | | | 15 | 2 |
| 福建 | 417 | 319 | 199 | 1 | 4 | | 38 | 77 | | 98 | 94 | 4 | | | |
| 江西 | 306 | 250 | 135 | 2 | | | 14 | 99 | | 56 | 56 | | | 4 | |
| 山东 | 1 554 | 1 236 | 391 | 8 | 14 | 3 | 139 | 681 | | 318 | 318 | | | 52 | 11 |
| 河南 | 911 | 603 | 324 | | 10 | 3 | 74 | 191 | 1 | 308 | 308 | | | 4 | |
| 湖北 | 370 | 259 | 152 | 3 | 7 | | 23 | 74 | | 111 | 111 | | | 3 | |
| 湖南 | 1 025 | 836 | 656 | 12 | 12 | 9 | 49 | 98 | | 189 | 185 | 2 | 2 | 16 | 2 |
| 广东 | 1 539 | 1 128 | 491 | 5 | 12 | 26 | 194 | 400 | | 411 | 408 | 2 | 1 | 152 | 19 |
| 广西 | 264 | 196 | 104 | 1 | 2 | 1 | 31 | 57 | | 68 | 68 | | | 18 | |
| 海南 | 64 | 30 | 18 | 1 | 3 | | 3 | 5 | | 34 | 30 | 4 | | | |
| 重庆 | 580 | 494 | 436 | 2 | 3 | 3 | 19 | 31 | | 86 | 85 | 1 | | 24 | 1 |
| 四川 | 882 | 693 | 465 | 7 | 25 | | 52 | 143 | 1 | 189 | 183 | 6 | | | |
| 贵州 | 520 | 456 | 383 | 3 | 5 | 1 | 18 | 44 | 2 | 64 | 60 | 3 | 1 | 15 | 1 |

续表

| 地区 | 当期受理工伤认定数 | | | | | | | | | | | | | | 当期不予受理申请件数 |
|---|---|---|---|---|---|---|---|---|---|---|---|---|---|---|---|
| | 合计 | 认定工伤件数 | | | | | | | | 视同工伤件数 | | | | 不予认定工伤件数工伤件数 | |
| | | 小计 | 在工作时间和工作场所内因工作原因受到事故伤害 | 工作时间前后在工作场所内从事与工作有关的预备性或者收尾性工作受到事故伤害 | 在工作时间和工作场所内因履行工作职责受到暴力等意外伤害 | 患职业病 | 因工外出期间由于工作原因受到伤害或者发生事故下落不明 | 在上下班途中受到机动车事故伤害 | 其他应当认定为工伤的情形 | 小计 | 在工作时间和工作岗位突发疾病死亡或者在48小时之内经抢救无效死亡 | 在抢险救灾等维护国家利益、公共利益活动中受到伤害 | 因战、因公负伤致残到用人单位后旧伤复发 | | |
| 云南 | 621 | 487 | 391 | 4 | 17 | 1 | 22 | 51 | 1 | 134 | 134 | | | 5 | |
| 西藏 | 11 | 11 | 5 | | | | 6 | | | | | | | | |
| 陕西 | 264 | 118 | 72 | 1 | 3 | 2 | 18 | 22 | | 146 | 146 | | | | |
| 甘肃 | 303 | 203 | 135 | | 2 | 3 | 34 | 29 | | 100 | 95 | 5 | | 6 | |
| 青海 | 131 | 86 | 46 | | 1 | | 13 | 26 | | 45 | 45 | | | 1 | |
| 宁夏 | 153 | 122 | 64 | 3 | 2 | | 11 | 42 | | 31 | 31 | | | | |
| 新疆 | 431 | 323 | 230 | 13 | 12 | 23 | 38 | 5 | 2 | 108 | 108 | | | | |
| 新疆兵团 | 140 | 88 | 54 | | | | 9 | 25 | | 52 | 52 | | | 14 | 2 |

# 87　2011年各地区因工死亡人员工伤认定情况

单位：件

| 地区 | 当期受理工伤认定数 | | | | | | | | | | | | | | 当期不予受理申请件数 |
|---|---|---|---|---|---|---|---|---|---|---|---|---|---|---|---|
| | 合计 | 认定工伤件数 | | | | | | | | 视同工伤件数 | | | | 不予认定工伤件数工伤件数 | |
| | | 小计 | 在工作时间和工作场所内因工作原因受到事故伤害 | 工作时间前后在工作场所内从事与工作有关的预备性或者收尾性工作受到事故伤害 | 在工作时间和工作场所内因履行工作职责受到暴力等意外伤害 | 患职业病 | 因工外出期间由于工作原因受到伤害或者发生事故下落不明 | 在上下班途中受到机动车事故伤害 | 其他应当认定为工伤的情形 | 小计 | 在工作时间和工作岗位突发疾病死亡或者在48小时之内经抢救无效死亡 | 在抢险救灾等维护国家利益、公共利益活动中受到伤害 | 因战、因公负伤致残到用人单位后旧伤复发 | | |
| 全国 | 20 721 | 14 899 | 8 171 | 134 | 199 | 60 | 1 948 | 4 371 | 16 | 5 822 | 5 750 | 62 | 10 | 755 | 45 |
| 北京 | 595 | 330 | 130 | 2 | 8 | 5 | 87 | 97 | 1 | 265 | 265 | | | | |
| 天津 | 385 | 241 | 94 | 1 | 5 | | 36 | 105 | | 144 | 144 | | | 13 | 3 |
| 河北 | 1 694 | 1 262 | 638 | 5 | 6 | 3 | 125 | 485 | | 432 | 426 | 6 | | | |
| 山西 | 700 | 414 | 224 | 3 | 7 | | 30 | 150 | | 286 | 286 | | | 22 | |
| 内蒙古 | 408 | 261 | 151 | 7 | 5 | | 53 | 45 | | 147 | 147 | | | 17 | |
| 辽宁 | 713 | 418 | 273 | 5 | 6 | 2 | 37 | 91 | 4 | 295 | 295 | | | 34 | |
| 吉林 | 330 | 180 | 100 | | 4 | | 31 | 45 | | 150 | 150 | | | | |
| 黑龙江 | 298 | 204 | 165 | | 1 | | 9 | 29 | | 94 | 94 | | | 2 | |
| 上海 | 901 | 613 | 301 | 4 | 1 | | 91 | 216 | | 288 | 287 | 1 | | | |
| 江苏 | 1 552 | 1 250 | 552 | 5 | 4 | 3 | 157 | 528 | 1 | 302 | 302 | | | 61 | 6 |

续表

| 地区 | 当期受理工伤认定数 | | | | | | | | | | | | | | 当期不予受理申请件数 |
|---|---|---|---|---|---|---|---|---|---|---|---|---|---|---|---|
| | 合计 | 认定工伤件数 | | | | | | | | 视同工伤件数 | | | | 不予认定工伤件数工伤件数 | |
| | | 小计 | 在工作时间和工作场所内因工作原因受到事故伤害 | 工作时间前后在工作场所内从事与工作有关的预备性或者收尾性工作受到事故伤害 | 在工作时间和工作场所内因履行工作职责受到暴力等意外伤害 | 患职业病 | 因工外出期间由于工作原因受到伤害或者发生事故下落不明 | 在上下班途中受到机动车事故伤害 | 其他应当认定为工伤的情形 | 小计 | 在工作时间和工作岗位突发疾病死亡或者在48小时之内经抢救无效死亡 | 在抢险救灾等维护国家利益、公共利益活动中受到伤害 | 因战、因公负伤致残到用人单位后旧伤复发 | | |
| 浙江 | 1 195 | 981 | 517 | 9 | 16 | | 94 | 345 | | 214 | 214 | | | 30 | |
| 安徽 | 522 | 421 | 192 | 4 | 2 | | 58 | 164 | 1 | 101 | 100 | 1 | | 19 | 1 |
| 福建 | 436 | 316 | 175 | 1 | | 1 | 31 | 108 | | 120 | 119 | 1 | | | |
| 江西 | 276 | 214 | 127 | 2 | 3 | 1 | 19 | 62 | | 62 | 62 | | | 19 | |
| 山东 | 1 749 | 1 304 | 512 | 11 | 15 | 2 | 178 | 581 | 5 | 445 | 437 | 5 | 3 | 58 | 1 |
| 河南 | 825 | 510 | 257 | | 2 | | 75 | 176 | | 315 | 314 | 1 | | 28 | |
| 湖北 | 532 | 387 | 230 | 2 | 3 | | 57 | 95 | | 145 | 142 | 3 | | 22 | 1 |
| 湖南 | 990 | 806 | 590 | 18 | 7 | 9 | 61 | 120 | 1 | 184 | 181 | 2 | 1 | 12 | |
| 广东 | 1 759 | 1 189 | 668 | 8 | 18 | 12 | 176 | 307 | | 570 | 568 | 2 | | 208 | |
| 广西 | 289 | 211 | 119 | 4 | 2 | 2 | 31 | 52 | 1 | 78 | 78 | | | 47 | 5 |
| 海南 | 71 | 47 | 22 | 1 | 7 | | 6 | 11 | | 24 | 24 | | | 2 | |
| 重庆 | 681 | 557 | 477 | 4 | 12 | 2 | 22 | 40 | | 124 | 116 | 8 | | 26 | 2 |
| 四川 | 1 097 | 890 | 497 | 6 | 35 | 2 | 120 | 230 | | 207 | 205 | 2 | | 31 | 11 |
| 贵州 | 502 | 417 | 330 | 2 | 9 | | 37 | 38 | 1 | 85 | 77 | 7 | 1 | 32 | 8 |

续表

| 地区 | 当期受理工伤认定数 | | | | | | | | | | | | | | 当期不予受理申请件数 |
|---|---|---|---|---|---|---|---|---|---|---|---|---|---|---|---|
| | 合计 | 认定工伤件数 | | | | | | | | 视同工伤件数 | | | | 不予认定工伤件数 | |
| | | 小计 | 在工作时间和工作场所内因工作原因受到事故伤害 | 工作时间前后在工作场所内从事与工作有关的预备性或者收尾性工作受到事故伤害 | 在工作时间和工作场所内因履行工作职责受到暴力等意外伤害 | 患职业病 | 因工外出期间由于工作原因受到伤害或者发生事故下落不明 | 在上下班途中受到机动车事故伤害 | 其他应当认定为工伤的情形 | 小计 | 在工作时间和工作岗位突发疾病死亡或者在48小时之内经抢救无效死亡 | 在抢险救灾等维护国家利益、公共利益活动中受到伤害 | 因战、因公负伤致残到用人单位后旧伤复发 | | |
| 云南 | 666 | 462 | 384 | 2 | 9 | | 33 | 34 | | 204 | 185 | 19 | | 35 | 2 |
| 西藏 | 12 | 8 | 7 | | | | 1 | | | 4 | 4 | | | | |
| 陕西 | 366 | 182 | 97 | 15 | | 1 | 13 | 56 | | 184 | 184 | | | | |
| 甘肃 | 269 | 199 | 130 | 3 | 5 | | 25 | 35 | 1 | 70 | 70 | | | 5 | |
| 青海 | 162 | 128 | 82 | 3 | 4 | 1 | 20 | 18 | | 34 | 34 | | | 8 | 3 |
| 宁夏 | 187 | 119 | 42 | | 1 | | 18 | 58 | | 68 | 62 | 2 | 4 | 12 | |
| 新疆 | 389 | 261 | 34 | 5 | 2 | 13 | 202 | 5 | | 128 | 125 | 2 | 1 | | |
| 新疆兵团 | 170 | 117 | 54 | 2 | | 1 | 15 | 45 | | 53 | 53 | | | 12 | 2 |

## 88 2012年各地区因工死亡人员工伤认定情况

单位：件

| 地区 | 当期受理工伤认定数 | | | | | | | | | | | | | | 当期不予受理申请件数 |
|---|---|---|---|---|---|---|---|---|---|---|---|---|---|---|---|
| | 合计 | 认定工伤件数 | | | | | | | | 视同工伤件数 | | | | 不予认定工伤件数工伤件数 | |
| | | 小计 | 在工作时间和工作场所内因工作原因受到事故伤害 | 工作时间前后在工作场所内从事与工作有关的预备性或者收尾性工作受到事故伤害 | 在工作时间和工作场所内因履行工作职责受到暴力等意外伤害 | 患职业病 | 因工外出期间由于工作原因受到伤害或者发生事故下落不明 | 在上下班途中受到机动车事故伤害 | 其他应当认定为工伤的情形 | 小计 | 在工作时间和工作岗位突发疾病死亡或者在48小时之内经抢救无效死亡 | 在抢险救灾等维护国家利益、公共利益活动中受到伤害 | 因战、因公负伤致残到用人单位后旧伤复发 | | |
| 全国 | 22 313 | 15 942 | 8 809 | 148 | 249 | 83 | 1 995 | 4 630 | 28 | 6 371 | 6 295 | 66 | 10 | 1 787 | 226 |
| 北京 | 703 | 448 | 213 | 2 | 12 | 1 | 107 | 112 | 1 | 255 | 251 | 4 | | 34 | 2 |
| 天津 | 390 | 228 | 105 | 4 | 3 | | 35 | 81 | | 162 | 162 | | | 17 | 2 |
| 河北 | 1 938 | 1 463 | 790 | 9 | 10 | | 153 | 501 | | 475 | 474 | 1 | | 43 | 2 |
| 山西 | 730 | 463 | 241 | 3 | 8 | | 42 | 169 | | 267 | 266 | 1 | | 26 | 1 |
| 内蒙古 | 510 | 312 | 173 | 1 | 4 | 1 | 68 | 65 | | 198 | 194 | 4 | | 22 | 1 |
| 辽宁 | 855 | 488 | 283 | 6 | 5 | 11 | 52 | 130 | 1 | 367 | 357 | 2 | 8 | 31 | 7 |
| 吉林 | 350 | 176 | 106 | 4 | 9 | | 21 | 36 | | 174 | 172 | 2 | | 4 | |
| 黑龙江 | 364 | 186 | 137 | | 4 | | 13 | 32 | | 178 | 178 | | | 4 | |
| 上海 | 781 | 521 | 277 | 5 | 6 | 4 | 68 | 161 | | 260 | 259 | 1 | | 26 | |
| 江苏 | 1 656 | 1 288 | 613 | 2 | 9 | 1 | 132 | 531 | | 368 | 367 | 1 | | 157 | 79 |

续表

| 地区 | 当期受理工伤认定数 | | | | | | | | | | | | | | 当期不予受理申请件数 |
|---|---|---|---|---|---|---|---|---|---|---|---|---|---|---|---|
| | 合计 | 认定工伤件数 | | | | | | | | 视同工伤件数 | | | | 不予认定工伤件数工伤件数 | |
| | | 小计 | 在工作时间和工作场所内因工作原因受到事故伤害 | 工作时间前后在工作场所内从事与工作有关的预备性或者收尾性工作受到事故伤害 | 在工作时间和工作场所内因履行工作职责受到暴力等意外伤害 | 患职业病 | 因工外出期间由于工作原因受到伤害或者发生事故下落不明 | 在上下班途中受到机动车事故伤害 | 其他应当认定为工伤的情形 | 小计 | 在工作时间和工作岗位突发疾病死亡或者在48小时之内经抢救无效死亡 | 在抢险救灾等维护国家利益、公共利益活动中受到伤害 | 因战、因公负伤致残到用人单位后旧伤复发 | | |
| 浙江 | 1 339 | 1 066 | 568 | 7 | 10 | 3 | 121 | 357 | | 273 | 270 | 3 | | 120 | 4 |
| 安徽 | 592 | 478 | 229 | 1 | | 1 | 61 | 186 | | 114 | 112 | 2 | | 22 | 4 |
| 福建 | 556 | 449 | 252 | 6 | 6 | | 43 | 142 | | 107 | 106 | 1 | | 28 | |
| 江西 | 288 | 196 | 145 | | | | 12 | 39 | | 92 | 92 | | | 30 | 10 |
| 山东 | 1 895 | 1 457 | 518 | 19 | 31 | 10 | 220 | 652 | 7 | 438 | 438 | | | 376 | 11 |
| 河南 | 905 | 569 | 280 | 8 | 8 | 8 | 76 | 185 | 4 | 336 | 333 | 2 | 1 | 27 | 6 |
| 湖北 | 542 | 384 | 225 | 4 | 6 | 1 | 41 | 107 | | 158 | 156 | 2 | | 27 | 2 |
| 湖南 | 950 | 759 | 576 | 15 | 1 | 1 | 44 | 121 | 1 | 191 | 187 | 4 | | 149 | 53 |
| 广东 | 1 763 | 1 088 | 525 | 10 | 28 | 16 | 169 | 340 | | 675 | 673 | 2 | | 352 | |
| 广西 | 366 | 243 | 146 | 1 | 6 | | 32 | 58 | | 123 | 121 | 1 | 1 | 58 | 11 |
| 海南 | 55 | 29 | 16 | 1 | 2 | | 2 | 8 | | 26 | 23 | 3 | | | |
| 重庆 | 638 | 504 | 390 | 5 | 2 | 3 | 31 | 71 | 2 | 134 | 133 | 1 | | 53 | 9 |
| 四川 | 1 096 | 886 | 505 | 4 | 49 | | 86 | 240 | 2 | 210 | 199 | 11 | | 37 | 6 |
| 贵州 | 481 | 397 | 292 | 11 | 4 | 4 | 35 | 51 | | 84 | 80 | 4 | | 25 | 2 |

续表

| 地区 | 当期受理工伤认定数 | | | | | | | | | | | | | 不予认定工伤件数工伤件数 | 当期不予受理申请件数 |
|---|---|---|---|---|---|---|---|---|---|---|---|---|---|---|---|
| | 合计 | 认定工伤件数 | | | | | | | | 视同工伤件数 | | | | | |
| | | 小计 | 在工作时间和工作场所内因工作原因受到事故伤害 | 工作时间前后在工作场所内从事与工作有关的预备性或者收尾性工作受到事故伤害 | 在工作时间和工作场所内因履行工作职责受到暴力等意外伤害 | 患职业病 | 因工外出期间由于工作原因受到伤害或者发生事故下落不明 | 在上下班途中受到机动车事故伤害 | 其他应当认定为工伤的情形 | 小计 | 在工作时间和工作岗位突发疾病死亡或者在48小时之内经抢救无效死亡 | 在抢险救灾等维护国家利益、公共利益活动中受到伤害 | 因战、因公负伤致残到用人单位后旧伤复发 | | |
| 云南 | 791 | 595 | 468 | 2 | 17 | 5 | 54 | 49 | | 196 | 195 | 1 | | 35 | 1 |
| 西藏 | 16 | 11 | 3 | 1 | | | 7 | | | 5 | 4 | 1 | | | |
| 陕西 | 442 | 312 | 201 | 11 | 3 | 10 | 41 | 46 | | 130 | 130 | | | 14 | |
| 甘肃 | 344 | 262 | 194 | 2 | | | 42 | 24 | | 82 | 82 | | | 8 | |
| 青海 | 180 | 134 | 77 | 1 | | 1 | 39 | 16 | | 46 | 46 | | | 2 | 1 |
| 宁夏 | 157 | 115 | 57 | 1 | 1 | | 20 | 36 | | 42 | 42 | | | 8 | 2 |
| 新疆 | 485 | 328 | 151 | 1 | 3 | 1 | 112 | 50 | 10 | 157 | 145 | 12 | | 30 | 6 |
| 新疆兵团 | 155 | 107 | 53 | 1 | 2 | 1 | 16 | 34 | | 48 | 48 | | | 22 | 4 |

## 89 2013 年各地区因工死亡人员工伤认定情况

单位：件

| 地区 | 当期受理工伤认定数 | | | | | | | | | | | | | 不予认定工伤件数工伤件数 | 当期不予受理申请件数 |
|---|---|---|---|---|---|---|---|---|---|---|---|---|---|---|---|
| | 合计 | 认定工伤件数 | | | | | | | | 视同工伤件数 | | | | | |
| | | 小计 | 在工作时间和工作场所内因工作原因受到事故伤害 | 工作时间前后在工作场所内从事与工作有关的预备性或者收尾性工作受到事故伤害 | 在工作时间和工作场所内因履行工作职责受到暴力等意外伤害 | 患职业病 | 因工外出期间由于工作原因受到伤害或者发生事故下落不明 | 在上下班途中受到机动车事故伤害 | 其他应当认定为工伤的情形 | 小计 | 在工作时间和工作岗位突发疾病死亡或者在48小时之内经抢救无效死亡 | 在抢险救灾等维护国家利益、公共利益活动中受到伤害 | 因战、因公负伤致残到用人单位后旧伤复发 | | |
| 全国 | 23 107 | 15 889 | 8 774 | 119 | 237 | 76 | 1 918 | 4 733 | 32 | 7 218 | 7 182 | 35 | 1 | 1 369 | 101 |
| 北京 | 635 | 327 | 137 | 1 | 6 | | 73 | 98 | 12 | 308 | 307 | 1 | | 29 | 3 |
| 天津 | 307 | 184 | 90 | 2 | 1 | 1 | 21 | 69 | | 123 | 122 | 1 | | 10 | 4 |
| 河北 | 1 873 | 1 402 | 701 | 4 | 6 | 4 | 165 | 522 | | 471 | 471 | | | 47 | 3 |
| 山西 | 805 | 456 | 235 | 8 | 7 | | 38 | 168 | | 349 | 348 | 1 | | 7 | 2 |
| 内蒙古 | 544 | 350 | 211 | 2 | 8 | | 51 | 78 | | 194 | 193 | 1 | | 13 | 1 |
| 辽宁 | 886 | 466 | 272 | 2 | 5 | | 47 | 137 | 3 | 420 | 420 | | | | |
| 吉林 | 391 | 175 | 106 | 2 | 1 | 5 | 7 | 54 | | 216 | 216 | | | 4 | |
| 黑龙江 | 501 | 326 | 284 | 1 | 3 | | 10 | 28 | | 175 | 175 | | | 11 | |
| 上海 | 753 | 505 | 264 | 3 | 1 | 2 | 64 | 171 | | 248 | 248 | | | 27 | |
| 江苏 | 1 575 | 1 229 | 578 | 14 | 8 | 9 | 122 | 498 | | 346 | 345 | 1 | | 70 | 5 |

续表

| 地区 | 当期受理工伤认定数 | | | | | | | | | | | | | | 当期不予受理申请件数 |
|---|---|---|---|---|---|---|---|---|---|---|---|---|---|---|---|
| | 合计 | 认定工伤件数 | | | | | | | | 视同工伤件数 | | | | 不予认定工伤件数工伤件数 | |
| | | 小计 | 在工作时间和工作场所内因工作原因受到事故伤害 | 工作时间前后在工作场所内从事与工作有关的预备性或者收尾性工作受到事故伤害 | 在工作时间和工作场所内因履行工作职责受到暴力等意外伤害 | 患职业病 | 因工外出期间由于工作原因受到伤害或者发生事故下落不明 | 在上下班途中受到机动车事故伤害 | 其他应当认定为工伤的情形 | 小计 | 在工作时间和工作岗位突发疾病死亡或者在48小时之内经抢救无效死亡 | 在抢险救灾等维护国家利益、公共利益活动中受到伤害 | 因战、因公负伤致残到用人单位后旧伤复发 | | |
| 浙江 | 1 333 | 1 068 | 573 | 3 | 15 | 9 | 103 | 365 | | 265 | 260 | 5 | | 51 | 10 |
| 安徽 | 626 | 459 | 214 | | 3 | 1 | 58 | 183 | | 167 | 167 | | | 17 | |
| 福建 | 581 | 464 | 276 | 7 | 3 | | 66 | 112 | | 117 | 116 | | 1 | 31 | 2 |
| 江西 | 320 | 252 | 133 | | | | 19 | 100 | | 68 | 68 | | | 42 | 10 |
| 山东 | 1 912 | 1 414 | 622 | 7 | 29 | 13 | 212 | 531 | | 498 | 498 | | | 79 | 12 |
| 河南 | 1 020 | 587 | 260 | 5 | 12 | | 95 | 215 | | 433 | 432 | 1 | | 19 | 3 |
| 湖北 | 578 | 392 | 221 | 2 | 6 | 1 | 32 | 128 | 2 | 186 | 183 | 3 | | 40 | 1 |
| 湖南 | 1 073 | 835 | 667 | 2 | 3 | 1 | 42 | 120 | | 238 | 237 | 1 | | 136 | 5 |
| 广东 | 2 059 | 1 274 | 536 | 18 | 15 | 6 | 234 | 462 | 3 | 785 | 778 | 7 | | 336 | |
| 广西 | 435 | 273 | 139 | 2 | 16 | | 36 | 72 | 8 | 162 | 160 | 2 | | 45 | 15 |
| 海南 | 81 | 48 | 27 | 1 | 4 | | 4 | 12 | | 33 | 33 | | | 9 | 1 |
| 重庆 | 645 | 510 | 405 | 1 | 9 | 2 | 25 | 66 | 2 | 135 | 135 | | | 70 | 12 |
| 四川 | 1 021 | 773 | 431 | 5 | 36 | 3 | 73 | 223 | 2 | 248 | 247 | 1 | | 44 | 3 |
| 贵州 | 521 | 403 | 299 | 3 | 4 | | 48 | 49 | | 118 | 117 | 1 | | 31 | 4 |

续表

| 地区 | 当期受理工伤认定数 合计 | 认定工伤件数 小计 | 在工作时间和工作场所内因工作原因受到事故伤害 | 工作时间前后在工作场所内从事与工作有关的预备性或者收尾性工作受到事故伤害 | 在工作时间和工作场所内因履行工作职责受到暴力等意外伤害 | 患职业病 | 因工外出期间由于工作原因受到伤害或者发生事故下落不明 | 在上下班途中受到机动车事故伤害 | 其他应当认定为工伤的情形 | 视同工伤件数 小计 | 在工作时间和工作岗位突发疾病死亡或者在48小时之内经抢救无效死亡 | 在抢险救灾等维护国家利益、公共利益活动中受到伤害 | 因战、因公负伤致残到用人单位后旧伤复发 | 不予认定工伤件数 | 当期不予受理申请件数 |
|---|---|---|---|---|---|---|---|---|---|---|---|---|---|---|---|
| 云南 | 773 | 527 | 396 | 1 | 7 |  | 73 | 50 |  | 246 | 240 | 6 |  | 92 | 3 |
| 西藏 | 21 | 10 | 4 |  |  |  | 6 |  |  | 11 | 10 | 1 |  |  |  |
| 陕西 | 512 | 304 | 161 | 17 | 11 | 16 | 47 | 52 |  | 208 | 208 |  |  | 18 |  |
| 甘肃 | 254 | 165 | 118 |  | 3 | 1 | 26 | 17 |  | 89 | 89 |  |  | 18 |  |
| 青海 | 140 | 104 | 69 | 1 |  |  | 23 | 11 |  | 36 | 36 |  |  | 8 | 1 |
| 宁夏 | 171 | 81 | 46 |  | 1 |  | 9 | 25 |  | 90 | 89 | 1 |  | 3 |  |
| 新疆 | 598 | 420 | 231 | 5 | 13 | 2 | 79 | 90 |  | 178 | 177 | 1 |  | 37 | 1 |
| 新疆兵团 | 163 | 106 | 68 |  | 1 |  | 10 | 27 |  | 57 | 57 |  |  | 25 |  |

# 90 2014年各地区因工死亡人员工伤认定情况

单位：件

| 地区 | 当期受理工伤认定数 | | | | | | | | | | | | | 当期不予受理申请件数 |
|---|---|---|---|---|---|---|---|---|---|---|---|---|---|---|
| | 合计 | 认定工伤件数 | | | | | | | 视同工伤件数 | | | | 不予认定工伤件数工伤件数 | |
| | | 小计 | 在工作时间和工作场所内因工作原因受到事故伤害 | 工作时间前后在工作场所内从事与工作有关的预备性或者收尾性工作受到事故伤害 | 在工作时间和工作场所内因履行工作职责受到暴力等意外伤害 | 患职业病 | 因工外出期间由于工作原因受到伤害或者发生事故下落不明 | 在上下班途中受到机动车事故伤害 | 其他应当认定为工伤的情形 | 小计 | 在工作时间和工作岗位突发疾病死亡或者在48小时之内经抢救无效死亡 | 在抢险救灾等维护国家利益、公共利益活动中受到伤害 | 因战、因公负伤致残到用人单位后旧伤复发 | | |
| 全国 | 23 508 | 16 120 | 8 815 | 145 | 250 | 91 | 1 858 | 4 923 | 28 | 7 388 | 7 344 | 37 | 7 | 1 717 | 176 |
| 北京 | 632 | 321 | 169 | 1 | 9 | 2 | 51 | 85 | 4 | 311 | 310 | 1 | | 49 | 10 |
| 天津 | 351 | 194 | 86 | | 1 | | 22 | 85 | | 157 | 156 | 1 | | 18 | 2 |
| 河北 | 1 766 | 1 340 | 743 | | 5 | 3 | 120 | 464 | 5 | 426 | 426 | | | 94 | 3 |
| 山西 | 749 | 478 | 259 | 4 | 1 | | 44 | 170 | | 271 | 270 | 1 | | 38 | 2 |
| 内蒙古 | 422 | 275 | 172 | | 7 | | 33 | 62 | 1 | 147 | 145 | 2 | | 38 | 1 |
| 辽宁 | 983 | 585 | 312 | 17 | 10 | 15 | 66 | 160 | 5 | 398 | 394 | 4 | | 60 | 11 |
| 吉林 | 365 | 190 | 106 | 1 | 4 | 1 | 19 | 59 | | 175 | 174 | 1 | | 11 | |
| 黑龙江 | 554 | 237 | 169 | 2 | 2 | | 14 | 50 | | 317 | 317 | | | 5 | |
| 上海 | 747 | 496 | 231 | 3 | 8 | | 83 | 171 | | 251 | 251 | | | 32 | |
| 江苏 | 1 760 | 1 403 | 713 | 18 | 7 | 6 | 121 | 538 | | 357 | 355 | | 2 | 83 | 7 |

续表

| 地区 | 当期受理工伤认定数 | | | | | | | | | | | | | 不予认定工伤件数工伤件数 | 当期不予受理申请件数 |
|---|---|---|---|---|---|---|---|---|---|---|---|---|---|---|---|
| | 合计 | 认定工伤件数 | | | | | | | | 视同工伤件数 | | | | | |
| | | 小计 | 在工作时间和工作场所内因工作原因受到事故伤害 | 工作时间前后在工作场所内从事与工作有关的预备性或者收尾性工作受到事故伤害 | 在工作时间和工作场所内因履行工作职责受到暴力等意外伤害 | 患职业病 | 因工外出期间由于工作原因受到伤害或者发生事故下落不明 | 在上下班途中受到机动车事故伤害 | 其他应当认定为工伤的情形 | 小计 | 在工作时间和工作岗位突发疾病死亡或者在48小时之内经抢救无效死亡 | 在抢险救灾等维护国家利益、公共利益活动中受到伤害 | 因战、因公负伤致残到用人单位后旧伤复发 | | |
| 浙江 | 1 456 | 1 143 | 615 | 12 | 5 | 6 | 118 | 387 | | 313 | 310 | 3 | | 29 | 6 |
| 安徽 | 585 | 423 | 209 | 4 | 2 | 2 | 52 | 152 | 2 | 162 | 159 | | 3 | 25 | 1 |
| 福建 | 702 | 546 | 258 | 6 | 6 | 1 | 47 | 228 | | 156 | 156 | | | 44 | 5 |
| 江西 | 531 | 389 | 225 | 3 | 6 | | 30 | 125 | | 142 | 139 | 3 | | 52 | 9 |
| 山东 | 1 936 | 1 442 | 575 | 11 | 49 | 3 | 207 | 594 | 3 | 494 | 494 | | | 116 | 26 |
| 河南 | 1 159 | 708 | 373 | 4 | 13 | 2 | 80 | 236 | | 451 | 451 | | | 13 | 7 |
| 湖北 | 500 | 335 | 183 | 2 | 6 | 7 | 40 | 97 | | 165 | 165 | | | 42 | 3 |
| 湖南 | 1 022 | 799 | 587 | | 4 | 1 | 53 | 154 | | 223 | 221 | 1 | 1 | 184 | 4 |
| 广东 | 2 148 | 1 397 | 638 | 11 | 38 | 8 | 236 | 466 | | 751 | 751 | | | 386 | |
| 广西 | 335 | 187 | 103 | | 8 | | 25 | 51 | | 148 | 148 | | | 54 | 10 |
| 海南 | 101 | 62 | 46 | 1 | 2 | | 3 | 10 | | 39 | 37 | 2 | | 16 | 3 |
| 重庆 | 632 | 485 | 394 | 5 | | | 25 | 61 | | 147 | 146 | 1 | | 63 | 4 |
| 四川 | 959 | 676 | 379 | 1 | 22 | 2 | 87 | 182 | 3 | 283 | 282 | 1 | | 58 | 39 |
| 贵州 | 394 | 278 | 199 | 3 | 1 | 9 | 39 | 27 | | 116 | 112 | 3 | 1 | 32 | 2 |

续表

| 地区 | 当期受理工伤认定数 | | | | | | | | | | | | | | 当期不予受理申请件数 |
|---|---|---|---|---|---|---|---|---|---|---|---|---|---|---|---|
| | 合计 | 认定工伤件数 | | | | | | | | 视同工伤件数 | | | | 不予认定工伤件数工伤件数 | |
| | | 小计 | 在工作时间和工作场所内因工作原因受到事故伤害 | 工作时间前后在工作场所内从事与工作有关的预备性或者收尾性工作受到事故伤害 | 在工作时间和工作场所内因履行工作职责受到暴力等意外伤害 | 患职业病 | 因工外出期间由于工作原因受到伤害或者发生事故下落不明 | 在上下班途中受到机动车事故伤害 | 其他应当认定为工伤的情形 | 小计 | 在工作时间和工作岗位突发疾病死亡或者在48小时之内经抢救无效死亡 | 在抢险救灾等维护国家利益、公共利益活动中受到伤害 | 因战、因公负伤致残到用人单位后旧伤复发 | | |
| 云南 | 717 | 472 | 327 | 2 | 11 | 1 | 67 | 63 | 1 | 245 | 243 | 2 | | 102 | 6 |
| 西藏 | 29 | 12 | 9 | | | | 3 | | | 17 | 17 | | | | |
| 陕西 | 614 | 365 | 196 | 22 | 10 | 19 | 56 | 62 | | 249 | 249 | | | 21 | |
| 甘肃 | 301 | 196 | 129 | | 1 | 1 | 26 | 39 | | 105 | 104 | 1 | | 14 | 9 |
| 青海 | 130 | 94 | 66 | | 1 | | 15 | 12 | | 36 | 36 | | | 9 | 5 |
| 宁夏 | 175 | 113 | 60 | | 1 | | 13 | 39 | | 62 | 61 | 1 | | | |
| 新疆 | 586 | 367 | 219 | 12 | 9 | 1 | 63 | 54 | 4 | 219 | 210 | 9 | | | |
| 新疆兵团 | 167 | 112 | 65 | | 1 | 1 | 5 | 40 | | 55 | 55 | | | 29 | 1 |

# 91　2015 年各地区因工死亡人员工伤认定情况

单位：件

| 地区 | 当期受理工伤认定数 |  |  |  |  |  |  |  |  |  |  |  |  |  | 当期不予受理申请件数 |
|---|---|---|---|---|---|---|---|---|---|---|---|---|---|---|---|
|  | 合计 | 认定工伤件数 |  |  |  |  |  |  |  | 视同工伤件数 |  |  |  | 不予认定工伤件数工伤件数 |  |
|  |  | 小计 | 在工作时间和工作场所内因工作原因受到事故伤害 | 工作时间前后在工作场所内从事与工作有关的预备性或者收尾性工作受到事故伤害 | 在工作时间和工作场所内因履行工作职责受到暴力等意外伤害 | 患职业病 | 因工外出期间由于工作原因受到伤害或者发生事故下落不明 | 在上下班途中受到机动车事故伤害 | 其他应当认定为工伤的情形 | 小计 | 在工作时间和工作岗位突发疾病死亡或者在 48 小时之内经抢救无效死亡 | 在抢险救灾等维护国家利益、公共利益活动中受到伤害 | 因战、因公负伤致残到用人单位后旧伤复发 |  |  |
| 全国 | 22 060 | 13 992 | 7 459 | 212 | 167 | 43 | 1 626 | 4 446 | 39 | 8 068 | 8 031 | 35 | 2 | 1 964 | 248 |
| 北京 | 605 | 276 | 118 | 1 | 4 | 3 | 56 | 94 |  | 329 | 327 | 2 |  | 44 | 4 |
| 天津 | 382 | 258 | 166 | 4 | 1 |  | 19 | 68 |  | 124 | 123 | 1 |  | 15 | 7 |
| 河北 | 1 292 | 881 | 453 | 6 | 4 |  | 109 | 308 | 1 | 411 | 411 |  |  | 81 | 22 |
| 山西 | 805 | 451 | 238 | 1 | 3 |  | 35 | 174 |  | 354 | 354 |  |  | 43 | 8 |
| 内蒙古 | 451 | 276 | 133 | 3 | 1 | 2 | 51 | 86 |  | 175 | 173 | 2 |  | 41 | 1 |
| 辽宁 | 960 | 496 | 265 | 4 | 9 | 1 | 44 | 171 | 2 | 464 | 464 |  |  | 59 | 12 |
| 吉林 | 308 | 123 | 86 | 2 |  | 1 | 7 | 27 |  | 185 | 184 | 1 |  | 11 |  |
| 黑龙江 | 465 | 206 | 144 | 1 | 6 |  | 18 | 36 | 1 | 259 | 258 | 1 |  | 20 | 2 |
| 上海 | 803 | 492 | 222 | 5 | 4 | 2 | 71 | 188 |  | 311 | 310 | 1 |  | 51 |  |
| 江苏 | 1 616 | 1 172 | 553 | 3 | 4 | 3 | 100 | 509 |  | 444 | 444 |  |  | 111 | 9 |

续表

| 地区 | 当期受理工伤认定数 | | | | | | | | | | | | | | 当期不予受理申请件数 |
|---|---|---|---|---|---|---|---|---|---|---|---|---|---|---|---|
| | 合计 | 认定工伤件数 | | | | | | | | 视同工伤件数 | | | | 不予认定工伤件数工伤件数 | |
| | | 小计 | 在工作时间和工作场所内因工作原因受到事故伤害 | 工作时间前后在工作场所内从事与工作有关的预备性或者收尾性工作受到事故伤害 | 在工作时间和工作场所内因履行工作职责受到暴力等意外伤害 | 患职业病 | 因工外出期间由于工作原因受到伤害或者发生事故下落不明 | 在上下班途中受到机动车事故伤害 | 其他应当认定为工伤的情形 | 小计 | 在工作时间和工作岗位突发疾病死亡或者在48小时之内经抢救无效死亡 | 在抢险救灾等维护国家利益、公共利益活动中受到伤害 | 因战、因公负伤致残到用人单位后旧伤复发 | | |
| 浙江 | 1 443 | 1 081 | 583 | 7 | 6 | 3 | 114 | 368 | | 362 | 359 | 3 | | 52 | 7 |
| 安徽 | 626 | 418 | 194 | 1 | 6 | | 45 | 172 | | 208 | 206 | 2 | | 42 | 4 |
| 福建 | 306 | 235 | 119 | 6 | 3 | | 21 | 86 | | 71 | 70 | 1 | | 32 | 2 |
| 江西 | 634 | 428 | 280 | 105 | | | | 42 | 1 | 206 | 206 | | | 50 | 6 |
| 山东 | 1 828 | 1 316 | 531 | 13 | 30 | 2 | 189 | 546 | 5 | 512 | 512 | | | 123 | 16 |
| 河南 | 1 045 | 581 | 245 | 3 | 14 | 1 | 69 | 233 | 16 | 464 | 462 | 2 | | 69 | 3 |
| 湖北 | 615 | 411 | 220 | 2 | 3 | | 52 | 133 | 1 | 204 | 204 | | | 68 | 2 |
| 湖南 | 1 114 | 811 | 605 | 3 | 3 | 2 | 40 | 156 | 2 | 303 | 301 | | 2 | 134 | 12 |
| 广东 | 2 001 | 1 150 | 555 | 4 | 22 | 12 | 163 | 394 | | 851 | 847 | 4 | | 392 | 86 |
| 广西 | 357 | 197 | 91 | | 4 | | 41 | 61 | | 160 | 160 | | | 56 | 3 |
| 海南 | 56 | 38 | 26 | 1 | | | 2 | 9 | | 18 | 18 | | | 3 | |
| 重庆 | 557 | 382 | 273 | 9 | 2 | 1 | 30 | 66 | 1 | 175 | 175 | | | 68 | 15 |
| 四川 | 936 | 658 | 366 | 5 | 8 | 1 | 86 | 190 | 2 | 278 | 277 | 1 | | 92 | 16 |
| 贵州 | 452 | 333 | 226 | 9 | 6 | 7 | 38 | 41 | 6 | 119 | 119 | | | 42 | 2 |

续表

| 地区 | 当期受理工伤认定数 | | | | | | | | | | | | | | 不予认定工伤件数工伤件数 | 当期不予受理申请件数 |
|---|---|---|---|---|---|---|---|---|---|---|---|---|---|---|---|---|
| | 合计 | 认定工伤件数 | | | | | | | | 视同工伤件数 | | | | | | |
| | | 小计 | 在工作时间和工作场所内因工作原因受到事故伤害 | 工作时间前后在工作场所内从事与工作有关的预备性或者收尾性工作受到事故伤害 | 在工作时间和工作场所内因履行工作职责受到暴力等意外伤害 | 患职业病 | 因工外出期间由于工作原因受到伤害或者发生事故下落不明 | 在上下班途中受到机动车事故伤害 | 其他应当认定为工伤的情形 | 小计 | 在工作时间和工作岗位突发疾病死亡或者在48小时之内经抢救无效死亡 | 在抢险救灾等维护国家利益、公共利益活动中受到伤害 | 因战、因公负伤致残到用人单位后旧伤复发 | | |
| 云南 | 625 | 353 | 223 | 1 | 8 | | 79 | 42 | | 272 | 271 | 1 | | 144 | 1 |
| 西藏 | 62 | 33 | 19 | | | | 11 | 3 | | 29 | 29 | | | | |
| 陕西 | 514 | 268 | 159 | 4 | 3 | | 30 | 71 | 1 | 246 | 246 | | | 12 | |
| 甘肃 | 234 | 144 | 94 | 1 | | | 19 | 30 | | 90 | 90 | | | 15 | 2 |
| 青海 | 129 | 97 | 76 | 1 | 1 | | 11 | 8 | | 32 | 32 | | | 9 | 3 |
| 宁夏 | 166 | 101 | 41 | | 1 | 1 | 20 | 38 | | 65 | 64 | 1 | | 8 | |
| 新疆 | 539 | 235 | 116 | 4 | 8 | 1 | 45 | 61 | | 304 | 292 | 12 | | 51 | 3 |
| 新疆兵团 | 134 | 91 | 39 | 3 | 3 | | 11 | 35 | | 43 | 43 | | | 26 | |

# 92　2016年各地区因工死亡人员工伤认定情况

单位：件

| 地区 | 当期受理工伤认定数 | | | | | | | | | | | | | 当期不予受理申请件数 |
|---|---|---|---|---|---|---|---|---|---|---|---|---|---|---|
| | 合计 | 认定工伤件数 | | | | | | | 视同工伤件数 | | | | 不予认定工伤件数工伤件数 | |
| | | 小计 | 在工作时间和工作场所内因工作原因受到事故伤害 | 工作时间前后在工作场所内从事与工作有关的预备性或者收尾性工作受到事故伤害 | 在工作时间和工作场所内因履行工作职责受到暴力等意外伤害 | 患职业病 | 因工外出期间由于工作原因受到伤害或者发生事故下落不明 | 在上下班途中受到机动车事故伤害 | 其他应当认定为工伤的情形 | 小计 | 在工作时间和工作岗位突发疾病死亡或者在48小时之内经抢救无效死亡 | 在抢险救灾等维护国家利益、公共利益活动中受到伤害 | 因战、因公负伤致残到用人单位后旧伤复发 | | |
| 全国 | 22 436 | 14 003 | 7 315 | 149 | 203 | 66 | 1 728 | 4 512 | 30 | 8 433 | 8 387 | 37 | 9 | 2 231 | 324 |
| 北京 | 593 | 270 | 82 | | 6 | 1 | 97 | 84 | | 323 | 322 | 1 | | 61 | 4 |
| 天津 | 311 | 159 | 64 | | | | 30 | 65 | | 152 | 152 | | | 21 | 6 |
| 河北 | 1 784 | 1 223 | 623 | | | | 72 | 528 | | 561 | 561 | | | | |
| 山西 | 664 | 345 | 181 | 6 | 5 | | 24 | 129 | | 319 | 319 | | | 53 | 4 |
| 内蒙古 | 472 | 263 | 143 | 1 | 2 | 2 | 64 | 51 | | 209 | 209 | | | 40 | 10 |
| 辽宁 | 896 | 451 | 238 | 2 | 7 | 6 | 41 | 157 | | 445 | 445 | | | 61 | 7 |
| 吉林 | 400 | 187 | 111 | | 6 | 9 | 32 | 29 | | 213 | 212 | 1 | | 8 | 2 |
| 黑龙江 | 530 | 213 | 139 | | 9 | 2 | 19 | 43 | 1 | 317 | 314 | 3 | | 16 | 2 |
| 上海 | 733 | 445 | 208 | 6 | 5 | 3 | 73 | 150 | | 288 | 288 | | | 58 | |
| 江苏 | 1 771 | 1 344 | 666 | 13 | 12 | 6 | 117 | 527 | 3 | 427 | 426 | | 1 | 134 | 13 |

续表

| 地区 | 当期受理工伤认定数 | | | | | | | | | | | | | 当期不予受理申请件数 |
|---|---|---|---|---|---|---|---|---|---|---|---|---|---|---|
| | 合计 | 认定工伤件数 | | | | | | | | 视同工伤件数 | | | | 不予认定工伤件数工伤件数 | |
| | | 小计 | 在工作时间和工作场所内因工作原因受到事故伤害 | 工作时间前后在工作场所内从事与工作有关的预备性或者收尾性工作受到事故伤害 | 在工作时间和工作场所内因履行工作职责受到暴力等意外伤害 | 患职业病 | 因工外出期间由于工作原因受到伤害或者发生事故下落不明 | 在上下班途中受到机动车事故伤害 | 其他应当认定为工伤的情形 | 小计 | 在工作时间和工作岗位突发疾病死亡或者在48小时之内经抢救无效死亡 | 在抢险救灾等维护国家利益、公共利益活动中受到伤害 | 因战、因公负伤致残到用人单位后旧伤复发 | | |
| 浙江 | 1 493 | 1 144 | 647 | 13 | 18 | 9 | 109 | 347 | 1 | 349 | 345 | 4 | | 55 | 12 |
| 安徽 | 523 | 342 | 144 | 8 | 4 | | 36 | 148 | 2 | 181 | 178 | 3 | | 36 | 4 |
| 福建 | 683 | 520 | 312 | 1 | 2 | 2 | 60 | 143 | | 163 | 163 | | | 52 | 2 |
| 江西 | 485 | 341 | 173 | 4 | 6 | 1 | 31 | 126 | | 144 | 144 | | | 68 | 6 |
| 山东 | 1 770 | 1 172 | 507 | 8 | 11 | 6 | 138 | 484 | 18 | 598 | 596 | 2 | | 112 | 17 |
| 河南 | 1 027 | 533 | 257 | 7 | 3 | 1 | 73 | 189 | 3 | 494 | 491 | 1 | 2 | 78 | 3 |
| 湖北 | 619 | 415 | 190 | 22 | 11 | 3 | 38 | 150 | 1 | 204 | 204 | | | 92 | 7 |
| 湖南 | 807 | 583 | 365 | 2 | 6 | | 50 | 160 | | 224 | 224 | | | 241 | 16 |
| 广东 | 2 105 | 1 165 | 542 | 3 | 33 | 8 | 224 | 355 | | 940 | 932 | 8 | | 424 | 170 |
| 广西 | 367 | 198 | 105 | 1 | 6 | | 39 | 47 | | 169 | 169 | | | 82 | 7 |
| 海南 | 91 | 46 | 25 | | | | 7 | 14 | | 45 | 45 | | | | |
| 重庆 | 502 | 349 | 235 | 11 | 2 | 2 | 25 | 74 | | 153 | 152 | 1 | | 79 | 5 |
| 四川 | 827 | 567 | 323 | 5 | 15 | 2 | 50 | 172 | | 260 | 253 | 6 | 1 | 141 | 11 |
| 贵州 | 384 | 239 | 168 | 3 | 10 | | 28 | 30 | | 145 | 144 | | 1 | 43 | |

续表

| 地区 | 当期受理工伤认定数 | | | | | | | | | | | | | | 当期不予受理申请件数 |
|---|---|---|---|---|---|---|---|---|---|---|---|---|---|---|---|
| | 合计 | 认定工伤件数 | | | | | | | | 视同工伤件数 | | | | 不予认定工伤件数工伤件数 | |
| | | 小计 | 在工作时间和工作场所内因工作原因受到事故伤害 | 工作时间前后在工作场所内从事与工作有关的预备性或者收尾性工作受到事故伤害 | 在工作时间和工作场所内因履行工作职责受到暴力等意外伤害 | 患职业病 | 因工外出期间由于工作原因受到伤害或者发生事故下落不明 | 在上下班途中受到机动车事故伤害 | 其他应当认定为工伤的情形 | 小计 | 在工作时间和工作岗位突发疾病死亡或者在48小时之内经抢救无效死亡 | 在抢险救灾等维护国家利益、公共利益活动中受到伤害 | 因战、因公负伤致残到用人单位后旧伤复发 | | |
| 云南 | 636 | 356 | 222 | 1 | 2 | 1 | 76 | 53 | 1 | 280 | 279 | 1 | | 131 | 10 |
| 西藏 | 42 | 26 | 13 | 2 | 1 | | 9 | 1 | | 16 | 16 | | | | |
| 陕西 | 635 | 359 | 232 | 2 | 11 | 2 | 46 | 66 | | 276 | 275 | 1 | | 18 | 1 |
| 甘肃 | 263 | 155 | 100 | 1 | | | 22 | 32 | | 108 | 105 | 3 | | 37 | 2 |
| 青海 | 133 | 94 | 72 | | | | 12 | 10 | | 39 | 39 | | | 5 | |
| 宁夏 | 178 | 122 | 48 | 4 | 5 | | 15 | 50 | | 56 | 55 | 1 | | | |
| 新疆 | 513 | 258 | 136 | 21 | 5 | | 54 | 42 | | 255 | 250 | 1 | 4 | 71 | 2 |
| 新疆兵团 | 199 | 119 | 44 | 2 | | | 17 | 56 | | 80 | 80 | | | 14 | 1 |

# 93 2008年各地区劳动能力鉴定情况

单位：人

| 地区 | 申请鉴定人数 | | | | | | 评定伤残等级人数 | | | | 存在生活自理障碍人数 |
|---|---|---|---|---|---|---|---|---|---|---|---|
| | 小计 | 初次申请 | 再次申请 | #改变结论 | 复查申请 | #改变结论 | 小计 | 一至四级 | 五至六级 | 七至十级 | |
| 全国 | 459 804 | 435 554 | 14 078 | 4 516 | 10 172 | 2 368 | 375 936 | 22 861 | 29 320 | 323 755 | 8 187 |
| 北京 | 10 503 | 9 996 | 85 | 27 | 422 | 396 | 4 498 | 730 | 355 | 3 413 | 109 |
| 天津 | 10 176 | 9 368 | 152 | 56 | 656 | 63 | 6 673 | 522 | 851 | 5 300 | 175 |
| 河北 | 14 579 | 14 233 | 63 | 17 | 283 | 191 | 12 701 | 851 | 1 307 | 10 543 | 340 |
| 山西 | 10 799 | 10 517 | 213 | 117 | 69 | 31 | 10 370 | 1 349 | 1 465 | 7 556 | 851 |
| 内蒙古 | 9 326 | 8 593 | 128 | 54 | 605 | 25 | 5 905 | 537 | 841 | 4 527 | 185 |
| 辽宁 | 15 717 | 13 664 | 351 | 84 | 1 702 | 233 | 13 654 | 1 100 | 1 397 | 11 157 | 346 |
| 吉林 | 8 488 | 7 978 | 187 | 92 | 323 | 114 | 7 483 | 325 | 849 | 6 309 | 138 |
| 黑龙江 | 12 210 | 11 693 | 219 | 71 | 298 | 89 | 11 212 | 1 152 | 1 725 | 8 335 | 503 |
| 上海 | 31 916 | 30 665 | 907 | 370 | 344 | 3 | 29 062 | 552 | 894 | 27 616 | 302 |
| 江苏 | 39 801 | 37 520 | 1 493 | 497 | 788 | 139 | 34 448 | 1 049 | 1 922 | 31 477 | 494 |
| 浙江 | 35 858 | 33 648 | 2 177 | 766 | 33 | 18 | 31 339 | 557 | 1 593 | 29 189 | 247 |
| 安徽 | 10 382 | 10 077 | 266 | 149 | 39 | 24 | 8 262 | 368 | 619 | 7 275 | 189 |
| 福建 | 8 281 | 7 832 | 432 | 183 | 17 | 4 | 6 413 | 416 | 461 | 5 536 | 286 |
| 江西 | 4 588 | 4 200 | 33 | 6 | 355 | 145 | 4 179 | 204 | 561 | 3 414 | 160 |
| 山东 | 24 617 | 23 621 | 132 | 27 | 864 | 278 | 22 027 | 2 287 | 1 992 | 17 748 | 564 |

续表

| 地区 | 申请鉴定人数 | | | | | | 评定伤残等级人数 | | | | 存在生活自理障碍人数 |
|---|---|---|---|---|---|---|---|---|---|---|---|
| | 小计 | 初次申请 | 再次申请 | #改变结论 | 复查申请 | #改变结论 | 小计 | 一至四级 | 五至六级 | 七至十级 | |
| 河南 | 11 586 | 10 145 | 65 | 15 | 1 376 | 36 | 9 904 | 698 | 1 914 | 7 292 | 540 |
| 湖北 | 11 887 | 11 570 | 240 | 124 | 77 | 24 | 11 639 | 1 017 | 1 079 | 9 543 | 548 |
| 湖南 | 13 392 | 11 669 | 926 | 231 | 797 | 244 | 11 868 | 509 | 1 270 | 10 089 | 182 |
| 广东 | 86 000 | 82 337 | 3 412 | 517 | 251 | 72 | 62 992 | 756 | 2 215 | 60 021 | 340 |
| 广西 | 4 369 | 4 277 | 72 | 26 | 20 | 3 | 3 411 | 972 | 421 | 2 018 | 68 |
| 海南 | 611 | 608 | 2 | 1 | 1 | | 306 | 35 | 49 | 222 | 17 |
| 重庆 | 18 356 | 17 237 | 927 | 458 | 192 | 21 | 16 555 | 837 | 913 | 14 805 | 327 |
| 四川 | 26 912 | 25 716 | 984 | 350 | 212 | 62 | 20 876 | 1 462 | 1 685 | 17 729 | 514 |
| 贵州 | 9 054 | 8 612 | 365 | 235 | 77 | 61 | 7 358 | 453 | 814 | 6 091 | 192 |
| 云南 | 9 423 | 9 360 | 43 | 15 | 20 | 5 | 4 850 | 689 | 266 | 3 895 | 187 |
| 西藏 | 108 | 105 | 3 | 1 | | | 80 | 11 | 10 | 59 | 6 |
| 陕西 | 5 290 | 5 100 | 45 | 9 | 145 | 24 | 4 951 | 427 | 416 | 4 108 | 140 |
| 甘肃 | 2 545 | 2 470 | 62 | | 13 | 5 | 2 211 | 414 | 304 | 1 493 | 53 |
| 青海 | 858 | 805 | 20 | 3 | 33 | 8 | 766 | 149 | 115 | 502 | 61 |
| 宁夏 | 1 864 | 1 834 | 13 | 4 | 17 | 7 | 1 598 | 445 | 212 | 941 | 28 |
| 新疆 | 5 989 | 5 847 | 41 | 7 | 101 | 27 | 4 561 | 445 | 425 | 3 691 | 75 |
| 新疆兵团 | 4 319 | 4 257 | 20 | 4 | 42 | 16 | 3 784 | 1 543 | 380 | 1 861 | 20 |

# 94 2009年各地区劳动能力鉴定情况

单位：人

| 地区 | 申请鉴定人数 | | | | | | 评定伤残等级人数 | | | | 存在生活自理障碍人数 |
|---|---|---|---|---|---|---|---|---|---|---|---|
| | 小计 | 初次申请 | 再次申请 | | 复查申请 | | 小计 | 一至四级 | 五至六级 | 七至十级 | |
| | | | | #改变结论 | | #改变结论 | | | | | |
| 全国 | 467 138 | 435 781 | 17 576 | 5 195 | 13 781 | 2 823 | 394 167 | 22 472 | 27 770 | 343 925 | 8 477 |
| 北京 | 10 198 | 9 554 | 76 | 9 | 568 | 522 | 8 244 | 788 | 666 | 6 790 | 204 |
| 天津 | 6 976 | 6 452 | 174 | 66 | 350 | 91 | 6 233 | 450 | 780 | 5 003 | 149 |
| 河北 | 14 569 | 13 809 | 192 | 67 | 568 | 508 | 13 031 | 902 | 1 455 | 10 674 | 360 |
| 山西 | 10 603 | 10 271 | 256 | 97 | 76 | 48 | 9 931 | 1 342 | 1 280 | 7 309 | 905 |
| 内蒙古 | 6 059 | 5 835 | 172 | 74 | 52 | 19 | 6 005 | 463 | 691 | 4 851 | 200 |
| 辽宁 | 14 842 | 12 522 | 340 | 67 | 1 980 | 324 | 12 131 | 821 | 1 090 | 10 220 | 332 |
| 吉林 | 6 327 | 5 970 | 177 | 92 | 180 | 76 | 5 204 | 236 | 400 | 4 568 | 144 |
| 黑龙江 | 14 817 | 13 806 | 705 | 227 | 306 | 233 | 13 942 | 1 089 | 1 851 | 11 002 | 594 |
| 上海 | 35 763 | 33 344 | 909 | 326 | 1 510 | 10 | 30 797 | 577 | 808 | 29 412 | 333 |
| 江苏 | 36 833 | 34 572 | 1 758 | 424 | 503 | 27 | 32 837 | 936 | 1 773 | 30 128 | 446 |
| 浙江 | 37 348 | 35 910 | 1 392 | 501 | 46 | 22 | 33 205 | 619 | 1 495 | 31 091 | 227 |
| 安徽 | 10 253 | 9 911 | 278 | 102 | 64 | 30 | 9 147 | 434 | 835 | 7 878 | 180 |
| 福建 | 7 309 | 6 851 | 442 | 151 | 16 | 6 | 5 841 | 341 | 369 | 5 131 | 165 |
| 江西 | 8 550 | 8 251 | 273 | 115 | 26 | 14 | 7 574 | 405 | 693 | 6 476 | 395 |
| 山东 | 25 813 | 24 732 | 900 | 251 | 181 | 39 | 22 877 | 1 087 | 1 893 | 19 897 | 432 |

续表

| 地区 | 申请鉴定人数 | | | | | | 评定伤残等级人数 | | | | 存在生活自理障碍人数 |
|---|---|---|---|---|---|---|---|---|---|---|---|
| | 小计 | 初次申请 | 再次申请 | #改变结论 | 复查申请 | #改变结论 | 小计 | 一至四级 | 五至六级 | 七至十级 | |
| 河南 | 14 227 | 9 788 | 280 | 31 | 4 159 | 60 | 12 012 | 550 | 1 135 | 10 327 | 418 |
| 湖北 | 14 814 | 14 372 | 284 | 157 | 158 | 32 | 13 728 | 1 120 | 1 741 | 10 867 | 229 |
| 湖南 | 17 626 | 16 072 | 1 138 | 327 | 416 | 189 | 15 765 | 831 | 667 | 14 267 | 286 |
| 广东 | 75 437 | 70 929 | 4 039 | 548 | 469 | 70 | 53 324 | 900 | 1 748 | 50 676 | 340 |
| 广西 | 5 824 | 5 020 | 88 | 32 | 716 | 32 | 4 762 | 1 061 | 510 | 3 191 | 98 |
| 海南 | 797 | 784 | 9 | 5 | 4 | 2 | 346 | 42 | 76 | 228 | 14 |
| 重庆 | 18 622 | 17 130 | 1 418 | 701 | 74 | 23 | 16 712 | 661 | 795 | 15 256 | 283 |
| 四川 | 33 261 | 31 857 | 1 223 | 487 | 181 | 76 | 26 495 | 3 004 | 1 855 | 21 636 | 640 |
| 贵州 | 11 846 | 11 011 | 553 | 218 | 282 | 175 | 10 580 | 632 | 889 | 9 059 | 313 |
| 云南 | 7 127 | 6 947 | 150 | 65 | 30 | 9 | 5 549 | 642 | 577 | 4 330 | 315 |
| 西藏 | 126 | 125 | 1 | 1 | | | 89 | 10 | 18 | 61 | 10 |
| 陕西 | 5 233 | 4 439 | 36 | 22 | 758 | 149 | 5 086 | 521 | 400 | 4 165 | 141 |
| 甘肃 | 3 407 | 3 246 | 134 | | 27 | 8 | 2 778 | 629 | 440 | 1 709 | 118 |
| 青海 | 1 288 | 1 243 | 22 | 3 | 23 | 7 | 1 247 | 100 | 111 | 1 036 | 36 |
| 宁夏 | 2 370 | 2 319 | 44 | 16 | 7 | | 2 183 | 755 | 242 | 1 186 | 31 |
| 新疆 | 7 368 | 7 245 | 106 | 6 | 17 | 11 | 5 186 | 470 | 353 | 4 363 | 129 |
| 新疆兵团 | 1 505 | 1 464 | 7 | 7 | 34 | 11 | 1 326 | 54 | 134 | 1 138 | 10 |

# 95 2010年各地区劳动能力鉴定情况

单位：人

| 地区 | 申请鉴定人数 | | | | | | 评定伤残等级人数 | | | | 存在生活自理障碍人数 |
|---|---|---|---|---|---|---|---|---|---|---|---|
| | 小计 | 初次申请 | 再次申请 | #改变结论 | 复查申请 | #改变结论 | 小计 | 一至四级 | 五至六级 | 七至十级 | |
| 全国 | 494 918 | 473 374 | 14 110 | 4 448 | 7 434 | 2 186 | 418 857 | 25 012 | 28 777 | 365 068 | 8 788 |
| 北京 | 11 537 | 10 981 | 26 | 5 | 530 | 490 | 9 093 | 974 | 775 | 7 344 | 234 |
| 天津 | 7 850 | 7 220 | 251 | 98 | 379 | 105 | 6 991 | 408 | 943 | 5 640 | 151 |
| 河北 | 14 521 | 14 005 | 163 | 63 | 353 | 258 | 13 182 | 856 | 1 199 | 11 127 | 351 |
| 山西 | 9 216 | 8 967 | 180 | 100 | 69 | 35 | 8 839 | 1 229 | 1 290 | 6 320 | 623 |
| 内蒙古 | 5 820 | 5 700 | 82 | 36 | 38 | 25 | 5 494 | 350 | 730 | 4 414 | 156 |
| 辽宁 | 17 520 | 16 567 | 224 | 63 | 729 | 220 | 15 266 | 1 821 | 1 522 | 11 923 | 553 |
| 吉林 | 7 246 | 6 455 | 271 | 172 | 520 | 87 | 6 483 | 286 | 493 | 5 704 | 166 |
| 黑龙江 | 13 127 | 12 558 | 396 | 173 | 173 | 41 | 11 650 | 618 | 1 136 | 9 896 | 260 |
| 上海 | 38 259 | 36 383 | 755 | 264 | 1 121 | 7 | 33 690 | 514 | 891 | 32 285 | 298 |
| 江苏 | 39 106 | 37 351 | 1 407 | 280 | 348 | 33 | 34 657 | 893 | 1 453 | 32 311 | 660 |
| 浙江 | 47 942 | 45 562 | 2 328 | 607 | 52 | 29 | 43 976 | 855 | 1 775 | 41 346 | 225 |
| 安徽 | 9 750 | 9 213 | 329 | 102 | 208 | 12 | 8 058 | 460 | 794 | 6 804 | 136 |
| 福建 | 8 011 | 7 561 | 437 | 140 | 13 | 3 | 6 441 | 422 | 390 | 5 629 | 124 |
| 江西 | 7 910 | 7 479 | 401 | 88 | 30 | 18 | 6 925 | 312 | 588 | 6 025 | 235 |
| 山东 | 28 323 | 27 243 | 928 | 258 | 152 | 42 | 22 982 | 1 288 | 1 681 | 20 013 | 586 |

续表

| 地区 | 申请鉴定人数 | | | | | | 评定伤残等级人数 | | | | 存在生活自理障碍人数 |
|---|---|---|---|---|---|---|---|---|---|---|---|
| | 小计 | 初次申请 | 再次申请 | #改变结论 | 复查申请 | #改变结论 | 小计 | 一至四级 | 五至六级 | 七至十级 | |
| 河南 | 10 691 | 10 375 | 236 | 97 | 80 | 30 | 8 186 | 1 112 | 723 | 6 351 | 314 |
| 湖北 | 17 676 | 17 142 | 392 | 199 | 142 | 11 | 16 197 | 1 472 | 2 712 | 12 013 | 314 |
| 湖南 | 16 511 | 15 173 | 964 | 302 | 374 | 92 | 15 430 | 549 | 926 | 13 955 | 183 |
| 广东 | 77 365 | 75 817 | 487 | 64 | 1 061 | 222 | 54 180 | 855 | 1 773 | 51 552 | 547 |
| 广西 | 4 618 | 4 535 | 64 | 30 | 19 | 8 | 3 846 | 849 | 524 | 2 473 | 63 |
| 海南 | 769 | 733 | 28 | 4 | 8 | 1 | 367 | 63 | 72 | 232 | 22 |
| 重庆 | 24 794 | 23 855 | 869 | 394 | 70 | 31 | 22 403 | 1 196 | 1 012 | 20 195 | 365 |
| 四川 | 31 736 | 30 348 | 1 135 | 195 | 253 | 53 | 26 755 | 2 976 | 1 711 | 22 068 | 641 |
| 贵州 | 14 781 | 13 832 | 715 | 447 | 234 | 149 | 13 465 | 786 | 965 | 11 714 | 354 |
| 云南 | 8 975 | 8 572 | 375 | 136 | 28 | 4 | 6 369 | 1 009 | 882 | 4 478 | 462 |
| 西藏 | 434 | 430 | 4 | 2 | | | 380 | 32 | 68 | 280 | 12 |
| 陕西 | 5 415 | 5 034 | 67 | 11 | 314 | 136 | 5 038 | 684 | 449 | 3 905 | 182 |
| 甘肃 | 3 361 | 3 292 | 28 | 9 | 41 | 12 | 3 049 | 613 | 410 | 2 026 | 77 |
| 青海 | 948 | 911 | 16 | 3 | 21 | 8 | 879 | 123 | 93 | 663 | 34 |
| 宁夏 | 2 586 | 2 553 | 23 | 1 | 10 | | 2 421 | 813 | 361 | 1 247 | 74 |
| 新疆 | 6 529 | 5 995 | 512 | 97 | 22 | 7 | 4 901 | 527 | 313 | 4 061 | 294 |
| 新疆兵团 | 1 591 | 1 532 | 17 | 8 | 42 | 17 | 1 264 | 67 | 123 | 1 074 | 92 |

# 96 2011年各地区劳动能力鉴定情况

单位：人

| 地区 | 申请鉴定人数 | | | | | | 评定伤残等级人数 | | | | 存在生活自理障碍人数 |
|---|---|---|---|---|---|---|---|---|---|---|---|
| | 小计 | 初次申请 | 再次申请 | #改变结论 | 复查申请 | #改变结论 | 小计 | 一至四级 | 五至六级 | 七至十级 | |
| 全国 | 606 923 | 586 854 | 14 622 | 4 793 | 5 447 | 2 165 | 510 394 | 26 314 | 32 069 | 452 011 | 11 232 |
| 北京 | 14 090 | 13 425 | 47 | 5 | 618 | 579 | 10 732 | 1 169 | 1 179 | 8 384 | 198 |
| 天津 | 8 288 | 7 657 | 191 | 86 | 440 | 113 | 7 757 | 403 | 880 | 6 474 | 175 |
| 河北 | 18 205 | 17 661 | 236 | 81 | 308 | 197 | 16 610 | 912 | 1 504 | 14 194 | 373 |
| 山西 | 14 266 | 13 920 | 231 | 92 | 115 | 59 | 13 353 | 1 887 | 1 544 | 9 922 | 1 003 |
| 内蒙古 | 4 696 | 4 585 | 93 | 40 | 18 | 4 | 4 339 | 378 | 591 | 3 370 | 161 |
| 辽宁 | 17 958 | 16 987 | 296 | 86 | 675 | 145 | 15 978 | 885 | 1 354 | 13 739 | 389 |
| 吉林 | 8 165 | 7 615 | 303 | 153 | 247 | 76 | 7 145 | 264 | 456 | 6 425 | 166 |
| 黑龙江 | 20 965 | 20 475 | 411 | 90 | 79 | 42 | 18 150 | 796 | 1 194 | 16 160 | 297 |
| 上海 | 51 442 | 49 747 | 996 | 325 | 699 | 13 | 47 287 | 1 271 | 1 766 | 44 250 | 629 |
| 江苏 | 53 503 | 51 778 | 1 333 | 186 | 392 | 66 | 45 966 | 767 | 1 782 | 43 417 | 355 |
| 浙江 | 59 724 | 57 945 | 1 742 | 610 | 37 | 15 | 55 787 | 970 | 2 121 | 52 696 | 307 |
| 安徽 | 11 590 | 11 074 | 424 | 141 | 92 | 51 | 9 820 | 646 | 1 014 | 8 160 | 277 |
| 福建 | 10 245 | 9 674 | 548 | 184 | 23 | 8 | 7 804 | 440 | 504 | 6 860 | 136 |
| 江西 | 9 352 | 8 667 | 625 | 310 | 60 | 17 | 8 742 | 615 | 975 | 7 152 | 359 |
| 山东 | 29 510 | 28 575 | 774 | 223 | 161 | 48 | 26 570 | 1 165 | 1 617 | 23 788 | 521 |

续表

| 地区 | 申请鉴定人数 | | | | | | 评定伤残等级人数 | | | | 存在生活自理障碍人数 |
|---|---|---|---|---|---|---|---|---|---|---|---|
| | 小计 | 初次申请 | 再次申请 | #改变结论 | 复查申请 | #改变结论 | 小计 | 一至四级 | 五至六级 | 七至十级 | |
| 河南 | 21 095 | 20 658 | 364 | 116 | 73 | 46 | 11 775 | 1 038 | 1 144 | 9 593 | 763 |
| 湖北 | 23 773 | 23 084 | 397 | 154 | 292 | 171 | 18 654 | 883 | 940 | 16 831 | 1 423 |
| 湖南 | 19 094 | 18 301 | 720 | 268 | 73 | 41 | 15 389 | 707 | 773 | 13 909 | 349 |
| 广东 | 79 416 | 78 644 | 581 | 87 | 191 | 46 | 57 089 | 886 | 1 883 | 54 320 | 510 |
| 广西 | 7 417 | 7 319 | 67 | 38 | 31 | 17 | 5 246 | 756 | 500 | 3 990 | 113 |
| 海南 | 892 | 864 | 24 | 11 | 4 | 3 | 438 | 85 | 80 | 273 | 41 |
| 重庆 | 32 356 | 31 185 | 1 170 | 486 | 1 | | 28 942 | 2 470 | 1 859 | 24 613 | 1 102 |
| 四川 | 36 804 | 35 207 | 1 479 | 525 | 118 | 33 | 31 918 | 3 125 | 2 646 | 26 147 | 581 |
| 贵州 | 14 789 | 13 981 | 634 | 332 | 174 | 109 | 13 407 | 725 | 927 | 11 755 | 236 |
| 云南 | 10 174 | 10 026 | 110 | 62 | 38 | 29 | 7 205 | 889 | 530 | 5 786 | 248 |
| 西藏 | 1 012 | 1 008 | 3 | 2 | 1 | 1 | 953 | 70 | 171 | 712 | 53 |
| 陕西 | 6 061 | 5 619 | 118 | 31 | 324 | 135 | 5 765 | 601 | 615 | 4 549 | 117 |
| 甘肃 | 8 759 | 8 636 | 91 | | 32 | 15 | 7 272 | 521 | 589 | 6 162 | 95 |
| 青海 | 1 196 | 1 160 | 24 | 11 | 12 | 8 | 1 077 | 115 | 104 | 858 | 47 |
| 宁夏 | 2 434 | 2 339 | 57 | 14 | 38 | 38 | 2 191 | 538 | 248 | 1 405 | 25 |
| 新疆 | 8 027 | 7 474 | 502 | 28 | 51 | 21 | 5 606 | 261 | 476 | 4 869 | 46 |
| 新疆兵团 | 1 625 | 1 564 | 31 | 16 | 30 | 19 | 1 427 | 76 | 103 | 1 248 | 137 |

# 97 2012年各地区劳动能力鉴定情况

单位：人

| 地区 | 申请鉴定人数 | | | | | | 评定伤残等级人数 | | | | 存在生活自理障碍人数 |
|---|---|---|---|---|---|---|---|---|---|---|---|
| | 小计 | 初次申请 | 再次申请 | #改变结论 | 复查申请 | #改变结论 | 小计 | 一至四级 | 五至六级 | 七至十级 | |
| 全国 | 605 618 | 582 510 | 16 530 | 5 143 | 6 578 | 2 907 | 513 395 | 25 085 | 27 559 | 460 751 | 8 971 |
| 北京 | 13 067 | 12 245 | 65 | 9 | 757 | 701 | 10 721 | 1 104 | 1 022 | 8 595 | 239 |
| 天津 | 7 446 | 6 859 | 211 | 94 | 376 | 162 | 6 974 | 378 | 735 | 5 861 | 182 |
| 河北 | 18 398 | 17 769 | 156 | 47 | 473 | 226 | 17 379 | 1 236 | 1 296 | 14 847 | 408 |
| 山西 | 12 377 | 12 114 | 185 | 55 | 78 | 45 | 11 498 | 2 570 | 1 078 | 7 850 | 654 |
| 内蒙古 | 5 840 | 5 628 | 149 | 74 | 63 | 46 | 5 115 | 718 | 461 | 3 936 | 178 |
| 辽宁 | 21 109 | 19 584 | 295 | 80 | 1 230 | 563 | 18 528 | 1 057 | 1 281 | 16 190 | 520 |
| 吉林 | 8 353 | 7 576 | 593 | 291 | 184 | 55 | 7 285 | 279 | 479 | 6 527 | 151 |
| 黑龙江 | 20 736 | 19 812 | 706 | 346 | 218 | 76 | 18 857 | 713 | 1 162 | 16 982 | 461 |
| 上海 | 48 650 | 47 258 | 1 253 | 327 | 139 | 1 | 44 051 | 500 | 971 | 42 580 | 282 |
| 江苏 | 61 122 | 59 426 | 1 142 | 140 | 554 | 202 | 53 304 | 1 033 | 1 812 | 50 459 | 463 |
| 浙江 | 64 544 | 62 636 | 1 887 | 644 | 21 | 10 | 60 158 | 958 | 1 860 | 57 340 | 355 |
| 安徽 | 13 881 | 13 239 | 531 | 175 | 111 | 59 | 11 360 | 672 | 951 | 9 737 | 237 |
| 福建 | 12 722 | 12 080 | 626 | 199 | 16 | 6 | 9 560 | 616 | 718 | 8 226 | 248 |
| 江西 | 12 400 | 11 689 | 621 | 186 | 90 | 27 | 11 965 | 342 | 618 | 11 005 | 278 |
| 山东 | 30 401 | 29 271 | 748 | 204 | 382 | 110 | 27 249 | 1 132 | 1 792 | 24 325 | 651 |

续表

| 地区 | 申请鉴定人数 | | | | | | 评定伤残等级人数 | | | | 存在生活自理障碍人数 |
|---|---|---|---|---|---|---|---|---|---|---|---|
| | 小计 | 初次申请 | 再次申请 | #改变结论 | 复查申请 | #改变结论 | 小计 | 一至四级 | 五至六级 | 七至十级 | |
| 河南 | 16 056 | 15 136 | 700 | 4 | 220 | 42 | 9 048 | 593 | 762 | 7 693 | 417 |
| 湖北 | 14 014 | 13 223 | 535 | 165 | 256 | 87 | 12 210 | 494 | 718 | 10 998 | 287 |
| 湖南 | 21 724 | 20 978 | 671 | 270 | 75 | 24 | 17 413 | 822 | 910 | 15 681 | 283 |
| 广东 | 77 221 | 75 677 | 1 431 | 80 | 113 | 42 | 55 526 | 923 | 1 781 | 52 822 | 291 |
| 广西 | 6 068 | 5 951 | 92 | 42 | 25 | 15 | 3 943 | 436 | 320 | 3 187 | 69 |
| 海南 | 1 097 | 1 078 | 13 | 1 | 6 | 3 | 613 | 141 | 137 | 335 | 34 |
| 重庆 | 28 156 | 26 531 | 1 232 | 493 | 393 | 81 | 25 799 | 1 329 | 918 | 23 552 | 404 |
| 四川 | 35 193 | 33 578 | 1 457 | 610 | 158 | 32 | 28 558 | 2 152 | 2 044 | 24 362 | 537 |
| 贵州 | 15 762 | 15 149 | 505 | 226 | 108 | 74 | 14 811 | 757 | 866 | 13 188 | 162 |
| 云南 | 10 357 | 10 195 | 140 | 81 | 22 | 16 | 7 672 | 807 | 526 | 6 339 | 293 |
| 西藏 | 523 | 516 | 5 | 4 | 2 | 1 | 458 | 32 | 51 | 375 | 20 |
| 陕西 | 6 822 | 6 475 | 109 | 51 | 238 | 89 | 6 080 | 459 | 589 | 5 032 | 487 |
| 甘肃 | 4 144 | 4 035 | 78 | | 31 | 26 | 3 556 | 462 | 359 | 2 735 | 97 |
| 青海 | 1 548 | 1 488 | 23 | 11 | 37 | 5 | 1 512 | 280 | 203 | 1 029 | 57 |
| 宁夏 | 3 182 | 3 108 | 61 | 20 | 13 | 3 | 2 202 | 274 | 189 | 1 739 | 146 |
| 新疆 | 7 237 | 6 916 | 269 | 201 | 52 | 11 | 5 392 | 309 | 313 | 4 770 | 49 |
| 新疆兵团 | 5 468 | 5 290 | 41 | 13 | 137 | 67 | 4 598 | 1 507 | 637 | 2 454 | 31 |

# 98　2013年各地区劳动能力鉴定情况

单位：人

| 地区 | 申请鉴定人数 | | | | | | 评定伤残等级人数 | | | | 存在生活自理障碍人数 |
|---|---|---|---|---|---|---|---|---|---|---|---|
| | 小计 | 初次申请 | 再次申请 | #改变结论 | 复查申请 | #改变结论 | 小计 | 一至四级 | 五至六级 | 七至十级 | |
| 全国 | 604 189 | 577 586 | 15 926 | 4 908 | 10 677 | 2 482 | 511 635 | 21 134 | 25 811 | 464 690 | 9 505 |
| 北京 | 14 389 | 13 774 | 70 | 8 | 545 | 505 | 12 345 | 982 | 1 607 | 9 756 | 221 |
| 天津 | 7 778 | 7 235 | 173 | 57 | 370 | 144 | 7 312 | 351 | 649 | 6 312 | 155 |
| 河北 | 21 322 | 20 919 | 216 | 62 | 187 | 119 | 20 025 | 1 113 | 1 245 | 17 667 | 462 |
| 山西 | 10 956 | 10 722 | 126 | 33 | 108 | 59 | 10 333 | 1 645 | 962 | 7 726 | 724 |
| 内蒙古 | 5 680 | 5 355 | 160 | 57 | 165 | 88 | 5 075 | 468 | 464 | 4 143 | 192 |
| 辽宁 | 20 201 | 18 624 | 266 | 67 | 1 311 | 301 | 18 613 | 1 200 | 1 322 | 16 091 | 648 |
| 吉林 | 9 474 | 8 535 | 422 | 190 | 517 | 91 | 7 282 | 263 | 355 | 6 664 | 125 |
| 黑龙江 | 16 311 | 15 709 | 411 | 89 | 191 | 48 | 13 381 | 700 | 1 298 | 11 383 | 462 |
| 上海 | 45 114 | 40 207 | 1 153 | 296 | 3 754 | | 41 268 | 328 | 673 | 40 267 | 209 |
| 江苏 | 65 921 | 63 954 | 1 102 | 83 | 865 | 186 | 53 928 | 813 | 1 666 | 51 449 | 527 |
| 浙江 | 69 248 | 67 322 | 1 905 | 557 | 21 | 12 | 64 114 | 723 | 1 858 | 61 533 | 582 |
| 安徽 | 14 591 | 13 928 | 590 | 190 | 73 | 39 | 11 212 | 424 | 488 | 10 300 | 210 |
| 福建 | 12 773 | 11 964 | 778 | 236 | 31 | 8 | 9 892 | 603 | 594 | 8 695 | 263 |
| 江西 | 13 215 | 12 535 | 610 | 217 | 70 | 21 | 12 717 | 99 | 721 | 11 897 | 47 |
| 山东 | 31 562 | 30 428 | 714 | 210 | 420 | 130 | 27 404 | 1 023 | 1 708 | 24 673 | 508 |

续表

| 地区 | 申请鉴定人数 | | | | | | 评定伤残等级人数 | | | | 存在生活自理障碍人数 |
|---|---|---|---|---|---|---|---|---|---|---|---|
| | 小计 | 初次申请 | 再次申请 | #改变结论 | 复查申请 | #改变结论 | 小计 | 一至四级 | 五至六级 | 七至十级 | |
| 河南 | 14 618 | 13 760 | 599 | 200 | 259 | 61 | 10 771 | 720 | 802 | 9 249 | 430 |
| 湖北 | 12 078 | 11 529 | 453 | 154 | 96 | 36 | 10 748 | 597 | 661 | 9 490 | 296 |
| 湖南 | 22 048 | 21 370 | 594 | 158 | 84 | 14 | 19 356 | 754 | 814 | 17 788 | 422 |
| 广东 | 75 461 | 73 961 | 1 414 | 244 | 86 | 38 | 53 683 | 976 | 1 643 | 51 064 | 353 |
| 广西 | 6 518 | 6 419 | 82 | 28 | 17 | 8 | 3 880 | 424 | 305 | 3 151 | 69 |
| 海南 | 695 | 682 | 7 | 5 | 6 | 1 | 492 | 89 | 61 | 342 | 49 |
| 重庆 | 28 157 | 26 631 | 1 258 | 461 | 268 | 87 | 25 258 | 1 500 | 857 | 22 901 | 387 |
| 四川 | 34 285 | 32 772 | 1 198 | 612 | 315 | 98 | 26 959 | 1 659 | 1 846 | 23 454 | 470 |
| 贵州 | 14 549 | 13 895 | 540 | 190 | 114 | 48 | 14 839 | 755 | 876 | 13 208 | 224 |
| 云南 | 9 825 | 9 561 | 246 | 107 | 18 | 10 | 7 086 | 746 | 391 | 5 949 | 305 |
| 西藏 | 698 | 690 | 8 | 3 | | | 472 | 21 | 52 | 399 | 11 |
| 陕西 | 8 175 | 7 349 | 385 | 149 | 441 | 267 | 7 208 | 514 | 621 | 6 073 | 594 |
| 甘肃 | 3 968 | 3 689 | 95 | 35 | 184 | 20 | 3 308 | 449 | 342 | 2 517 | 113 |
| 青海 | 1 220 | 1 196 | 16 | 6 | 8 | 4 | 1 187 | 138 | 134 | 915 | 37 |
| 宁夏 | 3 352 | 3 268 | 15 | 8 | 69 | 13 | 2 999 | 698 | 295 | 2 006 | 214 |
| 新疆 | 8 121 | 7 756 | 304 | 187 | 61 | 17 | 6 846 | 301 | 401 | 6 144 | 150 |
| 新疆兵团 | 1 886 | 1 847 | 16 | 9 | 23 | 9 | 1 642 | 58 | 100 | 1 484 | 46 |

# 99 2014年各地区劳动能力鉴定情况

单位：人

| 地区 | 申请鉴定人数 | | | | | | 评定伤残等级人数 | | | | 存在生活自理障碍人数 |
|---|---|---|---|---|---|---|---|---|---|---|---|
| | 小计 | 初次申请 | 再次申请 | #改变结论 | 复查申请 | #改变结论 | 小计 | 一至四级 | 五至六级 | 七至十级 | |
| 全国 | 654 528 | 625 921 | 16 840 | 4 725 | 11 767 | 2 793 | 557 554 | 21 301 | 24 713 | 511 540 | 8 931 |
| 北京 | 14 860 | 14 081 | 139 | 23 | 640 | 585 | 12 298 | 785 | 1 283 | 10 230 | 174 |
| 天津 | 8 424 | 7 912 | 194 | 60 | 318 | 94 | 7 833 | 308 | 646 | 6 879 | 124 |
| 河北 | 23 521 | 22 806 | 384 | 116 | 331 | 159 | 22 065 | 939 | 1 169 | 19 957 | 405 |
| 山西 | 12 161 | 11 841 | 195 | 89 | 125 | 71 | 11 096 | 1 585 | 1 024 | 8 487 | 510 |
| 内蒙古 | 6 110 | 5 744 | 252 | 87 | 114 | 66 | 5 352 | 355 | 458 | 4 539 | 163 |
| 辽宁 | 22 409 | 20 981 | 397 | 59 | 1 031 | 255 | 18 987 | 892 | 1 069 | 17 026 | 468 |
| 吉林 | 9 464 | 8 563 | 346 | 134 | 555 | 130 | 7 885 | 366 | 389 | 7 130 | 145 |
| 黑龙江 | 15 081 | 13 863 | 675 | 83 | 543 | 89 | 12 470 | 814 | 947 | 10 709 | 329 |
| 上海 | 52 704 | 47 080 | 1 117 | 317 | 4 507 | | 42 875 | 402 | 706 | 41 767 | 42 |
| 江苏 | 74 435 | 72 736 | 1 018 | 91 | 681 | 101 | 63 603 | 854 | 1 622 | 61 127 | 578 |
| 浙江 | 79 896 | 77 996 | 1 878 | 638 | 22 | 11 | 74 400 | 660 | 1 822 | 71 918 | 381 |
| 安徽 | 14 251 | 13 383 | 701 | 187 | 167 | 104 | 13 819 | 435 | 566 | 12 818 | 182 |
| 福建 | 14 783 | 13 998 | 754 | 194 | 31 | 8 | 11 353 | 678 | 660 | 10 015 | 178 |
| 江西 | 16 215 | 15 665 | 488 | 140 | 62 | 21 | 14 521 | 124 | 732 | 13 665 | 37 |
| 山东 | 33 562 | 32 536 | 658 | 156 | 368 | 101 | 28 965 | 987 | 1 654 | 26 324 | 477 |

续表

| 地区 | 申请鉴定人数 | | | | | | 评定伤残等级人数 | | | | 存在生活自理障碍人数 |
|---|---|---|---|---|---|---|---|---|---|---|---|
| | 小计 | 初次申请 | 再次申请 | #改变结论 | 复查申请 | #改变结论 | 小计 | 一至四级 | 五至六级 | 七至十级 | |
| 河南 | 14 884 | 14 127 | 522 | 151 | 235 | 59 | 11 426 | 712 | 1 339 | 9 375 | 1 214 |
| 湖北 | 13 299 | 12 381 | 720 | 249 | 198 | 86 | 11 500 | 618 | 679 | 10 203 | 360 |
| 湖南 | 24 490 | 23 736 | 669 | 194 | 85 | 33 | 21 707 | 856 | 963 | 19 888 | 316 |
| 广东 | 79 925 | 78 181 | 1 547 | 292 | 197 | 100 | 56 247 | 880 | 1 668 | 53 699 | 338 |
| 广西 | 5 487 | 5 362 | 114 | 34 | 11 | 7 | 3 487 | 176 | 206 | 3 105 | 72 |
| 海南 | 776 | 755 | 19 | 6 | 2 | | 487 | 55 | 69 | 363 | 57 |
| 重庆 | 28 376 | 26 799 | 1 112 | 307 | 465 | 147 | 25 311 | 1 662 | 743 | 22 906 | 399 |
| 四川 | 33 621 | 32 252 | 1 114 | 488 | 255 | 115 | 25 870 | 2 202 | 1 222 | 22 446 | 451 |
| 贵州 | 16 207 | 15 522 | 502 | 181 | 183 | 47 | 20 668 | 684 | 779 | 19 205 | 231 |
| 云南 | 12 484 | 12 172 | 287 | 33 | 25 | 11 | 9 478 | 787 | 474 | 8 217 | 254 |
| 西藏 | 355 | 343 | 12 | 3 | | | 299 | 10 | 22 | 267 | 4 |
| 陕西 | 9 810 | 8 909 | 462 | 179 | 439 | 320 | 8 849 | 717 | 745 | 7 387 | 693 |
| 甘肃 | 3 248 | 3 103 | 100 | 37 | 45 | 20 | 2 829 | 316 | 258 | 2 255 | 106 |
| 青海 | 1 730 | 1 678 | 38 | 24 | 14 | 10 | 1 649 | 162 | 135 | 1 352 | 44 |
| 宁夏 | 4 614 | 4 431 | 120 | 33 | 63 | 18 | 3 841 | 1 012 | 337 | 2 492 | 89 |
| 新疆 | 6 875 | 6 532 | 298 | 138 | 45 | 22 | 5 973 | 236 | 300 | 5 437 | 96 |
| 新疆兵团 | 471 | 453 | 8 | 2 | 10 | 3 | 411 | 32 | 27 | 352 | 14 |

# 100 2015年各地区劳动能力鉴定情况

单位：人

| 地区 | 申请鉴定人数 | | | | | | 评定伤残等级人数 | | | | 存在生活自理障碍人数 |
|---|---|---|---|---|---|---|---|---|---|---|---|
| | 小计 | 初次申请 | 再次申请 | #改变结论 | 复查申请 | #改变结论 | 小计 | 一至四级 | 五至六级 | 七至十级 | |
| 全国 | 637 031 | 609 931 | 16 680 | 4 541 | 10 420 | 2 504 | 541 722 | 19 238 | 19 174 | 503 310 | 7 617 |
| 北京 | 14 597 | 13 909 | 94 | 10 | 594 | 462 | 12 073 | 768 | 1 137 | 10 168 | 149 |
| 天津 | 8 748 | 8 200 | 223 | 99 | 325 | 81 | 8 089 | 178 | 537 | 7 374 | 94 |
| 河北 | 23 321 | 22 661 | 424 | 143 | 236 | 141 | 18 138 | 602 | 656 | 16 880 | 308 |
| 山西 | 13 763 | 13 289 | 320 | 106 | 154 | 92 | 12 959 | 1 551 | 984 | 10 424 | 488 |
| 内蒙古 | 6 217 | 5 808 | 225 | 68 | 184 | 124 | 5 320 | 300 | 374 | 4 646 | 164 |
| 辽宁 | 21 270 | 20 288 | 502 | 98 | 480 | 222 | 18 691 | 767 | 879 | 17 045 | 422 |
| 吉林 | 8 423 | 6 802 | 254 | 74 | 1 367 | 278 | 6 899 | 269 | 383 | 6 247 | 146 |
| 黑龙江 | 10 664 | 9 801 | 529 | 98 | 334 | 90 | 9 099 | 425 | 566 | 8 108 | 265 |
| 上海 | 49 414 | 43 979 | 1 305 | 325 | 4 130 | | 39 701 | 255 | 483 | 38 963 | 11 |
| 江苏 | 79 417 | 78 108 | 934 | 70 | 375 | 95 | 69 674 | 686 | 1 284 | 67 704 | 442 |
| 浙江 | 80 265 | 77 753 | 2 459 | 662 | 53 | 28 | 73 302 | 652 | 1 418 | 71 232 | 326 |
| 安徽 | 16 740 | 15 948 | 676 | 211 | 116 | 43 | 15 142 | 651 | 596 | 13 895 | 184 |
| 福建 | 14 724 | 14 034 | 658 | 211 | 32 | 11 | 11 561 | 666 | 502 | 10 393 | 145 |
| 江西 | 9 574 | 9 069 | 455 | 138 | 50 | 14 | 8 413 | 233 | 259 | 7 921 | 122 |
| 山东 | 35 225 | 34 375 | 639 | 153 | 211 | 103 | 29 754 | 1 819 | 1 589 | 26 346 | 447 |

续表

| 地区 | 申请鉴定人数 | | | | | | 评定伤残等级人数 | | | | 存在生活自理障碍人数 |
|---|---|---|---|---|---|---|---|---|---|---|---|
| | 小计 | 初次申请 | 再次申请 | #改变结论 | 复查申请 | #改变结论 | 小计 | 一至四级 | 五至六级 | 七至十级 | |
| 河南 | 16 276 | 15 187 | 924 | 232 | 165 | 53 | 11 806 | 528 | 606 | 10 672 | 1 516 |
| 湖北 | 12 320 | 11 521 | 663 | 185 | 136 | 54 | 10 834 | 626 | 611 | 9 597 | 182 |
| 湖南 | 25 774 | 25 031 | 653 | 168 | 90 | 17 | 22 249 | 639 | 532 | 21 078 | 277 |
| 广东 | 72 485 | 71 152 | 1 161 | 219 | 172 | 79 | 60 353 | 781 | 1 359 | 58 213 | 289 |
| 广西 | 4 791 | 4 643 | 143 | 43 | 5 | 3 | 3 700 | 148 | 155 | 3 397 | 62 |
| 海南 | 793 | 748 | 42 | 3 | 3 | 1 | 496 | 98 | 65 | 333 | 54 |
| 重庆 | 27 152 | 25 645 | 1 133 | 317 | 374 | 163 | 23 990 | 1 362 | 571 | 22 057 | 289 |
| 四川 | 31 562 | 30 206 | 1 025 | 356 | 331 | 94 | 23 083 | 1 497 | 976 | 20 610 | 432 |
| 贵州 | 15 406 | 14 883 | 379 | 253 | 144 | 45 | 13 894 | 551 | 550 | 12 793 | 179 |
| 云南 | 9 772 | 9 588 | 155 | 39 | 29 | 18 | 7 681 | 917 | 756 | 6 008 | 167 |
| 西藏 | 473 | 464 | 9 | 3 | | | 317 | 36 | 25 | 256 | 10 |
| 陕西 | 8 514 | 8 268 | 80 | 16 | 166 | 105 | 8 066 | 799 | 473 | 6 794 | 169 |
| 甘肃 | 3 478 | 3 359 | 83 | 34 | 36 | 18 | 3 087 | 215 | 222 | 2 650 | 79 |
| 青海 | 1 617 | 1 577 | 31 | 16 | 9 | 7 | 1 589 | 78 | 86 | 1 425 | 29 |
| 宁夏 | 4 947 | 4 805 | 88 | 33 | 54 | 36 | 4 129 | 908 | 239 | 2 982 | 64 |
| 新疆 | 7 464 | 7 060 | 362 | 138 | 42 | 17 | 6 004 | 189 | 221 | 5 594 | 86 |
| 新疆兵团 | 1 845 | 1 770 | 52 | 20 | 23 | 10 | 1 629 | 44 | 80 | 1 505 | 20 |

# 101　2016年各地区劳动能力鉴定情况

单位：人

| 地区 | 申请鉴定人数 | | | | | | 评定伤残等级人数 | | | | 存在生活自理障碍人数 |
|---|---|---|---|---|---|---|---|---|---|---|---|
| | 小计 | 初次申请 | 再次申请 | #改变结论 | 复查申请 | #改变结论 | 小计 | 一至四级 | 五至六级 | 七至十级 | |
| 全国 | 616 205 | 594 232 | 14 266 | 3 366 | 7 707 | 2 495 | 535 415 | 17 022 | 17 533 | 500 860 | 5 876 |
| 北京 | 14 639 | 14 055 | 123 | 7 | 461 | 408 | 12 175 | 874 | 778 | 10 523 | 156 |
| 天津 | 8 628 | 8 164 | 203 | 61 | 261 | 63 | 8 051 | 164 | 376 | 7 511 | 80 |
| 河北 | 25 764 | 24 785 | 402 | 109 | 577 | 248 | 23 859 | 681 | 803 | 22 375 | 347 |
| 山西 | 15 167 | 14 760 | 253 | 73 | 154 | 50 | 14 014 | 1 461 | 960 | 11 593 | 432 |
| 内蒙古 | 6 654 | 6 374 | 184 | 64 | 96 | 56 | 5 969 | 274 | 329 | 5 366 | 144 |
| 辽宁 | 20 303 | 18 499 | 475 | 86 | 1 329 | 161 | 17 128 | 672 | 628 | 15 828 | 265 |
| 吉林 | 6 863 | 6 477 | 224 | 71 | 162 | 53 | 6 023 | 265 | 257 | 5 501 | 108 |
| 黑龙江 | 12 158 | 11 617 | 402 | 73 | 139 | 62 | 10 674 | 469 | 505 | 9 700 | 290 |
| 上海 | 43 125 | 40 211 | 981 | 383 | 1 933 | 369 | 38 973 | 228 | 392 | 38 353 | 164 |
| 江苏 | 75 496 | 74 301 | 799 | 59 | 396 | 88 | 66 236 | 657 | 1 170 | 64 409 | 368 |
| 浙江 | 79 983 | 78 124 | 1 822 | 528 | 37 | 14 | 73 449 | 565 | 1 268 | 71 616 | 311 |
| 安徽 | 15 646 | 15 026 | 508 | 145 | 112 | 53 | 13 874 | 552 | 534 | 12 788 | 157 |
| 福建 | 15 815 | 15 063 | 648 | 183 | 104 | 78 | 12 677 | 656 | 480 | 11 541 | 239 |
| 江西 | 10 381 | 9 859 | 472 | 78 | 50 | 8 | 9 297 | 308 | 425 | 8 564 | 150 |
| 山东 | 36 348 | 35 218 | 844 | 152 | 286 | 104 | 28 614 | 908 | 1 481 | 26 225 | 398 |

续表

| 地区 | 申请鉴定人数 | | | | | | 评定伤残等级人数 | | | | 存在生活自理障碍人数 |
|---|---|---|---|---|---|---|---|---|---|---|---|
| | 小计 | 初次申请 | 再次申请 | #改变结论 | 复查申请 | #改变结论 | 小计 | 一至四级 | 五至六级 | 七至十级 | |
| 河南 | 14 572 | 13 943 | 500 | 108 | 129 | 40 | 11 073 | 444 | 523 | 10 106 | 270 |
| 湖北 | 11 963 | 11 176 | 622 | 170 | 165 | 75 | 10 461 | 457 | 429 | 9 575 | 230 |
| 湖南 | 20 456 | 20 044 | 336 | 89 | 76 | 22 | 19 088 | 581 | 554 | 17 953 | 214 |
| 广东 | 71 158 | 69 747 | 1 244 | 133 | 167 | 66 | 60 409 | 658 | 1 212 | 58 539 | 293 |
| 广西 | 4 689 | 4 562 | 121 | 33 | 6 | 1 | 3 460 | 103 | 155 | 3 202 | 49 |
| 海南 | 434 | 414 | 16 | 11 | 4 | 4 | 425 | 28 | 19 | 378 | 22 |
| 重庆 | 26 256 | 24 916 | 1 013 | 223 | 327 | 211 | 23 452 | 1 259 | 505 | 21 688 | 245 |
| 四川 | 28 785 | 27 608 | 932 | 221 | 245 | 76 | 22 255 | 955 | 822 | 20 478 | 344 |
| 贵州 | 13 632 | 13 252 | 263 | 77 | 117 | 42 | 12 676 | 632 | 531 | 11 513 | 122 |
| 云南 | 8 293 | 8 204 | 66 | 16 | 23 | 12 | 6 777 | 522 | 263 | 5 992 | 119 |
| 西藏 | 554 | 545 | 6 | 3 | 3 | 1 | 473 | 19 | 56 | 398 | 11 |
| 陕西 | 8 141 | 7 937 | 67 | 19 | 137 | 63 | 6 662 | 308 | 317 | 6 037 | 142 |
| 甘肃 | 4 334 | 4 200 | 73 | 22 | 61 | 18 | 3 818 | 442 | 196 | 3 180 | 55 |
| 青海 | 1 170 | 1 148 | 14 | 8 | 8 | 4 | 1 129 | 59 | 63 | 1 007 | 19 |
| 宁夏 | 4 682 | 4 511 | 141 | 43 | 30 | 19 | 3 590 | 745 | 219 | 2 626 | 43 |
| 新疆 | 8 622 | 8 031 | 495 | 104 | 96 | 23 | 7 327 | 1 046 | 1 230 | 5 051 | 61 |
| 新疆兵团 | 1 494 | 1 461 | 17 | 14 | 16 | 3 | 1 327 | 30 | 53 | 1 244 | 28 |

# 九、地方性法规

## 102　北京市实施《工伤保险条例》若干规定

2011年11月28日北京市人民政府第110次常务会议审议通过，
2011年12月5日北京市人民政府令第242号公布，自公布之日起施行。

**第一条**　为实施国务院《工伤保险条例》，结合本市实际情况，制定本规定。

**第二条**　本市行政区域内的用人单位应当依照《工伤保险条例》（以下简称《条例》）和本规定参加工伤保险，为本单位职工缴纳工伤保险费。用人单位的职工有依照《条例》和本规定享受工伤保险待遇的权利。

**第三条**　市和区、县社会保险行政部门负责本行政区域内的工伤保险工作。市和区、县社会保险经办机构具体承办工伤保险事务。

财政、卫生等部门按照职责分工，负责工伤保险有关工作。

**第四条**　市社会保险行政部门应当根据有关法律法规规章的规定，制定工伤保险具体政策和管理制度，规划、选择并公布工伤医疗机构、康复机构和辅助器具配置机构。

市社会保险经办机构负责征收工伤保险费，核定和支付工伤保险待遇，以及与工伤医疗机构、康复机构和辅助器具配置机构签订书面协议等工作。

**第五条**　市社会保险行政部门根据国家公布的行业差别费率及行业内费率档次，结合本市工伤保险费收支情况，确定并公布本市适用的行业内费率浮动档次。

市社会保险经办机构根据用人单位工伤保险费使用、工伤发生率等情况，在所属行业适用的费率浮动档次内，确定用人单位缴费费率。

**第六条**　工伤保险基金实行全市统筹。

工伤保险基金存入社会保障基金财政专户，按照《条例》的规定用于工伤保险待遇，劳动能力鉴定，工伤预防的宣传、培训等费用，以及法律法规规定的用于工伤保险的其他费用的支付。

市社会保险行政部门会同财政部门根据《条例》的有关规定，拟订工伤保险基金的具体支付项目和标准，报市人民政府批准后施行。

**第七条**　用人单位、职工或者其近亲属、工会组织（以下统称申请人）要求认定工伤的，应当按照《条例》规定的时限，向用人单位登记地的区、县社会保险行政部门提出工伤认定申请。

**第八条**　申请人提出工伤认定申请，应当按照《条例》第十八条的规定提交材料，并按照下列规定附具相关证明：

（一）属于《条例》第十四条第（一）、（二）、（五）项情形的，附具伤害事故证明或者下落不明的事故证明；

（二）属于《条例》第十四条第（三）项情形的，附具意外伤害证明或者司法机关出具的相关法律文书；

（三）属于《条例》第十四条第（六）项情形的，附具司法机关、公安机关交通管理、交通运输、铁道等部门或者法律、行政法规授权组织出具的相关法律文书；

（四）属于《条例》第十五条第一款第（一）项情形的，附具医疗机构出具的抢救记录；

（五）属于《条例》第十五条第一款第（二）项情形的，附具相关单位出具的证明；

（六）属于《条例》第十五条第一款第（三）项情形的，附具革命伤残军人证及医疗机构出具的旧伤复发诊断证明。

职工死亡的，应当同时附具死亡证明。

**第九条** 因确认劳动关系发生争议影响工伤认定的，应当在申请工伤认定前依法解决劳动争议。解决劳动争议的时间，不计算在工伤认定申请时限内。

**第十条** 医疗机构、职业病诊断鉴定机构出具的诊断证明书、病历、职业病诊断证明书或者职业病诊断鉴定书等医学文件，应当符合国家和本市规定的要求。对不符合要求的，区、县社会保险行政部门可以要求有关机构重新出具。

**第十一条** 区、县社会保险行政部门收到工伤认定申请，材料完整的，应当在5个工作日内作出受理或者不予受理的决定；材料不完整的，应当一次性书面告知申请人需要补正的全部材料。申请人应当在《条例》规定的工伤认定申请时限内补正全部材料。

区、县社会保险行政部门认为工伤认定申请不属于本辖区管辖的，应当及时报请市社会保险行政部门指定管辖。

**第十二条** 区、县社会保险行政部门受理工伤认定申请后，申请人撤回工伤认定申请的，工伤认定程序终止。

工伤认定程序终止的，申请人在《条例》规定的工伤认定申请时限内，有权再次提出工伤认定申请。

**第十三条** 区、县社会保险行政部门受理工伤认定申请后，根据需要可以采取下列措施进行调查核实：

（一）进入有关单位和事故现场；

（二）查阅与工伤认定有关的资料，询问有关人员并制作笔录；

（三）采用记录、复印、录音、录像等方式复制与工伤认定有关的资料。

社会保险行政部门进行调查核实，执法人员不得少于两人，并应当出示执法证件。

**第十四条** 区、县社会保险行政部门进行调查核实，用人单位、职工、工会组织、医疗机构以及有关部门应当予以协助，如实提供相关情况和证明材料。

**第十五条** 职工或者其近亲属认为是工伤，用人单位不认为是工伤的，由用人单位承担举证责任。该用人单位不承担举证责任的，区、县社会保险行政部门可以根据职工或者其近亲属提供的证据，或者自行调查取得的证据，依法作出决定。

**第十六条** 区、县社会保险行政部门应当根据申请人提供的诊断证明书等医学文件或者调查取得的证据，在工伤认定决定中载明伤害部位。

工伤职工认为工伤或者职业病直接导致其他疾病并提供工伤医疗机构出具的工伤或者职业病直接导致疾病的诊断证明书的，区、县社会保险行政部门应当在工伤认定决定中予以明确。

**第十七条** 本市逐步建立先康复后鉴定、医疗和康复并重的工伤康复制度。

**第十八条** 工伤职工认为伤情相对稳定后，用人单位、工伤职工或者其近亲属可以向用人单位登记地的区、县劳动能力鉴定委员会提出劳动能力鉴定的书面申请，并按规定提供相关证明材料。

**第十九条** 劳动能力鉴定委员会认为工伤职工需要进一步做医学检查的，可以要求工伤职工到工伤医疗机构进行相关医学检查。检查时间不计算在劳动能力鉴定时限内。

**第二十条** 工伤职工因日常生活或者就业需要，经区、县劳动能力鉴定委员会确认，可以安装、配置辅助器具的，应当到工伤辅助器具配置机构安装、配置，所需费用按照国家规定的标准从工伤保险基金支付。具体安装、配置标准由市社会保险行政部门制定并公布。

**第二十一条** 工伤职工需要暂停工作接受工伤医疗的，在停工留薪期内，原工资福利待遇不变，由所在单位按月支付。工伤职工停工留薪期一般不超过 12 个月，按照《条例》规定有正当理由的可以适当延长，但延长不得超过 12 个月。停工留薪期具体时限按照本市有关规定执行。

**第二十二条** 申请供养亲属抚恤金的，应当向用人单位登记地的区、县社会保险经办机构提交供养亲属身份证明、经济状况证明、劳动能力鉴定结论、因工死亡职工与供养亲属的关系证明、因工死亡职工工资证明等相关材料。

**第二十三条** 参加工伤保险的用人单位破产、解散的，其一级至四级伤残职工、享受供养亲属抚恤金待遇的人员、退休的工伤人员享受的由工伤保险基金支付的工伤待遇，由街道办事处或者乡、镇人民政府设立的社会保障事务机构发放。

**第二十四条** 工伤职工与用人单位的劳动关系依法解除或者终止的，该用人单位应当按照《条例》的规定向该工伤职工支付一次性伤残就业补助金。

新的用人单位与工伤职工建立劳动关系，并且同意支付一次性伤残就业补助金的，原用人单位和新用人单位应当及时到社会保险经办机构办理工伤保险关系转移手续。

**第二十五条** 未依法参加工伤保险的用人单位职工发生工伤的，由该用人单位按照《条例》和本规定规定的工伤保险待遇项目和标准支付费用。

**第二十六条** 用人单位中断缴费的，中断缴费期间职工发生工伤的，由用人单位按照《条例》和本规定规定的工伤保险待遇项目和标准支付费用；已经享受工伤保险待遇的工伤职工，按照原渠道享受工伤保险待遇。

**第二十七条** 用人单位未足额缴纳工伤保险费，造成工伤职工享受的工伤保险待遇降低的，降低部分由该用人单位支付。

**第二十八条** 被诊断或者鉴定为职业病的职工，现用人单位参加工伤保险的，由现用人单位按照《条例》和本规定规定的工伤保险待遇项目和标准支付费用；现用人单位未参加工伤保险的，职工的工伤保险待遇按照《中华人民共和国职业病防治法》的有关规定执行。

**第二十九条**　用人单位或者医疗机构拒绝提供或者未如实提供相关情况和证明材料的，由社会保险行政部门或者卫生行政部门责令改正，可处2 000元以上20 000元以下罚款。

**第三十条**　用人单位、工伤职工或者其近亲属、工伤医疗机构、康复机构、辅助器具配置机构有下列行为之一，造成工伤保险基金损失的，由社会保险行政部门责令退还，并处基金损失金额2倍以上5倍以下罚款：

（一）冒用参保职工骗取工伤保险待遇的；

（二）编造住院、康复、配置事实，制作虚假病历、档案的；

（三）将不符合基金支付的药品或者诊疗、康复服务、配置项目纳入基金结算的；

（四）采取其他方式骗取工伤保险待遇或者工伤保险基金支出的。

违反本条前款规定，市社会保险经办机构可以与工伤医疗机构、康复机构、辅助器具配置机构解除服务协议，5年之内不得与其签订服务协议。

**第三十一条**　用人单位克扣工伤保险基金支付给工伤职工或者其供养亲属工伤保险待遇的，由社会保险行政部门责令限期改正；逾期不改的，处以3 000元以上30 000元以下罚款，并可以通知社会保险经办机构直接支付。

社会保险经办机构按照前款规定，直接支付工伤保险待遇的，有权向用人单位追偿。

**第三十二条**　单位和个人违反本规定，《条例》规定有法律责任的，按照其规定执行。

**第三十三条**　本市国家机关和参照公务员法管理的事业单位、社会团体参加工伤保险的，参照《条例》和本规定执行。

**第三十四条**　本规定自公布之日起施行。2003年12月1日北京市人民政府第140号令发布的《北京市实施〈工伤保险条例〉办法》同时废止。

## 103　天津市工伤保险若干规定

2012年1月14日经天津市人民政府第82次常务会议通过，
2012年2月3日天津市人民政府令第50号公布，
自2012年3月5日起施行。

**第一条**　为了完善工伤保险制度，保障因工作遭受事故伤害或者患职业病的职工获得医疗救治和经济补偿，促进工伤预防和职业康复，分散用人单位的工伤风险，根据《中华人民共和国社会保险法》和《工伤保险条例》（国务院令第586号），结合本市实际情况，制定本规定。

**第二条**　本市行政区域内的企业、事业单位、社会团体、民办非企业单位、基金会、律师事务所、会计师事务所等组织和有雇工的个体工商户（以下称用人单位）应当依法参加工伤保险，为本单位全部职工或者雇工（以下称职工）缴纳工伤保险费。

前款规定的用人单位职工均有依照本规定享受工伤保险待遇的权利。

**第三条** 市人力资源和社会保障行政部门负责全市的工伤保险工作。区县人力资源和社会保障行政部门在市人力资源和社会保障行政部门的指导下，具体负责本行政区域内的工伤保险工作。

社会保险经办机构（以下称经办机构）具体承办工伤保险事务。

财政、卫生、工商、安全监管、公安、建设交通、交通港口等行政部门按照各自职责做好工伤保险工作。

**第四条** 与工伤保险相关的行政部门应当就工伤事故和职业病建立信息共享机制。

**第五条** 本市工伤保险基金实行全市统筹。工伤保险基金由下列各项构成：

（一）用人单位缴纳的工伤保险费；

（二）工伤保险基金的利息；

（三）依法纳入工伤保险基金的其他资金。

**第六条** 经办机构根据用人单位的工商登记和主要生产经营业务等情况，依据国家有关规定，确定用人单位适用的行业差别费率。

经办机构根据用人单位的工伤保险费使用、工伤发生率等情况，适用所属行业内相应的费率档次，确定用人单位年度工伤保险缴费费率，并报市人力资源和社会保障行政部门备案。

**第七条** 用人单位应当按时缴纳工伤保险费，职工个人不缴纳工伤保险费。

用人单位缴纳工伤保险费的数额为本单位职工工资总额乘以单位缴费费率之积。

对于难以按照职工工资总额缴纳工伤保险费的建筑施工企业、小型服务企业、小型矿山企业等行业企业，其缴纳工伤保险费的具体计算办法，由市人力资源和社会保障行政部门确定。

**第八条** 用人单位应当自依法成立之日起30日内，到所在地的经办机构办理工伤保险登记。经办机构应当自收到申请之日起10日内审核完毕。

用人单位应当自用工之日起30日内，到所在地的经办机构为其职工办理工伤保险参保手续。

用人单位的工伤保险登记事项发生变更或者依法终止的，应当自变更或者终止之日起30日内，到经办机构办理工伤保险变更或者注销手续。

**第九条** 工伤保险基金用于下列支出：

（一）工伤保险待遇；

（二）劳动能力鉴定费用；

（三）工伤认定调查费用；

（四）职业康复费用；

（五）工伤预防费用；

（六）法律、法规规定用于工伤保险的其他费用。

**第十条** 工伤保险基金应当按照当年工伤保险基金总额的10%提留储备金，其滚存总额超过当年工伤保险基金总额的30%时，不再提取。

储备金用于统筹本市重大事故的工伤保险待遇支付；储备金不足支付的，由市人民政府垫付。

**第十一条**　市人力资源和社会保障行政部门负责患职业病的职工和跨省市流动作业用人单位职工的工伤认定工作。

各区县人力资源和社会保障行政部门负责前款规定外的用人单位职工的工伤认定工作。

**第十二条**　职工发生事故伤害后，职工或者现场人员应当立即向用人单位报告。用人单位应当在 24 小时内向人力资源和社会保障行政部门报告。

**第十三条**　用人单位应当自事故伤害发生之日或者职工被诊断、鉴定为职业病之日起 30 日内，向人力资源和社会保障行政部门提出工伤认定申请，并提交下列材料：

（一）工伤认定申请表；

（二）劳动合同或者劳动关系证明；

（三）医疗诊断证明或者职业病诊断证明；

（四）职工本人身份证明；

（五）其他相关证明材料。

**第十四条**　用人单位未按规定提出工伤认定申请的，工伤职工或者其近亲属、工会组织在事故伤害发生之日或者被诊断、鉴定为职业病之日起 1 年内，可以直接向人力资源和社会保障行政部门提出工伤认定申请，并提交本规定第十三条规定的材料。

**第十五条**　人力资源和社会保障行政部门应当自收到工伤认定申请之日起 15 日内，对工伤认定申请作出受理或者不予受理的决定，并书面通知申请人。工伤认定申请材料不完整的，应当一次性书面告知申请人在 15 日内补齐。

人力资源和社会保障行政部门应当自受理工伤认定申请之日起 60 日内作出工伤认定的决定，并书面通知用人单位、工伤职工或者其近亲属和经办机构。对受理的事实清楚、权利义务明确的工伤认定申请，应当自受理工伤认定申请之日起 15 日内作出工伤认定的决定。

**第十六条**　劳动能力鉴定委员会由人力资源和社会保障行政部门、卫生行政部门、工会组织、经办机构代表及用人单位代表组成。

劳动能力鉴定委员会承担下列职责：

（一）劳动功能障碍程度和生活自理障碍程度的等级鉴定；

（二）停工留薪期、停工留薪期延长的确认；

（三）配置辅助器具的确认；

（四）旧伤复发的确认；

（五）伤与非伤的界定；

（六）工亡职工供养亲属的劳动能力鉴定；

（七）职业康复鉴定；

（八）其他受委托进行的劳动能力鉴定。

市和区县劳动能力鉴定委员会的具体职责分工，由市人力资源和社会保障行政部门另行规定。

**第十七条** 工伤职工停工留薪期满或者停工留薪期内治愈，存在残疾、影响劳动能力的，应当提出劳动能力鉴定申请。劳动能力鉴定委员会应当自收到劳动能力鉴定申请之日起60日内作出鉴定结论。必要时，可以延长30日。劳动能力鉴定结论应当书面通知用人单位、工伤职工和经办机构。

劳动能力鉴定委员会收到劳动能力鉴定申请后应当按照规定组成医学专家组，由医学专家组提出鉴定意见，劳动能力鉴定委员会根据医学专家组的鉴定意见作出鉴定结论。医学专家组认为有必要时，可以委托具备资格的医疗机构协助进行有关的诊断，并可以要求工伤职工提交检查结果。

劳动能力鉴定委员会作出的工伤职工停工留薪期结论、延长停工留薪期结论应当书面通知用人单位、工伤职工或者其近亲属和经办机构。

**第十八条** 工伤职工的下列工伤保险待遇从工伤保险基金中支付：

（一）工伤医疗费；

（二）工伤康复费；

（三）住院伙食补助费；

（四）到统筹地区以外就医所需的交通食宿费；

（五）辅助器具安装配置费；

（六）生活护理费；

（七）一次性伤残补助金；

（八）一级至四级伤残职工的伤残津贴；

（九）一次性工伤医疗补助金；

（十）丧葬补助金；

（十一）供养亲属抚恤金；

（十二）一次性工亡补助金。

**第十九条** 因工伤发生的下列费用，由用人单位支付：

（一）停工留薪期内的工资福利待遇；

（二）停工留薪期内的生活护理；

（三）五级、六级伤残职工的伤残津贴；

（四）一次性伤残就业补助金。

**第二十条** 职工因工作遭受事故伤害或者患职业病的，应当在签订服务协议的医疗机构治疗。情况紧急时，可以先到就近的医疗机构急救。

职工发生工伤时，用人单位应当采取措施使其得到及时救治。认定工伤后，对已经发生的治疗费用，由用人单位与经办机构结算。继续发生的住院治疗费用由医疗机构与经办机构结算。

工伤职工的工伤康复和辅助器具配置费，由签订服务协议的工伤康复医疗机构、辅助器具配置机构与经办机构结算。

经办机构与医疗机构、辅助器具配置机构在平等协商的基础上签订服务协议，并公布签订服务协议的医疗机构、辅助器具配置机构的名单。具体实施办法按照国家和本市有关规定执行。

**第二十一条** 工伤职工在统筹地区以外的医疗机构接受抢救治疗的，脱离危险后应当及时送转本市签订服务协议的医疗机构继续治疗。

**第二十二条** 工伤职工住院伙食补助费、到统筹地区以外就医的交通食宿费用标准由市人民政府另行规定。

**第二十三条** 职工因工致残被鉴定为五级、六级伤残的，经本人提出，可以与用人单位解除或者终止劳动关系；被鉴定为七至十级伤残的，劳动合同期满或者职工本人提出解除劳动合同的，可以解除或者终止劳动关系。

解除劳动合同或者终止劳动关系的职工，由工伤保险基金支付一次性工伤医疗补助金，由用人单位支付一次性伤残就业补助金。

一次性工伤医疗补助金的具体标准为本市上年度职工月平均工资的 2 至 12 个月：五级伤残为 12 个月，六级伤残为 10 个月，七级伤残为 8 个月，八级伤残为 6 个月，九级伤残为 4 个月，十级伤残为 2 个月。

一次性伤残就业补助金的具体标准为本市上年度职工月平均工资的 3 至 18 个月：五级伤残为 18 个月，六级伤残为 15 个月，七级伤残为 12 个月，八级伤残为 9 个月，九级伤残为 6 个月，十级伤残为 3 个月。

**第二十四条** 已经领取一次性工伤医疗补助金的职工重新就业后旧伤复发的，用于工伤治疗的费用超过一次性工伤医疗补助金以上的部分，从工伤保险基金中支付。

**第二十五条** 领取伤残津贴的职工或者领取供养亲属抚恤金的人员，其常住地不在本市的，可以按照下列标准一次性享受工伤保险待遇，工伤保险关系同时终止：

（一）领取伤残津贴的，最高不超过 15 年；

（二）领取供养亲属抚恤金的，子女不满 18 周岁的计算至 18 周岁，其他供养亲属最高不超过 15 年。

**第二十六条** 职工退休后确诊为职业病的，依法享受工伤保险待遇。

**第二十七条** 伤残津贴、供养亲属抚恤金、生活护理费，由市人力资源和社会保障行政部门根据本市上年度职工月平均工资和最低工资标准进行调整。

**第二十八条** 职工所在用人单位未依法缴纳工伤保险费，发生工伤事故的，由用人单位支付工伤保险待遇。用人单位不支付的，从工伤保险基金中先行支付。从工伤保险基金中先行支付的工伤保险待遇应当由用人单位偿还。用人单位不偿还的，经办机构可以依照《中华人民共和国社会保险法》第六十三条的规定追偿。

由于第三人的原因造成工伤，第三人不支付工伤医疗费用或者无法确定第三人的，由工伤保险基金先行支付。工伤保险基金先行支付后，经办机构有权向第三人追偿。

**第二十九条** 由于第三人的原因造成工伤，第三人应当承担的人身损害赔偿（不含精神损害赔偿）总额低于工伤保险待遇的，由工伤保险基金补足差额部分。

**第三十条** 享受工伤保险待遇的工伤职工或者其近亲属，应当向经办机构提交有关材料。经办机构应当在 15 日内核定完毕，并按照规定落实相关待遇。

**第三十一条** 职工在同一用人单位多次发生工伤，应当按照伤残等级分别享受一次性伤残补助金；在解除或者终止劳动关系时，按最高伤残等级享受一次性工伤医疗补助金和一次性伤残就业补助金。

**第三十二条** 签订服务协议的工伤保险医疗机构、工伤康复医疗机构的医师，有下列行为之一的，由人力资源和社会保障行政部门给予警告，责令改正：

（一）隐匿、伪造或者擅自销毁医学文书及有关资料，影响工伤认定或者劳动能力鉴定的；

（二）以为工伤职工治疗为名开具药品处方或者购药凭证，串通参保人员不取药而兑换现金或者有价证券的；

（三）将非工伤保险基金支付的病种、诊疗项目、药品篡改为工伤保险基金支付的；

（四）故意分解处方、超量开药、重复开药的。

**第三十三条** 本市公务员和参照公务员法管理的事业单位、社会团体工作人员的工伤保障办法，由市人民政府另行规定。

**第三十四条** 本规定自2012年3月5日起施行。天津市人民政府2003年12月1日公布的《天津市工伤保险若干规定》（2003年市人民政府令第12号）同时废止。

# 104 河北省工伤保险实施办法

2011年12月28日河北省人民政府第99次常务会议通过，
2011年12月31日河北省人民政府令第21号公布，
自2012年3月1日起施行。

## 目　　录

第一章　总则/448
第二章　工伤保险基金/449
第三章　工伤认定/450
第四章　劳动能力鉴定/452
第五章　工伤保险待遇/453
第六章　监督管理/454
第七章　法律责任/455
第八章　附则/455

## 第一章　总　　则

**第一条** 为保障因工作遭受事故伤害或者患职业病的职工获得医疗救治和经济补偿，

促进工伤预防和职业康复，根据《中华人民共和国社会保险法》和国务院《工伤保险条例》（以下简称《条例》），结合本省实际，制定本办法。

**第二条**　本省行政区域内的企业、事业单位、社会团体、民办非企业单位、基金会、律师事务所、会计师事务所等组织和有雇工的个体工商户（以下称用人单位）应当依照《条例》和本办法的规定参加工伤保险。

用人单位应当为全部职工或者雇工（以下称职工）缴纳工伤保险费，其职工均有依照《条例》和本办法的规定享受工伤保险待遇的权利。

**第三条**　县级以上人民政府社会保险行政部门负责本行政区域内的工伤保险工作。

社会保险行政部门按国务院和省政府有关规定设立的社会保险经办机构（以下称经办机构）具体承办工伤保险事务。

**第四条**　省社会保险行政部门制定工伤保险政策和相关标准，应当征求工会组织、用人单位代表的意见。

**第五条**　用人单位应当建立安全生产、职业病防治责任制，采取措施预防工伤事故的发生，避免和减少职业病危害。

## 第二章　工伤保险基金

**第六条**　工伤保险基金实行全省统筹。具体办法由省社会保险行政部门会同省财政部门制定，报省人民政府批准后施行。

**第七条**　用人单位应当缴纳的工伤保险费费率，由省社会保险行政部门的经办机构（以下称省经办机构）根据用人单位所属行业相应的费率档次和用人单位工伤保险费使用、工伤发生率等情况确定。

**第八条**　用人单位应当以全部职工上一年度的工资总额为基数申报缴纳工伤保险费。不能以全部职工上一年度的工资总额为基数申报缴纳工伤保险费的行业，按国家和本省有关规定办理。

用人单位参加工伤保险的职工人数发生变化的，应当在5日内将变化的职工名单和相关情况报告经办机构。

**第九条**　用人单位应当按月向经办机构申报应当缴纳的工伤保险费数额，经办机构应当即时审核。因特殊情况不能即时审核的，应当于收到缴费申报材料之日起3日内审核完毕。用人单位应当于经办机构审核后5日内以货币形式全额缴纳工伤保险费。

用人单位不按规定申报应当缴纳的工伤保险费数额的，由经办机构暂按该单位上月缴费数额的百分之一百一十确定应缴数额；没有上月缴费数额的，由经办机构暂按该单位的经营状况、职工人数等有关情况确定应缴数额。用人单位补办申报手续并按核定数额缴纳工伤保险费后，由经办机构按规定结算。

**第十条**　工伤保险费由经办机构按国家和本省有关规定征收。

经办机构征收工伤保险费，应当出具省财政部门统一印制的收费凭证。

**第十一条**　工伤保险基金用于下列项目的支出：

（一）治疗工伤的医疗费用和康复费用。

（二）住院伙食补助费。

（三）到本设区的市以外的地区就医途中所需的交通、食宿费。

（四）安装配置伤残辅助器具所需费用。

（五）生活不能自理的工伤职工经劳动能力鉴定委员会确认的生活护理费。

（六）一次性伤残补助金和一至四级伤残职工按月领取的伤残津贴。

（七）终止或者解除劳动、聘用合同时应当享受的一次性工伤医疗补助金。

（八）因工死亡职工的遗属领取的丧葬补助金、供养亲属抚恤金和一次性工亡补助金。

（九）工伤预防费。

（十）工伤认定调查费。

（十一）劳动能力鉴定费。

（十二）法律、法规、规章规定用工伤保险基金支出的其他项目。

工伤认定调查费的支出，由省社会保险行政部门会同省财政部门提出使用计划，报省人民政府批准后执行。

工伤预防费的提取比例、使用和管理，按国家和省社会保险行政部门会同省财政、卫生、安全生产监督管理等部门制定的有关规定执行。

**第十二条** 省经办机构应当在年底前，将全省本年度征收的工伤保险费总额的百分之十留作工伤保险储备金，用于特大、重大事故的工伤保险待遇支付。工伤保险储备金可以连年结转使用，但总额不得超过工伤保险基金总额的百分之三十。

使用工伤保险储备金应当报省人民政府批准。

## 第三章 工伤认定

**第十三条** 用人单位应当自职工发生事故伤害或者按《中华人民共和国职业病防治法》的规定被诊断、鉴定为职业病之日起 30 日内，向所在地设区的市社会保险行政部门或者其委托的县（市、区）社会保险行政部门提出工伤认定申请。因职工发生交通事故、失踪、因工外出期间发生事故伤害以及受其他条件限制暂时不能按规定时限提出工伤认定申请的，经设区的市社会保险行政部门同意，申请时限可以适当延长，但延长的时间不得超过 3 个月。

用人单位未按前款规定提出工伤认定申请的，职工或者其近亲属、工会组织自事故伤害发生之日或者被诊断、鉴定为职业病之日起 1 年内，可以直接向用人单位所在地设区的市社会保险行政部门或者其委托的县（市、区）社会保险行政部门提出工伤认定申请。

职工与用人单位之间因劳动、人事关系发生争议的，依据法定程序处理争议的时间不计算在工伤认定的申请时限内。

**第十四条** 提出工伤认定申请应当提交下列材料：

（一）《工伤认定申请表》。

（二）劳动、聘用合同复印件或者其他证明职工与用人单位存在劳动、人事关系（包括事实劳动、人事关系）的材料。

（三）医疗机构出具的受伤后诊断证明书、职业病诊断机构出具的职业病诊断证明书或者鉴定机构出具的职业病诊断鉴定书。

属于下列情形的，还应当在社会保险行政部门受理工伤认定申请后分别提交相关证明材料，取得证明材料所需时间不计算在工伤认定的时限内：

（一）因履行工作职责受到暴力伤害的，提交公安机关有关证明、人民法院的裁决书或者其他有效证明。

（二）因交通事故或者城市轨道交通、客运轮渡、火车事故受到伤害提出工伤认定申请的，提交公安机关交通管理、交通运输、铁路等部门或者司法机关及法律、行政法规授权的组织出具的相关法律文书。

（三）在因工外出期间，因工作原因受到伤害的，提交公安机关证明或者其他证明；因发生事故下落不明认定因工死亡的，提交人民法院宣告死亡的证明。

（四）在工作时间和工作岗位因突发疾病死亡或者在48小时之内经抢救无效死亡的，提交医疗机构的抢救和死亡证明。

（五）在抢险救灾等维护国家利益、社会公共利益活动中受到伤害的，提交有效证明。

（六）因战、因公负伤致残的残疾军人到用人单位后旧伤复发的，提交残疾军人证和当地民政部门出具的证明及医疗机构对旧伤复发的诊断证明。

（七）其他特殊情形，依据有关法律、法规、规章的规定提供相关证明材料。

**第十五条**　社会保险行政部门收到用人单位、职工或者其近亲属、工会组织（以下称申请人）的工伤认定申请后，应当即时对申请人提交的材料进行审核。材料完整的，应当即时最迟在15日内作出受理或者不予受理的决定。材料不完整的，应当以书面形式一次性告知需要补正的全部材料，收到补正材料后即时最迟在15日内作出受理或者不予受理的决定。

社会保险行政部门决定受理工伤认定申请的，应当向申请人出具《工伤认定申请受理决定书》。决定不予受理的，应当向申请人出具《工伤认定申请不予受理决定书》。

**第十六条**　社会保险行政部门受理职工或者其近亲属、工会组织提出的工伤认定申请，需要用人单位提交有关材料的，应当通知用人单位，用人单位应当于15日内提交。用人单位未按时提交的，社会保险行政部门可以依据职工或者其近亲属、工会组织提供的材料作出工伤认定。

**第十七条**　社会保险行政部门受理工伤认定申请后，需要调查核实相关情况的，应当指派两名以上工作人员进行调查核实。

**第十八条**　社会保险行政部门应当自受理工伤认定申请之日起60日内作出工伤认定决定，并自作出工伤认定决定之日起20日内，将《认定工伤决定书》或者《不予认定工伤决定书》送达职工或者其近亲属和用人单位，同时抄送经办机构。

对认定为工伤或者视同工伤的职工，社会保险行政部门应当核发《工伤证》。《工伤证》由职工本人保管。

**第十九条**　工伤保险费由省经办机构征收的用人单位职工的工伤认定事项，由省社会保险行政部门办理。

## 第四章　劳动能力鉴定

**第二十条**　省、设区的市应当依据《条例》的有关规定设立劳动能力鉴定委员会，具体承担下列工伤职工的劳动能力及相关事项的鉴定、确认（以下称劳动能力鉴定）工作：

（一）伤残等级鉴定。

（二）护理依赖等级鉴定。

（三）停工留薪期、延长停工留薪期及停工留薪期内因工伤导致死亡的确认。

（四）安装配置伤残辅助器具确认。

（五）工伤直接导致疾病确认。

（六）工伤复发确认。

（七）康复可能性确认。

（八）供养亲属完全丧失劳动能力鉴定。

（九）国家和本省规定的其他劳动能力鉴定工作。

劳动能力鉴定委员会的办事机构设在同级社会保险行政部门，具体负责劳动能力鉴定委员会的日常工作和劳动能力鉴定的组织工作。

**第二十一条**　职工发生事故伤害或者按《中华人民共和国职业病防治法》的规定被诊断或者鉴定为职业病、在停工留薪期接受治疗的，应当自停工留薪期满之日起60日内，申请进行劳动能力鉴定。

**第二十二条**　进行劳动能力鉴定，应当由用人单位、工伤职工或者其近亲属向设区的市劳动能力鉴定委员会（由省经办机构征收工伤保险费的，向省直劳动能力鉴定委员会）提出申请，并提交下列材料：

（一）《劳动能力鉴定申请表》。

（二）《认定工伤决定书》。

（三）医疗机构出具的病历、诊断证明和检查检验单等诊疗资料。

工伤职工因工伤直接导致其他疾病的，应当在申请劳动能力鉴定时一并提出确认申请，并提交相关医疗机构的证明。

**第二十三条**　申请进行劳动能力鉴定的用人单位和工伤职工或者其近亲属对鉴定结论不服的，应当自收到鉴定结论之日起15日内，向省劳动能力鉴定委员会提出再次鉴定申请，并提交初次鉴定的结论。

作出初次鉴定的劳动能力鉴定委员会应当向省劳动能力鉴定委员会移交有关材料。

**第二十四条**　劳动能力鉴定委员会应当自收到鉴定申请材料之日起60日内作出鉴定结论。

因工伤职工伤情复杂或者治疗工作涉及医疗卫生专业较多的，鉴定时限可以适当延长，但延长的时间不得超过30日。

**第二十五条**　自劳动能力鉴定结论作出之日起1年后，工伤职工或者其近亲属、用人单位、经办机构认为工伤职工的伤残情况发生变化的，可以到所在地设区的市或者省直劳动能力鉴定委员会申请复查鉴定。经复查鉴定伤残等级发生变化的，其工伤待遇中的定期待遇按本省有关规定予以调整。

**第二十六条**　初次劳动能力鉴定所需的费用，用人单位依法缴纳工伤保险费的，由工伤保险基金支付；用人单位未依法缴纳工伤保险费的，由用人单位支付。用人单位既未缴纳工伤保险费又不支付初次劳动能力鉴定费用的，由工伤保险基金先行垫付。申请再次鉴定或者复查鉴定的，由申请方预交鉴定费，再次鉴定或者复查鉴定结论与原鉴定结论一致的，鉴定费用由申请方承担；再次鉴定或者复查鉴定结论与原鉴定结论不一致的，鉴定费用由工伤保险基金支付。

## 第五章　工伤保险待遇

**第二十七条**　工伤职工需要暂停工作接受治疗的，在停工留薪期内原工资福利待遇不变，并由所在单位按月支付。

停工留薪期一般不超过12个月。工伤职工伤情严重或者有特殊情况的，经设区的市或者省直劳动能力鉴定委员会确认，停工留薪期可以适当延长，但延长的时间不得超过12个月。工伤职工评定伤残等级后，停发原待遇，按《条例》和本办法的规定享受伤残待遇。工伤职工在停工留薪期满后仍需治疗的，继续享受工伤医疗待遇。

在工伤职工停工留薪期内，用人单位不得与其解除或者终止劳动、人事关系。生活不能自理的工伤职工在停工留薪期内需要护理的，由用人单位指派专人护理。经工伤职工或者其近亲属同意，用人单位也可以按本单位上一年度职工月平均工资一人的标准支付护理费。

**第二十八条**　工伤职工住院治疗工伤的伙食补助费，以及经医疗机构出具证明并报经办机构同意到本设区的市以外的地区就医途中所需的交通、食宿费，由工伤保险基金支付。前款规定的伙食补助费和交通、食宿费的支付标准，由省社会保险行政部门会同省财政部门制定，报省人民政府批准后执行。

**第二十九条**　工伤职工在工伤认定前的医疗费用由用人单位垫付，工伤认定后符合工伤保险诊疗项目目录、工伤保险药品目录和工伤保险住院服务标准的，由经办机构予以报销。

**第三十条**　职工治疗工伤应当到签订服务协议的医疗机构就医，情况紧急时可以先到就近的未签订服务协议的医疗机构急救，经急救脱离危险伤情稳定后仍需治疗的，应当转到签订服务协议的医疗机构就医。职工到未签订服务协议的医疗机构急救的，用人单位应当自职工受到伤害之日起7日内向经办机构报告。用人单位未在规定期限内向经办机构报告，或者职工经急救脱离危险伤情稳定后未及时转到签订服务协议的医疗机构就医的，职工的工伤医疗费用由用人单位支付。

工伤职工在外省、自治区、直辖市长期居住的，可以在长期居住地选择一至二家医疗机构治疗工伤，但用人单位或者工伤职工及其近亲属应当向经办机构备案。

**第三十一条** 具备资质的医疗机构、康复机构和伤残辅助器具配置机构拟开展工伤医疗服务的，可以按规定向社会保险行政部门提出申请。经审查符合工伤医疗服务条件的，由经办机构根据工伤医疗服务需要，在平等协商的基础上签订书面协议，明确双方的权利和义务。协议签订后，经办机构应当及时向社会公布工伤医疗服务机构的名单。

**第三十二条** 用人单位、工伤职工或者其近亲属申请工伤保险待遇，应当向经办机构提交《工伤保险待遇申请表》《认定工伤决定书》和《劳动能力鉴定结论书》。经办机构应当即时审核，并在15日内支付相关待遇。

**第三十三条** 在国内保留工伤保险关系的职工被派遣出境工作期间，因工作原因遭受事故伤害或者患职业病需要在境外进行治疗的，其工伤医疗费用及安装配置伤残辅助器具所需的费用超过规定标准或者限额的部分，由用人单位支付。

**第三十四条** 五级至十级工伤职工按《条例》有关规定与用人单位解除或者终止劳动、人事关系的，由工伤保险基金支付一次性工伤医疗补助金，并由用人单位支付一次性伤残就业补助金。一次性工伤医疗补助金标准为解除或者终止劳动、人事关系时本省上一年度职工月平均工资的44个月至8个月工资，其中：五级44个月，六级38个月，七级26个月，八级20个月，九级14个月，十级8个月；一次性伤残就业补助金标准为解除或者终止劳动、人事关系时本省上一年度职工月平均工资的22个月至4个月工资，其中：五级22个月，六级16个月，七级10个月，八级8个月，九级6个月，十级4个月。

五级至十级工伤职工需要安装配置伤残辅助器具的，按省社会保险行政部门规定的标准，由工伤保险基金一次性支付伤残辅助器具的安装配置费用。

工伤职工终止或者解除劳动、人事关系时，距法定退休年龄不足5年的，一次性伤残就业补助金按每减少1年递减百分之二十的标准支付；距法定退休年龄不足1年的，一次性伤残就业补助金按规定标准的百分之十支付。工伤职工达到法定退休年龄办理退休手续的，不享受一次性工伤医疗补助金和伤残就业补助金。

**第三十五条** 工伤职工领取一次性工伤医疗补助金和伤残就业补助金后，不再享受其他工伤保险待遇。再次发生工伤的，应当按《条例》和本办法规定的程序重新履行工伤认定和劳动能力鉴定手续，并按新的认定和鉴定结论享受工伤保险待遇。

**第三十六条** 工伤职工的伤残津贴、供养亲属抚恤金、生活护理费标准，由省社会保险行政部门根据全省职工平均工资和生活费用变化等情况适时调整，报省人民政府批准后执行。

## 第六章 监督管理

**第三十七条** 社会保险行政部门应当依法对工伤保险基金的收支情况进行监督检查。

社会保险行政部门实施监督检查时，被检查的用人单位和有关人员应当如实提供与工伤保险有关的资料，不得拒绝检查或者谎报、瞒报。

**第三十八条** 社会保险行政部门对工伤保险基金的收支情况进行监督检查时发现存在问题的，应当提出整改建议，依法作出处理决定或者向有关行政主管部门提出处理建议。

工伤保险基金收支情况的检查结果应当定期向社会公布。

**第三十九条**　经办机构应当建立健全业务、财务、安全和风险管理制度，定期向社会公布工伤保险基金的收支情况。

**第四十条**　用人单位应当按月在本单位公示参加工伤保险和缴纳工伤保险费的情况，接受职工监督。社会保险行政部门应当依法对用人单位参加工伤保险的情况实施劳动保障监察。

**第四十一条**　工会组织依法维护工伤职工的合法权益，对用人单位的工伤保险工作实行监督。

## 第七章　法 律 责 任

**第四十二条**　社会保险行政部门的工作人员有下列情形之一的，依法给予处分；构成犯罪的，依法追究刑事责任：

（一）无正当理由不受理工伤认定申请，或者弄虚作假将不符合工伤条件的人员认定为工伤职工的。

（二）未妥善保管申请工伤认定的证据材料，致使有关证据灭失的。

（三）收受当事人财物的。

（四）其他玩忽职守、滥用职权、徇私舞弊的行为。

**第四十三条**　经办机构有下列行为之一的，由社会保险行政部门责令改正，对直接负责的主管人员和其他责任人员依法给予纪律处分；构成犯罪的，依法追究刑事责任；造成当事人经济损失的，由经办机构依法承担赔偿责任：

（一）未按规定保存用人单位缴费和职工享受工伤保险待遇的情况记录的。

（二）不按规定核定工伤保险待遇的。

（三）收受当事人财物的。

**第四十四条**　用人单位应当按规定参加工伤保险而未参加的，由社会保险行政部门责令限期参加，补缴应当缴纳的工伤保险费，并自欠缴之日起，按日加收万分之五的滞纳金；逾期仍不缴纳的，处欠缴数额一倍以上三倍以下罚款。

应当按规定参加工伤保险而未参加的用人单位职工发生工伤的，由该用人单位按规定的工伤保险待遇项目和标准支付费用。

用人单位参加工伤保险并补缴应当缴纳的工伤保险费、滞纳金后，由工伤保险基金和用人单位按有关规定支付新发生的费用。

## 第八章　附　　则

**第四十五条**　公务员和参照公务员法管理的事业单位、社会团体的工作人员的工伤保险管理办法，由省社会保险行政部门会同有关部门制定，报省人民政府批准后施行。

**第四十六条**　本办法自2012年3月1日起施行。2004年11月26日河北省人民政府公布的《河北省工伤保险实施办法》同时废止。

## 105 山西省实施《工伤保险条例》办法

2017年4月13日经山西省人民政府第147次常务会议通过，
2017年4月26日山西省人民政府令第250号公布，
自2017年6月1日起施行。

**第一条** 为了保障因工作遭受事故伤害或者患职业病的职工获得医疗救治和经济补偿，促进工伤预防和职业康复，分散用人单位的工伤风险，根据《社会保险法》和《工伤保险条例》（以下简称《条例》）等有关法律法规规定，结合本省实际，制定本办法。

**第二条** 本省行政区域内的企业、事业单位、社会团体、社会服务机构、基金会、律师事务所、会计师事务所等组织和有雇工的个体工商户（以下简称用人单位）应当依法参加工伤保险，为本单位全部职工或者雇工（以下简称职工）缴纳工伤保险费。

用人单位职工依法享有工伤保险待遇的权利。

**第三条** 省社会保险行政部门负责全省的工伤保险工作。

市、县（市、区）社会保险行政部门负责本行政区域内的工伤保险工作。

社会保险行政部门按规定设立的社会保险经办机构（以下简称经办机构）具体承办工伤保险事务。

**第四条** 公安、民政、住房和城乡建设、交通运输、卫生和计划生育、煤炭工业、工商、安全生产监督管理等部门在各自的职责范围内，协助社会保险行政部门做好工伤保险工作。

财政部门和审计机关依法对工伤保险基金的收支、管理情况进行监督。

**第五条** 社会保险行政及有关部门制定工伤保险的政策、标准，应当征求工会组织、用人单位代表的意见。

工会组织应当依法维护职工的合法权益，对用人单位的工伤保险工作实行监督。

**第六条** 用人单位应当遵守有关安全生产和职业病防治的法律法规，建立安全生产、职业病防治责任制，采取措施预防工伤事故的发生，避免和减少职业病危害。

用人单位应当自参保缴费之日起30日内或者参保缴费情况变更之日起15日内，在本单位公示参加工伤保险的职工名单、参保时间、缴费情况等。

职工发生工伤时，用人单位应当采取措施使工伤职工得到及时救治。

**第七条** 工伤保险基金由下列项目构成：

（一）用人单位缴纳的工伤保险费；

（二）工伤保险基金的利息；

（三）延迟缴纳工伤保险费的滞纳金；

（四）政府在工伤保险基金支付不足时依法给予的补贴；

（五）依法纳入工伤保险基金的其他资金。

**第八条**　工伤保险基金在设区的市实行市级统筹，逐步实行省级统筹。

**第九条**　统筹地区经办机构应当根据用人单位登记的业务范围，按照行业基准费率确定用人单位初次缴费费率；业务范围跨行业的，按照用人单位主业所适用的行业费率标准确定。

统筹地区经办机构应当根据用人单位工伤保险费使用情况、工伤发生率、职业病危害程度等因素，在所属行业费率档次内，确定用人单位缴费费率。

难以按照工资总额计算缴纳工伤保险费的建筑施工企业、小型服务企业、小型矿山企业等缴纳工伤保险费的办法，按照国家和省有关规定执行。

**第十条**　工伤保险基金应当存入社会保障基金财政专户，用于下列项目的支出：

（一）治疗工伤的医疗费用和康复费用；

（二）住院伙食补助费；

（三）到统筹地区以外就医的交通食宿费；

（四）安装配置伤残辅助器具所需费用；

（五）生活不能自理的，经劳动能力鉴定委员会确认的生活护理费；

（六）一次性伤残补助金和一至四级伤残职工按月领取的伤残津贴；

（七）终止或者解除劳动合同时，应当享受的一次性医疗补助金；

（八）因工死亡的，其遗属领取的丧葬补助金、供养亲属抚恤金和一次性工亡补助金；

（九）工伤认定调查核实费和劳动能力鉴定费；

（十）工伤预防的宣传、培训等费用；

（十一）法律、法规规定的用于工伤保险的其他费用。

**第十一条**　统筹地区应当建立工伤保险储备金制度。工伤保险储备金应当用于统筹地区重大事故的工伤保险待遇支付。

储备金的提取比例，根据统筹地区的产业结构和发生重大事故工伤保险费用占工伤保险总费用的比例确定，一般不超过当年基金征缴总额的20%。储备金滚存结余总额不应超过当年基金应征缴总额的30%。储备金不足支付的，由统筹地区人民政府垫付。储备金的使用办法，由省社会保险行政部门会同省财政部门制定，经省人民政府批准后施行。

**第十二条**　中央驻晋和省直用人单位的职工的工伤认定，按照属地原则，由用人单位所在地设区的市社会保险行政部门负责办理。

其他用人单位的职工的工伤认定，由用人单位参保登记地的社会保险行政部门负责办理。

**第十三条**　用人单位应当自职工发生事故伤害之日或者被诊断、鉴定为职业病之日起30日内，向有工伤认定管辖权的社会保险行政部门提出工伤认定申请。特殊情况，经报有工伤认定管辖权的社会保险行政部门同意，申请时限可以适当延长，但延长时间不得超过90日。

用人单位未按前款规定提出工伤认定申请的，工伤职工或者其近亲属、工会组织在事故伤害发生之日或者被诊断、鉴定为职业病之日起1年内，可以直接向有工伤认定管辖权的社会保险行政部门提出工伤认定申请。

**第十四条** 用人单位、工伤职工或者其近亲属、工会组织提出工伤认定申请，应当填写工伤认定申请表，并提交下列材料：

（一）劳动、聘用合同文本复印件或者与用人单位存在劳动关系（包括事实劳动关系）、人事关系的其他证明材料；

（二）受伤害职工的社会保障卡或者居民身份证等其他身份证明复印件；

（三）医疗机构出具的受伤后诊断证明或者职业病诊断证明书（或者职业病诊断鉴定书）；

（四）法律、法规和规章规定的其他材料。

**第十五条** 社会保险行政部门应当自受理工伤认定申请之日起60日内作出工伤认定的决定。

社会保险行政部门应当自工伤认定决定作出之日起20日内，将工伤认定决定书送达申请工伤认定的职工或者其近亲属和用人单位，并抄送经办机构。

**第十六条** 省和设区的市应当依法建立劳动能力鉴定委员会。

劳动能力鉴定委员会应当设立办事机构，负责劳动能力鉴定委员会日常工作和劳动能力鉴定组织管理工作。

**第十七条** 设区的市劳动能力鉴定委员会负责对下列事项进行鉴定和确认：

（一）劳动功能障碍程度初次鉴定和复查鉴定；

（二）生活自理障碍程度初次鉴定和复查鉴定；

（三）停工留薪期和延长停工留薪期的确认；

（四）安装配置辅助器具的确认；

（五）旧伤复发的确认；

（六）因工死亡职工供养亲属劳动功能障碍程度的鉴定；

（七）法律、法规、规章规定的其他鉴定和确认事项。

**第十八条** 省劳动能力鉴定委员会负责对下列事项进行鉴定：

（一）劳动功能障碍程度再次鉴定；

（二）生活自理障碍程度再次鉴定；

（三）法律、法规、规章规定的其他鉴定事项。

**第十九条** 用人单位、工伤职工或者其近亲属提出劳动能力鉴定申请，应当填写劳动能力鉴定申请表并提交下列材料：

（一）工伤认定决定书复印件；

（二）医疗机构出具的诊断证明、按照医疗机构病历管理有关规定复印或者复制的检查、检验报告等完整病历资料；

（三）工伤职工的社会保障卡或者居民身份证等其他身份证明复印件；

（四）劳动能力鉴定委员会规定的其他材料。

申请再次鉴定的还需提交劳动能力初次或者复查鉴定结论复印件。

**第二十条**　初次劳动能力鉴定和确认所需费用，用人单位依法缴纳工伤保险费的，由经办机构从工伤保险基金中支付；未依法缴纳工伤保险费的，由用人单位承担。

申请再次鉴定或者复查鉴定的，鉴定结论与原鉴定结论一致的，鉴定费用由申请人承担。鉴定结论与原鉴定结论不一致的，用人单位依法缴纳工伤保险费的，鉴定费用由经办机构从工伤保险基金中支付；未依法缴纳工伤保险费的，鉴定费用由用人单位承担。

劳动能力鉴定和确认的收费标准，由省价格管理部门会同省财政部门和省社会保险行政部门制定。

**第二十一条**　职工因工作遭受事故伤害或者患职业病需要暂停工作接受工伤医疗的，在停工留薪期内，原工资福利待遇不变，由用人单位按月支付。

停工留薪期一般不超过12个月。伤情严重或者情况特殊，经设区的市劳动能力鉴定委员会确认，可以适当延长，但延长期不得超过12个月。工伤职工评定伤残等级后，停发原待遇，按规定享受伤残待遇。工伤职工在停工留薪期满后仍需治疗的，继续享受工伤医疗待遇。

生活不能自理的工伤职工在停工留薪期需要护理的，经收治的医疗机构出具证明，由用人单位派人陪护。经工伤职工或者其近亲属同意，用人单位可以按照统筹地区上年度职工月平均工资一人的标准按月支付陪护费。

**第二十二条**　工伤职工经复查鉴定，伤残等级发生变化的，以复查鉴定结论为依据，享受相应的工伤保险待遇，但不包括一次性伤残补助金。

经复查鉴定，符合领取伤残津贴、生活护理费的，伤残津贴以复查鉴定结论作出之日前12个月本人平均月缴费工资为基数核定，生活护理费以复查鉴定结论作出前统筹地区上年度职工月平均工资为基数核定。

**第二十三条**　伤残津贴、生活护理费和一次性伤残补助金，自作出劳动能力鉴定结论的次月起计发。供养亲属抚恤金从职工因工死亡的次月起计发。

**第二十四条**　职工因工致残被鉴定为五级和六级伤残的，用人单位和职工个人应当按照规定缴纳应缴纳的各项社会保险费。

**第二十五条**　统筹地区社会保险行政部门应当根据职工平均工资和生活费用变化等情况，对伤残津贴、供养亲属抚恤金、生活护理费进行调整。调整时间和幅度参照退休人员基本养老金的调整进行。

**第二十六条**　职工因工致残被鉴定为五级至十级伤残的，按照《条例》第三十六条、第三十七条规定，与用人单位解除或者终止劳动、聘用关系的，由经办机构从工伤保险基金中支付一次性工伤医疗补助金，由用人单位支付一次性伤残就业补助金。

一次性工伤医疗补助金和一次性伤残就业补助金，以职工与用人单位解除或者终止劳动、聘用关系之日前12个月的本人平均月缴费工资为基数，按下列标准计发：

（一）一次性工伤医疗补助金标准：五级伤残为36个月的本人工资，六级伤残为33个月的本人工资，七级伤残为24个月的本人工资，八级伤残为21个月的本人工资，九级伤残为18个月的本人工资，十级伤残为15个月的本人工资；

（二）一次性伤残就业补助金标准：五级伤残为24个月的本人工资，六级伤残为21个月的本人工资，七级伤残为15个月的本人工资，八级伤残为12个月的本人工资，九级伤残为9个月的本人工资，十级伤残为6个月的本人工资。

工伤职工距法定退休年龄不足5年的，一次性工伤医疗补助金和一次性伤残就业补助金，以5年为基数每少1年递减10%。

工伤职工达到退休年龄或者办理退休手续的，不享受一次性工伤医疗补助金和一次性伤残就业补助金。

职工在同一用人单位连续工作期间多次发生工伤的，按照职工在同一用人单位发生工伤的最高伤残级别，计发一次性工伤医疗补助金和一次性伤残就业补助金。

**第二十七条** 职工在用人单位工作不满1年发生工伤的，经办机构应当以职工实际工作月数的平均缴费工资为基数核定其工伤保险待遇。

按照本办法第九条第三款规定缴纳工伤保险费的用人单位，其职工发生工伤的，经办机构在核定工伤保险待遇时，有本人工资的，以本人工资为基数；难以确定本人工资的，以统筹地区上年度职工月平均工资为基数。

**第二十八条** 具备用工主体资格的承包单位违反法律、法规规定，将承包业务转包、分包给不具备用工主体资格的组织或者自然人，该组织或者自然人招用的劳动者从事承包业务时因工伤亡的，由该具备用工主体资格的承包单位承担用人单位依法应承担的工伤保险责任。

**第二十九条** 应当参加工伤保险而未参加工伤保险的用人单位职工发生工伤的，由该用人单位按照《条例》和本办法规定的工伤保险待遇项目和标准支付费用。

**第三十条** 职工与用人单位之间因劳动、聘用关系发生争议的，当事人应当向劳动人事争议仲裁委员会申请仲裁，由劳动人事争议仲裁委员会依法确定劳动、聘用关系。依法定程序处理人事劳动争议的时间不计算在工伤认定的时限内。

**第三十一条** 违反本办法规定，有下列情形之一，造成工伤保险基金损失的，由社会保险行政部门责令退还，处基金损失金额2倍以上5倍以下罚款；情节严重，构成犯罪的，依法追究刑事责任：

（一）冒充参保职工骗取工伤保险待遇的；

（二）编造住院、康复、配置辅助器具事实，制作虚假病历、档案的；

（三）将不符合基金支付的药品或者诊疗、康复服务、配置伤残辅助器具项目纳入基金结算的；

（四）采取其他方式骗取工伤保险待遇或者工伤保险基金支出的。

**第三十二条** 社会保险行政部门和经办机构工作人员在工伤保险管理中滥用职权、徇私舞弊、玩忽职守，造成工伤保险基金损失的，由社会保险行政部门追回损失的工伤保险基金；尚不构成犯罪的，依法给予行政处分；构成犯罪的，依法追究刑事责任。

**第三十三条** 本办法自2017年6月1日起施行。2004年1月19日山西省人民政府公布的《山西省实施〈工伤保险条例〉试行办法》（山西省人民政府令第170号）同时废止。

# 106　内蒙古自治区工伤保险条例实施办法

内政发〔2014〕65号

## 目　　录

第一章　总则/461
第二章　工伤保险基金/462
第三章　工伤认定/463
第四章　劳动能力鉴定/464
第五章　工伤保险待遇/465
第六章　附则/470

## 第一章　总　　则

**第一条**　为了保障因工作遭受事故伤害或者患职业病的职工能够及时获得医疗救治和经济补偿，促进工伤预防和工伤康复，分散用人单位的工伤风险，逐步建立完善工伤预防、补偿和工伤康复“三位一体”的制度体系，根据《中华人民共和国社会保险法》《工伤保险条例》（以下称《条例》），结合自治区实际，制定本办法。

**第二条**　自治区行政区域内的企业、事业单位、社会团体、民办非企业单位、基金会、律师事务所、会计师事务所等组织和有雇工的个体工商户（以下称用人单位）应当依照本办法规定参加工伤保险，为本单位全部职工或者雇工（以下称职工）缴纳工伤保险费。

自治区行政区域内的企业、事业单位、社会团体、民办非企业单位、基金会、律师事务所、会计师事务所等组织的职工和个体工商户的雇工，均有依照本办法的规定享受工伤保险待遇的权利。

**第三条**　工伤保险费的征缴按照《社会保险费征缴暂行条例》关于基本养老保险费、基本医疗保险费、失业保险费的征缴规定执行，由社会保险费征收机构征收。

**第四条**　用人单位应当将参加工伤保险的有关情况在本单位内公示。

用人单位和职工应当遵守有关安全生产和职业病防治的法律法规，执行安全卫生规程和标准；用人单位应当建立健全安全生产制度，明确责任，预防工伤事故发生，避免和减少职业病危害。

职工发生工伤时，用人单位应当采取措施使工伤职工得到及时救治。

**第五条**　自治区人民政府社会保险行政部门负责全区工伤保险工作，其他有关部门按照职责范围负责有关工伤保险工作。

旗县级以上人民政府社会保险行政部门负责本行政区域内工伤保险工作。其他有关部门按照职责范围负责有关工伤保险工作。

社会保险经办机构（以下简称经办机构）具体承办工伤保险事务。

## 第二章　工伤保险基金

**第六条**　工伤保险基金由用人单位缴纳的工伤保险费、工伤保险基金的利息和依法纳入工伤保险基金的其他资金构成。

**第七条**　工伤保险费根据以支定收、收支平衡的原则，确定费率。

**第八条**　统筹地区经办机构可根据用人单位上年度工伤保险费使用、工伤发生率等情况，对应所属行业内相应费率档次确定用人单位缴费费率。

用人单位初次参保，由统筹地区经办机构根据《企业法人资格证书》和《营业执照》登记的经营范围，行政机关和参照公务员法管理的事业单位、社会团体需提供《机构编制管理证》《机关事业单位工资基金管理册》《组织机构代码证》，按照用人单位所对应的工伤保险基准费率确定其缴费费率。

**第九条**　用人单位应当按时足额的缴纳工伤保险费。职工个人不缴纳工伤保险费。

用人单位缴纳工伤保险费的数额为本单位职工工资总额乘以单位缴费费率之积。

对难以按照工资总额计算缴纳工伤保险费的建筑施工企业、小型服务企业、小型矿山企业，工伤保险费的缴纳办法按照人力资源和社会保障部《部分行业企业工伤保险费缴纳办法》执行。

**第十条**　工伤保险实行属地管理，工伤保险基金实行盟市级统筹，逐步实行自治区级统筹。

跨地区、生产流动性较大的行业，可以采取相对集中的方式异地参加统筹地区的工伤保险。

**第十一条**　工伤保险基金存入社会保障基金财政专户，实行收支两条线管理，用于支付下列项目：

（一）治疗工伤的医疗费用和康复费用。

（二）住院伙食补助费。

（三）到统筹地区以外就医的交通食宿费。

（四）经劳动能力鉴定委员会确认需安装配置伤残辅助器具的费用。

（五）生活不能自理的，经劳动能力鉴定委员会确认的生活护理费。

（六）一次性伤残补助金和一至四级工伤职工按月领取的伤残津贴。

（七）终止或者解除劳动合同时，应当享受的一次性工伤医疗补助金。

（八）因工死亡职工的丧葬补助金、供养亲属抚恤金、一次性工亡补助金。

（九）劳动能力鉴定费。

（十）工伤认定调查费。

（十一）工伤预防费。

（十二）法律、法规规定用于工伤保险的其他费用。

工伤预防的宣传、培训等费用的提取比例、使用和管理按照国家规定执行。

经办机构应当定期向社会公布工伤保险基金的具体收支情况。

**第十二条**　工伤保险基金应当留有一定比例的储备金，用于统筹地区重大事故的工伤保险待遇支付，盟市级储备金不敷使用的，由自治区级储备金进行调剂，调剂后仍不敷使用的由统筹地区人民政府垫付。储备金的使用办法由自治区人力资源和社会保障厅会同有关部门制定。

## 第三章　工伤认定

**第十三条**　职工发生事故伤害或者受到职业病伤害并按照职业病防治法规定被诊断、鉴定为职业病的，所在单位应当自事故伤害发生之日或者被诊断、鉴定为职业病之日起30个工作日内，向统筹地区或者有管辖权的社会保险行政部门提出工伤认定申请。

用人单位未按前款规定提出工伤认定申请的，工伤职工或者其近亲属、工会组织在事故伤害发生之日或者被诊断、鉴定为职业病之日起1年内，可以直接向用人单位所在地统筹地区社会保险行政部门或者有管辖权的社会保险行政部门提出工伤认定申请。

在工作时间和工作岗位，因事故伤害死亡和突发疾病死亡或者在48小时之内经抢救无效死亡的，用人单位原则上应当自职工死亡之日起5个工作日内，向统筹地区或者有管辖权的社会保险行政部门报告。

注册登记地和生产经营地不在同一统筹地区的用人单位工伤职工，已参加工伤保险的，向参保地社会保险行政部门提出工伤认定申请；未参加工伤保险的，向发生工伤生产经营地社会保险行政部门提出工伤认定申请。

用人单位未在本条第一款规定的时限内提交工伤认定申请，在此期间发生符合《条例》和本《办法》规定的工伤待遇等有关费用由该用人单位负担。

**第十四条**　提出工伤认定申请应当提交下列材料：

（一）工伤认定申请表。

（二）与用人单位存在劳动关系（包括事实劳动关系）的证明材料。

（三）医疗诊断证明或者职业病诊断证明书（或者职业病诊断鉴定书）。

工伤认定申请表应当包括事故发生的时间、地点、原因以及职工伤害程度等基本情况。

**第十五条**　职工有下列情形之一的，应当认定为工伤：

（一）在工作时间和工作场所内，因工作原因受到事故伤害的。

（二）工作时间前后在工作场所内，从事与工作有关的预备性或者收尾性工作受到事故伤害的。

（三）在工作时间和工作场所内，因履行工作职责受到暴力等意外伤害的。

（四）患职业病的。

（五）因工外出期间，由于工作原因受到伤害或者发生事故下落不明的。

（六）在上下班途中，受到非本人主要责任的交通事故或者城市轨道交通、客运轮渡、火车事故伤害的。

（七）法律、行政法规规定应当认定为工伤的其他情形。

职工因工作环境存在有毒有害物质造成急性中毒被抢救治疗，经职业病诊断机构出具证明的，适用前款第（一）项的规定；受用人单位指派前往疫区工作而感染该疫病的，以及受用人单位指派参加竞技、文娱和体育比赛等活动而受到意外伤害的，适用前款第（五）项的规定。

**第十六条** 职工有下列情形之一的，视同工伤：

（一）在工作时间和工作岗位，突发疾病死亡或者在48小时之内经抢救无效死亡的。

（二）在抢险救灾等维护国家利益、公共利益活动中受到伤害的。

（三）职工原在军队服役，因战、因公负伤致残，已取得革命伤残军人证，到用人单位后旧伤复发的。

职工有前款第（一）项、第（二）项情形的，按照《条例》的有关规定享受工伤保险待遇；职工有前款第（三）项情形的，按照《条例》的有关规定享受除一次性伤残补助金以外的工伤保险待遇。

**第十七条** 职工符合本办法第十五条、第十六条的规定，但是有下列情形之一的，不得认定为工伤或者视同工伤：

（一）故意犯罪的。

（二）醉酒或者吸毒的。

（三）自残或者自杀的。

**第十八条** 对工伤认定申请人提供的材料，社会保险行政部门应当认真进行审查，材料完整的应当受理；材料不完整的，应当一次性书面告知工伤认定申请人需要补正的全部材料，申请人按照书面告知要求补正材料后，社会保险行政部门应当受理。

社会保险行政部门受理工伤认定申请后，依据《条例》和《工伤认定办法》作出工伤认定决定。

社会保险行政部门受理工伤认定申请后，发现劳动关系存在争议且无法确认的，应当告知当事人可以向劳动人事争议仲裁委员会申请仲裁。在此期间，作出工伤认定决定的时限中止，并书面通知申请工伤认定的当事人。劳动关系依法确认后，当事人应当将有关法律文书送交受理工伤认定申请的社会保险行政部门，该部门自收到生效法律文书之日起恢复工伤认定程序。

**第十九条** 职工或者其近亲属认为是工伤，用人单位不认为是工伤的，由该用人单位承担举证责任。用人单位在规定的时间内拒不举证的，社会保险行政部门可以根据受伤害职工提供的证据或者调查取得的证据，依法作出工伤认定决定。

## 第四章 劳动能力鉴定

**第二十条** 职工发生工伤，经治疗伤情相对稳定或停工留薪期满后存在残疾、影响劳动能力的，应当进行劳动能力鉴定。

劳动能力鉴定标准按照国家《职工工伤与职业病致残程度鉴定标准》执行。

**第二十一条** 劳动能力鉴定由用人单位、工伤职工或者其近亲属向统筹地区劳动能力鉴定委员会提出申请，并按规定提供相关证明材料。

**第二十二条**　自治区、盟市级劳动能力鉴定委员会分别由同级的社会保险行政部门、卫生行政部门、工会组织、经办机构代表以及用人单位代表组成。劳动能力鉴定委员会下设办公室，办公室设在社会保险行政部门。

**第二十三条**　劳动能力鉴定委员会负责以下工作：

（一）工伤职工劳动能力鉴定。

（二）停工留薪期限或延长停工留薪期的确认。

（三）工伤康复和辅助器具安装的确认。

（四）存在争议的旧伤复发确认。

（五）疾病与工伤因果关系鉴定。

（六）供养亲属完全丧失劳动能力鉴定。

（七）职工因病或非因工伤残丧失劳动能力程度鉴定。

（八）法律、法规规定的其他劳动能力鉴定事项。

**第二十四条**　劳动能力鉴定委员会依照《条例》和本《办法》进行劳动能力鉴定、确认，再次鉴定和复查鉴定的时限，依照《条例》第二十五条、二十六条、二十八条规定执行。

**第二十五条**　工伤申请鉴定的单位或者个人对盟市级劳动能力鉴定委员会作出的鉴定结论不服的，可以在收到该鉴定结论之日起 15 个工作日内向自治区劳动能力鉴定委员会提出再次鉴定申请。未在规定时限内提出申请的，自治区劳动能力鉴定委员会不予受理。自治区劳动能力鉴定委员会作出的劳动能力鉴定结论为最终结论。

**第二十六条**　参加工伤保险的工伤职工，劳动能力鉴定费从工伤保险基金中列支；未参加工伤保险或者未给工伤职工缴纳工伤保险费的，由用人单位支付。

**第二十七条**　劳动能力鉴定结论自送达申请人之日起 1 年后，工伤职工或者其近亲属、工伤职工所在单位或经办机构认为其伤残情况发生变化的，可以向首次做出劳动能力鉴定结论的劳动能力鉴定委员会提出复查鉴定申请。

**第二十八条**　用人单位、工伤职工或者其近亲属因同一工伤部位申请再次鉴定或者复查鉴定的，劳动能力鉴定费由申请人预缴，鉴定结论与初次鉴定一致的，鉴定费由申请人承担；再次鉴定或复查鉴定结论发生变化的，劳动能力鉴定费按本办法第二十六条规定执行。被鉴定人应当配合劳动能力鉴定委员会安排的劳动能力鉴定工作，无正当理由拒不配合劳动能力鉴定工作的，视为放弃劳动能力鉴定。

## 第五章　工伤保险待遇

**第二十九条**　职工因工作遭受事故伤害或者患职业病进行治疗，享受工伤医疗待遇。

职工治疗工伤应当在签订服务协议的工伤定点医疗机构就医，情况紧急时可以先到就近的医疗机构急救，并由用人单位在 5 个工作日内报告经办机构。工伤职工伤情相对稳定后，由经办机构视伤情确定是否转入签订服务协议的工伤定点医疗机构继续治疗。

治疗工伤所需费用符合工伤保险诊疗项目目录、工伤保险药品目录、工伤保险住院服务标准的，从工伤保险基金支付。职工住院治疗工伤或职业病的伙食补助费，以及经医疗机构出具证明，报统筹地区经办机构同意，工伤职工到统筹地区以外就医所需的符合规定的交通、食宿费用从工伤保险基金支付。基金支付的具体标准由统筹地区人民政府规定。

工伤职工治疗非工伤引发的疾病，不享受工伤医疗待遇，按照基本医疗保险办法处理。

**第三十条** 职工因工作遭受事故伤害或者患职业病需要暂停工作接受工伤医疗的，在停工留薪期内，原工资福利待遇不变，由所在单位按月支付。停工留薪期一般不超过 12 个月，伤情严重或者情况特殊，经统筹地区劳动能力鉴定委员会确认，可以适当延长，但延长不得超过 12 个月。工伤职工在停工留薪期满后经统筹地区劳动能力鉴定委员会鉴定仍需治疗的，继续享受工伤医疗待遇。

生活不能自理的工伤职工在停工留薪期内需要护理的，经收治的医疗机构出具证明，由所在单位负责派人护理。所在单位未派人护理的，由所在单位按照不低于统筹地区上年度职工月平均工资的 70%标准向工伤职工支付陪护费。

工伤职工在停工留薪期内，用人单位不得解除劳动、聘用合同或劳动关系。

**第三十一条** 工伤职工申请工伤康复治疗的，需医院提出建议，由经办机构审批，对康复有疑义的，经劳动能力鉴定委员会确认，由签订服务协议的医疗或康复机构提供工伤康复服务。进行工伤康复符合规定的费用，从工伤保险基金支付。

**第三十二条** 工伤职工因日常生活或者就业需要安装配置辅助器具的，应当由本人申请，经劳动能力鉴定委员会确认后，到经办机构办理相关手续，由签订服务协议的辅助器具配置机构安装配置。辅助器具标准由自治区社会保险行政部门依照国家有关规定制定并公布。

工伤医疗康复和辅助器具配置机构经自治区社会保险行政部门确认后，各统筹地区社会保险行政部门在自治区确认范围内确定本统筹地区协议机构，由经办机构根据工伤医疗服务需要，在平等的基础上签订书面服务协议，明确双方权利和义务。经办机构应当及时向社会公布工伤服务机构的名单。

**第三十三条** 因工致残一次性伤残补助金、一至四级工伤职工的伤残津贴、生活护理费自作出劳动能力鉴定结论或者再次鉴定结论的次月起按照《条例》标准支付。

工亡职工丧葬补助金、一次性工亡补助金以工亡时间计算。按照《条例》标准支付；供养亲属抚恤金自因工死亡的次月起按照《条例》标准支付。

工伤职工申请劳动能力复查鉴定，鉴定结论发生变化的，从作出复查鉴定结论的次月起，除不计发一次性伤残补助金外，享受相应的工伤保险待遇。

**第三十四条** 生活护理费按照生活完全不能自理、生活大部分不能自理或者生活部分不能自理 3 个不同等级支付，其标准分别为统筹地区上年度职工月平均工资的 50%、40%或者 30%。

**第三十五条** 职工因工致残被鉴定为一级至四级伤残的，保留劳动关系，退出工作岗位，享受以下待遇：

（一）从工伤保险基金按伤残等级支付一次性伤残补助金，标准为：一级伤残为 27 个月的本人工资，二级伤残为25个月的本人工资，三级伤残为23个月的本人工资，四级伤残为21个月的本人工资。

（二）从工伤保险基金按月支付伤残津贴，标准为：一级伤残为本人工资的90%，二级伤残为本人工资的85%，三级伤残为本人工资的80%，四级伤残为本人工资的75%。工伤职工伤残津贴扣除本人基本养老保险、基本医疗保险缴费部分后，实际领取额低于统筹地区最低工资标准的，由工伤保险基金补足差额。

（三）工伤职工符合领取基本养老金条件的，停发伤残津贴，享受基本养老保险待遇。基本养老保险待遇低于伤残津贴的，从工伤保险基金补足差额。

（四）工伤职工未达到法定退休年龄前，由用人单位和工伤职工以伤残津贴为基数，按规定缴纳基本养老保险费和基本医疗保险费。如伤残津贴低于当地养老保险最低缴费基数的，按现执行养老保险政策缴纳养老保险费。工伤职工达到法定退休年龄时，其养老保险和医疗保险缴费年限不足统筹地区规定的缴费年限的，由用人单位和工伤职工按规定一次性缴纳其所余年限的基本养老保险费和医疗保险费。

**第三十六条** 职工因工致残被鉴定为五级、六级伤残的，享受以下待遇：

（一）从工伤保险基金按伤残等级支付一次性伤残补助金，标准为：五级伤残为18个月的本人工资，六级伤残为16个月的本人工资。

（二）保留与用人单位的劳动关系，由用人单位安排适当工作。难以安排工作的，由用人单位按月发给伤残津贴，标准为：五级伤残为本人工资的70%，六级伤残为本人工资的60%，并由用人单位和个人按照规定缴纳各项社会保险费。扣除个人缴费部分，伤残津贴实际金额低于当地最低工资标准的，由用人单位补足差额。

经工伤职工本人提出，可以与用人单位解除或者终止劳动关系。工伤职工与用人单位解除或者终止劳动关系时，由工伤保险基金支付一次性工伤医疗补助金，由用人单位支付一次性伤残就业补助金。

以工伤职工解除或终止劳动关系时统筹地区上年度职工月平均工资为基数，由工伤保险基金支付工伤职工一次性工伤医疗补助金，标准为：五级伤残的26个月统筹地区上年度职工月平均工资（下同），六级伤残的23个月。患职业病的工伤职工，一次性医疗补助金在上述基础上增加20%。

由用人单位按照工伤职工解除或终止劳动关系时统筹地区上年度职工月平均工资，支付工伤职工一次性就业补助金，标准为：五级伤残的26个月，六级伤残的23个月。

**第三十七条** 职工因工致残被鉴定为七级至十级伤残的，享受以下待遇：

（一）从工伤保险基金按伤残等级支付一次性伤残补助金，标准为：七级伤残为13个月的本人工资，八级伤残为11个月的本人工资，九级伤残为9个月的本人工资，十级伤残为7个月的本人工资。

（二）工伤职工劳动、聘用合同期满终止，或者职工本人提出解除劳动、聘用合同的，由工伤保险基金支付一次性工伤医疗补助金，由用人单位支付一次性伤残就业补助金。

以工伤职工终止或者职工本人提出解除劳动、聘用合同、劳动关系时统筹地区上年度职工月平均工资为基数，由工伤保险基金支付工伤职工一次性工伤医疗补助金，标准为：

七级伤残的16个月，八级伤残的13个月，九级伤残的10个月，十级伤残的7个月。患职业病的工伤职工，一次性工伤医疗补助金在上述基础上增加20%。

由用人单位按照工伤职工终止或者职工本人提出解除劳动、聘用合同、劳动关系时统筹地区上年度职工月平均工资，支付工伤职工一次性就业补助金，标准为：七级伤残的16个月，八级伤残的13个月，九级伤残的10个月，十级伤残的7个月。

**第三十八条** 五级至十级工伤职工距法定退休年龄不足五年的，用人单位终止或者由本人提出解除劳动、聘用合同、劳动关系的，一次性医疗补助金全额支付。一次性伤残就业补助金每差一年扣减10%；不足一年的按照一年计算。工伤职工达到法定退休年龄的，不享受一次性医疗补助金和一次性就业补助金。

职工在同一用人单位连续工作期间多次发生工伤的，符合《条例》第三十六、第三十七条规定领取相关待遇时，按照其在同一用人单位发生工伤的最高伤残级别，计发一次性伤残就业补助金和一次性工伤医疗补助金。

**第三十九条** 因工致残职工终止或者职工本人提出解除劳动、聘用合同劳动关系的，按本《办法》第三十六条、第三十七条、第三十八条规定领取一次性工伤医疗补助金和一次性伤残就业补助金的，与用人单位、所在地经办机构签订终止工伤保险关系书面协议，工伤保险关系终止，不再享受工伤保险待遇。

**第四十条** 用人单位对接触职业病危害作业的职工，在终止、解除劳动合同时或者办理退休、退职手续前，应进行职业健康检查，并将检查结果告知职工。工伤职工办理退休手续后被确诊患有职业病并认定为工伤的，依法享受工伤保险有关待遇，但不享受一次性伤残就业补助金和一次性工伤医疗补助金。工伤职工劳动关系终止、解除前或者办理退休手续前在多个用人单位工作过的，工伤保险相关待遇由导致职工患职业病的用人单位承担。

**第四十一条** 曾经从事接触职业病危害作业、当时没有发现罹患职业病、离开工作岗位后被诊断或鉴定为职业病的符合下列条件的人员，可以自诊断、鉴定为职业病之日起一年内申请工伤认定，社会保险行政部门应当受理：

（一）办理退休（退职）手续后，未再从事接触职业病危害作业的退休人员。

（二）劳动或聘用合同期满后或者本人提出而解除劳动或聘用合同后，未再从事接触职业病危害作业的人员。

经工伤认定和劳动能力鉴定，前款第（一）项人员符合领取一次性伤残补助金条件的，按就高原则以本人退休前12个月平均月缴费工资或者确诊职业病前12个月的月平均养老金为基数计发。前款第（二）项人员被鉴定为一级至十级伤残、按《条例》规定应以本人工资作为基数享受相关待遇的，按本人终止或者解除劳动、聘用合同前12个月平均月缴费工资计发。

按照本条第一款规定被认定为工伤的职业病人员，职业病诊断证明书（或职业病诊断鉴定书）中明确的用人单位，在该职工从业期间依法为其缴纳工伤保险费的，按《条例》的规定，分别由工伤保险基金和用人单位支付工伤保险待遇；未依法为该职工缴纳工伤保险费的，由用人单位按照《条例》规定的相关项目和标准支付待遇。

工伤职工领取一次性伤残补助金、伤残就业补助金和工伤医疗补助金后，工伤保险关系终止。

**第四十二条**　工伤职工工伤复发的，由协议医疗机构提出意见，经办机构确认后进行治疗，并按《条例》和本办法有关规定享受工伤待遇。伤情存在争议的，由统筹地区劳动能力鉴定委员会确认。

**第四十三条**　经复查鉴定，伤残等级及护理程度发生变化的，自作出复查鉴定结论的次月起，所享受的除一次性伤残补助金之外的伤残津贴或生活护理费按照当期标准执行。

**第四十四条**　职工因工死亡，其直系亲属按照下列规定从工伤保险基金领取丧葬补助金、供养亲属抚恤金和一次性工亡补助金：

（一）丧葬补助金以工亡时间上年度统筹地区职工月平均工资为基数计发6个月。

（二）供养亲属抚恤金按照职工因工死亡前本人12个月平均月缴费工资的一定比例发给由因工死亡职工生前提供主要生活来源、无劳动能力的亲属。标准为：配偶每月40%，其他亲属每人每月30%，孤寡老人或者孤儿每人每月在上述标准的基础上增加10%。核定的各供养亲属的抚恤金之和不应高于因工死亡职工生前的本人缴费工资。

（三）一次性工亡补助金的标准为工亡时间上一年度全国城镇居民人均可支配收入的20倍。

伤残职工在停工留薪期内因工伤导致死亡的，其近亲属享受本条第一款规定的待遇。

一级至四级伤残职工在停工留薪期满后死亡的，其近亲属可以享受本条第一款第（一）项、第（二）项规定的待遇。

**第四十五条**　以本统筹地区上年度职工月平均工资和全国上年度城镇居民人均可支配收入为基数核定工伤保险待遇时，在上年度数据未公布之前，工伤职工或工亡职工近亲属所领取的工伤待遇可暂按前一年工伤待遇标准预支，待上年度相关数据公布后重新计算按新标准补足差额。

**第四十六条**　伤残津贴、供养亲属抚恤金、生活护理费由统筹地区社会保险行政部门，按照统筹地区上年度职工平均工资和生活水平情况适时调整，并向社会公布。

**第四十七条**　用人单位解散、破产、关闭、改制的，应当优先安排解决包括工伤保险所需费用在内的社会保险费。有关工伤保险待遇支付按照下列规定处理：

（一）一至四级的工伤职工，用人单位已参加工伤保险的，工伤保险待遇继续由经办机构支付；未参加工伤保险的，由用人单位按照统筹地区上年度工伤保险待遇人均实际支出标准计算到七十五周岁，在资产清算时一次性向经办机构缴纳；自一次性缴足次月起，工伤保险待遇由经办机构支付。

（二）五至十级的工伤职工，用人单位已参加工伤保险的，由工伤保险基金按照本办法支付一次性工伤医疗补助金，由用人单位按照本办法支付一次性伤残就业补助金，同时终止工伤保险关系；未参加工伤保险的，由用人单位按照本办法支付一次性工伤医疗补助金和一次性伤残就业补助金，同时终止工伤保险关系。

（三）因工死亡职工，用人单位已参加工伤保险的，其供养亲属抚恤金继续由经办机构支付；未参加工伤保险的，由用人单位按照《条例》规定的标准，一次性支付给供养亲属，或者一次性向经办机构缴纳，由机构定期继续支付。计算时间为：因工死亡职工供养的配偶和父母计算到七十五周岁；未成年人计算到十八周岁。

## 第六章　附　　则

**第四十八条**　职工工作不满一年发生工伤的，在计算工伤保险待遇时，有缴费工资或者月工资的，可以按照缴费工资或者实际工作月份的月平均工资为基数计算；无缴费工资的，可以按照本单位上年度职工月平均工资为基数计算。本单位上年度职工月平均工资低于统筹地区在岗职工平均工资的60%，按照用人单位所在统筹地区在岗职工月平均工资的60%计算。本人工资指缴费工资。

**第四十九条**　用人单位因少报、瞒报缴费基数，造成工伤职工享受的工伤保险待遇降低的，差额部分由用人单位补足。

**第五十条**　国家机关、参照公务员法管理的事业单位及其职工参照本办法的规定参加工伤保险。

公务员、参照公务员法管理的事业单位和社会组织的工作人员因工作遭受事故伤害或者患职业病的，可以按照《条例》和本办法的规定进行工伤认定和劳动能力鉴定，享受有关工伤保险待遇，所需费用参加工伤保险的由工伤保险基金支付，未参加工伤保险的由所在单位按照《条例》和本办法规定的标准支付。

**第五十一条**　在2011年1月1日后解除劳动关系的工伤职工，其一次性工伤医疗补助金和一次性伤残就业补助金按本办法执行。

**第五十二条**　本办法自发布之日起施行，原《内蒙古自治区〈工伤保险条例〉实施办法》（内政办字〔2003〕462号）同时废止。

**第五十三条**　各盟行政公署、市人民政府可以根据《条例》和本办法结合本地区实际制定实施细则，经自治区社会保险行政管理部门审查后，报自治区人民政府备案。

# 107　辽宁省工伤保险实施办法

2005年9月22日辽宁省第十届人民政府第52次常务会议审议通过，
2005年10月12日辽宁省人民政府令第187号公布，
自2005年12月1日起施行。

**第一条**　为保障因工作遭受事故伤害或者患职业病的职工获得医疗救治和经济补偿，促进工伤预防和职业康复，维护职工的合法权益，分散用人单位的工伤风险，根据国务院《工伤保险条例》，结合我省实际，制定本办法。

**第二条**　我省行政区域内的各类企业、有雇工的个体工商户（以下统称用人单位）应当依照《工伤保险条例》规定参加工伤保险，为本单位全部职工或者雇工（以下统称职工）缴纳工伤保险费。

**第三条** 省、市、县（含县级市、区，下同）劳动保障行政部门负责本行政区域内的工伤保险工作，具体事务由社会保险经办机构承办。

**第四条** 省、市劳动能力鉴定委员会负责劳动功能障碍程度和生活自理障碍程度的等级鉴定以及相关确认工作。

**第五条** 省、市劳动能力鉴定委员会医疗卫生专家组成员应当按照国家和省规定的有关标准，对被鉴定人进行独立、客观、公正的诊断并提出鉴定意见，不受任何单位和个人干涉。

有关知情部门及其工作人员必须为医疗卫生专家组成员和协助诊断的医疗机构的鉴定活动及其有关情况保守秘密。

**第六条** 工伤保险基金实行市级统筹，存入社会保障基金财政专户，依法用于工伤保险待遇、劳动能力鉴定等有关费用的支付。具体征收办法，由省人民政府另行规定。

由工伤保险基金支付工伤保险待遇的，社会保险经办机构必须采取便于工伤职工直接领取的社会化服务方式。

**第七条** 实行工伤保险统筹的市按照本市当年工伤保险基金结余额的30%至50%比例，从工伤保险基金中留存储备金，用于重大事故的工伤保险待遇支付。具体留存比例和使用办法，由市人民政府规定。储备金累计数额达到本市上一年工伤保险基金收入50%时，应当调整工伤保险费率并减小储备金留存比例。

**第八条** 用人单位按照下列规定参加工伤保险统筹：

（一）用人单位应当在工商登记注册地参加工伤保险统筹。用人单位工商登记注册地与生产经营地（含建设工程施工所在地，下同）不在同一市或者录用进城务工职工的，可以在生产经营地参加工伤保险统筹。

（二）用人单位跨市设置分支机构的，可以在工商登记注册地或者其分支机构所在地中任选一地，集中统一参加工伤保险统筹，也可以分别参加所在地的工伤保险统筹。

职工与两个以上用人单位同时存在劳动关系的，由各用人单位分别缴纳工伤保险费。

**第九条** 劳动保障行政部门按照《工伤保险条例》第十四条第六项规定认定工伤时，对于在上下班的通常时间内和合理路线途中受到机动车事故伤害的（包括虽有违章责任但未受到治安管理处罚的），应当认定为工伤。

**第十条** 有下列情形之一的，视同工伤：

（一）在工作时间和工作岗位，突发各类疾病死亡或者从医疗机构初次接诊时间起计算，在48小时之内经抢救无效死亡的。

（二）在工作时间和本单位内并且在紧急情况下，为维护用人单位正当利益，实施非本岗位工作职责的行为受到伤害的。

（三）受指派参加抢险救灾、防治疫病或者因见义勇为等维护国家利益或者社会公共利益行为受到伤害或者感染疫病的。

（四）原在军队服役，因战、因公负伤致残，已取得伤残军人证，到用人单位后旧伤复发的。

（五）在工作时间内受单位安排从事临时性的指定工作时发生事故伤害的。

（六）在工作时间内，虽不在本岗位劳动，但由于单位的设施不全，劳动条件和作业环境不良，发生人身伤害、急性中毒事故的。

国家对视同工伤另有规定的，从其规定。

**第十一条** 有下列情形之一的，不得认定为工伤或者视同工伤：

（一）在实施犯罪或者违反治安管理行为过程中伤亡的。

（二）因醉酒直接导致伤亡或者因醉酒处于神志不清状态而发生伤亡事故的。

（三）自残、自杀或者在用人单位明令禁止并且明显警示的情况下，超越本岗位职责擅自接触有毒有害物质以及动用危险器具等导致伤亡的。

国家对不得认定为工伤或者视同工伤另有规定的，从其规定。

**第十二条** 职工发生事故伤害或者依法被诊断、鉴定为职业病，用人单位应当自事故伤害发生之日起或者被诊断、鉴定为职业病之日起30日内，向劳动保障行政部门提出工伤认定申请。但有特殊情况的，经市劳动保障行政部门书面同意，申请时限可以延长30日。

用人单位未在前款规定时限内提出工伤认定申请的，自事故伤害发生之日起或者职工依法被诊断、鉴定为职业病之日起，至劳动保障行政部门受理工伤职工或者其直系亲属、工会组织提出的工伤认定申请之日止，在此期间发生的符合《工伤保险条例》规定的工伤保险待遇等有关费用，由用人单位承担。

**第十三条** 有下列情形之一的，劳动保障行政部门不予受理工伤认定申请，但劳动能力鉴定委员会可以接受委托进行劳动能力鉴定：

（一）用人单位、职工及其直系亲属、工会组织（以下统称申请人）超过规定时限提出工伤认定申请的。

（二）非法的用人单位和非法使用童工的用人单位，其雇佣人员因工作遭受事故伤害或者患职业病的。

（三）离退休人员或者超过法定退休年龄的人员被用人单位聘用后，因工作遭受事故伤害或者因现工作岗位性质患职业病的。

**第十四条** 两个以上用人单位为与其存在劳动关系的职工同时缴纳了工伤保险费，该职工发生工伤的，由受到伤害时其工作所在的用人单位提出工伤认定申请。

**第十五条** 申请人提出工伤认定申请时，职工与用人单位之间因是否存在劳动关系发生争议的，应当先行依照劳动争议处理的有关规定确认劳动关系。依法确认劳动关系的时间不计算在工伤认定申请时限或者工伤认定法定时限内。

职工及其直系亲属与用人单位对是否属于工伤发生争议的，用人单位应当承担举证责任，并在劳动保障行政部门规定的时限内提交证据。

因工伤与疾病界限不明发生争议的，由劳动能力鉴定委员会确认。

**第十六条** 工伤职工按照规定享受的工伤保险待遇，根据实际发生的费用项目，依法分别由用人单位或者工伤保险基金支付。

其中伤残津贴、供养亲属抚恤金、生活护理费待遇，由市劳动保障行政部门根据本市职工平均工资增长和生活费用变化情况，适时提出调整方案，经市人民政府批准后执行，并报省劳动保障行政部门备案。

**第十七条**　一级至四级伤残的工伤职工达到退休年龄并办理退休手续后，停发伤残津贴，改为享受基本养老保险待遇，随基本养老保险待遇调整。核定的基本养老保险待遇低于伤残津贴的，以工伤保险基金补足差额。

《工伤保险条例》施行前已经达到退休年龄并办理退休手续的一级至四级伤残工伤职工，原享受定期伤残抚恤金的，按原待遇核定额度转入基本养老保险基金列支，随基本养老保险待遇调整。

一级至四级伤残的工伤职工在停工留薪期满后死亡的，除按照《工伤保险条例》规定享受工伤保险待遇外，同时享受由用人单位按照省有关规定支付的直系亲属一次性救济费；在办理退休手续后死亡的，按非因公死亡应享受的待遇从养老保险基金中支付，养老保险基金支付的待遇低于工伤保险待遇的，以工伤保险基金补足差额。

**第十八条**　五级、六级伤残的工伤职工本人提出与用人单位解除或者终止劳动关系的，由用人单位支付一次性工伤医疗补助金和一次性伤残就业补助金，同时终止工伤保险关系。一次性工伤医疗补助金支付标准按照所在市上年度职工月平均工资计算，其中五级为16个月，六级为14个月；一次性伤残就业补助金按照工伤职工本人月工资计算，不得低于所在市月最低工资标准，其中五级为28个月，六级为24个月。

七级至十级伤残的工伤职工劳动合同期满终止或者本人提出解除劳动合同的，由用人单位支付一次性工伤医疗补助金和一次性伤残就业补助金，同时终止工伤保险关系。一次性工伤医疗补助金的支付标准按照所在市上年度职工月平均工资计算，其中七级为12个月，八级为10个月，九级为8个月，十级为6个月；一次性伤残就业补助金的支付标准按照工伤职工本人月工资计算，不得低于所在市月最低工资标准，其中七级为20个月，八级为16个月，九级为12个月，十级为8个月。

**第十九条**　五级至十级伤残的工伤职工与用人单位解除或者终止劳动关系时，距退休年龄不满5年，属于提前4年、3年、2年、1年与用人单位解除或者终止劳动关系的，一次性伤残就业补助金相应减发1个月、2个月、3个月、4个月。

**第二十条**　工伤职工需要安装假肢、矫形器、假眼、假牙或者配置轮椅等辅助器具的，由本人向与社会保险经办机构签订协议的医疗机构（以下简称协议医疗机构）提出申请，经其出具诊断意见，并经劳动能力鉴定委员会确认后，到协议医疗机构或者辅助器具配置机构安装、配置。

辅助器具安装、配置标准和结算办法等，按照国家有关规定执行。

**第二十一条**　工伤职工旧伤复发需要治疗的，由本人向治疗其工伤的协议医疗机构提出申请，经其出具诊断意见，并经社会保险经办机构同意后，到协议医疗机构治疗。工伤职工或者社会保险经办机构对诊断意见有异议的，由劳动能力鉴定委员会确认。

**第二十二条**　用人单位对从事职业病危害作业的职工，应当按照国家有关规定组织职业健康检查，并将检查结果告知职工。

被诊断为职业病的，应当进行工伤认定和劳动能力鉴定，按照鉴定等级享受工伤保险待遇；被发现疑似职业病的职工，其退休后确诊为职业病的，应当给予工伤认定和劳动能力鉴定，按照鉴定等级享受工伤保险待遇。

从事职业病危害作业的职工离岗前，用人单位应当组织进行职业健康检查。用人单位未对职工进行离岗前职业健康检查，职工退休后被诊断、鉴定为职业病的，由用人单位承担支付工伤费用责任。

**第二十三条** 用人单位未参加属地工伤保险发生工伤的，申请人在法定时限内提出工伤认定申请的，劳动保障行政部门应当受理，劳动能力鉴定委员会应当给予劳动能力鉴定，由用人单位按照《工伤保险条例》规定的工伤保险待遇项目和标准支付费用。

用人单位欠缴工伤保险费，欠缴前已由工伤保险基金支付职工工伤保险待遇的，欠缴期间的职工工伤保险待遇由用人单位支付，补缴后由工伤保险基金补支。但自用人单位发生工伤事故之日起至善后处理结束之日止，在此期间补缴的除外。由于用人单位少报工资总额或者未足额缴纳工伤保险费等原因，影响工伤职工工伤保险待遇的，由用人单位承担责任。

**第二十四条** 一级至四级伤残的进城务工工伤职工，其应享受的、需定期支付的工伤保险待遇，可以实行一次性支付或者长期支付两种方式。本人提出一次性领取要求的，经与用人单位解除或者终止劳动关系，并与社会保险经办机构签订协议后，终止工伤保险关系。

一级至四级伤残的进城务工工伤职工一次性享受需定期支付的工伤保险待遇的标准，以用人单位生产经营地所在市上年度职工年平均工资为赔偿基数，其中一级伤残为赔偿基数的12至14倍，二级伤残为赔偿基数的10至12倍，三级伤残为赔偿基数的8至10倍，四级伤残为赔偿基数的6至8倍；因工死亡的，按照赔偿基数的8至10倍支付一次性赔偿金。具体标准，由市劳动保障行政部门规定。

**第二十五条** 用人单位改制时尚未参加属地工伤保险统筹的，应当从转让国有产权的价款中优先为改制前的工伤职工预留需要支付的工伤保险待遇款额，可以参照本办法第二十四条规定实行一次性支付。

**第二十六条** 已按行业系统实行工伤自管的铁路、民航、石油、化工、电力、矿山、建筑、交通、水利等用人单位，在依法参加属地工伤保险统筹前，其工伤职工和因工死亡职工供养亲属的工伤保险待遇，由用人单位承担；在依法参加属地工伤保险统筹后，由劳动保障行政部门对其参加属地工伤保险统筹前认定的工伤职工和因工死亡职工供养亲属进行确认，并经社会保，险经办机构对相应的待遇进行核定后，人员条件和待遇项目符合规定的，由工伤保险基金支付工伤保险待遇，但一次性伤残补助金除外。

**第二十七条** 用人单位拒绝承担依法应当由其承担的支付工伤待遇责任的，职工可以依法申请劳动仲裁或者向当地劳动保障行政部门和工会组织投诉。劳动保障行政部门受理投诉后，应当责令限期改正；逾期拒不改正的，按不良信誉予以记录，纳入诚信等级评价系统；工会组织有权就职工合法的工伤待遇权益与用人单位谈判，要求用人单位承担依法应当由其承担的支付工伤待遇责任。

**第二十八条** 本办法自2005年12月1日起施行。1994年10月1日起施行的《辽宁省城镇企业职工工伤保险规定》同时废止。

# 108　吉林省实施《工伤保险条例》办法

2013年9月10日吉林省政府第9次常务会议审议通过，
2013年10月15日吉林省人民政府令第242号公布，
自2014年1月1日起施行。

## 目　录


第一章　总则/475
第二章　工伤保险基金/476
第三章　工伤认定/476
第四章　劳动能力鉴定/478
第五章　工伤保险待遇/479
第六章　附则/481


## 第一章　总　则

**第一条**　为了保障因工作遭受事故伤害或者患职业病的职工获得医疗救治和经济补偿，促进工伤预防和职业康复，分散用人单位的工伤风险，根据《工伤保险条例》，结合本省实际，制定本办法。

**第二条**　本省行政区域内的企业、事业单位、社会团体、民办非企业单位、基金会、律师事务所、会计师事务所等组织和有雇工的个体工商户（以下称用人单位）应当依照法律、法规和本办法的规定参加工伤保险，为本单位全部职工或者雇工缴纳工伤保险费。

用人单位的职工和雇工（以下称职工），均有按规定享受工伤保险待遇的权利。

**第三条**　用人单位应当遵守有关安全生产和职业病防治的法律、法规，建立工伤事故、职业病防治工作责任制，避免和减少职业危害。

职工应当遵守安全生产操作规程，提高事故伤害和职业病自我防范意识，避免和减少事故、职业病对自身的伤害。

职工发生事故伤害和患职业病时，用人单位应当采取措施使工伤职工得到及时救治。

**第四条**　县级以上人民政府社会保险行政部门负责本行政区域内的工伤保险工作。社会保险行政部门所属工伤保险经办机构具体承办工伤保险事务。

**第五条**　县级以上人民政府财政、卫生和计生、民政、住房城乡建设、公安、交通运输、工商、安监、食品药品监管等部门按照职责分工，配合社会保险行政部门做好工伤保险工作。

## 第二章　工伤保险基金

**第六条**　工伤保险基金实行市（州）级和省级统筹相结合的制度，逐步实现省级统筹。

**第七条**　工伤保险费根据以支定收、收支平衡的原则，确定缴费费率。

省社会保险行政部门会同省财政部门，在国家确定的费率原则和具体规定基础上，制定和调整本省的行业基准费率，报省人民政府批准后公布施行。统筹地区社会保险行政部门制定本地区费率浮动办法，报统筹地区人民政府批准后公布施行。

工伤保险经办机构根据用人单位缴纳使用工伤保险基金、工伤发生率、职业病危害程度等情况，按照费率浮动办法，确定用人单位工伤保险缴费费率。

**第八条**　用人单位缴纳工伤保险费的数额为本单位全部职工上年度工资总额乘以单位缴费费率之积。难以按照工资总额缴纳工伤保险费的，按照国家有关规定执行。

用人单位应当将本单位参加工伤保险的有关情况在本单位内公示。

工伤保险经办机构应当及时为符合参保条件的用人单位办理参保缴费手续。

**第九条**　工伤保险基金实行财政专户管理，用于支付参保人员工伤保险待遇、劳动能力鉴定、工伤预防宣传和培训等费用，以及法律、法规规定的用于工伤保险的其他费用。

**第十条**　工伤保险储备金提取比例按照统筹地区当年工伤保险基金实际征缴总额的8%提取。储备金累计总额达到当年工伤保险基金实际征缴额的30%时，不再提取。

在发生重大工伤事故或者工伤保险基金不足支付时，由统筹地区工伤保险经办机构提出申请，同级社会保险行政部门和财政部门同意后可以使用工伤保险储备金。储备金使用后，应当按前款规定继续提取。

**第十一条**　建立和实施工伤保险省级调剂金制度。省级调剂金的提取比例和管理办法由省社会保险行政部门会同省财政部门另行规定。

**第十二条**　统筹地区发生重大事故工伤保险基金支付不足，在使用工伤保险储备金和省级调剂金后仍不足的，由统筹地区人民政府予以垫付。垫付资金由工伤保险基金结余部分分期偿还。

## 第三章　工 伤 认 定

**第十三条**　除《工伤保险条例》规定的情形外，职工有下列情形之一的，也应当认定为工伤：

（一）因工作环境存在有毒有害物质造成中毒伤害，并经安监部门确认的；

（二）在用人单位食堂就餐造成食物中毒伤害，并经食品药品监管部门确认的；

（三）受用人单位指派前往疫区工作或公出，并经县级以上医疗机构诊断感染疫病的；

（四）参加用人单位组织或者受单位指派参加体育比赛、文艺表演受到意外伤害的。

**第十四条**　用人单位、职工或者其近亲属、工会组织可以作为工伤认定申请人，在《工伤保险条例》规定的时限内，向用人单位参加工伤保险所在统筹地区社会保险行政部门提出工伤认定申请。

统筹地区社会保险行政部门可以委托县（市、区）社会保险行政部门承担工伤认定相关的具体工作。应当书面明确委托事项，规范双方权利、义务。

用人单位在省级工伤保险经办机构参保的，由省级社会保险行政部门负责办理工伤认定。

工伤认定调查所需经费列入统筹地区财政预算。

**第十五条**　提出工伤认定申请应当提交下列材料：

（一）工伤认定申请表；

（二）劳动（人事）合同复印件，或者其他能够证明职工与用人单位存在劳动（人事）关系的材料；

（三）医疗机构出具的受伤救治诊断证明书、职业病诊断机构出具的职业病诊断书或者职业病鉴定机构出具的职业病鉴定书。

**第十六条**　具有下列情形之一的，申请时还应当提供相关证明：

（一）属于《工伤保险条例》第十四条第（一）、（二）、（五）项情形的，附具伤害事故证明或者下落不明的证明；

（二）属于《工伤保险条例》第十四条第（三）项情形的，附具意外伤害证明或者司法机关出具的相关法律文书；

（三）属于《工伤保险条例》第十四条第（六）项情形的，附具司法机关、公安交通管理、交通运输、铁路等部门（单位）或者法律、法规授权组织出具的相关法律文书；

（四）属于《工伤保险条例》第十五条第（一）项情形的，附具医疗机构出具的医疗救治记录或凭证；

（五）属于《工伤保险条例》第十五条第（二）项情形的，附具相关单位出具的有效证明；

（六）属于《工伤保险条例》第十五条第（三）项情形的，附具革命伤残军人证及医疗机构出具的旧伤复发诊断证明；

（七）职工死亡的，应当附具死亡证明。

**第十七条**　有证据显示职工有醉酒或者吸毒嫌疑自己造成伤害的，用人单位或者工伤认定部门要求进行检测而职工或者家属拒绝检测的，不予认定为工伤。

醉酒的认定，按照国家质检总局《车辆驾驶人员血液、呼气酒精含量阈值与检验》（GB 19522—2010）标准执行，以公安交通管理部门、医疗机构等有关单位依法出具的检测结论、诊断证明等资料作为认定的依据。吸毒的认定，按照国家有关规定，由公安机关或者其委托机构依法出具的检测结论、诊断证明等资料作为认定依据。

**第十八条**　社会保险行政部门收到工伤认定申请且申请人提供材料完整的，应当在15日内作出是否受理决定；对提供材料不完整的，应当一次性书面告知工伤认定申请人在规定时限内补正全部材料；对不符合工伤认定申请条件的，应当告知不予受理的理由。

社会保险行政部门认为工伤认定不属于本部门管辖的，应当告知工伤认定申请人到有管辖权的社会保险行政部门进行申请。管辖有争议的，应当报请共同的上级社会保险行政部门指定管辖。

**第十九条** 社会保险行政部门受理工伤认定申请后，有下列情形之一的，可以中止工伤认定，并书面通知申请人：

（一）工伤认定案件需要司法机关、行政机关、劳动人事争议仲裁机构作出结论性文书的；

（二）工伤认定案情特殊，需要上级部门提出处理意见的；

（三）工伤认定案情重大、复杂，需要进一步调查取证的。

**第二十条** 社会保险行政部门受理工伤认定申请后，申请人撤回工伤认定申请的，可以在《工伤保险条例》规定的工伤认定申请时限内，重新提出工伤认定申请。

**第二十一条** 社会保险行政部门受理工伤认定申请后，根据认定工作需要，可采取下列方式进行与工伤认定有关的调查核实：

（一）进入相关单位和事故现场；

（二）查阅与工伤认定有关的资料，询问有关人员并制作笔录；

（三）采用记录、复印、录音、录像等方式获取与工伤认定有关的资料；

（四）委托其他统筹地区社会保险行政部门进行调查核实。

**第二十二条** 社会保险行政部门进行与工伤认定有关的调查核实应由两人以上共同进行，并出示证明工作身份的证件。工伤认定调查过程中获知的有关单位商业秘密及个人隐私应当保密。

**第二十三条** 社会保险行政部门进行与工伤认定有关的调查核实时，用人单位、职工及家属、工会组织、医疗机构以及有关部门（单位）应当予以协助，如实提供相关情况和证明材料。

**第二十四条** 职工或者其近亲属认为是工伤，用人单位认为不是工伤的，由用人单位承担举证责任。用人单位拒不承担举证责任的，社会保险行政部门可以根据工伤认定申请人提供的有效证据，或调查核实取得的证据材料，作出认定决定。

**第二十五条** 用人单位将工程（业务）或者经营权发包给不具备用工主体资格的组织或者自然人，该组织或者自然人聘用的职工因工受到事故伤害或者患职业病的，具备用工主体资格的发包方为工伤认定的用人单位。

**第二十六条** 工伤认定过程中用人单位发生转让或者变更注册名称等情形的，新的法人主体作为工伤认定的用人单位。

## 第四章　劳动能力鉴定

**第二十七条** 省和市（州）应当设立劳动能力鉴定委员会。劳动能力鉴定委员会由社会保险行政部门、卫生行政部门、工会组织、工伤保险经办机构负责人和用人单位代表组成，负责劳动能力鉴定的组织与管理。劳动能力鉴定委员会在同级社会保险行政部门设办公室，具体负责日常工作。

劳动能力鉴定委员会应当建立鉴定专家库，依据国家标准进行劳动能力鉴定。

**第二十八条**　经省社会保险行政部门作出工伤认定决定的工伤人员，劳动能力鉴定由省劳动能力鉴定委员会负责。

省劳动能力鉴定委员会可以委托市（州）劳动能力鉴定委员会作出劳动能力鉴定结论。

**第二十九条**　按照先康复后鉴定原则，工伤职工康复治疗后（不符合康复条件的在伤情相对稳定后），用人单位、工伤职工或者其近亲属可以向劳动能力鉴定委员会提出劳动能力鉴定书面申请，并按规定提交有关资料。

申请劳动能力鉴定材料不完整的，劳动能力鉴定委员会应当一次性书面告知申请人需要补正的全部材料，补正材料送达之日为劳动能力鉴定受理起始时间。

用人单位和工伤职工应当按照规定提供有关资料并参加劳动能力鉴定。

**第三十条**　初次劳动能力鉴定所需费用，用人单位依法缴纳工伤保险费的，由工伤保险基金支付；用人单位未依法缴纳工伤保险费的，由用人单位支付。

申请再次鉴定或者复查鉴定的，由申请方预交鉴定费，再次鉴定或者复查鉴定结论与原鉴定结论一致的，鉴定费用由申请方承担；再次鉴定或者复查鉴定结论与原结论不一致的，鉴定费用按前款规定执行。

## 第五章　工伤保险待遇

**第三十一条**　职工经依法认定为工伤的，从发生事故伤害或诊断（鉴定）为职业病的当月起享受有关的工伤保险待遇。

用人单位参保登记后职工发生工伤事故的，从工伤保险基金中依据有关规定支付工伤保险待遇。

**第三十二条**　职工治疗工伤应当到与工伤保险经办机构签订服务协议的工伤保险定点医疗机构就医，情况紧急时可以先到就近的医疗机构急救，经急救脱离危险伤情稳定后仍需治疗的，应当转到签订服务协议的工伤保险定点医疗机构继续治疗。

工伤职工在未签订服务协议的医疗机构急救后，用人单位、工伤职工或者其亲属应当在 7 个工作日内向统筹地区工伤保险经办机构报告。

**第三十三条**　职工受到事故伤害至被认定为工伤前发生的救治医疗费用，由用人单位垫付。工伤认定后，符合工伤保险诊疗项目目录、工伤药品目录和工伤住院服务标准的医疗费用，由工伤保险经办机构报销。

职工治疗工伤发生的医疗费用，不属于工伤保险基金支付范围的，由用人单位和工伤职工各承担 50%。

**第三十四条**　工伤职工在停工留薪期内，用人单位不得解除劳动（人事）关系，按本人受到事故伤害或被诊断为职业病前 12 个月平均工资和福利支付停工留薪期待遇。停工留薪期内需要护理的，由用人单位指派专人护理。用人单位不派人护理的，按照统筹地区上年度在岗职工平均工资 1 人的标准支付护理费。

已享受生活护理待遇的，用人单位可不再派人护理。

**第三十五条**　工伤职工住院进行工伤医疗、工伤康复及配置辅助器具期间的伙食补助费，按照统筹地区上年度职工日平均工资10%的标准，由工伤保险基金支付。工伤保险经办机构同意到统筹地区以外就医的，食宿费分别按照统筹地区上年度职工日平均工资20%和60%的标准，交通费按照统筹地区事业单位普通职工享受待遇标准由工伤保险基金支付。

**第三十六条** 工伤职工因日常生活或者就业需要，经劳动能力鉴定委员会确认，可以安装、配置辅助器具的，由工伤保险经办机构批准到工伤辅助器具配置定点机构安装、配置，所需费用按照国家有关规定从工伤保险基金支付。辅助器具配置目录由省社会保险行政部门适时调整。

**第三十七条** 用人单位、工伤职工或者其近亲属，向统筹地区工伤保险经办机构申请办理工伤保险待遇支付手续时，应当按规定提交下列基本材料：

（一）工伤认定决定书；

（二）劳动能力鉴定结论；

（三）证明工伤职工身份的材料。

**第三十八条** 职工因工致残被鉴定为一至四级伤残的，除按《工伤保险条例》规定享受待遇外，用人单位和工伤职工个人应当从领取伤残津贴当月起以伤残津贴为基数，继续缴纳基本养老保险费和基本医疗保险费。

**第三十九条** 职工因工致残，有下列情形之一的，由工伤保险基金支付一次性工伤医疗补助金、用人单位支付一次性伤残就业补助金：

（一）被鉴定为五级、六级伤残的，工伤职工本人书面提出自愿与用人单位解除或者终止劳动（人事）关系的；

（二）被鉴定为七级至十级伤残的，工伤职工本人书面提出自愿解除劳动（人事）关系，或者劳动（人事）合同期满用人单位不再续签劳动（人事）合同而终止劳动（人事）关系的；

（三）用人单位依据《中华人民共和国劳动合同法》第三十六条、三十九条规定解除劳动关系的。

工伤职工领取一次性工伤医疗补助金、一次性伤残就业补助金的，应当与用人单位和工伤保险经办机构签订终止工伤保险关系书面协议，不再享受工伤保险待遇。再次发生工伤的，应当重新进行工伤认定和劳动能力鉴定，按照新的认定决定和劳动能力鉴定结论享受工伤保险待遇。

**第四十条** 伤残等级为五级至十级的工伤职工一次性工伤医疗补助金和一次性工伤伤残就业补助金，按以下标准支付：

一次性工伤医疗补助金的支付标准：五级伤残的为18个月本人工资，六级伤残的为16个月本人工资，七级伤残的为13个月本人工资，八级伤残的为11个月本人工资，九级伤残的为9个月本人工资，十级伤残的为7个月本人工资。患职业病的工伤职工，一次性工伤医疗补助金在上述标准基础上增加30%。

一次性伤残就业补助金的支付标准：五级伤残的为16个月本人工资，六级伤残的为14个月本人工资，七级伤残的为11个月本人工资，八级伤残的为9个月本人工资，九级伤残的为7个月本人工资，十级伤残的为5个月本人工资。伤残职工距法定退休年龄不足5年的，一次性伤残就业补助金按每减少一年递减20%标准支付。距法定退休年龄不足1年的，一次性伤残就业补助金按标准的10%支付，达到退休年龄的不计发。

职工在同一单位发生两次以上工伤的，按其最高伤残等级计算一次性工伤医疗补助金和一次性伤残就业补助金后，每多一次工伤增加20%。

**第四十一条**　工伤职工享受伤残津贴、生活护理费等长期待遇的，从初次劳动能力鉴定结论作出当月起支付。劳动能力复查鉴定改变原结论的，自复查鉴定结论作出当月起重新确定长期待遇标准，一次性待遇不做调整。

劳动能力再次鉴定改变原鉴定结论的，按照再次鉴定结论确定工伤保险待遇。

**第四十二条**　伤残津贴、供养亲属抚恤金和生活护理费由统筹地区社会保险行政部门根据统筹地区职工平均工资和生活费用变化等情况每年调整一次。调整办法报省社会保险行政部门备案。统筹地区职工平均工资降低时，不予调整。

**第四十三条**　用人单位依法破产的，保留工伤保险关系的工伤人员和供养亲属待遇所需资金，在资产清算时，按照全国平均预期寿命与年龄之差计算预留（供养亲属未满18周岁的，预留至年满18周岁），一次性拨付给工伤保险经办机构。

**第四十四条**　按月领取伤残补助金的一次性结算标准为：全国平均预期寿命与工伤职工年龄之差计算出的月数，乘以解除劳动（人事）关系时的按月领取伤残补助金标准。

**第四十五条**　原由养老保险基金支付工伤保险待遇的，继续由原渠道支付。

**第四十六条**　因工死亡职工供养亲属享受基本养老保险、新型农村社会养老保险、城镇居民养老保险等社会保障定期待遇的，供养亲属抚恤金高于社会保障定期待遇的差额部分，用人单位依法缴纳工伤保险费的由工伤保险基金补足；未依法缴纳工伤保险费的，由用人单位补足。

**第四十七条**　用人单位未足额缴纳工伤保险费，造成工伤职工待遇降低的，由用人单位补足差额。

**第四十八条**　已办理退休手续或者劳动（聘用）合同期满（含本人提出解除合同），未再从事接触职业病危害作业，被诊断或鉴定为职业病一年以上的，凭劳动能力鉴定结论享受工伤保险待遇。待遇标准按照国家规定同类情形不满一年人员的标准执行。

**第四十九条**　参加工伤保险的职工，因第三人原因造成工伤的，在依法获得第三人经济赔偿后，由工伤保险基金补足医疗费（含康复费）、住院伙食补助费、交通费、一次性伤残补助金（残疾赔偿金）、辅助器具配置费（残疾生活辅助具费）、一次性工亡补助金（死亡赔偿金）、丧葬费、供养亲属抚恤金（被抚养人生活费）的差额。由用人单位补足住院护理费、停工留薪期待遇（误工费）的差额。

## 第六章　附　　则

**第五十条**　本办法中计算工伤保险待遇的本人工资，是指工伤职工受到事故伤害（或诊断为职业病）或者解除劳动（人事）关系前12个月平均缴费工资。用工不足12个月的，按照实际用工月数平均计算。月工资无法确定的，按照统筹地区上年度职工月平均工资计算。

本人工资高于统筹地区职工平均工资300%的，按照统筹地区职工平均工资300%计算；职工工资低于统筹地区职工平均工资60%的，按照统筹地区职工平均工资60%计算。

**第五十一条** 无营业执照或者未经依法登记、备案的单位以及被依法吊销营业执照或者撤销登记、备案单位的职工受到事故伤害或者患职业病的，或者用人单位使用童工造成童工伤残、死亡的，不进行工伤认定，由劳动保障监察机构确认后，进行劳动能力鉴定，用人单位按照国家有关规定给予一次性赔偿。

**第五十二条** 退休人员、在校实习学生因工作原因受到事故伤害的，不进行工伤认定，由聘用或者实习单位参照《工伤保险条例》及本办法支付相关待遇。

前款人员已参加工伤保险的和超过法定退休年龄的务工农民，适用《工伤保险条例》及本办法。

**第五十三条** 公务员和参照公务员法管理的事业单位、社会团体工作人员因工作遭受事故伤害或者患职业病的，由所在单位支付费用，具体办法根据国家有关规定另行制定。

**第五十四条** 本办法自2014年1月1日起施行。2003年11月18日公布的《吉林省实施〈工伤保险条例〉若干规定》（吉林省人民政府令第151号）同时废止。

本办法施行前已受到事故伤害或者患职业病的职工尚未完成工伤认定的，按照本办法的规定执行。

# 109 黑龙江省贯彻《工伤保险条例》实施办法

黑政发〔2016〕5号

**第一条** 根据《中华人民共和国社会保险法》《工伤保险条例》（国务院令第375号）、《国务院关于修改〈工伤保险条例〉的决定》（国务院令第586号）有关规定，结合我省实际，制定本办法。

**第二条** 我省行政区域内的各类企业、事业单位、社会团体、民办非企业单位、基金会、律师事务所、会计师事务所等组织和有雇工的个体工商户（以下统称用人单位）应当参加工伤保险，为本单位全部职工或雇工（以下统称职工）缴纳工伤保险费。职工依法享受工伤保险待遇，职工个人不缴费。

**第三条** 工伤保险基金实行市（地）统筹。跨省及跨行政区域较大的行业企业，在黑龙江省参加工伤保险，工伤保险基金纳入省级财政专户。工伤保险基金逐步实行省级统筹。

**第四条** 用人单位参加工伤保险，职工受到事故伤害或患职业病，应当向用人单位所在地设区的市级社会保险行政部门提出工伤认定申请；用人单位在注册地和生产经营地均未参加工伤保险的，农民工受到事故伤害或患职业病后，在生产经营地进行工伤认定、劳动能力鉴定，并按照生产经营地的规定依法由用人单位支付工伤保险待遇。

**第五条**　用人单位按照国家规定缴纳工伤保险费。中省直事业单位在省社会医疗保险局参加工伤保险的职工，其工伤认定、劳动能力鉴定分别由用人单位所在地设区的市级社会保险行政部门及工伤职工劳动能力鉴定机构作出。

**第六条**　工伤保险费的征缴按照《中华人民共和国社会保险法》《社会保险费征缴暂行条例》(国务院令第259号）规定执行。

**第七条**　统筹地区社会保险经办机构首次确定用人单位的缴费费率时，以用人单位《营业执照》的经营范围以及实际经营范围所对应行业差别费率类别确定。此后要按照以支定收、收支平衡原则，根据用人单位上年度工伤保险费的收缴、支付、工伤发生率等情况，对用人单位缴费费率档次实行浮动。

**第八条**　统筹地区社会保险经办机构按当年工伤保险基金征缴总额的10%至30%提取储备金，存入社会保险基金财政专户，用于突发重大事故的工伤保险待遇支付。储备金不足支付时，由同级财政垫付并列入下年工伤保险基金预算中，累计总额达到当年工伤保险基金征缴额的30%时不再提取。

**第九条**　职工到达法定退休年龄未办理按月领取基本养老保险待遇手续或者不符合按月领取基本养老保险待遇条件，且继续在原用人单位工作期间发生事故伤害的，申请人可以向用人单位所在统筹地区社会保险行政部门申请工伤认定，统筹地区社会保险行政部门应当予以受理。

**第十条**　工伤职工在停工留薪期内，原工资福利待遇不变，由所在单位支付。

在停工留薪期内办理按月领取基本养老保险待遇手续，基本养老保险待遇低于原工资福利待遇的，由用人单位补足差额至停工留薪期满之月。

工伤职工在停工留薪期内生活不能自理的，经协议定点医疗机构确认需要护理的，由用人单位负责。

**第十一条**　申请工伤保险待遇应向统筹地区社会保险经办机构提交工伤认定结论通知书、劳动能力鉴定结论、工伤待遇申请表；申请享受工亡职工供养亲属抚恤待遇的，根据申请的待遇项目提交以下相关补充材料：

(一）被供养人户口簿、居民身份证。

(二）孤儿、孤寡老人提供民政部门相关证明。

(三）由工伤职工劳动能力鉴定委员会作出的供养亲属完全丧失劳动能力的结论。

(四）按照《因工死亡职工供养亲属范围规定》确认供养亲属关系的证明材料。

**第十二条**　社会保险行政部门受理职工或者其直系亲属提出的工伤认定申请，要求用人单位限期提交有关材料而逾期未提交的或用人单位不认为是工伤又未按规定时间履行举证责任的，社会保险行政部门可以依据职工或者近亲属提供的材料作出认定结论。社会保险行政部门也可以与相关部门建立工伤认定联席会议制度，协调研究工伤认定疑难案件，促进工伤认定工作客观、公正。

**第十三条**　职工在两个或者两个以上用人单位同时存在劳动关系的，各用人单位应当分别依法为职工缴纳工伤保险费。职工发生工伤，由职工受到伤害时的用人单位依法承担工伤保险责任。

**第十四条** 五级至六级伤残职工，本人书面提出与用人单位解除或终止劳动关系的，七级至十级伤残职工劳动（聘用）合同期满终止，或者职工本人提出解除劳动（聘用）合同的，由工伤保险基金支付一次性工伤医疗补助金，由用人单位支付一次性伤残就业补助金。

（一）五级至十级伤残职工一次性工伤医疗补助金标准分别为工伤职工离岗前 30 个月、25 个月、20 个月、15 个月、10 个月、5 个月的本人工资；五级至十级伤残职工一次性伤残就业补助金标准分别为工伤职工离岗前 16 个月、14 个月、12 个月、10 个月、8 个月、6 个月的本人工资。

（二）伤残职工距法定退休年龄不足 5 年的，一次性伤残就业补助金按每减少 1 年递减 20%的标准支付，距法定退休年龄不足 1 年的按全额的 10%支付。

工伤职工达到退休年龄或者办理退休手续的，不享受一次性工伤医疗补助金和伤残就业补助金。

**第十五条** 伤残津贴平均调整水平按照统筹地区上年度职工月平均工资增长额的 70%至 90%进行调整，增长额较低的，可参照统筹地区上年度调整水平进行调整。具体标准由统筹地区社会保险行政部门根据职工月平均工资、生活费用变化及工伤人员伤残等级另行制定；工亡职工供养亲属抚恤金根据统筹地区职工工资和生活水平变化等情况做适当调整；生活护理费按照统筹地区上年度职工月平均工资水平进行调整。

**第十六条** 伤残津贴、生活护理费从作出劳动能力鉴定结论的次月起计发，工伤人员在劳动关系存续期间，经劳动能力复查鉴定的，从鉴定结论作出次月起，按照复查鉴定结论享受除一次性伤残补助金以外的其他相关工伤保险待遇。

**第十七条** 已按照《工伤保险条例》第四十一条规定执行，失踪后又重新出现并经法院撤销死亡宣告的职工，其领取的工伤保险待遇应当由社会保险经办机构追回。

**第十八条** 用人单位实行承包经营，承包给有营业执照一方生产经营的，应当由承包方承担工伤保险责任；承包给不具有营业执照一方生产经营的，应由发包方承担工伤保险责任，需要追偿经营者责任的，由用人单位负责追偿。

**第十九条** 已参加工伤保险的用人单位依法破产、解散、关闭时，由用人单位为一级至四级伤残职工、享受供养亲属抚恤金待遇的人员到社会保险经办机构办理接续工伤保险待遇的手续；为达到法定退休年龄的一级至四级伤残人员办理退休手续。

**第二十条** 由于第三人的原因造成工伤，第三人不支付工伤医疗费用或者无法确定第三人的，个人或者其近亲属可以持工伤认定决定书和有关材料向社会保险经办机构书面申请工伤保险基金先行支付。工伤保险基金先行支付后，工伤保险经办机构按照《社会保险基金先行支付暂行办法》（人力资源和社会保障部令第 15 号）进行追偿。

由于第三人原因造成工伤的，社会保险经办机构不得以工伤职工或者其近亲属已经对第三人提起民事诉讼为由，拒绝支付工伤保险待遇，但第三人已经支付的医疗费用除外。

**第二十一条** 工伤职工在工伤保险协议定点医疗机构住院或配置辅助器具的费用，符合工伤保险诊疗项目目录、药品目录、住院服务标准费用和辅助器具费用的，由社会保险经办机构直接结算，按规定应当自费或不由工伤保险基金支付的治疗费用，由工伤保险协议定点医疗机构或工伤保险辅助器具配置机构直接向本人收取，工伤保险基金不予支付。职工在工伤确认之前发生的医疗费用，在职工工伤确认后符合工伤保险诊疗项目目录、药品目录、住院服务标准的费用，由社会保险经办机构予以报销。逐步推行工伤协议定点医疗机构与工伤保险经办机构医疗支付联网，实现直接结算。

**第二十二条** 工伤职工日常就医或回原籍居住就医的，应在本人长期居住地选择1家至2家工伤保险协议定点医疗机构作为医治工伤的医院，由用人单位到统筹地区社会保险经办机构办理备案手续。

**第二十三条** 住院治疗工伤的职工及配置辅助器具工伤职工的伙食补助费和到统筹地区以外就医所需的交通、食宿费用标准由统筹地区制定。

**第二十四条** 用人单位对接触职业危害作业的职工，在劳动关系终止、解除前或者办理退休手续前，应当进行职业健康检查，并将检查结果告知职工，被确诊患有职业病的应认定为工伤，并按本办法享受相关待遇，诊断为疑似职业病的职工退休后确诊为职业病的，应当认定为工伤，享受工伤待遇。

**第二十五条** 本办法自2016年5月1日起执行。本办法施行前已受到事故伤害或者患职业病的职工尚未完成工伤认定的，按照本办法执行。《黑龙江省人民政府关于修订黑龙江省贯彻〈工伤保险条例〉若干规定的通知》（黑政发〔2011〕8号）同时废止。

# 110 上海市工伤保险实施办法

2012年11月21日上海市政府第156次常务会议通过，
2012年11月27日上海市人民政府令第93号公布，
自2013年1月1日起施行。

## 目　　录

第一章 总则/486
第二章 工伤保险基金/486
第三章 工伤认定/487
第四章 劳动能力鉴定/490
第五章 工伤保险待遇/491
第六章 特别规定/495
第七章 法律责任/496
第八章 附则/497

## 第一章　总　　则

**第一条　（依据）**

根据《中华人民共和国社会保险法》和《工伤保险条例》，结合本市实际，制定本办法。

**第二条　（适用范围）**

本办法适用于本市行政区域内的企业、事业单位、国家机关、社会团体、民办非企业单位、基金会、律师事务所、会计师事务所等组织和有雇工的个体工商户（以下统称“用人单位”）及其从业人员。

**第三条　（征缴管理）**

工伤保险费的征缴，按照《中华人民共和国社会保险法》和《社会保险费征缴暂行条例》的有关规定执行。

**第四条　（公示与救治）**

用人单位应当将参加工伤保险的有关情况在本单位内公示。

从业人员发生工伤时，用人单位应当采取措施使工伤人员得到及时救治。

**第五条　（管理部门）**

市人力资源社会保障局是本市工伤保险工作的行政主管部门，负责本市工伤保险工作的统一管理。

区、县人力资源社会保障局负责本行政区域内工伤保险的具体管理工作。

市社会保险事业基金结算管理中心（以下简称“社保经办机构”）具体负责工伤保险经办事务。市医疗保险事务管理中心和区、县医疗保险事务中心（以下统称“医保经办机构”）在职责范围内，配合做好工伤保险经办事务。

**第六条　（监督）**

市人力资源社会保障局等部门制定工伤保险的政策、标准，应当征求工会组织、用人单位代表的意见。

工会组织依法维护工伤人员的合法权益，对用人单位的工伤保险工作实行监督。

## 第二章　工伤保险基金

**第七条　（基金来源和储备金）**

工伤保险基金由用人单位缴纳的工伤保险费、工伤保险基金的利息和依法纳入工伤保险基金的其他资金构成。

工伤保险基金按照国家有关规定留有一定比例的储备金，用于本市重大事故的工伤保险待遇支付；储备金不足支付的，由市财政垫付。储备金的提取比例和使用，按照本市有关规定执行。

**第八条　（缴费原则）**

用人单位应当按时缴纳工伤保险费。从业人员个人不缴纳工伤保险费。

工伤保险费根据以支定收、收支平衡的原则，确定费率。

**第九条 （缴费基数）**

用人单位缴纳工伤保险费的基数，按照本单位缴纳城镇基本养老保险费的基数确定。

**第十条 （费率）**

用人单位缴纳工伤保险费实行基础费率，基础费率统一为缴费基数的0.5%。

对发生工伤事故的用人单位，在基础费率的基础上，按照规定实行浮动费率。

浮动费率根据用人单位工伤保险费使用、工伤事故发生率等情况确定。浮动费率分为五档，每档幅度为缴费基数的0.5%，向上浮动后的最高费率（基础费率加浮动费率）不超过缴费基数的3%，向下逐档浮动后的最低费率不低于基础费率。浮动费率每年核定一次。

工伤保险费率浮动的具体办法，由市人力资源社会保障局会同市财政、卫生、安全生产监督管理等部门拟订，报市人民政府批准后执行。

**第十一条 （支付范围）**

工伤保险基金用于本办法规定的工伤保险待遇，劳动能力鉴定，工伤预防的宣传、培训等费用，以及法律、法规规定的用于工伤保险的其他费用的支付。

工伤预防费用的提取比例、使用和管理，按照国家有关规定执行。

**第十二条 （基金管理和监督）**

工伤保险基金实行全市统筹，存入本市市级社会保障基金财政专户，专款专用，任何单位和个人不得擅自动用。

市人力资源社会保障局依法对工伤保险费的征缴和工伤保险基金的支付情况进行监督检查。

市财政、审计部门依法对工伤保险基金的收支、管理情况进行监督。

**第十三条 （经办机构经费）**

社保经办机构、医保经办机构开展工伤保险所需经费，由财政部门按照规定核定，纳入预算管理。

## 第三章 工 伤 认 定

**第十四条 （认定工伤范围）**

从业人员有下列情形之一的，应当认定为工伤：

（一）在工作时间和工作场所内，因工作原因受到事故伤害的。

（二）工作时间前后在工作场所内，从事与工作有关的预备性或者收尾性工作受到事故伤害的。

（三）在工作时间和工作场所内，因履行工作职责受到暴力等意外伤害的。

（四）患职业病的。

（五）因工外出期间，由于工作原因受到伤害或者发生事故下落不明的。

（六）在上下班途中，受到非本人主要责任的交通事故或者城市轨道交通、客运轮渡、火车事故伤害的。

（七）法律、行政法规规定应当认定为工伤的其他情形。

**第十五条　（视同工伤范围）**

从业人员有下列情形之一的，视同工伤：

（一）在工作时间和工作岗位，突发疾病死亡或者在48小时之内经抢救无效死亡的。

（二）在抢险救灾等维护国家利益、公共利益活动中受到伤害的。

（三）从业人员原在军队服役，因战、因公负伤致残，已取得革命伤残军人证，到用人单位后旧伤复发的。

从业人员有前款第一项、第二项情形的，按照本办法的有关规定享受工伤保险待遇；从业人员有前款第三项情形的，按照本办法的有关规定享受除一次性伤残补助金以外的工伤保险待遇。

**第十六条　（工伤排除）**

从业人员符合本办法第十四条、第十五条的规定，但是有下列情形之一的，不得认定为工伤或者视同工伤：

（一）故意犯罪的。

（二）醉酒或者吸毒的。

（三）自残或者自杀的。

**第十七条　（认定申请）**

从业人员发生事故伤害或者按照职业病防治法规定被诊断、鉴定为职业病，所在单位应当自事故伤害发生之日或者被诊断、鉴定为职业病之日起30日内，向用人单位所在地的区、县人力资源社会保障局提出工伤认定申请。遇有特殊情况，经报区、县人力资源社会保障局同意，申请时限可以适当延长。

用人单位未按照前款规定提出工伤认定申请的，从业人员或者其近亲属、工会组织在事故伤害发生之日或者被诊断、鉴定为职业病之日起1年内，可以直接向用人单位所在地的区、县人力资源社会保障局提出工伤认定申请。

用人单位未在本条第一款规定的时限内提出工伤认定申请的，在此期间发生符合本办法规定的工伤待遇等有关费用，由该用人单位负担。

**第十八条　（工伤认定申请材料）**

提出工伤认定申请，应当提交下列材料：

（一）工伤认定申请表。

（二）与用人单位存在劳动关系（包括事实劳动关系）的证明材料。

（三）医疗诊断证明或者职业病诊断证明书（或者职业病诊断鉴定书）。

工伤认定申请表应当包括事故发生的时间、地点、原因以及从业人员伤害程度等基本情况。

工伤认定申请人在本办法规定时限内提出工伤认定申请时所提供材料不完整的，区、县人力资源社会保障局应当自收到工伤认定申请之日起10个工作日内，一次性书面告知工伤认定申请人需要补正的全部材料。工伤认定申请人应当在30日内，按照要求补正材料，逾期不补正但未超过法定申请期限的，可以重新提出工伤认定申请。

**第十九条 （受理）**

工伤认定申请人依法提出工伤认定申请，且提供的申请材料完整的，区、县人力资源社会保障局应当自收到工伤认定申请之日起10个工作日内发出受理通知书。不符合受理条件的，区、县人力资源社会保障局不予受理，并书面告知工伤认定申请人。

**第二十条 （调查核实和举证责任）**

区、县人力资源社会保障局受理工伤认定申请后，根据审核需要可以对事故伤害进行调查核实，用人单位、从业人员、工会组织、医疗机构以及有关部门应当予以协助。职业病诊断和诊断争议的鉴定，依照职业病防治法的有关规定执行。对依法取得职业病诊断证明书或者职业病诊断鉴定书的，区、县人力资源社会保障局不再进行调查核实。

用人单位、从业人员或者其近亲属可以根据认定工伤或者视同工伤的不同情形，提交相关行政机关或者司法机关出具的有关证明材料或者法律文书。

从业人员或者其近亲属认为是工伤，用人单位不认为是工伤的，由用人单位承担举证责任。

**第二十一条 （认定程序）**

区、县人力资源社会保障局应当自受理工伤认定申请之日起60日内作出工伤认定决定，并在作出工伤认定决定之日起10个工作日内将工伤认定决定送达申请工伤认定的从业人员或者其近亲属和该从业人员所在单位。

作出工伤认定决定需要以司法机关或者有关行政主管部门的结论为依据的，在司法机关或者有关行政主管部门尚未作出结论期间，作出工伤认定决定的时限中止，工伤认定时限中止的原因消除后，应当及时恢复。工伤认定时限中止、恢复的，区、县人力资源社会保障局应当告知有关当事人。

区、县人力资源社会保障局工作人员与工伤认定申请人有利害关系的，应当回避。

**第二十二条 （工伤认定决定载明事项）**

工伤认定决定应当载明下列事项：

（一）用人单位和工伤人员的基本情况。

（二）受伤部位、事故时间和诊治时间或者职业病名称、伤害经过和核实情况，以及医疗救治基本情况和诊断结论。

（三）认定为工伤、视同工伤或者认定为不属于工伤、不视同工伤的依据。

（四）认定结论。

（五）申请行政复议或者提起行政诉讼的期限。

（六）作出认定决定的时间。

工伤认定决定应当加盖区、县人力资源社会保障局工伤认定专用印章。

**第二十三条 （告知义务）**

区、县人力资源社会保障局向申请工伤认定的从业人员或者其近亲属和该从业人员所在单位送达工伤认定决定时，应当书面告知劳动能力鉴定的申请程序。

## 第四章　劳动能力鉴定

**第二十四条　（劳动能力鉴定）**

从业人员发生工伤，经治疗伤情相对稳定后存在残疾、影响劳动能力的，应当进行劳动功能障碍程度和生活自理障碍程度的劳动能力鉴定。

劳动功能障碍分为十个伤残等级，生活自理障碍分为三个等级。

劳动能力鉴定标准，按照国家有关规定执行。

**第二十五条　（鉴定机构）**

市和区、县劳动能力鉴定委员会（以下简称“鉴定委员会”）由同级人力资源社会保障、卫生等部门以及工会组织、社保经办机构代表、用人单位代表组成。市和区、县鉴定委员会办公室设在同级人力资源社会保障局，负责鉴定委员会的日常工作。

市劳动能力鉴定中心受市鉴定委员会的委托，负责职业病人员的劳动能力鉴定及工伤人员的再次鉴定等具体事务。

区、县鉴定委员会负责本行政区域内的工伤人员劳动能力鉴定。

鉴定委员会依法建立医疗卫生专家库，进行劳动能力鉴定。

**第二十六条　（劳动能力鉴定申请材料）**

工伤人员的劳动能力鉴定，可以由用人单位、工伤人员或者其近亲属向区、县鉴定委员会提出申请。职业病人员的劳动能力鉴定，向市鉴定委员会提出申请。

提出劳动能力鉴定申请的，应当提交下列材料：

（一）填写完整的劳动能力鉴定申请表。

（二）工伤认定决定。

（三）定点医疗机构诊治工伤的有关资料。

**第二十七条　（鉴定程序）**

鉴定委员会收到劳动能力鉴定申请后，应当从其建立的医疗卫生专家库中随机抽取 3 名或者 5 名相关专家组成专家组，并由专家组提出鉴定意见；必要时，可以委托具备资格的医疗机构协助进行有关的诊断。鉴定委员会根据专家组的鉴定意见，在收到劳动能力鉴定申请之日起 60 日内作出工伤人员劳动能力鉴定结论。必要时，作出劳动能力鉴定结论的时限可以延长 30 日。鉴定委员会应当自作出劳动能力鉴定结论之日起 15 日内，向申请劳动能力鉴定的用人单位、工伤人员或者其近亲属送达劳动能力鉴定结论，并书面告知办理享受工伤保险待遇的手续，提供工伤保险待遇申请表。

鉴定委员会组成人员或者参加鉴定的专家与当事人有利害关系的，应当回避。

**第二十八条　（再次鉴定）**

申请劳动能力鉴定的用人单位、工伤人员或者其近亲属对劳动能力鉴定结论不服的，可以在收到该鉴定结论之日起 15 日内向市鉴定委员会提出再次鉴定申请。

市鉴定委员会对职业病人员申请再次鉴定的，应当另行组织专家组，进行再次鉴定。

市鉴定委员会作出的再次鉴定结论为最终结论。

**第二十九条　（复查鉴定）**

自劳动能力鉴定结论作出之日起1年后，工伤人员或者其近亲属、用人单位或者社保经办机构认为伤残情况发生变化的，可以提出劳动能力复查鉴定申请。

**第三十条　（再次鉴定和复查鉴定的期限）**

鉴定委员会进行再次鉴定和复查鉴定的期限，依照本办法第二十七条的规定执行。

**第三十一条　（鉴定费用）**

工伤人员的初次劳动能力鉴定费用，由工伤保险基金支付。

用人单位、工伤人员或者其近亲属提出再次鉴定或者复查鉴定申请的，再次鉴定结论维持原鉴定结论，或者复查鉴定结论没有变化的，鉴定费用由提出再次鉴定或者复查鉴定申请的用人单位、工伤人员或者其近亲属承担；再次鉴定结论或者复查鉴定结论有变化，以及按照国家规定需要定期复查鉴定的，鉴定费用由工伤保险基金承担。

## 第五章　工伤保险待遇

**第三十二条　（就医原则）**

从业人员因工作遭受事故伤害或者患职业病进行治疗，享受工伤医疗待遇。

工伤人员治疗工伤应当在本市定点医疗机构或者职业病定点医疗机构就医。情况紧急时，可以先到就近的医疗机构急救，伤情稳定后，应当及时转往定点医疗机构治疗。确需转往外省市治疗的，由本市定点医疗机构出具证明，报社保经办机构同意。

工伤人员需要进行工伤康复的，应当选择与市医保经办机构签订服务协议的工伤康复机构。

**第三十三条　（工伤医疗和康复费用的支付）**

治疗工伤所需医疗费用符合国家和本市的工伤保险诊疗项目目录、工伤保险药品目录、工伤保险住院服务标准的，从工伤保险基金支付。

本市的工伤保险诊疗项目目录、工伤保险药品目录、工伤保险住院服务标准，按照本市有关基本医疗保险诊疗项目范围、用药范围以及医疗服务设施范围等规定执行。

工伤人员到工伤康复机构进行工伤康复的费用，符合国家和本市工伤康复服务项目、工伤康复诊疗规范的，从工伤保险基金支付。

区、县人力资源社会保障局作出认定为工伤的决定后发生行政复议、行政诉讼的，行政复议和行政诉讼期间不停止支付工伤人员治疗工伤的医疗费用。

工伤人员治疗非工伤引发的疾病，所需医疗费用不列入工伤保险基金支付范围。

**第三十四条　（工伤医疗和康复费用的结算）**

工伤人员发生的工伤医疗和康复费用，经市或者区、县医保经办机构审核，由社保经办机构与本市定点医疗机构或者工伤康复机构结算。

工伤人员在非定点医疗机构进行急救或者按照本办法规定到外省市治疗发生的工伤医疗费用，由其个人先行支付后，按照规定向社保经办机构申请报销，经市或者区、县医保经办机构审核后，由工伤保险基金支付。

**第三十五条 （住院伙食费补助、交通食宿费标准）**

工伤人员住院治疗工伤的，由工伤保险基金按照规定的标准，支付住院伙食补助费；经本市定点医疗机构出具证明，报社保经办机构同意，工伤人员到外省市就医的，由工伤保险基金按照规定的标准支付食宿费，交通费按照社保经办机构核定的交通工具乘坐费用实报实销。

住院伙食补助费、食宿费标准的确定及其适时调整办法，由市人力资源社会保障局拟订，报市人民政府批准后执行。

**第三十六条 （辅助器具配置）**

工伤人员因日常生活或者就业需要，经鉴定委员会确认，应当选择到与社保经办机构签订服务协议的辅助器具配置机构安装假肢、矫形器、假眼、假牙和配置轮椅等辅助器具，所需费用符合国家和本市辅助器具安装配置项目和标准的，从工伤保险基金支付，并由社保经办机构与辅助器具配置机构结算。

**第三十七条 （停工留薪期待遇）**

从业人员因工作遭受事故伤害或者患职业病需要暂停工作接受工伤治疗的，在停工留薪期内，原工资福利待遇不变，由所在单位按月支付。

停工留薪期一般不超过12个月，具体期限根据定点医疗机构出具的伤病情诊断意见确定。伤情严重或者情况特殊，经鉴定委员会确认，可以适当延长，但延长不得超过12个月。工伤人员评定伤残等级后，停发原待遇，按照本办法的有关规定享受伤残待遇。工伤人员停工留薪期满后仍需治疗的，继续享受工伤医疗待遇。

生活不能自理的工伤人员在停工留薪期需要护理的，由所在单位负责。

**第三十八条 （生活护理待遇）**

工伤人员已经评定伤残等级并经鉴定委员会确认需要生活护理的，从工伤保险基金按月支付生活护理费。

生活护理费按照生活完全不能自理、生活大部分不能自理或者生活部分不能自理3个不同等级支付，其标准分别为上年度全市职工月平均工资的50%、40%或者30%。

**第三十九条 （致残一至四级待遇）**

工伤人员因工致残被鉴定为一级至四级伤残的，保留劳动关系，退出工作岗位，享受以下待遇：

（一）从工伤保险基金支付一次性伤残补助金。一级伤残的，为27个月的工伤人员本人工资；二级伤残的，为25个月；三级伤残的，为23个月；四级伤残的，为21个月。

（二）从工伤保险基金按月支付伤残津贴。一级伤残的，为工伤人员本人工资的90%；二级伤残的，为85%；三级伤残的，为80%；四级伤残的，为75%。

（三）工伤人员到达法定退休年龄并办理按月领取养老金手续后，停发伤残津贴，享受基本养老保险待遇。基本养老保险待遇低于伤残津贴的，由工伤保险基金补足差额。工伤人员到达法定退休年龄又不符合按月领取养老金条件的，由工伤保险基金继续支付伤残津贴。

（四）参加本市基本医疗保险的用人单位和工伤人员以伤残津贴为基数，按月缴纳基本医疗保险费，享受基本医疗保险待遇。工伤人员到达法定退休年龄后，继续享受基本医疗保险待遇。工伤人员到达法定退休年龄，但不符合继续享受基本医疗保险待遇条件的，用人单位和工伤人员以伤残津贴为基数，按照基本医疗保险规定一次性缴纳基本医疗保险费至符合条件后，继续享受基本医疗保险待遇。

**第四十条　（致残五至六级待遇）**

工伤人员因工致残被鉴定为五级、六级伤残的，享受以下待遇：

（一）从工伤保险基金支付一次性伤残补助金。五级伤残的，为18个月的工伤人员本人工资；六级伤残的，为16个月。

（二）保留与用人单位劳动关系，由用人单位安排适当工作。难以安排工作的，由用人单位按月发给伤残津贴。五级伤残的，为工伤人员本人工资的70%；六级伤残的，为60%。并由用人单位和工伤人员继续按照规定缴纳各项社会保险费。伤残津贴实际金额低于本市职工最低月工资标准的，由用人单位补足差额。

经工伤人员本人提出，该工伤人员可以与用人单位解除或者终止劳动关系，由工伤保险基金支付一次性工伤医疗补助金，由用人单位支付一次性伤残就业补助金。五级伤残的，分别为18个月的上年度全市职工月平均工资；六级伤残的，分别为15个月。

经工伤人员本人提出与用人单位解除劳动关系，且解除劳动关系时距法定退休年龄不足5年的，不足年限每减少1年，一次性工伤医疗补助金和一次性伤残就业补助金递减20%，但属于《中华人民共和国劳动合同法》第三十八条规定的情形除外。

因工伤人员退休或者死亡使劳动关系终止的，不享受本条第二款规定的待遇。

**第四十一条　（致残七至十级待遇）**

工伤人员因工致残被鉴定为七级至十级伤残的，享受以下待遇：

（一）从工伤保险基金支付一次性伤残补助金。七级伤残的，为13个月的工伤人员本人工资；八级伤残的，为11个月；九级伤残的，为9个月；十级伤残的，为7个月。

（二）劳动合同期满终止，或者工伤人员本人提出解除劳动合同的，由工伤保险基金支付一次性工伤医疗补助金，由用人单位支付一次性伤残就业补助金。七级伤残的，分别为12个月的上年度全市职工月平均工资；八级伤残的，分别为9个月；九级伤残的，分别为6个月；十级伤残的，分别为3个月。

经工伤人员本人提出与用人单位解除劳动关系，且解除劳动关系时距法定退休年龄不足5年的，不足年限每减少1年，一次性工伤医疗补助金和一次性伤残就业补助金递减20%，但属于《中华人民共和国劳动合同法》第三十八条规定的情形除外。

因工伤人员退休或者死亡使劳动关系终止的，不享受本条第一款第二项规定的待遇。

**第四十二条　（工伤复发）**

工伤人员工伤复发，经鉴定委员会确认需要治疗的，享受本办法第三十二条、第三十三条、第三十五条至第三十八条规定的工伤保险待遇。

工伤人员与用人单位解除或者终止劳动关系，并按照本办法规定享受一次性工伤医疗补助金和一次性伤残就业补助金的，不再享受本办法第三十二条、第三十三条、第三十五条至第三十八条规定的待遇。

**第四十三条 （因工死亡待遇）**

从业人员因工死亡，其近亲属按照下列规定从工伤保险基金领取丧葬补助金、供养亲属抚恤金和一次性工亡补助金：

（一）丧葬补助金为从业人员因工死亡时6个月的上年度全市职工月平均工资。

（二）供养亲属抚恤金按照从业人员生前本人工资的一定比例发给其生前提供主要生活来源、无劳动能力的亲属。其中，配偶每月40%，其他亲属每人每月30%；孤寡老人或者孤儿每人每月在上述标准的基础上增加10%。核定的各供养亲属的抚恤金之和不应高于因工死亡人员生前本人工资。

（三）一次性工亡补助金标准为从业人员因工死亡时上一年度全国城镇居民人均可支配收入的20倍。

工伤人员在停工留薪期内因工伤导致死亡的，其近亲属享受本条第一款规定的待遇。

致残一级至四级的工伤人员在停工留薪期满后死亡的，其近亲属可以享受本条第一款第一项、第二项规定的待遇。

供养亲属的具体范围，按照国家有关规定执行。

**第四十四条 （待遇调整）**

伤残津贴、供养亲属抚恤金、生活护理费的标准，由市人力资源社会保障局根据全市职工平均工资和生活费用变化等情况适时调整。调整办法由市人力资源社会保障局拟订，报市人民政府批准后执行。

**第四十五条 （与其他赔偿关系）**

由于第三人的原因造成工伤的，由第三人支付工伤医疗费用。第三人不支付工伤医疗费用或者无法确定第三人的，由工伤保险基金先行支付。工伤保险基金先行支付后，社保经办机构有权按照规定向第三人追偿。

由用人单位或者工伤保险基金先行支付的停工留薪期工资福利待遇、一次性伤残补助金、一次性工亡补助金等其他工伤保险待遇的费用，工伤人员或者其近亲属在获得第三人赔偿后，应当予以相应偿还。

**第四十六条 （因工外出发生事故或在抢险救灾中下落不明人员的待遇）**

从业人员因工外出期间发生事故或者在抢险救灾中下落不明的，从事故发生当月起3个月内照发工资，从第4个月起停发工资，由工伤保险基金按照本办法第四十三条第一款第二项所规定的标准，向其供养亲属按月支付供养亲属抚恤金。生活有困难的，可以预支一次性工亡补助金的50%。从业人员被人民法院宣告死亡的，按照本办法第四十三条规定处理。

**第四十七条 （待遇停止）**

工伤人员有下列情形之一的，停止享受工伤保险待遇：

（一）丧失享受待遇条件的。

（二）拒不接受劳动能力鉴定的。

（三）拒绝治疗的。

**第四十八条　（保险责任确定）**

用人单位分立、合并、转让的，承继单位应当承担原用人单位的工伤保险责任。

用人单位实行承包经营的，工伤保险责任由从业人员劳动关系所在单位承担。

从业人员被借调期间受到工伤事故伤害的，由原用人单位承担工伤保险责任，但原用人单位与借调单位可以约定补偿办法。

劳务派遣单位的从业人员在劳务派遣期间受到工伤事故伤害的，工伤保险责任由劳务派遣单位或者用工单位承担，具体认定办法由市人力资源社会保障局制定。工伤保险浮动费率责任由用工单位承担。

企业破产的，在破产清算时依法拨付应当由单位支付的工伤保险待遇费用。

**第四十九条　（境外赔偿）**

从业人员被派遣出境工作，依据前往国家或者地区的法律应当参加当地工伤保险的，参加当地工伤保险，其国内工伤保险关系中止；不能参加当地工伤保险的，其国内工伤保险关系不中止，按照本办法规定享受工伤保险待遇。

**第五十条　（办理享受待遇的手续）**

从业人员因工伤亡的，由用人单位、工伤人员或者其近亲属到社保经办机构办理工伤保险待遇手续，并提供下列相应材料：

（一）填写完整的工伤保险待遇申请表。

（二）工伤医疗费用支付凭证。

（三）工伤人员与承担工伤保险责任用人单位存在劳动关系的证明材料。

（四）待遇享受人的身份证明及与因工死亡人员的供养关系证明。

（五）下落不明或者宣告死亡的证明材料。

（六）其他相关材料。

社保经办机构应当自接到享受工伤保险待遇申请之日起 30 日内，对工伤人员或者其近亲属享受工伤保险待遇的条件进行审核。符合条件的，核定其待遇标准并按时足额支付；不符合条件的，应当书面告知。

## 第六章　特别规定

**第五十一条　（非全日制从业人员的规定）**

招用非全日制从业人员的用人单位应当按照本办法规定的缴费基数和费率，为其缴纳工伤保险费。

非全日制从业人员因工作遭受事故伤害或者患职业病后，与用人单位的劳动关系按照《中华人民共和国劳动合同法》《上海市劳动合同条例》的规定执行，享受下列工伤保险待遇：

（一）按照本办法规定由工伤保险基金支付的工伤保险待遇。

（二）由承担工伤保险责任的用人单位参照本办法规定支付停工留薪期待遇，且不得低于全市职工月最低工资标准。

（三）致残一级至四级的，由承担工伤保险责任的用人单位和工伤人员以享受的伤残津贴为基数，一次性缴纳基本医疗保险费至工伤人员到达法定退休年龄，享受基本医疗保险待遇。

（四）致残五级至十级的，由承担工伤保险责任的用人单位按照本办法规定的标准支付一次性伤残就业补助金。

**第五十二条 （协保人员的工伤待遇）**

用人单位使用经就业登记的协保人员的，协保人员的工资收入不计入用人单位工伤保险缴费基数。

协保人员发生工伤的，可以按照本办法规定享受工伤保险待遇，社保经办机构按照规定核定用人单位下一年度的浮动费率。

**第五十三条 （非正规就业劳动组织从业人员的规定）**

非正规就业劳动组织参照本办法规定的缴费基数和费率缴纳工伤保险费后，其按照规定在市或者区、县人力资源社会保障局进行登记的从业人员发生工伤的，可以享受本办法规定由工伤保险基金支付的工伤保险待遇。

**第五十四条 （非城镇户籍外来从业人员的特别规定）**

因工致残一级至四级的非城镇户籍外来从业人员，可以按照本办法规定的待遇项目标准和支付方式，享受工伤保险待遇，也可以选择按一次性领取的方式享受。选择一次性领取工伤保险待遇的，由工伤人员在首次申领待遇时向社保经办机构提出，并以协议方式确认。一经确认，不再变更，其工伤保险关系终止，并与用人单位的劳动关系解除或者终止。

因工致残一级至四级的非城镇户籍外来从业人员选择按一次性领取的方式享受工伤保险待遇的，其工伤复发医疗费以及经鉴定委员会鉴定可以享受的一次性伤残补助金、伤残津贴、生活护理费和经确认配置辅助器具费等，由工伤保险基金一次性支付，支付标准由市人力资源社会保障局另行拟订，报市人民政府批准后执行。

**第五十五条 （有关待遇计发的特别规定）**

按照本办法规定计发的一级至十级工伤人员一次性伤残补助金，低于3 896元乘以与伤残等级相应的下列月份数之积的，差额部分由工伤保险基金予以补足：一级伤残的，为24个月；二级伤残的，为22个月；三级伤残的，为20个月；四级伤残的，为18个月；五级伤残的，为16个月；六级伤残的，为14个月；七级伤残的，为12个月；八级伤残的，为10个月；九级伤残的，为8个月；十级伤残的，为6个月。

按照本办法规定计发的一级至四级工伤人员当年度伤残津贴和因工死亡人员供养亲属抚恤金，低于市人力资源社会保障局公布的上述两项工伤保险待遇最低标准的，按最低标准计发。

## 第七章 法律责任

**第五十六条 （法律责任）**

违反本办法规定的行为，《中华人民共和国社会保险法》《工伤保险条例》等法律法规有处理规定的，从其规定。

**第五十七条　（相关机构的法律责任）**

工伤康复机构、辅助器具配置机构不按服务协议提供服务的，市医保经办机构、社保经办机构可以解除服务协议。

市医保经办机构、社保经办机构不按时足额结算费用的，由市人力资源社会保障局责令改正，工伤康复机构、辅助器具配置机构可以解除服务协议。

**第五十八条　（应参保未参保或者未按规定缴费的规定）**

用人单位未依法缴纳工伤保险费的，按照《中华人民共和国社会保险法》和《社会保险费征缴暂行条例》的有关规定处理。

应当参加工伤保险而未参加或者未按规定缴纳工伤保险费的用人单位，未参加工伤保险或者未按规定缴纳工伤保险费期间，从业人员发生工伤的，由用人单位按照本办法规定的工伤保险待遇项目和标准支付费用。用人单位不支付的，从工伤保险基金中先行支付。从工伤保险基金中先行支付的费用，应当由用人单位偿还。用人单位不偿还的，社保经办机构依法追偿。

用人单位参加工伤保险并补缴应当缴纳的工伤保险费、滞纳金后，由工伤保险基金和用人单位依照本办法的规定支付新发生的费用。

**第五十九条　（争议处理）**

工伤人员与用人单位发生工伤保险待遇方面争议，适用劳动人事争议处理的有关规定。

**第六十条　（行政复议和行政诉讼）**

单位和个人对市或者区、县人力资源社会保障局，或者社保经办机构、医保经办机构依照本办法规定作出的具体行政行为不服的，可以依法申请行政复议或者提起行政诉讼。

## 第八章　附　　则

**第六十一条　（本人工资的定义）**

本办法所称本人工资，是指工伤人员因工作遭受事故伤害或者患职业病前 12 个月平均月缴费工资。本人工资高于本市职工平均工资 300%的，按照本市职工平均工资的 300%计算；本人工资低于本市职工平均工资 60%的，按照本市职工平均工资的 60%计算。

**第六十二条　（关于适用范围的特别规定）**

国家对国家机关和参照公务员法管理的事业单位、社会团体的工伤保险另行作出规定的，按照国家规定进行调整。

**第六十三条　（施行日期和废止事项）**

本办法自 2013 年 1 月 1 日起施行。2004 年 6 月 27 日上海市人民政府令第 29 号发布、并根据 2010 年 12 月 20 日上海市人民政府令第 52 号《上海市人民政府关于修改〈上海市农机事故处理暂行规定〉等 148 件市政府规章的决定》修正的《上海市工伤保险实施办法》同时废止。

# 111 江苏省实施《工伤保险条例》办法

2015年4月1日经江苏省人民政府第54次常务会议讨论通过，
2015年4月2日江苏省人民政府令第103号发布，
自2015年6月1日起施行。

**第一条** 为了保障因工作遭受事故伤害或者患职业病的职工获得医疗救治和经济补偿，促进工伤预防和工伤康复，分散用人单位的工伤风险，根据《中华人民共和国社会保险法》、国务院《工伤保险条例》（以下称《条例》），结合本省实际，制定本办法。

**第二条** 本省行政区域内的国家机关、企业、事业单位、社会团体、民办非企业单位、基金会、律师事务所、会计师事务所等组织和有雇工的个体工商户（以下称用人单位）及其职工或者雇工（以下称职工），适用本办法。

**第三条** 县级以上地方人民政府社会保险行政部门负责本行政区域内的工伤保险工作。

社会保险经办机构（以下称经办机构）具体承办工伤保险事务。

**第四条** 用人单位应当为本单位全部职工缴纳工伤保险费。用人单位缴纳工伤保险费的基数，按照本单位缴纳基本医疗保险费的基数确定。

**第五条** 工伤保险费根据以支定收、收支平衡的原则，确定费率。统筹地区社会保险行政部门根据国家工伤保险费率管理有关规定制定费率浮动办法。统筹地区经办机构根据用人单位工伤保险费使用、工伤发生率等情况，适用所属行业内相应的费率档次确定单位缴费费率。

**第六条** 工伤保险费的征缴，按照《中华人民共和国社会保险法》《社会保险费征缴暂行条例》和《江苏省社会保险费征缴条例》有关规定执行。

用人单位办理缴纳工伤保险费申报手续时，应当提交参保职工名单，由经办机构核实后留存。

**第七条** 社会保险行政部门、经办机构、劳动能力鉴定委员会以及安全生产监督管理部门应当加强信息网络建设，实现资源共享，信息互通，建立全省统一规范的工伤保险信息管理系统。

**第八条** 工伤保险经办经费和工伤认定所需的业务经费列入同级财政年度部门预算。

**第九条** 工伤保险基金逐步实行省级统筹。

**第十条** 工伤保险基金存入社会保障基金财政专户，实行收支两条线管理，用于《条例》及本办法规定的工伤保险待遇、劳动能力鉴定、工伤预防、工伤康复费用，以及法律、法规规定的用于工伤保险的其他费用的支付。

工伤预防费用的提取比例、使用和管理，按照国家有关规定执行。

**第十一条** 工伤保险基金实行储备金制度。统筹地区应当按月将已征收的工伤保险费总额的20%转为储备金。储备金达到上一年度各项工伤保险费用的支付总额时不再提取。工伤保险基金有结余的，储备金先从结余中提取，不足部分按照规定从当年征收的工伤保险费中转入。

储备金用于支付重大伤亡事故的工伤保险待遇，以及工伤保险基金当年收不抵支的部分。储备金不足支付的，由统筹地区人民政府垫付。动用储备金应当经统筹地区人民政府同意，报上一级社会保险行政部门备案。

**第十二条**　用人单位应当在法律、法规规定的时限内向所在地设区的市人民政府确定的社会保险行政部门提出工伤认定申请。用人单位未按照规定提出工伤认定申请的，受伤害或者患职业病的职工或者其近亲属、工会组织可以自事故伤害发生之日或者被诊断、鉴定为职业病之日起1年内，直接向用人单位所在地设区的市人民政府确定的社会保险行政部门提出工伤认定申请。

**第十三条**　有下列情形之一的，社会保险行政部门应当不予受理工伤认定申请：

（一）申请人不具备申请资格的；

（二）工伤认定申请超过规定时限且无法定理由的；

（三）没有工伤认定管辖权的；

（四）法律、法规、规章规定的不予受理的其他情形。

**第十四条**　社会保险行政部门收到工伤认定申请后，应当在15日内对申请人提交的材料进行审核，材料完整的，作出受理或者不予受理的决定；材料不完整的，应当以书面形式一次性告知申请人需要补正的全部材料。

社会保险行政部门决定受理的，应当出具《工伤认定申请受理决定书》；决定不予受理的，应当出具《工伤认定申请不予受理决定书》。

**第十五条**　社会保险行政部门受理工伤认定申请后，可以要求用人单位、职工或者其近亲属提交有关证据材料。用人单位、职工或者其近亲属应当配合社会保险行政部门调查核实取证，并提供有关证据材料。

职工或者其近亲属、工会组织认为是工伤，用人单位不认为是工伤的，社会保险行政部门应当书面通知用人单位举证。用人单位无正当理由在规定时限内不提供证据的，社会保险行政部门可以根据职工或者其近亲属、工会组织以及相关部门提供的证据，或者调查核实取得的证据，依法作出工伤认定决定。

**第十六条**　社会保险行政部门受理工伤认定申请后，有下列情形之一的，可以中止工伤认定：

（一）需要以司法机关、劳动人事争议仲裁委员会、有关行政主管部门或者相关机构的结论为依据，而司法机关、劳动人事争议仲裁委员会、有关行政主管部门或者相关机构尚未作出结论的；

（二）由于不可抗力导致工伤认定难以进行的；

（三）法律、法规、规章规定需要中止的其他情形。

中止工伤认定，应当向申请工伤认定的职工或者其近亲属、工会组织和该职工所在单位送达《工伤认定中止通知书》。中止情形消失的，应当恢复工伤认定程序。中止工伤认定的时间不计入工伤认定期限。

**第十七条**　社会保险行政部门受理工伤认定申请后，有下列情形之一的，应当终止工伤认定：

（一）不符合受理条件的；

（二）申请人撤回工伤认定申请的；

（三）法律、法规、规章规定的可以终止的其他情形。

终止工伤认定，应当向申请工伤认定的职工或者其近亲属、工会组织和该职工所在单位送达《工伤认定终止通知书》。

因申请人撤回工伤认定申请终止工伤认定的，在法定时限内，申请人可以再次申请工伤认定。

**第十八条** 社会保险行政部门作出工伤认定申请不予受理决定、终止工伤认定决定的，应当书面告知申请人享有依法申请行政复议或者提起行政诉讼的权利。

**第十九条** 省劳动能力鉴定委员会和设区的市劳动能力鉴定委员会分别由省和设区的市社会保险行政部门、卫生计生行政部门、工会组织、经办机构代表以及用人单位代表组成。

劳动能力鉴定委员会应当建立医疗卫生专家库，专家选任办法由省劳动能力鉴定委员会制定。

**第二十条** 工伤职工经治疗或者康复，伤情相对稳定后存在残疾、影响劳动能力，或者停工留薪期满的，用人单位、工伤职工或者其近亲属应当及时向设区的市劳动能力鉴定委员会提出劳动能力鉴定申请，并按照规定提交有关资料。

**第二十一条** 劳动能力鉴定费以及鉴定过程中符合工伤保险有关规定的医疗检查费，工伤职工参加工伤保险的，由工伤保险基金支付；工伤职工未参加工伤保险的，由用人单位支付。

**第二十二条** 职工因工作遭受事故伤害或者患职业病时，用人单位应当采取措施使受伤害或者患职业病的职工得到及时救治。

**第二十三条** 达到国家工伤康复定点机构标准的医疗或者康复机构，可以与统筹地区经办机构签订工伤康复服务协议，提供工伤康复服务。

**第二十四条** 工伤职工经社会保险行政部门组织劳动能力鉴定专家或者工伤康复专家确认具有康复价值的，应当由签订服务协议的工伤康复机构提出康复治疗方案，报经办机构批准后到签订服务协议的工伤康复机构进行工伤康复。

**第二十五条** 工伤职工的停工留薪期应当凭职工就诊的签订服务协议的医疗机构，或者签订服务协议的工伤康复机构出具的休假证明确定。停工留薪期超过12个月的，需经设区的市劳动能力鉴定委员会确认。设区的市劳动能力鉴定委员会确认的停工留薪期结论为最终结论。

在停工留薪期间，用人单位不得与工伤职工解除或者终止劳动关系。法律、法规另有规定的除外。

**第二十六条** 因工致残被鉴定为五级、六级伤残的工伤职工恢复工作后，又发生难以安排工作的情形的，以难以安排工作时本人工资为基数由用人单位计发伤残津贴；难以安排工作时本人工资低于发生工伤时本人工资的，以发生工伤时本人工资为基数计发。

**第二十七条** 职工因工致残被鉴定为五至十级伤残，按照《条例》规定与用人单位解除或者终止劳动关系时，由工伤保险基金支付一次性工伤医疗补助金，由用人单位支付一次性伤残就业补助金。一次性工伤医疗补助金的基准标准为：五级20万元，六级16万元，七级12万元，八级8万元，九级5万元，十级3万元。一次性伤残就业补助金的基准标准为：五级9.5万元，六级8.5万元，七级4.5万元，八级3.5万元，九级2.5万元，十级1.5万元。

设区的市人民政府可以根据当地经济发展水平、居民生活水平等情况，在基准标准基础上上下浮动不超过20%确定一次性工伤医疗补助金和一次性伤残就业补助金标准，并报省社会保险行政部门备案。

患职业病的工伤职工，一次性工伤医疗补助金在上述标准的基础上增发40%。

一次性工伤医疗补助金和一次性伤残就业补助金基准标准的调整，由省社会保险行政部门会同省财政部门报省人民政府批准确定。

**第二十八条** 工伤职工本人提出与用人单位解除劳动关系，且解除劳动关系时距法定退休年龄不足5年的，一次性工伤医疗补助金和一次性伤残就业补助金按照下列标准执行：不足5年的，按照全额的80%支付；不足4年的，按照全额的60%支付；不足3年的，按照全额的40%支付；不足2年的，按照全额的20%支付；不足1年的，按照全额的10%支付，但属于《中华人民共和国劳动合同法》第三十八条规定的情形除外。达到法定退休年龄或者按照规定办理退休手续的，不支付一次性工伤医疗补助金和一次性伤残就业补助金。

五至十级工伤职工领取一次性工伤医疗补助金的具体办法由统筹地区经办机构制定。

**第二十九条** 工伤职工领取一次性工伤医疗补助金和一次性伤残就业补助金后，工伤保险关系终止，劳动能力鉴定委员会不再受理其本次伤残的劳动能力复查鉴定申请。

**第三十条** 因工致残一次性伤残补助金、工伤职工的伤残津贴、生活护理费自作出劳动能力鉴定结论的次月起计发。

因工死亡丧葬补助金、一次性工亡补助金自职工死亡当月起计发，其供养亲属抚恤金自职工死亡的次月起计发。

**第三十一条** 伤残津贴、供养亲属抚恤金、生活护理费由设区的市社会保险行政部门会同财政部门根据职工平均工资和生活费用变化等情况适时调整。

伤残津贴、供养亲属抚恤金以及生活护理费调整方案，经设区的市人民政府同意报省社会保险行政部门和省财政部门批准后执行。

**第三十二条** 职工在同一用人单位连续工作期间多次发生工伤，符合《条例》第三十六条、第三十七条规定享受相关待遇的，按照其在同一用人单位发生工伤的最高伤残级别，计发一次性伤残就业补助金和一次性工伤医疗补助金。

**第三十三条** 工伤复发因伤情变化复查鉴定伤残等级改变的，不再重新计发一次性伤残补助金，其他工伤保险待遇按照新的伤残等级享受。达到领取伤残津贴条件的，以旧伤复发时本人工资为基数计发伤残津贴；旧伤复发时本人工资低于发生工伤时本人工资的，以发生工伤时本人工资为基数计发。

**第三十四条** 用人单位破产、撤销、解散、关闭进行资产变现、土地处置和净资产分配时，应当优先安排解决工伤职工的有关费用。有关工伤保险费用以及工伤待遇支付按照下列规定处理：

（一）一至四级工伤职工至法定退休年龄前，以伤残津贴为基数缴费参加基本医疗保险，由本人缴纳个人缴费部分，由用人单位将应当由单位缴纳的基本医疗保险费一次性划拨给医疗保险经办机构并入医疗保险基金财政专户；

（二）五至十级工伤职工，分别由工伤保险基金和用人单位按照本办法第二十七条规定发给其一次性工伤医疗补助金和一次性伤残就业补助金，工伤保险关系终止。

**第三十五条** 用人单位分立、合并、转让，工伤职工转入承继单位的，承继单位应当承担原用人单位的工伤保险责任，并到当地经办机构办理参加工伤保险或者变更工伤保险关系的手续。

用人单位分立、合并、转让，工伤职工不转入承继单位的，按照工伤职工与用人单位解除或者终止劳动关系时享受的有关待遇执行。

**第三十六条** 具备用工主体资格的用人单位将工程或者经营权发包给不具备用工主体资格的组织或者自然人，该组织或者自然人招用的劳动者发生事故伤害，劳动者提出工伤认定申请的，由具备用工主体资格的发包方承担用人单位依法应当承担的工伤保险责任，社会保险行政部门可以将具备用工主体资格的发包方作为用人单位按照规定作出工伤认定决定。

**第三十七条** 用人单位按照劳动合同约定或者经与职工协商一致指派职工到其他单位工作，职工发生工伤的，由用人单位承担工伤保险责任。

用人单位职工非由单位指派到其他用人单位工作发生工伤的，由实际用人单位按照《条例》和本办法规定的项目和标准支付工伤保险待遇。

职工在两个或者两个以上用人单位同时就业的，其就业的每一个用人单位都应当为其缴纳工伤保险费。职工发生工伤的，应当由其受伤时为之工作的用人单位承担工伤保险责任。

**第三十八条** 用人单位依照《条例》和本办法规定应当参加工伤保险而未参加或者参加工伤保险后中断缴费期间，职工发生工伤的，该工伤职工的各项工伤保险待遇，均由用人单位按照《条例》和本办法规定的项目和标准支付。用人单位按照规定足额补缴工伤保险费、滞纳金后，职工新发生的工伤保险待遇由工伤保险基金和用人单位按照《条例》和本办法规定的项目和标准支付。

**第三十九条** 社会保险行政部门重新作出不认定为工伤或者不视同工伤决定，工伤保险基金和用人单位已经支付工伤待遇的，职工应当向工伤保险基金和用人单位退回已经领取的工伤保险待遇。职工不退回已经领取的工伤保险待遇的，经办机构和用人单位应当依法追偿。

**第四十条** 本办法下列用语的含义：

（一）发生工伤时本人工资，是指工伤职工因工作遭受事故伤害或者被诊断、鉴定为职业病前 12 个月平均月缴费工资；

（二）难以安排工作时本人工资，是指工伤职工难以安排工作前 12 个月平均月缴费工资；

（三）工伤复发时本人工资，是指工伤职工工伤复发前12个月平均月缴费工资。

不足12个月的，按照实际发生的月平均缴费工资计算；不足1个月的以用人单位职工平均月缴费工资计算。本人工资高于统筹地区职工平均工资300%的，按照统筹地区职工平均工资的300%计算；本人工资低于统筹地区职工平均工资60%的，按照统筹地区职工平均工资的60%计算。

**第四十一条** 本办法自2015年6月1日起施行。2005年2月3日江苏省人民政府令第29号发布的《江苏省实施〈工伤保险条例〉办法》同时废止。本办法实施前职工按月享受工伤保险待遇标准低于本办法规定标准的，自本办法施行之日起，按照本办法规定标准执行，以前已发放的低于本办法规定标准部分不再追补。

# 112 浙江省工伤保险条例

2017年9月30日浙江省第十二届人民代表大会常务委员会第四十四次会议审议通过，浙江省人民代表大会常务委员会公告第64号公布，自2018年1月1日起施行。

## 目 录

第一章 总则/503
第二章 工伤预防/504
第三章 工伤保险基金/504
第四章 工伤认定/505
第五章 劳动能力鉴定/506
第六章 工伤保险待遇/507
第七章 附则/510

## 第一章 总 则

**第一条** 为了保障因工作遭受事故伤害或者患职业病的职工获得医疗救治和经济补偿，促进工伤预防和职业康复，分散用人单位的工伤风险，促进社会和谐稳定，根据《中华人民共和国社会保险法》《工伤保险条例》等有关法律、行政法规，结合本省实际，制定本条例。

**第二条** 本省行政区域内的国家机关、企业、事业单位、社会团体、民办非企业单位

（包括律师事务所、会计师事务所）、基金会等组织和有雇工的个体工商户（以下统称用人单位）参加工伤保险，用人单位工作人员、职工、雇工（以下统称职工）享受工伤保险待遇，适用本条例。

**第三条** 县级以上人民政府社会保险行政部门负责本行政区域内的工伤保险工作。社会保险经办机构具体承办工伤保险事务。

县级以上人民政府卫生和计划生育、安全生产监督管理、财政、税务、公安、城乡建设、交通运输、经济和信息、民政等部门应当按照各自职责，做好工伤保险相关工作。

工会组织依法维护工伤职工的合法权益，对用人单位的工伤保险工作实行监督。

**第四条** 县级以上人民政府应当组织社会保险、卫生和计划生育、安全生产监督管理、财政等部门和工会等组织建立工伤保险协调机制，建设信息共享平台，加强对策研究，协调解决相关重大事项，提高工伤保险水平。

## 第二章 工伤预防

**第五条** 县级以上人民政府社会保险行政部门应当会同卫生和计划生育、安全生产监督管理、财政等部门，根据当地工伤事故高发的行业、工种和岗位，统筹确定工伤预防的重点领域，建立工伤隐患排查机制和预警机制，依法开展工伤预防宣传、培训。

负责安全生产监督管理的部门应当加强对用人单位安全生产的监督检查，督促、指导用人单位做好工伤预防工作。

**第六条** 用人单位和职工应当遵守安全生产和职业病防治法律、法规，执行安全卫生规程和标准。

用人单位应当落实工伤预防的主体责任，健全、落实安全生产规章制度，加强安全防护措施，加强职工的安全生产教育和管理，通过技术进步、工艺改进等方式预防、减少工伤事故。

**第七条** 工伤保险预防费依法在工伤保险基金中列支，实行预算管理。其提取比例、使用和管理，按照国家相关规定执行。

## 第三章 工伤保险基金

**第八条** 建立工伤保险基金省级调剂金，用于调剂全省市、县工伤保险基金收支缺口的支出。省级调剂金的提取比例和使用、管理办法，由省人民政府规定。

**第九条** 市、县社会保险行政部门根据国家规定的行业差别费率及行业内费率档次，确定行业基准费率，并报本级人民政府批准后实施。

市、县社会保险经办机构根据用人单位工伤保险费使用、工伤发生率、职业病危害程度、安全生产信用等级、安全生产标准化达标等级等情况，按照规定确定并调整用人单位的具体缴费费率。

**第十条** 用人单位应当以全部职工工资总额为缴费基数，按时足额缴纳工伤保险费。

职工个人不缴纳工伤保险费。

难以按照工资总额缴纳工伤保险费的建筑施工等行业的用人单位，其缴纳工伤保险费的具体方式，按照国家和省有关规定执行。

职工在两个或者两个以上用人单位同时就业的，各用人单位应当分别为职工缴纳工伤保险费。

**第十一条** 用人单位参加工伤保险，应当按照规范要求及时向市、县社会保险经办机构报送本单位参保职工名册、参保职工增减表；参保职工符合条件的，其工伤保险自社会保险经办机构收到参保职工名册或者参保职工增减表次日起生效。

市、县社会保险经办机构不得限定用人单位报送参保职工名册、参保职工增减表的具体时间，不得增设用人单位报送参保职工名册、参保职工增减表的条件。

用人单位应当自参保缴费后三十日内或者参保缴费情况变更后十五日内，将参加工伤保险的人员名单、参保时间、缴费等有关情况在本单位内公示。

## 第四章 工伤认定

**第十二条** 用人单位应当自职工发生事故伤害或者被诊断、鉴定为职业病之日起三十日内，以及因特殊情况经市、县社会保险行政部门同意延长的时限内提出工伤认定申请。受伤职工或者其近亲属、工会组织可以在发生事故伤害或者被诊断、鉴定为职业病之日起一年内提出工伤认定申请。

用人单位在法定申请时限内提出工伤认定申请，受伤职工或者其近亲属、工会组织也在此时限内提出的，由最先提出申请的一方作为工伤认定申请人。

**第十三条** 用人单位或者受伤职工及其近亲属、工会组织在用人单位的法定申请时限内提出工伤认定申请的，提出申请前已发生的符合规定的工伤保险待遇等有关费用，由工伤保险基金负担。

用人单位或者受伤职工及其近亲属、工会组织均未在用人单位的法定申请时限内提出工伤认定申请的，提出申请前发生的符合规定的工伤保险待遇等有关费用，由用人单位负担。

**第十四条** 受伤职工已参加工伤保险的，用人单位、受伤职工或者其近亲属、工会组织应当向市、县社会保险行政部门提出工伤认定申请。

受伤职工未参加工伤保险的，用人单位、受伤职工或者其近亲属、工会组织应当向用人单位生产经营地的县级社会保险行政部门提出工伤认定申请。

**第十五条** 提出工伤认定申请，申请人应当按照规定提交下列材料：

（一）工伤认定申请表；

（二）与用人单位存在劳动人事关系（包括事实劳动人事关系）的证明材料；

（三）医疗诊断证明（包括初诊诊断证明书）或者职业病诊断证明书（职业病诊断鉴定书）。

工伤认定申请表应当包括事故发生的时间、地点、原因、职工伤害程度等基本情况以及申请人能够提供的相关证明材料。

**第十六条** 市、县社会保险行政部门收到工伤认定申请后，当场或者在五个工作日内根据不同情形作出以下处理：

（一）申请事项属于本部门管辖权限范围，申请材料完整的，决定受理并出具受理通知书；

（二）申请事项不属于本部门管辖权限范围的，或者申请人、申请时限等不符合法定要求的，决定不予受理，出具不予受理通知书并书面说明理由；

（三）申请材料不完整的，应当以书面形式一次性告知申请人在合理期限内提交需要补正的全部材料。

申请人逾期不补正或者补正后仍不符合要求的，应当在逾期之日起三日内或者收到补正材料的三日内，决定不予受理，出具不予受理通知书并书面说明理由。

申请事项因提交材料不完整未被受理的，在申请材料完整以后，申请人可以在申请时限内再提出申请。

**第十七条** 市、县社会保险行政部门受理工伤认定申请后，应当根据审核需要对劳动人事关系、事故伤害情况进行调查核实。用人单位、工会组织、医疗机构以及有关部门应当负责安排相关人员配合工作，据实提供情况和证明材料。

市、县社会保险行政部门经调查核实，认为劳动人事关系无法确认的，经社会保险行政部门负责人同意，书面告知当事人先向劳动人事争议仲裁委员会就是否存在劳动人事关系申请仲裁。自确认劳动人事关系法律文书生效之日起，恢复工伤认定程序。

**第十八条** 市、县社会保险行政部门对受理的工伤认定申请，应当依照《工伤保险条例》规定在法定期限内及时作出是否属于工伤的认定决定。

职工有下列情形之一的，视为《工伤保险条例》规定的因工作原因所受的伤害，但职工因故意犯罪、醉酒或者吸毒、自残或者自杀所受的伤害除外：

（一）在工作时间和驾驶公共交通工具等特殊工作岗位，突发疾病后因岗位特殊导致救治延误病情加重，经抢救无效死亡或者抢救后完全丧失劳动能力的；

（二）在连续工作过程中和工作场所内，因就餐、工间休息、如厕等必要的生活、生理活动时所受的伤害；

（三）因参加用人单位统一组织或者安排的学习教育、培训、文体活动所受的伤害；

（四）因参加各级工会或者县级以上组织人事部门按照规定统一组织的疗休养所受的伤害，但单位承担费用由职工自行安排的疗休养除外。

## 第五章 劳动能力鉴定

**第十九条** 省和设区的市劳动能力鉴定委员会依法履行下列劳动能力和与劳动能力相关事项的鉴定职责：

（一）劳动功能障碍程度等级鉴定；

（二）生活自理障碍程度等级鉴定；

（三）停工留薪期延长确认；

（四）工伤康复确认；

（五）辅助器具配置确认；

（六）旧伤复发确认；

（七）供养亲属丧失劳动能力程度鉴定；

（八）法律、法规、规章规定的其他劳动能力鉴定事项。

设区的市劳动能力鉴定委员会根据工作需要，可以委托县级社会保险行政部门组织开展劳动能力和与劳动能力相关事项鉴定工作。

**第二十条**　劳动能力鉴定委员会下设的办事机构，承办下列具体事务：

（一）受理劳动能力鉴定申请；

（二）组织劳动能力和与劳动能力相关事项的鉴定；

（三）保管劳动能力鉴定档案；

（四）调查、统计劳动能力鉴定情况；

（五）提供免费咨询服务；

（六）其他事务性工作。

**第二十一条**　设区的市劳动能力鉴定委员会负责本辖区内的劳动能力初次鉴定、复查鉴定。省劳动能力鉴定委员会负责对初次鉴定或者复查鉴定结论不服提出的再次鉴定。

劳动能力鉴定的具体程序和要求，按照《工伤保险条例》规定执行。

**第二十二条**　工伤职工有下列情形之一的，工伤保险关系终止，劳动能力鉴定委员会不再受理复查鉴定申请：

（一）一级至四级工伤职工，按照规定已经一次性领取工伤保险长期待遇的；

（二）五级至十级工伤职工，依法与用人单位解除或者终止劳动关系，且按照规定已经享受工伤保险待遇的；

（三）未构成伤残等级，依法与用人单位解除或者终止劳动关系的。

## 第六章　工伤保险待遇

**第二十三条**　工伤职工进行治疗和康复，按照国家和省的有关规定享受工伤医疗和工伤康复待遇。

**第二十四条**　工伤职工住院进行治疗或者康复期间的伙食补助费，按照当地最低工资百分之三十五的标准，根据住院期间的实际天数计算确定。

经医疗机构出具证明，报市、县社会保险经办机构同意，工伤职工到本市、县以外地区进行治疗或者康复的，其所需的交通、食宿费，按照当地机关单位一般工作人员差旅费标准执行。

**第二十五条**　生活不能自理的工伤职工在停工留薪期内需要护理的，由用人单位负责；其近亲属同意护理的，月护理费由用人单位按照不低于上年度全省职工月平均工资的标准支付。

**第二十六条** 一级至四级工伤职工保留劳动关系，退出工作岗位，按照《工伤保险条例》规定享受相关待遇。在劳动关系存续期间，用人单位和工伤职工个人以伤残津贴为基数，按照规定缴纳基本养老保险费、基本医疗保险费。工伤职工本人要求退出工作岗位、终止劳动关系的，办理伤残退休手续，其伤残津贴高于按照规定计发的基本养老金的，按照伤残津贴标准计发基本养老金，并继续享受工伤保险的医疗待遇。

一级至四级工伤职工达到法定退休年龄，不符合按月领取基本养老保险待遇条件的，由工伤保险基金继续按月发放伤残津贴，职工个人养老金账户金额按照规定计发标准按月冲抵到伤残津贴。工伤职工死亡时其个人养老金账户有余额的，余额由其近亲属依法继承。

一级至四级工伤职工达到法定退休年龄，不符合继续享受基本医疗保险待遇条件的，由用人单位和工伤职工个人以伤残津贴为基数，分别按照规定比例一次性缴纳基本医疗保险费至符合条件后，工伤职工继续享受基本医疗保险待遇。

**第二十七条** 五级至十级工伤职工，保留劳动关系的，按照《工伤保险条例》规定享受相关待遇；工伤职工按月享受基本养老保险待遇后，继续保留工伤医疗保险待遇。

五级至十级工伤职工，解除或者终止劳动关系的，其一次性工伤医疗补助金和一次性伤残就业补助金，均以解除或者终止劳动关系时上年度全省职工月平均工资为基数，分别按照下列标准计发：五级伤残为三十个月，六级伤残为二十五个月，七级伤残为十个月，八级伤残为七个月，九级伤残为四个月，十级伤残为两个月。但职工离法定退休年龄不足五年的，一次性伤残就业补助金按照职工每增加一周岁递减百分之二十的标准支付。

**第二十八条** 职工在同一用人单位连续工作期间多次发生工伤，符合规定享受一次性伤残补助金、一次性工伤医疗补助金和一次性伤残就业补助金的，一次性伤残补助金按照规定分别计发，一次性工伤医疗补助金和一次性伤残就业补助金按照最高伤残等级计发。

**第二十九条** 用人单位实行承包经营的，由职工劳动关系所在单位承担工伤保险责任。具备用工主体资格的承包单位违反法律法规规定，将业务转包、分包给不具备用工主体资格的组织或者自然人，该组织或者自然人招用的劳动者从事承包业务时遭受事故伤害或者患职业病的，由该具备用工主体资格的承包单位承担工伤保险责任。

职工在两个或者两个以上用人单位同时就业，发生工伤的，由其受到伤害时工作的单位承担工伤保险责任。

用人单位破产的，破产财产依法清偿的职工工伤保险待遇，应当包括为一级至四级工伤职工一次性缴纳至其退休后有权享受基本医疗保险待遇所需年限的医疗保险费。

**第三十条** 劳务派遣单位应当按照规定参加工伤保险，为被派遣劳动者缴纳工伤保险费。被派遣劳动者在用工单位因工作遭受事故伤害或者患职业病的，由劳务派遣单位承担工伤保险责任。

劳务派遣单位跨地区派遣劳动者的，应当在用工单位所在地为被派遣劳动者参加工伤保险。

**第三十一条** 工伤保险基金支付的工伤职工的工伤保险待遇，由市、县社会保险经办机构直接发放给工伤职工，其中用人单位先行垫付的部分，由社会保险经办机构直接发还用人单位。

**第三十二条** 因第三人的原因造成工伤，工伤职工可以先向第三人要求赔偿，也可以直接向工伤保险基金或者用人单位要求支付工伤保险待遇。

工伤职工先向第三人要求赔偿后，赔偿数额低于其依法应当享受的工伤保险待遇的，可以就差额部分要求工伤保险基金或者用人单位支付。

工伤职工直接向工伤保险基金或者用人单位要求支付工伤保险待遇的，工伤保险基金或者用人单位有权在其支付的工伤保险待遇范围内向第三人追偿，工伤职工应当配合追偿。

法律、行政法规对因第三人原因造成工伤的赔偿作出明确规定的，依照法律、行政法规规定执行。

**第三十三条** 用人单位未依法参加工伤保险或者未足额缴纳工伤保险费，其职工发生工伤的，由用人单位按照国家和省规定的工伤保险待遇项目和标准支付费用或者支付差额部分费用。

**第三十四条** 未参加工伤保险的一级至四级工伤职工，其按照规定应当享受的工伤保险待遇，由用人单位按月或者一次性支付。

一次性支付的工伤保险待遇，以工伤发生时上一年度全省职工年平均工资为基数，按照下列标准计发：一级伤残为十六倍，二级伤残为十四倍，三级伤残为十二倍，四级伤残为十倍。一级至四级工伤职工一次性领取工伤保险待遇前的工资福利、医疗费、护理费、住院治疗期间的伙食补助费及所需的交通费等费用，按照规定支付。

一级至四级工伤职工按月领取工伤保险待遇后，要求变更为一次性领取的，其待遇额度为一次性待遇总额扣除已经领取的一次性伤残补助金、伤残津贴后的余额。

**第三十五条** 未参加工伤保险的因工死亡职工，其供养亲属按照规定应当享受的工伤保险待遇，由用人单位按月或者一次性支付。

一次性支付工伤保险待遇的，以初次核定的供养亲属抚恤金为基数，按照下列期限核发：供养亲属未满十八周岁的，计算到十八周岁；供养亲属无劳动能力又无其他生活来源的按照二十周年计算，但超过六十周岁的，年龄每增加一周岁减少一年，七十五周岁以上的按照五年计算。

因工死亡职工供养亲属按月领取工伤保险待遇后，要求变更为一次性领取的，其待遇额度为一次性待遇总额扣除已经领取的供养亲属抚恤金后的余额。

**第三十六条** 用人单位因破产等原因，无法按月支付一级至四级工伤职工、因工死亡职工供养亲属的工伤保险待遇，但工伤职工、供养亲属仍要求按月支付的，由用人单位向市、县社会保险经办机构一次性缴纳相当于尚未支付待遇总额的工伤保险费，并由工伤保险基金按月支付。

**第三十七条** 一级至四级工伤职工伤残津贴的调整，参照基本养老保险待遇的调整办法执行。

五级、六级工伤职工难以被安排工作，由用人单位发给伤残津贴的，其伤残津贴由用人单位按照本单位职工平均工资增幅的水平同步进行调整。

生活护理费自上年度职工月平均工资发布次月起调整。

供养亲属抚恤金根据职工平均工资和生活费用变化等情况，由省社会保险行政部门会同财政部门适时提出调整方案，经省人民政府批准后执行。

## 第七章　附　　则

**第三十八条**　按照规定参加省本级工伤保险统筹的省属单位，其工伤保险管理由省社会保险行政部门按照本条例规定执行；但职工发生人身伤害或者死亡的工伤认定、劳动能力和与劳动能力相关事项的鉴定，由省属单位所在地设区的市社会保险行政部门负责。

**第三十九条**　经省社会保险行政部门批准，市、县可以试行职业技工等学校的学生在实习期间和已超过法定退休年龄人员在继续就业期间参加工伤保险。省社会保险行政部门应当加强指导。

**第四十条**　本条例自2018年1月1日起施行。

# 113　安徽省实施《工伤保险条例》办法

2013年7月10日省人民政府第8次常务会议通过，
2013年7月27日安徽省人民政府令第247号公布，
自2013年9月1日起施行。

## 目　　录

第一章　总则/510
第二章　工伤保险基金/511
第三章　工伤认定/512
第四章　劳动能力鉴定/513
第五章　工伤保险待遇/513
第六章　工伤医疗和工伤康复/516
第七章　法律责任/517
第八章　附则/517

## 第一章　总　　则

**第一条**　为实施国务院制定的《工伤保险条例》（以下简称《条例》），结合本省实际，制定本办法。

**第二条**　本省行政区域内的企业、事业单位、社会团体、民办非企业单位、基金会、律师事务所、会计师事务所等组织和有雇工的个体工商户（以下称用人单位）应当依照《条例》和本办法规定参加工伤保险，为本单位全部职工或者雇工（以下称职工）缴纳工伤保险费。

**第三条** 省和设区的市人民政府应当建立和完善工伤预防、经济补偿和职业康复相结合的工伤保险制度。

**第四条** 县级以上人民政府社会保险行政部门负责本行政区域内的工伤保险工作。

社会保险行政部门按照国务院和省人民政府有关规定设立的社会保险经办机构（以下称经办机构）具体承办工伤保险事务。经办机构所需业务经费由本级财政承担。

**第五条** 安全生产监督管理、卫生、财政、地税、公安、民政、住房和城乡建设等部门，在各自的职责范围内做好工伤保险的有关工作。

各级政府及其有关部门制定工伤保险政策、标准，应当征求工会组织和用人单位代表等方面的意见。

**第六条** 用人单位应当将参加工伤保险的职工名单、缴费工资、缴费金额等情况在本单位内公示。

用人单位和职工应当遵守有关安全生产和职业病防治的法律法规和规章，执行安全卫生规程和标准，预防工伤事故发生，避免和减少职业病危害。

## 第二章 工伤保险基金

**第七条** 工伤保险基金实行设区的市统筹，逐步实行省统筹。

**第八条** 工伤保险基金由下列项目构成：

（一）用人单位缴纳的工伤保险费；

（二）工伤保险费滞纳金；

（三）工伤保险基金的利息；

（四）依法纳入工伤保险基金的其他资金。

工伤保险基金存入社会保障基金财政专户。

**第九条** 工伤保险费根据以支定收、收支平衡的原则，确定费率。

统筹地区经办机构根据用人单位工伤保险费使用、工伤发生率等情况，适用所属行业内相应的费率档次确定用人单位缴费费率。

经营范围涉及多种行业的用人单位的缴费费率，按照其主业所适用的行业费率标准确定。

**第十条** 工伤保险基金用于下列项目：

（一）按照规定支付的工伤保险待遇；

（二）劳动能力鉴定费；

（三）工伤预防的宣传、培训等费用；

（四）工伤认定调查费；

（五）法律、法规、规章规定用于工伤保险的其他费用。

**第十一条** 省、设区的市建立工伤保险储备金制度。

设区的市工伤保险储备金从征收的工伤保险费中提留，其总量达到工伤保险费年征缴额30%后，不再增加，其中的30%上解作为省工伤保险储备金。

工伤保险储备金用于重大事故的工伤保险待遇支付。设区的市工伤保险储备金不足支付的，按一定比例分别由设区的市人民政府垫付、省工伤保险储备金支付。

## 第三章 工伤认定

**第十二条** 用人单位发生伤亡事故，应及时报告统筹地区社会保险行政部门，最长不超过48小时。

**第十三条** 职工发生事故伤害或者按照职业病防治法规定被诊断、鉴定为职业病，所在单位应当自事故伤害发生之日或者被诊断、鉴定为职业病之日起30日内，向统筹地区社会保险行政部门提出工伤认定申请。遇有特殊情况，经报统筹地区社会保险行政部门同意，申请时限可以延长30日。

用人单位未按照前款规定提出工伤认定申请的，工伤职工或者其近亲属、工会组织在事故伤害发生之日或者被诊断、鉴定为职业病之日起1年内，可以直接向用人单位所在地统筹地区社会保险行政部门提出工伤认定申请。

**第十四条** 用人单位注册地与生产经营地不在同一统筹地区的，职工工伤认定由参加工伤保险地的社会保险行政部门负责；用人单位未给职工参加工伤保险的，职工工伤认定由生产经营地的社会保险行政部门负责。

**第十五条** 提出工伤认定申请应当提交下列材料：

（一）工伤认定申请表；

（二）与用人单位存在劳动关系（包括事实劳动关系）的证明材料；

（三）医疗诊断证明或者职业病诊断证明书（或者职业病诊断鉴定书）。

**第十六条** 因下列情形提出工伤认定申请的，除按照本办法第十五条规定提交材料外，还应当提交以下证明材料：

（一）在工作时间和工作场所内，因履行工作职责受到暴力等意外伤害的，提交公安机关或者人民法院针对暴力伤害所作的法律文书；

（二）在抢险救灾中或者因工外出期间发生事故下落不明的，提交人民法院所作的宣告失踪或者宣告死亡法律文书；

（三）在上下班途中，受到非本人主要责任的交通事故或者城市轨道交通、客运轮渡、火车事故伤害的，提交有关部门所作的法律文书或者人民法院的生效裁决；

（四）在工作时间和工作岗位突发疾病死亡的，提交医疗卫生机构所作的疾病死亡证明书；在工作时间和工作岗位突发疾病，48小时内经抢救无效死亡的，提交医疗卫生机构所作的抢救记录和疾病死亡证明书；

（五）在抢险救灾等维护国家利益、公共利益活动中受到伤害的，提交有关部门所作的证明材料；

（六）职工原在军队服役，因战、因公负伤致残，到用人单位后旧伤复发的，需提交革命伤残军人证和劳动能力鉴定委员会所作的旧伤复发确认证明书。

**第十七条**　职工或者其近亲属认为是工伤，用人单位不认为是工伤的，用人单位应当自收到社会保险行政部门通知之日起 15 日内提交证明材料。

用人单位逾期未举证的，社会保险行政部门可以根据受伤害职工或者其近亲属提供的证据或者调查取得的证据，依法作出工伤认定决定。

## 第四章　劳动能力鉴定

**第十八条**　省和设区的市劳动能力鉴定委员会分别由社会保险、卫生、民政、财政等部门和工会组织、经办机构代表以及用人单位代表组成。

**第十九条**　设区的市劳动能力鉴定委员会承担以下工作：

（一）劳动功能障碍程度的初次鉴定和复查鉴定；

（二）生活自理障碍程度的初次鉴定和复查鉴定；

（三）延长停工留薪期的确认；

（四）停工留薪期满后仍需要继续治疗的确认；

（五）停工留薪期或者工伤复发治疗期间对需要护理有争议的确认；

（六）工伤直接导致疾病的确认；

（七）工伤康复的确认；

（八）旧伤复发的确认；

（九）配置辅助器具的确认；

（十）供养亲属劳动能力的鉴定；

（十一）法律、法规、规章规定的其他鉴定和确认项目。

上述情形需要通过专家鉴定才能确认的，由设区的市劳动能力鉴定委员会组织专家鉴定。

**第二十条**　省劳动能力鉴定委员会承担以下工作：

（一）劳动功能障碍程度再次鉴定；

（二）生活自理障碍程度再次鉴定；

（三）法律、法规、规章规定的其他鉴定。

**第二十一条**　劳动能力鉴定委员会鉴定费用标准由省社会保险行政部门提出意见，省物价部门会同省财政部门核定。

**第二十二条**　工伤职工停工留薪期满或者经治疗、康复伤情相对稳定后，存在残疾、影响劳动能力的，应当进行劳动能力鉴定。

## 第五章　工伤保险待遇

**第二十三条**　职工因工致残被鉴定为一级至四级伤残的，保留劳动关系，退出工作岗位，按照《条例》第三十五条规定享受相关待遇，并由用人单位和职工个人以伤残津贴为基数，缴纳基本医疗保险费。扣除个人缴纳的基本医疗保险费后，伤残津贴实际金额低于当地最低工资标准的，由工伤保险基金补足差额。

**第二十四条** 职工因工致残被鉴定为五级、六级伤残的，按照《条例》第三十六条规定享受相关待遇。

职工领取伤残津贴期间，用人单位和职工个人应当以伤残津贴为基数，按规定缴纳各项社会保险费，扣除个人缴纳的各项社会保险费后，伤残津贴实际金额低于当地最低工资标准的，由用人单位补足差额。

经工伤职工本人提出，职工可以与用人单位解除或者终止劳动关系，由工伤保险基金支付一次性工伤医疗补助金，由用人单位支付一次性伤残就业补助金。以统筹地区上年度职工月平均工资为基数，一次性工伤医疗补助金的标准：五级伤残为 24 个月，六级伤残为 18 个月；一次性伤残就业补助金的标准：五级伤残为 40 个月，六级伤残为 34 个月。

**第二十五条** 职工因工致残被鉴定为七级至十级伤残的，按照《条例》第三十七条规定享受相关待遇。

劳动、聘用合同期满终止，或者职工本人提出解除劳动、聘用合同的，由工伤保险基金支付一次性工伤医疗补助金，由用人单位支付一次性伤残就业补助金。以统筹地区上年度职工月平均工资为基数，一次性工伤医疗补助金的标准：七级伤残为 10 个月，八级伤残为 8 个月，九级伤残为 6 个月，十级伤残为 4 个月；一次性伤残就业补助金的标准：七级伤残为 20 个月，八级伤残为 15 个月，九级伤残为 10 个月，十级伤残为 5 个月。

**第二十六条** 依照本办法第二十四条、第二十五条规定，享受一次性伤残就业补助金待遇的职工，距法定退休年龄不足五年的，一次性伤残就业补助金按照下列标准执行：

（一）不足一年的，按照全额的 30%支付；

（二）不足两年的，按照全额的 60%支付；

（三）不足三年的，按照全额的 70%支付；

（四）不足四年的，按照全额的 80%支付；

（五）不足五年的，按照全额的 90%支付。

**第二十七条** 伤残职工按照规定办理退休手续的，不享受一次性工伤医疗补助金和一次性伤残就业补助金待遇。

**第二十八条** 职工因工死亡，其近亲属按照《条例》第三十九条规定领取丧葬补助金、供养亲属抚恤金和一次性工亡补助金。

申请供养亲属抚恤金待遇的，应当向统筹地区经办机构提交供养亲属身份证明、户口簿，以及乡（镇）人民政府或者街道办事处出具的被供养人依靠因工死亡职工生前提供主要生活来源的证明材料。

**第二十九条** 工伤职工在停工留薪期或者工伤复发治疗期需要护理的，凭医疗机构证明，由用人单位负责护理或者按月支付护理费。护理费标准为统筹地区上年度职工月平均工资的 80%。其中，已享受生活护理费的，由用人单位支付工伤复发治疗期间护理费与生活护理费的差额部分。

对需要护理有争议的，可以在停工留薪期内或者工伤复发治疗期间向设区的市劳动能力鉴定委员会提出确认申请。

**第三十条**　下列工伤保险待遇由工伤保险基金支付：

（一）工伤医疗费、康复费；

（二）住院伙食补助费；

（三）伤残辅助器具费；

（四）到统筹地区以外就医的交通食宿费；

（五）生活不能自理的，经劳动能力鉴定委员会确认的生活护理费；

（六）一次性伤残补助金和一级至四级伤残职工的伤残津贴；

（七）一次性工伤医疗补助金；

（八）一次性工亡补助金；

（九）丧葬补助金；

（十）供养亲属抚恤金；

（十一）法律、法规、规章规定的其他费用。

**第三十一条**　下列工伤保险待遇由用人单位支付：

（一）停工留薪期护理费；

（二）停工留薪期工资福利待遇；

（三）工伤复发治疗期间的护理费与生活护理费的差额部分；

（四）五级、六级伤残职工的伤残津贴；

（五）一次性伤残就业补助金。

**第三十二条**　职工在劳动关系所在单位输出劳务期间遭受事故伤害的，由其劳动关系所在单位承担工伤保险责任。劳动关系所在单位应当与用工单位约定工伤保险补偿办法。

已办理国内工伤保险的职工在其被派遣出境工作期间，发生工伤且获得境外赔偿的，不再支付其国内的工伤保险待遇；但境外赔偿低于统筹地区工伤保险待遇的，由统筹地区社会保险经办机构补足差额部分。

**第三十三条**　具备用工主体资格的承包单位违反法律、法规规定，将承包业务转包、分包给不具备用工主体资格的组织或者个人，该组织或者个人雇用的劳动者从事承包业务时因工伤亡的，由该具备用工主体资格的承包单位承担用人单位依法应当承担的工伤保险责任。

**第三十四条**　未给职工参加工伤保险的用人单位破产、解散或者被撤销的，其一级至四级工伤职工伤残津贴和生活护理费以及因工死亡职工供养亲属抚恤金按照国家和省规定的标准发放。

上述所需资金在资产清算时予以预留，并一次性支付给统筹地区经办机构，由工伤保险基金承担用人单位破产、解散或者被撤销后一级至四级工伤职工的工伤保险待遇及因工死亡职工供养亲属抚恤金。具体预留办法由省社会保险行政部门制定。

**第三十五条**　工伤职工经复查鉴定，伤残等级发生变化，从复查鉴定结论作出次月起，按照新的鉴定结论支付伤残津贴、生活护理费。

**第三十六条** 省劳动能力鉴定委员会作出鉴定结论之前，工伤职工的一次性伤残补助金暂不支付，其他工伤保险待遇按照设区的市劳动能力鉴定委员会作出的鉴定结论支付。

省劳动能力鉴定委员会作出鉴定结论之后，工伤职工的一次性伤残补助金和其他工伤保险待遇按照新的鉴定结论支付。

**第三十七条** 伤残津贴、供养亲属抚恤金待遇水平由省社会保险行政部门会同省财政部门适时调整。

生活护理费待遇水平由统筹地区社会保险行政部门每年7月按照统筹地区上年度职工月平均工资水平进行调整。

## 第六章　工伤医疗和工伤康复

**第三十八条** 经办机构与医疗机构、康复机构、辅助器具配置机构在平等协商的基础上签订服务协议，并公布签订服务协议的医疗机构、康复机构、辅助器具配置机构的名单。具体办法按照国家和省有关规定执行。

**第三十九条** 职工治疗工伤应当在签订服务协议的医疗机构就医。情况紧急时可以就近抢救，伤情稳定后应当及时转入协议医疗机构治疗。职工治疗终结后应当及时办理出院手续。

就近抢救治疗的，用人单位应当在伤害发生后的5日内报告统筹地区经办机构，并补办有关手续。

**第四十条** 职工治疗事故伤害所需费用，先由用人单位垫付，经社会保险行政部门认定为工伤后，由用人单位向经办机构申请结算；继续发生的医疗费用，由协议医疗机构与经办机构直接结算。

**第四十一条** 逐步建立先康复后鉴定、医疗和康复并重的工伤康复制度。

职工需要工伤康复的，经设区的市劳动能力鉴定委员会确认后，可以到协议康复机构进行工伤康复。

**第四十二条** 工伤职工或者用人单位与统筹地区经办机构结算工伤医疗费、工伤康复费时，应当提供以下材料：

（一）工伤认定决定书；

（二）需要工伤康复的确认证明；

（三）协议医疗机构或者协议康复机构按照规定出具的诊断证明、费用单据、费用清单和相关病案资料等。

**第四十三条** 因下列情形发生的费用，工伤保险基金不予支付：

（一）未经批准在非协议医疗机构、康复机构发生的工伤医疗费和工伤康复费用；

（二）在非协议辅助器具配置机构发生的辅助器具配置费；

（三）工伤保险诊疗项目目录外、工伤保险药品目录外、工伤保险住院服务标准范围外的费用；

（四）与治疗工伤无关的医疗费用；

（五）法律、法规、规章规定不予支付的其他费用。

本条第一项、第三项发生的费用，在紧急抢救的情形下，工伤保险基金应当予以支付。

## 第七章　法律责任

**第四十四条**　社会保险行政部门工作人员有下列情形之一的，依法给予处分；情节严重，构成犯罪的，依法追究刑事责任：

（一）无正当理由不受理工伤认定申请，或者弄虚作假将不符合工伤条件的人员认定为工伤职工的；

（二）未妥善保管申请工伤认定的证据材料，致使有关证据灭失的；

（三）收受当事人财物的。

**第四十五条**　经办机构有下列行为之一的，由社会保险行政部门责令改正，对负有责任的领导人员和直接责任人员依法给予处分；情节严重，构成犯罪的，依法追究刑事责任；造成当事人经济损失的，由经办机构依法承担赔偿责任：

（一）未按规定保存用人单位缴费和职工享受工伤保险待遇情况记录的；

（二）不按规定核定工伤保险待遇的；

（三）收受当事人财物的。

**第四十六条**　用人单位、工伤职工或者其近亲属、协议医疗机构、协议康复机构、协议辅助器具配置机构违反《条例》和本办法的，按照《条例》相关规定予以处罚。

## 第八章　附　　则

**第四十七条**　工伤职工本人工资，是指职工因工作遭受事故伤害或者患职业病前12个月平均月缴费工资。

工伤职工伤残等级或者待遇领取方式发生变化，其本人工资以发生变化前12个月平均月缴费工资、伤残津贴或者养老金为基数计算。

缴费工资、伤残津贴或者养老金不足12个月的，按照实际月数为基数计算。

**第四十八条**　国家机关和参照公务员法管理的事业单位、社会团体应当参照《条例》和本办法的规定，为建立劳动关系的人员缴纳工伤保险费。

**第四十九条**　本办法自2013年9月1日起施行。

# 114 福建省实施《工伤保险条例》办法

闽政〔2011〕80号

## 目　　录

第一章　总则/518
第二章　工伤保险基金/518
第三章　工伤认定/519
第四章　劳动能力鉴定/520
第五章　工伤保险待遇/521
第六章　附则/522

## 第一章　总　　则

**第一条**　根据国务院《工伤保险条例》的规定，结合本省实际，制定本办法。

**第二条**　本省行政区域内的企业、事业单位、社会团体、民办非企业单位、基金会、律师事务所、会计师事务所等组织和有雇工的个体工商户（以下称用人单位）应当依照《工伤保险条例》和本苏法规定参加工伤保险，为本单位全部职工或者雇工（以下称职工）缴纳工伤保险费。

本省行政区域内的职工依照《工伤保险条例》和本办法规定享有工伤保险待遇。

**第三条**　县级以上地方人民政府社会保险行政部门负责本行政区域内的工伤保险工作。

社会保险行政部门设立的社会保险经办机构（以下称经办机构）具体承办工伤保险事务。

**第四条**　财政、审计部门依法对工伤保险基金收支管理情况进行监督。

地税部门负责征收工伤保险费。

卫生、建设和安全生产监督管理部门在各自的职责范围内，协助社会保险行政部门做好工伤保险工作。

## 第二章　工伤保险基金

**第五条**　工伤保险基金在设区的市实行全市统筹和省级调剂金制度，并逐步实行省级统筹。

**第六条**　经办机构根据国家规定的行业差别费率及行业内费率档次，并根据用人单位工伤保险费使用、工伤发生率等情况，适用所属行业内相应的费率档次确定单位缴费费率。

用人单位缴纳工伤保险费的数额为本单位职工工资总额乘以单位缴费费率之积。

**第七条**　工伤保险费率实行浮动制度。由统筹地区社会保险行政部门会同有关部门根据用人单位工伤保险费使用情况、工伤发生率、职业病危害程度及必要的风险储备金等因素制定浮动办法。并征求工会组织和用人单位代表意见，报统筹地区人民政府批准后执行。

经办机构根据工伤保险费率浮动办法确定用人单位费率浮动档次。

**第八条**　对难以按照工资总额缴纳工伤保险费的用人单位，其工伤保险费的征缴按照国家和本省有关规定的具体方式执行。

**第九条**　用人单位应当按规定缴纳工伤保险费，并及时向经办机构报送本单位人员情况表和人员增减明细表。

用人单位报送人员情况表和人员增减明细表的次日为参保生效日期。

**第十条**　工伤保险基金用于《工伤保险条例》和本办法规定的工伤保险待遇，劳动能力鉴定，工伤预防的宣传、培训等费用，以及法律、法规规定用于工伤保险其他费用的支付。

省社会保险行政部门会同省财政、卫生、安全生产监督管理部门按照国家规定的工伤预防费用提取比例、使用和管理办法制定我省的具体实施细则。

经办机构所需的管理服务经费、社会保险行政部门工伤认定调查核实经费按照实际工作需要列入统筹地区（含省本级）财政预算。

指导全省开展预防所需的宣传培训费用，从省级财政每年给省社会保险行政部门工伤保险专项业务经费的预算中统筹安排。

工伤保险基金全部纳入社会保障基金财政专户，实行收支两条线管理。

任何单位或者个人不得将工伤保险基金用于投资运营、兴建或者改建办公场所、发放奖金，或者挪作其他用途。

**第十一条**　统筹地区实行工伤保险储备金制度。储备金按不低手统筹地区当年征收工伤保险费一个月的额度筹集。工伤保险基金历年结余部分并入储备金。

储备金在发生重大工伤事故或当期工伤保险基金不足支出时，由经办机构提出申请，经统筹地区社会保险行政部门和财政部门核准后使用。

**第十二条**　建立省级工伤保险调剂金制度。各设区的市每年按征收工伤保险费总额的3%上解工伤保险调剂金。工伤保险调剂金实行财政专户管理，用于各设区的市特大工伤事故工伤保险待遇支付的补贴、工伤保险基金收支缺口的补贴和省级劳动能力鉴定等费用。省级工伤保险调剂金的使用和管理按照《福建省省级工伤保险调剂金管理办法》执行。

需要省级工伤保险调剂金补贴的，由设区的市社会保险行政部门和财政部门提出申请，经省社会保险行政部门和财政部门审批后拨付。

省级劳动能力鉴定等所需费用由省社会保险行政部门提出申请，省财政部门核准后拨付。

## 第三章　工 伤 认 定

**第十三条**　用人单位、工伤职工或其近亲属、工会组织依法作为工伤认定申请人的，应当按照《工伤保险条例》规定时间内向用人单位所在地统筹地区社会保险行政部门或受设区市委托的县（市、区）社会保险行政部门提出工伤认定或视同工伤认定的申请，社会保险行政部门应当依法受理并作出工伤认定决定。

设区的市社会保险行政部门可以委托县（市、区）社会保险行政部门承担工伤认定的具体工作。

**第十四条** 社会保险行政部门应当建立快速工伤认定工作机制，社会保险行政部门对受理的事实清楚、权利义务明确的工伤认定申请，应当在15日内作出工伤认定的决定。

**第十五条** 申请人提出工伤认定申请时，应当按照《工伤保险条例》第十八条规定提交申请材料。

**第十六条** 工伤认定过程中，申请人主张发生下列工伤或视同工伤情形的，应提交相应的证明材料：

（一）在工作时间和工作场所内，因履行工作职责受到暴力等意外伤害的，应提交公安部门的证明或其他有效证明。

（二）因工外出期间，由于工作原因受到伤害或者发生事故下落不明的，应提交公安部门出具的证明或者其他有效证明。

（三）在上下班途中，受到非本人主要责任的交通事故或者城市轨道交通、客运轮渡、火车事故伤害的，应提交公安交通管理部门出具的事故责任认定书或者相关部门出具的有效证明。

（四）在工作时间和工作岗位，突发疾病死亡或者在48小时之内经抢救无效死亡的，应提交突发疾病死亡证明或医疗机构出具的抢救证明。

（五）在抢险救灾等维护国家利益、公共利益活动中受到伤害的，提交县级以上人民政府或相关部门的有效证明。

（六）因战、因公负伤致残的转业复员军人旧伤复发的，提交《革命伤残军人证》以及劳动能力鉴定机构对旧伤复发的确认。

**第十七条** 社会保险行政部门发现已受理的工伤认定案件不符合法定受理条件的，应当决定驳回工伤认定申请。

**第十八条** 建筑施工企业、矿山企业等用人单位将工程（业务）或经营权发包给不具备用工主体资格的组织或自然人，对该组织或自然人聘用的职工因工作受到事故伤害或患职业病的，具备用工主体的发包方为工伤认定决定中的用人单位。

## 第四章 劳动能力鉴定

**第十九条** 省和设区市应当设立劳动能力鉴定委员会，省劳动能力鉴定委员会制定劳动能力鉴定规则。省和设区市劳动能力鉴定委员会按照国家和本省劳动能力鉴定办法（规则）进行劳动能力鉴定。

**第二十条** 用人单位、工伤职工或者其近亲属向设区的市级劳动能力鉴定委员会提出劳动能力鉴定申请，并提交工伤认定决定书、诊断证明书、检查结果、诊疗病历等材料。

**第二十一条**　劳动能力鉴定费用从统筹地区当年征收的工伤保险费中支付。

用人单位应当参加工伤保险而未参加工伤保险期间，工伤职工的劳动能力鉴定费用由用人单位支付。具体收费标准由省人民政府价格主管部门和财政部门制定。

## 第五章　工伤保险待遇

**第二十二条**　用人单位、工伤职工或者其近亲属，向经办机构办理工伤保险待遇支付手续时，应按规定提交相应材料。

经办机构应当一次性告知所需的材料，对提交材料齐全的，在30日内予以办理。

**第二十三条**　用人单位或因工死亡职工近亲属办理享受供养亲属抚恤金手续的，应当向经办机构提交被供养人户口簿和居民身份证、户籍所在地公安部门出具的近亲属关系证明以及街道办事处、乡（镇）人民政府出具的被供养人经济状况证明。

有下列情形之一的，还应当分别提交相应材料：

（一）被供养人属于孤寡老人、孤儿的，提交街道办事处、乡（镇）人民政府出具的有效证明。

（二）被供养人属于养父母、养子女或属近亲属户口簿无法证明的，提交公证书。

（三）被供养人完全丧失劳动能力的，提交劳动能力鉴定机构的鉴定结论书。

**第二十四条**　工伤职工接受工伤治疗的，在停工留薪期内，用人单位不得与其解除或终止劳动（聘用）关系，但职工依法自愿提出解除或者终止劳动（聘用）关系的除外。

**第二十五条**　工伤职工住院治疗工伤的伙食补助费，以及经医疗机构出具证明，报经办机构同意，工伤职工到统筹地区以外就医所需的交通、食宿费用从工伤保险基金支付，基金支付的具体标准由统筹地区人民政府规定。

**第二十六条**　职工因工致残，有下列情形之一的，由工伤保险基金支付一次性工伤医疗补助金，用人单位支付一次性伤残就业补助金：

（一）被鉴定为五级、六级伤残的，工伤职工本人书面提出自愿与用人单位解除或者终止劳动（聘用）关系的。

（二）被鉴定为七级至十级伤残的，劳动（聘用）合同期满，用人单位不再续签劳动（聘用）合同而终止劳动（聘用）关系的，或者工伤职工本人书面提出自愿解除劳动（聘用）合同的。

（三）用人单位依据《中华人民共和国劳动合同法》第三十六、三十九条规定解除劳动（聘用）关系的。

工伤职工领取一次性工伤医疗补助金、一次性伤残就业补助金的，应当与用人单位、所在地经办机构签订终止工伤保险关系书面协议，不再享受工伤保险待遇。

**第二十七条**　五级至十级工伤职工一次性工伤医疗补助金和伤残就业补助金分别计算。其标准分别按照所在统筹地区最后一次公布的人口平均预期寿命与解除或者终止劳动关系时年龄之差以及解除或者终止劳动关系时统筹地区上年度职工月平均工资为基数计算：

（一）一次性工伤医疗补助金为：五级，每满一年发给0.7个月；六级，每满一年发给

0.6个月；七级，每满一年发给0.4个月；八级，每满一年发给0.3个月；九级，每满一年发给0.2个月；十级，每满一年发给0.1个月。不满一年的按一年计算。

五至六级工伤职工一次性工伤医疗补助金低于15个月的，按15个月支付；七至八级工伤职工一次性工伤医疗补助金低于10个月的，按10个月支付；九级工伤职工一次性工伤医疗补助金低于5个月的，按5个月支付；十级工伤职工一次性工伤医疗补助金低于3个月的，按3个月支付。

患职业病的工伤职工，一次性工伤医疗补助金在上述标准的基础上增发30%。

（二）一次性伤残就业补助金为：五级，每满一年发给0.7个月；六级，每满一年发给0.6个月；七级，每满一年发给0.4个月；八级，每满一年发给0.3个月；九级，每满一年发给0.2个月；十级，每满一年发给0.1个月。不满一年的按一年计算。

五至六级工伤职工一次性伤残就业补助金低于15个月的，按15个月支付；七至八级工伤职工一次性伤残就业补助金低于10个月的，按10个月支付；九级工伤职工一次性伤残就业补助金低于5个月的，按5个月支付；十级工伤职工一次性伤残就业补助金低于3个月的，按3个月支付。

患职业病的工伤职工，一次性伤残就业补助金在上述标准的基础上增发30%。

**第二十八条** 职工所在用人单位未依法缴纳工伤保险费，发生工伤事故的，由用人单位支付工伤保险待遇。用人单位不支付的，从工伤保险基金中先行支付。从工伤保险基金中先行支付的工伤保险待遇应当由用人单位偿还。用人单位不偿还的，社会保险经办机构可以依法追偿。

**第二十九条** 由于第三人的原因造成工伤，第三人不支付工伤医疗费用或者无法确定第三人的，由工伤保险基金先行支付。工伤保险基金先行支付后，依法向第三人追偿。

**第三十条** 伤残津贴、供养亲属抚恤金和生活护理费由统筹地区社会保险行政部门根据统筹地区职工平均工资和生活费用变化等情况每年调整____次，并征求工会组织和用人单位代表意见，报统筹地区人民政府批准后执行。统筹地区人民政府应当将调整结果向社会公布。

**第三十一条** 用人单位因破产、解散等原因终止的，在清算财产时，应当依法向社会保险费征缴机关清偿欠缴的工伤保险费。

## 第六章　附　　则

**第三十二条** 属于财政核拨（不含参公管理）事业单位参加统筹地区工伤保险，在组织实施的第一年，按照其职工工资总额的0.5%缴纳工伤保险费，所需经费列入同级财政预算；其工作人员2011年1月1日至本办法发布之日因工作原因遭受事故伤害或者患职业病的，按照《工伤保险条例》和本办法规定享受工伤保险待遇，所需费用已经参加工伤医疗费。用统筹或工伤保险的由工伤基金支付，未参加工伤医疗费用统筹或。工伤保险的由用人单位支付。

**第三十三条** 公务员和参照公务员法管理的事业单位、社会团体的工作人员的工伤保险按照国家有关规定执行。

**第三十四条**　本办法自发布之日起施行。省政府2004年4月30日颁布的《福建省实施〈工伤保险条例〉办法》（闽政〔2004〕12号）同时废止。2011年1月1日至本办法发布之日，依照《工伤保险条例》第三十六条、第三十七条规定应由工伤保险基金支付的一次性工伤医疗补助金和应由用人单位支付的一次性伤残就业补助金，参照本办法执行。

## 115　江西省实施《工伤保险条例》办法

2013年4月24日江西省人民政府第3次常务会议审议通过，
2013年5月6日江西省人民政府令第204号公布，
自2013年7月1日起施行。

**第一条**　为了保障因工作遭受事故伤害或者患职业病的职工获得医疗救治和经济补偿，促进工伤预防和职业康复，分散用人单位的工伤风险，根据《中华人民共和国社会保险法》和国务院《工伤保险条例》（以下简称《条例》）等法律法规的有关规定，结合本省实际，制定本办法。

**第二条**　本省行政区域内的企业、事业单位、社会团体、民办非企业单位、基金会、律师事务所、会计师事务所等组织和有雇工的个体工商户（以下统称用人单位）应当依法参加工伤保险，为本单位全部职工或者雇工（以下统称职工）缴纳工伤保险费。用人单位的职工均有依法享受工伤保险待遇的权利。

**第三条**　省社会保险行政部门负责全省的工伤保险工作。设区的市、县（市、区）社会保险行政部门负责本行政区域内的工伤保险工作。各级社会保险行政部门设立的社会保险经办机构（以下简称经办机构）具体承办工伤保险事务。

财政部门和审计机关依法对工伤保险基金的收支、管理情况进行监督。

安全生产监督管理、卫生、民政、公安、交通运输、工商、住房和城乡建设等部门在各自的职责范围内，协助社会保险行政部门做好工伤保险工作。

**第四条**　工伤保险工作应当与事故预防和职业康复工作相结合。

用人单位和职工应当遵守有关安全生产和职业病防治的法律法规，执行安全卫生规程和标准，预防工伤事故发生，避免和减少职业病危害。

社会保险行政部门和经办机构应当建立健全工伤预防制度，通过评估参保单位工伤风险程度，采用调整费率等措施，激励参保单位做好工伤预防工作，降低工伤事故和职业病发生率。

**第五条**　用人单位应当在参保缴费后的三十日内或者参保缴费情况变更后的十五日内，将参加工伤保险的有关情况在本单位内公示。公示内容应当包括享受工伤保险待遇的人员范围、参保时间、缴费情况等。

职工有权督促用人单位参加工伤保险及公示参保情况，用人单位的工会组织有义务督促用人单位参加工伤保险及公示参保情况。

职工在用人单位参保缴费之前及当日所发生的工伤，其工伤保险待遇由用人单位支付；参保缴费后次日起发生的工伤，其工伤保险待遇由工伤保险基金按照《条例》和本办法的规定支付。

**第六条** 用人单位应当按时缴纳工伤保险费。职工个人不缴纳工伤保险费。

用人单位缴纳工伤保险费的数额为本单位职工工资总额乘以单位缴费费率之积。

用人单位缴费费率，由统筹地区经办机构根据用人单位工伤保险费使用、工伤发生率、职业病危害程度等情况，按照国家规定的行业差别费率及行业内费率档次确定。

对难以按照用人单位工资总额缴纳工伤保险费的建筑施工企业、小型服务企业、小型矿山企业，工伤保险费的缴纳办法按照国务院社会保险行政部门有关规定执行。

**第七条** 工伤保险基金实行设区的市全市统筹，并逐步实行省级统筹。

工伤保险基金实行全省统收统支前，设立省级工伤保险调剂金。省级工伤保险调剂金由各设区的市经办机构按照当年实际征缴工伤保险费的3%上解省经办机构，省经办机构将上述资金和省本级提取的当年实际征缴工伤保险费的3%存入财政专户管理，用于调剂解决全省重特大事故工伤保险基金缺口的支出，提高工伤保险基金保障水平。省级工伤保险调剂金的征收、管理和使用的具体办法，由省社会保险行政部门会同省财政部门制定，报省人民政府批准后实施。

工伤保险基金应当严格按照社会保险基金财务制度的规定，实行年初预算和年终决算管理。经办机构按月将基金收入缴入同级财政部门的社会保障基金财政专户，确保收入户月末无余额，并按照规定申请拨付资金。

经办机构征收工伤保险费时，应当出具省财政部门统一印制的《江西省社会保险费缴款专用收据》。省政府令

**第八条** 工伤保险基金用于支付下列项目：

（一）治疗工伤的医疗费用和康复费用。

（二）住院伙食补助费。

（三）到统筹地区以外就医的交通食宿费。

（四）经劳动能力鉴定委员会确认需安装配置伤残辅助器具的费用。

（五）生活不能自理的，经劳动能力鉴定委员会确认的生活护理费。

（六）一次性伤残补助金和一至四级工伤职工按月领取的伤残津贴。

（七）终止或者解除劳动合同时，应当享受的一次性工伤医疗补助金。

（八）因工死亡职工的抢救医疗费、丧葬补助金、供养亲属抚恤金、一次性工亡补助金。

（九）劳动能力鉴定费。

（十）工伤认定调查费。

（十一）工伤预防费。

（十二）职业康复费。

任何单位或者个人不得将工伤保险基金用于投资运营、兴建或者改建办公场所、发放奖金，或者挪作其他用途。

**第九条**　各设区的市应当建立工伤保险基金储备金（以下简称储备金）。储备金按本设区的市当年征缴的工伤保险基金总额的10%提取，逐年积累，达到统筹地区当年工伤保险基金总额的20%时不再提取。

储备金用于本设区的市重大事故的工伤保险待遇支付。使用工伤保险储备金应当由统筹地区经办机构提出方案，经设区的市社会保险行政部门、财政部门审核后，报设区的市人民政府批准。储备金不足支付的，由设区的市人民政府垫付。

**第十条**　职工发生事故伤害或者按照职业病防治法规定被诊断、鉴定为职业病，用人单位应当自事故伤害发生之日或者被诊断、鉴定为职业病之日起三十日内，按照《条例》的规定及时向统筹地区社会保险行政部门提出工伤认定申请。遇有特殊情况，经报社会保险行政部门同意，申请时限可以适当延长。

用人单位未按前款规定提出工伤认定申请的，工伤职工或者其近亲属、工会组织在事故伤害发生之日或者被诊断、鉴定为职业病之日起一年内，可以直接向用人单位所在地统筹地区社会保险行政部门提出工伤认定申请。

**第十一条**　用人单位注册登记地和生产经营地不在同一统筹地区的职工发生工伤，已参加工伤保险的，向参保地社会保险行政部门提出工伤认定申请；未参加工伤保险的，向用人单位生产经营地社会保险行政部门提出工伤认定申请。

职工被派遣出境工作，其国内工伤保险关系未中止的，发生工伤后，按照《条例》和本办法的规定申请工伤认定。

**第十二条**　提出工伤认定申请应当提交下列材料：

（一）工伤认定申请表。

（二）与用人单位存在劳动关系（包括事实劳动关系）的证明材料。

（三）医疗诊断证明或者职业病诊断证明书（或者职业病诊断鉴定书）。

提出工伤认定申请，除提交本条前款要求的材料外，还可以提交用人单位、相关行政机关或者人民法院已有的证明材料。

**第十三条**　工伤认定申请人在本办法规定时限内提出工伤认定申请，并且提供的申请材料完整的，社会保险行政部门应当自收到工伤认定申请之日起五个工作日内发出受理通知书。不符合受理条件的，社会保险行政部门不予受理，并书面告知工伤认定申请人。

工伤认定申请人在本办法规定时限内提出工伤认定申请，但提供材料不完整的，社会保险行政部门应当自收到工伤认定申请之日起五个工作日内，一次性书面告知工伤认定申请人需要补正的全部材料。工伤认定申请人在三十日内按照要求补正材料的，社会保险行政部门应当受理。

**第十四条**　社会保险行政部门受理工伤认定申请后，根据审核需要可以对事故伤害进行调查核实，用人单位、从业人员、工会组织、医疗机构以及有关部门应当予以协助。对依法取得职业病诊断证明书或者职业病诊断鉴定书的，社会保险行政部门不再进行调查核实。

社会保险行政部门进行工伤认定时，从业人员或者其直系亲属认为是工伤，用人单位不认为是工伤的，由用人单位承担举证责任。

社会保险行政部门应当自受理工伤认定申请之日起六十日内作出工伤认定的决定，并书面通知申请工伤认定的职工或者其直系亲属和该职工所在单位。凡认定为工伤或者视同工伤的，应当向工伤职工颁发《工伤认定证》。

社会保险行政部门对受理的事实清楚、权利义务明确的工伤认定申请，应当在十五日内作出工伤认定的决定。

**第十五条** 职工发生工伤，经治疗伤情相对稳定后存在残疾、影响劳动能力的，应当进行劳动能力鉴定。

用人单位、工伤职工或者其直系亲属申请劳动能力鉴定，应当向设区的市劳动能力鉴定委员会提供下列材料：

（一）劳动能力鉴定申请表。

（二）工伤认定决定。

（三）医疗机构出具的出院小结、医疗诊断证明或者职业病诊断证明书（职业病诊断鉴定书）、工伤病历和医学影像检查资料等。

（四）其他相关证明材料。

劳动能力鉴定申请人提供材料不完整的，劳动能力鉴定委员会应当一次性书面告知申请人需要补正的全部材料。申请人按照书面告知要求补正材料后，劳动能力鉴定委员会应当受理。

设区的市劳动能力鉴定委员会应当自收到劳动能力鉴定申请之日起六十日内作出劳动能力鉴定结论，必要时，作出劳动能力鉴定结论的期限可以延长三十日。劳动能力鉴定结论应当及时送达申请鉴定的单位和个人。达到伤残等级的，还应当向工伤职工颁发《因工伤残证》。

**第十六条** 申请进行劳动能力鉴定的用人单位和工伤职工或者其近亲属对鉴定结论不服的，应当自收到鉴定结论之日起十五日内，向省劳动能力鉴定委员会提出再次鉴定申请，并提交初次鉴定的结论。

作出初次鉴定的劳动能力鉴定委员会应当向省劳动能力鉴定委员会移交有关材料。

省劳动能力鉴定委员会作出的劳动能力鉴定结论为最终结论。

**第十七条** 省和设区的市社会保险行政部门规划、选择、论证并公布工伤定点医疗机构、康复机构和辅助器具配置机构。

各统筹地区经办机构负责与工伤定点医疗机构、康复机构和辅助器具配置机构签订书面协议等工作。

**第十八条** 职工治疗工伤应当在签订服务协议的工伤定点医疗机构就医，情况紧急时可以先到就近的医疗机构急救，并由用人单位在两个工作日内报告社会保险经办机构。工伤职工伤情相对稳定后，由经办机构视伤情确定是否转入签订服务协议的工伤定点医疗机构继续治疗。

工伤职工治疗非工伤引发的疾病，不享受工伤医疗待遇，按照基本医疗保险办法处理。

**第十九条**　工伤职工因日常生活或者就业需要安装配置辅助器具的，由本人提出申请，经劳动能力鉴定委员会确定后，到签订服务协议的辅助器具配置机构安装配置，所需费用按照国家规定的标准从工伤保险基金支付。

**第二十条**　生活不能自理的工伤职工在停工留薪期内需要护理的，经收治的医疗机构出具证明，由所在单位负责派人护理。所在单位未派人护理的，由所在单位按照统筹地区上年度职工月平均工资的70%的标准向工伤职工支付护理费。

**第二十一条**　职工因工致残被鉴定为一至四级伤残的，由用人单位和工伤职工以伤残津贴为基数，缴纳基本养老保险费、基本医疗保险费到法定退休年龄。

工伤职工伤残津贴低于职工基本养老保险、基本医疗保险缴费基数的，缴费基数按照职工基本养老保险、基本医疗保险相关规定执行。

工伤职工伤残津贴扣除本人基本养老保险、基本医疗保险缴费部分后，实际领取额低于统筹地区最低工资标准的，由工伤保险基金补足差额。

**第二十二条**　五至六级工伤职工本人提出与用人单位解除或者终止劳动关系，七级至十级伤残职工劳动、聘用合同期满终止或者职工本人提出解除劳动、聘用合同的，由工伤保险基金支付一次性工伤医疗补助金，由用人单位支付一次性伤残就业补助金。

一次性工伤医疗补助金和一次性伤残就业补助金以解除或者终止劳动关系时本人工资为基数，其中一次性工伤医疗补助金标准为：五级20个月、六级17个月、七级13个月、八级10个月、九级7个月、十级4个月的本人工资。一次性伤残就业补助金标准为：五级32个月、六级28个月、七级25个月、八级21个月、九级17个月、十级13个月的本人工资。

患职业病的工伤职工，一次性工伤医疗补助金在上述标准的基础上增发30%。

五级至十级工伤职工距法定退休年龄不足五年的，一次性伤残就业补助金每差一年扣减10%；不足一年的按照一年计算。

**第二十三条**　用人单位、工伤职工或者其直系亲属向经办机构提出工伤保险待遇申请，应当填写工伤保险待遇申请表并提交下列材料：

（一）工伤认定决定。

（二）劳动能力鉴定结论。

（三）经办机构要求提供的其他材料。

申请因工死亡职工直系亲属的工伤保险待遇，需提供前款第（一）、（三）项规定的材料，以及供养亲属的有关证明材料。

经办机构对于申报材料不齐全的，应当一次性告知申请人补充有关的申报材料；对于材料齐全、符合发放条件的，应当在受理之日起十个工作日内发放工伤保险待遇。

**第二十四条**　伤残津贴、供养亲属抚恤金、生活护理费，由省社会保险行政部门会同省财政部门根据全省职工平均工资和生活费用变化等情况，适时提出调整方案，报省人民政府批准后执行。

**第二十五条**　用人单位解散、破产、关闭、改制的，应当优先安排解决包括工伤保险所需费用在内的社会保险费。有关工伤保险待遇支付按照下列规定处理：

（一）一至四级的工伤职工，用人单位已参加工伤保险的，工伤保险待遇继续由经办机构支付；未参加工伤保险的，由用人单位按照统筹地区上年度工伤保险待遇人均实际支出标准计算到75周岁，在资产清算时一次性向经办机构缴纳；自一次性缴足次月起，工伤保险待遇由经办机构支付。

（二）五至十级的工伤职工，用人单位已参加工伤保险的，由工伤保险基金按照本办法支付一次性工伤医疗补助金，由用人单位按照本办法支付一次性伤残就业补助金，同时终止工伤保险关系；未参加工伤保险的，由用人单位按照本办法支付一次性工伤医疗补助金和一次性伤残就业补助金，同时终止工伤保险关系。

（三）因工死亡职工，用人单位已参加工伤保险的，其供养亲属抚恤金继续由经办机构支付；未参加工伤保险的，由用人单位按照《条例》规定的标准，一次性支付给供养亲属，或者一次性向经办机构缴纳，由经办机构定期继续支付。计算时间为：因工死亡职工供养的配偶和父母计算到75周岁；未成年人计算到18周岁。

**第二十六条** 用人单位对从事接触职业病危害作业的职工，在建立、终止、解除劳动关系或者办理退休手续前，应当进行职业健康检查，被确诊在用人单位患有职业病的，按照《条例》规定的程序办理工伤认定。

职工离岗后被确诊患有职业病的，职工或者其近亲属在被诊断为职业病之日起一年内提出工伤认定申请，社会保险行政部门应当受理。

**第二十七条** 工伤职工办理退休手续后被确诊患有职业病并认定为工伤的，依法享受工伤保险有关待遇，但不享受一次性伤残就业补助金和一次性工伤医疗补助金。工伤保险相关待遇由劳动关系终止、解除前或者办理退休手续前的用人单位承担。工伤职工劳动关系终止、解除前或者办理退休手续前在多个用人单位工作过的，工伤保险相关待遇由导致职工患职业病的用人单位承担。

**第二十八条** 公务员、参照公务员法管理的事业单位和社会组织的工作人员因工作遭受事故伤害或者患职业病的，可以按照《条例》和本办法的规定进行工伤认定和劳动能力鉴定，享受有关工伤保险待遇，所需费用由所在单位按照《条例》和本办法规定的标准支付。因公负伤或者因公牺牲已受到政府抚恤的，不再进行工伤认定、享受工伤保险待遇。法律、法规或者国务院主管部门另有规定的，从其规定。

**第二十九条** 中央、省属和军队驻赣单位工伤保险依法实行省本级统筹，工伤保险工作按照国家和省的有关规定执行。

**第三十条** 本办法自2013年7月1日起施行。《江西省实施〈工伤保险条例〉若干规定》（省人民政府令第132号）同时废止。

# 116 山东省贯彻《工伤保险条例》实施办法

鲁政发〔2011〕25号

**第一条** 根据《国务院关于修改〈工伤保险条例〉的决定》（国务院令第586号）修订的《工伤保险条例》（以下简称《条例》），结合我省实际，制定本办法。

**第二条** 企业、事业单位、社会团体、民办非企业单位、基金会、律师事务所、会计师事务所等组织和有雇工的个体工商户（以下称用人单位）应当按规定参加工伤保险，为本单位全部职工或者雇工（以下简称职工）缴纳工伤保险费。

用人单位的职工均有按照规定享受工伤保险待遇的权利。

公务员和参照公务员法管理的事业单位、社会团体的工作人员因工作遭受事故伤害或者患职业病的，由所在单位支付费用。具体实施办法由省人力资源社会保障行政部门会同省财政部门按照国家规定制定。

**第三条** 省人力资源社会保障行政部门负责全省工伤保险工作。县级以上人力资源社会保障行政部门负责本行政区域内的工伤保险工作。

人力资源社会保障行政部门所属的社会保险经办机构（以下简称经办机构）具体承办工伤保险事务。

各级财政、民政、卫生、公安、交通、建设、工商、安全生产监督管理、工会等有关部门和组织按照各自职责，协助人力资源社会保障行政部门做好工伤保险相关工作。

**第四条** 工伤保险基金在设区的市实行全市统筹，逐步实行省级统筹。

**第五条** 工伤保险基金按照以支定收、收支平衡的原则筹集，存入社会保障基金财政专户，专款专用，任何单位或个人不得将工伤保险基金用于投资运营、兴建或改建办公场所、发放奖金，或者挪作其他用途。

**第六条** 工伤保险费的征缴，按照《社会保险法》和《社会保险费征缴暂行条例》的有关规定执行。

用人单位应当按时缴纳工伤保险费。职工个人不缴纳工伤保险费。

**第七条** 用人单位的初次缴费费率，按行业基准费率确定。

统筹地区经办机构可根据用人单位上年度工伤保险费的征缴、支付以及工伤发生率等情况，在所属行业相应费率档次内调整用人单位缴费费率。

**第八条** 对难以按照职工工资总额缴纳工伤保险费的建筑、餐饮、商贸等行业，由省人力资源社会保障行政部门会同省住房城乡建设、工商行政管理等部门根据国家有关规定制定适应行业特点的参保缴费办法。

**第九条** 工伤保险储备金按统筹地区当年工伤保险基金征缴额10%的比例提取，储备金累计结余额不超过当年工伤保险基金征缴额的30%。工伤保险储备金的使用由统筹地区社会保险经办机构提出申请，经同级人力资源社会保障行政部门和财政部门同意，报同级人民政府批准。储备金一经使用，应及时补足差额。储备金不足支付的，由统筹地区人民政府垫付。

**第十条** 工伤保险基金用于下列支出：

（一）治疗工伤的医疗费用和康复费用；

（二）经确认安装配置伤残辅助器具所需费用；

（三）住院伙食补助费；

（四）经批准到统筹地区以外就医、配置辅助器具的交通食宿费；

（五）生活不能自理的，经劳动能力鉴定委员会确认的生活护理费；

（六）一次性伤残补助金和一级至四级伤残职工按月领取的伤残津贴；

（七）终止或者解除劳动合同时，应当享受的一次性医疗补助金；

（八）因工死亡的，其遗属领取的丧葬补助金、供养亲属抚恤金和因工死亡补助金；

（九）劳动能力鉴定费；

（十）工伤预防的宣传、培训等费用；

（十一）法律、法规规定的用于工伤保险的其他费用。

工伤预防费用提取比例、使用和管理的具体实施办法，由省人力资源社会保障行政部门会同省财政、卫生、安全生产监督管理等部门按照国家规定制定。

职工住院治疗工伤的伙食补助费标准和异地就医、配置辅助器具的交通、食宿费用标准由统筹地区人民政府制定。

**第十一条** 因工伤发生的下列费用，按照国家规定由用人单位支付：

（一）治疗工伤期间的工资福利；

（二）五级、六级伤残职工按月领取的伤残津贴；

（三）终止或者解除劳动合同时，应当享受的一次性伤残就业补助金。

**第十二条** 用人单位、工伤职工或者其近亲属、工会组织提出工伤认定申请，要按照《条例》第十七条的规定时限向统筹地区人力资源社会保障行政部门提出。其中，用人单位因交通事故、失踪、因工外出期间发生事故伤害及受其他不可抗力因素影响不能在规定时限内提出申请的，经统筹地区人力资源社会保障行政部门同意，申请时限可以适当延长，但延长时间不得超过 30 日。

用人单位未在规定的时限内提交工伤认定申请，在此期间发生的符合《条例》规定的工伤待遇等有关费用由该用人单位负担。

**第十三条** 职工上下班途中受到非本人主要责任的交通事故或城市轨道交通、客运轮渡、火车事故伤害的，申请人应提交公安交通管理部门或其他相关部门出具的事故责任认定证明。

**第十四条** 统筹地区人力资源社会保障行政部门应自收到工伤认定申请之日起 15 日内作出受理或者不予受理决定，并书面通知申请人。其中，不予受理决定中应当载明不予受理的理由、事实依据并告知申请人申请行政复议或者提起行政诉讼的时间、方式。

**第十五条** 人力资源社会保障行政部门应当自受理工伤认定申请之日起 60 日内作出工伤认定的决定。对受理的事实清楚、权利义务明确的工伤认定申请，应当在 15 日内作出工伤认定的决定。

作出工伤认定决定需要以司法机关或者有关行政主管部门的结论为依据的，在司法机关或者有关行政主管部门尚未作出结论期间，作出工伤认定决定的时限中止。

**第十六条**　省和设区的市应按《条例》规定建立劳动能力鉴定委员会，并设立劳动能力鉴定委员会办事机构，由专人负责劳动能力鉴定委员会日常工作和劳动能力鉴定组织管理工作。

**第十七条**　劳动能力鉴定委员会承担以下任务：

（一）工伤职工劳动能力鉴定；

（二）停工留薪期限确认；

（三）辅助器具配置确认；

（四）旧伤复发确认；

（五）疾病与工伤因果关系鉴定；

（六）供养亲属完全丧失劳动能力鉴定；

（七）职工因病或非因工伤残丧失劳动能力程度鉴定；

（八）法律、法规规定的其他劳动能力鉴定事项。

**第十八条**　劳动能力鉴定委员会应建立医疗卫生专家库。列入专家库的医疗卫生专业技术人员，由劳动能力鉴定委员会选聘。医疗卫生专家库原则上每年调整一次。

**第十九条**　劳动能力鉴定收费标准由省人力资源社会保障行政部门会同省财政、物价等部门制定。

**第二十条**　工伤职工认为疾病与工伤有因果关系的，可在申请劳动能力鉴定时一并提出确认申请。

**第二十一条**　职工因工作遭受事故伤害或者患职业病需要暂停工作接受工伤医疗的，停工留薪期内原工资福利待遇不变，由所在单位按月支付。

工伤职工在停工留薪期内，除法律规定的情形外，用人单位不得与其解除或终止劳动关系。

**第二十二条**　职工因工致残被鉴定为一级至四级伤残的，保留劳动关系，退出工作岗位，按伤残等级享受伤残津贴。伤残津贴实际金额低于当地最低工资标准的，由工伤保险基金补足差额。

工伤职工达到退休年龄并办理退休手续后，停发伤残津贴，按照国家有关规定享受基本养老保险待遇。基本养老保险待遇低于伤残津贴的，由工伤保险基金补足差额。

**第二十三条**　一级至四级工伤职工的伤残津贴、供养亲属抚恤金以及生活护理费调整办法，由省人力资源社会保障行政部门会同财政部门根据全省职工平均工资及生活费用变化等情况适时制定。

**第二十四条**　职工因工致残被鉴定为五级、六级伤残，用人单位难以安排工作的，在按月领取伤残津贴期间，如一级至四级工伤职工伤残津贴调整，其伤残津贴应随一级至四级工伤职工伤残津贴的调整时间予以调整，具体标准分别按统筹地区四级工伤职工伤残津贴调整标准的90%、80%相应增加。伤残津贴实际金额低于当地最低工资标准的，由用人单位补足差额。

**第二十五条** 工伤职工被鉴定为五级、六级伤残的，经职工本人提出，可以与用人单位解除或终止劳动合同，以其解除或终止劳动合同时统筹地区上年度职工月平均工资为基数，分别支付本人22个月、18个月的一次性工伤医疗补助金和36个月、30个月的一次性伤残就业补助金。

工伤职工被鉴定为七级至十级伤残的，劳动合同期满终止，或者职工本人提出解除劳动合同，以其解除或终止劳动合同时统筹地区上年度职工月平均工资为基数，支付本人一次性工伤医疗补助金和一次性伤残就业补助金。一次性工伤医疗补助金的具体标准为：七级13个月，八级10个月，九级7个月，十级4个月；一次性伤残就业补助金的具体标准为：七级20个月，八级16个月，九级12个月，十级8个月。

职工被确诊为职业病的，一次性工伤医疗补助金在上述标准基础上加发50%。

工伤职工与用人单位解除或者终止劳动合同时，距法定退休年龄5年以上的，一次性工伤医疗补助金和一次性伤残就业补助金全额支付；距法定退休年龄不足5年的，每减少1年一次性伤残就业补助金递减20%。距法定退休年龄不足1年的按一次性伤残就业补助金全额的10%支付；达到法定退休年龄或者按规定办理了退休手续的，不支付一次性工伤医疗补助金和一次性伤残就业补助金。

一次性工伤医疗补助金和一次性伤残就业补助金所需资金，用人单位已经参加工伤保险的，一次性工伤医疗补助金由工伤保险基金支付，一次性伤残就业补助金由用人单位支付；未参加工伤保险的，一次性工伤医疗补助金和一次性伤残就业补助金，由用人单位支付。

**第二十六条** 用人单位对接触职业危害作业的职工，在终止、解除劳动合同时或者办理退休、退职手续前，应进行职业健康检查，并将检查结果告知职工。被确诊患有职业病的，应办理工伤认定、劳动能力鉴定、待遇核定手续，并按规定享受工伤保险待遇。

职工离休、退休、退职后被确诊为职业病的，可以按规定享受工伤医疗待遇。生活不能自理的，按劳动能力鉴定委员会确认的护理依赖程度发给生活护理费。

**第二十七条** 申请工伤保险待遇，应向统筹地区经办机构提交工伤认定决定、劳动能力鉴定结论和工伤保险待遇申报表。

**第二十八条** 职工因工死亡，其供养亲属享受抚恤金待遇的资格，按职工因工死亡时的条件核定。

**第二十九条** 应当参加工伤保险而未参加的用人单位职工发生工伤的，由该用人单位按照《条例》和本办法规定的工伤保险待遇项目和标准支付费用。用人单位参加工伤保险并补缴应当缴纳的工伤保险费、滞纳金后，由工伤保险基金和用人单位依照《条例》和本办法的规定支付新发生的费用。

用人单位未按时足额缴纳工伤保险费的，欠缴期间的工伤保险待遇由用人单位支付。补缴应当缴纳的工伤保险费、滞纳金后，新发生的工伤保险费用由工伤保险基金和用人单位依照《条例》和本办法的规定支付。

**第三十条** 破产、关闭、解散和注销企业被鉴定为一级至四级的工伤职工以及因工死亡职工供养亲属享受的工伤保险待遇仍按原标准继续发放。所需资金，原企业已经参加工伤保险的，从工伤保险基金中支付；未参保的，预留至当地平均期望寿命（其中，因工死亡职工供养亲属未满18周岁的，预留至年满18周岁），在资产清算时一次性拨付给经办机构。

被鉴定为五级至十级的，按规定支付其一次性工伤医疗补助金和一次性伤残就业补助金。所需资金，原企业已经参加工伤保险的，其一次性工伤医疗补助金从工伤保险基金中支付，其一次性伤残就业补助金在资产清算时一次性拨付；未参保的，其一次性工伤医疗补助金和一次性伤残就业补助金，在资产清算时一次性拨付。

对已破产、关闭、解散和注销企业的一级至四级工伤职工和因工死亡职工的供养亲属，各地可参照本条一、二款及解决老工伤问题的有关规定筹集资金，保障其工伤待遇。

**第三十一条** 本办法自2011年7月1日起施行，《山东省贯彻〈工伤保险条例〉试行办法》（鲁政发〔2003〕107号）同时废止。

# 117 河南省工伤保险条例

2007年5月31日河南省第十届人民代表大会常务委员会第三十一次会议审议通过，2007年6月1日河南省人民代表大会常务委员会公告第71号公布，自2007年10月1日起施行。

## 目 录

第一章 总则/533
第二章 工伤保险基金/534
第三章 工伤认定和劳动能力鉴定/535
第四章 工伤保险待遇/536
第五章 监督管理/538
第六章 法律责任/539
第七章 附则/540

## 第一章 总 则

**第一条** 为了保障因工作遭受事故伤害或者患职业病的职工获得医疗救治和经济补偿，促进工伤预防和职业康复，分散用人单位的工伤风险，根据《中华人民共和国劳动法》、国务院《工伤保险条例》及有关法律、法规，结合本省实际，制定本条例。

**第二条** 本省行政区域内的各类企业、不属于财政拨款支持范围或没有经常性财政拨款的事业单位和民间非营利组织、有雇工的个体工商户（以下称用人单位）应当依照国务院《工伤保险条例》和本条例规定参加工伤保险，为本单位全部职工或者雇工（以下称职工）缴纳工伤保险费。职工个人不缴纳工伤保险费。

国家机关和财政经常拨款支持的事业单位、民间非营利组织的工作人员因工作遭受事故伤害或者患职业病的，由所在单位支付费用，具体办法按国家机关工作人员的工伤政策执行；与之建立劳动关系的劳动者因工作遭受事故伤害或者患职业病的，依照本条例规定执行。

本条例所称职工，是指与用人单位存在劳动关系（包括事实劳动关系）的各种用工形式、各种用工期限的城乡劳动者。但用人单位聘用的离退休人员除外。

**第三条** 用人单位应当每年将本单位参加工伤保险的职工名单、缴费工资、工伤保险费缴纳、工伤事故等情况在本单位内公示，接受职工监督。

**第四条** 工伤保险基金在省辖市实行全市统筹。

中央驻豫单位和省属驻郑单位以及跨地区、生产流动性较大的特殊行业，实行省直接统筹。省劳动保障行政部门可以委托特殊行业的省级主管部门负责工伤保险业务经办工作。

**第五条** 县级以上人民政府劳动保障行政部门负责本行政区域内的工伤保险工作。

劳动保障行政部门按照国务院有关规定设立的工伤保险经办机构（以下称经办机构）具体承办工伤保险事务。

**第六条** 县级以上人民政府应当努力发展职业康复事业，帮助因工致残者得到康复和从事适合身体状况的劳动，建立工伤预防、工伤补偿和职业康复相结合的工伤保险工作体系。

## 第二章 工伤保险基金

**第七条** 工伤保险基金由下列各项构成：

（一）用人单位缴纳的工伤保险费；

（二）工伤保险基金的利息；

（三）工伤保险费滞纳金；

（四）依法纳入工伤保险基金的其他资金。

**第八条** 工伤保险费根据以支定收、收支平衡的原则，按照国家有关规定确定费率。

省辖市劳动保障行政部门应当根据国家有关工伤保险费率的规定和行业特点，确定农民工较为集中行业的费率标准和具体缴费方式，报同级人民政府批准，并报省劳动保障行政部门备案。

**第九条** 工伤保险基金存入社会保障基金财政专户，用于本条例规定的工伤保险待遇、劳动能力鉴定、工伤预防、职业康复以及法律、法规规定的其他工伤保险费用的支付。

任何单位或者个人不得将工伤保险基金用于投资运营、兴建或者改建办公场所、发放奖金，或者挪作他用。

**第十条** 省、省辖市建立两级工伤保险储备金制度。各统筹地区储备金按当年本地工伤保险基金征缴总额的百分之七提留：百分之二上解作为省级工伤保险储备金，百分之五作为省辖市工伤保险储备金。当工伤保险储备金滚存总额超过当年工伤保险基金收入的百分之五十时，统筹地区劳动保障行政部门和财政部门应当减少储备金提留比例，并报省劳动保障行政部门和财政部门同意后实施。

储备金主要用于统筹地区重大事故的工伤保险待遇及工伤保险基金入不敷出时的支付。统筹地区储备金不足支付时，同级财政部门应当先垫付，再申请省级储备金调剂。

**第十一条**　职业康复费用按不超过当年结存的工伤保险基金四分之一的比例由统筹地区经办机构提出用款支出计划，报同级劳动保障行政部门和财政部门审核同意后，列入下年度工伤保险基金支出预算。下年度据实列支，用于工伤职工职业康复。

**第十二条**　在保证工伤保险待遇、劳动能力鉴定费、职业康复费用足额支付和储备金留存的前提下，统筹地区经办机构可以按当年工伤保险基金实际征缴总额百分之五的比例提出工伤预防费使用计划，报同级劳动保障行政部门和财政部门审核同意后，主要用于统筹地区参保单位工伤保险工作的宣传培训、工伤案例分析、工伤事故预防等。

## 第三章　工伤认定和劳动能力鉴定

**第十三条**　职工有国务院《工伤保险条例》第十四条、第十五条规定情形的，应当认定为工伤或视同工伤。

职工受用人单位指派前往疫区工作而感染该疫病的，视同工伤。

**第十四条**　职工有国务院《工伤保险条例》第十六条规定的情形，认定职工伤亡不属于工伤或不视同工伤的，应当以法定职权部门或者法定鉴定机构出具的书面结论为依据。

**第十五条**　职工发生事故伤害或者按照《中华人民共和国职业病防治法》规定被诊断、鉴定为职业病的，所在单位应当自事故伤害发生之日起或者被诊断、鉴定为职业病之日起三十日内，向统筹地区劳动保障行政部门或者其委托的有关部门提出工伤认定申请。因交通事故、失踪、因工外出期间发生事故伤害以及其他不可抗力因素导致不能在规定时限内提出申请的，经统筹地区劳动保障行政部门同意，可以适当延长申请时限，但最长不得超过九十日。

用人单位未按前款规定提出工伤认定申请的，工伤职工或者其直系亲属、工会组织在事故伤害发生之日或者被诊断、鉴定为职业病之日起一年内，可以直接向用人单位所在地统筹地区劳动保障行政部门提出工伤认定申请。

**第十六条**　对工伤认定管辖发生争议的，由其共同的上一级劳动保障行政部门指定管辖。

省劳动保障行政部门进行工伤认定的事项，根据属地原则移交用人单位所在地的省辖市劳动保障行政部门办理。

省辖市劳动保障行政部门根据工作需要，可以委托县级劳动保障行政部门办理工伤认定的具体事务。

**第十七条**　申请人提出工伤认定申请，依照国务院《工伤保险条例》第十八条规定办理，但有下列情形之一的，劳动保障行政部门不予受理，并书面告知申请人：

（一）超过法定时限提出申请的；

（二）该劳动保障行政部门没有管辖权的；

（三）不属于劳动保障行政部门职权范围的；

（四）受伤害人员是用人单位聘用的离退休人员的；

（五）法律、法规规定的不予受理的其他情形。

**第十八条** 职工或者其直系亲属、工会组织认为是工伤，用人单位不认为是工伤的，由用人单位承担举证责任。

劳动保障行政部门受理职工或者其直系亲属、工会组织提出的工伤认定申请后，应当在十日内书面通知用人单位提供相关证据材料。用人单位在接到书面通知二十日内不提供相关材料或者不履行举证义务的，劳动保障行政部门可以根据受伤害职工或者其直系亲属、工会组织提供的证据依法作出工伤认定结论。

**第十九条** 劳动保障行政部门应当自受理工伤认定申请之日起六十日内作出工伤认定的决定，并于工伤认定决定作出之日起十五日内，书面通知申请工伤认定的职工或者其直系亲属和该职工所在单位，同时抄送经办机构。认定为工伤或者视同工伤的，发给《工伤证》，不收取费用。

《工伤证》由省劳动保障行政部门统一印制。

**第二十条** 职工发生工伤，经治疗伤情相对稳定或者停工留薪期满后存在残疾、影响劳动能力的，应当进行劳动能力鉴定。

省、省辖市劳动能力鉴定委员会应当根据医疗专家组提出的鉴定意见作出工伤职工劳动能力鉴定结论。

## 第四章 工伤保险待遇

**第二十一条** 职工因工作遭受事故伤害或者患职业病进行治疗，劳动保障行政部门尚未作出工伤认定结论的，用人单位应当先行垫付治疗费用。经劳动保障行政部门认定为工伤或者视同工伤后，参加工伤保险的，由用人单位向经办机构申报结算；未参加工伤保险的，按工伤保险有关规定由用人单位支付。

**第二十二条** 用人单位将业务发包、转包、分包给不具备用工主体资格的组织或者个人，该不具备用工主体资格的组织或者个人招用的劳动者因工作原因遭受事故伤害或者患职业病的，由用人单位承担工伤保险责任。

职工在两个或者两个以上用人单位同时就业的，各用人单位应当分别为职工缴纳工伤保险费。职工发生工伤，由职工受到伤害时其工作的用人单位依法承担工伤保险责任。

**第二十三条** 工伤职工已经评定伤残等级并经劳动能力鉴定委员会确认需要生活护理的，按月支付生活护理费，其标准按护理鉴定结论作出时统筹地区上年度职工月平均工资为基数计算。

**第二十四条** 职工因工致残被鉴定为一级至四级伤残的，由用人单位和职工个人以伤残津贴为基数按规定缴纳基本养老保险费、基本医疗保险费至正常退休年龄。扣除个人缴纳的各项社会保险费后，伤残津贴低于当地最低工资标准的，由工伤保险基金补足差额。

一级至四级工伤伤残农民工，可选择一次性享受或者长期享受工伤保险待遇。一次性享受工伤保险待遇的具体办法由省人民政府另行制定。

**第二十五条**　职工因工致残被鉴定为五级、六级伤残的，按国务院《工伤保险条例》第三十四条规定执行，保留与用人单位的劳动关系，用人单位为其安排适当工作。职工难以胜任用人单位安排的工作或者用人单位难以安排工作的，用人单位应当按月发给伤残津贴，并以伤残津贴为基数按规定为其缴纳各项社会保险费。扣除个人缴纳的各项社会保险费后，伤残津贴实际领取数额低于当地最低工资标准的，由用人单位补足差额。

**第二十六条**　职工因工致残被鉴定为五级至十级伤残，恢复工作后由于伤残造成本人工资降低的，由用人单位发给在职伤残补助金，标准为本人工资降低部分的百分之七十，本人晋升工资时，在职伤残补助金予以保留。

**第二十七条**　五级至十级工伤职工按国务院《工伤保险条例》第三十四条、第三十五条规定与用人单位解除或者终止劳动关系的，一次性工伤医疗补助金和伤残就业补助金以解除或者终止劳动关系时统筹地区上年度职工月平均工资为基数计算，标准为：一次性工伤医疗补助金，五级十六个月，六级十四个月，七级十二个月，八级十个月，九级八个月，十级六个月；一次性伤残就业补助金，五级五十六个月，六级四十六个月，七级三十六个月，八级二十六个月，九级十六个月，十级六个月。患职业病的工伤职工，一次性工伤医疗补助金在上述标准的基础上增发百分之三十。

领取一次性工伤医疗补助金和伤残就业补助金的工伤职工，工伤保险关系同时终止。工伤职工距正常退休年龄五年以上的，一次性伤残就业补助金全额支付；距正常退休年龄不足五年的，每减少一年，一次性伤残就业补助金递减百分之二十；距正常退休年龄不足一年的按百分之十支付。享受一次性工伤医疗补助金和伤残就业补助金的，不得减少按照失业保险规定应当享受的待遇和按有关规定应当享受的经济补偿金。

**第二十八条**　工伤职工办理退休手续后继续享受工伤医疗、生活护理费、辅助器具安装等待遇。所需费用，退休前已参加工伤保险的，由工伤保险基金支付；退休前未参加工伤保险的，由原用人单位支付。

**第二十九条**　职工因工死亡，一次性工亡补助金标准为五十四个月的统筹地区上年度职工月平均工资。对属于抢险救灾、见义勇为工亡者，按六十个月发给。

职工因工死亡，其供养亲属享受抚恤金待遇的资格按职工因工死亡时的条件核定。

**第三十条**　一次性伤残补助金、丧葬补助金、一次性工亡补助金自申领之日起次月内支付。伤残津贴、生活护理费等长期待遇自劳动能力鉴定结论作出的次月起支付。供养亲属抚恤金自职工死亡的次月起支付。

工伤职工经再次鉴定，鉴定结论发生变化的，应当按再次鉴定结论享受相应待遇，享受待遇的起始时间为原鉴定时间的次月。工伤职工复查鉴定结论发生变化的，应当自复查鉴定结论作出的次月起，按照复查鉴定结论享受有关待遇，但一次性伤残补助金不再调整。

**第三十一条**　伤残津贴、供养亲属抚恤金、生活护理费由统筹地区劳动保障行政部门根据职工平均工资和生活费用变化等情况适时调整，报省劳动保障行政部门批准后实施。

**第三十二条** 职工因工外出期间发生事故或者在抢险救灾中下落不明的，从事故发生当月起三个月内照发工资，从第四个月起停发工资，由工伤保险基金向其供养亲属按月支付供养亲属抚恤金。生活有困难的，可以预支一次性工亡补助金的百分之五十。该职工重新出现的，自出现的次月起停发供养亲属抚恤金，领取的一次性工亡补助金应当退回。

**第三十三条** 因用人单位缴纳工伤保险费基数不实造成工伤职工工伤保险待遇降低的，由用人单位承担责任，并支付差额。

**第三十四条** 工伤职工凭工伤认定决定、劳动能力鉴定结论享受工伤保险待遇。

工伤职工的供养亲属凭工伤认定决定、劳动能力鉴定结论、公安户籍管理机构出具的供养亲属身份证明、街道办事处或者乡镇人民政府出具的无生活来源的证明、民政部门出具的孤寡老人或者孤儿的证明、养子女（养父母）的公证书等有关材料享受工伤保险待遇。

**第三十五条** 用人单位撤销、破产的，在财产清算时应当按照统筹地区上年度工伤人员人均工伤保险待遇费用优先一次性缴纳十年的工伤保险待遇费用，由经办机构负责支付一级至四级工伤人员、享受供养亲属抚恤金人员以及已退休工伤人员的工伤保险基金支付项目待遇的费用；未达到退休年龄的五级至十级工伤职工，在财产清算时应当按照本条例第二十七条规定的标准，优先支付一次性工伤医疗补助金和伤残就业补助金。

**第三十六条** 职工被派遣出境工作，依据前往国家或者地区的法律应当参加当地工伤保险的，参加当地工伤保险，其国内工伤保险关系中止；不能参加当地工伤保险的，其国内工伤保险关系不中止。

在国内保留工伤保险关系的职工，其境外工伤医疗、康复等费用按照国家和本省规定的标准从工伤保险基金中支付。

## 第五章 监督管理

**第三十七条** 省劳动保障行政部门会同有关部门根据本省行政区域内工伤事故和职业病救治特点，制定工伤保险医疗服务管理办法，统筹规划和选择工伤保险医疗转诊机构、康复机构和辅助器具配置机构；统筹地区劳动保障行政部门根据工伤保险工作需要，在本统筹区域内选择工伤保险医疗机构。

经办机构与劳动保障行政部门选择的工伤保险医疗机构、医疗转诊机构、康复机构和辅助器具配置机构在平等协商的基础上签订包括服务对象、范围、质量、期限及解除协议条件、费用审核结算办法等内容的书面协议，明确双方的责任、权利和义务。协议签订后，经办机构应当向社会公布。

**第三十八条** 劳动保障行政部门应当会同当地卫生、食品药品监督管理、价格等部门依法对本地工伤保险医疗服务进行监督检查。

劳动保障行政部门、审计部门和财政部门应当依法对工伤保险基金的收支和管理情况进行监督。

对用人单位不依法参加工伤保险或者参保后少缴、欠缴、拒缴工伤保险费的，劳动保障行政部门应当依法查处；安全生产许可证颁发管理机关不予颁发、暂扣或者吊销安全生产许可证。

**第三十九条** 有下列情形之一的，作出工伤认定决定的劳动保障行政部门或者其上级行政机关，根据利害关系人的请求或者依据职权，可以撤销已作出的工伤认定决定：

（一）违反法定程序的；

（二）因提供虚假证据、欺骗等不正当手段而造成工伤认定的；

（三）劳动保障行政部门工作人员滥用职权、玩忽职守作出错误工伤认定的；

（四）依法可以撤销工伤认定决定的其他情形。

## 第六章 法律责任

**第四十条** 劳动保障行政部门工作人员有下列情形之一的，依法给予行政处分；情节严重，构成犯罪的，依法追究刑事责任：

（一）无正当理由不受理工伤认定申请，或者弄虚作假将不符合工伤条件的人员认定为工伤职工的；

（二）未妥善保管申请工伤认定的证据材料，致使有关证据灭失的；

（三）收受当事人财物的；

（四）向工伤认定申请当事人收取工伤认定费用的；

（五）拒不纠正错误或者不正当的工伤认定决定的；

（六）拒不受理上级指定管辖的工伤认定案件的；

（七）无正当理由，未在规定时限内作出工伤认定决定的。

**第四十一条** 经办机构有下列行为之一的，由劳动保障行政部门责令改正，对直接负责的主管人员和其他责任人员依法给予行政处分；情节严重，构成犯罪的，依法追究刑事责任；造成当事人经济损失的，由经办机构依法承担赔偿责任：

（一）用人单位依法申报参加工伤保险，无正当理由拒不受理的；

（二）未按规定保存用人单位缴费和职工享受工伤保险待遇情况记录的；

（三）不按规定核定工伤保险待遇的；

（四）收受当事人财物的；

（五）不为符合参保条件的农民工办理参保手续的。

**第四十二条** 单位或者个人违反本条例规定挪用工伤保险基金，构成犯罪的，依法追究刑事责任；尚不构成犯罪的，依法给予行政处分或者纪律处分。被挪用的基金由劳动保障行政部门追回，并入工伤保险基金；没收的违法所得依法上缴国库。

**第四十三条** 职工因工作遭受事故伤害或者患职业病，用人单位不组织抢救、隐瞒事实真相或者拒不履行举证责任的，由劳动保障行政部门责令改正；拒不改正的，处以二千元以上二万元以下的罚款；情节严重，构成犯罪的，依法追究刑事责任。

**第四十四条** 用人单位未按规定缴纳工伤保险费的，由劳动保障行政部门责令限期缴纳；逾期不缴纳的，除补缴欠缴数额外，从欠缴之日起，按日加收千分之二的滞纳金。

## 第七章　附　　则

**第四十五条**　劳动保障行政部门受理工伤认定申请，不得向申请人收取任何费用。

工伤认定调查勘验所需费用列入同级部门财政预算。

**第四十六条**　大中专院校、技工学校、职业高中等学校学生在实习单位由于工作遭受事故伤害或者患职业病的，参照本条例规定的标准，一次性发给相关费用，由实习单位和学校按照双方约定承担；没有约定的，由双方平均分担。

**第四十七条**　本条例自2007年10月1日起施行。

# 118　湖北省工伤保险实施办法

2003年12月29日湖北省人民政府令第257号公布，2014年11月17日湖北省人民政府常务会议修订通过，2014年12月6日湖北省人民政府令第375号公布，自2015年2月1日起施行。

## 目　　录

第一章　总则/540
第二章　工伤保险基金/541
第三章　工伤认定/542
第四章　劳动能力鉴定/544
第五章　工伤保险待遇/546
第六章　工伤预防、医疗和康复/548
第七章　法律责任/548
第八章　附则/549

## 第一章　总　　则

**第一条**　为了保障因工作遭受事故伤害或者患职业病的职工获得医疗救治和经济补偿，促进工伤预防和职业康复，分散用人单位的工伤风险，根据《中华人民共和国社会保险法》《工伤保险条例》等法律、法规，结合本省实际，制定本办法。

**第二条**　本省行政区域内的企业、事业单位、社会团体、民办非企业单位、基金会、律师事务所、会计师事务所等组织和有雇工的个体工商户（以下称用人单位）应当参加工伤保险，为本单位全部职工或者雇工（以下称职工）缴纳工伤保险费。

职工依法享受工伤保险待遇，不缴纳工伤保险费。

**第三条** 工伤保险工作应当坚持预防、救治、补偿、康复相结合的原则，建立与经济社会发展相适应的工伤保险制度。

**第四条** 县级以上人民政府应当加强对工伤保险工作的领导，将工伤保险纳入政府公共服务事业范围，完善工作制度和服务平台，推进工伤保险工作制度化、规范化。

县级以上人民政府社会保险行政部门负责本行政区域内的工伤保险工作，其社会保险经办机构（以下称经办机构）具体承办工伤保险事务。

公安、民政、财政、住房城乡建设、交通运输、卫生计生、审计、税务、工商、安全生产监督管理及工会等部门和组织按照各自职责，协助社会保险行政部门做好工伤保险相关工作。

**第五条** 用人单位按照属地原则，参加注册地所在统筹地区工伤保险，依照社会保险登记办法办理工伤保险登记。

用人单位有异地分支机构的，分支机构可以作为独立的缴费单位，向其注册地经办机构申请办理参保登记；用人单位跨统筹地区的，可以采取相对集中的方式选择其中一个统筹地区参加工伤保险。

统筹地区可以探索建立用人单位自愿参加的多层次补充工伤保险制度。

**第六条** 用人单位和职工应当遵守有关安全生产和职业病防治的法律、法规，执行安全卫生规程和标准，预防工伤事故发生，避免和减少职业病危害。

工会组织通过平等协商和集体合同制度，协调劳动关系，依法维护工伤职工合法权益，对用人单位的工伤保险工作实行监督。

## 第二章 工伤保险基金

**第七条** 工伤保险基金由用人单位缴纳的工伤保险费、工伤保险基金的利息、财政补贴和依法纳入工伤保险基金的其他资金构成，用于支付工伤保险待遇、劳动能力鉴定、工伤预防的宣传培训等费用及法律、法规规定用于工伤保险的其他费用。

劳动能力鉴定、工伤认定调查等所需工作经费应当由同级财政预算给予保障。

**第八条** 工伤保险基金实行市级统筹，并逐步实行省级统筹。

未实行省级统筹前，建立省级调剂金制度。省级调剂金用于特大工伤事故工伤保险待遇支付的补贴和统筹地区工伤保险基金收支缺口时的调剂。省级调剂金的提取比例和使用管理办法由省社会保险行政部门会同省财政等部门拟定，报省人民政府批准。

**第九条** 统筹地区实行工伤保险储备金制度。储备金按照统筹地区当年工伤保险基金征缴总额的10%提取，累计总额达到当年工伤保险基金征缴额的30%时不再提取。

储备金在发生重大工伤事故或者当期工伤保险基金不足支付时，由经办机构提出申请，经统筹地区社会保险行政部门、财政部门核准使用。使用储备金和省级调剂金后仍不足支付的，由统筹地区人民政府垫付。

**第十条** 工伤保险费根据以支定收、收支平衡的原则确定费率。经办机构应当按照国家公布的行业差别费率及行业内费率档次，根据用人单位工伤保险费使用、工伤发生率等情况，确定用人单位的年度缴费费率。

**第十一条** 用人单位应当按时足额缴纳工伤保险费，并将参加工伤保险的有关情况在本单位内公示。

社会保险行政部门应当依法对工伤保险费的征缴和工伤保险基金的支付情况进行监督检查。财政、审计部门应当依法对工伤保险基金的收支、管理情况进行监督。

**第十二条** 职工（包括非全日制从业人员）在两个或者两个以上用人单位同时存在劳动关系的，用人单位应当分别为职工缴纳工伤保险费。职工发生工伤的，由职工受到伤害时工作的单位依法承担工伤保险责任。

职工被借调期间发生工伤的，由原用人单位承担工伤保险责任。劳务派遣单位的职工在用工单位期间发生工伤的，由派遣单位承担工伤保险责任。

## 第三章 工伤认定

**第十三条** 职工发生事故伤害或者按照职业病防治法规定被诊断、鉴定为职业病，所在单位应当自事故伤害发生之日或者被诊断、鉴定为职业病之日起 30 日内，向统筹地区社会保险行政部门提出工伤认定申请。遇有不可抗力等特殊原因，经报社会保险行政部门同意，申请时限可以延长 60 日。

用人单位未按第一款规定提出工伤认定申请的，工伤职工或者其近亲属、工会组织在事故伤害发生之日或者被诊断、鉴定为职业病之日起 1 年内，可以直接向用人单位所在地统筹地区社会保险行政部门提出工伤认定申请。

用人单位未按第一款规定的时限内提交工伤认定申请，在此期间发生符合规定的工伤待遇等有关费用由该用人单位承担。

**第十四条** 曾经从事接触职业病危害作业未发现患职业病、离开工作岗位后被诊断或鉴定为患职业病的人员，办理退休手续后或者劳动（聘用）合同期满或者解除劳动（聘用）合同后，未再从事接触职业病危害作业的，可以自诊断、鉴定为职业病之日起 1 年内申请工伤认定，社会保险行政部门应当受理。

**第十五条** 职工工伤发生地与用人单位注册地、生产经营地不在同一统筹地区的，用人单位、工伤职工或者其近亲属、工会组织应当向参保所在地社会保险行政部门提出工伤认定申请；用人单位未参加工伤保险的，应当向单位注册地社会保险行政部门提出工伤认定申请。

**第十六条** 申请人提出工伤认定申请，应当填报《工伤认定申请表》，并提交下列材料：

（一）受伤害职工的居民身份证明，用人单位依法设立或者注册登记的文件证明。

（二）劳动合同、聘用合同文本复印件，或者职工与用人单位存在劳动关系（包括事实劳动关系）、人事关系的其他证明材料。

（三）医疗机构出具的职工受伤后诊断证明书，或者职业病诊断证明书或者职业病诊断鉴定书。

**第十七条**　社会保险行政部门收到工伤认定申请后，应当在15日内对申请人提交的材料进行审核。材料完整的，作出受理或者不予受理的决定，出具《工伤认定申请受理决定书》或者《工伤认定申请不予受理决定书》；材料不完整的，应当当场或者5日内一次性书面告知申请人需要补正的全部材料。

**第十八条**　社会保险行政部门受理工伤认定申请后，认为申请人确需提供下列证明材料的，应当一次性告知申请人：

（一）在工作时间和工作场所内，因履行工作职责受到暴力等意外伤害的，提交人民法院生效裁决文书或者公安机关的证明或者其他有效证明。

（二）在上下班途中，受到非本人负主要责任的交通事故或者城市轨道交通、客运轮渡、火车事故伤害的，提交有权机构出具的事故责任认定书、结论性意见或者人民法院生效裁决文书，或者其他相关部门的证明。

（三）因工外出期间，由于工作原因受到伤害的，提交有权机构出具的证明或者其他有效证明；因发生事故下落不明，提出因工死亡认定申请的，提交人民法院宣告死亡的法律文书。

（四）在工作时间和工作岗位，突发疾病死亡或者突发疾病、自医疗机构初次诊断起48小时内经抢救无效死亡的，提交医疗机构的抢救记录和死亡证明。

（五）在抢险救灾等维护国家利益、公共利益活动中受到伤害的，提交民政部门或者其他相关部门的证明。

（六）因战、因公负伤致残的转业、复员、退伍军人，到用人单位后旧伤复发的，提交《中华人民共和国残疾军人证》及劳动能力鉴定委员会的旧伤复发鉴定证明。

**第十九条**　社会保险行政部门受理工伤认定申请后，申请人撤回工伤认定申请的，工伤认定程序终止。终止工伤认定的，由社会保险行政部门向申请人送达《工伤认定终止通知书》。

社会保险行政部门受理工伤认定申请后，有下列情形之一的，可以中止工伤认定：

（一）需要以司法机关或者有关部门的结论为依据，而该结论尚未作出的。

（二）由于不可抗力导致工伤认定难以进行的。

（三）法律、法规、规章规定其他需要中止的情形。

中止工伤认定的，由社会保险行政部门向申请人送达《工伤认定中止通知书》。中止情形消失的，社会保险行政部门应当及时恢复工伤认定程序。中止工伤认定的时间不计入工伤认定时限。

**第二十条**　社会保险行政部门受理工伤认定申请后，可以根据需要对申请人提供的证据进行调查核实；事故发生在统筹地区以外的，可以委托其他统筹地区社会保险行政部门进行调查核实；申请人难以提供相关证明材料或者证据的，可以对职工受伤害事实进行调查取证。

社会保险行政部门在工伤认定中可以进行以下调查核实工作：

（一）根据工作需要，进入有关单位和事故现场。

（二）依法查阅与工伤认定有关的资料，询问有关人员并作出调查笔录。

（三）记录、录音、录像和复制与工伤认定有关的资料。

（四）法律、法规规定可以进行调查核实的其他事项。

调查核实应当由两名以上工作人员共同进行，并出示行政执法证件。

**第二十一条** 社会保险行政部门工作人员进行调查核实时，应当保守有关单位商业秘密和个人隐私。用人单位、工会组织、医疗机构以及有关部门和个人应当予以协助，据实提供情况和证明材料。

**第二十二条** 职工受伤认定为工伤或者视同工伤的情形，按照《工伤保险条例》的规定执行。有下列情形之一的，不得认定为工伤或者视同工伤：

（一）故意犯罪的。

（二）醉酒或者吸毒的。

（三）自残或者自杀的。

（四）法律、行政法规规定的其他情形。

对前款第一项的认定，应当以司法机关的生效法律文书或者结论性意见为依据；对前款第二项、第三项的认定，应当以有关机关出具的事故责任认定书、结论性意见和人民法院生效裁决等法律文书为依据。

**第二十三条** 职工或者其近亲属认为是工伤，用人单位不认为是工伤的，由该用人单位承担举证责任。用人单位拒不举证的，社会保险行政部门可以根据受伤害职工提供的证据或者调查取得的证据，依法作出工伤认定决定。

**第二十四条** 社会保险行政部门应当自受理工伤认定申请之日起60日内作出工伤认定决定，出具《认定工伤决定书》或者《不予认定工伤决定书》；对事实清楚、权利义务明确的工伤认定申请，应当自受理工伤认定申请之日起15日内作出工伤认定决定。

社会保险行政部门应当自工伤认定决定作出之日起20日内，将《认定工伤决定书》或者《不予认定工伤决定书》送达受伤害职工或者其近亲属和用人单位，并抄送经办机构。

## 第四章　劳动能力鉴定

**第二十五条** 省、市级劳动能力鉴定委员会负责工伤职工劳动功能障碍程度和生活自理障碍程度的等级鉴定，并对下列事项进行技术确认或者鉴定：

（一）工伤职工劳动能力等级鉴定。

（二）疾病与工伤因果关系鉴定。

（三）停工留薪期延长确认。

（四）康复性治疗确认。

（五）辅助器具配置确认。

（六）生活护理等级确认。

（七）旧伤复发确认。

（八）供养亲属丧失劳动能力程度鉴定。

（九）法律、法规、规章规定的其他劳动能力鉴定事项。

市级劳动能力鉴定委员会负责本辖区内的劳动能力初次鉴定、复查鉴定。省劳动能力鉴定委员会负责对初次鉴定或者复查鉴定结论不服提出的再次鉴定。

**第二十六条**　劳动能力鉴定委员会由社会保险行政部门、卫生计生行政部门、工会组织、经办机构代表、用人单位代表组成。劳动能力鉴定委员会应当按照规定选聘医疗卫生专家，建立医疗卫生专家库，组织劳动能力鉴定。

劳动能力鉴定委员会收到劳动能力鉴定申请后，应当按照规定组成医学专家组，由医学专家组提出鉴定意见。劳动能力鉴定委员会根据医学专家组的鉴定意见作出劳动能力鉴定结论。医学专家组认为有必要时，可以委托具备资格的医疗机构协助进行诊断。

**第二十七条**　职工发生工伤，经治疗伤情相对稳定后存在残疾、影响劳动能力的，或者停工留薪期满（含劳动能力鉴定委员会确认的延长期限），工伤职工或者其用人单位应当及时向劳动能力鉴定委员会提出劳动能力鉴定申请。

**第二十八条**　申请人提出劳动能力鉴定申请，应当填报《劳动能力鉴定申请表》，并提交下列材料：

（一）《认定工伤决定书》原件和复印件。

（二）有效的诊断证明、按照医疗机构病历管理有关规定复印或者复制的检查、检验报告等完整病历材料。

（三）工伤职工的居民身份证或者社会保障卡等其他有效身份证明原件和复印件。

（四）劳动能力鉴定委员会规定的其他材料。

**第二十九条**　用人单位、工伤职工或者其近亲属应当如实提供鉴定需要的材料，医疗机构及其医务人员应当如实出具与劳动能力鉴定有关的各项诊断证明和病历材料，按照要求配合劳动能力鉴定工作。

工伤职工有下列情形之一的，当次鉴定终止：

（一）无正当理由不参加现场鉴定的。

（二）拒不参加劳动能力鉴定委员会安排的检查和诊断的。

**第三十条**　劳动能力鉴定委员会收到劳动能力鉴定申请后，应当及时对申请人提交的材料进行审核；申请人提供材料不完整的，劳动能力鉴定委员会应当自收到劳动能力鉴定申请之日起7日内一次性书面告知申请人需要补正的全部材料。

申请人提供材料完整的，劳动能力鉴定委员会应当自收到劳动能力鉴定申请之日起60日内作出劳动能力鉴定结论；伤情复杂的，作出劳动能力鉴定结论的期限可以延长30日。

劳动能力鉴定委员会应当自作出鉴定结论之日起20日内，将鉴定结论送达工伤职工及其用人单位，并抄送经办机构。

**第三十一条**　劳动能力鉴定结论作出1年后，工伤职工或者其近亲属、用人单位或者经办机构认为伤残情况发生变化的，可以向劳动能力鉴定委员会申请劳动能力复查鉴定。

**第三十二条**　申请鉴定的用人单位或者工伤职工对初次鉴定或者复查鉴定结论不服的，可以自收到该鉴定结论之日起15日内，向省劳动能力鉴定委员会提出再次鉴定申请，提交初次鉴定结论原件和复印件以及本办法第二十八条规定的材料。省劳动能力鉴定委员会作出的劳动能力鉴定结论为最终结论。

**第三十三条** 用人单位已经参加工伤保险的，工伤职工劳动能力初次鉴定和复查鉴定费用，从工伤保险基金中支付；用人单位未参加工伤保险的，鉴定费用由用人单位承担。

## 第五章 工伤保险待遇

**第三十四条** 职工因工伤发生的下列费用，按照国家规定从工伤保险基金中支付：

（一）治疗工伤的医疗费用和康复费用。

（二）住院伙食补助费。

（三）报经办机构同意，到统筹地区以外就医所需的交通、食宿费用。

（四）安装配置伤残辅助器具所需费用。

（五）生活不能自理，经劳动能力鉴定委员会确认的生活护理费。

（六）一次性伤残补助金和一级至四级伤残职工的伤残津贴。

（七）终止或者解除劳动（聘用）合同时应当享受的一次性工伤医疗补助金。

（八）因工死亡职工的遗属领取的丧葬补助金、供养亲属抚恤金和一次性工亡补助金。

因工伤发生的下列费用，按照国家规定由用人单位支付：

（一）停工留薪期工资福利待遇及生活护理费。

（二）五级、六级伤残职工的伤残津贴。

（三）一次性伤残就业补助金。

**第三十五条** 一级至四级工伤职工领取伤残津贴期间，由用人单位和职工个人以伤残津贴为基数，缴纳基本医疗、基本养老保险费。扣除职工个人缴纳的基本医疗、基本养老保险费后，伤残津贴实际金额低于当地最低工资标准的，由工伤保险基金补足差额。

**第三十六条** 五级至十级工伤职工与用人单位解除劳动合同、聘用合同，或者七级至十级工伤职工劳动合同、聘用合同期满终止的，分别由工伤保险基金、用人单位支付一次性工伤医疗补助金、一次性伤残就业补助金。以统筹地区上年度职工月平均工资为基数，一次性工伤医疗补助金标准：五级伤残为 22 个月，六级伤残为 18 个月，七级伤残为 12 个月，八级伤残为 10 个月，九级伤残为 8 个月，十级伤残为 6 个月；一次性伤残就业补助金标准：五级伤残为 34 个月，六级伤残为 28 个月，七级伤残为 20 个月，八级伤残为 16 个月，九级伤残为 12 个月，十级伤残为 8 个月。

依照前款规定享受一次性伤残就业补助金待遇的职工，距法定退休年龄 5 年以上（含 5 年）的，应当享受全额补助金；距法定退休年龄不足 5 年的，每减少 1 年补助金递减 20%；距法定退休年龄不足 1 年的，享受 10%的补助金。

**第三十七条** 工伤职工领取一次性工伤医疗补助金和一次性伤残就业补助金后，不再享受工伤保险待遇。

五级至十级工伤职工在同一用人单位连续工作期间多次发生工伤，按照其在同一用人单位发生工伤的最高伤残级别计发一次性伤残就业补助金，并分别计发一次性工伤医疗补助金。

**第三十八条**　职工退休前，用人单位应当为职工进行职业健康检查，并建立职工健康档案。

职工符合本办法第十四条　规定的，经工伤认定和劳动能力鉴定，用人单位应当按规定支付相关待遇。用人单位依法为该职工缴纳工伤保险费的，分别由工伤保险基金和用人单位支付工伤保险待遇；未依法为该职工缴纳工伤保险费的，由用人单位按照国家规定的相关项目和标准支付待遇。

**第三十九条**　由于第三人的原因造成工伤，第三人不支付工伤医疗费用或者无法确定第三人的，从工伤保险基金中先行支付。工伤保险基金先行支付后，有权向第三人追偿。

职工因第三人的原因导致工伤，工伤职工或者其近亲属可以按照有关规定索取民事赔偿。经办机构不得以工伤职工或者其近亲属已经对第三人提起民事诉讼为由，拒绝支付工伤保险待遇，但第三人已经支付的医疗费用除外。

**第四十条**　用人单位按时足额缴纳工伤保险费的，工伤职工自缴费次日起享受工伤保险待遇。

工伤职工的伤残津贴、生活护理费和一次性伤残补助金，自劳动能力鉴定委员会作出鉴定结论的次月起领取。

**第四十一条**　工伤职工有下列情形之一的，停止享受工伤保险待遇：

（一）丧失享受待遇条件的。

（二）拒不接受劳动能力鉴定的。

（三）拒绝治疗的。

停止支付工伤保险待遇的，在停止支付待遇的情形消失后，自下月起恢复工伤保险待遇，停止支付的工伤保险待遇不予补发。

**第四十二条**　职工因工死亡，其近亲属按照规定从工伤保险基金领取丧葬补助金、供养亲属抚恤金和一次性工亡补助金。

申请领取供养亲属抚恤金的，经办机构应当一次性告知申请人提交下列材料：

（一）被供养人居民户口簿、身份证。

（二）乡（镇）人民政府、街道办事处出具的生活来源证明。

（三）学校出具的在校学生证明。

（四）民政部门出具的孤寡老人或孤儿证明。

（五）养子女的收养证书。

（六）供养亲属完全丧失劳动能力的鉴定结论。

（七）法律、法规、规章规定的其他材料。

**第四十三条**　职工住院治疗工伤（含工伤康复治疗）期间的伙食、交通、住宿补助标准，由统筹地区人民政府规定。

伤残津贴、供养亲属抚恤金、生活护理费标准，由统筹地区社会保险行政部门根据职工平均工资和生活费用变化等情况适时调整。调整办法由省社会保险行政部门会同有关部门制定。

## 第六章　工伤预防、医疗和康复

**第四十四条**　建立由人力资源社会保障、安全生产监督管理、公安、财政、城乡住房建设、卫生计生、国有资产监督管理及工会等部门和组织为成员单位的工伤预防联席会议制度。会议由人力资源社会保障部门召集，定期通报工伤事故预防情况，研究工伤预防工作中的重大问题。

工伤预防联席会议成员单位可以通过构建信息互通平台，共享工伤认定数据、生产安全事故数据、职业病诊断鉴定数据等信息，及时、全面地掌握用人单位工伤事故、安全生产、职业危害治理等工伤预防情况。

**第四十五条**　社会保险行政部门应当加强工伤保险政策法规的宣传教育，积极探索建立科学、规范的工伤预防工作模式。工伤预防工作的具体办法，工伤预防费用提取比例、使用和管理办法由省社会保险行政部门会同省财政、安全生产监督管理等部门，按照国家有关规定制定。

安全生产监督管理部门应当组织安全生产法律法规和相关知识的教育培训，督促用人单位落实安全生产规章制度，提高职工的安全意识和自救互救能力。

卫生和计划生育部门应当加强对职业病防治的宣传教育，普及职业病防治知识，增强用人单位的职业病防治观念，提高职工的健康意识和自我防护能力。

**第四十六条**　社会保险行政部门和经办机构应当建立工伤事故报告制度。职工发生工伤事故，用人单位应当于事故发生后或者接到职业病诊断书 24 小时内报告经办机构。因情况紧急到异地医疗机构急救的，用人单位应当在 3 日内报告经办机构。

职工发生工伤时，用人单位应当及时将受伤职工送往与经办机构签订服务协议的医疗机构就医；情况紧急时可以先到就近的医疗机构急救，伤情稳定后转往签订服务协议的医疗机构。

**第四十七条**　工伤康复应当坚持医疗与康复并重，实行先康复治疗、后鉴定补偿的原则。

职工需要工伤康复的，经劳动能力鉴定委员会确认后，可以到与经办机构签订服务协议的康复机构进行工伤康复。

**第四十八条**　用人单位或者工伤职工应当及时与经办机构结算工伤医疗、工伤康复费用。

经办机构按照协议和国家有关目录、标准，对工伤职工医疗费用、康复费用、辅助器具费用的使用情况进行核查，并按时足额结算费用。

## 第七章　法 律 责 任

**第四十九条**　对违反本办法规定的行为，法律、法规已有处理规定的，从其规定。

**第五十条**　用人单位或者职工采取违法手段，妨碍社会保险行政部门工作人员执行公务，构成违反治安管理行为的，由公安机关按照《治安管理处罚法》的规定予以处罚；构成犯罪的，依法追究刑事责任。

**第五十一条**　有关单位和个人对社会保险行政部门及其经办机构依照本办法作出的具体行政行为不服的，可以依法申请行政复议或者提起行政诉讼。

## 第八章　附　　则

**第五十二条**　本省行政区域内公务员和参照公务员法管理人员的工伤保障办法，由省人民政府依照国家有关规定另行规定。

**第五十三条**　本办法自2015年2月1日起施行。

本办法施行前已受到事故伤害或者患职业病的职工尚未完成工伤认定的，按照本办法规定执行；本办法施行前已完成工伤认定的，本办法施行后发生的工伤保险待遇按照本办法规定执行。

# 119　湖南省实施《工伤保险条例》办法

2014年1月22日省人民政府第21次常务会议通过，
2014年2月22日湖南省人民政府令第267号公布，
自2014年4月1日起施行。

## 目　　录

第一章　总则/549
第二章　工伤保险基金/550
第三章　工伤认定/551
第四章　劳动能力鉴定/553
第五章　工伤保险待遇/553
第六章　监督管理/555
第七章　附则/556

## 第一章　总　　则

**第一条**　根据国务院《工伤保险条例》（以下简称《条例》）和有关法律、法规，结合本省实际，制定本办法。

**第二条** 本省行政区域内的企业、事业单位、社会团体、民办非企业单位、基金会、律师事务所、会计师事务所等组织和有雇工的个体工商户（以下统称用人单位），应当依照《条例》和本办法的规定参加工伤保险，为本单位全部职工或者雇工（以下统称职工）缴纳工伤保险费。

本省行政区域内的职工均有依照《条例》和本办法的规定享受工伤保险待遇的权利。

**第三条** 用人单位应当在本单位内的显著位置公示本单位参加工伤保险的职工名单、缴费工资额、工伤事故和工伤申报等情况。

用人单位应当加强安全生产教育，加强事故自救互救知识和技能培训，增强职工预防工伤的意识和自救互救能力。

发生工伤时，用人单位应当采取措施使工伤职工得到及时救治，并报告社会保险行政部门和工伤保险经办机构。

**第四条** 县级以上人民政府社会保险行政部门负责本行政区域内的工伤保险工作，其工伤保险经办机构（以下称经办机构）具体承办工伤保险事务。

## 第二章 工伤保险基金

**第五条** 工伤保险基金由下列各项构成：

（一）用人单位缴纳的工伤保险费。

（二）工伤保险基金的利息。

（三）延迟缴纳工伤保险费的滞纳金。

（四）政府在工伤保险基金支付不足时依法给予的补贴。

（五）其他依法应当纳入工伤保险基金的资金。

**第六条** 工伤保险基金在设区的市、自治州实行全市、州统筹，条件具备时实行全省统筹。

工伤保险全省统筹前，养老保险由省直接管理的用人单位，其工伤保险可以由省直接管理。

**第七条** 统筹地区社会保险行政部门应当按照国家规定，提出适用行业差别费率及行业内费率档次的具体方案，报统筹地区人民政府批准后实施。

经办机构应当根据统筹地区人民政府批准的用人单位所属行业差别费率及行业内费率档次，确定用人单位的缴费数额。

**第八条** 用人单位应当按照经办机构确定的缴费数额按时足额缴纳工伤保险费。

难以按照职工工资总额缴纳工伤保险费的行业和企业，经统筹地区社会保险行政部门核定，可以按照国务院社会保险行政部门规定的缴费办法缴纳工伤保险费。

**第九条** 下列因工伤发生的费用和用于工伤保险的费用，依照国家规定从工伤保险基金支付：

（一）治疗工伤的医疗费用和康复费用。

（二）住院伙食补助费。

（三）到统筹地区以外就医的交通食宿费。

（四）安装配置伤残辅助器具所需费用。

（五）生活不能自理的，经劳动能力鉴定委员会确认的生活护理费。

（六）一次性伤残补助金。

（七）一级至四级工伤人员伤残津贴。

（八）终止或者解除劳动（聘用）合同时应当享受的一次性医疗补助金。

（九）因工死亡职工的遗属领取的丧葬补助金、供养亲属抚恤金、一次性工亡补助金。

（十）工伤认定调查和劳动能力鉴定费用。

（十一）工伤预防宣传和培训费用。

**第十条**　下列费用，工伤保险基金不予支付：

（一）应当从医疗保险基金支付的费用。

（二）境外治疗费用。

（三）不符合工伤保险诊疗项目目录、工伤保险药品目录、工伤保险住院服务标准的费用。

（四）依法不予支付的其他费用。

**第十一条**　建立省和设区的市、自治州两级工伤保险储备金。统筹地区按照当年工伤保险基金征缴总额的10%提取储备金，自留5%，向省上解5%。

工伤保险储备金用于重大事故的工伤保险待遇支付及工伤保险基金入不敷出时的支付。省级工伤保险储备金用于特大事故和统筹地区工伤保险基金入不敷出时的调剂。工伤保险储备金的具体使用办法由省人民政府社会保险行政部门会同财政部门制定，报省人民政府批准后执行。

## 第三章　工 伤 认 定

**第十二条**　统筹地区社会保险行政部门和经办机构应当建立工伤事故报告制度。

上下班途中的交通事故，或者其他原因造成的重伤事故、死亡事故，用人单位应当于事故发生后24小时内报告；其他原因造成的轻伤事故和职业病，用人单位应当于事故发生后或者接到职业病诊断书3日内报告；因不可抗力原因无法在上述时间内报告的，应当于障碍消除后3日内报告。社会保险行政部门和经办机构应当建立台账，予以登记。

**第十三条**　用人单位、工伤职工或者其近亲属、工会组织申请工伤认定的，应当在《条例》第十七条规定期限内向统筹地区社会保险行政部门提出。

用人单位因特殊原因不能在《条例》第十七条规定期限内提出申请的，经统筹地区社会保险行政部门同意，申请期限可以延长60日。

用人单位未在前两款规定的期限内提出申请的，在此期间发生的工伤待遇费用由用人单位负担。

**第十四条**　申请人申请工伤认定，应当填报工伤认定申请表并提交下列相关材料：

（一）受伤害职工的身份证明。

（二）与用人单位存在劳动关系（包括人事关系）的证明材料。

（三）医疗诊断证明，或者职业病诊断证明书或者职业病诊断鉴定书。

（四）在工作时间和工作场所内，因履行工作职责受到暴力等意外伤害的，提交人民法院裁判文书或者公安部门的证明或者其他证明。

（五）在上下班途中，受到非本人主要责任的交通事故或者城市轨道交通、客运轮渡、火车事故伤害的，提交公安交通管理部门或者其他相关部门的证明。

（六）因工外出期间，由于工作原因受到伤害的，提交公安部门的证明或者其他证明；因发生事故下落不明，提出因工死亡认定申请的，提交人民法院宣告死亡的文书。

（七）在工作时间、工作岗位突发疾病死亡，或者在工作时间、工作岗位突发疾病经抢救无效48小时内死亡的，提交医疗机构的抢救和死亡证明。

（八）在抢险救灾等维护国家利益、公共利益活动中受到伤害的，提交民政部门或者其他相关部门的证明。

（九）因战、因公负伤致残的转业、复员、退伍军人，到用人单位后旧伤复发的，提交革命伤残军人证及县级以上医疗机构的旧伤复发诊断证明。

用人单位未参加工伤保险的，还应当提交用人单位的设立登记或者设立批准证明。

**第十五条** 社会保险行政部门收到工伤认定申请后，应当在15日内对申请人提交的材料进行审核。材料完整的，作出受理或者不予受理的决定。决定受理的，应当出具《工伤认定申请受理通知书》；决定不予受理的，应当出具《工伤认定申请不予受理决定书》。

申请人提交的材料不完整的，社会保险行政部门应当当场或者于5日内一次性书面告知申请人需要补正的全部材料。逾期未告知的，收到材料之日起即为受理。申请人提交了全部补正材料的，社会保险行政部门应当于15日内依照前款规定作出并出具是否受理的决定。

**第十六条** 申请人提出工伤认定申请，有下列情形之一的，社会保险行政部门不予受理，并应当说明理由：

（一）不符合管辖规定的。

（二）属于《条例》第六十六条规定情形的。

**第十七条** 社会保险行政部门应当在《条例》第二十条规定的时限内作出工伤认定决定，并自工伤认定决定作出之日起20日内，将工伤认定决定书送达受伤害职工或者其近亲属和用人单位，并抄送工伤保险经办机构。

工伤职工与用人单位因是否存在劳动关系发生争议的，依照法定程序处理劳动争议的时间不计算在工伤认定时限内。

**第十八条** 工伤认定实行案例指导制度。

省人民政府社会保险行政部门应当选择工伤认定典型案例，经省人民政府法制部门审查，报省人民政府发布。

社会保险行政部门处理相同的工伤认定事务，除法律依据和客观情况变化外，应当参照已经发布的典型案例。

## 第四章　劳动能力鉴定

**第十九条**　省和设区的市、自治州劳动能力鉴定委员会负责工伤职工劳动功能障碍程度和生活自理障碍程度的等级鉴定，并对以下事项进行技术确认或者鉴定：

（一）停工留薪期延长的确认。

（二）疾病与工伤的因果关系鉴定。

（三）配置辅助器具的确认。

（四）供养亲属丧失劳动能力程度的确认。

（五）法律、法规规定的其他事项。

劳动能力鉴定委员会办事机构具体负责劳动能力鉴定的组织和日常工作。

**第二十条**　劳动能力鉴定申请由用人单位、工伤职工或者其近亲属向统筹地区劳动能力鉴定委员会提出，并提供下列材料：

（一）社会保险行政部门的工伤认定决定书。

（二）工伤职工本人身份证复印件。

（三）医疗诊断证明、职业病诊断证明书或者职业病诊断鉴定书。

劳动能力鉴定委员会应当于《条例》第二十五条规定的时限内作出劳动能力鉴定，并将劳动能力鉴定结论书送达申请人。

**第二十一条**　用人单位应当自收到劳动能力鉴定结论书之日起30日内，持工伤认定决定书和劳动能力鉴定结论书，到统筹地区经办机构为职工办理工伤保险待遇申报手续。

**第二十二条**　用人单位已经参加工伤保险的，工伤职工劳动能力鉴定费用从工伤保险基金支付。用人单位未参加工伤保险或者未按时足额缴纳工伤保险费的，工伤职工的劳动能力鉴定费用由用人单位承担。

应工伤职工或者其近亲属、所在单位申请进行的劳动能力再次鉴定或者复查鉴定，结论高于原鉴定等级的，鉴定费用从工伤保险基金支付；结论低于原鉴定结论或者与原鉴定结论相同的，鉴定费用由申请人承担。

劳动能力鉴定收费标准由省人民政府价格主管部门会同财政部门制定。

## 第五章　工伤保险待遇

**第二十三条**　经统筹地区社会保险行政部门认定为工伤的职工，其治疗工伤的医疗费用、工伤康复费用和辅助器具配置费用按照规定从工伤保险基金支付。

职工因工作遭受事故伤害或者患职业病进行治疗，工伤认定前，医疗费用由用人单位垫付；经依法认定为工伤的，垫付费用及以后的医疗费用由经办机构核定后从工伤保险基金支付。

职工住院治疗工伤的伙食补助费，以及经医疗机构出具证明，报经办机构同意，工伤职工到统筹地区以外就医所需的交通、食宿费用从工伤保险基金支付。基金支付的具体标准按照省有关规定执行。

**第二十四条** 职工因工致残被鉴定为一级至四级伤残的，保留劳动关系，退出工作岗位，享受《条例》第三十五条规定的待遇。

**第二十五条** 职工因工致残被鉴定为五级、六级伤残的，享受《条例》第三十六条规定的待遇。

经工伤职工本人提出，可以与用人单位解除或者终止劳动关系，停发伤残津贴，由工伤保险基金支付一次性工伤医疗补助金，由用人单位支付一次性伤残就业补助金，终止工伤保险关系。

一次性工伤医疗补助金的具体标准是：五级伤残为24个月的本人工资，六级伤残为18个月的本人工资；一次性伤残就业补助金的具体标准是：五级伤残为36个月的本人工资，六级伤残为30个月的本人工资。

**第二十六条** 职工因工致残被鉴定为七级至十级伤残的，按照《条例》第三十七条的规定，由工伤保险基金支付一次性伤残补助金。

劳动（聘用）合同期满终止劳动关系，或者职工本人提出解除劳动（聘用）合同的，由工伤保险基金支付一次性工伤医疗补助金，由用人单位支付一次性伤残就业补助金，终止工伤保险关系。

一次性工伤医疗补助金的具体标准是：七级伤残为15个月的本人工资，八级伤残为10个月的本人工资，九级伤残为8个月的本人工资，十级伤残为6个月的本人工资；一次性伤残就业补助金具体标准是：七级伤残为15个月的本人工资，八级伤残为10个月的本人工资，九级伤残为8个月的本人工资，十级伤残为6个月的本人工资。

终止劳动关系或者解除劳动（聘用）合同时，工伤职工本人工资低于本统筹地区上年度职工平均工资60%的，按本统筹地区上年度职工平均工资的60%计算和支付一次性工伤医疗补助金和一次性伤残就业补助金。

**第二十七条** 五级至十级伤残工伤职工自愿与用人单位解除或者终止劳动关系，距法定退休年龄5年以上（含5年）的，应当按照本办法第二十五条、第二十六条的规定享受一次性工伤医疗补助金和伤残就业补助金；不足5年的，每少一年减除20%，但最高减除额不得超过全额的90%。

工伤职工达到退休年龄并办理退休手续的，不享受一次性工伤医疗补助金和伤残就业补助金。

**第二十八条** 职工因工死亡，其近亲属享受《条例》第三十九条规定的待遇。

用人单位应当于确认职工因工死亡后30日内，持死者的工亡认定证明和死者亲属资料到经办机构申报办理工伤保险待遇。经办机构应当在接到申报后15日内核定丧葬补助金、供养亲属抚恤金和一次性工亡补助金。

**第二十九条** 伤残津贴、供养亲属抚恤金、生活护理费标准，由统筹地区社会保险行政部门会同财政部门根据职工平均工资和生活费用变化等情况，与养老保险待遇同步调整。

**第三十条** 职工因工外出期间发生事故或者在抢险救灾中下落不明的，事故发生当月起3个月内由用人单位照发工资，从第4个月起停发工资，由工伤保险基金向其供养亲属按月支付供养亲属抚恤金。生活有困难的，可以预支一次性工亡补助金的50%。职工重新出现的，供养亲属按月领取的供养亲属抚恤金、预支的一次性工亡补助金应当及时退还经办机构。

**第三十一条**　用人单位应当每年按规定向统筹地区经办机构提供工伤职工享受伤残津贴、工亡职工供养亲属享受抚恤金待遇的证明。

工伤职工或者工亡职工供养亲属享受工伤保险待遇的条件发生变化，用人单位、工伤职工或者工亡职工供养亲属应当及时报告统筹地区经办机构，经办机构从条件变化的次月起调整工伤保险待遇。

**第三十二条**　用人单位分立、合并、转让的，承继单位应当承担原用人单位的工伤保险责任；原用人单位已经参加工伤保险的，承继单位应当到当地经办机构办理工伤保险变更登记。

用人单位实行承包经营的，工伤保险责任由职工劳动关系所在单位承担。

用人单位将生产经营权、劳务工程等施工权违法转移或者承包给没有经营资质的单位或者个人的，工伤保险责任由用人单位承担。

职工被借调期间受到工伤事故伤害的，由原用人单位承担工伤保险责任，但原用人单位与借调单位可以约定补偿办法。

职工在两个以上用人单位就业的，工伤保险责任由职工受到事故伤害时为之工作的用人单位承担。

个人挂靠其他单位且以挂靠单位名义经营的，工伤保险责任由挂靠单位承担。

原用人单位被依法注销的，工伤保险责任由清算组织或者清算报告中确定的权利义务承受人承担。

**第三十三条**　老工伤人员纳入工伤保险统筹管理后，由工伤保险基金按规定支付工伤复发的医疗待遇，但不支付一次性伤残补助金、一次性伤残就业补助金、一次性工伤医疗补助金。

## 第六章　监 督 管 理

**第三十四条**　经办机构具体承办工伤保险事务，履行下列职责：

（一）征收工伤保险费，定期公布工伤保险基金收支情况。

（二）核查用人单位的工资总额和职工个人工资、年龄、工种等基本情况，办理工伤保险登记，并负责保存用人单位缴费、职工个人基本情况、工伤保险待遇情况的记录。

（三）进行工伤保险调查、统计和信息系统管理。

（四）按照规定管理工伤保险基金的支出，负责工伤保险基金的预决算工作。

（五）按照规定核定工伤保险待遇。

（六）为工伤职工或者其近亲属免费提供咨询服务。

（七）根据工伤保险基金收支情况，向社会保险行政部门提出调整行业差别费率的建议。

**第三十五条** 发生工伤事故的，用人单位应当及时将受伤职工送往与经办机构签订服务协议的医疗机构就医，情况紧急时可以先到就近的医疗机构急救，伤情稳定后转往签订服务协议的医疗机构。

工伤职工的就医管理办法由省人民政府社会保险行政部门会同卫生行政等部门制定。

**第三十六条** 用人单位未按照本办法第二十一条规定及时办理工伤保险待遇申报手续的，未办理期间工伤职工的伤残津贴和生活护理费，由用人单位根据《条例》和本办法规定的标准支付。

**第三十七条** 用人单位未参加工伤保险或者无故停缴工伤保险费，其职工受到事故伤害或者患职业病的，经统筹地区社会保险行政部门认定工伤后，由用人单位依据《条例》和本办法规定的工伤保险待遇项目和标准承担职工的工伤保险责任。

用人单位参加工伤保险后未按规定足额缴纳工伤保险费，造成职工工伤保险待遇损失的，由用人单位补足差额。

**第三十八条** 对从事接触职业病危害作业的职工，用人单位应当依法组织上岗前、在岗期间和离岗时的职业健康检查，并为职工建立职业健康监护档案。

用人单位不得安排未经上岗前职业健康检查的职工从事接触职业病危害的作业；不得安排有职业禁忌的职工从事其所禁忌的作业；对未进行离岗前职业健康检查的职工不得解除或者终止与其订立的劳动合同。

用人单位违反前两款规定，职工患职业病的，其工伤保险待遇由用人单位支付。用人单位拒绝支付、拖延支付或者无支付能力的，由工伤保险基金依法先行支付。用人单位应当偿还工伤保险基金先行支付的工伤保险待遇费用；用人单位不偿还的，经办机构依法向用人单位追偿。

## 第七章 附 则

**第三十九条** 本办法所称“老工伤人员”，是指国有、集体企业在工伤保险社会统筹管理以前确认为工伤或者因工患职业病，仍由企业或者主管部门支付工伤待遇的在职工伤人员、退休退养工伤人员、工亡人员的供养亲属，不包括与原企业解除、终止了劳动关系或终止了工伤待遇关系的工伤人员和已经享受了一次性工伤保险待遇、抚恤待遇的工伤人员、供养亲属。

本办法规定的时效日期，超过10日的为自然日，10日以下的为工作日。

**第四十条** 本办法自2014年4月1日起施行，2004年4月1日省人民政府公布的《湖南省实施〈工伤保险条例〉办法》（湖南省人民政府令第185号）同时废止。

# 120 广东省工伤保险条例

1998年9月18日广东省第九届人民代表大会常务委员会第五次会议通过，1998年10月18日公布，自1998年11月1日起施行；2004年1月14日广东省第十届人民代表大会常务委员会第八次会议第一次修订，2004年1月14日广东省第十届人民代表大会常务委员会公告第24号公布，自2004年2月1日起施行；2011年9月29日广东省第十一届人民代表大会常务委员会第二十八次会议第二次修订，2011年9月29日广东省第十一届人民代表大会常务委员会公告第69号公布，自2012年1月1日起施行。

## 目 录

第一章 总则/557
第二章 工伤认定/558
第三章 劳动能力鉴定/560
第四章 工伤保险待遇/561
第五章 工伤保险基金/565
第六章 监督管理/566
第七章 法律责任/566
第八章 附则/567

## 第一章 总 则

**第一条** 为了保障因工作遭受事故伤害或者患职业病的职工获得医疗救治和经济补偿，促进工伤预防和职业康复，分散用人单位的工伤风险，根据《中华人民共和国社会保险法》《工伤保险条例》，结合本省实际，制定本条例。

**第二条** 职工有依法享受工伤保险待遇的权利。本省行政区域内的企业、事业单位、社会团体、民办非企业单位、基金会、律师事务所、会计师事务所等组织和有雇工的个体工商户（以下称用人单位）应当在生产经营所在地依法参加工伤保险，为本单位全部职工或者雇工（以下称职工）缴纳工伤保险费。

国家机关和与其建立劳动关系的职工，依照本条例执行。

**第三条** 工伤保险工作应当坚持预防、救治、补偿和康复相结合的原则。

**第四条** 用人单位和职工应当遵守有关安全生产和职业病防治的法律法规，执行安全卫生规程和标准，预防工伤事故，减少职业病危害。

**第五条** 省人民政府社会保险行政部门负责全省的工伤保险工作，组织实施本条例。

市、县（含县级市、区）人民政府社会保险行政部门负责本行政区域内的工伤保险工作。

各级社会保险经办机构具体承办工伤保险事务。

**第六条** 各级人民政府应当发展工伤康复事业，帮助因工致残者得到康复和从事适合身体状况的劳动。

**第七条** 各级人民政府应当保证工伤保险基金的征集和工伤保险待遇的给付。遇有特殊情况，工伤保险基金不敷使用时，由统筹地区的人民政府给予补贴。

工伤保险基金、享受工伤保险待遇的收入按照国家规定不征收税、费。

**第八条** 工伤保险费由社会保险费征收机构征收。

## 第二章　工伤认定

**第九条** 职工有下列情形之一的，应当认定为工伤：

（一）在工作时间和工作场所内，因工作原因受到事故伤害的。

（二）工作时间前后在工作场所内，从事与工作有关的预备性或者收尾性工作受到事故伤害的。

（三）在工作时间和工作场所内，因履行工作职责受到暴力等意外伤害的。

（四）患职业病的。

（五）因工外出期间，由于工作原因受到伤害或者发生事故下落不明的。

（六）在上下班途中，受到非本人主要责任的交通事故或者城市轨道交通、客运轮渡、火车事故伤害的。

（七）法律、行政法规规定应当认定为工伤的其他情形。

**第十条** 职工有下列情形之一的，视同工伤：

（一）在工作时间和工作岗位，突发疾病死亡或者在四十八小时之内经抢救无效死亡的。

（二）在抢险救灾等维护国家利益、公共利益活动中受到伤害的。

（三）因工作环境存在有毒有害物质或者在用人单位食堂就餐造成急性中毒而住院抢救治疗，并经县级以上卫生防疫部门验证的。

（四）由用人单位指派前往依法宣布为疫区的地方工作而感染疫病的。

（五）职工原在军队服役，因战、因公负伤致残，已取得革命伤残军人证，到用人单位后旧伤复发的。

职工有前款第一、二、三、四项情形的，按照本条例的有关规定享受工伤保险待遇；职工有前款第五项情形的，按照本条例的有关规定享受除一次性伤残补助金以外的工伤保险待遇。

**第十一条** 职工符合本条例第九条、第十条的规定，但是有下列情形之一的，不得认定为工伤或者视同工伤：

（一）故意犯罪的。

（二）醉酒或者吸毒的。

（三）自残或者自杀的。

（四）法律、行政法规规定的其他情形。

**第十二条**　用人单位应当在职工发生事故伤害或者按照职业病防治法规定被诊断、鉴定为职业病后的第一个工作日，通知统筹地区社会保险行政部门及其参保的社会保险经办机构，并自事故伤害发生之日或者按照职业病防治法规定被诊断、鉴定为职业病之日起三十日内，向统筹地区社会保险行政部门提出工伤认定申请。遇有特殊情况，经报社会保险行政部门同意，申请时限可以适当延长。

用人单位未按照前款规定提出工伤认定申请的，该职工或者其近亲属、工会组织自事故伤害发生之日或者按照职业病防治法规定被诊断、鉴定为职业病之日起一年内，可以直接向用人单位所在地统筹地区社会保险行政部门提出工伤认定申请。

用人单位未在本条第一款规定的时限内提交工伤认定申请的，在提出工伤认定申请之前发生的符合本条例规定的工伤待遇等有关费用由用人单位承担。

**第十三条**　未参加工伤保险的职工发生事故伤害或者被诊断、鉴定为职业病的，由用人单位生产经营所在地社会保险行政部门负责工伤认定。

**第十四条**　提出工伤认定申请应当提交下列材料：

（一）工伤认定申请表。

（二）用人单位与劳动者存在劳动关系（包括事实劳动关系）的证明材料。

（三）医疗诊断证明或者职业病诊断证明书（或者职业病诊断鉴定书）。

工伤认定申请表应当包括事故发生的时间、地点、原因以及职工伤害程度等基本情况。

工伤认定申请人提供材料不完整的，社会保险行政部门应当一次性书面告知工伤认定申请人需要补正的全部材料。申请人按照书面告知要求补正材料后，社会保险行政部门应当受理。

**第十五条**　社会保险行政部门受理工伤认定申请后，根据审核需要可以对事故伤害进行调查核实，用人单位、职工、工会组织、医疗机构以及有关部门有协助工伤调查和提供证据的义务。

职业病诊断和诊断争议的鉴定，依照职业病防治法的有关规定执行。对依法取得的职业病诊断证明书或者职业病诊断鉴定书，社会保险行政部门不再进行调查核实。

职工或者其近亲属、工会组织认为是工伤，用人单位不认为是工伤的，由用人单位承担举证责任。

**第十六条**　社会保险行政部门应当自受理工伤认定申请之日起六十日内作出工伤认定的决定，并书面通知申请工伤认定的职工或者其近亲属以及该职工所在单位。

社会保险行政部门对受理的事实清楚、权利义务明确的工伤认定申请，应当自受理工伤认定申请之日起十五日内作出工伤认定的决定。

作出工伤认定决定需要以司法机关或者有关行政主管部门的结论为依据的，在司法机关或者有关行政主管部门尚未作出结论期间，作出工伤认定决定的时限中止。

社会保险行政部门工作人员与工伤认定申请人有利害关系的，应当回避。

## 第三章　劳动能力鉴定

**第十七条**　职工发生工伤，经治疗伤情相对稳定（医疗终结期满）后存在残疾、影响劳动能力的，应当进行劳动能力鉴定。

用人单位、工伤职工或者其近亲属应当在工伤职工医疗终结期满三十日内向统筹地区劳动能力鉴定委员会提出劳动能力鉴定申请，并提供工伤认定决定和职工工伤医疗的有关资料。

医疗终结期的确认由劳动能力鉴定委员会按照国家和省的有关规定执行。医疗终结期需要延长的，由劳动能力鉴定委员会按照国家和省的有关规定批准。

**第十八条**　劳动能力鉴定是指劳动功能障碍程度和生活自理障碍程度的等级鉴定。

劳动功能障碍分为十个伤残等级，最重的为一级，最轻的为十级。

生活自理障碍等级根据进食、翻身、大小便、穿衣及洗漱、自主行动五项条件确定。五项条件均需要护理者为一级，五项中四项需要护理者为二级，五项中三项需要护理者为三级，五项中一至二项需要护理者为四级。

劳动能力鉴定及职工工伤与职业病致残等级标准按照国家有关规定执行。

**第十九条**　省、地级以上市人民政府设立劳动能力鉴定委员会，由社会保险行政部门、卫生行政部门、工会组织、社会保险经办机构以及用人单位代表组成。

劳动能力鉴定委员会办公室设在社会保险行政部门。

劳动能力鉴定委员会负责劳动能力障碍程度和生活自理障碍程度鉴定，以及工伤医疗终结期和停工留薪期确认、工伤复发确认、辅助器具配置确认、工伤康复确认等工作。

**第二十条**　劳动能力鉴定委员会收到劳动能力鉴定申请后，应当从其建立的医疗卫生专家库中随机抽取三名或者五名相关专家组成专家组，由专家组提出鉴定意见。劳动能力鉴定委员会根据专家组的鉴定意见作出工伤职工劳动能力鉴定结论，必要时，可以委托具备资格的医疗机构协助进行有关的诊断。

劳动能力鉴定委员会应当自收到劳动能力鉴定申请书之日起六十日内作出劳动能力鉴定结论，必要时，作出劳动能力鉴定结论的期限可以延长三十日。劳动能力鉴定结论应当及时送达申请鉴定的单位和个人。

劳动能力鉴定工作应当客观、公正。劳动能力鉴定委员会组成人员或者参加鉴定的专家与当事人有利害关系的，应当回避。

医疗卫生专家库的设置办法及劳动能力鉴定工作程序由省劳动能力鉴定委员会另行制定。

**第二十一条**　工伤职工及其近亲属或者用人单位对劳动能力鉴定委员会作出的劳动能力鉴定结论不服的，可以自收到鉴定结论之日起十五日内申请复查，对复查鉴定不服的，可以自收到复查鉴定结论之日起十五日内向上一级劳动能力鉴定委员会申请再次鉴定；也可以自收到鉴定结论之日起十五日内向上一级劳动能力鉴定委员会申请再次鉴定。

省级劳动能力鉴定委员会作出的劳动能力鉴定结论为最终结论。

## 第四章　工伤保险待遇

**第二十二条**　职工发生工伤时，用人单位应当采取措施及时救治工伤职工。

职工治疗工伤应当在签订服务协议的医疗机构就医，情况紧急时可以先到就近的医疗机构急救；疑似职业病或者患职业病的，用人单位应当及时送省级卫生行政部门指定的医疗机构诊断，并及时送签订服务协议的医疗机构治疗。

职工经治疗伤情稳定，需要工伤康复的，用人单位、工伤职工或者其近亲属可以向统筹地区劳动能力鉴定委员会提出工伤康复申请。经劳动能力鉴定委员会确认，工伤职工可以在签订服务协议的康复机构进行康复。

**第二十三条**　工伤职工因医疗条件所限需要转院治疗的，应当由签订服务协议的医疗机构提出，经报社会保险经办机构同意；因康复条件所限需要转院康复的，应当由工伤职工、用人单位或者签订服务协议的康复机构提出，经报社会保险经办机构同意。

**第二十四条**　社会保险经办机构与医疗机构、康复机构签订服务协议，应当事先征求同级总工会、有关企业协会的意见。签订服务协议的医疗机构、康复机构名单应当向社会公布。

**第二十五条**　治疗工伤所需费用符合工伤保险诊疗项目目录、工伤保险药品目录、工伤保险住院服务标准的，从工伤保险基金支付。工伤保险诊疗项目目录、工伤保险药品目录、工伤保险住院服务标准按照国家和省的有关规定执行。

职工住院治疗工伤、康复的伙食补助费由工伤保险基金按照不低于统筹地区因公出差伙食补助标准的百分之七十支付。经批准转统筹地区以外门诊治疗、康复及住院治疗、康复的，其在城市间往返一次的交通费用及在转入地所需的市内交通、食宿费用，由工伤保险基金按照统筹地区人民政府规定的标准支付。

**第二十六条**　职工因工伤需要暂停工作接受工伤医疗的，在停工留薪期内，原工资福利待遇不变，由所在单位按月支付。停工留薪期根据医疗终结期确定，由劳动能力鉴定委员会确认，最长不超过二十四个月。

工伤职工鉴定伤残等级后，停发原待遇，按照本章的有关规定享受伤残待遇。工伤职工在鉴定伤残等级后仍需治疗的，经劳动能力鉴定委员会批准，一级至四级伤残，享受伤残津贴和工伤医疗待遇；五级至十级伤残，享受工伤医疗和停工留薪期待遇。

经劳动能力鉴定委员会确认可以进行康复的，工伤职工在签订服务协议的康复机构发生的符合规定的工伤康复费用，从工伤保险基金支付。

工伤职工在停工留薪期间生活不能自理需要护理的，由所在单位负责。所在单位未派人护理的，应当参照当地护工从事同等级别护理的劳务报酬标准向工伤职工支付护理费。

**第二十七条**　工伤职工已经被鉴定为一级至四级伤残等级并经劳动能力鉴定委员会确认需要生活护理的，由工伤保险基金按照工伤职工生活自理障碍等级支付生活护理费。

生活护理费以统筹地区上年度职工月平均工资的一定比例按月计发，标准为：一级为百分之六十，二级为百分之五十，三级为百分之四十，四级为百分之三十。

生活护理费每年按照统筹地区上年度职工平均工资增长同步调整，统筹地区上年度职工平均工资负增长时不调整。

**第二十八条** 工伤职工因日常生活或者就业需要，必须安装假肢、矫形器、假眼、假牙和配置轮椅、拐杖等辅助器具，或者辅助器具需要维修、更换的，由签订服务协议的医疗、康复机构提出意见，经劳动能力鉴定委员会确认，所需费用按照国家规定的标准从工伤保险基金支付。

辅助器具应当限于辅助日常生活及生产劳动之必需，并采用国内市场的普及型产品。工伤职工选择其他型号产品，费用高出普及型的部分，由个人自付。

**第二十九条** 职工因工致残被鉴定为一级至四级伤残，本人要求退出工作岗位、终止劳动关系的，办理伤残退休手续，享受以下待遇：

（一）一次性伤残补助金。由工伤保险基金按伤残等级支付，标准为：一级伤残为二十七个月的本人工资，二级伤残为二十五个月的本人工资，三级伤残为二十三个月的本人工资，四级伤残为二十一个月的本人工资。

（二）伤残津贴。由工伤保险基金按月支付，直至本人死亡，标准为：一级伤残为本人工资的百分之九十，二级伤残为本人工资的百分之八十五，三级伤残为本人工资的百分之八十，四级伤残为本人工资的百分之七十五。伤残津贴实际金额低于当地最低工资标准的，由工伤保险基金补足差额。

办理伤残退休手续的工伤职工应当参加统筹地区职工基本医疗保险。按照规定应当由用人单位缴纳的基本医疗保险费，由工伤保险基金承担。

一级至四级伤残职工与原单位保留劳动关系，退出工作岗位的，按照《工伤保险条例》的有关规定执行。

伤残津贴每年参照基本养老保险金的调整办法调整。

**第三十条** 一级至四级伤残职工户籍从单位所在地迁回原籍的，其伤残津贴可以由统筹地区社会保险经办机构按照标准每半年发放一次。用人单位应当按照统筹地区上年度职工月平均工资为基数发给六个月的安家补助费。所需交通费、住宿费、行李搬运费和伙食补助费等，由用人单位按照因公出差标准报销。

**第三十一条** 户籍不在统筹地区的一级至四级伤残职工，本人要求解除或者终止劳动关系并一次性享受工伤保险待遇的，可以与统筹地区社会保险经办机构签订协议，由社会保险经办机构按照以下规定支付工伤保险待遇费用，终结工伤保险关系：

（一）一次性伤残补助金。按照本条例第二十九条第一款第一项规定的标准计发。

（二）伤残津贴。按照本条例第二十九条第一款第二项规定的标准一次性计发十年。

（三）一次性工伤医疗补助金。按照以下标准计发：一级伤残为十五个月的本人工资，二级伤残为十四个月的本人工资，三级伤残为十三个月的本人工资，四级伤残为十二个月的本人工资。

（四）生活护理费。经劳动能力鉴定委员会确认需要生活护理的，按照本条例第二十七条第二款规定的标准一次性计发十年。

**第三十二条** 职工因工致残被鉴定为五级、六级伤残的，享受以下待遇：

（一）一次性伤残补助金。由工伤保险基金支付，标准为：五级伤残为十八个月的本人工资，六级伤残为十六个月的本人工资。

（二）保留与用人单位的劳动关系，由用人单位安排适当工作。难以安排工作的，由用人单位按月发给伤残津贴，标准为：五级伤残为本人工资的百分之七十，六级伤残为本人工资的百分之六十，并由用人单位按照规定为其缴纳应缴纳的各项社会保险费。伤残津贴实际金额低于当地最低工资标准的，由用人单位补足差额。

**第三十三条**　五级、六级伤残职工本人提出与用人单位解除或者终止劳动关系的，由工伤保险基金支付一次性工伤医疗补助金，由用人单位支付一次性伤残就业补助金，终结工伤保险关系：

（一）一次性工伤医疗补助金。标准为：五级伤残为十个月的本人工资，六级伤残为八个月的本人工资。

（二）一次性伤残就业补助金。标准为：五级伤残为五十个月的本人工资，六级伤残为四十个月的本人工资。

**第三十四条**　职工因工致残被鉴定为七级至十级伤残的，由工伤保险基金支付一次性伤残补助金，标准为：七级伤残为十三个月的本人工资，八级伤残为十一个月的本人工资，九级伤残为九个月的本人工资，十级伤残为七个月的本人工资。

七级至十级伤残职工依法与用人单位解除或者终止劳动关系的，由工伤保险基金支付一次性工伤医疗补助金，由用人单位支付一次性伤残就业补助金，终结工伤保险关系：

（一）一次性工伤医疗补助金。标准为：七级伤残为六个月的本人工资，八级伤残为四个月的本人工资，九级伤残为二个月的本人工资，十级伤残为一个月的本人工资。

（二）一次性伤残就业补助金。标准为：七级伤残为二十五个月的本人工资，八级伤残为十五个月的本人工资，九级伤残为八个月的本人工资，十级伤残为四个月的本人工资。

**第三十五条**　计发本条例第三十三条、第三十四条规定的一次性工伤医疗补助金和一次性伤残就业补助金，本人工资低于工伤职工与用人单位解除或者终止劳动关系前本人十二个月平均月缴费工资的，按照解除或者终止劳动关系前本人十二个月平均月缴费工资为基数计发。缴费工资不足十二个月的，以实际缴费月数计算本人平均月缴费工资。本人平均月缴费工资高于统筹地区职工平均工资百分之三百的，按照统筹地区职工平均工资的百分之三百计算；低于统筹地区职工平均工资百分之六十的，按照统筹地区职工平均工资的百分之六十计算。

**第三十六条**　工伤职工工伤复发，确认需要治疗的，享受本条例第二十五条、第二十六条和第二十八条规定的工伤待遇。

**第三十七条**　职工因工死亡，其近亲属按照下列规定从工伤保险基金领取丧葬补助金、供养亲属抚恤金和一次性工亡补助金：

（一）丧葬补助金为六个月的统筹地区上年度职工月平均工资。

（二）供养亲属抚恤金按照职工本人工资的一定比例发给由因工死亡职工生前提供主要生活来源、无劳动能力的亲属。标准为：配偶每月百分之四十，其他亲属每人每月百分之三十，孤寡老人或者孤儿每人每月在上述标准的基础上增加百分之十。核定的各供养亲属的抚恤金之和不应当高于因工死亡职工生前的工资。供养亲属的具体范围按照国务院社会保险行政部门的规定执行。

（三）一次性工亡补助金标准为上年度全国城镇居民人均可支配收入的二十倍。

伤残职工在停工留薪期内因工伤导致死亡的，其近亲属享受本条第一款规定的待遇。

一级至四级伤残职工在停工留薪期满后死亡的，其近亲属可以享受本条第一款第一项、第二项规定的待遇。

供养亲属抚恤金每年按照统筹地区上年度职工平均工资增长调整，统筹地区职工平均工资负增长时不调整。

**第三十八条** 职工因工外出期间发生事故或者在抢险救灾中下落不明的，按照《工伤保险条例》的有关规定处理。被宣告死亡后重新出现的，应当退还已发的供养亲属抚恤金和一次性工亡补助金。

**第三十九条** 定期领取伤残津贴的人员或者领取供养亲属抚恤金的供养亲属，应当每年提供由用人单位或者居住地户籍管理部门出具的生存证明，方可继续领取。

**第四十条** 工伤职工有下列情形之一的，停止享受工伤保险待遇：

（一）丧失享受待遇条件的。

（二）拒不接受劳动能力鉴定的。

（三）拒绝治疗的。

**第四十一条** 用人单位分立、合并、转让的，承继单位应当承担原用人单位的工伤保险责任；原用人单位已经参加工伤保险的，承继单位应当到当地社会保险经办机构办理工伤保险变更登记。

企业破产，因分立、合并之外的原因解散，或者终止的，在清算时依法拨付应当由用人单位支付的工伤保险待遇费用，清偿欠缴的工伤保险费及其利息和滞纳金。

**第四十二条** 用人单位实行承包经营的，工伤保险责任由职工劳动关系所在单位承担。

用人单位实行承包经营，使用劳动者的承包方不具备用人单位资格的，由具备用人单位资格的发包方承担工伤保险责任。

非法承包建筑工程发生工伤事故，劳动者的工伤待遇应当由分包方或者承包方承担，分包方或者承包方承担工伤保险责任后有权向发包方追偿。职工被借调期间受到工伤事故伤害的，由原用人单位承担工伤保险责任，但原用人单位与借调单位可以约定补偿办法。

**第四十三条** 职工所在用人单位未依法缴纳工伤保险费，发生工伤事故的，由用人单位支付工伤保险待遇。

用人单位不支付工伤保险待遇，工伤职工或者其近亲属可以提出先行支付的申请，经审核符合规定的，从工伤保险基金中先行支付工伤保险待遇项目中应当由工伤保险基金支付的项目。

从工伤保险基金中先行支付的工伤保险待遇应当由用人单位偿还。用人单位不偿还的，由社会保险经办机构依法向用人单位追偿。

## 第五章　工伤保险基金

**第四十四条**　工伤保险基金的构成：

（一）用人单位缴纳的工伤保险费。

（二）工伤保险基金的利息。

（三）滞纳金。

（四）财政补贴。

（五）法律、法规规定的其他收入。

**第四十五条**　工伤保险基金根据以支定收、收支平衡的原则筹集。

统筹地区社会保险经办机构每年根据用人单位工伤保险费使用、工伤发生率等情况，按照国家规定的行业差别费率及行业内费率档次确定单位缴费费率。

**第四十六条**　工伤保险费由用人单位承担，职工个人不缴纳工伤保险费。

用人单位缴纳工伤保险费的数额为本单位职工工资总额乘以单位缴费费率之积。

难以按照工资总额缴纳工伤保险费的行业，其缴纳工伤保险费的具体方式按照国家有关规定执行。

**第四十七条**　工伤保险基金实行地级以上市统筹。

工伤保险基金应当建立储备金，市级统筹按照工伤保险基金征收总额的百分之十五建立储备金，其中，市级储备金留存百分之十，向省级储备金上解百分之五。

储备金用于重大事故、职业康复、伤残人员异地安置和基金不敷使用时的调剂。

市级储备金不足支付的，由省级储备金调剂、地级以上市人民政府财政垫付。

**第四十八条**　工伤保险基金存入社会保障基金财政专户并按照同期城乡居民储蓄存款利率计息，所得利息全部转入工伤保险基金。

**第四十九条**　工伤保险基金用于下列支出项目：

（一）工伤保险待遇。

（二）职业康复费用。

（三）工伤取证费和劳动能力鉴定费。

（四）工伤预防费。

前款第二项按照不超过上年度结存的工伤保险基金三分之一的比例，第三项按照不超过上年度工伤保险基金实际收缴总额百分之二的比例，由社会保险经办机构于每年九月提出下年度的用款支出计划，报同级社会保险行政部门和财政部门审核同意后，列入下年度工伤保险基金支出预算，下年度据实列支。

在保证本条例第四十七条第二款规定的储备金足额留存和本条第一款第一项、第二项、第三项规定的费用足额支付的前提下，可以按照不超过上年度工伤保险基金实际收缴总额百分之五的比例，提取工伤预防费。提取的费用由社会保险经办机构会同安全生产监督管理部门于每年九月提出下年度的用款支出计划，报同级社会保险行政部门和财政部门审核同意后，列入下年度工伤保险支出预算，下年度据实列支。

工伤预防费、工伤取证费和劳动能力鉴定费作为专项经费管理使用，专项经费管理使用按照国家和省的有关规定执行。

任何单位或者个人不得将工伤保险基金用于投资运营、兴建或者改建办公场所、发放奖金，或者挪作其他用途。

## 第六章 监督管理

**第五十条** 社会保险行政部门依法对工伤保险费的征缴和工伤保险基金的支付情况进行监督。

财政部门和审计机关依法对工伤保险基金的收支、管理情况进行监督。

各级社会保险经办机构应当建立健全内部审计制度。

社会保险监督委员会依法对工伤保险基金的收支、管理情况实施社会监督。

**第五十一条** 工会组织依法维护工伤职工的合法权益，对用人单位的工伤保险工作实行监督。

**第五十二条** 职工有权监督用人单位参加工伤保险及缴费情况。用人单位应当向职工如实通告因工伤亡、参加工伤保险和缴费情况。

**第五十三条** 用人单位和职工有权向社会保险费征收机构和社会保险经办机构查询本单位工伤保险缴费和工伤保险待遇支付情况。社会保险费征收机构和社会保险经办机构应当提供相应的查询、咨询服务。

**第五十四条** 职工与用人单位发生工伤待遇方面的争议，按照处理劳动争议的有关规定处理。

**第五十五条** 有下列情形之一的，有关单位或者个人可以依法申请行政复议，也可以依法向人民法院提起诉讼：

（一）申请工伤认定的职工或者其近亲属、该职工所在单位对工伤认定申请不予受理的决定不服的。

（二）申请工伤认定的职工或者其近亲属、该职工所在单位对工伤认定结论不服的。

（三）用人单位对社会保险经办机构确定的单位缴费费率不服的。

（四）签订服务协议的医疗机构、康复机构、辅助器具配置机构认为社会保险经办机构未履行有关协议或者规定的。

（五）工伤职工或者其近亲属对社会保险经办机构核定的工伤保险待遇有异议的。

## 第七章 法律责任

**第五十六条** 用人单位依照本条例规定应当参加工伤保险而未参加的，由社会保险行政部门责令其限期参加并依法处理。用人单位未按时足额缴纳工伤保险费的，由社会保险费征收机构责令限期缴纳或者补足，并自欠缴之日起，按日加收万分之五的滞纳金；逾期仍不缴纳的，由有关行政部门处欠缴数额一倍以上三倍以下的罚款。

**第五十七条** 用人单位依照本条例规定应当参加工伤保险而未参加或者未按时缴纳工伤保险费，职工发生工伤的，由该用人单位按照本条例规定的工伤保险待遇项目和标准向职工支付费用。

用人单位按照规定补缴应当缴纳的工伤保险费和滞纳金后，由工伤保险基金和用人单位按照本条例的规定支付新发生的费用。

**第五十八条** 用人单位少报职工工资，未足额缴纳工伤保险费，造成工伤职工享受的工伤保险待遇降低的，工伤保险待遇差额部分由用人单位向工伤职工补足。

**第五十九条** 用人单位、工伤职工或者其近亲属骗取工伤保险待遇，医疗机构、康复机构、辅助器具配置机构骗取工伤保险基金支出的，由社会保险行政部门责令退还，处骗取金额二倍以上五倍以下的罚款；构成犯罪的，依法追究刑事责任。

**第六十条** 用人单位未按照本条例第十五条第一款规定提供证据，或者提供虚假资料的，由社会保险行政部门对其处以二千元以上二万元以下的罚款。

**第六十一条** 各级人民政府、有关行政管理部门和社会保险经办机构及其工作人员违反本条例，有下列行为之一的，上级机关应当责令其改正，追回挪用流失款项；有违法所得的，没收违法所得；对直接负责的主管人员和其他直接责任人员依法给予处分；构成犯罪的，依法追究刑事责任：

（一）擅自增加或者减免应当缴纳的工伤保险费及其利息或者滞纳金的。

（二）未按照规定将工伤保险费及其利息或者滞纳金全部存入工伤保险基金专户的。

（三）挪用工伤保险基金的。

（四）未按照规定核定各项工伤保险待遇标准或者领取期限的。

（五）未按照规定上解工伤保险储备金的。

**第六十二条** 社会保险行政部门工作人员有下列情形之一的，依法给予处分；构成犯罪的，依法追究刑事责任：

（一）无正当理由不受理工伤认定申请，或者弄虚作假将不符合工伤条件的人员认定为工伤职工的。

（二）未妥善保管申请工伤认定的证据材料，致使有关证据灭失的。

（三）收受当事人财物的。

**第六十三条** 从事劳动能力鉴定的组织或者个人有下列情形之一的，由社会保险行政部门责令改正，处二千元以上一万元以下的罚款；构成犯罪的，依法追究刑事责任：

（一）提供虚假鉴定意见的。

（二）提供虚假诊断证明的。

（三）收受当事人财物的。

## 第八章 附 则

**第六十四条** 中央、省属和军队驻穗单位工伤保险依法实行省本级统筹，工伤保险工作按照国家和省的有关规定执行。

**第六十五条** 劳动者达到法定退休年龄或者已经依法享受基本养老保险待遇的，不适用本条例。

前款规定的劳动者受聘到用人单位工作期间，因工作原因受到人身伤害的，可以要求用人单位参照本条例规定的工伤保险待遇支付有关费用。双方对损害赔偿存在争议的，可以依法通过民事诉讼方式解决。

**第六十六条** 本条例中下列用语的含义：

（一）本人工资，是指工伤职工在本单位因工作遭受事故伤害或者患职业病前十二个月平均月缴费工资。本单位为工伤职工缴纳工伤保险费不足十二个月的，以实际月数计算平均月缴费工资。本人工资高于统筹，地区，职工平均工资百分之三百的，按照统筹地区职工平均工资的百分之三百计算；本人工资低于统筹地区职工平均工资百分之六十的，按照统筹地区职工平均工资的百分之六十计算。

（二）原工资福利待遇，是指工伤职工在本单位受工伤前十二个月的平均工资福利待遇。工伤职工在本单位工作不足十二个月的，以实际月数计算平均工资福利待遇。

**第六十七条** 用人单位为职工办理工伤保险参保手续次日起，在规定的缴费周期内缴纳工伤保险费的，该参保职工发生工伤，由工伤保险基金按照本条例规定的工伤保险待遇项目和标准支付费用。

**第六十八条** 本条例自2012年1月1日起施行。本条例施行前已受到事故伤害或者患职业病的职工尚未完成工伤认定的，按照本条例的规定执行；本条例施行前已完成工伤认定的，本条例施行后发生的工伤保险待遇依照本条例的规定执行。

## 121 广西壮族自治区实施《工伤保险条例》办法

2006年11月27日广西壮族自治区人民政府令第18号发布；
根据2016年12月21日广西壮族自治区十二届人民政府第86次
常务会议审议通过、2017年1月4日广西壮族自治区人民政府令
第117号公布、自公布之日起施行的《广西壮族自治区人民政府
关于修改〈广西壮族自治区实施《工伤保险条例》办法〉的决定》修订。

### 目　录

第一章　总则/569
第二章　工伤保险基金/569
第三章　工伤认定/570
第四章　劳动能力鉴定/571

第五章　工伤保险待遇/572
第六章　附则/574

## 第一章　总　　则

**第一条**　为实施国务院《工伤保险条例》，制定本办法。

**第二条**　本自治区行政区域内的各类企业、事业单位、社会团体、民办非企业单位、基金会、律师事务所、会计师事务所等组织和有雇工的个体工商户（以下称用人单位）应当依法参加工伤保险。

用人单位应当为本单位全部职工及雇工、聘用人员（含农村进城务工人员，以下统称职工）缴纳工伤保险费，职工个人不缴纳工伤保险费。

**第三条**　县级以上人民政府社会保险行政部门负责本行政区域内的工伤保险工作。

社会保险行政部门设立的社会保险经办机构（以下简称经办机构）具体承办工伤保险事务。

**第四条**　政府有关职能部门应当在各自职责范围内做好工伤保险工作。

**第五条**　县级以上人民政府应当发展职业康复事业，帮助因工致残职工康复，使其能从事与身体状况相适应的工作。

## 第二章　工伤保险基金

**第六条**　工伤保险基金由下列各项构成：

（一）用人单位缴纳的工伤保险费。

（二）工伤保险基金的利息。

（三）工伤保险费滞纳金。

（四）社会捐款。

（五）其他资金。

**第七条**　工伤保险基金逐步实行自治区级统筹。具体办法由自治区财政部门、社会保险行政部门另行规定。

**第八条**　用人单位缴纳工伤保险费计算公式：用人单位缴纳工伤保险费数额=本单位职工工资总额×单位缴费费率。

对难以按照工资总额缴纳工伤保险费的行业，其缴纳工伤保险费的具体办法按照国家和自治区有关规定执行。

**第九条**　经办机构首次确定用人单位缴费费率时，应当根据用人单位依法登记的生产经营范围所对应的行业内费率档次确定；跨行业生产经营的，按照其最高风险行业所对应的行业费率档次确定。

**第十条**　工伤认定费和法律、法规规定用于工伤保险的其他费用可以在工伤保险基金中支付。

**第十一条** 设区的市（含自治区本级）工伤保险储备金按照当地上年度工伤保险费征缴总额的10%提取，并将当年提取储备金的50%上解自治区作为自治区工伤保险储备金。储备金用于防范基金支付风险和参保地区发生重大事故的工伤保险待遇支付。

## 第三章 工伤认定

**第十二条** 工伤认定由用人单位所在地的社会保险行政部门管辖。

参加自治区本级工伤保险的用人单位，其职工的工伤认定由该单位所在地设区的市级社会保险行政部门管辖。

对工伤认定管辖权发生争议的，由自治区社会保险行政部门指定管辖。

**第十三条** 提出工伤认定申请，应当提交工伤认定申请表、职工与用人单位存在劳动关系（包括事实劳动关系）的证明材料和医疗诊断证明或者职业病诊断证明书（或者职业病诊断鉴定书）。

有下列情形之一的，还应当提交相应的证明材料：

（一）受到意外伤害的，提交公安机关的证明、人民法院的判决书或者其他有效证明。

（二）因工作外出期间，由于工作原因受到伤害的，提交公安机关证明或者其他有效证明；发生事故下落不明需认定因工死亡的，提交人民法院宣告死亡的法律文书。

（三）受到交通事故伤害的，提交公安机关交通管理部门的证明材料；不属于公安机关交通管理部门处理的，提交相关部门的证明材料。

（四）在工作时间和工作岗位，突发疾病死亡的，提交死亡证明；突发疾病在48小时之内经抢救无效死亡的，提交医疗机构的抢救记录和死亡证明。

（五）在抢险救灾等维护国家利益、公众利益活动中受到伤害的，提交事发地县级以上人民政府有关部门出具的有效证明。

（六）属于因战、因公负伤致残的退役军人，旧伤复发的，提交《革命伤残军人证》以及医疗机构对旧伤复发的诊断证明。

（七）法律、法规、规章规定的其他证明材料。

**第十四条** 社会保险行政部门收到工伤认定申请后，应当在7日内作出受理或者不予受理的决定。不予受理的，应当书面告知申请人并说明理由。

申请人提供材料不完整的，社会保险行政部门应当当场或者在3日内一次性书面告知申请人需要补正的全部材料。

用人单位遇有特殊情况，暂时不能按照规定时限提出工伤认定申请的，经报社会保险行政部门同意，申请时限可以适当延长，但最长不能超过60日。

**第十五条** 社会保险行政部门受理工伤认定申请后，需要到设区的市以外调查核实的，可以委托当地的社会保险行政部门进行调查核实。

**第十六条** 依法应当由用人单位承担举证责任的，用人单位应当在收到社会保险行政部门的举证通知书后在规定的期限内进行举证；用人单位拒不举证的，社会保险行政部门可以根据受伤害职工提供的证据或者调查取得的证据，依法作出工伤认定结论。

**第十七条**　社会保险行政部门受理工伤认定申请后，作出工伤认定决定需要以司法机关或者有关行政主管部门的结论为依据的，在司法机关或者有关行政主管部门尚未作出结论期间，作出工伤认定决定的时限中止，并书面通知申请人。中止情形消除后，经当事人申请，社会保险行政部门应当在3日内恢复工伤认定程序。

## 第四章　劳动能力鉴定

**第十八条**　劳动能力鉴定委员会承担下列鉴定或者确认工作：

（一）工伤职工的劳动能力鉴定。

（二）供养亲属的劳动能力鉴定。

（三）职工因病或者非因工伤残的劳动能力鉴定。

（四）工伤职工其他疾病与其工伤的因果关系的确认。

（五）配置、更换辅助器具的确认。

（六）延长停工留薪期的确认。

（七）工伤职工旧伤复发的确认。

（八）康复性治疗时间的确认。

（九）其他受委托的劳动能力鉴定或者确认。

**第十九条**　劳动能力鉴定委员会在同级社会保险行政部门设立办事机构，负责劳动能力鉴定委员会的日常工作。

**第二十条**　劳动能力鉴定由用人单位、职工或者其近亲属向设区的市级劳动能力鉴定委员会提出申请，并提交下列相应材料：

（一）工伤认定决定书原件和复印件。

（二）工伤职工的居民身份证或者社会保障卡等其他有效身份证明原件和复印件。

（三）签订服务协议的医疗机构出具的疾病诊断证明、按照医疗机构病历管理有关规定复印或者复制的检查、检验报告等完整病历材料。

（四）职业病诊断证明或者职业病诊断鉴定结论。

（五）鉴定供养亲属劳动能力的，提交死亡职工与供养亲属关系证明。

（六）劳动能力鉴定委员会规定的其他材料。

**第二十一条**　工伤职工的劳动能力鉴定费按照下列规定承担：

（一）参加工伤保险的，由经办机构从工伤保险基金中支付，拖欠工伤保险费的由用人单位承担。

（二）再次鉴定或者复查鉴定改变原鉴定结论的，由经办机构从工伤保险基金中支付，没有改变原鉴定结论的由申请人承担。

（三）未参加工伤保险的，由用人单位承担。

劳动能力鉴定费标准由自治区物价部门会同有关部门制定。

## 第五章　工伤保险待遇

**第二十二条**　工伤职工因日常生活或者就业需要安装配置辅助器具的，可以向劳动能力鉴定委员会提出辅助器具配置确认申请，经劳动能力鉴定委员会确认，到签订工伤保险服务协议的辅助器具配置机构安装配置。配置的辅助器具应当采用国内市场的普及型产品，所需费用按照国家和自治区规定的标准由工伤保险基金支付。工伤职工选择其他型号产品，费用高出普及型部分，由个人支付。

**第二十三条**　工伤职工的停工留薪期，按照国家和自治区工伤职工停工留薪期有关规定执行。用人单位或者职工对停工留薪期有异议的，向设区的市级劳动能力鉴定委员会申请确认。

**第二十四条**　五级至六级伤残职工经本人提出与用人单位解除或者终止劳动关系、七级至十级伤残职工劳动合同期满终止或者本人提出解除劳动合同的，由工伤保险基金按照下列规定支付一次性工伤医疗补助金，由用人单位按照下列规定支付一次性伤残就业补助金，工伤保险关系终止：

（一）一次性工伤医疗补助金。以解除或者终止劳动关系时本人工资为计发基数：五级伤残计发 20 个月，六级伤残计发 18 个月，七级伤残计发 15 个月，八级伤残计发 13 个月，九级伤残计发 11 个月，十级伤残计发 9 个月。

（二）一次性伤残就业补助金。以解除或者终止劳动关系时本人工资为计发基数：五级伤残计发 18 个月，六级伤残计发 16 个月，七级伤残计发 13 个月，八级伤残计发 11 个月，九级伤残计发 9 个月，十级伤残计发 7 个月。

前款所称解除或者终止劳动关系时本人工资，是指解除或者终止劳动关系时前 12 个月个人平均月缴费工资。未参加工伤保险的，解除或者终止劳动关系时本人工资指解除或者终止劳动关系时前 12 个月个人平均月工资。本人工资高于全区城镇单位在岗职工平均工资 300%的，按照全区城镇单位在岗职工平均工资的 300%计算；本人工资低于全区城镇单位在岗职工平均工资 60%的，按照全区城镇单位在岗职工平均工资的 60%计算。

**第二十五条**　依照第二十四条规定享受一次性伤残就业补助金待遇的职工，距法定退休年龄不足 5 年的，一次性伤残就业补助金按照下列标准执行：

（一）不足一年的，按照全额的 30%支付。

（二）不足两年的，按照全额的 60%支付。

（三）不足三年的，按照全额的 70%支付。

（四）不足四年的，按照全额的 80%支付。

（五）不足五年的，按照全额的 90%支付。

**第二十六条**　申请享受供养亲属抚恤金的，应当向经办机构提交下列材料：

（一）因工死亡职工的工伤认定决定书。

（二）供养关系的身份证明文件。

（三）供养亲属所在的乡镇人民政府、街道办事处出具的经济状况证明。

（四）无劳动能力的供养亲属，提交设区的市级劳动能力鉴定委员会所作的劳动能力鉴定结论。

（五）供养亲属为养父母、养子女的，提交公证书或者其他有效证明。

（六）供养亲属为孤寡老人或者孤儿的，提交民政部门的证明。

（七）其他相关材料。

**第二十七条** 工伤职工经劳动能力复查鉴定，劳动能力鉴定结论发生变化的，从作出复查鉴定结论的次月起，按新的等级享受相应的工伤保险待遇。

**第二十八条** 工伤职工、供养亲属享受工伤保险待遇的条件发生变化的，用人单位、工伤职工或者供养亲属应当在30日内报告经办机构，经办机构从条件发生变化的次月起调整工伤保险有关待遇。

职工下落不明或者被宣告死亡后重新出现的，应当退还已按《工伤保险条例》第四十一条规定领取的职工因工死亡的工伤保险待遇费用。

**第二十九条** 伤残津贴、供养亲属抚恤金、生活护理费，由自治区社会保险行政部门根据全区职工平均工资和生活费用变化等情况适时调整。

**第三十条** 用人单位被依法撤销、解散、破产、注销的，工伤保险费及工伤保险待遇按照下列规定处理：

（一）一级至四级伤残职工的伤残津贴、生活护理费、旧伤复发医疗费的费用，按上年度实际支出标准的1.3倍计算，一次性拨付10年的费用给经办机构，由经办机构负责管理和发放。一级至四级伤残职工按照相关规定应当由原用人单位缴纳的基本医疗保险费一次性划拨给经办机构，并入基本医疗保险基金。

（二）五级至十级伤残职工，由工伤保险基金按照规定支付一次性工伤医疗补助金，由原用人单位按照规定支付一次性伤残就业补助金，工伤保险关系终止。

（三）因工死亡职工供养亲属抚恤金，按上年度实际支出标准的1.2倍计算，预留费用至统筹地区居民平均预期寿命（因工死亡职工供养亲属未满18周岁的，预留至年满18周岁），由原用人单位一次性拨付给经办机构，由经办机构负责管理和发放。

**第三十一条** 职工在两个以上用人单位同时就业的，用人单位应当分别缴纳工伤保险费。职工发生工伤的，工伤发生单位为工伤保险责任用人单位。

**第三十二条** 用人单位实行承包经营，承包方属具备用工主体资格的生产经营单位的，其职工发生工伤，承包方为工伤保险责任用人单位；承包给不具备用工主体资格的组织或者自然人的，该组织或者自然人招用的劳动者发生工伤，发包方为工伤保险责任用人单位。

**第三十三条** 用人单位的法定住所地与生产经营地不在同一设区的市的，在法定住所地参加工伤保险或者在生产经营地参加工伤保险。职工发生事故伤害或者患职业病的，在参加工伤保险地办理工伤认定和劳动能力鉴定。职工发生事故伤害或者患职业病，用人单位未为其办理工伤保险的，工伤认定和劳动能力鉴定在生产经营地办理。

**第三十四条** 中央驻桂单位、自治区直属单位的工伤保险参加自治区本级统筹。

**第三十五条** 用人单位拖欠工伤保险费期间职工发生工伤的，由用人单位按照规定的工伤保险待遇项目和标准支付费用。

## 第六章　附　　则

**第三十六条**　公务员和参照公务员法管理的事业单位、社会团体的工作人员，参照本办法的规定参加工伤保险。

**第三十七条**　《工伤保险条例》实施前的职工工伤待遇及处理，按照当时国家和自治区的有关规定执行。

**第三十八条**　本办法自 2007 年 1 月 1 日起施行。1994 年 12 月 1 日广西壮族自治区人民政府令第 9 号发布的《广西壮族自治区企业职工工伤保险暂行办法》同时废止。

# 122　海南经济特区工伤保险若干规定

2004 年 5 月 28 日海南省第三届人民代表大会常务委员会第十次会议通过，
2004 年 6 月 1 日海南省人民代表大会常务委员会公告第 11 号公布，
自 2004 年 7 月 1 日起施行；2011 年 9 月 28 日海南省第四届人民代表大会
常务委员会第二十五次会议修订通过，2011 年 9 月 28 日海南省人民代表
大会常务委员会公告第 82 号发布，自 2012 年 1 月 1 日起施行。

**第一条**　为了保障因工作遭受事故伤害或者患职业病的从业人员获得医疗救治和经济补偿，促进工伤预防和职业康复，分散用人单位的工伤风险，根据《中华人民共和国社会保险法》和国务院《工伤保险条例》等法律、法规，结合海南经济特区实际，制定本规定。

**第二条**　本经济特区下列用人单位应当按照本规定参加工伤保险，为本单位全部从业人员缴纳工伤保险费：

（一）各类企业。

（二）有雇工的个体工商户。

（三）国家机关、事业单位、社会团体、民办非企业单位、基金会。

（四）律师事务所、会计师事务所等组织。

**第三条**　国家机关和参照公务员法管理的事业单位、社会团体的工伤保险费率及其工作人员的工伤保险待遇标准，由省人民政府确定。

**第四条**　用人单位应当缴纳的工伤保险费数额，由用人单位按月向社会保险经办机构申报，并由社会保险经办机构核定。

用人单位不按照规定申报应当缴纳的工伤保险费数额的，由社会保险经办机构按照该单位上月缴费额的 110%确定应当缴纳数额；没有上月缴费数额的，由社会保险经办机构按照该单位的经济状况、从业人员人数等有关情况确定其应当缴纳数额。

用人单位未办理工伤保险登记的，由社会保险经办机构直接核定其应当缴纳的工伤保

险费数额。

工伤保险费由地方税务机关（以下称社会保险费征收机构）依法征收。

用人单位应当按照社会保险经办机构核定或者确定的应当缴纳的工伤保险费数额，在规定的期限内向社会保险费征收机构缴纳工伤保险费。

**第五条**　社会保险经办机构应当及时向社会保险费征收机构提供用人单位社会保险登记以及变更登记、注销登记等有关情况。

社会保险费征收机构应当及时向社会保险行政部门和社会保险经办机构通告工伤保险费的征缴情况。

**第六条**　难以直接按照工资总额计算缴纳工伤保险费的建筑施工、服务、矿山等企业，可以依照国家有关规定，按照项目工程总造价、营业面积大小或者总产量的一定比例单独计算缴纳工伤保险费。具体计算办法由省人民政府社会保险行政部门制定，报省人民政府批准后公布施行。

**第七条**　工伤保险实行全省统筹。具体办法由省人民政府另行规定。

**第八条**　下列项目由工伤保险基金按照规定列支：

（一）工伤医疗费用和康复费用。

（二）住院伙食补助费。

（三）省外就医的交通食宿费。

（四）安装配置伤残辅助器具所需费用。

（五）生活不能自理的，经劳动能力鉴定委员会确认的生活护理费。

（六）一次性伤残补助金和一至四级伤残职工按月领取的伤残津贴。

（七）终止或者解除劳动合同时，应当享受的一次性医疗补助金。

（八）因工死亡的，其遗属领取的丧葬补助金、供养亲属抚恤金和因工死亡补助金。

（九）工伤人员劳动能力鉴定费用。

（十）工伤预防费。

（十一）法律、法规规定的用于工伤保险的其他费用。

工伤预防费的提取、使用、管理的具体办法由省人民政府另行规定。

工伤认定调查费应当纳入本级财政预算，由财政资金予以保障。

**第九条**　工伤人员需要到参保所在地以外治疗的，应当由定点医疗机构提出，经所在地工伤保险经办机构批准。工伤人员享受的工伤保险待遇依照本规定执行。

工伤人员到境外的治疗及康复等费用，工伤保险基金不予支付。

参保人员在境外发生工伤事故的，境外治疗工伤的医疗费用由工伤保险基金支付，但境外发生的康复、伤残辅助器具等其他费用不予支付。

**第十条**　参保所在地社会保险行政部门为工伤认定机构，负责所辖区域内工伤认定工作。

参保所在地劳动能力鉴定委员会按照省人民政府有关规定负责劳动能力鉴定工作。

**第十一条**　未参加工伤保险的用人单位，其从业人员发生事故伤害或者患职业病的，从业人员或者其近亲属、工会组织可以申请工伤认定。

用人单位与从业人员或者其近亲属对因工作遭受事故伤害或者患职业病达成一致后反悔的，从业人员或者其近亲属、工会组织可以申请工伤认定，工伤认定申请时效自用人单位反悔之日起顺延 30 日，工伤认定机构应当予以受理。工伤认定机构受理申请后，确认为工伤或者因事故证据灭失导致无法确认工伤的，用人单位应当按照工伤保险的项目及标准支付费用。

**第十二条** 用人单位、从业人员或者其近亲属、工会组织确因等待司法机关和有关管理机关做出相关结论而超过工伤认定申请时效的，工伤认定申请时效自司法机关和有关管理机关做出相关结论之日起顺延 30 日。

**第十三条** 从业人员或者其近亲属、工会组织认为是工伤，用人单位不认为是工伤的，由用人单位承担举证责任。用人单位拒不举证的，工伤认定机构可以根据从业人员或者其近亲属、工会组织提供的证据依法作出工伤认定决定。

从业人员与用人单位之间因劳动关系发生争议的，当事人可以向劳动争议仲裁委员会申请仲裁。依法定程序处理劳动争议的时间不计算在工伤认定的时限内。

**第十四条** 工伤认定申请有下列情形之一的不予受理：

（一）未能提供与用人单位存在劳动关系（包括事实劳动关系）证明材料的。

（二）超出工伤认定管辖权范围的。

（三）超过规定时限的。

**第十五条** 无营业执照或者未经依法登记、备案的单位以及被依法吊销营业执照或者撤销登记、备案的单位的从业人员受到事故伤害或者患职业病的，或者用人单位使用童工造成童工伤残、死亡的，不进行工伤认定，直接进行劳动能力鉴定。劳动能力鉴定由单位所在地劳动能力鉴定委员会办理，鉴定费用由伤残职工或者童工所在单位支付。

用人单位应当按照国家有关规定，向伤残职工或者死亡职工的近亲属、伤残童工或者死亡童工的近亲属给予一次性赔偿。

**第十六条** 劳动能力复查鉴定的伤残等级有变化的，自做出鉴定结论的下月起，按照重新确定的伤残等级支付伤残待遇，但一次性伤残待遇不再变动。

**第十七条** 参加工伤保险的工伤人员，进行劳动能力鉴定所需的费用，从工伤保险基金中列支；未参加工伤保险的从业人员被认定为工伤的，进行劳动能力鉴定所需费用，由用人单位承担。

同一工伤申请再次进行劳动能力鉴定的，鉴定费用由申请人预缴，再次鉴定结论与初次鉴定结论一致的，鉴定费用由申请人承担；再次鉴定的结论发生改变的，鉴定费用按照前款规定执行。

工伤人员或者其近亲属、所在单位申请伤残等级复查鉴定的，鉴定费用按照第一款、第二款的规定执行；由社会保险经办机构申请伤残等级复查鉴定的，鉴定费用从工伤保险基金列支。

**第十八条** 除国务院《工伤保险条例》及本规定已明确规定由用人单位支付的以外，工伤保险待遇分别不同情况，由下列渠道支付：

（一）按时足额缴纳工伤保险费的用人单位，其参加工伤保险人员的工伤保险待遇由工伤保险基金依法支付。

（二）用人单位未依法缴纳工伤保险费，发生工伤事故的，由用人单位支付工伤保险待遇。用人单位不支付的，从工伤保险基金中先行支付。从工伤保险基金中先行支付的工伤保险待遇应当由用人单位偿还。用人单位不偿还的，社会保险经办机构可以依法追偿。

（三）《海南经济特区城镇从业人员工伤保险条例》施行以前及行业统筹单位工伤保险纳入地方管理以前发生工伤的从业人员，经社会保险行政部门认定为工伤，所在单位已依法按时足额缴纳工伤保险费的，其工伤保险待遇改由工伤保险基金支付，但属一次性支付的工伤保险待遇不再补发。

**第十九条**　从业人员因工作遭受事故伤害或者患职业病的，用人单位应当采取措施使其得到及时救治，垫付有关费用，待工伤认定后再由规定的渠道支付。

依法缴纳工伤保险费的用人单位确无能力垫付工伤医疗费用的，报经社会保险行政部门同意后，由工伤保险基金预付部分医疗费用。

**第二十条**　根据工伤治疗需要，经工伤保险定点医疗机构建议，工伤人员可以自发生工伤之日起享有不超过 12 个月的工伤停工留薪期；特殊情况确需延长的，经参保所在地劳动能力鉴定委员会确认后，可以适当延长停工留薪期，但延长期不超过 12 个月。定点医疗机构每次诊断建议的停工医疗时间，不超过 30 日。

当事人对停工留薪期有异议的，可以申请劳动能力鉴定委员会确认。

**第二十一条**　用人单位不得违法解除与工伤人员的劳动关系。五级、六级工伤人员的劳动合同期满后应当延续。

用人单位依法解除劳动关系的，应当一次性支付工伤人员伤残就业补助金；已参加工伤保险的工伤人员由工伤保险基金向其支付一次性工伤医疗补助金。国家法律法规另有规定的，从其规定。

**第二十二条**　因工死亡人员的近亲属，领取丧葬补助金的标准为 6 个月的上年度全省在岗职工月平均工资。

应当由用人单位支付供养亲属抚恤金的，用人单位应当按照国务院《工伤保险条例》的有关规定予以支付；如享受供养亲属抚恤金的人员要求一次性支付的，用人单位应当一次性支付该项待遇费用。一次性支付供养亲属抚恤金的数额为国家规定供养亲属抚恤金标准的 80%。一次性支付供养配偶及父母的抚恤金应当计发至其 75 周岁。

**第二十三条**　用人单位解散、破产、撤销时，应当优先一次性支付应当由用人单位承担的工伤保险待遇，并补缴欠缴的工伤保险费和滞纳金。

用人单位解散、破产、撤销时，应当由用人单位支付月伤残津贴的，一次性支付月伤残津贴至伤残人员法定退休；伤残人员未参加养老保险或者养老保险缴费年限未达到按月领取养老金所需最低缴费年限的，伤残津贴应当一次性支付至其 75 周岁；应当由用人单位支付生活护理费、辅助器具费的，用人单位应当一次性支付生活护理费、辅助器具费至其 75 周岁。

用人单位解散、破产、撤销时，应当对其五级至十级伤残人员支付一次性伤残就业补助金。

用人单位解散、破产、撤销后，工伤人员继续享受依法由工伤保险基金支付的待遇。

一次性工伤医疗补助金、一次性伤残就业补助金、生活护理费、辅助器具费的具体标准由省人民政府规定。

**第二十四条** 一级至四级伤残人员本人提出解除或者终止劳动关系的，由用人单位按照本规定第二十三条第二款的规定支付工伤保险待遇。但用人单位一次性支付月伤残津贴和生活护理费的期限不超过20年。

**第二十五条** 一级至四级伤残人员以伤残津贴为基数缴纳基本医疗保险费，医疗保险费由用人单位和本人按照规定比例共同负担。

扣除个人缴纳的医疗保险费后，月伤残津贴低于全省一类地区月最低工资标准的，由工伤保险基金补足差额。

**第二十六条** 工伤人员被认定为“因公牺牲”或者被授予“革命烈士”称号的，国家规定的抚恤待遇标准高于工伤保险待遇标准的，高出部分由民政部门按照规定补足支付。

获得工伤保险待遇的工伤人员参加商业保险的，还可以依法获得商业保险赔偿。用人单位或者社会保险经办机构在核定和支付工伤保险待遇费用后，应当将有关费用单据提供给工伤人员向商业保险机构索赔，并复印单据存档。

**第二十七条** 由于第三人的原因造成工伤，第三人不支付工伤医疗费用或者无法确定第三人的，由工伤保险基金先行支付后，社会保险经办机构有权向第三人追偿。

**第二十八条** 用人单位实行承包、租赁经营的，由从业人员劳动关系所在单位承担工伤保险责任，其中：

（一）原属与发包、出租单位订立劳动合同的从业人员，在合同有效期内到承包、承租单位工作的，其工伤保险责任由发包、出租单位承担。

（二）除前项从业人员外，已与承包、承租单位订立劳动合同或者发生事实劳动关系的从业人员，其工伤保险责任由承包、承租单位承担。

（三）以自然人名义承包、承租的，其工伤保险责任由本人承担，其所雇人员的工伤保险责任由发包、出租单位承担。

**第二十九条** 派往其他单位工作的从业人员，由派出单位承担工伤保险责任，但派出单位与实际用人单位可以约定补偿办法。

从业人员在两个或者两个以上用人单位同时就业的，各用人单位应当分别为从业人员缴纳工伤保险费。从业人员发生工伤的，由从业人员受到伤害时工作的单位依法承担工伤保险责任。

**第三十条** 从业人员与用人单位解除或者终止劳动合同后发现工伤，被确认属于在原单位因工作原因导致的，原用人单位应当承担工伤保险责任。

**第三十一条** 发包、承包单位违法将工程（业务）或者经营权发包、转包、分包给不具备用工主体资格的组织或者自然人，该组织或者自然人聘用的人员发生工伤的，发包、承包单位为工伤认定决定中的用人单位。

**第三十二条** 被雇（聘）用退休人员和进行勤工助学及实习的学生，因工作遭受事故伤害或者患职业病被确认为工伤的，用人单位应当参照工伤保险待遇项目和标准，向其支付工伤费用。

**第三十三条**　工伤保险基金必须纳入社会保险基金财政专户，专款专用，实行收入与支出分开管理，由财政部门依法进行监督；审计机关依法对工伤保险基金进行审计，并向社会公告审计结果，接受社会监督。

**第三十四条**　社会保险经办机构未按照规定给付工伤保险待遇费用的，由社会保险行政部门责令其按时足额给付，并可依照国家有关规定对社会保险经办机构主要责任人和直接责任人给予处分。

**第三十五条**　社会保险行政部门、财政部门、社会保险经办机构、社会保险费征收机构有下列行为之一的，由上一级行政机关或者主管部门责令其限期改正，追回被挪用或者流失的工伤保险基金，并入工伤保险基金；有违法所得的，没收违法所得；对其单位主要负责人、直接责任人分别追究行政责任；构成犯罪的，依法追究刑事责任：

（一）未按照规定将工伤保险基金转入工伤保险基金财政专户的。

（二）贪污、截留、挪用工伤保险基金的。

（三）擅自减、免或者增加用人单位应当缴纳的工伤保险费的。

（四）擅自更改工伤保险待遇的。

**第三十六条**　违反本规定的行为，本规定未设定处罚但其他法律法规已设定处罚的，依照有关法律法规的规定处罚。

**第三十七条**　本省辖区内经济特区以外，属于本规定第二条规定范围内的单位、组织及其从业人员的工伤保险，参照本规定执行。

**第三十八条**　省人民政府可以根据本规定制定实施办法。

**第三十九条**　本规定具体应用中的问题，由省人民政府负责解释。

**第四十条**　本规定自2012年1月1日起施行。

## 123　海南经济特区工伤保险实施办法

2005年1月10日海南省人民政府第54次常务会议审议通过，
2005年3月3日海南省人民政府令第186号公布，自2005年4月1日起施行；
根据2012年5月14日第五届海南省人民政府第78次常务会议审议通过、
2012年5月29日海南省人民政府令第239号公布、自公布之日起施行的
《海南省人民政府关于修改〈海南经济特区工伤保险实施办法〉的决定》修订。

**第一条**　根据国务院公布的《工伤保险条例》和《海南经济特区工伤保险若干规定》（以下简称《若干规定》），制定本办法。

**第二条**　凡本经济特区用人单位，应当按照《若干规定》参加工伤保险，为本单位全部从业人员缴纳工伤保险费，但能够提供本经济特区以外社会保险经办机构出具的已经参

保有效证明材料的用人单位除外。

在本经济特区设立的外国组织代表机构和香港、澳门、台湾地区组织代表机构应当为其所雇用的中方从业人员缴纳工伤保险费。

**第三条** 社会保险经办机构负责办理工伤保险登记、核定工伤保险费数额及工伤保险待遇、管理参保人员的工伤保险关系、支付工伤保险待遇费用等工伤保险事务。

地方税务机关（以下称社会保险费征收机构）依照国家及本经济特区有关规定征收工伤保险费，并每年公布工伤保险费征收情况。

**第四条** 社会保险经办机构有权核查用人单位的从业人员名册、工资发放表、财务会计账册等工伤保险工作所需资料，调查和检查缴费单位及其从业人员的参保缴费情况，依法对缴费单位违法违规行为进行处罚。

**第五条** 用人单位从业人员参保名单应当在本单位公示，向社会保险经办机构申报的本单位缴费基数总额及个人缴费基数应当分别由法定代表人及从业人员签名确认。

**第六条** 工伤保险登记和缴费按以下规定执行：

（一）下列单位在省社会保险经办机构办理工伤保险登记、核定缴费数额后，在海口市社会保险费征收机构缴纳工伤保险费：

1. 驻海口地区的中央、省直属机关、事业单位，在省级以上民政等部门登记的民办非企业单位、社会团体、基金会、律师事务所、会计师事务所等组织，在省级以上工商行政管理部门登记注册的企业，招用无军籍从业人员的军队所属单位。

2. 自愿申请在省社会保险经办机构参加工伤保险，并报省社会保险行政部门批准的铁路、远洋运输等跨区域、生产流动性较大的企业。

（二）洋浦经济开发区内的用人单位在洋浦社会保险经办机构办理工伤保险登记、核定缴费数额后，在洋浦经济开发区社会保险费征收机构缴纳工伤保险费。

（三）其他用人单位在所在市、县、自治县社会保险经办机构办理工伤保险登记、核定缴费数额后，在当地社会保险费征收机构缴纳工伤保险费。

**第七条** 用人单位应当按月缴纳工伤保险费。工伤保险费实行差别基准费率和浮动费率制度。

用人单位自本办法公布施行的次月起，按照本办法规定的差别基准费率缴纳工伤保险费；自本办法施行满1年的次月起，按规定的浮动费率缴纳工伤保险费。

**第八条** 按照国家有关规定，对三类工伤保险风险行业实行不同的工伤保险基准费率。列为第一类工伤保险风险行业的用人单位，基准费率为工资总额的0.5%；列为第二类工伤保险风险行业的，基准费率为工资总额的1%；列为第三类工伤保险风险行业的，基准费率为工资总额的1.5%。

国家对前款规定的基准费率有调整的，依照国家规定执行。

国家机关、事业单位、社会团体、民办非企业单位适用第一类工伤保险风险行业的工伤保险基准费率。

企业由省社会保险经办机构根据其经营范围及实际情况，确定行业风险类别。企业跨行业经营的，以其工伤保险最高风险行业确定行业风险类别。

**第九条**　用人单位属于第一类工伤保险风险行业的，按本行业基准费率缴纳工伤保险费，不实行费率浮动。

用人单位属第二、三类工伤保险风险行业的，根据工伤保险基金使用、工伤发生率、职业病危害程度等因素，按规定实行浮动费率。

费率浮动的具体办法由省社会保险行政部门根据国家有关规定制定。社会保险经办机构负责确定用人单位适用浮动费率的档次。

**第十条**　所在地社会保险行政部门负责工伤保险定点医疗服务机构资格认定工作。

社会保险经办机构应当择优选择经所在地社会保险行政部门确认的医疗机构，签订工伤保险医疗服务协议，明确权利和义务，实行动态管理，并向社会公布。

**第十一条**　劳动能力鉴定费的收费标准，由省物价部门会同省财政部门制定。从工伤保险基金列支的劳动能力鉴定费用，按规定的标准支付。

**第十二条**　年度工伤预防费用、工伤职业康复费用在工伤保险基金上年度收入的15%范围内，由社会保险经办机构提出年度支出计划，经同级社会保险行政部门和财政部门审核确定后，列入工伤保险基金预算。工伤预防费用、工伤职业康复费用的具体管理办法，由省社会保险行政部门会同省财政、卫生行政、安全生产监督管理等部门制定。国家另有规定的，从其规定。

各有关部门应当充分利用现有资源，结合当地残疾人康复事业发展，开展工伤职业康复工作。

**第十三条**　从业人员因工伤住院治疗期间，由工伤保险基金参照省级机关事业单位因公出差人员伙食补助标准发给伙食补助费。

**第十四条**　工伤人员经工伤医疗机构建议，转往外地治疗或者配置辅助器具的，所需交通、食宿费用由工伤保险基金参照省级机关事业单位因公出差标准报销。

因突发工伤事故需要使用120救护车的，其费用可据实报销。

**第十五条**　生活不能自理的工伤人员在停工留薪期需要护理的，用人单位应当派人护理或者聘人护理。用人单位既不派人护理，也不聘人护理的，应按上年度全省在岗职工月平均工资标准每月向工伤人员支付护理费用。

**第十六条**　工伤人员在停工留薪期内，继续按原标准享受工资福利待遇。实行计件、提成等效益工资制度的，工伤人员原工资标准应按工伤人员在停工留薪期前6个月的平均工资确定，工伤人员在本单位工作时间不足6个月的，应按实际工作月数的平均工资核定。用人单位支付停工留薪期内工资的标准，不得低于政府规定的最低工资标准。

**第十七条**　依法应由用人单位一次性支付的残疾辅助器具费，按照所需辅助器具的现行普及型价格和使用年限计算。

依法应当由工伤保险基金支付残疾辅助器具费的，由工伤保险基金支付。

**第十八条**　五级、六级伤残人员本人提出与用人单位解除或者终止劳动关系的，由工伤保险基金支付一次性工伤医疗补助金，由用人单位支付一次性伤残就业补助金。一次性工伤医疗补助金的标准分别为终止劳动关系时18个月、16个月的上年度全省在岗职工月平均工资；一次性伤残就业补助金标准分别为40个月、30个月的本人工资。

**第十九条** 七级至十级伤残人员本人提出解除劳动、聘用合同，或者劳动、聘用合同期满终止的，由工伤保险基金支付一次性工伤医疗补助金，由用人单位支付一次性伤残就业补助金。一次性工伤医疗补助金的标准分别为终止劳动关系时 14 个月、12 个月、10 个月、8 个月的上年度全省在岗职工月平均工资；一次性伤残就业补助金标准分别为 20 个月、16 个月、12 个月、9 个月的本人工资。

**第二十条** 本办法第十八条、第十九条规定的本人工资不得高于终止劳动关系时上年度全省在岗职工月平均工资的 3 倍，不得低于终止劳动关系时上年度全省在岗职工月平均工资的 60%。

**第二十一条** 按本办法计算一次性伤残就业补助金，截止至本人达到法定退休年龄。

领取一次性工伤医疗补助金的工伤人员，不再享受该次工伤复发的工伤待遇。

一级至六级伤残人员不得重复享受伤残津贴和工资。

**第二十二条** 伤残津贴、供养亲属抚恤金、生活护理费应当根据全省在岗职工平均工资水平和生活费用变化情况适时调整标准，由省社会保险行政部门会同省财政部门在征求工会组织和用人单位代表意见后确定。

**第二十三条** 用人单位、工伤人员或者其近亲属申请工伤保险待遇，应向参保地社会保险经办机构提交工伤认定决定书、劳动能力鉴定结论以及社会保险经办机构要求提供的其他材料。

社会保险经办机构对于申报材料不齐全的，应当一次性告知申请人补充有关的申报材料；对于材料齐全、符合发放条件的，应在受理之日起 15 个工作日内发放工伤保险待遇。

**第二十四条** 《海南经济特区城镇从业人员工伤保险条例》施行之前发生的工伤，按规定改由工伤保险基金支付待遇时，月伤残津贴的计发标准为：从业人员发生工伤前 12 个月的月平均工资乘以《海南经济特区城镇从业人员工伤保险条例》规定的月伤残津贴计发比例，加上《海南经济特区城镇从业人员工伤保险条例》实施以来历次调整增加的月伤残津贴。

用人单位实际所发伤残津贴高于上述标准的，差额部分因工伤残人员可继续按原渠道享受。

**第二十五条** 本省辖区内本经济特区以外的单位、组织及其从业人员的工伤保险，参照本办法执行。

**第二十六条** 本办法具体应用中的问题，由省社会保险行政部门负责解释。

**第二十七条** 本办法自 2005 年 4 月 1 日起施行。《海南经济特区城镇从业人员工伤保险条例实施细则》同时废止。

本办法施行前已发生工伤但尚未支付工伤保险待遇费用的，有关标准应按本办法的规定执行。

# 124　重庆市工伤保险实施办法

渝府发〔2012〕22号

## 目　　录

第一章　总则/583
第二章　工伤保险基金/584
第三章　工伤认定/584
第四章　劳动能力鉴定/586
第五章　工伤保险待遇/587
第六章　管理和监督/589
第七章　附则/590

## 第一章　总　　则

**第一条**　为贯彻落实《中华人民共和国社会保险法》《工伤保险条例》（以下简称《条例》）和工伤保险有关法律法规，结合我市实际，制定本办法。

**第二条**　本市行政区域内的事业单位、企业、社会团体、民办非企业单位、基金会、律师事务所、会计师事务所等组织和有雇工的个体工商户（以下简称用人单位）应当依照本办法规定参加工伤保险，为本单位全部职工或者雇工（以下简称职工）缴纳工伤保险费。

**第三条**　参加工伤保险实行实名制。本市事业单位到住所地区县（自治县）、其他用人单位到注册地区县（自治县）办理工伤保险参保登记。市外用人单位在本市从事生产经营活动的，应当在生产经营地区县（自治县）参加工伤保险。

**第四条**　工伤保险基金实行全市统筹、分级管理，建立市和区县（自治县）政府两级责任分担机制。

**第五条**　市社会保险行政部门负责全市工伤保险工作。

区县（自治县）社会保险行政部门负责本行政区域内工伤保险工作。

市、区县（自治县）社会保险经办机构（以下简称经办机构），具体承办工伤保险事务。

**第六条**　建立和完善工伤预防、工伤补偿、工伤康复三位一体的工伤保险体系。

用人单位应当建立健全安全生产、职业病防治责任制度，采取措施预防工伤事故的发生。对从事有毒有害工作的职工应按照《职业病防治法》的规定进行职业健康检查，建立职工职业健康档案，并应当在参保时提供职工职业健康档案。职工发生工伤时，用人单位应当及时救治，并建立和完善职工工伤管理档案。

## 第二章　工伤保险基金

**第七条**　工伤保险基金纳入市社会保险基金财政专户，实行收支两条线管理，建立工伤保险储备金和基金预决算管理制度。

各区县（自治县）按月将实际征收的工伤保险基金全额上解到市社会保险基金财政专户，当年基金结余转为储备金。储备金主要用于重大事故和工伤保险基金入不敷出时的工伤待遇支付。工伤保险储备金和基金预决算管理的具体办法，由市社会保险行政部门会同市财政部门制定，报市人民政府批准后执行。

**第八条**　工伤保险费根据以支定收、收支平衡的原则确定费率。

市社会保险行政部门根据国家行业差别费率和工伤保险费收支情况制定我市工伤保险基准费率；根据我市工伤保险费支出、工伤发生率和职业病发生状况等情况，制定我市工伤保险费率浮动政策。经办机构按照我市工伤保险费率政策，定期调整各用人单位缴费费率。

**第九条**　用人单位应当以货币形式按月向征收机关足额缴纳工伤保险费，职工个人不缴纳工伤保险费。

**第十条**　工伤保险基金用于下列支出：

（一）治疗工伤的医疗费用和康复费用；

（二）住院伙食补助费；

（三）市外就医的交通食宿费；

（四）安装配置伤残辅助器具费用；

（五）生活不能自理的，经劳动能力鉴定委员会确认的生活护理费；

（六）一次性伤残补助金和一至四级伤残职工的伤残津贴；

（七）终止或解除劳动合同时，应当享受的一次性医疗补助金；

（八）因工死亡的，其遗属领取的一次性丧葬补助金、供养亲属抚恤金和一次性工亡补助金；

（九）劳动能力鉴定（确认）费；

（十）工伤预防的宣传、培训等费用；

（十一）法律法规规定的其他费用支出。

## 第三章　工 伤 认 定

**第十一条**　社会保险行政部门按《条例》规定进行工伤认定。

职工发生事故伤害，用人单位应当自事故发生之日起3日内向负责工伤认定的社会保险行政部门报告，并填报《事故伤害报告表》；发生死亡事故或一次负伤3人以上（包括3人）的伤害事故，应在24小时内通过电话、传真等方式及时报告。

**第十二条**　职工因工发生事故伤害或者依法被诊断、鉴定为职业病，所在单位应当自事故伤害发生之日或者被诊断、鉴定为职业病之日起30日内，向参保地区县（自治县）社会保险行政部门提出工伤认定书面申请。遇有特殊情况需要延期提出工伤认定书面申请的，用人单位应当在事故发生之日或者被诊断、鉴定为职业病之日起30日内向参保地区县（自治县）社会保险行政部门提出书面延期申请，社会保险行政部门应当自收到申请之日起3个工作日内书面答复；对有正当理由的，申请时限最多可以延长30日。

用人单位未按前款规定提出工伤认定申请的，工伤职工或者其近亲属、工会组织在事故伤害发生之日或者被诊断、鉴定为职业病之日起1年内，可直接向参保地区县（自治县）社会保险行政部门提出工伤认定书面申请。

用人单位未在本条第一款规定的时限内提交工伤认定书面申请或延期认定申请的，从事故伤害发生之日或被诊断、鉴定为职业病之日起至社会保险行政部门受理工伤认定申请之日止，期间发生的医疗费、伙食补助费、市外就医的交通食宿费和工亡职工供养亲属抚恤金由用人单位承担。

**第十三条**　工伤认定由用人单位参保地区县（自治县）社会保险行政部门负责。职工在参保地之外发生事故，参保地社会保险行政部门可委托事故发生地社会保险行政部门进行调查核实。

受伤职工未参加工伤保险的，本市用人单位由注册地或住所地区县（自治县）社会保险行政部门负责工伤认定，市外用人单位在本市从事生产经营活动的由生产经营地区县（自治县）社会保险行政部门负责工伤认定。

**第十四条**　提出工伤认定申请应当提交下列材料：

（一）《工伤认定申请表》及受伤职工本人身份证复印件；

（二）与用人单位存在劳动关系（包括事实劳动关系）或人事关系的证明材料；

（三）职工发生伤害事故的，提供医疗机构出具的医疗诊断初诊证明和病历资料等；职工患职业病的，提供有职业病诊断资格医疗机构出具的诊断证明书（或职业病诊断鉴定书）。

工伤认定申请人提供材料不完整的，社会保险行政部门应当一次性书面告知工伤认定申请人需要补正的全部材料。提供补正材料的期限一般不超过15日；遇有特殊情况，经社会保险行政部门同意，可以适当延长。申请人按照书面告知要求补正材料后，社会保险行政部门应当受理。

**第十五条**　社会保险行政部门受理工伤认定申请后，发现该申请不符合《条例》和本办法规定受理条件的，应当驳回该工伤认定申请，对申请人出具《驳回工伤认定申请通知书》，并说明理由、告知诉权。

**第十六条**　社会保险行政部门应当自受理工伤认定申请之日起60日内作出工伤认定决定，并在作出工伤认定决定后15日内书面通知工伤职工或者其近亲属和该职工所在单位。

社会保险行政部门对受理的事实清楚、权利义务明确的工伤认定申请，应当在15日内作出工伤认定决定。

**第十七条**　职工或者近亲属认为是工伤，用人单位不认为是工伤的，由社会保险行政部门书面通知用人单位提供举证材料，用人单位应自收到举证通知之日起15日内提供相关证据。用人单位逾期不提供举证材料的，承担举证不能的责任。

## 第四章 劳动能力鉴定

**第十八条** 市、区县（自治县）劳动能力鉴定委员会由同级社会保险行政部门、卫生行政部门、工会组织、经办机构代表以及用人单位代表组成。市、区县（自治县）劳动能力鉴定委员会下设办公室，挂靠在同级社会保险行政部门，负责劳动能力鉴定委员会的日常工作。

**第十九条** 劳动能力鉴定委员会承担以下鉴定或确认工作：

（一）工伤职工劳动能力的鉴定；

（二）延长停工留薪期的确认；

（三）配置辅助器具的确认；

（四）疾病与工伤关联的确认；

（五）供养亲属完全丧失劳动能力的鉴定；

（六）工伤康复的确认；

（七）工伤职工旧伤复发的确认；

（八）其他受委托的劳动能力鉴定。

**第二十条** 工伤职工伤情处于相对稳定状态，用人单位、工伤职工或者其近亲属可向劳动能力鉴定委员会提出劳动能力鉴定申请。工伤职工停工留薪期满或停工留薪期终止，应当进行劳动能力鉴定。

用人单位、工伤职工或者其近亲属向劳动能力鉴定委员会提出劳动能力鉴定申请时，应填报《劳动能力鉴定表》，并提交《工伤认定决定书》、病历及相关诊疗资料等。用人单位、工伤职工或者其近亲属申请其他工伤鉴定（确认）的，应按规定提交相关资料。

劳动能力鉴定（确认）具体办法由市社会保险行政部门制定。

**第二十一条** 工伤职工再次发生工伤后申请劳动能力鉴定的，先对新发生的工伤作出劳动能力鉴定结论，再结合原有工伤作出综合劳动能力鉴定结论。

**第二十二条** 申请鉴定的单位或者个人对区县（自治县）劳动能力鉴定委员会的鉴定（确认）结论不服的，可以在收到鉴定（确认）结论之日起15日内向市劳动能力鉴定委员会申请再次鉴定（确认），并提交区县（自治县）劳动能力鉴定委员会的鉴定结论及相关材料。

市劳动能力鉴定委员会的再次鉴定（确认）结论为最终结论。

**第二十三条** 自生效的劳动能力鉴定结论作出之日起1年后，工伤职工及其近亲属、工伤职工所在单位或经办机构认为其伤残情况发生变化的，可以向负责首次鉴定的劳动能力鉴定委员会申请复查鉴定。

**第二十四条** 按本办法第十九条规定的范围所产生的劳动能力鉴定（确认）费及鉴定检查费用，参加工伤保险并足额缴纳工伤保险费的，由工伤保险基金支付；未参加工伤保险的或未足额缴纳工伤保险费期间发生的劳动能力鉴定（确认）费及鉴定检查费用，由用人单位承担。

鉴定（确认）结果为与工伤无关联的疾病、供养亲属未完全丧失劳动能力以及再次鉴定（确认）或复查鉴定的结论没有变化，所产生的鉴定（确认）费及鉴定检查费用由申请者承担。

劳动能力鉴定（确认）费收费标准由市物价部门会同市财政部门确定。

**第二十五条**　工伤职工在停工留薪期内或者尚未作出劳动能力鉴定结论的，用人单位不得解除劳动合同或者终止劳动关系。

## 第五章　工伤保险待遇

**第二十六条**　用人单位按本办法规定参加工伤保险，并按时足额缴纳工伤保险费，参保职工受到事故伤害或者患职业病并认定为工伤的，按《条例》和本办法规定享受工伤保险待遇。

**第二十七条**　职工住院治疗工伤期间的伙食补助费，以及经批准到市外就医所需的交通、食宿费标准由市社会保险行政部门会同市财政部门制定，报市人民政府批准后执行。

**第二十八条**　职工治疗工伤，实行定点医疗。就医和结算管理办法由市社会保险行政部门会同市财政、市卫生行政部门制定。工伤医疗、康复、辅助器具配置定点机构管理办法由市社会保险行政部门制定。

**第二十九条**　社会保险行政部门作出认定为工伤的决定后发生行政复议、行政诉讼的，行政复议和行政诉讼期间不停止支付工伤职工治疗工伤的医疗费用。经行政复议或行政诉讼后不予认定为工伤的，已由工伤保险基金支付的医疗费用应及时退还；不退还的，由社会保险经办机构依法追回。

**第三十条**　职工享受工伤保险待遇，由用人单位向社会保险经办机构申请（情况特殊的，工伤职工可直接申请），并提交工伤认定决定书、劳动能力鉴定结论等材料。申请人提交资料齐全的，社会保险经办机构应当在30日内按规定支付工伤保险待遇，情形特殊的可适当延长，延长期不得超过15日。

申请享受供养亲属抚恤待遇的，根据所申请的待遇项目提交以下补充材料：

（一）被供养人户口簿、身份证、公安户籍管理的生存证明；

（二）街道办事处或乡镇政府出具的无生活来源证明；

（三）婚姻关系证明；

（四）民政部门出具的孤寡老人或孤儿的证明；

（五）养子女的收养证书；

（六）劳动能力鉴定委员会作出的供养亲属完全丧失劳动能力的鉴定结论。

**第三十一条**　工伤职工停工留薪期一般不超过12个月。伤情严重或者情况特殊的，工伤职工或其近亲属应在停工留薪期满前申请延长停工留薪期，经参保地的劳动能力鉴定委员会确认可以适当延长，但延长期限最长不得超过12个月。用人单位、工伤职工或其近亲属对延长停工留薪期确认存在争议的，由用人单位、工伤职工或其近亲属向市劳动能力鉴定委员会申请再次确认。停工留薪期确认及管理的具体办法由市社会保险行政部门制定。

**第三十二条** 对在进行劳动能力鉴定期间停工留薪期满的工伤职工，停发停工留薪期待遇；如因工伤不能从事工作的，由用人单位按不低于病假待遇的标准支付相关待遇。

**第三十三条** 工伤职工因日常生活或者就业需要，要求安装、配置辅助器具的，由用人单位或工伤职工根据工伤职工就医定点医疗机构建议，向参保地区县（自治县）劳动能力鉴定委员会申请确认。经确认需要安装、配置的，到工伤保险定点辅助器具配置机构安装、配置，所需费用按照国家和我市有关规定由工伤保险基金支付，具体办法由市社会保险行政部门制定。

**第三十四条** 职工因工受伤或者被诊断（鉴定）为职业病并认定为工伤的，从受伤之日或诊断（鉴定）为职业病之日起，享受工伤医疗待遇；职工因工致残被鉴定为一至十级伤残的，从生效的劳动能力鉴定结论作出的次月起享受工伤保险待遇；职工因工死亡的，以其死亡当日计算一次性工亡待遇和工亡职工供养亲属年龄，从其死亡的次月起供养亲属享受供养亲属抚恤金待遇。

首次计发一至六级工伤职工伤残津贴金额不得低于本市最低工资标准的最高档次。

**第三十五条** 职工因工致残被鉴定为一至四级伤残的，保留劳动关系，退出工作岗位；以伤残津贴为基数，按规定缴纳各项社会保险费。具体缴费办法由市社会保险行政部门制定。

**第三十六条** 五至十级工伤职工本人提出与用人单位解除劳动关系或者用人单位依法解除劳动关系的，或七级至十级工伤职工劳动合同期满用人单位难以安排工作而终止劳动关系的，自与用人单位按规定程序终止劳动关系之日起，与经办机构的工伤保险关系同时终止，由工伤保险基金支付一次性工伤医疗补助金，由用人单位支付一次性伤残就业补助金，计发标准如下：

一次性工伤医疗补助金以解除劳动关系之日的本市上年度职工月平均工资为计发基数，按五级 12 个月、六级 10 个月、七级 8 个月、八级 6 个月、九级 4 个月、十级 2 个月计发。

一次性伤残就业补助金以解除劳动关系之日的本市上年度职工月平均工资为计发基数，按五级 60 个月、六级 48 个月、七级 15 个月、八级 12 个月、九级 9 个月、十级 6 个月计发。终止或解除劳动关系时，工伤职工距法定退休年龄 10 年以上（含 10 年）的，一次性伤残就业补助金按全额支付；距法定退休年龄 9 年以上（含 9 年）不足 10 年的，按 90% 支付；以此类推，每减少 1 年递减 10%。距法定退休年龄不足 1 年的，按全额的 10% 支付；达到法定退休年龄的工伤职工，不计发一次性伤残就业补助金。

五至六级工伤职工在本办法实施前已提出解除劳动合同、终止工伤保险关系的，一次性伤残就业补助金按原标准执行；本办法实施后提出解除劳动合同、终止工伤保险关系的，一次性伤残就业补助金按本办法标准执行。

**第三十七条** 一至四级工伤职工在停工留薪期满后死亡的，其近亲属享受《条例》第三十九条第一款第（一）、（二）项规定的工伤保险待遇。工伤职工供养亲属抚恤金以其死亡时享受的伤残津贴或养老保险待遇为基数，按《条例》规定的比例计发。

**第三十八条**　经复查鉴定，伤残等级及护理程度发生变化的，自作出复查鉴定结论的次月起，以复查鉴定结论为依据享受《条例》和本办法规定的除一次性伤残补助金之外的工伤保险待遇。享受伤残津贴或养老保险待遇的工伤人员，经复查鉴定伤残等级发生变化的，原享受的伤残津贴或养老保险待遇低于同期同等级伤残津贴标准的，从复查鉴定结论作出的次月起，伤残津贴或养老保险待遇调整到同期同等级伤残津贴最低标准。

革命伤残军人解除劳动合同并终止工伤保险关系时，已从工伤保险基金享受过一次性工伤医疗补助金的，不再重复享受。

**第三十九条**　工伤职工再次发生工伤的，以新发生工伤的劳动能力鉴定等级享受一次性伤残补助金，以综合劳动能力鉴定等级享受除一次性伤残补助金以外的工伤保险待遇。

**第四十条**　以本市上年度职工月平均工资和全国上年度城镇居民人均可支配收入为基数核定工伤保险待遇时，若上年度标准尚未公布，可暂按上上年度标准核算，待上年度标准公布后再重新结算。

**第四十一条**　伤残津贴、供养亲属抚恤金标准根据职工平均工资和生活费用变化等情况适时调整，由市社会保险行政部门提出调整方案，报市人民政府批准后执行。

生活护理费每年从1月1日起以全市上年度职工月平均工资为基数按规定比例计发。

**第四十二条**　用人单位依法破产、关闭或注销时，工伤职工的工伤保险待遇按以下规定处理：

（一）一至四级工伤职工、已办理退休的五至十级工伤职工以及享受工亡职工供养亲属抚恤金待遇的人员，由用人单位按本市有关规定一次性缴纳工伤保险统筹费用后，由工伤保险基金按规定支付待遇，领取工伤保险待遇的相关手续移交其长期居住地的乡镇（街道）社会保障服务机构，实行社会化管理服务；

（二）不符合办理退休的五至十级工伤职工与用人单位解除劳动关系，终止工伤保险关系，按本办法规定支付一次性工伤医疗补助金和伤残就业补助金。

## 第六章　管理和监督

**第四十三条**　市社会保险行政部门履行下列职责：

（一）贯彻执行国家工伤保险的法律、法规，负责制定工伤保险政策并组织实施，统筹规划全市工伤保险工作；

（二）制定工伤预防、宣传、培训规划和职业康复计划并组织实施；

（三）审核工伤保险基金预决算；

（四）制定工伤医疗（康复）定点服务机构和辅助器具配置机构管理办法，负责有关审批管理工作；

（五）负责职责范围内的工伤认定工作，组织实施劳动能力鉴定工作；

（六）法律、法规赋予的其他职责。

**第四十四条**　区县（自治县）社会保险行政部门履行下列职责：

（一）贯彻执行工伤保险的法律、法规和政策；

（二）负责对用人单位和职工进行工伤保险政策的宣传、培训；

（三）负责工伤认定工作；

（四）负责劳动能力鉴定的监督检查，工伤保险基金的缴纳、支付、使用情况的监督检查；

（五）负责本级经办机构发生的工伤保险行政争议的复议工作；

（六）上级交办的其他工作任务。

**第四十五条** 市级工伤保险经办机构履行下列职责：

（一）负责管理全市工伤保险基金；

（二）编制工伤保险基金预决算草案；

（三）负责与工伤医疗、康复和辅助器具配置机构签订服务协议并组织实施；

（四）负责工伤保险基金收缴、支付的各项统计分析工作；

（五）指导、监督、检查区县（自治县）工伤保险经办机构的工作；

（六）法律、法规、规章规定和上级机关交办的其他工作。

**第四十六条** 区县（自治县）工伤保险经办机构履行下列职责：

（一）核查用人单位的工资总额和职工人数，并办理工伤保险登记、缴费申报，确定缴费费率；

（二）按规定与本行政区域的工伤医疗服务机构签订服务协议；

（三）管理工伤保险基金，核定和支付工伤保险待遇；

（四）编报工伤保险基金的会计、统计报表；

（五）提供工伤保险待遇查询和政策咨询服务；

（六）承办上级部门和本级社会保险行政部门交办的其他工作。

**第四十七条** 乡镇（街道）社会保障服务机构负责工伤保险社会化管理服务工作。

**第四十八条** 市、区县（自治县）财政部门对工伤保险基金的收支、管理情况进行监督，负责及时审批、拨付工伤保险基金。

**第四十九条** 市、区县（自治县）地方税务机关按照《社会保险费征缴暂行条例》（国务院令第259号）规定，负责工伤保险费的征收，对用人单位在缴纳工伤保险费过程中的违法行为依法查处。

**第五十条** 用人单位应当将每年参保职工名单、参保日期、缴费情况、年度内发生的工伤事故、工伤认定、劳动能力鉴定和工伤待遇支付等情况，于次年的1月底前在本单位内公示。公示时间不得少于15天，公示情况书面报所属经办机构备案。经办机构应当按规定为参保职工建立工伤保险档案，用人单位和职工有权查询。

## 第七章　附　　则

**第五十一条** 用人单位应当参加工伤保险而未参加，或少报、漏报参保职工以及未按时足额缴纳工伤保险费的，按以下办法办理：

（一）2010年12月31日前受伤的工伤人员及工亡职工的供养亲属，按我市有关规定由用人单位一次性缴纳工伤保险统筹费用后纳入工伤保险统筹管理，纳入统筹前的待遇由用人单位支付；

（二）2011年1月1日后受伤的工伤人员及工亡职工的供养亲属，按《条例》第六十二条规定，用人单位补缴工伤保险费和滞纳金后的次月起，新发生的除一次性工亡补助金、一次性丧葬补助金和一次性伤残补助金外的应由工伤保险基金支付的工伤保险待遇由工伤保险基金支付。

**第五十二条**　新参加工伤保险的用人单位和个人，从受理申报当月起缴纳新参保人员工伤保险费，受理申报次日起享受工伤保险待遇。已参加工伤保险的用人单位减少参保人员，从申报减少次月起停止缴纳减少人员工伤保险费。

**第五十三条**　用人单位因少报、瞒报缴费基数，造成工伤职工享受的工伤保险待遇降低的，差额部分由用人单位补足。

**第五十四条**　用人单位未参加工伤保险，职工受到事故伤害或诊断为职业病的，其工伤待遇按《条例》和本办法规定由用人单位支付。

工伤职工、工亡职工未参加工伤保险或已参加工伤保险但伤（亡）时户籍不在本市的，工伤职工、工亡职工供养亲属的长期待遇，可实行一次性支付或长期支付两种办法。其一次性支付标准由市社会保险行政部门制定。

**第五十五条**　达到法定退休年龄或者已经依法享受基本养老保险待遇的人员，不适用本办法。

**第五十六条**　本市行政区域内的公务员和参照《公务员法》管理的事业单位、社会团体的工作人员，参照《条例》和本办法执行。具体办法由市社会保险行政部门会同市财政部门制定。

**第五十七条**　本办法自2012年1月1日起施行，《重庆市人民政府关于印发重庆市工伤保险实施暂行办法的通知》（渝府发〔2003〕82号）和《重庆市人民政府关于印发重庆市机关事业单位工作人员工伤管理暂行办法的通知》（渝府发〔2004〕63号）同时废止。

## 125　贵州省工伤保险条例

2011年11月23日贵州省第十一届人民代表大会常务委员会第二十五次会议通过，2011年11月23日贵州省人民代表大会常务委员会公告第11号公布，自2012年3月1日起施行。

**第一条**　为了保障因工作遭受事故伤害或者患职业病的职工获得医疗救治和经济补偿，促进工伤预防和职业康复，分散用人单位工伤风险，根据《中华人民共和国社会保险法》《工伤保险条例》等法律、行政法规的规定，结合我省实际，制定本条例。

**第二条** 本省行政区域内的企业、事业单位、社会团体、民办非企业单位、基金会、律师事务所、会计师事务所等组织和有雇工的个体工商户（以下称用人单位）应当依法参加工伤保险，按照国家规定的费率为本单位全部职工或者雇工（以下称职工）缴纳工伤保险费。职工有依法享受工伤保险待遇的权利。

**第三条** 省人民政府社会保险行政部门负责全省工伤保险工作，对全省工伤保险工作实施监督管理，确保职工依法享受工伤保险待遇。

县级以上人民政府社会保险行政部门负责本行政区域内的工伤保险工作。其按照国务院规定设立的社会保险经办机构（以下称经办机构）具体承办工伤保险事务。

卫生、安全生产监督管理等有关部门和工会组织、用人单位应当在职责范围内做好工伤保险工作。

**第四条** 县级以上人民政府应当重视和加强工伤预防工作，发展职业康复事业，建立工伤预防、工伤补偿和职业康复相结合的工伤保险工作体系。

**第五条** 工伤保险基金实行省级统筹，具体办法由省人民政府制定。

省人民政府社会保险行政部门依法对工伤保险费的征缴和工伤保险基金的支付情况进行监督检查。

省人民政府财政、审计部门依法对工伤保险基金的收支、管理情况进行监督。

经办机构应当定期公布工伤保险基金的具体收支情况。

**第六条** 工伤保险基金应当留有一定比例的储备金，用于本省内重大事故的工伤保险待遇支付；储备金不足支付的，由省人民政府垫付。储备金占基金总额的具体比例和储备金的使用办法，由省人民政府规定。

**第七条** 对用工期限短、流动性大等难以按照工资总额缴纳工伤保险费的行业，其缴纳工伤保险费的具体计算办法由省人民政府社会保险行政部门根据实际情况确定。

**第八条** 工伤预防费从工伤保险基金中提取。工伤预防费支出范围：

（一）工伤预防的宣传、培训；

（二）工伤预防的调查、统计和分析；

（三）减少、防范工伤事故技术和职业危害防治技术的推广应用；

（四）法律、法规和国家规定的其他项目。

**第九条** 工伤认定根据属地原则，由用人单位所在地的市、州人民政府社会保险行政部门办理。

工伤认定不收取费用。

**第十条** 市、州人民政府社会保险行政部门对工伤认定的管辖权发生争议时，由省人民政府社会保险行政部门在3日内指定管辖。

**第十一条** 社会保险行政部门收到工伤认定申请后，应当在15日内对申请人提交的材料进行审核，材料完整的，作出受理或者不予受理的决定；材料不完整的，应当以书面形式一次性告知申请人需要补正的全部材料。

工伤认定申请人提交的申请材料符合要求，属于社会保险行政部门管辖范围且在受理时限内的，社会保险行政部门应当受理。

社会保险行政部门决定受理的，应当出具工伤认定申请受理决定书；决定不予受理的，应当出具工伤认定申请不予受理决定书。

**第十二条**　社会保险行政部门应当自受理工伤认定申请之日起60日内作出是否认定工伤的决定，并将认定工伤决定书或者不予认定工伤决定书送达申请工伤认定的职工或者其近亲属和该职工所在单位。

社会保险行政部门对于事实清楚、权利义务明确的工伤认定申请，应当自受理工伤认定申请之日起15日内作出工伤认定决定。

**第十三条**　社会保险行政部门受理工伤认定申请后，作出工伤认定决定需要以司法机关或者有关行政主管部门的结论为依据的，在司法机关或者有关行政主管部门尚未作出结论期间，作出工伤认定决定的时限中止，并书面通知申请人。中止情形消除后，经当事人申请，社会保险行政部门应当在3日内恢复工伤认定程序。

**第十四条**　市、州人民政府劳动能力鉴定委员会负责受理劳动能力鉴定申请，并作出鉴定结论；省劳动能力鉴定委员会负责受理对鉴定结论不服的劳动能力再次鉴定申请，并作出最终鉴定结论。

自劳动能力鉴定结论作出之日起1年后，工伤职工或者其近亲属、所在单位或者经办机构认为伤残情况发生变化的，可以申请劳动能力复查鉴定。劳动能力复查鉴定由市、州人民政府劳动能力鉴定委员会负责受理，并作出鉴定结论。

劳动能力鉴定委员会下设的办事机构承担劳动能力鉴定日常工作。

**第十五条**　市、州人民政府社会保险经办机构应当择优选择医疗机构、职业康复机构、辅助器具配置机构，并在平等协商的基础上签订服务协议，及时向社会公布签订服务协议的医疗机构、职业康复机构、辅助器具配置机构名单。

**第十六条**　工伤职工工伤医疗期满鉴定达到伤残等级，劳动能力鉴定委员会确认具有职业康复价值的，由协议医疗机构、职业康复机构提供职业康复服务。

**第十七条**　职业康复机构应当按照国家和省规定的职业康复范围、职业康复介入标准、职业康复治疗标准，开展工伤职工职业康复服务。

用人单位应当配合职业康复机构开展工伤职工职业康复工作，帮助工伤职工重返工作岗位。

**第十八条**　职工因工作遭受事故伤害或者患职业病进行治疗，享受工伤医疗待遇。

职工治疗工伤应当在签订服务协议的医疗机构就医。情况紧急到就近医疗机构急救的，应当在急救医疗机构出具伤情稳定证明后5日内转往协议医疗机构就医。

**第十九条**　用人单位、工伤职工或者其近亲属向经办机构申请工伤待遇的，经办机构应当在收到申请之日起15日内，按照规定核定工伤保险待遇，并以书面形式通知用人单位、工伤职工或者其近亲属。

**第二十条**　工伤职工的伤残津贴、生活护理费自劳动能力鉴定结论作出的次月起享受，供养亲属抚恤金自职工死亡时的次月起享受。

工伤职工进行劳动能力再次鉴定，按照再次鉴定结论享受相应待遇，待遇的起始时间为作出原鉴定结论时间的次月。

**第二十一条** 工伤职工劳动能力复查鉴定结论发生变化的，自复查鉴定结论作出的次月起，按照复查鉴定结论享受有关待遇，不再重复享受一次性待遇。

**第二十二条** 职工因工致残被鉴定为一级至四级伤残的，保留与用人单位劳动关系，由用人单位和职工个人以伤残津贴为基数缴纳职工基本养老保险费、基本医疗保险费。

工伤职工伤残津贴低于职工基本养老保险、基本医疗保险规定的缴费基数的，缴费基数按照职工基本养老保险、基本医疗保险相关规定执行。

职工因工致残被鉴定为五级至十级伤残的，按照国家有关规定办理。

**第二十三条** 工伤职工领取一次性工伤医疗补助金和一次性伤残就业补助金的，社会保险经办机构应当与用人单位办理该职工的工伤保险关系终止手续。

**第二十四条** 工伤职工工作时间不足 12 个月的，其工伤待遇按照实际工作月数的月平均工资计算；工伤职工工作时间不足 1 个月的，其工伤待遇按照其 1 个月的工资计算。

**第二十五条** 从事非全日制用工的职工与两个或者两个以上用人单位同时建立劳动关系的，用人单位应当分别为其缴纳工伤保险费；职工发生工伤，由受到伤害时职工工作的用人单位依法承担工伤保险责任。

**第二十六条** 大中专院校、技工学校、职业高中等学校学生实习期间，由实习单位和学校缴纳工伤保险费；学生因工作原因遭受事故伤害或者患职业病的，享受工伤保险相应待遇，具体办法由省人民政府制定。

**第二十七条** 社会保险、卫生、安全生产监督管理、住房和城乡建设、民政、工商行政管理、税务、人民银行等部门应当建立用人单位登记注册、纳税、征信等信息共享机制。

**第二十八条** 职工在工作中发生事故，由用人单位先行垫付医疗费用；认定为工伤的，由工伤保险基金支付，不认定为工伤的，用人单位有权依法追回。

职工所在用人单位未依法缴纳工伤保险费，发生工伤事故的，由用人单位支付工伤保险待遇。用人单位不支付的，从工伤保险基金中先行支付。从工伤保险基金中先行支付的工伤保险待遇应当由用人单位偿还。用人单位不偿还的，社会保险行政部门可以依照国家有关规定追偿。

**第二十九条** 国家机关、经办机构工作人员在工伤保险管理中滥用职权、徇私舞弊、玩忽职守尚不构成犯罪的，依法给予行政处分。

**第三十条** 违反本条例规定，法律、法规有处罚规定的，从其规定。

**第三十一条** 本省行政区域内实行公务员管理的单位和参照公务员法管理的事业单位、社会团体应当依法为与本单位建立劳动关系的职工按照国家规定的费率缴纳工伤保险费。与实行公务员管理的单位和参照公务员法管理的事业单位、社会团体建立劳动关系的职工，有依法享受工伤保险待遇的权利。

将公务员和参照公务员法管理的事业单位、社会团体的工作人员逐步纳入工伤保险。

**第三十二条** 本条例自 2012 年 3 月 1 日起施行。

# 126 云南省实施《工伤保险条例》办法

云政发〔2011〕255号

## 目 录

第一章 总则/595
第二章 基金管理/596
第三章 工伤认定/597
第四章 劳动能力鉴定/599
第五章 工伤保险待遇/599
第六章 附则/601

## 第一章 总 则

**第一条** 为了保障因工作遭受事故伤害或者患职业病的职工获得医疗救治和经济补偿，促进工伤预防和职业康复，分散用人单位的工伤风险，根据《中华人民共和国社会保险法》《工伤保险条例》（以下称条例）等法律、法规，结合本省实际，制定本实施办法。

**第二条** 本省行政区域内的企业、事业单位、社会团体、民办非企业单位、基金会、律师事务所、会计师事务所等组织和有雇工的个体工商户（以下称用人单位）应当依法参加工伤保险，为本单位全部职工（含非全日制从业人员，以下称职工）缴纳工伤保险费。

**第三条** 工伤保险坚持“制度统一、机制健全、预防优先、分级管理、待遇公平、持续发展”的原则，逐步完善工伤预防、补偿、康复“三位一体”的工伤保险制度。

**第四条** 省社会保险行政部门负责全省的工伤保险工作；州（市）和县（市、区）社会保险行政部门负责本行政区域内的工伤保险工作。

社会保险行政部门设立的社会保险经办机构具体承办工伤保险事务，乡（镇）或街道办事处的社会保障站（所）根据社会保险经办机构的委托具体承办工伤保险事务。

**第五条** 全省工伤保险基金实行州（市）级统筹管理，各统筹地区应当建立工伤保险储备金，逐步实现工伤保险基金省级统筹管理。

统筹地区应当统一参保缴费办法、统一认定鉴定标准、统一待遇给付水平、统一业务经办程序、统一系统网络应用。

**第六条** 各级政府应当运用法律、行政、经济等手段，保证工伤保险基金的征收和工伤保险待遇的给付。

**第七条** 用人单位参加工伤保险，实行属地管理，由所在统筹地区社会保险经办机构规定的机构办理参保登记及处理有关业务。

省内跨统筹地区、生产流动性较大的用人单位申请集中登记办理参加工伤保险手续的，由省社会保险行政部门会同有关部门确定集中参保的统筹地区。

原由省社会保险经办机构管理的参保单位及其职工，待条件成熟时，逐步移交所在统筹地区管理。

其他适用于条例和本办法的用人单位及职工参加工伤保险，由用人单位所在县（市、区）社会保险经办机构办理参保手续。

## 第二章 基金管理

**第八条** 工伤保险费根据以支定收、收支平衡的原则确定费率。统筹地区经办机构应当根据用人单位工伤发生率、使用工伤保险基金等情况，合理确定用人单位适用的基准费率和浮动费率档次。

**第九条** 工伤保险费按照《云南省社会保险费征缴条例》的规定，由统筹地区社会保险经办机构统一核定，由社会保险费征收机关负责征收。

用人单位依法按时足额缴纳工伤保险费。职工个人不缴纳工伤保险费。

用人单位缴纳工伤保险费的数额为本单位职工工资总额乘以单位缴费费率之积。

难以按照用人单位工资总额缴纳工伤保险费的，可按照建筑工程造价提取一定比例、经营服务面积核定人数和吨矿产品相应费率的方式计算并缴费，实行实名登记参保。具体办法由统筹地区社会保险行政部门另行制定。

**第十条** 工伤保险基金存入社会保障基金财政专户，实行收支两条线管理。工伤保险基金依法用于工伤预防、补偿、康复等下列费用：

（一）治疗工伤的医疗费用和康复费用；

（二）住院伙食补助费；

（三）统筹地区以外就医的交通食宿费；

（四）经劳动能力鉴定委员会确认需安装配置伤残辅助器具的费用；

（五）生活不能自理的，经劳动能力鉴定委员会确认的生活护理费；

（六）一次性伤残补助金和一至四级伤残职工按月领取的伤残津贴；

（七）终止或者解除劳动合同时，应当享受的一次性工伤医疗补助金；

（八）因工死亡遗属领取的丧葬补助金、供养亲属抚恤金和一次性工亡补助金；

（九）因工致残劳动能力鉴定的所需费用；

（十）工伤预防费；

（十一）法律、法规规定的其他费用。

**第十一条** 工伤预防费依法用于工伤预防、政策宣传、业务培训、事故勘察和疑难案例研究等工作支出。工伤预防费的提取比例按照国家有关规定执行。

**第十二条** 各统筹地区应当从当年征缴的工伤保险基金中提取10%建立工伤保险储备金，工伤保险储备金达到统筹地区工伤保险基金累计结余总量的15%时不再提取。使用工伤保险储备金应当由统筹地区社会保险经办机构提出方案、社会保险行政部门审核，报同级人民政府批准。

**第十三条**　用人单位未依法缴纳工伤保险费，发生工伤事故后，用人单位不支付工伤职工工伤保险待遇的；或者由于第三人的原因造成工伤，第三人不支付工伤医疗费用或者无法确定第三人的，申请人申请先行支付有关费用时，应当持工伤认定决定书和有关资料向当地社会保险经办机构提出书面申请，经审核符合先行支付条件的，从工伤保险基金中支付，然后由社会保险经办机构依法追偿有关费用。

社会保险经办机构不得以工伤认定决定正在行政复议或者行政诉讼为由，拒绝法律、法规规定应当先行支付的有关待遇。

## 第三章　工伤认定

**第十四条**　工伤认定应当向统筹地区社会保险行政部门提出申请；事故发生地与用人单位所在地不一致的，也可以向事故发生地统筹地区的社会保险行政部门提出申请。对工伤认定管辖权发生争议的，由其共同的上一级社会保险行政部门指定管辖。国家机关、参照公务员法管理的事业单位工作人员发生工伤，以及省社会保险经办机构管理的用人单位发生工伤的，其工伤认定由单位所在统筹地区的社会保险行政部门按照条例规定受理、认定。

**第十五条**　职工有下列情形之一的，可依据条例第十四条规定，按照工伤处理：

（一）因工作环境存在有毒有害物质或者在用人单位食堂就餐造成急性中毒进行抢救治疗，并经县级以上卫生防疫等部门验证确诊的；

（二）受用人单位指派前往疫区工作而感染该疫病的；

（三）在工作时间，参加用人单位组织或者受用人单位指派参加竞技和文娱、体育比赛等活动而受到意外伤害的；

（四）受用人单位指派在出差期间因基本生活必需而受到意外伤害的。

**第十六条**　非本人主要责任交通事故的认定，应当以公安机关交通管理、交通运输、铁路等部门或者司法机关，以及法律、法规授权组织出具的有关有效证明资料为依据。

**第十七条**　《中华人民共和国社会保险法》第三十七条第（二）项中的醉酒认定，按照《车辆驾驶人员血液、呼气酒精含量阈值与检验》（GB 19522—2044）执行。公安机关交通管理部门、医疗机构等有关单位依法出具的检测结论、诊断证明等资料，可以作为认定醉酒的依据。

**第十八条**　条例第十六条第（二）项中吸毒的确定，按照国家有关规定，由公安机关或者其委托的机构依法出具的检测结论、诊断证明等资料可以作为认定吸毒的依据。

**第十九条**　有证据显示受伤职工有醉酒或者吸毒嫌疑的，而申请人未能提供相反有效证据证明或者拒绝检测的，不予认定为工伤或者视同工伤。

**第二十条**　职工在原用人单位从事接触职业病危害作业，到现用人单位后被诊断患职业病的，现用人单位、本人或者其近亲属可以依法提出工伤认定申请；离开原用人单位后无职业病接触史，现无用人单位且被诊断为职业病的，本人或者其近亲属可以自被诊断为职业病之日起一年内，向原用人单位所在地统筹地区社会保险行政部门提出工伤认定申请。

职工退休前因从事接触职业病危害作业，在办理退休手续后被诊断为职业病的，应当自被诊断为职业病之日起1年内提出工伤认定申请。

**第二十一条** 职工在两个或者两个以上用人单位同时存在劳动关系的，各用人单位应当依法为职工缴纳工伤保险费。职工发生工伤，由职工受到伤害时的用人单位依法承担工伤保险责任。

**第二十二条** 用人单位分立、合并、转让的，承继单位应当自变更之日起30日内到当地社会保险经办机构办理工伤保险登记或者变更登记手续，继续承担原用人单位的工伤保险责任。

**第二十三条** 参加工伤保险的用人单位外派职工出境工作，不能参加当地工伤保险的，用人单位应当到统筹地区社会保险行政部门办理备案手续，继续缴纳工伤保险费。凡未办理有关手续的，出境工作期间发生工伤的费用，由用人单位承担。

**第二十四条** 职工或者其近亲属认为是工伤，用人单位认为不是工伤的，当地社会保险行政部门应当书面通知由用人单位承担举证责任。

用人单位应当自收到举证通知之日起15日内提供职工不应当认定为工伤的有关证据。职工或者其近亲属对与用人单位是否存在劳动关系，以及发生工伤的时间、地点、伤害情况仍负举证责任。

用人单位不提供有关资料或者不履行举证义务的，社会保险行政部门可以根据受伤害职工或者其近亲属、工会组织提供的证据，依法作出工伤认定结论。

**第二十五条** 申请人提出工伤认定申请时，应当提交与用人单位签订的劳动合同或者能够确认与用人单位存在劳动关系（含事实劳动关系）的其他证明资料。

社会保险行政部门认为劳动关系成立，且资料完整的，应当依法受理工伤认定申请。申请人提供资料不完整的，应当在5个工作日内向申请人发出补正资料通知书，一次性书面告知申请人需要补正的全部资料。劳动关系有争议的，告知当事人可以向劳动争议仲裁委员会申请确认劳动关系。

劳动争议仲裁、发生不可抗力等符合法定中止事由的期间不计入工伤认定申请时限。

**第二十六条** 申请人提出工伤认定申请，但有下列情形之一的，社会保险行政部门不予受理：

（一）无法定事由超过法定时限提出申请的；

（二）申请人不具备申请资格的；

（三）受理申请的社会保险行政部门没有管辖权或者未得到委托受理的；

（四）法律、法规规定不予受理的其他情形。

**第二十七条** 社会保险行政部门受理工伤认定申请后，有以下情形之一的，可以中止工伤认定：

（一）需要以有关部门对相应事故的结论为依据，而有关部门尚未作出结论的；

（二）由于不可抗力导致工伤认定难以进行的；

（三）法律、法规、规章规定其他需要中止的情形。中止工伤认定，应当向申请人送达

《工伤认定中止通知书》。中止情形消失的，应当恢复工伤认定程序。中止工伤认定的时间不计入工伤认定时限。

## 第四章　劳动能力鉴定

**第二十八条**　劳动能力鉴定是依据国家公布的劳动能力鉴定办法和标准，因职工发生工伤经过救治和必要的康复治疗期满后，或者职工非因工伤残、因病造成劳动功能障碍程度和生活自理障碍程度的等级鉴定。

职工被认定为工伤或者视同工伤的，经劳动能力鉴定后，由省或者州（市）劳动能力鉴定委员会发给《云南省职工因工残废证》，在工伤职工持有的《社会保障卡》内加载有关信息，一并凭证（卡）享受相应的工伤保险待遇。

**第二十九条**　工伤职工经治疗伤情相对稳定后存在残疾、影响劳动能力的，由用人单位、工伤职工或者其近亲属向统筹地区劳动能力鉴定委员会申请劳动能力鉴定，填写劳动能力鉴定申请表，并提交下列资料：

（一）身份证明；

（二）工伤认定决定书；

（三）病历摘要、出院记录、职业病诊断证明书等。申请复查鉴定、再次鉴定的，除提交上述资料外，还应当提交上次鉴定结论。

驻滇中央国家机关、参照公务员法管理的事业单位和省社会保险经办机构管理的用人单位及其职工的伤残、生活护理等级鉴定和辅助器具配置事项向省劳动能力鉴定委员会申请，按照国家和省有关鉴定办法和标准执行。

**第三十条**　工伤职工申请劳动能力再次鉴定，鉴定结论发生变化的，应当按照再次鉴定结论，享受鉴定结论变更后的工伤保险待遇。

工伤职工申请劳动能力复查鉴定，鉴定结论发生变化的，应当按照复查鉴定结论，除不计发一次性伤残补助金外，享受相应工伤保险待遇。

## 第五章　工伤保险待遇

**第三十一条**　省社会保险行政部门应当依据国家有关规定，调整补充工伤医疗康复用药、诊疗和服务项目，在现有定点医疗机构中确定协议医疗康复机构。

统筹地区社会保险经办机构与医疗康复机构、辅助器具配置机构在平等协商的基础上签订服务协议，其医疗康复机构纳入全省统一的社会保障信息系统管理，接受社会保险行政部门的监督。

**第三十二条**　职工因工作遭受事故伤害或者患职业病进行及时救治，按照规定享受工伤医疗康复待遇；职工治疗工伤应当在签订服务协议的定点医疗康复机构就医，情况紧急时可以先到就近的医疗机构急救。

工伤职工在非定点协议医疗机构急救后，其用人单位、工伤职工或者其亲属应当在7

个工作日内到社会保险经办机构备案，伤情稳定后应当转到定点协议医疗康复机构治疗。

**第三十三条** 工伤职工在医疗康复机构所发生的费用符合国家和本省基本医疗保险、工伤保险和生育保险药品目录、诊疗项目和服务设施标准支付范围的，由工伤保险基金支付。

省社会保险经办机构管理的参保单位工伤职工住院伙食补助费、异地就医的交通食宿费用支付办法和标准，由省社会保险行政部门另行制定。

**第三十四条** 工伤职工因日常生活或者就业需要安装配置辅助器具的，应当由签订服务协议的医疗机构提出建议，经劳动能力鉴定委员会确定后，到签订服务协议的辅助器具配置机构安装配置。安装配置辅助器具的费用限额和管理规定由省社会保险行政部门另行制定。

**第三十五条** 因工致残一次性伤残补助金、一至四级工伤职工的伤残津贴、生活护理费自作出劳动能力鉴定结论或者再次鉴定结论的次月起支付。

工亡职工丧葬补助金、一次性工亡补助金自死亡当月支付；供养亲属抚恤金自职工死亡的次月起支付。

**第三十六条** 一至四级工伤职工死亡，供养遗属抚恤金按照工亡职工工伤前12个月的月平均工资，本人工资低于伤残津贴（养老金）的，按照死亡前12个月的月平均伤残津贴（养老金）作为计发基数。

**第三十七条** 工伤职工办理退休手续并已按月领取基本养老保障待遇的，基本养老保险待遇高于伤残津贴的，工伤伤残津贴不再发放；基本养老保险待遇低于工伤伤残津贴的，工伤伤残津贴采取补差的办法发放。

一至四级工伤职工达到法定退休年龄办理退休手续，其按月领取的生活护理费以及治疗工伤旧伤复发的医疗费仍由工伤保险基金负责支付。

**第三十八条** 职工因工致残被鉴定为五级、六级伤残的，保留与用人单位的劳动关系，单位应当为其安排适当工作。用人单位难以安排工作的，由所在单位按月发给伤残津贴，并以伤残津贴为基数按照规定为其缴纳各项社会保险费。扣除个人缴费部分后，伤残津贴实际领取数额低于当地最低工资标准的，由单位补足差额。

五级、六级伤残职工本人提出申请的，用人单位可以与其解除或者终止劳动关系。

由用人单位按照解除或者终止劳动关系时，统筹地区上年度职工月平均工资为基数支付一次性伤残就业补助金。标准为：五级33个月、六级29个月。

由工伤保险基金按照解除或者终止劳动关系时，统筹地区上年度职工月平均工资为基数支付一次性工伤医疗补助金。标准为：五级15个月、六级13个月。患职业病的工伤职工，一次性工伤医疗补助金在上述标准的基础上增发30%。

**第三十九条** 七级至十级伤残职工，劳动合同期满终止或者职工本人提出解除劳动合同的，用人单位可以与其解除或者终止劳动关系。

由用人单位按照解除或者终止劳动关系时，统筹地区上年度职工月平均工资为基数支付一次性伤残就业补助金。标准为：七级22个月、八级18个月、九级13个月、十级7个月。由工伤保险基金按照解除或者终止劳动关系时，统筹地区上年度职工月平均工资为基数支付一次性工伤医疗补助金。标准为：七级8个月、八级6个月、九级3个月、十级2个月。患职业病的工伤职工，一次性工伤医疗补助金在上述标准的基础上增发30%。

**第四十条**　工伤职工领取一次性伤残就业补助金和一次性工伤医疗补助金后，工伤保险关系终止。

工伤职工已办理退休手续的，继续依法享受工伤保险有关待遇，但不享受一次性伤残就业补助金和一次性工伤医疗补助金。

**第四十一条**　职工退休前因从事接触职业病危害作业，认定为工伤的，享受工伤医疗待遇。属参保职工退休后，被诊断为职业病并认定为工伤，经劳动能力鉴定达到伤残等级的，以本人被诊断、鉴定为职业病前12个月的月平均工资或者养老金作为基数，享受一次性伤残补助金，达到护理依赖等级的从作出鉴定结论次月起按月支付生活护理费。

**第四十二条**　定期领取伤残津贴、生活护理费的工伤职工或者领取供养亲属抚恤金的亲属，应当按年向社会保险经办机构提供生存证明，方可分别继续领取以上待遇。

供养亲属需凭工伤认定决定、劳动能力鉴定结论、公安户籍管理机构出具的近亲属身份证明、街道办事处或者乡（镇）人民政府出具的无生活来源的证明、民政部门出具的孤寡老人或者孤儿的有效证明、养子女（养父母）的公证书等有关资料享受相应待遇。

**第四十三条**　职工因工死亡的，一次性工亡补助金以死亡时上年度全国城镇居民人均可支配收入的20倍计发；丧葬补助金以死亡时统筹地区上年度职工月平均工资为基数计发6个月。

**第四十四条**　统筹地区可以将当地国家机关、参照公务员法管理的事业单位纳入工伤保险统筹管理，其工伤职工待遇支付，采取伤残、抚恤等待遇就高或者基金补差的方式兑现。

**第四十五条**　伤残津贴、供养亲属抚恤金、生活护理费的发放标准，由省社会保险行政部门根据全省社会经济发展状况和工伤保险基金结余情况适时调整。

**第四十六条**　用人单位及其职工参加工伤保险并自愿参加其他商业保险的，依法分别享受有关待遇。用人单位及职工参加工伤保险，同时依法购买强制性保险或者被第三人侵权行为导致工伤的，在获得其他保险或者经济赔付后，由工伤保险基金补足相应的工伤保险待遇。

## 第六章　附　　则

**第四十七条**　国家机关和参照公务员法管理的事业单位参照条例和本办法规定执行。

**第四十八条**　本办法所称职工，是指与用人单位存在劳动关系的各种用工形式、各种用工期限的城乡劳动者及外来务工人员。不包括用人单位聘用的离、退休人员以及实习学生。

**第四十九条**　本办法所称劳动关系，是指用人单位与职工建立的劳动关系（包括事实劳动关系）或者人事关系。

**第五十条**　本办法自2012年1月1日起施行。云南省人民政府关于印发《云南省贯彻〈工伤保险条例〉实施办法》的通知（云政发〔2003〕185号）同时废止。

# 127 陕西省实施《工伤保险条例》办法

陕西省人民政府2004年第5次常务会议通过，2004年4月2日
陕西省人民政府令第97号发布，自2004年6月1日起施行；
根据陕西省人民政府2011年第1次常务会议通过、2011年
2月25日陕西省人民政府令第148号发布、自公布之日起施行的
《陕西省人民政府关于修改部分省政府规章的决定》修订。

**第一条** 根据国务院《工伤保险条例》（以下简称《条例》），结合本省实际，制定本办法。

**第二条** 本省行政区域内的各类企业、有雇工的个体工商户（以下称用人单位）和与之形成劳动关系的劳动者（以下称职工），适用本办法。

**第三条** 县级以上人民政府人力资源和社会保障部门按照国务院有关规定设立的工伤保险经办机构（以下简称经办机构）的工作经费，列入本级财政预算。

**第四条** 工伤保险基金在设区的市实行全市统筹，国家另有规定的除外。

**第五条** 工伤保险费由地方税务部门征收。

人力资源和社会保障部门和财政、审计行政部门依照《条例》和本办法的规定，对工伤保险基金的收支、管理情况进行监督。

**第六条** 经办机构应当根据用人单位的工商登记和主要生产经营业务等情况，按照不同行业差别费率标准，确定用人单位的初次缴费费率。

用人单位的生产经营跨行业的，按照风险较高的行业确定缴费费率。

经办机构应当根据用人单位工伤保险费使用、工伤发生率和职业病危害程度等情况，适时提出调整用人单位费率的建议，经统筹地区人力资源和社会保障部门批准后，对用人单位的缴费费率进行调整。

**第七条** 工伤保险费按下列规定缴纳：

（一）用人单位按本单位职工上年度月平均工资总额乘以单位缴费费率之积缴纳，职工个人不缴费。

（二）用人单位职工平均工资低于所在地上年度职工平均月工资60%的，以所在地上年度职工平均月工资的60%作为缴费基数；职工平均工资高于所在地上年度职工平均月工资300%的，以所在地上年度职工平均月工资300%作为缴费基数，超过部分用人单位不再缴纳。

（三）有雇工的个体工商户以所在地上年度职工月平均工资为基数缴纳工伤保险费。

**第八条** 工伤保险基金用于下列项目支出：

（一）工伤医疗费。

（二）一至四级工伤人员伤残津贴。

（三）一次性伤残补助金。

（四）生活护理费。

（五）丧葬补助金。

（六）供养亲属抚恤金。

（七）一次性工亡补助金。

（八）辅助器具配置费。

（九）工伤康复费。

（十）工伤职工劳动能力鉴定费。

（十一）法律、法规规定的其他费用。

**第九条**　用人单位欠缴工伤保险费的，欠缴前已由工伤保险基金支付工伤保险待遇的工伤职工和欠缴期间发生工伤的职工，其欠缴期间的工伤保险待遇由用人单位按照《条例》和本办法规定的项目和标准支付，补缴后由工伤保险基金补支。

**第十条**　统筹地区应当从当年收取的工伤保险基金中提10%建立风险储备金，用于本地区重大事故的工伤保险待遇支付。风险储备金的具体使用办法由省人民政府人力资源和社会保障部门会同财政行政部门另行制定。

**第十一条**　申请人应当依照《条例》和《工伤认定办法》的规定，向进行工伤保险登记的统筹地区人力资源和社会保障部门提出工伤认定申请或者视同工伤认定申请。属于下列情况的应当提供相关证明材料：

（一）由于交通事故受到伤害的，提交公安交通管理部门的责任认定书或者其他有效的法律文书等相关证明。

（二）在抢险救灾等维护国家利益、公众利益活动中受到伤害的，提交事发地县级以上人民政府有关部门出具的证明。

（三）因履行工作职责受到暴力伤害的，提交公安部门的证明、人民法院的判决书或者其他证明。

（四）属于因公、因战致残的转业、复员退伍军人旧伤复发的，提交民政部门颁发的《革命伤残军人证》以及劳动能力鉴定委员会作出的旧伤复发的鉴定证明；职工旧伤复发的，提交人力资源和社会保障部门作出的《工伤认定决定书》以及劳动能力鉴定委员会作出的旧伤复发的鉴定结论。

（五）工作期间突发疾病死亡的，提交医疗机构的死亡证明书。

（六）因工作外出期间，发生事故下落不明需认定因工死亡的，提交人民法院宣告死亡的判决书。

**第十二条**　申请人提供的材料不完整的，人力资源和社会保障部门应当在15日内，一次性书面告知申请人需要补正的全部材料。申请人应当从告知之日起30日内补正全部材料。

按法定程序处理劳动关系争议的时间不计算在工伤认定的时限内。

**第十三条**　省和设区市的劳动能力鉴定委员会应当建立医疗卫生专家库。省和设区市的劳动能力鉴定委员会的办事机构设在同级人力资源和社会保障部门。

**第十四条**　劳动能力鉴定包括以下内容：

（一）劳动功能障碍程度等级的鉴定。

（二）生活自理障碍程度等级的鉴定。

（三）停工留薪期延长的确认。

（四）工伤直接导致疾病的确认。

（五）配置辅助器具的确认。

（六）供养亲属完全丧失劳动能力的鉴定。

（七）法律、法规规定的其他事项。

**第十五条** 申请人向设区的市劳动能力鉴定委员会提出劳动能力鉴定申请时，应当提交工伤认定决定、诊断证明书、检查结果、诊疗病历等资料。申请人认为工伤直接导致其他疾病的，还应当提交工伤医疗机构出具的相关证明。

**第十六条** 工伤职工的初次劳动能力鉴定、工伤直接导致疾病确认、配置辅助器具确认和供养亲属完全丧失劳动能力鉴定，其费用由工伤保险基金支付；再次鉴定或复查鉴定的费用，鉴定结论未改变的由申请人负担，鉴定结论改变的由工伤保险基金支付；停工留薪期延长确认的费用，由用人单位承担。未参加工伤保险或未足额交纳工伤保险费的，鉴定费用由用人单位承担。

劳动鉴定收费标准由省人民政府人力资源和社会保障部门会同财政、价格行政部门制定。

**第十七条** 工伤医疗服务管理办法，由省人民政府人力资源和社会保障部门根据国家规定另行制定。

**第十八条** 工伤职工在停工留薪期内，用人单位不得与其解除或者终止劳动关系。停工留薪期满，工伤医疗服务机构出具继续休假证明的，按照《条例》第三十一条规定延长停工留薪期。用人单位不同意延长的，由用人单位向设区的市劳动能力鉴定委员会提出确认申请。用人单位未提出确认申请的，视同同意延长。

**第十九条** 申请供养亲属抚恤金待遇的，应当持因工死亡工伤认定决定并向经办机构提供以下材料：

（一）被供养人户口簿、身份证。

（二）被供养人所在的街道办事处、乡镇人民政府出具的被供养人经济状况证明。

（三）民政部门出具的被供养人为孤寡老人或孤儿的证明。

（四）工亡职工的养父母、养子女的公证书。

（五）被供养人完全丧失劳动能力的，需提交设区的市劳动能力鉴定委员会所作的劳动能力鉴定结论。

**第二十条** 工伤职工需要安装、配置辅助器具的，由工伤医疗服务机构提出建议，经劳动能力鉴定委员会确认，到工伤辅助器具服务机构安装、配置。其费用由经办机构与工伤辅助器具服务机构直接结算。

**第二十一条** 工伤职工自劳动能力鉴定委员会作出鉴定结论的次月起享受工伤待遇。

**第二十二条** 一级至四级工伤职工达到法定退休年龄的，应当办理退休手续，停发伤残津贴，享受基本养老保险待遇。核定基本养老金时，工伤职工基本养老金低于伤残津贴的差额部分由工伤保险基金补足。

**第二十三条**　五级和六级工伤职工经本人提出，可以与用人单位解除劳动关系，由用人单位以其解除劳动关系时的所在地上年度职工月平均工资为基数，分别支付 24 个月、21 个月的一次性工伤医疗补助金和 24 个月、21 个月的一次性伤残就业补助金。

**第二十四条**　七级至十级工伤职工有下列情况之一的，由用人单位向职工支付一次性工伤医疗补助金和伤残就业补助金：

（一）本人自愿解除劳动关系的。

（二）用人单位依据《中华人民共和国劳动法》第二十五条规定解除劳动关系的。

（三）劳动合同期满终止劳动关系的。

一次性工伤医疗补助金和伤残就业补助金以解除或者终止劳动关系时所在地上年度职工月平均工资为基数。一次性工伤医疗补助金的标准分别为：七级 15 个月，八级 12 个月，九级 9 个月，十级 6 个月；一次性伤残就业补助金的标准分别为：七级 15 个月，八级 12 个月，九级 9 个月，十级 6 个月。

**第二十五条**　工伤职工距法定退休年龄不足五年的，一次性工伤医疗补助金和伤残就业补助金按每减少 1 年递减 20%的标准支付。但距法定退休年龄不足 1 年的按全额的 10%支付。工伤职工达到退休年龄或者办理退休手续的，不享受一次性工伤医疗补助金和伤残就业补助金。

**第二十六条**　用人单位破产、撤销、解散或者关闭的，应当自公告之日起 15 日内，书面通知经办机构参加财产清算，并依法从资产变现收益中优先拨付应当由用人单位支付的工伤保险待遇费用。领取伤残津贴的一级至四级工伤职工、享受供养亲属抚恤金待遇的人员和已经退休的工伤人员，符合工伤保险基金支付项目的工伤保险待遇由经办机构支付。

未达到法定退休年龄的五级至十级工伤职工，由用人单位按照本办法第二十三条、第二十四条规定的标准，支付一次性工伤医疗补助金和伤残就业补助金，并终止工伤保险关系。

**第二十七条**　工伤职工伤残津贴、生活护理费、供养亲属抚恤金由设区的市人力资源和社会保障部门根据当地职工平均工资和生活费用变化等情况 1 年至 3 年调整一次，并向省人力资源和社会保障部门备案。

**第二十八条**　职工在单位工作不满 1 年而发生工伤的，在计算工伤待遇时，有月工资的，可以实际工作月份的平均工资为基数计算；无月工资的，可以本单位上年度职工月平均工资为基数计算。

**第二十九条**　《条例》实施前受到事故伤害或者患职业病的职工，已作出工伤认定决定的，其工伤待遇和支付渠道不再变动，但参加当地伤残津贴、生活护理费和供养亲属抚恤金的调整；尚未作出工伤认定决定的，按照《条例》和本办法的规定执行。

**第三十条**　本实施办法自 2004 年 6 月 1 日起施行。

# 128 甘肃省实施《工伤保险条例》办法

《甘肃省实施〈工伤保险条例〉办法》已经2012年2月24日甘肃省人民政府第102次常务会议讨论通过，2012年2月28日甘肃省人民政府令第88号公布，自2012年4月1日起施行。

**第一条** 根据国务院《工伤保险条例》（以下简称《条例》），结合本省实际，制定本办法。

**第二条** 本省行政区域内的企业、事业单位、社会团体、民办非企业单位、基金会、律师事务所、会计师事务所等组织和有雇工的个体工商户（以下简称用人单位），应当依法参加工伤保险，为本单位全部职工或者雇工（以下简称职工）缴纳工伤保险费。用人单位的职工，均有依法享受工伤保险待遇的权利。

**第三条** 人民政府社会保险行政部门负责全省的工伤保险工作。市州、县市区人民政府社会保险行政部门负责本行政区域内的工伤保险工作。社会保险行政部门设立的社会保险经办机构（以下简称经办机构）具体承办工伤保险事务。

**第四条** 工伤保险基金实行省级统筹。

**第五条** 用人单位按照属地化管理原则，在所在市州参加工伤保险，其工伤保险工作由市州社会保险行政部门管理，经办业务由市州社会保险经办机构承办。在省社会保险经办机构参加城镇职工基本医疗保险的用人单位，其工伤保险工作由省社会保险行政部门管理，经办业务由省社会保险经办机构承办。跨地区、生产流动性较大行业的用人单位，其工伤保险工作由省社会保险行政部门管理，经办业务由省社会保险经办机构承办。省社会保险经办机构也可以委托行业社会保险经办机构办理经办业务。

**第六条** 用人单位注册地与生产经营地不在同一统筹地区的，在注册地参加工伤保险；未在注册地参加工伤保险的，应当在生产经营地参加工伤保险。参加工伤保险的用人单位职工实行实名制管理。

**第七条** 市州社会保险行政部门可以委托县市区社会保险行政部门受理工伤认定申请、进行工伤情况调查、送达工伤认定结论通知书。市州劳动能力鉴定委员会可以委托县市区社会保险行政部门受理劳动能力鉴定申请、送达劳动能力鉴定结论通知书。

**第八条** 职工发生事故伤害或者按照职业病防治法规定被诊断、鉴定为职业病，所在单位应当自事故伤害之日或者被诊断、鉴定为职业病之日起30日内，向社会保险行政部门提出工伤认定申请。遇有特殊情况，用人单位提出书面申请，经社会保险行政部门同意，申请时限可以适当延长，延长时间最长不得超过90天。

**第九条** 用人单位未按本办法第八条规定提出工伤认定申请的，工伤职工或者其近亲属、工会组织在事故伤害之日或者被诊断、鉴定为职业病之日起1年内，可以直接向用人单位所在地社会保险行政部门提出工伤认定申请。工伤职工或者其近亲属、工会组织，超过前款规定的时限提出工伤认定申请，社会保险行政部门不予受理。

**第十条**　申请工伤认定的职工与用人单位对劳动关系有争议的，社会保险行政部门应当以生效的劳动争议仲裁裁决或法院判决、裁定为依据。

**第十一条**　参加工伤保险的用人单位职工受到事故伤害或者被诊断、鉴定为职业病，在参保地进行工伤认定和劳动能力鉴定。未依法缴纳工伤保险费的用人单位职工受到事故伤害或者被诊断、鉴定为职业病，在生产经营地进行工伤认定和劳动能力鉴定。

**第十二条**　市州社会保险行政部门对工伤认定管辖有争议的，由争议双方协商解决；协商不成的，由最先接到工伤认定申请的市州社会保险行政部门向省社会保险行政部门申请指定管辖。对工伤认定有争议的市州协商不成又不申请指定管辖的，用人单位、职工或者其近亲属、工会组织可以向省社会保险行政部门申请指定管辖。省社会保险行政部门指定管辖的，市州社会保险行政部门应当管辖。

**第十三条**　参加工伤保险的用人单位，其工伤职工劳动能力等鉴定所需费用由工伤保险基金支付；未依法缴纳工伤保险费的用人单位，其工伤职工劳动能力等鉴定所需费用由用人单位承担。申请劳动能力再次鉴定，鉴定结论没有变化的，鉴定费用由申请人承担。

**第十四条**　自劳动能力鉴定结论作出 1 年后，工伤职工或者其近亲属、所在用人单位或者社会保险经办机构认为伤残情况发生变化的，可以向作出初次劳动能力鉴定结论的劳动能力鉴定委员会申请劳动能力复查鉴定。

**第十五条**　职工住院治疗工伤的伙食补助费（包括当地交通费），按照上年度全省职工月平均工资为基数计算，省内每天为 2%，省外每天为 3%，从工伤保险基金支付。经医疗机构出具证明，报社会保险经办机构同意，工伤职工到市州以外就医，其交通费用从工伤保险基金支付；非住院期间的住宿费，按照上年度全省职工月平均工资为基数计算，省内每天为 5%，省外每天为 8%，从工伤保险基金支付。非住院期间的伙食补助费按职工住院治疗工伤的伙食补助费标准执行。工伤职工到市州以外就医，非住院期间的住宿，省内最多不超过 3 天，省外最多不超过 5 天。

**第十六条**　职工再次发生工伤，按照新发生工伤的伤残等级享受一次性伤残补助金待遇。根据规定应当享受伤残津贴的，按照新认定的伤残等级享受伤残津贴待遇。

**第十七条**　职工因工致残被鉴定为五级、六级伤残，经本人提出与用人单位解除或者终止劳动关系的，应当以解除或终止劳动关系前本人工资为基数，由工伤保险基金支付一次性工伤医疗补助金，由用人单位支付一次性伤残就业补助金。一次性工伤医疗补助金标准为：五级伤残 18 个月，六级伤残 16 个月；一次性伤残就业补助金标准为：五级伤残 18 个月，六级伤残 16 个月。

**第十八条**　职工因工致残被鉴定为七级至十级伤残，劳动、聘用合同期满终止，或者本人提出解除劳动、聘用合同的，应以终止或解除劳动、聘用合同前本人工资为基数，由工伤保险基金支付一次性工伤医疗补助金，由用人单位支付一次性伤残就业补助金。一次性工伤医疗补助金标准为：七级伤残 13 个月，八级伤残 11 个月，九级伤残 9 个月，十级伤残 7 个月；一次性伤残就业补助金标准为：七级伤残 13 个月，八级伤残 11 个月，九级伤残 9 个月，十级伤残 7 个月。

**第十九条**　省社会保险行政部门会同省财政部门根据全省职工平均工资变化情况，对工伤职工伤残津贴、生活护理费和工亡职工供养亲属抚恤金标准适时进行调整，并向社会公布。

**第二十条** 省社会保险行政部门会同省财政部门、省卫生部门和省安全生产监督管理部门，根据国家有关规定和工伤保险费使用、工伤发生率、职业病危害程度等情况提出分类行业基准费率的具体标准，并制定费率浮动的具体办法。市州社会保险经办机构按照所属行业内相应的基准费率档次确定用人单位工伤保险缴费率。

**第二十一条** 用人单位违反《职业病防治法》相关规定与职工解除或终止劳动、聘用关系，该职工被诊断、鉴定为职业病的，自诊断、鉴定之日起一年内，职工或者其近亲属、工会组织可以向原用人单位所在地社会保险行政部门申请工伤认定；职工被认定为工伤的，由原用人单位承担工伤保险责任。

**第二十二条** 达到退休年龄或依法享受基本养老保险待遇的人员被用人单位聘用受到事故伤害或者被诊断、鉴定为职业病，其工伤认定申请社会保险行政部门不予受理。

**第二十三条** 本办法自2012年4月1日起施行。

# 129 青海省实施《工伤保险条例》办法

2004年5月14日青海省人民政府第14次常务会议审议通过，2004年5月19日青海省人民政府令第42号公布，自2004年7月1日起施行；根据2011年11月17日青海省人民政府第90次常务会议审议通过、2011年11月25日青海省人民政府令第83号公布、自公布之日起施行的《青海省人民政府关于修改〈青海省实施《工伤保险条例》办法〉的决定》修改。

## 目　录

第一章　总则/608
第二章　工伤保险基金/609
第三章　工伤认定/610
第四章　劳动能力鉴定/612
第五章　工伤保险待遇/613
第六章　监督管理/615
第七章　附则/615

## 第一章　总　则

**第一条** 根据国务院《工伤保险条例》（以下简称《条例》），结合本省实际，制定本办法。

**第二条** 本省行政区域内的企业、事业单位、社会团体、民办非企业单位、基金会、律师事务所、会计师事务所等组织和有雇工的个体工商户（以下称用人单位）应当依照《条例》和本办法规定参加工伤保险，为本单位全部职工或者雇工（以下称职工）缴纳工伤保险费。

本省行政区域内的企业、事业单位、社会团体、民办非企业单位、基金会、律师事务所、会计师事务所等组织的职工和个体工商户的雇工，均有依照《条例》和本办法规定享受工伤保险待遇的权利。

**第三条** 省社会保险行政部门负责全省的工伤保险工作。县级以上社会保险行政部门负责本行政区域内的工伤保险工作。

社会保险经办机构（以下简称经办机构），具体承办工伤保险事务。

**第四条** 工伤保险费由经办机构按照国务院《社会保险费征缴暂行条例》的规定征缴。

## 第二章 工伤保险基金

**第五条** 工伤保险基金实行州（地、市）级统筹，按照以支定收、收支平衡的原则筹集，并建立省级调剂金，逐步实行省级统筹。

中央驻青行业单位、省级事业单位、社会团体、民办非企业单位等的工伤保险实行省级统筹。

**第六条** 用人单位应当按照《条例》和本办法规定到统筹地区的经办机构办理工伤保险登记，经办机构应当自受理之日起10日内审核完毕。

用人单位工伤保险登记事项发生变更或者依法终止的，应自变更或者终止之日起30日内，到经办机构办理工伤保险变更或注销手续。

**第七条** 省社会保险行政部门按照工伤保险费使用、工伤发生率、职业病危害程度等情况制定行业基准费率标准，报省人民政府批准执行。

经办机构根据用人单位的工商登记和经营生产情况，确定用人单位的行业风险类别。按照行业基准费率确定用人单位的初次缴费费率，经统筹地区社会保险行政部门审核，报省级社会保险行政部门备案。

**第八条** 用人单位应按照确定的费率，以上年度职工工资总额为基数，按月向统筹地区经办机构申报工伤保险费缴费数额，并按时足额缴纳工伤保险费。用人单位上年度职工工资低于统筹地区职工平均工资60%的按60%缴费，高于300%的，按300%缴费。

职工个人不缴纳工伤保险费。用人单位缴纳的工伤保险费由用人单位自筹，并按时足额缴纳，在社会保障费中列支。由财政全额拨款的事业单位、社会团体等用人单位在编职工（含在编工勤人员）缴纳的工伤保险费纳入同级财政预算，拨付用人单位；编制外聘用人员的工伤保险费由单位自筹，一并由用人单位按时足额缴纳。

企业破产的，按照企业上年度由工伤保险基金支付的实际费用，依照法定清偿程序，从资产变现中一次性缴纳10年的工伤保险费。

**第九条** 用人单位按照本办法第七条规定的初次缴费费率缴费。属一类行业的，按行业基准费率缴费，不实行费率浮动。属于二、三类行业的，由经办机构根据用人单位工伤保险费使用、工伤发生率、职业病危害程度等因素，1至3年浮动一次。费率浮动的具体办法由统筹地区社会保险行政部门制定，报省社会保险行政部门备案。

**第十条** 工伤保险基金由下列项目构成：

（一）用人单位缴纳的工伤保险费；

（二）工伤保险基金的利息收入；

（三）法律、法规规定的其他资金。

**第十一条** 工伤保险基金用于下列项目支出：

（一）工伤医疗费用和康复费用；

（二）住院伙食补助费；

（三）转外就医的交通食宿费；

（四）安装配置伤残辅助器具费；

（五）生活护理费；

（六）一次性伤残补助金；

（七）一至四级工伤人员伤残津贴；

（八）一次性医疗补助金；

（九）丧葬补助金；

（十）供养亲属抚恤金；

（十一）一次性因工死亡补助金；

（十二）工伤预防宣传、培训费；

（十三）劳动能力鉴定费及其他与工伤关联的鉴定费；

（十四）法律、法规规定的用于工伤保险的其他费用。

**第十二条** 工伤保险储备金以统筹地区为单位建立。储备金的提取比例按照当年工伤保险费实际征收额的10%安排，用于统筹地区突发重大事故的工伤保险待遇支付，以及当年工伤保险基金支出超过实际收入部分的支付。储备金不足支付时，由统筹地区人民政府垫付。

## 第三章 工伤认定

**第十三条** 职工发生事故伤害或者按照职业病防治法规定被诊断、鉴定为职业病后，用人单位应当及时向统筹地区社会保险行政部门报告，社会保险行政部门应根据需要到事故现场调查核实情况。

用人单位应按照《条例》第十七条规定的时限，向统筹地区社会保险行政部门提出工伤认定申请。遇有特殊情况，经报社会保险行政部门同意，申请时限可适当延长，最长延长至90日。用人单位未按规定时限提出工伤认定申请，由职工或其近亲属、工会组织提出申请并认定为工伤的，按照《条例》第十七条第四款规定执行。

**第十四条** 提出工伤认定申请应当提交下列材料：

（一）工伤认定申请表；

（二）劳动、聘用合同文本复印件或其他建立劳动人事关系（包括事实劳动关系）的有效证明；

（三）医疗机构出具的受伤害时医疗诊断证明（死亡证明）及抢救记录或者职业病诊断（鉴定）书；

（四）受伤害职工的居民身份证或近亲属关系证明；

（五）工伤认定申请需要提交的其他材料。

**第十五条** 属于下列情况的还应提供相关证明材料：

（一）因履行工作职责受到暴力等意外伤害的，提交公安机关的证明或者人民法院判决书及其他有效证明；

（二）因工外出期间发生事故或在抢险救灾中失踪下落不明认定因工死亡的，提交人民法院宣告死亡的结论；

（三）受到交通事故或者城市轨道交通、客运轮渡、火车事故伤害的，应提交公安交通管理部门的责任认定书或其他相关部门的证明；

（四）复退军人旧伤复发的，提交《革命伤残军人证》及劳动能力鉴定委员会旧伤复发的鉴定结论；

（五）在维护国家利益、公众利益活动中受到伤害的，提交民政部门或其他相关部门出具的证明；

（六）用人单位未参加工伤保险的，用人单位申请工伤认定时，应提交用人单位的法人登记证、营业执照附本（复印件）或工商行政管理部门出具的查询证明。

**第十六条** 社会保险行政部门收到申请人的工伤认定申请后，应及时审核，对申请材料不完整的，社会保险行政部门应当一次性书面告知工伤认定申请人需要补正的全部材料，补正全部材料后，应当作出受理或者不予受理的决定。

社会保险行政部门受理工伤认定申请后，对受理的事实清楚，权利义务明确的工伤认定申请，应当在15日内作出工伤认定决定。对事实或提供资料需要调查核实的，在60日内作出工伤认定决定。作出工伤认定决定应出具《认定工伤决定书》或者《不予认定工伤决定书》，送达用人单位、工伤职工或者其近亲属和经办机构。

因法定情形，作出工伤认定决定的时限需要中止的，社会保险行政部门应当书面通知申请人。

**第十七条** 社会保险行政部门受理工伤认定申请，要求用人单位提交有关材料逾期未提交的，或用人单位不认为是工伤又不履行举证责任的，社会保险行政部门可以根据职工或者其近亲属提供的证据，经调查核实后依法作出工伤认定结论。

**第十八条** 工伤认定申请有下列情形之一的，不予受理：

（一）超过法定申请时限提出工伤认定的；

（二）属于《条例》第六十六条规定情形的。

对不予受理的，社会保险行政部门应当自收到申请之日起15日内书面告知申请人。

## 第四章 劳动能力鉴定

**第十九条** 省和州（地、市）劳动能力鉴定委员会由同级社会保险行政部门、卫生行政部门、工会组织、经办机构代表以及用人单位代表组成。劳动能力鉴定委员会办公室设在同级社会保险行政部门，负责劳动能力鉴定的日常工作。劳动能力鉴定委员会承担以下职责：

（一）工伤职工劳动功能障碍程度等级鉴定（即伤残等级鉴定）；

（二）生活自理障碍程度等级鉴定；

（三）延长停工留薪期确认；

（四）配置辅助器具确认；

（五）旧伤复发确认；

（六）疾病与工伤关联确认；

（七）工亡职工供养亲属完全丧失劳动能力鉴定。

**第二十条** 劳动能力鉴定委员会应按《条例》第二十四条的规定建立医疗卫生专家库，列入专家库的专家，由劳动能力鉴定委员会随机选聘。

劳动能力鉴定委员会组成人员或参加鉴定的专家与当事人有利害关系的应当回避。

**第二十一条** 工伤职工经治疗伤情相对稳定或停工留薪期满存在残疾，影响劳动能力的，应当由用人单位、工伤职工或者其近亲属向统筹地区劳动能力鉴定委员会提出劳动能力鉴定书面申请，并提交以下材料：

（一）认定工伤决定书；

（二）劳动能力鉴定表；

（三）工伤医疗机构出具的病历、诊断证明、检查、检验资料；

（四）劳动能力鉴定委员会规定的其他材料。

**第二十二条** 劳动能力鉴定委员会收到劳动能力鉴定申请后，按照《条例》第二十五条规定的程序鉴定，作出劳动能力鉴定结论和相关的确认结论，并由社会保险行政部门发放《工伤证》。《劳动能力鉴定表》由用人单位和经办机构分别保管，《工伤证》由工伤职工保管。

**第二十三条** 申请人对州（地、市）劳动能力鉴定委员会作出的鉴定结论不服，可按照《条例》第二十六条规定向省劳动能力鉴定委员会提出再次鉴定申请，省劳动能力鉴定委员会作出的劳动能力鉴定结论为最终结论。再次鉴定申请超过规定时间的，省劳动能力鉴定委员会不予受理。

工伤职工伤残情况发生变化需要复查鉴定的，按照《条例》第二十八条规定进行。

**第二十四条** 劳动能力鉴定费，参加工伤保险的工伤职工由工伤保险基金支付，未参加工伤保险或未足额缴纳工伤保险费的由用人单位承担。申请再次鉴定或复查鉴定其鉴定结论无变化的，以及鉴定疾病与工伤无直接因果关系的，鉴定费由申请人承担。

## 第五章　工伤保险待遇

**第二十五条**　工伤职工需要暂停工作接受治疗的，按照《条例》第三十三条规定享受停工留薪期待遇。

工伤职工在停工留薪期间，用人单位不得与其解除或终止劳动关系。

**第二十六条**　职工受伤用人单位应将其及时送往工伤医疗机构就医，情况紧急时可以到就近医疗机构抢救，脱离危险后应转到工伤医疗机构就医。在外地医院抢救治疗的，用人单位应当自伤害之日起 15 日内向经办机构报告。

治疗工伤所需费用符合工伤医疗目录标准的，由工伤保险基金支付。医疗机构治疗工伤超出工伤医疗目录的项目应征得工伤职工或家属的同意，费用由工伤职工承担。

职工住院治疗工伤按实际住院天数每天发给 15 元的伙食补助费。经定点医疗机构出具证明，报经办机构同意，工伤职工到统筹地区以外就医的，往返交通费按硬卧以下标准凭票据报销（不包括出租车票）；住院前住宿费按不超过三天，每天标准不高于 150 元报销，住院治疗期间按规定报销；转外就医按实际天数每天发给 30 元的伙食补助费。所需费用由工伤保险基金支付，超出部分自理。

**第二十七条**　工伤职工旧伤复发（含革命伤残军人旧伤复发），经工伤医疗机构出具诊断证明，劳动能力鉴定委员会确认，可以享受工伤医疗待遇。确需停止工作接受治疗的，可以享受停工留薪期待遇。需要回原籍居住就医的，应在本人长期居住地选择一家工伤医疗机构作为医治工伤的医院，由用人单位到经办机构办理审批手续。未经审批同意所发生的工伤医疗费用，工伤保险基金不予支付。

**第二十八条**　工伤职工需要工伤康复的，由经办机构批准，到签订服务协议的工伤康复服务机构进行工伤康复。

**第二十九条**　工伤职工或者其近亲属申请工伤保险待遇，由用人单位向经办机构提交《工伤保险待遇申请表》《认定工伤决定书》《工伤证》《劳动能力鉴定表》。用人单位拒不提交工伤保险待遇申请的，工伤职工或者其近亲属可以直接向经办机构提交工伤保险待遇申请。

申请享受供养亲属抚恤待遇的，根据所申请的待遇项目提交以下相关补充材料：

（一）被供养人户口簿、身份证、公安户籍管理部门出具的生存证明；

（二）乡镇人民政府、街道办事处出具的无生活来源证明；

（三）民政部门出具的孤寡老人或孤儿的证明；

（四）养父母、养子女的关系证明；

（五）供养亲属完全丧失劳动能力的鉴定结论；

（六）社会保险行政部门规定的其他材料。

**第三十条**　经办机构接受申请人提交的申请材料后，应当在 15 日内核定完毕，按规定落实相关待遇。其中应领取的伤残津贴、生活护理费、供养亲属抚恤金和一次性伤残补助金，自劳动能力鉴定委员会作出鉴定结论的次月开始计发。

**第三十一条** 工伤职工因日常生活或就业需要安装或配置辅助器具的，由工伤医疗机构提出建议，经劳动能力鉴定委员会确认，到确定的辅助器具配置机构安装或配置。安装或配置辅助器具的费用按照国家规定的标准从工伤保险基金支付。

**第三十二条** 职工因工致残被鉴定为一至四级伤残的，由用人单位和工伤职工以本人伤残津贴为基数缴纳基本养老保险费和基本医疗保险费到规定退休年龄。伤残津贴扣除本人缴纳基本养老保险费、基本医疗保险费部分后，实际领取额低于统筹地区最低工资标准的，由工伤保险基金补足差额。

已办理退休手续的一至四级工伤职工，不享受伤残津贴，享受基本养老保险待遇或退休金，符合享受工伤保险其他待遇的由工伤保险基金支付。

一至四级工伤职工达到退休年龄或企业依法关闭、破产的，应当办理退休手续，停发伤残津贴，享受基本养老保险待遇，核定的基本养老保险待遇低于伤残津贴的，由工伤保险基金补足差额。符合其他工伤保险待遇的由工伤保险基金支付。

**第三十三条** 职工因工致残被鉴定为五至十级伤残的，用人单位和伤残职工应以本人伤残津贴或本人工资为基数，按规定缴纳各项社会保险费到规定退休年龄。扣除本人缴纳的各项社会保险费后，伤残津贴或本人工资实际领取额低于统筹地区最低工资标准的，由用人单位补足差额。

**第三十四条** 五至十级工伤职工劳动合同期满或本人提出与用人单位解除或终止劳动关系的，由工伤保险基金支付一次性工伤医疗补助金，其标准为解除或终止劳动关系时本人缴费工资的15个月至7.5个月，其中五级15个月，六级13.5个月，七级12个月，八级10.5个月，九级9个月，十级7.5个月。由用人单位支付一次性伤残就业补助金，其标准为解除或终止劳动关系时本人缴费工资的15个月至7.5个月，其中五级15个月，六级13.5个月，七级12个月，八级10.5个月，九级9个月，十级7.5个月。

参加养老保险统筹的工伤职工在终止或解除劳动关系时，距规定退休年龄不足五年的，一次性工伤医疗补助金和伤残就业补助金按金额的80%支付，不足四年的按60%支付，不足三年的按40%支付，不足二年的按20%支付，不足一年的按10%支付。工伤职工达到退休年龄或者办理退休手续按月领取养老金的，不支付一次性工伤医疗补助金和一次性伤残就业补助金。

**第三十五条** 工伤职工领取一次性工伤医疗补助金和一次性伤残就业补助金后，与用人单位和经办机构办理工伤保险关系终止手续，并经公证机关公证。符合享受失业保险待遇的，按规定享受失业保险待遇。重新就业后新发生工伤的，按《条例》和本办法规定程序履行工伤认定和劳动能力鉴定手续，享受新核定的工伤保险待遇。

**第三十六条** 职工因工死亡，其近亲属享受《条例》第三十九条第一款规定的待遇。

**第三十七条** 用人单位关闭、破产的，应将一至四级工伤人员、享受供养亲属抚恤金待遇人员移交长期居住地街道或乡镇社会保障服务站，实行社会化管理服务。符合工伤保险基金支付项目的工伤保险待遇由经办机构发放。未达到规定退休年龄的五至十级工伤职工与用人单位解除劳动关系时，按照本办法第三十四条规定的标准由工伤保险基金支付一次性工伤医疗补助金，由用人单位支付一次性伤残就业补助金，终止工伤保险关系。

**第三十八条** 伤残津贴、供养亲属抚恤金、生活护理费，由省社会保险行政部门会同财政部门根据全省职工平均工资和生活费用变化等情况，适时提出调整方案，报省政府批准后执行。

**第三十九条** 工伤保险待遇的其他费用由用人单位支付。用人单位提请劳动鉴定委员会确认工伤职工是否延长停工留薪期的，所需费用由用人单位支付。

**第四十条** 职工再次发生工伤的，根据新发生工伤的伤残部位评定伤残等级，可再享受一次性伤残补助金，按照其本人伤残程度最高的级别享受其他工伤保险待遇。

## 第六章 监督管理

**第四十一条** 省社会保险行政部门根据本省行政区域内工伤事故伤害和职业病救治特点，制定工伤保险医疗服务管理办法，统筹规划和确定工伤保险医疗机构、康复机构和辅助器具配置机构，会同卫生、民政等有关部门加强对全省工伤保险医疗服务机构的监督检查。州（地、市）社会保险行政部门根据工伤保险工作需要，在本统筹区域内确定工伤保险医疗机构，会同当地卫生、民政等有关部门加强对本地工伤保险医疗服务机构的监督检查。

各级社会保险行政部门应当会同有关部门对用人单位及其职工进行工伤预防宣传教育，防止或减少工伤及职业病的发生。

**第四十二条** 统筹地区经办机构应与工伤保险医疗机构、康复机构和辅助器具配置机构（统称服务机构），签订服务协议，明确双方的权利和义务，并及时向社会公布。

**第四十三条** 工伤保险服务机构应严格遵守工伤保险的各项规定，为工伤职工提供良好的服务，配合社会保险行政部门以及劳动能力鉴定机构、经办机构做好工伤保险工作。

## 第七章 附 则

**第四十四条** 用人单位参加工伤保险前的工伤人员，在单位参保时同步纳入工伤保险统筹管理。参保前已认定工伤的，其工伤待遇和支付渠道按原有规定执行。参保后经社会保险行政部门审核鉴定，按《条例》和本《办法》的规定由工伤保险基金支付新发生的工伤保险待遇，过去的不予追补。用人单位未参加工伤保险统筹或未按时足额缴纳工伤保险费期间的工伤保险待遇由用人单位支付。

**第四十五条** 职工工作不满一年发生工伤的，在计算工伤保险待遇时，有月工资的，可按照实际工作月份的月平均工资为基数计算；无月工资或缴费工资的，可按照本单位上年度职工月平均工资为基数计算。本单位上年度职工月平均工资不能确定的，可按照用人单位所在地区职工平均工资的60%为基数计算。

**第四十六条** 用人单位对接触职业危害作业的职工，在终止、解除劳动关系或办理退休手续前，应进行职业健康检查，并将检查结果告知职工。被确诊患有职业病的应办理工伤认定、劳动能力鉴定、待遇核定手续，支付工伤保险待遇。诊断为疑似职业病的职工退休后确诊为职业病的，可以办理工伤认定，享受工伤保险待遇。用人单位未对职工进行离岗前职业健康检查的，不得终止、解除劳动关系，退休后被确诊患有职业病的，由原用人单位承担责任，并支付工伤保险待遇。

**第四十七条** 工伤职工无故拒绝检查、治疗和鉴定，影响工伤保险工作正常进行的，用人单位和经办机构可停发其有关待遇。对经劳动能力鉴定委员会鉴定已完全或大部分恢复劳动能力而拒绝单位安排工作的，用人单位按照有关规章制度处理。

**第四十八条** 本办法自2004年7月1日起执行。

青海省人民政府

2004年7月1日

# 130 宁夏回族自治区实施《工伤保险条例》办法

宁政发〔2012〕115号

## 目 录

第一章 总则/616
第二章 工伤保险基金/617
第三章 工伤认定/618
第四章 劳动能力鉴定/619
第五章 工伤保险待遇/620
第六章 监督管理/623
第七章 附则/624

## 第一章 总 则

**第一条** 根据国务院《工伤保险条例》（以下称《条例》）和国家有关规定，结合自治区实际，制定本办法。

**第二条** 自治区行政区域内的企业、事业单位、社会团体、民办非企业单位、基金会、律师事务所、会计师事务所等组织和有雇工的个体工商户（以下称用人单位），应当依照《条例》和本办法规定参加工伤保险，为与本单位建立劳动关系和形成事实劳动关系的全部职工或者雇工（以下称职工）缴纳工伤保险费用。

自治区行政区域内的企业、事业单位、社会团体、民办非企业单位、基金会、律师事务所、会计师事务所等组织的职工和个体工商户的雇工，均有依照《条例》和本办法的规定享受工伤保险待遇的权利。

**第三条**　县级以上人民政府人力资源社会保障部门负责本行政区域内的工伤保险工作。人力资源社会保障部门设立的社会保险经办机构（以下称经办机构），具体承办工伤保险事务。

**第四条**　税务部门负责征收工伤保险费。

财政部门、审计机关依法对工伤保险基金收支管理情况进行监督。

卫生、工商、安全生产监督管理部门在各自的职责范围内，协助人力资源社会保障部门做好工伤保险的相关工作。

各级工会组织依法维护工伤职工的合法权益，监督用人单位的工伤保险工作。

## 第二章　工伤保险基金

**第五条**　工伤保险基金实行自治区级统筹。

**第六条**　工伤保险费由用人单位缴纳，职工个人不缴纳工伤保险费。

工伤保险费缴费数额为本单位职工工资总额乘以单位缴费费率之积。难以直接按照工资总额计算缴纳工伤保险费的建筑施工企业、小型服务业、小型矿山企业等，按照人力资源和社会保障部公布的《部分行业企业工伤保险费缴纳办法》执行，具体计算办法由自治区人力资源社会保障部门确定。

用人单位缴费费率由自治区经办机构根据国家规定的行业差别费率及行业内费率档次，以及用人单位工伤保险费使用、工伤发生率等情况确定。

用人单位跨行业经营的，按照经营范围内风险较高行业费率确定其缴费费率；用人单位的经营范围无具体对应项目的，以自治区工伤保险平均费率确定缴费费率。

事业单位、社会团体按照工伤保险一类行业确定工伤保险缴费费率。

**第七条**　用人单位应当按时、足额缴纳工伤保险费，并及时向经办机构报送本单位人员情况表和人员增减明细表。按期足额缴费的用人单位报送人员情况表和人员增减明细表的次日为工伤保险参保生效日期。

**第八条**　工伤保险费率实行浮动制度。具体浮动办法由自治区人力资源社会保障部门会同有关部门，根据用人单位工伤保险费使用情况、工伤发生率、职业病危害程度及必要的风险储备金等因素制定，报自治区人民政府批准后执行。

经办机构根据工伤保险费率浮动办法确定用人单位费率浮动档次。

**第九条**　工伤保险费列入企业成本，不计征税、费。

事业单位参加工伤保险所需费用按照现行财政管理体制和资金渠道执行。

**第十条**　工伤保险基金全部纳入社会保障基金财政专户，实行收支两条线管理，用于下列项目的支出：

（一）工伤医疗费和工伤康复费。

（二）住院伙食补助费。

（三）转外就医的交通、食宿费。

（四）伤残津贴。

（五）生活护理费。

（六）一次性工亡补助金。

（七）一次性伤残补助金。

（八）一次性医疗补助金。

（九）丧葬补助金。

（十）供养亲属抚恤金。

（十一）工伤伤残辅助器具配置费。

（十二）劳动能力鉴定费。

（十三）工伤预防教育、宣传、培训费。

（十四）法律、法规规定支付的其他与工伤保险有关的费用。

工伤预防教育、宣传、培训费按当期工伤保险基金收入的百分之八提取，国家另有规定的，从其规定。

**第十一条** 自治区建立工伤保险储备金，用于重大事故的工伤保险待遇支付和设区的市、县（市）基金缺口的调剂使用。

工伤保险储备金由设区的市、县（市）按照当年工伤保险基金实际征收总额的百分之十提取，按年度上解至自治区社会保障财政专户。

因重大工伤事故造成基金当年收不抵支的，由设区的市、县（市）人力资源社会保障部门会同财政部门提出申请，经自治区人力资源社会保障部门、财政部门批准后从工伤保险累计结余基金中支付。

工伤保险累计结余基金不足支付的地区，完成自治区规定的年度基金预决算和扩面征缴任务的，由自治区工伤保险储备金调剂支付；未完成自治区规定的年度基金预决算和扩面征缴任务的，由设区的市、县（市）人民政府补足资金缺口后，由自治区工伤保险储备金调剂支付。

## 第三章　工伤认定

**第十二条** 用人单位、职工或者其近亲属、工会组织申请认定工伤的，应当按照下列规定办理：

（一）驻宁中央单位、自治区区直单位以及用人单位在市辖区的职工的工伤认定，按照属地原则，由用人单位所在地设区的市人力资源社会保障部门办理。

（二）其他工伤认定由用人单位所在地县（市）人力资源社会保障部门办理。

申请工伤认定应当提交下列材料：

（一）职工工伤认定申请表。

（二）受伤害职工的居民身份证及近亲属关系证明。

（三）劳动（聘用）合同文本原件及复印件，或者其他建立劳动关系（包括事实劳动关系）的证明材料。

（四）医疗机构出具的受伤害时医疗诊断证明书（死亡证明书）及抢救记录证明或者职业病诊断（鉴定）书。

（五）单位或者主管部门的事故调查报告。

（六）与职工受伤事故经过有关的证明材料。

属于因履行工作职责受到暴力等伤害的，应当提交公安机关的处理结论或者人民法院判决书、调解书及其他有效证明；属于受到交通事故伤害的，应当提交公安机关交通管理部门的责任认定书。

用人单位未参加工伤保险的，应当提交用人单位的营业执照副本（复印件）或者工商行政管理部门出具的查询证明。

**第十三条** 对事实清楚，权利义务明确的工伤认定申请，人力资源社会保障部门应当自受理之日起十五日内作出工伤认定的决定；需要调查核实的，应当自受理之日起六十日内作出工伤认定的决定，并书面通知申请工伤认定的职工或者其近亲属和该职工所在用人单位以及经办机构。工伤认定的决定中应当载明工伤伤害部位。

因交通事故受到伤害或者因工受到暴力伤害以及有其他因工受到伤害情形无法及时提供结论依据的，或者作出工伤认定决定需要以司法机关或者有关行政部门的结论为依据的，作出工伤认定决定的时限中止。

人力资源社会保障部门工作人员与工伤认定申请人有利害关系的，应当回避。

**第十四条** 职工或者其近亲属认为是工伤，用人单位认为不是工伤的，由用人单位承担举证责任。用人单位不承担举证责任的，人力资源社会保障部门可以根据职工及其近亲属提供的证据或者自行调查取得的证据，依法作出工伤认定决定。

用人单位逾期未进行事故报告或者未申请工伤认定，或者不能举证的，在此期间发生的费用由用人单位承担。

**第十五条** 用人单位对接触职业危害作业的职工，在终止、解除劳动关系或者办理退休手续前应当进行职业健康检查，对确诊患有职业病的，应当进行工伤认定和劳动能力鉴定。

职工退休前有职业病接触史，退休后被诊断、鉴定患职业病的，应当自被诊断、鉴定患职业病之日起一年内申请工伤认定和劳动能力鉴定。符合工伤认定条件，并经劳动能力鉴定达到伤残等级的，以确诊为职业病时本人领取的养老金为基数计发一次性伤残补助金。

**第十六条** 工伤认定申请从发生伤害事故或者确诊为职业病之日起计算超过一年的，人力资源社会保障部门不予受理，由此产生的工伤待遇问题由受伤职工或者其近亲属、工会组织与用人单位协商解决；协商不成的，可以依法向人民法院提起诉讼。

**第十七条** 人力资源社会保障部门受理工伤认定申请后，可以根据工作需要，委托事故发生地人力资源社会保障部门或者相关部门进行调查核实。

## 第四章 劳动能力鉴定

**第十八条** 自治区和设区的市设立劳动能力鉴定委员会。劳动能力鉴定委员会的日常工作，由人力资源社会保障部门设立的劳动能力鉴定事务中心负责。

**第十九条** 用人单位、工伤职工或者其近亲属申请劳动能力鉴定的，应当向用人单位所在地设区的市劳动能力鉴定委员会提出申请。

申请劳动能力鉴定的，应当提供工伤认定决定和职工工伤医疗的有关资料。

**第二十条** 自劳动能力鉴定结论作出之日起一年后，工伤职工或者其近亲属、所在单位或者经办机构认为伤残情况发生变化的，可以申请劳动能力复查鉴定。复查鉴定伤残等级有变化的，自作出鉴定结论的次月起，按照重新确定的伤残等级享受工伤保险长期待遇，一次性伤残待遇不再支付。

**第二十一条** 单位或者个人对设区的市劳动能力鉴定委员会作出的鉴定结论不服的，可以在收到该鉴定结论之日起十五日内向自治区劳动能力鉴定委员会提出再次鉴定书面申请，未在规定期限内提出申请的，自治区劳动能力鉴定委员会不予受理。

劳动能力初次鉴定、再次鉴定及复查鉴定医学检查时间不计算在时限内。

被鉴定人应当配合劳动能力鉴定委员会安排的医学检查等鉴定工作，无正当理由两次不到或者拒不配合医学检查等鉴定工作的，视为放弃接受劳动能力鉴定。

**第二十二条** 劳动能力鉴定费按照下列规定承担：

（一）参加工伤保险的，由工伤保险基金支付。

（二）申请再次鉴定或者复查鉴定，再次鉴定、复查鉴定结论没有变化的，由申请人承担；再次鉴定、复查鉴定结论有变化的，由工伤保险基金支付。

（三）未参加工伤保险或者欠缴工伤保险费的，由用人单位承担。

劳动能力鉴定收费标准、医学检查收费标准由自治区人力资源社会保障部门会同财政、物价部门制定。

**第二十三条** 自治区劳动能力鉴定委员会选定的承担劳动能力鉴定的医学检查机构，应当向社会公布。

## 第五章　工伤保险待遇

**第二十四条** 职工因工作遭受事故伤害或者患职业病进行治疗，享受工伤保险待遇。

**第二十五条** 职工因工伤需要急救的，可以就近救治，但伤情平稳后，应当转到工伤保险协议医疗机构治疗；需要工伤康复的，应当在协议康复医疗机构进行。

工伤医疗费用应当符合国家和自治区工伤保险诊疗项目目录、药品目录和医疗服务设施标准范围。超出工伤保险支付范围的费用，工伤保险基金不予支付。

**第二十六条** 职工停工留薪期内住院治疗工伤的伙食补助费、旧伤复发住院治疗和住院康复伙食补助费，以及转往自治区外就医的交通费、伙食补助费从工伤保险基金中支付，具体标准参照《自治区机关事业单位差旅费管理办法》执行：

（一）职工在自治区内住院治疗及康复治疗工伤的，按实际住院天数每人每天计发十五元伙食补助费。经定点医疗机构出具证明报经办机构同意，工伤职工需转院在自治区内跨市、县就医的，其往返交通费按长途汽车和火车硬卧及以下标准，凭票据报销（不包括出租车票）。

（二）工伤职工需转院到自治区外就医的，经定点医疗机构出具证明，报经办机构同意，其往返交通费按长途汽车和火车硬卧及以下标准，凭票据报销（不包括出租车票）；伙食补助费按实际住院天数每人每天三十元计发；办理住院期间的住宿费按照每人每天不超过二百元标准，最多支付三天，凭住宿票据报销，住院期间费用按规定报销。

自治区机关事业单位差旅费的相关标准调整的，前款规定的相关费用应当适时调整。

**第二十七条**　工伤职工停工留薪期时限由工伤保险协议医疗机构按照受伤部位的常规治疗期限提出意见，经劳动能力鉴定委员会审核后予以确定。

停工留薪期间，用人单位不得与工伤职工解除劳动关系。

停工留薪期满，用人单位应当为工伤职工安排适当工作；确因伤情不能安排工作的，用人单位应当以工伤职工受伤前十二个月月平均工资为标准按月发给生活费，待评定伤残等级后，按照《条例》的规定享受相关待遇。

停工留薪期的具体确定办法，由自治区人力资源社会保障部门制定。

**第二十八条**　工伤职工在救治期间需要护理的，由工伤保险协议医疗机构出具证明，用人单位派人护理或者雇用人员护理。

**第二十九条**　工伤职工鉴定为一级至四级伤残的，保留劳动关系，退出工作岗位，除按照《条例》的规定享受相关待遇外，用人单位应当以其享受的伤残津贴标准为基数，为其全额缴纳（含个人应缴部分）养老、医疗和生育保险费用。伤残津贴低于上年度自治区在岗职工平均工资百分之六十的，以上年度自治区在岗职工平均工资百分之六十为缴费基数。

工伤职工鉴定为五级至十级伤残的，保留与用人单位的劳动关系，按照《条例》的规定享受相关待遇。

**第三十条**　工伤职工鉴定为一级至六级伤残的，本人自愿一次性结清工伤待遇并与用人单位解除或者终止劳动关系的，由职工本人向用人单位提出，经双方协商一致后签订协议，解除劳动关系。

职工按照前款规定与用人单位解除劳动关系的，除按照《条例》规定享受相应待遇外，还享受以下工伤待遇：

（一）以解除或者终止劳动关系前十二个月本人月平均缴费工资为基数，由工伤保险基金支付一次性工伤医疗补助金，标准为：一级三十五个月，二级三十二个月、三级二十九个月，四级二十六个月，五级二十二个月，六级十九个月。

（二）以解除或者终止劳动关系前十二个月本人月平均缴费工资为基数，由用人单位支付一次性伤残就业补助金，标准为：一级三十五个月，二级三十二个月、三级二十九个月，四级二十六个月，五级二十二个月，六级十九个月。

（三）伤残职工经鉴定需要生活护理的，按照护理等级标准由工伤保险基金支付七十二个月的生活护理费。

（四）经鉴定需要配置辅助器具的，以自治区上年度职工月平均工资为标准由工伤保险基金支付八个月的工伤伤残辅助器具配置费。

**第三十一条** 工伤职工经鉴定为七级至十级伤残的，劳动合同期满终止或者职工本人提出解除劳动、聘用合同的，经双方协商一致后签订协议，解除劳动关系。

职工按照前款规定与用人单位解除劳动关系的，除按照《条例》规定享受相应待遇外，还享受以下工伤待遇：

（一）以解除或者终止劳动关系前十二个月本人月平均缴费工资为基数，由工伤保险基金支付一次性工伤医疗补助金，标准为：七级十五个月，八级十二个月，九级九个月，十级六个月。

（二）以解除或者终止劳动关系前十二个月本人月平均缴费工资为基数，由用人单位支付一次性伤残就业补助金，标准为：七级十五个月，八级十二个月，九级九个月，十级六个月。

**第三十二条** 本办法第三十条、第三十一条规定的伤残职工患职业病的，其一次性伤残补助金、一次性工伤医疗补助金和一次性伤残就业补助金在规定标准的基础上增加百分之三十。

工伤职工与用人单位解除或者终止劳动合同时，距法定退休年龄五年以上的，一次性伤残就业补助金全额支付；距法定退休年龄不足五年的，每减少一年一次性伤残就业补助金递减百分之二十；距法定退休年龄不足一年的，按一次性伤残就业补助金全额的百分之二十支付。

一次性结清工伤保险待遇并终止或者解除劳动关系的工伤职工，不再享受工伤保险相关待遇。在其他用人单位重新就业后发生的工伤，按照《条例》和本办法办理。

**第三十三条** 工伤职工跨省易地安家的，由用人单位按照自治区上年度职工月平均工资一次性发给六个月的安家费（含交通、食宿费）。

**第三十四条** 职工因工死亡的，其近亲属领取一次性工亡补助金的标准为职工死亡时上年度全国城镇居民人均可支配收入的二十倍，领取丧葬补助金的标准为职工死亡时上年度自治区在岗职工月平均工资的六倍。

职工因工死亡的，供养亲属抚恤金自职工死亡的次月起支付。因工死亡职工供养亲属范围，按照国务院原劳动和社会保障部公布的《因工死亡职工供养亲属范围规定》确定。

**第三十五条** 职工因工外出期间发生事故或者在抢险救灾中失踪，亲属领取工亡待遇后失踪人又出现的，已领取的工亡待遇应当退还；拒不退还的，由经办机构依法追回。

**第三十六条** 用人单位分立、合并、转让的，其工伤职工的工伤保险责任由承继单位承担。

用人单位关闭、破产、改制的，由经办机构按照上年度单位应当支付的各类工伤保险待遇费用（包括一级至六级伤残人员伤残津贴、生活护理费、工伤医疗费、工伤伤残辅助器具配置费和工亡职工供养亲属抚恤金等）核定缴费基数，用人单位一次性足额趸缴十年的费用后，其工伤职工纳入工伤保险统筹管理，由工伤保险基金按照《条例》和本办法的规定支付工伤保险待遇。

前款规定所需资金，用人单位应当在关闭、破产和改制资产清算时，一次性足额缴纳。

**第三十七条**　工伤职工需要配置辅助器具的，由工伤职工或者所在单位向劳动能力鉴定委员会提出申请，经鉴定确需配置辅助器具的，在协议辅助器具配置机构配置，费用按照规定标准支付。未经确认或者在非协议配置机构配置的，工伤保险基金不予支付。

**第三十八条**　伤残津贴、供养亲属抚恤金、生活护理费标准由自治区人力资源社会保障部门根据职工工资增长率、物价等因素适时调整。

**第三十九条**　依据伤残等级标准发放的定期待遇，自劳动能力鉴定委员会作出鉴定结论后的次月起计发。

**第四十条**　工伤保险定点医疗机构、康复机构和伤残辅助器具配置等服务机构，由自治区人力资源社会保障部门确定并公布，经办机构应当与工伤保险相关服务机构签订书面协议，明确双方权利义务。

**第四十一条**　参保工伤职工在自治区内跨市、县调动工作的，应当转移工伤保险关系，工伤保险待遇由关系转入地经办机构从变更次月起支付。

**第四十二条**　已经鉴定为一级至四级伤残并办理工残退休人员的退休金和护理费，以及破产企业五级至六级伤残已经办理提前退休人员的退休金由原渠道支付。

达到退休年龄的一级至四级和企业依法关闭、破产的五级至六级工伤职工，应当办理退休手续，停发伤残津贴享受基本养老保险待遇。核定的基本养老保险待遇低于伤残津贴的，由工伤保险基金补足差额，并执行调增基本养老金政策规定。

**第四十三条**　用人单位参加工伤保险前的老工伤人员，按照自治区老工伤人员工伤保险统筹管理政策执行，参保缴费后，由工伤保险基金支付新发生的工伤保险待遇。

**第四十四条**　用人单位关闭、破产的，应当将一级至六级享受伤残津贴的工伤人员、享受供养亲属抚恤金待遇人员移交长期居住地街道或者乡镇民生服务工作机构，实行社会化管理服务。

**第四十五条**　职工再次发生工伤的，可以根据新发生工伤的伤残部位评定伤残等级，按新等级享受一次性伤残补助金。

从事非全日制用工或者与两个及两个以上用人单位同时建立劳动关系的职工，用人单位应当分别为其缴纳工伤保险费。职工发生工伤的，由受到伤害时职工工作的用人单位依法承担工伤保险责任。

**第四十六条**　用人单位未依法缴纳工伤保险费，职工发生工伤后拒不支付职工工伤医疗费用的，由工伤保险基金先行支付，用人单位负责偿还。用人单位不偿还的，经办机构可以依法追偿。

工伤保险基金先行支付具体办法按照人力资源和社会保障部公布的《社会保险基金先行支付暂行办法》及相关规定执行。

## 第六章　监 督 管 理

**第四十七条**　工伤保险基金按照“统一政策、分级实施，统一预算、分级核算，统一调剂、分级平衡，统一考核、分级负责”的原则统一管理。具体统筹管理办法，由自治区人力资源社会保障部门会同相关部门另行制定。

**第四十八条** 工伤保险基金实行预决算制度，预决算草案由人力资源社会保障部门会同财政、税务部门编制。

设区的市、县（市）工伤保险基金预决算草案编制完毕后，应当报送自治区人力资源社会保障部门进行汇总。自治区人力资源社会保障部门在汇总设区的市、县（市）上报的工伤保险基金预决算草案的基础上，会同财政、地税和国税部门编制自治区工伤保险基金预决算草案，报自治区人民政府批准后执行。

自治区人力资源社会保障部门应当加强对全区工伤保险基金预决算执行考核和基金收支调剂平衡管理工作，并定期向社会公布全区工伤保险基金管理信息。

**第四十九条** 任何单位或者个人不得将工伤保险基金用于投资运营、兴建或者改建办公场所、发放奖金，或者挪作其他用途。

工伤保险费征收部门和经办机构所需的管理服务经费以及人力资源社会保障部门工伤认定调查核实经费按照实际工作需要列入财政预算。

**第五十条** 工伤保险纳入对设区的市、县（市）社会保险工作目标考核内容，自治区财政根据全区工伤保险参保人数和基金征缴考核情况，适当安排考核奖励工作经费。

## 第七章 附　　则

**第五十一条** 公务员和参照公务员法管理的事业单位、社会团体的工作人员发生工伤后，其工伤认定、劳动能力鉴定及相关待遇参照本办法执行，所需资金列入同级财政预算。

**第五十二条** 用人单位聘用的退休人员以及在校实习学生，不适用本办法。

**第五十三条** 本办法自 2012 年 10 月 1 日起施行。

# 131 新疆维吾尔自治区实施《工伤保险条例》办法

2013 年 1 月 15 日新疆维吾尔自治区第十一届人民政府第 36 次常务会议讨论通过，2013 年 1 月 18 日新疆维吾尔自治区人民政府令第 182 号发布，自 2013 年 3 月 1 日起施行。

## 目　　录

第一章　总则/625

第二章　工伤保险基金/625

第三章　工伤认定/626

第四章　劳动能力鉴定/626
第五章　工伤保险待遇/627
第六章　法律责任/629
第七章　附则/629

## 第一章　总　　则

**第一条**　根据国务院《工伤保险条例》，结合自治区实际，制定本办法。

**第二条**　职工有依法享受工伤保险待遇的权利。

自治区行政区域内的企业、事业单位、社会团体、民办非企业单位、基金会、律师事务所、会计师事务所等组织和有雇工的个体工商户（以下称用人单位）应当按照本办法规定，参加工伤保险，为本单位全部职工（包括雇工）缴纳工伤保险费。

**第三条**　县（市）以上人力资源和社会保障行政部门负责本行政区域工伤保险工作，其所属的社会保险经办机构（以下简称经办机构）具体承办工伤保险有关事务。

财政、卫生、安全生产监督管理等有关部门在各自法定职责范围内，负责工伤保险相关工作。

财政、审计部门依法对工伤保险基金的收支、管理实施监督。

## 第二章　工伤保险基金

**第四条**　工伤保险基金实行州、市（地）级统筹，逐步实行自治区级统筹。

**第五条**　州、市（地）实行工伤保险储备金制度。工伤保险储备金按照上年度工伤保险基金征缴额的10%提取，存入社会保障基金财政专户，用于重大事故的工伤保险待遇支付。

工伤保险储备金累计结余额不得超过上年度工伤保险基金收入。

**第六条**　自治区建立区级工伤保险调剂金制度。工伤保险调剂金用于工伤保险待遇支付补助和工伤保险基金收支调剂。具体办法由自治区人力资源和社会保障行政部门会同自治区财政部门制定。

**第七条**　用人单位为本单位职工缴纳工伤保险费，实行实名登记、全员参保、动态管理制度。

用人单位应当向所在地经办机构办理工伤保险登记，经办机构应当自受理之日起15日内办理完毕。

用人单位变更或者终止的，应当自变更或者终止之日起30日内，向原经办机构办理工伤保险变更或者注销手续。

**第八条**　用人单位参加工伤保险的初次缴费费率，按照国家规定的行业基准费率确定。

用人单位缴纳工伤保险费的数额为本单位职工工资总额乘以单位缴费费率之积。难以按照用人单位工资总额确定缴费基数的，可以按照建筑工程造价的一定比例、经营服务面积、吨矿产品相应费率等方式计算缴费。

**第九条** 工伤保险基金用于下列项目支出：

（一）工伤医疗和康复费用；

（二）住院伙食补助费；

（三）在本州、市（地）以外就医的交通、食宿费用；

（四）配置辅助器具费用；

（五）生活护理费；

（六）一次性伤残补助金；

（七）一至四级伤残职工按月领取的伤残津贴；

（八）终止或者解除劳动关系，应当享受的一次性工伤医疗补助金；

（九）丧葬补助金、供养亲属抚恤金和一次性工亡补助金；

（十）劳动能力鉴定费用；

（十一）工伤预防的政策宣传、业务培训等费用；

（十二）法律、法规规定用于工伤保险的其他费用。

**第十条** 用人单位应当于每年1月31日前将本单位上年度参加工伤保险职工名单、缴费期限、缴费情况、工伤认定、工伤待遇及发生工伤事故等情况在本单位内进行公示。公示时间不得少于15日。

用人单位应当将公示情况报经办机构备案。

## 第三章 工伤认定

**第十一条** 职工发生事故伤害或者按照《职业病防治法》规定被诊断、鉴定为职业病，因特殊情况用人单位不能按照规定时限提出工伤认定申请的，经州、市（地）人力资源和社会保障行政部门同意，申请时限可以延长30日。

**第十二条** 职工或者其近亲属认为是工伤，用人单位认为不是工伤的，由用人单位承担举证责任。

用人单位应当自收到《举证通知书》之日起10日内，向受理工伤认定申请的人力资源和社会保障行政部门提交有关证据；逾期未提交的，人力资源和社会保障行政部门可以依据职工或者其近亲属提供的证据依法作出结论。

**第十三条** 工伤职工认为工伤或者职业病直接导致其他疾病发生的，自医疗诊断之日起1年内，可以向州、市（地）人力资源和社会保障行政部门提出工伤认定申请。

**第十四条** 州、市（地）人力资源和社会保障行政部门可以委托有条件的县（市）人力资源和社会保障行政部门承担工伤认定有关工作。

## 第四章 劳动能力鉴定

**第十五条** 自治区、州、市（地）劳动能力鉴定委员会由本级人力资源和社会保障行政部门、卫生行政部门、工会组织、经办机构代表以及用人单位代表组成。

**第十六条**　劳动能力鉴定委员会的职责：

（一）劳动功能障碍程度鉴定；

（二）生活自理障碍程度鉴定；

（三）延长停工留薪期确认；

（四）配置辅助器具确认；

（五）疾病与工伤关联鉴定；

（六）工伤康复确认；

（七）因病或者非因工伤残丧失劳动能力程度鉴定；

（八）接受委托的劳动能力鉴定。

**第十七条**　申请劳动能力鉴定，应当提交下列材料：

（一）劳动能力鉴定申请表；

（二）工伤认定决定书；

（三）医疗机构出具的病历、诊断证明和检查检验单、影像等诊疗资料。

**第十八条**　劳动能力鉴定费用由工伤保险基金支付；未参加工伤保险或者未按时足额缴纳工伤保险费的，由用人单位支付。再次鉴定、复查鉴定的鉴定结论没有改变的，或者鉴定疾病与工伤无关联的，鉴定费用由申请人承担。

## 第五章　工伤保险待遇

**第十九条**　申请享受工伤保险待遇，应当向经办机构提交工伤保险待遇申请表、工伤认定决定书。经办机构应当在15日内审核并确定支付相关待遇。

供养亲属申请享受抚恤金的，还应当提交下列材料：

（一）户口簿、身份证以及公安户籍管理部门或者乡（镇）人民政府、街道办事处出具的生存证明；

（二）乡（镇）人民政府、街道办事处出具的主要生活来源证明；

（三）民政部门出具的孤寡老人、孤儿证明或者养父母、养子女收养证明。

供养亲属无劳动能力的，还应当提交无劳动能力鉴定结论。供养亲属无劳动能力的鉴定，由经办机构提请劳动能力鉴定委员会作出。

**第二十条**　受伤职工工伤认定前的医疗费用由用人单位垫付；工伤认定后符合工伤保险基金支付项目的，由经办机构支付。

**第二十一条**　职工治疗工伤，应当在与经办机构签订服务协议的医疗机构就医，情况紧急时可以先到就近的医疗机构急救；经急救脱离危险伤情稳定后仍需要治疗的，应当转到签订服务协议的医疗机构就医。

职工在未签订服务协议的医疗机构急救的，用人单位应当自医疗机构急救之日起10日内向所在地经办机构报告。

**第二十二条**　生活不能自理的工伤职工在停工留薪期间住院治疗需要护理的，由所在单位负责派员护理或者按月发给本人本单位上年度在岗职工月平均工资标准的护理费，住院治疗期不足1个月的，按1个月计发护理费。工伤职工在停工留薪期内，除本人自愿提出外，用人单位不得与其解除、终止劳动关系。

**第二十三条** 工伤职工需要配置辅助器具的，经州、市（地）劳动能力鉴定委员会确认，到定点的辅助器具配置机构配置。配置辅助器具的项目和费用标准，适用国家、自治区有关规定。

**第二十四条** 工伤职工需要康复医疗的，由本人或者用人单位提出申请，经州、市（地）劳动能力鉴定委员会确认，在定点的康复医疗机构进行。

**第二十五条** 康复医疗机构和辅助器具配置机构由自治区人力资源和社会保障行政部门按照国家、自治区规定的条件确定，并向社会公布。州、市（地）经办机构应当与自治区公布的康复医疗机构和辅助器具配置机构签订服务协议，并向社会公布。

**第二十六条** 长期在户籍所在地以外居住的工伤职工旧伤复发，经原居住地经办机构同意，可以在现居住地选择一至两家医疗机构治疗，享受原居住地的州、市（地）工伤医疗待遇标准。

**第二十七条** 一级至四级伤残职工依法办理退休手续后，停发伤残津贴，按照国家、自治区规定享受基本养老保险待遇，按月领取基本养老保险金。基本养老保险金低于伤残津贴的，由工伤保险基金予以补差。按月领取的生活护理费及旧伤复发医疗费仍由工伤保险基金支付。

按月从工伤保险基金领取伤残津贴的一级至四级伤残职工，达到法定退休年龄，但不符合享受基本养老保险待遇条件的，其伤残津贴继续由工伤保险基金支付。

**第二十八条** 五级、六级伤残职工本人自愿提出与用人单位解除、终止劳动关系的，以解除、终止劳动关系时所在州、市（地）上年度职工月平均工资为基数，由用人单位为其支付一次性伤残就业补助金，并由工伤保险基金为其支付一次性工伤医疗补助金。五级伤残职工一次性伤残就业补助金和一次性工伤医疗补助金，分别按27个月和11个月计发，六级伤残职工分别按24个月和10个月计发。患职业病的，一次性工伤医疗补助金在此标准基础上增发30%。

**第二十九条** 七级至十级伤残职工劳动（聘用）合同期满终止劳动（聘用）合同或者本人提出解除劳动（聘用）合同的，以终止或者解除劳动（聘用）关系时所在州、市（地）上年度职工月平均工资为基数，由用人单位为其支付一次性伤残就业补助金，并由工伤保险基金为其支付一次性工伤医疗补助金。七级伤残职工一次性伤残就业补助金和一次性工伤医疗补助金分别按21个月和9个月计发，八级伤残职工分别按18个月和8个月计发，九级伤残职工分别按15个月和7个月计发，十级伤残职工分别按12个月和6个月计发。患职业病的，一次性工伤医疗补助金在此标准基础上增发20%。

**第三十条** 职工退休后诊断为职业病，退休期间未从事过职业活动，也未接触过职业危害因素的，经人力资源和社会保障行政部门对其身份、原所在单位是否参加工伤保险等情况进行核实，由劳动能力鉴定委员会进行劳动能力鉴定。退休职工原所在单位参加工伤保险的，由工伤保险基金支付除一次性伤残补助金以外的工伤保险金；原所在单位未参加工伤保险的，由原所在单位支付除一次性伤残补助金以外的工伤保险金。

**第三十一条**　一次性工伤医疗补助金和一次性伤残就业补助金标准由自治区人力资源和社会保障行政部门会同自治区财政部门根据实际情况适时提出调整方案，报自治区人民政府批准后执行。

**第三十二条**　职工因工死亡，其供养亲属享受抚恤金的资格，按职工死亡时的条件核定。

因工死亡职工供养亲属已享受城镇职工基本养老保险、新型农村社会养老保险、城镇居民社会养老保险等社会保障待遇，但待遇标准低于供养亲属抚恤金的，由工伤保险基金补足差额；未参保的，由用人单位补足差额。

**第三十三条**　定期领取伤残津贴、生活护理费的工伤职工或者领取供养亲属抚恤金的因公死亡职工亲属，应当每年向所在地经办机构提供生存证明。

**第三十四条**　用人单位依法破产已参加工伤保险的，应当清偿下列工伤保险费用：

（一）一级至四级伤残职工应当缴纳的基本医疗保险费；

（二）五级、六级伤残职工应当享受的伤残津贴；

（三）七级至十级伤残职工的一次性伤残就业补助金。

未参加工伤保险的，应当清偿下列工伤保险费用：

（一）因公死亡职工供养亲属应当享受的抚恤金；

（二）一级至四级伤残职工应当享受的伤残津贴、生活护理费、旧伤复发医疗费用、配置辅助器具费以及应当缴纳的基本医疗保险费；

（三）五级、六级伤残职工应当享受的伤残津贴、基本医疗保险费、基本养老保险费、配置辅助器具费、一次性工伤医疗补助金；

（四）七级至十级伤残职工应当享受的一次性工伤医疗补助金和一次性伤残就业补助金。符合工伤保险基金支付项目的工伤保险待遇，继续由经办机构支付。

## 第六章　法 律 责 任

**第三十五条**　用人单位克扣工伤职工或者其供养亲属工伤保险待遇的，由人力资源和社会保障行政部门责令限期改正；逾期未改正的，处3 000元以上3万元以下罚款，并通知经办机构直接支付给工伤职工。

由工伤保险基金支付的工伤保险待遇，经办机构有权向用人单位追偿。

**第三十六条**　违反本办法规定的其他行为，应当承担法律责任的，按照有关法律、法规的规定执行。

## 第七章　附　　则

**第三十七条**　本办法自2013年3月1日起施行。自治区人民政府2004年2月24日颁布的《新疆维吾尔自治区实施〈工伤保险条例〉办法》（政府令第115号）同时废止。

# 132 新疆生产建设兵团实施《工伤保险条例》办法

新兵发〔2013〕50号

## 目　录

第一章　总则/630
第二章　工伤保险基金/631
第三章　工伤认定/632
第四章　劳动能力鉴定/632
第五章　工伤保险待遇/633
第六章　管理与监督/635
第七章　附则/635

## 第一章　总　则

**第一条**　根据国务院《工伤保险条例》和《新疆维吾尔自治区实施〈工伤保险条例〉办法》，结合兵团实际，制定本办法。

**第二条**　兵团范围的企业、团场、机关、事业单位、民间非盈利组织、社会团体、民办非企业单位、基金会、律师事务所、会计师事务所等组织和有雇工的个体工商户（以下统称用人单位）应当参加工伤保险，为本单位全部职工、雇工和建立劳动关系的非全日制劳动者（以下统称职工）缴纳工伤保险费。

用人单位的职工依照《工伤保险条例》和本办法有权享受工伤保险待遇。

**第三条**　兵团工伤保险在制度政策、业务流程和网络系统等方面实行全兵团统一，工伤保险基金实行师级统筹，兵团直属各单位组成兵直统筹区（以下称统筹区）。兵团工伤保险逐步实现兵团级统筹。

**第四条**　兵团社会保险行政部门负责全兵团工伤保险工作。各师社会保险行政部门负责本统筹区的工伤保险工作。

社会保险行政部门所属各级社会保险经办机构（以下称经办机构）具体承办工伤保险事务。

财政（财务）、卫生、安全生产监督管理等有关部门在各自法定职责范围内，负责工伤保险工作。

财政（财务）、审计部门对工伤保险基金的收支、管理实施监督。

**第五条**　工伤保险工作应当坚持预防、补偿和康复相结合的原则，逐步形成三位一体的工作格局。

**第六条**　工伤认定、工伤保险经办、劳动能力鉴定等工作的业务经费列入同级财政

(财务）部门预算。

## 第二章　工伤保险基金

**第七条**　各统筹区应当设立工伤保险基金。工伤保险基金由用人单位缴纳的工伤保险费、工伤保险基金的利息和依法纳入工伤保险基金的其他资金构成，实行收支两条线，纳入社会保险基金财政专户管理。

**第八条**　工伤保险费的征缴及资金来源按照《社会保险费征缴暂行条例》有关规定执行，其中机关、参公事业单位、全额拨款事业单位应当缴纳的工伤保险费列入同级财政预算。

**第九条**　各统筹区实行工伤保险储备金制度。工伤保险储备金按当期工伤保险基金征缴额的5%提取，存入社会保险基金财政专户。工伤保险储备金用于重大事故的工伤保险待遇支付，储备金不足支付时由同级财务垫付。储备金结余额达到统筹区上年度工伤保险基金收入总额时，当年不再提取储备金。

工伤保险储备金管理办法由兵团社会保险行政部门会同兵团财政（财务）部门制定。

**第十条**　建立兵团级工伤保险调剂金制度，资金由统筹区按照当期基金收缴总额的一定比例上解及兵团财务补助构成。工伤保险调剂金用于工伤保险待遇支付补助和工伤保险基金收支调剂。具体管理办法由兵团社会保险行政部门会同兵团财政（财务）部门制定。

**第十一条**　用人单位参加工伤保险的初次缴费费率，按照其对应的行业基准费率确定。

跨行业经营的单位，按所跨行业对应的行业差别费率及行业内费率档次，确定其缴费费率。

团场的缴费费率由各师根据团场内部产业结构情况确定。

各统筹区建立工伤保险费率动态调整机制，每年根据参保单位上年度工伤保险费使用、工伤发生率及职业病危害程度等情况，确定对应单位的下年度缴费费率。

经办机构提出调整用人单位缴费费率的建议，经同级社会保险行政部门、财政（财务）部门批准后，对用人单位的缴费费率进行调整。

**第十二条**　用人单位缴纳工伤保险费的数额为本单位职工工资总额乘以单位缴费费率之积。难以按照用人单位工资总额确定缴费基数的，可以按照工程造价的一定比例、经营服务面积、吨矿产品相应费率或国家、兵团规定的方式计算缴费。

**第十三条**　用人单位为本单位职工缴纳工伤保险费，实行实名登记、全员参保、动态管理制度。

用人单位应当向统筹区经办机构办理工伤保险登记，经办机构应当自受理之日起15日内办理完毕。参保单位在规定时限内缴纳工伤保险费的，自经办机构受理工伤保险登记的次日为参保生效日期。

用人单位变更或者终止的，应当自变更或者终止之日起30日内，向原经办机构办理工伤保险变更或者注销手续。

**第十四条**　工伤保险基金用于下列项目支出：

（一）工伤医疗和康复费用。

（二）住院伙食补助费。

（三）在本统筹区以外就医的交通、食宿费用。

（四）配置辅助器具费用。

（五）生活护理费。

（六）一次性伤残补助金。

（七）一至四级伤残职工按月领取的伤残津贴。

（八）终止或者解除劳动关系，应当享受的一次性工伤医疗补助金。

（九）丧葬补助金、供养亲属抚恤金和一次性工亡补助金。

（十）劳动能力鉴定费用。

（十一）工伤预防的政策宣传、业务培训等费用。

（十二）法律、法规规定用于工伤保险的其他费用。

## 第三章 工伤认定

**第十五条** 职工或其近亲属及工会组织认为是工伤，用人单位认为不是工伤的，由用人单位承担举证责任。社会保险行政部门向用人单位下达《举证通知书》，用人单位在收到《举证通知书》之日起10日内向社会保险行政部门提交有关证据，逾期未提交有关证据的，社会保险行政部门可依据职工或其近亲属提供的证据依法作出结论。

**第十六条** 认定工伤或视同工伤的（以下统称工伤），由作出工伤认定结论的社会保险行政部门核发《工伤（亡）职工证明书》，并根据医疗诊断情况，将伤害部位、职业病名称以及经劳动能力鉴定委员会鉴定与工伤有直接关联的伤病情况，记入《工伤（亡）职工证明书》。《工伤（亡）职工证明书》由本人保管。

**第十七条** 兵团建立工伤认定委托调查制度，社会保险行政部门根据工作需要委托有关单位调查工伤。

## 第四章 劳动能力鉴定

**第十八条** 兵师两级设立劳动能力鉴定委员会，劳动能力鉴定委员会分别由同级社会保险行政部门、卫生行政部门、工会组织、经办机构代表以及用人单位代表组成。

**第十九条** 兵团统一建立劳动能力鉴定医疗卫生专家库，各统筹区应从医疗卫生专家库抽取专家完成相关工作。

**第二十条** 劳动能力鉴定委员会的职责：

（一）劳动功能障碍程度鉴定。

（二）生活自理障碍程度鉴定。

（三）延长停工留薪期确认。

（四）配置辅助器具确认。

（五）疾病与工伤关联鉴定。

（六）工伤康复确认。

（七）因病或者非因工伤残丧失劳动能力程度鉴定。

（八）接受按规定委托的劳动能力鉴定。

**第二十一条**　用人单位或工伤职工对师劳动能力鉴定委员会作出鉴定结论不服的，应当在收到鉴定结论之日起15日内向兵团劳动能力鉴定委员会申请再次鉴定，并提交《劳动能力再次鉴定申请表》、师劳动能力鉴定委员会的鉴定结论及相关材料。

兵团劳动能力鉴定委员会组织再次鉴定时，不得选用参加原鉴定工作的专家。

兵团劳动能力鉴定委员会作出的劳动能力鉴定结论为最终结论。

**第二十二条**　劳动能力鉴定费用，参加工伤保险的由工伤保险基金支付；未参加工伤保险或者未按时足额缴纳工伤保险费的，由用人单位支付。再次鉴定、复查鉴定的鉴定结论没有改变的，或者鉴定疾病与工伤无关联的，鉴定费用由申请人承担。

## 第五章　工伤保险待遇

**第二十三条**　申请享受供养亲属抚恤待遇，应当向经办机构提交工伤保险待遇申请表、工伤认定决定书、劳动能力鉴定结论通知书，经办机构在15日内完成待遇审核支付工作。

供养亲属申请享受抚恤金的，还应当提交下列材料：

（一）被供养人户口簿、身份证以及公安机关出具的生存证明。

（二）被供养亲属所在单位、街道办事处、团场出具的被供养人经济状况证明。

（三）民政部门出具的孤寡老人或孤儿的证明或者养父母、养子女的收养证明。

供养亲属无劳动能力的，还应当提交无劳动能力鉴定结论。供养亲属无劳动能力的鉴定，需提请劳动能力鉴定委员会作出。

**第二十四条**　伤残职工在工伤医疗服务机构发生的费用先由用人单位垫付，待认定为工伤后，符合工伤保险基金支付项目的给予报销。

**第二十五条**　康复医疗机构和辅助器具配置机构由兵团社会保险行政部门按照国家、自治区规定的条件确定，并向社会公布。各统筹区经办机构应当与公布的康复医疗机构和辅助器具配置机构签订服务协议，并向社会公布。

**第二十六条**　生活不能自理的工伤职工在停工留薪期间住院治疗需要陪护的，由所在单位负责派员陪护或者按月发给本统筹区所在地方上年度在岗职工月平均工资的陪护费，住院治疗期不足1个月的，按1个月计发陪护费。

工伤职工在停工留薪期内，除本人自愿提出外，用人单位不得与其解除、终止劳动关系。

**第二十七条**　按月从工伤保险基金领取伤残津贴的一级至四级伤残职工，达到法定退休年龄，但不符合享受基本养老保险待遇条件的，其伤残津贴继续由工伤保险基金支付。

**第二十八条**　五级、六级伤残职工本人自愿提出与用人单位解除、终止劳动关系的，以解除、终止劳动关系时统筹区所在地方的上年度职工月平均工资为基数：

（一）由用人单位支付一次性就业补助金，标准为五级伤残为27个月，六级伤残为24个月。

（二）由工伤保险基金支付一次性工伤医疗补助金，标准为五级伤残为11个月，六级伤残为10个月。患职业病的，一次性工伤医疗补助金在此标准基础上增发30%。

**第二十九条** 七级至十级伤残职工劳动（聘用）合同期满终止劳动（聘用）合同或者本人提出解除劳动（聘用）合同的，以终止或者解除劳动（聘用）关系时统筹区所在地方上年度职工月平均工资为基数：

（一）由用人单位支付一次性就业补助金，标准为七级伤残为21个月，八级伤残为18个月，九级伤残为15个月，十级伤残为12个月。

（二）由工伤保险基金支付一次性工伤医疗补助金，标准为七级伤残为9个月，八级伤残为8个月，九级伤残为7个月，十级伤残为6个月。患职业病的，一次性工伤医疗补助金在此标准基础上增发20%。

**第三十条** 一次性工伤医疗补助金和一次性伤残就业补助金标准，由兵团社会保险行政部门会同兵团财政（财务）部门适时提出调整方案，报兵团批准后执行。

**第三十一条** 职工因工死亡，其供养亲属享受抚恤金的资格，按职工死亡时的条件核定。

因工死亡职工供养亲属已享受城镇职工基本养老保险、新型农村社会养老保险、城镇居民社会养老保险等社会保障待遇，但待遇标准低于供养亲属抚恤金的，由工伤保险基金补足差额；未参加工伤保险的，由用人单位补足差额。

**第三十二条** 定期领取伤残津贴、生活护理费的工伤职工或者领取供养亲属抚恤金的因工死亡职工亲属，应当每年第二季度向参保地社会保险经办机构提供生存证明。

**第三十三条** 用人单位依法破产的应当清算工伤保险费用，清偿项目和金额标准等按自治区及兵团有关规定执行。

**第三十四条** 调整工伤职工伤残津贴、生活护理费、供养亲属抚恤金，由兵团社会保险行政部门会同兵团财政（财务）部门提出调整方案，报兵团批准后执行。

**第三十五条** 由于第三人原因造成的工伤，工伤保险待遇由第三人支付，第三人承担部分低于工伤保险待遇的，工伤保险基金补足差额。

第三人无力承担或无法确定第三人的，工伤保险基金先行支付相关待遇，社会保险经办机构有权向第三人追偿。

**第三十六条** 享受工伤待遇有下列情形之一的，暂停相关工伤保险待遇：

（一）应当提供生存证明而拒不提供的。

（二）违反工伤就医管理规定的。

（三）符合出院条件拒绝出院的。

（四）违反工伤辅助器具配置管理规定的。

（五）其他违反工伤保险政策规定的。

暂停情形消除的，应当恢复相关的工伤保险待遇。

## 第六章　管理与监督

**第三十七条**　社会保险行政部门履行下列职责：

（一）贯彻执行国家工伤保险的法律、法规，负责制定工伤保险政策和组织实施，统筹规划工伤保险工作。

（二）负责制定工伤预防、宣传、培训、规划和职业康复计划并组织实施。

（三）负责监督检查工伤保险基金征缴、支付。

（四）负责工伤认定工作。

（五）负责制定工伤医疗服务机构、康复医疗机构和辅助器具配置服务机构的管理办法。

（六）负责对服务协议履行、工伤保险费用使用情况进行检查。

（七）法律、法规赋予的其他职责。

**第三十八条**　社会保险经办机构履行下列职责：

（一）按照社会保险行政部门要求对事故伤害进行调查核实。

（二）办理工伤保险登记，负责保存相关记录。

（三）征缴工伤保险费。

（四）核定并支付工伤保险待遇。

（五）负责与工伤辅助器具机构和工伤医疗机构签订服务协议并组织实施。

（六）负责工伤保险基金预算、决算和统计工作。

（七）承办社会保险行政部门交办的其他事务。

**第三十九条**　参保单位应当于每年 1 月 31 日前将本单位参保职工的名单、参保日期、缴费情况等进行公示。公示时间不得少于 15 天，并将公示情况及时以书面形式报统筹区社会保险经办机构备案。

**第四十条**　对应的法律责任和事务处理按照国家和自治区有关规定执行。

## 第七章　附　　则

**第四十一条**　公务员以及参照《公务员法》管理的国家机关工作人员和人民警察发生工（公）伤时，其残疾等级评定和抚恤仍按国家现行规定办理，与工伤保险同性质待遇不重复享受。

**第四十二条**　工伤职工受伤前本人工资不足 12 个月的，按职工所在单位上年度职工月平均缴费工资计算。

**第四十三条**　本办法称统筹区所在地方上年度职工月平均工资是指与统筹区同级的地方上年度职工月平均工资。

**第四十四条**　本办法由兵团人力资源和社会保障局负责解释。

**第四十五条**　本办法自 2013 年 7 月 1 日起施行。兵团 2004 年 4 月 21 日发布的《新疆生产建设兵团工伤保险办法》（兵团令第 2 号）同时废止。

# 十、已废止文件

## 133 企业职工工伤保险试行办法

劳部发〔1996〕266号

目　　录

第一章　总则/636
第二章　工伤范围及其认定/637
第三章　劳动鉴定和工伤评残/638
第四章　工伤保险待遇/638
第五章　工伤保险基金/641
第六章　工伤预防和职业康复/642
第七章　管理与监督检查/643
第八章　企业和职工责任/644
第九章　争议处理/644
第十章　附则/645

### 第一章　总　　则

**第一条**　为了保障劳动者在工作中遭受事故伤害和患职业病后获得医疗救治、经济补偿和职业康复的权利，分散工伤风险，促进工伤预防，根据《劳动法》，制定本办法。

**第二条**　中华人民共和国境内的企业及其职工必须遵照本办法的规定执行。

**第三条**　工伤保险实行社会统筹，设立工伤保险基金，对工伤职工提供经济补偿和实行社会化管理服务。

**第四条**　企业必须按照国家和当地人民政府的规定参加工伤保险，按时足额缴纳工伤保险费，按照本办法和当地人民政府规定的标准保障职工的工伤保险待遇。

**第五条**　工伤保险要与事故预防、职业病防治相结合。企业和职工必须贯彻“安全第一，预防为主”的方针，遵守劳动安全卫生法规制度，严格执行国家劳动安全卫生规程和标准，防止劳动过程中的事故，减少职业危害。

**第六条**　职工发生工伤或者患职业病后，应当得到及时救治。各地应当依据本地区社会经济条件，逐步发展职业康复事业，帮助因工致残职工从事适合其身体状况的劳动。

**第七条**　县级以上各级人民政府劳动行政部门主管本行政区域内的企业职工工伤保险工作。

县级以上社会保险基金经办机构经办工伤保险业务（以下简称工伤保险经办机构），负责工伤保险基金的筹集、管理和待遇支付，以及工伤职工的管理服务等工作。

## 第二章　工伤范围及其认定

**第八条**　职工由于下列情形之一负伤、致残、死亡的，应当认定为工伤：

（一）从事本单位日常生产、工作或者本单位负责人临时指定的工作的，在紧急情况下，虽未经本单位负责人指定但从事直接关系本单位重大利益的工作的。

（二）经本单位负责人安排或者同意，从事与本单位有关的科学试验、发明创造和技术改进工作的。

（三）在生产工作环境中接触职业性有害因素造成职业病的。

（四）在生产工作的时间和区域内，由于不安全因素造成意外伤害的，或者由于工作紧张突发疾病造成死亡或经第一次抢救治疗后全部丧失劳动能力的。

（五）因履行职责遭致人身伤害的。

（六）从事抢险、救灾、救人等维护国家、社会和公众利益的活动的。

（七）因公、因战致残的军人复员转业到企业工作后旧伤复发的。

（八）因公外出期间，由于工作原因，遭受交通事故或其他意外事故造成伤害或者失踪的，或因突发疾病造成死亡或者经第一次抢救治疗后全部丧失劳动能力的。

（九）在上下班的规定时间和必经路线上，发生无本人责任或者非本人主要责任的道路交通机动车事故的。

（十）法律、法规规定的其他情形。

**第九条**　职工由于下列情形之一造成负伤、致残、死亡的，不应认定为工伤：

（一）犯罪或违法。

（二）自杀或自残。

（三）斗殴。

（四）酗酒。

（五）蓄意违章。

（六）法律、法规规定的其他情形。

**第十条**　企业应当自工伤事故发生之日或者职业病确诊之日起，十五日内向当地劳动行政部门提出工伤报告。

工伤职工或其亲属应当自工伤事故发生之日或者职业病确诊之日起，十五日内向当地劳动行政部门提出工伤保险待遇申请。遇有特殊情况，申请期限可以延长至三十日。

工伤职工本人或者其亲属没有可能提出申请的，可以由本企业工会组织代表工伤职工提出待遇申请。

职工工伤保险待遇申请应当经企业签字后报送。企业不签字的，工伤职工或其亲属可以直接报送申请。

**第十一条**　劳动行政部门接到企业的工伤报告或职工的工伤保险待遇申请后，应当组织工伤保险经办机构进行调查取证，在七日内作出是否认定为工伤的决定。特殊情况可以延长，但不得超过三十日。

认定工伤应当根据以下资料：

（一）职工的工伤保险待遇申请。

（二）指定医院或医疗机构初次治疗工伤的诊断书和职业病诊断证明书，属于轻伤无需到医院治疗的，由企业医生开具工伤诊断书。

（三）企业的工伤报告，或者劳动行政部门根据职工的申请进行调查的工伤报告。

工伤认定的决定应当以书面形式通知申请人和企业。

**第十二条** 职工因公外出期间或者在抢险救灾中失踪的，其亲属或者企业应当向企业所在地公安部门、劳动行政部门报告。

劳动行政部门应当根据人民法院宣告死亡的结论认定因工死亡。

## 第三章 劳动鉴定和工伤评残

**第十三条** 职工在工伤医疗期内治愈或者伤情处于相对稳定状态，或者医疗期满仍不能工作的，应当进行劳动能力鉴定，评定伤残等级并定期复查伤残状况。

**第十四条** 各级劳动鉴定委员会应当按国家制定的工伤与职业病致残程度鉴定标准（国家标准 GB/T 16180—1996）（以下简称评残标准），对因工负伤或者患职业病的职工伤残后丧失劳动能力的程度和护理依赖程度进行等级鉴定。符合评残标准一级至四级为全部丧失劳动能力；五级至六级为大部分丧失劳动能力；七级至十级为部分丧失劳动能力。

伤残待遇的确定和工伤职工的安置以评定的伤残等级为主要依据。

**第十五条** 省、地（市）、县（市）级劳动鉴定委员会由当地劳动、卫生等行政部门和工会组织的主管人员组成。劳动鉴定委员会的办公室设在同级劳动行政部门，负责劳动鉴定的日常工作。

劳动鉴定委员会应当委托有条件的医疗卫生机构或者聘请具有鉴定资格的医生组成专家组进行伤残等级和护理等级鉴定，也可以设立劳动鉴定检查中心开展鉴定工作。

**第十六条** 劳动鉴定委员会办公室工作人员必须具有工伤评残的专业知识，熟练掌握工伤保险政策法规。

劳动鉴定委员会聘请参加鉴定的医生应具有中级以上医学技术职称，并由该委员会发给聘书。

劳动鉴定人员在进行劳动鉴定时，应当全面了解被鉴定人情况，严格执行工伤保险政策法规和评残标准，客观公正地作出鉴定结论。

劳动鉴定人员实行回避制度。

## 第四章 工伤保险待遇

**第十七条** 职工因工负伤治疗，享受工伤医疗待遇。

工伤职工治疗工伤或职业病所需的挂号费、住院费、医疗费、药费、就医路费全额报销。

工伤职工需要住院治疗的，按照当地因公出差伙食补助标准的三分之二发给住院伙食补助费；经批准转外地治疗的，所需交通、食宿费用按照本企业职工因公出差标准报销。

工伤职工治疗非工伤范围的疾病，其医疗费用按照医疗保险的规定执行。

**第十八条** 职工因工负伤或者患职业病需要停止工作接受治疗的，实行工伤医疗期。

工伤医疗期是指职工因工负伤或者患职业病停止工作接受治疗和领取工伤津贴的期限。工伤医疗期应当按照轻伤和重伤的不同情况确定为一个月至二十四个月，严重工伤或者职业病需要延长医疗期的，最长不超过三十六个月。

工伤医疗期满后仍需治疗的，继续享受工伤医疗待遇。

工伤医疗期的时间由指定治疗工伤的医院或医疗机构提出意见，经劳动鉴定委员会确认并通知有关企业和工伤职工。

**第十九条** 工伤职工在工伤医疗期内停发工资，改为按月发给工伤津贴。工伤津贴标准相当于工伤职工本人受伤前十二个月内平均月工资收入。工伤医疗期满或者评定伤残等级后应当停发工伤津贴，改为享受伤残待遇。

**第二十条** 工伤职工经评残并确认需要护理的，应当按月发给护理费。

护理等级根据进食、翻身、大小便、穿衣及洗漱、自我移动五项条件，区分为全部护理依赖、大部分护理依赖和部分护理依赖三个等级。护理等级由劳动鉴定委员会评定。

工伤护理费依照上述护理等级分别按上年度当地职工月平均工资的百分之五十、百分之四十、百分之三十发给。

**第二十一条** 工伤职工因日常生活或者辅助生产劳动需要，必须安置假肢、仪眼、镶牙和配置代步车等辅助器具的，按国内普及型标准报销费用。

**第二十二条** 职工因工致残被鉴定为一级至四级的，应当退出生产、工作岗位，终止与企业的劳动关系，发给工伤伤残抚恤证件，并享受以下待遇：

（一）按月发给伤残抚恤金，标准分别为本人工资的百分之九十至百分之七十五。其中：一级百分之九十，二级百分之八十五，三级百分之八十，四级百分之七十五。

（二）发给一次性伤残补助金，标准相当于伤残职工本人十八至二十四个月工资。其中：一级二十四个月，二级二十二个月，三级二十个月，四级十八个月。

（三）患病时按医疗保险有关规定执行，对其中执行由个人负担部分有困难的，由工伤保险基金酌情补助。

（四）易地安家的，发给相当于本省、自治区、直辖市上年度职工平均工资六个月的安家补助费。旅途所需车船费、旅馆费、行李搬运费和伙食补助费，按照本单位职工因公出差标准报销。

**第二十三条** 因工致残被鉴定为一级至四级并按本办法第二十二条规定领取待遇的，到达退休年龄时，继续由工伤保险基金支付伤残抚恤金。伤残抚恤金低于按养老保险规定计发的养老金标准的，应当按养老金的标准由工伤保险基金补足差额部分。社会保险经办机构同时应将该职工在养老保险基金中个人账户的个人缴费部分转入工伤保险基金。

**第二十四条** 职工因工致残被鉴定为五级至十级的，原则上由企业安排适当工作，并可以享受以下待遇：

（一）按伤残等级发给一次性伤残补助金，标准相当于伤残职工本人六至十六个月工资。其中：五级十六个月，六级十四个月，七级十二个月，八级十个月，九级八个月，十级六个月。

（二）因伤残造成本人工资降低时，由所在单位发给在职伤残补助金，标准为工资降低部分的百分之九十，本人技能提高而晋升工资时，在职伤残补助金予以保留。

（三）旧伤复发经确认需要治疗和休息的，按照本办法规定享受工伤医疗待遇和工伤津贴。

（四）伤残程度被评为五级和六级且企业难以安排工作的，按月发给相当于本人工资百分之七十的伤残抚恤金。

（五）伤残程度被评为七至十级，职工本人愿意自谋职业并经企业同意的，或者劳动合同期满终止合同后本人另行择业的，可以发给一次性伤残就业补助金，具体标准由省、自治区、直辖市劳动行政部门根据实际情况确定。

**第二十五条** 职工因工死亡，应按照以下规定发给丧葬补助金、供养亲属抚恤金、一次性工亡补助金：

（一）丧葬补助金按省、自治区、直辖市上年度职工平均工资六个月的标准发给。

（二）供养亲属抚恤金发给由死者生前提供主要生活来源的死者的亲属。其标准为：配偶每月按本省、自治区、直辖市上年度职工月平均工资的百分之四十发给，其他供养亲属每人每月按百分之三十发给，孤寡老人或者孤儿每人每月在上述标准的基础上加发百分之十。抚恤金总额不得超过死者本人工资。供养亲属的范围和条件按照现行的有关规定执行，供养亲属失去供养条件时不再享受该项抚恤金。

（三）一次性工亡补助金，标准为本省、自治区、直辖市上年度职工平均工资四十八个月至六十个月的金额，具体标准由各省、自治区、直辖市确定。符合第二十二条规定享受伤残抚恤金期间死亡的，一次性工亡补助金按全额标准的百分之五十发给。

**第二十六条** 工伤伤残抚恤金和供养亲属抚恤金，由省、自治区、直辖市根据上年度职工平均工资增长的一定比例每年调整一次。

**第二十七条** 领取伤残抚恤金的职工和因工死亡职工遗属，本人自愿一次性领取待遇的，可以一次性计发有关待遇并终止工伤保险关系，具体计发办法由各省、自治区、直辖市劳动行政部门规定。

**第二十八条** 由于交通事故引起的工伤，应当首先按照《道路交通事故处理办法》及有关规定处理。工伤保险待遇按照以下规定执行：

（一）交通事故赔偿已给付了医疗费、丧葬费、护理费、残疾用具费、误工工资的，企业或者工伤保险经办机构不再支付相应待遇（交通事故赔偿的误工工资相当于工伤津贴）。企业或者工伤保险经办机构先期垫付有关费用的，职工或其亲属获得交通事故赔偿后应当予以偿还。

（二）交通事故赔偿给付的死亡补偿费或者残疾生活补助费，已由伤亡职工或亲属领取的，工伤保险的一次性工亡补助金或者一次性伤残补助金不再发给。但交通事故赔偿给付的死亡补偿费或者残疾生活补助费低于工伤保险的一次性工亡补助金或者一次性伤残补助金的，由企业或者工伤保险经办机构补足差额部分。

（三）职工因交通事故死亡或者致残的，除按照本条（一）、（二）项处理有关待遇外，其他工伤保险待遇按照本办法的规定执行。

（四）由于交通肇事者逃逸或其他原因，受伤害职工不能获得交通事故赔偿的，企业或者工伤保险经办机构按照本办法给予工伤保险待遇。

（五）企业或者工伤保险经办机构应当帮助职工向肇事者索赔，获得赔偿前可垫付有关医疗、津贴等费用。

**第二十九条**　职工因公外出期间因意外事故失踪的，从事故发生的下个月起三个月内，本人工资照发，从第四个月起停发工资，对失踪职工的供养亲属按月发给供养亲属抚恤金。生活有困难的，可以预支一次性工亡补助金的百分之五十。人民法院宣告死亡的，发给丧葬补助金和其余待遇。

当失踪人重新出现并经法院撤销死亡结论的，已领取的工伤待遇应当退回。

**第三十条**　出国、出境人员的劳动关系在国内并参加工伤保险的，在境外负伤、致残或者死亡时，应当由境外有关方面承担伤害赔偿责任的，我国有关单位应当向外方索取伤害赔偿。外方给付的赔偿金应归当事人或者其亲属所有，但需偿还有关单位垫付的费用。

对于获得境外伤害赔偿的，国内工伤保险的一次性工亡补助金或者一次性伤残补助金不再发给，有关单位或者国内工伤保险经办机构可以按照本办法发给其他待遇。

境外伤害赔偿金低于国内工伤保险一次性工亡补助金或者一次性伤残补助金的，由有关单位或者国内工伤保险经办机构补足差额部分。

出国、出境人员应当由我方承担伤害赔偿责任的，按照本办法执行。

参加国内工伤保险的单位外派劳务或者到外国承包工程的，应当到劳动部办理有关证明。

**第三十一条**　享受伤残抚恤金或者供养亲属抚恤金的人员到境外定居后，可以凭生存证明继续领取抚恤金，也可以按照第二十七条的规定一次性领取有关待遇，并同时终止工伤保险关系。生存证明应每年向支付抚恤金的工伤保险经办机构提供一次。

**第三十二条**　享受工伤保险待遇的人员，在执行劳动教养期间或者犯罪服刑期间，其工伤保险待遇可以发给。

## 第五章　工伤保险基金

**第三十三条**　本办法规定的工伤医疗费、护理费、伤残抚恤金、一次性伤残补助金、残疾辅助器具费、丧葬补助金、供养亲属抚恤金、一次性工亡补助金，由工伤保险基金支付，其他费用暂按原渠道支付。

**第三十四条**　工伤保险基金按以支定收、收支基本平衡的原则统一筹集，存入银行开设的工伤保险基金专户，专款专用，任何单位和个人不得挪用或挤占。

工伤保险基金应当留有一定的风险储备金，不足时由同级政府临时垫支。

**第三十五条** 工伤保险基金由下列项目构成：

（一）企业缴纳的工伤保险费。

（二）工伤保险费滞纳金。

（三）工伤保险基金的利息。

（四）法律、法规规定的其他资金。

**第三十六条** 工伤保险费由企业按照职工工资总额的一定比例缴纳，职工个人不缴纳工伤保险费。

企业缴纳的工伤保险费按照国家规定的渠道列支。企业的开户银行按规定代为扣缴。

**第三十七条** 工伤保险费根据各行业的伤亡事故风险和职业危害程度的类别实行差别费率。

行业工伤风险分类和差别费率标准，由当地劳动行政部门根据死亡事故和职业病的统计及统筹费用进行测算，征求企业主管部门的意见后提出办法，经同级人民政府批准执行。

工伤保险行业差别费率每五年调整一次。

**第三十八条** 劳动行政部门对企业上一年度安全卫生状况和工伤保险费用支出情况进行评估，适当调整企业下一年度工伤保险费率，实行浮动费率。评估时不得向企业收费。

企业发生工伤和职业病及使用工伤保险基金超过控制指标的，应当在行业标准费率的基础上提高费率；低于控制指标的，应当降低费率。控制指标由地（市）级劳动行政部门提出意见经当地人民政府批准后执行。

企业工伤保险费率的调整幅度为本行业标准费率的百分之五至百分之四十。

**第三十九条** 工伤保险基金按下列项目支出：

（一）统筹项目支付的待遇。

（二）事故预防费。

（三）职业康复费用。

（四）安全奖励金。

（五）宣传和科研费。

（六）工伤保险经办机构管理费。

（七）劳动鉴定委员会办公经费。

以上各项费用支出占工伤保险基金的比例及工伤保险经办机构管理费的支出项目应当报请当地人民政府批准。

**第四十条** 工伤保险基金的征集、管理、支付等办法由当地劳动行政部门会同财政部门拟定，报请同级人民政府批准后执行。

## 第六章 工伤预防和职业康复

**第四十一条** 工伤保险经办机构应当配合劳动行政部门督促企业贯彻落实国家的职业

安全卫生法律法规和标准，采取宣传、教育、检查和奖惩等措施，并支持工伤和职业病预防的科学研究工作，促进企业改善劳动条件，加强安全生产管理，教育职工严格遵守劳动安全卫生操作规程，减少伤亡事故和职业病的发生。

对于当年未发生工伤事故和职业病，或者其发生率低于本行业平均水平的企业，工伤保险经办机构可以从该企业当年缴纳的工伤保险费用中返还百分之五至百分之二十给企业，用于安全生产宣传和职工安全生产教育培训工作，奖励对安全生产工作做出贡献的单位和个人，适当补偿企业为降低事故和职业病而先期投入安全生产设施、设备建设中的部分资金不足。具体办法由各地区规定。

**第四十二条**　有条件的地区应当通过工伤保险基金提留、民间赞助等方式筹集资金，逐步兴办工伤职业康复事业，帮助工伤残疾人员恢复或者补偿功能。发展职业康复事业应当利用现有条件，可以与有关医院、疗养院联合举办，也可以建立工伤康复中心。

**第四十三条**　对具有一定劳动能力并需要通过专门培训恢复或者提高劳动能力的工伤残疾人，劳动行政部门及企业应当积极组织专门培训，所需费用可以在工伤保险基金的职业康复费用中支付。

## 第七章　管理与监督检查

**第四十四条**　工伤保险实行属地管理，以中心城市或者地级市为主实行工伤保险费用社会统筹。

工伤保险经办机构应当建立、健全各项工作制度，并履行以下主要职责：

（一）收缴和管理工伤保险基金，支付工伤保险待遇。

（二）协助劳动行政部门对工伤保险申请进行调查取证，确定工伤补偿。

（三）与有关医院和医疗机构建立医疗合同，管理工伤医疗和职业康复事业。

（四）进行工伤保险统计。

（五）支持和配合劳动行政部门进行劳动安全卫生法规的监督检查。

（六）开展工伤保险和工伤预防的宣传、教育和咨询。

（七）承担劳动行政部门委托的其他事项。

**第四十五条**　工伤职工应当到工伤医疗合同医院进行治疗，紧急时可以到就近医院或者医疗机构救治。

工伤职工需要转院治疗或者到外地就医的，由工伤合同医院提出意见，并须经工伤保险经办机构批准。

**第四十六条**　职工因工死亡，其丧葬事宜的办理应当执行国家有关规定。

**第四十七条**　工伤保险经办机构应当接受省级、地（市）级社会保险基金监督委员会的监督。

## 第八章　企业和职工责任

**第四十八条**　企业实行租赁、兼并、转让、分立时，继续经营者必须承担原企业职工的工伤保险责任，并到当地劳动行政部门办理工伤保险登记。

建设工程由若干企业承包或者企业实行内、外部经营承包时，工伤保险责任由职工的劳动关系所在企业负责。

职工被借调或者聘用期间发生工伤事故的，由借调或者聘用单位承担工伤保险责任。

**第四十九条**　企业必须落实工伤医疗抢救措施，确保工伤职工得到及时救治，并做好工伤预防、病伤职工管理和伤残鉴定申报工作。没有条件设立医务室的企业，应当请当地劳动鉴定委员会推荐医生兼职管理。

**第五十条**　企业必须如实申报工资总额和职工人数，及时报告工伤和职业病情况，不得瞒报、虚报。劳动行政部门和工伤保险经办机构人员调查了解工伤保险情况时，企业应当给予配合和协助。

**第五十一条**　对从事有职业危害作业的职工，劳动关系终止、解除时或者转换工作单位时，应当进行职业性健康检查。发现患有职业病的，由原工作单位负责工伤保险的处理工作；在新单位发现患有职业病的，由新单位负责工伤保险的处理工作。

**第五十二条**　职工应当接受劳动安全卫生教育和培训，服从企业安全生产管理人员的指导，严格遵守安全操作规程。

**第五十三条**　工伤职工或者其亲属申请工伤待遇时，应当如实反映事故发生的时间、地点、主要经过、现场证人和本人工资收入、家庭成员等情况。

劳动行政部门和工伤保险经办机构调查了解工伤情况时，有关职工、当事人或者亲属应当予以配合，如实提供情况。

**第五十四条**　工伤职工经过劳动鉴定确认完全恢复或者部分恢复劳动能力可以工作的，应当服从企业的工作安排。

## 第九章　争 议 处 理

**第五十五条**　工伤职工及其亲属，在申报工伤和处理工伤保险待遇时与用人单位发生争议的，按照劳动争议处理的有关规定办理。

**第五十六条**　工伤职工及其亲属或者企业，对劳动行政部门作出的工伤认定和工伤保险经办机构的待遇支付决定不服的，按照行政复议和行政诉讼的有关法律、法规办理。

**第五十七条**　职工对劳动鉴定委员会作出伤残等级鉴定结论不服的，可以向当地劳动鉴定委员会办公室申请复查；对复查鉴定结论不服的，可以向上一级劳动鉴定委员会申请重新鉴定。

复查鉴定最终结论由省级劳动鉴定机构作出，复查鉴定程序由各省、自治区、直辖市劳动鉴定委员会规定。

## 第十章　附　　则

**第五十八条**　本办法所称职工本人工资，是指职工因工负伤或者死亡前十二个月的月平均工资收入。计发工伤保险待遇时，本人工资收入低于当地职工平均工资百分之七十五的，以当地职工平均工资百分之七十五为计发基数；高于当地职工平均工资百分之三百以上的，以当地职工平均工资百分之三百为计发基数。

**第五十九条**　本办法所称职业病，其范围、名称按照《职业病范围和职业病患者处理办法的规定》和所附的“职业病名单”执行，职业病的诊断按照《职业病诊断管理办法》及有关规定执行。

**第六十条**　本办法所称因工死亡，是指因工伤事故或者职业中毒直接导致死亡、工伤或者职业病医疗期间死亡、工伤旧伤复发或者职业病旧病复发死亡，以及按照本办法第二十二条规定享受伤残抚恤金期间死亡。

**第六十一条**　到参加工伤保险的企业实习的大中专院校、技工学校、职业高中学生发生伤亡事故的，可以参照本办法的有关待遇标准，由当地工伤保险经办机构发给一次性待遇。工伤保险经办机构不向有关学校和企业收取保险费用。

城镇个体经济组织中的劳动者的工伤保险，由省、自治区、直辖市参照本办法的有关规定制定办法。

**第六十二条**　省、自治区、直辖市人民政府劳动行政部门可以根据本办法并结合本地区实际情况制定实施办法，并报劳动部备案。

**第六十三条**　本办法自一九九六年十月一日起试行。

# 134　工伤保险条例（2004年版）

2003年4月16日国务院第5次常务会议讨论通过，
2003年4月27日中华人民共和国国务院令第375号公布，
自2004年1月1日起施行。

## 目　　录

第一章　总则/646
第二章　工伤保险基金/646
第三章　工伤认定/647
第四章　劳动能力鉴定/649

第五章　工伤保险待遇/650
第六章　监督管理/652
第七章　法律责任/653
第八章　附则/654

## 第一章　总　　则

**第一条**　为了保障因工作遭受事故伤害或者患职业病的职工获得医疗救治和经济补偿，促进工伤预防和职业康复，分散用人单位的工伤风险，制定本条例。

**第二条**　中华人民共和国境内的各类企业、有雇工的个体工商户（以下称用人单位）应当依照本条例规定参加工伤保险，为本单位全部职工或者雇工（以下称职工）缴纳工伤保险费。

中华人民共和国境内的各类企业的职工和个体工商户的雇工，均有依照本条例的规定享受工伤保险待遇的权利。

有雇工的个体工商户参加工伤保险的具体步骤和实施办法，由省、自治区、直辖市人民政府规定。

**第三条**　工伤保险费的征缴按照《社会保险费征缴暂行条例》关于基本养老保险费、基本医疗保险费、失业保险费的征缴规定执行。

**第四条**　用人单位应当将参加工伤保险的有关情况在本单位内公示。

用人单位和职工应当遵守有关安全生产和职业病防治的法律法规，执行安全卫生规程和标准，预防工伤事故发生，避免和减少职业病危害。

职工发生工伤时，用人单位应当采取措施使工伤职工得到及时救治。

**第五条**　国务院劳动保障行政部门负责全国的工伤保险工作。

县级以上地方各级人民政府劳动保障行政部门负责本行政区域内的工伤保险工作。

劳动保障行政部门按照国务院有关规定设立的社会保险经办机构（以下称经办机构）具体承办工伤保险事务。

**第六条**　劳动保障行政部门等部门制定工伤保险的政策、标准，应当征求工会组织、用人单位代表的意见。

## 第二章　工伤保险基金

**第七条**　工伤保险基金由用人单位缴纳的工伤保险费、工伤保险基金的利息和依法纳入工伤保险基金的其他资金构成。

**第八条**　工伤保险费根据以支定收、收支平衡的原则，确定费率。

国家根据不同行业的工伤风险程度确定行业的差别费率，并根据工伤保险费使用、工伤发生率等情况在每个行业内确定若干费率档次。行业差别费率及行业内费率档次由国务院劳动保障行政部门会同国务院财政部门、卫生行政部门、安全生产监督管理部门制定，报国务院批准后公布施行。

统筹地区经办机构根据用人单位工伤保险费使用、工伤发生率等情况，适用所属行业内相应的费率档次确定单位缴费费率。

**第九条**　国务院劳动保障行政部门应当定期了解全国各统筹地区工伤保险基金收支情况，及时会同国务院财政部门、卫生行政部门、安全生产监督管理部门提出调整行业差别费率及行业内费率档次的方案，报国务院批准后公布施行。

**第十条**　用人单位应当按时缴纳工伤保险费。职工个人不缴纳工伤保险费。

用人单位缴纳工伤保险费的数额为本单位职工工资总额乘以单位缴费费率之积。

**第十一条**　工伤保险基金在直辖市和设区的市实行全市统筹，其他地区的统筹层次由省、自治区人民政府确定。

跨地区、生产流动性较大的行业，可以采取相对集中的方式异地参加统筹地区的工伤保险。具体办法由国务院劳动保障行政部门会同有关行业的主管部门制定。

**第十二条**　工伤保险基金存入社会保障基金财政专户，用于本条例规定的工伤保险待遇、劳动能力鉴定以及法律、法规规定的用于工伤保险的其他费用的支付。任何单位或者个人不得将工伤保险基金用于投资运营、兴建或者改建办公场所、发放奖金，或者挪作其他用途。

**第十三条**　工伤保险基金应当留有一定比例的储备金，用于统筹地区重大事故的工伤保险待遇支付；储备金不足支付的，由统筹地区的人民政府垫付。储备金占基金总额的具体比例和储备金的使用办法，由省、自治区、直辖市人民政府规定。

## 第三章　工伤认定

**第十四条**　职工有下列情形之一的，应当认定为工伤：

（一）在工作时间和工作场所内，因工作原因受到事故伤害的。

（二）工作时间前后在工作场所内，从事与工作有关的预备性或者收尾性工作受到事故伤害的。

（三）在工作时间和工作场所内，因履行工作职责受到暴力等意外伤害的。

（四）患职业病的。

（五）因工外出期间，由于工作原因受到伤害或者发生事故下落不明的。

（六）在上下班途中，受到机动车事故伤害的。

（七）法律、行政法规规定应当认定为工伤的其他情形。

**第十五条**　职工有下列情形之一的，视同工伤：

（一）在工作时间和工作岗位，突发疾病死亡或者在48小时之内经抢救无效死亡的。

（二）在抢险救灾等维护国家利益、公共利益活动中受到伤害的。

（三）职工原在军队服役，因战、因公负伤致残，已取得革命伤残军人证，到用人单位后旧伤复发的。

职工有前款第（一）项、第（二）项情形的，按照本条例的有关规定享受工伤保险待遇；职工有前款第（三）项情形的，按照本条例的有关规定享受除一次性伤残补助金以外的工伤保险待遇。

**第十六条** 职工有下列情形之一的，不得认定为工伤或者视同工伤：

（一）因犯罪或者违反治安管理伤亡的。

（二）醉酒导致伤亡的。

（三）自残或者自杀的。

**第十七条** 职工发生事故伤害或者按照职业病防治法规定被诊断、鉴定为职业病，所在单位应当自事故伤害发生之日或者被诊断、鉴定为职业病之日起30日内，向统筹地区劳动保障行政部门提出工伤认定申请。遇有特殊情况，经报劳动保障行政部门同意，申请时限可以适当延长。

用人单位未按前款规定提出工伤认定申请的，工伤职工或者其直系亲属、工会组织在事故伤害发生之日或者被诊断、鉴定为职业病之日起1年内，可以直接向用人单位所在地统筹地区劳动保障行政部门提出工伤认定申请。

按照本条第一款规定应当由省级劳动保障行政部门进行工伤认定的事项，根据属地原则由用人单位所在地的设区的市级劳动保障行政部门办理。

用人单位未在本条第一款规定的时限内提交工伤认定申请，在此期间发生符合本条例规定的工伤待遇等有关费用由该用人单位负担。

**第十八条** 提出工伤认定申请应当提交下列材料：

（一）工伤认定申请表。

（二）与用人单位存在劳动关系（包括事实劳动关系）的证明材料。

（三）医疗诊断证明或者职业病诊断证明书（或者职业病诊断鉴定书）。

工伤认定申请表应当包括事故发生的时间、地点、原因以及职工伤害程度等基本情况。

工伤认定申请人提供材料不完整的，劳动保障行政部门应当一次性书面告知工伤认定申请人需要补正的全部材料。申请人按照书面告知要求补正材料后，劳动保障行政部门应当受理。

**第十九条** 劳动保障行政部门受理工伤认定申请后，根据审核需要可以对事故伤害进行调查核实，用人单位、职工、工会组织、医疗机构以及有关部门应当予以协助。职业病诊断和诊断争议的鉴定，依照职业病防治法的有关规定执行。对依法取得职业病诊断证明书或者职业病诊断鉴定书的，劳动保障行政部门不再进行调查核实。

职工或者其直系亲属认为是工伤，用人单位不认为是工伤的，由用人单位承担举证责任。

**第二十条** 劳动保障行政部门应当自受理工伤认定申请之日起60日内作出工伤认定的决定，并书面通知申请工伤认定的职工或者其直系亲属和该职工所在单位。

劳动保障行政部门工作人员与工伤认定申请人有利害关系的，应当回避。

## 第四章 劳动能力鉴定

**第二十一条** 职工发生工伤，经治疗伤情相对稳定后存在残疾、影响劳动能力的，应当进行劳动能力鉴定。

**第二十二条** 劳动能力鉴定是指劳动功能障碍程度和生活自理障碍程度的等级鉴定。

劳动功能障碍分为十个伤残等级，最重的为一级，最轻的为十级。

生活自理障碍分为三个等级：生活完全不能自理、生活大部分不能自理和生活部分不能自理。

劳动能力鉴定标准由国务院劳动保障行政部门会同国务院卫生行政部门等部门制定。

**第二十三条** 劳动能力鉴定由用人单位、工伤职工或者其直系亲属向设区的市级劳动能力鉴定委员会提出申请，并提供工伤认定决定和职工工伤医疗的有关资料。

**第二十四条** 省、自治区、直辖市劳动能力鉴定委员会和设区的市级劳动能力鉴定委员会分别由省、自治区、直辖市和设区的市级劳动保障行政部门、人事行政部门、卫生行政部门、工会组织、经办机构代表以及用人单位代表组成。

劳动能力鉴定委员会建立医疗卫生专家库。列入专家库的医疗卫生专业技术人员应当具备下列条件：

（一）具有医疗卫生高级专业技术职务任职资格。

（二）掌握劳动能力鉴定的相关知识。

（三）具有良好的职业品德。

**第二十五条** 设区的市级劳动能力鉴定委员会收到劳动能力鉴定申请后，应当从其建立的医疗卫生专家库中随机抽取3名或者5名相关专家组成专家组，由专家组提出鉴定意见。设区的市级劳动能力鉴定委员会根据专家组的鉴定意见作出工伤职工劳动能力鉴定结论；必要时，可以委托具备资格的医疗机构协助进行有关的诊断。

设区的市级劳动能力鉴定委员会应当自收到劳动能力鉴定申请之日起60日内作出劳动能力鉴定结论，必要时，作出劳动能力鉴定结论的期限可以延长30日。劳动能力鉴定结论应当及时送达申请鉴定的单位和个人。

**第二十六条** 申请鉴定的单位或者个人对设区的市级劳动能力鉴定委员会作出的鉴定结论不服的，可以在收到该鉴定结论之日起15日内向省、自治区、直辖市劳动能力鉴定委员会提出再次鉴定申请。省、自治区、直辖市劳动能力鉴定委员会作出的劳动能力鉴定结论为最终结论。

**第二十七条** 劳动能力鉴定工作应当客观、公正。劳动能力鉴定委员会组成人员或者参加鉴定的专家与当事人有利害关系的，应当回避。

**第二十八条** 自劳动能力鉴定结论作出之日起1年后，工伤职工或者其直系亲属、所在单位或者经办机构认为伤残情况发生变化的，可以申请劳动能力复查鉴定。

## 第五章 工伤保险待遇

**第二十九条** 职工因工作遭受事故伤害或者患职业病进行治疗，享受工伤医疗待遇。

职工治疗工伤应当在签订服务协议的医疗机构就医，情况紧急时可以先到就近的医疗机构急救。

治疗工伤所需费用符合工伤保险诊疗项目目录、工伤保险药品目录、工伤保险住院服务标准的，从工伤保险基金支付。工伤保险诊疗项目目录、工伤保险药品目录、工伤保险住院服务标准，由国务院劳动保障行政部门会同国务院卫生行政部门、药品监督管理部门等部门规定。

职工住院治疗工伤的，由所在单位按照本单位因公出差伙食补助标准的70%发给住院伙食补助费；经医疗机构出具证明，报经办机构同意，工伤职工到统筹地区以外就医的，所需交通、食宿费用由所在单位按照本单位职工因公出差标准报销。

工伤职工治疗非工伤引发的疾病，不享受工伤医疗待遇，按照基本医疗保险办法处理。

工伤职工到签订服务协议的医疗机构进行康复性治疗的费用，符合本条第三款规定的，从工伤保险基金支付。

**第三十条** 工伤职工因日常生活或者就业需要，经劳动能力鉴定委员会确认，可以安装假肢、矫形器、假眼、假牙和配置轮椅等辅助器具，所需费用按照国家规定的标准从工伤保险基金支付。

**第三十一条** 职工因工作遭受事故伤害或者患职业病需要暂停工作接受工伤医疗的，在停工留薪期内，原工资福利待遇不变，由所在单位按月支付。

停工留薪期一般不超过12个月。伤情严重或者情况特殊，经设区的市级劳动能力鉴定委员会确认，可以适当延长，但延长不得超过12个月。工伤职工评定伤残等级后，停发原待遇，按照本章的有关规定享受伤残待遇。工伤职工在停工留薪期满后仍需治疗的，继续享受工伤医疗待遇。

生活不能自理的工伤职工在停工留薪期需要护理的，由所在单位负责。

**第三十二条** 工伤职工已经评定伤残等级并经劳动能力鉴定委员会确认需要生活护理的，从工伤保险基金按月支付生活护理费。

生活护理费按照生活完全不能自理、生活大部分不能自理或者生活部分不能自理3个不同等级支付，其标准分别为统筹地区上年度职工月平均工资的50%、40%或者30%。

**第三十三条** 职工因工致残被鉴定为一级至四级伤残的，保留劳动关系，退出工作岗位，享受以下待遇：

（一）从工伤保险基金按伤残等级支付一次性伤残补助金，标准为：一级伤残为24个月的本人工资，二级伤残为22个月的本人工资，三级伤残为20个月的本人工资，四级伤残为18个月的本人工资。

（二）从工伤保险基金按月支付伤残津贴，标准为：一级伤残为本人工资的90%，二级伤残为本人工资的85%，三级伤残为本人工资的80%，四级伤残为本人工资的75%。伤残津贴实际金额低于当地最低工资标准的，由工伤保险基金补足差额。

（三）工伤职工达到退休年龄并办理退休手续后，停发伤残津贴，享受基本养老保险待遇。基本养老保险待遇低于伤残津贴的，由工伤保险基金补足差额。

职工因工致残被鉴定为一级至四级伤残的，由用人单位和职工个人以伤残津贴为基数，缴纳基本医疗保险费。

**第三十四条**　职工因工致残被鉴定为五级、六级伤残的，享受以下待遇：

（一）从工伤保险基金按伤残等级支付一次性伤残补助金，标准为：五级伤残为16个月的本人工资，六级伤残为14个月的本人工资。

（二）保留与用人单位的劳动关系，由用人单位安排适当工作。难以安排工作的，由用人单位按月发给伤残津贴，标准为：五级伤残为本人工资的70%，六级伤残为本人工资的60%，并由用人单位按照规定为其缴纳应缴纳的各项社会保险费。伤残津贴实际金额低于当地最低工资标准的，由用人单位补足差额。

经工伤职工本人提出，该职工可以与用人单位解除或者终止劳动关系，由用人单位支付一次性工伤医疗补助金和伤残就业补助金。具体标准由省、自治区、直辖市人民政府规定。

**第三十五条**　职工因工致残被鉴定为七级至十级伤残的，享受以下待遇：

（一）从工伤保险基金按伤残等级支付一次性伤残补助金，标准为：七级伤残为12个月的本人工资，八级伤残为10个月的本人工资，九级伤残为8个月的本人工资，十级伤残为6个月的本人工资。

（二）劳动合同期满终止，或者职工本人提出解除劳动合同的，由用人单位支付一次性工伤医疗补助金和伤残就业补助金。具体标准由省、自治区、直辖市人民政府规定。

**第三十六条**　工伤职工工伤复发，确认需要治疗的，享受本条例第二十九条、第三十条和第三十一条规定的工伤待遇。

**第三十七条**　职工因工死亡，其直系亲属按照下列规定从工伤保险基金领取丧葬补助金、供养亲属抚恤金和一次性工亡补助金：

（一）丧葬补助金为6个月的统筹地区上年度职工月平均工资。

（二）供养亲属抚恤金按照职工本人工资的一定比例发给由因工死亡职工生前提供主要生活来源、无劳动能力的亲属。标准为：配偶每月40%，其他亲属每人每月30%，孤寡老人或者孤儿每人每月在上述标准的基础上增加10%。核定的各供养亲属的抚恤金之和不应高于因工死亡职工生前的工资。供养亲属的具体范围由国务院劳动保障行政部门规定。

（三）一次性工亡补助金标准为48个月至60个月的统筹地区上年度职工月平均工资。具体标准由统筹地区的人民政府根据当地经济、社会发展状况规定，报省、自治区、直辖市人民政府备案。

伤残职工在停工留薪期内因工伤导致死亡的，其直系亲属享受本条第一款规定的待遇。

一级至四级伤残职工在停工留薪期满后死亡的，其直系亲属可以享受本条第一款第（一）项、第（二）项规定的待遇。

**第三十八条**　伤残津贴、供养亲属抚恤金、生活护理费由统筹地区劳动保障行政部门根据职工平均工资和生活费用变化等情况适时调整。调整办法由省、自治区、直辖市人民政府规定。

**第三十九条** 职工因工外出期间发生事故或者在抢险救灾中下落不明的，从事故发生当月起 3 个月内照发工资，从第 4 个月起停发工资，由工伤保险基金向其供养亲属按月支付供养亲属抚恤金。生活有困难的，可以预支一次性工亡补助金的 50%。职工被人民法院宣告死亡的，按照本条例第三十七条职工因工死亡的规定处理。

**第四十条** 工伤职工有下列情形之一的，停止享受工伤保险待遇：

（一）丧失享受待遇条件的。

（二）拒不接受劳动能力鉴定的。

（三）拒绝治疗的。

（四）被判刑正在收监执行的。

**第四十一条** 用人单位分立、合并、转让的，承继单位应当承担原用人单位的工伤保险责任；原用人单位已经参加工伤保险的，承继单位应当到当地经办机构办理工伤保险变更登记。

用人单位实行承包经营的，工伤保险责任由职工劳动关系所在单位承担。

职工被借调期间受到工伤事故伤害的，由原用人单位承担工伤保险责任，但原用人单位与借调单位可以约定补偿办法。

企业破产的，在破产清算时优先拨付依法应由单位支付的工伤保险待遇费用。

**第四十二条** 职工被派遣出境工作，依据前往国家或者地区的法律应当参加当地工伤保险的，参加当地工伤保险，其国内工伤保险关系中止；不能参加当地工伤保险的，其国内工伤保险关系不中止。

**第四十三条** 职工再次发生工伤，根据规定应当享受伤残津贴的，按照新认定的伤残等级享受伤残津贴待遇。

## 第六章 监督管理

**第四十四条** 经办机构具体承办工伤保险事务，履行下列职责：

（一）根据省、自治区、直辖市人民政府规定，征收工伤保险费。

（二）核查用人单位的工资总额和职工人数，办理工伤保险登记，并负责保存用人单位缴费和职工享受工伤保险待遇情况的记录。

（三）进行工伤保险的调查、统计。

（四）按照规定管理工伤保险基金的支出。

（五）按照规定核定工伤保险待遇。

（六）为工伤职工或者其直系亲属免费提供咨询服务。

**第四十五条** 经办机构与医疗机构、辅助器具配置机构在平等协商的基础上签订服务协议，并公布签订服务协议的医疗机构、辅助器具配置机构的名单。具体办法由国务院劳动保障行政部门分别会同国务院卫生行政部门、民政部门等部门制定。

**第四十六条**　经办机构按照协议和国家有关目录、标准对工伤职工医疗费用、康复费用、辅助器具费用的使用情况进行核查，并按时足额结算费用。

**第四十七条**　经办机构应当定期公布工伤保险基金的收支情况，及时向劳动保障行政部门提出调整费率的建议。

**第四十八条**　劳动保障行政部门、经办机构应当定期听取工伤职工、医疗机构、辅助器具配置机构以及社会各界对改进工伤保险工作的意见。

**第四十九条**　劳动保障行政部门依法对工伤保险费的征缴和工伤保险基金的支付情况进行监督检查。

财政部门和审计机关依法对工伤保险基金的收支、管理情况进行监督。

**第五十条**　任何组织和个人对有关工伤保险的违法行为，有权举报。劳动保障行政部门对举报应当及时调查，按照规定处理，并为举报人保密。

**第五十一条**　工会组织依法维护工伤职工的合法权益，对用人单位的工伤保险工作实行监督。

**第五十二条**　职工与用人单位发生工伤待遇方面的争议，按照处理劳动争议的有关规定处理。

**第五十三条**　有下列情形之一的，有关单位和个人可以依法申请行政复议；对复议决定不服的，可以依法提起行政诉讼：

（一）申请工伤认定的职工或者其直系亲属、该职工所在单位对工伤认定结论不服的。

（二）用人单位对经办机构确定的单位缴费费率不服的。

（三）签订服务协议的医疗机构、辅助器具配置机构认为经办机构未履行有关协议或者规定的。

（四）工伤职工或者其直系亲属对经办机构核定的工伤保险待遇有异议的。

## 第七章　法律责任

**第五十四条**　单位或者个人违反本条例第十二条规定挪用工伤保险基金，构成犯罪的，依法追究刑事责任；尚不构成犯罪的，依法给予行政处分或者纪律处分。被挪用的基金由劳动保障行政部门追回，并入工伤保险基金；没收的违法所得依法上缴国库。

**第五十五条**　劳动保障行政部门工作人员有下列情形之一的，依法给予行政处分；情节严重，构成犯罪的，依法追究刑事责任：

（一）无正当理由不受理工伤认定申请，或者弄虚作假将不符合工伤条件的人员认定为工伤职工的。

（二）未妥善保管申请工伤认定的证据材料，致使有关证据灭失的。

（三）收受当事人财物的。

**第五十六条**　经办机构有下列行为之一的，由劳动保障行政部门责令改正，对直接负责的主管人员和其他责任人员依法给予纪律处分；情节严重，构成犯罪的，依法追究刑事责任；造成当事人经济损失的，由经办机构依法承担赔偿责任：

（一）未按规定保存用人单位缴费和职工享受工伤保险待遇情况记录的。

（二）不按规定核定工伤保险待遇的。

（三）收受当事人财物的。

**第五十七条** 医疗机构、辅助器具配置机构不按服务协议提供服务的，经办机构可以解除服务协议。

经办机构不按时足额结算费用的，由劳动保障行政部门责令改正；医疗机构、辅助器具配置机构可以解除服务协议。

**第五十八条** 用人单位瞒报工资总额或者职工人数的，由劳动保障行政部门责令改正，并处瞒报工资数额1倍以上3倍以下的罚款。

用人单位、工伤职工或者其直系亲属骗取工伤保险待遇，医疗机构、辅助器具配置机构骗取工伤保险基金支出的，由劳动保障行政部门责令退还，并处骗取金额1倍以上3倍以下的罚款；情节严重，构成犯罪的，依法追究刑事责任。

**第五十九条** 从事劳动能力鉴定的组织或者个人有下列情形之一的，由劳动保障行政部门责令改正，并处2 000元以上1万元以下的罚款；情节严重，构成犯罪的，依法追究刑事责任：

（一）提供虚假鉴定意见的。

（二）提供虚假诊断证明的。

（三）收受当事人财物的。

**第六十条** 用人单位依照本条例规定应当参加工伤保险而未参加的，由劳动保障行政部门责令改正；未参加工伤保险期间用人单位职工发生工伤的，由该用人单位按照本条例规定的工伤保险待遇项目和标准支付费用。

## 第八章 附 则

**第六十一条** 本条例所称职工，是指与用人单位存在劳动关系（包括事实劳动关系）的各种用工形式、各种用工期限的劳动者。

本条例所称工资总额，是指用人单位直接支付给本单位全部职工的劳动报酬总额。

本条例所称本人工资，是指工伤职工因工作遭受事故伤害或者患职业病前12个月平均月缴费工资。本人工资高于统筹地区职工平均工资300%的，按照统筹地区职工平均工资的300%计算；本人工资低于统筹地区职工平均工资60%的，按照统筹地区职工平均工资的60%计算。

**第六十二条** 国家机关和依照或者参照国家公务员制度进行人事管理的事业单位、社会团体的工作人员因工作遭受事故伤害或者患职业病的，由所在单位支付费用。具体办法由国务院劳动保障行政部门会同国务院人事行政部门、财政部门规定。

其他事业单位、社会团体以及各类民办非企业单位的工伤保险等办法，由国务院劳动保障行政部门会同国务院人事行政部门、民政部门、财政部门等部门参照本条例另行规定，报国务院批准后施行。

**第六十三条**　无营业执照或者未经依法登记、备案的单位以及被依法吊销营业执照或者撤销登记、备案的单位的职工受到事故伤害或者患职业病的，由该单位向伤残职工或者死亡职工的直系亲属给予一次性赔偿，赔偿标准不得低于本条例规定的工伤保险待遇；用人单位不得使用童工，用人单位使用童工造成童工伤残、死亡的，由该单位向童工或者童工的直系亲属给予一次性赔偿，赔偿标准不得低于本条例规定的工伤保险待遇。具体办法由国务院劳动保障行政部门规定。

前款规定的伤残职工或者死亡职工的直系亲属就赔偿数额与单位发生争议的，以及前款规定的童工或者童工的直系亲属就赔偿数额与单位发生争议的，按照处理劳动争议的有关规定处理。

**第六十四条**　本条例自2004年1月1日起施行。本条例施行前已受到事故伤害或者患职业病的职工尚未完成工伤认定的，按照本条例的规定执行。

## 135　关于工伤保险费率问题的通知

劳社部发〔2003〕29号

各省、自治区、直辖市劳动和社会保障厅（局）、财政厅（局）、卫生厅（局）、安全生产监督管理部门：

为贯彻实施《工伤保险条例》，合理确定工伤保险费率，促进工伤预防，实现工伤保险费用社会共济，经国务院批准，现就工伤保险费率问题通知如下：

**一、关于行业划分**

根据不同行业的工伤风险程度，参照《国民经济行业分类》（GB/T 4754—2002），将行业划分为三个类别：一类为风险较小行业，二类为中等风险行业，三类为风险较大行业。三类行业分别实行三种不同的工伤保险缴费率。统筹地区社会保险经办机构要根据用人单位的工商登记和主要经营生产业务等情况，分别确定各用人单位的行业风险类别。行业风险分类见附件。

**二、关于费率确定**

各省、自治区、直辖市工伤保险费平均缴费率原则上要控制在职工工资总额的1.0%左右。在这一总体水平下，各统筹地区三类行业的基准费率要分别控制在用人单位职工工资总额的0.5%左右、1.0%左右、2.0%左右。各统筹地区劳动保障部门要会同财政、卫生、安全监管部门，按照以支定收、收支平衡的原则，根据工伤保险费使用、工伤发生率、职业病危害程度等情况提出分类行业基准费率的具体标准，报统筹地区人民政府批准后实施。基准费率的具体标准可定期调整。

**三、关于费率浮动**

用人单位属一类行业的，按行业基准费率缴费，不实行费率浮动。用人单位属二、三类行业的，费率实行浮动。用人单位的初次缴费费率，按行业基准费率确定，以后由统筹地区社会保险经办机构根据用人单位工伤保险费使用、工伤发生率、职业病危害程度等因素，一至三年浮动一次。在行业基准费率的基础上，可上下各浮动两档：上浮第一档到本行业基准费率的120%，上浮第二档到本行业基准费率的150%，下浮第一档到本行业基准费率的80%，下浮第二档到本行业基准费率的50%。费率浮动的具体办法由各统筹地区劳动保障行政部门会同财政、卫生、安全监管部门制定。

各地要认真做好工伤保险相关数据的测算，合理确定行业基准费率，科学制定费率浮动的具体办法。要加强对工伤保险运行情况的监测，定期分析工伤保险费率对工伤保险制度运行的影响，重大问题及时上报。我们将定期了解工伤保险基金收支等情况，及时提出调整行业差别费率及行业内费率档次的方案，报国务院批准后公布施行。

附件：工伤保险行业风险分类表

劳动保障部　财政部

卫生部　安全监管局

2003年10月29日

附件

## 工伤保险行业风险分类表

| 行业类别 | 行业名称 |
|---|---|
| 一 | 银行业，证券业，保险业，其他金融活动，居民服务业，其他服务业，租赁业，商务服务业，住宿业，餐饮业，批发业，零售业，仓储业，邮政业，电信和其他传输服务业，计算机服务业，软件业，卫生，社会保障业，社会福利业，新闻出版业，广播、电视、电影和音像业，文化艺术业，教育，研究与试验发展，专业技术业，科技交流和推广服务业，城市公共交通业 |
| 二 | 房地产业，体育，娱乐业，水利管理业，环境管理业，公共设施管理业，农副食品加工业，食品制造业，饮料制造业，烟草制品业，纺织业，纺织服装、鞋、帽制造业，皮革、毛皮、羽绒及其制品业，林业，农业，畜牧业，渔业、农、林、牧、渔服务业，木材加工及木、竹、藤、草制品业，家具制造业，造纸及纸制品业，印刷业和记录媒介的复制，文教体育用品制造业，化学纤维制造业，医药制造业，通用机械制造业，专用机械制造业，交通运输设备制造业，电气机械及器材制造业，仪器仪表及文化，办公用机械制造业，非金属矿物制品业，金属制品业，橡胶制品业，塑料制品业，通信设备，计算机及其他电子设备制造业，工艺品及其他制造业，废弃资源和废旧材料回收加工业，电力、热力的生产和供应业，燃气生产和供应业，水的生产和供应业，房屋和土木工程建筑业，建筑安装业，建筑装饰业，其他建筑业，地质勘查业，铁路运输业，道路运输业，水上运输业，航空运输业，管道运输业，装卸搬运和其他运输服务业 |
| 三 | 石油加工，炼焦及核心燃料加工业，化学原料及化学制品制造业，黑色金属冶炼及压延加工业、有色金属冶炼及压延加工业、石油和天然气开采业，黑色金属矿采选业，有色金属矿采选业，非金属矿采选业，煤炭开采和洗选业，其他采矿业 |

# 第二部分　相关法律法规规章文件

# 十一、争议处理

## 136　中华人民共和国行政诉讼法

1989年4月4日第七届全国人民代表大会第二次会议通过，1989年4月4日中华人民共和国主席令第16号公布，1990年10月1日起施行；根据2014年11月1日中华人民共和国第十二届全国人民代表大会常务委员会第十一次会议通过、2014年11月1日中华人民共和国主席令第十五号公布、自2015年5月1日起施行的《全国人民代表大会常务委员会关于修改〈中华人民共和国行政诉讼法〉的决定》第一次修改；根据2017年6月27日中华人民共和国第十二届全国人民代表大会常务委员会第二十八次会议通过、2017年6月27日中华人民共和国主席令第七十一号公布、自2017年7月1日起施行的《全国人民代表大会常务委员会关于修改〈中华人民共和国民事诉讼法〉和〈中华人民共和国行政诉讼法〉的决定》第二次修改。

### 目　录

第一章　总则/662
第二章　受案范围/662
第三章　管辖/663
第四章　诉讼参加人/664
第五章　证据/665
第六章　起诉和受理/666
第七章　审理和判决/668
　第一节　一般规定/668
　第二节　第一审普通程序/669
　第三节　简易程序/671
　第四节　第二审程序/671
　第五节　审判监督程序/672
第八章　执行/673
第九章　涉外行政诉讼/673
第十章　附则/673

## 第一章　总　　则

**第一条**　为保证人民法院公正、及时审理行政案件，解决行政争议，保护公民、法人和其他组织的合法权益，监督行政机关依法行使职权，根据宪法，制定本法。

**第二条**　公民、法人或者其他组织认为行政机关和行政机关工作人员的行政行为侵犯其合法权益，有权依照本法向人民法院提起诉讼。

前款所称行政行为，包括法律、法规、规章授权的组织作出的行政行为。

**第三条**　人民法院应当保障公民、法人和其他组织的起诉权利，对应当受理的行政案件依法受理。

行政机关及其工作人员不得干预、阻碍人民法院受理行政案件。

被诉行政机关负责人应当出庭应诉。不能出庭的，应当委托行政机关相应的工作人员出庭。

**第四条**　人民法院依法对行政案件独立行使审判权，不受行政机关、社会团体和个人的干涉。

人民法院设行政审判庭，审理行政案件。

**第五条**　人民法院审理行政案件，以事实为根据，以法律为准绳。

**第六条**　人民法院审理行政案件，对行政行为是否合法进行审查。

**第七条**　人民法院审理行政案件，依法实行合议、回避、公开审判和两审终审制度。

**第八条**　当事人在行政诉讼中的法律地位平等。

**第九条**　各民族公民都有用本民族语言、文字进行行政诉讼的权利。

在少数民族聚居或者多民族共同居住的地区，人民法院应当用当地民族通用的语言、文字进行审理和发布法律文书。

人民法院应当对不通晓当地民族通用的语言、文字的诉讼参与人提供翻译。

**第十条**　当事人在行政诉讼中有权进行辩论。

**第十一条**　人民检察院有权对行政诉讼实行法律监督。

## 第二章　受案范围

**第十二条**　人民法院受理公民、法人或者其他组织提起的下列诉讼：

（一）对行政拘留、暂扣或者吊销许可证和执照、责令停产停业、没收违法所得、没收非法财物、罚款、警告等行政处罚不服的。

（二）对限制人身自由或者对财产的查封、扣押、冻结等行政强制措施和行政强制执行不服的。

（三）申请行政许可，行政机关拒绝或者在法定期限内不予答复，或者对行政机关作出的有关行政许可的其他决定不服的。

（四）对行政机关作出的关于确认土地、矿藏、水流、森林、山岭、草原、荒地、滩涂、海域等自然资源的所有权或者使用权的决定不服的。

（五）对征收、征用决定及其补偿决定不服的。

（六）申请行政机关履行保护人身权、财产权等合法权益的法定职责，行政机关拒绝履行或者不予答复的。

（七）认为行政机关侵犯其经营自主权或者农村土地承包经营权、农村土地经营权的。

（八）认为行政机关滥用行政权力排除或者限制竞争的。

（九）认为行政机关违法集资、摊派费用或者违法要求履行其他义务的。

（十）认为行政机关没有依法支付抚恤金、最低生活保障待遇或者社会保险待遇的。

（十一）认为行政机关不依法履行、未按照约定履行或者违法变更、解除政府特许经营协议、土地房屋征收补偿协议等协议的。

（十二）认为行政机关侵犯其他人身权、财产权等合法权益的。

除前款规定外，人民法院受理法律、法规规定可以提起诉讼的其他行政案件。

**第十三条**　人民法院不受理公民、法人或者其他组织对下列事项提起的诉讼：

（一）国防、外交等国家行为。

（二）行政法规、规章或者行政机关制定、发布的具有普遍约束力的决定、命令。

（三）行政机关对行政机关工作人员的奖惩、任免等决定。

（四）法律规定由行政机关最终裁决的行政行为。

## 第三章　管　　辖

**第十四条**　基层人民法院管辖第一审行政案件。

**第十五条**　中级人民法院管辖下列第一审行政案件：

（一）对国务院部门或者县级以上地方人民政府所作的行政行为提起诉讼的案件。

（二）海关处理的案件。

（三）本辖区内重大、复杂的案件。

（四）其他法律规定由中级人民法院管辖的案件。

**第十六条**　高级人民法院管辖本辖区内重大、复杂的第一审行政案件。

**第十七条**　最高人民法院管辖全国范围内重大、复杂的第一审行政案件。

**第十八条**　行政案件由最初作出行政行为的行政机关所在地人民法院管辖。经复议的案件，也可以由复议机关所在地人民法院管辖。

经最高人民法院批准，高级人民法院可以根据审判工作的实际情况，确定若干人民法院跨行政区域管辖行政案件。

**第十九条**　对限制人身自由的行政强制措施不服提起的诉讼，由被告所在地或者原告所在地人民法院管辖。

**第二十条**　因不动产提起的行政诉讼，由不动产所在地人民法院管辖。

**第二十一条**　两个以上人民法院都有管辖权的案件，原告可以选择其中一个人民法院提起诉讼。原告向两个以上有管辖权的人民法院提起诉讼的，由最先立案的人民法院管辖。

**第二十二条** 人民法院发现受理的案件不属于本院管辖的，应当移送有管辖权的人民法院，受移送的人民法院应当受理。受移送的人民法院认为受移送的案件按照规定不属于本院管辖的，应当报请上级人民法院指定管辖，不得再自行移送。

**第二十三条** 有管辖权的人民法院由于特殊原因不能行使管辖权的，由上级人民法院指定管辖。

人民法院对管辖权发生争议，由争议双方协商解决。协商不成的，报它们的共同上级人民法院指定管辖。

**第二十四条** 上级人民法院有权审理下级人民法院管辖的第一审行政案件。

下级人民法院对其管辖的第一审行政案件，认为需要由上级人民法院审理或者指定管辖的，可以报请上级人民法院决定。

## 第四章 诉讼参加人

**第二十五条** 行政行为的相对人以及其他与行政行为有利害关系的公民、法人或者其他组织，有权提起诉讼。

有权提起诉讼的公民死亡，其近亲属可以提起诉讼。

有权提起诉讼的法人或者其他组织终止，承受其权利的法人或者其他组织可以提起诉讼。

人民检察院在履行职责中发现生态环境和资源保护、食品药品安全、国有财产保护、国有土地使用权出让等领域负有监督管理职责的行政机关违法行使职权或者不作为，致使国家利益或者社会公共利益受到侵害的，应当向行政机关提出检察建议，督促其依法履行职责。行政机关不依法履行职责的，人民检察院依法向人民法院提起诉讼。

**第二十六条** 公民、法人或者其他组织直接向人民法院提起诉讼的，作出行政行为的行政机关是被告。

经复议的案件，复议机关决定维持原行政行为的，作出原行政行为的行政机关和复议机关是共同被告；复议机关改变原行政行为的，复议机关是被告。

复议机关在法定期限内未作出复议决定，公民、法人或者其他组织起诉原行政行为的，作出原行政行为的行政机关是被告；起诉复议机关不作为的，复议机关是被告。

两个以上行政机关作出同一行政行为的，共同作出行政行为的行政机关是共同被告。

行政机关委托的组织所作的行政行为，委托的行政机关是被告。

行政机关被撤销或者职权变更的，继续行使其职权的行政机关是被告。

**第二十七条** 当事人一方或者双方为二人以上，因同一行政行为发生的行政案件，或者因同类行政行为发生的行政案件、人民法院认为可以合并审理并经当事人同意的，为共同诉讼。

**第二十八条** 当事人一方人数众多的共同诉讼，可以由当事人推选代表人进行诉讼。代表人的诉讼行为对其所代表的当事人发生效力，但代表人变更、放弃诉讼请求或者承认对方当事人的诉讼请求，应当经被代表的当事人同意。

**第二十九条**　公民、法人或者其他组织同被诉行政行为有利害关系但没有提起诉讼，或者同案件处理结果有利害关系的，可以作为第三人申请参加诉讼，或者由人民法院通知参加诉讼。

人民法院判决第三人承担义务或者减损第三人权益的，第三人有权依法提起上诉。

**第三十条**　没有诉讼行为能力的公民，由其法定代理人代为诉讼。法定代理人互相推诿代理责任的，由人民法院指定其中一人代为诉讼。

**第三十一条**　当事人、法定代理人，可以委托一至二人作为诉讼代理人。

下列人员可以被委托为诉讼代理人：

（一）律师、基层法律服务工作者。

（二）当事人的近亲属或者工作人员。

（三）当事人所在社区、单位以及有关社会团体推荐的公民。

**第三十二条**　代理诉讼的律师，有权按照规定查阅、复制本案有关材料，有权向有关组织和公民调查，收集与本案有关的证据。对涉及国家秘密、商业秘密和个人隐私的材料，应当依照法律规定保密。

当事人和其他诉讼代理人有权按照规定查阅、复制本案庭审材料，但涉及国家秘密、商业秘密和个人隐私的内容除外。

## 第五章　证　　据

**第三十三条**　证据包括：

（一）书证。

（二）物证。

（三）视听资料。

（四）电子数据。

（五）证人证言。

（六）当事人的陈述。

（七）鉴定意见。

（八）勘验笔录、现场笔录。

以上证据经法庭审查属实，才能作为认定案件事实的根据。

**第三十四条**　被告对作出的行政行为负有举证责任，应当提供作出该行政行为的证据和所依据的规范性文件。

被告不提供或者无正当理由逾期提供证据，视为没有相应证据。但是，被诉行政行为涉及第三人合法权益，第三人提供证据的除外。

**第三十五条**　在诉讼过程中，被告及其诉讼代理人不得自行向原告、第三人和证人收集证据。

**第三十六条**　被告在作出行政行为时已经收集了证据，但因不可抗力等正当事由不能提供的，经人民法院准许，可以延期提供。

原告或者第三人提出了其在行政处理程序中没有提出的理由或者证据的，经人民法院准许，被告可以补充证据。

**第三十七条** 原告可以提供证明行政行为违法的证据。原告提供的证据不成立的，不免除被告的举证责任。

**第三十八条** 在起诉被告不履行法定职责的案件中，原告应当提供其向被告提出申请的证据。但有下列情形之一的除外：

（一）被告应当依职权主动履行法定职责的。

（二）原告因正当理由不能提供证据的。

在行政赔偿、补偿的案件中，原告应当对行政行为造成的损害提供证据。因被告的原因导致原告无法举证的，由被告承担举证责任。

**第三十九条** 人民法院有权要求当事人提供或者补充证据。

**第四十条** 人民法院有权向有关行政机关以及其他组织、公民调取证据。但是，不得为证明行政行为的合法性调取被告作出行政行为时未收集的证据。

**第四十一条** 与本案有关的下列证据，原告或者第三人不能自行收集的，可以申请人民法院调取：

（一）由国家机关保存而须由人民法院调取的证据。

（二）涉及国家秘密、商业秘密和个人隐私的证据。

（三）确因客观原因不能自行收集的其他证据。

**第四十二条** 在证据可能灭失或者以后难以取得的情况下，诉讼参加人可以向人民法院申请保全证据，人民法院也可以主动采取保全措施。

**第四十三条** 证据应当在法庭上出示，并由当事人互相质证。对涉及国家秘密、商业秘密和个人隐私的证据，不得在公开开庭时出示。

人民法院应当按照法定程序，全面、客观地审查核实证据。对未采纳的证据应当在裁判文书中说明理由。

以非法手段取得的证据，不得作为认定案件事实的根据。

## 第六章 起诉和受理

**第四十四条** 对属于人民法院受案范围的行政案件，公民、法人或者其他组织可以先向行政机关申请复议，对复议决定不服的，再向人民法院提起诉讼；也可以直接向人民法院提起诉讼。

法律、法规规定应当先向行政机关申请复议，对复议决定不服再向人民法院提起诉讼的，依照法律、法规的规定。

**第四十五条** 公民、法人或者其他组织不服复议决定的，可以在收到复议决定书之日起十五日内向人民法院提起诉讼。复议机关逾期不作决定的，申请人可以在复议期满之日起十五日内向人民法院提起诉讼。法律另有规定的除外。

**第四十六条** 公民、法人或者其他组织直接向人民法院提起诉讼的，应当自知道或者应当知道作出行政行为之日起六个月内提出。法律另有规定的除外。

因不动产提起诉讼的案件自行政行为作出之日起超过二十年，其他案件自行政行为作出之日起超过五年提起诉讼的，人民法院不予受理。

**第四十七条**　公民、法人或者其他组织申请行政机关履行保护其人身权、财产权等合法权益的法定职责，行政机关在接到申请之日起两个月内不履行的，公民、法人或者其他组织可以向人民法院提起诉讼。法律、法规对行政机关履行职责的期限另有规定的，从其规定。

公民、法人或者其他组织在紧急情况下请求行政机关履行保护其人身权、财产权等合法权益的法定职责，行政机关不履行的，提起诉讼不受前款规定期限的限制。

**第四十八条**　公民、法人或者其他组织因不可抗力或者其他不属于其自身的原因耽误起诉期限的，被耽误的时间不计算在起诉期限内。

公民、法人或者其他组织因前款规定以外的其他特殊情况耽误起诉期限的，在障碍消除后十日内，可以申请延长期限，是否准许由人民法院决定。

**第四十九条**　提起诉讼应当符合下列条件：

（一）原告是符合本法第二十五条规定的公民、法人或者其他组织。

（二）有明确的被告。

（三）有具体的诉讼请求和事实根据。

（四）属于人民法院受案范围和受诉人民法院管辖。

**第五十条**　起诉应当向人民法院递交起诉状，并按照被告人数提出副本。

书写起诉状确有困难的，可以口头起诉，由人民法院记入笔录，出具注明日期的书面凭证，并告知对方当事人。

**第五十一条**　人民法院在接到起诉状时对符合本法规定的起诉条件的，应当登记立案。

对当场不能判定是否符合本法规定的起诉条件的，应当接收起诉状，出具注明收到日期的书面凭证，并在七日内决定是否立案。不符合起诉条件的，作出不予立案的裁定。裁定书应当载明不予立案的理由。原告对裁定不服的，可以提起上诉。

起诉状内容欠缺或者有其他错误的，应当给予指导和释明，并一次性告知当事人需要补正的内容。不得未经指导和释明即以起诉不符合条件为由不接收起诉状。

对于不接收起诉状、接收起诉状后不出具书面凭证，以及不一次性告知当事人需要补正的起诉状内容的，当事人可以向上级人民法院投诉，上级人民法院应当责令改正，并对直接负责的主管人员和其他直接责任人员依法给予处分。

**第五十二条**　人民法院既不立案，又不作出不予立案裁定的，当事人可以向上一级人民法院起诉。上一级人民法院认为符合起诉条件的，应当立案、审理，也可以指定其他下级人民法院立案、审理。

**第五十三条**　公民、法人或者其他组织认为行政行为所依据的国务院部门和地方人民政府及其部门制定的规范性文件不合法，在对行政行为提起诉讼时，可以一并请求对该规范性文件进行审查。

前款规定的规范性文件不含规章。

# 第七章　审理和判决

## 第一节　一般规定

**第五十四条**　人民法院公开审理行政案件，但涉及国家秘密、个人隐私和法律另有规定的除外。

涉及商业秘密的案件，当事人申请不公开审理的，可以不公开审理。

**第五十五条**　当事人认为审判人员与本案有利害关系或者有其他关系可能影响公正审判，有权申请审判人员回避。

审判人员认为自己与本案有利害关系或者有其他关系，应当申请回避。

前两款规定，适用于书记员、翻译人员、鉴定人、勘验人。

院长担任审判长时的回避，由审判委员会决定；审判人员的回避，由院长决定；其他人员的回避，由审判长决定。当事人对决定不服的，可以申请复议一次。

**第五十六条**　诉讼期间，不停止行政行为的执行。但有下列情形之一的，裁定停止执行：

（一）被告认为需要停止执行的。

（二）原告或者利害关系人申请停止执行，人民法院认为该行政行为的执行会造成难以弥补的损失，并且停止执行不损害国家利益、社会公共利益的。

（三）人民法院认为该行政行为的执行会给国家利益、社会公共利益造成重大损害的。

（四）法律、法规规定停止执行的。

当事人对停止执行或者不停止执行的裁定不服的，可以申请复议一次。

**第五十七条**　人民法院对起诉行政机关没有依法支付抚恤金、最低生活保障金和工伤、医疗社会保险金的案件，权利义务关系明确、不先予执行将严重影响原告生活的，可以根据原告的申请，裁定先予执行。

当事人对先予执行裁定不服的，可以申请复议一次。复议期间不停止裁定的执行。

**第五十八条**　经人民法院传票传唤，原告无正当理由拒不到庭，或者未经法庭许可中途退庭的，可以按照撤诉处理；被告无正当理由拒不到庭，或者未经法庭许可中途退庭的，可以缺席判决。

**第五十九条**　诉讼参与人或者其他人有下列行为之一的，人民法院可以根据情节轻重，予以训诫、责令具结悔过或者处一万元以下的罚款、十五日以下的拘留；构成犯罪的，依法追究刑事责任：

（一）有义务协助调查、执行的人，对人民法院的协助调查决定、协助执行通知书，无故推脱、拒绝或者妨碍调查、执行的。

（二）伪造、隐藏、毁灭证据或者提供虚假证明材料，妨碍人民法院审理案件的。

（三）指使、贿买、胁迫他人作伪证或者威胁、阻止证人作证的。

（四）隐藏、转移、变卖、毁损已被查封、扣押、冻结的财产的。

（五）以欺骗、胁迫等非法手段使原告撤诉的。

（六）以暴力、威胁或者其他方法阻碍人民法院工作人员执行职务，或者以哄闹、冲击法庭等方法扰乱人民法院工作秩序的。

（七）对人民法院审判人员或者其他工作人员、诉讼参与人、协助调查和执行的人员恐吓、侮辱、诽谤、诬陷、殴打、围攻或者打击报复的。

人民法院对有前款规定的行为之一的单位，可以对其主要负责人或者直接责任人员依照前款规定予以罚款、拘留；构成犯罪的，依法追究刑事责任。

罚款、拘留须经人民法院院长批准。当事人不服的，可以向上一级人民法院申请复议一次。复议期间不停止执行。

**第六十条**　人民法院审理行政案件，不适用调解。但是，行政赔偿、补偿以及行政机关行使法律、法规规定的自由裁量权的案件可以调解。

调解应当遵循自愿、合法原则，不得损害国家利益、社会公共利益和他人合法权益。

**第六十一条**　在涉及行政许可、登记、征收、征用和行政机关对民事争议所作的裁决的行政诉讼中，当事人申请一并解决相关民事争议的，人民法院可以一并审理。

在行政诉讼中，人民法院认为行政案件的审理需以民事诉讼的裁判为依据的，可以裁定中止行政诉讼。

**第六十二条**　人民法院对行政案件宣告判决或者裁定前，原告申请撤诉的，或者被告改变其所作的行政行为，原告同意并申请撤诉的，是否准许，由人民法院裁定。

**第六十三条**　人民法院审理行政案件，以法律和行政法规、地方性法规为依据。地方性法规适用于本行政区域内发生的行政案件。

人民法院审理民族自治地方的行政案件，并以该民族自治地方的自治条例和单行条例为依据。

人民法院审理行政案件，参照规章。

**第六十四条**　人民法院在审理行政案件中，经审查认为本法第五十三条规定的规范性文件不合法的，不作为认定行政行为合法的依据，并向制定机关提出处理建议。

**第六十五条**　人民法院应当公开发生法律效力的判决书、裁定书，供公众查阅，但涉及国家秘密、商业秘密和个人隐私的内容除外。

**第六十六条**　人民法院在审理行政案件中，认为行政机关的主管人员、直接责任人员违法违纪的，应当将有关材料移送监察机关、该行政机关或者其上一级行政机关；认为有犯罪行为的，应当将有关材料移送公安、检察机关。

人民法院对被告经传票传唤无正当理由拒不到庭，或者未经法庭许可中途退庭的，可以将被告拒不到庭或者中途退庭的情况予以公告，并可以向监察机关或者被告的上一级行政机关提出依法给予其主要负责人或者直接责任人员处分的司法建议。

## 第二节　第一审普通程序

**第六十七条**　人民法院应当在立案之日起五日内，将起诉状副本发送被告。被告应当在收到起诉状副本之日起十五日内向人民法院提交作出行政行为的证据和所依据的规范性文件，并提出答辩状。人民法院应当在收到答辩状之日起五日内，将答辩状副本发送原告。

被告不提出答辩状的，不影响人民法院审理。

**第六十八条** 人民法院审理行政案件，由审判员组成合议庭，或者由审判员、陪审员组成合议庭。合议庭的成员，应当是三人以上的单数。

**第六十九条** 行政行为证据确凿，适用法律、法规正确，符合法定程序的，或者原告申请被告履行法定职责或者给付义务理由不成立的，人民法院判决驳回原告的诉讼请求。

**第七十条** 行政行为有下列情形之一的，人民法院判决撤销或者部分撤销，并可以判决被告重新作出行政行为：

（一）主要证据不足的。

（二）适用法律、法规错误的。

（三）违反法定程序的。

（四）超越职权的。

（五）滥用职权的。

（六）明显不当的。

**第七十一条** 人民法院判决被告重新作出行政行为的，被告不得以同一的事实和理由作出与原行政行为基本相同的行政行为。

**第七十二条** 人民法院经过审理，查明被告不履行法定职责的，判决被告在一定期限内履行。

**第七十三条** 人民法院经过审理，查明被告依法负有给付义务的，判决被告履行给付义务。

**第七十四条** 行政行为有下列情形之一的，人民法院判决确认违法，但不撤销行政行为：

（一）行政行为依法应当撤销，但撤销会给国家利益、社会公共利益造成重大损害的。

（二）行政行为程序轻微违法，但对原告权利不产生实际影响的。

行政行为有下列情形之一，不需要撤销或者判决履行的，人民法院判决确认违法：

（一）行政行为违法，但不具有可撤销内容的。

（二）被告改变原违法行政行为，原告仍要求确认原行政行为违法的。

（三）被告不履行或者拖延履行法定职责，判决履行没有意义的。

**第七十五条** 行政行为有实施主体不具有行政主体资格或者没有依据等重大且明显违法情形，原告申请确认行政行为无效的，人民法院判决确认无效。

**第七十六条** 人民法院判决确认违法或者无效的，可以同时判决责令被告采取补救措施；给原告造成损失的，依法判决被告承担赔偿责任。

**第七十七条** 行政处罚明显不当，或者其他行政行为涉及对款额的确定、认定确有错误的，人民法院可以判决变更。

人民法院判决变更，不得加重原告的义务或者减损原告的权益。但利害关系人同为原告，且诉讼请求相反的除外。

**第七十八条** 被告不依法履行、未按照约定履行或者违法变更、解除本法第十二条第一款第十一项规定的协议的，人民法院判决被告承担继续履行、采取补救措施或者赔偿损失等责任。

被告变更、解除本法第十二条第一款第十一项规定的协议合法，但未依法给予补偿的，人民法院判决给予补偿。

**第七十九条**　复议机关与作出原行政行为的行政机关为共同被告的案件，人民法院应当对复议决定和原行政行为一并作出裁判。

**第八十条**　人民法院对公开审理和不公开审理的案件，一律公开宣告判决。

当庭宣判的，应当在十日内发送判决书；定期宣判的，宣判后立即发给判决书。

宣告判决时，必须告知当事人上诉权利、上诉期限和上诉的人民法院。

**第八十一条**　人民法院应当在立案之日起六个月内作出第一审判决。有特殊情况需要延长的，由高级人民法院批准，高级人民法院审理第一审案件需要延长的，由最高人民法院批准。

### 第三节　简易程序

**第八十二条**　人民法院审理下列第一审行政案件，认为事实清楚、权利义务关系明确、争议不大的，可以适用简易程序：

（一）被诉行政行为是依法当场作出的。

（二）案件涉及款额二千元以下的。

（三）属于政府信息公开案件的。

除前款规定以外的第一审行政案件，当事人各方同意适用简易程序的，可以适用简易程序。

发回重审、按照审判监督程序再审的案件不适用简易程序。

**第八十三条**　适用简易程序审理的行政案件，由审判员一人独任审理，并应当在立案之日起四十五日内审结。

**第八十四条**　人民法院在审理过程中，发现案件不宜适用简易程序的，裁定转为普通程序。

### 第四节　第二审程序

**第八十五条**　当事人不服人民法院第一审判决的，有权在判决书送达之日起十五日内向上一级人民法院提起上诉。当事人不服人民法院第一审裁定的，有权在裁定书送达之日起十日内向上一级人民法院提起上诉。逾期不提起上诉的，人民法院的第一审判决或者裁定发生法律效力。

**第八十六条**　人民法院对上诉案件，应当组成合议庭，开庭审理。经过阅卷、调查和询问当事人，对没有提出新的事实、证据或者理由，合议庭认为不需要开庭审理的，也可以不开庭审理。

**第八十七条**　人民法院审理上诉案件，应当对原审人民法院的判决、裁定和被诉行政行为进行全面审查。

**第八十八条**　人民法院审理上诉案件，应当在收到上诉状之日起三个月内作出终审判决。有特殊情况需要延长的，由高级人民法院批准，高级人民法院审理上诉案件需要延长的，由最高人民法院批准。

**第八十九条**　人民法院审理上诉案件，按照下列情形，分别处理：

（一）原判决、裁定认定事实清楚，适用法律、法规正确的，判决或者裁定驳回上诉，维持原判决、裁定。

（二）原判决、裁定认定事实错误或者适用法律、法规错误的，依法改判、撤销或者变更。

（三）原判决认定基本事实不清、证据不足的，发回原审人民法院重审，或者查清事实后改判。

（四）原判决遗漏当事人或者违法缺席判决等严重违反法定程序的，裁定撤销原判决，发回原审人民法院重审。

原审人民法院对发回重审的案件作出判决后，当事人提起上诉的，第二审人民法院不得再次发回重审。

人民法院审理上诉案件，需要改变原审判决的，应当同时对被诉行政行为作出判决。

## 第五节　审判监督程序

**第九十条**　当事人对已经发生法律效力的判决、裁定，认为确有错误的，可以向上一级人民法院申请再审，但判决、裁定不停止执行。

**第九十一条**　当事人的申请符合下列情形之一的，人民法院应当再审：

（一）不予立案或者驳回起诉确有错误的。

（二）有新的证据，足以推翻原判决、裁定的。

（三）原判决、裁定认定事实的主要证据不足、未经质证或者系伪造的。

（四）原判决、裁定适用法律、法规确有错误的。

（五）违反法律规定的诉讼程序，可能影响公正审判的。

（六）原判决、裁定遗漏诉讼请求的。

（七）据以作出原判决、裁定的法律文书被撤销或者变更的。

（八）审判人员在审理该案件时有贪污受贿、徇私舞弊、枉法裁判行为的。

**第九十二条**　各级人民法院院长对本院已经发生法律效力的判决、裁定，发现有本法第九十一条规定情形之一，或者发现调解违反自愿原则或者调解书内容违法，认为需要再审的，应当提交审判委员会讨论决定。

最高人民法院对地方各级人民法院已经发生法律效力的判决、裁定，上级人民法院对下级人民法院已经发生法律效力的判决、裁定，发现有本法第九十一条规定情形之一，或者发现调解违反自愿原则或者调解书内容违法的，有权提审或者指令下级人民法院再审。

**第九十三条**　最高人民检察院对各级人民法院已经发生法律效力的判决、裁定，上级人民检察院对下级人民法院已经发生法律效力的判决、裁定，发现有本法第九十一条规定情形之一，或者发现调解书损害国家利益、社会公共利益的，应当提出抗诉。

地方各级人民检察院对同级人民法院已经发生法律效力的判决、裁定，发现有本法第九十一条规定情形之一，或者发现调解书损害国家利益、社会公共利益的，可以向同级人民法院提出检察建议，并报上级人民检察院备案；也可以提请上级人民检察院向同级人民法院提出抗诉。

各级人民检察院对审判监督程序以外的其他审判程序中审判人员的违法行为，有权向同级人民法院提出检察建议。

## 第八章　执　　行

**第九十四条**　当事人必须履行人民法院发生法律效力的判决、裁定、调解书。

**第九十五条**　公民、法人或者其他组织拒绝履行判决、裁定、调解书的，行政机关或者第三人可以向第一审人民法院申请强制执行，或者由行政机关依法强制执行。

**第九十六条**　行政机关拒绝履行判决、裁定、调解书的，第一审人民法院可以采取下列措施：

（一）对应当归还的罚款或者应当给付的款额，通知银行从该行政机关的账户内划拨。

（二）在规定期限内不履行的，从期满之日起，对该行政机关负责人按日处五十元至一百元的罚款。

（三）将行政机关拒绝履行的情况予以公告。

（四）向监察机关或者该行政机关的上一级行政机关提出司法建议。接受司法建议的机关，根据有关规定进行处理，并将处理情况告知人民法院。

（五）拒不履行判决、裁定、调解书，社会影响恶劣的，可以对该行政机关直接负责的主管人员和其他直接责任人员予以拘留；情节严重，构成犯罪的，依法追究刑事责任。

**第九十七条**　公民、法人或者其他组织对行政行为在法定期限内不提起诉讼又不履行的，行政机关可以申请人民法院强制执行，或者依法强制执行。

## 第九章　涉外行政诉讼

**第九十八条**　外国人、无国籍人、外国组织在中华人民共和国进行行政诉讼，适用本法。法律另有规定的除外。

**第九十九条**　外国人、无国籍人、外国组织在中华人民共和国进行行政诉讼，同中华人民共和国公民、组织有同等的诉讼权利和义务。

外国法院对中华人民共和国公民、组织的行政诉讼权利加以限制的，人民法院对该国公民、组织的行政诉讼权利，实行对等原则。

**第一百条**　外国人、无国籍人、外国组织在中华人民共和国进行行政诉讼，委托律师代理诉讼的，应当委托中华人民共和国律师机构的律师。

## 第十章　附　　则

**第一百零一条**　人民法院审理行政案件，关于期间、送达、财产保全、开庭审理、调解、中止诉讼、终结诉讼、简易程序、执行等，以及人民检察院对行政案件受理、审理、裁判、执行的监督，本法没有规定的，适用《中华人民共和国民事诉讼法》的相关规定。

**第一百零二条**　人民法院审理行政案件，应当收取诉讼费用。诉讼费用由败诉方承担，双方都有责任的由双方分担。收取诉讼费用的具体办法另行规定。

**第一百零三条** 本法自1990年10月1日起施行。

# 137 中华人民共和国行政复议法

1999年4月29日第九届全国人民代表大会常务委员会第九次会议通过，1999年4月29日中华人民共和国主席令第十六号公布，自1999年10月1日起施行；根据2009年8月27日中华人民共和国第十一届全国人民代表大会常务委员会第十次会议通过、2009年8月27日中华人民共和国主席令第十八号公布、自公布之日起施行的《全国人民代表大会常务委员会关于修改部分法律的决定》第一次修改；根据2017年9月1日中华人民共和国第十二届全国人民代表大会常务委员会第二十九次会议通过、2017年9月1日中华人民共和国主席令第七十六号公布、自2018年1月1日起施行的《全国人民代表大会常务委员会关于修改〈中华人民共和国法官法〉等八部法律的决定》第二次修改。

## 目　　录

第一章　总则/674
第二章　行政复议范围/675
第三章　行政复议申请/676
第四章　行政复议受理/677
第五章　行政复议决定/678
第六章　法律责任/680
第七章　附则/681

## 第一章　总　　则

**第一条** 为了防止和纠正违法的或者不当的具体行政行为，保护公民、法人和其他组织的合法权益，保障和监督行政机关依法行使职权，根据宪法，制定本法。

**第二条** 公民、法人或者其他组织认为具体行政行为侵犯其合法权益，向行政机关提出行政复议申请，行政机关受理行政复议申请、作出行政复议决定，适用本法。

**第三条** 依照本法履行行政复议职责的行政机关是行政复议机关。行政复议机关负责法制工作的机构具体办理行政复议事项，履行下列职责：

（一）受理行政复议申请。

（二）向有关组织和人员调查取证，查阅文件和资料。

（三）审查申请行政复议的具体行政行为是否合法与适当，拟订行政复议决定。

（四）处理或者转送对本法第七条所列有关规定的审查申请。

（五）对行政机关违反本法规定的行为依照规定的权限和程序提出处理建议。

（六）办理因不服行政复议决定提起行政诉讼的应诉事项。

（七）法律、法规规定的其他职责。

行政机关中初次从事行政复议的人员，应当通过国家统一法律职业资格考试取得法律职业资格。

**第四条** 行政复议机关履行行政复议职责，应当遵循合法、公正、公开、及时、便民的原则，坚持有错必纠，保障法律、法规的正确实施。

**第五条** 公民、法人或者其他组织对行政复议决定不服的，可以依照行政诉讼法的规定向人民法院提起行政诉讼，但是法律规定行政复议决定为最终裁决的除外。

## 第二章 行政复议范围

**第六条** 有下列情形之一的，公民、法人或者其他组织可以依照本法申请行政复议：

（一）对行政机关作出的警告、罚款、没收违法所得、没收非法财物、责令停产停业、暂扣或者吊销许可证、暂扣或者吊销执照、行政拘留等行政处罚决定不服的。

（二）对行政机关作出的限制人身自由或者查封、扣押、冻结财产等行政强制措施决定不服的。

（三）对行政机关作出的有关许可证、执照、资质证、资格证等证书变更、中止、撤销的决定不服的。

（四）对行政机关作出的关于确认土地、矿藏、水流、森林、山岭、草原、荒地、滩涂、海域等自然资源的所有权或者使用权的决定不服的。

（五）认为行政机关侵犯合法的经营自主权的。

（六）认为行政机关变更或者废止农业承包合同，侵犯其合法权益的。

（七）认为行政机关违法集资、征收财物、摊派费用或者违法要求履行其他义务的。

（八）认为符合法定条件，申请行政机关颁发许可证、执照、资质证、资格证等证书，或者申请行政机关审批、登记有关事项，行政机关没有依法办理的。

（九）申请行政机关履行保护人身权利、财产权利、受教育权利的法定职责，行政机关没有依法履行的。

（十）申请行政机关依法发放抚恤金、社会保险金或者最低生活保障费，行政机关没有依法发放的。

（十一）认为行政机关的其他具体行政行为侵犯其合法权益的。

**第七条** 公民、法人或者其他组织认为行政机关的具体行政行为所依据的下列规定不合法，在对具体行政行为申请行政复议时，可以一并向行政复议机关提出对该规定的审查申请：

（一）国务院部门的规定。

（二）县级以上地方各级人民政府及其工作部门的规定。

（三）乡、镇人民政府的规定。

前款所列规定不含国务院部、委员会规章和地方人民政府规章。规章的审查依照法律、行政法规办理。

**第八条** 不服行政机关作出的行政处分或者其他人事处理决定的，依照有关法律、行政法规的规定提出申诉。

不服行政机关对民事纠纷作出的调解或者其他处理，依法申请仲裁或者向人民法院提起诉讼。

## 第三章 行政复议申请

**第九条** 公民、法人或者其他组织认为具体行政行为侵犯其合法权益的，可以自知道该具体行政行为之日起六十日内提出行政复议申请；但是法律规定的申请期限超过六十日的除外。

因不可抗力或者其他正当理由耽误法定申请期限的，申请期限自障碍消除之日起继续计算。

**第十条** 依照本法申请行政复议的公民、法人或者其他组织是申请人。

有权申请行政复议的公民死亡的，其近亲属可以申请行政复议。有权申请行政复议的公民为无民事行为能力人或者限制民事行为能力人的，其法定代理人可以代为申请行政复议。有权申请行政复议的法人或者其他组织终止的，承受其权利的法人或者其他组织可以申请行政复议。

同申请行政复议的具体行政行为有利害关系的其他公民、法人或者其他组织，可以作为第三人参加行政复议。

公民、法人或者其他组织对行政机关的具体行政行为不服申请行政复议的，作出具体行政行为的行政机关是被申请人。

申请人、第三人可以委托代理人代为参加行政复议。

**第十一条** 申请人申请行政复议，可以书面申请，也可以口头申请；口头申请的，行政复议机关应当当场记录申请人的基本情况、行政复议请求、申请行政复议的主要事实、理由和时间。

**第十二条** 对县级以上地方各级人民政府工作部门的具体行政行为不服的，由申请人选择，可以向该部门的本级人民政府申请行政复议，也可以向上一级主管部门申请行政复议。

对海关、金融、国税、外汇管理等实行垂直领导的行政机关和国家安全机关的具体行政行为不服的，向上一级主管部门申请行政复议。

**第十三条** 对地方各级人民政府的具体行政行为不服的，向上一级地方人民政府申请行政复议。

对省、自治区人民政府依法设立的派出机关所属的县级地方人民政府的具体行政行为不服的，向该派出机关申请行政复议。

**第十四条** 对国务院部门或者省、自治区、直辖市人民政府的具体行政行为不服的，向作出该具体行政行为的国务院部门或者省、自治区、直辖市人民政府申请行政复议。对行政复议决定不服的，可以向人民法院提起行政诉讼；也可以向国务院申请裁决，国务院依照本法的规定作出最终裁决。

**第十五条** 对本法第十二条、第十三条、第十四条规定以外的其他行政机关、组织的具体行政行为不服的，按照下列规定申请行政复议：

（一）对县级以上地方人民政府依法设立的派出机关的具体行政行为不服的，向设立该派出机关的人民政府申请行政复议。

（二）对政府工作部门依法设立的派出机构依照法律、法规或者规章规定，以自己的名义作出的具体行政行为不服的，向设立该派出机构的部门或者该部门的本级地方人民政府申请行政复议。

（三）对法律、法规授权的组织的具体行政行为不服的，分别向直接管理该组织的地方人民政府、地方人民政府工作部门或者国务院部门申请行政复议。

（四）对两个或者两个以上行政机关以共同的名义作出的具体行政行为不服的，向其共同上一级行政机关申请行政复议。

（五）对被撤销的行政机关在撤销前所作出的具体行政行为不服的，向继续行使其职权的行政机关的上一级行政机关申请行政复议。

有前款所列情形之一的，申请人也可以向具体行政行为发生地的县级地方人民政府提出行政复议申请，由接受申请的县级地方人民政府依照本法第十八条的规定办理。

**第十六条** 公民、法人或者其他组织申请行政复议，行政复议机关已经依法受理的，或者法律、法规规定应当先向行政复议机关申请行政复议、对行政复议决定不服再向人民法院提起行政诉讼的，在法定行政复议期限内不得向人民法院提起行政诉讼。

公民、法人或者其他组织向人民法院提起行政诉讼，人民法院已经依法受理的，不得申请行政复议。

## 第四章 行政复议受理

**第十七条** 行政复议机关收到行政复议申请后，应当在五日内进行审查，对不符合本法规定的行政复议申请，决定不予受理，并书面告知申请人；对符合本法规定，但是不属于本机关受理的行政复议申请，应当告知申请人向有关行政复议机关提出。

除前款规定外，行政复议申请自行政复议机关负责法制工作的机构收到之日起即为受理。

**第十八条** 依照本法第十五条第二款的规定接受行政复议申请的县级地方人民政府，对依照本法第十五条第一款的规定属于其他行政复议机关受理的行政复议申请，应当自接到该行政复议申请之日起七日内，转送有关行政复议机关，并告知申请人。接受转送的行政复议机关应当依照本法第十七条的规定办理。

**第十九条** 法律、法规规定应当先向行政复议机关申请行政复议、对行政复议决定不服再向人民法院提起行政诉讼的，行政复议机关决定不予受理或者受理后超过行政复议期限不作答复的，公民、法人或者其他组织可以自收到不予受理决定书之日起或者行政复议期满之日起十五日内，依法向人民法院提起行政诉讼。

**第二十条** 公民、法人或者其他组织依法提出行政复议申请，行政复议机关无正当理由不予受理的，上级行政机关应当责令其受理；必要时，上级行政机关也可以直接受理。

**第二十一条** 行政复议期间具体行政行为不停止执行；但是，有下列情形之一的，可以停止执行：

（一）被申请人认为需要停止执行的。

（二）行政复议机关认为需要停止执行的。

（三）申请人申请停止执行，行政复议机关认为其要求合理，决定停止执行的。

（四）法律规定停止执行的。

## 第五章 行政复议决定

**第二十二条** 行政复议原则上采取书面审查的办法，但是申请人提出要求或者行政复议机关负责法制工作的机构认为有必要时，可以向有关组织和人员调查情况，听取申请人、被申请人和第三人的意见。

**第二十三条** 行政复议机关负责法制工作的机构应当自行政复议申请受理之日起七日内，将行政复议申请书副本或者行政复议申请笔录复印件发送被申请人。被申请人应当自收到申请书副本或者申请笔录复印件之日起十日内，提出书面答复，并提交当初作出具体行政行为的证据、依据和其他有关材料。

申请人、第三人可以查阅被申请人提出的书面答复、作出具体行政行为的证据、依据和其他有关材料，除涉及国家秘密、商业秘密或者个人隐私外，行政复议机关不得拒绝。

**第二十四条** 在行政复议过程中，被申请人不得自行向申请人和其他有关组织或者个人收集证据。

**第二十五条** 行政复议决定作出前，申请人要求撤回行政复议申请的，经说明理由，可以撤回；撤回行政复议申请的，行政复议终止。

**第二十六条** 申请人在申请行政复议时，一并提出对本法第七条所列有关规定的审查申请的，行政复议机关对该规定有权处理的，应当在三十日内依法处理；无权处理的，应当在七日内按照法定程序转送有权处理的行政机关依法处理，有权处理的行政机关应当在六十日内依法处理。处理期间，中止对具体行政行为的审查。

**第二十七条** 行政复议机关在对被申请人作出的具体行政行为进行审查时，认为其依据不合法，本机关有权处理的，应当在三十日内依法处理；无权处理的，应当在七日内按照法定程序转送有权处理的国家机关依法处理。处理期间，中止对具体行政行为的审查。

**第二十八条** 行政复议机关负责法制工作的机构应当对被申请人作出的具体行政行为进行审查，提出意见，经行政复议机关的负责人同意或者集体讨论通过后，按照下列规定作出行政复议决定：

（一）具体行政行为认定事实清楚，证据确凿，适用依据正确，程序合法，内容适当的，决定维持。

（二）被申请人不履行法定职责的，决定其在一定期限内履行。

（三）具体行政行为有下列情形之一的，决定撤销、变更或者确认该具体行政行为违法；决定撤销或者确认该具体行政行为违法的，可以责令被申请人在一定期限内重新作出具体行政行为：

1. 主要事实不清、证据不足的。

2. 适用依据错误的。

3. 违反法定程序的。

4. 超越或者滥用职权的。

5. 具体行政行为明显不当的。

（四）被申请人不按照本法第二十三条的规定提出书面答复、提交当初作出具体行政行为的证据、依据和其他有关材料的，视为该具体行政行为没有证据、依据，决定撤销该具体行政行为。

行政复议机关责令被申请人重新作出具体行政行为的，被申请人不得以同一的事实和理由作出与原具体行政行为相同或者基本相同的具体行政行为。

**第二十九条** 申请人在申请行政复议时可以一并提出行政赔偿请求，行政复议机关对符合国家赔偿法的有关规定应当给予赔偿的，在决定撤销、变更具体行政行为或者确认具体行政行为违法时，应当同时决定被申请人依法给予赔偿。

申请人在申请行政复议时没有提出行政赔偿请求的，行政复议机关在依法决定撤销或者变更罚款，撤销违法集资、没收财物、征收财物、摊派费用以及对财产的查封、扣押、冻结等具体行政行为时，应当同时责令被申请人返还财产，解除对财产的查封、扣押、冻结措施，或者赔偿相应的价款。

**第三十条** 公民、法人或者其他组织认为行政机关的具体行政行为侵犯其已经依法取得的土地、矿藏、水流、森林、山岭、草原、荒地、滩涂、海域等自然资源的所有权或者使用权的，应当先申请行政复议；对行政复议决定不服的，可以依法向人民法院提起行政诉讼。

根据国务院或者省、自治区、直辖市人民政府对行政区划的勘定、调整或者征收土地的决定，省、自治区、直辖市人民政府确认土地、矿藏、水流、森林、山岭、草原、荒地、滩涂、海域等自然资源的所有权或者使用权的行政复议决定为最终裁决。

**第三十一条** 行政复议机关应当自受理申请之日起六十日内作出行政复议决定；但是法律规定的行政复议期限少于六十日的除外。情况复杂，不能在规定期限内作出行政复议决定的，经行政复议机关的负责人批准，可以适当延长，并告知申请人和被申请人；但是延长期限最多不超过三十日。

行政复议机关作出行政复议决定，应当制作行政复议决定书，并加盖印章。

行政复议决定书一经送达，即发生法律效力。

**第三十二条** 被申请人应当履行行政复议决定。

被申请人不履行或者无正当理由拖延履行行政复议决定的，行政复议机关或者有关上级行政机关应当责令其限期履行。

**第三十三条** 申请人逾期不起诉又不履行行政复议决定的，或者不履行最终裁决的行政复议决定的，按照下列规定分别处理：

（一）维持具体行政行为的行政复议决定，由作出具体行政行为的行政机关依法强制执行，或者申请人民法院强制执行。

（二）变更具体行政行为的行政复议决定，由行政复议机关依法强制执行，或者申请人民法院强制执行。

## 第六章 法律责任

**第三十四条** 行政复议机关违反本法规定，无正当理由不予受理依法提出的行政复议申请或者不按照规定转送行政复议申请的，或者在法定期限内不作出行政复议决定的，对直接负责的主管人员和其他直接责任人员依法给予警告、记过、记大过的行政处分；经责令受理仍不受理或者不按照规定转送行政复议申请，造成严重后果的，依法给予降级、撤职、开除的行政处分。

**第三十五条** 行政复议机关工作人员在行政复议活动中，徇私舞弊或者有其他渎职、失职行为的，依法给予警告、记过、记大过的行政处分；情节严重的，依法给予降级、撤职、开除的行政处分；构成犯罪的，依法追究刑事责任。

**第三十六条** 被申请人违反本法规定，不提出书面答复或者不提交作出具体行政行为的证据、依据和其他有关材料，或者阻挠、变相阻挠公民、法人或者其他组织依法申请行政复议的，对直接负责的主管人员和其他直接责任人员依法给予警告、记过、记大过的行政处分；进行报复陷害的，依法给予降级、撤职、开除的行政处分；构成犯罪的，依法追究刑事责任。

**第三十七条** 被申请人不履行或者无正当理由拖延履行行政复议决定的，对直接负责的主管人员和其他直接责任人员依法给予警告、记过、记大过的行政处分；经责令履行仍拒不履行的，依法给予降级、撤职、开除的行政处分。

**第三十八条** 行政复议机关负责法制工作的机构发现有无正当理由不予受理行政复议申请、不按照规定期限作出行政复议决定、徇私舞弊、对申请人打击报复或者不履行行政复议决定等情形的，应当向有关行政机关提出建议，有关行政机关应当依照本法和有关法律、行政法规的规定作出处理。

## 第七章 附 则

**第三十九条** 行政复议机关受理行政复议申请，不得向申请人收取任何费用。行政复议活动所需经费，应当列入本机关的行政经费，由本级财政予以保障。

**第四十条** 行政复议期间的计算和行政复议文书的送达，依照民事诉讼法关于期间、送达的规定执行。

本法关于行政复议期间有关“五日”“七日”的规定是指工作日，不含节假日。

**第四十一条** 外国人、无国籍人、外国组织在中华人民共和国境内申请行政复议，适用本法。

**第四十二条** 本法施行前公布的法律有关行政复议的规定与本法的规定不一致的，以本法的规定为准。

**第四十三条** 本法自1999年10月1日起施行。1990年12月24日国务院发布、1994年10月9日国务院修订发布的《行政复议条例》同时废止。

# *138* 中华人民共和国行政处罚法

1996年3月17日第八届全国人民代表大会第四次会议通过，1996年3月17日中华人民共和国主席令第六十三号公布，自1996年10月1日起施行；根据2009年8月27日第十一届全国人民代表大会常务委员会第十次会议通过、2009年8月27日中华人民共和国主席令第十八号公布、自公布之日起施行的《全国人民代表大会常务委员会关于修改部分法律的决定》第一次修改；根据2017年9月1日中华人民共和国第十二届全国人民代表大会常务委员会第二十九次会议通过、2017年9月1日中华人民共和国主席令第七十六号公布、自2018年1月1日起施行的《全国人民代表大会常务委员会关于修改〈中华人民共和国法官法〉等八部法律的决定》第二次修改。

## 目 录

第一章 总则/682
第二章 行政处罚的种类和设定/682
第三章 行政处罚的实施机关/683
第四章 行政处罚的管辖和适用/684
第五章 行政处罚的决定/685

第一节　简易程序/685
第二节　一般程序/685
第三节　听证程序/686
第六章　行政处罚的执行/687
第七章　法律责任/688
第八章　附则/689

## 第一章　总　　则

**第一条**　为了规范行政处罚的设定和实施，保障和监督行政机关有效实施行政管理，维护公共利益和社会秩序，保护公民、法人或者其他组织的合法权益，根据宪法，制定本法。

**第二条**　行政处罚的设定和实施，适用本法。

**第三条**　公民、法人或者其他组织违反行政管理秩序的行为，应当给予行政处罚的，依照本法由法律、法规或者规章规定，并由行政机关依照本法规定的程序实施。

没有法定依据或者不遵守法定程序的，行政处罚无效。

**第四条**　行政处罚遵循公正、公开的原则。

设定和实施行政处罚必须以事实为依据，与违法行为的事实、性质、情节以及社会危害程度相当。

对违法行为给予行政处罚的规定必须公布；未经公布的，不得作为行政处罚的依据。

**第五条**　实施行政处罚，纠正违法行为，应当坚持处罚与教育相结合，教育公民、法人或者其他组织自觉守法。

**第六条**　公民、法人或者其他组织对行政机关所给予的行政处罚，享有陈述权、申辩权；对行政处罚不服的，有权依法申请行政复议或者提起行政诉讼。

公民、法人或者其他组织因行政机关违法给予行政处罚受到损害的，有权依法提出赔偿要求。

**第七条**　公民、法人或者其他组织因违法受到行政处罚，其违法行为对他人造成损害的，应当依法承担民事责任。

违法行为构成犯罪，应当依法追究刑事责任，不得以行政处罚代替刑事处罚。

## 第二章　行政处罚的种类和设定

**第八条**　行政处罚的种类：

（一）警告。

（二）罚款。

（三）没收违法所得、没收非法财物。

（四）责令停产停业。

（五）暂扣或者吊销许可证、暂扣或者吊销执照。

（六）行政拘留。

（七）法律、行政法规规定的其他行政处罚。

**第九条**　法律可以设定各种行政处罚。

限制人身自由的行政处罚，只能由法律设定。

**第十条**　行政法规可以设定除限制人身自由以外的行政处罚。

法律对违法行为已经作出行政处罚规定，行政法规需要作出具体规定的，必须在法律规定的给予行政处罚的行为、种类和幅度的范围内规定。

**第十一条**　地方性法规可以设定除限制人身自由、吊销企业营业执照以外的行政处罚。

法律、行政法规对违法行为已经作出行政处罚规定，地方性法规需要作出具体规定的，必须在法律、行政法规规定的给予行政处罚的行为、种类和幅度的范围内规定。

**第十二条**　国务院部、委员会制定的规章可以在法律、行政法规规定的给予行政处罚的行为、种类和幅度的范围内作出具体规定。

尚未制定法律、行政法规的，前款规定的国务院部、委员会制定的规章对违反行政管理秩序的行为，可以设定警告或者一定数量罚款的行政处罚。罚款的限额由国务院规定。

国务院可以授权具有行政处罚权的直属机构依照本条第一款、第二款的规定，规定行政处罚。

**第十三条**　省、自治区、直辖市人民政府和省、自治区人民政府所在地的市人民政府以及经国务院批准的较大的市人民政府制定的规章可以在法律、法规规定的给予行政处罚的行为、种类和幅度的范围内作出具体规定。

尚未制定法律、法规的，前款规定的人民政府制定的规章对违反行政管理秩序的行为，可以设定警告或者一定数量罚款的行政处罚。罚款的限额由省、自治区、直辖市人民代表大会常务委员会规定。

**第十四条**　除本法第九条、第十条、第十一条、第十二条以及第十三条的规定外，其他规范性文件不得设定行政处罚。

## 第三章　行政处罚的实施机关

**第十五条**　行政处罚由具有行政处罚权的行政机关在法定职权范围内实施。

**第十六条**　国务院或者经国务院授权的省、自治区、直辖市人民政府可以决定一个行政机关行使有关行政机关的行政处罚权，但限制人身自由的行政处罚权只能由公安机关行使。

**第十七条**　法律、法规授权的具有管理公共事务职能的组织可以在法定授权范围内实施行政处罚。

**第十八条**　行政机关依照法律、法规或者规章的规定，可以在其法定权限内委托符合本法第十九条规定条件的组织实施行政处罚。行政机关不得委托其他组织或者个人实施行政处罚。

委托行政机关对受委托的组织实施行政处罚的行为应当负责监督，并对该行为的后果承担法律责任。

受委托组织在委托范围内，以委托行政机关名义实施行政处罚；不得再委托其他任何组织或者个人实施行政处罚。

**第十九条** 受委托组织必须符合以下条件：

（一）依法成立的管理公共事务的事业组织。

（二）具有熟悉有关法律、法规、规章和业务的工作人员。

（三）对违法行为需要进行技术检查或者技术鉴定的，应当有条件组织进行相应的技术检查或者技术鉴定。

## 第四章　行政处罚的管辖和适用

**第二十条** 行政处罚由违法行为发生地的县级以上地方人民政府具有行政处罚权的行政机关管辖。法律、行政法规另有规定的除外。

**第二十一条** 对管辖发生争议的，报请共同的上一级行政机关指定管辖。

**第二十二条** 违法行为构成犯罪的，行政机关必须将案件移送司法机关，依法追究刑事责任。

**第二十三条** 行政机关实施行政处罚时，应当责令当事人改正或者限期改正违法行为。

**第二十四条** 对当事人的同一个违法行为，不得给予两次以上罚款的行政处罚。

**第二十五条** 不满十四周岁的人有违法行为的，不予行政处罚，责令监护人加以管教；已满十四周岁不满十八周岁的人有违法行为的，从轻或者减轻行政处罚。

**第二十六条** 精神病人在不能辨认或者不能控制自己行为时有违法行为的，不予行政处罚，但应当责令其监护人严加看管和治疗。间歇性精神病人在精神正常时有违法行为的，应当给予行政处罚。

**第二十七条** 当事人有下列情形之一的，应当依法从轻或者减轻行政处罚：

（一）主动消除或者减轻违法行为危害后果的。

（二）受他人胁迫有违法行为的。

（三）配合行政机关查处违法行为有立功表现的。

（四）其他依法从轻或者减轻行政处罚的。

违法行为轻微并及时纠正，没有造成危害后果的，不予行政处罚。

**第二十八条** 违法行为构成犯罪，人民法院判处拘役或者有期徒刑时，行政机关已经给予当事人行政拘留的，应当依法折抵相应刑期。

违法行为构成犯罪，人民法院判处罚金时，行政机关已经给予当事人罚款的，应当折抵相应罚金。

**第二十九条** 违法行为在二年内未被发现的，不再给予行政处罚。法律另有规定的除外。

前款规定的期限，从违法行为发生之日起计算；违法行为有连续或者继续状态的，从行为终了之日起计算。

## 第五章　行政处罚的决定

**第三十条**　公民、法人或者其他组织违反行政管理秩序的行为，依法应当给予行政处罚的，行政机关必须查明事实；违法事实不清的，不得给予行政处罚。

**第三十一条**　行政机关在作出行政处罚决定之前，应当告知当事人作出行政处罚决定的事实、理由及依据，并告知当事人依法享有的权利。

**第三十二条**　当事人有权进行陈述和申辩。行政机关必须充分听取当事人的意见，对当事人提出的事实、理由和证据，应当进行复核；当事人提出的事实、理由或者证据成立的，行政机关应当采纳。

行政机关不得因当事人申辩而加重处罚。

### 第一节　简易程序

**第三十三条**　违法事实确凿并有法定依据，对公民处以五十元以下、对法人或者其他组织处以一千元以下罚款或者警告的行政处罚的，可以当场作出行政处罚决定。当事人应当依照本法第四十六条、第四十七条、第四十八条的规定履行行政处罚决定。

**第三十四条**　执法人员当场作出行政处罚决定的，应当向当事人出示执法身份证件，填写预定格式、编有号码的行政处罚决定书。行政处罚决定书应当当场交付当事人。

前款规定的行政处罚决定书应当载明当事人的违法行为、行政处罚依据、罚款数额、时间、地点以及行政机关名称，并由执法人员签名或者盖章。

执法人员当场作出的行政处罚决定，必须报所属行政机关备案。

**第三十五条**　当事人对当场作出的行政处罚决定不服的，可以依法申请行政复议或者提起行政诉讼。

### 第二节　一般程序

**第三十六条**　除本法第三十三条规定的可以当场作出的行政处罚外，行政机关发现公民、法人或者其他组织有依法应当给予行政处罚的行为的，必须全面、客观、公正地调查，收集有关证据；必要时，依照法律、法规的规定，可以进行检查。

**第三十七条**　行政机关在调查或者进行检查时，执法人员不得少于两人，并应当向当事人或者有关人员出示证件。当事人或者有关人员应当如实回答询问，并协助调查或者检查，不得阻挠。询问或者检查应当制作笔录。

行政机关在收集证据时，可以采取抽样取证的方法；在证据可能灭失或者以后难以取得的情况下，经行政机关负责人批准，可以先行登记保存，并应当在七日内及时作出处理决定，在此期间，当事人或者有关人员不得销毁或者转移证据。

执法人员与当事人有直接利害关系的，应当回避。

**第三十八条**　调查终结，行政机关负责人应当对调查结果进行审查，根据不同情况，分别作出如下决定：

（一）确有应受行政处罚的违法行为的，根据情节轻重及具体情况，作出行政处罚决定。

（二）违法行为轻微，依法可以不予行政处罚的，不予行政处罚。

（三）违法事实不能成立的，不得给予行政处罚。

（四）违法行为已构成犯罪的，移送司法机关。

对情节复杂或者重大违法行为给予较重的行政处罚，行政机关的负责人应当集体讨论决定。

在行政机关负责人作出决定之前，应当由从事行政处罚决定审核的人员进行审核。行政机关中初次从事行政处罚决定审核的人员，应当通过国家统一法律职业资格考试取得法律职业资格。

**第三十九条** 行政机关依照本法第三十八条的规定给予行政处罚，应当制作行政处罚决定书。行政处罚决定书应当载明下列事项：

（一）当事人的姓名或者名称、地址。

（二）违反法律、法规或者规章的事实和证据。

（三）行政处罚的种类和依据。

（四）行政处罚的履行方式和期限。

（五）不服行政处罚决定，申请行政复议或者提起行政诉讼的途径和期限。

（六）作出行政处罚决定的行政机关名称和作出决定的日期。

行政处罚决定书必须盖有作出行政处罚决定的行政机关的印章。

**第四十条** 行政处罚决定书应当在宣告后当场交付当事人；当事人不在场的，行政机关应当在七日内依照民事诉讼法的有关规定，将行政处罚决定书送达当事人。

**第四十一条** 行政机关及其执法人员在作出行政处罚决定之前，不依照本法第三十一条、第三十二条的规定向当事人告知给予行政处罚的事实、理由和依据，或者拒绝听取当事人的陈述、申辩，行政处罚决定不能成立；当事人放弃陈述或者申辩权利的除外。

### 第三节 听证程序

**第四十二条** 行政机关作出责令停产停业、吊销许可证或者执照、较大数额罚款等行政处罚决定之前，应当告知当事人有要求举行听证的权利；当事人要求听证的，行政机关应当组织听证。当事人不承担行政机关组织听证的费用。听证依照以下程序组织：

（一）当事人要求听证的，应当在行政机关告知后三日内提出。

（二）行政机关应当在听证的七日前，通知当事人举行听证的时间、地点。

（三）除涉及国家秘密、商业秘密或者个人隐私外，听证公开举行。

（四）听证由行政机关指定的非本案调查人员主持；当事人认为主持人与本案有直接利害关系的，有权申请回避。

（五）当事人可以亲自参加听证，也可以委托一至二人代理。

（六）举行听证时，调查人员提出当事人违法的事实、证据和行政处罚建议；当事人进行申辩和质证。

（七）听证应当制作笔录；笔录应当交当事人审核无误后签字或者盖章。

当事人对限制人身自由的行政处罚有异议的，依照治安管理处罚条例有关规定执行。

**第四十三条**　听证结束后，行政机关依照本法第三十八条的规定，作出决定。

## 第六章　行政处罚的执行

**第四十四条**　行政处罚决定依法作出后，当事人应当在行政处罚决定的期限内，予以履行。

**第四十五条**　当事人对行政处罚决定不服申请行政复议或者提起行政诉讼的，行政处罚不停止执行，法律另有规定的除外。

**第四十六条**　作出罚款决定的行政机关应当与收缴罚款的机构分离。

除依照本法第四十七条、第四十八条的规定当场收缴的罚款外，作出行政处罚决定的行政机关及其执法人员不得自行收缴罚款。

当事人应当自收到行政处罚决定书之日起十五日内，到指定的银行缴纳罚款。银行应当收受罚款，并将罚款直接上缴国库。

**第四十七条**　依照本法第三十三条的规定当场作出行政处罚决定，有下列情形之一的，执法人员可以当场收缴罚款：

（一）依法给予二十元以下的罚款的。

（二）不当场收缴事后难以执行的。

**第四十八条**　在边远、水上、交通不便地区，行政机关及其执法人员依照本法第三十三条、第三十八条的规定作出罚款决定后，当事人向指定的银行缴纳罚款确有困难，经当事人提出，行政机关及其执法人员可以当场收缴罚款。

**第四十九条**　行政机关及其执法人员当场收缴罚款的，必须向当事人出具省、自治区、直辖市财政部门统一制发的罚款收据；不出具财政部门统一制发的罚款收据的，当事人有权拒绝缴纳罚款。

**第五十条**　执法人员当场收缴的罚款，应当自收缴罚款之日起二日内，交至行政机关；在水上当场收缴的罚款，应当自抵岸之日起二日内交至行政机关；行政机关应当在二日内将罚款缴付指定的银行。

**第五十一条**　当事人逾期不履行行政处罚决定的，作出行政处罚决定的行政机关可以采取下列措施：

（一）到期不缴纳罚款的，每日按罚款数额的百分之三加处罚款。

（二）根据法律规定，将查封、扣押的财物拍卖或者将冻结的存款划拨抵缴罚款。

（三）申请人民法院强制执行。

**第五十二条**　当事人确有经济困难，需要延期或者分期缴纳罚款的，经当事人申请和行政机关批准，可以暂缓或者分期缴纳。

**第五十三条**　除依法应当予以销毁的物品外，依法没收的非法财物必须按照国家规定公开拍卖或者按照国家有关规定处理。

罚款、没收违法所得或者没收非法财物拍卖的款项，必须全部上缴国库，任何行政机关或者个人不得以任何形式截留、私分或者变相私分；财政部门不得以任何形式向作出行政处罚决定的行政机关返还罚款、没收的违法所得或者返还没收非法财物的拍卖款项。

**第五十四条** 行政机关应当建立健全对行政处罚的监督制度。县级以上人民政府应当加强对行政处罚的监督检查。

公民、法人或者其他组织对行政机关作出的行政处罚，有权申诉或者检举；行政机关应当认真审查，发现行政处罚有错误的，应当主动改正。

## 第七章 法律责任

**第五十五条** 行政机关实施行政处罚，有下列情形之一的，由上级行政机关或者有关部门责令改正，可以对直接负责的主管人员和其他直接责任人员依法给予行政处分：

（一）没有法定的行政处罚依据的。

（二）擅自改变行政处罚种类、幅度的。

（三）违反法定的行政处罚程序的。

（四）违反本法第十八条关于委托处罚的规定的。

**第五十六条** 行政机关对当事人进行处罚不使用罚款、没收财物单据或者使用非法定部门制发的罚款、没收财物单据的，当事人有权拒绝处罚，并有权予以检举。上级行政机关或者有关部门对使用的非法单据予以收缴销毁，对直接负责的主管人员和其他直接责任人员依法给予行政处分。

**第五十七条** 行政机关违反本法第四十六条的规定自行收缴罚款的，财政部门违反本法第五十三条的规定向行政机关返还罚款或者拍卖款项的，由上级行政机关或者有关部门责令改正，对直接负责的主管人员和其他直接责任人员依法给予行政处分。

**第五十八条** 行政机关将罚款、没收的违法所得或者财物截留、私分或者变相私分的，由财政部门或者有关部门予以追缴，对直接负责的主管人员和其他直接责任人员依法给予行政处分；情节严重构成犯罪的，依法追究刑事责任。

执法人员利用职务上的便利，索取或者收受他人财物、收缴罚款据为己有，构成犯罪的，依法追究刑事责任；情节轻微不构成犯罪的，依法给予行政处分。

**第五十九条** 行政机关使用或者损毁扣押的财物，对当事人造成损失的，应当依法予以赔偿，对直接负责的主管人员和其他直接责任人员依法给予行政处分。

**第六十条** 行政机关违法实行检查措施或者执行措施，给公民人身或者财产造成损害、给法人或者其他组织造成损失的，应当依法予以赔偿，对直接负责的主管人员和其他直接责任人员依法给予行政处分；情节严重构成犯罪的，依法追究刑事责任。

**第六十一条** 行政机关为牟取本单位私利，对应当依法移交司法机关追究刑事责任的不移交，以行政处罚代替刑罚，由上级行政机关或者有关部门责令纠正；拒不纠正的，对直接负责的主管人员给予行政处分；徇私舞弊、包庇纵容违法行为的，比照刑法第一百八十八条的规定追究刑事责任。

**第六十二条** 执法人员玩忽职守，对应当予以制止和处罚的违法行为不予制止、处罚，致使公民、法人或者其他组织的合法权益、公共利益和社会秩序遭受损害的，对直接负责的主管人员和其他直接责任人员依法给予行政处分；情节严重构成犯罪的，依法追究刑事责任。

## 第八章 附　　则

**第六十三条** 本法第四十六条罚款决定与罚款收缴分离的规定，由国务院制定具体实施办法。

**第六十四条** 本法自1996年10月1日起施行。

本法公布前制定的法规和规章关于行政处罚的规定与本法不符合的，应当自本法公布之日起，依照本法规定予以修订，在1997年12月31日前修订完毕。

# *139* 社会保险行政争议处理办法

2001年5月8日经劳动和社会保障部部务会议通过，2001年5月27日中华人民共和国劳动和社会保障部令第13号发布，自发布之日起施行。

**第一条** 为妥善处理社会保险行政争议，维护公民、法人和其他组织的合法权益，保障和监督社会保险经办机构（以下简称经办机构）依法行使职权，根据劳动法、行政复议法及有关法律、行政法规，制定本办法。

**第二条** 本办法所称的社会保险行政争议，是指经办机构在依照法律、法规及有关规定经办社会保险事务过程中，与公民、法人或者其他组织之间发生的争议。

本办法所称的经办机构，是指法律、法规授权的劳动保障行政部门所属的专门办理养老保险、医疗保险、失业保险、工伤保险、生育保险等社会保险事务的工作机构。

**第三条** 公民、法人或者其他组织认为经办机构的具体行政行为侵犯其合法权益，向经办机构或者劳动保障行政部门申请社会保险行政争议处理，经办机构或者劳动保障行政部门处理社会保险行政争议适用本办法。

**第四条** 经办机构和劳动保障行政部门的法制工作机构或者负责法制工作的机构为本单位的社会保险行政争议处理机构（以下简称保险争议处理机构），具体负责社会保险行政争议的处理工作。

**第五条** 经办机构和劳动保障行政部门分别采用复查和行政复议的方式处理社会保险行政争议。

**第六条** 有下列情形之一的，公民、法人或者其他组织可以申请行政复议：

（一）认为经办机构未依法为其办理社会保险登记、变更或者注销手续的。

（二）认为经办机构未按规定审核社会保险缴费基数的。

（三）认为经办机构未按规定记录社会保险费缴费情况或者拒绝其查询缴费记录的。

（四）认为经办机构违法收取费用或者违法要求履行义务的。

（五）对经办机构核定其社会保险待遇标准有异议的。

（六）认为经办机构不依法支付其社会保险待遇或者对经办机构停止其享受社会保险待遇有异议的。

（七）认为经办机构未依法为其调整社会保险待遇的。

（八）认为经办机构未依法为其办理社会保险关系转移或者接续手续的。

（九）认为经办机构的其他具体行政行为侵犯其合法权益的。

属于前款第（二）、（五）、（六）、（七）项情形之一的，公民、法人或者其他组织可以直接向劳动保障行政部门申请行政复议，也可以先向作出该具体行政行为的经办机构申请复查，对复查决定不服，再向劳动保障行政部门申请行政复议。

**第七条** 公民、法人或者其他组织认为经办机构的具体行政行为所依据的除法律、法规、规章和国务院文件以外的其他规范性文件不合法，在对具体行政行为申请行政复议时，可以向劳动保障行政部门一并提出对该规范性文件的审查申请。

**第八条** 公民、法人或者其他组织对经办机构作出的具体行政行为不服，可以向直接管理该经办机构的劳动保障行政部门申请行政复议。

**第九条** 申请人认为经办机构的具体行政行为侵犯其合法权益的，可以自知道该具体行政行为之日起60日内向经办机构申请复查或者向劳动保障行政部门申请行政复议。

申请人与经办机构之间发生的属于人民法院受案范围的行政案件，申请人也可以依法直接向人民法院提起行政诉讼。

**第十条** 经办机构作出具体行政行为时，未告知申请人有权申请行政复议或者行政复议申请期限的，行政复议申请期限从申请人知道行政复议权或者行政复议申请期限之日起计算，但最长不得超过二年。

因不可抗力或者其他正当理由耽误法定申请期限的，申请期限自障碍消除之日起继续计算。

**第十一条** 申请人向经办机构申请复查或者向劳动保障行政部门申请行政复议，一般应当以书面形式提出，也可以口头提出。口头提出的，接到申请的保险争议处理机构应当当场记录申请人的基本情况、请求事项、主要事实和理由、申请时间等事项，并由申请人签字或者盖章。

劳动保障行政部门的其他工作机构接到以书面形式提出的行政复议申请的，应当立即转送本部门的保险争议处理机构。

**第十二条** 申请人向作出该具体行政行为的经办机构申请复查的，该经办机构应指定其内部专门机构负责处理，并应当自接到复查申请之日起20日内作出维持或者改变该具体行政行为的复查决定。决定改变的，应当重新作出新的具体行政行为。

经办机构作出的复查决定应当采用书面形式。

**第十三条** 申请人对经办机构的复查决定不服，或者经办机构逾期未作出复查决定的，申请人可以向直接管理该经办机构的劳动保障行政部门申请行政复议。

申请人在经办机构复查该具体行政行为期间，向劳动保障行政部门申请行政复议的，经办机构的复查程序终止。

**第十四条**　经办机构复查期间，行政复议的申请期限中止，复查期限不计入行政复议申请期限。

**第十五条**　劳动保障行政部门的保险争议处理机构接到行政复议申请后，应当注明收到日期，并在5个工作日内进行审查，由劳动保障行政部门按照下列情况分别作出决定：

（一）对符合法定受理条件，但不属于本行政机关受理范围的，应当告知申请人向有关机关提出。

（二）对不符合法定受理条件的，应当作出不予受理决定，并制作行政复议不予受理决定书，送达申请人。该决定书中应当说明不予受理的理由。

除前款规定外，行政复议申请自劳动保障行政部门的保险争议处理机构收到之日起即为受理，并制作行政复议受理通知书，送达申请人和被申请人。该通知中应当告知受理日期。

本条规定的期限，从劳动保障行政部门的保险争议处理机构收到行政复议申请之日起计算；因行政复议申请书的主要内容欠缺致使劳动保障行政部门难以作出决定而要求申请人补正有关材料的，从保险争议处理机构收到补正材料之日起计算。

**第十六条**　经办机构作出具体行政行为时，没有制作或者没有送达行政文书，申请人不服提起行政复议的，只要能证明具体行政行为存在，劳动保障行政部门应当依法受理。

**第十七条**　申请人认为劳动保障行政部门无正当理由不受理其行政复议申请的，可以向上级劳动保障行政部门申诉，上级劳动保障行政部门在审查后，作出以下处理决定：

（一）申请人提出的行政复议申请符合法定受理条件的，应当责令下级劳动保障行政部门予以受理；其中申请人不服的具体行政行为是依据劳动保障法律、法规、部门规章、本级以上人民政府制定的规章或者本行政机关制定的规范性文件作出的，或者上级劳动保障行政部门认为有必要直接受理的，可以直接受理。

（二）上级劳动保障行政部门认为下级劳动保障行政部门不予受理行为确属有正当理由，应当将审查结论告知申请人。

**第十八条**　劳动保障行政部门的保险争议处理机构对已受理的社会保险行政争议案件，应当自收到申请之日起7个工作日内，将申请书副本或者申请笔录复印件和行政复议受理通知书送达被申请人。

**第十九条**　被申请人应当自接到行政复议申请书副本或者申请笔录复印件之日起10日内，提交答辩书，并提交作出该具体行政行为的证据、所依据的法律规范及其他有关材料。

被申请人不提供或者无正当理由逾期提供的，视为该具体行政行为没有证据、依据。

**第二十条**　申请人可以依法查阅被申请人提出的书面答辩、作出具体行政行为的证据、依据和其他有关材料。

**第二十一条**　劳动保障行政部门处理社会保险行政争议案件，原则上采用书面审查方式。必要时，可以向有关单位和个人调查了解情况，听取申请人、被申请人和有关人员的意见，并制作笔录。

**第二十二条** 劳动保障行政部门处理社会保险行政争议案件，以法律、法规、规章和依法制定的其他规范性文件为依据。

**第二十三条** 劳动保障行政部门在依法向有关部门请示行政复议过程中所遇到的问题应当如何处理期间，行政复议中止。

**第二十四条** 劳动保障行政部门在审查申请人一并提出的作出具体行政行为所依据的有关规定的合法性时，应当根据具体情况，分别作出以下处理：

（一）该规定是由本行政机关制定的，应当在30日内对该规定依法作出处理结论。

（二）该规定是由本行政机关以外的劳动保障行政部门制定的，应当在7个工作日内将有关材料直接移送制定该规定的劳动保障行政部门，请其在60日内依法作出处理结论，并将处理结论告知移送的劳动保障行政部门。

（三）该规定是由政府及其他工作部门制定的，应当在7个工作日内按照法定程序转送有权处理的国家机关依法处理。

审查该规定期间，行政复议中止，劳动保障行政部门应将有关中止情况通知申请人和被申请人。

**第二十五条** 行政复议中止的情形结束后，劳动保障行政部门应当继续对该具体行政行为进行审查，并将恢复行政复议审查的时间通知申请人和被申请人。

**第二十六条** 申请人向劳动保障行政部门提出行政复议申请后，在劳动保障行政部门作出处理决定之前，撤回行政复议申请的，经说明理由，劳动保障行政部门可以终止审理，并将有关情况记录在案。

**第二十七条** 劳动保障行政部门行政复议期间，被申请人变更或者撤销原具体行政行为的，应当书面告知劳动保障行政部门和申请人。劳动保障行政部门可以终止对原具体行政行为的审查，并书面告知申请人和被申请人。

申请人对被申请人变更或者重新作出的具体行政行为不服，向劳动保障行政部门提出行政复议申请的，劳动保障行政部门应当受理。

**第二十八条** 劳动保障行政部门的保险争议处理机构应当对其组织审理的社会保险行政争议案件提出处理建议，经本行政机关负责人审查同意或者重大案件经本行政机关集体讨论决定后，由本行政机关依法作出行政复议决定。

**第二十九条** 劳动保障行政部门作出行政复议决定，应当制作行政复议决定书。行政复议决定书应当载明下列事项：

（一）申请人的姓名、性别、年龄、工作单位、住址（法人或者其他组织的名称、地址、法定代表人的姓名、职务）。

（二）被申请人的名称、地址、法定代表人的姓名、职务。

（三）申请人的复议请求和理由。

（四）被申请人的答辩意见。

（五）劳动保障行政部门认定的事实、理由，适用的法律、法规、规章和依法制定的其他规范性文件。

（六）复议结论。

（七）申请人不服复议决定向人民法院起诉的期限。

（八）作出复议决定的年、月、日。

行政复议决定书应当加盖本行政机关的印章。

**第三十条**　经办机构和劳动保障行政部门应当依照民事诉讼法有关送达的规定，将复查决定和行政复议文书送达申请人和被申请人。

**第三十一条**　申请人对劳动保障行政部门作出的行政复议决定不服的，可以依法向人民法院提起行政诉讼。

**第三十二条**　经办机构必须执行生效的行政复议决定书。拒不执行或者故意拖延不执行的，由直接主管该经办机构的劳动保障行政部门责令其限期履行，并按照人事管理权限对直接负责的主管人员给予行政处分，或者建议经办机构对有关人员给予行政处分。

**第三十三条**　经办机构或者劳动保障行政部门审查社会保险行政争议案件，不得向申请人收取任何费用。

行政复议活动所需经费，由本单位的行政经费予以保障。

**第三十四条**　本办法自发布之日起施行。

# 140　人力资源社会保障行政复议办法

2010年2月25日经人力资源和社会保障部第41次部务会议审议通过，2010年3月16日中华人民共和国人力资源和社会保障部令第6号发布，自发布之日起施行。

## 目　录

第一章　总则/694
第二章　行政复议范围/695
第三章　行政复议申请/696
　　第一节　申请人/696
　　第二节　被申请人/696
　　第三节　行政复议申请期限/697
　　第四节　行政复议申请的提出/697
第四章　行政复议受理/698
第五章　行政复议审理和决定/699
第六章　附则/704

## 第一章　总　　则

**第一条**　为了规范人力资源社会保障行政复议工作，根据《中华人民共和国行政复议法》（以下简称行政复议法）和《中华人民共和国行政复议法实施条例》（以下简称行政复议法实施条例），制定本办法。

**第二条**　公民、法人或者其他组织认为人力资源社会保障部门作出的具体行政行为侵犯其合法权益，向人力资源社会保障行政部门申请行政复议，人力资源社会保障行政部门及其法制工作机构开展行政复议相关工作，适用本办法。

**第三条**　各级人力资源社会保障行政部门是人力资源社会保障行政复议机关（以下简称行政复议机关），应当认真履行行政复议职责，遵循合法、公正、公开、及时、便民的原则，坚持有错必纠，保障法律、法规和人力资源社会保障规章的正确实施。

行政复议机关应当依照有关规定配备专职行政复议人员，为行政复议工作提供财政保障。

**第四条**　行政复议机关负责法制工作的机构（以下简称行政复议机构）具体办理行政复议事项，履行下列职责：

（一）处理行政复议申请。

（二）向有关组织和人员调查取证，查阅文件和资料，组织行政复议听证。

（三）依照行政复议法实施条例第九条的规定，办理第三人参加行政复议事项。

（四）依照行政复议法实施条例第四十一条的规定，决定行政复议中止、恢复行政复议审理事项。

（五）依照行政复议法实施条例第四十二条的规定，拟订行政复议终止决定。

（六）审查申请行政复议的具体行政行为是否合法与适当，提出处理建议，拟订行政复议决定，主持行政复议调解，审查和准许行政复议和解协议。

（七）处理或者转送对行政复议法第七条所列有关规定的审查申请。

（八）依照行政复议法第二十九条的规定，办理行政赔偿等事项。

（九）依照行政复议法实施条例第三十七条的规定，办理鉴定事项。

（十）按照职责权限，督促行政复议申请的受理和行政复议决定的履行。

（十一）对人力资源社会保障部门及其工作人员违反行政复议法、行政复议法实施条例和本办法规定的行为依照规定的权限和程序提出处理建议。

（十二）研究行政复议过程中发现的问题，及时向有关机关和部门提出建议，重大问题及时向行政复议机关报告。

（十三）办理因不服行政复议决定提起行政诉讼的行政应诉事项。

（十四）办理或者组织办理未经行政复议直接提起行政诉讼的行政应诉事项。

（十五）办理行政复议、行政应诉案件统计和重大行政复议决定备案事项。

（十六）组织培训。

（十七）法律、法规规定的其他职责。

**第五条** 专职行政复议人员应当具备与履行行政复议职责相适应的品行、专业知识和业务能力，并取得相应资格。各级人力资源社会保障部门应当保障行政复议人员参加培训的权利，应当为行政复议人员参加法律类资格考试提供必要的帮助。

**第六条** 行政复议人员享有下列权利：

（一）依法履行行政复议职责的行为受法律保护。

（二）获得履行行政复议职责相应的物质条件。

（三）对行政复议工作提出建议。

（四）参加培训。

（五）法律、法规和规章规定的其他权利。

行政复议人员应当履行下列义务：

（一）严格遵守宪法和法律。

（二）以事实为根据，以法律为准绳审理行政复议案件。

（三）忠于职守，尽职尽责，清正廉洁，秉公执法。

（四）依法保障行政复议参加人的合法权益。

（五）保守国家秘密、商业秘密和个人隐私。

（六）维护国家利益、社会公共利益，维护公民、法人或者其他组织的合法权益。

（七）法律、法规和规章规定的其他义务。

## 第二章 行政复议范围

**第七条** 有下列情形之一的，公民、法人或者其他组织可以依法申请行政复议：

（一）对人力资源社会保障部门作出的警告、罚款、没收违法所得、依法予以关闭、吊销许可证等行政处罚决定不服的。

（二）对人力资源社会保障部门作出的行政处理决定不服的。

（三）对人力资源社会保障部门作出的行政许可、行政审批不服的。

（四）对人力资源社会保障部门作出的行政确认不服的。

（五）认为人力资源社会保障部门不履行法定职责的。

（六）认为人力资源社会保障部门违法收费或者违法要求履行义务的。

（七）认为人力资源社会保障部门作出的其他具体行政行为侵犯其合法权益的。

**第八条** 公民、法人或者其他组织对下列事项，不能申请行政复议：

（一）人力资源社会保障部门作出的行政处分或者其他人事处理决定。

（二）劳动者与用人单位之间发生的劳动人事争议。

（三）劳动能力鉴定委员会的行为。

（四）劳动人事争议仲裁委员会的仲裁、调解等行为。

（五）已就同一事项向其他有权受理的行政机关申请行政复议的。

（六）向人民法院提起行政诉讼，人民法院已经依法受理的。

（七）法律、行政法规规定的其他情形。

## 第三章 行政复议申请

### 第一节 申 请 人

**第九条** 依照本办法规定申请行政复议的公民、法人或者其他组织为人力资源社会保障行政复议申请人。

**第十条** 同一行政复议案件申请人超过5人的，推选1至5名代表参加行政复议，并提交全体行政复议申请人签字的授权委托书以及全体行政复议申请人的身份证复印件。

**第十一条** 依照行政复议法实施条例第九条的规定，公民、法人或者其他组织申请作为第三人参加行政复议，应当提交《第三人参加行政复议申请书》，该申请书应当列明其参加行政复议的事实和理由。

申请作为第三人参加行政复议的，应当对其与被审查的具体行政行为有利害关系负举证责任。

行政复议机构通知或者同意第三人参加行政复议的，应当制作《第三人参加行政复议通知书》，送达第三人，并注明第三人参加行政复议的日期。

**第十二条** 申请人、第三人可以委托1至2名代理人参加行政复议。

申请人、第三人委托代理人参加行政复议的，应当向行政复议机构提交授权委托书。授权委托书应当载明下列事项：

（一）委托人姓名或者名称，委托人为法人或者其他组织的，还应当载明法定代表人或者主要负责人的姓名、职务。

（二）代理人姓名、性别、职业、住所以及邮政编码。

（三）委托事项、权限和期限。

（四）委托日期以及委托人签字或者盖章。

申请人、第三人解除或者变更委托的，应当书面报告行政复议机构。

### 第二节 被 申 请 人

**第十三条** 公民、法人或者其他组织对人力资源社会保障部门作出的具体行政行为不服，依照本办法规定申请行政复议的，作出该具体行政行为的人力资源社会保障部门为被申请人。

**第十四条** 对县级以上人力资源社会保障行政部门的具体行政行为不服的，可以向上一级人力资源社会保障行政部门申请复议，也可以向该人力资源社会保障行政部门的本级人民政府申请行政复议。

对人力资源社会保障部作出的具体行政行为不服的，向人力资源社会保障部申请行政复议。

**第十五条** 对人力资源社会保障行政部门按照国务院规定设立的社会保险经办机构（以下简称社会保险经办机构）依照法律、法规规定作出的具体行政行为不服，可以向直接管理该社会保险经办机构的人力资源社会保障行政部门申请行政复议。

**第十六条** 对依法受委托的属于事业组织的公共就业服务机构、职业技能考核鉴定机构以及街道、乡镇人力资源社会保障工作机构等作出的具体行政行为不服的，可以向委托其行使行政管理职能的人力资源社会保障行政部门的上一级人力资源社会保障行政部门申请复议，也可以向该人力资源社会保障行政部门的本级人民政府申请行政复议。委托的人力资源社会保障行政部门为被申请人。

**第十七条**　对人力资源社会保障部门和政府其他部门以共同名义作出的具体行政行为不服的，可以向其共同的上一级行政部门申请复议。共同作出具体行政行为的人力资源社会保障部门为共同被申请人之一。

**第十八条**　人力资源社会保障部门设立的派出机构、内设机构或者其他组织，未经法律、法规授权，对外以自己名义作出具体行政行为的，该人力资源社会保障部门为被申请人。

### 第三节　行政复议申请期限

**第十九条**　公民、法人或者其他组织认为人力资源社会保障部门作出的具体行政行为侵犯其合法权益的，可以自知道该具体行政行为之日起60日内提出行政复议申请。

前款规定的行政复议申请期限依照下列规定计算：

（一）当场作出具体行政行为的，自具体行政行为作出之日起计算。

（二）载明具体行政行为的法律文书直接送达的，自受送达人签收之日起计算。

（三）载明具体行政行为的法律文书依法留置送达的，自送达人和见证人在送达回证上签注的留置送达之日起计算。

（四）载明具体行政行为的法律文书邮寄送达的，自受送达人在邮件签收单上签收之日起计算；没有邮件签收单的，自受送达人在送达回执上签名之日起计算。

（五）具体行政行为依法通过公告形式告知受送达人的，自公告规定的期限届满之日起计算。

（六）被申请人作出具体行政行为时未告知公民、法人或者其他组织，事后补充告知的，自该公民、法人或者其他组织收到补充告知的通知之日起计算。

（七）被申请人有证据材料能够证明公民、法人或者其他组织知道该具体行政行为的，自证据材料证明其知道具体行政行为之日起计算。

人力资源社会保障部门作出具体行政行为，依法应当向有关公民、法人或者其他组织送达法律文书而未送达的，视为该公民、法人或者其他组织不知道该具体行政行为。

申请人因不可抗力或者其他正当理由耽误法定申请期限的，申请期限自原因消除之日起继续计算。

**第二十条**　人力资源社会保障部门对公民、法人或者其他组织作出具体行政行为，应当告知其申请行政复议的权利、行政复议机关和行政复议申请期限。

### 第四节　行政复议申请的提出

**第二十一条**　申请人书面申请行政复议的，可以采取当面递交、邮寄或者传真等方式递交行政复议申请书。

有条件的行政复议机构可以接受以电子邮件形式提出的行政复议申请。

对采取传真、电子邮件方式提出的行政复议申请，行政复议机构应当告知申请人补充提交证明其身份以及确认申请书真实性的相关书面材料。

**第二十二条** 申请人书面申请行政复议的，应当在行政复议申请书中载明下列事项：

（一）申请人基本情况：申请人是公民的，包括姓名、性别、年龄、身份证号码、工作单位、住所、邮政编码；申请人是法人或者其他组织的，包括名称、住所、邮政编码和法定代表人或者主要负责人的姓名、职务。

（二）被申请人的名称。

（三）申请行政复议的具体行政行为、行政复议请求、申请行政复议的主要事实和理由。

（四）申请人签名或者盖章。

（五）日期。

申请人口头申请行政复议的，行政复议机构应当依照前款规定内容，当场制作行政复议申请笔录交申请人核对或者向申请人宣读，并由申请人签字确认。

**第二十三条** 有下列情形之一的，申请人应当提供相应的证明材料：

（一）认为被申请人不履行法定职责的，提供曾经申请被申请人履行法定职责的证明材料。

（二）申请行政复议时一并提出行政赔偿申请的，提供受具体行政行为侵害而造成损害的证明材料。

（三）属于本办法第十九条第四款情形的，提供发生不可抗力或者有其他正当理由的证明材料。

（四）需要申请人提供证据材料的其他情形。

**第二十四条** 申请人提出行政复议申请时错列被申请人的，行政复议机构应当告知申请人变更被申请人。

申请人变更被申请人的期间，不计入行政复议审理期限。

**第二十五条** 依照行政复议法第七条的规定，申请人认为具体行政行为所依据的规定不合法的，可以在对具体行政行为申请行政复议的同时一并提出对该规定的审查申请；申请人在对具体行政行为提出行政复议申请时尚不知道该具体行政行为所依据的规定的，可以在行政复议机关作出行政复议决定前向行政复议机关提出对该规定的审查申请。

## 第四章　行政复议受理

**第二十六条** 行政复议机构收到行政复议申请后，应当在5日内进行审查，按照下列情况分别作出处理：

（一）对符合行政复议法实施条例第二十八条规定条件的，依法予以受理，制作《行政复议受理通知书》和《行政复议提出答复通知书》，送达申请人和被申请人。

（二）对符合本办法第七条规定的行政复议范围，但不属于本机关受理范围的，应当书面告知申请人向有关行政复议机关提出。

（三）对不符合法定受理条件的，应当作出不予受理决定，制作《行政复议不予受理决定书》，送达申请人，该决定书中应当说明不予受理的理由和依据。

对不符合前款规定的行政复议申请，行政复议机构应当将有关处理情况告知申请人。

**第二十七条** 人力资源社会保障行政部门的其他工作机构收到复议申请的，应当及时转送行政复议机构。

除不符合行政复议法定条件或者不属于本机关受理的行政复议申请外，行政复议申请自行政复议机构收到之日起即为受理。

**第二十八条** 依照行政复议法实施条例第二十九条的规定，行政复议申请材料不齐全或者表述不清楚的，行政复议机构可以向申请人发出补正通知，一次性告知申请人需要补正的事项。

补正通知应当载明下列事项：

（一）行政复议申请书中需要修改、补充的具体内容。

（二）需要补正的证明材料。

（三）合理的补正期限。

（四）逾期未补正的法律后果。

补正期限从申请人收到补正通知之日起计算。

无正当理由逾期不补正的，视为申请人放弃行政复议申请。

申请人应当在补正期限内向行政复议机构提交需要补正的材料。补正申请材料所用时间不计入行政复议审理期限。

**第二十九条** 申请人依法提出行政复议申请，行政复议机关无正当理由不予受理的，上一级人力资源社会保障行政部门可以根据申请人的申请或者依职权先行督促其受理；经督促仍不受理的，应当责令其限期受理，并且制作《责令受理行政复议申请通知书》；必要时，上一级人力资源社会保障行政部门也可以直接受理。

上一级人力资源社会保障行政部门经审查认为行政复议申请不符合法定受理条件的，应当告知申请人。

**第三十条** 劳动者与用人单位因工伤保险待遇发生争议，向劳动人事争议仲裁委员会申请仲裁期间，又对人力资源社会保障行政部门作出的工伤认定结论不服向行政复议机关申请行政复议的，如果符合法定条件，应当予以受理。

## 第五章 行政复议审理和决定

**第三十一条** 行政复议原则上采取书面审查的办法，但是申请人提出要求或者行政复议机构认为有必要的，可以向有关组织和人员调查情况，听取申请人、被申请人和第三人的意见。

**第三十二条** 行政复议机构应当自行政复议申请受理之日起 7 日内，将行政复议申请书副本或者行政复议申请笔录复印件发送被申请人。被申请人应当自收到申请书副本或者申请笔录复印件之日起 10 日内，提交行政复议答复书，并提交当初作出具体行政行为的证据、依据和其他有关材料。

行政复议答复书应当载明下列事项，并加盖被申请人印章：

（一）被申请人的名称、地址、法定代表人的姓名、职务。

（二）作出具体行政行为的事实和有关证据材料。

（三）作出具体行政行为依据的法律、法规、规章和规范性文件的具体条款和内容。

（四）对申请人行政复议请求的意见和理由。

（五）日期。

被申请人应当对其提交的证据材料分类编号，对证据材料的来源、证明对象和内容作简要说明。

因不可抗力或者其他正当理由，被申请人不能在法定期限内提出书面答复、提交当初作出具体行政行为的证据、依据和其他有关材料的，可以向行政复议机关提出延期答复和举证的书面申请。

**第三十三条** 有下列情形之一的，行政复议机构可以实地调查核实证据：

（一）申请人或者被申请人对于案件事实的陈述有争议的。

（二）被申请人提供的证据材料之间相互矛盾的。

（三）第三人提出新的证据材料，足以推翻被申请人认定的事实的。

（四）行政复议机构认为确有必要的其他情形。

调查取证时，行政复议人员不得少于2人，并应当向当事人或者有关人员出示证件。

**第三十四条** 对重大、复杂的案件，申请人提出要求或者行政复议机构认为必要时，可以采取听证的方式审理。

有下列情形之一的，属于重大、复杂的案件：

（一）涉及人数众多或者群体利益的案件。

（二）具有涉外因素的案件。

（三）社会影响较大的案件。

（四）案件事实和法律关系复杂的案件。

（五）行政复议机构认为其他重大、复杂的案件。

**第三十五条** 公民、法人或者其他组织对人力资源社会保障部门行使法律、法规规定的自由裁量权作出的具体行政行为不服申请行政复议，在行政复议机关作出行政复议决定之前，申请人和被申请人可以在自愿、合法基础上达成和解。申请人和被申请人达成和解的，应当向行政复议机构提交书面和解协议。

书面和解协议应当载明行政复议请求、事实、理由和达成和解的结果，并且由申请人和被申请人签字或者盖章。

行政复议机构应当对申请人和被申请人提交的和解协议进行审查。和解确属申请人和被申请人的真实意思表示，和解内容不违反法律、法规的强制性规定，不损害国家利益、社会公共利益和他人合法权益的，行政复议机构应当准许和解，并终止行政复议案件的审理。

**第三十六条** 依照行政复议法实施条例第四十一条的规定，行政复议机构中止、恢复行政复议案件的审理，应当分别制发《行政复议中止通知书》和《行政复议恢复审理通知书》，并通知申请人、被申请人和第三人。

**第三十七条**　依照行政复议法实施条例第四十二条的规定，行政复议机关终止行政复议的，应当制发《行政复议终止通知书》，并通知申请人、被申请人和第三人。

**第三十八条**　依照行政复议法第二十八条第一款第一项规定，具体行政行为认定事实清楚，证据确凿，适用依据正确，程序合法，内容适当的，行政复议机关应当决定维持。

**第三十九条**　依照行政复议法第二十八条第一款第二项规定，被申请人不履行法定职责的，行政复议机关应当决定其在一定期限内履行法定职责。

**第四十条**　具体行政行为有行政复议法第二十八条第一款第三项规定情形之一的，行政复议机关应当决定撤销、变更该具体行政行为或者确认该具体行政行为违法；决定撤销该具体行政行为或者确认该具体行政行为违法的，可以责令被申请人在一定期限内重新作出具体行政行为。

**第四十一条**　被申请人未依照行政复议法第二十三条的规定提出书面答复、提交当初作出具体行政行为的证据、依据和其他有关材料的，视为该具体行政行为没有证据、依据，行政复议机关应当决定撤销该具体行政行为。

**第四十二条**　具体行政行为有行政复议法实施条例第四十七条规定情形之一的，行政复议机关可以作出变更决定。

**第四十三条**　依照行政复议法实施条例第四十八条第一款的规定，行政复议机关决定驳回行政复议申请的，应当制发《驳回行政复议申请决定书》，并通知申请人、被申请人和第三人。

**第四十四条**　行政复议机关依照行政复议法第二十八条的规定责令被申请人重新作出具体行政行为的，被申请人应当在法律、法规、规章规定的期限内重新作出具体行政行为；法律、法规、规章未规定期限的，重新作出具体行政行为的期限为60日。

公民、法人或者其他组织对被申请人重新作出的具体行政行为不服，可以依法申请行政复议或者提起行政诉讼。

**第四十五条**　有下列情形之一的，行政复议机关可以按照自愿、合法的原则进行调解：

（一）公民、法人或者其他组织对人力资源社会保障部门行使法律、法规规定的自由裁量权作出的具体行政行为不服申请行政复议的。

（二）当事人之间的行政赔偿或者行政补偿纠纷。

（三）其他适于调解的。

**第四十六条**　行政复议机关进行调解应当符合下列要求：

（一）在查明案件事实的基础上进行。

（二）充分尊重申请人和被申请人的意愿。

（三）遵循公正、合理原则。

（四）调解结果应当符合有关法律、法规的规定。

（五）调解结果不得损害国家利益、社会公共利益或者他人合法权益。

**第四十七条**　申请人和被申请人经调解达成协议的，行政复议机关应当制作《行政复议调解书》。《行政复议调解书》应当载明下列内容：

（一）申请人姓名、性别、年龄、住所（法人或者其他组织的名称、地址、法定代表人或者主要负责人的姓名、职务）。

（二）被申请人的名称。

（三）申请人申请行政复议的请求、事实和理由。

（四）被申请人答复的事实、理由、证据和依据。

（五）进行调解的基本情况。

（六）调解结果。

（七）日期。

《行政复议调解书》应当加盖行政复议机关印章。《行政复议调解书》经申请人、被申请人签字或者盖章，即具有法律效力。

调解未达成协议或者调解书生效前一方反悔的，行政复议机关应当及时作出行政复议决定。

**第四十八条** 行政复议机关在审查申请人一并提出的作出具体行政行为所依据的规定的合法性时，应当根据具体情况，分别作出下列处理：

（一）如果该规定是由本行政机关制定的，应当在30日内对该规定依法作出处理结论。

（二）如果该规定是由其他人力资源社会保障行政部门制定的，应当在7日内按照法定程序转送制定该规定的人力资源社会保障行政部门，请其在60日内依法处理。

（三）如果该规定是由人民政府制定的，应当在7日内按照法定程序转送有权处理的国家机关依法处理。

对该规定进行审查期间，中止对具体行政行为的审查；审查结束后，行政复议机关再继续对具体行政行为的审查。

**第四十九条** 行政复议机关对决定撤销、变更具体行政行为或者确认具体行政行为违法并且申请人提出行政赔偿请求的下列具体行政行为，应当在行政复议决定中同时作出被申请人依法给予赔偿的决定：

（一）被申请人违法实施罚款、没收违法所得、依法予以关闭、吊销许可证等行政处罚的。

（二）被申请人造成申请人财产损失的其他违法行为。

**第五十条** 行政复议机关作出行政复议决定，应当制作《行政复议决定书》，载明下列事项：

（一）申请人的姓名、性别、年龄、住所（法人或者其他组织的名称、地址、法定代表人或者主要负责人的姓名、职务）。

（二）被申请人的名称、住所。

（三）申请人的行政复议请求和理由。

（四）第三人的意见。

（五）被申请人答复意见。

（六）行政复议机关认定的事实、理由，适用的法律、法规、规章以及其他规范性文件。

（七）复议决定。

（八）申请人不服行政复议决定向人民法院起诉的期限。

（九）日期。

《行政复议决定书》应当加盖行政复议机关印章。

**第五十一条**　行政复议机关应当根据《中华人民共和国民事诉讼法》的规定，采用直接送达、邮寄送达或者委托送达等方式，将行政复议决定送达申请人、被申请人和第三人。

**第五十二条**　下级行政复议机关应当及时将重大行政复议决定报上级行政复议机关备案。

**第五十三条**　案件审查结束后，办案人员应当及时将案卷进行整理归档。案卷保存期不少于10年，国家另有规定的从其规定。保存期满后的案卷，应当按照国家有关档案管理的规定处理。

案卷归档材料应当包括：

（一）行政复议申请的处理

1. 行政复议申请书或者行政复议申请笔录、申请人提交的证据材料。

2. 授权委托书、申请人身份证复印件、法定代表人或者主要负责人身份证明书。

3. 行政复议补正通知书。

4. 行政复议受理通知书和行政复议提出答复通知书。

5. 行政复议不予受理决定书。

6. 行政复议告知书。

7. 行政复议答复书、被申请人提交的证据材料。

8. 第三人参加行政复议申请书、第三人参加行政复议通知书。

9. 责令限期受理行政复议申请通知书。

（二）案件审理

1. 行政复议调查笔录。

2. 行政复议听证记录。

3. 行政复议中止通知书、行政复议恢复审理通知书。

4. 行政复议和解协议。

5. 行政复议延期处理通知书。

6. 撤回行政复议申请书。

7. 规范性文件转送函。

（三）处理结果

1. 行政复议决定书。

2. 行政复议调解书。

3. 行政复议终止书。

4. 驳回行政复议申请决定书。

（四）其他

1. 行政复议文书送达回证。

2. 行政复议意见书。

3. 行政复议建议书。

4. 其他。

**第五十四条** 案卷装订、归档应当达到下列要求：

（一）案卷装订整齐。

（二）案卷目录用钢笔或者签字笔填写，字迹工整。

（三）案卷材料不得涂改。

（四）卷内材料每页下方应当居中标注页码。

## 第六章 附 则

**第五十五条** 本办法所称人力资源社会保障部门包括人力资源社会保障行政部门、社会保险经办机构、公共就业服务机构等具有行政职能的机构。

**第五十六条** 人力资源社会保障行政复议活动所需经费、办公用房以及交通、通信、摄像、录音等设备由各级人力资源社会保障部门予以保障。

**第五十七条** 行政复议机关可以使用行政复议专用章。在人力资源社会保障行政复议活动中，行政复议专用章和行政复议机关印章具有同等效力。

**第五十八条** 本办法未规定事项，依照行政复议法、行政复议法实施条例规定执行。

**第五十九条** 本办法自发布之日起施行。劳动和社会保障部 1999 年 11 月 23 日发布的《劳动和社会保障行政复议办法》（劳动和社会保障部令第 5 号）同时废止。

# 141 最高人民法院关于审理工伤保险行政案件若干问题的规定

法释〔2014〕9 号

为正确审理工伤保险行政案件，根据《中华人民共和国社会保险法》《中华人民共和国劳动法》《中华人民共和国行政诉讼法》《工伤保险条例》及其他有关法律、行政法规规定，结合行政审判实际，制定本规定。

**第一条** 人民法院审理工伤认定行政案件，在认定是否存在《工伤保险条例》第十四条第（六）项“本人主要责任”、第十六条第（二）项“醉酒或者吸毒”和第十六条第（三）项“自残或者自杀”等情形时，应当以有权机构出具的事故责任认定书、结论性意见和人民法院生效裁判等法律文书为依据，但有相反证据足以推翻事故责任认定书和结论性意见的除外。

前述法律文书不存在或者内容不明确，社会保险行政部门就前款事实作出认定的，人民法院应当结合其提供的相关证据依法进行审查。

《工伤保险条例》第十六条第（一）项“故意犯罪”的认定，应当以刑事侦查机关、检察机关和审判机关的生效法律文书或者结论性意见为依据。

**第二条** 人民法院受理工伤认定行政案件后，发现原告或者第三人在提起行政诉讼前已经就是否存在劳动关系申请劳动仲裁或者提起民事诉讼的，应当中止行政案件的审理。

**第三条** 社会保险行政部门认定下列单位为承担工伤保险责任单位的，人民法院应予支持：

（一）职工与两个或两个以上单位建立劳动关系，工伤事故发生时，职工为之工作的单位为承担工伤保险责任的单位；

（二）劳务派遣单位派遣的职工在用工单位工作期间因工伤亡的，派遣单位为承担工伤保险责任的单位；

（三）单位指派到其他单位工作的职工因工伤亡的，指派单位为承担工伤保险责任的单位；

（四）用工单位违反法律、法规规定将承包业务转包给不具备用工主体资格的组织或者自然人，该组织或者自然人聘用的职工从事承包业务时因工伤亡的，用工单位为承担工伤保险责任的单位；

（五）个人挂靠其他单位对外经营，其聘用的人员因工伤亡的，被挂靠单位为承担工伤保险责任的单位。

前款第（四）、（五）项明确的承担工伤保险责任的单位承担赔偿责任或者社会保险经办机构从工伤保险基金支付工伤保险待遇后，有权向相关组织、单位和个人追偿。

**第四条** 社会保险行政部门认定下列情形为工伤的，人民法院应予支持：

（一）职工在工作时间和工作场所内受到伤害，用人单位或者社会保险行政部门没有证据证明是非工作原因导致的；

（二）职工参加用人单位组织或者受用人单位指派参加其他单位组织的活动受到伤害的；

（三）在工作时间内，职工来往于多个与其工作职责相关的工作场所之间的合理区域因工受到伤害的；

（四）其他与履行工作职责相关，在工作时间及合理区域内受到伤害的。

**第五条** 社会保险行政部门认定下列情形为“因工外出期间”的，人民法院应予支持：

（一）职工受用人单位指派或者因工作需要在工作场所以外从事与工作职责有关的活动期间；

（二）职工受用人单位指派外出学习或者开会期间；

（三）职工因工作需要的其他外出活动期间。

职工因工外出期间从事与工作或者受用人单位指派外出学习、开会无关的个人活动受到伤害，社会保险行政部门不认定为工伤的，人民法院应予支持。

**第六条** 对社会保险行政部门认定下列情形为“上下班途中”的，人民法院应予支持：

（一）在合理时间内往返于工作地与住所地、经常居住地、单位宿舍的合理路线的上下班途中；

（二）在合理时间内往返于工作地与配偶、父母、子女居住地的合理路线的上下班途中；

（三）从事属于日常工作生活所需要的活动，且在合理时间和合理路线的上下班途中；

（四）在合理时间内其他合理路线的上下班途中。

**第七条** 由于不属于职工或者其近亲属自身原因超过工伤认定申请期限的，被耽误的时间不计算在工伤认定申请期限内。

有下列情形之一耽误申请时间的，应当认定为不属于职工或者其近亲属自身原因：

（一）不可抗力；

（二）人身自由受到限制；

（三）属于用人单位原因；

（四）社会保险行政部门登记制度不完善；

（五）当事人对是否存在劳动关系申请仲裁、提起民事诉讼。

**第八条** 职工因第三人的原因受到伤害，社会保险行政部门以职工或者其近亲属已经对第三人提起民事诉讼或者获得民事赔偿为由，作出不予受理工伤认定申请或者不予认定工伤决定的，人民法院不予支持。

职工因第三人的原因受到伤害，社会保险行政部门已经作出工伤认定，职工或者其近亲属未对第三人提起民事诉讼或者尚未获得民事赔偿，起诉要求社会保险经办机构支付工伤保险待遇的，人民法院应予支持。

职工因第三人的原因导致工伤，社会保险经办机构以职工或者其近亲属已经对第三人提起民事诉讼为由，拒绝支付工伤保险待遇的，人民法院不予支持，但第三人已经支付的医疗费用除外。

**第九条** 因工伤认定申请人或者用人单位隐瞒有关情况或者提供虚假材料，导致工伤认定错误的，社会保险行政部门可以在诉讼中依法予以更正。

工伤认定依法更正后，原告不申请撤诉，社会保险行政部门在作出原工伤认定时有过错的，人民法院应当判决确认违法；社会保险行政部门无过错的，人民法院可以驳回原告诉讼请求。

**第十条** 最高人民法院以前颁布的司法解释与本规定不一致的，以本规定为准。

## 142 最高人民法院关于适用《中华人民共和国行政诉讼法》若干问题的解释

法释〔2015〕9号

为正确适用第十二届全国人民代表大会常务委员会第十一次会议决定修改的《中华人民共和国行政诉讼法》，结合人民法院行政审判工作实际，现就有关条款的适用问题解释如下：

**第一条** 人民法院对符合起诉条件的案件应当立案，依法保障当事人行使诉讼权利。

对当事人依法提起的诉讼，人民法院应当根据行政诉讼法第五十一条的规定，一律接收起诉状。能够判断符合起诉条件的，应当当场登记立案；当场不能判断是否符合起诉条件的，应当在接收起诉状后七日内决定是否立案；七日内仍不能作出判断的，应当先予立案。

起诉状内容或者材料欠缺的，人民法院应当一次性全面告知当事人需要补正的内容、补充的材料及期限。在指定期限内补正并符合起诉条件的，应当登记立案。当事人拒绝补正或者经补正仍不符合起诉条件的，裁定不予立案，并载明不予立案的理由。

当事人对不予立案裁定不服的，可以提起上诉。

**第二条** 行政诉讼法第四十九条第三项规定的“有具体的诉讼请求”是指：

（一）请求判决撤销或者变更行政行为；

（二）请求判决行政机关履行法定职责或者给付义务；

（三）请求判决确认行政行为违法；

（四）请求判决确认行政行为无效；

（五）请求判决行政机关予以赔偿或者补偿；

（六）请求解决行政协议争议；

（七）请求一并审查规章以下规范性文件；

（八）请求一并解决相关民事争议；

（九）其他诉讼请求。

当事人未能正确表达诉讼请求的，人民法院应当予以释明。

**第三条** 有下列情形之一，已经立案的，应当裁定驳回起诉：

（一）不符合行政诉讼法第四十九条规定的；

（二）超过法定起诉期限且无正当理由的；

（三）错列被告且拒绝变更的；

（四）未按照法律规定由法定代理人、指定代理人、代表人为诉讼行为的；

（五）未按照法律、法规规定先向行政机关申请复议的；

（六）重复起诉的；

（七）撤回起诉后无正当理由再行起诉的；

（八）行政行为对其合法权益明显不产生实际影响的；

（九）诉讼标的已为生效裁判所羁束的；

（十）不符合其他法定起诉条件的。

人民法院经过阅卷、调查和询问当事人，认为不需要开庭审理的，可以径行裁定驳回起诉。

**第四条** 公民、法人或者其他组织依照行政诉讼法第四十七条第一款的规定，对行政机关不履行法定职责提起诉讼的，应当在行政机关履行法定职责期限届满之日起六个月内提出。

**第五条** 行政诉讼法第三条第三款规定的“行政机关负责人”，包括行政机关的正职和副职负责人。行政机关负责人出庭应诉的，可以另行委托一至二名诉讼代理人。

**第六条** 行政诉讼法第二十六条第二款规定的“复议机关决定维持原行政行为”，包括复议机关驳回复议申请或者复议请求的情形，但以复议申请不符合受理条件为由驳回的除外。

行政诉讼法第二十六条第二款规定的“复议机关改变原行政行为”，是指复议机关改变原行政行为的处理结果。

**第七条** 复议机关决定维持原行政行为的，作出原行政行为的行政机关和复议机关是共同被告。原告只起诉作出原行政行为的行政机关或者复议机关的，人民法院应当告知原告追加被告。原告不同意追加的，人民法院应当将另一机关列为共同被告。

**第八条** 作出原行政行为的行政机关和复议机关为共同被告的，以作出原行政行为的行政机关确定案件的级别管辖。

**第九条** 复议机关决定维持原行政行为的，人民法院应当在审查原行政行为合法性的同时，一并审查复议程序的合法性。

作出原行政行为的行政机关和复议机关对原行政行为合法性共同承担举证责任，可以由其中一个机关实施举证行为。复议机关对复议程序的合法性承担举证责任。

**第十条** 人民法院对原行政行为作出判决的同时，应当对复议决定一并作出相应判决。

人民法院判决撤销原行政行为和复议决定的，可以判决作出原行政行为的行政机关重新作出行政行为。

人民法院判决作出原行政行为的行政机关履行法定职责或者给付义务的，应当同时判决撤销复议决定。

原行政行为合法、复议决定违反法定程序的，应当判决确认复议决定违法，同时判决驳回原告针对原行政行为的诉讼请求。

原行政行为被撤销、确认违法或者无效，给原告造成损失的，应当由作出原行政行为的行政机关承担赔偿责任；因复议程序违法给原告造成损失的，由复议机关承担赔偿责任。

**第十一条** 行政机关为实现公共利益或者行政管理目标，在法定职责范围内，与公民、法人或者其他组织协商订立的具有行政法上权利义务内容的协议，属于行政诉讼法第十二条第一款第十一项规定的行政协议。

公民、法人或者其他组织就下列行政协议提起行政诉讼的，人民法院应当依法受理：

（一）政府特许经营协议；

（二）土地、房屋等征收征用补偿协议；

（三）其他行政协议。

**第十二条** 公民、法人或者其他组织对行政机关不依法履行、未按照约定履行协议提起诉讼的，参照民事法律规范关于诉讼时效的规定；对行政机关单方变更、解除协议等行为提起诉讼的，适用行政诉讼法及其司法解释关于起诉期限的规定。

**第十三条** 对行政协议提起诉讼的案件，适用行政诉讼法及其司法解释的规定确定管辖法院。

**第十四条**　人民法院审查行政机关是否依法履行、按照约定履行协议或者单方变更、解除协议是否合法，在适用行政法律规范的同时，可以适用不违反行政法和行政诉讼法强制性规定的民事法律规范。

**第十五条**　原告主张被告不依法履行、未按照约定履行协议或者单方变更、解除协议违法，理由成立的，人民法院可以根据原告的诉讼请求判决确认协议有效、判决被告继续履行协议，并明确继续履行的具体内容；被告无法继续履行或者继续履行已无实际意义的，判决被告采取相应的补救措施；给原告造成损失的，判决被告予以赔偿。

原告请求解除协议或者确认协议无效，理由成立的，判决解除协议或者确认协议无效，并根据合同法等相关法律规定作出处理。

被告因公共利益需要或者其他法定理由单方变更、解除协议，给原告造成损失的，判决被告予以补偿。

**第十六条**　对行政机关不依法履行、未按照约定履行协议提起诉讼的，诉讼费用准用民事案件交纳标准；对行政机关单方变更、解除协议等行为提起诉讼的，诉讼费用适用行政案件交纳标准。

**第十七条**　公民、法人或者其他组织请求一并审理行政诉讼法第六十一条规定的相关民事争议，应当在第一审开庭审理前提出；有正当理由的，也可以在法庭调查中提出。

有下列情形之一的，人民法院应当作出不予准许一并审理民事争议的决定，并告知当事人可以依法通过其他渠道主张权利：

（一）法律规定应当由行政机关先行处理的；

（二）违反民事诉讼法专属管辖规定或者协议管辖约定的；

（三）已经申请仲裁或者提起民事诉讼的；

（四）其他不宜一并审理的民事争议。

对不予准许的决定可以申请复议一次。

**第十八条**　人民法院在行政诉讼中一并审理相关民事争议的，民事争议应当单独立案，由同一审判组织审理。

审理行政机关对民事争议所作裁决的案件，一并审理民事争议的，不另行立案。

**第十九条**　人民法院一并审理相关民事争议，适用民事法律规范的相关规定，法律另有规定的除外。

当事人在调解中对民事权益的处分，不能作为审查被诉行政行为合法性的根据。

行政争议和民事争议应当分别裁判。当事人仅对行政裁判或者民事裁判提出上诉的，未上诉的裁判在上诉期满后即发生法律效力。第一审人民法院应当将全部案卷一并移送第二审人民法院，由行政审判庭审理。第二审人民法院发现未上诉的生效裁判确有错误的，应当按照审判监督程序再审。

**第二十条**　公民、法人或者其他组织请求人民法院一并审查行政诉讼法第五十三条规定的规范性文件，应当在第一审开庭审理前提出；有正当理由的，也可以在法庭调查中提出。

**第二十一条**　规范性文件不合法的，人民法院不作为认定行政行为合法的依据，并在裁判理由中予以阐明。作出生效裁判的人民法院应当向规范性文件的制定机关提出处理建议，并可以抄送制定机关的同级人民政府或者上一级行政机关。

**第二十二条** 原告请求被告履行法定职责的理由成立，被告违法拒绝履行或者无正当理由逾期不予答复的，人民法院可以根据行政诉讼法第七十二条的规定，判决被告在一定期限内依法履行原告请求的法定职责；尚需被告调查或者裁量的，应当判决被告针对原告的请求重新作出处理。

**第二十三条** 原告申请被告依法履行支付抚恤金、最低生活保障待遇或者社会保险待遇等给付义务的理由成立，被告依法负有给付义务而拒绝或者拖延履行义务且无正当理由的，人民法院可以根据行政诉讼法第七十三条的规定，判决被告在一定期限内履行相应的给付义务。

**第二十四条** 当事人向上一级人民法院申请再审，应当在判决、裁定或者调解书发生法律效力后六个月内提出。有下列情形之一的，自知道或者应当知道之日起六个月内提出：

（一）有新的证据，足以推翻原判决、裁定的；

（二）原判决、裁定认定事实的主要证据是伪造的；

（三）据以作出原判决、裁定的法律文书被撤销或者变更的；

（四）审判人员审理该案件时有贪污受贿、徇私舞弊、枉法裁判行为的。

**第二十五条** 有下列情形之一的，当事人可以向人民检察院申请抗诉或者检察建议：

（一）人民法院驳回再审申请的；

（二）人民法院逾期未对再审申请作出裁定的；

（三）再审判决、裁定有明显错误的。

人民法院基于抗诉或者检察建议作出再审判决、裁定后，当事人申请再审的，人民法院不予立案。

**第二十六条** 2015 年 5 月 1 日前起诉期限尚未届满的，适用修改后的行政诉讼法关于起诉期限的规定。

2015 年 5 月 1 日前尚未审结案件的审理期限，适用修改前的行政诉讼法关于审理期限的规定。依照修改前的行政诉讼法已经完成的程序事项，仍然有效。

对 2015 年 5 月 1 日前发生法律效力的判决、裁定或者行政赔偿调解书不服申请再审，或者人民法院依照审判监督程序再审的，程序性规定适用修改后的行政诉讼法的规定。

**第二十七条** 最高人民法院以前发布的司法解释与本解释不一致的，以本解释为准。

# 十二、劳 动 关 系

## 143　中华人民共和国劳动法

1994年7月5日第八届全国人民代表大会常务委员会第八次会议通过，
1994年7月5日中华人民共和国主席令第二十八号公布，
自1995年1月1日起施行。

### 目　录

第一章　总则/711
第二章　促进就业/712
第三章　劳动合同和集体合同/712
第四章　工作时间和休息休假/714
第五章　工资/715
第六章　劳动安全卫生/716
第七章　女职工和未成年工特殊保护/716
第八章　职业培训/717
第九章　社会保险和福利/717
第十章　劳动争议/718
第十一章　监督检查/719
第十二章　法律责任/719
第十三章　附则/720

### 第一章　总　则

**第一条**　为了保护劳动者的合法权益，调整劳动关系，建立和维护适应社会主义市场经济的劳动制度，促进经济发展和社会进步，根据宪法，制定本法。

**第二条**　在中华人民共和国境内的企业、个体经济组织（以下统称用人单位）和与之形成劳动关系的劳动者，适用本法。

国家机关、事业组织、社会团体和与之建立劳动合同关系的劳动者，依照本法执行。

**第三条**　劳动者享有平等就业和选择职业的权利、取得劳动报酬的权利、休息休假的权利、获得劳动安全卫生保护的权利、接受职业技能培训的权利、享受社会保险和福利的权利、提请劳动争议处理的权利以及法律规定的其他劳动权利。

劳动者应当完成劳动任务，提高职业技能，执行劳动安全卫生规程，遵守劳动纪律和职业道德。

**第四条** 用人单位应当依法建立和完善规章制度，保障劳动者享有劳动权利和履行劳动义务。

**第五条** 国家采取各种措施，促进劳动就业，发展职业教育，制定劳动标准，调节社会收入，完善社会保险，协调劳动关系，逐步提高劳动者的生活水平。

**第六条** 国家提倡劳动者参加社会义务劳动，开展劳动竞赛和合理化建议活动，鼓励和保护劳动者进行科学研究、技术革新和发明创造，表彰和奖励劳动模范和先进工作者。

**第七条** 劳动者有权依法参加和组织工会。

工会代表和维护劳动者的合法权益，依法独立自主地开展活动。

**第八条** 劳动者依照法律规定，通过职工大会、职工代表大会或者其他形式，参与民主管理或者就保护劳动者合法权益与用人单位进行平等协商。

**第九条** 国务院劳动行政部门主管全国劳动工作。

县级以上地方人民政府劳动行政部门主管本行政区域内的劳动工作。

## 第二章　促 进 就 业

**第十条** 国家通过促进经济和社会发展，创造就业条件，扩大就业机会。

国家鼓励企业、事业组织、社会团体在法律、行政法规规定的范围内兴办产业或者拓展经营，增加就业。

国家支持劳动者自愿组织起来就业和从事个体经营实现就业。

**第十一条** 地方各级人民政府应当采取措施，发展多种类型的职业介绍机构，提供就业服务。

**第十二条** 劳动者就业，不因民族、种族、性别、宗教信仰不同而受歧视。

**第十三条** 妇女享有与男子平等的就业权利。在录用职工时，除国家规定的不适合妇女的工种或者岗位外，不得以性别为由拒绝录用妇女或者提高对妇女的录用标准。

**第十四条** 残疾人、少数民族人员、退出现役的军人的就业，法律、法规有特别规定的，从其规定。

**第十五条** 禁止用人单位招用未满十六周岁的未成年人。

文艺、体育和特种工艺单位招用未满十六周岁的未成年人，必须依照国家有关规定，履行审批手续，并保障其接受义务教育的权利。

## 第三章　劳动合同和集体合同

**第十六条** 劳动合同是劳动者与用人单位确立劳动关系、明确双方权利和义务的协议。

建立劳动关系应当订立劳动合同。

**第十七条** 订立和变更劳动合同，应当遵循平等自愿、协商一致的原则，不得违反法律、行政法规的规定。

劳动合同依法订立即具有法律约束力，当事人必须履行劳动合同规定的义务。

**第十八条**　下列劳动合同无效：

（一）违反法律、行政法规的劳动合同；

（二）采取欺诈、威胁等手段订立的劳动合同。

无效的劳动合同，从订立的时候起，就没有法律约束力。确认劳动合同部分无效的，如果不影响其余部分的效力，其余部分仍然有效。

劳动合同的无效，由劳动争议仲裁委员会或者人民法院确认。

**第十九条**　劳动合同应当以书面形式订立，并具备以下条款：

（一）劳动合同期限；

（二）工作内容；

（三）劳动保护和劳动条件；

（四）劳动报酬；

（五）劳动纪律；

（六）劳动合同终止的条件；

（七）违反劳动合同的责任。

劳动合同除前款规定的必备条款外，当事人可以协商约定其他内容。

**第二十条**　劳动合同的期限分为有固定期限、无固定期限和以完成一定的工作为期限。

劳动者在同一用人单位连续工作满十年以上，当事人双方同意续延劳动合同的，如果劳动者提出订立无固定期限的劳动合同，应当订立无固定期限的劳动合同。

**第二十一条**　劳动合同可以约定试用期。试用期最长不得超过六个月。

**第二十二条**　劳动合同当事人可以在劳动合同中约定保守用人单位商业秘密的有关事项。

**第二十三条**　劳动合同期满或者当事人约定的劳动合同终止条件出现，劳动合同即行终止。

**第二十四条**　经劳动合同当事人协商一致，劳动合同可以解除。

**第二十五条**　劳动者有下列情形之一的，用人单位可以解除劳动合同：

（一）在试用期间被证明不符合录用条件的；

（二）严重违反劳动纪律或者用人单位规章制度的；

（三）严重失职，营私舞弊，对用人单位利益造成重大损害的；

（四）被依法追究刑事责任的。

**第二十六条**　有下列情形之一的，用人单位可以解除劳动合同，但是应当提前三十日以书面形式通知劳动者本人：

（一）劳动者患病或者非因工负伤，医疗期满后，不能从事原工作也不能从事由用人单位另行安排的工作的；

（二）劳动者不能胜任工作，经过培训或者调整工作岗位，仍不能胜任工作的；

（三）劳动合同订立时所依据的客观情况发生重大变化，致使原劳动合同无法履行，经当事人协商不能就变更劳动合同达成协议的。

**第二十七条** 用人单位濒临破产进行法定整顿期间或者生产经营状况发生严重困难，确需裁减人员的，应当提前三十日向工会或者全体职工说明情况，听取工会或者职工的意见，经向劳动行政部门报告后，可以裁减人员。

用人单位依据本条规定裁减人员，在六个月内录用人员的，应当优先录用被裁减的人员。

**第二十八条** 用人单位依据本法第二十四条、第二十六条、第二十七条的规定解除劳动合同的，应当依照国家有关规定给予经济补偿。

**第二十九条** 劳动者有下列情形之一的，用人单位不得依据本法第二十六条、第二十七条的规定解除劳动合同：

（一）患职业病或者因工负伤并被确认丧失或者部分丧失劳动能力的；

（二）患病或者负伤，在规定的医疗期内的；

（三）女职工在孕期、产期、哺乳期内的；

（四）法律、行政法规规定的其他情形。

**第三十条** 用人单位解除劳动合同，工会认为不适当的，有权提出意见。如果用人单位违反法律、法规或者劳动合同，工会有权要求重新处理；劳动者申请仲裁或者提起诉讼的，工会应当依法给予支持和帮助。

**第三十一条** 劳动者解除劳动合同，应当提前三十日以书面形式通知用人单位。

**第三十二条** 有下列情形之一的，劳动者可以随时通知用人单位解除劳动合同：

（一）在试用期内的；

（二）用人单位以暴力、威胁或者非法限制人身自由的手段强迫劳动的；

（三）用人单位未按照劳动合同约定支付劳动报酬或者提供劳动条件的。

**第三十三条** 企业职工一方与企业可以就劳动报酬、工作时间、休息休假、劳动安全卫生、保险福利等事项，签订集体合同。集体合同草案应当提交职工代表大会或者全体职工讨论通过。

集体合同由工会代表职工与企业签订；没有建立工会的企业，由职工推举的代表与企业签订。

**第三十四条** 集体合同签订后应当报送劳动行政部门；劳动行政部门自收到集体合同文本之日起十五日内未提出异议的，集体合同即行生效。

**第三十五条** 依法签订的集体合同对企业和企业全体职工具有约束力。职工个人与企业订立的劳动合同中劳动条件和劳动报酬等标准不得低于集体合同的规定。

## 第四章　工作时间和休息休假

**第三十六条** 国家实行劳动者每日工作时间不超过八小时、平均每周工作时间不超过四十四小时的工时制度。

**第三十七条** 对实行计件工作的劳动者，用人单位应当根据本法第三十六条规定的工时制度合理确定其劳动定额和计件报酬标准。

**第三十八条**　用人单位应当保证劳动者每周至少休息一日。

**第三十九条**　企业因生产特点不能实行本法第三十六条、第三十八条规定的，经劳动行政部门批准，可以实行其他工作和休息办法。

**第四十条**　用人单位在下列节日期间应当依法安排劳动者休假：

（一）元旦；

（二）春节；

（三）国际劳动节；

（四）国庆节；

（五）法律、法规规定的其他休假节日。

**第四十一条**　用人单位由于生产经营需要，经与工会和劳动者协商后可以延长工作时间，一般每日不得超过一小时；因特殊原因需要延长工作时间的，在保障劳动者身体健康的条件下延长工作时间每日不得超过三小时，但是每月不得超过三十六小时。

**第四十二条**　有下列情形之一的，延长工作时间不受本法第四十一条的限制：

（一）发生自然灾害、事故或者因其他原因，威胁劳动者生命健康和财产安全，需要紧急处理的；

（二）生产设备、交通运输线路、公共设施发生故障，影响生产和公众利益，必须及时抢修的；

（三）法律、行政法规规定的其他情形。

**第四十三条**　用人单位不得违反本法规定延长劳动者的工作时间。

**第四十四条**　有下列情形之一的，用人单位应当按照下列标准支付高于劳动者正常工作时间工资的工资报酬：

（一）安排劳动者延长工作时间的，支付不低于工资的百分之一百五十的工资报酬；

（二）休息日安排劳动者工作又不能安排补休的，支付不低于工资的百分之二百的工资报酬；

（三）法定休假日安排劳动者工作的，支付不低于工资的百分之三百的工资报酬。

**第四十五条**　国家实行带薪年休假制度。

劳动者连续工作一年以上的，享受带薪年休假。具体办法由国务院规定。

## 第五章　工　　资

**第四十六条**　工资分配应当遵循按劳分配原则，实行同工同酬。

工资水平在经济发展的基础上逐步提高。国家对工资总量实行宏观调控。

**第四十七条**　用人单位根据本单位的生产经营特点和经济效益，依法自主确定本单位的工资分配方式和工资水平。

**第四十八条**　国家实行最低工资保障制度。最低工资的具体标准由省、自治区、直辖市人民政府规定，报国务院备案。

用人单位支付劳动者的工资不得低于当地最低工资标准。

**第四十九条** 确定和调整最低工资标准应当综合参考下列因素：

（一）劳动者本人及平均赡养人口的最低生活费用；

（二）社会平均工资水平；

（三）劳动生产率；

（四）就业状况；

（五）地区之间经济发展水平的差异。

**第五十条** 工资应当以货币形式按月支付给劳动者本人。不得克扣或者无故拖欠劳动者的工资。

**第五十一条** 劳动者在法定休假日和婚丧假期间以及依法参加社会活动期间，用人单位应当依法支付工资。

## 第六章　劳动安全卫生

**第五十二条** 用人单位必须建立、健全劳动安全卫生制度，严格执行国家劳动安全卫生规程和标准，对劳动者进行劳动安全卫生教育，防止劳动过程中的事故，减少职业危害。

**第五十三条** 劳动安全卫生设施必须符合国家规定的标准。

新建、改建、扩建工程的劳动安全卫生设施必须与主体工程同时设计、同时施工、同时投入生产和使用。

**第五十四条** 用人单位必须为劳动者提供符合国家规定的劳动安全卫生条件和必要的劳动防护用品，对从事有职业危害作业的劳动者应当定期进行健康检查。

**第五十五条** 从事特种作业的劳动者必须经过专门培训并取得特种作业资格。

**第五十六条** 劳动者在劳动过程中必须严格遵守安全操作规程。

劳动者对用人单位管理人员违章指挥、强令冒险作业，有权拒绝执行；对危害生命安全和身体健康的行为，有权提出批评、检举和控告。

**第五十七条** 国家建立伤亡事故和职业病统计报告和处理制度。县级以上各级人民政府劳动行政部门、有关部门和用人单位应当依法对劳动者在劳动过程中发生的伤亡事故和劳动者的职业病状况，进行统计、报告和处理。

## 第七章　女职工和未成年工特殊保护

**第五十八条** 国家对女职工和未成年工实行特殊劳动保护。

未成年工是指年满十六周岁未满十八周岁的劳动者。

**第五十九条** 禁止安排女职工从事矿山井下、国家规定的第四级体力劳动强度的劳动和其他禁忌从事的劳动。

**第六十条** 不得安排女职工在经期从事高处、低温、冷水作业和国家规定的第三级体力劳动强度的劳动。

**第六十一条**　不得安排女职工在怀孕期间从事国家规定的第三级体力劳动强度的劳动和孕期禁忌从事的劳动。对怀孕七个月以上的女职工，不得安排其延长工作时间和夜班劳动。

**第六十二条**　女职工生育享受不少于九十天的产假。

**第六十三条**　不得安排女职工在哺乳未满一周岁的婴儿期间从事国家规定的第三级体力劳动强度的劳动和哺乳期禁忌从事的其他劳动，不得安排其延长工作时间和夜班劳动。

**第六十四条**　不得安排未成年工从事矿山井下、有毒有害、国家规定的第四级体力劳动强度的劳动和其他禁忌从事的劳动。

**第六十五条**　用人单位应当对未成年工定期进行健康检查。

## 第八章　职 业 培 训

**第六十六条**　国家通过各种途径，采取各种措施，发展职业培训事业，开发劳动者的职业技能，提高劳动者素质，增强劳动者的就业能力和工作能力。

**第六十七条**　各级人民政府应当把发展职业培训纳入社会经济发展的规划，鼓励和支持有条件的企业、事业组织、社会团体和个人进行各种形式的职业培训。

**第六十八条**　用人单位应当建立职业培训制度，按照国家规定提取和使用职业培训经费，根据本单位实际，有计划地对劳动者进行职业培训。

从事技术工种的劳动者，上岗前必须经过培训。

**第六十九条**　国家确定职业分类，对规定的职业制定职业技能标准，实行职业资格证书制度，由经过政府批准的考核鉴定机构负责对劳动者实施职业技能考核鉴定。

## 第九章　社会保险和福利

**第七十条**　国家发展社会保险事业，建立社会保险制度，设立社会保险基金，使劳动者在年老、患病、工伤、失业、生育等情况下获得帮助和补偿。

**第七十一条**　社会保险水平应当与社会经济发展水平和社会承受能力相适应。

**第七十二条**　社会保险基金按照保险类型确定资金来源，逐步实行社会统筹。用人单位和劳动者必须依法参加社会保险，缴纳社会保险费。

**第七十三条**　劳动者在下列情形下，依法享受社会保险待遇：

（一）退休；

（二）患病、负伤；

（三）因工伤残或者患职业病；

（四）失业；

（五）生育。

劳动者死亡后，其遗属依法享受遗属津贴。

劳动者享受社会保险待遇的条件和标准由法律、法规规定。

劳动者享受的社会保险金必须按时足额支付。

**第七十四条** 社会保险基金经办机构依照法律规定收支、管理和运营社会保险基金，并负有使社会保险基金保值增值的责任。

社会保险基金监督机构依照法律规定，对社会保险基金的收支、管理和运营实施监督。

社会保险基金经办机构和社会保险基金监督机构的设立和职能由法律规定。

任何组织和个人不得挪用社会保险基金。

**第七十五条** 国家鼓励用人单位根据本单位实际情况为劳动者建立补充保险。

国家提倡劳动者个人进行储蓄性保险。

**第七十六条** 国家发展社会福利事业，兴建公共福利设施，为劳动者休息、休养和疗养提供条件。

用人单位应当创造条件，改善集体福利，提高劳动者的福利待遇。

## 第十章 劳动争议

**第七十七条** 用人单位与劳动者发生劳动争议，当事人可以依法申请调解、仲裁、提起诉讼，也可以协商解决。

调解原则适用于仲裁和诉讼程序。

**第七十八条** 解决劳动争议，应当根据合法、公正、及时处理的原则，依法维护劳动争议当事人的合法权益。

**第七十九条** 劳动争议发生后，当事人可以向本单位劳动争议调解委员会申请调解；调解不成，当事人一方要求仲裁的，可以向劳动争议仲裁委员会申请仲裁。当事人一方也可以直接向劳动争议仲裁委员会申请仲裁。对仲裁裁决不服的，可以向人民法院提起诉讼。

**第八十条** 在用人单位内，可以设立劳动争议调解委员会。劳动争议调解委员会由职工代表、用人单位代表和工会代表组成。劳动争议调解委员会主任由工会代表担任。

劳动争议经调解达成协议的，当事人应当履行。

**第八十一条** 劳动争议仲裁委员会由劳动行政部门代表、同级工会代表、用人单位方面的代表组成。劳动争议仲裁委员会主任由劳动行政部门代表担任。

**第八十二条** 提出仲裁要求的一方应当自劳动争议发生之日起六十日内向劳动争议仲裁委员会提出书面申请。仲裁裁决一般应在收到仲裁申请的六十日内作出。对仲裁裁决无异议的，当事人必须履行。

**第八十三条** 劳动争议当事人对仲裁裁决不服的，可以自收到仲裁裁决书之日起十五日内向人民法院提起诉讼。一方当事人在法定期限内不起诉又不履行仲裁裁决的，另一方当事人可以申请人民法院强制执行。

**第八十四条**　因签订集体合同发生争议，当事人协商解决不成的，当地人民政府劳动行政部门可以组织有关各方协调处理。

因履行集体合同发生争议，当事人协商解决不成的，可以向劳动争议仲裁委员会申请仲裁；对仲裁裁决不服的，可以自收到仲裁裁决书之日起十五日内向人民法院提起诉讼。

## 第十一章　监 督 检 查

**第八十五条**　县级以上各级人民政府劳动行政部门依法对用人单位遵守劳动法律、法规的情况进行监督检查，对违反劳动法律、法规的行为有权制止，并责令改正。

**第八十六条**　县级以上各级人民政府劳动行政部门监督检查人员执行公务，有权进入用人单位了解执行劳动法律、法规的情况，查阅必要的资料，并对劳动场所进行检查。

县级以上各级人民政府劳动行政部门监督检查人员执行公务，必须出示证件，秉公执法并遵守有关规定。

**第八十七条**　县级以上各级人民政府有关部门在各自职责范围内，对用人单位遵守劳动法律、法规的情况进行监督。

**第八十八条**　各级工会依法维护劳动者的合法权益，对用人单位遵守劳动法律、法规的情况进行监督。

任何组织和个人对于违反劳动法律、法规的行为有权检举和控告。

## 第十二章　法 律 责 任

**第八十九条**　用人单位制定的劳动规章制度违反法律、法规规定的，由劳动行政部门给予警告，责令改正；对劳动者造成损害的，应当承担赔偿责任。

**第九十条**　用人单位违反本法规定，延长劳动者工作时间的，由劳动行政部门给予警告，责令改正，并可以处以罚款。

**第九十一条**　用人单位有下列侵害劳动者合法权益情形之一的，由劳动行政部门责令支付劳动者的工资报酬、经济补偿，并可以责令支付赔偿金：

（一）克扣或者无故拖欠劳动者工资的；

（二）拒不支付劳动者延长工作时间工资报酬的；

（三）低于当地最低工资标准支付劳动者工资的；

（四）解除劳动合同后，未依照本法规定给予劳动者经济补偿的。

**第九十二条**　用人单位的劳动安全设施和劳动卫生条件不符合国家规定或者未向劳动者提供必要的劳动防护用品和劳动保护设施的，由劳动行政部门或者有关部门责令改正，可以处以罚款；情节严重的，提请县级以上人民政府决定责令停产整顿；对事故隐患不采取措施，致使发生重大事故，造成劳动者生命和财产损失的，对责任人员比照刑法第一百八十七条的规定追究刑事责任。

**第九十三条** 用人单位强令劳动者违章冒险作业，发生重大伤亡事故，造成严重后果的，对责任人员依法追究刑事责任。

**第九十四条** 用人单位非法招用未满十六周岁的未成年人的，由劳动行政部门责令改正，处以罚款；情节严重的，由工商行政管理部门吊销营业执照。

**第九十五条** 用人单位违反本法对女职工和未成年工的保护规定，侵害其合法权益的，由劳动行政部门责令改正，处以罚款；对女职工或者未成年工造成损害的，应当承担赔偿责任。

**第九十六条** 用人单位有下列行为之一，由公安机关对责任人员处以十五日以下拘留、罚款或者警告；构成犯罪的，对责任人员依法追究刑事责任：

（一）以暴力、威胁或者非法限制人身自由的手段强迫劳动的；

（二）侮辱、体罚、殴打、非法搜查和拘禁劳动者的。

**第九十七条** 由于用人单位的原因订立的无效合同，对劳动者造成损害的，应当承担赔偿责任。

**第九十八条** 用人单位违反本法规定的条件解除劳动合同或者故意拖延不订立劳动合同的，由劳动行政部门责令改正；对劳动者造成损害的，应当承担赔偿责任。

**第九十九条** 用人单位招用尚未解除劳动合同的劳动者，对原用人单位造成经济损失的，该用人单位应当依法承担连带赔偿责任。

**第一百条** 用人单位无故不缴纳社会保险费的，由劳动行政部门责令其限期缴纳，逾期不缴的，可以加收滞纳金。

**第一百零一条** 用人单位无理阻挠劳动行政部门、有关部门及其工作人员行使监督检查权，打击报复举报人员的，由劳动行政部门或者有关部门处以罚款；构成犯罪的，对责任人员依法追究刑事责任。

**第一百零二条** 劳动者违反本法规定的条件解除劳动合同或者违反劳动合同中约定的保密事项，对用人单位造成经济损失的，应当依法承担赔偿责任。

**第一百零三条** 劳动行政部门或者有关部门的工作人员滥用职权、玩忽职守、徇私舞弊，构成犯罪的，依法追究刑事责任；不构成犯罪的，给予行政处分。

**第一百零四条** 国家工作人员和社会保险基金经办机构的工作人员挪用社会保险基金，构成犯罪的，依法追究刑事责任。

**第一百零五条** 违反本法规定侵害劳动者合法权益，其他法律、法规已规定处罚的，依照该法律、行政法规的规定处罚。

## 第十三章　附　　则

**第一百零六条** 省、自治区、直辖市人民政府根据本法和本地区的实际情况，规定劳动合同制度的实施步骤，报国务院备案。

**第一百零七条** 本法自 1995 年 1 月 1 日起施行。

# 144　中华人民共和国工会法

1992年4月3日第七届全国人民代表大会第五次会议通过，1992年4月3日中华人民共和国主席令第五十七号公布，自公布之日起施行；根据2001年10月27日第九届全国人民代表大会常务委员会第二十四次会议通过的《关于修改〈中华人民共和国工会法〉的决定》修正，2001年10月27日中华人民共和国主席令第六十二号公布，自公布之日起施行。

## 目　　录

第一章　总则/721
第二章　工会组织/722
第三章　工会的权利和义务/723
第四章　基层工会组织/725
第五章　工会的经费和财产/726
第六章　法律责任/727
第七章　附则/727

## 第一章　总　　则

**第一条**　为保障工会在国家政治、经济和社会生活中的地位，确定工会的权利与义务，发挥工会在社会主义现代化建设事业中的作用，根据宪法，制定本法。

**第二条**　工会是职工自愿结合的工人阶级的群众组织。

中华全国总工会及其各工会组织代表职工的利益，依法维护职工的合法权益。

**第三条**　在中国境内的企业、事业单位、机关中以工资收入为主要生活来源的体力劳动者和脑力劳动者，不分民族、种族、性别、职业、宗教信仰、教育程度，都有依法参加和组织工会的权利。任何组织和个人不得阻挠和限制。

**第四条**　工会必须遵守和维护宪法，以宪法为根本的活动准则，以经济建设为中心，坚持社会主义道路、坚持人民民主专政、坚持中国共产党的领导、坚持马克思列宁主义毛泽东思想邓小平理论，坚持改革开放，依照工会章程独立自主地开展工作。

工会会员全国代表大会制定或者修改《中国工会章程》，章程不得与宪法和法律相抵触。

国家保护工会的合法权益不受侵犯。

**第五条** 工会组织和教育职工依照宪法和法律的规定行使民主权利，发挥国家主人翁的作用，通过各种途径和形式，参与管理国家事务、管理经济和文化事业、管理社会事务；协助人民政府开展工作，维护工人阶级领导的、以工农联盟为基础的人民民主专政的社会主义国家政权。

**第六条** 维护职工合法权益是工会的基本职责。工会在维护全国人民总体利益的同时，代表和维护职工的合法权益。

工会通过平等协商和集体合同制度，协调劳动关系，维护企业职工劳动权益。

工会依照法律规定通过职工代表大会或者其他形式，组织职工参与本单位的民主决策、民主管理和民主监督。

工会必须密切联系职工，听取和反映职工的意见和要求，关心职工的生活，帮助职工解决困难，全心全意为职工服务。

**第七条** 工会动员和组织职工积极参加经济建设，努力完成生产任务和工作任务。教育职工不断提高思想道德、技术业务和科学文化素质，建设有理想、有道德、有文化、有纪律的职工队伍。

**第八条** 中华全国总工会根据独立、平等、互相尊重、互不干涉内部事务的原则，加强同各国工会组织的友好合作关系。

## 第二章 工会组织

**第九条** 工会各级组织按照民主集中制原则建立。

各级工会委员会由会员大会或者会员代表大会民主选举产生。企业主要负责人的近亲属不得作为本企业基层工会委员会成员的人选。

各级工会委员会向同级会员大会或者会员代表大会负责并报告工作，接受其监督。

工会会员大会或者会员代表大会有权撤换或者罢免其所选举的代表或者工会委员会组成人员。

上级工会组织领导下级工会组织。

**第十条** 企业、事业单位、机关有会员二十五人以上的，应当建立基层工会委员会；不足二十五人的，可以单独建立基层工会委员会，也可以由两个以上单位的会员联合建立基层工会委员会，也可以选举组织员一人，组织会员开展活动。女职工人数较多的，可以建立工会女职工委员会，在同级工会领导下开展工作；女职工人数较少的，可以在工会委员会中设女职工委员。

企业职工较多的乡镇、城市街道，可以建立基层工会的联合会。

县级以上地方建立地方各级总工会。

同一行业或者性质相近的几个行业，可以根据需要建立全国的或者地方的产业工会。

全国建立统一的中华全国总工会。

**第十一条** 基层工会、地方各级总工会、全国或者地方产业工会组织的建立，必须报上一级工会批准。

上级工会可以派员帮助和指导企业职工组建工会，任何单位和个人不得阻挠。

**第十二条**　任何组织和个人不得随意撤销、合并工会组织。

基层工会所在的企业终止或者所在的事业单位、机关被撤销，该工会组织相应撤销，并报告上一级工会。

依前款规定被撤销的工会，其会员的会籍可以继续保留，具体管理办法由中华全国总工会制定。

**第十三条**　职工二百人以上的企业、事业单位的工会，可以设专职工会主席。工会专职工作人员的人数由工会与企业、事业单位协商确定。

**第十四条**　中华全国总工会、地方总工会、产业工会具有社会团体法人资格。

基层工会组织具备民法通则规定的法人条件的，依法取得社会团体法人资格。

**第十五条**　基层工会委员会每届任期三年或者五年。各级地方总工会委员会和产业工会委员会每届任期五年。

**第十六条**　基层工会委员会定期召开会员大会或者会员代表大会，讨论决定工会工作的重大问题。经基层工会委员会或者三分之一以上的工会会员提议，可以临时召开会员大会或者会员代表大会。

**第十七条**　工会主席、副主席任期未满时，不得随意调动其工作。因工作需要调动时，应当征得本级工会委员会和上一级工会的同意。

罢免工会主席、副主席必须召开会员大会或者会员代表大会讨论，非经会员大会全体会员或者会员代表大会全体代表过半数通过，不得罢免。

**第十八条**　基层工会专职主席、副主席或者委员自任职之日起，其劳动合同期限自动延长，延长期限相当于其任职期间；非专职主席、副主席或者委员自任职之日起，其尚未履行的劳动合同期限短于任期的，劳动合同期限自动延长至任期期满。但是，任职期间个人严重过失或者达到法定退休年龄的除外。

## 第三章　工会的权利和义务

**第十九条**　企业、事业单位违反职工代表大会制度和其他民主管理制度，工会有权要求纠正，保障职工依法行使民主管理的权利。

法律、法规规定应当提交职工大会或者职工代表大会审议、通过、决定的事项，企业、事业单位应当依法办理。

**第二十条**　工会帮助、指导职工与企业以及实行企业化管理的事业单位签订劳动合同。

工会代表职工与企业以及实行企业化管理的事业单位进行平等协商，签订集体合同。集体合同草案应当提交职工代表大会或者全体职工讨论通过。

工会签订集体合同，上级工会应当给予支持和帮助。

企业违反集体合同，侵犯职工劳动权益的，工会可以依法要求企业承担责任；因履行集体合同发生争议，经协商解决不成的，工会可以向劳动争议仲裁机构提请仲裁，仲裁机构不予受理或者对仲裁裁决不服的，可以向人民法院提起诉讼。

**第二十一条** 企业、事业单位处分职工，工会认为不适当的，有权提出意见。

企业单方面解除职工劳动合同时，应当事先将理由通知工会，工会认为企业违反法律、法规和有关合同，要求重新研究处理时，企业应当研究工会的意见，并将处理结果书面通知工会。

职工认为企业侵犯其劳动权益而申请劳动争议仲裁或者向人民法院提起诉讼的，工会应当给予支持和帮助。

**第二十二条** 企业、事业单位违反劳动法律、法规规定，有下列侵犯职工劳动权益情形，工会应当代表职工与企业、事业单位交涉，要求企业、事业单位采取措施予以改正；企业、事业单位应当予以研究处理，并向工会作出答复；企业、事业单位拒不改正的，工会可以请求当地人民政府依法作出处理：

（一）克扣职工工资的；

（二）不提供劳动安全卫生条件的；

（三）随意延长劳动时间的；

（四）侵犯女职工和未成年工特殊权益的；

（五）其他严重侵犯职工劳动权益的。

**第二十三条** 工会依照国家规定对新建、扩建企业和技术改造工程中的劳动条件和安全卫生设施与主体工程同时设计、同时施工、同时投产使用进行监督。对工会提出的意见，企业或者主管部门应当认真处理，并将处理结果书面通知工会。

**第二十四条** 工会发现企业违章指挥、强令工人冒险作业，或者生产过程中发现明显重大事故隐患和职业危害，有权提出解决的建议，企业应当及时研究答复；发现危及职工生命安全的情况时，工会有权向企业建议组织职工撤离危险现场，企业必须及时作出处理决定。

**第二十五条** 工会有权对企业、事业单位侵犯职工合法权益的问题进行调查，有关单位应当予以协助。

**第二十六条** 职工因工伤亡事故和其他严重危害职工健康问题的调查处理，必须有工会参加。工会应当向有关部门提出处理意见，并有权要求追究直接负责的主管人员和有关责任人员的责任。对工会提出的意见，应当及时研究，给予答复。

**第二十七条** 企业、事业单位发生停工、怠工事件，工会应当代表职工同企业、事业单位或者有关方面协商，反映职工的意见和要求并提出解决意见。对于职工的合理要求，企业、事业单位应当予以解决。工会协助企业、事业单位做好工作，尽快恢复生产、工作秩序。

**第二十八条** 工会参加企业的劳动争议调解工作。

地方劳动争议仲裁组织应当有同级工会代表参加。

**第二十九条** 县级以上各级总工会可以为所属工会和职工提供法律服务。

**第三十条** 工会协助企业、事业单位、机关办好职工集体福利事业，做好工资、劳动安全卫生和社会保险工作。

**第三十一条**　工会会同企业、事业单位教育职工以国家主人翁态度对待劳动，爱护国家和企业的财产，组织职工开展群众性的合理化建议、技术革新活动，进行业余文化技术学习和职工培训，组织职工开展文娱、体育活动。

**第三十二条**　根据政府委托，工会与有关部门共同做好劳动模范和先进生产（工作）者的评选、表彰、培养和管理工作。

**第三十三条**　国家机关在组织起草或者修改直接涉及职工切身利益的法律、法规、规章时，应当听取工会意见。

县级以上各级人民政府制定国民经济和社会发展计划，对涉及职工利益的重大问题，应当听取同级工会的意见。

县级以上各级人民政府及其有关部门研究制定劳动就业、工资、劳动安全卫生、社会保险等涉及职工切身利益的政策、措施时，应当吸收同级工会参加研究，听取工会意见。

**第三十四条**　县级以上地方各级人民政府可以召开会议或者采取适当方式，向同级工会通报政府的重要的工作部署和与工会工作有关的行政措施，研究解决工会反映的职工群众的意见和要求。

各级人民政府劳动行政部门应当会同同级工会和企业方面代表，建立劳动关系三方协商机制，共同研究解决劳动关系方面的重大问题。

## 第四章　基层工会组织

**第三十五条**　国有企业职工代表大会是企业实行民主管理的基本形式，是职工行使民主管理权力的机构，依照法律规定行使职权。

国有企业的工会委员会是职工代表大会的工作机构，负责职工代表大会的日常工作，检查、督促职工代表大会决议的执行。

**第三十六条**　集体企业的工会委员会，应当支持和组织职工参加民主管理和民主监督，维护职工选举和罢免管理人员、决定经营管理的重大问题的权力。

**第三十七条**　本法第三十五条、第三十六条规定以外的其他企业、事业单位的工会委员会，依照法律规定组织职工采取与企业、事业单位相适应的形式，参与企业、事业单位民主管理。

**第三十八条**　企业、事业单位研究经营管理和发展的重大问题应当听取工会的意见；召开讨论有关工资、福利、劳动安全卫生、社会保险等涉及职工切身利益的会议，必须有工会代表参加。

企业、事业单位应当支持工会依法开展工作，工会应当支持企业、事业单位依法行使经营管理权。

**第三十九条**　公司的董事会、监事会中职工代表的产生，依照公司法有关规定执行。

**第四十条** 基层工会委员会召开会议或者组织职工活动，应当在生产或者工作时间以外进行，需要占用生产或者工作时间的，应当事先征得企业、事业单位的同意。

基层工会的非专职委员占用生产或者工作时间参加会议或者从事工会工作，每月不超过三个工作日，其工资照发，其他待遇不受影响。

**第四十一条** 企业、事业单位、机关工会委员会的专职工作人员的工资、奖励、补贴，由所在单位支付。社会保险和其他福利待遇等，享受本单位职工同等待遇。

## 第五章　工会的经费和财产

**第四十二条** 工会经费的来源：

（一）工会会员缴纳的会费；

（二）建立工会组织的企业、事业单位、机关按每月全部职工工资总额的百分之二向工会拨缴的经费；

（三）工会所属的企业、事业单位上缴的收入；

（四）人民政府的补助；

（五）其他收入。

前款第二项规定的企业、事业单位拨缴的经费在税前列支。

工会经费主要用于为职工服务和工会活动。经费使用的具体办法由中华全国总工会制定。

**第四十三条** 企业、事业单位无正当理由拖延或者拒不拨缴工会经费，基层工会或者上级工会可以向当地人民法院申请支付令；拒不执行支付令的，工会可以依法申请人民法院强制执行。

**第四十四条** 工会应当根据经费独立原则，建立预算、决算和经费审查监督制度。

各级工会建立经费审查委员会。

各级工会经费收支情况应当由同级工会经费审查委员会审查，并且定期向会员大会或者会员代表大会报告，接受监督。工会会员大会或者会员代表大会有权对经费使用情况提出意见。

工会经费的使用应当依法接受国家的监督。

**第四十五条** 各级人民政府和企业、事业单位、机关应当为工会办公和开展活动，提供必要的设施和活动场所等物质条件。

**第四十六条** 工会的财产、经费和国家拨给工会使用的不动产，任何组织和个人不得侵占、挪用和任意调拨。

**第四十七条** 工会所属的为职工服务的企业、事业单位，其隶属关系不得随意改变。

**第四十八条** 县级以上各级工会的离休、退休人员的待遇，与国家机关工作人员同等对待。

## 第六章　法 律 责 任

**第四十九条**　工会对违反本法规定侵犯其合法权益的，有权提请人民政府或者有关部门予以处理，或者向人民法院提起诉讼。

**第五十条**　违反本法第三条、第十一条规定，阻挠职工依法参加和组织工会或者阻挠上级工会帮助、指导职工筹建工会的，由劳动行政部门责令其改正；拒不改正的，由劳动行政部门提请县级以上人民政府处理；以暴力、威胁等手段阻挠造成严重后果，构成犯罪的，依法追究刑事责任。

**第五十一条**　违反本法规定，对依法履行职责的工会工作人员无正当理由调动工作岗位，进行打击报复的，由劳动行政部门责令改正、恢复原工作；造成损失的，给予赔偿。

对依法履行职责的工会工作人员进行侮辱、诽谤或者进行人身伤害，构成犯罪的，依法追究刑事责任；尚未构成犯罪的，由公安机关依照治安管理处罚条例的规定处罚。

**第五十二条**　违反本法规定，有下列情形之一的，由劳动行政部门责令恢复其工作，并补发被解除劳动合同期间应得的报酬，或者责令给予本人年收入二倍的赔偿：

（一）职工因参加工会活动而被解除劳动合同的；

（二）工会工作人员因履行本法规定的职责而被解除劳动合同的。

**第五十三条**　违反本法规定，有下列情形之一的，由县级以上人民政府责令改正，依法处理：

（一）妨碍工会组织职工通过职工代表大会和其他形式依法行使民主权利的；

（二）非法撤销、合并工会组织的；

（三）妨碍工会参加职工因工伤亡事故以及其他侵犯职工合法权益问题的调查处理的；

（四）无正当理由拒绝进行平等协商的。

**第五十四条**　违反本法第四十六条规定，侵占工会经费和财产拒不返还的，工会可以向人民法院提起诉讼，要求返还，并赔偿损失。

**第五十五条**　工会工作人员违反本法规定，损害职工或者工会权益的，由同级工会或者上级工会责令改正，或者予以处分；情节严重的，依照《中国工会章程》予以罢免；造成损失的，应当承担赔偿责任；构成犯罪的，依法追究刑事责任。

## 第七章　附　　则

**第五十六条**　中华全国总工会会同有关国家机关制定机关工会实施本法的具体办法。

**第五十七条**　本法自公布之日起施行。1950 年 6 月 29 日中央人民政府颁布的《中华人民共和国工会法》同时废止。

# 145　中华人民共和国劳动合同法

2007年6月29日中华人民共和国第十届全国人民代表大会常务委员会第二十八次会议通过，2007年6月29日中华人民共和国主席令第六十五号公布，自2008年1月1日起施行；根据2012年12月28日第十一届全国人民代表大会常务委员会第三十次会议通过的《关于修改〈中华人民共和国劳动合同法〉的决定》修正，2012年12月28日中华人民共和国主席令第七十三号公布，自2013年7月1日起施行。

## 目　录

第一章　总则/728
第二章　劳动合同的订立/729
第三章　劳动合同的履行和变更/732
第四章　劳动合同的解除和终止/732
第五章　特别规定/735
　第一节　集体合同/735
　第二节　劳务派遣/735
　第三节　非全日制用工/737
第六章　监督检查/737
第七章　法律责任/738
第八章　附则/740

## 第一章　总　　则

**第一条**　为了完善劳动合同制度，明确劳动合同双方当事人的权利和义务，保护劳动者的合法权益，构建和发展和谐稳定的劳动关系，制定本法。

**第二条**　中华人民共和国境内的企业、个体经济组织、民办非企业单位等组织（以下称用人单位）与劳动者建立劳动关系，订立、履行、变更、解除或者终止劳动合同，适用本法。

国家机关、事业单位、社会团体和与其建立劳动关系的劳动者，订立、履行、变更、解除或者终止劳动合同，依照本法执行。

**第三条**　订立劳动合同，应当遵循合法、公平、平等自愿、协商一致、诚实信用的原则。

依法订立的劳动合同具有约束力，用人单位与劳动者应当履行劳动合同约定的义务。

**第四条**　用人单位应当依法建立和完善劳动规章制度，保障劳动者享有劳动权利、履行劳动义务。

用人单位在制定、修改或者决定有关劳动报酬、工作时间、休息休假、劳动安全卫生、保险福利、职工培训、劳动纪律以及劳动定额管理等直接涉及劳动者切身利益的规章制度或者重大事项时，应当经职工代表大会或者全体职工讨论，提出方案和意见，与工会或者职工代表平等协商确定。

在规章制度和重大事项决定实施过程中，工会或者职工认为不适当的，有权向用人单位提出，通过协商予以修改完善。

用人单位应当将直接涉及劳动者切身利益的规章制度和重大事项决定公示，或者告知劳动者。

**第五条**　县级以上人民政府劳动行政部门会同工会和企业方面代表，建立健全协调劳动关系三方机制，共同研究解决有关劳动关系的重大问题。

**第六条**　工会应当帮助、指导劳动者与用人单位依法订立和履行劳动合同，并与用人单位建立集体协商机制，维护劳动者的合法权益。

## 第二章　劳动合同的订立

**第七条**　用人单位自用工之日起即与劳动者建立劳动关系。用人单位应当建立职工名册备查。

**第八条**　用人单位招用劳动者时，应当如实告知劳动者工作内容、工作条件、工作地点、职业危害、安全生产状况、劳动报酬，以及劳动者要求了解的其他情况；用人单位有权了解劳动者与劳动合同直接相关的基本情况，劳动者应当如实说明。

**第九条**　用人单位招用劳动者，不得扣押劳动者的居民身份证和其他证件，不得要求劳动者提供担保或者以其他名义向劳动者收取财物。

**第十条**　建立劳动关系，应当订立书面劳动合同。

已建立劳动关系，未同时订立书面劳动合同的，应当自用工之日起一个月内订立书面劳动合同。

用人单位与劳动者在用工前订立劳动合同的，劳动关系自用工之日起建立。

**第十一条**　用人单位未在用工的同时订立书面劳动合同，与劳动者约定的劳动报酬不明确的，新招用的劳动者的劳动报酬按照集体合同规定的标准执行；没有集体合同或者集体合同未规定的，实行同工同酬。

**第十二条**　劳动合同分为固定期限劳动合同、无固定期限劳动合同和以完成一定工作任务为期限的劳动合同。

**第十三条**　固定期限劳动合同，是指用人单位与劳动者约定合同终止时间的劳动合同。

用人单位与劳动者协商一致，可以订立固定期限劳动合同。

**第十四条**　无固定期限劳动合同，是指用人单位与劳动者约定无确定终止时间的劳动合同。

用人单位与劳动者协商一致，可以订立无固定期限劳动合同。有下列情形之一，劳动者提出或者同意续订、订立劳动合同的，除劳动者提出订立固定期限劳动合同外，应当订立无固定期限劳动合同：

（一）劳动者在该用人单位连续工作满十年的；

（二）用人单位初次实行劳动合同制度或者国有企业改制重新订立劳动合同时，劳动者在该用人单位连续工作满十年且距法定退休年龄不足十年的；

（三）连续订立二次固定期限劳动合同，且劳动者没有本法第三十九条和第四十条第一项、第二项规定的情形，续订劳动合同的。

用人单位自用工之日起满一年不与劳动者订立书面劳动合同的，视为用人单位与劳动者已订立无固定期限劳动合同。

**第十五条** 以完成一定工作任务为期限的劳动合同，是指用人单位与劳动者约定以某项工作的完成为合同期限的劳动合同。

用人单位与劳动者协商一致，可以订立以完成一定工作任务为期限的劳动合同。

**第十六条** 劳动合同由用人单位与劳动者协商一致，并经用人单位与劳动者在劳动合同文本上签字或者盖章生效。

劳动合同文本由用人单位和劳动者各执一份。

**第十七条** 劳动合同应当具备以下条款：

（一）用人单位的名称、住所和法定代表人或者主要负责人；

（二）劳动者的姓名、住址和居民身份证或者其他有效身份证件号码；

（三）劳动合同期限；

（四）工作内容和工作地点；

（五）工作时间和休息休假；

（六）劳动报酬；

（七）社会保险；

（八）劳动保护、劳动条件和职业危害防护；

（九）法律、法规规定应当纳入劳动合同的其他事项。

劳动合同除前款规定的必备条款外，用人单位与劳动者可以约定试用期、培训、保守秘密、补充保险和福利待遇等其他事项。

**第十八条** 劳动合同对劳动报酬和劳动条件等标准约定不明确，引发争议的，用人单位与劳动者可以重新协商；协商不成的，适用集体合同规定；没有集体合同或者集体合同未规定劳动报酬的，实行同工同酬；没有集体合同或者集体合同未规定劳动条件等标准的，适用国家有关规定。

**第十九条** 劳动合同期限三个月以上不满一年的，试用期不得超过一个月；劳动合同期限一年以上不满三年的，试用期不得超过二个月；三年以上固定期限和无固定期限的劳动合同，试用期不得超过六个月。

同一用人单位与同一劳动者只能约定一次试用期。

以完成一定工作任务为期限的劳动合同或者劳动合同期限不满三个月的，不得约定试用期。

试用期包含在劳动合同期限内。劳动合同仅约定试用期的，试用期不成立，该期限为劳动合同期限。

**第二十条**　劳动者在试用期的工资不得低于本单位相同岗位最低档工资或者劳动合同约定工资的百分之八十，并不得低于用人单位所在地的最低工资标准。

**第二十一条**　在试用期中，除劳动者有本法第三十九条和第四十条第一项、第二项规定的情形外，用人单位不得解除劳动合同。用人单位在试用期解除劳动合同的，应当向劳动者说明理由。

**第二十二条**　用人单位为劳动者提供专项培训费用，对其进行专业技术培训的，可以与该劳动者订立协议，约定服务期。

劳动者违反服务期约定的，应当按照约定向用人单位支付违约金。违约金的数额不得超过用人单位提供的培训费用。用人单位要求劳动者支付的违约金不得超过服务期尚未履行部分所应分摊的培训费用。

用人单位与劳动者约定服务期的，不影响按照正常的工资调整机制提高劳动者在服务期期间的劳动报酬。

**第二十三条**　用人单位与劳动者可以在劳动合同中约定保守用人单位的商业秘密和与知识产权相关的保密事项。

对负有保密义务的劳动者，用人单位可以在劳动合同或者保密协议中与劳动者约定竞业限制条款，并约定在解除或者终止劳动合同后，在竞业限制期限内按月给予劳动者经济补偿。劳动者违反竞业限制约定的，应当按照约定向用人单位支付违约金。

**第二十四条**　竞业限制的人员限于用人单位的高级管理人员、高级技术人员和其他负有保密义务的人员。竞业限制的范围、地域、期限由用人单位与劳动者约定，竞业限制的约定不得违反法律、法规的规定。

在解除或者终止劳动合同后，前款规定的人员到与本单位生产或者经营同类产品、从事同类业务的有竞争关系的其他用人单位，或者自己开业生产或者经营同类产品、从事同类业务的竞业限制期限，不得超过二年。

**第二十五条**　除本法第二十二条和第二十三条规定的情形外，用人单位不得与劳动者约定由劳动者承担违约金。

**第二十六条**　下列劳动合同无效或者部分无效：

（一）以欺诈、胁迫的手段或者乘人之危，使对方在违背真实意思的情况下订立或者变更劳动合同的；

（二）用人单位免除自己的法定责任、排除劳动者权利的；

（三）违反法律、行政法规强制性规定的。

对劳动合同的无效或者部分无效有争议的，由劳动争议仲裁机构或者人民法院确认。

**第二十七条**　劳动合同部分无效，不影响其他部分效力的，其他部分仍然有效。

**第二十八条**　劳动合同被确认无效，劳动者已付出劳动的，用人单位应当向劳动者支付劳动报酬。劳动报酬的数额，参照本单位相同或者相近岗位劳动者的劳动报酬确定。

## 第三章 劳动合同的履行和变更

**第二十九条** 用人单位与劳动者应当按照劳动合同的约定，全面履行各自的义务。

**第三十条** 用人单位应当按照劳动合同约定和国家规定，向劳动者及时足额支付劳动报酬。

用人单位拖欠或者未足额支付劳动报酬的，劳动者可以依法向当地人民法院申请支付令，人民法院应当依法发出支付令。

**第三十一条** 用人单位应当严格执行劳动定额标准，不得强迫或者变相强迫劳动者加班。用人单位安排加班的，应当按照国家有关规定向劳动者支付加班费。

**第三十二条** 劳动者拒绝用人单位管理人员违章指挥、强令冒险作业的，不视为违反劳动合同。

劳动者对危害生命安全和身体健康的劳动条件，有权对用人单位提出批评、检举和控告。

**第三十三条** 用人单位变更名称、法定代表人、主要负责人或者投资人等事项，不影响劳动合同的履行。

**第三十四条** 用人单位发生合并或者分立等情况，原劳动合同继续有效，劳动合同由承继其权利和义务的用人单位继续履行。

**第三十五条** 用人单位与劳动者协商一致，可以变更劳动合同约定的内容。变更劳动合同，应当采用书面形式。

变更后的劳动合同文本由用人单位和劳动者各执一份。

## 第四章 劳动合同的解除和终止

**第三十六条** 用人单位与劳动者协商一致，可以解除劳动合同。

**第三十七条** 劳动者提前三十日以书面形式通知用人单位，可以解除劳动合同。劳动者在试用期内提前三日通知用人单位，可以解除劳动合同。

**第三十八条** 用人单位有下列情形之一的，劳动者可以解除劳动合同：

（一）未按照劳动合同约定提供劳动保护或者劳动条件的；

（二）未及时足额支付劳动报酬的；

（三）未依法为劳动者缴纳社会保险费的；

（四）用人单位的规章制度违反法律、法规的规定，损害劳动者权益的；

（五）因本法第二十六条第一款规定的情形致使劳动合同无效的；

（六）法律、行政法规规定劳动者可以解除劳动合同的其他情形。

用人单位以暴力、威胁或者非法限制人身自由的手段强迫劳动者劳动的，或者用人单位违章指挥、强令冒险作业危及劳动者人身安全的，劳动者可以立即解除劳动合同，不需事先告知用人单位。

**第三十九条** 劳动者有下列情形之一的，用人单位可以解除劳动合同：

（一）在试用期间被证明不符合录用条件的；

（二）严重违反用人单位的规章制度的；

（三）严重失职，营私舞弊，给用人单位造成重大损害的；

（四）劳动者同时与其他用人单位建立劳动关系，对完成本单位的工作任务造成严重影响，或者经用人单位提出，拒不改正的；

（五）因本法第二十六条第一款第一项规定的情形致使劳动合同无效的；

（六）被依法追究刑事责任的。

**第四十条** 有下列情形之一的，用人单位提前三十日以书面形式通知劳动者本人或者额外支付劳动者一个月工资后，可以解除劳动合同：

（一）劳动者患病或者非因工负伤，在规定的医疗期满后不能从事原工作，也不能从事由用人单位另行安排的工作的；

（二）劳动者不能胜任工作，经过培训或者调整工作岗位，仍不能胜任工作的；

（三）劳动合同订立时所依据的客观情况发生重大变化，致使劳动合同无法履行，经用人单位与劳动者协商，未能就变更劳动合同内容达成协议的。

**第四十一条** 有下列情形之一，需要裁减人员二十人以上或者裁减不足二十人但占企业职工总数百分之十以上的，用人单位提前三十日向工会或者全体职工说明情况，听取工会或者职工的意见后，裁减人员方案经向劳动行政部门报告，可以裁减人员：

（一）依照企业破产法规定进行重整的；

（二）生产经营发生严重困难的；

（三）企业转产、重大技术革新或者经营方式调整，经变更劳动合同后，仍需裁减人员的；

（四）其他因劳动合同订立时所依据的客观经济情况发生重大变化，致使劳动合同无法履行的。

裁减人员时，应当优先留用下列人员：

（一）与本单位订立较长期限的固定期限劳动合同的；

（二）与本单位订立无固定期限劳动合同的；

（三）家庭无其他就业人员，有需要扶养的老人或者未成年人的。

用人单位依照本条第一款规定裁减人员，在六个月内重新招用人员的，应当通知被裁减的人员，并在同等条件下优先招用被裁减的人员。

**第四十二条** 劳动者有下列情形之一的，用人单位不得依照本法第四十条、第四十一条的规定解除劳动合同：

（一）从事接触职业病危害作业的劳动者未进行离岗前职业健康检查，或者疑似职业病病人在诊断或者医学观察期间的；

（二）在本单位患职业病或者因工负伤并被确认丧失或者部分丧失劳动能力的；

（三）患病或者非因工负伤，在规定的医疗期内的；

（四）女职工在孕期、产期、哺乳期的；

（五）在本单位连续工作满十五年，且距法定退休年龄不足五年的；

（六）法律、行政法规规定的其他情形。

**第四十三条** 用人单位单方解除劳动合同，应当事先将理由通知工会。用人单位违反法律、行政法规规定或者劳动合同约定的，工会有权要求用人单位纠正。用人单位应当研究工会的意见，并将处理结果书面通知工会。

**第四十四条** 有下列情形之一的，劳动合同终止：

（一）劳动合同期满的；

（二）劳动者开始依法享受基本养老保险待遇的；

（三）劳动者死亡，或者被人民法院宣告死亡或者宣告失踪的；

（四）用人单位被依法宣告破产的；

（五）用人单位被吊销营业执照、责令关闭、撤销或者用人单位决定提前解散的；

（六）法律、行政法规规定的其他情形。

**第四十五条** 劳动合同期满，有本法第四十二条规定情形之一的，劳动合同应当续延至相应的情形消失时终止。但是，本法第四十二条第二项规定丧失或者部分丧失劳动能力劳动者的劳动合同的终止，按照国家有关工伤保险的规定执行。

**第四十六条** 有下列情形之一的，用人单位应当向劳动者支付经济补偿：

（一）劳动者依照本法第三十八条规定解除劳动合同的；

（二）用人单位依照本法第三十六条规定向劳动者提出解除劳动合同并与劳动者协商一致解除劳动合同的；

（三）用人单位依照本法第四十条规定解除劳动合同的；

（四）用人单位依照本法第四十一条第一款规定解除劳动合同的；

（五）除用人单位维持或者提高劳动合同约定条件续订劳动合同，劳动者不同意续订的情形外，依照本法第四十四条第一项规定终止固定期限劳动合同的；

（六）依照本法第四十四条第四项、第五项规定终止劳动合同的；

（七）法律、行政法规规定的其他情形。

**第四十七条** 经济补偿按劳动者在本单位工作的年限，每满一年支付一个月工资的标准向劳动者支付。六个月以上不满一年的，按一年计算；不满六个月的，向劳动者支付半个月工资的经济补偿。

劳动者月工资高于用人单位所在直辖市、设区的市级人民政府公布的本地区上年度职工月平均工资三倍的，向其支付经济补偿的标准按职工月平均工资三倍的数额支付，向其支付经济补偿的年限最高不超过十二年。

本条所称月工资是指劳动者在劳动合同解除或者终止前十二个月的平均工资。

**第四十八条** 用人单位违反本法规定解除或者终止劳动合同，劳动者要求继续履行劳动合同的，用人单位应当继续履行；劳动者不要求继续履行劳动合同或者劳动合同已经不能继续履行的，用人单位应当依照本法第八十七条规定支付赔偿金。

**第四十九条** 国家采取措施，建立健全劳动者社会保险关系跨地区转移接续制度。

**第五十条** 用人单位应当在解除或者终止劳动合同时出具解除或者终止劳动合同的证

明，并在十五日内为劳动者办理档案和社会保险关系转移手续。

劳动者应当按照双方约定，办理工作交接。用人单位依照本法有关规定应当向劳动者支付经济补偿的，在办结工作交接时支付。

用人单位对已经解除或者终止的劳动合同的文本，至少保存二年备查。

## 第五章 特别规定

### 第一节 集体合同

**第五十一条** 企业职工一方与用人单位通过平等协商，可以就劳动报酬、工作时间、休息休假、劳动安全卫生、保险福利等事项订立集体合同。集体合同草案应当提交职工代表大会或者全体职工讨论通过。

集体合同由工会代表企业职工一方与用人单位订立；尚未建立工会的用人单位，由上级工会指导劳动者推举的代表与用人单位订立。

**第五十二条** 企业职工一方与用人单位可以订立劳动安全卫生、女职工权益保护、工资调整机制等专项集体合同。

**第五十三条** 在县级以下区域内，建筑业、采矿业、餐饮服务业等行业可以由工会与企业方面代表订立行业性集体合同，或者订立区域性集体合同。

**第五十四条** 集体合同订立后，应当报送劳动行政部门；劳动行政部门自收到集体合同文本之日起十五日内未提出异议的，集体合同即行生效。

依法订立的集体合同对用人单位和劳动者具有约束力。行业性、区域性集体合同对当地本行业、本区域的用人单位和劳动者具有约束力。

**第五十五条** 集体合同中劳动报酬和劳动条件等标准不得低于当地人民政府规定的最低标准；用人单位与劳动者订立的劳动合同中劳动报酬和劳动条件等标准不得低于集体合同规定的标准。

**第五十六条** 用人单位违反集体合同，侵犯职工劳动权益的，工会可以依法要求用人单位承担责任；因履行集体合同发生争议，经协商解决不成的，工会可以依法申请仲裁、提起诉讼。

### 第二节 劳务派遣

**第五十七条** 经营劳务派遣业务应当具备下列条件：

（一）注册资本不得少于人民币二百万元；

（二）有与开展业务相适应的固定的经营场所和设施；

（三）有符合法律、行政法规规定的劳务派遣管理制度；

（四）法律、行政法规规定的其他条件。

经营劳务派遣业务，应当向劳动行政部门依法申请行政许可；经许可的，依法办理相应的公司登记。未经许可，任何单位和个人不得经营劳务派遣业务。

**第五十八条** 劳务派遣单位是本法所称用人单位，应当履行用人单位对劳动者的义务。劳务派遣单位与被派遣劳动者订立的劳动合同，除应当载明本法第十七条规定的事项外，还应当载明被派遣劳动者的用工单位以及派遣期限、工作岗位等情况。

劳务派遣单位应当与被派遣劳动者订立二年以上的固定期限劳动合同，按月支付劳动报酬；被派遣劳动者在无工作期间，劳务派遣单位应当按照所在地人民政府规定的最低工资标准，向其按月支付报酬。

**第五十九条** 劳务派遣单位派遣劳动者应当与接受以劳务派遣形式用工的单位（以下称用工单位）订立劳务派遣协议。劳务派遣协议应当约定派遣岗位和人员数量、派遣期限、劳动报酬和社会保险费的数额与支付方式以及违反协议的责任。

用工单位应当根据工作岗位的实际需要与劳务派遣单位确定派遣期限，不得将连续用工期限分割订立数个短期劳务派遣协议。

**第六十条** 劳务派遣单位应当将劳务派遣协议的内容告知被派遣劳动者。

劳务派遣单位不得克扣用工单位按照劳务派遣协议支付给被派遣劳动者的劳动报酬。

劳务派遣单位和用工单位不得向被派遣劳动者收取费用。

**第六十一条** 劳务派遣单位跨地区派遣劳动者的，被派遣劳动者享有的劳动报酬和劳动条件，按照用工单位所在地的标准执行。

**第六十二条** 用工单位应当履行下列义务：

（一）执行国家劳动标准，提供相应的劳动条件和劳动保护；

（二）告知被派遣劳动者的工作要求和劳动报酬；

（三）支付加班费、绩效奖金，提供与工作岗位相关的福利待遇；

（四）对在岗被派遣劳动者进行工作岗位所必需的培训；

（五）连续用工的，实行正常的工资调整机制。

用工单位不得将被派遣劳动者再派遣到其他用人单位。

**第六十三条** 被派遣劳动者享有与用工单位的劳动者同工同酬的权利。用工单位应当按照同工同酬原则，对被派遣劳动者与本单位同类岗位的劳动者实行相同的劳动报酬分配办法。用工单位无同类岗位劳动者的，参照用工单位所在地相同或者相近岗位劳动者的劳动报酬确定。

劳务派遣单位与被派遣劳动者订立的劳动合同和与用工单位订立的劳务派遣协议，载明或者约定的向被派遣劳动者支付的劳动报酬应当符合前款规定。

**第六十四条** 被派遣劳动者有权在劳务派遣单位或者用工单位依法参加或者组织工会，维护自身的合法权益。

**第六十五条** 被派遣劳动者可以依照本法第三十六条、第三十八条的规定与劳务派遣单位解除劳动合同。

被派遣劳动者有本法第三十九条和第四十条第一项、第二项规定情形的，用工单位可以将劳动者退回劳务派遣单位，劳务派遣单位依照本法有关规定，可以与劳动者解除劳动合同。

**第六十六条** 劳动合同用工是我国的企业基本用工形式。劳务派遣用工是补充形式，只能在临时性、辅助性或者替代性的工作岗位上实施。

前款规定的临时性工作岗位是指存续时间不超过六个月的岗位；辅助性工作岗位是指

为主营业务岗位提供服务的非主营业务岗位；替代性工作岗位是指用工单位的劳动者因脱产学习、休假等原因无法工作的一定期间内，可以由其他劳动者替代工作的岗位。

用工单位应当严格控制劳务派遣用工数量，不得超过其用工总量的一定比例，具体比例由国务院劳动行政部门规定。

**第六十七条**　用人单位不得设立劳务派遣单位向本单位或者所属单位派遣劳动者。

### 第三节　非全日制用工

**第六十八条**　非全日制用工，是指以小时计酬为主，劳动者在同一用人单位一般平均每日工作时间不超过四小时，每周工作时间累计不超过二十四小时的用工形式。

**第六十九条**　非全日制用工双方当事人可以订立口头协议。

从事非全日制用工的劳动者可以与一个或者一个以上用人单位订立劳动合同；但是，后订立的劳动合同不得影响先订立的劳动合同的履行。

**第七十条**　非全日制用工双方当事人不得约定试用期。

**第七十一条**　非全日制用工双方当事人任何一方都可以随时通知对方终止用工。终止用工，用人单位不向劳动者支付经济补偿。

**第七十二条**　非全日制用工小时计酬标准不得低于用人单位所在地人民政府规定的最低小时工资标准。

非全日制用工劳动报酬结算支付周期最长不得超过十五日。

## 第六章　监 督 检 查

**第七十三条**　国务院劳动行政部门负责全国劳动合同制度实施的监督管理。

县级以上地方人民政府劳动行政部门负责本行政区域内劳动合同制度实施的监督管理。

县级以上各级人民政府劳动行政部门在劳动合同制度实施的监督管理工作中，应当听取工会、企业方面代表以及有关行业主管部门的意见。

**第七十四条**　县级以上地方人民政府劳动行政部门依法对下列实施劳动合同制度的情况进行监督检查：

（一）用人单位制定直接涉及劳动者切身利益的规章制度及其执行的情况；

（二）用人单位与劳动者订立和解除劳动合同的情况；

（三）劳务派遣单位和用工单位遵守劳务派遣有关规定的情况；

（四）用人单位遵守国家关于劳动者工作时间和休息休假规定的情况；

（五）用人单位支付劳动合同约定的劳动报酬和执行最低工资标准的情况；

（六）用人单位参加各项社会保险和缴纳社会保险费的情况；

（七）法律、法规规定的其他劳动监察事项。

**第七十五条**　县级以上地方人民政府劳动行政部门实施监督检查时，有权查阅与劳动合同、集体合同有关的材料，有权对劳动场所进行实地检查，用人单位和劳动者都应当如实提供有关情况和材料。

劳动行政部门的工作人员进行监督检查，应当出示证件，依法行使职权，文明执法。

**第七十六条** 县级以上人民政府建设、卫生、安全生产监督管理等有关主管部门在各自职责范围内，对用人单位执行劳动合同制度的情况进行监督管理。

**第七十七条** 劳动者合法权益受到侵害的，有权要求有关部门依法处理，或者依法申请仲裁、提起诉讼。

**第七十八条** 工会依法维护劳动者的合法权益，对用人单位履行劳动合同、集体合同的情况进行监督。用人单位违反劳动法律、法规和劳动合同、集体合同的，工会有权提出意见或者要求纠正；劳动者申请仲裁、提起诉讼的，工会依法给予支持和帮助。

**第七十九条** 任何组织或者个人对违反本法的行为都有权举报，县级以上人民政府劳动行政部门应当及时核实、处理，并对举报有功人员给予奖励。

## 第七章 法律责任

**第八十条** 用人单位直接涉及劳动者切身利益的规章制度违反法律、法规规定的，由劳动行政部门责令改正，给予警告；给劳动者造成损害的，应当承担赔偿责任。

**第八十一条** 用人单位提供的劳动合同文本未载明本法规定的劳动合同必备条款或者用人单位未将劳动合同文本交付劳动者的，由劳动行政部门责令改正；给劳动者造成损害的，应当承担赔偿责任。

**第八十二条** 用人单位自用工之日起超过一个月不满一年未与劳动者订立书面劳动合同的，应当向劳动者每月支付二倍的工资。

用人单位违反本法规定不与劳动者订立无固定期限劳动合同的，自应当订立无固定期限劳动合同之日起向劳动者每月支付二倍的工资。

**第八十三条** 用人单位违反本法规定与劳动者约定试用期的，由劳动行政部门责令改正；违法约定的试用期已经履行的，由用人单位以劳动者试用期满月工资为标准，按已经履行的超过法定试用期的期间向劳动者支付赔偿金。

**第八十四条** 用人单位违反本法规定，扣押劳动者居民身份证等证件的，由劳动行政部门责令限期退还劳动者本人，并依照有关法律规定给予处罚。

用人单位违反本法规定，以担保或者其他名义向劳动者收取财物的，由劳动行政部门责令限期退还劳动者本人，并以每人五百元以上二千元以下的标准处以罚款；给劳动者造成损害的，应当承担赔偿责任。

劳动者依法解除或者终止劳动合同，用人单位扣押劳动者档案或者其他物品的，依照前款规定处罚。

**第八十五条** 用人单位有下列情形之一的，由劳动行政部门责令限期支付劳动报酬、加班费或者经济补偿；劳动报酬低于当地最低工资标准的，应当支付其差额部分；逾期不支付的，责令用人单位按应付金额百分之五十以上百分之一百以下的标准向劳动者加付赔偿金：

（一）未按照劳动合同的约定或者国家规定及时足额支付劳动者劳动报酬的；

（二）低于当地最低工资标准支付劳动者工资的；

（三）安排加班不支付加班费的；

（四）解除或者终止劳动合同，未依照本法规定向劳动者支付经济补偿的。

**第八十六条** 劳动合同依照本法第二十六条规定被确认无效，给对方造成损害的，有过错的一方应当承担赔偿责任。

**第八十七条** 用人单位违反本法规定解除或者终止劳动合同的，应当依照本法第四十七条规定的经济补偿标准的二倍向劳动者支付赔偿金。

**第八十八条** 用人单位有下列情形之一的，依法给予行政处罚；构成犯罪的，依法追究刑事责任；给劳动者造成损害的，应当承担赔偿责任：

（一）以暴力、威胁或者非法限制人身自由的手段强迫劳动的；

（二）违章指挥或者强令冒险作业危及劳动者人身安全的；

（三）侮辱、体罚、殴打、非法搜查或者拘禁劳动者的；

（四）劳动条件恶劣、环境污染严重，给劳动者身心健康造成严重损害的。

**第八十九条** 用人单位违反本法规定未向劳动者出具解除或者终止劳动合同的书面证明，由劳动行政部门责令改正；给劳动者造成损害的，应当承担赔偿责任。

**第九十条** 劳动者违反本法规定解除劳动合同，或者违反劳动合同中约定的保密义务或者竞业限制，给用人单位造成损失的，应当承担赔偿责任。

**第九十一条** 用人单位招用与其他用人单位尚未解除或者终止劳动合同的劳动者，给其他用人单位造成损失的，应当承担连带赔偿责任。

**第九十二条** 违反本法规定，未经许可，擅自经营劳务派遣业务的，由劳动行政部门责令停止违法行为，没收违法所得，并处违法所得一倍以上五倍以下的罚款；没有违法所得的，可以处五万元以下的罚款。

劳务派遣单位、用工单位违反本法有关劳务派遣规定的，由劳动行政部门责令限期改正；逾期不改正的，以每人五千元以上一万元以下的标准处以罚款，对劳务派遣单位，吊销其劳务派遣业务经营许可证。用工单位给被派遣劳动者造成损害的，劳务派遣单位与用工单位承担连带赔偿责任。

**第九十三条** 对不具备合法经营资格的用人单位的违法犯罪行为，依法追究法律责任；劳动者已经付出劳动的，该单位或者其出资人应当依照本法有关规定向劳动者支付劳动报酬、经济补偿、赔偿金；给劳动者造成损害的，应当承担赔偿责任。

**第九十四条** 个人承包经营违反本法规定招用劳动者，给劳动者造成损害的，发包的组织与个人承包经营者承担连带赔偿责任。

**第九十五条** 劳动行政部门和其他有关主管部门及其工作人员玩忽职守、不履行法定职责，或者违法行使职权，给劳动者或者用人单位造成损害的，应当承担赔偿责任；对直接负责的主管人员和其他直接责任人员，依法给予行政处分；构成犯罪的，依法追究刑事责任。

## 第八章　附　　则

**第九十六条**　事业单位与实行聘用制的工作人员订立、履行、变更、解除或者终止劳动合同，法律、行政法规或者国务院另有规定的，依照其规定；未作规定的，依照本法有关规定执行。

**第九十七条**　本法施行前已依法订立且在本法施行之日存续的劳动合同，继续履行；本法第十四条第二款第三项规定连续订立固定期限劳动合同的次数，自本法施行后续订固定期限劳动合同时开始计算。

本法施行前已建立劳动关系，尚未订立书面劳动合同的，应当自本法施行之日起一个月内订立。

本法施行之日存续的劳动合同在本法施行后解除或者终止，依照本法第四十六条规定应当支付经济补偿的，经济补偿年限自本法施行之日起计算；本法施行前按照当时有关规定，用人单位应当向劳动者支付经济补偿的，按照当时有关规定执行。

**第九十八条**　本法自2008年1月1日起施行。

# 146　中华人民共和国劳动争议调解仲裁法

2007年12月29日中华人民共和国第十届全国人民代表大会常务委员会第三十一次会议通过，2007年12月29日中华人民共和国主席令第八十号公布，自2008年5月1日起施行。

## 目　　录

第一章　总则/740
第二章　调解/741
第三章　仲裁/742
　　第一节　一般规定/742
　　第二节　申请和受理/743
　　第三节　开庭和裁决/744
第四章　附则/746

## 第一章　总　　则

**第一条**　为了公正及时解决劳动争议，保护当事人合法权益，促进劳动关系和谐稳定，制定本法。

**第二条**　中华人民共和国境内的用人单位与劳动者发生的下列劳动争议，适用本法：

（一）因确认劳动关系发生的争议；

（二）因订立、履行、变更、解除和终止劳动合同发生的争议；

（三）因除名、辞退和辞职、离职发生的争议；

（四）因工作时间、休息休假、社会保险、福利、培训以及劳动保护发生的争议；

（五）因劳动报酬、工伤医疗费、经济补偿或者赔偿金等发生的争议；

（六）法律、法规规定的其他劳动争议。

**第三条**　解决劳动争议，应当根据事实，遵循合法、公正、及时、着重调解的原则，依法保护当事人的合法权益。

**第四条**　发生劳动争议，劳动者可以与用人单位协商，也可以请工会或者第三方共同与用人单位协商，达成和解协议。

**第五条**　发生劳动争议，当事人不愿协商、协商不成或者达成和解协议后不履行的，可以向调解组织申请调解；不愿调解、调解不成或者达成调解协议后不履行的，可以向劳动争议仲裁委员会申请仲裁；对仲裁裁决不服的，除本法另有规定的外，可以向人民法院提起诉讼。

**第六条**　发生劳动争议，当事人对自己提出的主张，有责任提供证据。与争议事项有关的证据属于用人单位掌握管理的，用人单位应当提供；用人单位不提供的，应当承担不利后果。

**第七条**　发生劳动争议的劳动者一方在十人以上，并有共同请求的，可以推举代表参加调解、仲裁或者诉讼活动。

**第八条**　县级以上人民政府劳动行政部门会同工会和企业方面代表建立协调劳动关系三方机制，共同研究解决劳动争议的重大问题。

**第九条**　用人单位违反国家规定，拖欠或者未足额支付劳动报酬，或者拖欠工伤医疗费、经济补偿或者赔偿金的，劳动者可以向劳动行政部门投诉，劳动行政部门应当依法处理。

## 第二章　调　　解

**第十条**　发生劳动争议，当事人可以到下列调解组织申请调解：

（一）企业劳动争议调解委员会；

（二）依法设立的基层人民调解组织；

（三）在乡镇、街道设立的具有劳动争议调解职能的组织。

企业劳动争议调解委员会由职工代表和企业代表组成。职工代表由工会成员担任或者由全体职工推举产生，企业代表由企业负责人指定。企业劳动争议调解委员会主任由工会成员或者双方推举的人员担任。

**第十一条**　劳动争议调解组织的调解员应当由公道正派、联系群众、热心调解工作，并具有一定法律知识、政策水平和文化水平的成年公民担任。

**第十二条** 当事人申请劳动争议调解可以书面申请，也可以口头申请。口头申请的，调解组织应当当场记录申请人基本情况、申请调解的争议事项、理由和时间。

**第十三条** 调解劳动争议，应当充分听取双方当事人对事实和理由的陈述，耐心疏导，帮助其达成协议。

**第十四条** 经调解达成协议的，应当制作调解协议书。

调解协议书由双方当事人签名或者盖章，经调解员签名并加盖调解组织印章后生效，对双方当事人具有约束力，当事人应当履行。

自劳动争议调解组织收到调解申请之日起十五日内未达成调解协议的，当事人可以依法申请仲裁。

**第十五条** 达成调解协议后，一方当事人在协议约定期限内不履行调解协议的，另一方当事人可以依法申请仲裁。

**第十六条** 因支付拖欠劳动报酬、工伤医疗费、经济补偿或者赔偿金事项达成调解协议，用人单位在协议约定期限内不履行的，劳动者可以持调解协议书依法向人民法院申请支付令。人民法院应当依法发出支付令。

## 第三章 仲 裁

### 第一节 一般规定

**第十七条** 劳动争议仲裁委员会按照统筹规划、合理布局和适应实际需要的原则设立。省、自治区人民政府可以决定在市、县设立；直辖市人民政府可以决定在区、县设立。直辖市、设区的市也可以设立一个或者若干个劳动争议仲裁委员会。劳动争议仲裁委员会不按行政区划层层设立。

**第十八条** 国务院劳动行政部门依照本法有关规定制定仲裁规则。省、自治区、直辖市人民政府劳动行政部门对本行政区域的劳动争议仲裁工作进行指导。

**第十九条** 劳动争议仲裁委员会由劳动行政部门代表、工会代表和企业方面代表组成。劳动争议仲裁委员会组成人员应当是单数。

劳动争议仲裁委员会依法履行下列职责：

（一）聘任、解聘专职或者兼职仲裁员；

（二）受理劳动争议案件；

（三）讨论重大或者疑难的劳动争议案件；

（四）对仲裁活动进行监督。

劳动争议仲裁委员会下设办事机构，负责办理劳动争议仲裁委员会的日常工作。

**第二十条** 劳动争议仲裁委员会应当设仲裁员名册。

仲裁员应当公道正派并符合下列条件之一：

（一）曾任审判员的；

（二）从事法律研究、教学工作并具有中级以上职称的；

（三）具有法律知识、从事人力资源管理或者工会等专业工作满五年的；

（四）律师执业满三年的。

**第二十一条**　劳动争议仲裁委员会负责管辖本区域内发生的劳动争议。

劳动争议由劳动合同履行地或者用人单位所在地的劳动争议仲裁委员会管辖。双方当事人分别向劳动合同履行地和用人单位所在地的劳动争议仲裁委员会申请仲裁的，由劳动合同履行地的劳动争议仲裁委员会管辖。

**第二十二条**　发生劳动争议的劳动者和用人单位为劳动争议仲裁案件的双方当事人。

劳务派遣单位或者用工单位与劳动者发生劳动争议的，劳务派遣单位和用工单位为共同当事人。

**第二十三条**　与劳动争议案件的处理结果有利害关系的第三人，可以申请参加仲裁活动或者由劳动争议仲裁委员会通知其参加仲裁活动。

**第二十四条**　当事人可以委托代理人参加仲裁活动。委托他人参加仲裁活动，应当向劳动争议仲裁委员会提交有委托人签名或者盖章的委托书，委托书应当载明委托事项和权限。

**第二十五条**　丧失或者部分丧失民事行为能力的劳动者，由其法定代理人代为参加仲裁活动；无法定代理人的，由劳动争议仲裁委员会为其指定代理人。劳动者死亡的，由其近亲属或者代理人参加仲裁活动。

**第二十六条**　劳动争议仲裁公开进行，但当事人协议不公开进行或者涉及国家秘密、商业秘密和个人隐私的除外。

### 第二节　申请和受理

**第二十七条**　劳动争议申请仲裁的时效期间为一年。仲裁时效期间从当事人知道或者应当知道其权利被侵害之日起计算。

前款规定的仲裁时效，因当事人一方向对方当事人主张权利，或者向有关部门请求权利救济，或者对方当事人同意履行义务而中断。从中断时起，仲裁时效期间重新计算。

因不可抗力或者有其他正当理由，当事人不能在本条第一款规定的仲裁时效期间申请仲裁的，仲裁时效中止。从中止时效的原因消除之日起，仲裁时效期间继续计算。

劳动关系存续期间因拖欠劳动报酬发生争议的，劳动者申请仲裁不受本条第一款规定的仲裁时效期间的限制；但是，劳动关系终止的，应当自劳动关系终止之日起一年内提出。

**第二十八条**　申请人申请仲裁应当提交书面仲裁申请，并按照被申请人人数提交副本。

仲裁申请书应当载明下列事项：

（一）劳动者的姓名、性别、年龄、职业、工作单位和住所，用人单位的名称、住所和法定代表人或者主要负责人的姓名、职务；

（二）仲裁请求和所根据的事实、理由；

（三）证据和证据来源、证人姓名和住所。

书写仲裁申请确有困难的，可以口头申请，由劳动争议仲裁委员会记入笔录，并告知对方当事人。

**第二十九条**　劳动争议仲裁委员会收到仲裁申请之日起五日内，认为符合受理条件的，应当受理，并通知申请人；认为不符合受理条件的，应当书面通知申请人不予受理，并说明理由。对劳动争议仲裁委员会不予受理或者逾期未作出决定的，申请人可以就该劳动争议事项向人民法院提起诉讼。

**第三十条** 劳动争议仲裁委员会受理仲裁申请后，应当在五日内将仲裁申请书副本送达被申请人。

被申请人收到仲裁申请书副本后，应当在十日内向劳动争议仲裁委员会提交答辩书。劳动争议仲裁委员会收到答辩书后，应当在五日内将答辩书副本送达申请人。被申请人未提交答辩书的，不影响仲裁程序的进行。

### 第三节 开庭和裁决

**第三十一条** 劳动争议仲裁委员会裁决劳动争议案件实行仲裁庭制。仲裁庭由三名仲裁员组成，设首席仲裁员。简单劳动争议案件可以由一名仲裁员独任仲裁。

**第三十二条** 劳动争议仲裁委员会应当在受理仲裁申请之日起五日内将仲裁庭的组成情况书面通知当事人。

**第三十三条** 仲裁员有下列情形之一，应当回避，当事人也有权以口头或者书面方式提出回避申请：

（一）是本案当事人或者当事人、代理人的近亲属的；

（二）与本案有利害关系的；

（三）与本案当事人、代理人有其他关系，可能影响公正裁决的；

（四）私自会见当事人、代理人，或者接受当事人、代理人的请客送礼的。

劳动争议仲裁委员会对回避申请应当及时作出决定，并以口头或者书面方式通知当事人。

**第三十四条** 仲裁员有本法第三十三条第四项规定情形，或者有索贿受贿、徇私舞弊、枉法裁决行为的，应当依法承担法律责任。劳动争议仲裁委员会应当将其解聘。

**第三十五条** 仲裁庭应当在开庭五日前，将开庭日期、地点书面通知双方当事人。当事人有正当理由的，可以在开庭三日前请求延期开庭。是否延期，由劳动争议仲裁委员会决定。

**第三十六条** 申请人收到书面通知，无正当理由拒不到庭或者未经仲裁庭同意中途退庭的，可以视为撤回仲裁申请。

被申请人收到书面通知，无正当理由拒不到庭或者未经仲裁庭同意中途退庭的，可以缺席裁决。

**第三十七条** 仲裁庭对专门性问题认为需要鉴定的，可以交由当事人约定的鉴定机构鉴定；当事人没有约定或者无法达成约定的，由仲裁庭指定的鉴定机构鉴定。

根据当事人的请求或者仲裁庭的要求，鉴定机构应当派鉴定人参加开庭。当事人经仲裁庭许可，可以向鉴定人提问。

**第三十八条** 当事人在仲裁过程中有权进行质证和辩论。质证和辩论终结时，首席仲裁员或者独任仲裁员应当征询当事人的最后意见。

**第三十九条** 当事人提供的证据经查证属实的，仲裁庭应当将其作为认定事实的根据。

劳动者无法提供由用人单位掌握管理的与仲裁请求有关的证据，仲裁庭可以要求用人单位在指定期限内提供。用人单位在指定期限内不提供的，应当承担不利后果。

**第四十条** 仲裁庭应当将开庭情况记入笔录。当事人和其他仲裁参加人认为对自己陈述的记录有遗漏或者差错的，有权申请补正。如果不予补正，应当记录该申请。

笔录由仲裁员、记录人员、当事人和其他仲裁参加人签名或者盖章。

**第四十一条**　当事人申请劳动争议仲裁后，可以自行和解。达成和解协议的，可以撤回仲裁申请。

**第四十二条**　仲裁庭在作出裁决前，应当先行调解。

调解达成协议的，仲裁庭应当制作调解书。

调解书应当写明仲裁请求和当事人协议的结果。调解书由仲裁员签名，加盖劳动争议仲裁委员会印章，送达双方当事人。调解书经双方当事人签收后，发生法律效力。

调解不成或者调解书送达前，一方当事人反悔的，仲裁庭应当及时作出裁决。

**第四十三条**　仲裁庭裁决劳动争议案件，应当自劳动争议仲裁委员会受理仲裁申请之日起四十五日内结束。案情复杂需要延期的，经劳动争议仲裁委员会主任批准，可以延期并书面通知当事人，但是延长期限不得超过十五日。逾期未作出仲裁裁决的，当事人可以就该劳动争议事项向人民法院提起诉讼。

仲裁庭裁决劳动争议案件时，其中一部分事实已经清楚，可以就该部分先行裁决。

**第四十四条**　仲裁庭对追索劳动报酬、工伤医疗费、经济补偿或者赔偿金的案件，根据当事人的申请，可以裁决先予执行，移送人民法院执行。

仲裁庭裁决先予执行的，应当符合下列条件：

（一）当事人之间权利义务关系明确；

（二）不先予执行将严重影响申请人的生活。

劳动者申请先予执行的，可以不提供担保。

**第四十五条**　裁决应当按照多数仲裁员的意见作出，少数仲裁员的不同意见应当记入笔录。仲裁庭不能形成多数意见时，裁决应当按照首席仲裁员的意见作出。

**第四十六条**　裁决书应当载明仲裁请求、争议事实、裁决理由、裁决结果和裁决日期。裁决书由仲裁员签名，加盖劳动争议仲裁委员会印章。对裁决持不同意见的仲裁员，可以签名，也可以不签名。

**第四十七条**　下列劳动争议，除本法另有规定的外，仲裁裁决为终局裁决，裁决书自作出之日起发生法律效力：

（一）追索劳动报酬、工伤医疗费、经济补偿或者赔偿金，不超过当地月最低工资标准十二个月金额的争议；

（二）因执行国家的劳动标准在工作时间、休息休假、社会保险等方面发生的争议。

**第四十八条**　劳动者对本法第四十七条规定的仲裁裁决不服的，可以自收到仲裁裁决书之日起十五日内向人民法院提起诉讼。

**第四十九条**　用人单位有证据证明本法第四十七条规定的仲裁裁决有下列情形之一，可以自收到仲裁裁决书之日起三十日内向劳动争议仲裁委员会所在地的中级人民法院申请撤销裁决：

（一）适用法律、法规确有错误的；

（二）劳动争议仲裁委员会无管辖权的；

（三）违反法定程序的；

（四）裁决所根据的证据是伪造的；

（五）对方当事人隐瞒了足以影响公正裁决的证据的；

（六）仲裁员在仲裁该案时有索贿受贿、徇私舞弊、枉法裁决行为的。

人民法院经组成合议庭审查核实裁决有前款规定情形之一的，应当裁定撤销。

仲裁裁决被人民法院裁定撤销的，当事人可以自收到裁定书之日起十五日内就该劳动争议事项向人民法院提起诉讼。

**第五十条** 当事人对本法第四十七条规定以外的其他劳动争议案件的仲裁裁决不服的，可以自收到仲裁裁决书之日起十五日内向人民法院提起诉讼；期满不起诉的，裁决书发生法律效力。

**第五十一条** 当事人对发生法律效力的调解书、裁决书，应当依照规定的期限履行。一方当事人逾期不履行的，另一方当事人可以依照民事诉讼法的有关规定向人民法院申请执行。受理申请的人民法院应当依法执行。

## 第四章 附 则

**第五十二条** 事业单位实行聘用制的工作人员与本单位发生劳动争议的，依照本法执行；法律、行政法规或者国务院另有规定的，依照其规定。

**第五十三条** 劳动争议仲裁不收费。劳动争议仲裁委员会的经费由财政予以保障。

**第五十四条** 本法自2008年5月1日起施行。

# 147 国务院关于职工工作时间的规定

1994年1月24日常委会议通过，1994年2月3日中华人民共和国国务院令第146号发布，自1994年3月1日起施行；根据1995年2月17日国务院第8次全体会议通过的《国务院关于修改〈国务院关于职工工作时间的规定〉的决定》修订，1995年3月25日中华人民共和国国务院令第174号发布，自1995年5月1日起施行。

**第一条** 为了合理安排职工的工作和休息时间，维护职工的休息权利，调动职工的积极性，促进社会主义现代化建设事业的发展，根据宪法有关规定，制定本规定。

**第二条** 本规定适用于在中华人民共和国境内的国家机关、社会团体、企业事业单位以及其他组织的职工。

**第三条** 职工每日工作8小时，每周工作40小时。

**第四条** 在特殊条件下从事劳动和有特殊情况，需要适当缩短工作时间的，按照国家有关规定执行。

**第五条** 因工作性质或者生产特点的限制，不能实行每日工作 8 小时、每周工作 40 小时标准工时制度的，按照国家有关规定，可以实行其他工作和休息办法。

**第六条** 任何单位和个人不得擅自延长职工工作时间。因特殊情况和紧急任务确需延长工作时间的，按照国家有关规定执行。

**第七条** 国家机关、事业单位实行统一的工作时间，星期六和星期日为周休息日。

企业和不能实行前款规定的统一工作时间的事业单位，可以根据实际情况灵活安排周休息日。

**第八条** 本规定由劳动部、人事部负责解释；实施办法由劳动部、人事部制定。

**第九条** 本规定自 1995 年 5 月 1 日起施行。1995 年 5 月 1 日施行有困难的企业、事业单位，可以适当延期；但是，事业单位最迟应当自 1996 年 1 月 1 日起施行，企业最迟应当自 1997 年 5 月 1 日起施行。

# 148 劳动人事争议仲裁办案规则

2008 年 12 月 17 日经人力资源和社会保障部第 15 次部务会议通过，
2009 年 1 月 1 日中华人民共和国人力资源和社会保障部令第 2 号公布，
自公布之日起施行。

## 目　　录

第一章　总则/747
第二章　一般规定/748
第三章　仲裁程序/750
　第一节　申请和受理/750
　第二节　开庭和裁决/751
第四章　附则/753

## 第一章　总　　则

**第一条** 为公正及时处理劳动、人事争议（以下简称争议），规范仲裁办案程序，根据《中华人民共和国劳动争议调解仲裁法》（以下简称调解仲裁法）以及《中华人民共和国公务员法》（以下简称公务员法）、《中国人民解放军文职人员条例》和有关法律法规、国务院有关规定，制定本规则。

**第二条** 本规则适用下列争议的仲裁：

（一）企业、个体经济组织、民办非企业单位等组织与劳动者之间，以及机关、事业单位、社会团体与其建立劳动关系的劳动者之间，因确认劳动关系，订立、履行、变更、解除和终止劳动合同，工作时间、休息休假、社会保险、福利、培训以及劳动保护，劳动报酬、工伤医疗费、经济补偿或者赔偿金等发生的争议；

（二）实施公务员法的机关与聘任制公务员之间、参照公务员法管理的机关（单位）与聘任工作人员之间因履行聘任合同发生的争议；

（三）事业单位与工作人员之间因除名、辞退、辞职、离职等解除人事关系以及履行聘用合同发生的争议；

（四）社会团体与工作人员之间因除名、辞退、辞职、离职等解除人事关系以及履行聘用合同发生的争议；

（五）军队文职人员聘用单位与文职人员之间因履行聘用合同发生的争议；

（六）法律、法规规定由仲裁委员会处理的其他争议。

**第三条** 仲裁委员会处理争议案件，应当遵循合法、公正的原则，先行调解，及时裁决。

**第四条** 劳动者一方在十人以上的争议，或者因履行集体合同发生的劳动争议，仲裁委员会可优先立案，优先审理。

仲裁委员会处理因履行集体合同发生的劳动争议，应当按照三方原则组成仲裁庭处理。

## 第二章 一般规定

**第五条** 因履行集体合同发生的劳动争议，经协商解决不成的，工会可以依法申请仲裁；尚未建立工会的，由上级工会指导劳动者推举产生的代表依法申请仲裁。

**第六条** 发生争议的劳动者一方在十人以上，并有共同请求的，劳动者可以推举三至五名代表人参加仲裁活动。

**第七条** 代表人参加仲裁的行为对其所代表的当事人发生效力，但代表人变更、放弃仲裁请求或者承认对方当事人的仲裁请求，进行和解，必须经被代表的当事人同意。

**第八条** 发生争议的用人单位被吊销营业执照、责令关闭、撤销以及用人单位决定提前解散、歇业，不能承担相关责任的，依法将其出资人、开办单位或主管部门作为共同当事人。

**第九条** 劳动者与个人承包经营者发生争议，依法向仲裁委员会申请仲裁的，应当将发包的组织和个人承包经营者作为当事人。

**第十条** 在争议申请仲裁的时效期间内，有下列情形之一的，仲裁时效中断；从中断时起，仲裁时效期间重新计算：

（一）一方当事人通过协商、申请调解等方式向对方当事人主张权利的；

（二）一方当事人通过向有关部门投诉，向仲裁委员会申请仲裁，向人民法院起诉或者申请支付令等方式请求权利救济的；

（三）对方当事人同意履行义务的。

**第十一条** 因不可抗力，或者有无民事行为能力或者限制民事行为能力劳动者的法定代理人未确定等其他正当理由，当事人不能在规定的仲裁时效期间申请仲裁的，仲裁时效中止。从中止时效的原因消除之日起，仲裁时效期间继续计算。

**第十二条**　劳动合同履行地为劳动者实际工作场所地，用人单位所在地为用人单位注册、登记地。用人单位未经注册、登记的，其出资人、开办单位或主管部门所在地为用人单位所在地。

案件受理后，劳动合同履行地和用人单位所在地发生变化的，不改变争议仲裁的管辖。

多个仲裁委员会都有管辖权的，由先受理的仲裁委员会管辖。

**第十三条**　仲裁委员会发现已受理案件不属于其管辖范围的，应当移送至有管辖权的仲裁委员会，并书面通知当事人。

对上述移送案件，受移送的仲裁委员会应依法受理。受移送的仲裁委员会认为受移送的案件依照规定不属于本仲裁委员会管辖，或仲裁委员会之间因管辖争议协商不成的，应当报请共同的上一级仲裁委员会主管部门指定管辖。

**第十四条**　当事人提出管辖异议的，应当在答辩期满前书面提出。当事人逾期提出的，不影响仲裁程序的进行，当事人因此对仲裁裁决不服的，可以依法向人民法院起诉或者申请撤销。

**第十五条**　当事人提出回避申请，应当说明理由，在案件开始审理时提出；回避事由在案件开始审理后知道的，也可以在庭审辩论终结前提出；当事人在庭审辩论终结后提出的，不影响仲裁程序的进行，当事人因此对仲裁裁决不服的，可以依法向人民法院起诉或者申请撤销。

被申请回避的人员在仲裁委员会作出是否回避的决定前，应当暂停参与本案的处理，但因案件需要采取紧急措施的除外。

**第十六条**　仲裁员是否回避，由仲裁委员会主任或其授权的办事机构负责人决定。仲裁委员会主任担任案件仲裁员是否回避，由仲裁委员会决定。

**第十七条**　当事人对自己提出的主张有责任提供证据。与争议事项有关的证据属于用人单位掌握管理的，用人单位应当提供；用人单位不提供的，应当承担不利后果。

**第十八条**　在法律没有具体规定，依本规则第十七条规定无法确定举证责任承担时，仲裁庭可以根据公平原则和诚实信用原则，综合当事人举证能力等因素确定举证责任的承担。

**第十九条**　承担举证责任的当事人应当在仲裁委员会指定的期限内提供有关证据。当事人在指定期限内不提供的，应当承担不利后果。

**第二十条**　当事人因客观原因不能自行收集的证据，仲裁委员会可以根据当事人的申请，参照《中华人民共和国民事诉讼法》有关规定予以收集；仲裁委员会认为有必要的，也可以决定参照《中华人民共和国民事诉讼法》有关规定予以收集。

**第二十一条**　仲裁委员会依法调查取证时，有关组织和个人应当协助配合。

**第二十二条**　争议处理中涉及证据形式、证据提交、证据交换、证据质证、证据认定等事项，本规则未规定的，参照民事诉讼证据规则的有关规定执行。

**第二十三条**　仲裁期间包括法定期间和仲裁委员会指定期间。

仲裁委员会送达仲裁文书必须有送达回证，由受送达人在送达回证上记明收到日期，签名或盖章。受送达人在送达回证上的签收日期为送达日期。

仲裁期间的计算和仲裁文书的送达方式，仲裁委员会可以参照民事诉讼关于期间的计算和送达方式的有关规定执行。

**第二十四条** 案件处理终结后，仲裁委员会应当将处理过程中形成的全部材料立卷归档。

**第二十五条** 仲裁案卷分正卷和副卷装订。

正卷包括：仲裁申请书、受理（不予受理）通知书、答辩书、法定代表人身份证明书、授权委托书、调查证据、勘验笔录、开庭通知、庭审笔录、延期通知书、仲裁建议书、调解书、裁决书、送达回执等。

副卷包括：评议记录、立案审批表、调查提纲、阅卷笔录、会议笔录、底稿、结案审批表等。

**第二十六条** 仲裁委员会应当建立案卷查阅制度。对不需要保密的内容，应当允许当事人及其代理人查阅、复印。

**第二十七条** 仲裁调解和其他方式结案的案卷，保存期不少于五年，仲裁裁决结案的案卷，保存期不少于十年，国家另有规定的从其规定。保存期满后的案卷，应按照国家有关档案管理的规定处理。

**第二十八条** 在仲裁活动中涉及国家秘密和军事秘密的，按照国家和军队有关保密规定执行。

## 第三章 仲裁程序

### 第一节 申请和受理

**第二十九条** 申请人申请仲裁应当提交书面仲裁申请，并按照被申请人人数提交副本。

仲裁申请书应当载明下列事项：

（一）劳动者的姓名、性别、年龄、职业、工作单位、住所、通信地址和联系电话，用人单位的名称、住所、通信地址、联系电话和法定代表人或者主要负责人的姓名、职务；

（二）仲裁请求和所根据的事实、理由；

（三）证据和证据来源，证人姓名和住所。

书写仲裁申请确有困难的，可以口头申请，由仲裁委员会记入笔录，经申请人签名或者盖章确认。

申请人的书面仲裁申请材料齐备的，仲裁委员会应当出具收件回执。

对于仲裁申请书不规范或者材料不齐备的，仲裁委员会应当当场或者在五日内一并告知申请人需要补正的全部材料。申请人按要求补正全部材料的，仲裁委员会应当出具收件回执。

**第三十条** 仲裁委员会对符合下列条件的仲裁申请应当予以受理，并在收到仲裁申请之日起五日内向申请人出具受理通知书：

（一）属于本规则第二条规定的争议范围；

（二）有明确的仲裁请求和事实理由；

（三）在申请仲裁的法定时效期间内；

（四）属于仲裁委员会管辖范围。

**第三十一条** 对不符合第三十条第一、二、三项规定之一的仲裁申请，仲裁委员会不予受理，并在收到仲裁申请之日起五日内向申请人出具不予受理通知书。

对不符合第三十条第四项规定的仲裁申请，仲裁委员会应当在收到仲裁申请之日起五日内，向申请人作出书面说明并告知申请人向有管辖权的仲裁委员会申请仲裁。

对仲裁委员会逾期未作出决定或决定不予受理的，申请人可以就该争议事项向人民法院提起诉讼。

**第三十二条** 仲裁委员会受理案件后，发现不应当受理的，除本规则第十三条规定外，应当撤销案件，并自决定撤销案件后五日内，按照本规则第三十一条的规定书面通知当事人。

**第三十三条** 仲裁委员会在申请人申请仲裁时，可以引导当事人通过协商、调解等方式解决争议，给予必要的法律释明及风险提示。

**第三十四条** 仲裁委员会受理仲裁申请后，应当在五日内将仲裁申请书副本送达被申请人。

被申请人收到仲裁申请书副本后，应当在十日内向仲裁委员会提交答辩书。仲裁委员会收到答辩书后，应当在五日内将答辩书副本送达申请人。被申请人逾期未提交答辩书的，不影响仲裁程序的进行。

**第三十五条** 被申请人可以在答辩期间提出反申请，仲裁委员会应当自收到被申请人反申请之日起五日内决定是否受理并通知被申请人。

决定受理的，仲裁委员会可以将反申请和申请合并处理。

该反申请如果是应当另行申请仲裁的争议，仲裁委员会应当书面告知被申请人另行申请仲裁；该反申请如果是不属于本规则规定应当受理的争议，仲裁委员会应当向被申请人出具不予受理通知书。

被申请人在答辩期满后对申请人提出反申请的，应当另行提出，另案处理。

## 第二节 开庭和裁决

**第三十六条** 仲裁委员会应当在受理仲裁申请之日起五日内组成仲裁庭并将仲裁庭的组成情况书面通知当事人。

**第三十七条** 仲裁庭应当在开庭五日前，将开庭日期、地点书面通知双方当事人。当事人有正当理由的，可以在开庭三日前请求延期开庭。是否延期，由仲裁委员会根据实际情况决定。

**第三十八条** 申请人收到书面通知，无正当理由拒不到庭或者未经仲裁庭同意中途退庭的，可以按撤回仲裁申请处理，申请人重新申请仲裁的，仲裁委员会不予受理。被申请人收到书面通知，无正当理由拒不到庭或者未经仲裁庭同意中途退庭的，可以缺席裁决。

**第三十九条** 开庭审理时，仲裁员应当听取申请人的陈述和被申请人的答辩，主持庭审调查、质证和辩论、征询当事人最后意见，并进行调解。

**第四十条** 仲裁庭应当将开庭情况记入笔录。当事人或者其他仲裁参加人认为对自己陈述的记录有遗漏或者差错的，有权申请补正。仲裁庭认为申请无理由或者无必要的，可以不予补正，但是应当记录该申请。

仲裁员、记录人员、当事人和其他仲裁参加人应当在庭审笔录上签名或者盖章。当事人或者其他仲裁参加人拒绝在庭审笔录上签名或者盖章的，仲裁庭应记明情况附卷。

**第四十一条** 申请人在举证期限届满前可以提出增加或者变更仲裁请求；仲裁庭对申请人增加或者变更的仲裁请求审查后认为应当受理的，应当通知被申请人并给予答辩期，被申请人明确表示放弃答辩期的除外。

申请人在举证期限届满后提出增加或变更仲裁请求的，应当另行提出，另案处理。

**第四十二条** 当事人申请仲裁后，可以自行和解。达成和解协议的，可以撤回仲裁申请，也可以请求仲裁庭根据和解协议制作调解书。

**第四十三条** 仲裁调解达成协议的，仲裁庭应当制作调解书。

调解书应当写明仲裁请求和当事人协议的结果。调解书由仲裁员签名，加盖仲裁委员会印章，送达双方当事人。调解书经双方当事人签收后，发生法律效力。

调解不成或者调解书送达前，一方当事人反悔的，仲裁庭应当及时作出裁决。

**第四十四条** 仲裁庭裁决案件，应当自仲裁委员会受理仲裁申请之日起四十五日内结束。案情复杂需要延期的，经仲裁委员会主任批准，可以延期并书面通知当事人，但延长期限不得超过十五日。

**第四十五条** 有下列情形的，仲裁期限按照下列规定计算：

（一）申请人需要补正材料的，仲裁委员会收到仲裁申请的时间从材料补正之日起计算；

（二）增加、变更仲裁申请的，仲裁期限从受理增加、变更仲裁申请之日起重新计算；

（三）仲裁申请和反申请合并处理的，仲裁期限从受理反申请之日起重新计算；

（四）案件移送管辖的，仲裁期限从接受移送之日起计算；

（五）中止审理期间不计入仲裁期限内；

（六）有法律、法规规定应当另行计算的其他情形的。

**第四十六条** 因出现案件处理依据不明确而请示有关机构，或者案件处理需要等待工伤认定、伤残等级鉴定、司法鉴定结论，公告送达以及其他需要中止仲裁审理的客观情形，经仲裁委员会主任批准，可以中止案件审理，并书面通知当事人。中止审理的客观情形消除后，仲裁庭应当恢复审理。

**第四十七条** 当事人因仲裁庭逾期未作出仲裁裁决而向人民法院提起诉讼的，仲裁委员会应当裁定该案件终止审理；当事人未就该争议事项向人民法院提起诉讼，并且双方当事人同意继续仲裁的，仲裁委员会可以继续处理并裁决。

**第四十八条** 仲裁庭裁决案件时，其中一部分事实已经清楚，可以就该部分先行裁决，当事人就该部分达成调解协议的，可以先行出具调解书。当事人对先行裁决不服的，可以依照调解仲裁法有关规定处理。

**第四十九条** 仲裁庭裁决案件时，裁决内容同时涉及终局裁决和非终局裁决的，应分别作出裁决并告知当事人相应的救济权利。

**第五十条** 仲裁庭对追索劳动报酬、工伤医疗费、经济补偿或者赔偿金的案件，根据当事人的申请，可以裁决先予执行，移送人民法院执行。

仲裁庭裁决先予执行的，应当符合下列条件：

（一）当事人之间权利义务关系明确；

（二）不先予执行将严重影响申请人的生活。

劳动者申请先予执行的，可以不提供担保。

**第五十一条**　裁决应当按照多数仲裁员的意见作出，少数仲裁员的不同意见应当记入笔录。仲裁庭不能形成多数意见时，裁决应当按照首席仲裁员的意见作出。

**第五十二条**　裁决书应当载明仲裁请求、争议事实、裁决理由、裁决结果、当事人权利和裁决日期。裁决书由仲裁员签名，加盖仲裁委员会印章。对裁决持不同意见的仲裁员，可以签名，也可以不签名。

**第五十三条**　对裁决书中的文字、计算错误或者仲裁庭已经裁决但在裁决书中遗漏的事项，仲裁庭应当及时予以补正并送达当事人。

**第五十四条**　对于权利义务明确、事实清楚的简单争议案件或经双方当事人同意的其他争议案件，仲裁委员会可指定一名仲裁员独任处理，并可在庭审程序、案件调查、仲裁文书送达、裁决方式等方面进行简便处理。

**第五十五条**　当事人对裁决不服向人民法院提起诉讼的，依照调解仲裁法的有关规定处理。

## 第四章　附　　则

**第五十六条**　本规则未作规定的人事争议仲裁涉及事项，依照《人事争议处理规定》有关规定执行。

**第五十七条**　本规则规定的“三日”“五日”，指工作日。

**第五十八条**　本规则自颁布之日起施行。1993 年 10 月 18 日原劳动部颁布的《劳动争议仲裁委员会办案规则》和 1999 年 9 月 6 日原人事部颁布的《人事争议处理办案规则》同时废止。

# *149*　关于工资总额组成的规定

1989 年 9 月 30 日国务院批准，1990 年 1 月 1 日
国家统计局令第 1 号发布施行。

## 目　　录


第一章　总则/754

第二章　工资总额的组成/754

第三章　工资总额不包括的项目/755

第四章　附则/756

## 第一章　总　　则

**第一条**　为了统一工资总额的计算范围，保证国家对工资进行统一的统计核算和会计核算，有利于编制、检查计划和进行工资管理以及正确地反映职工的工资收入，制定本规定。

**第二条**　全民所有制和集体所有制企业、事业单位，各种合营单位，各级国家机关、政党机关和社会团体，在计划、统计、会计上有关工资总额范围的计算，均应遵守本规定。

**第三条**　工资总额是指各单位在一定时期内直接支付给本单位全部职工的劳动报酬总额。

工资总额的计算应以直接支付给职工的全部劳动报酬为根据。

## 第二章　工资总额的组成

**第四条**　工资总额由下列六个部分组成：

（一）计时工资。

（二）计件工资。

（三）奖金。

（四）津贴和补贴。

（五）加班加点工资。

（六）特殊情况下支付的工资。

**第五条**　计时工资是指按计时工资标准（包括地区生活费补贴）和工作时间支付给个人的劳动报酬。包括：

（一）对已做工作按计时工资标准支付的工资。

（二）实行结构工资制的单位支付给职工的基础工资和职务（岗位）工资。

（三）新参加工作职工的见习工资（学徒的生活费）。

（四）运动员体育津贴。

**第六条**　计件工资是指对已做工作按计件单价支付的劳动报酬。包括：

（一）实行超额累进计件、直接无限计件、限额计件、超定额计件等工资制，按劳动部门或主管部门批准的定额和计件单价支付给个人的工资。

（二）按工作任务包干方法支付给个人的工资。

（三）按营业额提成或利润提成办法支付给个人的工资。

**第七条**　奖金是指支付给职工的超额劳动报酬和增收节支的劳动报酬。包括：

（一）生产奖。

（二）节约奖。

（三）劳动竞赛奖。

（四）机关、事业单位的奖励工资。

（五）其他奖金。

**第八条** 津贴和补贴是指为了补偿职工特殊或额外的劳动消耗和因其他特殊原因支付给职工的津贴，以及为了保证职工工资水平不受物价影响支付给职工的物价补贴。

（一）津贴。包括：补偿职工特殊或额外劳动消耗的津贴，保健性津贴，技术性津贴，年功性津贴及其他津贴。

（二）物价补贴。包括：为保证职工工资水平不受物价上涨或变动影响而支付的各种补贴。

**第九条** 加班加点工资是指按规定支付的加班工资和加点工资。

**第十条** 特殊情况下支付的工资。包括：

（一）根据国家法律、法规和政策规定，因病、工伤、产假、计划生育假、婚丧假、事假、探亲假、定期休假、停工学习、执行国家或社会义务等原因按计时工资标准或计时工资标准的一定比例支付的工资。

（二）附加工资、保留工资。

## 第三章 工资总额不包括的项目

**第十一条** 下列各项不列入工资总额的范围：

（一）根据国务院发布的有关规定颁发的发明创造奖、自然科学奖、科学技术进步奖和支付的合理化建议和技术改进奖以及支付给运动员、教练员的奖金。

（二）有关劳动保险和职工福利方面的各项费用。

（三）有关离休、退休、退职人员待遇的各项支出。

（四）劳动保护的各项支出。

（五）稿费、讲课费及其他专门工作报酬。

（六）出差伙食补助费、误餐补助、调动工作的旅费和安家费。

（七）对自带工具、牲畜来企业工作职工所支付的工具、牲畜等的补偿费用。

（八）实行租赁经营单位的承租人的风险性补偿收入。

（九）对购买本企业股票和债券的职工所支付的股息（包括股金分红）和利息。

（十）劳动合同制职工解除劳动合同时由企业支付的医疗补助费、生活补助费等。

（十一）因录用临时工而在工资以外向提供劳动力单位支付的手续费或管理费。

（十二）支付给家庭工人的加工费和按加工订货办法支付给承包单位的发包费用。

（十三）支付给参加企业劳动的在校学生的补贴。

（十四）计划生育独生子女补贴。

**第十二条** 前条所列各项按照国家规定另行统计。

## 第四章　附　　则

**第十三条**　中华人民共和国境内的私营单位、华侨及港、澳、台工商业者经营单位和外商经营单位有关工资总额范围的计算，参照本规定执行。

**第十四条**　本规定由国家统计局负责解释。

**第十五条**　各地区、各部门可依据本规定制定有关工资总额组成的具体范围的规定。

**第十六条**　本规定自发布之日起施行。国务院一九五五年五月二十一日批准颁发的《关于工资总额组成的暂行规定》同时废止。

# 150　《国务院关于职工工作时间的规定》问题解答

劳部发〔1995〕187号

一、问：1995年2月17日《国务院关于职工工作时间的规定》（以下简称《规定》）发布后，企业职工每周工作时间不超过40小时，是否一定要每周休息两天？

答：有条件的企业应尽可能实行职工每日工作8小时、每周工作40小时这一标准工时制度。有些企业因工作性质和生产特点不能实行标准工时制度的，应将贯彻《规定》和贯彻《劳动法》结合起来，保证职工每周工作时间不超过40小时，每周至少休息1天；有些企业还可以实行不定时工作制、综合计算工时工作制等其他工作和休息办法。

二、问：实行新工时制后，企业职工原有的年休假还实行吗？

答：《劳动法》第四十五条规定，“国家实行带薪年休假制度。劳动者连续工作一年以上的，享受带薪年休假。具体办法由国务院规定”。在国务院没有发布企业职工年休假规定以前，1991年6月15日中共中央、国务院共同发出的《关于职工休假问题的通知》应继续贯彻执行。

三、问：《规定》第九条中“1995年5月1日施行有困难的企业”主要指的是哪些？

答：贯彻执行《规定》有一个很重要的原则，这就是既要维护职工的休息权利，也要保证生产和工作任务的完成，确保全国生产工作秩序的正常，以促进社会主义现代化建设事业的发展。《规定》所提到的有困难的企业主要是指：需要连续生产作业，而劳动组织、班制一时难以调整到位的关系国计民生的行业、企业；确有较多业务技术骨干需经较长时间培训合格上岗才能进一步缩短工时的企业；如立即实行新工时制，可能要严重影响企业完成生产任务、企业信誉和企业职工收入，确需一段准备过渡时间的企业。

这里特别需要指出的是，对于上述暂时存在的困难的企业，各地区、各部门务必加强领导，精心指导，帮助他们制定切实可行的实施步骤；上述企业也应立足自身，挖掘潜力，积极创造条件，力争早日实行新工时制度，而不要非拖到1997年5月1日再实行。

四、问：如果有些企业只因极少数技术骨干轮换不过来而影响《规定》的贯彻实施，能不能用加班加点的办法予以解决？

答：为了使更多的企业职工能够实施新工时制度，企业首先要抓紧进行业务、技术骨干的培养，以便有足够的技术力量轮换顶班，只有这样才能既保证全体职工的健康和休息权利，也能保证正常的生产和工作秩序，在抓紧培养技术骨干的同时，为使企业绝大多数职工能尽早实行新工时制度，可以采取一些过渡性措施，即对极少数技术骨干发加班工资或补休。但是，一要与工会和劳动者本人协商，做好工作；二要保障技术骨干的身体健康；三不能无限期地延续下去，必须尽快招聘合格人才或抓紧培养合格人才。

五、问：哪些企业职工可实行不定时工作制？

答：不定时工作制是针对因生产特点、工作特殊需要或职责范围的关系，无法按标准工作时间衡量或需要机动作业的职工所采用的一种工时制度。例如：企业中从事高级管理、推销、货运、装卸、长途运输驾驶、押运、非生产性值班和特殊工作形式的个体工作岗位的职工，出租车驾驶员等，可实行不定时工作制。鉴于每个企业的情况不同，企业可依据上述原则结合企业的实际情况进行研究，并按有关规定报批。

六、问：哪些企业职工可实行综合计算工时工作制？

答：综合计算工时工作制是针对因工作性质特殊，需连续作业或受季节及自然条件限制的企业的部分职工，采用的以周、月、季、年等为周期综合计算工作时间的一种工时制度，但其平均日工作时间和平均周工作时间应与法定标准工作时间基本相同。主要是指：交通、铁路、邮电、水运、航空、渔业等行业中因工作性质特殊，需要连续作业的职工；地质、石油及资源勘探、建筑、制盐、制糖、旅游等受季节和自然条件限制的行业的部分职工；亦工亦农或由于受能源、原材料供应等条件限制难以均衡生产的乡镇企业的职工等。另外，对于那些在市场竞争中，由于外界因素影响，生产任务不均衡的企业的部分职工也可以参照综合计算工时工作制的办法实施。

对于因工作性质或生产特点的限制，实行不定时工作制或综合计算工时工作制等其他工作和休息办法的职工，企业都应根据《中华人民共和国劳动法》和《规定》的有关条款，在保障职工身体健康并充分听取职工意见的基础上，采取集中工作、集中休息、轮休调休、弹性工作时间等适当的工作和休息方式，确保职工的休息休假权利和生产、工作任务的完成。同时，各企业主管部门也应积极创造条件，尽可能使企业的生产任务均衡合理，帮助企业解决贯彻《规定》中的实际问题。

七、问：在特殊条件下从事劳动和有特殊情况的，是否可以进一步缩短工作时间？

答：在特殊条件下从事劳动和有特殊情况，需要在每周工作40小时的基础上再适当缩短工作时间的，应在保证完成生产和工作任务的前提下，根据《中华人民共和国劳动法》第三十六条的规定，由企业根据实际情况决定。

八、问：中外合营企业中外籍人员，应如何执行《规定》？

答：根据《中华人民共和国涉外经济合同法》第四十条规定："在中华人民共和国境内履行经国家批准成立的中外合资经营企业合同、中外合作经营企业合同、中外合作勘探开发自然资源合同，在法律有新的规定时，可以仍然按照合同的规定执行。"因此，在《规定》发布前，凡以合同形式聘用的外籍员工，其工作时间仍可按原合同执行。

九、问：企业因生产经营需要延长工作时间是在每周 40 小时、还是在每周 44 小时基础上计算？

答：1997 年 5 月 1 日以前，以企业所执行的工时制度为基础。即实行每周 40 小时工时制度的企业，以每周 40 小时为基础计算加班加点时间；实行每周 44 小时工时制度的企业，以每周 44 小时为基础计算加班加点时间。上述加班加点，仍然按《劳动法》的有关规定执行。1997 年 5 月 1 日以后，一律应以每周 40 小时为基础计算。

## 151 关于确立劳动关系有关事项的通知

劳社部发〔2005〕12 号

各省、自治区、直辖市劳动和社会保障厅（局）：

近一个时期，一些地方反映部分用人单位招用劳动者不签订劳动合同，发生劳动争议时因双方劳动关系难以确定，致使劳动者合法权益难以维护，对劳动关系的和谐稳定带来不利影响。为规范用人单位用工行为，保护劳动者合法权益，促进社会稳定，现就用人单位与劳动者确立劳动关系的有关事项通知如下：

一、用人单位招用劳动者未订立书面劳动合同，但同时具备下列情形的，劳动关系成立：

（一）用人单位和劳动者符合法律、法规规定的主体资格；

（二）用人单位依法制定的各项劳动规章制度适用于劳动者，劳动者受用人单位的劳动管理，从事用人单位安排的有报酬的劳动；

（三）劳动者提供的劳动是用人单位业务的组成部分。

二、用人单位未与劳动者签订劳动合同，认定双方存在劳动关系时可参照下列凭证：

（一）工资支付凭证或记录（职工工资发放花名册）、缴纳各项社会保险费的记录；

（二）用人单位向劳动者发放的“工作证”“服务证”等能够证明身份的证件；

（三）劳动者填写的用人单位招工招聘“登记表”“报名表”等招用记录；

（四）考勤记录；

（五）其他劳动者的证言等。

其中，（一）、（三）、（四）项的有关凭证由用人单位负举证责任。

三、用人单位招用劳动者符合第一条规定的情形的，用人单位应当与劳动者补签劳动合同，劳动合同期限由双方协商确定。协商不一致的，任何一方均可提出终止劳动关系，但对符合签订无固定期限劳动合同条件的劳动者，如果劳动者提出订立无固定期限劳动合同，用人单位应当订立。

用人单位提出终止劳动关系的，应当按照劳动者在本单位工作年限每满一年支付一个月工资的经济补偿金。

四、建筑施工、矿山企业等用人单位将工程（业务）或经营权发包给不具备用工主体资格的组织或自然人，对该组织或自然人招用的劳动者，由具备用工主体资格的发包方承担用工主体责任。

五、劳动者与用人单位就是否存在劳动关系引发争议的，可以向有管辖权的劳动争议仲裁委员会申请仲裁。

劳动和社会保障部

2005 年 5 月 25 日

# 十三、职 业 健 康

## 152　中华人民共和国职业病防治法

2001年10月27日第九届全国人民代表大会常务委员会第二十四次会议通过，2001年10月27日中华人民共和国主席令第六十号公布，自2002年5月1日起施行；根据2011年12月31日第十一届全国人民代表大会常务委员会第二十四次会议通过、2011年12月31日中华人民共和国主席令第五十二号公布、自公布之日起施行的《全国人民代表大会常务委员会关于修改〈中华人民共和国职业病防治法〉的决定》第一次修改；根据2016年7月2日第十二届全国人民代表大会常务委员会第二十一次会议通过、2016年7月2日中华人民共和国主席令第四十八号公布、自公布之日起施行的《全国人民代表大会常务委员会关于修改〈中华人民共和国节约能源法〉等六部法律的决定》第二次修改；根据2017年11月4日第十二届全国人民代表大会常务委员会第三十次会议通过、2017年11月4日中华人民共和国主席令第八十一号公布、自2017年11月5日起施行的《全国人民代表大会常务委员会关于修改〈中华人民共和国会计法〉等十一部法律的决定》第三次修改。

### 目　　录

第一章　总则/760
第二章　前期预防/762
第三章　劳动过程中的防护与管理/763
第四章　职业病诊断与职业病病人保障/766
第五章　监督检查/769
第六章　法律责任/770
第七章　附则/773

### 第一章　总　　则

**第一条**　为了预防、控制和消除职业病危害，防治职业病，保护劳动者健康及其相关权益，促进经济社会发展，根据宪法，制定本法。

**第二条**　本法适用于中华人民共和国领域内的职业病防治活动。

本法所称职业病，是指企业、事业单位和个体经济组织等用人单位的劳动者在职业活动中，因接触粉尘、放射性物质和其他有毒、有害因素而引起的疾病。

职业病的分类和目录由国务院卫生行政部门会同国务院安全生产监督管理部门、劳动保障行政部门制定、调整并公布。

**第三条**　职业病防治工作坚持预防为主、防治结合的方针，建立用人单位负责、行政机关监管、行业自律、职工参与和社会监督的机制，实行分类管理、综合治理。

**第四条**　劳动者依法享有职业卫生保护的权利。

用人单位应当为劳动者创造符合国家职业卫生标准和卫生要求的工作环境和条件，并采取措施保障劳动者获得职业卫生保护。

工会组织依法对职业病防治工作进行监督，维护劳动者的合法权益。用人单位制定或者修改有关职业病防治的规章制度，应当听取工会组织的意见。

**第五条**　用人单位应当建立、健全职业病防治责任制，加强对职业病防治的管理，提高职业病防治水平，对本单位产生的职业病危害承担责任。

**第六条**　用人单位的主要负责人对本单位的职业病防治工作全面负责。

**第七条**　用人单位必须依法参加工伤保险。

国务院和县级以上地方人民政府劳动保障行政部门应当加强对工伤保险的监督管理，确保劳动者依法享受工伤保险待遇。

**第八条**　国家鼓励和支持研制、开发、推广、应用有利于职业病防治和保护劳动者健康的新技术、新工艺、新设备、新材料，加强对职业病的机理和发生规律的基础研究，提高职业病防治科学技术水平；积极采用有效的职业病防治技术、工艺、设备、材料；限制使用或者淘汰职业病危害严重的技术、工艺、设备、材料。

国家鼓励和支持职业病医疗康复机构的建设。

**第九条**　国家实行职业卫生监督制度。

国务院安全生产监督管理部门、卫生行政部门、劳动保障行政部门依照本法和国务院确定的职责，负责全国职业病防治的监督管理工作。国务院有关部门在各自的职责范围内负责职业病防治的有关监督管理工作。

县级以上地方人民政府安全生产监督管理部门、卫生行政部门、劳动保障行政部门依据各自职责，负责本行政区域内职业病防治的监督管理工作。县级以上地方人民政府有关部门在各自的职责范围内负责职业病防治的有关监督管理工作。

县级以上人民政府安全生产监督管理部门、卫生行政部门、劳动保障行政部门（以下统称职业卫生监督管理部门）应当加强沟通，密切配合，按照各自职责分工，依法行使职权，承担责任。

**第十条**　国务院和县级以上地方人民政府应当制定职业病防治规划，将其纳入国民经济和社会发展计划，并组织实施。

县级以上地方人民政府统一负责、领导、组织、协调本行政区域的职业病防治工作，建立健全职业病防治工作体制、机制，统一领导、指挥职业卫生突发事件应对工作；加强职业病防治能力建设和服务体系建设，完善、落实职业病防治工作责任制。

乡、民族乡、镇的人民政府应当认真执行本法，支持职业卫生监督管理部门依法履行职责。

**第十一条** 县级以上人民政府职业卫生监督管理部门应当加强对职业病防治的宣传教育，普及职业病防治的知识，增强用人单位的职业病防治观念，提高劳动者的职业健康意识、自我保护意识和行使职业卫生保护权利的能力。

**第十二条** 有关防治职业病的国家职业卫生标准，由国务院卫生行政部门组织制定并公布。

国务院卫生行政部门应当组织开展重点职业病监测和专项调查，对职业健康风险进行评估，为制定职业卫生标准和职业病防治政策提供科学依据。

县级以上地方人民政府卫生行政部门应当定期对本行政区域的职业病防治情况进行统计和调查分析。

**第十三条** 任何单位和个人有权对违反本法的行为进行检举和控告。有关部门收到相关的检举和控告后，应当及时处理。

对防治职业病成绩显著的单位和个人，给予奖励。

## 第二章 前期预防

**第十四条** 用人单位应当依照法律、法规要求，严格遵守国家职业卫生标准，落实职业病预防措施，从源头上控制和消除职业病危害。

**第十五条** 产生职业病危害的用人单位的设立除应当符合法律、行政法规规定的设立条件外，其工作场所还应当符合下列职业卫生要求：

（一）职业病危害因素的强度或者浓度符合国家职业卫生标准；

（二）有与职业病危害防护相适应的设施；

（三）生产布局合理，符合有害与无害作业分开的原则；

（四）有配套的更衣间、洗浴间、孕妇休息间等卫生设施；

（五）设备、工具、用具等设施符合保护劳动者生理、心理健康的要求；

（六）法律、行政法规和国务院卫生行政部门、安全生产监督管理部门关于保护劳动者健康的其他要求。

**第十六条** 国家建立职业病危害项目申报制度。

用人单位工作场所存在职业病目录所列职业病的危害因素的，应当及时、如实向所在地安全生产监督管理部门申报危害项目，接受监督。

职业病危害因素分类目录由国务院卫生行政部门会同国务院安全生产监督管理部门制定、调整并公布。职业病危害项目申报的具体办法由国务院安全生产监督管理部门制定。

**第十七条** 新建、扩建、改建建设项目和技术改造、技术引进项目（以下统称建设项目）可能产生职业病危害的，建设单位在可行性论证阶段应当进行职业病危害预评价。

医疗机构建设项目可能产生放射性职业病危害的，建设单位应当向卫生行政部门提交放射性职业病危害预评价报告。卫生行政部门应当自收到预评价报告之日起三十日内，作出审核决定并书面通知建设单位。未提交预评价报告或者预评价报告未经卫生行政部门审核同意的，不得开工建设。

职业病危害预评价报告应当对建设项目可能产生的职业病危害因素及其对工作场所和劳动者健康的影响作出评价，确定危害类别和职业病防护措施。

建设项目职业病危害分类管理办法由国务院安全生产监督管理部门制定。

**第十八条** 建设项目的职业病防护设施所需费用应当纳入建设项目工程预算，并与主体工程同时设计，同时施工，同时投入生产和使用。

建设项目的职业病防护设施设计应当符合国家职业卫生标准和卫生要求；其中，医疗机构放射性职业病危害严重的建设项目的防护设施设计，应当经卫生行政部门审查同意后，方可施工。

建设项目在竣工验收前，建设单位应当进行职业病危害控制效果评价。

医疗机构可能产生放射性职业病危害的建设项目竣工验收时，其放射性职业病防护设施经卫生行政部门验收合格后，方可投入使用；其他建设项目的职业病防护设施应当由建设单位负责依法组织验收，验收合格后，方可投入生产和使用。安全生产监督管理部门应当加强对建设单位组织的验收活动和验收结果的监督核查。

**第十九条** 国家对从事放射性、高毒、高危粉尘等作业实行特殊管理。具体管理办法由国务院制定。

## 第三章 劳动过程中的防护与管理

**第二十条** 用人单位应当采取下列职业病防治管理措施：

（一）设置或者指定职业卫生管理机构或者组织，配备专职或者兼职的职业卫生管理人员，负责本单位的职业病防治工作；

（二）制定职业病防治计划和实施方案；

（三）建立、健全职业卫生管理制度和操作规程；

（四）建立、健全职业卫生档案和劳动者健康监护档案；

（五）建立、健全工作场所职业病危害因素监测及评价制度；

（六）建立、健全职业病危害事故应急救援预案。

**第二十一条** 用人单位应当保障职业病防治所需的资金投入，不得挤占、挪用，并对因资金投入不足导致的后果承担责任。

**第二十二条** 用人单位必须采用有效的职业病防护设施，并为劳动者提供个人使用的职业病防护用品。

用人单位为劳动者个人提供的职业病防护用品必须符合防治职业病的要求；不符合要求的，不得使用。

**第二十三条** 用人单位应当优先采用有利于防治职业病和保护劳动者健康的新技术、新工艺、新设备、新材料，逐步替代职业病危害严重的技术、工艺、设备、材料。

**第二十四条** 产生职业病危害的用人单位，应当在醒目位置设置公告栏，公布有关职业病防治的规章制度、操作规程、职业病危害事故应急救援措施和工作场所职业病危害因素检测结果。

对产生严重职业病危害的作业岗位，应当在其醒目位置，设置警示标识和中文警示说明。警示说明应当载明产生职业病危害的种类、后果、预防以及应急救治措施等内容。

**第二十五条** 对可能发生急性职业损伤的有毒、有害工作场所，用人单位应当设置报警装置，配置现场急救用品、冲洗设备、应急撤离通道和必要的泄险区。

对放射工作场所和放射性同位素的运输、贮存，用人单位必须配置防护设备和报警装置，保证接触放射线的工作人员佩戴个人剂量计。

对职业病防护设备、应急救援设施和个人使用的职业病防护用品，用人单位应当进行经常性的维护、检修，定期检测其性能和效果，确保其处于正常状态，不得擅自拆除或者停止使用。

**第二十六条** 用人单位应当实施由专人负责的职业病危害因素日常监测，并确保监测系统处于正常运行状态。

用人单位应当按照国务院安全生产监督管理部门的规定，定期对工作场所进行职业病危害因素检测、评价。检测、评价结果存入用人单位职业卫生档案，定期向所在地安全生产监督管理部门报告并向劳动者公布。

职业病危害因素检测、评价由依法设立的取得国务院安全生产监督管理部门或者设区的市级以上地方人民政府安全生产监督管理部门按照职责分工给予资质认可的职业卫生技术服务机构进行。职业卫生技术服务机构所作检测、评价应当客观、真实。

发现工作场所职业病危害因素不符合国家职业卫生标准和卫生要求时，用人单位应当立即采取相应治理措施，仍然达不到国家职业卫生标准和卫生要求的，必须停止存在职业病危害因素的作业；职业病危害因素经治理后，符合国家职业卫生标准和卫生要求的，方可重新作业。

**第二十七条** 职业卫生技术服务机构依法从事职业病危害因素检测、评价工作，接受安全生产监督管理部门的监督检查。安全生产监督管理部门应当依法履行监督职责。

**第二十八条** 向用人单位提供可能产生职业病危害的设备的，应当提供中文说明书，并在设备的醒目位置设置警示标识和中文警示说明。警示说明应当载明设备性能、可能产生的职业病危害、安全操作和维护注意事项、职业病防护以及应急救治措施等内容。

**第二十九条** 向用人单位提供可能产生职业病危害的化学品、放射性同位素和含有放射性物质的材料的，应当提供中文说明书。说明书应当载明产品特性、主要成分、存在的有害因素、可能产生的危害后果、安全使用注意事项、职业病防护以及应急救治措施等内容。产品包装应当有醒目的警示标识和中文警示说明。贮存上述材料的场所应当在规定的部位设置危险物品标识或者放射性警示标识。

国内首次使用或者首次进口与职业病危害有关的化学材料，使用单位或者进口单位按照国家规定经国务院有关部门批准后，应当向国务院卫生行政部门、安全生产监督管理部门报送该化学材料的毒性鉴定以及经有关部门登记注册或者批准进口的文件等资料。

进口放射性同位素、射线装置和含有放射性物质的物品的，按照国家有关规定办理。

**第三十条**　任何单位和个人不得生产、经营、进口和使用国家明令禁止使用的可能产生职业病危害的设备或者材料。

**第三十一条**　任何单位和个人不得将产生职业病危害的作业转移给不具备职业病防护条件的单位和个人。不具备职业病防护条件的单位和个人不得接受产生职业病危害的作业。

**第三十二条**　用人单位对采用的技术、工艺、设备、材料，应当知悉其产生的职业病危害，对有职业病危害的技术、工艺、设备、材料隐瞒其危害而采用的，对所造成的职业病危害后果承担责任。

**第三十三条**　用人单位与劳动者订立劳动合同（含聘用合同，下同）时，应当将工作过程中可能产生的职业病危害及其后果、职业病防护措施和待遇等如实告知劳动者，并在劳动合同中写明，不得隐瞒或者欺骗。

劳动者在已订立劳动合同期间因工作岗位或者工作内容变更，从事与所订立劳动合同中未告知的存在职业病危害的作业时，用人单位应当依照前款规定，向劳动者履行如实告知的义务，并协商变更原劳动合同相关条款。

用人单位违反前两款规定的，劳动者有权拒绝从事存在职业病危害的作业，用人单位不得因此解除与劳动者所订立的劳动合同。

**第三十四条**　用人单位的主要负责人和职业卫生管理人员应当接受职业卫生培训，遵守职业病防治法律、法规，依法组织本单位的职业病防治工作。

用人单位应当对劳动者进行上岗前的职业卫生培训和在岗期间的定期职业卫生培训，普及职业卫生知识，督促劳动者遵守职业病防治法律、法规、规章和操作规程，指导劳动者正确使用职业病防护设备和个人使用的职业病防护用品。

劳动者应当学习和掌握相关的职业卫生知识，增强职业病防范意识，遵守职业病防治法律、法规、规章和操作规程，正确使用、维护职业病防护设备和个人使用的职业病防护用品，发现职业病危害事故隐患应当及时报告。

劳动者不履行前款规定义务的，用人单位应当对其进行教育。

**第三十五条**　对从事接触职业病危害的作业的劳动者，用人单位应当按照国务院安全生产监督管理部门、卫生行政部门的规定组织上岗前、在岗期间和离岗时的职业健康检查，并将检查结果书面告知劳动者。职业健康检查费用由用人单位承担。

用人单位不得安排未经上岗前职业健康检查的劳动者从事接触职业病危害的作业；不得安排有职业禁忌的劳动者从事其所禁忌的作业；对在职业健康检查中发现有与所从事的职业相关的健康损害的劳动者，应当调离原工作岗位，并妥善安置；对未进行离岗前职业健康检查的劳动者不得解除或者终止与其订立的劳动合同。

职业健康检查应当由取得《医疗机构执业许可证》的医疗卫生机构承担。卫生行政部门应当加强对职业健康检查工作的规范管理，具体管理办法由国务院卫生行政部门制定。

**第三十六条**　用人单位应当为劳动者建立职业健康监护档案，并按照规定的期限妥善保存。

职业健康监护档案应当包括劳动者的职业史、职业病危害接触史、职业健康检查结果和职业病诊疗等有关个人健康资料。

劳动者离开用人单位时，有权索取本人职业健康监护档案复印件，用人单位应当如实、无偿提供，并在所提供的复印件上签章。

**第三十七条** 发生或者可能发生急性职业病危害事故时，用人单位应当立即采取应急救援和控制措施，并及时报告所在地安全生产监督管理部门和有关部门。安全生产监督管理部门接到报告后，应当及时会同有关部门组织调查处理；必要时，可以采取临时控制措施。卫生行政部门应当组织做好医疗救治工作。

对遭受或者可能遭受急性职业病危害的劳动者，用人单位应当及时组织救治、进行健康检查和医学观察，所需费用由用人单位承担。

**第三十八条** 用人单位不得安排未成年工从事接触职业病危害的作业；不得安排孕期、哺乳期的女职工从事对本人和胎儿、婴儿有危害的作业。

**第三十九条** 劳动者享有下列职业卫生保护权利：

（一）获得职业卫生教育、培训；

（二）获得职业健康检查、职业病诊疗、康复等职业病防治服务；

（三）了解工作场所产生或者可能产生的职业病危害因素、危害后果和应当采取的职业病防护措施；

（四）要求用人单位提供符合防治职业病要求的职业病防护设施和个人使用的职业病防护用品，改善工作条件；

（五）对违反职业病防治法律、法规以及危及生命健康的行为提出批评、检举和控告；

（六）拒绝违章指挥和强令进行没有职业病防护措施的作业；

（七）参与用人单位职业卫生工作的民主管理，对职业病防治工作提出意见和建议。

用人单位应当保障劳动者行使前款所列权利。因劳动者依法行使正当权利而降低其工资、福利等待遇或者解除、终止与其订立的劳动合同的，其行为无效。

**第四十条** 工会组织应当督促并协助用人单位开展职业卫生宣传教育和培训，有权对用人单位的职业病防治工作提出意见和建议，依法代表劳动者与用人单位签订劳动安全卫生专项集体合同，与用人单位就劳动者反映的有关职业病防治的问题进行协调并督促解决。

工会组织对用人单位违反职业病防治法律、法规，侵犯劳动者合法权益的行为，有权要求纠正；产生严重职业病危害时，有权要求采取防护措施，或者向政府有关部门建议采取强制性措施；发生职业病危害事故时，有权参与事故调查处理；发现危及劳动者生命健康的情形时，有权向用人单位建议组织劳动者撤离危险现场，用人单位应当立即作出处理。

**第四十一条** 用人单位按照职业病防治要求，用于预防和治理职业病危害、工作场所卫生检测、健康监护和职业卫生培训等费用，按照国家有关规定，在生产成本中据实列支。

**第四十二条** 职业卫生监督管理部门应当按照职责分工，加强对用人单位落实职业病防护管理措施情况的监督检查，依法行使职权，承担责任。

## 第四章 职业病诊断与职业病病人保障

**第四十三条** 医疗卫生机构承担职业病诊断，应当经省、自治区、直辖市人民政府卫生行政部门批准。省、自治区、直辖市人民政府卫生行政部门应当向社会公布本行政区域内承担职业病诊断的医疗卫生机构的名单。

承担职业病诊断的医疗卫生机构应当具备下列条件：

（一）持有《医疗机构执业许可证》；

（二）具有与开展职业病诊断相适应的医疗卫生技术人员；

（三）具有与开展职业病诊断相适应的仪器、设备；

（四）具有健全的职业病诊断质量管理制度。

承担职业病诊断的医疗卫生机构不得拒绝劳动者进行职业病诊断的要求。

**第四十四条**　劳动者可以在用人单位所在地、本人户籍所在地或者经常居住地依法承担职业病诊断的医疗卫生机构进行职业病诊断。

**第四十五条**　职业病诊断标准和职业病诊断、鉴定办法由国务院卫生行政部门制定。职业病伤残等级的鉴定办法由国务院劳动保障行政部门会同国务院卫生行政部门制定。

**第四十六条**　职业病诊断，应当综合分析下列因素：

（一）病人的职业史；

（二）职业病危害接触史和工作场所职业病危害因素情况；

（三）临床表现以及辅助检查结果等。

没有证据否定职业病危害因素与病人临床表现之间的必然联系的，应当诊断为职业病。

职业病诊断证明书应当由参与诊断的取得职业病诊断资格的执业医师签署，并经承担职业病诊断的医疗卫生机构审核盖章。

**第四十七条**　用人单位应当如实提供职业病诊断、鉴定所需的劳动者职业史和职业病危害接触史、工作场所职业病危害因素检测结果等资料；安全生产监督管理部门应当监督检查和督促用人单位提供上述资料；劳动者和有关机构也应当提供与职业病诊断、鉴定有关的资料。

职业病诊断、鉴定机构需要了解工作场所职业病危害因素情况时，可以对工作场所进行现场调查，也可以向安全生产监督管理部门提出，安全生产监督管理部门应当在十日内组织现场调查。用人单位不得拒绝、阻挠。

**第四十八条**　职业病诊断、鉴定过程中，用人单位不提供工作场所职业病危害因素检测结果等资料的，诊断、鉴定机构应当结合劳动者的临床表现、辅助检查结果和劳动者的职业史、职业病危害接触史，并参考劳动者的自述、安全生产监督管理部门提供的日常监督检查信息等，作出职业病诊断、鉴定结论。

劳动者对用人单位提供的工作场所职业病危害因素检测结果等资料有异议，或者因劳动者的用人单位解散、破产，无用人单位提供上述资料的，诊断、鉴定机构应当提请安全生产监督管理部门进行调查，安全生产监督管理部门应当自接到申请之日起三十日内对存在异议的资料或者工作场所职业病危害因素情况作出判定；有关部门应当配合。

**第四十九条**　职业病诊断、鉴定过程中，在确认劳动者职业史、职业病危害接触史时，当事人对劳动关系、工种、工作岗位或者在岗时间有争议的，可以向当地的劳动人事争议仲裁委员会申请仲裁；接到申请的劳动人事争议仲裁委员会应当受理，并在三十日内作出裁决。

当事人在仲裁过程中对自己提出的主张，有责任提供证据。劳动者无法提供由用人单位掌握管理的与仲裁主张有关的证据的，仲裁庭应当要求用人单位在指定期限内提供；用人单位在指定期限内不提供的，应当承担不利后果。

劳动者对仲裁裁决不服的，可以依法向人民法院提起诉讼。

用人单位对仲裁裁决不服的，可以在职业病诊断、鉴定程序结束之日起十五日内依法向人民法院提起诉讼；诉讼期间，劳动者的治疗费用按照职业病待遇规定的途径支付。

**第五十条** 用人单位和医疗卫生机构发现职业病病人或者疑似职业病病人时，应当及时向所在地卫生行政部门和安全生产监督管理部门报告。确诊为职业病的，用人单位还应当向所在地劳动保障行政部门报告。接到报告的部门应当依法作出处理。

**第五十一条** 县级以上地方人民政府卫生行政部门负责本行政区域内的职业病统计报告的管理工作，并按照规定上报。

**第五十二条** 当事人对职业病诊断有异议的，可以向作出诊断的医疗卫生机构所在地地方人民政府卫生行政部门申请鉴定。

职业病诊断争议由设区的市级以上地方人民政府卫生行政部门根据当事人的申请，组织职业病诊断鉴定委员会进行鉴定。

当事人对设区的市级职业病诊断鉴定委员会的鉴定结论不服的，可以向省、自治区、直辖市人民政府卫生行政部门申请再鉴定。

**第五十三条** 职业病诊断鉴定委员会由相关专业的专家组成。

省、自治区、直辖市人民政府卫生行政部门应当设立相关的专家库，需要对职业病争议作出诊断鉴定时，由当事人或者当事人委托有关卫生行政部门从专家库中以随机抽取的方式确定参加诊断鉴定委员会的专家。

职业病诊断鉴定委员会应当按照国务院卫生行政部门颁布的职业病诊断标准和职业病诊断、鉴定办法进行职业病诊断鉴定，向当事人出具职业病诊断鉴定书。职业病诊断、鉴定费用由用人单位承担。

**第五十四条** 职业病诊断鉴定委员会组成人员应当遵守职业道德，客观、公正地进行诊断鉴定，并承担相应的责任。职业病诊断鉴定委员会组成人员不得私下接触当事人，不得收受当事人的财物或者其他好处，与当事人有利害关系的，应当回避。

人民法院受理有关案件需要进行职业病鉴定时，应当从省、自治区、直辖市人民政府卫生行政部门依法设立的相关的专家库中选取参加鉴定的专家。

**第五十五条** 医疗卫生机构发现疑似职业病病人时，应当告知劳动者本人并及时通知用人单位。

用人单位应当及时安排对疑似职业病病人进行诊断；在疑似职业病病人诊断或者医学观察期间，不得解除或者终止与其订立的劳动合同。

疑似职业病病人在诊断、医学观察期间的费用，由用人单位承担。

**第五十六条** 用人单位应当保障职业病病人依法享受国家规定的职业病待遇。

用人单位应当按照国家有关规定，安排职业病病人进行治疗、康复和定期检查。

用人单位对不适宜继续从事原工作的职业病病人，应当调离原岗位，并妥善安置。

用人单位对从事接触职业病危害的作业的劳动者，应当给予适当岗位津贴。

**第五十七条** 职业病病人的诊疗、康复费用，伤残以及丧失劳动能力的职业病病人的社会保障，按照国家有关工伤保险的规定执行。

**第五十八条** 职业病病人除依法享有工伤保险外，依照有关民事法律，尚有获得赔偿的权利的，有权向用人单位提出赔偿要求。

**第五十九条** 劳动者被诊断患有职业病，但用人单位没有依法参加工伤保险的，其医疗和生活保障由该用人单位承担。

**第六十条** 职业病病人变动工作单位，其依法享有的待遇不变。

用人单位在发生分立、合并、解散、破产等情形时，应当对从事接触职业病危害的作业的劳动者进行健康检查，并按照国家有关规定妥善安置职业病病人。

**第六十一条** 用人单位已经不存在或者无法确认劳动关系的职业病病人，可以向地方人民政府民政部门申请医疗救助和生活等方面的救助。

地方各级人民政府应当根据本地区的实际情况，采取其他措施，使前款规定的职业病病人获得医疗救治。

## 第五章 监督检查

**第六十二条** 县级以上人民政府职业卫生监督管理部门依照职业病防治法律、法规、国家职业卫生标准和卫生要求，依据职责划分，对职业病防治工作进行监督检查。

**第六十三条** 安全生产监督管理部门履行监督检查职责时，有权采取下列措施：

（一）进入被检查单位和职业病危害现场，了解情况，调查取证；

（二）查阅或者复制与违反职业病防治法律、法规的行为有关的资料和采集样品；

（三）责令违反职业病防治法律、法规的单位和个人停止违法行为。

**第六十四条** 发生职业病危害事故或者有证据证明危害状态可能导致职业病危害事故发生时，安全生产监督管理部门可以采取下列临时控制措施：

（一）责令暂停导致职业病危害事故的作业；

（二）封存造成职业病危害事故或者可能导致职业病危害事故发生的材料和设备；

（三）组织控制职业病危害事故现场。

在职业病危害事故或者危害状态得到有效控制后，安全生产监督管理部门应当及时解除控制措施。

**第六十五条** 职业卫生监督执法人员依法执行职务时，应当出示监督执法证件。

职业卫生监督执法人员应当忠于职守，秉公执法，严格遵守执法规范；涉及用人单位的秘密的，应当为其保密。

**第六十六条** 职业卫生监督执法人员依法执行职务时，被检查单位应当接受检查并予以支持配合，不得拒绝和阻碍。

**第六十七条** 卫生行政部门、安全生产监督管理部门及其职业卫生监督执法人员履行职责时，不得有下列行为：

（一）对不符合法定条件的，发给建设项目有关证明文件、资质证明文件或者予以批准；

（二）对已经取得有关证明文件的，不履行监督检查职责；

（三）发现用人单位存在职业病危害的，可能造成职业病危害事故，不及时依法采取控制措施；

（四）其他违反本法的行为。

**第六十八条** 职业卫生监督执法人员应当依法经过资格认定。

职业卫生监督管理部门应当加强队伍建设，提高职业卫生监督执法人员的政治、业务素质，依照本法和其他有关法律、法规的规定，建立、健全内部监督制度，对其工作人员执行法律、法规和遵守纪律的情况，进行监督检查。

## 第六章 法律责任

**第六十九条** 建设单位违反本法规定，有下列行为之一的，由安全生产监督管理部门和卫生行政部门依据职责分工给予警告，责令限期改正；逾期不改正的，处十万元以上五十万元以下的罚款；情节严重的，责令停止产生职业病危害的作业，或者提请有关人民政府按照国务院规定的权限责令停建、关闭：

（一）未按照规定进行职业病危害预评价的；

（二）医疗机构可能产生放射性职业病危害的建设项目未按照规定提交放射性职业病危害预评价报告，或者放射性职业病危害预评价报告未经卫生行政部门审核同意，开工建设的；

（三）建设项目的职业病防护设施未按照规定与主体工程同时设计、同时施工、同时投入生产和使用的；

（四）建设项目的职业病防护设施设计不符合国家职业卫生标准和卫生要求，或者医疗机构放射性职业病危害严重的建设项目的防护设施设计未经卫生行政部门审查同意擅自施工的；

（五）未按照规定对职业病防护设施进行职业病危害控制效果评价的；

（六）建设项目竣工投入生产和使用前，职业病防护设施未按照规定验收合格的。

**第七十条** 违反本法规定，有下列行为之一的，由安全生产监督管理部门给予警告，责令限期改正；逾期不改正的，处十万元以下的罚款：

（一）工作场所职业病危害因素检测、评价结果没有存档、上报、公布的；

（二）未采取本法第二十一条规定的职业病防治管理措施的；

（三）未按照规定公布有关职业病防治的规章制度、操作规程、职业病危害事故应急救援措施的；

（四）未按照规定组织劳动者进行职业卫生培训，或者未对劳动者个人职业病防护采取指导、督促措施的；

（五）国内首次使用或者首次进口与职业病危害有关的化学材料，未按照规定报送毒性鉴定资料以及经有关部门登记注册或者批准进口的文件的。

**第七十一条**　用人单位违反本法规定，有下列行为之一的，由安全生产监督管理部门责令限期改正，给予警告，可以并处五万元以上十万元以下的罚款：

（一）未按照规定及时、如实向安全生产监督管理部门申报产生职业病危害的项目的；

（二）未实施由专人负责的职业病危害因素日常监测，或者监测系统不能正常监测的；

（三）订立或者变更劳动合同时，未告知劳动者职业病危害真实情况的；

（四）未按照规定组织职业健康检查、建立职业健康监护档案或者未将检查结果书面告知劳动者的；

（五）未依照本法规定在劳动者离开用人单位时提供职业健康监护档案复印件的。

**第七十二条**　用人单位违反本法规定，有下列行为之一的，由安全生产监督管理部门给予警告，责令限期改正，逾期不改正的，处五万元以上二十万元以下的罚款；情节严重的，责令停止产生职业病危害的作业，或者提请有关人民政府按照国务院规定的权限责令关闭：

（一）工作场所职业病危害因素的强度或者浓度超过国家职业卫生标准的；

（二）未提供职业病防护设施和个人使用的职业病防护用品，或者提供的职业病防护设施和个人使用的职业病防护用品不符合国家职业卫生标准和卫生要求的；

（三）对职业病防护设备、应急救援设施和个人使用的职业病防护用品未按照规定进行维护、检修、检测，或者不能保持正常运行、使用状态的；

（四）未按照规定对工作场所职业病危害因素进行检测、评价的；

（五）工作场所职业病危害因素经治理仍然达不到国家职业卫生标准和卫生要求时，未停止存在职业病危害因素的作业的；

（六）未按照规定安排职业病病人、疑似职业病病人进行诊治的；

（七）发生或者可能发生急性职业病危害事故时，未立即采取应急救援和控制措施或者未按照规定及时报告的；

（八）未按照规定在产生严重职业病危害的作业岗位醒目位置设置警示标识和中文警示说明的；

（九）拒绝职业卫生监督管理部门监督检查的；

（十）隐瞒、伪造、篡改、毁损职业健康监护档案、工作场所职业病危害因素检测评价结果等相关资料，或者拒不提供职业病诊断、鉴定所需资料的；

（十一）未按照规定承担职业病诊断、鉴定费用和职业病病人的医疗、生活保障费用的。

**第七十三条**　向用人单位提供可能产生职业病危害的设备、材料，未按照规定提供中文说明书或者设置警示标识和中文警示说明的，由安全生产监督管理部门责令限期改正，给予警告，并处五万元以上二十万元以下的罚款。

**第七十四条**　用人单位和医疗卫生机构未按照规定报告职业病、疑似职业病的，由有关主管部门依据职责分工责令限期改正，给予警告，可以并处一万元以下的罚款；弄虚作假的，并处二万元以上五万元以下的罚款；对直接负责的主管人员和其他直接责任人员，可以依法给予降级或者撤职的处分。

**第七十五条** 违反本法规定，有下列情形之一的，由安全生产监督管理部门责令限期治理，并处五万元以上三十万元以下的罚款；情节严重的，责令停止产生职业病危害的作业，或者提请有关人民政府按照国务院规定的权限责令关闭：

（一）隐瞒技术、工艺、设备、材料所产生的职业病危害而采用的；

（二）隐瞒本单位职业卫生真实情况的；

（三）可能发生急性职业损伤的有毒、有害工作场所、放射工作场所或者放射性同位素的运输、贮存不符合本法第二十六条规定的；

（四）使用国家明令禁止使用的可能产生职业病危害的设备或者材料的；

（五）将产生职业病危害的作业转移给没有职业病防护条件的单位和个人，或者没有职业病防护条件的单位和个人接受产生职业病危害的作业的；

（六）擅自拆除、停止使用职业病防护设备或者应急救援设施的；

（七）安排未经职业健康检查的劳动者、有职业禁忌的劳动者、未成年工或者孕期、哺乳期女职工从事接触职业病危害的作业或者禁忌作业的；

（八）违章指挥和强令劳动者进行没有职业病防护措施的作业的。

**第七十六条** 生产、经营或者进口国家明令禁止使用的可能产生职业病危害的设备或者材料的，依照有关法律、行政法规的规定给予处罚。

**第七十七条** 用人单位违反本法规定，已经对劳动者生命健康造成严重损害的，由安全生产监督管理部门责令停止产生职业病危害的作业，或者提请有关人民政府按照国务院规定的权限责令关闭，并处十万元以上五十万元以下的罚款。

**第七十八条** 用人单位违反本法规定，造成重大职业病危害事故或者其他严重后果，构成犯罪的，对直接负责的主管人员和其他直接责任人员，依法追究刑事责任。

**第七十九条** 未取得职业卫生技术服务资质认可擅自从事职业卫生技术服务的，或者医疗卫生机构未经批准擅自从事职业病诊断的，由安全生产监督管理部门和卫生行政部门依据职责分工责令立即停止违法行为，没收违法所得；违法所得五千元以上的，并处违法所得二倍以上十倍以下的罚款；没有违法所得或者违法所得不足五千元的，并处五千元以上五万元以下的罚款；情节严重的，对直接负责的主管人员和其他直接责任人员，依法给予降级、撤职或者开除的处分。

**第八十条** 从事职业卫生技术服务的机构和承担职业病诊断的医疗卫生机构违反本法规定，有下列行为之一的，由安全生产监督管理部门和卫生行政部门依据职责分工责令立即停止违法行为，给予警告，没收违法所得；违法所得五千元以上的，并处违法所得二倍以上五倍以下的罚款；没有违法所得或者违法所得不足五千元的，并处五千元以上二万元以下的罚款；情节严重的，由原认可或者批准机关取消其相应的资格；对直接负责的主管人员和其他直接责任人员，依法给予降级、撤职或者开除的处分；构成犯罪的，依法追究刑事责任：

（一）超出资质认可或者批准范围从事职业卫生技术服务或者职业病诊断的；

（二）不按照本法规定履行法定职责的；

（三）出具虚假证明文件的。

**第八十一条**　职业病诊断鉴定委员会组成人员收受职业病诊断争议当事人的财物或者其他好处的，给予警告，没收收受的财物，可以并处三千元以上五万元以下的罚款，取消其担任职业病诊断鉴定委员会组成人员的资格，并从省、自治区、直辖市人民政府卫生行政部门设立的专家库中予以除名。

**第八十二条**　卫生行政部门、安全生产监督管理部门不按照规定报告职业病和职业病危害事故的，由上一级行政部门责令改正，通报批评，给予警告；虚报、瞒报的，对单位负责人、直接负责的主管人员和其他直接责任人员依法给予降级、撤职或者开除的处分。

**第八十三条**　县级以上地方人民政府在职业病防治工作中未依照本法履行职责，本行政区域出现重大职业病危害事故、造成严重社会影响的，依法对直接负责的主管人员和其他直接责任人员给予记大过直至开除的处分。

县级以上人民政府职业卫生监督管理部门不履行本法规定的职责，滥用职权、玩忽职守、徇私舞弊，依法对直接负责的主管人员和其他直接责任人员给予记大过或者降级的处分；造成职业病危害事故或者其他严重后果的，依法给予撤职或者开除的处分。

**第八十四条**　违反本法规定，构成犯罪的，依法追究刑事责任。

## 第七章　附　　则

**第八十五条**　本法下列用语的含义：

职业病危害，是指对从事职业活动的劳动者可能导致职业病的各种危害。职业病危害因素包括：职业活动中存在的各种有害的化学、物理、生物因素以及在作业过程中产生的其他职业有害因素。

职业禁忌，是指劳动者从事特定职业或者接触特定职业病危害因素时，比一般职业人群更易于遭受职业病危害和罹患职业病或者可能导致原有自身疾病病情加重，或者在从事作业过程中诱发可能导致对他人生命健康构成危险的疾病的个人特殊生理或者病理状态。

**第八十六条**　本法第二条规定的用人单位以外的单位，产生职业病危害的，其职业病防治活动可以参照本法执行。

劳务派遣用工单位应当履行本法规定的用人单位的义务。

中国人民解放军参照执行本法的办法，由国务院、中央军事委员会制定。

**第八十七条**　对医疗机构放射性职业病危害控制的监督管理，由卫生行政部门依照本法的规定实施。

**第八十八条**　本法自 2002 年 5 月 1 日起施行。

# 153　中华人民共和国尘肺病防治条例

国发〔1987〕105号

## 目　录

第一章　总则/774
第二章　防尘/774
第三章　监督和监测/775
第四章　健康管理/775
第五章　奖励和处罚/776
第六章　附则/776

## 第一章　总　则

**第一条**　为保护职工健康，消除粉尘危害，防止发生尘肺病，促进生产发展，制定本条例。

**第二条**　本条例适用于所有有粉尘作业的企业、事业单位。

**第三条**　尘肺病系指在生产活动中吸入粉尘而发生的肺组织纤维化为主的疾病。

**第四条**　地方各级人民政府要加强对尘肺病防治工作的领导。在制定本地区国民经济和社会发展计划时，要统筹安排尘肺病防治工作。

**第五条**　企业、事业单位的主管部门应当根据国家卫生等有关标准，结合实际情况，制定所属企业的尘肺病防治规划，并督促其施行。

乡镇企业主管部门，必须指定专人负责乡镇企业尘肺病的防治工作，建立监督检查制度，并指导乡镇企业对尘肺病的防治工作。

**第六条**　企业、事业单位的负责人，对本单位的尘肺病防治工作负有直接责任，应采取有效措施使本单位的粉尘作业场所达到国家卫生标准。

## 第二章　防　尘

**第七条**　凡有粉尘作业的企业、事业单位应采取综合防尘措施和无尘或低尘的新技术、新工艺、新设备，使作业场所的粉尘浓度不超过国家卫生标准。

**第八条**　尘肺病诊断标准由卫生行政部门制定，粉尘浓度卫生标准由卫生行政部门会同劳动等有关部门联合制定。

**第九条**　防尘设施的鉴定和定型制度，由劳动部门会同卫生行政部门制定。任何企业、事业单位除特殊情况外，未经上级主管部门批准，不得停止运行或者拆除防尘设施。

**第十条**　防尘经费应当纳入基本建设和技术改造经费计划，专款专用，不得挪用。

**第十一条**　严禁任何企业、事业单位将粉尘作业转嫁、外包或以联营的形式给没有防尘设施的乡镇、街道企业或个体工商户。

中、小学校各类校办的实习工厂或车间，禁止从事有粉尘的作业。

**第十二条**　职工使用的防止粉尘危害的防护用品，必须符合国家的有关标准。企业、事业单位应当建立严格的管理制度，并教育职工按规定和要求使用。

对初次从事粉尘作业的职工，由其所在单位进行防尘知识教育和考核，考试合格后方可从事粉尘作业。

不满十八周岁的未成年人，禁止从事粉尘作业。

**第十三条**　新建、改建、扩建、续建有粉尘作业的工程项目，防尘设施必须与主体工程同时设计、同时施工、同时投产。设计任务书，必须经当地卫生行政部门、劳动部门和工会组织审查同意后，方可施工。竣工验收，应由当地卫生行政部门、劳动部门和工会组织参加，凡不符合要求的，不得投产。

**第十四条**　作业场所的粉尘浓度超过国家卫生标准，又未积极治理，严重影响职工安全健康时，职工有权拒绝操作。

## 第三章　监督和监测

**第十五条**　卫生行政部门、劳动部门和工会组织分工协作，互相配合，对企业、事业单位的尘肺病防治工作进行监督。

**第十六条**　卫生行政部门负责卫生标准的监测；劳动部门负责劳动卫生工程技术标准的监测。

工会组织负责组织职工群众对本单位的尘肺病防治工作进行监督，并教育职工遵守操作规程与防尘制度。

**第十七条**　凡有粉尘作业的企业、事业单位，必须定期测定作业场所的粉尘浓度。测尘结果必须向主管部门和当地卫生行政部门、劳动部门和工会组织报告，并定期向职工公布。

从事粉尘作业的单位必须建立测尘资料档案。

**第十八条**　卫生行政部门和劳动部门，要对从事粉尘作业的企业、事业单位的测尘机构加强业务指导，并对测尘人员加强业务指导和技术培训。

## 第四章　健 康 管 理

**第十九条**　各企业、事业单位对新从事粉尘作业的职工，必须进行健康检查。对在职和离职的从事粉尘作业的职工，必须定期进行健康检查。检查的内容、期限和尘肺病诊断标准，按卫生行政部门有关职业病管理的规定执行。

**第二十条**　各企业、事业单位必须贯彻执行职业病报告制度，按期向当地卫生行政部门、劳动部门、工会组织和本单位的主管部门报告职工尘肺病发生和死亡情况。

**第二十一条** 各企业、事业单位对已确诊为尘肺病的职工，必须调离粉尘作业岗位，并给予治疗或疗养。尘肺病患者的社会保险待遇，按国家有关规定办理。

## 第五章 奖励和处罚

**第二十二条** 对在尘肺病防治工作中作出显著成绩的单位和个人，由其上级主管部门给予奖励。

**第二十三条** 凡违反本条例规定，有下列行为之一的，卫生行政部门和劳动部门，可视其情节轻重，给予警告、限期治理、罚款和停业整顿的处罚。但停业整顿的处罚，需经当地人民政府同意。

（一）作业场所粉尘浓度超过国家卫生标准，逾期不采取措施的；

（二）任意拆除防尘设施，致使粉尘危害严重的；

（三）挪用防尘措施经费的；

（四）工程设计和竣工验收未经卫生行政部门、劳动部门和工会组织审查同意，擅自施工、投产的；

（五）将粉尘作业转嫁、外包或以联营的形式给没有防尘设施的乡镇、街道企业或个体工商户的；

（六）不执行健康检查制度和测尘制度的；

（七）强令尘肺病患者继续从事粉尘作业的；

（八）假报测尘结果或尘肺病诊断结果的；

（九）安排未成年人从事粉尘作业的。

**第二十四条** 当事人对处罚不服的，可在接到处罚通知之日起十五日内，向作出处理的部门的上级机关申请复议。但是，对停业整顿的决定应当立即执行。上级机关应当在接到申请之日起三十日内作出答复。对答复不服的，可以在接到答复之日起十五日内，向人民法院起诉。

**第二十五条** 企业、事业单位负责人和监督、监测人员玩忽职守，致使公共财产、国家和人民利益遭受损失，情节轻微的，由其主管部门给予行政处分；造成重大损失，构成犯罪的，由司法机关依法追究直接责任人员的刑事责任。

## 第六章 附　　则

**第二十六条** 本条例由国务院卫生行政部门和劳动部门联合进行解释。

**第二十七条** 各省、自治区、直辖市人民政府应当结合当地实际情况，制定本条例的实施办法。

**第二十八条** 本条例自发布之日起施行。

# 154　职业病诊断与鉴定管理办法

2013年1月9日卫生部部务会审议通过，2013年2月19日中华人民共和国卫生部令第91号公布，自2013年4月10日起施行。

## 目　录


第一章　总则/777

第二章　诊断机构/777

第三章　诊断/779

第四章　鉴定/781

第五章　监督管理/783

第六章　法律责任/784

第七章　附则/784


## 第一章　总　则

**第一条**　为了规范职业病诊断与鉴定工作，加强职业病诊断与鉴定管理，根据《中华人民共和国职业病防治法》（以下简称《职业病防治法》），制定本办法。

**第二条**　职业病诊断与鉴定工作应当按照《职业病防治法》、本办法的有关规定及国家职业病诊断标准进行，遵循科学、公正、及时、便民的原则。

**第三条**　职业病诊断机构的设置必须适应职业病防治工作实际需要，充分利用现有医疗卫生资源，实现区域覆盖。

**第四条**　各地要加强职业病诊断机构能力建设，提供必要的保障条件，配备相关的人员、设备和工作经费，以满足职业病诊断工作的需要。

## 第二章　诊断机构

**第五条**　省、自治区、直辖市人民政府卫生行政部门（以下简称省级卫生行政部门）应当结合本行政区域职业病防治工作制定职业病诊断机构设置规划，报省级人民政府批准后实施。

**第六条**　职业病诊断机构应当具备下列条件：

（一）持有《医疗机构执业许可证》。

（二）具有相应的诊疗科目及与开展职业病诊断相适应的职业病诊断医师等相关医疗卫生技术人员。

（三）具有与开展职业病诊断相适应的场所和仪器、设备。

（四）具有健全的职业病诊断质量管理制度。

**第七条** 医疗卫生机构申请开展职业病诊断，应当向省级卫生行政部门提交以下资料：

（一）职业病诊断机构申请表。

（二）《医疗机构执业许可证》及副本的复印件。

（三）与申请开展的职业病诊断项目相关的诊疗科目及相关资料。

（四）与申请项目相适应的职业病诊断医师等相关医疗卫生技术人员情况。

（五）与申请项目相适应的场所和仪器、设备清单。

（六）职业病诊断质量管理制度有关资料。

（七）省级卫生行政部门规定提交的其他资料。

**第八条** 省级卫生行政部门收到申请材料后，应当在五个工作日内作出是否受理的决定，不受理的应当说明理由并书面通知申请单位。

决定受理的，省级卫生行政部门应当及时组织专家组进行技术评审。专家组应当自卫生行政部门受理申请之日起六十日内完成和提交技术评审报告，并对提交的技术评审报告负责。

**第九条** 省级卫生行政部门应当自收到技术评审报告之日起二十个工作日内，作出是否批准的决定。

对批准的申请单位颁发职业病诊断机构批准证书；不批准的应当说明理由并书面通知申请单位。

职业病诊断机构批准证书有效期为五年。

**第十条** 职业病诊断机构需要延续依法取得的职业病诊断机构批准证书有效期的，应当在批准证书有效期届满三十日前，向原批准机关申请延续。经原批准机关审核合格的，延续批准证书。

**第十一条** 符合本办法第六条规定的公立医疗卫生机构可以申请开展职业病诊断工作。

设区的市没有医疗卫生机构申请开展职业病诊断的，省级卫生行政部门应当根据职业病诊断工作的需要，指定公立医疗卫生机构承担职业病诊断工作，并使其在规定时间内达到本办法第六条规定的条件。

**第十二条** 职业病诊断机构的职责是：

（一）在批准的职业病诊断项目范围内开展职业病诊断。

（二）报告职业病。

（三）报告职业病诊断工作情况。

（四）承担《职业病防治法》中规定的其他职责。

**第十三条** 职业病诊断机构依法独立行使诊断权，并对其作出的职业病诊断结论负责。

**第十四条** 职业病诊断机构应当建立和健全职业病诊断管理制度，加强职业病诊断医师等有关医疗卫生人员技术培训和政策、法律培训，并采取措施改善职业病诊断工作条件，提高职业病诊断服务质量和水平。

**第十五条**　职业病诊断机构应当公开职业病诊断程序，方便劳动者进行职业病诊断。

职业病诊断机构及其相关工作人员应当尊重、关心、爱护劳动者，保护劳动者的隐私。

**第十六条**　从事职业病诊断的医师应当具备下列条件，并取得省级卫生行政部门颁发的职业病诊断资格证书：

（一）具有医师执业证书。

（二）具有中级以上卫生专业技术职务任职资格。

（三）熟悉职业病防治法律法规和职业病诊断标准。

（四）从事职业病诊断、鉴定相关工作三年以上。

（五）按规定参加职业病诊断医师相应专业的培训，并考核合格。

**第十七条**　职业病诊断医师应当依法在其资质范围内从事职业病诊断工作，不得从事超出其资质范围的职业病诊断工作。

**第十八条**　省级卫生行政部门应当向社会公布本行政区域内职业病诊断机构名单、地址、诊断项目等相关信息。

## 第三章　诊　　断

**第十九条**　劳动者可以选择用人单位所在地、本人户籍所在地或者经常居住地的职业病诊断机构进行职业病诊断。

**第二十条**　职业病诊断机构应当按照《职业病防治法》、本办法的有关规定和国家职业病诊断标准，依据劳动者的职业史、职业病危害接触史和工作场所职业病危害因素情况、临床表现以及辅助检查结果等，进行综合分析，作出诊断结论。

**第二十一条**　职业病诊断需要以下资料：

（一）劳动者职业史和职业病危害接触史（包括在岗时间、工种、岗位、接触的职业病危害因素名称等）。

（二）劳动者职业健康检查结果。

（三）工作场所职业病危害因素检测结果。

（四）职业性放射性疾病诊断还需要个人剂量监测档案等资料。

（五）与诊断有关的其他资料。

**第二十二条**　劳动者依法要求进行职业病诊断的，职业病诊断机构应当接诊，并告知劳动者职业病诊断的程序和所需材料。劳动者应当填写《职业病诊断就诊登记表》，并提交其掌握的本办法第二十一条规定的职业病诊断资料。

**第二十三条**　在确认劳动者职业史、职业病危害接触史时，当事人对劳动关系、工种、工作岗位或者在岗时间有争议的，职业病诊断机构应当告知当事人依法向用人单位所在地的劳动人事争议仲裁委员会申请仲裁。

**第二十四条**　职业病诊断机构进行职业病诊断时，应当书面通知劳动者所在的用人单位提供其掌握的本办法第二十一条规定的职业病诊断资料，用人单位应当在接到通知后的十日内如实提供。

**第二十五条** 用人单位未在规定时间内提供职业病诊断所需要资料的，职业病诊断机构可以依法提请安全生产监督管理部门督促用人单位提供。

**第二十六条** 劳动者对用人单位提供的工作场所职业病危害因素检测结果等资料有异议，或者因劳动者的用人单位解散、破产，无用人单位提供上述资料的，职业病诊断机构应当依法提请用人单位所在地安全生产监督管理部门进行调查。

职业病诊断机构在安全生产监督管理部门作出调查结论或者判定前应当中止职业病诊断。

**第二十七条** 职业病诊断机构需要了解工作场所职业病危害因素情况时，可以对工作场所进行现场调查，也可以依法提请安全生产监督管理部门组织现场调查。

**第二十八条** 经安全生产监督管理部门督促，用人单位仍不提供工作场所职业病危害因素检测结果、职业健康监护档案等资料或者提供资料不全的，职业病诊断机构应当结合劳动者的临床表现、辅助检查结果和劳动者的职业史、职业病危害接触史，并参考劳动者自述、安全生产监督管理部门提供的日常监督检查信息等，作出职业病诊断结论。仍不能作出职业病诊断的，应当提出相关医学意见或者建议。

**第二十九条** 职业病诊断机构在进行职业病诊断时，应当组织三名以上单数职业病诊断医师进行集体诊断。

职业病诊断医师应当独立分析、判断、提出诊断意见，任何单位和个人无权干预。

**第三十条** 职业病诊断机构在进行职业病诊断时，诊断医师对诊断结论有意见分歧的，应当根据半数以上诊断医师的一致意见形成诊断结论，对不同意见应当如实记录。参加诊断的职业病诊断医师不得弃权。

**第三十一条** 职业病诊断机构可以根据诊断需要，聘请其他单位职业病诊断医师参加诊断。必要时，可以邀请相关专业专家提供咨询意见。

**第三十二条** 职业病诊断机构作出职业病诊断结论后，应当出具职业病诊断证明书。

职业病诊断证明书应当包括以下内容：

（一）劳动者、用人单位基本信息。

（二）诊断结论。确诊为职业病的，应当载明职业病的名称、程度（期别）、处理意见。

（三）诊断时间。

职业病诊断证明书应当由参加诊断的医师共同签署，并经职业病诊断机构审核盖章。

职业病诊断证明书一式三份，劳动者、用人单位各一份，诊断机构存档一份。

职业病诊断证明书的格式由卫生部统一规定。

**第三十三条** 职业病诊断机构应当建立职业病诊断档案并永久保存，档案应当包括：

（一）职业病诊断证明书。

（二）职业病诊断过程记录，包括参加诊断的人员、时间、地点、讨论内容及诊断结论。

（三）用人单位、劳动者和相关部门、机构提交的有关资料。

（四）临床检查与实验室检验等资料。

（五）与诊断有关的其他资料。

**第三十四条** 职业病诊断机构发现职业病病人或者疑似职业病病人时，应当及时向所在地卫生行政部门和安全生产监督管理部门报告。

确诊为职业病的，职业病诊断机构可以根据需要，向相关监管部门、用人单位提出专业建议。

**第三十五条** 未取得职业病诊断资质的医疗卫生机构，在诊疗活动中怀疑劳动者健康损害可能与其所从事的职业有关时，应当及时告知劳动者到职业病诊断机构进行职业病诊断。

## 第四章 鉴 定

**第三十六条** 当事人对职业病诊断机构作出的职业病诊断结论有异议的，可以在接到职业病诊断证明书之日起三十日内，向职业病诊断机构所在地设区的市级卫生行政部门申请鉴定。

设区的市级职业病诊断鉴定委员会负责职业病诊断争议的首次鉴定。

当事人对设区的市级职业病鉴定结论不服的，可以在接到鉴定书之日起十五日内，向原鉴定组织所在地省级卫生行政部门申请再鉴定。

职业病鉴定实行两级鉴定制，省级职业病鉴定结论为最终鉴定。

**第三十七条** 卫生行政部门可以指定办事机构，具体承担职业病鉴定的组织和日常性工作。职业病鉴定办事机构的职责是：

（一）接受当事人申请。

（二）组织当事人或者接受当事人委托抽取职业病鉴定专家。

（三）组织职业病鉴定会议，负责会议记录、职业病鉴定相关文书的收发及其他事务性工作。

（四）建立并管理职业病鉴定档案。

（五）承担卫生行政部门委托的有关职业病鉴定的其他工作。

职业病诊断机构不能作为职业病鉴定办事机构。

**第三十八条** 设区的市级以上地方卫生行政部门应当向社会公布本行政区域内依法承担职业病鉴定工作的办事机构的名称、工作时间、地点和鉴定工作程序。

**第三十九条** 省级卫生行政部门应当设立职业病鉴定专家库（以下简称专家库），并根据实际工作需要及时调整其成员。专家库可以按照专业类别进行分组。

**第四十条** 专家库应当以取得各类职业病诊断资格的医师为主要成员，吸收临床相关学科、职业卫生、放射卫生等相关专业的专家组成。专家应当具备下列条件：

（一）具有良好的业务素质和职业道德。

（二）具有相关专业的高级专业技术职务任职资格。

（三）熟悉职业病防治法律法规和职业病诊断标准。

（四）身体健康，能够胜任职业病鉴定工作。

**第四十一条** 参加职业病鉴定的专家，应当由申请鉴定的当事人或者当事人委托的职业病鉴定办事机构从专家库中按照专业类别以随机抽取的方式确定。抽取的专家组成职业病鉴定专家组（以下简称专家组）。

经当事人同意，职业病鉴定办事机构可以根据鉴定需要聘请本省、自治区、直辖市以外的相关专业专家作为专家组成员，并有表决权。

**第四十二条** 专家组人数为五人以上单数，其中相关专业职业病诊断医师应当为本次专家人数的半数以上。疑难病例应当增加专家组人数，充分听取意见。专家组设组长一名，由专家组成员推举产生。

职业病鉴定会议由专家组组长主持。

**第四十三条** 参与职业病鉴定的专家有下列情形之一的，应当回避：

（一）是职业病鉴定当事人或者当事人近亲属的。

（二）已参加当事人职业病诊断或者首次鉴定的。

（三）与职业病鉴定当事人有利害关系的。

（四）与职业病鉴定当事人有其他关系，可能影响鉴定公正的。

**第四十四条** 当事人申请职业病鉴定时，应当提供以下资料：

（一）职业病鉴定申请书。

（二）职业病诊断证明书，申请省级鉴定的还应当提交市级职业病鉴定书。

（三）卫生行政部门要求提供的其他有关资料。

**第四十五条** 职业病鉴定办事机构应当自收到申请资料之日起五个工作日内完成资料审核，对资料齐全的发给受理通知书；资料不全的，应当书面通知当事人补充。资料补充齐全的，应当受理申请并组织鉴定。

职业病鉴定办事机构收到当事人鉴定申请之后，根据需要可以向原职业病诊断机构或者首次职业病鉴定的办事机构调阅有关的诊断、鉴定资料。原职业病诊断机构或者首次职业病鉴定办事机构应当在接到通知之日起十五日内提交。

职业病鉴定办事机构应当在受理鉴定申请之日起六十日内组织鉴定、形成鉴定结论，并在鉴定结论形成后十五日内出具职业病鉴定书。

**第四十六条** 根据职业病鉴定工作需要，职业病鉴定办事机构可以向有关单位调取与职业病诊断、鉴定有关的资料，有关单位应当如实、及时提供。

专家组应当听取当事人的陈述和申辩，必要时可以组织进行医学检查。

需要了解被鉴定人的工作场所职业病危害因素情况时，职业病鉴定办事机构根据专家组的意见可以对工作场所进行现场调查，或者依法提请安全生产监督管理部门组织现场调查。依法提请安全生产监督管理部门组织现场调查的，在现场调查结论或者判定作出前，职业病鉴定应当中止。

职业病鉴定应当遵循客观、公正的原则，专家组进行职业病鉴定时，可以邀请有关单位人员旁听职业病鉴定会。所有参与职业病鉴定的人员应当依法保护被鉴定人的个人隐私。

**第四十七条** 专家组应当认真审阅鉴定资料，依照有关规定和职业病诊断标准，经充分合议后，根据专业知识独立进行鉴定。在事实清楚的基础上，进行综合分析，作出鉴定结论，并制作鉴定书。

鉴定结论应当经专家组三分之二以上成员通过。

**第四十八条**　职业病鉴定书应当包括以下内容：

（一）劳动者、用人单位的基本信息及鉴定事由。

（二）鉴定结论及其依据，如果为职业病，应当注明职业病名称、程度（期别）。

（三）鉴定时间。

鉴定书加盖职业病诊断鉴定委员会印章。

首次鉴定的职业病鉴定书一式四份，劳动者、用人单位、原诊断机构各一份，职业病鉴定办事机构存档一份；再次鉴定的职业病鉴定书一式五份，劳动者、用人单位、原诊断机构、首次职业病鉴定办事机构各一份，再次职业病鉴定办事机构存档一份。

职业病鉴定书的格式由卫生部统一规定。

**第四十九条**　职业病鉴定书应当于鉴定结论作出之日起二十日内由职业病鉴定办事机构送达当事人。

**第五十条**　鉴定结论与诊断结论或者首次鉴定结论不一致的，职业病鉴定办事机构应当及时向相关卫生行政部门和安全生产监督管理部门报告。

**第五十一条**　职业病鉴定办事机构应当如实记录职业病鉴定过程，内容应当包括：

（一）专家组的组成。

（二）鉴定时间。

（三）鉴定所用资料。

（四）鉴定专家的发言及其鉴定意见。

（五）表决情况。

（六）经鉴定专家签字的鉴定结论。

（七）与鉴定有关的其他资料。

有当事人陈述和申辩的，应当如实记录。

鉴定结束后，鉴定记录应当随同职业病鉴定书一并由职业病鉴定办事机构存档，永久保存。

## 第五章　监督管理

**第五十二条**　县级以上地方卫生行政部门应当制订职业病诊断机构年度监督检查计划，定期对职业病诊断机构进行监督检查，检查内容包括：

（一）法律法规、标准的执行情况。

（二）规章制度建立情况。

（三）人员、岗位职责落实和培训等情况。

（四）职业病报告情况等。

省级卫生行政部门每年应当至少组织一次监督检查；设区的市级卫生行政部门每年应

当至少组织一次监督检查并不定期抽查；县级卫生行政部门负责日常监督检查。

**第五十三条** 设区的市级以上地方卫生行政部门应当加强对职业病鉴定办事机构的监督管理，对职业病鉴定工作程序、制度落实情况及职业病报告等相关工作情况进行监督检查。

**第五十四条** 省级卫生行政部门负责对职业病诊断机构进行定期考核。

## 第六章 法律责任

**第五十五条** 医疗卫生机构未经批准擅自从事职业病诊断的，由县级以上地方卫生行政部门按照《职业病防治法》第八十条的规定进行处罚。

**第五十六条** 职业病诊断机构有下列行为之一的，由县级以上地方卫生行政部门按照《职业病防治法》第八十一条的规定进行处罚：

（一）超出批准范围从事职业病诊断的。

（二）不按照《职业病防治法》规定履行法定职责的。

（三）出具虚假证明文件的。

**第五十七条** 职业病诊断机构未按照规定报告职业病、疑似职业病的，由县级以上地方卫生行政部门按照《职业病防治法》第七十五条的规定进行处罚。

**第五十八条** 职业病诊断机构违反本办法规定，有下列情形之一的，由县级以上地方卫生行政部门责令限期改正；逾期不改正的，给予警告，并可以根据情节轻重处以二万元以下的罚款：

（一）未建立职业病诊断管理制度。

（二）不按照规定向劳动者公开职业病诊断程序。

（三）泄露劳动者涉及个人隐私的有关信息、资料。

（四）其他违反本办法的行为。

**第五十九条** 职业病诊断鉴定委员会组成人员收受职业病诊断争议当事人的财物或者其他好处的，由省级卫生行政部门按照《职业病防治法》第八十二条的规定进行处罚。

**第六十条** 县级以上地方卫生行政部门及其工作人员未依法履行职责，按照《职业病防治法》第八十五条第二款的规定进行处理。

## 第七章 附 则

**第六十一条** 职业病诊断、鉴定的费用由用人单位承担。

**第六十二条** 本办法由卫生部解释。

**第六十三条** 本办法自2013年4月10日起施行。2002年3月28日卫生部公布的《职业病诊断与鉴定管理办法》同时废止。

# 155　职业病危害项目申报办法

2012年3月6日国家安全生产监督管理总局局长办公会议审议通过，
2012年4月27日国家安全生产监督管理总局令第48号公布，
自2012年6月1日起施行。

**第一条**　为了规范职业病危害项目的申报工作，加强对用人单位职业卫生工作的监督管理，根据《中华人民共和国职业病防治法》，制定本办法。

**第二条**　用人单位（煤矿除外）工作场所存在职业病目录所列职业病的危害因素的，应当及时、如实向所在地安全生产监督管理部门申报危害项目，并接受安全生产监督管理部门的监督管理。

煤矿职业病危害项目申报办法另行规定。

**第三条**　本办法所称职业病危害项目，是指存在职业病危害因素的项目。

职业病危害因素按照《职业病危害因素分类目录》确定。

**第四条**　职业病危害项目申报工作实行属地分级管理的原则。

中央企业、省属企业及其所属用人单位的职业病危害项目，向其所在地设区的市级人民政府安全生产监督管理部门申报。

前款规定以外的其他用人单位的职业病危害项目，向其所在地县级人民政府安全生产监督管理部门申报。

**第五条**　用人单位申报职业病危害项目时，应当提交《职业病危害项目申报表》和下列文件、资料：

（一）用人单位的基本情况；

（二）工作场所职业病危害因素种类、分布情况以及接触人数；

（三）法律、法规和规章规定的其他文件、资料。

**第六条**　职业病危害项目申报同时采取电子数据和纸质文本两种方式。

用人单位应当首先通过“职业病危害项目申报系统”进行电子数据申报，同时将《职业病危害项目申报表》加盖公章并由本单位主要负责人签字后，按照本办法第四条和第五条的规定，连同有关文件、资料一并上报所在地设区的市级、县级安全生产监督管理部门。

受理申报的安全生产监督管理部门应当自收到申报文件、资料之日起5个工作日内，出具《职业病危害项目申报回执》。

**第七条**　职业病危害项目申报不得收取任何费用。

**第八条**　用人单位有下列情形之一的，应当按照本条规定向原申报机关申报变更职业病危害项目内容：

（一）进行新建、改建、扩建、技术改造或者技术引进建设项目的，自建设项目竣工验收之日起30日内进行申报；

（二）因技术、工艺、设备或者材料等发生变化导致原申报的职业病危害因素及其相关内容发生重大变化的，自发生变化之日起15日内进行申报；

（三）用人单位工作场所、名称、法定代表人或者主要负责人发生变化的，自发生变化之日起15日内进行申报；

（四）经过职业病危害因素检测、评价，发现原申报内容发生变化的，自收到有关检测、评价结果之日起15日内进行申报。

**第九条** 用人单位终止生产经营活动的，应当自生产经营活动终止之日起15日内向原申报机关报告并办理注销手续。

**第十条** 受理申报的安全生产监督管理部门应当建立职业病危害项目管理档案。职业病危害项目管理档案应当包括辖区内存在职业病危害因素的用人单位数量、职业病危害因素种类、行业及地区分布、接触人数等内容。

**第十一条** 安全生产监督管理部门应当依法对用人单位职业病危害项目申报情况进行抽查，并对职业病危害项目实施监督检查。

**第十二条** 安全生产监督管理部门及其工作人员应当保守用人单位商业秘密和技术秘密。违反有关保密义务的，应当承担相应的法律责任。

**第十三条** 安全生产监督管理部门应当建立健全举报制度，依法受理和查处有关用人单位违反本办法行为的举报。

任何单位和个人均有权向安全生产监督管理部门举报用人单位违反本办法的行为。

**第十四条** 用人单位未按照本办法规定及时、如实地申报职业病危害项目的，责令限期改正，给予警告，可以并处5万元以上10万元以下的罚款。

**第十五条** 用人单位有关事项发生重大变化，未按照本办法的规定申报变更职业病危害项目内容的，责令限期改正，可以并处5 000元以上3万元以下的罚款。

**第十六条** 《职业病危害项目申报表》《职业病危害项目申报回执》的式样由国家安全生产监督管理总局规定。

**第十七条** 本办法自2012年6月1日起施行。国家安全生产监督管理总局2009年9月8日公布的《作业场所职业危害申报管理办法》同时废止。

# 156 卫生部关于进一步加强职业病诊断与鉴定管理工作的通知

卫监督发〔2009〕82号

各省、自治区、直辖市卫生厅局，新疆生产建设兵团卫生局，中国疾病预防控制中心、卫生部卫生监督中心：

近来，新闻媒体报道了河南省新密市农民工张海超为证明自己患职业病，无奈“开胸验肺”的事件。事件发生的根本原因是张海超所在务工单位存在严重损害劳动者健康的违法行为。同时，也反映出一些地方卫生部门对职业病诊断与鉴定重视不够，领导不力；职业病诊断与鉴定机构法制意识、服务意识不强，技术水平有待提高等问题。为贯彻实施《中华人民共和国职业病防治法》和《国家职业病防治规划（2009—2015 年）》，切实维护劳动者的健康及其相关权益，现就进一步加强职业病诊断与鉴定管理工作通知如下：

**一、提高认识，加强领导，进一步增强责任感和紧迫感**

当前，我国正处在职业病高发期和矛盾凸显期，职业病防治形势严峻。职业病诊断与鉴定工作事关人民群众切身利益，事关发展和稳定大局。各级卫生行政部门要认清形势和肩负的责任，深入学习实践科学发展观，坚持以人为本，充分认识做好职业病诊断与鉴定工作的极端重要性。要以高度认真负责的态度，进一步加强对职业病防治工作的领导，明确职责，细化措施，增强法制意识、责任意识和服务意识，切实维护劳动者特别是农民工的健康权益。

**二、以深化医药卫生体制改革为契机，加强职业病防治机构建设**

各地要以深化医药卫生体制改革为契机，认真贯彻落实《国家职业病防治规划（2009—2015 年）》，进一步完善职业病防治体系，加强职业病诊断机构、职业健康检查机构的建设。职业病诊断机构和职业健康检查机构的设置应当遵循区域覆盖、合理配置的原则。省级卫生行政部门应当根据本地区职业病危害实际，制定职业病诊断机构和职业健康检查机构设置规划，充分利用现有医疗卫生资源，尽快完善覆盖城乡的职业病防治网络。要充分发挥综合医院的技术优势，加强培训和能力建设，使具备条件的综合医院通过资质认定后尽快承担起职业健康检查和职业病诊断工作。2010 年 5 月底前，确保每个省（区、市）有专门机构承担全省（区、市）职业病防治技术指导、培训等工作；每个市（地）至少有 2 家以上医疗卫生机构具有职业病诊断能力和职业健康检查能力；每个县（区）至少有 1 家以上医疗卫生机构具有职业健康检查能力。同时，要不断提高职业健康监护率，实现职业健康检查下乡镇、进社区，使劳动者亨有基本职业卫生服务。为了尽快提高全国县级综合医疗机构的职业病防治能力，国家已在中央预算的县医院建设项目中配备了接尘劳动者职业健康检查的相关设备。请各省级卫生行政部门分别于今年 12 月底、明年 5 月底前将本省（区、市）职业病诊断机构、职业健康检查机构情况（见附件）报我部，我部将适时对机构建设情况进行督查。

**三、加强监管，进一步规范职业健康监护和职业病诊断鉴定工作**

地方各级卫生行政部门要立即组织开展对职业病诊断机构和职业健康检查机构的全面监督检查，摸清底数，查找问题，督促整改，并切实加强职业卫生技术服务机构的日常监督管理。对日常监督检查或者年度考核不合格的机构，要责令限期改正；对逾期不改正或者经检查仍不合格的，要注销其资格。对存在严重不负责任、徇私舞弊、失职渎职等违法违规行为的要依法严肃处理，决不姑息。

**四、加强培训和技术指导，不断提高职业病诊断鉴定能力和水平**

为加强职业病诊断与鉴定工作的技术指导，2006 年我部设立了国家职业病诊断与鉴定技术指导委员会，各省级卫生行政部门也应当设立本省（区、市）的技术指导委员会，承担对全省（区、市）职业病诊断与鉴定工作的技术指导和咨询工作。要加强对职业病诊断机构内部管理，狠抓技术培训，全面提升职业病诊断与鉴定技术人员的法律水平和业务素质，不断提高职业病诊断和治疗水平，妥善处理职业病诊断纠纷，确保职业病诊断与鉴定工作依法、科学、公正、及时、便民。

附件：职业病诊断和职业健康检查机构情况表

2009 年 8 月 24 日

**附件**

## 职业病诊断和职业健康检查机构情况表

省（自治区、直辖市）　　　　　　联系电话：

| 市（地） | 职业病诊断机构 | | 职业健康检查机构名称 | 备注 |
|---|---|---|---|---|
| | 机构名称 | 诊断医师数 | | |
| | | | | |
| | | | | |
| | | | | |
| | | | | |

承担全省（区、市）职业病防治技术指导等工作的机构名称：

填表人：　　　　填表日期：　　　　单位（盖章）：

# 157　国家卫生计生委等4部门关于印发《职业病分类和目录》的通知

国卫疾控发〔2013〕48号

各省、自治区、直辖市卫生计生委（卫生厅局）、安全生产监督管理局、人力资源社会保障厅（局）、总工会，新疆生产建设兵团卫生局、安全生产监督管理局、人力资源社会保障局、工会，中国疾病预防控制中心：

根据《中华人民共和国职业病防治法》有关规定，国家卫生计生委、安全监管总局、人力资源社会保障部和全国总工会联合组织对职业病的分类和目录进行了调整。现将《职业病分类和目录》印发给你们，从即日起施行。2002年4月18日原卫生部和原劳动保障部联合印发的《职业病目录》同时废止。

国家卫生计生委
人力资源社会保障部
安全监管总局
全国总工会
2013年12月23日

## 职业病分类和目录

### 一、职业性尘肺病及其他呼吸系统疾病

（一）尘肺病

1. 矽肺
2. 煤工尘肺
3. 石墨尘肺
4. 炭黑尘肺
5. 石棉肺
6. 滑石尘肺
7. 水泥尘肺
8. 云母尘肺
9. 陶工尘肺
10. 铝尘肺
11. 电焊工尘肺
12. 铸工尘肺
13. 根据《尘肺病诊断标准》和《尘肺病理诊断标准》可以诊断的其他尘肺病

（二）其他呼吸系统疾病

1. 过敏性肺炎
2. 棉尘病
3. 哮喘
4. 金属及其化合物粉尘肺沉着病（锡、铁、锑、钡及其化合物等）
5. 刺激性化学物所致慢性阻塞性肺疾病
6. 硬金属肺病

**二、职业性皮肤病**

1. 接触性皮炎
2. 光接触性皮炎
3. 电光性皮炎
4. 黑变病
5. 痤疮
6. 溃疡
7. 化学性皮肤灼伤
8. 白斑
9. 根据《职业性皮肤病的诊断总则》可以诊断的其他职业性皮肤病

**三、职业性眼病**

1. 化学性眼部灼伤
2. 电光性眼炎
3. 白内障（含放射性白内障、三硝基甲苯白内障）

**四、职业性耳鼻喉口腔疾病**

1. 噪声聋
2. 铬鼻病
3. 牙酸蚀病
4. 爆震聋

**五、职业性化学中毒**

1. 铅及其化合物中毒（不包括四乙基铅）
2. 汞及其化合物中毒
3. 锰及其化合物中毒
4. 镉及其化合物中毒
5. 铍病
6. 铊及其化合物中毒
7. 钡及其化合物中毒
8. 钒及其化合物中毒
9. 磷及其化合物中毒
10. 砷及其化合物中毒

11. 铀及其化合物中毒
12. 砷化氢中毒
13. 氯气中毒
14. 二氧化硫中毒
15. 光气中毒
16. 氨中毒
17. 偏二甲基肼中毒
18. 氮氧化合物中毒
19. 一氧化碳中毒
20. 二硫化碳中毒
21. 硫化氢中毒
22. 磷化氢、磷化锌、磷化铝中毒
23. 氟及其无机化合物中毒
24. 氰及腈类化合物中毒
25. 四乙基铅中毒
26. 有机锡中毒
27. 羰基镍中毒
28. 苯中毒
29. 甲苯中毒
30. 二甲苯中毒
31. 正己烷中毒
32. 汽油中毒
33. 一甲胺中毒
34. 有机氟聚合物单体及其热裂解物中毒
35. 二氯乙烷中毒
36. 四氯化碳中毒
37. 氯乙烯中毒
38. 三氯乙烯中毒
39. 氯丙烯中毒
40. 氯丁二烯中毒
41. 苯的氨基及硝基化合物（不包括三硝基甲苯）中毒
42. 三硝基甲苯中毒
43. 甲醇中毒
44. 酚中毒
45. 五氯酚（钠）中毒
46. 甲醛中毒
47. 硫酸二甲酯中毒

48. 丙烯酰胺中毒
49. 二甲基甲酰胺中毒
50. 有机磷中毒
51. 氨基甲酸酯类中毒
52. 杀虫脒中毒
53. 溴甲烷中毒
54. 拟除虫菊酯类中毒
55. 铟及其化合物中毒
56. 溴丙烷中毒
57. 碘甲烷中毒
58. 氯乙酸中毒
59. 环氧乙烷中毒
60. 上述条目未提及的与职业有害因素接触之间存在直接因果联系的其他化学中毒

**六、物理因素所致职业病**

1. 中暑
2. 减压病
3. 高原病
4. 航空病
5. 手臂振动病
6. 激光所致眼（角膜、晶状体、视网膜）损伤
7. 冻伤

**七、职业性放射性疾病**

1. 外照射急性放射病
2. 外照射亚急性放射病
3. 外照射慢性放射病
4. 内照射放射病
5. 放射性皮肤疾病
6. 放射性肿瘤（含矿工高氡暴露所致肺癌）
7. 放射性骨损伤
8. 放射性甲状腺疾病
9. 放射性性腺疾病
10. 放射复合伤
11. 根据《职业性放射性疾病诊断标准（总则）》可以诊断的其他放射性损伤

**八、职业性传染病**

1. 炭疽
2. 森林脑炎
3. 布鲁氏菌病

4. 艾滋病（限于医疗卫生人员及人民警察）

5. 莱姆病

**九、职业性肿瘤**

1. 石棉所致肺癌、间皮瘤

2. 联苯胺所致膀胱癌

3. 苯所致白血病

4. 氯甲醚、双氯甲醚所致肺癌

5. 砷及其化合物所致肺癌、皮肤癌

6. 氯乙烯所致肝血管肉瘤

7. 焦炉逸散物所致肺癌

8. 六价铬化合物所致肺癌

9. 毛沸石所致肺癌、胸膜间皮瘤

10. 煤焦油、煤焦油沥青、石油沥青所致皮肤癌

11. β-萘胺所致膀胱癌

**十、其他职业病**

1. 金属烟热

2. 滑囊炎（限于井下工人）

3. 股静脉血栓综合征、股动脉闭塞症或淋巴管闭塞症（限于刮研作业人员）

## 158　关于加强用人单位职业卫生培训工作的通知

安监总厅安健〔2015〕121号

各省、自治区、直辖市及新疆生产建设兵团安全生产监督管理局，各省级煤矿安全监管部门，各省级煤矿安全监察局，有关中央企业：

为推动用人单位做好职业卫生培训工作，不断提升用人单位职业卫生管理水平，提高劳动者的职业病危害防治意识和能力，根据《职业病防治法》和《国务院办公厅关于加强安全生产监管执法的通知》（国办发〔2015〕20号）等有关规定，现就加强用人单位职业卫生培训工作有关要求通知如下：

**一、进一步增强做好用人单位职业卫生培训工作的紧迫感和责任感**

近年来，各地区认真贯彻落实《职业病防治法》等法律法规，积极推进职业卫生培训工作，取得了一定效果。但是，当前用人单位职业卫生培训工作仍然存在着重视不够、责任不落实、投入不足、培训针对性和实效性不强、培训率偏低，劳动者特别是农民工不了解职业病危害对自身健康的损害、自我防护意识和防护能力差等问题，导致大量劳动者职业健康受到严重伤害。

职业安全健康工作的实践表明，进一步加强职业卫生培训工作，是坚守发展决不能以牺牲人的生命为代价这一安全红线的内在要求；是增强用人单位主要负责人和职业卫生管理人员的法律意识，提高用人单位职业病防治水平和劳动者自我防护能力的重要途径；是督促用人单位自觉履行职业病防治主体责任，预防和控制职业病危害，保障劳动者职业安全健康的源头性、基础性举措。用人单位要坚持以人为本、安全发展、绿色发展，牢固树立“培训不到位就是隐患”的观念，把职业卫生培训摆上更加重要的位置，切实把工作谋划好、部署好、落实好。

**二、用人单位职业卫生培训工作的总体思路和工作目标**

（一）总体思路。以“强化红线意识、促进职业健康”为工作主线，以贯彻落实《职业病防治法》为主要内容，实施分类培训，突出重点行业、重点岗位和重点人群，进一步明确职业卫生培训内容，改进培训方法，提升培训的针对性和实用性，提高用人单位主要负责人、职业卫生管理人员的法治意识和管理水平，提升劳动者的自我防护意识和能力，为防治职业病危害提供保障与支持。

（二）工作目标。力争在“十三五”期间，矿山开采、金属冶炼、化工、建材等职业病危害严重行业领域的用人单位主要负责人、职业卫生管理人员和接触职业病危害的劳动者培训率达到100%。

**三、落实用人单位职业卫生培训主体责任**

用人单位是职业卫生培训的责任主体。应当建立职业卫生培训制度，保障职业卫生培训所需的资金投入，将职业卫生培训费用在生产成本中据实列支。要把职业卫生培训纳入本单位职业病防治计划、年度工作计划和目标责任体系，制定实施方案，落实责任人员。要建立健全培训考核制度，严格考核管理，严禁形式主义和弄虚作假。要建立健全培训档案，真实记录培训内容、培训时间、训练科目及考核情况等内容，并将本单位年度培训计划、单位主要负责人和职业卫生管理人员职业卫生培训证明，以及接触职业病危害的劳动者、职业病危害监测人员培训情况等，分类进行归档管理。

用人单位应用新工艺、新技术、新材料、新设备或者转岗导致劳动者接触职业病危害因素变化的，应对劳动者重新进行职业卫生培训。用人单位将职业病危害作业整体外包或者使用劳务派遣工从事接触职业病危害作业的，应当将其纳入本单位统一管理，对其进行职业病防治知识、防护技能及岗位操作规程培训。用人单位接收在校学生实习的，应当对实习学生进行相应的职业卫生培训，提供必要的职业病防护用品。

**四、逐步推进职业卫生培训与安全生产培训一体化**

各地区要根据工作实际，推进安全培训与职业卫生培训一体化，提高培训效率，减轻用人单位负担。有条件的地区，可以在危险物品生产、经营、储存单位和矿山、金属冶炼、建筑施工、道路运输等行业领域实行安全与职业卫生统一培训、统一考核，并保证参加职业卫生培训的时间不少于总学时的30%，继续教育时职业卫生培训不少于20%。经考核合格后，在合格证中注明职业卫生培训内容和培训学时，不再单独进行职业卫生培训。其他行业领域应当按照本通知要求的内容和学时开展职业卫生培训。

**五、突出重点，督促重点行业领域开展职业卫生培训工作**

各级安全监管部门要督促矿山开采、金属冶炼、化工、建材等职业病危害严重的行业领域积极开展职业卫生培训工作。用人单位要突出存在矽尘、石棉粉尘、高毒物品以及放射性危害等职业病危害严重岗位上的劳动者，对其进行专门的职业卫生培训。要把从事接触职业病危害作业的农民工和派遣用工人员作为职业卫生培训的重点人群，针对其流动性大、文化程度偏低、职业病危害防护意识不强等特点，采取形式多样的培训，提高自我防护意识，并经考核合格后方可上岗。

各级煤矿安全监管部门要指导并监督检查煤矿主要负责人、职业卫生管理人员、职业病危害监测人员和劳动者的职业卫生培训工作。各级煤矿安全监察机构要把煤矿职业卫生培训工作纳入安全生产培训当中，提高培训效果。

**六、因材施教，明确培训内容及培训时间**

用人单位要根据行业和岗位特点，制订培训计划，确定培训内容和培训学时，确保培训取得实效。没有能力组织职业卫生培训的用人单位，可以委托培训机构开展职业卫生培训。

用人单位主要负责人主要培训内容：国家职业病防治法律、行政法规和规章，职业病危害防治基础知识，结合行业特点的职业卫生管理要求和措施等。初次培训不得少于 16 学时，继续教育不得少于 8 学时。

职业卫生管理人员主要培训内容：国家职业病防治法律、行政法规、规章以及标准，职业病危害防治知识，主要职业病危害因素及防控措施，职业病防护设施的维护与管理，职业卫生管理要求和措施等。初次培训不得少于 16 学时，继续教育不得少于 8 学时。职业病危害监测人员的培训，可以参照职业卫生管理人员的要求执行。

接触职业病危害的劳动者主要培训内容：国家职业病防治法规基本知识，本单位职业卫生管理制度和岗位操作规程，所从事岗位的主要职业病危害因素和防范措施，个人劳动防护用品的使用和维护，劳动者的职业卫生保护权利与义务等。初次培训时间不得少于 8 学时，继续教育不得少于 4 课时。煤矿接触职业病危害劳动者的职业卫生培训，按照有关规定执行。

以上三类人员继续教育的周期为一年。用人单位应用新工艺、新技术、新材料、新设备，或者转岗导致劳动者接触职业病危害因素发生变化时，要对劳动者重新进行职业卫生培训，视作继续教育。

**七、切实提高职业卫生培训质量**

用人单位要充分利用手机短信、微博、微信等方式宣传职业病防治知识，鼓励劳动者集中参加网络在线职业卫生培训学习，有关内容和学时可按规定纳入考核体系。鼓励用人单位按照“看得懂、记得住、用得上”原则，根据不同类别、不同层次、不同岗位人员需求，组织编写学习读本、知识手册等简易教材。要借鉴安全生产培训的有效做法，在职业病危害严重的用人单位推行交班前职业卫生培训，有针对性地讲述岗位存在的职业病危害因素、岗位操作规程和防护知识等，使交班前职业卫生培训成为职业病危害预防的第一道防线。

**八、加强对用人单位职业卫生培训的监督检查**

各级安全监管监察部门要加强对用人单位职业卫生培训工作的监督检查，指导用人单位依法开展职业卫生培训，帮助用人单位解决培训工作中的实际困难。要利用行政执法、重点帮扶等方式推动培训工作，把职业卫生培训工作开展情况纳入监督执法的重要内容，重点检查培训计划、培训内容、考核结果等，也可以现场检查劳动者的职业病危害防护技能，检验用人单位职业卫生培训的效果。

对用人单位未按规定组织劳动者进行职业卫生培训的，由安全监管监察部门给予警告，责令限期改正，逾期不改正的，依法予以处罚。对未经培训就上岗作业的劳动者，一律先离岗、培训合格后再上岗。对发生职业病危害事故的，要依法倒查用人单位职业卫生培训的落实情况，凡存在未经培训上岗的，严格依法予以处罚。

安全监管总局办公厅

2015 年 12 月 21 日

## 159　关于印发《职业病危害因素分类目录》的通知

国卫疾控发〔2015〕92 号

各省、自治区、直辖市卫生计生委、安全生产监督管理局、人力资源社会保障厅（局）、总工会，新疆生产建设兵团卫生局、安全生产监督管理局、人力资源社会保障局、工会，中国疾病预防控制中心：

为贯彻落实《职业病防治法》，切实保障劳动者健康权益，根据职业病防治工作需要，国家卫生计生委、安全监管总局、人力资源社会保障部和全国总工会联合组织对职业病危害因素分类目录进行了修订。现将《职业病危害因素分类目录》印发给你们（可从国家卫生计生委网站下载），从即日起施行。2002 年 3 月 11 日原卫生部印发的《职业病危害因素分类目录》同时废止。

附件：职业病危害因素分类目录

国家卫生计生委

人力资源社会保障部

安全监管总局

全国总工会

2015 年 11 月 17 日

**附件**

# 职业病危害因素分类目录

## 一、粉尘

| 序号 | 名称 | CAS 号 |
|---|---|---|
| 1 | 矽尘（游离 $SiO_2$ 含量≥10%） | 14808-60-7 |
| 2 | 煤尘 | |
| 3 | 石墨粉尘 | 7782-42-5 |
| 4 | 炭黑粉尘 | 1333-86-4 |
| 5 | 石棉粉尘 | 1332-21-4 |
| 6 | 滑石粉尘 | 14807-96-6 |
| 7 | 水泥粉尘 | |
| 8 | 云母粉尘 | 12001-26-2 |
| 9 | 陶土粉尘 | |
| 10 | 铝尘 | 7429-90-5 |
| 11 | 电焊烟尘 | |
| 12 | 铸造粉尘 | |
| 13 | 白炭黑粉尘 | 112926-00-8 |
| 14 | 白云石粉尘 | |
| 15 | 玻璃钢粉尘 | |
| 16 | 玻璃棉粉尘 | 65997-17-3 |
| 17 | 茶尘 | |
| 18 | 大理石粉尘 | 1317-65-3 |
| 19 | 二氧化钛粉尘 | 13463-67-7 |
| 20 | 沸石粉尘 | |
| 21 | 谷物粉尘（游离 $SiO_2$ 含量<10%） | |
| 22 | 硅灰石粉尘 | 13983-17-0 |
| 23 | 硅藻土粉尘（游离 $SiO_2$ 含量<10%） | 61790-53-2 |
| 24 | 活性炭粉尘 | 64365-11-3 |

续表

| 序号 | 名称 | CAS 号 |
|---|---|---|
| 25 | 聚丙烯粉尘 | 9003-07-0 |
| 26 | 聚丙烯腈纤维粉尘 | |
| 27 | 聚氯乙烯粉尘 | 9002-86-2 |
| 28 | 聚乙烯粉尘 | 9002-88-4 |
| 29 | 矿渣棉粉尘 | |
| 30 | 麻尘（亚麻、黄麻和苎麻）（游离 $SiO_2$ 含量<10%） | |
| 31 | 棉尘 | |
| 32 | 木粉尘 | |
| 33 | 膨润土粉尘 | 1302-78-9 |
| 34 | 皮毛粉尘 | |
| 35 | 桑蚕丝尘 | |
| 36 | 砂轮磨尘 | |
| 37 | 石膏粉尘（硫酸钙） | 10101-41-4 |
| 38 | 石灰石粉尘 | 1317-65-3 |
| 39 | 碳化硅粉尘 | 409-21-2 |
| 40 | 碳纤维粉尘 | |
| 41 | 稀土粉尘（游离 $SiO_2$ 含量<10%） | |
| 42 | 烟草尘 | |
| 43 | 岩棉粉尘 | |
| 44 | 萤石混合性粉尘 | |
| 45 | 珍珠岩粉尘 | 93763-70-3 |
| 46 | 蛭石粉尘 | |
| 47 | 重晶石粉尘（硫酸钡） | 7727-43-7 |
| 48 | 锡及其化合物粉尘 | 7440-31-5（锡） |
| 49 | 铁及其化合物粉尘 | 7439-89-6（铁） |
| 50 | 锑及其化合物粉尘 | 7440-36-0（锑） |
| 51 | 硬质合金粉尘 | |
| 52 | 以上未提及的可导致职业病的其他粉尘 | |

## 二、化学因素

| 序号 | 名称 | CAS 号 |
| --- | --- | --- |
| 1 | 铅及其化合物（不包括四乙基铅） | 7439-92-1（铅） |
| 2 | 汞及其化合物 | 7439-97-6（汞） |
| 3 | 锰及其化合物 | 7439-96-5（锰） |
| 4 | 镉及其化合物 | 7440-43-9（镉） |
| 5 | 铍及其化合物 | 7440-41-7（铍） |
| 6 | 铊及其化合物 | 7440-28-0（铊） |
| 7 | 钡及其化合物 | 7440-39-3（钡） |
| 8 | 钒及其化合物 | 7440-62-6（钒） |
| 9 | 磷及其化合物（磷化氢、磷化锌、磷化铝、有机磷单列） | 7723-14-0（磷） |
| 10 | 砷及其化合物（砷化氢单列） | 7440-38-2（砷） |
| 11 | 铀及其化合物 | 7440-61-1（铀） |
| 12 | 砷化氢 | 7784-42-1 |
| 13 | 氯气 | 7782-50-5 |
| 14 | 二氧化硫 | 7446-9-5 |
| 15 | 光气（碳酰氯） | 75-44-5 |
| 16 | 氨 | 7664-41-7 |
| 17 | 偏二甲基肼（1，1-二甲基肼） | 57-14-7 |
| 18 | 氮氧化合物 | |
| 19 | 一氧化碳 | 630-08-0 |
| 20 | 二硫化碳 | 75-15-0 |
| 21 | 硫化氢 | 7783-6-4 |
| 22 | 磷化氢、磷化锌、磷化铝 | 7803-51-2、1314-84-7、20859-73-8 |
| 23 | 氟及其无机化合物 | 7782-41-4（氟） |
| 24 | 氰及其腈类化合物 | 460-19-5（氰） |
| 25 | 四乙基铅 | 78-00-2 |

续表

| 序号 | 名称 | CAS 号 |
| --- | --- | --- |
| 26 | 有机锡 | |
| 27 | 羰基镍 | 13463-39-3 |
| 28 | 苯 | 71-43-2 |
| 29 | 甲苯 | 108-88-3 |
| 30 | 二甲苯 | 1330-20-7 |
| 31 | 正己烷 | 110-54-3 |
| 32 | 汽油 | |
| 33 | 一甲胺 | 74-89-5 |
| 34 | 有机氟聚合物单体及其热裂解物 | |
| 35 | 二氯乙烷 | 1300-21-6 |
| 36 | 四氯化碳 | 56-23-5 |
| 37 | 氯乙烯 | 1975-1-4 |
| 38 | 三氯乙烯 | 1979-1-6 |
| 39 | 氯丙烯 | 107-05-1 |
| 40 | 氯丁二烯 | 126-99-8 |
| 41 | 苯的氨基及硝基化合物（不含三硝基甲苯） | |
| 42 | 三硝基甲苯 | 118-96-7 |
| 43 | 甲醇 | 67-56-1 |
| 44 | 酚 | 108-95-2 |
| 45 | 五氯酚及其钠盐 | 87-86-5（五氯酚） |
| 46 | 甲醛 | 50-00-0 |
| 47 | 硫酸二甲酯 | 77-78-1 |
| 48 | 丙烯酰胺 | 1979-6-1 |
| 49 | 二甲基甲酰胺 | 1968-12-2 |
| 50 | 有机磷 | |
| 51 | 氨基甲酸酯类 | |

续表

| 序号 | 名称 | CAS 号 |
|---|---|---|
| 52 | 杀虫脒 | 19750-95-9 |
| 53 | 溴甲烷 | 74-83-9 |
| 54 | 拟除虫菊酯 | |
| 55 | 铟及其化合物 | 7440-74-6（铟） |
| 56 | 溴丙烷（1-溴丙烷；2-溴丙烷） | 106-94-5；<br>75-26-3 |
| 57 | 碘甲烷 | 74-88-4 |
| 58 | 氯乙酸 | 1979-11-8 |
| 59 | 环氧乙烷 | 75-21-8 |
| 60 | 氨基磺酸铵 | 7773-06-0 |
| 61 | 氯化铵烟 | 12125-02-9（氯化铵） |
| 62 | 氯磺酸 | 7790-94-5 |
| 63 | 氢氧化铵 | 1336-21-6 |
| 64 | 碳酸铵 | 506-87-6 |
| 65 | α-氯乙酰苯 | 532-27-4 |
| 66 | 对特丁基甲苯 | 98-51-1 |
| 67 | 二乙烯基苯 | 1321-74-0 |
| 68 | 过氧化苯甲酰 | 94-36-0 |
| 69 | 乙苯 | 100-41-4 |
| 70 | 碲化铋 | 1304-82-1 |
| 71 | 铂化物 | |
| 72 | 1，3-丁二烯 | 106-99-0 |
| 73 | 苯乙烯 | 100-42-5 |
| 74 | 丁烯 | 25167-67-3 |
| 75 | 二聚环戊二烯 | 77-73-6 |
| 76 | 邻氯苯乙烯（氯乙烯苯） | 2039-87-4 |

续表

| 序号 | 名称 | CAS 号 |
|---|---|---|
| 77 | 乙炔 | 74-86-2 |
| 78 | 1，1-二甲基-4，4′-联吡啶鎓盐二氯化物（百草枯） | 1910-42-5 |
| 79 | 2-N-二丁氨基乙醇 | 102-81-8 |
| 80 | 2-二乙氨基乙醇 | 100-37-8 |
| 81 | 乙醇胺（氨基乙醇） | 141-43-5 |
| 82 | 异丙醇胺（1-氨基-2-二丙醇） | 78-96-6 |
| 83 | 1，3-二氯-2-丙醇 | 96-23-1 |
| 84 | 苯乙醇 | 60-12-18 |
| 85 | 丙醇 | 71-23-8 |
| 86 | 丙烯醇 | 107-18-6 |
| 87 | 丁醇 | 71-36-3 |
| 88 | 环己醇 | 108-93-0 |
| 89 | 己二醇 | 107-41-5 |
| 90 | 糠醇 | 98-00-0 |
| 91 | 氯乙醇 | 107-07-3 |
| 92 | 乙二醇 | 107-21-1 |
| 93 | 异丙醇 | 67-63-0 |
| 94 | 正戊醇 | 71-41-0 |
| 95 | 重氮甲烷 | 334-88-3 |
| 96 | 多氯萘 | 70776-03-3 |
| 97 | 蒽 | 120-12-7 |
| 98 | 六氯萘 | 1335-87-1 |
| 99 | 氯萘 | 90-13-1 |
| 100 | 萘 | 91-20-3 |
| 101 | 萘烷 | 91-17-8 |

续表

| 序号 | 名称 | CAS 号 |
|---|---|---|
| 102 | 硝基萘 | 86-57-7 |
| 103 | 蒽醌及其染料 | 84-65-1（蒽醌） |
| 104 | 二苯胍 | 102-06-7 |
| 105 | 对苯二胺 | 106-50-3 |
| 106 | 对溴苯胺 | 106-40-1 |
| 107 | 卤化水杨酰苯胺（N-水杨酰苯胺） | |
| 108 | 硝基萘胺 | 776-34-1 |
| 109 | 对苯二甲酸二甲酯 | 120-61-6 |
| 110 | 邻苯二甲酸二丁酯 | 84-74-2 |
| 111 | 邻苯二甲酸二甲酯 | 131-11-3 |
| 112 | 磷酸二丁基苯酯 | 2528-36-1 |
| 113 | 磷酸三邻甲苯酯 | 78-30-8 |
| 114 | 三甲苯磷酸酯 | 1330-78-5 |
| 115 | 1，2，3-苯三酚（焦棓酚） | 87-66-1 |
| 116 | 4，6-二硝基邻苯甲酚 | 534-52-1 |
| 117 | N，N-二甲基-3-氨基苯酚 | 99-07-0 |
| 118 | 对氨基酚 | 123-30-8 |
| 119 | 多氯酚 | |
| 120 | 二甲苯酚 | 108-68-9 |
| 121 | 二氯酚 | 120-83-2 |
| 122 | 二硝基苯酚 | 51-28-5 |
| 123 | 甲酚 | 1319-77-3 |
| 124 | 甲基氨基酚 | 55-55-0 |
| 125 | 间苯二酚 | 108-46-3 |
| 126 | 邻仲丁基苯酚 | 89-72-5 |
| 127 | 萘酚 | 1321-67-1 |
| 128 | 氢醌（对苯二酚） | 123-31-9 |

续表

| 序号 | 名称 | CAS 号 |
|---|---|---|
| 129 | 三硝基酚（苦味酸） | 88-89-1 |
| 130 | 氰氨化钙 | 156-62-7 |
| 131 | 碳酸钙 | 471-34-1 |
| 132 | 氧化钙 | 1305-78-8 |
| 133 | 锆及其化合物 | 7440-67-7（锆） |
| 134 | 铬及其化合物 | 7440-47-3（铬） |
| 135 | 钴及其氧化物 | 7440-48-4 |
| 136 | 二甲基二氯硅烷 | 75-78-5 |
| 137 | 三氯氢硅 | 10025-78-2 |
| 138 | 四氯化硅 | 10026-04-7 |
| 139 | 环氧丙烷 | 75-56-9 |
| 140 | 环氧氯丙烷 | 106-89-8 |
| 141 | 柴油 | |
| 142 | 焦炉逸散物 | |
| 143 | 煤焦油 | 8007-45-2 |
| 144 | 煤焦油沥青 | 65996-93-2 |
| 145 | 木馏油（焦油） | 8001-58-9 |
| 146 | 石蜡烟 | |
| 147 | 石油沥青 | 8052-42-4 |
| 148 | 苯肼 | 100-63-0 |
| 149 | 甲基肼 | 60-34-4 |
| 150 | 肼 | 302-01-2 |
| 151 | 聚氯乙烯热解物 | 7647-01-0 |
| 152 | 锂及其化合物 | 7439-93-2（锂） |
| 153 | 联苯胺（4，4′-二氨基联苯） | 92-87-5 |
| 154 | 3，3-二甲基联苯胺 | 119-93-7 |
| 155 | 多氯联苯 | 1336-36-3 |
| 156 | 多溴联苯 | 59536-65-1 |

续表

| 序号 | 名称 | CAS 号 |
|---|---|---|
| 157 | 联苯 | 92-52-4 |
| 158 | 氯联苯（54%氯） | 11097-69-1 |
| 159 | 甲硫醇 | 74-93-1 |
| 160 | 乙硫醇 | 75-08-1 |
| 161 | 正丁基硫醇 | 109-79-5 |
| 162 | 二甲基亚砜 | 67-68-5 |
| 163 | 二氯化砜（磺酰氯） | 7791-25-5 |
| 164 | 过硫酸盐（过硫酸钾、过硫酸钠、过硫酸铵等） | |
| 165 | 硫酸及三氧化硫 | 7664-93-9 |
| 166 | 六氟化硫 | 2551-62-4 |
| 167 | 亚硫酸钠 | 7757-83-7 |
| 168 | 2-溴乙氧基苯 | 589-10-6 |
| 169 | 苄基氯 | 100-44-7 |
| 170 | 苄基溴（溴甲苯） | 100-39-0 |
| 171 | 多氯苯 | |
| 172 | 二氯苯 | 106-46-7 |
| 173 | 氯苯 | 108-90-7 |
| 174 | 溴苯 | 108-86-1 |
| 175 | 1，1-二氯乙烯 | 75-35-4 |
| 176 | 1，2-二氯乙烯（顺式） | 540-59-0 |
| 177 | 1，3-二氯丙烯 | 542-75-6 |
| 178 | 二氯乙炔 | 7572-29-4 |
| 179 | 六氯丁二烯 | 87-68-3 |
| 180 | 六氯环戊二烯 | 77-47-4 |
| 181 | 四氯乙烯 | 127-18-4 |
| 182 | 1，1，1-三氯乙烷 | 71-55-6 |
| 183 | 1，2，3-三氯丙烷 | 96-18-4 |
| 184 | 1，2-二氯丙烷 | 78-87-5 |

续表

| 序号 | 名称 | CAS 号 |
|---|---|---|
| 185 | 1，3-二氯丙烷 | 142-28-9 |
| 186 | 二氯二氟甲烷 | 75-71-8 |
| 187 | 二氯甲烷 | 75-09-2 |
| 188 | 二溴氯丙烷 | 35407 |
| 189 | 六氯乙烷 | 67-72-1 |
| 190 | 氯仿（三氯甲烷） | 67-66-3 |
| 191 | 氯甲烷 | 74-87-3 |
| 192 | 氯乙烷 | 75-00-3 |
| 193 | 氯乙酰氯 | 79-40-9 |
| 194 | 三氯一氟甲烷 | 75-69-4 |
| 195 | 四氯乙烷 | 79-34-5 |
| 196 | 四溴化碳 | 558-13-4 |
| 197 | 五氟氯乙烷 | 76-15-3 |
| 198 | 溴乙烷 | 74-96-4 |
| 199 | 铝酸钠 | 1302-42-7 |
| 200 | 二氧化氯 | 10049-04-4 |
| 201 | 氯化氢及盐酸 | 7647-01-0 |
| 202 | 氯酸钾 | 3811-04-9 |
| 203 | 氯酸钠 | 7775-09-9 |
| 204 | 三氟化氯 | 7790-91-2 |
| 205 | 氯甲醚 | 107-30-2 |
| 206 | 苯基醚（二苯醚） | 101-84-8 |
| 207 | 二丙二醇甲醚 | 34590-94-8 |
| 208 | 二氯乙醚 | 111-44-4 |
| 209 | 二缩水甘油醚 | |
| 210 | 邻茴香胺 | 90-04-0 |
| 211 | 双氯甲醚 | 542-88-1 |
| 212 | 乙醚 | 60-29-7 |

续表

| 序号 | 名称 | CAS 号 |
|---|---|---|
| 213 | 正丁基缩水甘油醚 | 2426-08-6 |
| 214 | 钼酸 | 13462-95-8 |
| 215 | 钼酸铵 | 13106-76-8 |
| 216 | 钼酸钠 | 7631-95-0 |
| 217 | 三氧化钼 | 1313-27-5 |
| 218 | 氢氧化钠 | 1310-73-2 |
| 219 | 碳酸钠（纯碱） | 3313-92-6 |
| 220 | 镍及其化合物（羰基镍单列） | |
| 221 | 癸硼烷 | 17702-41-9 |
| 222 | 硼烷 | |
| 223 | 三氟化硼 | 7637-07-2 |
| 224 | 三氯化硼 | 10294-34-5 |
| 225 | 乙硼烷 | 19287-45-7 |
| 226 | 2-氯苯基羟胺 | 10468-16-3 |
| 227 | 3-氯苯基羟胺 | 10468-17-4 |
| 228 | 4-氯苯基羟胺 | 823-86-9 |
| 229 | 苯基羟胺（苯胲） | 100-65-2 |
| 230 | 巴豆醛（丁烯醛） | 4170-30-3 |
| 231 | 丙酮醛（甲基乙二醛） | 78-98-8 |
| 232 | 丙烯醛 | 107-02-8 |
| 233 | 丁醛 | 123-72-8 |
| 234 | 糠醛 | 98-01-1 |
| 235 | 氯乙醛 | 107-20-0 |
| 236 | 羟基香茅醛 | 107-75-5 |
| 237 | 三氯乙醛 | 75-87-6 |
| 238 | 乙醛 | 75-07-0 |
| 239 | 氢氧化铯 | 21351-79-1 |
| 240 | 氯化苄烷胺（洁尔灭） | 8001-54-5 |

续表

| 序号 | 名称 | CAS 号 |
|---|---|---|
| 241 | 双-（二甲基硫代氨基甲酰基）二硫化物（秋兰姆、福美双） | 137-26-8 |
| 242 | α-萘硫脲（安妥） | 86-88-4 |
| 243 | 3-（1-丙酮基苄基）-4-羟基香豆素（杀鼠灵） | 81-81-2 |
| 244 | 酚醛树脂 | 9003-35-4 |
| 245 | 环氧树脂 | 38891-59-7 |
| 246 | 脲醛树脂 | 25104-55-6 |
| 247 | 三聚氰胺甲醛树脂 | 9003-08-1 |
| 248 | 1，2，4-苯三酸酐 | 552-30-7 |
| 249 | 邻苯二甲酸酐 | 85-44-9 |
| 250 | 马来酸酐 | 108-31-6 |
| 251 | 乙酸酐 | 108-24-7 |
| 252 | 丙酸 | 79-09-4 |
| 253 | 对苯二甲酸 | 100-21-0 |
| 254 | 氟乙酸钠 | 62-74-8 |
| 255 | 甲基丙烯酸 | 79-41-4 |
| 256 | 甲酸 | 64-18-6 |
| 257 | 羟基乙酸 | 79-14-1 |
| 258 | 巯基乙酸 | 68-11-1 |
| 259 | 三甲基己二酸 | 3937-59-5 |
| 260 | 三氯乙酸 | 76-03-9 |
| 261 | 乙酸 | 64-19-7 |
| 262 | 正香草酸（高香草酸） | 306-08-1 |
| 263 | 四氯化钛 | 7550-45-0 |
| 264 | 钽及其化合物 | 7440-25-7（钽） |
| 265 | 锑及其化合物 | 7440-36-0（锑） |

续表

| 序号 | 名称 | CAS 号 |
|---|---|---|
| 266 | 五羰基铁 | 13463-40-6 |
| 267 | 2-己酮 | 591-78-6 |
| 268 | 3，5，5-三甲基-2-环己烯-1-酮（异佛尔酮） | 78-59-1 |
| 269 | 丙酮 | 67-64-1 |
| 270 | 丁酮 | 78-93-3 |
| 271 | 二乙基甲酮 | 96-22-0 |
| 272 | 二异丁基甲酮 | 108-83-8 |
| 273 | 环己酮 | 108-94-1 |
| 274 | 环戊酮 | 120-92-3 |
| 275 | 六氟丙酮 | 684-16-2 |
| 276 | 氯丙酮 | 78-95-5 |
| 277 | 双丙酮醇 | 123-42-2 |
| 278 | 乙基另戊基甲酮（5-甲基-3-庚酮） | 541-85-5 |
| 279 | 乙基戊基甲酮 | 106-68-3 |
| 280 | 乙烯酮 | 463-51-4 |
| 281 | 异亚丙基丙酮 | 141-79-7 |
| 282 | 铜及其化合物 | |
| 283 | 丙烷 | 74-98-6 |
| 284 | 环己烷 | 110-82-7 |
| 285 | 甲烷 | 74-82-8 |
| 286 | 壬烷 | 111-84-2 |
| 287 | 辛烷 | 111-65-9 |
| 288 | 正庚烷 | 142-82-5 |
| 289 | 正戊烷 | 109-66-0 |
| 290 | 2-乙氧基乙醇 | 110-80-5 |
| 291 | 甲氧基乙醇 | 109-86-4 |
| 292 | 围涎树碱 | |
| 293 | 二硫化硒 | 56093-45-9 |

续表

| 序号 | 名称 | CAS 号 |
|---|---|---|
| 294 | 硒化氢 | 7783-07-5 |
| 295 | 钨及其不溶性化合物 | 7740-33-7（钨） |
| 296 | 硒及其化合物（六氟化硒、硒化氢单列） | 7782-49-2（硒） |
| 297 | 二氧化锡 | 1332-29-2 |
| 298 | N，N-二甲基乙酰胺 | 127-19-5 |
| 299 | N-3，4 二氯苯基丙酰胺（敌稗） | 709-98-8 |
| 300 | 氟乙酰胺 | 640-19-7 |
| 301 | 己内酰胺 | 105-60-2 |
| 302 | 环四次甲基四硝胺（奥克托今） | 2691-41-0 |
| 303 | 环三次甲基三硝铵（黑索今） | 121-82-4 |
| 304 | 硝化甘油 | 55-63-0 |
| 305 | 氯化锌烟 | 7646-85-7（氯化锌） |
| 306 | 氧化锌 | 1314-13-2 |
| 307 | 氢溴酸（溴化氢） | 10035-10-6 |
| 308 | 臭氧 | 10028-15-6 |
| 309 | 过氧化氢 | 7722-84-1 |
| 310 | 钾盐镁矾 | |
| 311 | 丙烯基芥子油 | |
| 312 | 多次甲基多苯基异氰酸酯 | 57029-46-6 |
| 313 | 二苯基甲烷二异氰酸酯 | 101-68-8 |
| 314 | 甲苯-2，4-二异氰酸酯（TDI） | 584-84-9 |
| 315 | 六亚甲基二异氰酸酯（HDI）（1，6-己二异氰酸酯） | 822-06-0 |
| 316 | 萘二异氰酸酯 | 3173-72-6 |
| 317 | 异佛尔酮二异氰酸酯 | 4098-71-9 |
| 318 | 异氰酸甲酯 | 624-83-9 |
| 319 | 氧化银 | 20667-12-3 |

续表

| 序号 | 名称 | CAS 号 |
|---|---|---|
| 320 | 甲氧氯 | 72-43-5 |
| 321 | 2-氨基吡啶 | 504-29-0 |
| 322 | N-乙基吗啉 | 100-74-3 |
| 323 | 吖啶 | 260-94-6 |
| 324 | 苯绕蒽酮 | 82-05-3 |
| 325 | 吡啶 | 110-86-1 |
| 326 | 二噁烷 | 123-91-1 |
| 327 | 呋喃 | 110-00-9 |
| 328 | 吗啉 | 110-91-8 |
| 329 | 四氢呋喃 | 109-99-9 |
| 330 | 茚 | 95-13-6 |
| 331 | 四氢化锗 | 7782-65-2 |
| 332 | 二乙烯二胺（哌嗪） | 110-85-0 |
| 333 | 1，6-己二胺 | 124-09-4 |
| 334 | 二甲胺 | 124-40-3 |
| 335 | 二乙烯三胺 | 111-40-0 |
| 336 | 二异丙胺基氯乙烷 | 96-79-7 |
| 337 | 环己胺 | 108-91-8 |
| 338 | 氯乙基胺 | 689-98-5 |
| 339 | 三乙烯四胺 | 112-24-3 |
| 340 | 烯丙胺 | 107-11-9 |
| 341 | 乙胺 | 75-04-7 |
| 342 | 乙二胺 | 107-15-3 |
| 343 | 异丙胺 | 75-31-0 |
| 344 | 正丁胺 | 109-73-9 |
| 345 | 1，1-二氯-1-硝基乙烷 | 594-72-9 |
| 346 | 硝基丙烷 | 25322-01-4 |
| 347 | 三氯硝基甲烷（氯化苦） | 76-06-2 |

续表

| 序号 | 名称 | CAS 号 |
|---|---|---|
| 348 | 硝基甲烷 | 75-52-5 |
| 349 | 硝基乙烷 | 79-24-3 |
| 350 | 1，3-二甲基丁基乙酸酯（乙酸仲己酯） | 108-84-9 |
| 351 | 2-甲氧基乙基乙酸酯 | 110-49-6 |
| 352 | 2-乙氧基乙基乙酸酯 | 111-15-9 |
| 353 | N-乳酸正丁酯 | 138-22-7 |
| 354 | 丙烯酸甲酯 | 96-33-3 |
| 355 | 丙烯酸正丁酯 | 141-32-2 |
| 356 | 甲基丙烯酸甲酯（异丁烯酸甲酯） | 80-62-6 |
| 357 | 甲基丙烯酸缩水甘油酯 | 106-91-2 |
| 358 | 甲酸丁酯 | 592-84-7 |
| 359 | 甲酸甲酯 | 107-31-3 |
| 360 | 甲酸乙酯 | 109-94-4 |
| 361 | 氯甲酸甲酯 | 79-22-1 |
| 362 | 氯甲酸三氯甲酯（双光气） | 503-38-8 |
| 363 | 三氟甲基次氟酸酯 | |
| 364 | 亚硝酸乙酯 | 109-95-5 |
| 365 | 乙二醇二硝酸酯 | 628-96-6 |
| 366 | 乙基硫代磺酸乙酯 | 682-91-7 |
| 367 | 乙酸苄酯 | 140-11-4 |
| 368 | 乙酸丙酯 | 109-60-4 |
| 369 | 乙酸丁酯 | 123-86-4 |
| 370 | 乙酸甲酯 | 79-20-9 |
| 371 | 乙酸戊酯 | 628-63-7 |
| 372 | 乙酸乙烯酯 | 108-05-4 |
| 373 | 乙酸乙酯 | 141-78-6 |
| 374 | 乙酸异丙酯 | 108-21-4 |
| 375 | 以上未提及的可导致职业病的其他化学因素 | |

三、物理因素

| 序号 | 名称 |
|---|---|
| 1 | 噪声 |
| 2 | 高温 |
| 3 | 低气压 |
| 4 | 高气压 |
| 5 | 高原低氧 |
| 6 | 振动 |
| 7 | 激光 |
| 8 | 低温 |
| 9 | 微波 |
| 10 | 紫外线 |
| 11 | 红外线 |
| 12 | 工频电磁场 |
| 13 | 高频电磁场 |
| 14 | 超高频电磁场 |
| 15 | 以上未提及的可导致职业病的其他物理因素 |

四、放射性因素

| 序号 | 名称 | 备注 |
|---|---|---|
| 1 | 密封放射源产生的电离辐射 | 主要产生γ、中子等射线 |
| 2 | 非密封放射性物质 | 可产生α、β、γ射线或中子 |
| 3 | X射线装置（含CT机）产生的电离辐射 | X射线 |
| 4 | 加速器产生的电离辐射 | 可产生电子射线、X射线、质子、重离子、中子以及感生放射性等 |
| 5 | 中子发生器产生的电离辐射 | 主要是中子、γ射线等 |
| 6 | 氡及其短寿命子体 | 限于矿工高氡暴露 |
| 7 | 铀及其化合物 | |
| 8 | 以上未提及的可导致职业病的其他放射性因素 | |

**五、生物因素**

| 序号 | 名称 | 备注 |
| --- | --- | --- |
| 1 | 艾滋病病毒 | 限于医疗卫生人员及人民警察 |
| 2 | 布鲁氏菌 | |
| 3 | 伯氏疏螺旋体 | |
| 4 | 森林脑炎病毒 | |
| 5 | 炭疽芽孢杆菌 | |
| 6 | 以上未提及的可导致职业病的其他生物因素 | |

**六、其他因素**

| 序号 | 名称 | 备注 |
| --- | --- | --- |
| 1 | 金属烟 | |
| 2 | 井下不良作业条件 | 限于井下工人 |
| 3 | 刮研作业 | 限于手工刮研作业人员 |

## 160 关于印发加强农民工尘肺病防治工作的意见的通知

国卫疾控发〔2016〕2号

各省、自治区、直辖市卫生计生委、发展改革委、科技厅（委、局）、工业和信息化主管部门、民政厅（局）、财政厅（局）、人力资源社会保障厅（局）、国资委、安全生产监督管理局、总工会，新疆生产建设兵团卫生局、发展改革委、科技局、工业和信息化主管部门、民政局、财务局、人力资源社会保障局、国资委、安全生产监督管理局、工会：

为贯彻落实《职业病防治法》，切实保障劳动者健康权益，根据农民工尘肺病防治工作需要，国家卫生计生委、国家发展改革委、科技部、工业和信息化部、民政部、财政部、人力资源社会保障部、国务院国资委、安全监管总局和全国总工会联合制定了《关于加强农民工尘肺病防治工作的意见》。经国务院同意，现印发给你们，请认真贯彻落实。

国家卫生计生委　国家发展改革委
科技部　工业和信息化部
民政部　财政部
人力资源社会保障部　国务院国资委
安全监管总局　全国总工会
2016年1月8日

# 关于加强农民工尘肺病防治工作的意见

农民工已成为我国产业工人的主体，截至2014年年底，我国农民工人数达2.74亿，是推动国家现代化建设的重要力量，为经济社会发展做出了巨大贡献。党中央、国务院高度重视农民工的职业健康。近年来，我国先后公布了《职业病防治法》等一系列法律法规、规划和职业卫生标准，监管力度逐步加大，职业病防治能力和服务体系持续加强，诊断服务的可及性和诊断水平不断提高。但是，由于一些用人单位不履行防治主体责任，健康监护不到位，加上部分农民工缺乏职业防护和维权意识，农民工罹患尘肺病的势头并没有得到有效控制，病后得不到及时诊断、救治和赔偿的问题也没有得到有效解决。为进一步深入贯彻党的十八大和十八届三中、四中、五中全会精神，落实《国务院关于进一步做好为农民工服务工作的意见》（国发〔2014〕40号）有关要求，预防、控制和消除尘肺病危害，切实保护农民工职业健康和相关权益，提出以下意见：

## 一、着力加强农民工尘肺病源头治理

用人单位要建立健全粉尘防治规章制度和责任制，落实粉尘防治主体责任。要建立健全粉尘防治管理机构，配备专职管理人员，负责粉尘防治日常管理工作。严格执行建设项目防尘设施“三同时”，确保新建设项目粉尘防护设施齐全有效。按照要求开展工作场所粉尘日常监测和定期检测，加强防尘设施设备维护管理，配备合格有效的个人粉尘防护用品。强化职业病危害告知和职业卫生宣教培训，提高农民工的粉尘防范能力和自我防护意识。各地要抓住国家经济转型和产业结构调整契机，强化新技术、新工艺、新设备和新材料的推广应用，淘汰粉尘危害严重的落后产能，主动关闭粉尘危害严重、不具备防治条件的小矿山、小水泥、小冶金、小陶瓷、小石材加工等企业。各级安全监管部门要会同能源等行业管理部门，深入开展矿山开采、建材生产等粉尘危害严重行业领域的专项治理。加大对用人单位粉尘防治工作的监督检查力度，依法查处违法违规行为，对工艺落后、粉尘危害严重且整改无望的企业，要提请地方政府依法予以关闭。要建立粉尘危害企业黑名单制度，对违法违规企业坚决予以曝光。加大尘肺病事件的查处力度，对出现群体性尘肺病的用人单位，依法从严从重查处并追究相关责任人的责任。

## 二、大力推进农民工职业健康检查工作

用人单位要为农民工建立个人职业健康监护档案，依法对农民工进行上岗前、在岗期间和离岗时职业健康检查，书面告知检查结果，并为离开本单位的农民工提供档案复印件。不得安排未经上岗前职业健康检查或有职业禁忌的农民工从事粉尘作业，在岗期间职业健康检查发现有职业健康禁忌的，应当调离有健康损害的工作岗位。对疑似尘肺病农民工应当及时安排进行诊断，离岗前未进行职业健康检查的农民工不得与其解除或终止劳动合同。地方各级卫生计生行政部门要根据工作需要，统一规划、科学布局、合理设置职业健康检查机构。职业健康检查机构要优化检查流程，加强质量控制，为用人单位和农民工提供方便高效的服务，并可根据需要，在登记机关管辖区域范围内开展外出职业健康检查。发现疑似尘肺病和职业禁忌的应当及时书面告知农民工和用人单位，并将疑似尘肺病报告用人

单位所在地的卫生计生行政部门和安全监管部门。

**三、认真做好尘肺病诊断鉴定和医疗救治工作**

劳动者有粉尘接触史且临床表现以及辅助检查结果符合尘肺病特征的，医疗机构应当及时作出尘肺病相关临床诊断。符合职业性尘肺病相关诊断标准的，职业病诊断机构应当加强有关部门协调，提高效率，尽快作出职业性尘肺病诊断。没有证据否定职业病危害因素与病人临床表现之间的必然联系的，应当诊断为职业性尘肺病。各级卫生计生、人力资源社会保障、安全监管等部门和工会组织要针对当前农民工尘肺病诊断过程中存在的实际问题，研究制定具体办法，简化诊断程序，缩短诊断时间，切实解决农民工尘肺病诊断的实际困难。对诊断有争议的，按照有关规定进行鉴定。要按照“方便治疗、疗效可靠、价格合理、服务周到”的原则，优化尘肺病定点医疗机构设置。有关科技行政部门要将尘肺病防治技术和产品的研发列入有关科研计划，组织产学研医等方面的优势力量，加大科研攻关力度。各级人力资源社会保障和卫生计生行政部门要及时按规定将疗效可靠的尘肺病治疗药品列入各类基本医疗保险药品目录。各级卫生计生行政部门要加强医务人员培训，规范尘肺病救治工作，提高尘肺病治疗技术水平。

**四、有效保障符合条件的尘肺病农民工工伤保险待遇**

要大力推进《劳动合同法》和《工伤保险条例》的贯彻落实，规范用人单位劳动用工管理，督促其依法与农民工签订劳动合同，按时足额为农民工缴纳工伤保险费。对于不依法签订劳动合同、不按规定缴纳工伤保险费的，各级人力资源社会保障行政部门要及时查处。各级人力资源社会保障行政部门要按规定及时进行工伤认定和劳动能力鉴定，依法落实其各项工伤保险待遇。对于未参保尘肺病农民工，由用人单位依法支付其各项工伤保险待遇。用人单位不支付的，工伤保险基金按规定先行支付，并由社会保险经办机构依法向用人单位追偿。

**五、切实解决特困尘肺病农民工医疗和生活问题**

未参加工伤保险，且用人单位已经不存在或无法确认劳动关系的尘肺病病人，参加基本医疗保险的，按规定享受基本医疗保险相应待遇，并可向地方人民政府民政部门申请医疗救助和生活等方面的救助。各地要落实大病保险和医疗救助制度，及时将符合条件的尘肺病农民工纳入大病保险和城乡医疗救助体系。上述保障制度仍不能解决医疗救治问题的，要采取多种措施，使其获得医疗救治。各级民政部门要将符合条件的尘肺病农民工纳入最低生活保障、临时救助等社会救助范围。对尘肺病农民工遭受突发性、紧迫性、临时性基本生活困难的，应当按规定给予临时救助。各地要出台优惠政策，鼓励企业、社会团体和个人弘扬中华民族“扶危济困”的传统美德，为尘肺病农民工献爱心、送温暖，逐步形成政府救助与社会关爱相结合的工作格局，共同解决尘肺病农民工的生活困难。

**六、全力维护尘肺病农民工职业健康权益**

各级工会组织要加强基层组织建设，努力把农民工组织到工会中，依法对农民工尘肺病防治工作进行监督。通过政府与工会联席会议、协调劳动关系三方机制、集体协商、职代会等途径，反映农民工尘肺病防治诉求，推动解决农民工尘肺病防治突出问题。加强平等协商和签订劳动安全卫生专项集体合同工作，督促用人单位保障农民工职业卫生保护权利，对用人单位尘肺病防治工作提出意见和建议。在农民工相对聚集的行业企业，深入开展群众性职业危害隐患排查活动。

**七、全面强化政府落实责任**

各地要高度重视农民工尘肺病防治工作，将其纳入本地国民经济和社会发展计划以及职业病防治规划，纳入本地健康城市的创建工作，加强领导协调，研究落实解决农民工尘肺病防治的重大问题，加强尘肺病防治能力建设，保证尘肺病防治工作的经费。各级卫生计生、安全监管、发展改革、科技、工业和信息化、民政、财政、人力资源社会保障、国资、能源等有关部门和工会组织按照职责分工，密切配合，落实防治监管、医疗服务、经费保障等责任，确保各项防治措施落实到位。

# 161 GB/T 11651—2008 个体防护装备选用规范

## 前 言

本标准代替 GB/T 11651—1989《劳动防护用品选用规则》。

本标准与 GB/T 11651—1989 相比主要变化如下：

——修改了“个体防护装备”和“防护性能”的定义；

——增加了“冒顶片帮”和“WBGT 指数”的定义；

——增加了事故类型的分类；

——修改了“高温作业”“低温作业”“噪声作业”“低压带电作业”“高压带电作业”等作业类别的说明；

——增加了“有碎屑飞溅的作业”“操作转动机械”“人工搬运”“接触使用锋利器具”“地面存在尖利器物的作业”“手持振动机械”“地下作业”“一般性作业”等作业类别的说明；

——增加了“井下作业”作业类别；

——增加了个体防护装备的种类，如“焊接面罩”“防腐蚀液护目镜”“防水护目镜”“防昆虫手套”“防放射性手套”“防静电手套”“焊接手套”等；

——修改了部分个体防护装备的名称；

——修改了表 2 中部分个体防护装备的防护性能说明；

——修改了个体防护装备的选用；

——增加了表 3 中代号的中文说明；

——修改了个体防护装备的判废条件和判废程序内容；

——增加了附录 A“个体防护装备选用和判废程序”；

——修改了附录 B“个体防护装备使用期限”的规定。

本标准的附录 A、附录 B 为资料性附录。

本标准由国家安全生产监督管理总局提出。

本标准由全国个体防护装备标准化技术委员会归口。

本标准起草单位：北京市劳动保护科学研究所。

本标准主要起草人：杨文芬、傅雅惠、藏兰兰、盛海涛、许超、卢伟、罗穆夏。

本标准所代替标准的历次版本发布情况为：

——GB/T 11651—1989。

# 个体防护装备选用规范

## 1 范围

本标准规定了个体防护装备选用的原则和要求。

本标准适用于各生产经营单位和个人选用个体防护装备。

## 2 规范性引用文件

下列文件中的条款通过本标准的引用而成为本标准的条款。凡是注日期的引用文件，其随后所有的修改单（不包括勘误的内容）或修订版均不适用于本标准，然而，鼓励根据本标准达成协议的各方研究是否可使用这些文件的最新版本。凡是不注日期的引用文件，其最新版本适用于本标准。

GB/T 12903—2008 个体防护装备术语

## 3 术语和定义

GB/T 12903—2008 确立的以及下列术语和定义适用于本标准。

### 3.1

个体防护装备　personal protective equipment（PPE）

从业人员为防御物理、化学、生物等外界因素伤害所穿戴、配备和使用的各种护品的总称。

注：在生产作业场所穿戴、配备和使用的劳动防护用品也称个体防护装备。

### 3.2

防护性能　protective properties

防御物理、化学、生物等有害因素，保护作业人员安全与健康的能力。

### 3.3

有效防护最低指标　minimum effective protection requirement

个体防护装备所具有的最低防护能力。

### 3.4

有效使用期　effective duration

到达有效防护功能最低指标的使用时间。

**3.5**

冒顶片帮　roof fall and rib spalling

矿井、隧道、涵洞开挖、衬砌过程中因开挖或支护不当，造成顶部或侧壁大面积的垮塌。

注：工作面、侧壁坍塌称为片帮，顶部垮落称为冒顶，二者常同时发生。

**3.6**

WBGT 指数　WBGT-index

表示人体接触生产环境热强度的一个经验指数。

注：WBGT 指数亦称为湿球黑球温度（℃），它采用了自然湿球温度、黑球温度和干球温度三种参数，并由式（1）、式（2）计算而得。

室内作业：

$$WBGT=0.7\,t_{nw}+0.3\,t_{g} \qquad (1)$$

室外作业：

$$WBGT=0.7\,t_{nw}+0.2\,t_{g}+0.1\,t_{a} \qquad (2)$$

式中：$t_{nw}$——自然湿球温度；

$t_{g}$——黑球温度；

$t_{a}$——干球温度。

## 4　作业类别

4.1　按照工作环境中主要危险特征及工作条件特点分为 39 种作业类别，见表 1。

**表 1　作业类别及主要危险特征举例**

<table>
<tr><th>编号</th><th>作业类别</th><th>说明</th><th>可能造成的事故类型</th><th>举例</th></tr>
<tr><td>A01</td><td>存在物体坠落、撞击的作业</td><td>物体坠落或横向上可能有物体相撞的作业</td><td rowspan="2">物体打击与碰撞</td><td>建筑安装、桥梁建设、采矿、钻探、造船、起重、森林采伐</td></tr>
<tr><td>A02</td><td>有碎屑飞溅的作业</td><td>加工过程中可能有切削飞溅的作业</td><td>破碎、锤击、铸件切削、砂轮打磨、高压流体清洗</td></tr>
<tr><td>A03</td><td>操作转动机械作业</td><td>机械设备运行中引起的绞、碾等伤害的作业</td><td rowspan="2">机械伤害</td><td>机床、传动机械</td></tr>
<tr><td>A04</td><td>接触锋利器具作业</td><td>生产中使用的生产工具或加工产品易对操作者产生割伤、刺伤等伤害的作业</td><td>金属加工的打毛清边、玻璃装配与加工</td></tr>
</table>

续表

| 编号 | 作业类别 | 说明 | 可能造成的事故类型 | 举例 |
|---|---|---|---|---|
| A05 | 地面存在尖利器物的作业 | 工作平面上可能存在对工作者脚部或腿部产生刺伤伤害的作业 | 其他 | 森林作业、建筑工地 |
| A06 | 手持振动机械作业 | 生产中使用手持振动工具，直接作用于人的手臂系统的机械振动或冲击作业 | 机械伤害 | 风钻、风铲、油锯 |
| A07 | 人承受全身振动的作业 | 承受振动或处于不易忍受的振动环境中的工作 | | 田间机械作业驾驶、林业作业 |
| A08 | 铲、装、吊、推机械操作作业 | 各类活动范围较小的重型采掘、建筑、装载起重设备的操作与驾驶作业 | 其他运输工具伤害 | 操作铲机、推土机、装卸机、天车、龙门吊、塔吊、单臂起重机等机械 |
| A09 | 低压带电作业 | 额定电压小于 1 kV 的带电操作作业 | 电流伤害 | 低压设备或低压线路带电维修 |
| A10 | 高压带电作业 | 额定电压大于或等于1 kV 的带电操作作业 | | 高压设备或高压线路带电维修 |
| A11 | 高温作业 | 在生产劳动过程中，其工作地点平均 WBGT 指数等于或大于 25℃ 的作业，如热的液体、气体对人体的烫伤，热的固体与人体接触引起的灼伤，火焰对人体的烧伤以及炽热源的热辐射对人体的伤害 | 热烧灼 | 熔炼、浇注、热轧、锻造、炉窑作业 |
| A12 | 易燃易爆场所作业 | 易燃易爆品失去控制的燃烧引发火灾 | 火灾 | 接触火工材料、易挥发易燃的液体及化学品、可燃性气体的作业，如汽油、甲烷等 |

续表

| 编号 | 作业类别 | 说明 | 可能造成的事故类型 | 举例 |
|---|---|---|---|---|
| A13 | 可燃性粉尘场所作业 | 工作场所中存有常温、常压下可燃固体物质粉尘的作业 | 化学爆炸 | 接触可燃性化学粉尘的作业，如铝镁粉等 |
| A14 | 高处作业 | 坠落高度基准面大于 2 m 的作业 | 坠落 | 室外建筑安装、架线、高崖作业、货物堆砌 |
| A15 | 井下作业 | 存在矿山工作面、巷道侧壁的支护不当、压力过大造成的坍塌或顶板坍塌，以及高势能水意外流向低势能区域的作业 | 冒顶片帮、透水 | 井下采掘、运输、安装 |
| A16 | 地下作业 | 进行地下管网的铺设及地下挖掘的作业 |  | 地下开拓建筑安装 |
| A17 | 水上作业 | 有落水危险的水上作业 | 影响呼吸 | 水上作业平台、水上运输、木材水运、水产养殖与捕捞 |
| A18 | 潜水作业 | 需潜入水面以下的作业 |  | 水下采集、救捞、水下养殖、水下勘查、水下建造、焊接与切割 |
| A19 | 吸入性气相毒物作业 | 工作场所中存有常温、常压下呈气体或蒸气状态、经呼吸道吸入能产生毒害物质的作业 | 毒物伤害 | 接触氯气、一氧化碳、硫化氢、氯乙烯、光气、汞的作业 |
| A20 | 密闭场所作业 | 在空气不流通的场所中作业，包括在缺氧即空气中含氧浓度小于 18% 和毒气、有毒气溶胶超过标准并不能排除等场所中作业 | 影响呼吸 | 密闭的罐体、房仓、孔道或排水系统、炉窑、存放耗氧器具或生物体进行耗氧过程的密闭空间 |

续表

| 编号 | 作业类别 | 说明 | 可能造成的事故类型 | 举例 |
| --- | --- | --- | --- | --- |
| A21 | 吸入性气溶胶毒物作业 | 工作场所中存有常温、常压下呈气溶胶状态、经呼吸道吸入能产生毒害物质的作业 | 毒物伤害 | 接触铝、铬、铍、锰、镉等有毒金属及其化合物的烟雾和粉尘、沥青烟雾、矽尘、石棉尘及其他有害的动（植）物性粉尘的作业 |
| A22 | 沾染性毒物作业 | 工作场所中存有能黏附于皮肤、衣物上，经皮肤吸收产生伤害或对皮肤产生毒害物质的作业 | | 接触有机磷农药、有机汞化合物、苯和苯的二及三硝基化合物、放射性物质的作业 |
| A23 | 生物性毒物作业 | 工作场所中有感染或吸收生物毒素危险的作业 | | 有毒性动植物养殖、生物毒素培养制剂、带菌或含有生物毒素的制品加工处理、腐烂物品处理、防疫检验 |
| A24 | 噪声作业 | 声级大于 85 dB 的环境中的作业 | 其他 | 风钻、气锤、铆接、钢筒内的敲击或铲锈 |
| A25 | 强光作业 | 强光源或产生强烈红外辐射和紫外辐射的作业 | 辐射伤害 | 弧光、电弧焊、炉窑作业 |
| A26 | 激光作业 | 激光发射与加工的作业 | | 激光加工金属、激光焊接、激光测量、激光通信 |
| A27 | 荧光屏作业 | 长期从事荧光屏操作与识别的作业 | | 计算机操作、电视机调试 |
| A28 | 微波作业 | 微波发射与使用的作业 | | 微波机调试、微波发射、微波加工与利用 |

续表

| 编号 | 作业类别 | 说明 | 可能造成的事故类型 | 举例 |
| --- | --- | --- | --- | --- |
| A29 | 射线作业 | 产生电离辐射的、辐射剂量超过标准的作业 | 辐射伤害 | 放射性矿物的开采、选矿、冶炼、加工、核废料或核事故处理、放射性物质使用、X射线检测 |
| A30 | 腐蚀性作业 | 产生或使用腐蚀性物质的作业 | 化学灼伤 | 二氧化硫气体净化、酸洗、化学镀膜 |
| A31 | 易污作业 | 容易污秽皮肤或衣物的作业 | 其他 | 炭黑、染色、油漆、有关的卫生工程 |
| A32 | 恶味作业 | 产生难闻气味或恶味不易清除的作业 | 影响呼吸 | 熬胶、恶臭物质处理与加工 |
| A33 | 低温作业 | 在生产劳动过程中，其工作地点平均气温等于或低于5℃的作业 | 影响体温调节 | 冰库 |
| A34 | 人工搬运作业 | 通过人力搬运，不使用机械或其他自动化设备的作业 | 其他 | 人力抬、扛、推、搬移 |
| A35 | 野外作业 | 从事野外露天作业 | 影响体温调节 | 地质勘探、大地测量 |
| A36 | 涉水作业 | 作业中需接触大量水或需立于水中 | 其他 | 矿井、隧道、水力采掘、地质钻探、下水工程、污水处理 |
| A37 | 车辆驾驶作业 | 各类机动车辆驾驶的作业 | 车辆伤害 | 汽车驾驶 |
| A38 | 一般性作业 | 无上述作业特征的普通作业 | 其他 | 自动化控制、缝纫、工作台上手工胶合与包装、精细装配与加工 |
| A39 | 其他作业 | A01～A38以外的作业 | | |

4.2 实际工作中涉及多项作业特征的，为综合性作业。

## 5 防护装备的防护性能

常用个体防护装备防护性能的说明，见表2。

**表2 个体防护装备防护性能的说明**

| 编号 | 防护用品品类 | 防护性能说明 |
|---|---|---|
| B01 | 工作帽 | 防头部脏污、擦伤、长发被绞碾 |
| B02 | 安全帽 | 防御物体对头部造成冲击、刺穿、挤压等伤害 |
| B03 | 防寒帽 | 防御头部或面部冻伤 |
| B04 | 防冲击安全头盔 | 防止头部遭受猛烈撞击，供高速车辆驾驶者佩戴 |
| B05 | 防尘口罩（防颗粒物呼吸器） | 用于空气中含氧19.5%以上的粉尘作业环境，防止吸入一般性粉尘，防御颗粒物（如毒烟、毒雾）等危害呼吸系统或眼面部 |
| B06 | 防毒面具 | 使佩戴者呼吸器官与周围大气隔离，由肺部控制或借助机械力通过导气管引入清洁空气供人体呼吸 |
| B07 | 空气呼吸器 | 防止吸入对人体有害的毒气、烟雾、悬浮于空气中的有害污染物或在缺氧环境中使用 |
| B08 | 自救器 | 体积小、携带轻便，供矿工个人短时间内使用。当煤矿井下发生事故时，矿工佩戴它可以通过充满有害气体的井巷，迅速离开灾区 |
| B09 | 防水护目镜 | 在水中使用，防御水对眼部的伤害 |
| B10 | 防冲击护目镜 | 防御铁屑、灰砂、碎石等物体飞溅对眼部产生的伤害 |
| B11 | 防微波护目镜 | 屏蔽或衰减微波辐射，防御对眼部的微波伤害 |
| B12 | 防放射性护目镜 | 防御X、Y射线、电子流等电离辐射物质对眼部的伤害 |
| B13 | 防强光、紫外线、红外线护目镜或面罩 | 防止可见光、红外线、紫外线中的一种或几种对眼面的伤害 |
| B14 | 防激光护目镜 | 以反射、吸收、光化等作用衰减或消除激光对人眼的危害 |
| B15 | 焊接面罩 | 防御有害弧光、熔融金属飞溅或粉尘等有害因素对眼睛、面部（含颈部）的伤害 |

续表

| 编号 | 防护用品品类 | 防护性能说明 |
| --- | --- | --- |
| B16 | 防腐蚀液护目镜 | 防御酸、碱等有腐蚀性化学液体飞溅对人眼产生的伤害 |
| B17 | 太阳镜 | 阻挡强烈的日光及紫外线，防止刺眼光线及炫目光线，提高视觉清晰度 |
| B18 | 耳塞 | 防护暴露在强噪声环境中工作人员的听力受到损伤 |
| B19 | 耳罩 | 适用于暴露在强噪声环境中的工作人员，保护听觉、避免噪声过度刺激，不适宜戴耳塞时使用 |
| B20 | 防寒手套 | 防止手部冻伤 |
| B21 | 防化学品手套 | 具有防毒性能，防御有毒物质伤害手部 |
| B22 | 防微生物手套 | 防御微生物伤害手部 |
| B23 | 防静电手套 | 防止静电积聚引起的伤害 |
| B24 | 焊接手套 | 防御焊接作业的火花、熔融金属、高温金属、高温辐射对手部的伤害 |
| B25 | 防放射性手套 | 具有防放射性能，防御手部免受放射性伤害 |
| B26 | 耐酸碱手套 | 用于接触酸（碱）时戴用，也适用于农、林、牧、渔各行业一般操作时戴用 |
| B27 | 耐油手套 | 保护手部皮肤避免受油脂类物质的刺激 |
| B28 | 防昆虫手套 | 防止手部遭受昆虫叮咬 |
| B29 | 防振手套 | 具有衰减振动性能，保护手部免受振动伤害 |
| B30 | 防机械伤害手套 | 保护手部免受磨损、切割、刺穿等机械伤害 |
| B31 | 绝缘手套 | 使作业人员的手部与带电物体绝缘，免受电流伤害 |
| B32 | 防水胶靴 | 防水、防滑和耐磨，适合工矿企业职工穿用的胶靴 |
| B33 | 防寒鞋 | 鞋体结构与材料都具有防寒保暖作用，防止脚部冻伤 |
| B34 | 隔热阻燃鞋 | 防御高温、熔融金属火花和明火等伤害 |
| B35 | 防静电鞋 | 鞋底采用静电材料，能及时消除人体静电积累 |
| B36 | 防化学品鞋（靴） | 在有酸、碱及相关化学品作业中穿用，用各种材料或者复合型材料做成，保护脚或腿，防止化学飞溅所带来的伤害 |
| B37 | 耐油鞋 | 防止油污污染，适合脚部接触油类的作业人员 |

续表

| 编号 | 防护用品品类 | 防护性能说明 |
|---|---|---|
| B38 | 防振鞋 | 衰减振动，防御振动伤害 |
| B39 | 防砸鞋（靴） | 保护足趾免受冲击或挤压伤害 |
| B40 | 防滑鞋 | 防止滑倒，用于登高或在油渍、钢板、冰上等湿滑地面上行走 |
| B41 | 防刺穿鞋 | 矿上、消防、工厂、建筑、林业等部门使用的防足底刺伤 |
| B42 | 绝缘鞋 | 在电气设备上工作时作为辅助安全用具，防触电伤害 |
| B43 | 耐酸碱鞋 | 用于涉及酸、碱的作业，防止酸、碱对足部造成伤害 |
| B44 | 矿工靴 | 保护矿工在井下免受足部伤害 |
| B45 | 焊接防护鞋 | 防御焊接作业的火花、熔融金属、高温金属、高温辐射对足部的伤害 |
| B46 | 一般防护服 | 以织物为面料，采用缝制工艺制作的，起一般性防护作用 |
| B47 | 防尘服 | 透气（湿）性织物或材料制成的防止一般性粉尘对皮肤的伤害，能防止静电积聚 |
| B48 | 防水服 | 以防水橡胶涂覆织物为面料防御水透过和漏入 |
| B49 | 水上作业服 | 防止落水沉溺、便于救助 |
| B50 | 潜水服 | 用于潜水作业 |
| B51 | 防寒服 | 具有保暖性能，用于冬季室外作业职工或常年低温环境作业职工的防寒 |
| B52 | 化学品防护服 | 防止危险化学品的飞溅和与人体接触对人体造成的危害 |
| B53 | 阻燃防护服 | 用于作业人员从事有明火、散发火花、在熔融金属附近操作有辐射热和对流热的场合和在有易燃物质并有着火危险的场所穿用，在接触火焰及炽热物体后，一定时间内能阻止本身被点燃、有焰燃烧和阴燃 |
| B54 | 防静电服 | 能及时消除本身静电积聚危害，用于可能引发电击、火灾及爆炸危险场所穿用 |

续表

| 编号 | 防护用品品类 | 防护性能说明 |
|---|---|---|
| B55 | 焊接防护服 | 用于焊接作业，防止作业人员遭受熔融金属飞溅及其热伤害 |
| B56 | 白帆布类隔热服 | 防止一般性热辐射伤害 |
| B57 | 镀反射膜类隔热服 | 防止高热物质接触或强烈热辐射伤害 |
| B58 | 热防护服 | 防御高温、高热、高湿度 |
| B59 | 防放射性服 | 具有防放射性性能 |
| B60 | 防酸（碱）服 | 用于从事酸（碱）作业人员穿用，具有防酸（碱）性能 |
| B61 | 防油服 | 防御油污污染 |
| B62 | 救生衣（圈） | 防止落水沉溺，便于救助 |
| B63 | 带电作业屏蔽服 | 在 10~500 kV 电器设备上进行带电作业时，防护人体免受高压电场及电磁波的影响 |
| B64 | 绝缘服 | 可防 7 000 V 以下高电压，用于带电作业时的身体防护 |
| B65 | 防电弧服 | 碰到电弧爆炸或火焰的状况下，服装面料纤维会膨胀变厚，关闭布面的空隙，将人体与热隔绝并增加能源防护屏障，以致将伤害程度减至最低 |
| B66 | 棉布工作服 | 有烧伤危险时穿用，防止烧伤伤害 |
| B67 | 安全带 | 用于高处作业、攀登及悬吊作业，保护对象为体重及负重之和最大 100 kg 的使用者。可减小从高处坠落时产生的冲击力、防止坠落者与地面或其他障碍物碰撞、有效控制整个坠落距离 |
| B68 | 安全网 | 用来防止人、物坠落，或用来避免、减轻坠落物及物击伤害 |
| B69 | 劳动护肤剂 | 涂抹在皮肤上，能阻隔有害因素 |
| B70 | 普通防护装备 | 普通防护服、普通工作帽、普通工作鞋、劳动防护手套、雨衣、普通胶靴 |
| B71 | 其他零星防护用品如披肩帽、鞋罩、围裙、套袖等 | 防尘、阻燃、防酸、防碱等 |
| B72 | 多功能防护装备 | 同时具有多种防护功能的防护用品 |

## 6 选用

6.1 根据作业类别可以或建议佩戴的个体防护装备，见表3。个体防护装备的选用程序见附录A。

**表3 个体防护装备的选用**

| 作业类别 | | 可以使用的防护用品 | 建议使用的防护用品 |
|---|---|---|---|
| 编号 | 类别名称 | | |
| A01 | 存在物体坠落、撞击的作业 | B02 安全帽<br>B39 防砸鞋（靴）<br>B41 防刺穿鞋<br>B68 安全网 | B40 防滑鞋 |
| A02 | 有碎屑飞溅的作业 | B02 安全帽<br>B10 防冲击护目镜<br>B46 一般防护服 | B30 防机械伤害手套 |
| A03 | 操作转动机械作业 | B01 工作帽<br>B10 防冲击护目镜<br>B71 其他零星防护用品 | |
| A04 | 接触锋利器具作业 | B30 防机械伤害手套<br>B46 一般防护服 | B02 安全帽<br>B39 防砸鞋（靴）<br>B41 防刺穿鞋 |
| A05 | 地面存在尖利器物的作业 | B41 防刺穿鞋 | B02 安全帽 |
| A06 | 手持振动机械作业 | B18 耳塞<br>B19 耳罩<br>B29 防振手套 | B38 防振鞋 |
| A07 | 人承受全身振动的作业 | B38 防振鞋 | |
| A08 | 铲、装、吊、推机械操作作业 | B02 安全帽<br>B46 一般防护服 | B05 防尘口罩（防颗粒物呼吸器）<br>B10 防冲击护目镜 |

续表

<table>
<tr><th colspan="3">作业类别</th><th rowspan="2">可以使用的<br>防护用品</th><th rowspan="2">建议使用的<br>防护用品</th></tr>
<tr><th>编号</th><th colspan="2">类别名称</th></tr>
<tr><td>A09</td><td colspan="2">低压带电作业（1 kV 以下）</td><td>B31 绝缘手套<br>B42 绝缘鞋<br>B64 绝缘服</td><td>B02 安全帽（带电绝缘性能）<br>B10 防冲击护目镜</td></tr>
<tr><td rowspan="2">A10</td><td rowspan="2">高压带电作业</td><td>在 1～10 kV 带电设备上进作业时</td><td>B02 安全帽（带电绝缘性能）<br>B31 绝缘手套<br>B42 绝缘鞋<br>B64 绝缘服</td><td>B10 防冲击护目镜<br>B63 带电作业屏蔽服<br>B65 防电弧服</td></tr>
<tr><td>在 10～500 kV 带电设备上进行作业时</td><td>B63 带电作业屏蔽服</td><td>B13 防强光、紫外线、红外线护目镜或面罩</td></tr>
<tr><td>A11</td><td colspan="2">高温作业</td><td>B02 安全帽<br>B13 防强光、紫外线、红外线护目镜或面罩<br>B34 隔热阻燃鞋<br>B56 白帆布类隔热服<br>B58 热防护服</td><td>B57 镀反射膜类隔热服<br>B71 其他零星防护用品</td></tr>
<tr><td>A12</td><td colspan="2">易燃易爆场所作业</td><td>B23 防静电手套<br>B35 防静电鞋<br>B52 化学品防护服<br>B53 阻燃防护服<br>B54 防静电服<br>B66 棉布工作服</td><td>B05 防尘口罩（防颗粒物呼吸器）<br>B06 防毒面具<br>B47 防尘服</td></tr>
</table>

续表

| 作业类别 | | 可以使用的防护用品 | 建议使用的防护用品 |
|---|---|---|---|
| 编号 | 类别名称 | | |
| A13 | 可燃性粉尘场所作业 | B05 防尘口罩（防颗粒物呼吸器）<br>B23 防静电手套<br>B35 防静电鞋<br>B54 防静电服<br>B66 棉布工作服 | B47 防尘服<br>B53 阻燃防护服 |
| A14 | 高处作业 | B02 安全帽<br>B67 安全带<br>B68 安全网 | B40 防滑鞋 |
| A15 | 井下作业 | B02 安全帽<br>B05 防尘口罩（防颗粒物呼吸器）<br>B06 防毒面具<br>B08 自救器<br>B18 耳塞<br>B23 防静电手套<br>B29 防振手套<br>B32 防水胶靴<br>B39 防砸鞋（靴）<br>B40 防滑鞋<br>B44 矿工靴<br>B48 防水服<br>B53 阻燃防护服 | B19 耳罩<br>B41 防刺穿鞋 |
| A16 | 地下作业 | | |
| A17 | 水上作业 | B32 防水胶靴<br>B49 水上作业服<br>B62 救生衣（圈） | B48 防水服 |
| A18 | 潜水作业 | B50 潜水服 | |

续表

| 作业类别 | | 可以使用的防护用品 | 建议使用的防护用品 |
| --- | --- | --- | --- |
| 编号 | 类别名称 | | |
| A19 | 吸入性气相毒物作业 | B06 防毒面具<br>B21 防化学品手套<br>B52 化学品防护服 | B69 劳动护肤剂 |
| A20 | 密闭场所作业 | B06 防毒面具（供气或携气）<br>B21 防化学品手套<br>B52 化学品防护服 | B07 空气呼吸器<br>B69 劳动护肤剂 |
| A21 | 吸入性气溶胶毒物作业 | B01 工作帽<br>B06 防毒面具<br>B21 防化学品手套<br>B52 化学品防护服 | B05 防尘口罩（防颗粒物呼吸器）<br>B69 劳动护肤剂 |
| A22 | 沾染性毒物作业 | B01 工作帽<br>B06 防毒面具<br>B16 防腐蚀液护目镜<br>B21 防化学品手套<br>B52 化学品防护服 | B05 防尘口罩（防颗粒物呼吸器）<br>B69 劳动护肤剂 |
| A23 | 生物性毒物作业 | B01 工作帽<br>B05 防尘口罩（防颗粒物呼吸器）<br>B16 防腐蚀液护目镜<br>B22 防微生物手套<br>B52 化学品防护服 | B69 劳动护肤剂 |
| A24 | 噪声作业 | B18 耳塞 | B19 耳罩 |

续表

| 作业类别 | | 可以使用的防护用品 | 建议使用的防护用品 |
|---|---|---|---|
| 编号 | 类别名称 | | |
| A25 | 强光作业 | B13 防强光、紫外线、红外线护目镜或面罩<br>B15 焊接面罩<br>B22 焊接手套<br>B45 焊接防护鞋<br>B55 焊接防护服<br>B56 白帆布类隔热服 | |
| A26 | 激光作业 | B14 防激光护目镜 | B59 防放射性服 |
| A27 | 荧光屏作业 | B11 防微波护目镜 | B59 防放射性服 |
| A28 | 微波作业 | B11 防微波护目镜<br>B59 防放射性服 | |
| A29 | 射线作业 | B12 防放射性护目镜<br>B25 防放射性手套<br>B59 防放射性服 | |
| A30 | 腐蚀性作业 | B01 工作帽<br>B16 防腐蚀液护目镜<br>B26 耐酸碱手套<br>B43 耐酸碱鞋<br>B60 防酸（碱）服 | B36 防化学品鞋（靴） |

续表

| 作业类别 | | 可以使用的防护用品 | 建议使用的防护用品 |
|---|---|---|---|
| 编号 | 类别名称 | | |
| A31 | 易污作业 | B01 工作帽<br>B06 防毒面具<br>B05 防尘口罩（防颗粒物呼吸器）<br>B26 耐酸碱手套<br>B35 防静电鞋<br>B46 一般防护服<br>B52 化学品防护服 | B27 耐油手套<br>B37 耐油鞋<br>B61 防油服<br>B69 劳动护肤剂<br>B71 其他零星防护用品 |
| A32 | 恶味作业 | B01 工作帽<br>B06 防毒面具<br>B46 一般防护服 | B07 空气呼吸器<br>B71 其他零星防护用品 |
| A33 | 低温作业 | B03 防寒帽<br>B20 防寒手套<br>B33 防寒鞋<br>B51 防寒服 | B19 耳罩<br>B69 劳动护肤剂 |
| A34 | 人工搬运作业 | B02 安全帽<br>B30 防机械伤害手套<br>B68 安全网 | B40 防滑鞋 |
| A35 | 野外作业 | B03 防寒帽<br>B17 太阳镜<br>B28 防昆虫手套<br>B32 防水胶靴<br>B33 防寒鞋<br>B48 防水服<br>B51 防寒服 | B10 防冲击护目镜<br>B40 防滑鞋<br>B69 劳动护肤剂 |

续表

| 作业类别 | | 可以使用的防护用品 | 建议使用的防护用品 |
|---|---|---|---|
| 编号 | 类别名称 | | |
| A36 | 涉水作业 | B09 防水护目镜<br>B32 防水胶靴<br>B48 防水服 | |
| A37 | 车辆驾驶作业 | B04 防冲击安全头盔<br>B46 一般防护服 | B10 防冲击护目镜<br>B13 防强光、紫外线、红外线护目镜或面罩<br>B17 太阳镜<br>B30 防机械伤害手套 |
| A38 | 一般性作业 | | B46 一般防护服<br>B70 普通防护装备 |
| A39 | 其他作业 | | |

6.2　综合性作业需根据作业特点选择多功能防护装备。

6.3　在选择各种防护用品时，除本标准外，还应参考相应的选用规范，遵守国家相应的法律法规要求，并根据实际作业情况选择个体防护装备。

## 7　判废规定

### 7.1　判废条件

当出现下列情况之一时，即予判废，包括：

a）所选用的个体防护装备技术指标不符合国家相关标准或行业标准；

b）所选用的个体防护装备与所从事的作业类型不匹配；

c）个体防护装备产品标识不符合产品要求或国家法律法规的要求；

d）个体防护装备在使用或保管贮存期内遭到破损或超过有效使用期；

e）所选用的个体防护装备经定期检验和抽查为不合格；

f）当发生使用说明中规定的其他报废条件时。

### 7.2　判废程序

7.2.1　按照附录 A 中图 A.2 的个体防护装备判废程序进行判废。

7.2.2　判废后的个体防护装备应立即封存，并建立封存记录。

# 附录 A
## （资料性附录）
## 个体防护装备选用和判废程序

A.1　根据可识别的危险、有害因素进行个体防护装备的选择。选用流程见图 A.1。

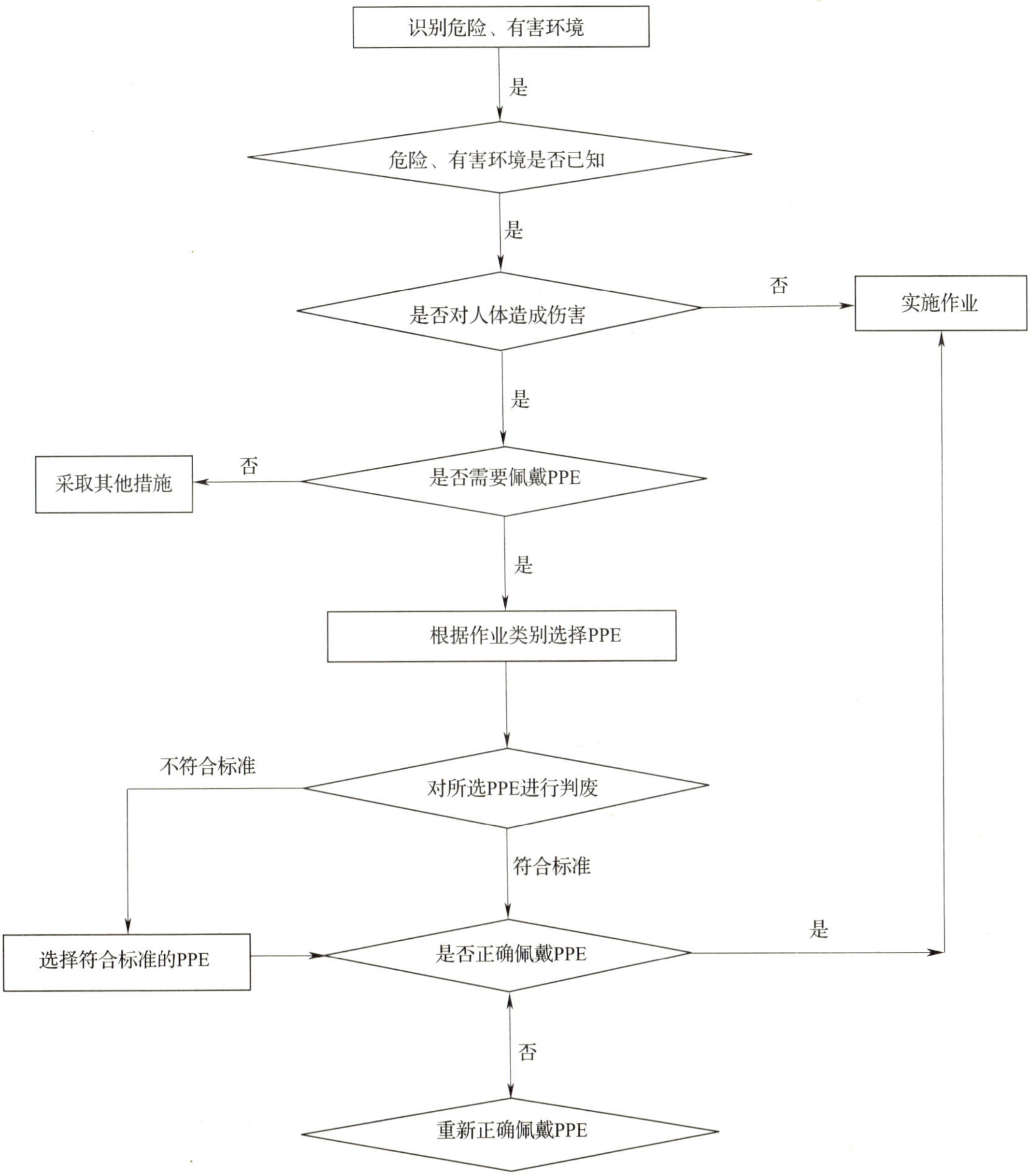


图 A.1　个体防护装备选用程序

A.2　个体防护装备判废程序见图 A.2。

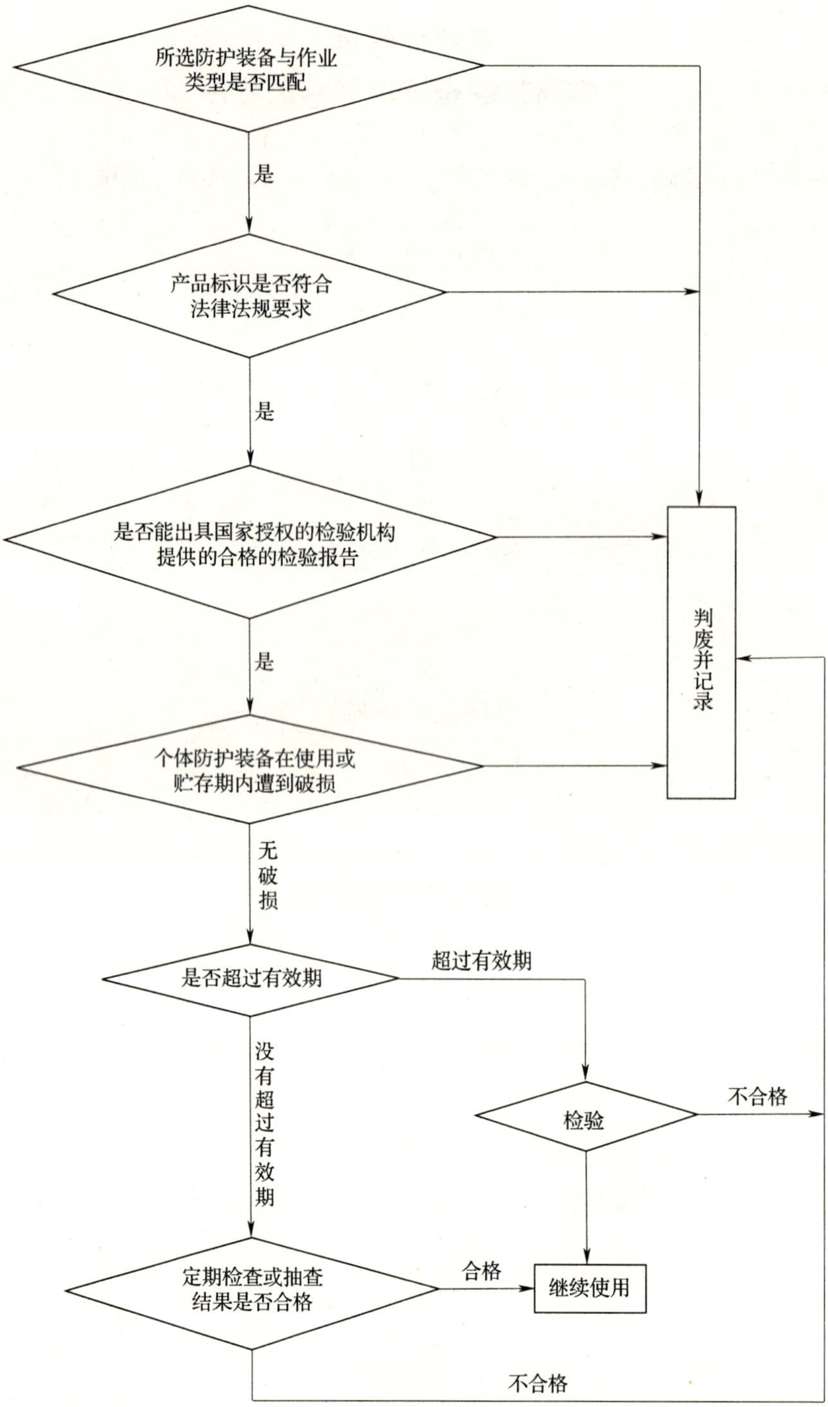


图 A.2　个体防护装备判废程序

# 附录 B
## （资料性附录）
## 个体防护装备使用期限

见表 B.1。

**表 B.1　个体防护装备使用期限**

| 作业类别 | 典型工种 | 一般个体防护装备 | | | | | | | | 特种个体防护装备 | | | | | | | | | | | | | | | | | | | | | | | | 其他 |
|---|---|---|---|---|---|---|---|---|---|---|---|---|---|---|---|---|---|---|---|---|---|---|---|---|---|---|---|---|---|---|---|---|---|---|
| | | 普通防护服 | 普通工作帽 | 普通工作鞋 | 劳动防护手套 | 防寒服 | 雨衣 | 胶靴 | 耳塞（耳罩） | 安全鞋 | 防刺穿鞋 | 电绝缘鞋 | 防静电鞋 | 耐酸碱皮鞋 | 耐酸碱胶鞋 | 胶面防砸安全靴 | 防静电工作服 | 防酸工作服 | 阻燃防护服 | 绝缘服 | 防电弧服 | 带电作业屏蔽服 | 安全带 | 平网 | 密目式安全立网 | 安全帽 | 焊接面罩 | 防冲击护目镜 | 防尘口罩 | 过滤式防毒面具 | 空气呼吸器 | 自救器 | 太阳镜 | |
| 存在物体坠落撞击的作业 | 砌筑工 | 18 | 24 | | $n$ | 36 | 36 | | | 12 | 12 | | | | | 18 | | | | | | | | | | 18 | | | $n$ | | | | | |
| 有碎屑飞溅的作业 | 钳工 | 24 | 24 | | $n$ | 48 | | | | 12 | 12 | | | | | | | | | | | | | | | $n$ | | $n$ | | | | | | |
| | 木工 | 18 | 18 | | $n$ | 36 | $n$ | | | 12 | 12 | | | | | $n$ | | | | | | | | | | 18 | | $n$ | $n$ | | | | | |
| 操作转动机械作业 | 挡车工 | 24 | 12 | 18 | | | | | $n$ | | | | | | | | | | | | | | | | | | | $n$ | | | | | | |
| | 车工 | 24 | 24 | | | | | | | 12 | 12 | | | | | | | | | | | | | | | | | $n$ | | | | | | |
| | 绕线工 | 18 | 18 | | $n$ | | | | | 12 | 12 | | | | | | | | | | | | | | | | | $n$ | | | | | | |
| | 中小型机械操作工 | 18 | 18 | | $n$ | 36 | 36 | | | 12 | | | | | | 36 | | | | | | | | | | | | $n$ | | | | | | |
| | 石棉纺织工 | 30 | 24 | $n$ | $n$ | $n$ | | 36 | | | | | | | | | | | | | | | | | | | | $n$ | $n$ | | | | | |

续表

| 作业类别 | 典型工种 | 一般个体防护装备 | | | | | | | | 特种个体防护装备 | | | | | | | | | | | | | | | | | | | | | | | | 其他 |
|---|---|---|---|---|---|---|---|---|---|---|---|---|---|---|---|---|---|---|---|---|---|---|---|---|---|---|---|---|---|---|---|---|---|---|
| | | 普通防护服 | 普通工作帽 | 普通工作鞋 | 劳动防护手套 | 防寒服 | 雨衣 | 胶靴 | 耳塞（耳罩） | 安全鞋 | 防刺穿鞋 | 电绝缘鞋 | 防静电鞋 | 耐酸碱皮鞋 | 耐酸碱胶鞋 | 胶面防砸安全靴 | 防静电工作服 | 防酸工作服 | 阻燃防护服 | 绝缘服 | 防电弧服 | 带电作业屏蔽服 | 安全带 | 平网 | 密目式安全立网 | 安全帽 | 焊接面罩 | 防冲击护目镜 | 防尘口罩 | 过滤式防毒面具 | 空气呼吸器 | 自救器 | 太阳镜 | |
| 接触使用锋利器具作业 | 玻璃切裁工 | 18 | 18 | | | 36 | | | | 12 | 12 | | | | | | | | | | | | | | | | | *n* | *n* | | | | | 防机械伤害手套 *n* |
| | 带锯工 | 18 | 18 | | | 48 | 3 | | | 12 | 12 | | | | | *n* | | | | | | | | | | | | *n* | *n* | | | | | 防机械伤害手套 *n* |
| | 皮鞋划裁工 | 24 | 24 | *n* | *n* | | | | | | | | | | | | | | | | | | | | | | | | | | | | | |
| 地面存在尖利器物的作业 | 拉丝工 | 18 | 18 | | *n* | 48 | | | | 12 | 12 | | | | | | | | | | | | | | | 24 | | *n* | | | | | | |
| 手持振动机械作业 | 开挖钻工 | 18 | 18 | | *n* | 36 | 36 | | *n* | 12 | 12 | | | | | 24 | | | | | | | *n* | | | 18 | | *n* | *n* | | | | | |
| 人承受全身振动的作业 | 农艺工 | 30 | 30 | 24 | | 48 | *n* | 36 | | | | | | | | | | | | | | | | | | | | | | | | | | |
| 铲、装、吊、推机械操作作业 | 安装起重工 | 18 | 18 | | *n* | 36 | 36 | | | 12 | 12 | | | | | *n* | | | | | | | *n* | | | 24 | | | | | | | | |
| 低压带电作业 | 电工 | 18 | 18 | | | 36 | 36 | | | 12 | | 12 | | | | 24 | | | | *n* | | | *n* | | | *n* | | *n* | | | | | | 绝缘手套 *n* |
| | 电焊工 | | | | *n* | 36 | | | | 12 | 12 | | | | | | | | 12 | *n* | | | | | | *n* | *n* | | | | *n* | | | |
| 高压带电作业 | 电系操作工 | 18 | 18 | | | 36 | 36 | | | 12 | | 12 | | | | 24 | | | | *n* | *n* | *n* | | | | | | | | | | | | 绝缘手套 *n* |

续表

| 作业类别 | 典型工种 | 一般个体防护装备 | | | | | | | | 特种个体防护装备 | | | | | | | | | | | | | | | | | | | | | | | | 其他 |
|---|---|---|---|---|---|---|---|---|---|---|---|---|---|---|---|---|---|---|---|---|---|---|---|---|---|---|---|---|---|---|---|---|---|---|
| | | 普通防护服 | 普通工作帽 | 普通工作鞋 | 劳动防护手套 | 防寒服 | 雨衣 | 胶靴 | 耳塞（耳罩） | 安全鞋 | 防刺穿鞋 | 电绝缘鞋 | 防静电鞋 | 耐酸碱皮鞋 | 耐酸碱胶鞋 | 胶面防砸安全靴 | 防静电工作服 | 防酸工作服 | 阻燃防护服 | 绝缘服 | 防电弧服 | 带电作业屏蔽服 | 安全带 | 平网 | 密目式安全立网 | 安全帽 | 焊接面罩 | 防冲击护目镜 | 防尘口罩 | 过滤式防毒面具 | 空气呼吸器 | 自救器 | 太阳镜 | |
| 高温作业 | 铸造工 | | | | | 36 | | | | 12 | 12 | | | | | | | | 12 | | | | | | | 24 | | *n* | *n* | | | | | 防强光、紫外线、红外线护目镜或面罩 *n*<br>防热阻燃鞋 12 |
| | 热力运行工 | | | | | | | | | 12 | | | | | | | | | 12 | | | | | | | | | | | | | | | 防热阻燃鞋 12 |
| | 炉前工 | | | | | 48 | | | | 12 | 12 | | | | | | | | 12 | | | | | | | 24 | | | *n* | | | | | |
| | 砖瓦成型工 | 18 | 18 | | *n* | *n* | *n* | | | 12 | | | | | | 12 | | | | | | | | | | | | | *n* | | | | | |
| 易燃易爆场所作业 | 加油站操作工 | | | | *n* | 48 | 48 | | | 18 | | | 18 | | | 36 | 18 | | | | | | | | | | | | | | | | | 耐油鞋 18<br>耐油靴 36 |
| | 液化石油气罐装工 | | | | *n* | *n* | | | | 12 | | | 12 | | | | 12 | | | | | | | | | | | | | | | | | |
| 可燃性粉尘作业场所 | 采煤工 | | *n* | | *n* | | 36 | 36 | | | | | | | | 6 | 12 | | | | | | | | | *n* | | *n* | *n* | | | | | |
| 高处作业 | 机舱拆卸工 | 18 | 18 | | *n* | 48 | 36 | | | 12 | 12 | | | | | 30 | | | | | | | *n* | | | 18 | | *n* | *n* | | | | | |
| | 安装起重机 | 18 | 18 | | *n* | 36 | 36 | | | 12 | 12 | | | | | *n* | | | | | | | *n* | | | 24 | | | | | | | | |
| | 电工 | 18 | 18 | | | 36 | 36 | | | 12 | | 12 | | | | 24 | | | | | | | *n* | | | *n* | | *n* | | | | | | 绝缘手套 *n* |
| | 灯塔工 | 18 | 18 | | *n* | 36 | 36 | | | 18 | | | | | | *n* | | | | | | | | | | | | *n* | | | | | | |

续表

| 作业类别 | 典型工种 | 一般个体防护装备 | | | | | | | | 特种个体防护装备 | | | | | | | | | | | | | | | | | | | | | | | | 其他 |
|---|---|---|---|---|---|---|---|---|---|---|---|---|---|---|---|---|---|---|---|---|---|---|---|---|---|---|---|---|---|---|---|---|---|---|
| | | 普通防护服 | 普通工作帽 | 普通工作鞋 | 劳动防护手套 | 防寒服 | 雨衣 | 胶靴 | 耳塞（耳罩） | 安全鞋 | 防刺穿鞋 | 电绝缘鞋 | 防静电鞋 | 耐酸碱皮鞋 | 耐酸碱胶鞋 | 胶面防砸安全靴 | 防静电工作服 | 防酸工作服 | 阻燃防护服 | 绝缘服 | 防电弧服 | 带电作业屏蔽服 | 安全带 | 平网 | 密目式安全立网 | 安全帽 | 焊接面罩 | 防冲击护目镜 | 防尘口罩 | 过滤式防毒面具 | 空气呼吸器 | 自救器 | 太阳镜 | |
| 井下作业 | 采煤工 | | $n$ | | $n$ | | 36 | 36 | | | | | | | | 6 | 12 | | | | | | | | | $n$ | | $n$ | $n$ | | | $n$ | | |
| 地下作业 | 隧道工 | 18 | 18 | | $n$ | 36 | 36 | | $n$ | 12 | | | | | | $n$ | | | | | | | | | | 24 | | $n$ | $n$ | | | $n$ | | |
| 水上作业 | 船舶水手 | 18 | 18 | | $n$ | 36 | 36 | | | 18 | | | | | | 36 | | | | | | | | | | | | | | | | | | |
| 潜水作业 | 海难救生员 | | | | | | | | | | | | | | | | | | | | | | | | | | | | | | | | | 潜水服 $n$ |
| 吸入性气相毒物作业 | 机械煤气发生炉工 | | 18 | | $n$ | 36 | 36 | | | 12 | | | | | | | | | 12 | | | | | | | $n$ | | | | $n$ | | | | |
| | 釉料工 | 24 | 24 | $n$ | $n$ | | | | | | | | | | | | | | | | | | | | | | | | | | | | | |
| | 化工操作工 | | | | | 48 | 48 | | | 18 | | | | 18 | 48 | 48 | 18 | 18 | | | | | | | | 30 | | $n$ | $n$ | $n$ | | | | 耐酸碱手套 $n$ |
| 密闭场所作业 | 下水道工 | 18 | 18 | 18 | | 36 | 36 | 24 | $n$ | | | | | | | | | | | | | | | | | 24 | | $n$ | | $n$ | $n$ | | | |
| 吸入性气溶胶毒物作业 | 喷砂工 | 18 | 18 | | $n$ | 36 | $n$ | | | 12 | 12 | | | | | $n$ | | | | | | | | | | $n$ | | $n$ | $n$ | | | | | |
| | 制铅粉工 | | 18 | | | 36 | | | | 12 | | | | 12 | | | | 12 | | | | | | | | $n$ | | | $n$ | $n$ | | | | |
| | 研磨工 | 24 | 24 | | $n$ | $n$ | | | | 18 | | | | | | | | | | | | | | | | | | $n$ | $n$ | | | | | |
| | 钨铜粉末制造工 | $n$ | $n$ | | $n$ | $n$ | | | | 12 | | | | | | | | | | | | | | | | | | $n$ | $n$ | | | | | |

续表

| 作业类别 | 典型工种 | 一般个体防护装备 | | | | | | | | 特种个体防护装备 | | | | | | | | | | | | | | | | | | | | | | | | 其他 |
|---|---|---|---|---|---|---|---|---|---|---|---|---|---|---|---|---|---|---|---|---|---|---|---|---|---|---|---|---|---|---|---|---|---|---|
| | | 普通防护服 | 普通工作帽 | 普通工作鞋 | 劳动防护手套 | 防寒服 | 雨衣 | 胶靴 | 耳塞（耳罩） | 安全鞋 | 防刺穿鞋 | 电绝缘鞋 | 防静电鞋 | 耐酸碱皮鞋 | 耐酸碱胶鞋 | 胶面防砸安全靴 | 防静电工作服 | 防酸工作服 | 阻燃防护服 | 绝缘服 | 防电弧服 | 带电作业屏蔽服 | 安全带 | 平网 | 密目式安全立网 | 安全帽 | 焊接面罩 | 防冲击护目镜 | 防尘口罩 | 过滤式防毒面具 | 空气呼吸器 | 自救器 | 太阳镜 | |
| 沾染性毒物作业 | 电镀工 | | | | | 36 | | | | 12 | | | | 12 | 36 | 36 | | 12 | | | | | | | | | | | | $n$ | | | | 防酸碱手套 $n$<br>防腐蚀液护目镜 $n$ |
| | 油漆工 | | 18 | | $n$ | 36 | | | | 12 | | | 12 | | | | 12 | | | | | | | | | | | | | $n$ | | | | 防腐蚀液护目镜 $n$ |
| | 合成药化学操作工 | | 18 | | $n$ | 18 | | | | 18 | | | 18 | | | 24 | 12 | | | | | | | | | | | | $n$ | | | | | 防腐蚀液护目镜 $n$ |
| 生物性毒物作业 | 尸体防腐工 | 24 | $n$ | $n$ | $n$ | 48 | 48 | 36 | | | | | | | | | | | | | | | | | | | | | | $n$ | | | | |
| 噪声作业 | 泵站操作工 | 24 | 24 | | | 36 | 36 | | | 12 | | | | | | 18 | | | | | | | | | | | | | | | | | | |
| 强光作业 | 电焊工 | | | | $n$ | 36 | | | | 12 | 12 | | | | | | | | 12 | | | | | | | $n$ | $n$ | | | $n$ | | | | |
| | 炉前工 | | | | | 48 | | | | 12 | 12 | | | | | | | | 12 | | | | | | | 24 | | | $n$ | | | | | |
| 激光作业 | 电视机调试工 | 24 | | | | | | | | | | | | | | | | | | | | | | | | | | | | | | | | 防激光护目镜 $n$ |
| 荧光屏作业 | 计算机调试工 | | 24 | | | | | | | | | | 18 | | | | 18 | | | | | | | | | | | | | | | | | |
| 微波作业 | 超声探伤工 | | | | | 36 | 36 | | $n$ | 12 | 12 | | | | | 48 | | | | | | | | | | | | | $n$ | | | | | 防放射性服 12<br>防水手套 $n$ |
| | 无线电导航发射工 | 24 | 24 | 24 | | | | | | | | | | | | | | | | | | | | | | | | | | | | | | 防微波护目镜 $n$<br>带电作业屏蔽服 $n$ |

续表

| 作业类别 | 典型工种 | 一般个体防护装备 | | | | | | | | 特种个体防护装备 | | | | | | | | | | | | | | | | | | | | | | | | 其他 |
|---|---|---|---|---|---|---|---|---|---|---|---|---|---|---|---|---|---|---|---|---|---|---|---|---|---|---|---|---|---|---|---|---|---|---|
| | | 普通防护服 | 普通工作帽 | 普通工作鞋 | 劳动防护手套 | 防寒服 | 雨衣 | 胶靴 | 耳塞（耳罩） | 安全鞋 | 防刺穿鞋 | 电绝缘鞋 | 防静电鞋 | 耐酸碱皮鞋 | 耐酸碱胶鞋 | 胶面防砸安全靴 | 防静电工作服 | 防酸工作服 | 阻燃防护服 | 绝缘服 | 防电弧服 | 带电作业屏蔽服 | 安全带 | 平网 | 密目式安全立网 | 安全帽 | 焊接面罩 | 防冲击护目镜 | 防尘口罩 | 过滤式防毒面具 | 空气呼吸器 | 自救器 | 太阳镜 | |
| 射线作业 | CT组装调试工 | | 18 | | $n$ | | | | | 18 | | | 18 | | | | 12 | | | | | | | | | | | | | | | | | |
| 腐蚀性作业 | 水产品干燥工 | 24 | 24 | 24 | $n$ | 36 | 36 | 36 | | | | | | | | | | | | | | | | | | | | | | | | | | |
| | 酸洗工 | | | | | 48 | | | | 12 | | | | 12 | $n$ | $n$ | | 12 | | | | | | | | 24 | | | | $n$ | | | | 防腐蚀液护目镜 $n$<br>防酸碱手套 $n$ |
| | 电解工 | | | | | $n$ | | | | 12 | | | | 12 | | | | 18 | | | | | | | | | | | $n$ | | | | | 防腐蚀液护目镜 $n$<br>防酸碱手套 $n$ |
| 易污作业 | 道路清扫工 | 24 | 24 | 18 | $n$ | 36 | 36 | 48 | | | | | | | | | | | | | | | | | | | | | $n$ | | | | | |
| | 成衫染色工 | | 12 | | $n$ | $n$ | | | | | | | | 6 | 6 | | | 18 | | | | | | | | | | | | | | | | |
| | 油墨颜料制作工 | | 18 | | | | | | | 12 | | | | | | | | | | | | | | | | | | | | | | | | 耐油手套 $n$<br>防油鞋 12<br>防油服 12 |
| 恶味作业 | 沥青加工工 | 18 | 18 | | | 36 | 36 | | | 12 | | | | | | 18 | | | | | | | | | | 24 | | $n$ | | $n$ | $n$ | | | 防水手套 $n$ |
| | 炼胶工 | 18 | 18 | | $n$ | 48 | | | | 12 | | | | | | 30 | | | | | | | | | | | | | $n$ | | | | | |

续表

| 作业类别 | 典型工种 | 一般个体防护装备 | | | | | | | | 特种个体防护装备 | | | | | | | | | | | | | | | | | | | | | | | | 其他 |
|---|---|---|---|---|---|---|---|---|---|---|---|---|---|---|---|---|---|---|---|---|---|---|---|---|---|---|---|---|---|---|---|---|---|---|
| | | 普通防护服 | 普通工作帽 | 普通工作鞋 | 劳动防护手套 | 防寒服 | 雨衣 | 胶靴 | 耳塞（耳罩） | 安全鞋 | 防刺穿鞋 | 电绝缘鞋 | 防静电鞋 | 耐酸碱皮鞋 | 耐酸碱胶鞋 | 胶面防砸安全靴 | 防静电工作服 | 防酸工作服 | 阻燃防护服 | 绝缘服 | 防电弧服 | 带电作业屏蔽服 | 安全带 | 平网 | 密目式安全立网 | 安全帽 | 焊接面罩 | 防冲击护目镜 | 防尘口罩 | 过滤式防毒面具 | 空气呼吸器 | 自救器 | 太阳镜 | |
| 低温作业 | 冷藏工 | 24 | 24 | | $n$ | 36 | | | | 18 | 18 | | | | | 24 | | | | | | | | | | | | | | | | | | |
| 人工搬运作业 | 商品送货员 | 24 | 24 | | $n$ | 48 | 36 | | | 18 | 18 | | | | | 30 | | | | | | | | | | | | | | | | | | |
| | 仓库保管工 | | 24 | | $n$ | | | | | 18 | | | | | | | 18 | | | | | | | | | | | | | | | | | |
| 野外作业 | 矿山地质工 | 36 | $n$ | $n$ | | $n$ | $n$ | $n$ | | | | | | | | | | | | | | | | | | | | $n$ | | | | | $n$ | |
| 涉水作业 | 水产养殖工 | 24 | $n$ | $n$ | $n$ | $n$ | 36 | 36 | | | | | | | | | | | | | | | | | | | | | | | | | | |
| 车辆驾驶作业 | 机车司机 | 18 | 18 | 24 | $n$ | 48 | 48 | | | | | | | | | | | | | | | | | | | | | $n$ | | | | | $n$ | |
| | 汽车驾驶员 | 18 | 18 | $n$ | 48 | $n$ | $n$ | | | | | | | | | | | | | | | | | | | | | | | | | | $n$ | |

注：表中提供的具体时间是最低要求，其中 $n$ 代表使用年限，可以由企业在产品说明书标注的使用期限内决定。企业可根据实际情况，参照本标准 7.1 进行判废。企业可根据防护用品的使用条件、选择产品的耐用性、使用强度，结合自身经济条件，建立企业内部的更换、报废条件或期限，但不能超过产品说明书标注的使用年限。

# 十四、安全生产与劳动保护

## 162　中华人民共和国安全生产法

2002年6月29日第九届全国人民代表大会常务委员会第二十八次会议通过，2002年6月29日中华人民共和国主席令第七十号公布，自2002年11月1日起施行；根据2009年8月27日第十一届全国人民代表大会常务委员会第十次会议通过的《全国人民代表大会常务委员会关于修改部分法律的决定》第一次修正；根据2014年8月31日第十二届全国人民代表大会常务委员会第十次会议通过的《关于修改〈中华人民共和国安全生产法〉的决定》第二次修正。

### 目　　录

第一章　总则/844
第二章　生产经营单位的安全生产保障/846
第三章　从业人员的安全生产权利义务/850
第四章　安全生产的监督管理/851
第五章　生产安全事故的应急救援与调查处理/853
第六章　法律责任/854
第七章　附则/858

### 第一章　总　　则

**第一条**　为了加强安全生产工作，防止和减少生产安全事故，保障人民群众生命和财产安全，促进经济社会持续健康发展，制定本法。

**第二条**　在中华人民共和国领域内从事生产经营活动的单位（以下统称生产经营单位）的安全生产，适用本法；有关法律、行政法规对消防安全和道路交通安全、铁路交通安全、水上交通安全、民用航空安全以及核与辐射安全、特种设备安全另有规定的，适用其规定。

**第三条**　安全生产工作应当以人为本，坚持安全发展，坚持安全第一、预防为主、综合治理的方针，强化和落实生产经营单位的主体责任，建立生产经营单位负责、职工参与、政府监管、行业自律和社会监督的机制。

**第四条**　生产经营单位必须遵守本法和其他有关安全生产的法律、法规，加强安全生产管理，建立、健全安全生产责任制和安全生产规章制度，改善安全生产条件，推进安全生产标准化建设，提高安全生产水平，确保安全生产。

**第五条** 生产经营单位的主要负责人对本单位的安全生产工作全面负责。

**第六条** 生产经营单位的从业人员有依法获得安全生产保障的权利，并应当依法履行安全生产方面的义务。

**第七条** 工会依法对安全生产工作进行监督。

生产经营单位的工会依法组织职工参加本单位安全生产工作的民主管理和民主监督，维护职工在安全生产方面的合法权益。生产经营单位制定或者修改有关安全生产的规章制度，应当听取工会的意见。

**第八条** 国务院和县级以上地方各级人民政府应当根据国民经济和社会发展规划制定安全生产规划，并组织实施。安全生产规划应当与城乡规划相衔接。

国务院和县级以上地方各级人民政府应当加强对安全生产工作的领导，支持、督促各有关部门依法履行安全生产监督管理职责，建立健全安全生产工作协调机制，及时协调、解决安全生产监督管理中存在的重大问题。

乡、镇人民政府以及街道办事处、开发区管理机构等地方人民政府的派出机关应当按照职责，加强对本行政区域内生产经营单位安全生产状况的监督检查，协助上级人民政府有关部门依法履行安全生产监督管理职责。

**第九条** 国务院安全生产监督管理部门依照本法，对全国安全生产工作实施综合监督管理；县级以上地方各级人民政府安全生产监督管理部门依照本法，对本行政区域内安全生产工作实施综合监督管理。

国务院有关部门依照本法和其他有关法律、行政法规的规定，在各自的职责范围内对有关行业、领域的安全生产工作实施监督管理；县级以上地方各级人民政府有关部门依照本法和其他有关法律、法规的规定，在各自的职责范围内对有关行业、领域的安全生产工作实施监督管理。

安全生产监督管理部门和对有关行业、领域的安全生产工作实施监督管理的部门，统称负有安全生产监督管理职责的部门。

**第十条** 国务院有关部门应当按照保障安全生产的要求，依法及时制定有关的国家标准或者行业标准，并根据科技进步和经济发展适时修订。

生产经营单位必须执行依法制定的保障安全生产的国家标准或者行业标准。

**第十一条** 各级人民政府及其有关部门应当采取多种形式，加强对有关安全生产的法律、法规和安全生产知识的宣传，增强全社会的安全生产意识。

**第十二条** 有关协会组织依照法律、行政法规和章程，为生产经营单位提供安全生产方面的信息、培训等服务，发挥自律作用，促进生产经营单位加强安全生产管理。

**第十三条** 依法设立的为安全生产提供技术、管理服务的机构，依照法律、行政法规和执业准则，接受生产经营单位的委托为其安全生产工作提供技术、管理服务。

生产经营单位委托前款规定的机构提供安全生产技术、管理服务的，保证安全生产的责任仍由本单位负责。

**第十四条** 国家实行生产安全事故责任追究制度，依照本法和有关法律、法规的规定，追究生产安全事故责任人员的法律责任。

**第十五条** 国家鼓励和支持安全生产科学技术研究和安全生产先进技术的推广应用，提高安全生产水平。

**第十六条** 国家对在改善安全生产条件、防止生产安全事故、参加抢险救护等方面取得显著成绩的单位和个人，给予奖励。

## 第二章 生产经营单位的安全生产保障

**第十七条** 生产经营单位应当具备本法和有关法律、行政法规和国家标准或者行业标准规定的安全生产条件；不具备安全生产条件的，不得从事生产经营活动。

**第十八条** 生产经营单位的主要负责人对本单位安全生产工作负有下列职责：

（一）建立、健全本单位安全生产责任制。

（二）组织制定本单位安全生产规章制度和操作规程。

（三）组织制订并实施本单位安全生产教育和培训计划。

（四）保证本单位安全生产投入的有效实施。

（五）督促、检查本单位的安全生产工作，及时消除生产安全事故隐患。

（六）组织制定并实施本单位的生产安全事故应急救援预案。

（七）及时、如实报告生产安全事故。

**第十九条** 生产经营单位的安全生产责任制应当明确各岗位的责任人员、责任范围和考核标准等内容。

生产经营单位应当建立相应的机制，加强对安全生产责任制落实情况的监督考核，保证安全生产责任制的落实。

**第二十条** 生产经营单位应当具备的安全生产条件所必需的资金投入，由生产经营单位的决策机构、主要负责人或者个人经营的投资人予以保证，并对由于安全生产所必需的资金投入不足导致的后果承担责任。

有关生产经营单位应当按照规定提取和使用安全生产费用，专门用于改善安全生产条件。安全生产费用在成本中据实列支。安全生产费用提取、使用和监督管理的具体办法由国务院财政部门会同国务院安全生产监督管理部门征求国务院有关部门意见后制定。

**第二十一条** 矿山、金属冶炼、建筑施工、道路运输单位和危险物品的生产、经营、储存单位，应当设置安全生产管理机构或者配备专职安全生产管理人员。

前款规定以外的其他生产经营单位，从业人员超过一百人的，应当设置安全生产管理机构或者配备专职安全生产管理人员；从业人员在一百人以下的，应当配备专职或者兼职的安全生产管理人员。

**第二十二条** 生产经营单位的安全生产管理机构以及安全生产管理人员履行下列职责：

（一）组织或者参与拟订本单位安全生产规章制度、操作规程和生产安全事故应急救援预案。

（二）组织或者参与本单位安全生产教育和培训，如实记录安全生产教育和培训情况。

（三）督促落实本单位重大危险源的安全管理措施。

（四）组织或者参与本单位应急救援演练。

（五）检查本单位的安全生产状况，及时排查生产安全事故隐患，提出改进安全生产管理的建议。

（六）制止和纠正违章指挥、强令冒险作业、违反操作规程的行为。

（七）督促落实本单位安全生产整改措施。

**第二十三条**　生产经营单位的安全生产管理机构以及安全生产管理人员应当恪尽职守，依法履行职责。

生产经营单位作出涉及安全生产的经营决策，应当听取安全生产管理机构以及安全生产管理人员的意见。

生产经营单位不得因安全生产管理人员依法履行职责而降低其工资、福利等待遇或者解除与其订立的劳动合同。

危险物品的生产、储存单位以及矿山、金属冶炼单位的安全生产管理人员的任免，应当告知主管的负有安全生产监督管理职责的部门。

**第二十四条**　生产经营单位的主要负责人和安全生产管理人员必须具备与本单位所从事的生产经营活动相应的安全生产知识和管理能力。

危险物品的生产、经营、储存单位以及矿山、金属冶炼、建筑施工、道路运输单位的主要负责人和安全生产管理人员，应当由主管的负有安全生产监督管理职责的部门对其安全生产知识和管理能力考核合格。考核不得收费。

危险物品的生产、储存单位以及矿山、金属冶炼单位应当有注册安全工程师从事安全生产管理工作。鼓励其他生产经营单位聘用注册安全工程师从事安全生产管理工作。注册安全工程师按专业分类管理，具体办法由国务院人力资源和社会保障部门、国务院安全生产监督管理部门会同国务院有关部门制定。

**第二十五条**　生产经营单位应当对从业人员进行安全生产教育和培训，保证从业人员具备必要的安全生产知识，熟悉有关的安全生产规章制度和安全操作规程，掌握本岗位的安全操作技能，了解事故应急处理措施，知悉自身在安全生产方面的权利和义务。未经安全生产教育和培训合格的从业人员，不得上岗作业。

生产经营单位使用被派遣劳动者的，应当将被派遣劳动者纳入本单位从业人员统一管理，对被派遣劳动者进行岗位安全操作规程和安全操作技能的教育和培训。劳务派遣单位应当对被派遣劳动者进行必要的安全生产教育和培训。

生产经营单位接收中等职业学校、高等学校学生实习的，应当对实习学生进行相应的安全生产教育和培训，提供必要的劳动防护用品。学校应当协助生产经营单位对实习学生进行安全生产教育和培训。

生产经营单位应当建立安全生产教育和培训档案，如实记录安全生产教育和培训的时间、内容、参加人员以及考核结果等情况。

**第二十六条**　生产经营单位采用新工艺、新技术、新材料或者使用新设备，必须了解、掌握其安全技术特性，采取有效的安全防护措施，并对从业人员进行专门的安全生产教育和培训。

**第二十七条** 生产经营单位的特种作业人员必须按照国家有关规定经专门的安全作业培训，取得相应资格，方可上岗作业。

特种作业人员的范围由国务院安全生产监督管理部门会同国务院有关部门确定。

**第二十八条** 生产经营单位新建、改建、扩建工程项目（以下统称建设项目）的安全设施，必须与主体工程同时设计、同时施工、同时投入生产和使用。安全设施投资应当纳入建设项目概算。

**第二十九条** 矿山、金属冶炼建设项目和用于生产、储存、装卸危险物品的建设项目，应当按照国家有关规定进行安全评价。

**第三十条** 建设项目安全设施的设计人、设计单位应当对安全设施设计负责。

矿山、金属冶炼建设项目和用于生产、储存、装卸危险物品的建设项目的安全设施设计应当按照国家有关规定报经有关部门审查，审查部门及其负责审查的人员对审查结果负责。

**第三十一条** 矿山、金属冶炼建设项目和用于生产、储存、装卸危险物品的建设项目的施工单位必须按照批准的安全设施设计施工，并对安全设施的工程质量负责。

矿山、金属冶炼建设项目和用于生产、储存危险物品的建设项目竣工投入生产或者使用前，应当由建设单位负责组织对安全设施进行验收；验收合格后，方可投入生产和使用。安全生产监督管理部门应当加强对建设单位验收活动和验收结果的监督核查。

**第三十二条** 生产经营单位应当在有较大危险因素的生产经营场所和有关设施、设备上，设置明显的安全警示标志。

**第三十三条** 安全设备的设计、制造、安装、使用、检测、维修、改造和报废，应当符合国家标准或者行业标准。

生产经营单位必须对安全设备进行经常性维护、保养，并定期检测，保证正常运转。维护、保养、检测应当做好记录，并由有关人员签字。

**第三十四条** 生产经营单位使用的危险物品的容器、运输工具，以及涉及人身安全、危险性较大的海洋石油开采特种设备和矿山井下特种设备，必须按照国家有关规定，由专业生产单位生产，并经具有专业资质的检测、检验机构检测、检验合格，取得安全使用证或者安全标志，方可投入使用。检测、检验机构对检测、检验结果负责。

**第三十五条** 国家对严重危及生产安全的工艺、设备实行淘汰制度，具体目录由国务院安全生产监督管理部门会同国务院有关部门制定并公布。法律、行政法规对目录的制定另有规定的，适用其规定。

省、自治区、直辖市人民政府可以根据本地区实际情况制定并公布具体目录，对前款规定以外的危及生产安全的工艺、设备予以淘汰。

生产经营单位不得使用应当淘汰的危及生产安全的工艺、设备。

**第三十六条** 生产、经营、运输、储存、使用危险物品或者处置废弃危险物品的，由有关主管部门依照有关法律、法规的规定和国家标准或者行业标准审批并实施监督管理。

生产经营单位生产、经营、运输、储存、使用危险物品或者处置废弃危险物品，必须执行有关法律、法规和国家标准或者行业标准，建立专门的安全管理制度，采取可靠的安全措施，接受有关主管部门依法实施的监督管理。

**第三十七条** 生产经营单位对重大危险源应当登记建档，进行定期检测、评估、监控，并制定应急预案，告知从业人员和相关人员在紧急情况下应当采取的应急措施。

生产经营单位应当按照国家有关规定将本单位重大危险源及有关安全措施、应急措施报有关地方人民政府安全生产监督管理部门和有关部门备案。

**第三十八条** 生产经营单位应当建立健全生产安全事故隐患排查治理制度，采取技术、管理措施，及时发现并消除事故隐患。事故隐患排查治理情况应当如实记录，并向从业人员通报。

县级以上地方各级人民政府负有安全生产监督管理职责的部门应当建立健全重大事故隐患治理督办制度，督促生产经营单位消除重大事故隐患。

**第三十九条** 生产、经营、储存、使用危险物品的车间、商店、仓库不得与员工宿舍在同一座建筑物内，并应当与员工宿舍保持安全距离。

生产经营场所和员工宿舍应当设有符合紧急疏散要求、标志明显、保持畅通的出口。禁止锁闭、封堵生产经营场所或者员工宿舍的出口。

**第四十条** 生产经营单位进行爆破、吊装以及国务院安全生产监督管理部门会同国务院有关部门规定的其他危险作业，应当安排专门人员进行现场安全管理，确保操作规程的遵守和安全措施的落实。

**第四十一条** 生产经营单位应当教育和督促从业人员严格执行本单位的安全生产规章制度和安全操作规程；并向从业人员如实告知作业场所和工作岗位存在的危险因素、防范措施以及事故应急措施。

**第四十二条** 生产经营单位必须为从业人员提供符合国家标准或者行业标准的劳动防护用品，并监督、教育从业人员按照使用规则佩戴、使用。

**第四十三条** 生产经营单位的安全生产管理人员应当根据本单位的生产经营特点，对安全生产状况进行经常性检查；对检查中发现的安全问题，应当立即处理；不能处理的，应当及时报告本单位有关负责人，有关负责人应当及时处理。检查及处理情况应当如实记录在案。

生产经营单位的安全生产管理人员在检查中发现重大事故隐患，依照前款规定向本单位有关负责人报告，有关负责人不及时处理的，安全生产管理人员可以向主管的负有安全生产监督管理职责的部门报告，接到报告的部门应当依法及时处理。

**第四十四条** 生产经营单位应当安排用于配备劳动防护用品、进行安全生产培训的经费。

**第四十五条** 两个以上生产经营单位在同一作业区域内进行生产经营活动，可能危及对方生产安全的，应当签订安全生产管理协议，明确各自的安全生产管理职责和应当采取的安全措施，并指定专职安全生产管理人员进行安全检查与协调。

**第四十六条** 生产经营单位不得将生产经营项目、场所、设备发包或者出租给不具备安全生产条件或者相应资质的单位或者个人。

生产经营项目、场所发包或者出租给其他单位的，生产经营单位应当与承包单位、承租单位签订专门的安全生产管理协议，或者在承包合同、租赁合同中约定各自的安全生产管理职责；生产经营单位对承包单位、承租单位的安全生产工作统一协调、管理，定期进行安全检查，发现安全问题的，应当及时督促整改。

**第四十七条** 生产经营单位发生生产安全事故时，单位的主要负责人应当立即组织抢救，并不得在事故调查处理期间擅离职守。

**第四十八条** 生产经营单位必须依法参加工伤保险，为从业人员缴纳保险费。

国家鼓励生产经营单位投保安全生产责任保险。

## 第三章　从业人员的安全生产权利义务

**第四十九条** 生产经营单位与从业人员订立的劳动合同，应当载明有关保障从业人员劳动安全、防止职业危害的事项，以及依法为从业人员办理工伤保险的事项。

生产经营单位不得以任何形式与从业人员订立协议，免除或者减轻其对从业人员因生产安全事故伤亡依法应承担的责任。

**第五十条** 生产经营单位的从业人员有权了解其作业场所和工作岗位存在的危险因素、防范措施及事故应急措施，有权对本单位的安全生产工作提出建议。

**第五十一条** 从业人员有权对本单位安全生产工作中存在的问题提出批评、检举、控告；有权拒绝违章指挥和强令冒险作业。

生产经营单位不得因从业人员对本单位安全生产工作提出批评、检举、控告或者拒绝违章指挥、强令冒险作业而降低其工资、福利等待遇或者解除与其订立的劳动合同。

**第五十二条** 从业人员发现直接危及人身安全的紧急情况时，有权停止作业或者在采取可能的应急措施后撤离作业场所。

生产经营单位不得因从业人员在前款紧急情况下停止作业或者采取紧急撤离措施而降低其工资、福利等待遇或者解除与其订立的劳动合同。

**第五十三条** 因生产安全事故受到损害的从业人员，除依法享有工伤保险外，依照有关民事法律尚有获得赔偿的权利的，有权向本单位提出赔偿要求。

**第五十四条** 从业人员在作业过程中，应当严格遵守本单位的安全生产规章制度和操作规程，服从管理，正确佩戴和使用劳动防护用品。

**第五十五条** 从业人员应当接受安全生产教育和培训，掌握本职工作所需的安全生产知识，提高安全生产技能，增强事故预防和应急处理能力。

**第五十六条** 从业人员发现事故隐患或者其他不安全因素，应当立即向现场安全生产管理人员或者本单位负责人报告；接到报告的人员应当及时予以处理。

**第五十七条** 工会有权对建设项目的安全设施与主体工程同时设计、同时施工、同时投入生产和使用进行监督，提出意见。

工会对生产经营单位违反安全生产法律、法规，侵犯从业人员合法权益的行为，有权要求纠正；发现生产经营单位违章指挥、强令冒险作业或者发现事故隐患时，有权提出解决的建议，生产经营单位应当及时研究答复；发现危及从业人员生命安全的情况时，有权向生产经营单位建议组织从业人员撤离危险场所，生产经营单位必须立即作出处理。

工会有权依法参加事故调查，向有关部门提出处理意见，并要求追究有关人员的责任。

**第五十八条**　生产经营单位使用被派遣劳动者的，被派遣劳动者享有本法规定的从业人员的权利，并应当履行本法规定的从业人员的义务。

## 第四章　安全生产的监督管理

**第五十九条**　县级以上地方各级人民政府应当根据本行政区域内的安全生产状况，组织有关部门按照职责分工，对本行政区域内容易发生重大生产安全事故的生产经营单位进行严格检查。

安全生产监督管理部门应当按照分类分级监督管理的要求，制订安全生产年度监督检查计划，并按照年度监督检查计划进行监督检查，发现事故隐患，应当及时处理。

**第六十条**　负有安全生产监督管理职责的部门依照有关法律、法规的规定，对涉及安全生产的事项需要审查批准（包括批准、核准、许可、注册、认证、颁发证照等，下同）或者验收的，必须严格依照有关法律、法规和国家标准或者行业标准规定的安全生产条件和程序进行审查；不符合有关法律、法规和国家标准或者行业标准规定的安全生产条件的，不得批准或者验收通过。对未依法取得批准或者验收合格的单位擅自从事有关活动的，负责行政审批的部门发现或者接到举报后应当立即予以取缔，并依法予以处理。对已经依法取得批准的单位，负责行政审批的部门发现其不再具备安全生产条件的，应当撤销原批准。

**第六十一条**　负有安全生产监督管理职责的部门对涉及安全生产的事项进行审查、验收，不得收取费用；不得要求接受审查、验收的单位购买其指定品牌或者指定生产、销售单位的安全设备、器材或者其他产品。

**第六十二条**　安全生产监督管理部门和其他负有安全生产监督管理职责的部门依法开展安全生产行政执法工作，对生产经营单位执行有关安全生产的法律、法规和国家标准或者行业标准的情况进行监督检查，行使以下职权：

（一）进入生产经营单位进行检查，调阅有关资料，向有关单位和人员了解情况。

（二）对检查中发现的安全生产违法行为，当场予以纠正或者要求限期改正；对依法应当给予行政处罚的行为，依照本法和其他有关法律、行政法规的规定作出行政处罚决定。

（三）对检查中发现的事故隐患，应当责令立即排除；重大事故隐患排除前或者排除过程中无法保证安全的，应当责令从危险区域内撤出作业人员，责令暂时停产停业或者停止使用相关设施、设备；重大事故隐患排除后，经审查同意，方可恢复生产经营和使用。

（四）对有根据认为不符合保障安全生产的国家标准或者行业标准的设施、设备、器材以及违法生产、储存、使用、经营、运输的危险物品予以查封或者扣押，对违法生产、储存、使用、经营危险物品的作业场所予以查封，并依法作出处理决定。

监督检查不得影响被检查单位的正常生产经营活动。

**第六十三条**　生产经营单位对负有安全生产监督管理职责的部门的监督检查人员（以下统称安全生产监督检查人员）依法履行监督检查职责，应当予以配合，不得拒绝、阻挠。

**第六十四条**　安全生产监督检查人员应当忠于职守，坚持原则，秉公执法。

安全生产监督检查人员执行监督检查任务时，必须出示有效的监督执法证件；对涉及被检查单位的技术秘密和业务秘密，应当为其保密。

**第六十五条** 安全生产监督检查人员应当将检查的时间、地点、内容、发现的问题及其处理情况，作出书面记录，并由检查人员和被检查单位的负责人签字；被检查单位的负责人拒绝签字的，检查人员应当将情况记录在案，并向负有安全生产监督管理职责的部门报告。

**第六十六条** 负有安全生产监督管理职责的部门在监督检查中，应当互相配合，实行联合检查；确需分别进行检查的，应当互通情况，发现存在的安全问题应当由其他有关部门进行处理的，应当及时移送其他有关部门并形成记录备查，接受移送的部门应当及时进行处理。

**第六十七条** 负有安全生产监督管理职责的部门依法对存在重大事故隐患的生产经营单位作出停产停业、停止施工、停止使用相关设施或者设备的决定，生产经营单位应当依法执行，及时消除事故隐患。生产经营单位拒不执行，有发生生产安全事故的现实危险的，在保证安全的前提下，经本部门主要负责人批准，负有安全生产监督管理职责的部门可以采取通知有关单位停止供电、停止供应民用爆炸物品等措施，强制生产经营单位履行决定。通知应当采用书面形式，有关单位应当予以配合。

负有安全生产监督管理职责的部门依照前款规定采取停止供电措施，除有危及生产安全的紧急情形外，应当提前二十四小时通知生产经营单位。生产经营单位依法履行行政决定、采取相应措施消除事故隐患的，负有安全生产监督管理职责的部门应当及时解除前款规定的措施。

**第六十八条** 监察机关依照行政监察法的规定，对负有安全生产监督管理职责的部门及其工作人员履行安全生产监督管理职责实施监察。

**第六十九条** 承担安全评价、认证、检测、检验的机构应当具备国家规定的资质条件，并对其作出的安全评价、认证、检测、检验的结果负责。

**第七十条** 负有安全生产监督管理职责的部门应当建立举报制度，公开举报电话、信箱或者电子邮件地址，受理有关安全生产的举报；受理的举报事项经调查核实后，应当形成书面材料；需要落实整改措施的，报经有关负责人签字并督促落实。

**第七十一条** 任何单位或者个人对事故隐患或者安全生产违法行为，均有权向负有安全生产监督管理职责的部门报告或者举报。

**第七十二条** 居民委员会、村民委员会发现其所在区域内的生产经营单位存在事故隐患或者安全生产违法行为时，应当向当地人民政府或者有关部门报告。

**第七十三条** 县级以上各级人民政府及其有关部门对报告重大事故隐患或者举报安全生产违法行为的有功人员，给予奖励。具体奖励办法由国务院安全生产监督管理部门会同国务院财政部门制定。

**第七十四条** 新闻、出版、广播、电影、电视等单位有进行安全生产公益宣传教育的义务，有对违反安全生产法律、法规的行为进行舆论监督的权利。

**第七十五条** 负有安全生产监督管理职责的部门应当建立安全生产违法行为信息库，

如实记录生产经营单位的安全生产违法行为信息；对违法行为情节严重的生产经营单位，应当向社会公告，并通报行业主管部门、投资主管部门、国土资源主管部门、证券监督管理机构以及有关金融机构。

## 第五章 生产安全事故的应急救援与调查处理

**第七十六条** 国家加强生产安全事故应急能力建设，在重点行业、领域建立应急救援基地和应急救援队伍，鼓励生产经营单位和其他社会力量建立应急救援队伍，配备相应的应急救援装备和物资，提高应急救援的专业化水平。

国务院安全生产监督管理部门建立全国统一的生产安全事故应急救援信息系统，国务院有关部门建立健全相关行业、领域的生产安全事故应急救援信息系统。

**第七十七条** 县级以上地方各级人民政府应当组织有关部门制定本行政区域内生产安全事故应急救援预案，建立应急救援体系。

**第七十八条** 生产经营单位应当制定本单位生产安全事故应急救援预案，与所在地县级以上地方人民政府组织制定的生产安全事故应急救援预案相衔接，并定期组织演练。

**第七十九条** 危险物品的生产、经营、储存单位以及矿山、金属冶炼、城市轨道交通运营、建筑施工单位应当建立应急救援组织；生产经营规模较小的，可以不建立应急救援组织，但应当指定兼职的应急救援人员。

危险物品的生产、经营、储存、运输单位以及矿山、金属冶炼、城市轨道交通运营、建筑施工单位应当配备必要的应急救援器材、设备和物资，并进行经常性维护、保养，保证正常运转。

**第八十条** 生产经营单位发生生产安全事故后，事故现场有关人员应当立即报告本单位负责人。

单位负责人接到事故报告后，应当迅速采取有效措施，组织抢救，防止事故扩大，减少人员伤亡和财产损失，并按照国家有关规定立即如实报告当地负有安全生产监督管理职责的部门，不得隐瞒不报、谎报或者迟报，不得故意破坏事故现场、毁灭有关证据。

**第八十一条** 负有安全生产监督管理职责的部门接到事故报告后，应当立即按照国家有关规定上报事故情况。负有安全生产监督管理职责的部门和有关地方人民政府对事故情况不得隐瞒不报、谎报或者迟报。

**第八十二条** 有关地方人民政府和负有安全生产监督管理职责的部门的负责人接到生产安全事故报告后，应当按照生产安全事故应急救援预案的要求立即赶到事故现场，组织事故抢救。

参与事故抢救的部门和单位应当服从统一指挥，加强协同联动，采取有效的应急救援措施，并根据事故救援的需要采取警戒、疏散等措施，防止事故扩大和次生灾害的发生，减少人员伤亡和财产损失。

事故抢救过程中应当采取必要措施，避免或者减少对环境造成的危害。

任何单位和个人都应当支持、配合事故抢救，并提供一切便利条件。

**第八十三条** 事故调查处理应当按照科学严谨、依法依规、实事求是、注重实效的原则，及时、准确地查清事故原因，查明事故性质和责任，总结事故教训，提出整改措施，并对事故责任者提出处理意见。事故调查报告应当依法及时向社会公布。事故调查和处理的具体办法由国务院制定。

事故发生单位应当及时全面落实整改措施，负有安全生产监督管理职责的部门应当加强监督检查。

**第八十四条** 生产经营单位发生生产安全事故，经调查确定为责任事故的，除了应当查明事故单位的责任并依法予以追究外，还应当查明对安全生产的有关事项负有审查批准和监督职责的行政部门的责任，对有失职、渎职行为的，依照本法第八十七条的规定追究法律责任。

**第八十五条** 任何单位和个人不得阻挠和干涉对事故的依法调查处理。

**第八十六条** 县级以上地方各级人民政府安全生产监督管理部门应当定期统计分析本行政区域内发生生产安全事故的情况，并定期向社会公布。

## 第六章 法 律 责 任

**第八十七条** 负有安全生产监督管理职责的部门的工作人员，有下列行为之一的，给予降级或者撤职的处分；构成犯罪的，依照刑法有关规定追究刑事责任：

（一）对不符合法定安全生产条件的涉及安全生产的事项予以批准或者验收通过的。

（二）发现未依法取得批准、验收的单位擅自从事有关活动或者接到举报后不予取缔或者不依法予以处理的。

（三）对已经依法取得批准的单位不履行监督管理职责，发现其不再具备安全生产条件而不撤销原批准或者发现安全生产违法行为不予查处的。

（四）在监督检查中发现重大事故隐患，不依法及时处理的。

负有安全生产监督管理职责的部门的工作人员有前款规定以外的滥用职权、玩忽职守、徇私舞弊行为的，依法给予处分；构成犯罪的，依照刑法有关规定追究刑事责任。

**第八十八条** 负有安全生产监督管理职责的部门，要求被审查、验收的单位购买其指定的安全设备、器材或者其他产品的，在对安全生产事项的审查、验收中收取费用的，由其上级机关或者监察机关责令改正，责令退还收取的费用；情节严重的，对直接负责的主管人员和其他直接责任人员依法给予处分。

**第八十九条** 承担安全评价、认证、检测、检验工作的机构，出具虚假证明的，没收违法所得；违法所得在十万元以上的，并处违法所得二倍以上五倍以下的罚款；没有违法所得或者违法所得不足十万元的，单处或者并处十万元以上二十万元以下的罚款；对其直接负责的主管人员和其他直接责任人员处二万元以上五万元以下的罚款；给他人造成损害的，与生产经营单位承担连带赔偿责任；构成犯罪的，依照刑法有关规定追究刑事责任。

对有前款违法行为的机构，吊销其相应资质。

**第九十条** 生产经营单位的决策机构、主要负责人或者个人经营的投资人不依照本法规定保证安全生产所必需的资金投入，致使生产经营单位不具备安全生产条件的，责令限期改正，提供必需的资金；逾期未改正的，责令生产经营单位停产停业整顿。

有前款违法行为，导致发生生产安全事故的，对生产经营单位的主要负责人给予撤职处分，对个人经营的投资人处二万元以上二十万元以下的罚款；构成犯罪的，依照刑法有关规定追究刑事责任。

**第九十一条**　生产经营单位的主要负责人未履行本法规定的安全生产管理职责的，责令限期改正；逾期未改正的，处二万元以上五万元以下的罚款，责令生产经营单位停产停业整顿。

生产经营单位的主要负责人有前款违法行为，导致发生生产安全事故的，给予撤职处分；构成犯罪的，依照刑法有关规定追究刑事责任。

生产经营单位的主要负责人依照前款规定受刑事处罚或者撤职处分的，自刑罚执行完毕或者受处分之日起，五年内不得担任任何生产经营单位的主要负责人；对重大、特别重大生产安全事故负有责任的，终身不得担任本行业生产经营单位的主要负责人。

**第九十二条**　生产经营单位的主要负责人未履行本法规定的安全生产管理职责，导致发生生产安全事故的，由安全生产监督管理部门依照下列规定处以罚款：

（一）发生一般事故的，处上一年年收入百分之三十的罚款。

（二）发生较大事故的，处上一年年收入百分之四十的罚款。

（三）发生重大事故的，处上一年年收入百分之六十的罚款。

（四）发生特别重大事故的，处上一年年收入百分之八十的罚款。

**第九十三条**　生产经营单位的安全生产管理人员未履行本法规定的安全生产管理职责的，责令限期改正；导致发生生产安全事故的，暂停或者撤销其与安全生产有关的资格；构成犯罪的，依照刑法有关规定追究刑事责任。

**第九十四条**　生产经营单位有下列行为之一的，责令限期改正，可以处五万元以下的罚款；逾期未改正的，责令停产停业整顿，并处五万元以上十万元以下的罚款，对其直接负责的主管人员和其他直接责任人员处一万元以上二万元以下的罚款：

（一）未按照规定设置安全生产管理机构或者配备安全生产管理人员的。

（二）危险物品的生产、经营、储存单位以及矿山、金属冶炼、建筑施工、道路运输单位的主要负责人和安全生产管理人员未按照规定经考核合格的。

（三）未按照规定对从业人员、被派遣劳动者、实习学生进行安全生产教育和培训，或者未按照规定如实告知有关的安全生产事项的。

（四）未如实记录安全生产教育和培训情况的。

（五）未将事故隐患排查治理情况如实记录或者未向从业人员通报的。

（六）未按照规定制定生产安全事故应急救援预案或者未定期组织演练的。

（七）特种作业人员未按照规定经专门的安全作业培训并取得相应资格，上岗作业的。

**第九十五条**　生产经营单位有下列行为之一的，责令停止建设或者停产停业整顿，限期改正；逾期未改正的，处五十万元以上一百万元以下的罚款，对其直接负责的主管人员和其他直接责任人员处二万元以上五万元以下的罚款；构成犯罪的，依照刑法有关规定追究刑事责任：

（一）未按照规定对矿山、金属冶炼建设项目或者用于生产、储存、装卸危险物品的建设项目进行安全评价的。

（二）矿山、金属冶炼建设项目或者用于生产、储存、装卸危险物品的建设项目没有安全设施设计或者安全设施设计未按照规定报经有关部门审查同意的。

（三）矿山、金属冶炼建设项目或者用于生产、储存、装卸危险物品的建设项目的施工单位未按照批准的安全设施设计施工的。

（四）矿山、金属冶炼建设项目或者用于生产、储存危险物品的建设项目竣工投入生产或者使用前，安全设施未经验收合格的。

**第九十六条** 生产经营单位有下列行为之一的，责令限期改正，可以处五万元以下的罚款；逾期未改正的，处五万元以上二十万元以下的罚款，对其直接负责的主管人员和其他直接责任人员处一万元以上二万元以下的罚款；情节严重的，责令停产停业整顿；构成犯罪的，依照刑法有关规定追究刑事责任：

（一）未在有较大危险因素的生产经营场所和有关设施、设备上设置明显的安全警示标志的。

（二）安全设备的安装、使用、检测、改造和报废不符合国家标准或者行业标准的。

（三）未对安全设备进行经常性维护、保养和定期检测的。

（四）未为从业人员提供符合国家标准或者行业标准的劳动防护用品的。

（五）危险物品的容器、运输工具，以及涉及人身安全、危险性较大的海洋石油开采特种设备和矿山井下特种设备未经具有专业资质的机构检测、检验合格，取得安全使用证或者安全标志，投入使用的。

（六）使用应当淘汰的危及生产安全的工艺、设备的。

**第九十七条** 未经依法批准，擅自生产、经营、运输、储存、使用危险物品或者处置废弃危险物品的，依照有关危险物品安全管理的法律、行政法规的规定予以处罚；构成犯罪的，依照刑法有关规定追究刑事责任。

**第九十八条** 生产经营单位有下列行为之一的，责令限期改正，可以处十万元以下的罚款；逾期未改正的，责令停产停业整顿，并处十万元以上二十万元以下的罚款，对其直接负责的主管人员和其他直接责任人员处二万元以上五万元以下的罚款；构成犯罪的，依照刑法有关规定追究刑事责任：

（一）生产、经营、运输、储存、使用危险物品或者处置废弃危险物品，未建立专门安全管理制度、未采取可靠的安全措施的。

（二）对重大危险源未登记建档，或者未进行评估、监控，或者未制定应急预案的。

（三）进行爆破、吊装以及国务院安全生产监督管理部门会同国务院有关部门规定的其他危险作业，未安排专门人员进行现场安全管理的。

（四）未建立事故隐患排查治理制度的。

**第九十九条** 生产经营单位未采取措施消除事故隐患的，责令立即消除或者限期消除；生产经营单位拒不执行的，责令停产停业整顿，并处十万元以上五十万元以下的罚款，对其直接负责的主管人员和其他直接责任人员处二万元以上五万元以下的罚款。

**第一百条**　生产经营单位将生产经营项目、场所、设备发包或者出租给不具备安全生产条件或者相应资质的单位或者个人的，责令限期改正，没收违法所得；违法所得十万元以上的，并处违法所得二倍以上五倍以下的罚款；没有违法所得或者违法所得不足十万元的，单处或者并处十万元以上二十万元以下的罚款；对其直接负责的主管人员和其他直接责任人员处一万元以上二万元以下的罚款；导致发生生产安全事故给他人造成损害的，与承包方、承租方承担连带赔偿责任。

生产经营单位未与承包单位、承租单位签订专门的安全生产管理协议或者未在承包合同、租赁合同中明确各自的安全生产管理职责，或者未对承包单位、承租单位的安全生产统一协调、管理的，责令限期改正，可以处五万元以下的罚款，对其直接负责的主管人员和其他直接责任人员可以处一万元以下的罚款；逾期未改正的，责令停产停业整顿。

**第一百零一条**　两个以上生产经营单位在同一作业区域内进行可能危及对方安全生产的生产经营活动，未签订安全生产管理协议或者未指定专职安全生产管理人员进行安全检查与协调的，责令限期改正，可以处五万元以下的罚款，对其直接负责的主管人员和其他直接责任人员可以处一万元以下的罚款；逾期未改正的，责令停产停业。

**第一百零二条**　生产经营单位有下列行为之一的，责令限期改正，可以处五万元以下的罚款，对其直接负责的主管人员和其他直接责任人员可以处一万元以下的罚款；逾期未改正的，责令停产停业整顿；构成犯罪的，依照刑法有关规定追究刑事责任：

（一）生产、经营、储存、使用危险物品的车间、商店、仓库与员工宿舍在同一座建筑内，或者与员工宿舍的距离不符合安全要求的。

（二）生产经营场所和员工宿舍未设有符合紧急疏散需要、标志明显、保持畅通的出口，或者锁闭、封堵生产经营场所或者员工宿舍出口的。

**第一百零三条**　生产经营单位与从业人员订立协议，免除或者减轻其对从业人员因生产安全事故伤亡依法应承担的责任的，该协议无效；对生产经营单位的主要负责人、个人经营的投资人处二万元以上十万元以下的罚款。

**第一百零四条**　生产经营单位的从业人员不服从管理，违反安全生产规章制度或者操作规程的，由生产经营单位给予批评教育，依照有关规章制度给予处分；构成犯罪的，依照刑法有关规定追究刑事责任。

**第一百零五条**　违反本法规定，生产经营单位拒绝、阻碍负有安全生产监督管理职责的部门依法实施监督检查的，责令改正；拒不改正的，处二万元以上二十万元以下的罚款；对其直接负责的主管人员和其他直接责任人员处一万元以上二万元以下的罚款；构成犯罪的，依照刑法有关规定追究刑事责任。

**第一百零六条**　生产经营单位的主要负责人在本单位发生生产安全事故时，不立即组织抢救或者在事故调查处理期间擅离职守或者逃匿的，给予降级、撤职的处分，并由安全生产监督管理部门处上一年年收入百分之六十至百分之一百的罚款；对逃匿的处十五日以下拘留；构成犯罪的，依照刑法有关规定追究刑事责任。

生产经营单位的主要负责人对生产安全事故隐瞒不报、谎报或者迟报的，依照前款规定处罚。

**第一百零七条** 有关地方人民政府、负有安全生产监督管理职责的部门，对生产安全事故隐瞒不报、谎报或者迟报的，对直接负责的主管人员和其他直接责任人员依法给予处分；构成犯罪的，依照刑法有关规定追究刑事责任。

**第一百零八条** 生产经营单位不具备本法和其他有关法律、行政法规和国家标准或者行业标准规定的安全生产条件，经停产停业整顿仍不具备安全生产条件的，予以关闭；有关部门应当依法吊销其有关证照。

**第一百零九条** 发生生产安全事故，对负有责任的生产经营单位除要求其依法承担相应的赔偿等责任外，由安全生产监督管理部门依照下列规定处以罚款：

（一）发生一般事故的，处二十万元以上五十万元以下的罚款。

（二）发生较大事故的，处五十万元以上一百万元以下的罚款。

（三）发生重大事故的，处一百万元以上五百万元以下的罚款。

（四）发生特别重大事故的，处五百万元以上一千万元以下的罚款；情节特别严重的，处一千万元以上二千万元以下的罚款。

**第一百一十条** 本法规定的行政处罚，由安全生产监督管理部门和其他负有安全生产监督管理职责的部门按照职责分工决定。予以关闭的行政处罚由负有安全生产监督管理职责的部门报请县级以上人民政府按照国务院规定的权限决定；给予拘留的行政处罚由公安机关依照治安管理处罚法的规定决定。

**第一百一十一条** 生产经营单位发生生产安全事故造成人员伤亡、他人财产损失的，应当依法承担赔偿责任；拒不承担或者其负责人逃匿的，由人民法院依法强制执行。

生产安全事故的责任人未依法承担赔偿责任，经人民法院依法采取执行措施后，仍不能对受害人给予足额赔偿的，应当继续履行赔偿义务；受害人发现责任人有其他财产的，可以随时请求人民法院执行。

## 第七章 附 则

**第一百一十二条** 本法下列用语的含义：

危险物品，是指易燃易爆物品、危险化学品、放射性物品等能够危及人身安全和财产安全的物品。

重大危险源，是指长期地或者临时地生产、搬运、使用或者储存危险物品，且危险物品的数量等于或者超过临界量的单元（包括场所和设施）。

**第一百一十三条** 本法规定的生产安全一般事故、较大事故、重大事故、特别重大事故的划分标准由国务院规定。

国务院安全生产监督管理部门和其他负有安全生产监督管理职责的部门应当根据各自的职责分工，制定相关行业、领域重大事故隐患的判定标准。

**第一百一十四条** 本法自 2002 年 11 月 1 日起施行。

# 163　中华人民共和国道路交通安全法

2003年10月28日第十届全国人民代表大会常务委员会第五次会议通过，2003年10月28日中华人民共和国主席令第八号公布，自2004年5月1日起施行；根据2007年12月29日第十届全国人民代表大会常务委员会第三十一次会议通过、中华人民共和国主席令第八十一号公布的《关于修改〈中华人民共和国道路交通安全法〉的决定》第一次修正，自2008年5月1日起施行；根据2011年4月22日第十一届全国人民代表大会常务委员会第二十次会议通过、中华人民共和国主席令第四十七号公布的《关于修改〈中华人民共和国道路交通安全法〉的决定》第二次修正，自2011年5月1日起施行。

## 目　　录

第一章　总则/859
第二章　车辆和驾驶人/860
　第一节　机动车、非机动车/860
　第二节　机动车驾驶人/862
第三章　道路通行条件/863
第四章　道路通行规定/864
　第一节　一般规定/864
　第二节　机动车通行规定/864
　第三节　非机动车通行规定/866
　第四节　行人和乘车人通行规定/866
　第五节　高速公路的特别规定/867
第五章　交通事故处理/867
第六章　执法监督/868
第七章　法律责任/869
第八章　附则/874

## 第一章　总　　则

**第一条**　为了维护道路交通秩序，预防和减少交通事故，保护人身安全，保护公民、法人和其他组织的财产安全及其他合法权益，提高通行效率，制定本法。

**第二条** 中华人民共和国境内的车辆驾驶人、行人、乘车人以及与道路交通活动有关的单位和个人，都应当遵守本法。

**第三条** 道路交通安全工作，应当遵循依法管理、方便群众的原则，保障道路交通有序、安全、畅通。

**第四条** 各级人民政府应当保障道路交通安全管理工作与经济建设和社会发展相适应。

县级以上地方各级人民政府应当适应道路交通发展的需要，依据道路交通安全法律、法规和国家有关政策，制定道路交通安全管理规划，并组织实施。

**第五条** 国务院公安部门负责全国道路交通安全管理工作。县级以上地方各级人民政府公安机关交通管理部门负责本行政区域内的道路交通安全管理工作。

县级以上各级人民政府交通、建设管理部门依据各自职责，负责有关的道路交通工作。

**第六条** 各级人民政府应当经常进行道路交通安全教育，提高公民的道路交通安全意识。

公安机关交通管理部门及其交通警察执行职务时，应当加强道路交通安全法律、法规的宣传，并模范遵守道路交通安全法律、法规。

机关、部队、企业事业单位、社会团体以及其他组织，应当对本单位的人员进行道路交通安全教育。

教育行政部门、学校应当将道路交通安全教育纳入法制教育的内容。

新闻、出版、广播、电视等有关单位，有进行道路交通安全教育的义务。

**第七条** 对道路交通安全管理工作，应当加强科学研究，推广、使用先进的管理方法、技术、设备。

## 第二章　车辆和驾驶人

### 第一节　机动车、非机动车

**第八条** 国家对机动车实行登记制度。机动车经公安机关交通管理部门登记后，方可上道路行驶。尚未登记的机动车，需要临时上道路行驶的，应当取得临时通行牌证。

**第九条** 申请机动车登记，应当提交以下证明、凭证：

（一）机动车所有人的身份证明。

（二）机动车来历证明。

（三）机动车整车出厂合格证明或者进口机动车进口凭证。

（四）车辆购置税的完税证明或者免税凭证。

（五）法律、行政法规规定应当在机动车登记时提交的其他证明、凭证。

公安机关交通管理部门应当自受理申请之日起五个工作日内完成机动车登记审查工作，对符合前款规定条件的，应当发放机动车登记证书、号牌和行驶证；对不符合前款规定条件的，应当向申请人说明不予登记的理由。

公安机关交通管理部门以外的任何单位或者个人不得发放机动车号牌或者要求机动车悬挂其他号牌，本法另有规定的除外。

机动车登记证书、号牌、行驶证的式样由国务院公安部门规定并监制。

**第十条**　准予登记的机动车应当符合机动车国家安全技术标准。申请机动车登记时，应当接受对该机动车的安全技术检验。但是，经国家机动车产品主管部门依据机动车国家安全技术标准认定的企业生产的机动车型，该车型的新车在出厂时经检验符合机动车国家安全技术标准，获得检验合格证的，免予安全技术检验。

**第十一条**　驾驶机动车上道路行驶，应当悬挂机动车号牌，放置检验合格标志、保险标志，并随车携带机动车行驶证。

机动车号牌应当按照规定悬挂并保持清晰、完整，不得故意遮挡、污损。

任何单位和个人不得收缴、扣留机动车号牌。

**第十二条**　有下列情形之一的，应当办理相应的登记：

（一）机动车所有权发生转移的。

（二）机动车登记内容变更的。

（三）机动车用作抵押的。

（四）机动车报废的。

**第十三条**　对登记后上道路行驶的机动车，应当依照法律、行政法规的规定，根据车辆用途、载客载货数量、使用年限等不同情况，定期进行安全技术检验。对提供机动车行驶证和机动车第三者责任强制保险单的，机动车安全技术检验机构应当予以检验，任何单位不得附加其他条件。对符合机动车国家安全技术标准的，公安机关交通管理部门应当发给检验合格标志。

对机动车的安全技术检验实行社会化。具体办法由国务院规定。

机动车安全技术检验实行社会化的地方，任何单位不得要求机动车到指定的场所进行检验。

公安机关交通管理部门、机动车安全技术检验机构不得要求机动车到指定的场所进行维修、保养。

机动车安全技术检验机构对机动车检验收取费用，应当严格执行国务院价格主管部门核定的收费标准。

**第十四条**　国家实行机动车强制报废制度，根据机动车的安全技术状况和不同用途，规定不同的报废标准。

应当报废的机动车必须及时办理注销登记。

达到报废标准的机动车不得上道路行驶。报废的大型客、货车及其他营运车辆应当在公安机关交通管理部门的监督下解体。

**第十五条**　警车、消防车、救护车、工程救险车应当按照规定喷涂标志图案，安装警报器、标志灯具。其他机动车不得喷涂、安装、使用上述车辆专用的或者与其相类似的标志图案、警报器或者标志灯具。

警车、消防车、救护车、工程救险车应当严格按照规定的用途和条件使用。

公路监督检查的专用车辆，应当依照公路法的规定，设置统一的标志和示警灯。

**第十六条**　任何单位或者个人不得有下列行为：

（一）拼装机动车或者擅自改变机动车已登记的结构、构造或者特征。

（二）改变机动车型号、发动机号、车架号或者车辆识别代号。

（三）伪造、变造或者使用伪造、变造的机动车登记证书、号牌、行驶证、检验合格标志、保险标志。

（四）使用其他机动车的登记证书、号牌、行驶证、检验合格标志、保险标志。

**第十七条** 国家实行机动车第三者责任强制保险制度，设立道路交通事故社会救助基金。具体办法由国务院规定。

**第十八条** 依法应当登记的非机动车，经公安机关交通管理部门登记后，方可上道路行驶。

依法应当登记的非机动车的种类，由省、自治区、直辖市人民政府根据当地实际情况规定。

非机动车的外形尺寸、质量、制动器、车铃和夜间反光装置，应当符合非机动车安全技术标准。

## 第二节 机动车驾驶人

**第十九条** 驾驶机动车，应当依法取得机动车驾驶证。

申请机动车驾驶证，应当符合国务院公安部门规定的驾驶许可条件；经考试合格后，由公安机关交通管理部门发给相应类别的机动车驾驶证。

持有境外机动车驾驶证的人，符合国务院公安部门规定的驾驶许可条件，经公安机关交通管理部门考核合格的，可以发给中国的机动车驾驶证。

驾驶人应当按照驾驶证载明的准驾车型驾驶机动车；驾驶机动车时，应当随身携带机动车驾驶证。

公安机关交通管理部门以外的任何单位或者个人，不得收缴、扣留机动车驾驶证。

**第二十条** 机动车的驾驶培训实行社会化，由交通主管部门对驾驶培训学校、驾驶培训班实行资格管理，其中专门的拖拉机驾驶培训学校、驾驶培训班由农业（农业机械）主管部门实行资格管理。

驾驶培训学校、驾驶培训班应当严格按照国家有关规定，对学员进行道路交通安全法律、法规、驾驶技能的培训，确保培训质量。

任何国家机关以及驾驶培训和考试主管部门不得举办或者参与举办驾驶培训学校、驾驶培训班。

**第二十一条** 驾驶人驾驶机动车上道路行驶前，应当对机动车的安全技术性能进行认真检查；不得驾驶安全设施不全或者机件不符合技术标准等具有安全隐患的机动车。

**第二十二条** 机动车驾驶人应当遵守道路交通安全法律、法规的规定，按照操作规范安全驾驶、文明驾驶。

饮酒、服用国家管制的精神药品或者麻醉药品，或者患有妨碍安全驾驶机动车的疾病，或者过度疲劳影响安全驾驶的，不得驾驶机动车。

任何人不得强迫、指使、纵容驾驶人违反道路交通安全法律、法规和机动车安全驾驶要求驾驶机动车。

**第二十三条** 公安机关交通管理部门依照法律、行政法规的规定，定期对机动车驾驶证实施审验。

**第二十四条**　公安机关交通管理部门对机动车驾驶人违反道路交通安全法律、法规的行为，除依法给予行政处罚外，实行累积记分制度。公安机关交通管理部门对累积记分达到规定分值的机动车驾驶人，扣留机动车驾驶证，对其进行道路交通安全法律、法规教育，重新考试；考试合格的，发还其机动车驾驶证。

对遵守道路交通安全法律、法规，在一年内无累积记分的机动车驾驶人，可以延长机动车驾驶证的审验期。具体办法由国务院公安部门规定。

## 第三章　道路通行条件

**第二十五条**　全国实行统一的道路交通信号。

交通信号包括交通信号灯、交通标志、交通标线和交通警察的指挥。

交通信号灯、交通标志、交通标线的设置应当符合道路交通安全、畅通的要求和国家标准，并保持清晰、醒目、准确、完好。

根据通行需要，应当及时增设、调换、更新道路交通信号。增设、调换、更新限制性的道路交通信号，应当提前向社会公告，广泛进行宣传。

**第二十六条**　交通信号灯由红灯、绿灯、黄灯组成。红灯表示禁止通行，绿灯表示准许通行，黄灯表示警示。

**第二十七条**　铁路与道路平面交叉的道口，应当设置警示灯、警示标志或者安全防护设施。无人看守的铁路道口，应当在距道口一定距离处设置警示标志。

**第二十八条**　任何单位和个人不得擅自设置、移动、占用、损毁交通信号灯、交通标志、交通标线。

道路两侧及隔离带上种植的树木或者其他植物，设置的广告牌、管线等，应当与交通设施保持必要的距离，不得遮挡路灯、交通信号灯、交通标志，不得妨碍安全视距，不得影响通行。

**第二十九条**　道路、停车场和道路配套设施的规划、设计、建设，应当符合道路交通安全、畅通的要求，并根据交通需求及时调整。

公安机关交通管理部门发现已经投入使用的道路存在交通事故频发路段，或者停车场、道路配套设施存在交通安全严重隐患的，应当及时向当地人民政府报告，并提出防范交通事故、消除隐患的建议，当地人民政府应当及时作出处理决定。

**第三十条**　道路出现坍塌、坑槽、水毁、隆起等损毁或者交通信号灯、交通标志、交通标线等交通设施损毁、灭失的，道路、交通设施的养护部门或者管理部门应当设置警示标志并及时修复。

公安机关交通管理部门发现前款情形，危及交通安全，尚未设置警示标志的，应当及时采取安全措施，疏导交通，并通知道路、交通设施的养护部门或者管理部门。

**第三十一条**　未经许可，任何单位和个人不得占用道路从事非交通活动。

**第三十二条**　因工程建设需要占用、挖掘道路，或者跨越、穿越道路架设、增设管线设施，应当事先征得道路主管部门的同意；影响交通安全的，还应当征得公安机关交通管理部门的同意。

施工作业单位应当在经批准的路段和时间内施工作业，并在距离施工作业地点来车方向安全距离处设置明显的安全警示标志，采取防护措施；施工作业完毕，应当迅速清除道路上的障碍物，消除安全隐患，经道路主管部门和公安机关交通管理部门验收合格，符合通行要求后，方可恢复通行。

对未中断交通的施工作业道路，公安机关交通管理部门应当加强交通安全监督检查，维护道路交通秩序。

**第三十三条** 新建、改建、扩建的公共建筑、商业街区、居住区、大（中）型建筑等，应当配建、增建停车场；停车泊位不足的，应当及时改建或者扩建；投入使用的停车场不得擅自停止使用或者改作他用。

在城市道路范围内，在不影响行人、车辆通行的情况下，政府有关部门可以施划停车泊位。

**第三十四条** 学校、幼儿园、医院、养老院门前的道路没有行人过街设施的，应当施划人行横道线，设置提示标志。

城市主要道路的人行道，应当按照规划设置盲道。盲道的设置应当符合国家标准。

## 第四章　道路通行规定

### 第一节　一 般 规 定

**第三十五条** 机动车、非机动车实行右侧通行。

**第三十六条** 根据道路条件和通行需要，道路划分为机动车道、非机动车道和人行道的，机动车、非机动车、行人实行分道通行。没有划分机动车道、非机动车道和人行道的，机动车在道路中间通行，非机动车和行人在道路两侧通行。

**第三十七条** 道路划设专用车道的，在专用车道内，只准许规定的车辆通行，其他车辆不得进入专用车道内行驶。

**第三十八条** 车辆、行人应当按照交通信号通行；遇有交通警察现场指挥时，应当按照交通警察的指挥通行；在没有交通信号的道路上，应当在确保安全、畅通的原则下通行。

**第三十九条** 公安机关交通管理部门根据道路和交通流量的具体情况，可以对机动车、非机动车、行人采取疏导、限制通行、禁止通行等措施。遇有大型群众性活动、大范围施工等情况，需要采取限制交通的措施，或者作出与公众的道路交通活动直接有关的决定，应当提前向社会公告。

**第四十条** 遇有自然灾害、恶劣气象条件或者重大交通事故等严重影响交通安全的情形，采取其他措施难以保证交通安全时，公安机关交通管理部门可以实行交通管制。

**第四十一条** 有关道路通行的其他具体规定，由国务院规定。

### 第二节　机动车通行规定

**第四十二条** 机动车上道路行驶，不得超过限速标志标明的最高时速。在没有限速标志的路段，应当保持安全车速。

夜间行驶或者在容易发生危险的路段行驶，以及遇有沙尘、冰雹、雨、雪、雾、结冰等气象条件时，应当降低行驶速度。

**第四十三条**　同车道行驶的机动车，后车应当与前车保持足以采取紧急制动措施的安全距离。有下列情形之一的，不得超车：

（一）前车正在左转弯、掉头、超车的。

（二）与对面来车有会车可能的。

（三）前车为执行紧急任务的警车、消防车、救护车、工程救险车的。

（四）行经铁路道口、交叉路口、窄桥、弯道、陡坡、隧道、人行横道、市区交通流量大的路段等没有超车条件的。

**第四十四条**　机动车通过交叉路口，应当按照交通信号灯、交通标志、交通标线或者交通警察的指挥通过；通过没有交通信号灯、交通标志、交通标线或者交通警察指挥的交叉路口时，应当减速慢行，并让行人和优先通行的车辆先行。

**第四十五条**　机动车遇有前方车辆停车排队等候或者缓慢行驶时，不得借道超车或者占用对面车道，不得穿插等候的车辆。

在车道减少的路段、路口，或者在没有交通信号灯、交通标志、交通标线或者交通警察指挥的交叉路口遇到停车排队等候或者缓慢行驶时，机动车应当依次交替通行。

**第四十六条**　机动车通过铁路道口时，应当按照交通信号或者管理人员的指挥通行；没有交通信号或者管理人员的，应当减速或者停车，在确认安全后通过。

**第四十七条**　机动车行经人行横道时，应当减速行驶；遇行人正在通过人行横道，应当停车让行。

机动车行经没有交通信号的道路时，遇行人横过道路，应当避让。

**第四十八条**　机动车载物应当符合核定的载质量，严禁超载；载物的长、宽、高不得违反装载要求，不得遗洒、飘散载运物。

机动车运载超限的不可解体的物品，影响交通安全的，应当按照公安机关交通管理部门指定的时间、路线、速度行驶，悬挂明显标志。在公路上运载超限的不可解体的物品，并应当依照公路法的规定执行。

机动车载运爆炸物品、易燃易爆化学物品以及剧毒、放射性等危险物品，应当经公安机关批准后，按指定的时间、路线、速度行驶，悬挂警示标志并采取必要的安全措施。

**第四十九条**　机动车载人不得超过核定的人数，客运机动车不得违反规定载货。

**第五十条**　禁止货运机动车载客。

货运机动车需要附载作业人员的，应当设置保护作业人员的安全措施。

**第五十一条**　机动车行驶时，驾驶人、乘坐人员应当按规定使用安全带，摩托车驾驶人及乘坐人员应当按规定戴安全头盔。

**第五十二条**　机动车在道路上发生故障，需要停车排除故障时，驾驶人应当立即开启危险报警闪光灯，将机动车移至不妨碍交通的地方停放；难以移动的，应当持续开启危险报警闪光灯，并在来车方向设置警告标志等措施扩大示警距离，必要时迅速报警。

**第五十三条**　警车、消防车、救护车、工程救险车执行紧急任务时，可以使用警报器、标志灯具；在确保安全的前提下，不受行驶路线、行驶方向、行驶速度和信号灯的限制，其他车辆和行人应当让行。

警车、消防车、救护车、工程救险车非执行紧急任务时，不得使用警报器、标志灯具，不享有前款规定的道路优先通行权。

**第五十四条** 道路养护车辆、工程作业车进行作业时，在不影响过往车辆通行的前提下，其行驶路线和方向不受交通标志、标线限制，过往车辆和人员应当注意避让。

洒水车、清扫车等机动车应当按照安全作业标准作业；在不影响其他车辆通行的情况下，可以不受车辆分道行驶的限制，但是不得逆向行驶。

**第五十五条** 高速公路、大中城市中心城区内的道路，禁止拖拉机通行。其他禁止拖拉机通行的道路，由省、自治区、直辖市人民政府根据当地实际情况规定。

在允许拖拉机通行的道路上，拖拉机可以从事货运，但是不得用于载人。

**第五十六条** 机动车应当在规定地点停放。禁止在人行道上停放机动车；但是，依照本法第三十三条规定施划的停车泊位除外。

在道路上临时停车的，不得妨碍其他车辆和行人通行。

### 第三节 非机动车通行规定

**第五十七条** 驾驶非机动车在道路上行驶应当遵守有关交通安全的规定。非机动车应当在非机动车道内行驶；在没有非机动车道的道路上，应当靠车行道的右侧行驶。

**第五十八条** 残疾人机动轮椅车、电动自行车在非机动车道内行驶时，最高时速不得超过十五公里。

**第五十九条** 非机动车应当在规定地点停放。未设停放地点的，非机动车停放不得妨碍其他车辆和行人通行。

**第六十条** 驾驭畜力车，应当使用驯服的牲畜；驾驭畜力车横过道路时，驾驭人应当下车牵引牲畜；驾驭人离开车辆时，应当拴系牲畜。

### 第四节 行人和乘车人通行规定

**第六十一条** 行人应当在人行道内行走，没有人行道的靠路边行走。

**第六十二条** 行人通过路口或者横过道路，应当走人行横道或者过街设施；通过有交通信号灯的人行横道，应当按照交通信号灯指示通行；通过没有交通信号灯、人行横道的路口，或者在没有过街设施的路段横过道路，应当在确认安全后通过。

**第六十三条** 行人不得跨越、倚坐道路隔离设施，不得扒车、强行拦车或者实施妨碍道路交通安全的其他行为。

**第六十四条** 学龄前儿童以及不能辨认或者不能控制自己行为的精神疾病患者、智力障碍者在道路上通行，应当由其监护人、监护人委托的人或者对其负有管理、保护职责的人带领。

盲人在道路上通行，应当使用盲杖或者采取其他导盲手段，车辆应当避让盲人。

**第六十五条** 行人通过铁路道口时，应当按照交通信号或者管理人员的指挥通行；没有交通信号和管理人员的，应当在确认无火车驶临后，迅速通过。

**第六十六条** 乘车人不得携带易燃易爆等危险物品，不得向车外抛洒物品，不得有影响驾驶人安全驾驶的行为。

### 第五节　高速公路的特别规定

**第六十七条**　行人、非机动车、拖拉机、轮式专用机械车、铰接式客车、全挂拖斗车以及其他设计最高时速低于七十公里的机动车，不得进入高速公路。高速公路限速标志标明的最高时速不得超过一百二十公里。

**第六十八条**　机动车在高速公路上发生故障时，应当依照本法第五十二条的有关规定办理；但是，警告标志应当设置在故障车来车方向一百五十米以外，车上人员应当迅速转移到右侧路肩上或者应急车道内，并且迅速报警。

机动车在高速公路上发生故障或者交通事故，无法正常行驶的，应当由救援车、清障车拖曳、牵引。

**第六十九条**　任何单位、个人不得在高速公路上拦截检查行驶的车辆，公安机关的人民警察依法执行紧急公务除外。

## 第五章　交通事故处理

**第七十条**　在道路上发生交通事故，车辆驾驶人应当立即停车，保护现场；造成人身伤亡的，车辆驾驶人应当立即抢救受伤人员，并迅速报告执勤的交通警察或者公安机关交通管理部门。因抢救受伤人员变动现场的，应当标明位置。乘车人、过往车辆驾驶人、过往行人应当予以协助。

在道路上发生交通事故，未造成人身伤亡，当事人对事实及成因无争议的，可以即行撤离现场，恢复交通，自行协商处理损害赔偿事宜；不即行撤离现场的，应当迅速报告执勤的交通警察或者公安机关交通管理部门。

在道路上发生交通事故，仅造成轻微财产损失，并且基本事实清楚的，当事人应当先撤离现场再进行协商处理。

**第七十一条**　车辆发生交通事故后逃逸的，事故现场目击人员和其他知情人员应当向公安机关交通管理部门或者交通警察举报。举报属实的，公安机关交通管理部门应当给予奖励。

**第七十二条**　公安机关交通管理部门接到交通事故报警后，应当立即派交通警察赶赴现场，先组织抢救受伤人员，并采取措施，尽快恢复交通。

交通警察应当对交通事故现场进行勘验、检查，收集证据；因收集证据的需要，可以扣留事故车辆，但是应当妥善保管，以备核查。

对当事人的生理、精神状况等专业性较强的检验，公安机关交通管理部门应当委托专门机构进行鉴定。鉴定结论应当由鉴定人签名。

**第七十三条**　公安机关交通管理部门应当根据交通事故现场勘验、检查、调查情况和有关的检验、鉴定结论，及时制作交通事故认定书，作为处理交通事故的证据。交通事故认定书应当载明交通事故的基本事实、成因和当事人的责任，并送达当事人。

**第七十四条**　对交通事故损害赔偿的争议，当事人可以请求公安机关交通管理部门调解，也可以直接向人民法院提起民事诉讼。

经公安机关交通管理部门调解，当事人未达成协议或者调解书生效后不履行的，当事人可以向人民法院提起民事诉讼。

**第七十五条** 医疗机构对交通事故中的受伤人员应当及时抢救，不得因抢救费用未及时支付而拖延救治。肇事车辆参加机动车第三者责任强制保险的，由保险公司在责任限额范围内支付抢救费用；抢救费用超过责任限额的，未参加机动车第三者责任强制保险或者肇事后逃逸的，由道路交通事故社会救助基金先行垫付部分或者全部抢救费用，道路交通事故社会救助基金管理机构有权向交通事故责任人追偿。

**第七十六条** 机动车发生交通事故造成人身伤亡、财产损失的，由保险公司在机动车第三者责任强制保险责任限额范围内予以赔偿；不足的部分，按照下列规定承担赔偿责任：

（一）机动车之间发生交通事故的，由有过错的一方承担赔偿责任；双方都有过错的，按照各自过错的比例分担责任。

（二）机动车与非机动车驾驶人、行人之间发生交通事故，非机动车驾驶人、行人没有过错的，由机动车一方承担赔偿责任；有证据证明非机动车驾驶人、行人有过错的，根据过错程度适当减轻机动车一方的赔偿责任；机动车一方没有过错的，承担不超过百分之十的赔偿责任。

交通事故的损失是由非机动车驾驶人、行人故意碰撞机动车造成的，机动车一方不承担赔偿责任。

**第七十七条** 车辆在道路以外通行时发生的事故，公安机关交通管理部门接到报案的，参照本法有关规定办理。

## 第六章 执法监督

**第七十八条** 公安机关交通管理部门应当加强对交通警察的管理，提高交通警察的素质和管理道路交通的水平。

公安机关交通管理部门应当对交通警察进行法制和交通安全管理业务培训、考核。交通警察经考核不合格的，不得上岗执行职务。

**第七十九条** 公安机关交通管理部门及其交通警察实施道路交通安全管理，应当依据法定的职权和程序，简化办事手续，做到公正、严格、文明、高效。

**第八十条** 交通警察执行职务时，应当按照规定着装，佩戴人民警察标志，持有人民警察证件，保持警容严整，举止端庄，指挥规范。

**第八十一条** 依照本法发放牌证等收取工本费，应当严格执行国务院价格主管部门核定的收费标准，并全部上缴国库。

**第八十二条** 公安机关交通管理部门依法实施罚款的行政处罚，应当依照有关法律、行政法规的规定，实施罚款决定与罚款收缴分离；收缴的罚款以及依法没收的违法所得，应当全部上缴国库。

**第八十三条** 交通警察调查处理道路交通安全违法行为和交通事故，有下列情形之一的，应当回避：

（一）是本案的当事人或者当事人的近亲属。

（二）本人或者其近亲属与本案有利害关系。

（三）与本案当事人有其他关系，可能影响案件的公正处理。

**第八十四条**　公安机关交通管理部门及其交通警察的行政执法活动，应当接受行政监察机关依法实施的监督。

公安机关督察部门应当对公安机关交通管理部门及其交通警察执行法律、法规和遵守纪律的情况依法进行监督。

上级公安机关交通管理部门应当对下级公安机关交通管理部门的执法活动进行监督。

**第八十五条**　公安机关交通管理部门及其交通警察执行职务，应当自觉接受社会和公民的监督。

任何单位和个人都有权对公安机关交通管理部门及其交通警察不严格执法以及违法违纪行为进行检举、控告。收到检举、控告的机关，应当依据职责及时查处。

**第八十六条**　任何单位不得给公安机关交通管理部门下达或者变相下达罚款指标；公安机关交通管理部门不得以罚款数额作为考核交通警察的标准。

公安机关交通管理部门及其交通警察对超越法律、法规规定的指令，有权拒绝执行，并同时向上级机关报告。

## 第七章　法律责任

**第八十七条**　公安机关交通管理部门及其交通警察对道路交通安全违法行为，应当及时纠正。

公安机关交通管理部门及其交通警察应当依据事实和本法的有关规定对道路交通安全违法行为予以处罚。对于情节轻微，未影响道路通行的，指出违法行为，给予口头警告后放行。

**第八十八条**　对道路交通安全违法行为的处罚种类包括：警告、罚款、暂扣或者吊销机动车驾驶证、拘留。

**第八十九条**　行人、乘车人、非机动车驾驶人违反道路交通安全法律、法规关于道路通行规定的，处警告或者五元以上五十元以下罚款；非机动车驾驶人拒绝接受罚款处罚的，可以扣留其非机动车。

**第九十条**　机动车驾驶人违反道路交通安全法律、法规关于道路通行规定的，处警告或者二十元以上二百元以下罚款。本法另有规定的，依照规定处罚。

**第九十一条**　饮酒后驾驶机动车的，处暂扣六个月机动车驾驶证，并处一千元以上二千元以下罚款。因饮酒后驾驶机动车被处罚，再次饮酒后驾驶机动车的，处十日以下拘留，并处一千元以上二千元以下罚款，吊销机动车驾驶证。

醉酒驾驶机动车的，由公安机关交通管理部门约束至酒醒，吊销机动车驾驶证，依法追究刑事责任；五年内不得重新取得机动车驾驶证。

饮酒后驾驶营运机动车的，处十五日拘留，并处五千元罚款，吊销机动车驾驶证，五年内不得重新取得机动车驾驶证。

醉酒驾驶营运机动车的，由公安机关交通管理部门约束至酒醒，吊销机动车驾驶证，依法追究刑事责任；十年内不得重新取得机动车驾驶证，重新取得机动车驾驶证后，不得驾驶营运机动车。

饮酒后或者醉酒驾驶机动车发生重大交通事故，构成犯罪的，依法追究刑事责任，并由公安机关交通管理部门吊销机动车驾驶证，终生不得重新取得机动车驾驶证。

**第九十二条** 公路客运车辆载客超过额定乘员的，处二百元以上五百元以下罚款；超过额定乘员百分之二十或者违反规定载货的，处五百元以上二千元以下罚款。

货运机动车超过核定载质量的，处二百元以上五百元以下罚款；超过核定载质量百分之三十或者违反规定载客的，处五百元以上二千元以下罚款。

有前两款行为的，由公安机关交通管理部门扣留机动车至违法状态消除。

运输单位的车辆有本条第一款、第二款规定的情形，经处罚不改的，对直接负责的主管人员处二千元以上五千元以下罚款。

**第九十三条** 对违反道路交通安全法律、法规关于机动车停放、临时停车规定的，可以指出违法行为，并予以口头警告，令其立即驶离。

机动车驾驶人不在现场或者虽在现场但拒绝立即驶离，妨碍其他车辆、行人通行的，处二十元以上二百元以下罚款，并可以将该机动车拖移至不妨碍交通的地点或者公安机关交通管理部门指定的地点停放。公安机关交通管理部门拖车不得向当事人收取费用，并应当及时告知当事人停放地点。

因采取不正确的方法拖车造成机动车损坏的，应当依法承担补偿责任。

**第九十四条** 机动车安全技术检验机构实施机动车安全技术检验超过国务院价格主管部门核定的收费标准收取费用的，退还多收取的费用，并由价格主管部门依照《中华人民共和国价格法》的有关规定给予处罚。

机动车安全技术检验机构不按照机动车国家安全技术标准进行检验，出具虚假检验结果的，由公安机关交通管理部门处所收检验费用五倍以上十倍以下罚款，并依法撤销其检验资格；构成犯罪的，依法追究刑事责任。

**第九十五条** 上道路行驶的机动车未悬挂机动车号牌，未放置检验合格标志、保险标志，或者未随车携带行驶证、驾驶证的，公安机关交通管理部门应当扣留机动车，通知当事人提供相应的牌证、标志或者补办相应手续，并可以依照本法第九十条的规定予以处罚。当事人提供相应的牌证、标志或者补办相应手续的，应当及时退还机动车。

故意遮挡、污损或者不按规定安装机动车号牌的，依照本法第九十条的规定予以处罚。

**第九十六条** 伪造、变造或者使用伪造、变造的机动车登记证书、号牌、行驶证、驾驶证的，由公安机关交通管理部门予以收缴，扣留该机动车，处十五日以下拘留，并处二千元以上五千元以下罚款；构成犯罪的，依法追究刑事责任。

伪造、变造或者使用伪造、变造的检验合格标志、保险标志的，由公安机关交通管理部门予以收缴，扣留该机动车，处十日以下拘留，并处一千元以上三千元以下罚款；构成犯罪的，依法追究刑事责任。

使用其他车辆的机动车登记证书、号牌、行驶证、检验合格标志、保险标志的，由公安机关交通管理部门予以收缴，扣留该机动车，处二千元以上五千元以下罚款。

当事人提供相应的合法证明或者补办相应手续的，应当及时退还机动车。

**第九十七条**　非法安装警报器、标志灯具的，由公安机关交通管理部门强制拆除，予以收缴，并处二百元以上二千元以下罚款。

**第九十八条**　机动车所有人、管理人未按照国家规定投保机动车第三者责任强制保险的，由公安机关交通管理部门扣留车辆至依照规定投保后，并处依照规定投保最低责任限额应缴纳的保险费的二倍罚款。

依照前款缴纳的罚款全部纳入道路交通事故社会救助基金。具体办法由国务院规定。

**第九十九条**　有下列行为之一的，由公安机关交通管理部门处二百元以上二千元以下罚款：

（一）未取得机动车驾驶证、机动车驾驶证被吊销或者机动车驾驶证被暂扣期间驾驶机动车的。

（二）将机动车交由未取得机动车驾驶证或者机动车驾驶证被吊销、暂扣的人驾驶的。

（三）造成交通事故后逃逸，尚不构成犯罪的。

（四）机动车行驶超过规定时速百分之五十的。

（五）强迫机动车驾驶人违反道路交通安全法律、法规和机动车安全驾驶要求驾驶机动车，造成交通事故，尚不构成犯罪的。

（六）违反交通管制的规定强行通行，不听劝阻的。

（七）故意损毁、移动、涂改交通设施，造成危害后果，尚不构成犯罪的。

（八）非法拦截、扣留机动车辆，不听劝阻，造成交通严重阻塞或者较大财产损失的。

行为人有前款第二项、第四项情形之一的，可以并处吊销机动车驾驶证；有第一项、第三项、第五项至第八项情形之一的，可以并处十五日以下拘留。

**第一百条**　驾驶拼装的机动车或者已达到报废标准的机动车上道路行驶的，公安机关交通管理部门应当予以收缴，强制报废。

对驾驶前款所列机动车上道路行驶的驾驶人，处二百元以上二千元以下罚款，并吊销机动车驾驶证。

出售已达到报废标准的机动车的，没收违法所得，处销售金额等额的罚款，对该机动车依照本条第一款的规定处理。

**第一百零一条**　违反道路交通安全法律、法规的规定，发生重大交通事故，构成犯罪的，依法追究刑事责任，并由公安机关交通管理部门吊销机动车驾驶证。

造成交通事故后逃逸的，由公安机关交通管理部门吊销机动车驾驶证，且终生不得重新取得机动车驾驶证。

**第一百零二条**　对六个月内发生二次以上特大交通事故负有主要责任或者全部责任的专业运输单位，由公安机关交通管理部门责令消除安全隐患，未消除安全隐患的机动车，禁止上道路行驶。

**第一百零三条**　国家机动车产品主管部门未按照机动车国家安全技术标准严格审查，许可不合格机动车型投入生产的，对负有责任的主管人员和其他直接责任人员给予降级或者撤职的行政处分。

机动车生产企业经国家机动车产品主管部门许可生产的机动车型，不执行机动车国家安全技术标准或者不严格进行机动车成品质量检验，致使质量不合格的机动车出厂销售的，由质量技术监督部门依照《中华人民共和国产品质量法》的有关规定给予处罚。

擅自生产、销售未经国家机动车产品主管部门许可生产的机动车型的，没收非法生产、销售的机动车成品及配件，可以并处非法产品价值三倍以上五倍以下罚款；有营业执照的，由工商行政管理部门吊销营业执照，没有营业执照的，予以查封。

生产、销售拼装的机动车或者生产、销售擅自改装的机动车的，依照本条第三款的规定处罚。

有本条第二款、第三款、第四款所列违法行为，生产或者销售不符合机动车国家安全技术标准的机动车，构成犯罪的，依法追究刑事责任。

**第一百零四条** 未经批准，擅自挖掘道路、占用道路施工或者从事其他影响道路交通安全活动的，由道路主管部门责令停止违法行为，并恢复原状，可以依法给予罚款；致使通行的人员、车辆及其他财产遭受损失的，依法承担赔偿责任。

有前款行为，影响道路交通安全活动的，公安机关交通管理部门可以责令停止违法行为，迅速恢复交通。

**第一百零五条** 道路施工作业或者道路出现损毁，未及时设置警示标志、未采取防护措施，或者应当设置交通信号灯、交通标志、交通标线而没有设置或者应当及时变更交通信号灯、交通标志、交通标线而没有及时变更，致使通行的人员、车辆及其他财产遭受损失的，负有相关职责的单位应当依法承担赔偿责任。

**第一百零六条** 在道路两侧及隔离带上种植树木、其他植物或者设置广告牌、管线等，遮挡路灯、交通信号灯、交通标志，妨碍安全视距的，由公安机关交通管理部门责令行为人排除妨碍；拒不执行的，处二百元以上二千元以下罚款，并强制排除妨碍，所需费用由行为人负担。

**第一百零七条** 对道路交通违法行为人予以警告、二百元以下罚款，交通警察可以当场作出行政处罚决定，并出具行政处罚决定书。

行政处罚决定书应当载明当事人的违法事实、行政处罚的依据、处罚内容、时间、地点以及处罚机关名称，并由执法人员签名或者盖章。

**第一百零八条** 当事人应当自收到罚款的行政处罚决定书之日起十五日内，到指定的银行缴纳罚款。

对行人、乘车人和非机动车驾驶人的罚款，当事人无异议的，可以当场予以收缴罚款。

罚款应当开具省、自治区、直辖市财政部门统一制发的罚款收据；不出具财政部门统一制发的罚款收据的，当事人有权拒绝缴纳罚款。

**第一百零九条** 当事人逾期不履行行政处罚决定的，作出行政处罚决定的行政机关可以采取下列措施：

（一）到期不缴纳罚款的，每日按罚款数额的百分之三加处罚款。

（二）申请人民法院强制执行。

**第一百一十条** 执行职务的交通警察认为应当对道路交通违法行为人给予暂扣或者吊

销机动车驾驶证处罚的，可以先予扣留机动车驾驶证，并在二十四小时内将案件移交公安机关交通管理部门处理。

道路交通违法行为人应当在十五日内到公安机关交通管理部门接受处理。无正当理由逾期未接受处理的，吊销机动车驾驶证。

公安机关交通管理部门暂扣或者吊销机动车驾驶证的，应当出具行政处罚决定书。

**第一百一十一条**　对违反本法规定予以拘留的行政处罚，由县、市公安局、公安分局或者相当于县一级的公安机关裁决。

**第一百一十二条**　公安机关交通管理部门扣留机动车、非机动车，应当当场出具凭证，并告知当事人在规定期限内到公安机关交通管理部门接受处理。

公安机关交通管理部门对被扣留的车辆应当妥善保管，不得使用。

逾期不来接受处理，并且经公告三个月仍不来接受处理的，对扣留的车辆依法处理。

**第一百一十三条**　暂扣机动车驾驶证的期限从处罚决定生效之日起计算；处罚决定生效前先予扣留机动车驾驶证的，扣留一日折抵暂扣期限一日。

吊销机动车驾驶证后重新申请领取机动车驾驶证的期限，按照机动车驾驶证管理规定办理。

**第一百一十四条**　公安机关交通管理部门根据交通技术监控记录资料，可以对违法的机动车所有人或者管理人依法予以处罚。对能够确定驾驶人的，可以依照本法的规定依法予以处罚。

**第一百一十五条**　交通警察有下列行为之一的，依法给予行政处分：

（一）为不符合法定条件的机动车发放机动车登记证书、号牌、行驶证、检验合格标志的。

（二）批准不符合法定条件的机动车安装、使用警车、消防车、救护车、工程救险车的警报器、标志灯具，喷涂标志图案的。

（三）为不符合驾驶许可条件、未经考试或者考试不合格人员发放机动车驾驶证的。

（四）不执行罚款决定与罚款收缴分离制度或者不按规定将依法收取的费用、收缴的罚款及没收的违法所得全部上缴国库的。

（五）举办或者参与举办驾驶学校或者驾驶培训班、机动车修理厂或者收费停车场等经营活动的。

（六）利用职务上的便利收受他人财物或者谋取其他利益的。

（七）违法扣留车辆、机动车行驶证、驾驶证、车辆号牌的。

（八）使用依法扣留的车辆的。

（九）当场收取罚款不开具罚款收据或者不如实填写罚款额的。

（十）徇私舞弊，不公正处理交通事故的。

（十一）故意刁难，拖延办理机动车牌证的。

（十二）非执行紧急任务时使用警报器、标志灯具的。

（十三）违反规定拦截、检查正常行驶的车辆的。

（十四）非执行紧急公务时拦截搭乘机动车的。

（十五）不履行法定职责的。

公安机关交通管理部门有前款所列行为之一的，对直接负责的主管人员和其他直接责任人员给予相应的行政处分。

**第一百一十六条** 依照本法第一百一十五条的规定，给予交通警察行政处分的，在作出行政处分决定前，可以停止其执行职务；必要时，可以予以禁闭。

依照本法第一百一十五条的规定，交通警察受到降级或者撤职行政处分的，可以予以辞退。

交通警察受到开除处分或者被辞退的，应当取消警衔；受到撤职以下行政处分的交通警察，应当降低警衔。

**第一百一十七条** 交通警察利用职权非法占有公共财物，索取、收受贿赂，或者滥用职权、玩忽职守，构成犯罪的，依法追究刑事责任。

**第一百一十八条** 公安机关交通管理部门及其交通警察有本法第一百一十五条所列行为之一，给当事人造成损失的，应当依法承担赔偿责任。

## 第八章 附 则

**第一百一十九条** 本法中下列用语的含义：

（一）“道路”，是指公路、城市道路和虽在单位管辖范围但允许社会机动车通行的地方，包括广场、公共停车场等用于公众通行的场所。

（二）“车辆”，是指机动车和非机动车。

（三）“机动车”，是指以动力装置驱动或者牵引，上道路行驶的供人员乘用或者用于运送物品以及进行工程专项作业的轮式车辆。

（四）“非机动车”，是指以人力或者畜力驱动，上道路行驶的交通工具，以及虽有动力装置驱动但设计最高时速、空车质量、外形尺寸符合有关国家标准的残疾人机动轮椅车、电动自行车等交通工具。

（五）“交通事故”，是指车辆在道路上因过错或者意外造成的人身伤亡或者财产损失的事件。

**第一百二十条** 中国人民解放军和中国人民武装警察部队在编机动车牌证、在编机动车检验以及机动车驾驶人考核工作，由中国人民解放军、中国人民武装警察部队有关部门负责。

**第一百二十一条** 对上道路行驶的拖拉机，由农业（农业机械）主管部门行使本法第八条、第九条、第十三条、第十九条、第二十三条规定的公安机关交通管理部门的管理职权。

农业（农业机械）主管部门依照前款规定行使职权，应当遵守本法有关规定，并接受公安机关交通管理部门的监督；对违反规定的，依照本法有关规定追究法律责任。

本法施行前由农业（农业机械）主管部门发放的机动车牌证，在本法施行后继续有效。

**第一百二十二条** 国家对入境的境外机动车的道路交通安全实施统一管理。

**第一百二十三条** 省、自治区、直辖市人民代表大会常务委员会可以根据本地区的实际情况，在本法规定的罚款幅度内，规定具体的执行标准。

**第一百二十四条** 本法自2004年5月1日起施行。

# 164　使用有毒物品作业场所劳动保护条例

2002年4月30日国务院第57次常务会议通过，2002年5月12日
中华人民共和国国务院令第352号公布，自公布之日起施行。

## 目　　录

第一章　总则/875
第二章　作业场所的预防措施/876
第三章　劳动过程的防护/877
第四章　职业健康监护/879
第五章　劳动者的权利与义务/880
第六章　监督管理/881
第七章　罚则/882
第八章　附则/886

## 第一章　总　　则

**第一条**　为了保证作业场所安全使用有毒物品，预防、控制和消除职业中毒危害，保护劳动者的生命安全、身体健康及其相关权益，根据职业病防治法和其他有关法律、行政法规的规定，制定本条例。

**第二条**　作业场所使用有毒物品可能产生职业中毒危害的劳动保护，适用本条例。

**第三条**　按照有毒物品产生的职业中毒危害程度，有毒物品分为一般有毒物品和高毒物品。国家对作业场所使用高毒物品实行特殊管理。

一般有毒物品目录、高毒物品目录由国务院卫生行政部门会同有关部门依据国家标准制定、调整并公布。

**第四条**　从事使用有毒物品作业的用人单位（以下简称用人单位）应当使用符合国家标准的有毒物品，不得在作业场所使用国家明令禁止使用的有毒物品或者使用不符合国家标准的有毒物品。

用人单位应当尽可能使用无毒物品；需要使用有毒物品的，应当优先选择使用低毒物品。

**第五条**　用人单位应当依照本条例和其他有关法律、行政法规的规定，采取有效的防护措施，预防职业中毒事故的发生，依法参加工伤保险，保障劳动者的生命安全和身体健康。

**第六条**　国家鼓励研制、开发、推广、应用有利于预防、控制、消除职业中毒危害和保护劳动者健康的新技术、新工艺、新材料；限制使用或者淘汰有关职业中毒危害严重的技术、工艺、材料；加强对有关职业病的机理和发生规律的基础研究，提高有关职业病防治科学技术水平。

**第七条** 禁止使用童工。

用人单位不得安排未成年人和孕期、哺乳期的女职工从事使用有毒物品的作业。

**第八条** 工会组织应当督促并协助用人单位开展职业卫生宣传教育和培训，对用人单位的职业卫生工作提出意见和建议，与用人单位就劳动者反映的职业病防治问题进行协调并督促解决。

工会组织对用人单位违反法律、法规，侵犯劳动者合法权益的行为，有权要求纠正；产生严重职业中毒危害时，有权要求用人单位采取防护措施，或者向政府有关部门建议采取强制性措施；发生职业中毒事故时，有权参与事故调查处理；发现危及劳动者生命、健康的情形时，有权建议用人单位组织劳动者撤离危险现场，用人单位应当立即作出处理。

**第九条** 县级以上人民政府卫生行政部门及其他有关行政部门应当依据各自的职责，监督用人单位严格遵守本条例和其他有关法律、法规的规定，加强作业场所使用有毒物品的劳动保护，防止职业中毒事故发生，确保劳动者依法享有的权利。

**第十条** 各级人民政府应当加强对使用有毒物品作业场所职业卫生安全及相关劳动保护工作的领导，督促、支持卫生行政部门及其他有关行政部门依法履行监督检查职责，及时协调、解决有关重大问题；在发生职业中毒事故时，应当采取有效措施，控制事故危害的蔓延并消除事故危害，并妥善处理有关善后工作。

## 第二章　作业场所的预防措施

**第十一条** 用人单位的设立，应当符合有关法律、行政法规规定的设立条件，并依法办理有关手续，取得营业执照。

用人单位的使用有毒物品作业场所，除应当符合职业病防治法规定的职业卫生要求外，还必须符合下列要求：

（一）作业场所与生活场所分开，作业场所不得住人。

（二）有害作业与无害作业分开，高毒作业场所与其他作业场所隔离。

（三）设置有效的通风装置；可能突然泄漏大量有毒物品或者易造成急性中毒的作业场所，设置自动报警装置和事故通风设施。

（四）高毒作业场所设置应急撤离通道和必要的泄险区。

用人单位及其作业场所符合前两款规定的，由卫生行政部门发给职业卫生安全许可证，方可从事使用有毒物品的作业。

**第十二条** 使用有毒物品作业场所应当设置黄色区域警示线、警示标识和中文警示说明。警示说明应当载明产生职业中毒危害的种类、后果、预防以及应急救治措施等内容。

高毒作业场所应当设置红色区域警示线、警示标识和中文警示说明，并设置通信报警设备。

**第十三条** 新建、扩建、改建的建设项目和技术改造、技术引进项目（以下统称建设项目），可能产生职业中毒危害的，应当依照职业病防治法的规定进行职业中毒危害预评价，并经卫生行政部门审核同意；可能产生职业中毒危害的建设项目的职业中毒危害防护设施应当与主体工程同时设计、同时施工、同时投入生产和使用；建设项目竣工，应当进行职业中毒危害控制效果评价，并经卫生行政部门验收合格。

存在高毒作业的建设项目的职业中毒危害防护设施设计，应当经卫生行政部门进行卫生审查；经审查，符合国家职业卫生标准和卫生要求的，方可施工。

**第十四条** 用人单位应当按照国务院卫生行政部门的规定，向卫生行政部门及时、如实申报存在职业中毒危害项目。

从事使用高毒物品作业的用人单位，在申报使用高毒物品作业项目时，应当向卫生行政部门提交下列有关资料：

（一）职业中毒危害控制效果评价报告。

（二）职业卫生管理制度和操作规程等材料。

（三）职业中毒事故应急救援预案。

从事使用高毒物品作业的用人单位变更所使用的高毒物品品种的，应当依照前款规定向原受理申报的卫生行政部门重新申报。

**第十五条** 用人单位变更名称、法定代表人或者负责人的，应当向原受理申报的卫生行政部门备案。

**第十六条** 从事使用高毒物品作业的用人单位，应当配备应急救援人员和必要的应急救援器材、设备，制定事故应急救援预案，并根据实际情况变化对应急救援预案适时进行修订，定期组织演练。事故应急救援预案和演练记录应当报当地卫生行政部门、安全生产监督管理部门和公安部门备案。

## 第三章 劳动过程的防护

**第十七条** 用人单位应当依照职业病防治法的有关规定，采取有效的职业卫生防护管理措施，加强劳动过程中的防护与管理。

从事使用高毒物品作业的用人单位，应当配备专职的或者兼职的职业卫生医师和护士；不具备配备专职的或者兼职的职业卫生医师和护士条件的，应当与依法取得资质认证的职业卫生技术服务机构签订合同，由其提供职业卫生服务。

**第十八条** 用人单位应当与劳动者订立劳动合同，将工作过程中可能产生的职业中毒危害及其后果、职业中毒危害防护措施和待遇等如实告知劳动者，并在劳动合同中写明，不得隐瞒或者欺骗。

劳动者在已订立劳动合同期间因工作岗位或者工作内容变更，从事劳动合同中未告知的存在职业中毒危害的作业时，用人单位应当依照前款规定，如实告知劳动者，并协商变更原劳动合同有关条款。

用人单位违反前两款规定的，劳动者有权拒绝从事存在职业中毒危害的作业，用人单位不得因此单方面解除或者终止与劳动者所订立的劳动合同。

**第十九条** 用人单位有关管理人员应当熟悉有关职业病防治的法律、法规以及确保劳动者安全使用有毒物品作业的知识。

用人单位应当对劳动者进行上岗前的职业卫生培训和在岗期间的定期职业卫生培训，

普及有关职业卫生知识，督促劳动者遵守有关法律、法规和操作规程，指导劳动者正确使用职业中毒危害防护设备和个人使用的职业中毒危害防护用品。

劳动者经培训考核合格，方可上岗作业。

**第二十条** 用人单位应当确保职业中毒危害防护设备、应急救援设施、通信报警装置处于正常适用状态，不得擅自拆除或者停止运行。

用人单位应当对前款所列设施进行经常性的维护、检修，定期检测其性能和效果，确保其处于良好运行状态。

职业中毒危害防护设备、应急救援设施和通信报警装置处于不正常状态时，用人单位应当立即停止使用有毒物品作业；恢复正常状态后，方可重新作业。

**第二十一条** 用人单位应当为从事使用有毒物品作业的劳动者提供符合国家职业卫生标准的防护用品，并确保劳动者正确使用。

**第二十二条** 有毒物品必须附具说明书，如实载明产品特性、主要成分、存在的职业中毒危害因素、可能产生的危害后果、安全使用注意事项、职业中毒危害防护以及应急救治措施等内容；没有说明书或者说明书不符合要求的，不得向用人单位销售。

用人单位有权向生产、经营有毒物品的单位索取说明书。

**第二十三条** 有毒物品的包装应当符合国家标准，并以易于劳动者理解的方式加贴或者拴挂有毒物品安全标签。有毒物品的包装必须有醒目的警示标识和中文警示说明。

经营、使用有毒物品的单位，不得经营、使用没有安全标签、警示标识和中文警示说明的有毒物品。

**第二十四条** 用人单位维护、检修存在高毒物品的生产装置，必须事先制定维护、检修方案，明确职业中毒危害防护措施，确保维护、检修人员的生命安全和身体健康。

维护、检修存在高毒物品的生产装置，必须严格按照维护、检修方案和操作规程进行。维护、检修现场应当有专人监护，并设置警示标志。

**第二十五条** 需要进入存在高毒物品的设备、容器或者狭窄封闭场所作业时，用人单位应当事先采取下列措施：

（一）保持作业场所良好的通风状态，确保作业场所职业中毒危害因素浓度符合国家职业卫生标准。

（二）为劳动者配备符合国家职业卫生标准的防护用品。

（三）设置现场监护人员和现场救援设备。

未采取前款规定措施或者采取的措施不符合要求的，用人单位不得安排劳动者进入存在高毒物品的设备、容器或者狭窄封闭场所作业。

**第二十六条** 用人单位应当按照国务院卫生行政部门的规定，定期对使用有毒物品作业场所职业中毒危害因素进行检测、评价。检测、评价结果存入用人单位职业卫生档案，定期向所在地卫生行政部门报告并向劳动者公布。

从事使用高毒物品作业的用人单位应当至少每一个月对高毒作业场所进行一次职业中毒危害因素检测；至少每半年进行一次职业中毒危害控制效果评价。

高毒作业场所职业中毒危害因素不符合国家职业卫生标准和卫生要求时，用人单位必须立即停止高毒作业，并采取相应的治理措施；经治理，职业中毒危害因素符合国家职业卫生标准和卫生要求的，方可重新作业。

**第二十七条**　从事使用高毒物品作业的用人单位应当设置淋浴间和更衣室，并设置清洗、存放或者处理从事使用高毒物品作业劳动者的工作服、工作鞋帽等物品的专用间。

劳动者结束作业时，其使用的工作服、工作鞋帽等物品必须存放在高毒作业区域内，不得穿戴到非高毒作业区域。

**第二十八条**　用人单位应当按照规定对从事使用高毒物品作业的劳动者进行岗位轮换。

用人单位应当为从事使用高毒物品作业的劳动者提供岗位津贴。

**第二十九条**　用人单位转产、停产、停业或者解散、破产的，应当采取有效措施，妥善处理留存或者残留有毒物品的设备、包装物和容器。

**第三十条**　用人单位应当对本单位执行本条例规定的情况进行经常性的监督检查；发现问题，应当及时依照本条例规定的要求进行处理。

## 第四章　职业健康监护

**第三十一条**　用人单位应当组织从事使用有毒物品作业的劳动者进行上岗前职业健康检查。

用人单位不得安排未经上岗前职业健康检查的劳动者从事使用有毒物品的作业，不得安排有职业禁忌的劳动者从事其所禁忌的作业。

**第三十二条**　用人单位应当对从事使用有毒物品作业的劳动者进行定期职业健康检查。

用人单位发现有职业禁忌或者有与所从事职业相关的健康损害的劳动者，应当将其及时调离原工作岗位，并妥善安置。

用人单位对需要复查和医学观察的劳动者，应当按照体检机构的要求安排其复查和医学观察。

**第三十三条**　用人单位应当对从事使用有毒物品作业的劳动者进行离岗时的职业健康检查；对离岗时未进行职业健康检查的劳动者，不得解除或者终止与其订立的劳动合同。

用人单位发生分立、合并、解散、破产等情形的，应当对从事使用有毒物品作业的劳动者进行健康检查，并按照国家有关规定妥善安置职业病病人。

**第三十四条**　用人单位对受到或者可能受到急性职业中毒危害的劳动者，应当及时组织进行健康检查和医学观察。

**第三十五条**　劳动者职业健康检查和医学观察的费用，由用人单位承担。

**第三十六条**　用人单位应当建立职业健康监护档案。

职业健康监护档案应当包括下列内容：

（一）劳动者的职业史和职业中毒危害接触史。

（二）相应作业场所职业中毒危害因素监测结果。

（三）职业健康检查结果及处理情况。

（四）职业病诊疗等劳动者健康资料。

## 第五章　劳动者的权利与义务

**第三十七条**　从事使用有毒物品作业的劳动者在存在威胁生命安全或者身体健康危险的情况下，有权通知用人单位并从使用有毒物品造成的危险现场撤离。

用人单位不得因劳动者依据前款规定行使权利，而取消或者减少劳动者在正常工作时享有的工资、福利待遇。

**第三十八条**　劳动者享有下列职业卫生保护权利：

（一）获得职业卫生教育、培训。

（二）获得职业健康检查、职业病诊疗、康复等职业病防治服务。

（三）了解工作场所产生或者可能产生的职业中毒危害因素、危害后果和应当采取的职业中毒危害防护措施。

（四）要求用人单位提供符合防治职业病要求的职业中毒危害防护设施和个人使用的职业中毒危害防护用品，改善工作条件。

（五）对违反职业病防治法律、法规，危及生命、健康的行为提出批评、检举和控告。

（六）拒绝违章指挥和强令进行没有职业中毒危害防护措施的作业。

（七）参与用人单位职业卫生工作的民主管理，对职业病防治工作提出意见和建议。

用人单位应当保障劳动者行使前款所列权利。禁止因劳动者依法行使正当权利而降低其工资、福利等待遇或者解除、终止与其订立的劳动合同。

**第三十九条**　劳动者有权在正式上岗前从用人单位获得下列资料：

（一）作业场所使用的有毒物品的特性、有害成分、预防措施、教育和培训资料。

（二）有毒物品的标签、标识及有关资料。

（三）有毒物品安全使用说明书。

（四）可能影响安全使用有毒物品的其他有关资料。

**第四十条**　劳动者有权查阅、复印其本人职业健康监护档案。

劳动者离开用人单位时，有权索取本人健康监护档案复印件；用人单位应当如实、无偿提供，并在所提供的复印件上签章。

**第四十一条**　用人单位按照国家规定参加工伤保险的，患职业病的劳动者有权按照国家有关工伤保险的规定，享受下列工伤保险待遇：

（一）医疗费：因患职业病进行诊疗所需费用，由工伤保险基金按照规定标准支付。

（二）住院伙食补助费：由用人单位按照当地因公出差伙食标准的一定比例支付。

（三）康复费：由工伤保险基金按照规定标准支付。

（四）残疾用具费：因残疾需要配置辅助器具的，所需费用由工伤保险基金按照普及型辅助器具标准支付。

（五）停工留薪期待遇：原工资、福利待遇不变，由用人单位支付。

（六）生活护理补助费：经评残并确认需要生活护理的，生活护理补助费由工伤保险基金按照规定标准支付。

（七）一次性伤残补助金：经鉴定为十级至一级伤残的，按照伤残等级享受相当于6个月至24个月的本人工资的一次性伤残补助金，由工伤保险基金支付。

（八）伤残津贴：经鉴定为四级至一级伤残的，按照规定享受相当于本人工资75%至90%的伤残津贴，由工伤保险基金支付。

（九）死亡补助金：因职业中毒死亡的，由工伤保险基金按照不低于48个月的统筹地区上年度职工月平均工资的标准一次支付。

（十）丧葬补助金：因职业中毒死亡的，由工伤保险基金按照6个月的统筹地区上年度职工月平均工资的标准一次支付。

（十一）供养亲属抚恤金：因职业中毒死亡的，对由死者生前提供主要生活来源的亲属由工伤保险基金支付抚恤金：对其配偶每月按照统筹地区上年度职工月平均工资的40%发给，对其生前供养的直系亲属每人每月按照统筹地区上年度职工月平均工资的30%发给。

（十二）国家规定的其他工伤保险待遇。

本条例施行后，国家对工伤保险待遇的项目和标准作出调整时，从其规定。

**第四十二条**　用人单位未参加工伤保险的，其劳动者从事有毒物品作业患职业病的，用人单位应当按照国家有关工伤保险规定的项目和标准，保证劳动者享受工伤待遇。

**第四十三条**　用人单位无营业执照以及被依法吊销营业执照，其劳动者从事使用有毒物品作业患职业病的，应当按照国家有关工伤保险规定的项目和标准，给予劳动者一次性赔偿。

**第四十四条**　用人单位分立、合并的，承继单位应当承担由原用人单位对患职业病的劳动者承担的补偿责任。

用人单位解散、破产的，应当依法从其清算财产中优先支付患职业病的劳动者的补偿费用。

**第四十五条**　劳动者除依法享有工伤保险外，依照有关民事法律的规定，尚有获得赔偿的权利的，有权向用人单位提出赔偿要求。

**第四十六条**　劳动者应当学习和掌握相关职业卫生知识，遵守有关劳动保护的法律、法规和操作规程，正确使用和维护职业中毒危害防护设施及其用品；发现职业中毒事故隐患时，应当及时报告。

作业场所出现使用有毒物品产生的危险时，劳动者应当采取必要措施，按照规定正确使用防护设施，将危险加以消除或者减少到最低限度。

## 第六章　监 督 管 理

**第四十七条**　县级以上人民政府卫生行政部门应当依照本条例的规定和国家有关职业卫生要求，依据职责划分，对作业场所使用有毒物品作业及职业中毒危害检测、评价活动进行监督检查。

卫生行政部门实施监督检查，不得收取费用，不得接受用人单位的财物或者其他利益。

**第四十八条**　卫生行政部门应当建立、健全监督制度，核查反映用人单位有关劳动保护的材料，履行监督责任。

用人单位应当向卫生行政部门如实、具体提供反映有关劳动保护的材料；必要时，卫生行政部门可以查阅或者要求用人单位报送有关材料。

**第四十九条** 卫生行政部门应当监督用人单位严格执行有关职业卫生规范。

卫生行政部门应当依照本条例的规定对使用有毒物品作业场所的职业卫生防护设备、设施的防护性能进行定期检验和不定期的抽查；发现职业卫生防护设备、设施存在隐患时，应当责令用人单位立即消除隐患；消除隐患期间，应当责令其停止作业。

**第五十条** 卫生行政部门应当采取措施，鼓励对用人单位的违法行为进行举报、投诉、检举和控告。

卫生行政部门对举报、投诉、检举和控告应当及时核实，依法作出处理，并将处理结果予以公布。

卫生行政部门对举报人、投诉人、检举人和控告人负有保密的义务。

**第五十一条** 卫生行政部门执法人员依法执行职务时，应当出示执法证件。

卫生行政部门执法人员应当忠于职守，秉公执法；涉及用人单位秘密的，应当为其保密。

**第五十二条** 卫生行政部门依法实施罚款的行政处罚，应当依照有关法律、行政法规的规定，实施罚款决定与罚款收缴分离；收缴的罚款以及依法没收的经营所得，必须全部上缴国库。

**第五十三条** 卫生行政部门履行监督检查职责时，有权采取下列措施：

（一）进入用人单位和使用有毒物品作业场所现场，了解情况，调查取证，进行抽样检查、检测、检验，进行实地检查。

（二）查阅或者复制与违反本条例行为有关的资料，采集样品。

（三）责令违反本条例规定的单位和个人停止违法行为。

**第五十四条** 发生职业中毒事故或者有证据证明职业中毒危害状态可能导致事故发生时，卫生行政部门有权采取下列临时控制措施：

（一）责令暂停导致职业中毒事故的作业。

（二）封存造成职业中毒事故或者可能导致事故发生的物品。

（三）组织控制职业中毒事故现场。

在职业中毒事故或者危害状态得到有效控制后，卫生行政部门应当及时解除控制措施。

**第五十五条** 卫生行政部门执法人员依法执行职务时，被检查单位应当接受检查并予以支持、配合，不得拒绝和阻碍。

**第五十六条** 卫生行政部门应当加强队伍建设，提高执法人员的政治、业务素质，依照本条例的规定，建立、健全内部监督制度，对执法人员执行法律、法规和遵守纪律的情况进行监督检查。

## 第七章 罚　　则

**第五十七条** 卫生行政部门的工作人员有下列行为之一，导致职业中毒事故发生的，依照刑法关于滥用职权罪、玩忽职守罪或者其他罪的规定，依法追究刑事责任；造成职业中毒危害但尚未导致职业中毒事故发生，不够刑事处罚的，根据不同情节，依法给予降级、撤职或者开除的行政处分：

（一）对不符合本条例规定条件的涉及使用有毒物品作业事项，予以批准的。

（二）发现用人单位擅自从事使用有毒物品作业，不予取缔的。

（三）对依法取得批准的用人单位不履行监督检查职责，发现其不再具备本条例规定的条件而不撤销原批准或者发现违反本条例的其他行为不予查处的。

（四）发现用人单位存在职业中毒危害，可能造成职业中毒事故，不及时依法采取控制措施的。

**第五十八条** 用人单位违反本条例的规定，有下列情形之一的，由卫生行政部门给予警告，责令限期改正，处10万元以上50万元以下的罚款；逾期不改正的，提请有关人民政府按照国务院规定的权限责令停建、予以关闭；造成严重职业中毒危害或者导致职业中毒事故发生的，对负有责任的主管人员和其他直接责任人员依照刑法关于重大劳动安全事故罪或者其他罪的规定，依法追究刑事责任：

（一）可能产生职业中毒危害的建设项目，未依照职业病防治法的规定进行职业中毒危害预评价，或者预评价未经卫生行政部门审核同意，擅自开工的。

（二）职业卫生防护设施未与主体工程同时设计、同时施工、同时投入生产和使用的。

（三）建设项目竣工，未进行职业中毒危害控制效果评价，或者未经卫生行政部门验收或者验收不合格，擅自投入使用的。

（四）存在高毒作业的建设项目的防护设施设计未经卫生行政部门审查同意，擅自施工的。

**第五十九条** 用人单位违反本条例的规定，有下列情形之一的，由卫生行政部门给予警告，责令限期改正，处5万元以上20万元以下的罚款；逾期不改正的，提请有关人民政府按照国务院规定的权限予以关闭；造成严重职业中毒危害或者导致职业中毒事故发生的，对负有责任的主管人员和其他直接责任人员依照刑法关于重大劳动安全事故罪或者其他罪的规定，依法追究刑事责任：

（一）使用有毒物品作业场所未按照规定设置警示标识和中文警示说明的。

（二）未对职业卫生防护设备、应急救援设施、通信报警装置进行维护、检修和定期检测，导致上述设施处于不正常状态的。

（三）未依照本条例的规定进行职业中毒危害因素检测和职业中毒危害控制效果评价的。

（四）高毒作业场所未按照规定设置撤离通道和泄险区的。

（五）高毒作业场所未按照规定设置警示线的。

（六）未向从事使用有毒物品作业的劳动者提供符合国家职业卫生标准的防护用品，或者未保证劳动者正确使用的。

**第六十条** 用人单位违反本条例的规定，有下列情形之一的，由卫生行政部门给予警告，责令限期改正，处5万元以上30万元以下的罚款；逾期不改正的，提请有关人民政府按照国务院规定的权限予以关闭；造成严重职业中毒危害或者导致职业中毒事故发生的，对负有责任的主管人员和其他直接责任人员依照刑法关于重大责任事故罪、重大劳动安全事故罪或者其他罪的规定，依法追究刑事责任：

（一）使用有毒物品作业场所未设置有效通风装置的，或者可能突然泄漏大量有毒物品或者易造成急性中毒的作业场所未设置自动报警装置或者事故通风设施的。

（二）职业卫生防护设备、应急救援设施、通信报警装置处于不正常状态而不停止作业，或者擅自拆除或者停止运行职业卫生防护设备、应急救援设施、通信报警装置的。

**第六十一条** 从事使用高毒物品作业的用人单位违反本条例的规定，有下列行为之一的，由卫生行政部门给予警告，责令限期改正，处5万元以上20万元以下的罚款；逾期不改正的，提请有关人民政府按照国务院规定的权限予以关闭；造成严重职业中毒危害或者导致职业中毒事故发生的，对负有责任的主管人员和其他直接责任人员依照刑法关于重大责任事故罪或者其他罪的规定，依法追究刑事责任：

（一）作业场所职业中毒危害因素不符合国家职业卫生标准和卫生要求而不立即停止高毒作业并采取相应的治理措施的，或者职业中毒危害因素治理不符合国家职业卫生标准和卫生要求重新作业的。

（二）未依照本条例的规定维护、检修存在高毒物品的生产装置的。

（三）未采取本条例规定的措施，安排劳动者进入存在高毒物品的设备、容器或者狭窄封闭场所作业的。

**第六十二条** 在作业场所使用国家明令禁止使用的有毒物品或者使用不符合国家标准的有毒物品的，由卫生行政部门责令立即停止使用，处5万元以上30万元以下的罚款；情节严重的，责令停止使用有毒物品作业，或者提请有关人民政府按照国务院规定的权限予以关闭；造成严重职业中毒危害或者导致职业中毒事故发生的，对负有责任的主管人员和其他直接责任人员依照刑法关于危险物品肇事罪、重大责任事故罪或者其他罪的规定，依法追究刑事责任。

**第六十三条** 用人单位违反本条例的规定，有下列行为之一的，由卫生行政部门给予警告，责令限期改正；逾期不改正的，处5万元以上30万元以下的罚款；造成严重职业中毒危害或者导致职业中毒事故发生的，对负有责任的主管人员和其他直接责任人员依照刑法关于重大责任事故罪或者其他罪的规定，依法追究刑事责任：

（一）使用未经培训考核合格的劳动者从事高毒作业的。

（二）安排有职业禁忌的劳动者从事所禁忌的作业的。

（三）发现有职业禁忌或者有与所从事职业相关的健康损害的劳动者，未及时调离原工作岗位，并妥善安置的。

（四）安排未成年人或者孕期、哺乳期的女职工从事使用有毒物品作业的。

（五）使用童工的。

**第六十四条** 违反本条例的规定，未经许可，擅自从事使用有毒物品作业的，由工商行政管理部门、卫生行政部门依据各自职权予以取缔；造成职业中毒事故的，依照刑法关于危险物品肇事罪或者其他罪的规定，依法追究刑事责任；尚不够刑事处罚的，由卫生行政部门没收经营所得，并处经营所得3倍以上5倍以下的罚款；对劳动者造成人身伤害的，依法承担赔偿责任。

**第六十五条** 从事使用有毒物品作业的用人单位违反本条例的规定，在转产、停产、停业或者解散、破产时未采取有效措施，妥善处理留存或者残留高毒物品的设备、包装物和容器的，由卫生行政部门责令改正，处2万元以上10万元以下的罚款；触犯刑律的，对负有责任的主管人员和其他直接责任人员依照刑法关于重大环境污染事故罪、危险物品肇事罪或者其他罪的规定，依法追究刑事责任。

**第六十六条** 用人单位违反本条例的规定，有下列情形之一的，由卫生行政部门给予警告，责令限期改正，处5 000元以上2万元以下的罚款；逾期不改正的，责令停止使用有毒物品作业，或者提请有关人民政府按照国务院规定的权限予以关闭；造成严重职业中毒危害或者导致职业中毒事故发生的，对负有责任的主管人员和其他直接责任人员依照刑法关于重大劳动安全事故罪、危险物品肇事罪或者其他罪的规定，依法追究刑事责任：

（一）使用有毒物品作业场所未与生活场所分开或者在作业场所住人的。

（二）未将有害作业与无害作业分开的。

（三）高毒作业场所未与其他作业场所有效隔离的。

（四）从事高毒作业未按照规定配备应急救援设施或者制定事故应急救援预案的。

**第六十七条** 用人单位违反本条例的规定，有下列情形之一的，由卫生行政部门给予警告，责令限期改正，处2万元以上5万元以下的罚款；逾期不改正的，提请有关人民政府按照国务院规定的权限予以关闭：

（一）未按照规定向卫生行政部门申报高毒作业项目的。

（二）变更使用高毒物品品种，未按照规定向原受理申报的卫生行政部门重新申报，或者申报不及时、有虚假的。

**第六十八条** 用人单位违反本条例的规定，有下列行为之一的，由卫生行政部门给予警告，责令限期改正，处2万元以上5万元以下的罚款；逾期不改正的，责令停止使用有毒物品作业，或者提请有关人民政府按照国务院规定的权限予以关闭：

（一）未组织从事使用有毒物品作业的劳动者进行上岗前职业健康检查，安排未经上岗前职业健康检查的劳动者从事使用有毒物品作业的。

（二）未组织从事使用有毒物品作业的劳动者进行定期职业健康检查的。

（三）未组织从事使用有毒物品作业的劳动者进行离岗职业健康检查的。

（四）对未进行离岗职业健康检查的劳动者，解除或者终止与其订立的劳动合同的。

（五）发生分立、合并、解散、破产情形，未对从事使用有毒物品作业的劳动者进行健康检查，并按照国家有关规定妥善安置职业病病人的。

（六）对受到或者可能受到急性职业中毒危害的劳动者，未及时组织进行健康检查和医学观察的。

（七）未建立职业健康监护档案的。

（八）劳动者离开用人单位时，用人单位未如实、无偿提供职业健康监护档案的。

（九）未依照职业病防治法和本条例的规定将工作过程中可能产生的职业中毒危害及其后果、有关职业卫生防护措施和待遇等如实告知劳动者并在劳动合同中写明的。

（十）劳动者在存在威胁生命、健康危险的情况下，从危险现场中撤离，而被取消或者减少应当享有的待遇的。

**第六十九条** 用人单位违反本条例的规定，有下列行为之一的，由卫生行政部门给予警告，责令限期改正，处5 000元以上2万元以下的罚款；逾期不改正的，责令停止使用有毒物品作业，或者提请有关人民政府按照国务院规定的权限予以关闭：

（一）未按照规定配备或者聘请职业卫生医师和护士的。

（二）未为从事使用高毒物品作业的劳动者设置淋浴间、更衣室或者未设置清洗、存放和处理工作服、工作鞋帽等物品的专用间，或者不能正常使用的。

（三）未安排从事使用高毒物品作业一定年限的劳动者进行岗位轮换的。

## 第八章 附　　则

**第七十条** 涉及作业场所使用有毒物品可能产生职业中毒危害的劳动保护的有关事项，本条例未作规定的，依照职业病防治法和其他有关法律、行政法规的规定执行。

有毒物品的生产、经营、储存、运输、使用和废弃处置的安全管理，依照危险化学品安全管理条例执行。

**第七十一条** 本条例自公布之日起施行。

# 165 禁止使用童工规定

2002年9月18日国务院第63次常务会议通过，2002年10月1日
中华人民共和国国务院令第364号公布，自2002年12月1日起施行。

**第一条** 为保护未成年人的身心健康，促进义务教育制度的实施，维护未成年人的合法权益，根据宪法和劳动法、未成年人保护法，制定本规定。

**第二条** 国家机关、社会团体、企业事业单位、民办非企业单位或者个体工商户（以下统称用人单位）均不得招用不满16周岁的未成年人（招用不满16周岁的未成年人，以下统称使用童工）。

禁止任何单位或者个人为不满16周岁的未成年人介绍就业。

禁止不满16周岁的未成年人开业从事个体经营活动。

**第三条** 不满16周岁的未成年人的父母或者其他监护人应当保护其身心健康，保障其接受义务教育的权利，不得允许其被用人单位非法招用。

不满16周岁的未成年人的父母或者其他监护人允许其被用人单位非法招用的，所在地的乡（镇）人民政府、城市街道办事处以及村民委员会、居民委员会应当给予批评教育。

**第四条** 用人单位招用人员时，必须核查被招用人员的身份证；对不满16周岁的未成年人，一律不得录用。用人单位录用人员的录用登记、核查材料应当妥善保管。

**第五条** 县级以上各级人民政府劳动保障行政部门负责本规定执行情况的监督检查。

县级以上各级人民政府公安、工商行政管理、教育、卫生等行政部门在各自职责范围内对本规定的执行情况进行监督检查，并对劳动保障行政部门的监督检查给予配合。

工会、共青团、妇联等群众组织应当依法维护未成年人的合法权益。

任何单位或者个人发现使用童工的，均有权向县级以上人民政府劳动保障行政部门举报。

**第六条** 用人单位使用童工的，由劳动保障行政部门按照每使用一名童工每月处5 000元罚款的标准给予处罚；在使用有毒物品的作业场所使用童工的，按照《使用有毒物品作业场所劳动保护条例》规定的罚款幅度，或者按照每使用一名童工每月处5 000元罚款的标准，从重处罚。劳动保障行政部门并应当责令用人单位限期将童工送回原居住地交其父母或者其他监护人，所需交通和食宿费用全部由用人单位承担。

用人单位经劳动保障行政部门依照前款规定责令限期改正，逾期仍不将童工送交其父母或者其他监护人的，从责令限期改正之日起，由劳动保障行政部门按照每使用一名童工每月处1万元罚款的标准处罚，并由工商行政管理部门吊销其营业执照或者由民政部门撤销民办非企业单位登记；用人单位是国家机关、事业单位的，由有关单位依法对直接负责的主管人员和其他直接责任人员给予降级或者撤职的行政处分或者纪律处分。

**第七条** 单位或者个人为不满16周岁的未成年人介绍就业的，由劳动保障行政部门按照每介绍一人处5 000元罚款的标准给予处罚；职业中介机构为不满16周岁的未成年人介绍就业的，并由劳动保障行政部门吊销其职业介绍许可证。

**第八条** 用人单位未按照本规定第四条的规定保存录用登记材料，或者伪造录用登记材料的，由劳动保障行政部门处1万元的罚款。

**第九条** 无营业执照、被依法吊销营业执照的单位以及未依法登记、备案的单位使用童工或者介绍童工就业的，依照本规定第六条、第七条、第八条规定的标准加一倍罚款，该非法单位由有关的行政主管部门予以取缔。

**第十条** 童工患病或者受伤的，用人单位应当负责送到医疗机构治疗，并负担治疗期间的全部医疗和生活费用。

童工伤残或者死亡的，用人单位由工商行政管理部门吊销营业执照或者由民政部门撤销民办非企业单位登记；用人单位是国家机关、事业单位的，由有关单位依法对直接负责的主管人员和其他直接责任人员给予降级或者撤职的行政处分或者纪律处分；用人单位还应当一次性地对伤残的童工、死亡童工的直系亲属给予赔偿，赔偿金额按照国家工伤保险的有关规定计算。

**第十一条** 拐骗童工，强迫童工劳动，使用童工从事高空、井下、放射性、高毒、易燃易爆以及国家规定的第四级体力劳动强度的劳动，使用不满14周岁的童工，或者造成童工死亡或者严重伤残的，依照刑法关于拐卖儿童罪、强迫劳动罪或者其他罪的规定，依法追究刑事责任。

**第十二条** 国家行政机关工作人员有下列行为之一的，依法给予记大过或者降级的行政处分；情节严重的，依法给予撤职或者开除的行政处分；构成犯罪的，依照刑法关于滥用职权罪、玩忽职守罪或者其他罪的规定，依法追究刑事责任：

（一）劳动保障等有关部门工作人员在禁止使用童工的监督检查工作中发现使用童工的情况，不予制止、纠正、查处的；

（二）公安机关的人民警察违反规定发放身份证或者在身份证上登录虚假出生年月的；

（三）工商行政管理部门工作人员发现申请人是不满16周岁的未成年人，仍然为其从事个体经营发放营业执照的。

**第十三条** 文艺、体育单位经未成年人的父母或者其他监护人同意，可以招用不满16周岁的专业文艺工作者、运动员。用人单位应当保障被招用的不满16周岁的未成年人的身心健康，保障其接受义务教育的权利。文艺、体育单位招用不满16周岁的专业文艺工作者、运动员的办法，由国务院劳动保障行政部门会同国务院文化、体育行政部门制定。

学校、其他教育机构以及职业培训机构按照国家有关规定组织不满16周岁的未成年人进行不影响其人身安全和身心健康的教育实践劳动、职业技能培训劳动，不属于使用童工。

**第十四条** 本规定自2002年12月1日起施行。1991年4月15日国务院发布的《禁止使用童工规定》同时废止。

# 166 安全生产许可证条例

2004年1月7日国务院第34次常务会议通过，2004年1月13日中华人民共和国国务院令第397号公布，自公布之日起施行；根据2013年5月31日国务院第10次常务会议通过、2013年7月18日中华人民共和国国务院令第638号公布的《国务院关于废止和修改部分行政法规的决定》第一次修正，自公布之日起施行；根据2014年7月9日国务院第54次常务会议通过、2014年7月29日中华人民共和国国务院令第653号公布、自公布之日起施行的《国务院关于修改部分行政法规的决定》第二次修正。

**第一条** 为了严格规范安全生产条件，进一步加强安全生产监督管理，防止和减少生产安全事故，根据《中华人民共和国安全生产法》的有关规定，制定本条例。

**第二条** 国家对矿山企业、建筑施工企业和危险化学品、烟花爆竹、民用爆炸物品生产企业（以下统称企业）实行安全生产许可制度。

企业未取得安全生产许可证的，不得从事生产活动。

**第三条** 国务院安全生产监督管理部门负责中央管理的非煤矿矿山企业和危险化学品、烟花爆竹生产企业安全生产许可证的颁发和管理。

省、自治区、直辖市人民政府安全生产监督管理部门负责前款规定以外的非煤矿矿山企业和危险化学品、烟花爆竹生产企业安全生产许可证的颁发和管理，并接受国务院安全生产监督管理部门的指导和监督。

国家煤矿安全监察机构负责中央管理的煤矿企业安全生产许可证的颁发和管理。

在省、自治区、直辖市设立的煤矿安全监察机构负责前款规定以外的其他煤矿企业安全生产许可证的颁发和管理，并接受国家煤矿安全监察机构的指导和监督。

**第四条**　省、自治区、直辖市人民政府建设主管部门负责建筑施工企业安全生产许可证的颁发和管理，并接受国务院建设主管部门的指导和监督。

**第五条**　省、自治区、直辖市人民政府民用爆炸物品行业主管部门负责民用爆炸物品生产企业安全生产许可证的颁发和管理，并接受国务院民用爆炸物品行业主管部门的指导和监督。

**第六条**　企业取得安全生产许可证，应当具备下列安全生产条件：

（一）建立、健全安全生产责任制，制定完备的安全生产规章制度和操作规程；

（二）安全投入符合安全生产要求；

（三）设置安全生产管理机构，配备专职安全生产管理人员；

（四）主要负责人和安全生产管理人员经考核合格；

（五）特种作业人员经有关业务主管部门考核合格，取得特种作业操作资格证书；

（六）从业人员经安全生产教育和培训合格；

（七）依法参加工伤保险，为从业人员缴纳保险费；

（八）厂房、作业场所和安全设施、设备、工艺符合有关安全生产法律、法规、标准和规程的要求；

（九）有职业危害防治措施，并为从业人员配备符合国家标准或者行业标准的劳动防护用品；

（十）依法进行安全评价；

（十一）有重大危险源检测、评估、监控措施和应急预案；

（十二）有生产安全事故应急救援预案、应急救援组织或者应急救援人员，配备必要的应急救援器材、设备；

（十三）法律、法规规定的其他条件。

**第七条**　企业进行生产前，应当依照本条例的规定向安全生产许可证颁发管理机关申请领取安全生产许可证，并提供本条例第六条规定的相关文件、资料。安全生产许可证颁发管理机关应当自收到申请之日起45日内审查完毕，经审查符合本条例规定的安全生产条件的，颁发安全生产许可证；不符合本条例规定的安全生产条件的，不予颁发安全生产许可证，书面通知企业并说明理由。

煤矿企业应当以矿（井）为单位，依照本条例的规定取得安全生产许可证。

**第八条**　安全生产许可证由国务院安全生产监督管理部门规定统一的式样。

**第九条**　安全生产许可证的有效期为3年。安全生产许可证有效期满需要延期的，企业应当于期满前3个月向原安全生产许可证颁发管理机关办理延期手续。

企业在安全生产许可证有效期内，严格遵守有关安全生产的法律法规，未发生死亡事故的，安全生产许可证有效期届满时，经原安全生产许可证颁发管理机关同意，不再审查，安全生产许可证有效期延期3年。

**第十条** 安全生产许可证颁发管理机关应当建立、健全安全生产许可证档案管理制度，并定期向社会公布企业取得安全生产许可证的情况。

**第十一条** 煤矿企业安全生产许可证颁发管理机关、建筑施工企业安全生产许可证颁发管理机关、民用爆炸物品生产企业安全生产许可证颁发管理机关，应当每年向同级安全生产监督管理部门通报其安全生产许可证颁发和管理情况。

**第十二条** 国务院安全生产监督管理部门和省、自治区、直辖市人民政府安全生产监督管理部门对建筑施工企业、民用爆炸物品生产企业、煤矿企业取得安全生产许可证的情况进行监督。

**第十三条** 企业不得转让、冒用安全生产许可证或者使用伪造的安全生产许可证。

**第十四条** 企业取得安全生产许可证后，不得降低安全生产条件，并应当加强日常安全生产管理，接受安全生产许可证颁发管理机关的监督检查。

安全生产许可证颁发管理机关应当加强对取得安全生产许可证的企业的监督检查，发现其不再具备本条例规定的安全生产条件的，应当暂扣或者吊销安全生产许可证。

**第十五条** 安全生产许可证颁发管理机关工作人员在安全生产许可证颁发、管理和监督检查工作中，不得索取或者接受企业的财物，不得谋取其他利益。

**第十六条** 监察机关依照《中华人民共和国行政监察法》的规定，对安全生产许可证颁发管理机关及其工作人员履行本条例规定的职责实施监察。

**第十七条** 任何单位或者个人对违反本条例规定的行为，有权向安全生产许可证颁发管理机关或者监察机关等有关部门举报。

**第十八条** 安全生产许可证颁发管理机关工作人员有下列行为之一的，给予降级或者撤职的行政处分；构成犯罪的，依法追究刑事责任：

（一）向不符合本条例规定的安全生产条件的企业颁发安全生产许可证的；

（二）发现企业未依法取得安全生产许可证擅自从事生产活动，不依法处理的；

（三）发现取得安全生产许可证的企业不再具备本条例规定的安全生产条件，不依法处理的；

（四）接到对违反本条例规定行为的举报后，不及时处理的；

（五）在安全生产许可证颁发、管理和监督检查工作中，索取或者接受企业的财物，或者谋取其他利益的。

**第十九条** 违反本条例规定，未取得安全生产许可证擅自进行生产的，责令停止生产，没收违法所得，并处 10 万元以上 50 万元以下的罚款；造成重大事故或者其他严重后果，构成犯罪的，依法追究刑事责任。

**第二十条** 违反本条例规定，安全生产许可证有效期满未办理延期手续，继续进行生产的，责令停止生产，限期补办延期手续，没收违法所得，并处 5 万元以上 10 万元以下的罚款；逾期仍不办理延期手续，继续进行生产的，依照本条例第十九条的规定处罚。

**第二十一条** 违反本条例规定，转让安全生产许可证的，没收违法所得，处 10 万元以上 50 万元以下的罚款，并吊销其安全生产许可证；构成犯罪的，依法追究刑事责任；接受转让的，依照本条例第十九条的规定处罚。

冒用安全生产许可证或者使用伪造的安全生产许可证的，依照本条例第十九条的规定处罚。

**第二十二条**　本条例施行前已经进行生产的企业，应当自本条例施行之日起 1 年内，依照本条例的规定向安全生产许可证颁发管理机关申请办理安全生产许可证；逾期不办理安全生产许可证，或者经审查不符合本条例规定的安全生产条件，未取得安全生产许可证，继续进行生产的，依照本条例第十九条的规定处罚。

**第二十三条**　本条例规定的行政处罚，由安全生产许可证颁发管理机关决定。

**第二十四条**　本条例自公布之日起施行。

# 167　生产安全事故报告和调查处理条例

2007 年 3 月 28 日国务院第 172 次常务会议通过，2007 年 4 月 9 日中华人民共和国国务院令第 493 号公布，自 2007 年 6 月 1 日起施行。

## 目　　录

第一章　总则/891
第二章　事故报告/892
第三章　事故调查/893
第四章　事故处理/895
第五章　法律责任/895
第六章　附则/897

## 第一章　总　　则

**第一条**　为了规范生产安全事故的报告和调查处理，落实生产安全事故责任追究制度，防止和减少生产安全事故，根据《中华人民共和国安全生产法》和有关法律，制定本条例。

**第二条**　生产经营活动中发生的造成人身伤亡或者直接经济损失的生产安全事故的报告和调查处理，适用本条例；环境污染事故、核设施事故、国防科研生产事故的报告和调查处理不适用本条例。

**第三条**　根据生产安全事故（以下简称事故）造成的人员伤亡或者直接经济损失，事故一般分为以下等级：

（一）特别重大事故，是指造成 30 人以上死亡，或者 100 人以上重伤（包括急性工业中毒，下同），或者 1 亿元以上直接经济损失的事故；

（二）重大事故，是指造成 10 人以上 30 人以下死亡，或者 50 人以上 100 人以下重伤，或者5 000万元以上1亿元以下直接经济损失的事故；

（三）较大事故，是指造成3人以上10人以下死亡，或者10人以上50人以下重伤，或者1 000万元以上5 000万元以下直接经济损失的事故；

（四）一般事故，是指造成3人以下死亡，或者10人以下重伤，或者1 000万元以下直接经济损失的事故。

国务院安全生产监督管理部门可以会同国务院有关部门，制定事故等级划分的补充性规定。

本条第一款所称的“以上”包括本数，所称的“以下”不包括本数。

**第四条** 事故报告应当及时、准确、完整，任何单位和个人对事故不得迟报、漏报、谎报或者瞒报。

事故调查处理应当坚持实事求是、尊重科学的原则，及时、准确地查清事故经过、事故原因和事故损失，查明事故性质，认定事故责任，总结事故教训，提出整改措施，并对事故责任者依法追究责任。

**第五条** 县级以上人民政府应当依照本条例的规定，严格履行职责，及时、准确地完成事故调查处理工作。

事故发生地有关地方人民政府应当支持、配合上级人民政府或者有关部门的事故调查处理工作，并提供必要的便利条件。

参加事故调查处理的部门和单位应当互相配合，提高事故调查处理工作的效率。

**第六条** 工会依法参加事故调查处理，有权向有关部门提出处理意见。

**第七条** 任何单位和个人不得阻挠和干涉对事故的报告和依法调查处理。

**第八条** 对事故报告和调查处理中的违法行为，任何单位和个人有权向安全生产监督管理部门、监察机关或者其他有关部门举报，接到举报的部门应当依法及时处理。

## 第二章　事故报告

**第九条** 事故发生后，事故现场有关人员应当立即向本单位负责人报告；单位负责人接到报告后，应当于1小时内向事故发生地县级以上人民政府安全生产监督管理部门和负有安全生产监督管理职责的有关部门报告。

情况紧急时，事故现场有关人员可以直接向事故发生地县级以上人民政府安全生产监督管理部门和负有安全生产监督管理职责的有关部门报告。

**第十条** 安全生产监督管理部门和负有安全生产监督管理职责的有关部门接到事故报告后，应当依照下列规定上报事故情况，并通知公安机关、劳动保障行政部门、工会和人民检察院：

（一）特别重大事故、重大事故逐级上报至国务院安全生产监督管理部门和负有安全生产监督管理职责的有关部门；

（二）较大事故逐级上报至省、自治区、直辖市人民政府安全生产监督管理部门和负有安全生产监督管理职责的有关部门；

（三）一般事故上报至设区的市级人民政府安全生产监督管理部门和负有安全生产监督管理职责的有关部门。

安全生产监督管理部门和负有安全生产监督管理职责的有关部门依照前款规定上报事故情况，应当同时报告本级人民政府。国务院安全生产监督管理部门和负有安全生产监督管理职责的有关部门以及省级人民政府接到发生特别重大事故、重大事故的报告后，应当立即报告国务院。

必要时，安全生产监督管理部门和负有安全生产监督管理职责的有关部门可以越级上报事故情况。

**第十一条** 安全生产监督管理部门和负有安全生产监督管理职责的有关部门逐级上报事故情况，每级上报的时间不得超过 2 小时。

**第十二条** 报告事故应当包括下列内容：

（一）事故发生单位概况；

（二）事故发生的时间、地点以及事故现场情况；

（三）事故的简要经过；

（四）事故已经造成或者可能造成的伤亡人数（包括下落不明的人数）和初步估计的直接经济损失；

（五）已经采取的措施；

（六）其他应当报告的情况。

**第十三条** 事故报告后出现新情况的，应当及时补报。

自事故发生之日起 30 日内，事故造成的伤亡人数发生变化的，应当及时补报。道路交通事故、火灾事故自发生之日起 7 日内，事故造成的伤亡人数发生变化的，应当及时补报。

**第十四条** 事故发生单位负责人接到事故报告后，应当立即启动事故相应应急预案，或者采取有效措施，组织抢救，防止事故扩大，减少人员伤亡和财产损失。

**第十五条** 事故发生地有关地方人民政府、安全生产监督管理部门和负有安全生产监督管理职责的有关部门接到事故报告后，其负责人应当立即赶赴事故现场，组织事故救援。

**第十六条** 事故发生后，有关单位和人员应当妥善保护事故现场以及相关证据，任何单位和个人不得破坏事故现场、毁灭相关证据。

因抢救人员、防止事故扩大以及疏通交通等原因，需要移动事故现场物件的，应当做出标志，绘制现场简图并做出书面记录，妥善保存现场重要痕迹、物证。

**第十七条** 事故发生地公安机关根据事故的情况，对涉嫌犯罪的，应当依法立案侦查，采取强制措施和侦查措施。犯罪嫌疑人逃匿的，公安机关应当迅速追捕归案。

**第十八条** 安全生产监督管理部门和负有安全生产监督管理职责的有关部门应当建立值班制度，并向社会公布值班电话，受理事故报告和举报。

## 第三章 事故调查

**第十九条** 特别重大事故由国务院或者国务院授权有关部门组织事故调查组进行调查。

重大事故、较大事故、一般事故分别由事故发生地省级人民政府、设区的市级人民政府、县级人民政府负责调查。省级人民政府、设区的市级人民政府、县级人民政府可以直接组织事故调查组进行调查，也可以授权或者委托有关部门组织事故调查组进行调查。

未造成人员伤亡的一般事故，县级人民政府也可以委托事故发生单位组织事故调查组进行调查。

**第二十条** 上级人民政府认为必要时，可以调查由下级人民政府负责调查的事故。

自事故发生之日起30日内（道路交通事故、火灾事故自发生之日起7日内），因事故伤亡人数变化导致事故等级发生变化，依照本条例规定应当由上级人民政府负责调查的，上级人民政府可以另行组织事故调查组进行调查。

**第二十一条** 特别重大事故以下等级事故，事故发生地与事故发生单位不在同一个县级以上行政区域的，由事故发生地人民政府负责调查，事故发生单位所在地人民政府应当派人参加。

**第二十二条** 事故调查组的组成应当遵循精简、效能的原则。

根据事故的具体情况，事故调查组由有关人民政府、安全生产监督管理部门、负有安全生产监督管理职责的有关部门、监察机关、公安机关以及工会派人组成，并应当邀请人民检察院派人参加。

事故调查组可以聘请有关专家参与调查。

**第二十三条** 事故调查组成员应当具有事故调查所需要的知识和专长，并与所调查的事故没有直接利害关系。

**第二十四条** 事故调查组组长由负责事故调查的人民政府指定。事故调查组组长主持事故调查组的工作。

**第二十五条** 事故调查组履行下列职责：

（一）查明事故发生的经过、原因、人员伤亡情况及直接经济损失；

（二）认定事故的性质和事故责任；

（三）提出对事故责任者的处理建议；

（四）总结事故教训，提出防范和整改措施；

（五）提交事故调查报告。

**第二十六条** 事故调查组有权向有关单位和个人了解与事故有关的情况，并要求其提供相关文件、资料，有关单位和个人不得拒绝。

事故发生单位的负责人和有关人员在事故调查期间不得擅离职守，并应当随时接受事故调查组的询问，如实提供有关情况。

事故调查中发现涉嫌犯罪的，事故调查组应当及时将有关材料或者其复印件移交司法机关处理。

**第二十七条** 事故调查中需要进行技术鉴定的，事故调查组应当委托具有国家规定资质的单位进行技术鉴定。必要时，事故调查组可以直接组织专家进行技术鉴定。技术鉴定所需时间不计入事故调查期限。

**第二十八条** 事故调查组成员在事故调查工作中应当诚信公正、恪尽职守，遵守事故调查组的纪律，保守事故调查的秘密。

未经事故调查组组长允许，事故调查组成员不得擅自发布有关事故的信息。

**第二十九条**　事故调查组应当自事故发生之日起60日内提交事故调查报告；特殊情况下，经负责事故调查的人民政府批准，提交事故调查报告的期限可以适当延长，但延长的期限最长不超过60日。

**第三十条**　事故调查报告应当包括下列内容：

（一）事故发生单位概况；

（二）事故发生经过和事故救援情况；

（三）事故造成的人员伤亡和直接经济损失；

（四）事故发生的原因和事故性质；

（五）事故责任的认定以及对事故责任者的处理建议；

（六）事故防范和整改措施。

事故调查报告应当附具有关证据材料。事故调查组成员应当在事故调查报告上签名。

**第三十一条**　事故调查报告报送负责事故调查的人民政府后，事故调查工作即告结束。事故调查的有关资料应当归档保存。

## 第四章　事 故 处 理

**第三十二条**　重大事故、较大事故、一般事故，负责事故调查的人民政府应当自收到事故调查报告之日起15日内做出批复；特别重大事故，30日内做出批复，特殊情况下，批复时间可以适当延长，但延长的时间最长不超过30日。

有关机关应当按照人民政府的批复，依照法律、行政法规规定的权限和程序，对事故发生单位和有关人员进行行政处罚，对负有事故责任的国家工作人员进行处分。

事故发生单位应当按照负责事故调查的人民政府的批复，对本单位负有事故责任的人员进行处理。

负有事故责任的人员涉嫌犯罪的，依法追究刑事责任。

**第三十三条**　事故发生单位应当认真吸取事故教训，落实防范和整改措施，防止事故再次发生。防范和整改措施的落实情况应当接受工会和职工的监督。

安全生产监督管理部门和负有安全生产监督管理职责的有关部门应当对事故发生单位落实防范和整改措施的情况进行监督检查。

**第三十四条**　事故处理的情况由负责事故调查的人民政府或者其授权的有关部门、机构向社会公布，依法应当保密的除外。

## 第五章　法 律 责 任

**第三十五条**　事故发生单位主要负责人有下列行为之一的，处上一年年收入40%至80%的罚款；属于国家工作人员的，并依法给予处分；构成犯罪的，依法追究刑事责任：

（一）不立即组织事故抢救的；

（二）迟报或者漏报事故的；

（三）在事故调查处理期间擅离职守的。

**第三十六条** 事故发生单位及其有关人员有下列行为之一的，对事故发生单位处100万元以上500万元以下的罚款；对主要负责人、直接负责的主管人员和其他直接责任人员处上一年年收入60%至100%的罚款；属于国家工作人员的，并依法给予处分；构成违反治安管理行为的，由公安机关依法给予治安管理处罚；构成犯罪的，依法追究刑事责任：

（一）谎报或者瞒报事故的；

（二）伪造或者故意破坏事故现场的；

（三）转移、隐匿资金、财产，或者销毁有关证据、资料的；

（四）拒绝接受调查或者拒绝提供有关情况和资料的；

（五）在事故调查中作伪证或者指使他人作伪证的；

（六）事故发生后逃匿的。

**第三十七条** 事故发生单位对事故发生负有责任的，依照下列规定处以罚款：

（一）发生一般事故的，处10万元以上20万元以下的罚款；

（二）发生较大事故的，处20万元以上50万元以下的罚款；

（三）发生重大事故的，处50万元以上200万元以下的罚款；

（四）发生特别重大事故的，处200万元以上500万元以下的罚款。

**第三十八条** 事故发生单位主要负责人未依法履行安全生产管理职责，导致事故发生的，依照下列规定处以罚款；属于国家工作人员的，并依法给予处分；构成犯罪的，依法追究刑事责任：

（一）发生一般事故的，处上一年年收入30%的罚款；

（二）发生较大事故的，处上一年年收入40%的罚款；

（三）发生重大事故的，处上一年年收入60%的罚款；

（四）发生特别重大事故的，处上一年年收入80%的罚款。

**第三十九条** 有关地方人民政府、安全生产监督管理部门和负有安全生产监督管理职责的有关部门有下列行为之一的，对直接负责的主管人员和其他直接责任人员依法给予处分；构成犯罪的，依法追究刑事责任：

（一）不立即组织事故抢救的；

（二）迟报、漏报、谎报或者瞒报事故的；

（三）阻碍、干涉事故调查工作的；

（四）在事故调查中作伪证或者指使他人作伪证的。

**第四十条** 事故发生单位对事故发生负有责任的，由有关部门依法暂扣或者吊销其有关证照；对事故发生单位负有事故责任的有关人员，依法暂停或者撤销其与安全生产有关的执业资格、岗位证书；事故发生单位主要负责人受到刑事处罚或者撤职处分的，自刑罚执行完毕或者受处分之日起，5年内不得担任任何生产经营单位的主要负责人。

为发生事故的单位提供虚假证明的中介机构，由有关部门依法暂扣或者吊销其有关证照及其相关人员的执业资格；构成犯罪的，依法追究刑事责任。

**第四十一条**　参与事故调查的人员在事故调查中有下列行为之一的，依法给予处分；构成犯罪的，依法追究刑事责任：

（一）对事故调查工作不负责任，致使事故调查工作有重大疏漏的；

（二）包庇、袒护负有事故责任的人员或者借机打击报复的。

**第四十二条**　违反本条例规定，有关地方人民政府或者有关部门故意拖延或者拒绝落实经批复的对事故责任人的处理意见的，由监察机关对有关责任人员依法给予处分。

**第四十三条**　本条例规定的罚款的行政处罚，由安全生产监督管理部门决定。

法律、行政法规对行政处罚的种类、幅度和决定机关另有规定的，依照其规定。

## 第六章　附　　则

**第四十四条**　没有造成人员伤亡，但是社会影响恶劣的事故，国务院或者有关地方人民政府认为需要调查处理的，依照本条例的有关规定执行。

国家机关、事业单位、人民团体发生的事故的报告和调查处理，参照本条例的规定执行。

**第四十五条**　特别重大事故以下等级事故的报告和调查处理，有关法律、行政法规或者国务院另有规定的，依照其规定。

**第四十六条**　本条例自2007年6月1日起施行。国务院1989年3月29日公布的《特别重大事故调查程序暂行规定》和1991年2月22日公布的《企业职工伤亡事故报告和处理规定》同时废止。

# 168　女职工劳动保护特别规定

2012年4月18日国务院第200次常务会议通过，2012年4月28日
中华人民共和国国务院令第619号公布，自公布之日起施行。

**第一条**　为了减少和解决女职工在劳动中因生理特点造成的特殊困难，保护女职工健康，制定本规定。

**第二条**　中华人民共和国境内的国家机关、企业、事业单位、社会团体、个体经济组织以及其他社会组织等用人单位及其女职工，适用本规定。

**第三条**　用人单位应当加强女职工劳动保护，采取措施改善女职工劳动安全卫生条件，对女职工进行劳动安全卫生知识培训。

**第四条**　用人单位应当遵守女职工禁忌从事的劳动范围的规定。用人单位应当将本单位属于女职工禁忌从事的劳动范围的岗位书面告知女职工。

女职工禁忌从事的劳动范围由本规定附录列示。国务院安全生产监督管理部门会同国务院人力资源社会保障行政部门、国务院卫生行政部门根据经济社会发展情况，对女职工禁忌从事的劳动范围进行调整。

**第五条** 用人单位不得因女职工怀孕、生育、哺乳降低其工资、予以辞退、与其解除劳动或者聘用合同。

**第六条** 女职工在孕期不能适应原劳动的，用人单位应当根据医疗机构的证明，予以减轻劳动量或者安排其他能够适应的劳动。

对怀孕7个月以上的女职工，用人单位不得延长劳动时间或者安排夜班劳动，并应当在劳动时间内安排一定的休息时间。

怀孕女职工在劳动时间内进行产前检查，所需时间计入劳动时间。

**第七条** 女职工生育享受98天产假，其中产前可以休假15天；难产的，增加产假15天；生育多胞胎的，每多生育1个婴儿，增加产假15天。

女职工怀孕未满4个月流产的，享受15天产假；怀孕满4个月流产的，享受42天产假。

**第八条** 女职工产假期间的生育津贴，对已经参加生育保险的，按照用人单位上年度职工月平均工资的标准由生育保险基金支付；对未参加生育保险的，按照女职工产假前工资的标准由用人单位支付。

女职工生育或者流产的医疗费用，按照生育保险规定的项目和标准，对已经参加生育保险的，由生育保险基金支付；对未参加生育保险的，由用人单位支付。

**第九条** 对哺乳未满1周岁婴儿的女职工，用人单位不得延长劳动时间或者安排夜班劳动。

用人单位应当在每天的劳动时间内为哺乳期女职工安排1小时哺乳时间；女职工生育多胞胎的，每多哺乳1个婴儿每天增加1小时哺乳时间。

**第十条** 女职工比较多的用人单位应当根据女职工的需要，建立女职工卫生室、孕妇休息室、哺乳室等设施，妥善解决女职工在生理卫生、哺乳方面的困难。

**第十一条** 在劳动场所，用人单位应当预防和制止对女职工的性骚扰。

**第十二条** 县级以上人民政府人力资源社会保障行政部门、安全生产监督管理部门按照各自职责负责对用人单位遵守本规定的情况进行监督检查。

工会、妇女组织依法对用人单位遵守本规定的情况进行监督。

**第十三条** 用人单位违反本规定第六条第二款、第七条、第九条第一款规定的，由县级以上人民政府人力资源社会保障行政部门责令限期改正，按照受侵害女职工每人1 000元以上5 000元以下的标准计算，处以罚款。

用人单位违反本规定附录第一条、第二条规定的，由县级以上人民政府安全生产监督管理部门责令限期改正，按照受侵害女职工每人1 000元以上5 000元以下的标准计算，处以罚款。用人单位违反本规定附录第三条、第四条规定的，由县级以上人民政府安全生产监督管理部门责令限期治理，处5万元以上30万元以下的罚款；情节严重的，责令停止有关作业，或者提请有关人民政府按照国务院规定的权限责令关闭。

**第十四条** 用人单位违反本规定，侵害女职工合法权益的，女职工可以依法投诉、举报、申诉，依法向劳动人事争议调解仲裁机构申请调解仲裁，对仲裁裁决不服的，依法向人民法院提起诉讼。

**第十五条**　用人单位违反本规定，侵害女职工合法权益，造成女职工损害的，依法给予赔偿；用人单位及其直接负责的主管人员和其他直接责任人员构成犯罪的，依法追究刑事责任。

**第十六条**　本规定自公布之日起施行。1988 年 7 月 21 日国务院发布的《女职工劳动保护规定》同时废止。

**附录**

## 女职工禁忌从事的劳动范围

一、女职工禁忌从事的劳动范围：

（一）矿山井下作业；

（二）体力劳动强度分级标准中规定的第四级体力劳动强度的作业；

（三）每小时负重 6 次以上、每次负重超过 20 公斤的作业，或者间断负重、每次负重超过 25 公斤的作业。

二、女职工在经期禁忌从事的劳动范围：

（一）冷水作业分级标准中规定的第二级、第三级、第四级冷水作业；

（二）低温作业分级标准中规定的第二级、第三级、第四级低温作业；

（三）体力劳动强度分级标准中规定的第三级、第四级体力劳动强度的作业；

（四）高处作业分级标准中规定的第三级、第四级高处作业。

三、女职工在孕期禁忌从事的劳动范围：

（一）作业场所空气中铅及其化合物、汞及其化合物、苯、镉、铍、砷、氰化物、氮氧化物、一氧化碳、二硫化碳、氯、己内酰胺、氯丁二烯、氯乙烯、环氧乙烷、苯胺、甲醛等有毒物质浓度超过国家职业卫生标准的作业；

（二）从事抗癌药物、己烯雌酚生产，接触麻醉剂气体等的作业；

（三）非密封源放射性物质的操作，核事故与放射事故的应急处置；

（四）高处作业分级标准中规定的高处作业；

（五）冷水作业分级标准中规定的冷水作业；

（六）低温作业分级标准中规定的低温作业；

（七）高温作业分级标准中规定的第三级、第四级的作业；

（八）噪声作业分级标准中规定的第三级、第四级的作业；

（九）体力劳动强度分级标准中规定的第三级、第四级体力劳动强度的作业；

（十）在密闭空间、高压室作业或者潜水作业，伴有强烈振动的作业，或者需要频繁弯腰、攀高、下蹲的作业。

四、女职工在哺乳期禁忌从事的劳动范围：

（一）孕期禁忌从事的劳动范围的第一项、第三项、第九项；

（二）作业场所空气中锰、氟、溴、甲醇、有机磷化合物、有机氯化合物等有毒物质浓度超过国家职业卫生标准的作业。

## 169 未成年工特殊保护规定

劳部发〔1994〕498号

**第一条** 为维护未成年工的合法权益，保护其在生产劳动中的健康，根据《中华人民共和国劳动法》的有关规定，制定本规定。

**第二条** 未成年工是指年满十六周岁，未满十八周岁的劳动者。

未成年工的特殊保护是针对未成年工处于生长发育期的特点，以及接受义务教育的需要，采取的特殊劳动保护措施。

**第三条** 用人单位不得安排未成年工从事以下范围的劳动：

（一）《生产性粉尘作业危害程度分级》国家标准中第一级以上的接尘作业。

（二）《有毒作业分级》国家标准中第一级以上的有毒作业。

（三）《高处作业分级》国家标准中第二级以上的高处作业。

（四）《冷水作业分级》国家标准中第二级以上的冷水作业。

（五）《高温作业分级》国家标准中第三级以上的高温作业。

（六）《低温作业分级》国家标准中第三级以上的低温作业。

（七）《体力劳动强度分级》国家标准中第四级体力劳动强度的作业。

（八）矿山井下及矿山地面采石作业。

（九）森林业中的伐木、流放及守林作业。

（十）工作场所接触放射性物质的作业。

（十一）有易燃易爆、化学性烧伤和热烧伤等危险性大的作业。

（十二）地质勘探和资源勘探的野外作业。

（十三）潜水、涵洞、涵道作业和海拔三千米以上的高原作业（不包括世居高原者）。

（十四）连续负重每小时在六次以上并每次超过二十公斤，间断负重每次超过二十五公斤的作业。

（十五）使用凿岩机、捣固机、气镐、气铲、铆钉机、电锤的作业。

（十六）工作中需要长时间保持低头、弯腰、上举、下蹲等强迫体位和动作频率每分钟大于五十次的流水线作业。

（十七）锅炉司炉。

**第四条** 未成年工患有某种疾病或具有某些生理缺陷（非残疾型）时，用人单位不得安排其从事以下范围的劳动：

（一）《高处作业分级》国家标准中第一级以上的高处作业。

（二）《低温作业分级》国家标准中第二级以上的低温作业。

（三）《高温作业分级》国家标准中第二级以上的高温作业。

（四）《体力劳动强度分级》国家标准中第三级以上体力劳动强度的作业。

（五）接触铅、苯、汞、甲醛、二硫化碳等易引起过敏反应的作业。

**第五条**　患有某种疾病或具有某些生理缺陷（非残疾型）的未成年工，是指有以下一种或一种以上情况者：

（一）心血管系统

1. 先天性心脏病；

2. 克山病；

3. 收缩期或舒张期二级以上心脏杂音。

（二）呼吸系统

1. 中度以上气管炎或支气管哮喘；

2. 呼吸音明显减弱；

3. 各类结核病；

4. 体弱儿，呼吸道反复感染者。

（三）消化系统

1. 各类肝炎；

2. 肝、脾肿大；

3. 胃、十二指肠溃疡；

4. 各种消化道疝。

（四）泌尿系统

1. 急、慢性肾炎；

2. 泌尿系感染。

（五）内分泌系统

1. 甲状腺机能亢进；

2. 中度以上糖尿病。

（六）精神神经系统

1. 智力明显低下；

2. 精神忧郁或狂暴。

（七）肌肉、骨骼运动系统

1. 身高和体重低于同龄人标准；

2. 一个及一个以上肢体存在明显功能障碍；

3. 躯干四分之一以上部位活动受限，包括强直或不能旋转。

（八）其他

1. 结核性胸膜炎；

2. 各类重度关节炎；

3. 血吸虫病；

4. 严重贫血，其血色素每升低于九十五克（<9.5 g/dL）。

**第六条** 用人单位应按下列要求对未成年工定期进行健康检查：

（一）安排工作岗位之前。

（二）工作满一年。

（三）年满十八周岁，距前一次的体检时间已超过半年。

**第七条** 未成年工的健康检查，应按本规定所附《未成年工健康检查表》列出的项目进行。

**第八条** 用人单位应根据未成年工的健康检查结果安排其从事适合的劳动，对不能胜任原劳动岗位的，应根据医务部门的证明，予以减轻劳动量或安排其他劳动。

**第九条** 对未成年工的使用和特殊保护实行登记制度。

（一）用人单位招收使用未成年工，除符合一般用工要求外，还须向所在地的县级以上劳动行政部门办理登记。劳动行政部门根据《未成年工健康检查表》《未成年工登记表》，核发《未成年工登记证》。

（二）各级劳动行政部门须按本规定第三、四、五、七条的有关规定，审核体检情况和拟安排的劳动范围。

（三）未成年工须持《未成年工登记证》上岗。

（四）《未成年工登记证》由国务院劳动行政部门统一印制。

**第十条** 未成年工上岗前用人单位应对其进行有关的职业安全卫生教育、培训；未成年工体检和登记，由用人单位统一办理和承担费用。

**第十一条** 县级以上劳动行政部门对用人单位执行本规定的情况进行监督检查，对违犯本规定的行为依照有关法规进行处罚。

各级工会组织对本规定的执行情况进行监督。

**第十二条** 省、自治区、直辖市劳动行政部门可以根据本规定制定实施办法。

**第十三条** 本规定自 1995 年 1 月 1 日起施行。

# 170 关于印发防暑降温措施管理办法的通知

安监总安健〔2012〕89 号

各省、自治区、直辖市及新疆生产建设兵团安全生产监督管理局、卫生厅（局）、人力资源社会保障厅（局）、总工会，各省级煤矿安全监察局：

近年来，由于夏季高温天气导致从事户外作业的劳动者中暑甚至死亡的事件时有发生，给劳动者身体健康和生命安全造成了严重损害，成为社会各界共同关注的重要问题。为了加强高温作业、高温天气作业劳动保护工作，维护劳动者健康及其相关权益，国家安全监管总局、卫生部、人力资源社会保障部、全国总工会对《防暑降温措施暂行办法》（〈60〉卫防钱字第207号）进行了修订，制定了《防暑降温措施管理办法》，现印发你们，请认真遵照执行。

国家安全生产监督管理总局
卫生部
人力资源和社会保障部
中华全国总工会
2012年6月29日

## 防暑降温措施管理办法

**第一条**　为了加强高温作业、高温天气作业劳动保护工作，维护劳动者健康及其相关权益，根据《中华人民共和国职业病防治法》《中华人民共和国安全生产法》《中华人民共和国劳动法》《中华人民共和国工会法》等有关法律、行政法规的规定，制定本办法。

**第二条**　本办法适用于存在高温作业及在高温天气期间安排劳动者作业的企业、事业单位和个体经济组织等用人单位。

**第三条**　高温作业是指有高气温、或有强烈的热辐射、或伴有高气湿（相对湿度≥80% RH）相结合的异常作业条件、湿球黑球温度指数（WBGT指数）超过规定限值的作业。

高温天气是指地市级以上气象主管部门所属气象台站向公众发布的日最高气温35℃以上的天气。

高温天气作业是指用人单位在高温天气期间安排劳动者在高温自然气象环境下进行的作业。

工作场所高温作业WBGT指数测量依照《工作场所物理因素测量　第7部分：高温》（GBZ/T 189.7）执行；高温作业职业接触限值依照《工作场所有害因素职业接触限值　第2部分：物理因素》（GBZ 2.2）执行；高温作业分级依照《工作场所职业病危害作业分级　第3部分：高温》（GBZ/T 229.3）执行。

**第四条**　国务院安全生产监督管理部门、卫生行政部门、人力资源社会保障行政部门依照相关法律、行政法规和国务院确定的职责，负责全国高温作业、高温天气作业劳动保护的监督管理工作。

县级以上地方人民政府安全生产监督管理部门、卫生行政部门、人力资源社会保障行政部门依据法律、行政法规和各自职责，负责本行政区域内高温作业、高温天气作业劳动保护的监督管理工作。

**第五条**　用人单位应当建立、健全防暑降温工作制度，采取有效措施，加强高温作业、高温天气作业劳动保护工作，确保劳动者身体健康和生命安全。

用人单位的主要负责人对本单位的防暑降温工作全面负责。

**第六条** 用人单位应当根据国家有关规定，合理布局生产现场，改进生产工艺和操作流程，采用良好的隔热、通风、降温措施，保证工作场所符合国家职业卫生标准要求。

**第七条** 用人单位应当落实以下高温作业劳动保护措施：

（一）优先采用有利于控制高温的新技术、新工艺、新材料、新设备，从源头上降低或者消除高温危害。对于生产过程中不能完全消除的高温危害，应当采取综合控制措施，使其符合国家职业卫生标准要求。

（二）存在高温职业病危害的建设项目，应当保证其设计符合国家职业卫生相关标准和卫生要求，高温防护设施应当与主体工程同时设计、同时施工、同时投入生产和使用。

（三）存在高温职业病危害的用人单位，应当实施由专人负责的高温日常监测，并按照有关规定进行职业病危害因素检测、评价。

（四）用人单位应当依照有关规定对从事接触高温危害作业劳动者组织上岗前、在岗期间和离岗时的职业健康检查，将检查结果存入职业健康监护档案并书面告知劳动者。职业健康检查费用由用人单位承担。

（五）用人单位不得安排怀孕女职工和未成年工从事《工作场所职业病危害作业分级第3部分：高温》（GBZ/T 229.3）中第三级以上的高温工作场所作业。

**第八条** 在高温天气期间，用人单位应当按照下列规定，根据生产特点和具体条件，采取合理安排工作时间、轮换作业、适当增加高温工作环境下劳动者的休息时间和减轻劳动强度、减少高温时段室外作业等措施：

（一）用人单位应当根据地市级以上气象主管部门所属气象台当日发布的预报气温，调整作业时间，但因人身财产安全和公众利益需要紧急处理的除外：

1. 日最高气温达到40℃以上，应当停止当日室外露天作业；

2. 日最高气温达到37℃以上、40℃以下时，用人单位全天安排劳动者室外露天作业时间累计不得超过6小时，连续作业时间不得超过国家规定，且在气温最高时段3小时内不得安排室外露天作业；

3. 日最高气温达到35℃以上、37℃以下时，用人单位应当采取换班轮休等方式，缩短劳动者连续作业时间，并且不得安排室外露天作业劳动者加班。

（二）在高温天气来临之前，用人单位应当对高温天气作业的劳动者进行健康检查，对患有心、肺、脑血管性疾病、肺结核、中枢神经系统疾病及其他身体状况不适合高温作业环境的劳动者，应当调整作业岗位。职业健康检查费用由用人单位承担。

（三）用人单位不得安排怀孕女职工和未成年工在35℃以上的高温天气期间从事室外露天作业及温度在33℃以上的工作场所作业。

（四）因高温天气停止工作、缩短工作时间的，用人单位不得扣除或降低劳动者工资。

**第九条** 用人单位应当向劳动者提供符合要求的个人防护用品，并督促和指导劳动者正确使用。

**第十条** 用人单位应当对劳动者进行上岗前职业卫生培训和在岗期间的定期职业卫生培训，普及高温防护、中暑急救等职业卫生知识。

**第十一条** 用人单位应当为高温作业、高温天气作业的劳动者供给足够的、符合卫生标准的防暑降温饮料及必需的药品。

不得以发放钱物替代提供防暑降温饮料。防暑降温饮料不得充抵高温津贴。

**第十二条** 用人单位应当在高温工作环境设立休息场所。休息场所应当设有座椅，保持通风良好或者配有空调等防暑降温设施。

**第十三条** 用人单位应当制定高温中暑应急预案，定期进行应急救援的演习，并根据从事高温作业和高温天气作业的劳动者数量及作业条件等情况，配备应急救援人员和足量的急救药品。

**第十四条** 劳动者出现中暑症状时，用人单位应当立即采取救助措施，使其迅速脱离高温环境，到通风阴凉处休息，供给防暑降温饮料，并采取必要的对症处理措施；病情严重者，用人单位应当及时送医疗卫生机构治疗。

**第十五条** 劳动者应当服从用人单位合理调整高温天气作息时间或者对有关工作地点、工作岗位的调整安排。

**第十六条** 工会组织代表劳动者就高温作业和高温天气劳动保护事项与用人单位进行平等协商，签订集体合同或者高温作业和高温天气劳动保护专项集体合同。

**第十七条** 劳动者从事高温作业的，依法享受岗位津贴。

用人单位安排劳动者在35℃以上高温天气从事室外露天作业以及不能采取有效措施将工作场所温度降低到33℃以下的，应当向劳动者发放高温津贴，并纳入工资总额。高温津贴标准由省级人力资源社会保障行政部门会同有关部门制定，并根据社会经济发展状况适时调整。

**第十八条** 承担职业性中暑诊断的医疗卫生机构，应当经省级人民政府卫生行政部门批准。

**第十九条** 劳动者因高温作业或者高温天气作业引起中暑，经诊断为职业病的，享受工伤保险待遇。

**第二十条** 工会组织依法对用人单位的高温作业、高温天气劳动保护措施实行监督。发现违法行为，工会组织有权向用人单位提出，用人单位应当及时改正。用人单位拒不改正的，工会组织应当提请有关部门依法处理，并对处理结果进行监督。

**第二十一条** 用人单位违反职业病防治与安全生产法律、行政法规，危害劳动者身体健康的，由县级以上人民政府相关部门依据各自职责责令用人单位整改或者停止作业；情节严重的，按照国家有关法律法规追究用人单位及其负责人的相应责任；构成犯罪的，依法追究刑事责任。

用人单位违反国家劳动保障法律、行政法规有关工作时间、工资津贴规定，侵害劳动者劳动保障权益的，由县级以上人力资源社会保障行政部门依法责令改正。

**第二十二条** 各省级人民政府安全生产监督管理部门、卫生行政部门、人力资源社会保障行政部门和工会组织可以根据本办法，制定实施细则。

**第二十三条** 本办法由国家安全生产监督管理总局会同卫生部、人力资源和社会保障部、全国总工会负责解释。

**第二十四条** 本办法所称“以上”摄氏度（℃）含本数，“以下”摄氏度（℃）不含本数。

**第二十五条** 本办法自发布之日起施行。1960 年 7 月 1 日卫生部、劳动部、全国总工会联合公布的《防暑降温措施暂行办法》同时废止。

# 十五、招投标与政府采购

## 171　中华人民共和国招标投标法

1999年8月30日中华人民共和国第九届全国人民代表大会常务委员会第十一次会议通过，1999年8月30日中华人民共和国主席令第二十一号公布，自2000年1月1日起施行。

### 目　　录

第一章　总则/907
第二章　招标/908
第三章　投标/909
第四章　开标、评标和中标/910
第五章　法律责任/912
第六章　附则/914

### 第一章　总　　则

**第一条**　为了规范招标投标活动，保护国家利益、社会公共利益和招标投标活动当事人的合法权益，提高经济效益，保证项目质量，制定本法。

**第二条**　在中华人民共和国境内进行招标投标活动，适用本法。

**第三条**　在中华人民共和国境内进行下列工程建设项目包括项目的勘察、设计、施工、监理以及与工程建设有关的重要设备、材料等的采购，必须进行招标：

（一）大型基础设施、公用事业等关系社会公共利益、公众安全的项目；

（二）全部或者部分使用国有资金投资或者国家融资的项目；

（三）使用国际组织或者外国政府贷款、援助资金的项目。

前款所列项目的具体范围和规模标准，由国务院发展计划部门会同国务院有关部门制定，报国务院批准。

法律或者国务院对必须进行招标的其他项目的范围有规定的，依照其规定。

**第四条**　任何单位和个人不得将依法必须进行招标的项目化整为零或者以其他任何方式规避招标。

**第五条**　招标投标活动应当遵循公开、公平、公正和诚实信用的原则。

**第六条**　依法必须进行招标的项目，其招标投标活动不受地区或者部门的限制。任何单位和个人不得违法限制或者排斥本地区、本系统以外的法人或者其他组织参加投标，不得以任何方式非法干涉招标投标活动。

**第七条** 招标投标活动及其当事人应当接受依法实施的监督。

有关行政监督部门依法对招标投标活动实施监督，依法查处招标投标活动中的违法行为。

对招标投标活动的行政监督及有关部门的具体职权划分，由国务院规定。

## 第二章 招 标

**第八条** 招标人是依照本法规定提出招标项目、进行招标的法人或者其他组织。

**第九条** 招标项目按照国家有关规定需要履行项目审批手续的，应当先履行审批手续，取得批准。

招标人应当有进行招标项目的相应资金或者资金来源已经落实，并应当在招标文件中如实载明。

**第十条** 招标分为公开招标和邀请招标。

公开招标，是指招标人以招标公告的方式邀请不特定的法人或者其他组织投标。

邀请招标，是指招标人以投标邀请书的方式邀请特定的法人或者其他组织投标。

**第十一条** 国务院发展计划部门确定的国家重点项目和省、自治区、直辖市人民政府确定的地方重点项目不适宜公开招标的，经国务院发展计划部门或者省、自治区、直辖市人民政府批准，可以进行邀请招标。

**第十二条** 招标人有权自行选择招标代理机构，委托其办理招标事宜。任何单位和个人不得以任何方式为招标人指定招标代理机构。

招标人具有编制招标文件和组织评标能力的，可以自行办理招标事宜。任何单位和个人不得强制其委托招标代理机构办理招标事宜。

依法必须进行招标的项目，招标人自行办理招标事宜的，应当向有关行政监督部门备案。

**第十三条** 招标代理机构是依法设立、从事招标代理业务并提供相关服务的社会中介组织。

招标代理机构应当具备下列条件：

（一）有从事招标代理业务的营业场所和相应资金；

（二）有能够编制招标文件和组织评标的相应专业力量；

（三）有符合本法第三十七条第三款规定条件、可以作为评标委员会成员人选的技术、经济等方面的专家库。

**第十四条** 从事工程建设项目招标代理业务的招标代理机构，其资格由国务院或者省、自治区、直辖市人民政府的建设行政主管部门认定。具体办法由国务院建设行政主管部门会同国务院有关部门制定。从事其他招标代理业务的招标代理机构，其资格认定的主管部门由国务院规定。

招标代理机构与行政机关和其他国家机关不得存在隶属关系或者其他利益关系。

**第十五条** 招标代理机构应当在招标人委托的范围内办理招标事宜，并遵守本法关于招标人的规定。

**第十六条** 招标人采用公开招标方式的，应当发布招标公告。依法必须进行招标的项目的招标公告，应当通过国家指定的报刊、信息网络或者其他媒介发布。

招标公告应当载明招标人的名称和地址、招标项目的性质、数量、实施地点和时间以及获取招标文件的办法等事项。

**第十七条** 招标人采用邀请招标方式的，应当向三个以上具备承担招标项目的能力、资信良好的特定的法人或者其他组织发出投标邀请书。

投标邀请书应当载明本法第十六条第二款规定的事项。

**第十八条** 招标人可以根据招标项目本身的要求，在招标公告或者投标邀请书中，要求潜在投标人提供有关资质证明文件和业绩情况，并对潜在投标人进行资格审查；国家对投标人的资格条件有规定的，依照其规定。

招标人不得以不合理的条件限制或者排斥潜在投标人，不得对潜在投标人实行歧视待遇。

**第十九条** 招标人应当根据招标项目的特点和需要编制招标文件。招标文件应当包括招标项目的技术要求、对投标人资格审查的标准、投标报价要求和评标标准等所有实质性要求和条件以及拟签订合同的主要条款。

国家对招标项目的技术、标准有规定的，招标人应当按照其规定在招标文件中提出相应要求。

招标项目需要划分标段、确定工期的，招标人应当合理划分标段、确定工期，并在招标文件中载明。

**第二十条** 招标文件不得要求或者标明特定的生产供应者以及含有倾向或者排斥潜在投标人的其他内容。

**第二十一条** 招标人根据招标项目的具体情况，可以组织潜在投标人踏勘项目现场。

**第二十二条** 招标人不得向他人透露已获取招标文件的潜在投标人的名称、数量以及可能影响公平竞争的有关招标投标的其他情况。

招标人设有标底的，标底必须保密。

**第二十三条** 招标人对已发出的招标文件进行必要的澄清或者修改的，应当在招标文件要求提交投标文件截止时间至少十五日前，以书面形式通知所有招标文件收受人。该澄清或者修改的内容为招标文件的组成部分。

**第二十四条** 招标人应当确定投标人编制投标文件所需要的合理时间；但是，依法必须进行招标的项目，自招标文件开始发出之日起至投标人提交投标文件截止之日止，最短不得少于二十日。

## 第三章 投　　标

**第二十五条** 投标人是响应招标、参加投标竞争的法人或者其他组织。

依法招标的科研项目允许个人参加投标的，投标的个人适用本法有关投标人的规定。

**第二十六条** 投标人应当具备承担招标项目的能力；国家有关规定对投标人资格条件或者招标文件对投标人资格条件有规定的，投标人应当具备规定的资格条件。

**第二十七条** 投标人应当按照招标文件的要求编制投标文件。投标文件应当对招标文件提出的实质性要求和条件作出响应。

招标项目属于建设施工的，投标文件的内容应当包括拟派出的项目负责人与主要技术人员的简历、业绩和拟用于完成招标项目的机械设备等。

**第二十八条** 投标人应当在招标文件要求提交投标文件的截止时间前，将投标文件送达投标地点。招标人收到投标文件后，应当签收保存，不得开启。投标人少于三个的，招标人应当依照本法重新招标。

在招标文件要求提交投标文件的截止时间后送达的投标文件，招标人应当拒收。

**第二十九条** 投标人在招标文件要求提交投标文件的截止时间前，可以补充、修改或者撤回已提交的投标文件，并书面通知招标人。补充、修改的内容为投标文件的组成部分。

**第三十条** 投标人根据招标文件载明的项目实际情况，拟在中标后将中标项目的部分非主体、非关键性工作进行分包的，应当在投标文件中载明。

**第三十一条** 两个以上法人或者其他组织可以组成一个联合体，以一个投标人的身份共同投标。

联合体各方均应当具备承担招标项目的相应能力；国家有关规定或者招标文件对投标人资格条件有规定的，联合体各方均应当具备规定的相应资格条件。由同一专业的单位组成的联合体，按照资质等级较低的单位确定资质等级。

联合体各方应当签订共同投标协议，明确约定各方拟承担的工作和责任，并将共同投标协议连同投标文件一并提交招标人。联合体中标的，联合体各方应当共同与招标人签订合同，就中标项目向招标人承担连带责任。

招标人不得强制投标人组成联合体共同投标，不得限制投标人之间的竞争。

**第三十二条** 投标人不得相互串通投标报价，不得排挤其他投标人的公平竞争，损害招标人或者其他投标人的合法权益。

投标人不得与招标人串通投标，损害国家利益、社会公共利益或者他人的合法权益。

禁止投标人以向招标人或者评标委员会成员行贿的手段谋取中标。

**第三十三条** 投标人不得以低于成本的报价竞标，也不得以他人名义投标或者以其他方式弄虚作假，骗取中标。

## 第四章　开标、评标和中标

**第三十四条** 开标应当在招标文件确定的提交投标文件截止时间的同一时间公开进行；开标地点应当为招标文件中预先确定的地点。

**第三十五条** 开标由招标人主持，邀请所有投标人参加。

**第三十六条**　开标时，由投标人或者其推选的代表检查投标文件的密封情况，也可以由招标人委托的公证机构检查并公证；经确认无误后，由工作人员当众拆封，宣读投标人名称、投标价格和投标文件的其他主要内容。

招标人在招标文件要求提交投标文件的截止时间前收到的所有投标文件，开标时都应当当众予以拆封、宣读。

开标过程应当记录，并存档备查。

**第三十七条**　评标由招标人依法组建的评标委员会负责。

依法必须进行招标的项目，其评标委员会由招标人的代表和有关技术、经济等方面的专家组成，成员人数为五人以上单数，其中技术、经济等方面的专家不得少于成员总数的三分之二。

前款专家应当从事相关领域工作满八年并具有高级职称或者具有同等专业水平，由招标人从国务院有关部门或者省、自治区、直辖市人民政府有关部门提供的专家名册或者招标代理机构的专家库内的相关专业的专家名单中确定；一般招标项目可以采取随机抽取方式，特殊招标项目可以由招标人直接确定。

与投标人有利害关系的人不得进入相关项目的评标委员会；已经进入的应当更换。

评标委员会成员的名单在中标结果确定前应当保密。

**第三十八条**　招标人应当采取必要的措施，保证评标在严格保密的情况下进行。

任何单位和个人不得非法干预、影响评标的过程和结果。

**第三十九条**　评标委员会可以要求投标人对投标文件中含义不明确的内容作必要的澄清或者说明，但是澄清或者说明不得超出投标文件的范围或者改变投标文件的实质性内容。

**第四十条**　评标委员会应当按照招标文件确定的评标标准和方法，对投标文件进行评审和比较；设有标底的，应当参考标底。评标委员会完成评标后，应当向招标人提出书面评标报告，并推荐合格的中标候选人。

招标人根据评标委员会提出的书面评标报告和推荐的中标候选人确定中标人。招标人也可以授权评标委员会直接确定中标人。

国务院对特定招标项目的评标有特别规定的，从其规定。

**第四十一条**　中标人的投标应当符合下列条件之一：

（一）能够最大限度地满足招标文件中规定的各项综合评价标准；

（二）能够满足招标文件的实质性要求，并且经评审的投标价格最低；但是投标价格低于成本的除外。

**第四十二条**　评标委员会经评审，认为所有投标都不符合招标文件要求的，可以否决所有投标。

依法必须进行招标的项目的所有投标被否决的，招标人应当依照本法重新招标。

**第四十三条**　在确定中标人前，招标人不得与投标人就投标价格、投标方案等实质性内容进行谈判。

**第四十四条**　评标委员会成员应当客观、公正地履行职务，遵守职业道德，对所提出的评审意见承担个人责任。

评标委员会成员不得私下接触投标人，不得收受投标人的财物或者其他好处。

评标委员会成员和参与评标的有关工作人员不得透露对投标文件的评审和比较、中标候选人的推荐情况以及与评标有关的其他情况。

**第四十五条** 中标人确定后，招标人应当向中标人发出中标通知书，并同时将中标结果通知所有未中标的投标人。

中标通知书对招标人和中标人具有法律效力。中标通知书发出后，招标人改变中标结果的，或者中标人放弃中标项目的，应当依法承担法律责任。

**第四十六条** 招标人和中标人应当自中标通知书发出之日起三十日内，按照招标文件和中标人的投标文件订立书面合同。招标人和中标人不得再行订立背离合同实质性内容的其他协议。

招标文件要求中标人提交履约保证金的，中标人应当提交。

**第四十七条** 依法必须进行招标的项目，招标人应当自确定中标人之日起十五日内，向有关行政监督部门提交招标投标情况的书面报告。

**第四十八条** 中标人应当按照合同约定履行义务，完成中标项目。中标人不得向他人转让中标项目，也不得将中标项目肢解后分别向他人转让。

中标人按照合同约定或者经招标人同意，可以将中标项目的部分非主体、非关键性工作分包给他人完成。接受分包的人应当具备相应的资格条件，并不得再次分包。

中标人应当就分包项目向招标人负责，接受分包的人就分包项目承担连带责任。

## 第五章 法律责任

**第四十九条** 违反本法规定，必须进行招标的项目而不招标的，将必须进行招标的项目化整为零或者以其他任何方式规避招标的，责令限期改正，可以处项目合同金额千分之五以上千分之十以下的罚款；对全部或者部分使用国有资金的项目，可以暂停项目执行或者暂停资金拨付；对单位直接负责的主管人员和其他直接责任人员依法给予处分。

**第五十条** 招标代理机构违反本法规定，泄露应当保密的与招标投标活动有关的情况和资料的，或者与招标人、投标人串通损害国家利益、社会公共利益或者他人合法权益的，处五万元以上二十五万元以下的罚款，对单位直接负责的主管人员和其他直接责任人员处单位罚款数额百分之五以上百分之十以下的罚款；有违法所得的，并处没收违法所得；情节严重的，暂停直至取消招标代理资格；构成犯罪的，依法追究刑事责任。给他人造成损失的，依法承担赔偿责任。

前款所列行为影响中标结果的，中标无效。

**第五十一条** 招标人以不合理的条件限制或者排斥潜在投标人的，对潜在投标人实行歧视待遇的，强制要求投标人组成联合体共同投标的，或者限制投标人之间竞争的，责令改正，可以处一万元以上五万元以下的罚款。

**第五十二条** 依法必须进行招标的项目的招标人向他人透露已获取招标文件的潜在投

标人的名称、数量或者可能影响公平竞争的有关招标投标的其他情况的，或者泄露标底的，给予警告，可以并处一万元以上十万元以下的罚款；对单位直接负责的主管人员和其他直接责任人员依法给予处分；构成犯罪的，依法追究刑事责任。

前款所列行为影响中标结果的，中标无效。

**第五十三条**　投标人相互串通投标或者与招标人串通投标的，投标人以向招标人或者评标委员会成员行贿的手段谋取中标的，中标无效，处中标项目金额千分之五以上千分之十以下的罚款，对单位直接负责的主管人员和其他直接责任人员处单位罚款数额百分之五以上百分之十以下的罚款；有违法所得的，并处没收违法所得；情节严重的，取消其一年至二年内参加依法必须进行招标的项目的投标资格并予以公告，直至由工商行政管理机关吊销营业执照；构成犯罪的，依法追究刑事责任。给他人造成损失的，依法承担赔偿责任。

**第五十四条**　投标人以他人名义投标或者以其他方式弄虚作假，骗取中标的，中标无效，给招标人造成损失的，依法承担赔偿责任；构成犯罪的，依法追究刑事责任。

依法必须进行招标的项目的投标人有前款所列行为尚未构成犯罪的，处中标项目金额千分之五以上千分之十以下的罚款，对单位直接负责的主管人员和其他直接责任人员处单位罚款数额百分之五以上百分之十以下的罚款；有违法所得的，并处没收违法所得；情节严重的，取消其一年至三年内参加依法必须进行招标的项目的投标资格并予以公告，直至由工商行政管理机关吊销营业执照。

**第五十五条**　依法必须进行招标的项目，招标人违反本法规定，与投标人就投标价格、投标方案等实质性内容进行谈判的，给予警告，对单位直接负责的主管人员和其他直接责任人员依法给予处分。

前款所列行为影响中标结果的，中标无效。

**第五十六条**　评标委员会成员收受投标人的财物或者其他好处的，评标委员会成员或者参加评标的有关工作人员向他人透露对投标文件的评审和比较、中标候选人的推荐以及与评标有关的其他情况的，给予警告，没收收受的财物，可以并处三千元以上五万元以下的罚款，对有所列违法行为的评标委员会成员取消担任评标委员会成员的资格，不得再参加任何依法必须进行招标的项目的评标；构成犯罪的，依法追究刑事责任。

**第五十七条**　招标人在评标委员会依法推荐的中标候选人以外确定中标人的，依法必须进行招标的项目在所有投标被评标委员会否决后自行确定中标人的，中标无效。责令改正，可以处中标项目金额千分之五以上千分之十以下的罚款；对单位直接负责的主管人员和其他直接责任人员依法给予处分。

**第五十八条**　中标人将中标项目转让给他人的，将中标项目肢解后分别转让给他人的，违反本法规定将中标项目的部分主体、关键性工作分包给他人的，或者分包人再次分包的，转让、分包无效，处转让、分包项目金额千分之五以上千分之十以下的罚款；有违法所得的，并处没收违法所得；可以责令停业整顿；情节严重的，由工商行政管理机关吊销营业执照。

**第五十九条**　招标人与中标人不按照招标文件和中标人的投标文件订立合同的，或者招标人、中标人订立背离合同实质性内容的协议的，责令改正；可以处中标项目金额千分之五以上千分之十以下的罚款。

**第六十条** 中标人不履行与招标人订立的合同的，履约保证金不予退还，给招标人造成的损失超过履约保证金数额的，还应当对超过部分予以赔偿；没有提交履约保证金的，应当对招标人的损失承担赔偿责任。

中标人不按照与招标人订立的合同履行义务，情节严重的，取消其二年至五年内参加依法必须进行招标的项目的投标资格并予以公告，直至由工商行政管理机关吊销营业执照。

因不可抗力不能履行合同的，不适用前两款规定。

**第六十一条** 本章规定的行政处罚，由国务院规定的有关行政监督部门决定。本法已对实施行政处罚的机关作出规定的除外。

**第六十二条** 任何单位违反本法规定，限制或者排斥本地区、本系统以外的法人或者其他组织参加投标的，为招标人指定招标代理机构的，强制招标人委托招标代理机构办理招标事宜的，或者以其他方式干涉招标投标活动的，责令改正；对单位直接负责的主管人员和其他直接责任人员依法给予警告、记过、记大过的处分，情节较重的，依法给予降级、撤职、开除的处分。

个人利用职权进行前款违法行为的，依照前款规定追究责任。

**第六十三条** 对招标投标活动依法负有行政监督职责的国家机关工作人员徇私舞弊、滥用职权或者玩忽职守，构成犯罪的，依法追究刑事责任；不构成犯罪的，依法给予行政处分。

**第六十四条** 依法必须进行招标的项目违反本法规定，中标无效的，应当依照本法规定的中标条件从其余投标人中重新确定中标人或者依照本法重新进行招标。

## 第六章 附 则

**第六十五条** 投标人和其他利害关系人认为招标投标活动不符合本法有关规定的，有权向招标人提出异议或者依法向有关行政监督部门投诉。

**第六十六条** 涉及国家安全、国家秘密、抢险救灾或者属于利用扶贫资金实行以工代赈、需要使用农民工等特殊情况，不适宜进行招标的项目，按照国家有关规定可以不进行招标。

**第六十七条** 使用国际组织或者外国政府贷款、援助资金的项目进行招标，贷款方、资金提供方对招标投标的具体条件和程序有不同规定的，可以适用其规定，但违背中华人民共和国的社会公共利益的除外。

**第六十八条** 本法自2000年1月1日起施行。

# 172　中华人民共和国政府采购法

2002年6月29日中华人民共和国第九届全国人民代表大会常务委员会第二十八次会议通过，2002年6月29日中华人民共和国主席令第六十八号公布，自2003年1月1日起施行；根据2014年8月31日第十二届全国人民代表大会常务委员会第十次会议通过、中华人民共和国主席令第十四号公布的《关于修改〈中华人民共和国保险法〉等五部法律的决定》修正，自2014年8月31日起施行。

## 目　　录

第一章　总则/915
第二章　政府采购当事人/916
第三章　政府采购方式/918
第四章　政府采购程序/919
第五章　政府采购合同/920
第六章　质疑与投诉/921
第七章　监督检查/922
第八章　法律责任/923
第九章　附则/924

## 第一章　总　　则

**第一条**　为了规范政府采购行为，提高政府采购资金的使用效益，维护国家利益和社会公共利益，保护政府采购当事人的合法权益，促进廉政建设，制定本法。

**第二条**　在中华人民共和国境内进行的政府采购适用本法。

本法所称政府采购，是指各级国家机关、事业单位和团体组织，使用财政性资金采购依法制定的集中采购目录以内的或者采购限额标准以上的货物、工程和服务的行为。

政府集中采购目录和采购限额标准依照本法规定的权限制定。

本法所称采购，是指以合同方式有偿取得货物、工程和服务的行为，包括购买、租赁、委托、雇用等。

本法所称货物，是指各种形态和种类的物品，包括原材料、燃料、设备、产品等。

本法所称工程，是指建设工程，包括建筑物和构筑物的新建、改建、扩建、装修、拆除、修缮等。

本法所称服务，是指除货物和工程以外的其他政府采购对象。

**第三条** 政府采购应当遵循公开透明原则、公平竞争原则、公正原则和诚实信用原则。

**第四条** 政府采购工程进行招标投标的，适用招标投标法。

**第五条** 任何单位和个人不得采用任何方式，阻挠和限制供应商自由进入本地区和本行业的政府采购市场。

**第六条** 政府采购应当严格按照批准的预算执行。

**第七条** 政府采购实行集中采购和分散采购相结合。集中采购的范围由省级以上人民政府公布的集中采购目录确定。

属于中央预算的政府采购项目，其集中采购目录由国务院确定并公布；属于地方预算的政府采购项目，其集中采购目录由省、自治区、直辖市人民政府或者其授权的机构确定并公布。

纳入集中采购目录的政府采购项目，应当实行集中采购。

**第八条** 政府采购限额标准，属于中央预算的政府采购项目，由国务院确定并公布；属于地方预算的政府采购项目，由省、自治区、直辖市人民政府或者其授权的机构确定并公布。

**第九条** 政府采购应当有助于实现国家的经济和社会发展政策目标，包括保护环境，扶持不发达地区和少数民族地区，促进中小企业发展等。

**第十条** 政府采购应当采购本国货物、工程和服务。但有下列情形之一的除外：

（一）需要采购的货物、工程或者服务在中国境内无法获取或者无法以合理的商业条件获取的。

（二）为在中国境外使用而进行采购的。

（三）其他法律、行政法规另有规定的。

前款所称本国货物、工程和服务的界定，依照国务院有关规定执行。

**第十一条** 政府采购的信息应当在政府采购监督管理部门指定的媒体上及时向社会公开发布，但涉及商业秘密的除外。

**第十二条** 在政府采购活动中，采购人员及相关人员与供应商有利害关系的，必须回避。供应商认为采购人员及相关人员与其他供应商有利害关系的，可以申请其回避。

前款所称相关人员，包括招标采购中评标委员会的组成人员，竞争性谈判采购中谈判小组的组成人员，询价采购中询价小组的组成人员等。

**第十三条** 各级人民政府财政部门是负责政府采购监督管理的部门，依法履行对政府采购活动的监督管理职责。

各级人民政府其他有关部门依法履行与政府采购活动有关的监督管理职责。

## 第二章　政府采购当事人

**第十四条** 政府采购当事人是指在政府采购活动中享有权利和承担义务的各类主体，包括采购人、供应商和采购代理机构等。

**第十五条** 采购人是指依法进行政府采购的国家机关、事业单位、团体组织。

**第十六条**　集中采购机构为采购代理机构。设区的市、自治州以上人民政府根据本级政府采购项目组织集中采购的需要设立集中采购机构。

集中采购机构是非营利事业法人，根据采购人的委托办理采购事宜。

**第十七条**　集中采购机构进行政府采购活动，应当符合采购价格低于市场平均价格、采购效率更高、采购质量优良和服务良好的要求。

**第十八条**　采购人采购纳入集中采购目录的政府采购项目，必须委托集中采购机构代理采购；采购未纳入集中采购目录的政府采购项目，可以自行采购，也可以委托集中采购机构在委托的范围内代理采购。

纳入集中采购目录属于通用的政府采购项目的，应当委托集中采购机构代理采购；属于本部门、本系统有特殊要求的项目，应当实行部门集中采购；属于本单位有特殊要求的项目，经省级以上人民政府批准，可以自行采购。

**第十九条**　采购人可以委托集中采购机构以外的采购代理机构，在委托的范围内办理政府采购事宜。

采购人有权自行选择采购代理机构，任何单位和个人不得以任何方式为采购人指定采购代理机构。

**第二十条**　采购人依法委托采购代理机构办理采购事宜的，应当由采购人与采购代理机构签订委托代理协议，依法确定委托代理的事项，约定双方的权利义务。

**第二十一条**　供应商是指向采购人提供货物、工程或者服务的法人、其他组织或者自然人。

**第二十二条**　供应商参加政府采购活动应当具备下列条件：

（一）具有独立承担民事责任的能力。

（二）具有良好的商业信誉和健全的财务会计制度。

（三）具有履行合同所必需的设备和专业技术能力。

（四）有依法缴纳税收和社会保障资金的良好记录。

（五）参加政府采购活动前三年内，在经营活动中没有重大违法记录。

（六）法律、行政法规规定的其他条件。

采购人可以根据采购项目的特殊要求，规定供应商的特定条件，但不得以不合理的条件对供应商实行差别待遇或者歧视待遇。

**第二十三条**　采购人可以要求参加政府采购的供应商提供有关资质证明文件和业绩情况，并根据本法规定的供应商条件和采购项目对供应商的特定要求，对供应商的资格进行审查。

**第二十四条**　两个以上的自然人、法人或者其他组织可以组成一个联合体，以一个供应商的身份共同参加政府采购。

以联合体形式进行政府采购的，参加联合体的供应商均应当具备本法第二十二条规定的条件，并应当向采购人提交联合协议，载明联合体各方承担的工作和义务。联合体各方应当共同与采购人签订采购合同，就采购合同约定的事项对采购人承担连带责任。

**第二十五条**　政府采购当事人不得相互串通损害国家利益、社会公共利益和其他当事人的合法权益；不得以任何手段排斥其他供应商参与竞争。

供应商不得以向采购人、采购代理机构、评标委员会的组成人员、竞争性谈判小组的组成人员、询价小组的组成人员行贿或者采取其他不正当手段谋取中标或者成交。

采购代理机构不得以向采购人行贿或者采取其他不正当手段谋取非法利益。

## 第三章　政府采购方式

**第二十六条**　政府采购采用以下方式：

（一）公开招标。

（二）邀请招标。

（三）竞争性谈判。

（四）单一来源采购。

（五）询价。

（六）国务院政府采购监督管理部门认定的其他采购方式。

公开招标应作为政府采购的主要采购方式。

**第二十七条**　采购人采购货物或者服务应当采用公开招标方式的，其具体数额标准，属于中央预算的政府采购项目，由国务院规定；属于地方预算的政府采购项目，由省、自治区、直辖市人民政府规定；因特殊情况需要采用公开招标以外的采购方式的，应当在采购活动开始前获得设区的市、自治州以上人民政府采购监督管理部门的批准。

**第二十八条**　采购人不得将应当以公开招标方式采购的货物或者服务化整为零或者以其他任何方式规避公开招标采购。

**第二十九条**　符合下列情形之一的货物或者服务，可以依照本法采用邀请招标方式采购：

（一）具有特殊性，只能从有限范围的供应商处采购的。

（二）采用公开招标方式的费用占政府采购项目总价值的比例过大的。

**第三十条**　符合下列情形之一的货物或者服务，可以依照本法采用竞争性谈判方式采购：

（一）招标后没有供应商投标或者没有合格标的或者重新招标未能成立的。

（二）技术复杂或者性质特殊，不能确定详细规格或者具体要求的。

（三）采用招标所需时间不能满足用户紧急需要的。

（四）不能事先计算出价格总额的。

**第三十一条**　符合下列情形之一的货物或者服务，可以依照本法采用单一来源方式采购：

（一）只能从唯一供应商处采购的。

（二）发生了不可预见的紧急情况不能从其他供应商处采购的。

（三）必须保证原有采购项目一致性或者服务配套的要求，需要继续从原供应商处添购，且添购资金总额不超过原合同采购金额百分之十的。

**第三十二条**　采购的货物规格、标准统一、现货货源充足且价格变化幅度小的政府采购项目，可以依照本法采用询价方式采购。

## 第四章　政府采购程序

**第三十三条**　负有编制部门预算职责的部门在编制下一财政年度部门预算时，应当将该财政年度政府采购的项目及资金预算列出，报本级财政部门汇总。部门预算的审批，按预算管理权限和程序进行。

**第三十四条**　货物或者服务项目采取邀请招标方式采购的，采购人应当从符合相应资格条件的供应商中，通过随机方式选择三家以上的供应商，并向其发出投标邀请书。

**第三十五条**　货物和服务项目实行招标方式采购的，自招标文件开始发出之日起至投标人提交投标文件截止之日止，不得少于二十日。

**第三十六条**　在招标采购中，出现下列情形之一的，应予废标：

（一）符合专业条件的供应商或者对招标文件作实质响应的供应商不足三家的。

（二）出现影响采购公正的违法、违规行为的。

（三）投标人的报价均超过了采购预算，采购人不能支付的。

（四）因重大变故，采购任务取消的。

废标后，采购人应当将废标理由通知所有投标人。

**第三十七条**　废标后，除采购任务取消情形外，应当重新组织招标；需要采取其他方式采购的，应当在采购活动开始前获得设区的市、自治州以上人民政府采购监督管理部门或者政府有关部门批准。

**第三十八条**　采用竞争性谈判方式采购的，应当遵循下列程序：

（一）成立谈判小组。谈判小组由采购人的代表和有关专家共三人以上的单数组成，其中专家的人数不得少于成员总数的三分之二。

（二）制定谈判文件。谈判文件应当明确谈判程序、谈判内容、合同草案的条款以及评定成交的标准等事项。

（三）确定邀请参加谈判的供应商名单。谈判小组从符合相应资格条件的供应商名单中确定不少于三家的供应商参加谈判，并向其提供谈判文件。

（四）谈判。谈判小组所有成员集中与单一供应商分别进行谈判。在谈判中，谈判的任何一方不得透露与谈判有关的其他供应商的技术资料、价格和其他信息。谈判文件有实质性变动的，谈判小组应当以书面形式通知所有参加谈判的供应商。

（五）确定成交供应商。谈判结束后，谈判小组应当要求所有参加谈判的供应商在规定时间内进行最后报价，采购人从谈判小组提出的成交候选人中根据符合采购需求、质量和服务相等且报价最低的原则确定成交供应商，并将结果通知所有参加谈判的未成交的供应商。

**第三十九条**　采取单一来源方式采购的，采购人与供应商应当遵循本法规定的原则，在保证采购项目质量和双方商定合理价格的基础上进行采购。

**第四十条** 采取询价方式采购的，应当遵循下列程序：

（一）成立询价小组。询价小组由采购人的代表和有关专家共三人以上的单数组成，其中专家的人数不得少于成员总数的三分之二。询价小组应当对采购项目的价格构成和评定成交的标准等事项作出规定。

（二）确定被询价的供应商名单。询价小组根据采购需求，从符合相应资格条件的供应商名单中确定不少于三家的供应商，并向其发出询价通知书让其报价。

（三）询价。询价小组要求被询价的供应商一次报出不得更改的价格。

（四）确定成交供应商。采购人根据符合采购需求、质量和服务相等且报价最低的原则确定成交供应商，并将结果通知所有被询价的未成交的供应商。

**第四十一条** 采购人或者其委托的采购代理机构应当组织对供应商履约的验收。大型或者复杂的政府采购项目，应当邀请国家认可的质量检测机构参加验收工作。验收方成员应当在验收书上签字，并承担相应的法律责任。

**第四十二条** 采购人、采购代理机构对政府采购项目每项采购活动的采购文件应当妥善保存，不得伪造、变造、隐匿或者销毁。采购文件的保存期限为从采购结束之日起至少保存十五年。

采购文件包括采购活动记录、采购预算、招标文件、投标文件、评标标准、评估报告、定标文件、合同文本、验收证明、质疑答复、投诉处理决定及其他有关文件、资料。

采购活动记录至少应当包括下列内容：

（一）采购项目类别、名称。

（二）采购项目预算、资金构成和合同价格。

（三）采购方式，采用公开招标以外的采购方式的，应当载明原因。

（四）邀请和选择供应商的条件及原因。

（五）评标标准及确定中标人的原因。

（六）废标的原因。

（七）采用招标以外采购方式的相应记载。

## 第五章 政府采购合同

**第四十三条** 政府采购合同适用合同法。采购人和供应商之间的权利和义务，应当按照平等、自愿的原则以合同方式约定。

采购人可以委托采购代理机构代表其与供应商签订政府采购合同。由采购代理机构以采购人名义签订合同的，应当提交采购人的授权委托书，作为合同附件。

**第四十四条** 政府采购合同应当采用书面形式。

**第四十五条** 国务院政府采购监督管理部门应当会同国务院有关部门，规定政府采购合同必须具备的条款。

**第四十六条** 采购人与中标、成交供应商应当在中标、成交通知书发出之日起三十日内，按照采购文件确定的事项签订政府采购合同。

中标、成交通知书对采购人和中标、成交供应商均具有法律效力。中标、成交通知书发出后，采购人改变中标、成交结果的，或者中标、成交供应商放弃中标、成交项目的，应当依法承担法律责任。

**第四十七条**　政府采购项目的采购合同自签订之日起七个工作日内，采购人应当将合同副本报同级政府采购监督管理部门和有关部门备案。

**第四十八条**　经采购人同意，中标、成交供应商可以依法采取分包方式履行合同。

政府采购合同分包履行的，中标、成交供应商就采购项目和分包项目向采购人负责，分包供应商就分包项目承担责任。

**第四十九条**　政府采购合同履行中，采购人需追加与合同标的相同的货物、工程或者服务的，在不改变合同其他条款的前提下，可以与供应商协商签订补充合同，但所有补充合同的采购金额不得超过原合同采购金额的百分之十。

**第五十条**　政府采购合同的双方当事人不得擅自变更、中止或者终止合同。

政府采购合同继续履行将损害国家利益和社会公共利益的，双方当事人应当变更、中止或者终止合同。有过错的一方应当承担赔偿责任，双方都有过错的，各自承担相应的责任。

## 第六章　质疑与投诉

**第五十一条**　供应商对政府采购活动事项有疑问的，可以向采购人提出询问，采购人应当及时作出答复，但答复的内容不得涉及商业秘密。

**第五十二条**　供应商认为采购文件、采购过程和中标、成交结果使自己的权益受到损害的，可以在知道或者应知其权益受到损害之日起七个工作日内，以书面形式向采购人提出质疑。

**第五十三条**　采购人应当在收到供应商的书面质疑后七个工作日内作出答复，并以书面形式通知质疑供应商和其他有关供应商，但答复的内容不得涉及商业秘密。

**第五十四条**　采购人委托采购代理机构采购的，供应商可以向采购代理机构提出询问或者质疑，采购代理机构应当依照本法第五十一条、第五十三条的规定就采购人委托授权范围内的事项作出答复。

**第五十五条**　质疑供应商对采购人、采购代理机构的答复不满意或者采购人、采购代理机构未在规定的时间内作出答复的，可以在答复期满后十五个工作日内向同级政府采购监督管理部门投诉。

**第五十六条**　政府采购监督管理部门应当在收到投诉后三十个工作日内，对投诉事项作出处理决定，并以书面形式通知投诉人和与投诉事项有关的当事人。

**第五十七条**　政府采购监督管理部门在处理投诉事项期间，可以视具体情况书面通知采购人暂停采购活动，但暂停时间最长不得超过三十日。

**第五十八条**　投诉人对政府采购监督管理部门的投诉处理决定不服或者政府采购监督管理部门逾期未作处理的，可以依法申请行政复议或者向人民法院提起行政诉讼。

## 第七章 监督检查

**第五十九条** 政府采购监督管理部门应当加强对政府采购活动及集中采购机构的监督检查。

监督检查的主要内容是：

（一）有关政府采购的法律、行政法规和规章的执行情况。

（二）采购范围、采购方式和采购程序的执行情况。

（三）政府采购人员的职业素质和专业技能。

**第六十条** 政府采购监督管理部门不得设置集中采购机构，不得参与政府采购项目的采购活动。

采购代理机构与行政机关不得存在隶属关系或者其他利益关系。

**第六十一条** 集中采购机构应当建立健全内部监督管理制度。采购活动的决策和执行程序应当明确，并相互监督、相互制约。经办采购的人员与负责采购合同审核、验收人员的职责权限应当明确，并相互分离。

**第六十二条** 集中采购机构的采购人员应当具有相关职业素质和专业技能，符合政府采购监督管理部门规定的专业岗位任职要求。

集中采购机构对其工作人员应当加强教育和培训；对采购人员的专业水平、工作实绩和职业道德状况定期进行考核。采购人员经考核不合格的，不得继续任职。

**第六十三条** 政府采购项目的采购标准应当公开。

采用本法规定的采购方式的，采购人在采购活动完成后，应当将采购结果予以公布。

**第六十四条** 采购人必须按照本法规定的采购方式和采购程序进行采购。

任何单位和个人不得违反本法规定，要求采购人或者采购工作人员向其指定的供应商进行采购。

**第六十五条** 政府采购监督管理部门应当对政府采购项目的采购活动进行检查，政府采购当事人应当如实反映情况，提供有关材料。

**第六十六条** 政府采购监督管理部门应当对集中采购机构的采购价格、节约资金效果、服务质量、信誉状况、有无违法行为等事项进行考核，并定期如实公布考核结果。

**第六十七条** 依照法律、行政法规的规定对政府采购负有行政监督职责的政府有关部门，应当按照其职责分工，加强对政府采购活动的监督。

**第六十八条** 审计机关应当对政府采购进行审计监督。政府采购监督管理部门、政府采购各当事人有关政府采购活动，应当接受审计机关的审计监督。

**第六十九条** 监察机关应当加强对参与政府采购活动的国家机关、国家公务员和国家行政机关任命的其他人员实施监察。

**第七十条** 任何单位和个人对政府采购活动中的违法行为，有权控告和检举，有关部门、机关应当依照各自职责及时处理。

## 第八章　法律责任

**第七十一条**　采购人、采购代理机构有下列情形之一的，责令限期改正，给予警告，可以并处罚款，对直接负责的主管人员和其他直接责任人员，由其行政主管部门或者有关机关给予处分，并予通报：

（一）应当采用公开招标方式而擅自采用其他方式采购的。

（二）擅自提高采购标准的。

（三）以不合理的条件对供应商实行差别待遇或者歧视待遇的。

（四）在招标采购过程中与投标人进行协商谈判的。

（五）中标、成交通知书发出后不与中标、成交供应商签订采购合同的。

（六）拒绝有关部门依法实施监督检查的。

**第七十二条**　采购人、采购代理机构及其工作人员有下列情形之一，构成犯罪的，依法追究刑事责任；尚不构成犯罪的，处以罚款，有违法所得的，并处没收违法所得，属于国家机关工作人员的，依法给予行政处分：

（一）与供应商或者采购代理机构恶意串通的。

（二）在采购过程中接受贿赂或者获取其他不正当利益的。

（三）在有关部门依法实施的监督检查中提供虚假情况的。

（四）开标前泄露标底的。

**第七十三条**　有前两条违法行为之一影响中标、成交结果或者可能影响中标、成交结果的，按下列情况分别处理：

（一）未确定中标、成交供应商的，终止采购活动。

（二）中标、成交供应商已经确定但采购合同尚未履行的，撤销合同，从合格的中标、成交候选人中另行确定中标、成交供应商。

（三）采购合同已经履行的，给采购人、供应商造成损失的，由责任人承担赔偿责任。

**第七十四条**　采购人对应当实行集中采购的政府采购项目，不委托集中采购机构实行集中采购的，由政府采购监督管理部门责令改正；拒不改正的，停止按预算向其支付资金，由其上级行政主管部门或者有关机关依法给予其直接负责的主管人员和其他直接责任人员处分。

**第七十五条**　采购人未依法公布政府采购项目的采购标准和采购结果的，责令改正，对直接负责的主管人员依法给予处分。

**第七十六条**　采购人、采购代理机构违反本法规定隐匿、销毁应当保存的采购文件或者伪造、变造采购文件的，由政府采购监督管理部门处以二万元以上十万元以下的罚款，对其直接负责的主管人员和其他直接责任人员依法给予处分；构成犯罪的，依法追究刑事责任。

**第七十七条**　供应商有下列情形之一的，处以采购金额千分之五以上千分之十以下的罚款，列入不良行为记录名单，在一至三年内禁止参加政府采购活动，有违法所得的，并处没收违法所得，情节严重的，由工商行政管理机关吊销营业执照；构成犯罪的，依法追究刑事责任：

（一）提供虚假材料谋取中标、成交的。

（二）采取不正当手段诋毁、排挤其他供应商的。

（三）与采购人、其他供应商或者采购代理机构恶意串通的。

（四）向采购人、采购代理机构行贿或者提供其他不正当利益的。

（五）在招标采购过程中与采购人进行协商谈判的。

（六）拒绝有关部门监督检查或者提供虚假情况的。

供应商有前款第（一）至（五）项情形之一的，中标、成交无效。

**第七十八条** 采购代理机构在代理政府采购业务中有违法行为的，按照有关法律规定处以罚款，可以在一至三年内禁止其代理政府采购业务，构成犯罪的，依法追究刑事责任。

**第七十九条** 政府采购当事人有本法第七十一条、第七十二条、第七十七条违法行为之一，给他人造成损失的，并应依照有关民事法律规定承担民事责任。

**第八十条** 政府采购监督管理部门的工作人员在实施监督检查中违反本法规定滥用职权，玩忽职守，徇私舞弊的，依法给予行政处分；构成犯罪的，依法追究刑事责任。

**第八十一条** 政府采购监督管理部门对供应商的投诉逾期未作处理的，给予直接负责的主管人员和其他直接责任人员行政处分。

**第八十二条** 政府采购监督管理部门对集中采购机构业绩的考核，有虚假陈述，隐瞒真实情况的，或者不作定期考核和公布考核结果的，应当及时纠正，由其上级机关或者监察机关对其负责人进行通报，并对直接负责的人员依法给予行政处分。

集中采购机构在政府采购监督管理部门考核中，虚报业绩，隐瞒真实情况的，处以二万元以上二十万元以下的罚款，并予以通报；情节严重的，取消其代理采购的资格。

**第八十三条** 任何单位或者个人阻挠和限制供应商进入本地区或者本行业政府采购市场的，责令限期改正；拒不改正的，由该单位、个人的上级行政主管部门或者有关机关给予单位责任人或者个人处分。

## 第九章　附　　则

**第八十四条** 使用国际组织和外国政府贷款进行的政府采购，贷款方、资金提供方与中方达成的协议对采购的具体条件另有规定的，可以适用其规定，但不得损害国家利益和社会公共利益。

**第八十五条** 对因严重自然灾害和其他不可抗力事件所实施的紧急采购和涉及国家安全和秘密的采购，不适用本法。

**第八十六条** 军事采购法规由中央军事委员会另行制定。

**第八十七条** 本法实施的具体步骤和办法由国务院规定。

**第八十八条** 本法自 2003 年 1 月 1 日起施行。

# 173 中华人民共和国招标投标法实施条例

2011年11月30日国务院第183次常务会议通过，2011年12月20日中华人民共和国国务院令第613号公布，自2012年2月1日起施行。

## 目 录


第一章 总则/925

第二章 招标/926

第三章 投标/929

第四章 开标、评标和中标/931

第五章 投诉与处理/933

第六章 法律责任/933

第七章 附则/937


## 第一章 总 则

**第一条** 为了规范招标投标活动，根据《中华人民共和国招标投标法》（以下简称招标投标法），制定本条例。

**第二条** 招标投标法第三条所称工程建设项目，是指工程以及与工程建设有关的货物、服务。

前款所称工程，是指建设工程，包括建筑物和构筑物的新建、改建、扩建及其相关的装修、拆除、修缮等；所称与工程建设有关的货物，是指构成工程不可分割的组成部分，且为实现工程基本功能所必需的设备、材料等；所称与工程建设有关的服务，是指为完成工程所需的勘察、设计、监理等服务。

**第三条** 依法必须进行招标的工程建设项目的具体范围和规模标准，由国务院发展改革部门会同国务院有关部门制定，报国务院批准后公布施行。

**第四条** 国务院发展改革部门指导和协调全国招标投标工作，对国家重大建设项目的工程招标投标活动实施监督检查。国务院工业和信息化、住房城乡建设、交通运输、铁道、水利、商务等部门，按照规定的职责分工对有关招标投标活动实施监督。

县级以上地方人民政府发展改革部门指导和协调本行政区域的招标投标工作。县级以上地方人民政府有关部门按照规定的职责分工，对招标投标活动实施监督，依法查处招标投标活动中的违法行为。县级以上地方人民政府对其所属部门有关招标投标活动的监督职责分工另有规定的，从其规定。

财政部门依法对实行招标投标的政府采购工程建设项目的预算执行情况和政府采购政策执行情况实施监督。

监察机关依法对与招标投标活动有关的监察对象实施监察。

**第五条** 设区的市级以上地方人民政府可以根据实际需要，建立统一规范的招标投标交易场所，为招标投标活动提供服务。招标投标交易场所不得与行政监督部门存在隶属关系，不得以营利为目的。

国家鼓励利用信息网络进行电子招标投标。

**第六条** 禁止国家工作人员以任何方式非法干涉招标投标活动。

## 第二章 招　　标

**第七条** 按照国家有关规定需要履行项目审批、核准手续的依法必须进行招标的项目，其招标范围、招标方式、招标组织形式应当报项目审批、核准部门审批、核准。项目审批、核准部门应当及时将审批、核准确定的招标范围、招标方式、招标组织形式通报有关行政监督部门。

**第八条** 国有资金占控股或者主导地位的依法必须进行招标的项目，应当公开招标；但有下列情形之一的，可以邀请招标：

（一）技术复杂、有特殊要求或者受自然环境限制，只有少量潜在投标人可供选择；

（二）采用公开招标方式的费用占项目合同金额的比例过大。

有前款第二项所列情形，属于本条例第七条规定的项目，由项目审批、核准部门在审批、核准项目时作出认定；其他项目由招标人申请有关行政监督部门作出认定。

**第九条** 除招标投标法第六十六条规定的可以不进行招标的特殊情况外，有下列情形之一的，可以不进行招标：

（一）需要采用不可替代的专利或者专有技术；

（二）采购人依法能够自行建设、生产或者提供；

（三）已通过招标方式选定的特许经营项目投资人依法能够自行建设、生产或者提供；

（四）需要向原中标人采购工程、货物或者服务，否则将影响施工或者功能配套要求；

（五）国家规定的其他特殊情形。

招标人为适用前款规定弄虚作假的，属于招标投标法第四条规定的规避招标。

**第十条** 招标投标法第十二条第二款规定的招标人具有编制招标文件和组织评标能力，是指招标人具有与招标项目规模和复杂程度相适应的技术、经济等方面的专业人员。

**第十一条** 招标代理机构的资格依照法律和国务院的规定由有关部门认定。

国务院住房城乡建设、商务、发展改革、工业和信息化等部门，按照规定的职责分工对招标代理机构依法实施监督管理。

**第十二条** 招标代理机构应当拥有一定数量的取得招标职业资格的专业人员。取得招标职业资格的具体办法由国务院人力资源社会保障部门会同国务院发展改革部门制定。

**第十三条** 招标代理机构在其资格许可和招标人委托的范围内开展招标代理业务，任何单位和个人不得非法干涉。

招标代理机构代理招标业务，应当遵守招标投标法和本条例关于招标人的规定。招标代理机构不得在所代理的招标项目中投标或者代理投标，也不得为所代理的招标项目的投标人提供咨询。

招标代理机构不得涂改、出租、出借、转让资格证书。

**第十四条** 招标人应当与被委托的招标代理机构签订书面委托合同，合同约定的收费标准应当符合国家有关规定。

**第十五条** 公开招标的项目，应当依照招标投标法和本条例的规定发布招标公告、编制招标文件。

招标人采用资格预审办法对潜在投标人进行资格审查的，应当发布资格预审公告、编制资格预审文件。

依法必须进行招标的项目的资格预审公告和招标公告，应当在国务院发展改革部门依法指定的媒介发布。在不同媒介发布的同一招标项目的资格预审公告或者招标公告的内容应当一致。指定媒介发布依法必须进行招标的项目的境内资格预审公告、招标公告，不得收取费用。

编制依法必须进行招标的项目的资格预审文件和招标文件，应当使用国务院发展改革部门会同有关行政监督部门制定的标准文本。

**第十六条** 招标人应当按照资格预审公告、招标公告或者投标邀请书规定的时间、地点发售资格预审文件或者招标文件。资格预审文件或者招标文件的发售期不得少于5日。

招标人发售资格预审文件、招标文件收取的费用应当限于补偿印刷、邮寄的成本支出，不得以营利为目的。

**第十七条** 招标人应当合理确定提交资格预审申请文件的时间。依法必须进行招标的项目提交资格预审申请文件的时间，自资格预审文件停止发售之日起不得少于5日。

**第十八条** 资格预审应当按照资格预审文件载明的标准和方法进行。

国有资金占控股或者主导地位的依法必须进行招标的项目，招标人应当组建资格审查委员会审查资格预审申请文件。资格审查委员会及其成员应当遵守招标投标法和本条例有关评标委员会及其成员的规定。

**第十九条** 资格预审结束后，招标人应当及时向资格预审申请人发出资格预审结果通知书。未通过资格预审的申请人不具有投标资格。

通过资格预审的申请人少于3个的，应当重新招标。

**第二十条** 招标人采用资格后审办法对投标人进行资格审查的，应当在开标后由评标委员会按照招标文件规定的标准和方法对投标人的资格进行审查。

**第二十一条** 招标人可以对已发出的资格预审文件或者招标文件进行必要的澄清或者修改。澄清或者修改的内容可能影响资格预审申请文件或者投标文件编制的，招标人应当在提交资格预审申请文件截止时间至少3日前，或者投标截止时间至少15日前，以书面形式通知所有获取资格预审文件或者招标文件的潜在投标人；不足3日或者15日的，招标人应当顺延提交资格预审申请文件或者投标文件的截止时间。

**第二十二条** 潜在投标人或者其他利害关系人对资格预审文件有异议的，应当在提交资格预审申请文件截止时间2日前提出；对招标文件有异议的，应当在投标截止时间10日前提出。招标人应当自收到异议之日起3日内作出答复；作出答复前，应当暂停招标投标活动。

**第二十三条** 招标人编制的资格预审文件、招标文件的内容违反法律、行政法规的强制性规定，违反公开、公平、公正和诚实信用原则，影响资格预审结果或者潜在投标人投标的，依法必须进行招标的项目的招标人应当在修改资格预审文件或者招标文件后重新招标。

**第二十四条** 招标人对招标项目划分标段的，应当遵守招标投标法的有关规定，不得利用划分标段限制或者排斥潜在投标人。依法必须进行招标的项目的招标人不得利用划分标段规避招标。

**第二十五条** 招标人应当在招标文件中载明投标有效期。投标有效期从提交投标文件的截止之日起算。

**第二十六条** 招标人在招标文件中要求投标人提交投标保证金的，投标保证金不得超过招标项目估算价的2%。投标保证金有效期应当与投标有效期一致。

依法必须进行招标的项目的境内投标单位，以现金或者支票形式提交的投标保证金应当从其基本账户转出。

招标人不得挪用投标保证金。

**第二十七条** 招标人可以自行决定是否编制标底。一个招标项目只能有一个标底。标底必须保密。

接受委托编制标底的中介机构不得参加受托编制标底项目的投标，也不得为该项目的投标人编制投标文件或者提供咨询。

招标人设有最高投标限价的，应当在招标文件中明确最高投标限价或者最高投标限价的计算方法。招标人不得规定最低投标限价。

**第二十八条** 招标人不得组织单个或者部分潜在投标人踏勘项目现场。

**第二十九条** 招标人可以依法对工程以及与工程建设有关的货物、服务全部或者部分实行总承包招标。以暂估价形式包括在总承包范围内的工程、货物、服务属于依法必须进行招标的项目范围且达到国家规定规模标准的，应当依法进行招标。

前款所称暂估价，是指总承包招标时不能确定价格而由招标人在招标文件中暂时估定的工程、货物、服务的金额。

**第三十条** 对技术复杂或者无法精确拟定技术规格的项目，招标人可以分两阶段进行招标。

第一阶段，投标人按照招标公告或者投标邀请书的要求提交不带报价的技术建议，招标人根据投标人提交的技术建议确定技术标准和要求，编制招标文件。

第二阶段，招标人向在第一阶段提交技术建议的投标人提供招标文件，投标人按照招标文件的要求提交包括最终技术方案和投标报价的投标文件。

招标人要求投标人提交投标保证金的，应当在第二阶段提出。

**第三十一条** 招标人终止招标的，应当及时发布公告，或者以书面形式通知被邀请的或者已经获取资格预审文件、招标文件的潜在投标人。已经发售资格预审文件、招标文件或者已经收取投标保证金的，招标人应当及时退还所收取的资格预审文件、招标文件的费用，以及所收取的投标保证金及银行同期存款利息。

**第三十二条**　招标人不得以不合理的条件限制、排斥潜在投标人或者投标人。

招标人有下列行为之一的，属于以不合理条件限制、排斥潜在投标人或者投标人：

（一）就同一招标项目向潜在投标人或者投标人提供有差别的项目信息；

（二）设定的资格、技术、商务条件与招标项目的具体特点和实际需要不相适应或者与合同履行无关；

（三）依法必须进行招标的项目以特定行政区域或者特定行业的业绩、奖项作为加分条件或者中标条件；

（四）对潜在投标人或者投标人采取不同的资格审查或者评标标准；

（五）限定或者指定特定的专利、商标、品牌、原产地或者供应商；

（六）依法必须进行招标的项目非法限定潜在投标人或者投标人的所有制形式或者组织形式；

（七）以其他不合理条件限制、排斥潜在投标人或者投标人。

## 第三章　投　　标

**第三十三条**　投标人参加依法必须进行招标的项目的投标，不受地区或者部门的限制，任何单位和个人不得非法干涉。

**第三十四条**　与招标人存在利害关系可能影响招标公正性的法人、其他组织或者个人，不得参加投标。

单位负责人为同一人或者存在控股、管理关系的不同单位，不得参加同一标段投标或者未划分标段的同一招标项目投标。

违反前两款规定的，相关投标均无效。

**第三十五条**　投标人撤回已提交的投标文件，应当在投标截止时间前书面通知招标人。招标人已收取投标保证金的，应当自收到投标人书面撤回通知之日起5日内退还。

投标截止后投标人撤销投标文件的，招标人可以不退还投标保证金。

**第三十六条**　未通过资格预审的申请人提交的投标文件，以及逾期送达或者不按照招标文件要求密封的投标文件，招标人应当拒收。

招标人应当如实记载投标文件的送达时间和密封情况，并存档备查。

**第三十七条**　招标人应当在资格预审公告、招标公告或者投标邀请书中载明是否接受联合体投标。

招标人接受联合体投标并进行资格预审的，联合体应当在提交资格预审申请文件前组成。资格预审后联合体增减、更换成员的，其投标无效。

联合体各方在同一招标项目中以自己名义单独投标或者参加其他联合体投标的，相关投标均无效。

**第三十八条**　投标人发生合并、分立、破产等重大变化的，应当及时书面告知招标人。

投标人不再具备资格预审文件、招标文件规定的资格条件或者其投标影响招标公正性的，其投标无效。

**第三十九条** 禁止投标人相互串通投标。

有下列情形之一的，属于投标人相互串通投标：

（一）投标人之间协商投标报价等投标文件的实质性内容；

（二）投标人之间约定中标人；

（三）投标人之间约定部分投标人放弃投标或者中标；

（四）属于同一集团、协会、商会等组织成员的投标人按照该组织要求协同投标；

（五）投标人之间为谋取中标或者排斥特定投标人而采取的其他联合行动。

**第四十条** 有下列情形之一的，视为投标人相互串通投标：

（一）不同投标人的投标文件由同一单位或者个人编制；

（二）不同投标人委托同一单位或者个人办理投标事宜；

（三）不同投标人的投标文件载明的项目管理成员为同一人；

（四）不同投标人的投标文件异常一致或者投标报价呈规律性差异；

（五）不同投标人的投标文件相互混装；

（六）不同投标人的投标保证金从同一单位或者个人的账户转出。

**第四十一条** 禁止招标人与投标人串通投标。

有下列情形之一的，属于招标人与投标人串通投标：

（一）招标人在开标前开启投标文件并将有关信息泄露给其他投标人；

（二）招标人直接或者间接向投标人泄露标底、评标委员会成员等信息；

（三）招标人明示或者暗示投标人压低或者抬高投标报价；

（四）招标人授意投标人撤换、修改投标文件；

（五）招标人明示或者暗示投标人为特定投标人中标提供方便；

（六）招标人与投标人为谋求特定投标人中标而采取的其他串通行为。

**第四十二条** 使用通过受让或者租借等方式获取的资格、资质证书投标的，属于招标投标法第三十三条规定的以他人名义投标。

投标人有下列情形之一的，属于招标投标法第三十三条规定的以其他方式弄虚作假的行为：

（一）使用伪造、变造的许可证件；

（二）提供虚假的财务状况或者业绩；

（三）提供虚假的项目负责人或者主要技术人员简历、劳动关系证明；

（四）提供虚假的信用状况；

（五）其他弄虚作假的行为。

**第四十三条** 提交资格预审申请文件的申请人应当遵守招标投标法和本条例有关投标人的规定。

## 第四章　开标、评标和中标

**第四十四条**　招标人应当按照招标文件规定的时间、地点开标。

投标人少于3个的，不得开标；招标人应当重新招标。

投标人对开标有异议的，应当在开标现场提出，招标人应当当场作出答复，并制作记录。

**第四十五条**　国家实行统一的评标专家专业分类标准和管理办法。具体标准和办法由国务院发展改革部门会同国务院有关部门制定。

省级人民政府和国务院有关部门应当组建综合评标专家库。

**第四十六条**　除招标投标法第三十七条第三款规定的特殊招标项目外，依法必须进行招标的项目，其评标委员会的专家成员应当从评标专家库内相关专业的专家名单中以随机抽取方式确定。任何单位和个人不得以明示、暗示等任何方式指定或者变相指定参加评标委员会的专家成员。

依法必须进行招标的项目的招标人非因招标投标法和本条例规定的事由，不得更换依法确定的评标委员会成员。更换评标委员会的专家成员应当依照前款规定进行。

评标委员会成员与投标人有利害关系的，应当主动回避。

有关行政监督部门应当按照规定的职责分工，对评标委员会成员的确定方式、评标专家的抽取和评标活动进行监督。行政监督部门的工作人员不得担任本部门负责监督项目的评标委员会成员。

**第四十七条**　招标投标法第三十七条第三款所称特殊招标项目，是指技术复杂、专业性强或者国家有特殊要求，采取随机抽取方式确定的专家难以保证胜任评标工作的项目。

**第四十八条**　招标人应当向评标委员会提供评标所必需的信息，但不得明示或者暗示其倾向或者排斥特定投标人。

招标人应当根据项目规模和技术复杂程度等因素合理确定评标时间。超过三分之一的评标委员会成员认为评标时间不够的，招标人应当适当延长。

评标过程中，评标委员会成员有回避事由、擅离职守或者因健康等原因不能继续评标的，应当及时更换。被更换的评标委员会成员作出的评审结论无效，由更换后的评标委员会成员重新进行评审。

**第四十九条**　评标委员会成员应当依照招标投标法和本条例的规定，按照招标文件规定的评标标准和方法，客观、公正地对投标文件提出评审意见。招标文件没有规定的评标标准和方法不得作为评标的依据。

评标委员会成员不得私下接触投标人，不得收受投标人给予的财物或者其他好处，不得向招标人征询确定中标人的意向，不得接受任何单位或者个人明示或者暗示提出的倾向或者排斥特定投标人的要求，不得有其他不客观、不公正履行职务的行为。

**第五十条**　招标项目设有标底的，招标人应当在开标时公布。标底只能作为评标的参考，不得以投标报价是否接近标底作为中标条件，也不得以投标报价超过标底上下浮动范围作为否决投标的条件。

**第五十一条** 有下列情形之一的，评标委员会应当否决其投标：

（一）投标文件未经投标单位盖章和单位负责人签字；

（二）投标联合体没有提交共同投标协议；

（三）投标人不符合国家或者招标文件规定的资格条件；

（四）同一投标人提交两个以上不同的投标文件或者投标报价，但招标文件要求提交备选投标的除外；

（五）投标报价低于成本或者高于招标文件设定的最高投标限价；

（六）投标文件没有对招标文件的实质性要求和条件作出响应；

（七）投标人有串通投标、弄虚作假、行贿等违法行为。

**第五十二条** 投标文件中有含义不明确的内容、明显文字或者计算错误，评标委员会认为需要投标人作出必要澄清、说明的，应当书面通知该投标人。投标人的澄清、说明应当采用书面形式，并不得超出投标文件的范围或者改变投标文件的实质性内容。

评标委员会不得暗示或者诱导投标人作出澄清、说明，不得接受投标人主动提出的澄清、说明。

**第五十三条** 评标完成后，评标委员会应当向招标人提交书面评标报告和中标候选人名单。中标候选人应当不超过3个，并标明排序。

评标报告应当由评标委员会全体成员签字。对评标结果有不同意见的评标委员会成员应当以书面形式说明其不同意见和理由，评标报告应当注明该不同意见。评标委员会成员拒绝在评标报告上签字又不书面说明其不同意见和理由的，视为同意评标结果。

**第五十四条** 依法必须进行招标的项目，招标人应当自收到评标报告之日起3日内公示中标候选人，公示期不得少于3日。

投标人或者其他利害关系人对依法必须进行招标的项目的评标结果有异议的，应当在中标候选人公示期间提出。招标人应当自收到异议之日起3日内作出答复；作出答复前，应当暂停招标投标活动。

**第五十五条** 国有资金占控股或者主导地位的依法必须进行招标的项目，招标人应当确定排名第一的中标候选人为中标人。排名第一的中标候选人放弃中标、因不可抗力不能履行合同、不按照招标文件要求提交履约保证金，或者被查实存在影响中标结果的违法行为等情形，不符合中标条件的，招标人可以按照评标委员会提出的中标候选人名单排序依次确定其他中标候选人为中标人，也可以重新招标。

**第五十六条** 中标候选人的经营、财务状况发生较大变化或者存在违法行为，招标人认为可能影响其履约能力的，应当在发出中标通知书前由原评标委员会按照招标文件规定的标准和方法审查确认。

**第五十七条** 招标人和中标人应当依照招标投标法和本条例的规定签订书面合同，合同的标的、价款、质量、履行期限等主要条款应当与招标文件和中标人的投标文件的内容一致。招标人和中标人不得再行订立背离合同实质性内容的其他协议。

招标人最迟应当在书面合同签订后5日内向中标人和未中标的投标人退还投标保证金

及银行同期存款利息。

**第五十八条**　招标文件要求中标人提交履约保证金的，中标人应当按照招标文件的要求提交。履约保证金不得超过中标合同金额的10%。

**第五十九条**　中标人应当按照合同约定履行义务，完成中标项目。中标人不得向他人转让中标项目，也不得将中标项目肢解后分别向他人转让。

中标人按照合同约定或者经招标人同意，可以将中标项目的部分非主体、非关键性工作分包给他人完成。接受分包的人应当具备相应的资格条件，并不得再次分包。

中标人应当就分包项目向招标人负责，接受分包的人就分包项目承担连带责任。

## 第五章　投诉与处理

**第六十条**　投标人或者其他利害关系人认为招标投标活动不符合法律、行政法规规定的，可以自知道或者应当知道之日起10日内向有关行政监督部门投诉。投诉应当有明确的请求和必要的证明材料。

就本条例第二十二条、第四十四条、第五十四条规定事项投诉的，应当先向招标人提出异议，异议答复期间不计算在前款规定的期限内。

**第六十一条**　投诉人就同一事项向两个以上有权受理的行政监督部门投诉的，由最先收到投诉的行政监督部门负责处理。

行政监督部门应当自收到投诉之日起3个工作日内决定是否受理投诉，并自受理投诉之日起30个工作日内作出书面处理决定；需要检验、检测、鉴定、专家评审的，所需时间不计算在内。

投诉人捏造事实、伪造材料或者以非法手段取得证明材料进行投诉的，行政监督部门应当予以驳回。

**第六十二条**　行政监督部门处理投诉，有权查阅、复制有关文件、资料，调查有关情况，相关单位和人员应当予以配合。必要时，行政监督部门可以责令暂停招标投标活动。

行政监督部门的工作人员对监督检查过程中知悉的国家秘密、商业秘密，应当依法予以保密。

## 第六章　法 律 责 任

**第六十三条**　招标人有下列限制或者排斥潜在投标人行为之一的，由有关行政监督部门依照招标投标法第五十一条的规定处罚：

（一）依法应当公开招标的项目不按照规定在指定媒介发布资格预审公告或者招标公告；

（二）在不同媒介发布的同一招标项目的资格预审公告或者招标公告的内容不一致，影响潜在投标人申请资格预审或者投标。

依法必须进行招标的项目的招标人不按照规定发布资格预审公告或者招标公告，构成规避招标的，依照招标投标法第四十九条的规定处罚。

**第六十四条** 招标人有下列情形之一的，由有关行政监督部门责令改正，可以处10万元以下的罚款：

（一）依法应当公开招标而采用邀请招标；

（二）招标文件、资格预审文件的发售、澄清、修改的时限，或者确定的提交资格预审申请文件、投标文件的时限不符合招标投标法和本条例规定；

（三）接受未通过资格预审的单位或者个人参加投标；

（四）接受应当拒收的投标文件。

招标人有前款第一项、第三项、第四项所列行为之一的，对单位直接负责的主管人员和其他直接责任人员依法给予处分。

**第六十五条** 招标代理机构在所代理的招标项目中投标、代理投标或者向该项目投标人提供咨询的，接受委托编制标底的中介机构参加受托编制标底项目的投标或者为该项目的投标人编制投标文件、提供咨询的，依照招标投标法第五十条的规定追究法律责任。

**第六十六条** 招标人超过本条例规定的比例收取投标保证金、履约保证金或者不按照规定退还投标保证金及银行同期存款利息的，由有关行政监督部门责令改正，可以处5万元以下的罚款；给他人造成损失的，依法承担赔偿责任。

**第六十七条** 投标人相互串通投标或者与招标人串通投标的，投标人向招标人或者评标委员会成员行贿谋取中标的，中标无效；构成犯罪的，依法追究刑事责任；尚不构成犯罪的，依照招标投标法第五十三条的规定处罚。投标人未中标的，对单位的罚款金额按照招标项目合同金额依照招标投标法规定的比例计算。

投标人有下列行为之一的，属于招标投标法第五十三条规定的情节严重行为，由有关行政监督部门取消其1年至2年内参加依法必须进行招标的项目的投标资格：

（一）以行贿谋取中标；

（二）3年内2次以上串通投标；

（三）串通投标行为损害招标人、其他投标人或者国家、集体、公民的合法利益，造成直接经济损失30万元以上；

（四）其他串通投标情节严重的行为。

投标人自本条第二款规定的处罚执行期限届满之日起3年内又有该款所列违法行为之一的，或者串通投标、以行贿谋取中标情节特别严重的，由工商行政管理机关吊销营业执照。

法律、行政法规对串通投标报价行为的处罚另有规定的，从其规定。

**第六十八条** 投标人以他人名义投标或者以其他方式弄虚作假骗取中标的，中标无效；构成犯罪的，依法追究刑事责任；尚不构成犯罪的，依照招标投标法第五十四条的规定处罚。依法必须进行招标的项目的投标人未中标的，对单位的罚款金额按照招标项目合同金额依照招标投标法规定的比例计算。

投标人有下列行为之一的，属于招标投标法第五十四条规定的情节严重行为，由有关行政监督部门取消其1年至3年内参加依法必须进行招标的项目的投标资格：

（一）伪造、变造资格、资质证书或者其他许可证件骗取中标；

（二）3年内2次以上使用他人名义投标；

（三）弄虚作假骗取中标给招标人造成直接经济损失30万元以上；

（四）其他弄虚作假骗取中标情节严重的行为。

投标人自本条第二款规定的处罚执行期限届满之日起3年内又有该款所列违法行为之一的，或者弄虚作假骗取中标情节特别严重的，由工商行政管理机关吊销营业执照。

**第六十九条**　出让或者出租资格、资质证书供他人投标的，依照法律、行政法规的规定给予行政处罚；构成犯罪的，依法追究刑事责任。

**第七十条**　依法必须进行招标的项目的招标人不按照规定组建评标委员会，或者确定、更换评标委员会成员违反招标投标法和本条例规定的，由有关行政监督部门责令改正，可以处10万元以下的罚款，对单位直接负责的主管人员和其他直接责任人员依法给予处分；违法确定或者更换的评标委员会成员作出的评审结论无效，依法重新进行评审。

国家工作人员以任何方式非法干涉选取评标委员会成员的，依照本条例第八十一条的规定追究法律责任。

**第七十一条**　评标委员会成员有下列行为之一的，由有关行政监督部门责令改正；情节严重的，禁止其在一定期限内参加依法必须进行招标的项目的评标；情节特别严重的，取消其担任评标委员会成员的资格：

（一）应当回避而不回避；

（二）擅离职守；

（三）不按照招标文件规定的评标标准和方法评标；

（四）私下接触投标人；

（五）向招标人征询确定中标人的意向或者接受任何单位或者个人明示或者暗示提出的倾向或者排斥特定投标人的要求；

（六）对依法应当否决的投标不提出否决意见；

（七）暗示或者诱导投标人作出澄清、说明或者接受投标人主动提出的澄清、说明；

（八）其他不客观、不公正履行职务的行为。

**第七十二条**　评标委员会成员收受投标人的财物或者其他好处的，没收收受的财物，处3 000元以上5万元以下的罚款，取消担任评标委员会成员的资格，不得再参加依法必须进行招标的项目的评标；构成犯罪的，依法追究刑事责任。

**第七十三条**　依法必须进行招标的项目的招标人有下列情形之一的，由有关行政监督部门责令改正，可以处中标项目金额10‰以下的罚款；给他人造成损失的，依法承担赔偿责任；对单位直接负责的主管人员和其他直接责任人员依法给予处分：

（一）无正当理由不发出中标通知书；

（二）不按照规定确定中标人；

（三）中标通知书发出后无正当理由改变中标结果；

（四）无正当理由不与中标人订立合同；

（五）在订立合同时向中标人提出附加条件。

**第七十四条** 中标人无正当理由不与招标人订立合同，在签订合同时向招标人提出附加条件，或者不按照招标文件要求提交履约保证金的，取消其中标资格，投标保证金不予退还。对依法必须进行招标的项目的中标人，由有关行政监督部门责令改正，可以处中标项目金额10‰以下的罚款。

**第七十五条** 招标人和中标人不按照招标文件和中标人的投标文件订立合同，合同的主要条款与招标文件、中标人的投标文件的内容不一致，或者招标人、中标人订立背离合同实质性内容的协议的，由有关行政监督部门责令改正，可以处中标项目金额5‰以上10‰以下的罚款。

**第七十六条** 中标人将中标项目转让给他人的，将中标项目肢解后分别转让给他人的，违反招标投标法和本条例规定将中标项目的部分主体、关键性工作分包给他人的，或者分包人再次分包的，转让、分包无效，处转让、分包项目金额5‰以上10‰以下的罚款；有违法所得的，并处没收违法所得；可以责令停业整顿；情节严重的，由工商行政管理机关吊销营业执照。

**第七十七条** 投标人或者其他利害关系人捏造事实、伪造材料或者以非法手段取得证明材料进行投诉，给他人造成损失的，依法承担赔偿责任。

招标人不按照规定对异议作出答复，继续进行招标投标活动的，由有关行政监督部门责令改正，拒不改正或者不能改正并影响中标结果的，依照本条例第八十二条的规定处理。

**第七十八条** 取得招标职业资格的专业人员违反国家有关规定办理招标业务的，责令改正，给予警告；情节严重的，暂停一定期限内从事招标业务；情节特别严重的，取消招标职业资格。

**第七十九条** 国家建立招标投标信用制度。有关行政监督部门应当依法公告对招标人、招标代理机构、投标人、评标委员会成员等当事人违法行为的行政处理决定。

**第八十条** 项目审批、核准部门不依法审批、核准项目招标范围、招标方式、招标组织形式的，对单位直接负责的主管人员和其他直接责任人员依法给予处分。

有关行政监督部门不依法履行职责，对违反招标投标法和本条例规定的行为不依法查处，或者不按照规定处理投诉、不依法公告对招标投标当事人违法行为的行政处理决定的，对直接负责的主管人员和其他直接责任人员依法给予处分。

项目审批、核准部门和有关行政监督部门的工作人员徇私舞弊、滥用职权、玩忽职守，构成犯罪的，依法追究刑事责任。

**第八十一条** 国家工作人员利用职务便利，以直接或者间接、明示或者暗示等任何方式非法干涉招标投标活动，有下列情形之一的，依法给予记过或者记大过处分；情节严重的，依法给予降级或者撤职处分；情节特别严重的，依法给予开除处分；构成犯罪的，依法追究刑事责任：

（一）要求对依法必须进行招标的项目不招标，或者要求对依法应当公开招标的项目不公开招标；

（二）要求评标委员会成员或者招标人以其指定的投标人作为中标候选人或者中标人，

或者以其他方式非法干涉评标活动，影响中标结果；

（三）以其他方式非法干涉招标投标活动。

**第八十二条** 依法必须进行招标的项目的招标投标活动违反招标投标法和本条例的规定，对中标结果造成实质性影响，且不能采取补救措施予以纠正的，招标、投标、中标无效，应当依法重新招标或者评标。

## 第七章 附 则

**第八十三条** 招标投标协会按照依法制定的章程开展活动，加强行业自律和服务。

**第八十四条** 政府采购的法律、行政法规对政府采购货物、服务的招标投标另有规定的，从其规定。

**第八十五条** 本条例自2012年2月1日起施行。

# 174 中华人民共和国政府采购法实施条例

2014年12月31日国务院第75次常务会议通过，2015年1月30日中华人民共和国国务院令第658号公布，自2015年3月1日起施行。

## 目 录

第一章 总则/937
第二章 政府采购当事人/939
第三章 政府采购方式/941
第四章 政府采购程序/941
第五章 政府采购合同/943
第六章 质疑与投诉/944
第七章 监督检查/944
第八章 法律责任/945
第九章 附则/948

## 第一章 总 则

**第一条** 根据《中华人民共和国政府采购法》（以下简称政府采购法），制定本条例。

**第二条** 政府采购法第二条所称财政性资金是指纳入预算管理的资金。

以财政性资金作为还款来源的借贷资金，视同财政性资金。

国家机关、事业单位和团体组织的采购项目既使用财政性资金又使用非财政性资金的，使用财政性资金采购的部分，适用政府采购法及本条例；财政性资金与非财政性资金无法分割采购的，统一适用政府采购法及本条例。

政府采购法第二条所称服务，包括政府自身需要的服务和政府向社会公众提供的公共服务。

**第三条** 集中采购目录包括集中采购机构采购项目和部门集中采购项目。

技术、服务等标准统一，采购人普遍使用的项目，列为集中采购机构采购项目；采购人本部门、本系统基于业务需要有特殊要求，可以统一采购的项目，列为部门集中采购项目。

**第四条** 政府采购法所称集中采购，是指采购人将列入集中采购目录的项目委托集中采购机构代理采购或者进行部门集中采购的行为；所称分散采购，是指采购人将采购限额标准以上的未列入集中采购目录的项目自行采购或者委托采购代理机构代理采购的行为。

**第五条** 省、自治区、直辖市人民政府或者其授权的机构根据实际情况，可以确定分别适用于本行政区域省级、设区的市级、县级的集中采购目录和采购限额标准。

**第六条** 国务院财政部门应当根据国家的经济和社会发展政策，会同国务院有关部门制定政府采购政策，通过制定采购需求标准、预留采购份额、价格评审优惠、优先采购等措施，实现节约能源、保护环境、扶持不发达地区和少数民族地区、促进中小企业发展等目标。

**第七条** 政府采购工程以及与工程建设有关的货物、服务，采用招标方式采购的，适用《中华人民共和国招标投标法》及其实施条例；采用其他方式采购的，适用政府采购法及本条例。

前款所称工程，是指建设工程，包括建筑物和构筑物的新建、改建、扩建及其相关的装修、拆除、修缮等；所称与工程建设有关的货物，是指构成工程不可分割的组成部分，且为实现工程基本功能所必需的设备、材料等；所称与工程建设有关的服务，是指为完成工程所需的勘察、设计、监理等服务。

政府采购工程以及与工程建设有关的货物、服务，应当执行政府采购政策。

**第八条** 政府采购项目信息应当在省级以上人民政府财政部门指定的媒体上发布。采购项目预算金额达到国务院财政部门规定标准的，政府采购项目信息应当在国务院财政部门指定的媒体上发布。

**第九条** 在政府采购活动中，采购人员及相关人员与供应商有下列利害关系之一的，应当回避：

（一）参加采购活动前 3 年内与供应商存在劳动关系。

（二）参加采购活动前 3 年内担任供应商的董事、监事。

（三）参加采购活动前 3 年内是供应商的控股股东或者实际控制人。

（四）与供应商的法定代表人或者负责人有夫妻、直系血亲、三代以内旁系血亲或者近姻亲关系。

（五）与供应商有其他可能影响政府采购活动公平、公正进行的关系。

供应商认为采购人员及相关人员与其他供应商有利害关系的，可以向采购人或者采购代理机构书面提出回避申请，并说明理由。采购人或者采购代理机构应当及时询问被申请回避人员，有利害关系的被申请回避人员应当回避。

**第十条**　国家实行统一的政府采购电子交易平台建设标准，推动利用信息网络进行电子化政府采购活动。

## 第二章　政府采购当事人

**第十一条**　采购人在政府采购活动中应当维护国家利益和社会公共利益，公正廉洁，诚实守信，执行政府采购政策，建立政府采购内部管理制度，厉行节约，科学合理确定采购需求。

采购人不得向供应商索要或者接受其给予的赠品、回扣或者与采购无关的其他商品、服务。

**第十二条**　政府采购法所称采购代理机构，是指集中采购机构和集中采购机构以外的采购代理机构。

集中采购机构是设区的市级以上人民政府依法设立的非营利事业法人，是代理集中采购项目的执行机构。集中采购机构应当根据采购人委托制定集中采购项目的实施方案，明确采购规程，组织政府采购活动，不得将集中采购项目转委托。集中采购机构以外的采购代理机构，是从事采购代理业务的社会中介机构。

**第十三条**　采购代理机构应当建立完善的政府采购内部监督管理制度，具备开展政府采购业务所需的评审条件和设施。

采购代理机构应当提高确定采购需求，编制招标文件、谈判文件、询价通知书，拟订合同文本和优化采购程序的专业化服务水平，根据采购人委托在规定的时间内及时组织采购人与中标或者成交供应商签订政府采购合同，及时协助采购人对采购项目进行验收。

**第十四条**　采购代理机构不得以不正当手段获取政府采购代理业务，不得与采购人、供应商恶意串通操纵政府采购活动。

采购代理机构工作人员不得接受采购人或者供应商组织的宴请、旅游、娱乐，不得收受礼品、现金、有价证券等，不得向采购人或者供应商报销应当由个人承担的费用。

**第十五条**　采购人、采购代理机构应当根据政府采购政策、采购预算、采购需求编制采购文件。

采购需求应当符合法律法规以及政府采购政策规定的技术、服务、安全等要求。政府向社会公众提供的公共服务项目，应当就确定采购需求征求社会公众的意见。除因技术复杂或者性质特殊，不能确定详细规格或者具体要求外，采购需求应当完整、明确。必要时，应当就确定采购需求征求相关供应商、专家的意见。

**第十六条**　政府采购法第二十条规定的委托代理协议，应当明确代理采购的范围、权限和期限等具体事项。

采购人和采购代理机构应当按照委托代理协议履行各自义务，采购代理机构不得超越代理权限。

**第十七条** 参加政府采购活动的供应商应当具备政府采购法第二十二条第一款规定的条件，提供下列材料：

（一）法人或者其他组织的营业执照等证明文件，自然人的身份证明。

（二）财务状况报告，依法缴纳税收和社会保障资金的相关材料。

（三）具备履行合同所必需的设备和专业技术能力的证明材料。

（四）参加政府采购活动前3年内在经营活动中没有重大违法记录的书面声明。

（五）具备法律、行政法规规定的其他条件的证明材料。

采购项目有特殊要求的，供应商还应当提供其符合特殊要求的证明材料或者情况说明。

**第十八条** 单位负责人为同一人或者存在直接控股、管理关系的不同供应商，不得参加同一合同项下的政府采购活动。

除单一来源采购项目外，为采购项目提供整体设计、规范编制或者项目管理、监理、检测等服务的供应商，不得再参加该采购项目的其他采购活动。

**第十九条** 政府采购法第二十二条第一款第五项所称重大违法记录，是指供应商因违法经营受到刑事处罚或者责令停产停业、吊销许可证或者执照、较大数额罚款等行政处罚。

供应商在参加政府采购活动前3年内因违法经营被禁止在一定期限内参加政府采购活动，期限届满的，可以参加政府采购活动。

**第二十条** 采购人或者采购代理机构有下列情形之一的，属于以不合理的条件对供应商实行差别待遇或者歧视待遇：

（一）就同一采购项目向供应商提供有差别的项目信息。

（二）设定的资格、技术、商务条件与采购项目的具体特点和实际需要不相适应或者与合同履行无关。

（三）采购需求中的技术、服务等要求指向特定供应商、特定产品。

（四）以特定行政区域或者特定行业的业绩、奖项作为加分条件或者中标、成交条件。

（五）对供应商采取不同的资格审查或者评审标准。

（六）限定或者指定特定的专利、商标、品牌或者供应商。

（七）非法限定供应商的所有制形式、组织形式或者所在地。

（八）以其他不合理条件限制或者排斥潜在供应商。

**第二十一条** 采购人或者采购代理机构对供应商进行资格预审的，资格预审公告应当在省级以上人民政府财政部门指定的媒体上发布。已进行资格预审的，评审阶段可以不再对供应商资格进行审查。资格预审合格的供应商在评审阶段资格发生变化的，应当通知采购人和采购代理机构。

资格预审公告应当包括采购人和采购项目名称、采购需求、对供应商的资格要求以及供应商提交资格预审申请文件的时间和地点。提交资格预审申请文件的时间自公告发布之日起不得少于5个工作日。

**第二十二条** 联合体中有同类资质的供应商按照联合体分工承担相同工作的，应当按照资质等级较低的供应商确定资质等级。

以联合体形式参加政府采购活动的，联合体各方不得再单独参加或者与其他供应商另外组成联合体参加同一合同项下的政府采购活动。

## 第三章　政府采购方式

**第二十三条**　采购人采购公开招标数额标准以上的货物或者服务，符合政府采购法第二十九条、第三十条、第三十一条、第三十二条规定情形或者有需要执行政府采购政策等特殊情况的，经设区的市级以上人民政府财政部门批准，可以依法采用公开招标以外的采购方式。

**第二十四条**　列入集中采购目录的项目，适合实行批量集中采购的，应当实行批量集中采购，但紧急的小额零星货物项目和有特殊要求的服务、工程项目除外。

**第二十五条**　政府采购工程依法不进行招标的，应当依照政府采购法和本条例规定的竞争性谈判或者单一来源采购方式采购。

**第二十六条**　政府采购法第三十条第三项规定的情形，应当是采购人不可预见的或者非因采购人拖延导致的；第四项规定的情形，是指因采购艺术品或者因专利、专有技术或者因服务的时间、数量事先不能确定等导致不能事先计算出价格总额。

**第二十七条**　政府采购法第三十一条第一项规定的情形，是指因货物或者服务使用不可替代的专利、专有技术，或者公共服务项目具有特殊要求，导致只能从某一特定供应商处采购。

**第二十八条**　在一个财政年度内，采购人将一个预算项目下的同一品目或者类别的货物、服务采用公开招标以外的方式多次采购，累计资金数额超过公开招标数额标准的，属于以化整为零方式规避公开招标，但项目预算调整或者经批准采用公开招标以外方式采购除外。

## 第四章　政府采购程序

**第二十九条**　采购人应当根据集中采购目录、采购限额标准和已批复的部门预算编制政府采购实施计划，报本级人民政府财政部门备案。

**第三十条**　采购人或者采购代理机构应当在招标文件、谈判文件、询价通知书中公开采购项目预算金额。

**第三十一条**　招标文件的提供期限自招标文件开始发出之日起不得少于 5 个工作日。

采购人或者采购代理机构可以对已发出的招标文件进行必要的澄清或者修改。澄清或者修改的内容可能影响投标文件编制的，采购人或者采购代理机构应当在投标截止时间至少 15 日前，以书面形式通知所有获取招标文件的潜在投标人；不足 15 日的，采购人或者采购代理机构应当顺延提交投标文件的截止时间。

**第三十二条**　采购人或者采购代理机构应当按照国务院财政部门制定的招标文件标准

文本编制招标文件。

招标文件应当包括采购项目的商务条件、采购需求、投标人的资格条件、投标报价要求、评标方法、评标标准以及拟签订的合同文本等。

**第三十三条** 招标文件要求投标人提交投标保证金的，投标保证金不得超过采购项目预算金额的2%。投标保证金应当以支票、汇票、本票或者金融机构、担保机构出具的保函等非现金形式提交。投标人未按照招标文件要求提交投标保证金的，投标无效。

采购人或者采购代理机构应当自中标通知书发出之日起5个工作日内退还未中标供应商的投标保证金，自政府采购合同签订之日起5个工作日内退还中标供应商的投标保证金。

竞争性谈判或者询价采购中要求参加谈判或者询价的供应商提交保证金的，参照前两款的规定执行。

**第三十四条** 政府采购招标评标方法分为最低评标价法和综合评分法。

最低评标价法，是指投标文件满足招标文件全部实质性要求且投标报价最低的供应商为中标候选人的评标方法。综合评分法，是指投标文件满足招标文件全部实质性要求且按照评审因素的量化指标评审得分最高的供应商为中标候选人的评标方法。

技术、服务等标准统一的货物和服务项目，应当采用最低评标价法。

采用综合评分法的，评审标准中的分值设置应当与评审因素的量化指标相对应。

招标文件中没有规定的评标标准不得作为评审的依据。

**第三十五条** 谈判文件不能完整、明确列明采购需求，需要由供应商提供最终设计方案或者解决方案的，在谈判结束后，谈判小组应当按照少数服从多数的原则投票推荐3家以上供应商的设计方案或者解决方案，并要求其在规定时间内提交最后报价。

**第三十六条** 询价通知书应当根据采购需求确定政府采购合同条款。在询价过程中，询价小组不得改变询价通知书所确定的政府采购合同条款。

**第三十七条** 政府采购法第三十八条第五项、第四十条第四项所称质量和服务相等，是指供应商提供的产品质量和服务均能满足采购文件规定的实质性要求。

**第三十八条** 达到公开招标数额标准，符合政府采购法第三十一条第一项规定情形，只能从唯一供应商处采购的，采购人应当将采购项目信息和唯一供应商名称在省级以上人民政府财政部门指定的媒体上公示，公示期不得少于5个工作日。

**第三十九条** 除国务院财政部门规定的情形外，采购人或者采购代理机构应当从政府采购评审专家库中随机抽取评审专家。

**第四十条** 政府采购评审专家应当遵守评审工作纪律，不得泄露评审文件、评审情况和评审中获悉的商业秘密。

评标委员会、竞争性谈判小组或者询价小组在评审过程中发现供应商有行贿、提供虚假材料或者串通等违法行为的，应当及时向财政部门报告。

政府采购评审专家在评审过程中受到非法干预的，应当及时向财政、监察等部门举报。

**第四十一条** 评标委员会、竞争性谈判小组或者询价小组成员应当按照客观、公正、审慎的原则，根据采购文件规定的评审程序、评审方法和评审标准进行独立评审。采购文件内容违反国家有关强制性规定的，评标委员会、竞争性谈判小组或者询价小组应当停止评审并向采购人或者采购代理机构说明情况。

评标委员会、竞争性谈判小组或者询价小组成员应当在评审报告上签字，对自己的评审意见承担法律责任。对评审报告有异议的，应当在评审报告上签署不同意见，并说明理由，否则视为同意评审报告。

**第四十二条** 采购人、采购代理机构不得向评标委员会、竞争性谈判小组或者询价小组的评审专家作倾向性、误导性的解释或者说明。

**第四十三条** 采购代理机构应当自评审结束之日起 2 个工作日内将评审报告送交采购人。采购人应当自收到评审报告之日起 5 个工作日内在评审报告推荐的中标或者成交候选人中按顺序确定中标或者成交供应商。

采购人或者采购代理机构应当自中标、成交供应商确定之日起 2 个工作日内，发出中标、成交通知书，并在省级以上人民政府财政部门指定的媒体上公告中标、成交结果，招标文件、竞争性谈判文件、询价通知书随中标、成交结果同时公告。

中标、成交结果公告内容应当包括采购人和采购代理机构的名称、地址、联系方式，项目名称和项目编号，中标或者成交供应商名称、地址和中标或者成交金额，主要中标或者成交标的的名称、规格型号、数量、单价、服务要求以及评审专家名单。

**第四十四条** 除国务院财政部门规定的情形外，采购人、采购代理机构不得以任何理由组织重新评审。采购人、采购代理机构按照国务院财政部门的规定组织重新评审的，应当书面报告本级人民政府财政部门。

采购人或者采购代理机构不得通过对样品进行检测、对供应商进行考察等方式改变评审结果。

**第四十五条** 采购人或者采购代理机构应当按照政府采购合同规定的技术、服务、安全标准组织对供应商履约情况进行验收，并出具验收书。验收书应当包括每一项技术、服务、安全标准的履约情况。

政府向社会公众提供的公共服务项目，验收时应当邀请服务对象参与并出具意见，验收结果应当向社会公告。

**第四十六条** 政府采购法第四十二条规定的采购文件，可以用电子档案方式保存。

## 第五章 政府采购合同

**第四十七条** 国务院财政部门应当会同国务院有关部门制定政府采购合同标准文本。

**第四十八条** 采购文件要求中标或者成交供应商提交履约保证金的，供应商应当以支票、汇票、本票或者金融机构、担保机构出具的保函等非现金形式提交。履约保证金的数额不得超过政府采购合同金额的 10%。

**第四十九条** 中标或者成交供应商拒绝与采购人签订合同的，采购人可以按照评审报告推荐的中标或者成交候选人名单排序，确定下一候选人为中标或者成交供应商，也可以重新开展政府采购活动。

**第五十条** 采购人应当自政府采购合同签订之日起 2 个工作日内，将政府采购合同在省级以上人民政府财政部门指定的媒体上公告，但政府采购合同中涉及国家秘密、商业秘密的内容除外。

**第五十一条** 采购人应当按照政府采购合同规定，及时向中标或者成交供应商支付采购资金。

政府采购项目资金支付程序，按照国家有关财政资金支付管理的规定执行。

## 第六章 质疑与投诉

**第五十二条** 采购人或者采购代理机构应当在3个工作日内对供应商依法提出的询问作出答复。

供应商提出的询问或者质疑超出采购人对采购代理机构委托授权范围的，采购代理机构应当告知供应商向采购人提出。

政府采购评审专家应当配合采购人或者采购代理机构答复供应商的询问和质疑。

**第五十三条** 政府采购法第五十二条规定的供应商应知其权益受到损害之日，是指：

（一）对可以质疑的采购文件提出质疑的，为收到采购文件之日或者采购文件公告期限届满之日。

（二）对采购过程提出质疑的，为各采购程序环节结束之日。

（三）对中标或者成交结果提出质疑的，为中标或者成交结果公告期限届满之日。

**第五十四条** 询问或者质疑事项可能影响中标、成交结果的，采购人应当暂停签订合同，已经签订合同的，应当中止履行合同。

**第五十五条** 供应商质疑、投诉应当有明确的请求和必要的证明材料。供应商投诉的事项不得超出已质疑事项的范围。

**第五十六条** 财政部门处理投诉事项采用书面审查的方式，必要时可以进行调查取证或者组织质证。

对财政部门依法进行的调查取证，投诉人和与投诉事项有关的当事人应当如实反映情况，并提供相关材料。

**第五十七条** 投诉人捏造事实、提供虚假材料或者以非法手段取得证明材料进行投诉的，财政部门应当予以驳回。

财政部门受理投诉后，投诉人书面申请撤回投诉的，财政部门应当终止投诉处理程序。

**第五十八条** 财政部门处理投诉事项，需要检验、检测、鉴定、专家评审以及需要投诉人补正材料的，所需时间不计算在投诉处理期限内。

财政部门对投诉事项作出的处理决定，应当在省级以上人民政府财政部门指定的媒体上公告。

## 第七章 监督检查

**第五十九条** 政府采购法第六十三条所称政府采购项目的采购标准，是指项目采购所依据的经费预算标准、资产配置标准和技术、服务标准等。

**第六十条** 除政府采购法第六十六条规定的考核事项外，财政部门对集中采购机构的考核事项还包括：

（一）政府采购政策的执行情况。

（二）采购文件编制水平。

（三）采购方式和采购程序的执行情况。

（四）询问、质疑答复情况。

（五）内部监督管理制度建设及执行情况。

（六）省级以上人民政府财政部门规定的其他事项。

财政部门应当制订考核计划，定期对集中采购机构进行考核，考核结果有重要情况的，应当向本级人民政府报告。

**第六十一条** 采购人发现采购代理机构有违法行为的，应当要求其改正。采购代理机构拒不改正的，采购人应当向本级人民政府财政部门报告，财政部门应当依法处理。

采购代理机构发现采购人的采购需求存在以不合理条件对供应商实行差别待遇、歧视待遇或者其他不符合法律、法规和政府采购政策规定内容，或者发现采购人有其他违法行为的，应当建议其改正。采购人拒不改正的，采购代理机构应当向采购人的本级人民政府财政部门报告，财政部门应当依法处理。

**第六十二条** 省级以上人民政府财政部门应当对政府采购评审专家库实行动态管理，具体管理办法由国务院财政部门制定。

采购人或者采购代理机构应当对评审专家在政府采购活动中的职责履行情况予以记录，并及时向财政部门报告。

**第六十三条** 各级人民政府财政部门和其他有关部门应当加强对参加政府采购活动的供应商、采购代理机构、评审专家的监督管理，对其不良行为予以记录，并纳入统一的信用信息平台。

**第六十四条** 各级人民政府财政部门对政府采购活动进行监督检查，有权查阅、复制有关文件、资料，相关单位和人员应当予以配合。

**第六十五条** 审计机关、监察机关以及其他有关部门依法对政府采购活动实施监督，发现采购当事人有违法行为的，应当及时通报财政部门。

## 第八章 法律责任

**第六十六条** 政府采购法第七十一条规定的罚款，数额为10万元以下。

政府采购法第七十二条规定的罚款，数额为5万元以上25万元以下。

**第六十七条** 采购人有下列情形之一的，由财政部门责令限期改正，给予警告，对直接负责的主管人员和其他直接责任人员依法给予处分，并予以通报：

（一）未按照规定编制政府采购实施计划或者未按照规定将政府采购实施计划报本级人民政府财政部门备案。

（二）将应当进行公开招标的项目化整为零或者以其他任何方式规避公开招标。

（三）未按照规定在评标委员会、竞争性谈判小组或者询价小组推荐的中标或者成交候选人中确定中标或者成交供应商。

（四）未按照采购文件确定的事项签订政府采购合同。

（五）政府采购合同履行中追加与合同标的相同的货物、工程或者服务的采购金额超过原合同采购金额10%。

（六）擅自变更、中止或者终止政府采购合同。

（七）未按照规定公告政府采购合同。

（八）未按照规定时间将政府采购合同副本报本级人民政府财政部门和有关部门备案。

**第六十八条** 采购人、采购代理机构有下列情形之一的，依照政府采购法第七十一条、第七十八条的规定追究法律责任：

（一）未依照政府采购法和本条例规定的方式实施采购。

（二）未依法在指定的媒体上发布政府采购项目信息。

（三）未按照规定执行政府采购政策。

（四）违反本条例第十五条的规定导致无法组织对供应商履约情况进行验收或者国家财产遭受损失。

（五）未依法从政府采购评审专家库中抽取评审专家。

（六）非法干预采购评审活动。

（七）采用综合评分法时评审标准中的分值设置未与评审因素的量化指标相对应。

（八）对供应商的询问、质疑逾期未作处理。

（九）通过对样品进行检测、对供应商进行考察等方式改变评审结果。

（十）未按照规定组织对供应商履约情况进行验收。

**第六十九条** 集中采购机构有下列情形之一的，由财政部门责令限期改正，给予警告，有违法所得的，并处没收违法所得，对直接负责的主管人员和其他直接责任人员依法给予处分，并予以通报：

（一）内部监督管理制度不健全，对依法应当分设、分离的岗位、人员未分设、分离。

（二）将集中采购项目委托其他采购代理机构采购。

（三）从事营利活动。

**第七十条** 采购人员与供应商有利害关系而不依法回避的，由财政部门给予警告，并处2 000元以上2万元以下的罚款。

**第七十一条** 有政府采购法第七十一条、第七十二条规定的违法行为之一，影响或者可能影响中标、成交结果的，依照下列规定处理：

（一）未确定中标或者成交供应商的，终止本次政府采购活动，重新开展政府采购活动。

（二）已确定中标或者成交供应商但尚未签订政府采购合同的，中标或者成交结果无效，从合格的中标或者成交候选人中另行确定中标或者成交供应商；没有合格的中标或者成交候选人的，重新开展政府采购活动。

（三）政府采购合同已签订但尚未履行的，撤销合同，从合格的中标或者成交候选人中另行确定中标或者成交供应商；没有合格的中标或者成交候选人的，重新开展政府采购活动。

（四）政府采购合同已经履行，给采购人、供应商造成损失的，由责任人承担赔偿责任。

政府采购当事人有其他违反政府采购法或者本条例规定的行为，经改正后仍然影响或者可能影响中标、成交结果或者依法被认定为中标、成交无效的，依照前款规定处理。

**第七十二条**　供应商有下列情形之一的，依照政府采购法第七十七条第一款的规定追究法律责任：

（一）向评标委员会、竞争性谈判小组或者询价小组成员行贿或者提供其他不正当利益。

（二）中标或者成交后无正当理由拒不与采购人签订政府采购合同。

（三）未按照采购文件确定的事项签订政府采购合同。

（四）将政府采购合同转包。

（五）提供假冒伪劣产品。

（六）擅自变更、中止或者终止政府采购合同。

供应商有前款第一项规定情形的，中标、成交无效。评审阶段资格发生变化，供应商未依照本条例第二十一条的规定通知采购人和采购代理机构的，处以采购金额5‰的罚款，列入不良行为记录名单，中标、成交无效。

**第七十三条**　供应商捏造事实、提供虚假材料或者以非法手段取得证明材料进行投诉的，由财政部门列入不良行为记录名单，禁止其1至3年内参加政府采购活动。

**第七十四条**　有下列情形之一的，属于恶意串通，对供应商依照政府采购法第七十七条第一款的规定追究法律责任，对采购人、采购代理机构及其工作人员依照政府采购法第七十二条的规定追究法律责任：

（一）供应商直接或者间接从采购人或者采购代理机构处获得其他供应商的相关情况并修改其投标文件或者响应文件。

（二）供应商按照采购人或者采购代理机构的授意撤换、修改投标文件或者响应文件。

（三）供应商之间协商报价、技术方案等投标文件或者响应文件的实质性内容。

（四）属于同一集团、协会、商会等组织成员的供应商按照该组织要求协同参加政府采购活动。

（五）供应商之间事先约定由某一特定供应商中标、成交。

（六）供应商之间商定部分供应商放弃参加政府采购活动或者放弃中标、成交。

（七）供应商与采购人或者采购代理机构之间、供应商相互之间，为谋求特定供应商中标、成交或者排斥其他供应商的其他串通行为。

**第七十五条**　政府采购评审专家未按照采购文件规定的评审程序、评审方法和评审标准进行独立评审或者泄露评审文件、评审情况的，由财政部门给予警告，并处2 000元以上2万元以下的罚款；影响中标、成交结果的，处2万元以上5万元以下的罚款，禁止其参加政府采购评审活动。

政府采购评审专家与供应商存在利害关系未回避的，处 2 万元以上 5 万元以下的罚款，禁止其参加政府采购评审活动。

政府采购评审专家收受采购人、采购代理机构、供应商贿赂或者获取其他不正当利益，构成犯罪的，依法追究刑事责任；尚不构成犯罪的，处 2 万元以上 5 万元以下的罚款，禁止其参加政府采购评审活动。

政府采购评审专家有上述违法行为的，其评审意见无效，不得获取评审费；有违法所得的，没收违法所得；给他人造成损失的，依法承担民事责任。

**第七十六条** 政府采购当事人违反政府采购法和本条例规定，给他人造成损失的，依法承担民事责任。

**第七十七条** 财政部门在履行政府采购监督管理职责中违反政府采购法和本条例规定，滥用职权、玩忽职守、徇私舞弊的，对直接负责的主管人员和其他直接责任人员依法给予处分；直接负责的主管人员和其他直接责任人员构成犯罪的，依法追究刑事责任。

## 第九章　附　　则

**第七十八条** 财政管理实行省直接管理的县级人民政府可以根据需要并报经省级人民政府批准，行使政府采购法和本条例规定的设区的市级人民政府批准变更采购方式的职权。

**第七十九条** 本条例自 2015 年 3 月 1 日起施行。